복 있는 사람

오직 여호와의 율법을 즐거워하여 그 율법을 주야로 묵상하는 자로다.
저는 시냇가에 심은 나무가 시절을 좇아 과실을 맺으며 그 잎사귀가 마르지 아니함 같으니
그 행사가 다 형통하리로다.(시편 1:2-3)

하나님 나라 신학으로 읽는 요한복음

하나님 나라 신학으로 읽는 요한복음

김회권 지음

복 있는 사람

하나님 나라 신학으로 읽는 요한복음

2020년 3월 27일 초판 1쇄 발행
2023년 8월 31일 초판 3쇄 발행

지은이 김회권
펴낸이 박종현

(주) 복 있는 사람
주소 서울특별시 마포구 연남동 246-21(성미산로23길 26-6)
전화 02-723-7183(편집), 7734(영업·마케팅)
팩스 02-723-7184
이메일 hismessage@naver.com
등록 1998년 1월 19일 제1-2280호

ISBN 979-11-7083-012-2 03230

이 도서의 국립중앙도서관 출판예정도서목록(CIP)은
서지정보유통지원시스템 홈페이지(http://seoji.nl.go.kr)와 국가자료공동목록시스템
(http://www.nl.go.kr/kolisnet)에서 이용하실 수 있습니다. (CIP 제어번호: 2020005505)

차례

일러두기

자주 사용하는 헬라어 음역과 의미

인칭대명사: 헬라어에서는 인칭대명사 없이 동사의 격어미로 시제와 인칭과 단·복수를 표시할 수 있다. 그런데 인칭대명사를 독립적으로 사용하는 경우는 인칭대명사가 표시하는 '주어'를 다른 잠재적 주어와 강조적으로 구별하려고 하는 경우이거나 주어의 동작이나 행동을 특별히 강조할 경우다.

에고(ἐγώ): 1인칭 단수 대명사
헤메이스(ἡμεῖς): 1인칭 복수 대명사
쒸(σύ,): 2인칭 단수 대명사
휘메이스(ὑμεῖς): 2인칭 복수 대명사
아우토스(αὐτός): 3인칭 단수 대명사
아우토이(αὐτοί): 3인칭 복수 대명사

에고 에이미(ἐγώ εἰμι): "나는 ~이다"를 의미하는 예수님의 자기계시 선언이다.
표적[세메이온(σημεῖον)]: 공관복음서에는 이적異蹟이라고 말하는 것을 요한복음에서는 표적表蹟이라고 말한다. 표적은 예수님의 정체와 사역 그리고 하나님의 궁극적인 회복사역을 예고하는 기적을 가리킨다. 궁극적으로 영적 진리를 가리키는 이적을 표적이라고 부른다.
부정과거(aorist): 과거에 단 한 번 일어난 사건을 묘사할 때 쓰는 시제다.
미완료(imperfect): 반복되고 지속적 행동을 묘사하는 시제(시상)다.

히나(ἵνα)목적절: '무엇 무엇을 할 수 있도록(in order that ~ may)'을 의미하는 목적절(final clause)이다.
호티(ὅτι)절: 목적절을 이끄는 절(영어의 that 접속사)이거나 이유를 제시하는 이유절(causal clause)이다.

70인역(The Septuagint, LXX): 이집트의 프톨레미 왕조의 왕 필라델포스의 요청에 따라 72명의 학자들이 72일 동안 모세오경을 헬라어로 번역한 일이 70인역의 유래에 대한 유대교의 공식적인 설명이다 [위경 「아리스테아스의 편지」, 요세푸스, 『유대 고대사』 12장, 6-7절(65-78)]. 구약성경 전체의 헬라어 번역은 주전 3세기부터 주전 1세기에 걸쳐 긴 시간 동안에 이뤄졌을 것으로 추정된다. 신약성경 저자들이 참조한 헬라어 구약성경이다. 현존하는 70인역은 3세기의 희랍교부 오리겐이 편집한 판본이다.

인류역사를 주전主前, BC과 주후主後, AD로 나눈 '나사렛 예수'에 대한 가장 근접한 당대 역사 기록은 유대인 역사가 플라비우스 요세푸스의 『유대 고대사*Antiquities of the Jews*』(주후 92년경)의 간략한 언급이다. 요세푸스는 대여섯 문장으로 예수의 기적, 1세기 유대교의 분파들에 대한 예수의 비판, 추종자들과 제자들을 확보하는 과정, 그리고 그의 사후 60년이 지나도 식지 않은 그에 대한 제자들의 충성과 애정 등을 간략히 언급한다. 2세기 초 로마 역사가 타키투스가 115-117년에 쓴 『연대기*The Annals*』에는 더 간략한 언급이 있다. 타키투스는 당시 로마의 그리스도인들에 대해 쓰면서 "그들의 이름의 출처가 된 크리스투스는 티베리우스 재위 기간에 총독 본디오 빌라도에게 사형 선고를 받았다"고 언급했다. 타키투스보다 약간 늦은 시기의 로마 역사가 수에토니우스는 클라우디우스 황제의 '주후 49년 유대인 추방령'행 18:2을 언급하며 49-52년경 로마에서 유대교인들과 예수 추종 유대인들 사이에 벌어졌던 갈등을 언급하고 있다. 이처럼 기독교진영 밖에서는 나사렛 예수의 역사적 실존에 대해서 지극히 소략한 언급만이 있을 뿐이다. 기독교 진영에서 나사렛 예수를 매우 이른 시기에 언급한 문헌들은 속사도 교부들이다. 순교자 저스틴Justin the Martyr의 135년경 저작인 「트리포와의 대화*Dialogue with Trypho*」는 역사적 예수가 멍에와 쟁기를 만들었다는 전설을 전하고 있다. 140년경의 이집트 교부 파피아스가 남긴 글에는 나사렛 예수가 지상천년 왕국

을 약속했다는 전언이 들어 있다.[1]

신약성경을 제외하고는 예수님 시대를 기점으로 100년 전후에 나온 모든 문서기록은 다 뒤져도 이 정도 이상의 기록이 나오지는 않는다. 이것은 무엇을 의미하는가? 역사적 예수에 대한 역사적 원천자료로는 신약성경보다 더 소중한 자료가 없다는 뜻이다.

신약성경 27권은 어떤 책을 보더라도 기독교회의 자기복무적 이익을 도모하는 데 관심을 보이지 않으며 심지어 특정 종교를 세우고자 시도하지도 않는다. 신약성경 각 책은 나사렛 예수를 믿고 모방하라는 급진적인 권면과 명령, 호소와 설득을 담고 있다. 특정한 방향의 삶을 '살아내라'는 긴박한 호소가 신약성경의 핵심 관심사다. 신약성경에는 제도화된 종교권력자들의 자기복무적 이익을 지지하는 구절이 단 하나도 없다. 신약성경은 그것을 하나님 말씀으로 믿고 존숭하는 사람들에게 급진적이고 종말론적인 자기부인과 사랑을 요구한다. 신약성경 각 책은 예수 그리스도를 정시正視하고 그를 따라 정행正行하며 급진적으로 예수를 체현하는 삶으로 독자들을 초대하고 있다. 신약성경의 책들은 예수님의 행적과 가르침을 왜곡할 어떤 사사로운 이유도 갖지 않았던 저자들의 증언을 담고 있다.

신약성경 외의 문헌들, 즉 당대 역사가들의 저작에서는 이렇게 무시당한 나사렛 예수가 어떻게 인류역사의 가장 중요한 인물이 되었을까? 예수는 단순히 사상이나 계율을 남기는 것을 넘어 인간의 마음을 깊은 곳부터 움직이는 거룩한 영을 보내주셨기 때문이다. 예수님은 인격을 갱신시키는 성령을 보내주셨기 때문에 인류역사의 알파, 중심, 오메가가 되었다. 이 결정적인 대답에 비해 이차적이지만 또 다른 중요한 답변이 있다. 나사렛 예수가 인류역사에서 최대의 영향력을 끼친 인물이 된 이유는 제자들이 그에게 바친 사랑과 헌신 때문이었다. 예수의 죽음과 부활을 역사적 실재라고 증거했던 증인들의 투신이었다. 인간을 다스리려고 출현한 수천의 신들 중에서 자신을 증언해줄 '증인'이나 '제자'가 없던 신들은 오래전에 역사적 망각의 하치장으로 투척되었다. 오늘날 고대 로마나 그리스, 앗수르, 바벨론 등의 신들은 자신들의 증인을 전혀 남기지 못하고 박제되었다. 나사렛 예수에게는 생명을 바쳐 당신의 십자가 죽음과 부활을 증언한 제자들이 있었다. 그들은 말과 글, 삶과 공동체의 문화를 통해 나사렛 예수의 사람됨과 신격神格을 탁본해내었다. 나사렛 예수의 신격을 말과 글, 삶과 공동체 문화로 탁본하고 체현한 제자들의 선두에 사도 바울이 있다. 48-60년경에 저작된 사도 바울 서신들은, 예수의 죽음이 갖는 구원의 효력을 이방선교 현장에서 체험하고 증언한 최초의 문서들이다. 바울은 예수님의 지상 생애를 거의 언급하지 않지만 가장 중요한 세 가지는 언급했다. 즉, 다윗의 혈통 출생, 최후 만찬, 십자가 처형과 삼일 후의 부활이다. 바울 서신의 핵심은 그리스도의 십자가 죽음과 부활의 보편적 구원 능력을 공증하고 그 논리를 구약성경으로 해설하는 것이다. 그런데 예수의 십자가 죽음과 부활의 보편적 효력만을 부각시킨 바울 서신들은 나사렛 예수가 지상에 발을 딛고 생성한 행적 대부분을 누락하고 있다. 그래서 바울 서신들은 십자가 죽음 이전의 예수의 행적에 대한 궁금증을 불러일으켰다. 나사렛 예수가 무슨 자의식으로 어떤 당대적 비전을 갖고 활동하다가 십자가 죽음을 자초하게 되었는지를 알고 싶은 욕구를 촉발시켰다. 이 궁금증이 복음서 장르가 등장하는 데 기여했다. 바울 서신들이 저작된 후 20-30년 후인 70-90년경에 복음서가 등장한다.

복음서는 바울 서신이 말하는 '구원'은 십자가를 지신 나사렛 예수를 따라 자기 십자가를 지고 따르는 제자들의 '제자도'로 연결된다는 것을 보여준다. 나사렛 예수가 십자가에서 죽임을 당하고 부활한 사건의 구원사적 효력을 파헤친 바울 서신과 달리, 복음서는 역사적 예수가 십자가의 죽음까지 이르는 과정을 서사적인 드라마로 그려낸다. 마가, 마태, 누가복음은 십자가 죽음과 부활에 방점을 찍고 나사렛 예수의 공생애를 잘 그리고 있다. 19세기 이후 유럽의 신약학자들의 격렬한 의심에도 불구하고 복음서의 역사적 사료 가치는 아무리 강조해도 지나침이 없다. 그중에서도 역사적 예수에 대한 사실기록이라기보다는 헬레니즘화된 청중과 독자를 상대로 기독교 철학을 담았다고 주장되는 요한복음의 사료적 가치 또한 무시되지 않는다. 요한복음은 나사렛 예수의 고양된 독생자 의식에 주목하면서 그의 죽음과 부활을 해석한다. 공관복음은 갈릴리 사역을 중심으로 기록하되 연대기적 순서에 주목하며 예수의 공생애 동선을 추적한다. 반면에 요한복음은 예루살렘 중심의 동선을 추적하며 '아버지 품속에 있던 독생자'의 고양된 의식에서 이뤄진 아들의 결단과 아버지와 아들의 깊은 교감을 조명하고 있다. 이런 이유 때문에 예수님의 생애에 대한 전기적 정보를 취득한다고 해도 요한복음의 예수님 언동은 쉽게 이해하거나 공감하기 어렵다. '아버지 품속'이라는 독특한 시좌視座에 접근하지 못하면 요한복음은 난해한 형이상학적 논변으로 들린다. 요한복음을 처음 읽는 독자들은 오히려 '육신'이 되신 하나님 말씀이 또다시 형이상학적 사변으로 증발하는 듯한 난삽함에 부딪힌다. 말씀이 육신이 된 그 과정 하나하나에 비상한 주의를 집중시키지 않으면 요한복음의 논리를 따라가기가 어렵다는 뜻이다.

요한복음의 저자에 관한 주장은 전통적인 '사도 요한' 저작설과 에베소 교회의 '장로 요한' 저작설로 나뉘어 있으나, 본서는 전자의 견해를 고수한다. 요한복음 저자는 자신을 예수님의 열두 제자 중 하나이며 처음부터 마지막 행적까지 나사렛 예수를 가까이에서 지켜본 증인이라고 주장하고 있다(21장 마지막 단락). 전통적인 사도 요한 저작설은 예수님의 공생애 첫 순간부터 마지막까지 함께한 이 증인이 다섯 차례나 예수님의 친애제자라고 불리는 사도 요한이라고 본다. 속續사도 교부들부터 5세기까지의 교부들은 '사도 요한 저작 증언'을 수용했다. 지금까지 사도 요한 저작설을 대체할 설득력 있는 대안저자 가설은 나타나지 않았다. 물론 요한복음 저자에 대한 전기적 정보를 얻지 못해도 요한복음 자체의 신언성과 영감성은 손상되지 않는다. 요한복음의 신언성이 다른 신약성경의 진리에 의해 보합적으로 공증되기 때문이다.[2] 요한복음의 예수는 그의 추종자들이 하나의 종교를 세워 세상에 출범시키는 것을 정당화하는 데 아무런 관심을 보이지 않는다. 요한복음은 청중과 독자에게 '이미 시작된 영생'에 즉각 참여하라고 초청할 뿐이다. 인자의 영접과 배척 여부를 통해 최후 심판은 이미 이뤄진 것이나 마찬가지다. 그래서 요한복음에는 상대적으로 미래에 있게 될 최후 심판을 토대로 '도래할 하나님 나라'를 향해 '즉각 전향하라'고 촉구하는 말씀이 거의 없다. 대신에 전형적인 예언자적인 긴박성과 적확성을 갖고 '지금 실현되고 있는 인자의 영생 공동체'에 참여할 것을 요청한다.

저자가 성경과 신학을 공부하는 목적은 예수님을 알고 이해하고 공감하고 그를 따르고 순종하는 제자도를 실천하기 위함이다. 신학은 예수님 모방학이요 예수님 순종학이다. 예수님이 역사와 역사 너머에까지 실현하려고 한 하나님 나라[계 1:9]에 참여하는 실천이다. 이 책이 나오기까지 긴 세월이 걸렸다. 무엇보다도 예수님의 고양된 언어와 거룩하게 도발적인 언동 하나하나에 공감이 되지 않아 고투했다. 또한 요한복음의 예수님 언어 하나하나에 담긴 암호 같은 메시지를 이해하기 위해서 멈추었다가 다시 읽기를 반복했다. 2006년부터 교회 청년부나 기타 전문인 수련회에서 요한복음을 강의하기 시작한 이래 2012년부터 2015년 2월까지 가향교회에서 3년에 걸쳐 요한복음 연속 강해설교를 했다. 이 책의 요한복음 독법이나 주석적 발상은 이 기간에 확립되었다. 그것은 바로 구약성경의 빛 아래에서 요한복음 읽기다. 곧 하나님 나라 관점에서의 요한복음 읽기다. 구약성경의 핵심은 영생, 곧 하나님 나라이다.[요 3:6; 5:38-39, 46; 18:36] 모세와 예언자들이 꿈꾸던 이스라엘의 미래는 '하나님의 독생자(이상화된 이스라엘)의 순종으로 세워지는 영생 공동체'라는 것이다. 본 주석서는 모세와 예언자들이 꿈꾸던 이스라엘의 이상적 사회가 영생 공동체라는 이해를 바탕으로, 모세와 예수님의 간격을 좁히는 방향으로 요한복음을 해석한다.

지난 7년여 동안 준비한 원고를 독일 하이델베르크 대학교에서 보낸 아홉 달 동안 최종적으로 손질하여 이 책을 출간하게 되었다. 요한복음의 배경지식이나 신약성경 연구의 배경지식을 얻기 위해서는 2차 자료에 의존하였으나, 본문을 해석하는 데는 2차 자료를 거의 인용하지 않았다. 다만 저자와 같거나 다른 의견을 가진 학자들을 각주에서 언급할 때는 2차 자료가 인용되었다. 이미 출간된 탁월한 요한복음 주석서들과 연구들을 광범위하게 활용하지 못해 아쉽다. 다만 몇몇 한국 학자들의 요한복음 연구들을 각주에 반영했다.

본 주석서에서 사용된 헬라어 성경은 네슬-알란트 28판이며 본서가 개역개정과 다르게 번역하는 경우에는 사역[私譯]을 제시했다. 사역을 시도할 때 불가피하게 헬라어 음역과 더불어 직역을 제시하기도 했다. 각절 단위로 주석하지 않았으나 모든 절들의 의미나 그 역할에 대한 해명을 생략하지는 않았다. 하지만 이 책의 주독자층(목회자와 평신도 교사)을 고려하여 본문 비평은 시도하지 않았다. 신약성경 사본들의 질과 진정성에 대한 예비지식이 없는 경우에 사본들을 비교해 원전을 재구성해 보려고 하는 일은 별다른 의미가 없기 때문이다. 비록 본문비평을 세세히 하지 않았지만 필요시 헬라어 본문을 읽고 번역해가며 주석했다. '일러두기'를 통해 헬라어의 인칭대명사의 독립적 사용이나 이 책에서 자주 사용되는 기타 용어들을 간단하게 설명해 두었다.

이 주석서는 철두철미 기독교 신앙과 건덕建德을 위해 요한복음을 가르치거나 읽는 독자들을 위해 쓰였다. 부디 본 주석서가 요한복음으로 설교하거나 가르치는 사람, 그리고 요한복음을 사랑하는 독자들에게 요한복음을 더 자세히 읽고자 하는 마음을 불러일으킬 수 있기를 바란다.

항상 그렇듯이 오랫동안 연구했으나 여전히 부족하다. 요한복음의 예수님이 너무 멀게 느껴지는 경우가 한두 번이 아니었다. 예수님의 언어가 갖는 깊이, 울림, 숨결을 생동감 있게 포착하지 못해 탄식한 적이 한 두 번이 아니었다. '요한복음 근간 예정'이라는 광고를 10년 가까이 내면서 본서의 출간을 기다려준 복 있는 사람 출판사에게 미안하고 감사한 마음을 표한다. 박종현 대표와 전성현 편집자에게 감사를 드린다. 이 책 초고를 읽고 도와준 숭실대학교 대학원 제자들인 김윤정, 김태현, 서영기, 백승훈에게 감사를 드린다. 늘 그랬듯이 초고를 꼼꼼하게 읽고 더 좋은 글이 되도록 힘써준 아내 정선희에게 감사드린다.

2020년 2월 하이델베르크에서 저자

김회권

들어가며

: 하나님 나라 관점으로 읽는 요한복음

요한복음은 독자들을 여러 방향으로 이끄는 다면적이고 다중음성적인 책이다. 요한복음의 언어는 구약성경과 그리스-로마의 세계관 모두에 영향을 받고 있는 청중과 독자에게는 단 하나도 피상적으로 지나갈 수 없는 깊은 울림을 갖고 있다. 요한복음의 예수님은 부단히 구약 참조적이며 구약 성취적인 언동을 보이면서, 동시에 그리스-로마적 영생관과 구원관을 가진 사람들에게 변증적 논리와 주장을 반복적으로 내세운다. 공관복음서의 주요 초점이 인간 나사렛 예수가 어떤 이유로 신앙고백의 대상인 주主, κύριος와 그리스도가 되었는가를 밝히는 데 있었다면, 요한복음의 초점은 왜 하나님의 아들이 사람이 되었는가를 밝히려는 데 있다. 요한복음은 헬라 세계의 철학과 종교에 대한 강력한 반명제反命題, antithesis를 형성한다. 물질계-육신의 세계를 유한과 죄의 세계라고 멸시하던 헬라 철학에 반대하여, 물질계-육신의 세계에 대한 한없는 긍정을 보여준다.[1] 물질세계는 장차 하나님의 영광이 가득 들어찰 영역이라고 보는 구약성경의 신앙을 그대로 계승한다. 요한복음은 예수가 온전한 사람이 아니었고 사람과 같은 모양으로 나타났던 신적 존재라고 주장하던 당시의 이단사설인 가현설假現說에 대항하고 있는 셈이다.요일 4:2 요한복음은 헬라 세계의 철학과 종교사상에 대항하여 기독교 신앙의 신비를 옹호하고 해설하는 변증적인 복음서였다.

신약성경의 책들은 두 개의 중심을 가진 타원형과 같은 구조를 가지고 있다. 그 하나는 구약성경이고 다른 하나는 헬라 세계의 철학과 종교다.[2] 그래서 우리는 신약성경을 읽을 때 이 두 가지 틀을 동시에 고려해야 한다. 특히 요한복음은 구약성경을 여러 군데서 참조하며 암시하고, 구약성경의 특정 구절을 대체하거나 혹은 그것을 그리스도 중심으로 재해석한다. 어떤 신약 문서도 구약과 관련 없이 저작되지 않았지만, 요한복음은 더욱 전문적인 의미에서 철두철미하게 구약성경의 하나님 나라를 물리적 공간에서 실현하는 예수 그리스도를 세밀하게 보여준다. 요한복음의 언어, 비유, 이미지, 암시는 구약성경 구절, 사건 어딘가를 은유하거나 지시하거나 실체화한다. 신구약의 이 은근하고 깊은 교호交互적 대화구조를 요한복음처럼 오묘하게 드러내는 신약성경 책은 많지 않다. 그러므로 요한복음 읽기와 해석은 신구약간의 깊은 해석학적 관계를 탐구하지 않고는 진행될 수 없다. 요한복음에는 마침내 처음으로 말해지거나 소개되는 신학사상이나 하나님에 대한 앎은 없다. 요한복음은 구약의 숱한 이미지와 유추, 은유와 상징이 사용되었기에 이에 대한 사전 지식이 없으면 효과적으로 해독하기 힘든 암호 같은 책이다. 요한복음은 매우 은밀하고 오묘한 방식으로 구약성경의 본문, 이미지, 신학사상, 그리고 인물들을 참조하거나 암시하고, 그것들과 해석학적인 대화를 시도하고 있기 때문이다.

예를 들면, 요한복음 1:1-18은 창세기와 심오한 대화를 시도하고 있다. 놀랍게도 이 단락 안에는 창세기 1장부터 출애굽기 40장까지가 압축되어 있다. 요한복음 1장은 창세기-출애굽기를 해석하는 동시에 이를 계승한다. 1-5절에는 태초부터 시작되는 창세기가 참조되고 언급되며 성취된다. 14-18절은 출애굽기의 성막과 모세가 어떻게 예수 그리스도에 의해 실체화되는지를 말한다. 출애굽기 40장의 성막에 가득 찬 하나님의 영광과 성전(성막)된 예수 그리스도의 육신장막 안에 가득 찬 하나님의 영광은 완벽하게 조응하고 있다.

이처럼 요한복음이 말하는 육신을 입은 로고스인 예수 그리스도는 철두철미하게 구약성경의 모형과 상징을 육신화하고 실체화하고 있다. 9장도 창세기 1장의 창조 사건을 재연하는 기사다. 6장의 오병이어 기적은 구약성경의 만나 기적 이야기와 엘리야와 엘리사의 소진되지 않는 음식(가루와 기름) 이야기를 은근히 발전시키고 있으며, 10장의 선한 목자 강론은 에스겔 34장의 삯군 목자 담론이 없이는 온전히 이해될 수 없다. 15장의 포도나무 강론은 이사야 5장과 예레미야 2장의 들포도나무 담론에 대한 메아리며, 2:19-21은 사무엘하 7:12-13의 성전 건축자 아들 예언을 되울리고 있다. 결국 요한복음의 모든 중심 메시지는 구약성경과의 대화 없이는 석명釋明될 수 없다. 이것은 무엇을 말하는가? 철두철미하게 구약성경과의 대화를 통해 요한복음을 풀이하고 해석해야 함을 가리킨다. 이처럼 요한복음은 구약성경에서 그림언어, 모형, 상징으로 관념화되어 표현된 하나님 말씀이 어떻게 육신화되는지를 다채롭게 보여준다.[3]

다른 한편, 요한복음은 독자들을 에워싸고 있는 사상·종교·철학적 환경에 대하여 변증적 태도를 취한다. 학자들은 요한복음이 에베소 지역의 지식인 출신 이방 신자들과 유대인들을 겨냥한 변증적 복음서라는 데 대체로 동의한다.[4] 변증(아폴로기아)은 이방 세계, 혹은 국외자에게 기독교 신앙을 옹호하거나 합리적으로 해명하는 행위다. 이 용어는 법정에서 고소당한 기독교인이 기독교 신앙의 정당성과 특이성을 옹호하는 과정에서 유래한 말로서, 헬라어로 아폴로기아(ἀπολογία)벧전 3:15라고 불렀다. 요한복음은 그리스 자연철학사의 핵심적 주제, 아르케 주제를 건드리며 스토아 철학의 근본개념을 활용하여 헬라 세계의 철학적 관심에 정면으로 대답한다. "태초" 즉 "아르케(ἀρχῆ)"는 그리스 자연철학의 화두話頭였다. 요한복음은 헬라화된 신자들 혹은 이방 신자들을 겨냥하여 예수 그리스도가 이 세상에 오신 목적을 해명하고 있다. 요한복음 서론인 1:1-18은 구약 본문들에 대한 의도적인 참조를 현저하게 드러내는 동시에, 또 다른 의미에서 그리스 철학에 대하여 변증적 대화를 전개한다. 엔 아르케 에엔 호 로고스(Εν ἀρχῇ ἦν ὁ λόγος). "태초에 말씀이 계시니라." 로고스(λόγος)는 에베소의 이방인 지식인 기독교인들에게 꽤 익숙한 개념이다. 그리스 철학의 첫 전제는 "초월적 신과 인간은 직접 교통할 수 없다"는 플라톤의 명제였다. 그래서 플라톤 철학으로 대표되는 그리스 철학에서는 신과 인간계를 중개하고 소통하는 중개자가 요청되었는데, 그 중개자가 '로고스'로 불렸다. 구약성경에서 선재하는 지혜[잠 8:22-31]가 야웨 하나님의 창조 명령을 실행하듯이, 헬라 세계에서는 로고스가 신과 피조물의 중간존재자요 신의 의지를 수행하는 역할을 맡았다.[5] 구약성경은 몰랐지만 로고스라는 신적 중재자에 대한 선 이해를 가졌던 이방인 출신 신자들에게 요한복음은 '로고스'를 활용하여 그리스도를 증거한 것이다.[6] '헬라인 당신들이 신의 세계와 접촉하고 소통하기 위하여 그토록 추구하고 찾던 그 로고스가 사람이 되어 우리 가운데 나타났습니다. 그분이 바로 나사렛 예수 그리스도입니다.' 이렇게 선포한 셈이다. 로고스 철학 개념에 익숙한 헬라인들에게 이 요한복음의 첫 문장은 얼마나 엄청난 계시의 언어였을까? 태초에 로고스가 있었다는 말은, 이미 로고스에 대한 이해를 가졌던 헬라 세계도 이스라엘의 하나님 야웨의 통치 아래 존재하던 세계였음을 깨닫게 한다. '구약성경의 창세기에서 세상을 창조하는 그 말씀이 바로 헬라인 당신들이 찾던 그 로고스, 말씀입니다. 그 로고스가 바로 나사렛 예수입니다.' 헬라인에게 기독교 신앙을 이보다 더 효과적으로 소개하고 옹호할 수 있는 길이 달리 있었을까?[7]

공관복음과 요한복음을 비교해보면 요한복음의 변증적 입장이 더욱 선명하게 부각된다. 마태복음과 누가복음의 예수 소개방식은 인간적이다. 즉 예수는 성령으로 잉태되어 태어남으로부터 메시아였다는 것이다. 마가복음은 예수는 세례 요한으로부터 세례를 받을 때 강림한 성령을 받고 메시아가 되었다고 본다. 그 이상을 알고 있었을지 몰라도 마가복음은 그것에 대하여 언급하지 않는다. 요한복음은 전혀 다른 각도로 예수 그리스도의 하나님 아들되심을 파악한다.빌 2:5-11 그것은 예수는 태초부터, 창세전부터 하나님과 함께 계시던 하나님의 아들이었으며, 사람이 되기로 한 그리스도의 순종 사건이 창조 이전에, 창조 사건보다 먼저 있었다고 주장한다.요 17:5, 엡 1:4 요한복음은 창세기부터 시작되는 구약성경을 잘 알고 있는 유대인 출신 신자들에게도 호소력을 가지며, 로고스 철학에 익숙한 이방인 출신 신자들에게도 납득되는 방식으로 저술되었다.[8] 이것은 오늘날 우리에게 심대한 선교학적 도전을 제시한다.

우리는 우리 시대 사람들의 관념과 세계관을 활용하여 하나님을 말할 수 있는 신앙 옹호적이고 변증적인 실력을 갖춰야 한다. 어떤 문명권이나 세계관에서도 하나님의 아들 예수 그리스도는 선교지의 언어로 표현될 수 있어야 한다. 선교지의 언어가 아무리 광대하신 하나님의 아들을 다 담지 못할지라도, '말씀이 육신이 되는 방식'으로 복음을 증거해야 한다. 선교사 폴 히버트, 레슬리 뉴비긴, 스탠리 존스, 돈 리처드슨, 한국에 복음을 전해준 외국선교사들(존 로스, 사무엘 마펫 등) 등 대부분의 선교사들은 토착 선교지에 이미 존재하는 언어를 통해 하나님과 하나님의 아들 예수 그리스도를 증거하는 "성육신적 선교"를 시도했고 열매를 거두었다. 물론 이때 우리는 폴 틸리히처럼 하나님의 실체성을 희생시키는 언어적 환원주의에 빠져서는 안 된다. 하나님을 '궁극적 관심' 등의 조어造語를 통해 인위적으로 표현하려는 조급증을 경계해야 한다. 말씀이 육신화될 때, 말씀을 인격화시키고 실천으로 외화시킬 때 사람들은 하나님의 말씀을 알아듣는다. 사랑에 대한 만 마디 말보다 사랑을 육신으로 입증할 때 하나님이 매개되고 중개된다. 우리는 말씀이 육신이 되는 원리에서 행함으로 표현되는 기독교 신앙의 위엄을 본다. 요한복음은 육신화, 인격화, 행동화된 말씀만이 세계 만민이 가장 잘 이해하고 알아들을 수 있는 언어라고 주장하는 셈이다.

요한복음의 구조

I. 서언(1:1-18)

II. 초기 사역(1:19-51)

1. 세례 요한의 사역(1:19-34)
2. 갈릴리 출신의 제자들을 모으는 예수(1:35-51)

III. 예수의 공생애: 일곱 가지 표적들과 강론들(2-11장)

1. 물을 포도주로 만드는 표적(2:1-11)
2. 성전 정화(2:12-25)
3. 니고데모에게 거듭남의 비밀을 가르쳐주신 예수(3:1-21)
4. 세례 요한 사역과 병행하는 예수의 사역(3:22-4:3)
5. 사마리아 여인과의 대화(4:4-42)
6. 백부장의 아들을 치유하신 예수(4:43-54)
7. 베데스다 연못가의 38년 된 병자를 고치신 예수(5장)
8. 오천 명을 먹이신 표적(6장)
9. 초막절에 설교하시는 예수-생수의 강이신 예수(7-8장)
10. 날 때부터 맹인 된 자를 치유하신 예수(9장)
11. 선한 목자 예수(10:1-21)
12. 수전절에 일어난 당국자들과의 논쟁(10:22-42)
13. 나사로를 부활시키신 표적(11장)

Ⅳ. 공생애 마지막 일주일, 수난 주간(12-19장)

1. 예수의 장례를 준비하는 마리아(12:1-11)

2. 영광스러운 예루살렘 입성(12:12-19)

3. 예수를 찾아온 헬라인들(12:20-36)

4. 고조되는 유대인들의 불신과 적의(12:37-50)

5. 고별 설교(13-17장)

(1) 세족 목요일-제자들의 발을 씻기는 섬기는 종 예수(13장)

(2) 보혜사 성령을 약속하시는 예수(14장)

(3) 포도 공동체로서의 예수와 제자들의 견고한 연합(15장)

(4) 주와 스승이신 예수와의 이별에 절망하는 제자들을 위로하시는 예수(16장)

(5) 제자들과 신자 그리고 온 세상을 위한 대제사장적 기도(17장)

6. 유다에게 배반당하고 제자들에게 버림받은 후 체포되는 예수(18:1-12)

7. 재판받는 예수(18:13-19:15)

8. 십자가에 못 박혀 죽으시고 묻히신 예수(19:16-42)

Ⅴ. 안식 후 첫날 새벽에 부활하신 예수(20:1-29)

Ⅵ. 요한복음의 저작 목적(20:30-31)

Ⅶ. 부록-베드로의 부활, 제자들의 부활, 영적 침체에 빠진 모든 영혼의 부활(21장)

1장.

육신의 장막을 치신 하나님

1

1 태초에 말씀이 계시니라. 이 말씀이 하나님과 함께 계셨으니 이 말씀은
곧 하나님이시니라. 2 그가 태초에 하나님과 함께 계셨고 3 만물이 그로 말
미암아 지은 바 되었으니 지은 것이 하나도 그가 없이는 된 것이 없느니라. 4 그 안에
생명이 있었으니 이 생명은 사람들의 빛이라. 5 빛이 어둠에 비치되 어둠이 깨닫지 못
하더라. 6 하나님께로부터 보내심을 받은 사람이 있으니 그의 이름은 요한이라. 7 그가
증언하러 왔으니 곧 빛에 대하여 증언하고 모든 사람이 자기로 말미암아 믿게 하려
함이라. 8 그는 이 빛이 아니요 이 빛에 대하여 증언하러 온 자라. 9 참 빛 곧 세상에 와
서 각 사람에게 비추는 빛이 있었나니 10 그가 세상에 계셨으며 세상은 그로 말미암아
지은 바 되었으되 세상이 그를 알지 못하였고 11 자기 땅에 오매 자기 백성이 영접하지
아니하였으나 12 영접하는 자 곧 그 이름을 믿는 자들에게는 하나님의 자녀가 되는 권
세를 주셨으니 13 이는 혈통으로나 육정으로나 사람의 뜻으로 나지 아니하고 오직 하
나님께로부터 난 자들이니라. 14 말씀이 육신이 되어 우리 가운데 거하시매 우리가 그
의 영광을 보니 아버지의 독생자의 영광이요 은혜와 진리가 충만하더라. 15 요한이 그
에 대하여 증언하여 외쳐 이르되 내가 전에 말하기를 내 뒤에 오시는 이가 나보다 앞
선 것은 나보다 먼저 계심이라 한 것이 이 사람을 가리킴이라 하니라. 16 우리가 다 그
의 충만한 데서 받으니 은혜 위에 은혜러라. 17 율법은 모세로 말미암아 주어진 것이요
은혜와 진리는 예수 그리스도로 말미암아 온 것이라. 18 본래 하나님을 본 사람이 없으
되 아버지 품 속에 있는 독생하신 하나님이 나타내셨느니라. 19 유대인들이 예루살렘
에서 제사장들과 레위인들을 요한에게 보내어 네가 누구냐 물을 때에 요한의 증언이
이러하니라. 20 요한이 드러내어 말하고 숨기지 아니하니 드러내어 하는 말이 나는 그
리스도가 아니라 한대 21 또 묻되 그러면 누구냐 네가 엘리야냐. 이르되 나는 아니라.

또 묻되 네가 그 선지자냐. 대답하되 아니라. 22 또 말하되 누구냐. 우리를 보낸 이들에
게 대답하게 하라. 너는 네게 대하여 무엇이라 하느냐. 23 이르되 나는 선지자 이사야
의 말과 같이 주의 길을 곧게 하라고 광야에서 외치는 자의 소리로라 하니라. 24 그들
은 바리새인들이 보낸 자라. 25 또 물어 이르되 네가 만일 그리스도도 아니요 엘리야도
아니요 그 선지자도 아닐진대 어찌하여 세례를 베푸느냐. 26 요한이 대답하되 나는 물
로 세례를 베풀거니와 너희 가운데 너희가 알지 못하는 한 사람이 섰으니 27 곧 내 뒤
에 오시는 그이라. 나는 그의 신발끈을 풀기도 감당하지 못하겠노라 하더라. 28 이 일
은 요한이 세례 베풀던 곳 요단 강 건너편 베다니에서 일어난 일이니라. 29 이튿날 요
한이 예수께서 자기에게 나아오심을 보고 이르되 보라, 세상 죄를 지고 가는 하나님의
어린 양이로다. 30 내가 전에 말하기를 내 뒤에 오는 사람이 있는데 나보다 앞선 것은
그가 나보다 먼저 계심이라 한 것이 이 사람을 가리킴이라. 31 나도 그를 알지 못하였
으나 내가 와서 물로 세례를 베푸는 것은 그를 이스라엘에 나타내려 함이라 하니라.
32 요한이 또 증언하여 이르되 내가 보매 성령이 비둘기 같이 하늘로부터 내려와서 그
의 위에 머물렀더라. 33 나도 그를 알지 못하였으나 나를 보내어 물로 세례를 베풀라
하신 그이가 나에게 말씀하시되 성령이 내려서 누구 위에든지 머무는 것을 보거든 그
가 곧 성령으로 세례를 베푸는 이인 줄 알라 하셨기에 34 내가 보고 그가 하나님의 아
들이심을 증언하였노라 하니라. 35 또 이튿날 요한이 자기 제자 중 두 사람과 함께 섰
다가 36 예수께서 거니심을 보고 말하되 보라, 하나님의 어린 양이로다. 37 두 제자가
그의 말을 듣고 예수를 따르거늘 38 예수께서 돌이켜 그 따르는 것을 보시고 물어 이르
시되 무엇을 구하느냐. 이르되 랍비여, 어디 계시오니이까 하니 (랍비는 번역하면 선
생이라) 39 예수께서 이르시되 와서 보라. 그러므로 그들이 가서 계신 데를 보고 그 날
함께 거하니 때가 열 시쯤 되었더라. 40 요한의 말을 듣고 예수를 따르는 두 사람 중의
하나는 시몬 베드로의 형제 안드레라. 41 그가 먼저 자기의 형제 시몬을 찾아 말하되
우리가 메시야를 만났다 하고 (메시야는 번역하면 그리스도라) 42 데리고 예수께로 오
니 예수께서 보시고 이르시되 네가 요한의 아들 시몬이니 장차 게바라 하리라 하시니
라. (게바는 번역하면 베드로라) 43 이튿날 예수께서 갈릴리로 나가려 하시다가 빌립을

만나 이르시되 나를 따르라 하시니 44 빌립은 안드레와 베드로와 한 동네 벳새다 사람이라. 45 빌립이 나다나엘을 찾아 이르되 모세가 율법에 기록하였고 여러 선지자가 기록한 그이를 우리가 만났으니 요셉의 아들 나사렛 예수니라. 46 나다나엘이 이르되 나사렛에서 무슨 선한 것이 날 수 있느냐. 빌립이 이르되 와서 보라 하니라. 47 예수께서 나다나엘이 자기에게 오는 것을 보시고 그를 가리켜 이르시되 보라, 이는 참으로 이스라엘 사람이라. 그 속에 간사한 것이 없도다. 48 나다나엘이 이르되 어떻게 나를 아시나이까. 예수께서 대답하여 이르시되 빌립이 너를 부르기 전에 네가 무화과나무 아래에 있을 때에 보았노라. 49 나다나엘이 대답하되 랍비여, 당신은 하나님의 아들이시요 당신은 이스라엘의 임금이로소이다. 50 예수께서 대답하여 이르시되 내가 너를 무화과나무 아래에서 보았다 하므로 믿느냐. 이보다 더 큰 일을 보리라. 51 또 이르시되 진실로 진실로 너희에게 이르노니 하늘이 열리고 하나님의 사자들이 인자 위에 오르락 내리락 하는 것을 보리라 하시니라.

주석

요한복음은 신약의 창세기다. 구약의 창세기가 하나님의 말씀인 "이르시되"로 시작되었듯이 신약의 창세기도 하나님의 '말씀'으로 시작된다. 1장은 성육신하신 하나님,[1-18절] 참 빛에 대한 증언자 세례자 요한,[19-28절] 세상 죄를 지고 가는 하나님의 어린양,[29-34절] 그리고 초기 제자들을 모으시는 예수님[35-51절]으로 단락이 나뉜다.

성육신하신 하나님 ● 1-18절

이 단락은 예수 그리스도가 유대-이스라엘 역사의 맥락을 넘어 '어둠의 세상'(코스모스)에 대해 갖는 의미를 선포한다. 요한복음에는 공관복음서에서는 의미 깊게 사용되지 않는 '세상'(코스모스)이 빈번하게 등장한다. '세상'이라고 번역된 그리스어 코스모스(κόσμος)는 조화와 질서, 즉 조화로운 질서를 의미하는 데 비하여 요한복음에는 하나님과 등진 인간들이 스스로 구축한 질서부재의 혼란을 의미한다. 요한복음에서 '세상'은 대부분 예루살렘을 본거지로 하는 자기폐쇄적인 유대인들을 가리킨다. 동시에 '유대인들'은 하나님을 대하는 보편적인 세상 사람들의 표본적인 대표자다. 여기서 세상은 어둠의 영역으로 묘사된다. 그리스적 세계관을 의식한다면 '세상'은 플라톤의 『국가론』에 나오는 '동굴의 비유'가 말하는 '동굴 안 그림자의 세상'이다. 빛의 그림자를 보고 빛이라고 생각하는 손상된 인식지평의 영역이 세상이다. 세상은 하나님과 등진 자기의 그림자를 보고 빛이라고 생각하는 자기확증적인 폐쇄체제다. 요한복음 저자는 헬레니즘적 교양에 익숙한 청중과 독자들에게 예수님을 자기확증적이고 자기폐쇄적인 어둠의 동굴에 오신 빛으로 제시한다. 일종의 소크라테스적 동굴해방자인 셈이다. 이스라엘 구속사의 맥락에서 의미심장하게 들렸던 예수의 모든 언어는, 이제 구약적 배경과 이스라엘의 구속사에 대한 전이해가 없는 청중과 독자들에게 '보편화되어' 해석된다. 물론 요한복음 전반에 걸쳐 '세상'은 예루살렘 성전을 본거지로 하는 폐쇄적 자기확증 종교인 유대교의 매트릭스이다. 이 세상의 어둠을 대표하는 자들이 예루살렘-유대 종교권력자들이다. 동시에 소크라테스를 280대 220의 평결로 사형에 처한 아테네 민회 또한 어둠의 영역이다. 아데미 여신을 숭배하던 에베소 또한 어둠의 영역이다. 에베소서도 요한복음에서 익숙한 빛, 어둠, 세상 등의 용어로 에베소야말로 어둠의 세상임을 증언한다. 결국 빛과 어둠, 영생과 죽음 등은 헬라적 교양을 가진 자들에게 익숙한 이원론이었기에, 요한복음은 청중 및 독자친화적인 방식으로 예수님을 소개하고 있다.

요한복음의 구원론은 유대교의 구원론에 익숙한 사람들을 주독자층으로 삼은 마태복음과 약간 다르다. 요한복음은 율법과 선지자의 강령을 지켜야 구원을 얻는다는 마태복음적 복음 제시와 달리 예수님을 믿으면 구원받는다고 선언한다. 그러나 이 둘은 결국 같은 것이다. 예수님을 믿는다는 것은 바로 이스라엘 구속사를 받아들이는 것이기 때문이다. 즉, 예수님을 믿는 것은 그의 가르침과 계명을 믿고 순종하며 실천하는 것이기 때문이다. 그래서 요한복음은 '예수가 그리스도임을 믿는 일'이 영생이라고 본다. 예수를 믿으면 영생을 받는 이유는 빛(영생)의 공동체에 합류하게 되기 때문이다. 예수님을 믿으면 구원받는다는 말은 초대교회의 영지주의자靈知主義者들도 애용했던 말이기도 하다.[1] 하지만 초대교회 때부터 이단으로 불리던 영지주의자들은 지구탈출적 구원관을 가진 자들로, 그들은 흑암의 세계에서 빛의 나라인 하나님 나라로 단계적으로 올라갈 때마다 그들만이 아는 비밀스런 지식(그노시스)에 호소해야 한다고 주장했다.[2] 주후 1-2세기에 위세를 떨쳤던 영지주의자들은 흑암(천사적 중간 세력)의 세력이 자신의 앞길을 막을 때, '예수는 주'라는 고백이나 혹은 비밀스런 암구호 같은 영지靈知, 그노시스를 말하면 흑암이 자동적으로 물러간다고 주장했다. 그들은 신약의 언어를 구약과의 유기적 관련 속에서 이해하기보다는 자신들의 중간영계론에 의거해 해석했다. 신약 언어가 철두철미하게 구약적인 울림을 가진 언어이기 때문에 신약의 언어도 구약성경의 내적 논리에 비춰 해석해야 한다는 것을 유의하지 않았다.

요한복음 1장은 창세기 1장과의 연관 속에서 해석되어야 한다. 주제나 어휘 면에서 두 장은 서로를 불러내고 있다. 두 장 모두 세계와 인간창조, 어둠과 빛, 그리고 생명과 만물창조를 다룬다. 요한복음 1장이 창세기 1장을 해석하고 있다. 그런데 요한복음은 창세기 1장이 충분히 밝히지 않는 '창조명령 대리수행자'를 등장시킨다. 하나님의 명령창조를 처음으로 명시하는 창세기 1:3의 "하나님이 이르시되 빛이 있으라"에서 "이르시되" 부분을 독립된 위격을 가진 중간존재로 본다. 동사행위를 행동하는 인격존재로 격상시킨다. 그래서 요한복음 1:1은 '태초에 이르시되가 있으니라', 즉 "태초에 말씀이 계시니라"를 끌어내고 있다. 창세기 1:3의 이 어구는 하나님의 발성發聲, utterance을 가리키는 표현이다. "이르시되"는 하나님의 입에서 나가는 하나의 발성이다. 그런데 요한복음에서는 이 발성을 독립적인 행위자로 본다. 하나님의 구두 발설oral utterance이 독립적 행위자가 되어 하나님의 의도를 성취한다. 이 독립적인 행위자 개념이 왜 갑자기 여기에 도입되는가? 하나님 말씀(명령)이 입에서 나가자마자 실현되는 과정을 예해例解하기 위해서, 고대의 제왕들이 내린 명령이 과시했던 사건창조 능력을 기억해 볼 필요가 있다.

고대 메소포타미아 제왕들의 경우 칙령을 선포하자마자 그 선포가 현실이 되었다. '두라 평지에 금신상이 설지어다.' 느부갓네살 왕이 이렇게 말하면 곧 거대한 금신상이 두라 평지에 세워졌다.[단3장] 말을 현실사건으로 만드는 것은 제왕만의 대권이었다. 페르시아 제국의 아하수에로 왕이 '페르시아의 127개 지방 도지사들과 관리들은 수산궁으로 집합하라'고 명령을 내리자마자, 모든 지방관리들이 일제히 모였다. 제왕에게는 말과 현실 사이에 차이가 없다. 아하수에로의 명령이 현실사건이 되기 위해서는 127개 지방 도지사들의 순종이 요청되었다(또한 눅 2:1 아구스도의 천하 만민 호적명령). 창세기 저자는 이러한 고대적 제왕의 칙령개념을 가지고 하나님의 천지창조를 예해한다. "하나님이 이르시되 빛이 있으라 하시니 빛이 있었고." 말씀을 발설한 자의 말씀을 그대로 이어받아 실행한 실행자가 있었기 때문에 제왕의 말씀은 현실이 되었다.

이사야 55:10-11은 이 원리를 좀 더 자세히 예시한다. "이는 비와 눈이 하늘로부터 내려서 그리로 되돌아가지 아니하고 땅을 적셔서 소출이 나게 하며 싹이 나게 하여 파종하는 자에게는 종자를 주며 먹는 자에게는 양식을 줌과 같이 내 입에서 나가는 말도 이와 같이 헛되이 내게로 되돌아오지 아니하고 나의 기뻐하는 뜻을 이루며 내가 보낸 일에 형통함이니라." 여기서 가장 중요한 것이 "내 입에서 나가는 말"이다. 이 단락에서는 하나님의 입에서 나간 발설 자체가 독립된 행위자로 행동한다. 하나님의 입에서 나간 말씀은 고대의 왕들이 보낸 사신 같은 역할을 수행한다. 명령을 수행하고 돌아온 하나님의 말씀은 대언자로 행동한 후 다시 자신의 원발설자에게 되돌아간다. 요한복음은 이 발설자의 뜻을 대리하고 대행하는 독립적인 말씀을 로고스라고 한다.

요한복음 1:1의 '말씀'이 바로 이런 의미의 말씀이다. 엔 아르케 에엔(ἦν) 호 로고스. '처음부터 대리하는 말씀이 있었다.' 로고스는 하나님의 뜻을 완벽하게 대행하는 대리자를 가리킨다. "태초"라고 번역된 "아르케"는 탈레스가 주도한 그리스 철학 이오니아 학파의 핵심질문이었다. 물(탈레스), 불(헤라클레이토스), 지수화풍地水火風(엠페도클레스), 원자(데모크리스투스), 정신(소크라테스) 등이 '태초 궁극자'라고 불렸다. 그리스 철학자들은 이 궁극자(제1원인)에서 2차적 파생 존재들이 나온다고 보았다. 이오니아 학파는 지구적 물질 안에서 궁극자를 찾으려고 했고 소크라테스는 '정신'에서 궁극자를 찾으려고 했다. 플라톤은 이 세상은 이데아의 그림자에 불과하며 존재하는 물리적 자연 배후에 궁극자로서 이데아가 있다고 보았다. 아리스토텔레스는 '만물을 구성하는 궁극자'를 제1원인이라고 부르고 나머지 존재들은 여기서 파생되는 존재라고 보았다. 이처럼 아르케 질문은 그리스인들에게 익숙한 질문이었다. 요한복음 저자는 그리스

철학의 핵심 쟁점에 대한 대답, 즉 만물의 궁극원인 아르케가 '로고스'라고 주장하고 있는 셈이다.[3]

1절의 둘째 소절은 로고스와 하나님의 관계를 말한다. 카이 호 로고스 에엔 프로스 톤 테온(καὶ ὁ λόγος ἦν πρὸς τὸν θεόν). 이 로고스는 하나님과 계속 함께 계셨다(에엔-에이미 동사의 미완료). 셋째 소절은 로고스의 정체를 말한다. 카이 데오스 에엔 호 로고스(καὶ θεὸς ἦν ὁ λόγος). '그리고 하나님이었다. 그 말씀도 계속 (하나님이었다).' 이처럼 1절의 세 소절 모두에서 에이미(εἰμί) 동사의 3인칭 단수 미완료형 에엔(ἦν)이 사용된다. 이는 로고스가 '중단 없이 계속 같은 상태를 유지하고 존재했다'는 것을 의미한다. '로고스가 태초부터 지금까지 존재하지 않은 적이 없고, 하나님과 함께 하지 않은 적이 없으며, 하나님이 아닌 적이 없다.'요 8:58; 10:30; 17:5, 11 하나님이 처음부터 지정의를 가진 인격적인 하나님이셨다면 성부 하나님이 말씀도 없는 상태, 즉 탈인격, 탈지성, 탈의지 상태로 존재한 순간이 단 한 번도 없었다는 뜻이다. 말씀은 아버지 하나님과 위격은 다르지만 처음부터 온전한 의미의 하나님이었다요 20:28는 것이다. 아버지 하나님이 계시는 바로 그때부터 아들 하나님도 존재했다는 의미다.

2절은 1절의 첫 소절과 둘째 소절을 합해 하나로 만든다. 후토스 에엔 엔 아르케 프로스[4] 톤 테온(οὗτος ἦν ἐν ἀρχῇ πρὸς τὸν θεόν). '이 분이 태초부터 하나님과 죽 함께 계셨다.' '함께'는 밀접한 연합in close union with을 의미한다. '함께 있었다'는 것은 '완벽한 공감 속에, 완전한 감정, 지성, 의지의 순환적 공유 속에 있었다'라는 뜻이다. 사도 바울과 네 복음서는 성탄절이 언제 시작되었느냐에 대한 질문에 약간 다른 대답을 내놓는다. 예수 그리스도께서 인류에게 결정적으로 중요한 일을 한 시점이 언제인가 하는 질문에 대한 답변들이 약간씩 다르다. 바울은 예수님이 못 박히셔서 3일 만에 부활하신 사건이 우리

요

에게 결정적으로 중요한 구원을 가져온 사건이라고 본다. 사도 바울은 그리스도를 '육체대로' 알지 않겠노라고 선언했다. "그러므로 우리가 이제부터는 어떤 사람도 육신을 따라 알지 아니하노라. 비록 우리가 그리스도도 육신을 따라 알았으나 이제부터는 그같이 알지 아니하노라."고후 5:16 반면에 베드로와 요한을 비롯한 열두 제자는 예수님이 십자가에 못 박히기 전에 육신을 입고 사신 예수님과 함께 많은 시간을 보냈기 때문에 육신을 따라 예수님을 많이 알았다.

사도 바울은 야고보와 베드로에게서 육신을 입고 사셨던 예수님을 배워서 알게 되었다. 3년 동안의 공생애는 별로 중요하지 않다고 생각한 바울은 십자가에 못 박히고 부활하신 예수님을 주로 강조했다. 즉 예수님의 3년 공생애는 십자가에 못 박히고 부활하신 그 사건에 비하면 아무것도 아니라고 말하는 셈이었다. 진짜 중요하지 않다는 것이 아니라 십자가에 못 박히고 부활하신 그 사건에 비하면 빛을 잃는다는 것이다. 태양계에 비유하면 기적을 행하고 귀신을 쫓아내셨던 일은 금성, 화성, 목성에 해당하고 십자가에 못 박히고 부활하신 사건은 태양이라는 것이다. 바울은 계시의 가장 밝은 부분은 예수님이 십자가에 못 박히셔서 우리 죄를 심판하신 사건이며 그가 다시 부활하여 우리 죄를 용서하신 사건이라고 본다. "예수는 우리가 범죄한 것 때문에 내줌이 되고 또한 우리를 의롭다 하시기 위하여 살아나셨느니라."롬 4:25 사도 바울은 '하나님의 아들'을 '하나님의 복음'이라고 보았다.롬 1:1 바울은 예수 그리스도께서 이 지상에 오셔서 사소한 일에까지 얼마나 하나님의 뜻을 순종하였는지를 세밀하게 기록하기보다는, 십자가에서 죽기까지 순종하고 부활하신 사건을 집중적으로 말한다. 사도 바울은 예수께서 십자가에 매달려서 죽기까지 하나님께 순종하신 사건, 부활하신 사건, 승천하신 사건, 그리고 성령께서 우리에게 오신 사건 전체가 하나의 성탄절 사건이라고 보는 것이다. 신약성경 가운데 가장 먼저 쓰인 바울의 서신을 읽은 다른 사도들이 '육체'대로 아는 예수님을 중심으로 성탄절 사건을 재구성하려고 시도하는 과정에서 복음서 장르가 탄생되었다.

베드로의 구술을 받아 기술한 마가의 복음은 예수님의 서른 살을 사실상 성탄절의 시작이라고 하였다. 예수님이 세례 요한의 세례를 받고 올라올 때 "너는 내 사랑하는 아들이라. 내가 너를 기뻐하노라"막 1:11는 말씀을 들었을 때부터 예수님이 하나님께 복종하는 하나님 아들의 공생애를 시작했다고 본 것이다. 바울 서신과 마가복음에 비추어 마태복음과 누가복음은 예수님이 태어난 순간부터 성탄절이 시작된다고 보았다. 두 복음서는 천사의 성수태고지에서 시작되어 베들레헴 구유에서 아기 예수가 태어남에 이르기까지, 그때부터 성탄절이 시작되었다고 본다. 그러나 마태, 마가, 누가복음의 경우 성탄절은 어디까지나 지상의 사건이었으며, 좀 넓게 확장하면 천사와 성 요셉 가족의 순종으로 가능해진 십자가 구원의 예비단계였다.

그런데 요한복음은 태초부터 계신 하나님의 아들이 아버지께 복종하는 사건부터 성탄절이 시작되었다고 본다. 천지만물을 창조하기 전부터 성탄절이 시작되었다는 것이다.[5] 요한복음은 태초 시점에 우리의 시선을 고정시킨다. 이 세상에 아무 피조물도 존재하지 않던 태초 시점이 성탄절 사건의 시원始原이라는 것이다. 태초부터 하나님과 가까이 함께 있던 말씀이 아버지 하나님의 뜻에 순종한 바로 그 시점이 성탄절 사건의 시원이다. 세상만물 창조를 위해 순종한 말씀은 마침내 육신을 입고 이 세상에 들어옴으로써 하나님께 순종했다. 1절과 2절의 '함께 있었음'은 하나님 아버지와 아들 사이에 존재했던 인격적인 교감을 표현한다. 하나님 아버지와 인격적인 교감을 나누는 독특한 아들 하나님에 대하여 빈번히 말하고 있는 요한복음의 모든 구절들은 1-2절의 후렴구인 셈이다.

3절은 창세기 1장 전체에 대한 해설을 집약한다. 판타 디아 아우투 에게네토, 카이 코리스 아우투 에게네토 우데 헨, 호 게고넨(πάντα δι᾿ αὐτοῦ ἐγένετο, καὶ χωρὶς αὐτοῦ ἐγένετο οὐδὲ ἕν. ὃ γέγονεν). '모든 것이 그를 통해 생겨났으며 그가 없이는 단 하나도 생겨나지 않았다. 그 생성된 것.'[6] 창세기에서는 "이르시되⋯⋯ 그대로 되니라"고 표현한 것을 요한복음은 독립적인 말씀이 아버지의 뜻을 받들어 성취했다고 말한다. 창세기에서 나오는 세상 모든 만물은 사실 이 대리적 말씀이 순종을 했기 때문에 만들어졌다. 1절이 말하듯이 아버지의 말씀을 완벽하게 성취하신 '말씀'도 하나님이다.

하나님 뜻을 완벽하게 대행하는 대리행위자를 그리스어로 '로고스'라고 부른다. 로고스는 그리스 철학에서 신과 인간 사이를 중개하는 반신적半神的 존재를 가리키는 단어다.[7] 그런데 요한복음의 로고스는 그리스 철학이 말하는 로고스의 의미에 더 깊은 차원을 추가해 로고스를 격상시킨다. 요한복음의 로고스는 그리스 철학에서와는 달리 신과 만물의 산술적인 중간자가 아니다. 그리스 철학의 로고스보다 요한복음의 로고스가 더 하나님 쪽에 가까운 중보자다. 또한 그리스 철학의 로고스는 자발적으로 신의 뜻을 행하는 인격적 순종자는 아니다. 이런 점에서 볼 때 그리스 철학의 '로고스' 개념이 요한복음을 처음 읽는 헬라인들에게 어느 정도 도움이 될 수는 있었겠지만, 요한복음의 '말씀'을 이해하는 데 충분하지는 않았을 것이다. 요한복음의 로고스와 그리스 철학의 로고스는 정확하게 같은 존재를 가리키는 것이 아니기 때문이다. 요한복음은 태초부터 하나님과 함께 있으며 하나님의 뜻을 수행하다가, 인간세상을 향한 하나님 아버지 뜻을 종말에 성취하기 위하여 육신을 입고 온 로고스를 강조하지만, 그리스 철학의 로고스는 결코 육신을 입고 인간 쪽으로 오는 일이 없다. 요한복음의 로고스는 성육신하는 말씀이라는 점에서 그리스 철학의 로고스와 결정적으로 다르다. 요한복음은 육신을 입고 오신 하나님의 아들 로고스의 이야기다. 요한복음 내내 예수 그리스도는 자신을 아버지께서 보내신 독생자the only begotten son, 獨生子라고 주장하며, 유대인들은 끝까지 예수님의 독생자 주장을 불신하고 배척한다.

요한복음의 가장 독특한 면은 나사렛 예수의 독생자 의식이다. 하나님 아버지 품속에 있다가 땅으로 내려온 독생자 의식이 예수님을 사로잡고 있다. "유대인들이 이로 말미암아 더욱 예수를 죽이고자 하니 이는 안식일을 범할 뿐만 아니라 하나님을 자기의 친 아버지라 하여 자기를 하나님과 동등으로 삼으심이러라."요 5:18 예수에게 있어서 너무 독특한 것은 하나님을 친아버지라 부른다는 사실이다. 그런데 자신이 아버지 하나님과 너무 가깝다고 느끼는 확신은 특권을 자랑하는 맥락이 아니라 순종을 다그치는 맥락이다. 예수가 하나님 아버지와 자기를 하나라고 말하는 모든 순간에는 특권이 아니라 순종 모티브가 부각된다. 예를 들어, 서울 중앙지방 검찰청장의 아들이 강남경찰서에 붙들려 수사를 받는다고 하자. 경찰조사를 거부하는 그 검사 아들이 '너 내가 누구 아들인 줄 알아'라고 소리지른다. 이때 검사 아들의 아버지 거명은 특권행사다. 그러나 예수가 자신을 하나님 아버지의 친아들이라고 말할 때는 유대인들이 생각하는 특권과 자기영화를 위해서가 아니라, 자기 목숨을 바치는 순종을 스스로에게 다그치는 상황이다. "나와 아버지는 하나이니라."10:30 유대인들의 엄청난 격분을 산 이 주장의 배경은 빌립보서 2:6-11이다. '그는 근본 하나님의 본체시나 하나님과 동등됨을' 강탈하려고 하지 않고, 아담처럼 '하나님과 동등됨'을 탈취할 것으로 여기지 아니하시고 '사람의 모양으로 나타나사 자기를 낮추시고 죽기까지 복종하셨으니 곧 십자가에 죽으셨다.' 사람의 모양으로 나타난 것도 엄청난 순종인데, 종의 형체를 가져 또 한 번 큰 순종을 드렸다. 이 순종의 궁극에는 저주받은 자의 죽음을 죽고 십자가의 비참한 자리까지 내려가는 순종이 있다. 이 삼중적인 낮추심과 순종이 예수가 하나님을 아버지라 부르는 맥락이다.

요한복음에는 거침없는 확신의 언어와 극한의 자기부인이 절묘하게 결합되어 있다. 요한복음 5:18, 10:30 외에 5:36-38도 이런 점에서 중요하다. "내게는 요한의 증거보다 더 큰 증거가 있으니 아버지께서 내게 주사 이루게 하시는 역사 곧 내가 하는 그 역사가 아버지께서 나를 보내신 것을 나를 위하여 증언하는 것이요 또한 나를 보내신 아버지께서 친히 나를 위하여 증언하셨느니라. 너희는 아무 때에도 그 음성을 듣지 못하였고 그 형상을 보지 못하였으며 그 말씀이 너희 속에 거하지 아니하니 이는 그가 보내신 이를 믿지 아니함이라."

4절은 말씀에 있는 생명과 그것이 사람들에게 가지는 의미를 말한다. 엔 아우토 조에 에엔, 카이 헤 조에 에엔 토 포스 톤 안드로폰(ἐν αὐτῷ ζωὴ ἦν, καὶ ἡ ζωὴ ἦν τὸ φῶς τῶν ἀνθρώπων). '그 안에 생명이 계속 있었으며 그 생명은 사람들의 빛이었다.' 4절의 두 소절 모두에 미완료 에엔(ἦν)이 사용된다. '예수 안에 생명이 없었던 적이 없으며 그 안에 있는 생명은 사람들의 빛이 아닌 적이 없었다.' '생명'이라고 번역된 조에(ζωή)[8]는 '생활'을 의미하는 단어다. 구약성경에서 조에(생명)는 창조주의 말씀에 응답하고 신뢰하고 순종하는 활동을 가리킨다. 하나님의 계명에 대한 순종이 영생(조에)이 되는 이유는, 하나님의 계명에 순종할 때 인간은 가장 큰 생기와 환희, 평강과 자유를 누리기 때문이다. 하나님의 계명에 대한 순종이 인간의 잠재력을 극대화시킨다. 그래서 레위기는 이렇게 말한다. "너희는 내 규례와 법도를 지키라. 사람이 이를 행하면 그로 말미암아 살리라. 나는 여호와이니라."[레 18:5] "너희는 귀를 기울이고 내게로 나아와 들으라. 그리하면 너희의 영혼이 살리라."[사 55:3] '산다'는 것은 생화학적 에너지 소비 활동이 아니라 하나님과의 언약관계에서 하나님의 뜻을 행하는 것이다. 하나님께 순종하는 행동이 '사는' 것이다. 하나님께 순종하는 순종의 화신인 말씀, 예수님이 걸어가는 길이 '산다'는 것의 정의를 보여준다. 산다는 것은 말씀이 하나님께 순종하듯이 하나님을 알고 공감하고 그 뜻에 순종하는 활동이다. 이것이 '말씀 안에 생명이 있다'는 선언의 의미다. 말씀 안에 있는 이 생명은 사람들을 어둠에서 이끌어내는 빛이다. 시편 36편도 유사한 사상을 증언한다. "진실로 생명의 원천이 주께 있사오니 주의 빛 안에서 우리가 빛을 보리이다."[시 36:9] 하나님과 밀접하게 교제하는 사람이 빛을 낸다. 이 빛은 물리적인 빛이면서도 영적이며 윤리적인 빛이다. 빛은 창조주 하나님과 태초부터 오랫동안 교제하던 말씀이신 그분이 발산하는 생명력이다. 세상은 하나님과 밀접하게 교제하는 말씀의 순종으로 지탱되고 있다.[히 1:3] 히브리서 1:1-3은 이 진리를 다음과 같이 표현한다.

> 옛적에 선지자들을 통하여 여러 부분과 여러 모양으로 우리 조상들에게 말씀하신 하나님이 이 모든 날 마지막에는 아들을 통하여 우리에게 말씀하셨으니 이 아들을 만유의 상속자로 세우시고 또 그로 말미암아 모든 세계를 지으셨느니라. 이는 하나님의 영광의 광채시요 그 본체의 형상이시라. 그의 능력의 말씀으로 만물을 붙드시며 죄를 정결하게 하는 일을 하시고 높은 곳에 계신 지극히 크신 이의 우편에 앉으셨느니라.

1-4절을 요약하면 태초부터 '말씀'은 하나님과 함께 계셨으며 하나님인 동시에 또한 하나님의 뜻을 집행하는 대리자였다[사 55:10-11]는 것이다. 우주에 존재하는 만물들은 하나님 아버지의 가슴속에 계획

으로 존재하고 있었다. 하나님 아버지의 마음속에 있는 계획은 말씀(아들) 하나님에 의해 완벽하게 실행되었다. '말씀'은 하나님 아버지의 우주/삼라만상 창조의 계획을 실제로 집행하시는 하나님이다. 말씀 하나님은 성부 하나님의 뜻을 완벽하게 대행하는 순종의 대리자다.

5절은 말씀 안에 있는 생명의 사역을 말한다. 카이 토 포스 엔 테 스코티아 파이네이, 카이 헤 스코티아 아우토 우 카텔라벤(καὶ τὸ φῶς ἐν τῇ σκοτίᾳ φαίνει, καὶ ἡ σκοτία αὐτὸ οὐ κατέλαβεν). '그리고 그 빛이 어둠 속에 비치고 있다.[9] 그런데 그 어둠은 그 빛을 꼭 붙잡지 못했다'[5절 카타람바노(καταλαμβάνω), 11절 파라람바노(παραλαμβάνω), 12절 람바노(λαμβάνω)]. 말씀 안의 생명은 어둠 속에 억류된 사람들에게 비치는 빛이다. 사람들의 어둠을 적극적으로 비추고 조명하고 폭로한다. 그런데 어둠은 빛을 강하게 붙잡지 못했다. 참 빛을 보고도 그 참 빛의 정체를 알아차리지 못했다. 빛의 조명사역을 받고도 그것이 빛임을 알아차리지 못했다.[10]

5절이 말하는 빛과 어둠의 조우는 창세기 1:2에 대한 해설이기도 하다. 창세기 1:2을 보면 어둠은 빛보다 먼저 존재하고 있었다. 하나님-어둠-빛의 순서로 나온다. 하나님이 창조하신 최초의 우주는 어둠이 깊은 물 위에 포개져 있던 질료였다. 하나님의 영(바람)이 어둠에 포박된 원시바다 위에 운행하고 있었다. 바로 이때 아무 의미도 없는 질료에 '빛이 있으라'고 명령하자 '빛이 창조되었다.' 하나님의 창조는 이미 존재하던 어둠을 대상으로 성취되었다. 어둠을 두려워할 필요가 없다는 뜻이다. 말씀 하나님은 '어둠'을 향해 빛을 불러내신 창조자이시기 때문이다. 현대우주론에 따르면 빛으로 가득 찬 우주에는 어쩌면 빛보다 먼저 태어났을 수도 있는 거대한 암흑물질이 있다. 암흑물질은 우주의 균형을 잡는 역할을 하거나 별들의 소멸과 탄생을 관장한다. 암흑물질로 가득 찬 우주에 하나님이 빛을 창조하여 지금 우리가 누리는 이 아름답고 광대한 우주를 운행하고 계신다. 빛은 피조물이 하나님께 인격적으로 응답하고 순종할 때 하나님의 인격 중심에서 방출되는 신적 영광의 일부다.[11] 어둠만으로 가득 찬 창세기 1:2 상황은 하나님의 성품을 반영하는 빛에 의해 극복될 질료다.[12] 이어지는 강해에서 밝혀지겠지만 예루살렘 성전체제에 기생하는 유대 당국자들과 하나님 나라에 대항하는 모든 지상의 중간 권력체들이 어둠이다. 어둠은 빛을 붙잡지 못한다. 받아들이지도 못하고 이해하지도 못한다. 예루살렘 대제사장들이나 헤롯 가문 분봉왕들, 바리새인들과 로마제국의 총독은 나사렛 예수의 행동을 이해할 수도 없고 공감할 수도 없고 사랑할 수도 없다. 그들은 악행을 행함으로 활력을 얻는 존재들이기 때문이다.

하지만 4절이 말하듯이, 말씀 하나님이 아버지 하나님과 누리는 친밀한 사귐이 어둠에 억류된 사람들에게 한 줄기 빛이 된다. 하나님의 성품을 닮고자 하는 강한 열망을 점화시킨다. 말씀 하나님 안에 있는 이 연합과 친교는 만물을 지탱시키는 에너지가 되고 빛이 된다. 앞에서 인용한 히브리서 본문은 하나님 보좌 우편에 앉아 계신 예수께서 하시고 있는 두 가지 일을 요약한다.[히 1:3] 만물을 붙들고 있는 일, 죄를 정결케 하는 일이 그것이다. 창세기는 어둠이 빛보다 더 시원적인(상대적으로 선재하는) 질서임을 인정하지만 하나님이 자유의지를 가지고 어둠 위에다 빛의 왕국, 생명의 왕국을 창조하기 시작했다고 선언한다. 매 순간 예수 그리스도가 하나님께 순종함으로 빛을 축적하여 빛을 방사하는 존재가 되듯이, 우리도 하나님께 매 순간 순종하여 빛을 방사하여 빛의 왕국을 만들어야 한다. '그리스도적 순종이 집적된 곳에 빛의 왕국이 창조되듯이 우리는 빛의 왕국 바깥을 에워싸고 있는 이 광막한 암흑물질로 가득 찬 어둠의 심연을 정복해가야 한다.' 이런 메시지가 창세기와 요한복음의 우주론에 들어 있다. 그럼 왜 전능하신 하나님은 우리가 이런 긴장 없이 처음부터 편안하게 살도록 우주를 만들지 않았을까? 하나님께서 어둠의 심연 같은 흑암 우주를 빛의 왕국으로 만드는 과정에 우리를 동역자로 부르시기 위함이다. 전능하신 하나님이 마치 인간의 동역이 필요한 것처럼 자신의 신적 전능성 일부를 감추고 계신다. 하나님은 이 하나님의 전능 억제의 여백에 인간을 동반자적인 능력을 발휘하는 우주적 동역자로 부르셨다.

그렇다면 말씀 안에 있는 생명이 어떤 방식으로 사람들에게 빛으로 비쳐오는가? 첫째, 하나님 말씀을 보면 말씀 안에 있는 그 생명의 빛이 비쳐온다. 예배와 기도, 찬양과 말씀묵상 도중에 전광석화처럼 양심을 밝히는 빛이 비쳐 어둠이 순식간에 극복된다. 둘째, 하나님 말씀대로 사는 성도들의 삶을 볼 때 빛이 비쳐온다. 허다한 믿음의 증인들이 보여준 믿음의 발자취들이 우리에게 빛이 된다. 어둠이 빛을 삼키는 금환식金環蝕과 같은 밤에도 빛은 절대로 어둠에 삼켜지지 않으며 종국적으로 어둠은 빛을 이기지 못한다. 때때로 하나님은 태초의 창조 순간처럼 우리 인생에 창조를 위한 배경으로 어둠을 깔아두기도 하신다. 빛의 조명을 받는 사람들의 강력한 사명감을 일깨울 만큼 충분한 어둠이 우리를 에워싸게 만듦으로써 우리가 그리스도적 순종의 모티브를 발견하도록 이끈다. 우리를 어둠의 역사에 집어던지는 것도 빛을 창조하는 그리스도의 순종을 재현하라는 초청이다. 우리는 이 겨레의 역사에서 어둠과 대면할 때마다 예수가 만났던 갈릴리 어둠의 역사의 지평을 생각해야 한다. 우리 신앙을 조롱하고 무의미하게 만드는 활개치는 폭력, 억제되지 않는 욕심들, 썩어버린 종교 등 이 모든 것이 어둠의 심연으로 우리를 에워싼다고 할지라도, 이 어둠의 심연을 향해 "빛이 있으라"고 명령하신 하나님을 믿는다면, 우리는 살아날 수 있다. 이런 때가 그리스도의 순종을 집적시킨 빛과 같은 인간들이 탄생하기 좋은 때다. 아버지 하나님과 밀접한 친교와 순종 속에서 생명력이 나온다. 예수 안에 있는 순종의 힘으로 집적된 생명 에너지야말로 사람들이 살아갈 힘, 즉 빛을 비쳐준다. 그리스도적 순종을 집적시키는 삶을 나날이 축적해가는 사람들 안에 예수의 생명력이 넘치는 것이고, 이 생명이 넘치는 사람들이 있는 곳곳마다 어둠은 물러가고 생명왕국이 창조된다. 그리스도적 순종의 집적자들은 태양광처럼 빛을 내고 에너지를 만든다. 그리스도를 많이 모방하는 사람들의 삶에서 우러나는 빛의 조명을 받아서 우리 또한 빛의 사람들로 살아갈 용기를 얻는다.

6-8절은 어둠의 세력이 어떻게 빛을 파악하지 못하고 깨닫지 못하는지 그 과정을 보여준다. 하나님이 보내신 예언자 세례 요한은 어둠 속에 비치는 빛의 증언자로 유대인들의 양심을 각성시키려고 왔다.[6절; 마 3:1-12, 막 1:4-8, 눅 3:3-14] 그는 빛이 아니라 참 빛의 증언자였다. 어둠의 세력은 참 빛의 증언자를 영접하지 못했다. 요한 그는 참 빛이 아니었으며 자신을 통해서 참 빛을 믿도록 증언했다.[7절] 세례 요한은 예수님이 공생애를 시작하시기 전에 길을 예비한 자였다. 모든 경건한 유대인들은 그를 예언자로 영접하고 대우했다. 그는 자신의 제자들을 예수님께 양도한 사람이었다. 그의 영향력은 엄청났고 거족적인 회개운동을 촉발시켰다. 로마제국과 헤롯 분봉왕들의 수탈체제를 가장 밑바닥에서 옹위하던 세리와 군병들, 그리고 창기들까지 회개운동에 동참할 정도였다. 사람들은 그를 빛으로 알았으나 한사코 그는 빛이 아니요 빛의 증언자라고 자신을 낮췄다.[8절] [13]

세례 요한의 증언을 받았던 참 빛[14]은 세상에 와서 모든 각 사람에게 비치는 빛이다. 개역개정은 "세상에 와서"의 주어를 '참 빛'이라고 보는데 원전에 따르면 '각 사람'이 '와서'의 주어라고 볼 수도 있다. 토 포스 토 알레디논, 호 포티제이 판타 안드로폰, 에르코메논 에이스 톤 코스몬(τὸ φῶς τὸ ἀληθινόν, ὃ φωτίζει πάντα ἄνθρωπον, ἐρχόμενον εἰς τὸν κόσμον). '참된 빛이 세상에 들어와 각 사람에게 비친다.' 혹은 '참된 빛이 세상에 오는 각 사람에게 비친다.' 두 번역 다 가능하다. 에르코메논(ερχόμενον)을 에르코마이(ἔρχομαί)의 중간태 남성단수 대격분사로 보면 후자로 번역된다. 바로 앞에 있는 대격명사인 판타 안드로폰(πάντα ἄνθρωπον)을 수식하는 분사다. 따라서 참 빛은 세상 안으로 들어오는 각 사람에게 비친다. 그런데 에르코메논은 중성단수 주격분사로도 간주될 수 있다. 이 경우 앞 소절의 포스를 에르코메논의 주어로 보는 개역개정처럼 번역된다. 전체 요한복음의 화법으로 볼 때 개역개정(전자)처럼 번역하는 것이 더 적합해 보인다.[15]

10절은 각 사람을 비춘 참 빛을 배척하는 세상을 말한다. 참 빛은 세상에 죽 계셨는데[에엔(ἦν)] 자신으로 말미암아 창조된 이 세상이 정작 그 참 빛을 알아보지 못했다. '세상에 계셨다'라는 문장에는 미완료동사 에엔(ἦν)이 사용되고, 10절의 마지막 소절의 불인지不認知 행위의 표현에는 '알다'를 의미하는 동사 기노스코(γινώσκω)에 부정어 우크(οὐκ)가 사용되었다. '몰랐다'는 의미다. 여기서 '몰랐다'는 행위는 단지 정보적 지식을 갖지 못했다는 말이 아니라, 공감하지 못하고 신뢰하지 못했다는 말이다. 참 빛을 공경하지 않고 배척했다는 말이다. 이때 '알지 못하다'라는 동사는 감정적 배척을 내포하는 전인적인 반응을 가리킨다. 참 빛은 자기 땅, 자신을 마땅히 알아야 할 자기 백성에게 왔으나 자기 백성이 참 빛을 영접하지[파라람바노(παραλαμβάνω)] 않았다.[11절] '알지 못하고, 영접하지 않는 행위'가 바로 5절에서 말하는 카타람바노(καταλαμβάνω, "깨닫지") 하지 않은 것을 의미한다. 유대인들의 예수님 배척은 자기 땅, 자기 백성에게 찾아오신 아버지 하나님을 배척한 행위다.

하나님의 아들 예수님을 배척한 유대인들은 예수님을 보내신 하나님 아버지를 배척한 것이다. 모든 예언자들을 통해 주신 하나님의 모든 요구를 실현하시는 분인 예수님을 배척하는 행위는, 예수님을 보내신 하나님 아버지를 믿지 않는 것이며 배척하는 셈이다. 5:38-39, 46은 참 빛에 대한 유대인의 배척을 집약적으로 표현한다. "그 말씀이 너희 속에 거하지 아니하니 이는 그가 보내신 이를 믿지 아니함이라. 너희가 성경에서 영생을 얻는 줄 생각하고 성경을 연구하거니와 이 성경이 곧 내게 대하여 증언하는 것이니라."[5:38-39] "모세를 믿었더라면 또 나를 믿었으리니 이는 그가 내게 대하여 기록하였음이라."[5:46] 구약성경은 이스라엘에게 주신 하나님의 모든 명령을 담고 있다. 하나님 아버지의 명령은 하나님 아버지의 뜻에 백퍼센트 순종해줄 아들을 상정하고 주신 것이다. 구약성경은 이상화된 이스라엘에게 주어진 하나님의 계명과 율법이다. 구약성경이 예수님께 대하여 증거한다는 말은 완전한 순종자가 나타나기를 예고하고 기대한다는 말이다. 그런데 자기 땅과 자기 백성인 유대인들이 하나님 아버지를 배척하고 거절한 것이다. "사람들이 자기 행위가 악하므로 빛보다 어둠을 더 사랑"했기 때문이다.[요 3:19]

12절에 반전이 일어난다. "영접하는 자 곧 그 이름을 믿는[16] 자들에게는 하나님의 자녀가 되는 권세를 주셨으니." 아직까지 "예수 그리스도"라는 말은 한 번도 언급되지 않았다. 12절의 "그 이름"은 "참 빛"을 가리킨다. 17절에 가서야 "예수 그리스도"가 언급된다. 참 빛의 이름은 '태초부터 하나님 아버지와 함께 계셨던 말씀, 만물의 창조자'이다. 세례 요한의 증언을 받고 등장한 참 빛이 태초부터 하나님 아버지와 함께 계셨으며 만물을 창조하신 하나님의 아들임을 믿는 것이 그의 이름을 믿는 것이다. 이름은 행위, 사역, 정체성을 가리킨다. 참 빛의 사역과 행위를 통해 그의 정체가 누군지를 믿고 아는 사람에게는 하나님의 자녀가 되는 권세를 주셨다. '주셨다'[에도켄(ἔδωκεν)]는 부정과거aorist 동사다. 하나님의 자녀들(테크나 데우, *τέκνα θεοῦ*)이 되는 권세는 구약성경에서는 나오지 않는 표현이다. '하나님의 자녀들'이 되는 권세는 네 가지다. 첫째, 하나님의 성품을 닮을 수 있는 권세다. 하나님 닮은 성품은 토플점수나 미적분 실력보다 훨씬 중요하다. 악한 성품의 소유자는 빨리 출세해도 출세의 무게를 감당하지 못하고 스스로 붕괴된다. 하나님을 닮은 성품, 즉 그리스도의 성품은 천문학적 가치가 있다. 둘째, 하나님과 친밀하게 동행하는 하나님의 자녀들은 신적 후견과 보호를 맛본다. 인생 도상에서 만나는 숱한 위기와 위험 속에서 누리는 신적인 보호와 견인은 엄청난 권세다. 셋째, 하나님 나라의 전위부대이자 그림자인 교회공동체에 소속되는 권세다. 이런 우애 넘치는 공동체에 참여하는 권세는 세상 어디에서도 얻을 수 없다. 넷째, 하나님 자녀들이 되는 권세는 궁극적으로 하나님 나라를 상속할 권세다. 참 빛의 이름과 정체를 영접하는 자들[람바노(λαμβάνω)]은 아브라함 때부터 약속된 하나님 나라를 상속할 적법한 자들이 된다는 말이다. 로마서 8:11-15은, 하나님의 자녀들은 하나님의 영을 받아 하나님을 아빠 아버지라고 부르는 자들이며, 하나님의 영의 인도를 받는 자들이라고 말한다. 이들이 바로 예레미야 31:31-34과 에스겔 36:25-28이 말하는 새 언약에 결속된 참 이스라엘, 이상화된 이스라엘이다. 새 언약에 묶인 이상화된 이스라엘이 되는 것이 하나님의 자녀들이 되는 권세이다. 권세는 순종의 의무와 세상을 통치하고 다스리는 통치권을 동시에 함의한다.

13절은 하나님의 자녀가 되는 과정을 설명한다. 하나님의 자녀가 되는 데에 혈통과 육정, 즉 사람의 뜻이 전혀 관여할 수 없다. 당시의 유대인들은 합당하게 할례받은 아브라함의 자녀이기만 하면 '영생'

을 상속할 것이라고 가르쳤다. 하지만 13절은 아브라함의 생물학적 후손들이 혈통과 육정의 기득권으로 하나님 자녀가 되는 권세를 누리는 것이 아님을 강조한다(눅 3:8 "속으로 아브라함이 우리 조상이라 말하지 말라"). '하나님께로부터 난다'는 것은 하나님이 주권적으로 눈을 열어주신 자들이 참 빛에 조명된다는 뜻이다.

14절은 요한복음의 중심주제를 말한다. 말씀이 육신[사르크스(σάρξ)]이 되었고 우리 인간 가운데 장막을 치셨다[에스케노센(ἐσκήνωσεν)]. 육체와 물리적 자연은 이데아 세계의 그림자에 불과한 것이 아니라 창조주 하나님의 영광을 수용할 용기容器다. 육체노동이나 자연과학적 법칙이나 원리 이 모든 것도 하나님의 영광이 드러나는 통로가 된다. 영에 비하여 항상 열등하다고 생각된 육체의 세계가 하나님의 영광이 머물 궁극적인 거소가 된다. 영혼을 가두는 감옥으로서 신을 만나기 위해 벗어버려야 할 짐이라고 생각되었던 육체야말로 신을 만나고 경험하는 거소가 되었다. 한 화학원소의 전자가 에너지 준위가 높은 N 오비탈에서 L 오비탈이나 그 이하의 오비탈로 이동하게 되면 그 과정에서 빛, 즉 에너지를 방출한다. 예수님은 엄청난 존재궤도 하강을 통해 신적 에너지를 대방출하셨다. 이 방출은 육신 안에 '장막을 치는 성육신'을 통해 이뤄졌다. '우리 가운데 거하셨다'에서 '거하다'라고 번역된 에스케노센(ἐσκήνωσεν)은 '장막을 치다'라는 동사 스케노오(σκηνόω)[17]의 부정과거 3인칭 단수다. 단 한번 일어난 과거사건을 묘사할 때 사용되는 부정과거형이 사용되었다. 하나님 아버지의 뜻과 명령을 태초부터 대행하던 말씀이 특정한 순간에 인간의 육체 안에 장막을 쳤다는 것이다. 육신의 세계, 사르크스(σάρξ)의 세계는 영을 가둔 '감옥'이라고 보는 그리스 철학과는 정반대로 하나님의 말씀이 들어와 안착하는 성스러운 영역이 되었다. 고대 이스라엘이 광야에서 장막을 치고 살았을 때,

하나님도 이스라엘 장막촌 한가운데 당신의 성막을 치셨다. 그 성막 안에는 여호와의 영광이 가득 찼다.출 40:34-35 제자들은 육신의 장막 안에 사는 참 빛의 정체를 알았고, 참 빛의 영광을 분광시켜보니 은혜와 진리였다는 것을 깨달았다. 은혜는 만신창이가 된 이스라엘을 재활복구시켜주며 이전의 지위를 다시 부여하시는 것이다. 은혜는 이전에 행해진 모든 허물들과 악행들을 더이상 단죄하지 않고 새롭게 출발할 수 있도록 재생시켜주는 것이다. 과거의 채무나 악행의 장악력에서 빼내 새롭게 출발하도록 돕는 것이다. 죄란 선을 행할 때 고통스러운 상태다. 죄 가운데 살면 선과 의를 행하는 것이 너무나 고통스러워 존재가 뒤틀리는 부자유를 느낀다. 진리는 아무리 억압적으로 보이는 율법도 아무런 속박감이나 억압감 없이 행하는 능력이다. 진리는 하나님께 지정의 면에서 총체적인 결속감과 유대를 느끼며 자유롭게 사는 것이다. 진리는 율법의 요구를 준행하는 데 아무런 저항감이 생기지 않는 상태다.

15절은 이 참 빛의 정체, 육신이 되는 말씀의 정체를 한층 더 근접하게 소개한다. 그 참 빛은 세례 요한이 '나보다 뒤에 오지만 나보다 먼저 계신 분'이라고 말하던 바로 그분이다. 그는 요한보다 늦게 등장했지만 요한보다 '먼저 계셨던' 분이다. 15절의 마지막 소절, 호티 프로토스 무 에엔(ὅτι πρῶτός μου ἦν)은 '그가 나보다 앞서 죽 계셨기 때문이다'라는 의미다.

16절은 세례 요한의 증언을 도입하는 이유목적절인 호티(ὅτι)절로 시작한다. 호티절 이하의 내용도 세례 요한의 증언 내용이다. 왜 참 빛이 세례 요한보다 먼저 계셨다고 말하는지 이유를 제시한다. 세례 요한이 '참 빛이 자신보다 먼저 죽 계셨다'고 말한 이유는 호티절 이하에 나온다. '그의 충만함으로부터 다른 이가 아니라 우리[헤메이스(ἡμεῖς)] 모두가 심지어[18] 은혜 위에 은혜를 받았기 때문이다.'

카린 안티 카리토스(χάριν ἀντὶ χάριτος)는 '은혜를 받은 뒤 또다시 연속적으로 은혜'를 누리는 지복至福을 묘사한다. 예수님이 발산한 충만한 은혜는 구약시대 때부터 이스라엘('우리')이 받은 연속적이고 지속적인 은혜를 생각나게 했다는 의미이기도 하다. 예수님을 영접한 사람은 영접한 순간부터 은혜를 받기 시작한 것이 아니라 이미 은혜 위에 은혜가 자신을 지탱해왔음을 일순간에 깨닫게 된다는 것이다.

17절은 처음으로 예수 그리스도를 언급한다. 율법은 모세로부터 주어졌고 은혜와 진리는 예수 그리스도를 통해 왔다. 예수 그리스도는 모세를 배척하지 않고 완성하러 왔음을 암시한다. 모세의 율법 안에는 은혜가 없다거나 구약성경은 인간의 죄를 단죄하고 심판하는 율법만으로 구성되어 있다는 말이 아니다. 따라서 17절은 모세의 권위 아래 있으면서 그리스도를 배척하는 세상, 즉 유대인들의 무지를 우회적으로 비판한다. 모세의 중심 기능이 거룩하신 하나님의 율법을 가르치고 율법을 어겼을 때 받게 될 징벌을 엄중하게 가르쳤다는 것을 강조하는 맥락이다. 이때 모세는 모세오경의 모세만을 가리키지 않고, '구약성경의 모든 예언자들을 총칭하는 대표자로서의 모세'이다(신 34:10; 참조. 신 18:18). 이스라엘은 모세의 율법 아래에서는 실패했다. 예수 그리스도가 왔을 때 이스라엘은 이민족의 지배 아래 '팔려 매인 백성'이었다. 하나님이 주신 땅에서 하나님의 율법대로 살고 싶어도 살 수 없는 예종된 속주민이었다. 예수 그리스도는 은혜로 이 죄의 속박 상태, 로마와 헤롯 분봉왕의 압제적 지배로부터 이스라엘 민족을 건져내어 쇄신시키려고 하셨다. 예수 그리스도는 하나님의 은혜로 이스라엘을 다시 하나님 백성으로 갱신시키려고 오셨다.

18절은 예수 그리스도의 정체를 단도직입적으로 소개한다. '아무도 하나님을 본 사람이 없다'는 말은 모세의 권위를 상대화하는 말이다. 그동안 모세는 하나님을 대면하여 말한 예언자였지만,신 34:10 그것은 그리스도가 보여준 하나님의 전체상에 비하면 너무 제한적이고 희미한 하나님 계시경험이었다는 것이다. 여기서도 우리는 구약과 신약, 혹은 율법과 복음의 극단적 대립을 상정해서는 안 된다. 은혜와 더 충만한 은혜의 비교를 봐야 한다. 시내산 율법 자체도 하나님의 선물이다.[19] 모세의 율법 자체도 하나님의 은혜의 선물인 언약의 일부이기 때문이다. 모세오경과 많은 시편은 구약의 모든 율법마저도 이스라엘을 자유케 하는 언약적 사랑의 표지임을 강조한다. 율법의 매개자인 모세도 은혜를 매개한 중보자였다. 또한 모세는 하나님과 얼굴을 맞대고 이야기하던 자요 최고의 예언자였다.신 34:10-11 하지만 이런 모세도 그리스도에 비하면 하나님을 본 자가 아니었다. 그는 하나님의 등을 본 사람이었다.출 33:23 모세를 포함해 구약의 어떤 예언자도 그리스도가 하나님을 본 것처럼 하나님을 본 적이 없다(출 33:20, "네가 내 얼굴을 보지 못하리니 나를 보고 살 자가 없음이니라").[20] 오로지 '하나님 아버지 품속에 영원 전부터 계속 있던[온 에이스 톤 콜폰 투 파트로스(ὢν εἰς τὸν κόλπον τοῦ πατρὸς)] 독생하신 하나님[모노게네스 데오스(μονογενὴς θεὸς)], 그[에케이노스(ἐκεῖνος), 예수 그리스도]가 하나님을 계시하셨다.' "나타내셨느라"로 번역된 엑세게사토(ἐξηγήσατο)는 '밝히 드러내다'를 의미하는 동사 엑세게오마이(ἐξηγεομαι)의 부정과거 3인칭 단수형이다. 하나님 아버지를 계시하신 사건은 단회적인 과거사건이라는 것이다. 예수님이 독생하신 하나님이라고 불리는 이유는 태초부터 하나님 아버지와 친교 속에 계셨고, 아버지의 뜻을 백퍼센트 성취하신 말씀 하나님이기 때문이다. 예수 그리스도처럼 자기를 낮추고 감춰 인간의 연약함을 함께 나누는 하나님이 이 세상을 창조하신 유일하신 참 하나님이다. 지상의 제왕을 닮은 권력과시적인 신들은 참된 하나님이 아니다. 예수 그리스도가 참된 하나님과 우상을 구별하는 결정적인 시금석이 되었다.

결국 18절은 1-2절이 말하는 '하나님과 함께 있었다'를 약간 다르게 표현하는 셈이다. 아버지 하나님 품[콜포스(κόλπος)]은 하나님의 가슴이다. 성부와 성자는 친밀한 사랑, 교감, 공감 속에 결속되어 있다.[21] 아버지 하나님의 뜻을 완벽하게 이해하고 공감할 수 있을 만큼 가까이 계신 아들 하나님의 자리가 아버지의 품속이다.[요 17:5]

참 빛에 대한 증언자 세례자 요한 ● 19-28절

이 단락은 세례 요한의 사역이 일으킨 파장과 요한의 정체를 자세히 보도한다. 예루살렘에서 보낸 공식조사단이 요단강 건너편 베다니로 찾아와 요한을 심문한 내용과 이 심문에 대한 요한의 답변이 이 단락에 기록되어 있다. 19절의 헬라어 원전 문장들은 개역개정과 순서가 다르다. 헬라어 원전의 첫 소절을 개역개정은 제일 뒤에 배치했다. '그리고 이것은 요한의 증언이다'라는 소절이 헬라어 구문의 문두에 나온다. '예루살렘의 유대인들이, (요한에게) 도대체 너는(쒸) 누구냐라고 묻도록 제사장들과 레위인들을 보냈을 때.' 쒸 티스 에이(σὺ τίς εἶ)라는 구문에서 2인칭 단수 대명사 쒸(σύ)가 독립적으로 사용되고 있다. 세례 요한의 사역이 끼친 영향력이 거족적으로 심대했기 때문에 성전 당국자들이 경악한 것이다. 그들은 세례 요한에 대한 전기적 정보를 캐물었던 것이 아니다. 거족적 회개세례운동을 펼칠 자격이 있느냐고 따지는 질문이었다.

세례 요한은 사독 계열 제사장 사가랴의 아들로서 경건한 집안 자손이었다. 누가복음 1:80에 요한에 관한 의미심장한 구절이 있다. "아이가 자라며 심령이 강하여지며 이스라엘에게 나타나는 날까지 빈 들에 있으니라." 20세기 중반까지 학자들은 "빈 들"이 무엇일까 많이 고민했다. '세례 요한이 빈 들에서 홀로 메뚜기와 석청을 먹고 살았다'는 마가복음 1:6의 의미를 파악하기 위해 고심했다. 그런데 1947년부터 1956년까지 세례 요한이 세례를 주던 장소에서 얼마 떨어지지 않은 쿰란(쿰란 키르벳)에서 상당량의 문서들이 발견되면서부터 세례 요한의 '빈 들'에 대한 해석이 새롭게 시도되기 시작했다. 그곳에서는 주로 성경필사본들과 성경해설서, 그리고 공동체 규약문서 등이 발견되었다. 열 개가 넘는 동굴들 항아리에서 많은 문서가 발견되었을 뿐만 아니라, 공동체 주거시설도 발견되었다. 그 공동체 주거시설 용도가 무엇이었는지에 대해서 많은 논쟁이 있어 왔고 아직도 진행 중이다. 첫째 가설은 군 요새고, 둘째 가설은 도자기 공장이다. 셋째 가설은 수도원 같은 공동체 본거지다. 최근에는 플라비우스 요세푸스가 일찍이 『유대 전쟁사』[22]에서 자세히 소개한 에세네파 유대인들의 거주지 혹은 문서보관소라는 가설이 우세해지고 있다. 쿰란 동굴에서 동일한 위도를 따라 진행하면 요단강이 나타나고, 요단강 건너편에 분봉왕 헤롯 안티파스가 건설한 마케루스라고 하는 큰 산성 궁전이 있다. 세례 요한이 이스라엘에 등장할 때까지 기다리던 곳, '빈 들'은 세례 요한이 세례운동을 전개하던 요단강 건너편 지역부터 쿰란 동굴 지역을 포괄적으로 가리키는 것으로 보인다. 세례 요한을 감옥에 가둬놓고 참수한 곳이 바로 마케루스 산성요새 궁성이었다. 마케루스 요새는 요한이 세례 사역을 전개하던 요단강 동쪽 베다니[요 1:28]와 가깝다. 세례 요한은 헤롯 안티파스의 학정(동생 아내를 가로채는 스캔들)을 탄핵하다가[막 6:18] 참수형을 당한다.[막 6:14-29] 이 사실은 세례 요한이 거하던 빈 들과 안티파스의 산성요새 궁전이 멀지 않았음을 시사한다. 또한 요단강 동편 베다니에서 멀지 않은 곳에 쿰란이 위치했다는 사실에 비추어볼 때, 세례 요한이 거하던 빈 들도 그가 세례운동을 펼쳤던 베다니에서 얼마 떨어지지 않은 곳에 있었음을 짐작할 수 있다.

이런 상황을 종합적으로 고려하면 세례 요한이 이스라엘에게 나타나는 날까지 거하던 빈 들은 쿰란과 마케루스 요새와 각각 가까운 장소였을 것이다. 그래서 그는 안티파스의 패륜에 대해 비교적 소상히 들은 후에 헤롯 안티파스에게 직접 대놓고 '동생의 아내를 취하는 것은 옳지 않다'고 책망했을 것이다.막 6:18 23 이처럼 세례 요한의 설교는 왕을 질책하는 데까지 이르렀으나 결국 자신의 목숨은 희생되었다. 왕까지 질책할 정도로 무섭고 예리한 요한의 설교를 들은 사람들은 영적으로 자기를 씻지 않고는 견딜 수 없는 상태에 도달했다. 그의 선포를 들은 사람들이 모두 모여들어 물에 들어가 회개의 세례를 받았다. 세례는 단지 씻는 의식이 아니라 죽고 다시 사는 의식이었다. 옛 자아가 죽고 새로운 자아가 창조되는 의식이다. 그 근거는 에스겔 36:25-26에 나온다. 세례는 '맑은 물을 뿌려서' 새 언약으로 결속시키는 통과의례였다. 세례 요한이라는 말보다 '침례자' 요한이라는 말이 그의 사역을 더 정확하게 규정한다. 그의 세례는 단지 물에 씻는 정도가 아니라 물에 잠기게 하는 사역이다. 침수 혹은 침례가 철저한 씻음을 위한 의식儀式이지만, 이 침례는 옛 자아가 죽고 하나님의 언약백성으로 자아를 갱신시키는 통과의례를 의미했다. 사도 바울은 출애굽 행렬에 나선 이스라엘 백성의 홍해 도강을 '세례' 받은 것에 비유했다("바다에서 세례를 받고").고전 10:2 결국 침례자 요한은 언약갱신의 자리로 이스라엘 백성을 소환하고 있었던 셈이다(겔 36:25; 비교. 출 19:10, 22; 24:8). 이스라엘 백성을 하나님의 언약백성으로 재활복구시키려는 급진적 단호함으로 무장된 세례 요한의 설교는 양심에 영적 충격과 경악을 불러일으키는 메시지였다.

본문에는 나오지 않지만, 공관복음서에는 세례 요한의 이 비상한 영적 감화력의 원천을 언급한다. 세 복음서(특히 누가복음)는 세례 요한이 하나님의 말씀이 진동할 때까지 빈 들에 있었다고 증언한다.[눅 3:1-6] "디베료 황제가 통치한 지 열다섯 해에", "본디오 빌라도가 유대의 총독으로" 있을 때, "안나스와 가야바가 대제사장으로 있을 때에" 그리고 헤롯 가문의 분봉왕들이 이스라엘을 분할지배하고 있을 때, '하나님의 말씀이 빈 들에서 사가랴의 아들 요한에게 임했다.' 여섯 명의 악한 통치자들이 세상을 농단하던 절망적인 시대에 세례 요한은 빈 들에서 하나님 말씀에 진동되었던 것이다. 세례 요한은 어두운 역사의 도가니에서 연단된 인물이다. 어두운 역사는 무엇인가? 어둠의 세상 주관자들이 다스리는 세상이다. 세례 요한은 디베료 가이사로부터 본디오 빌라도[24]를 거쳐 거짓된 종교지도자들과 토착착취자들의 다층적 통치질서가 자아내는 어둠을 온 몸으로 느꼈기 때문에 이사야와 말라기를 폈다. '너희는 광야에서 여호와의 길을 예비하라. 골짜기마다 돋우어지며 산마다, 언덕마다 낮아질지어다'라고 선포하여라. '우리 하나님의 대로를 평탄하게 하라. 여호와의 영광이 나타나고 모든 육체가 그것을 함께 보리라.' 이사야 40:1-6을 보는 순간 서른 살 청년 요한은 말씀에 사로잡혔다. 그리고 엘리야의 재림사역과 대회개사역에 관한 말라기 3-4장 예언이 그의 전 존재를 장악했다(3:1 '내 사자'; 4:5 '엘리야'의 회개사역). 그때부터 그 존재 전체가 이사야 40:1-6과 말라기 3-4장의 화신이 되었다. 어떻게 높은 산을 낮출까? 어떻게 깊은 계곡을 돋울까? 어떻게 지리멸렬한 이스라엘 백성을 하나님께 결속되고 서로에 대해 책임적으로 결속되는 언약 공동체로 창조할 수 있을까? 어떻게 아비의 마음을 자녀에게로 돌이키고 자녀의 마음을 아버지께로 돌이키는 거족적 회개사역을 일으킬까? 이런 질문으로 오랫동안 고뇌하던 요한에게 에스겔 36:25-28이 임했다.

> 맑은 물을 너희에게 뿌려서 너희로 정결하게 하되 곧 너희 모든 더러운 것에서와 모든 우상 숭배에서 너희를 정결하게 할 것이며 또 새 영을 너희 속에 두고 새 마음을 너희에게 주되 너희 육신에서 굳은 마음을 제거하고 부드러운 마음을 줄 것이며 또 내 영을 너희 속에 두어 너희로 내 율례를 행하게 하리니 너희가 내 규례를 지켜 행할지라. 내가 너희 조상들에게 준 땅에서 너희가 거주하면서 내 백성이 되고 나는 너희 하나님이 되리라.

즉 세례 요한은 이스라엘을 다시 한 번 시내산 언약체결 현장으로 소환하는 사역을 자신의 필생과업으로 정했다. 시내산에서 이스라엘 백성이 온 몸을 정결하게 하고 옷을 빨아서 여호와 하나님과 언약 상태에 들어가듯이,[출 19:11-15; 24:9, 11, 14-15] 요한도 이스라엘 백성을 깨끗한 물로 씻어주고자 했다. 이 회개의 세례운동이 그가 생각한 '주의 길을 예비하고 광야의 대로를 평탄케 하는 사역'이었다. 그가 회개의 죄 사함을 얻게 하는 세례운동을 펼쳤을 때 자신이 더러워졌다고 느꼈던 모든 사람들이 나아왔다. 심지어 예수님까지도 각자 자기 죄를 고백하는 이스라엘 사람들의 행렬에 참여해 함께 침례를 받았다.[마 3:6]

그러나 모든 사람들이 물에 빠져서 각자 자기 죄를 고백할 때 예루살렘 거주 유대인들만은 물에 들어가지 않았다. '예루살렘 거주 유대인들'[19절, 호이 유다이오이 엑스 히에로솔뤼몬(οἱ Ἰουδαῖοι ἐξ Ἱεροσολύμων)]은 아브라함을 자기 조상으로 믿는 강력한 선민의식으로[눅 3:8] 가득 찬 종교 엘리트들을 가리킨다. 그들은 로마총독과 정치권력을 나눠 가지면서 로마제국의 압제 아래서도 중간지배자로서 만족하며 사는 자들이었다. 로마의 학정과 분봉왕들의 수탈을 그럭저럭 견뎌내면서 이스라엘을 종교적으로 지배하는 데 만족하는 현상유지 세력이었다. 이런 유대인들의 핵심 구성원은 제사장들(사독 계열)과 레위인들, 장로들과 서기관들이었다. 특히 바리새인 출신 서기관들이 이 체제의 지식권력 기반을 제공해주었다. 그들은 불의한 권력에 저항하기보다는 기생하는 현실순응적인 지식인들이었다. 유대인들이 이런 중간지식인들을 요한에게 보내어 '네가 누구냐'고 심문한 것이다. '도대체 네가 뭔데 전 국민을 상대로 죄 사함을 얻게 하는 회개운동을 벌이느냐'는 힐문詰問이었다. 당시의 예루살렘 유대인들이 보기에는 거족적인 회개운동을 전개할 수 있는 이는 셋이었다. 첫째, 종말에 오실 메시아, 둘째, 말라기 4장이 예언한 엘리야, 셋째, 신명기 18:15이 예언한 모세적인 선지자였다. 결국 요한에게 '네가 누구냐'고 묻는 것은 '네가 셋 중 하나라도 되느냐'는 질문이었다. 더 축소시키면 '네가 그리스도라도 되느냐'고 물은 것이다.

20절은 세례 요한의 답변이다. 그는 드러내어 놓고 공공연히 '나는 그리스도가 아니다'라고 말한다. 21절은 '그럼 네가 엘리야냐'[25]라고 묻는 질문에, 요한은 '나는 엘리야도 아니다'라고 대답한다. 21절 하반절에서 그러면 '네가 신명기 18:15이 말하는 모세 같은 예언자냐'라고 묻는 말에, 요한은 '아니다'라고 답한다. 점점 대답이 단호하고 간결해진다.

22절은 예루살렘에서 파견된 조사단의 조바심을 드러낸다. '그러면 너는 도대체 누구길래 이런 거족적 회개사역을 펼치느냐? 너는 자신을 누구라고 생각하느냐? 우리를 보낸 사람에게 뭐라고 대답하면 좋을지 제발 알려 달라.' 23절에서 요한은 이사야 40:2-3로 답변을 대신한다. '나는 선지자 이사야의 말과 같이 주의 길을 곧게 하라고 광야에서 외치는 자의 소리로라.' 요한의 이사야 구절 인용은 그가 단지 40장만 염두에 둔 것이 아니라 40장 이하 전체의 드라마를 생각했다는 것을 의미한다. 이사야 40-66장은 시온과 예루살렘의 영적 갱신과 세계적 향도사명을 예고한다. '자신은 주의 길을 곧게 하라'고 외치는 광야의 전령이라는 것이다. 이사야 40장에서 광야는 길을 평탄케 하는 장소인 데 비해, 복음서에는 '외치는 자의 소리'가 외치는 곳이다. 요한은 광야에서 대로를 만들고 주의 길을 평탄케 하는 사역이 바로 광야에서부터 거족적인 회개운동을 일으켜 이스라엘 사회를 평탄케 하는 운동이라고 이해했다. 이 평탄화는 재산과 지위 등을 모두 일률적으로 평탄케 하는 강제적 평등화를 의미하지 않는다. 하나님의 영이 자유롭게 역사할 정도로 이스라엘 백성 각각이 하나님과의 언약관계 안에 결속되는 것을 의미한다. 거룩한 언약이 작동하는 사회에서는 일시적인 불평등과 빈부격차가 나타나도 자율적으로 해결될 수 있다. 요한의 세례운동은 이사야 40-66장의 이상화된 이스라엘 창조를 위한 준비작업이었다.

24절은 예루살렘 거주 유대인들의 배후에 바리새인들이 있었다고 말한다. 성전체제의 최고위층이 보낸 것이 아니라 입법 및 사법권을 가진 유대인 자치기구 산헤드린 중 바리새파 사람들이 보낸 것이다. 주로 대제사장들이 사두개파 출신이라면 바리새인들은 신학자들(서기관, 율법학자)이다. 요한의 회개운동이 과연 하나님이 추동하시는 것인지 신학적인 문제의식을 갖고 조사단을 파견했음을 알 수 있다.

25절은 순전히 바리새파 사람들의 질문이다. 바리새파 사람들이 보낸 조사단의 질문은 매우 신학적이다. '그리스도, 엘리야, 그리고 종말에 올 모세적 선지자도 아닌 네가 왜 물 속에 침수시키는 세례의식을 거행하느냐?' 질문의 요점은 세례가 아니라 자격이었다. 그들도 죄를 회개하라고 외치는 것을 반대하지는 않았지만 요한이 과연 그런 자격이 있는가에 질문을 집중시켰다. 26-27절은 그들의 질문에 대한 요한의 정곡을 찌르는 답변이다. '그렇다. 나는 물세례를 준다. 그런데 너희 중에 서 있지만 너희는 아직 알지 못하는 한 사람[26절]이 있다.' 공관복음서에는 '불과 성령으로 세례를 줄 것이다'라는 말이 이 '소개' 다음에 따라오는데, 요한복음에는 그 구절이 생략되어 있다. 세례 요한은 자신의 물세례가, 자신보다 후에 등장하지만 자신보다 차원이 높은 '다른 분'[27절]을 역사의 무대에 소개하는 예비과업임을 강조한다. 요한은 자신이 자신보다 후에 올 그 사람의 신발끈을 풀어드리는 몸종이 되는 것도 꿈꾸지 못할 정도라고 '그 분을 높이며'[눅 3:16] 자신은 낮춘다(눅 7:44의 발 씻을 물을 주는 노예 참조). 요한은 이 사람이 바로 세례 받는 군중 한가운데 이미 서 있다고 선언한다.

28절은 세례 요한의 세례에 대한 심문이 벌어진 장소가 요단강 건너편 베다니라고 말한다. 요단강 건너편 베다니는 예루살렘에서 5리 떨어져 있는 나사로의 마을 베다니와는 다른 장소다.[요 11:1, 18] 요단강 건너편이므로 요단강 동쪽 지역에 있는 마을이다. '아픈 사람들의 집'이라는 뜻을 가진 베다니는 아마 당시의 요양원이나 장기요양 마을을 가리키는 일반 명사였을 것이다. 베다니는 지역마다 있었을 가능성이 크다. 요한은 이스라엘의 영적 상황을 집약적으로 보여주는 '아픈 자들의 마을'인 베다니 근처에서 회개운동을 집중적으로 펼쳤다(또한 3:23 살렘 근처의 애논에서 세례).

세상 죄를 지고 가는 하나님의 어린양 ● 29-34절

이 단락은 26-27절에서 암시적으로 소개했던 예수님을 훨씬 더 명시적으로 소개한다. 29-36절은 자신의 측근 제자들에게 예수님의 정체를 알려주고 그들을 예수님께 넘기는 요한의 겸비를 주목한다. 예수님이 세례 요한에게 세례를 받은 이 사건은 예수님이 결정적으로 위기에 처할 때마다 호소했던 권위의 원천이다. 예수께서는 수난 주간의 한 날에 예루살렘 종교지도자들이 더럽혔던 성전을 소제하기 위하여, 이방인의 뜰에서 환전상들의 상을 뒤집어 엎고 대제사장이 독점적으로 공급하던 제물인 양떼와 소떼를 채찍질했다. 이때 예루살렘 성전 지도자들이 예수께 물었다. '무슨 권위로 이렇게 하는가?' 예수님이 역으로 되물었다. '세례 요한의 세례가 하늘로부터 온 세례인가, 사람으로부터 온 세례인가?'막 11:15-19, 27-30 종교지도자들은 대답하지 못했다. 세례 요한의 세례가 하나님께로부터 왔다고 하면 예수님을 하나님의 어린양이라고 소개했던 세례 요한의 선포도 믿어야 한다. 그런데 만약 사람으로부터 왔다고 하면 세례 요한을 예언자라고 믿고 있던 민중의 기대를 배반하기 때문에 제사장들은 곤경에 처하게 된다.막 11:30-32 세례 요한의 세례의 기원을 물었던 예수님의 질문의 요지는 세례 요한의 세례가 하나님으로부터 왔음을 믿는다면, 세례 요한이 자신에게 세례를 줄 때 예수님 자신이 들었던 말씀, "이는 내 사랑하는 아들이다"라는 하나님의 말씀도 받아들여야 한다고 주장한 것이다. 세례 요한에게 세례를 받고 올라오실 때 하나님으로부터 친히 들은 '이는 내 사랑받는 아들'이라는 선언이 예수님의 차후 모든 사역방향을 결정적으로 정위했다.

29절은 이튿날(요한이 예루살렘 조사단에게 조사를 받던 날을 기준) 예수께서 자기에게 세례를 받으러 오시는 것을 보고 요한이 외친 말을 담고 있다. '보라, 세상 죄를 지고 가는 어린 양[26]이다.' 마태복음 3:6-14이 이 상황을 어느 정도 부연설명한다. 나사렛 예수가 죄 사함을 얻게 하는 세례를 받으러 오자 요한은 당황한다. 자신이 오히려 예수님께 세례를 받아야 한다고 말하며 사양한다. 이때 예수님이 '자신이 세례를 받아 하나님의 의를 이루는 것이 중요하다'며 요한을 설득하여 세례를 받으신다. 요한은 이때 예수님의 장래 사역과 관련해 놀라운 영적 통찰력을 드러냈다. 예수님의 세례는 '세상 죄를 지고 가는 세례'다. 요한복음 3:26은 세례 요한과 예수님의 관계가 상당히 오랫동안 지속되었음을 가리킨다. 예수님은 요한과 요단강 저편에서부터 '함께 있었다'[에엔(ἦν)-에이미 동사의 미완료]. 세례 요한은 예수님을 오래전부터 알고 있었으며 이스라엘의 죄를 지고 갈 사람으로 보아왔다는 것이다. 이런 관찰의 바탕에서 하나님의 특별조명이 있었다. 세례 요한과 예수님은 상당히 오랫동안 교제하면서 이스라엘의 죄를 소거하고 이스라엘을 소생시켜주실 하나님의 역사를 열망하는 마음을 깊이 나누었을 것이다.

세례 요한과 예수님은 이스라엘이 '죄' 가운데 있다고 생각했다. 요한은 성령의 세례를 준비시키는 회개의 물세례운동을 전개하는 데서 자신의 사명을 찾았다. 그러면서 그는 예수님이 자기 백성을 죄에서 구원할 사명을 띠고 이 땅에 오셨다는 것을 알아차렸다. 이때 죄는 하나님께 순종하면서 은혜의 직립인간으로 사는 것을 방해하는 총체적 무능력 상태, 무의지 상태이다. 당시 이스라엘은 젊은 사람들이 정상적으로 직업을 선택하여 정상적인 생업활동을 영위할 수 있는 상태가 아니라, 죄를 짓고 살아갈 수밖에 없는 상태였다. 이것이 이스라엘이 죄 가운데 빠졌다는 말이다. 예수님은 이스라엘 젊은이들 중 일부는 일터가 없어서 세리가 되고 군병이 되며 창녀가 된 것을 아셨다. 누가복음 18장의 세리의 기도와 바리새인의 기도는 세리의 내면 풍경과 바리새인의 내면 풍경을 대조한다.[10-13절] "두 사람이 기도하러 성전에 올라가니 하나는 바리새인이요 하나는 세리라. 바리새인은 서서 따로 기도하여 이르되 하나님이여 나는 다른 사람들 곧 토색, 불의, 간음을 하는 자들과 같지 아니하고 이 세리와도 같지 아니함을 감사하나이다. 나는 이레에 두 번씩 금식하고 또 소득의 십일조를 드리나이다 하고 세리는 멀리 서서 감히 눈을 들어 하늘을 쳐다보지도 못하고 다만 가슴을 치며 이르되 하나님이여, 불쌍히 여기소서. 나는 죄인이로소이다 하였느니라." 바리새인의 기도 속에서 예수님은 자기 의로 가득 차서 일반백성과 자신들을 구별시키는 바리새인들의 종교적 교만, 즉 이스라엘을 분열시키는 탐욕과 배제의 논리를 보았다. 목수 일을 하는 동안에는 가난한 농민과 지주들 사이의 무서운 적대감을 보았을 것이다. 이방인과 이스라엘 사이에, 세리와 이스라엘 열심당원 사이에 존재하는 무서운 적대감도 보았다. 예수님은 갈가리 찢어진 언약 공동체의 참상을 보았다. 이런 상황에서 세례 요한의 세례운동은 거족적인 영적 정화를 촉발시켰다. 세리와 창녀까지 포함해 모든 사람이 요한 앞에서 죄 고백을 하며 세례를 받았을 정도였다. 예수님도 죄 고백 대열에 함께 있었다.[막 1:5] 이 모든 탐욕과 배제와 분리와 구별의식들, 그 모든 죄의 모순을 지고 가려고 예수님은 결단한 것이다. 죄 짓고 살 수밖에 없는 자들의 죄를 지고 갈 결단을 한 것이다. 세리와 열심당원으로 갈라진 백성이 화해할 수 있도록, 귀신에 사로잡히고 각종 질병에 걸려 누워 있는 저 무기력한 군상들이 일어나서 하나님을 찬송할 수 있도록, 오만한 종교지도자들이 회개하여 겸손케 될 수 있도록, 세리들이 토색한 것을 토해내고 민중의 친구가 될 수 있도록, 이스라엘이 열두 지파 언약 공동체로 회복될 수 있도록 자신이 모든 죄책을 지고 가기로 결단했다. 이 모든 죄를 당신이 져야 할 죄짐으로 영접하면서, 즉 죄를 자백하면서 요한의 세례를 받았다. 예수님은 세례를 받을 때 이스라엘의 죄악되고 찢긴 공동체의 참상을 고백한 것이다. 요한은 예수님이 이런 결단을 하며 세례 받기 위하여 "이튿날" 자기에게 나아오심을 보고 이르되 "보라, 세상 죄를 지고 가는 하나님의 어린 양이로다"라고 선언한다.[29절]

28절의 '이 일'은 유대인들의 조사단 사건인지 29절 이하를 가리키는지 분명하지 않다. 3:26에 의하면 후자를 가리키는 것으로 보인다. 29절은 예수님이 세례를 받고 나서 요한에게서 들은 증언이다. 이 깨달음은 세례 요한이 그동안의 깊은 교제 속에서 예수님에 대해 알아온 지식 외에 예수님이 세례 받던 상황에서 주어진 하나님의 직접계시로 도달한 결론이다. 탐욕과 배제와 갈가리 찢긴 공동체 참상과 이스라엘을 파편화시킨 죄를 자기가 뒤집어 쓸 것을 각오하고 이스라엘 공동체를 회복시키려는 결심으로 세례를 받으시는 예수님의 모습을 보고, 요한은 '나사렛 예수가 이스라엘의 죄를 지고 가는 하나님 어린 양'의 길을 걸어갈 것을 더욱 더 확신했다.

'아바, 아버지여! 나병환자 그 짐을 제가 지고 싶습니다. 귀신 들려서 짐승 소리를 내는 청년의 고통을 지고 가겠습니다. 탐욕스러운 세리들의 죄책감 끓어오르는 마음이 제 마음입니다. 간음하다 붙잡힌 여인의 마음, 돌로 쳐죽임을 당해도 마땅하다고 생각하는 자책감 깊은 여인의 마음, 그것이 제 마음입니다. 아버지, 저는 이들의 죄를 지고 싶습니다.' 이런 마음으로 기도하며 예수님은 요단강으로 뛰어들었을 것이다. 예수님은 이스라엘의 언약 공동체성을 파괴하는 모든 죄를 자신에게 전가시키는 기도를 하셨기 때문에 요한은 예수님에게서 "세상 죄를 지고 가는 하나님의 어린 양"의 모습을 직관했다.

예수님의 이 독특한 무한책임적인 자의식이 어떻게 생겨났을까?[27] 이렇게 무한히 자기에게 책임을 추궁하는 예수님의 태도가 어떻게 형성되었을까? 상당수의 심리학자나 정신분석학자들은 이런 심리를 자학적 심리구조라고 정의했다. 그들은 예수님이 당했던 가난과 박탈, 피압박 민족의식과 자기전가 심리 등에서 이런 심리의 기원을 찾으려고 애썼다. 이런 견해는 예수님의 무한책임적 죄책전가 심리를 부분적으로 설명할 수 있을지라도 심히 불충분한 설명이다. 히브리서 10:1-18이 예수님의 무한책임적 자의식을 가장 명료하게 석명한다. 시편 40편을 인용하는 히브리서 기자는 예수님이 구약성경 두루마리를 보고 거기에 적힌 이상적인 이스라엘의 길을 자신에게 적용했다고 본다.

> 1 율법은 장차 올 좋은 일의 그림자일 뿐이요 참 형상이 아니므로 해마다 늘 드리는 같은 제사로는 나아오는 자들을 언제나 온전하게 할 수 없느니라……. 4 이는 황소와 염소의 피가 능히 죄를 없이 하지 못함이라. 5 그러므로 주께서 세상에 임하실 때에 이르시되 하나님이 제사와 예물을 원하지 아니하시고 오직 나를 위하여 한 몸을 예비하셨도다. 6 번제와 속죄제는 기뻐하지 아니하시나니 7 이에 내가 말하기를 하나님이여, 보시옵소서. 두루마리 책에 나를 가리켜 기록된 것과 같이 하나님의 뜻을 행하러 왔나이다 하셨느니라. 8 위에 말씀하시기를 주께서는 제사와 예물과 번제와 속죄제는 원하지도 아니하고 기뻐하지도 아니하신다 하셨고 9 그 후에 말씀하시기를 보시옵소서. 내가 하나님의 뜻을 행하러 왔나이다 하셨으니 그 첫째 것을 폐하심은 둘째 것을 세우려 하심이라. 10 이 뜻을 따라 예수 그리스도의 몸을 단번에 드리심으로 말미암아 우리가 거룩함을 얻었노라……. 16 주께서 이르시되 그 날 후로는 그들과 맺을 언약이 이것이라 하시고 내 법을 그들의 마음에 두고 그들의 생각에 기록하리라 하신 후에 17 또 그들의 죄와 그들의 불법을 내가 다시 기억하지 아니하리라 하셨으니 18 이것들을 사하셨은즉 다시 죄를 위하여 제사 드릴 것이 없느니라.

히브리서는 레위기의 제사제도를 이용해서 예수님의 죽음이 새 언약의 성취라고 해설한다. 예레미야 31:31-34, 에스겔 36:25-26은 새 언약을 맺는 때에 이스라엘의 죄를 제하여 주신다는 약속을 담고 있다. 세상 죄를 지고 가는 어린 양은 새 언약을 위해 피를 흘리고 뿌리는 제물이다. 이스라엘은 매년 새 언약을 맺었다. 대속죄일은 이스라엘을 언약갱신의 자리로 불러내는 절기다. 세례 요한의 '세상 죄를 지고 가는 어린 양'이라는 어구는 대속죄일의 아사셀 염소를 가리킬 가능성이 있다. 1년에 한 번씩 이스라엘 모든 공동체의 죄를 지고 가는 대속죄일의 제물은 염소 두 마리다. 성전에서 피를 뿌리면서 도살되는 어린 염소와 세상 죄를 지고 산 자의 땅에서 끊어지는 죽음의 광야로 내보내지는 아사셀의 염소가 그것들이다. 29절은 이런 희생제물의 전통에서 유래한 언어적인 표현이다.

무한책임의 예수님의 자의식은 성령 받기 전부터 점차적으로 형성되었을 가능성이 크다. 그것은 갈릴리라고 하는 특수한 환경에서 나왔을 것이다. 많은 병자와 많은 귀신 들린 자와 많은 가난한 사람들의 피눈물에 빈번히 노출된 예수님의 동정심이 단련되었을 것이다. 굴욕과 비참에 노출된 인간들과 접촉하면 거대한 심리적 암괴巖塊가 형성된다. 혁명가들과 성자들은 이런 점에서 유청소년기나 인생의 의미 깊은 순간에 극단적으로 불우한 군상들과의 심층적인 조우를 경험했다는 공통점을 갖고 있다. 그 결과 거대한 결심이라는 심리적 암괴가 형성된다(성 프란체스코, 간디, 톨스토이, 성 다미엔 신부, 체 게바라, 마틴 루터 킹). 예수님은 갈릴리 나사렛이란 토양에서 박탈당한 자들을 오랫동안 지켜보며 자랐다.[28] 귀신 들린 자의 괴성, 병든 자의 탄식, 가난한 사람들의 아우성, 지주들에게 매맞는 소작인들의 피눈물, 독자의 장례식에서 우는 과부, 동전 한 닢을 찾기 위해 밤새도록 빗자루로 땅바닥을 쓰는 여인 등을 보고 자랐다. 이런 사람들 한복판에서 자라며 단련된 감수성이 예수님으로 하여금 거룩한 성령에 추동되어 대속적 고난을 감수할 하나님의 아들로 비약적 진화를 촉진시키는 실마리가 된다. 아씨시의 프란체스코도 동일한 경험을 했다. 움브리아 평원의 작은 마을 아씨시의 프란체스코는 원래 방탕한 청년이었다. 어느 날 클라라라고 하는 아름다운 소녀가 움브리아 깊은 산 속에서 나병환자들에게 빵을 갖다 주면서 돌보는 장면을 목격하고 영혼의 지진을 경험했다. 또한 부유한 포목상이자 방직업자였던 아버지의 지하 2-3층의 방직공장에서 비참하게 일하는 노동자들을 보면서 완전히 바뀐다. 그래서 헐벗은 사람이 되기로 작정하며 아버지가 사준 모든 옷을 벗어버리고 홀몸으로 가난한 자들 속으로 들어간다. 50세 이후의 톨스토이도 유사한 회심을 경험한다. 모스크바의 빈민가를 돌아보면서 자신이 살던 세계와 너무 다른 인간 이하의 삶을 보고 '가난한 자들'의 세계로 회심하게 되었고, 그의 소설들은 이 회심을 반영하고 있다. 굴욕과 가난을 자세하고 의미심장하게 관찰하는 사람들 속에서 성자가 나온다. 가난과 비참이라는 생의 원초적 아우성과 전혀 연결되지 않은 사람들에게서는 성령의 탄식에 공명하는 기도가 나오지 않는다. 죽음의 권세에 눌린 사람들 한복판에서 자란 청년 예수님은 동포들의 비참한 고난에 직면할 때마다 사무치게 하나님 아버지를 불렀다. 여기서 '세상 죄를 지고 가는 하나님의 어린양'이 탄생된다. 예수님은 인간의 고통에 대한 지속적 노출과 인간의 존재론적 취약성과 죄성에 대한 통전적 관찰을 하면서 그 문제를 해결하고 싶은 열망을 품고 키웠다. 그런 열망의 임계점에서 성령의 내림을 받는다.

30절은 26절을 이어받는다. 즉 세례 요한이 자신보다 뒤에 등장하지만 26절에서 말한 그 사람이 자신보다 더 우월한 존재라고 소개하는 이유는 그분이 자신보다 '먼저 계신' 분이었기 때문이다. 세례 요한보다 앞서고 먼저 계시다는 말은 하나님의 아들 예수의 신적 기원을 말한다. 31절에서 요한은 자신도 하나님의 어린양의 정체를 몰랐다고 고백한다. 하나님의 어린양으로서의 예수의 정체를 몰랐던 시기가 있었다는 말이다. 예수님이 요단강에 세례를 받으러 오기 전에도 예수님을 알았지만, 요한은 자신이 하나님의 어린양 예수를 알고 나서부터 물로 세례를 베푸는 사역을 착안했다고 말한다. 요한의 물세례운동의 목적은 하나님의 어린양을 이스라엘에 나타내려는 것이다.

32-34절은 세례 요한이 어떻게 예수님이 세상 죄를 지고 가는 하나님의 어린양, 즉 하나님께 순복하는 하나님의 아들임을 직관하게 되었는지를 알려주는 중요한 구절들이다. 예수님은 초기에 세례 요한의 세례운동에 가담하셨다.[3:26] 요한은 예수가 하나님의 아들인지, 세상 죄를 지고 갈 하나님의 어린양인지는 모르는 채 일정기간 알고 지냈다. 누가복음 1장에 따르면 세례 요한의 어머니 엘리사벳은 예수님의 어머니 마리아의 친척이었고 멘토였다. 엘리사벳은 마리아의 복중에 있는 태아의 운명을 알고 있는 듯이 말했다.[1:39-45] 이런 친척관계인 양가에서 태어난 요한과 예수가 서로 모르고 지냈다는 것은 불가능하다. 세례 요한이 '몰랐다'는 것은, 예수의 사명이 세상 죄를 지고 가는 하나님의 어린양이었다는 사실을 몰랐다는 것이다. 그런데 어느 순간에 예수의 정체가 이스라엘의 새 언약시대를 열 중보자인 것을 알고 그는 주의 길을 예비하는 물세례운동을 전개했다는 것이다.

31절에 따르면("나도 그를 알지 못하였으나") 세례 요한이 예수의 정체를 알게 된 시점은 세례운동을 개시한 시점보다 앞선다. 요한의 세례는 예수님의 성령세례, 새 언약시대 경륜을 위한 준비작업이었다. 32-33절은 세례 요한이 하나님께 받은 특별계시를 소개한다. 주의 길을 예비하도록 미리 보내신 하나님이 세례 요한에게, '누구든지 성령이 강림하면 그가 바로 성령으로 세례를 베풀 자'임을 계시하셨다.[33절] 이런 계시를 받은 요한은 성령이 비둘기처럼 예수에게 임하는 것을 보고 나사렛 예수가 바로 성령으로 세례를 베풀 자임을 알았다.[32절; 마 3:16, 막 1:10, 눅 3:22] 32-34절이 말하는 사건들을 순서대로 정리하면 이렇다.

- 세례 요한과 예수의 친척지우 기간(출생-30세까지)
- 세례 요한의 빈 들 수련시기
- 예수의 세례 요한 공동체 참여시기-이스라엘의 회복에 관한 긴 담화
- 이사야 40-66장 집중 묵상시기
- 세례 요한이 예수의 정체를 어렴풋이 깨닫는 시기
- 성령이 임하는 자가 베풀 성령세례, 새 언약시대가 개시될 것을 계시 받은 요한
- 이사야 40:2-3을 요절 삼아 주의 길을 예비하라는 사명 수납
- 자신의 뒤에 등장할 성령 세례자의 사역을 위한 물세례운동시작, 예수의 요단강 수세
- 성령이 비둘기처럼 예수에게 강림
- 예수의 소명 수납, "이는 내 사랑하는 아들"[사 42:1]
- 성령이 비둘기처럼 예수에게 강림하는 것을 목격
- 자신보다 뒤에 등장하는 예수가 성령으로 세례 주실 자임을 선포
- 29, 36절의 깨달음. '세상 죄를 지고 가는 어린양' 예수의 정체 선포

'성령이 비둘기 같이 하늘로부터 내려와서 그의 위에 머물렀더라.' 이사야 42장에 나오는 야웨의 종과 이사야 61장에 나오는 메시아에게 공통적으로 일어나는 일이 성령의 강림이다. 이사야 40-66장을 읽고 이스라엘을 회복할 하나님의 종은 성령의 내림을 받은 종이라는 기본인식을 갖고 있었을 요한에게 하나님의 직접 계시가 임했다. 예수에게 임한 성령은 목수 활동하면서 겪었던 불행한 사람들의 형편을 하나님 나라의 역동적인 현장으로 전환시키는 능력이 되었다.

먼저 성령의 강림을 경험한 예수님만이 성령으로 세례를 베풀 수 있다. 세례 요한은 에스겔 36:25-26을 통해 물세례와 성령세례가 순차적으로 일어나는 원리를 터득했을 것이다. 이것이 유명한 새 언약 구절이다. 하나님은 먼저 물로 깨끗이 씻은 다음에 성령으로 세례를 주심으로써 여호와의 율법을 행할 능력을 주신다. 성령세례는 야웨 하나님과의 언약적 결속감을 창조해 여호와의 율법을 준행할 능력을 제공한다.

26절이 강조하듯이, 세례 요한의 물세례운동은 자신보다 늦게 등장하지만 자신보다 먼저 계셨고 우월한 분이 성령으로 세례를 베푸는 것을 준비하는 것이었다. 즉 성령으로 세례 주실 분을 이스라엘의 공적 무대에 데뷔시키기 위함이었다.

34절은 요한이 예수를 공개적으로 하나님의 아들임을 선포하기 시작한 이유가 예수에게 성령이 임한 것을 보았기 때문이라고 말한다. 호티 후토스 에스틴 호 휘오스 투 데우(ὅτι οὗτός ἐστιν ὁ υἱὸς τοῦ θεοῦ). '바로 이 사람이 그 하나님의 아들'임을 증언했다. 세상 죄를 지고 가는 하나님의 어린양이 하나님의 아들이라는 등식이 어디에서 왔을까? 세상 죄를 지고 가는 어린양이 성령으로 세례를 주시는 자와 동일시되는 구약 본문이 어디일까? 세상 죄를 지고 가는 어린양이 하나님의 아들이며 세상 죄를 지고 가는 하나님의 아들이 또한 성령으로 세례를 주는 분이라고 명시적으로 말하는 구약본문은 없다. 세례 요한이 처음으로 양자를 각각 동일시했다.

초기 제자들을 모으시는 예수님 ●35-51절

35-51절은 예수님의 초기 제자 선택과정을 다룬다. 35-37절은 요한이 자신의 제자들로 하여금 예수님을 따르도록 양도하는 상황이

다. 앞 단락을 기준으로 그 다음날 요한은 두 제자와 함께 자신이 전날 선언한 예수님의 정체를 검증하기 위해 예수님의 사역현장을 직접 관찰할 기회를 가졌다. 요한은 두 제자를 예수님에게 넘겨주기 위해 일부러 예수님의 사역현장을 참관한 것이다. '서 있었다'는 동사 헤이스테케이(εἱστήκει)는 히스테미(ἵστημι) 동사의 3인칭 단수 과거완료형pluperfect이다. '서 있는' 동사의 주어는 요한이다. 요한이 의도적으로 두 제자를 데리고 예수님의 사역현장에 서 있었다. 36절은 29절을 반복한다. 29절에서 요한이 예수님의 정체를 세상 죄를 지고 가는 어린양이라고 밝힌 것은 성령의 내적 조명으로 인한 것이었고, 이번에는 자신의 전날 선언이 과연 옳았는지를 직접 현장에 와서 실사하는 상황이다. 34절의 "보고"[호라오(ὁράω) 동사]의 목적어는 '성령이 예수님 위에 내리는 것'이다. 그런데 36절에서 "보고"[엠블레포(ἐμβλέπω) 동사, 정면으로 응시하다]의 목적어는 '예수님의 거니심'이다[예수 페리파툰티(Ἰησοῦ περιπατοῦντι)]. '거닐다'는 동사는 페리파테오(περιπατέω)를 번역한 말이다. 페리파테오는 예수의 공적 사역과 그 방향을 가리킨다. 그가 취하는 길, 노선, 그가 만나는 사람들과 그의 일의 성격 등이 모두 페리파테오 안에 포함된다. 29절의 선언이 36절에서 재확인되었다. 예수의 공적 활동을 보니 그는 하나님의 어린양이라는 것이다. 이런 결론을 내리자마자 요한은 두 제자를 예수님에게 넘긴다.[37절] 37절의 헬라어를 직역하면 이렇다. '두 제자가 (예수에 대해 계속) 말해주는 그를 듣고 예수를 따랐다.' 요한은 예수에 대해 단 한 번 '보라, 저기 하나님의 어린양'이라고 외마디 선언을 한 것이 아니라, 그 선언이 무엇을 의미하는지를 '계속 말하고 있었다'[랄레오(λαλέω) 동사의 능동분사 속격 랄루운토스(λαλοῦντος)].

38절에서 예수님은 자신을 따르는 두 제자에게 단도직입적으로 물으신다. 복음서 문체에서 예수님의 발화 관련 동사는 대부분 직설법현재형으로 표현된다. 예수님은 여전히 '현재적 현존으로 말씀하시기에' 이렇게 쓴다. 예수님은 과거의 발화자가 아니라 지금도 교회와 제자들 안에 살아 계시는 영원한 현재 존재이기 때문이다. 예수께서 '말씀하신다'[레게이(λέγει)]. '너희는 무엇을 구하느냐?' 제자들은 되묻는다. '랍비여, 어디서 머무십니까?' '사시는 곳이 어디이며 주요 활동근거지가 어딥니까?' 이런 정도의 질문이다. 당시의 랍비들은 자신의 중심 본거지를 정해놓고 제자들을 받고 가르쳤다. 랍비는 본거지를 가진 공증된 제도권 교사이다. 예수님이 두 제자에게 무엇을 구하느냐고 물은 것은 재래적인 랍비의 가르침을 받고 랍비의 제자가 되는 일에 관심이 있느냐고 물어본 것이다. 랍비가 계시는 곳을 묻는 경우는 문하생이 될 결단을 했음을 의미한다. 스승과 동거동식할 결심이 선 제자들의 질문이기도 하다. 당시의 예수님은 나사렛에 머물고 계셨다.[요 1:46] 그래서 그는 '나사렛 예수'라고 불리었다.

39절은 예수님의 주소 답변이 아니다. 스승으로 삼고 싶은 분의 거처에 와 보고자 하는 두 제자를 예수님이 기꺼이 초청하신다. "와서 보라." 그 초청을 받은 두 제자는 예수님이 계신 데를 가서 보고 그와 함께 머물렀다. 예수께서 계신 데는 그가 머문 장소라기보다는 예수의 비전과 꿈을 경험할 수 있는 사역 및 활동 장소나 영역을 의미한다. 두 제자가 예수께서 계신 곳을 경험한 시각은 오후 네 시경이었다. 제자는 60년 이상 세월이 흘렀는데도 오후 네 시경이라는 시각을 정확하게 기억하고 있다. 이날이 영원히 기억되는 날이라는 의미도 된다.

40절은 독자의 궁금증을 해소해준다. 두 사람 중 한 사람은 아예 언급하지도 않고 요한복음 저자(사도 요한)는 나머지 하나가 시몬 베드로의 형제 안드레라고 말한다. 안드레는 헬라어 이름이다. 요한복음 12장에서 헬라인들을 접견할 때 앞장선 제자가 헬라어 이름을 가진 빌립과 안드레였다. 이 둘이 예수님을 뵙고자 하는 헬라 사람들을 앞장서서 예수님에게 소개하는 역할을 한다. 헬라어에 정통한 이스라엘 사람들이라는 뜻이다. 저자는 이미 시몬 베드로를 다 알고 있는 독자들을 상대로 복음서를 쓰고 있기에 시몬 베드로를 아무런 소개 없이 등장시킨다. 요한이 자기 형제 야고보를 찾아 예수님을 소개하는 상황은 기록하지 않고 베드로가 예수님을 처음으로 조우하는 장면을 소개한다. 요한복음이 기록될 즈음에 이미 베드로가 시성諡聖된 수首사도로 알려졌기 때문일 것이다.

41절은 안드레가 베드로를 일부러 찾아간 것으로 보도한다. "찾아"로 번역된 동사는 '발견하다'[휴리스코(εὑρίσκω)]의 직설법 현재 시제이다. "이 사람은 먼저 자기 형제 시몬을 발견하여[휴리스케이(εὑρίσκει)] 그에게 말한다. '우리가 메시아—번역하면 그리스도—를 발견했다'[휴레카멘(εὑρήκαμεν)]. 42절은 예수님이 베드로를 처음으로 대면하는 상황을 간략하지만 의미심장하게 보도한다. 예수님은 안드레가 데려온 시몬을 보고 나서[엠블렙사스(ἐμβλέψας)] 말씀했다. '다른 이가 아닌 바로 너는(συ) 요한의 아들 시몬이지만 다른 이가 아닌 바로 너는(συ) 케파스(Κηφᾶς)—번역하면 베드로, 반석—라고 불리게 될 것이다.' 2인칭 단수 대명사 쒸(συ)가 두 차례나 사용되고 있다. '너야말로'라는 강조적 표현이다. 시몬의 장래사명을 전광석화처럼 통찰한 것은 '보고' 나서이다. 엠블레포(ἐμβλέπω)는 '주의 깊게 관찰하다'라는 뜻이다. 엠블렙사스(ἐμβλέψας)는 엠블레포 동사의 부정과거 능동단수분사형이다. 베드로의 사람 됨됨이를 보고 평가한 것이다.

43-51절은 다음 날 갈릴리로 가신 예수님이 빌립, 나다나엘을 제자로 선택하시는 상황을 보도한다. 베드로를 만난 다음 날 예수님

은 의도적으로 갈릴리로 향하셨다. 44절에 비추어볼때 안드레와 베드로가 빌립을 만나보자고 권했을 것이다. 43절은 빌립을 만나러 일부러 갈릴리로 갔음을 시사한다. 43절의 헬라어 문장을 직역하면 이렇다. '다음날 예수께서 갈릴리로 가려고 소원하셨다[에델레센(ἠθέλησεν), 델로(θέλω) 동사]. 그리고 빌립을 발견하신다. 예수께서 그에게 말씀하신다. 나를 따르라.' 예수님의 발화행위는 여기서도 직설법 현재시제로 표현되어 있다. 예수님은 과거에 말씀하신 분이 아니라 지금도 살아계셔서 우리에게 말씀하신다. 복음서를 쓴 제자공동체에게 예수님은 현재에 살아계신 구주와 주이시기 때문에 현재형으로 말씀하신다.

예수님이 갈릴리에 가기 전에 어디에 계셨는가? 예수님은 갈릴리로 가기 전에 요한이 세례 베풀던 곳 요단강 건너편 베다니에 있었을 가능성이 있다.[1:28] 요한은 예루살렘에서 60킬로미터 떨어진 요단강 하류에서 세례를 베풀었다. 이 요단강 하류와 갈릴리는 160-200킬로미터 정도 떨어져 있는 먼 거리였다. 1:28-42까지에 기록된 일들은 요단강 건너편 베다니에서 일어난 일이라고 보아야 한다. 예수님은 세례 요한이 세례를 주던 장소에서 첫 제자들을 만나셨다. 세례 요한이 장기간 체류하면서 이스라엘 민족 구성원들의 죄를 회개하라고 다그치던 요단강 세례 현장에서 예수님의 초창기 제자들이 모여들었다. 안드레가 예수님을 만난 다음 날 바로 시몬을 예수님께 데려오는 것을 보면 시몬 또한 요단강에 가 있었음을 알 수 있다. 갈릴리 청년들이 약 160-200킬로미터 떨어진 곳에서 장기간 투숙하면서 세례 요한의 세례운동 현장에 있었다. 넓은 의미에서 시몬 또한 세례 요한의 제자군에 속한 인물이었다는 것을 알 수 있다.

예수님은 여기서 갈릴리로 북상하신 것이다. 아르키메데스가 목욕탕에서 '부력의 원리'를 깨닫고 유레카를 외쳤다고 하는데, 제자들은 예수님을 만난 후 유레카를 외쳤고, 예수님은 제자를 '유레카' 하시려고 갈릴리로 북상하신다. '예수님이 빌립을 발견하신다. 그리고 말씀하신다. 나를 따라오라.' 얼마나 간결하면서도 거침없는 확신의 언어인가! 이렇게 해서 빌립이 다섯 번째 제자가 된다. 빌립은 군소리 없이 따라간다. 예수님은 빌립을 만나더니 임의동행식으로 데리고 가신다. 이것은 예수님이 빌립을 처음 만나는 장면이 아닐 수 있음을 암시한다. 44절은 빌립이 벳새다 마을 사람이라고 말한다. "빌립은 안드레와 베드로와 한 동네 벳새다 사람이라." 예수님은 벳새다, 고라신, 가버나움 이 세 도시 상류층 사람들을 잘 알고 계신다. 목수 일을 하러 다니면서 직접 이 도시 사람들을 겪었을 것이다(참조. 마 11:21). 벳새다, 고라신, 가버나움은 갈릴리의 비벌리힐즈로서 헬라 문화를 즐기는 부자들이 많이 사는 곳이었다. 이처럼 예수님이 헬레니즘 문화가 횡행했던 벳새다 출신 청년 빌립에게 '나를 따라 오라'고 명령할 수 있었던 것은 둘이 오래전부터 서로 알고 지내던 사이였음을 염두에 둘 때에만 납득되는 상황이다. 예수님은 빌립을 이미 알고 계셨고 서로의 속마음을 털어놓았을 사이다.

45절 또한 현재직설법 문장이다. '빌립은 나다나엘을 발견한다[휴리스케이(εὑρίσκει)]. 그리고…… 그에게 말한다'[레게이(λέγει)]. 모두 현재형이다. 이번에도 똑같다. 빌립이 나다나엘을 의도적으로 찾은 것이다(휴리스케이). 빌립이 나다나엘을 의도적으로 찾아서 그에게 말한다. '모세와 예언자들이 율법에 썼던 바 된 그 사람을 우리가 찾았다.' 이때도 '발견했다'는 동사가 사용된다. 모세와 예언자들이 성경에서 말했던 그 사람을 우리가 찾았다[휴레카멘(εὑρήκαμεν)]. 여기서 우리는 빌립이 구약성경을 매우 많이 알고 구약성경을 메시아 대망의 관점으로 읽어온 것을 알 수 있다. 결국 메시아에 대한 열망이 고조된 청년들이 예수님의 제자가 되었다. 하나님은 성경에 기록된 하나님 구원역사의 다음 단계에 대해 골똘하게 묵상하는 사람을 불러내신다. 빌립은 모세오경과 예언서가 메시아 도래를 예고한 책이라는 것을 잘 알고 있다. 『괴테 자서전-시와 진실』 제3부에 이런 말이 나온다. "젊은 날 강력한 소망은 내가 바꿀 미래에 대한 비전의 선취다." 젊은 날의 강력한 열망은 미래에 내가 어떻게 될 것인가를 간절하게 미리 보여준다는 것이다.

모세와 예언자들이 말했던 그 나라에 대한 열망에 사로잡힌 갈릴리 청년 빌립 같은 사람에게 메시아의 제자가 되는 성스러운 소명이 임한다. 47-51절은 빌립의 친구 나다나엘이 빌립과 거침없고 돌발적인 말을 주고받은 후 예수님의 제자가 되는 상황을 소개한다. 빌립이 나사렛 예수를 '메시아'라고 소개했더니 나다나엘이 '나사렛에서 무슨 선한 것이 날 수 있느냐'고 되묻는다. 나다나엘은 빈촌 나사렛에 대해 부촌 벳새다 거주자의 편견을 표출한다. 나사렛은 이스르엘Jezreel 평야의 농토를 소유한 지주들의 땅을 경작하는 소작인들의 한촌寒村이었다. 나다나엘의 편견은 당시의 기준으로 볼 때 사실에 가까운 진술이다. 친구 나다나엘의 솔직한 말을 듣고 빌립은 '와 보라'고 초청한다. 에르쿠 카이 이데(ἔρχου καὶ ἴδε). "와서 보라." 선입견보다는 만남을 강조한다. 38절에서 이미 예수님이 같은 초청언어를 첫 두 제자(안드레와 요한)에게 한 번 사용하셨다. 그가 어디 사는지를 보지 말고 사람 자체를 직접 만나보라는 초청이다. 예수의 인격과 대면하라는 것이다. 오늘날에도 사람들은 어디 출신인지를 따지며 사람을 품평한다. 하지만 빌립은 예수님을 직접 만나 경험하고 알았기 때문에 나사렛 출신이라는 점이 나다나엘의 비위에 거슬릴 것을 알면서 '와서 볼 것'을 강조했다.

자신의 출신지 나사렛을 폄하하는 나다나엘에 대한 예수님의 첫 반응은 47절에 나온다. 47절의 첫 소절은 '예수께서 나다나엘이 자기에게 오는 것을 보셨다'라는 과거시제문장이다. 그런데 예수님이 '그에 관하여 말씀하신다.' '누구에게 대면해서 말한다'고 말할 때는 레게이 아우토(λέγει αὐτῷ)라고 한다. 그런데 여기서는 '관하여, 대하여'라는 의미의 전치사 페리(περί)가 추가되어 레게이 페리 아우투(λέγει περὶ αὐτοῦ)라고 표현되어 있다. 예수님이 '그(나다나엘)에 대하여' 말씀하신다. 예수님이 나다나엘에게 일대일로 말씀하신 것이 아니라 나다나엘을 두고 주변 사람들에게도 들으라고 하신 말씀이었다는 뜻이다. 이데 알레토스 이스라엘리테스 엔 호 돌로스 우크 에스틴(ἴδε ἀληθῶς Ἰσραηλίτης ἐν ᾧ δόλος οὐκ ἔστιν). '그는 진실로 그 속에 간사함이 없는 이스라엘 사람이다.' '이데'라는 말은 놀람을 피력하는 영탄발어사다. '놀랍다. 간사함이 없는 참 이스라엘 사람!' 이스라엘의 조상 야곱은 '간사함'이라는 결함을 가진 인물이었다. 그런데 나다나엘은 그런 조상의 치명적 결함을 상속받지 않은 이스라엘 사람이라는 것이다. 간사함이 없다는 말은 아첨하지 않는 직언성향을 가리킬 수도 있고, 남의 약점을 교활하게 이용하는 야곱적인 간사함을 상속하지 않는 이스라엘 사람이라는 것을 의미할 수도 있다. 전자라면 예수님이 나다나엘의 나사렛 폄하를 나사렛의 척박한 환경을 나다나엘이 객관적으로 평가했다고 인정하는 셈이다. 나사렛은 예수님 당시의 분봉왕이었던[눅 3:1] 헤롯 안티파스의 수도 세포리스 신도시 건설에 참여했던 목수, 석공들의 거주지였고 소작인들의 마을이었다. 유명한 랍비들이 사는 곳이 아니었다. 석공들과 소작인들이 모여 사는 나사렛에서 무슨 선한 것(토라 교육), 즉 나라에 유익한 사상이 나오겠느냐는 비아냥이었을 것이다. 후자라면 나다나엘이 남의 것을 속여 빼앗는 삶의 방식을 취하지 않고 자기의 땅을 경작해 자기 소출을 누리는 자유자작 농민이라는 뜻일 수도 있다. 이어지는 대화를 들어보면 후자일 가능성이 더 커 보인다.

48절은 나다나엘의 반응을 보도한다. '나다나엘이 말한다. 어떻게 나를 아십니까?' 이번에 예수님의 응답은 부정과거시제로 표현되었다. '네가 무화과나무 아래 죽 있을 때[온타(ὄντα), 에이미 동사 단수 분사대격)] 빌립이 너를 부르기 전부터 나는 너를 보았다.' 여기서 핵심은 '무화과나무 아래 있었다'라는 어구가 무엇을 의미하는지를 해명하는 것이다. 이 어구의 의미를 좀 더 분명하게 파악하려면 49절까지 고려해야 한다. 무화과나무 관련 대답을 듣자마자 나다나엘은 또다시 선문답 같은 대답으로 응수한다. "랍비여, 당신은 하나님의 아들이시요 당신은 이스라엘의 임금이로소이다."

47-49절 전체가 다소 어려운 구절들이다. 무화과나무, 참 이스라엘 사람, 이스라엘의 임금, 하나님의 아들 등 신학적으로 묵직한 언어들이 갑자기 줄줄이 터져 나온다. 이 단어들을 정당한 맥락 안에서 이해하기 위해서는 이스라엘의 구원역사에 내장된 암호를 풀어야 한다. 첫째 암호는 "무화과나무 아래에 있을 때"라는 어구다. 무화과나무는 이스라엘의 대표적인 유실수이며 예레미야 24장에서 이스라엘 백성을 가리키는 비유로 등장한다. 무화과는 이스라엘의 상징나무이다.[29] 또 스가랴 3:10, 열왕기상 4:25, 미가 4:4 등에서는 '무화과나무 아래 있다'는 말이 관용적 표현으로 사용되고 있다. 이스라엘 자유자경 농민들이 약탈 당할 위협 없이 자기 소출로 편안히 사는 모습을 '무화과나무와 포도나무 아래서 산다'고 표현한다. 무화과나무 아래 있다는 말은 나다나엘이 자기 땅을 가지고 농사짓는 자작자경 이스라엘 사람임을 의미할 수 있다. 나다나엘은 이스라엘 자유농민으로서 하나님 나라를 열망하는 사람이라는 것이다.

이 해석과 유사하면서도 약간 다르게 해석하는 책은 유대인 랍비들의 전도서 주석서다.[Ecclesiastes Rabbah 5:15] 이 책은 '무화과나무 아래 있는 것은 메시아를 대망하면서 성경을 공부하면서 묵상하고 있는 모습'이라고 해석한다.[30] 이 두 해석을 종합해보면 '어떤 사람이 무화과나무 아래 있다는 말은 메시아가 오셔서 모든 사람에게 땅을 고루 나눠 줄 시대를 앞당기기 위하여 말씀을 간절히 읽는 상황이라고 해석할 수 있다. 여기서 간사함이 없다는 어구는 새롭게 해석될 수 있다. 무화과나무 아래에 있다는 말은 상거래를 하며 협잡꾼처럼 살지 않고 자기 땅을 일구고 사는 농민으로 살아간다는 뜻도 된다.[31]

이렇게 해석하지 않으면 그 다음 구절이 해석되지 않는다. '당신은 하나님 아들이요 이스라엘의 임금입니다.' 이 말은 곧 '당신은 무화과나무 아래에서 메시아 시대를 대망하는 우리 같은 이스라엘 자유농민들을 다스리는 다윗왕 같은 이상왕입니다'라는 의미다. 이스라엘의 임금이면서 동시에 하나님의 아들로 불리는 왕들은 다윗왕과 그의 후계 왕들이다.

48-49절을 쉽게 풀면 이렇다. '당신은 내가 무화과나무 아래 있을 때 무엇을 열망하는지를 간파하셨습니다. 당신은 내 마음속에 하나님 나라에 대한 열망이 들끓는 것을 보았습니다. 당신은 이미 내 마음을 다스리기 시작하셨습니다. 당신이야말로 나 같은 이스라엘 자유농민의 왕이십니다.' 이스라엘의 자유농민인 나다나엘에게 예수님은 다윗과 솔로몬 시대를 재현할 이상왕이었다. 이 말은 객관적인 예수님에 관한 진술이라기보다는 예수님이 주신 충격을 표현한 말이다.

이렇게 예수님의 초창기 제자들이 확보되었다. 예수님은 제자들을 모을 때 강력한 계시의 힘으로 하나님 나라에 대한 열망을 고조시켜 모았다. 예수님은 무화과나무 아래 앉아 있는 농민들의 희망으로 떠오르는 왕이고 사람의 마음에 파고 드는 왕이다.

50-51절은 나다나엘의 기대감을 고조시키는 말씀이다. 처음으로 아멘을 문두에서 반복하신다. 50절을 직역하면 이렇다. '그리고

그가 그에게 말씀하신다.' 아멘 아멘 레고(ἀμὴν ἀμὴν λέγω). '내가 진실로 진실로 너에게 말한다. 너는 이제 하늘이 열리는 것을 볼 것이다. 그리고 하나님의 사자가 인자[32] 위에 오르락내리락 하는 것을 볼 것이다.' 이 구절이 매우 중요하다. '하늘이 열린다'는 말뜻은 이사야 64장, 에스겔 1장, 그리고 「희년서」와 같은 신구약 중간시기 문서들에 나온 표현이다. 하늘이 열린다는 말은, 말라기부터 세례 요한까지 400년 동안 닫혀 있었던 하늘계시가 열린다는 의미다. 이스라엘의 구속사적 사명 성취에 대한 하나님의 기대감이 밝혀 알려지고 강권적인 구원 간섭이 시작된다는 말이다. 앗수르 제국과 바벨론 제국, 페르시아, 그리스-로마제국 등에게 갈가리 찢겼던 이스라엘 민족을 하나님이 어떻게 돌보시고 집중적으로 사랑하시는지가 예수님 안에서 그리고 예수님을 통해서 온 천하에 알려진다는 말이다. 하늘이 열리면 앉은뱅이가 일어설 것이고 눈 먼 자가 다시 볼 것이며 죽은 자가 살아날 것이며, 엄청난 구원의 파도가 밀려올 것이다. 이 엄청난 구원을 매개하는 자가 인자다.

51절의 인자는 고난의 순종을 통하여 하나님의 통치를 이 땅에 펼치는 중보자다. 요한복음에서 열세 번 쓰인 인자는 종말론적 사역을 수행할 예수님 자신을 가리키는 호칭이다. 인자는 고난 어린 순종을 통하여 하나님 통치와 하나님 뜻을 이 땅에 펼치는 메시아의 별칭이다. 그는 야곱적 이스라엘의 중보자로서 야곱 이상의 천사적 중보사역을 행하실 것이다. 그래서 야곱의 사닥다리에 오르락내리락하던 천사들의 사역보다 더 위대한 사역을 나다나엘은 보게 될 것이다. 천사는 예수님의 절대 순종을 도와주며 하나님의 뜻을 대리하고 매개하는 중보자들이다. 야곱의 천사들이 보호의 천사였다면, 하나님의 사자는 예수님이 인자의 십자가를 지고 하나님께 순종하도록 도와주는 격려의 천사들이다.[마 4:11] 야곱의 밧단아람 종살이 내내

도와주고 가나안 복귀여정을 도왔던 천사들의 사역이 격려사역이었듯이, 인자 위에 오르락내리락하는 천사들은 인자가 십자가의 길을 걸어가도록 돕고 격려한다.

메시지

세상의 모든 모순이 내 죄 때문이라고 생각하는 하나님의 어린양 같은 사람만이 공동체의 죄를 없애거나 약화시킬 수 있다. 죄는 생물처럼 에너지와 질량을 갖고 움직인다. 죄는 스스로 소멸되지 않되, 다만 약화되거나 잠시 망각될 뿐이다. 112퍼센트에 달하는 주택 보급률에도 불구하고 우리나라에 집 없는 사람이 많은 이유를 집에 대한 자신의 탐욕 때문이라고 생각하는 사람이 하나님의 어린양이다. 이 세상에 불공평 때문에 아우성치는 사람이 많은 것은 내가 탐욕과 배제의 논리에 안주하여 살았기 때문이라고 생각하는 사람이 세상 죄를 지고 가는 어린양이다. 대한민국의 세상 죄를 지고 가기 위해서 예수님이 다시 성육신해야 할까? 예수님이 다시 한 번 하늘보좌에서 내려와야 할까? 아니면 예수님의 영으로 가득 찬 하나님의 자녀들이 세상 죄를 지고 가는 어린양의 길을 따라가야 할까? 성경은 우리 그리스도인들이 예수님처럼 침수하여 세례를 받고 세상 죄를 지고 가는 어린양 예수의 제자가 되기를 촉구한다. 우리가 예수의 영을 받아서 세상 죄를 지고 뚜벅뚜벅 걸어가면 그 일은 예수님이 하늘에서 하신 일이 된다. 이렇게 예수님을 본받는 것이 예수님께 의존하는 신앙이다. '그렇지 않고 한국사회의 모든 죄를 다시 예수님의 어깨 위에 지우며 다시 한 번 십자가에 못 박혀 주십시오'라고 기도하는 것은 노예적 의존이다. 자기 실천의 책임을 방기한 채 모든 것을 예수님께 맡겨버리는 신앙은 지극히 잘못된 의존이다. 프리드리히 니체는 이런 잘못된 의존을 매우 격렬하게 반대했다. 어떤 점에서 니체는 기독교의 본질을 제대로 이해했다.[33] 니체는 모든 것을 신에게 맡기고 실천하지 않는 완악한 기독교인을 공격했다. 그는 예수가 기독교인이 아닌 것이 다행이라고 생각했다. 참된 기독교인은 예수밖에 없다고 주장했다. 그는 기독교인들이 모든 것을 예수에게 맡겨버리고 아무것도 하지 않는 사태를 병든 신앙임을 갈파했다. 니체보다 한국의 많은 그리스도인이 옳다고 볼 수 없다. 믿음은 의존이고, 의존은 모방이다. 예수님을 믿는다는 것은 예수님을 모방하고 자기 죄악과 투쟁하는 것이고, 세상 죄를 지고 가는 어린양의 길을 따라가는 것이다. 지금 대한민국 사회를 죄 중심으로 재구성하여 재인식하는 것이 바로 예수님과 같은 인식이다. 참된 기독교 신앙은 하나님의 영으로 충만하여 하나님의 자녀답게 모든 죄책을 자기에게 전가시키는 하나님의 어린양 예수님의 발자취를 따라 걷는 것이다. 이것이 예수님을 의존하는 것이고, 예수님을 믿는 것이다.

예를 들어보자. 7천만 원 빚진 동생에게 형이, '아우야, 내가 네 7천만 원 빚을 갚아줄 테니 빚 채무증서를 나에게 써 달라'고 말할 때 동생은 짐이 가벼워진다. 대신 7천만 원 채무변제의 짐은 형에게로 전가된다. 죄 질량 불변의 법칙이다. 죄는 질량과 에너지를 갖는 물리적 실체다. 한 사람의 짐이 없어졌다면 그것은 소멸된 것이 아니라 전이된 것이다. 우주 안에 있는 모든 질량과 에너지는 불변한다. 예수님이 세상 죄를 지고 우주 바깥에다 버리는 것이 아니다. 예수님 자신이 그것을 지고 있는 것이다. 세상 죄를 지고 가는 어린양이 그 짐을 어디에 하역할까? 죄짐의 최종 하역처가 예수님 자신이다. 마태복음 8:14-17이 이 진리를 요약한다. 예수께서 베드로의 장모 열병을 그녀의 손을 만져 고치셨다. "열병이 떠나" 갔다.[마 8:14] 마태복음 8:17은 이 열병을 예수님이 대신 지고 갔다고 말한다. "이는 선지자 이사야를 통하여 하신 말씀에 우리의 연약한 것을 친히 담당하시고 병을 짊어지셨도다 함을 이루려 하심이더라." 예수님은 마가복음 2장에서 사죄 선언을 통해서 채무증서를 가져가신다.[2:10-11] "'인자가 땅에서 죄를 사하는 권세가 있는 줄을 너희로 알게 하려 하노라' 하시고 중풍병자에게 말씀하시되 '내가 네게 이르노니 일어나 네 상을 가지고 집으로 가라.'" 중풍병자가 침상을 번쩍 들어서 치유를 맛본 그 순간에 중풍병자의 온 몸을 비트는 마비와 무기력은 예수님에게 전가됐다. 예수님의 진정 가득 찬 말은 죄악의 사슬에 묶여있는 사람을 푸는 신비한 신적 능력이 있다.

마가복음 5장에는 12년 동안 혈루병 걸린 여인이 예수께 나아와 옷자락을 잡고 치유를 맛본 사건이 기록되어 있다. 그때 예수님은 여인이 자신의 옷자락을 잡았을 때 '내 능력이 빠져나갔다'고 말씀했다.[30절] '내 몸이 현기증을 느낄 만큼 능력이 빠져나갔다.' 이것이 바로 짐을 져주는 행위다. 순간적으로 엄청난 짐을 지는 행위가 바로 혈루병 여인의 몸을 고치는 행위다. 이것이 바로 세상 죄를 지고 가는 어린양의 사역이다. 우리의 수치감과 연약함을 예수님이 져주시지 않으면, 하나님께 순종하고 싶어도 순종할 수 없는 총체적 무기력으로 전락한다. 예수님이 우리의 죄짐을 지고 가 주셔야만 내가 은혜의 직립인간이 될 수 있다. 레위기 26:13은 하나님의 구원이란 은혜의 직립보행자가 되게 만드는 것임을 분명히 말해준다. "나는 너희를 애굽 땅에서 인도해 내어 그들에게 종된 것을 면하게 한 너희의 하나님 여호와이니라. 내가 너희의 멍에의 빗장을 부수고 너희를 바로 서서 걷게 하였느니라." 이렇게 은혜의 직립보행인이 된 이후에 우리는 다른 사람의 짐을 져 줄 수 있다. 하나님이 우리의 짐을 대신 져주시므로 우리는 자유인이 되어 다른 사람의 짐을 져줄 수 있다. 그래서 바울은 "너희가 짐을 서로 지라"고 권면한다.[갈 6:2]

요

2장.

물을 포도주로 변화시킨 예수님의 첫 표적

2

1 사흘째 되던 날 갈릴리 가나에 혼례가 있어 예수의 어머니도 거기 계시
고 2 예수와 그 제자들도 혼례에 청함을 받았더니 3 포도주가 떨어진지라.
예수의 어머니가 예수에게 이르되 저들에게 포도주가 없다 하니 4 예수께서 이르시되
여자여, 나와 무슨 상관이 있나이까. 내 때가 아직 이르지 아니하였나이다. 5 그의 어
머니가 하인들에게 이르되 너희에게 무슨 말씀을 하시든지 그대로 하라 하니라. 6 거
기에 유대인의 정결 예식을 따라 두세 통 드는 돌항아리 여섯이 놓였는지라. 7 예수께
서 그들에게 이르시되 항아리에 물을 채우라 하신즉 아귀까지 채우니 8 이제는 떠서
연회장에게 갖다 주라 하시매 갖다 주었더니 9 연회장은 물로 된 포도주를 맛보고도
어디서 났는지 알지 못하되 물 떠온 하인들은 알더라. 연회장이 신랑을 불러 10 말하되
사람마다 먼저 좋은 포도주를 내고 취한 후에 낮은 것을 내거늘 그대는 지금까지 좋
은 포도주를 두었도다 하니라. 11 예수께서 이 첫 표적을 갈릴리 가나에서 행하여 그의
영광을 나타내시매 제자들이 그를 믿으니라. 12 그 후에 예수께서 그 어머니와 형제들
과 제자들과 함께 가버나움으로 내려가셨으나 거기에 여러 날 계시지는 아니하시니
라. 13 유대인의 유월절이 가까운지라 예수께서 예루살렘으로 올라가셨더니 14 성전 안
에서 소와 양과 비둘기 파는 사람들과 돈 바꾸는 사람들이 앉아 있는 것을 보시고
15 노끈으로 채찍을 만드사 양이나 소를 다 성전에서 내쫓으시고 돈 바꾸는 사람들의
돈을 쏟으시며 상을 엎으시고 16 비둘기 파는 사람들에게 이르시되 이것을 여기서 가
져가라. 내 아버지의 집으로 장사하는 집을 만들지 말라 하시니 17 제자들이 성경 말씀
에 주의 전을 사모하는 열심이 나를 삼키리라 한 것을 기억하더라. 18 이에 유대인들이
대답하여 예수께 말하기를 네가 이런 일을 행하니 무슨 표적을 우리에게 보이겠느냐.
19 예수께서 대답하여 이르시되 너희가 이 성전을 헐라 내가 사흘 동안에 일으키리라.

[20]유대인들이 이르되 이 성전은 사십육 년 동안에 지었거늘 네가 삼 일 동안에 일으키
겠느냐 하더라. [21]그러나 예수는 성전된 자기 육체를 가리켜 말씀하신 것이라. [22]죽은
자 가운데서 살아나신 후에야 제자들이 이 말씀하신 것을 기억하고 성경과 예수께서
하신 말씀을 믿었더라. [23]유월절에 예수께서 예루살렘에 계시니 많은 사람이 그의 행
하시는 표적을 보고 그의 이름을 믿었으나 [24]예수는 그의 몸을 그들에게 의탁하지 아
니하셨으니 이는 친히 모든 사람을 아심이요 [25]또 사람에 대하여 누구의 증언도 받으
실 필요가 없었으니 이는 그가 친히 사람의 속에 있는 것을 아셨음이니라.

주석

2장은 가나 혼인 잔치에서 벌어진 첫 표적[1-12절]과 돌로 된 성전의 종결과 삼일 만에 재건된 성전 예수의 육체[13-25절]로 나뉜다. 언뜻 보면 두 단락은 서로 연관성이 없어 보인다. 그러나 깊이 읽어보면 둘 다 예수의 십자가 죽음을 예고하는 사건들이며 '영광'이라는 단어가 두 단락을 연결하는 주제어이다. 요한복음 19장에 가면 2장 사건의 의미가 더 충분하게 드러난다. 2장, 19장 두 군데서 마리아는 '여자'라고 불린다. 또한 그 두 장에서 물과 포도주(피)가 같이 등장한다. 물이 포도주로 바뀌는 사건은 정결강박증인 유대교에서 성령의 새 포도주에 취한 새 언약시대를 예고하며, 성전 척결은 돌로 된 성전의 기능이 폐지되고 예수의 몸, 예수의 이름 영광이 가득 찬 성전이 될 것임을 암시한다.[히 10:19-22]

가나 혼인 잔치에서 벌어진 첫 표적 ● 1-12절

본문에서 가장 놀라운 부분은 예수께서 어머니를 향하여 "여자여" 라고 부르는 2장 4절이다. "여자여." 포도주가 없는 상황이 "나와 무

은 상관이 있나이까?" 본문은 마리아를 분명히 예수님의 어머니[메테르(μήτηρ)]라고 소개했는데, 저자와는 달리 예수님은 마리아를 "여자여"[귀나이(γύναι)]라고 부른다. 두 번째 어려운 구절은 "내 때가 아직 이르지 아니하였나이다"라는 구절이다. 11절에서 이 본문을 요한복음 전체 맥락에서 해석할 수 있도록 돕는 실마리를 얻는다. "예수께서 이 첫 표적을 갈릴리 가나에서 행하여 그의 영광을 나타내시매 제자들이 그를 믿으니라." '영광'이란 말이 중요하다. 물을 포도주로 만드는 표적은 인간 예수 안에 있는 영광을 노출시키는 계기라는 것이다. 원래 하나님의 영광은 성전 지성소에 거한다. 이 영광은 시내산에서 모세를 처음 유인할 때 불타던 빛이다. 시내산 정상에서 두터운 검은 구름 안에 감추어졌던 그 영광이다. 이사야가 예루살렘 성전에서 예배드리다가 자기가 죽었다고 소리치게 만들었던 그 영광이다. 영광은 인간의 죄악됨을 순식간에 들추어내는 하나님의 존재 자체에서 쏟아져 나오는 광채다. 구약 백성들은 멀리서 하나님의 거룩한 영광을 직접 보았다. 출애굽기 40:34-35에서 성막을 준공하고 마침내 이동식 성전인 성막을 세웠을 때 여호와의 영광이 성막을 가득 채웠다. 그 후 열왕기상 8:11에서 솔로몬의 성전이 완성됐을 때 여호와의 영광이 성전을 가득 채웠다. 하나님의 영광이 이스라엘 백성 가운데 머물렀기 때문에, 이스라엘 백성은 하나님이 이스라엘 역사에 왕적 통치권을 행사했던 다양한 많은 증거를 남겼다. 이스라엘 백성의 역사가 모든 세상 만민의 역사와 결정적으로 구별되는 증거는 이스라엘 민족의 역사 속에 나타난 여호와의 영광이다. 이스라엘 역사를 하나님의 뜻으로 향도하려는 하나님의 의지가 이스라엘 역사에 결정적으로 작용했다는 객관적 증거가 성전에 있는 여호와의 영광이다.

여호와의 영광이 이스라엘 역사를 향도한다는 또 다른 증거는 연속적으로 등장한 예언자들의 존재다. 그들의 존재가 이스라엘 역사를 하나님이 함께하신 역사로 결정적으로 구별하고 각인시키는 화석증거다. 예언자들이 하나님 영의 추동을 받았고 그들의 배후에 하나님이 계시기 때문에 하나님이 이스라엘 역사에 함께하셨다고 주장할 수 있다. 성전에 머문 여호와의 영광과 예언자들의 존재가 이스라엘 역사를 만민의 역사와 구별 짓는 증거다. 이스라엘의 우상숭배가 극에 달하자 여호와의 영광은 성전을 떠나서 바벨론 포로들을 따라간다. 에스겔 8-11장을 보면 이스라엘 백성들 성전 한복판에 있던 여호와의 영광이 성전 문지방에 잠시 머물다 떠나 성전 동편 산에 떠올라 바벨론 포로들을 따라가 그들 위에 머문다.[8:6; 9:3; 10:4, 18; 11:16, 23] 여호와의 영광이 떠나자 예루살렘 성전은 돌로 된 건물로 전락했다. 바벨론 군대가 와서 여호와의 영광이 한때 머물렀던 성전을 공성퇴로 치고 박격포로 쏘았지만 아무런 신적 기적도 일어나지 않았다.

그런데 예루살렘 성전을 떠난 그 여호와의 영광이 바벨론 포로 한복판에 나타났다.(겔 1:28; 11:21 여호와의 임시 성소인 바벨론 포로공동체) 바벨론 포로의 땅에 하나님의 영광이 머물렀기 때문에 예언자 에스겔이 일어났다. 여호와의 영광은 예언자적 인물의 활동을 원천적으로 가능하게 하는 영적 현존이다. 이사야 33:14에 '누가 삼키는 불과 동거할 수 있느냐'라는 탄식이 나온다. 여호와의 영광은 우리의 죄를 불태우고 소멸하는 불과 같기 때문에 여호와의 영광과 함께 있는 것은 위험천만한 상황이었다. 이사야 6:5은 하나님의 영광이 옛 자아를 죽이고 갱신시키는 소생의 영광이라고 말한다. 하나님의 영광은 죄를 심판하지만 동시에 인간의 죄와 연약함을 완전히 치료하는 재활복구의 빛이다. 그래서 하나님의 영광은 바벨론 포로들이 돌아왔을 때 그들을 따라 다시 예루살렘으로 귀환한다. 그 결과 여호와의 영광이 다시 스룹바벨이 지었던 성전에 가득 찼다. 하지만 주전 515년에 중건된 성전에 잠시 계시던 여호와의 영광은 또다시 이스라엘의 죄악과 악행, 우상숭배로 인해 성전을 떠났다. 이스라엘 백성은 이제 이방 사람에게 마음대로 능욕당해도 도와줄 자가 없게 되었다. 예루살렘 성전에 여호와의 영광이 머물지 않았기 때문에 그 때부터 메시아만이 여호와의 영광을 회복시킬 자라는 메시아 사상이 싹트기 시작한다. 여호와의 영광을 회복하는 메시아가 바로 참 성전 역할을 하는 분이고, 그분이 바로 죄 사함을 가져오는 분이며, 그가 바로 은혜와 진리의 빛으로 이스라엘 백성을 갱생시켜서 새 언약 백성 삼는 분이다. 이런 믿음이 말라기 이후 400년간 이스라엘을 지탱시켰다. 바로 이런 믿음의 대망 맥락에 요한복음 1:14이 선포되었다. "말씀이 육신이 되어 우리 가운데 거하시매 우리가 그의 영광을 보니 아버지의 독생자의 영광이요." 이 거룩한 영광이 예수의 육체 안에 내장되어 있다. 예수의 몸과 인격은 여호와의 영광이 머무는 성전이다. 요한복음은 예수 안에 있는 영광의 광채가 개별적으로 나타난 일곱 가지 구체적 사례를 기록한다. 예수의 일곱 가지 표적을 통하여 하나님의 영광이 일곱 번 발산된다. 나사렛 예수라는 육신의 장막을 뚫고 영광이 발산된다. 요한복음은 아브라함으로부터 예수님까지 1,500년의 역사를 정말로 알고 있는 사람에게 강력한 계시의 빛을 비춘다. 14절의 하나님의 영광은 바로 구약백성 이스라엘 백성들이 400년 동안 그 복귀를 고대해 왔던 바로 그 하나님의 영광이다. 그래서 2:19-22이 참 중요하다. "예수께서 대답하여 이르시되 너희가 이 성전을 헐라. 내가 사흘 동안에 일으키리라. 유대인들이 이르되 이 성전은 사십육 년 동안에 지었거늘 네가 삼 일 동안에 일으키겠느냐 하더라. 그러나 예수는 성전 된 자기 육체를 가리켜 말씀하신 것이라."2:19-21

세계 종교사에서 자신의 육체를 성전이라고 주장하는 사람은 예수밖에 없었다. 지성소에 가득 찼던 그 영광을 자신의 사역과 인격을 통해서 발산시켰기 때문에, 예수는 걸어다니는 성전이 된 것이다. 여호와의 영광, 즉 은혜와 진리가 예수의 말과 사역을 통해서 끊임없이 발출되었기 때문에, 예수의 육체 자체가 성전이라고 주장되었다.

1-11절은 갈릴리 가나의 혼인 잔치를 배경으로 일어난 예수의 첫 표적을 다룬다. 1:43은 예수의 갈릴리행이 의도적이었음을 말한다. 예수의 갈릴리 벳새다 방문은 빌립을 만나기 위함이었으며, 동시에 어머니 친척의 결혼식 참여를 위한 것이었음이 드러난다. 예수님은 공생애 동안 바쁘셨지만, 가정일에도 신경을 쓰셨다. 결혼식이 열리는 갈릴리 가나는 나다나엘의 고향이다. 예수님은 요한, 안드레, 야고보, 베드로, 빌립, 나다나엘을 데리고 결혼식에 참석했다. 그런데 1절은 예수님이 요한에게 세례 받으신 날로부터 계산하면 7일째 되는 날에 결혼식이 열린다는 사실을 강조한다(28절: 수세일, 29절: 이튿날, 35절: 또 이튿날, 43절: 이튿날, 2:1 사흘째 되던 날). 요한복음 저자는 이 결혼식을 묘사할 때 '예수의 어머니도 거기 계시고'[헤 메테르 투 예수 에케이(ἡ μήτηρ τοῦ Ἰησοῦ ἐκεῖ)]라는 말을 덧붙인다. 이 말은 이 결혼식이 예수 어머니 쪽 친척 결혼임을 짐작하게 한다. 2절은 '예수와 그 제자들도 혼례에 청함을 받았다'[에클레떼 데 카이 호 예수스 카이 호이 마떼타이 아우투 에이스 톤 가몬(ἐκλήθη δὲ καὶ ὁ Ἰησοῦς καὶ οἱ μαθηταὶ αὐτοῦ εἰς τὸν γάμον)]고 말한다. 예나 지금이나 결혼식에 가려면 반드시 초청이 있어야 한다. 예수님의 어머니는 초청받았다는 말이 없다. 아마도 혼주의 친척이었기 때문일 것이다. 예수님과 제자들도 함께 초청받은 점은 결혼식 주인공인 신랑신부의 부모들은 예수님 가정과 매우 가깝고, 예수님 및 그의 제자들과도 매우 가까운 사람들임을 짐작게 한다.

그런데 문제가 발생한다. 오이논 우크 에쿠신(οἶνον οὐκ ἔχουσιν). '포도주가 없다, 그들에게.' 당시 유대인들의 결혼식에서 포도주는 음식에 곁들이는 술이 아니라 정식 식사메뉴였다. 결혼식 잔치를 망칠 수 있는 상황이었다. 그런데 이 상황을 예수님께 알려준 사람이 마리아다. 이 결혼식이 마리아 친척의 결혼식임을 다시 한 번 암시한다. '포도주가 없다, 그들에게'라는 말을 들은 예수님이 '여자여[귀나이(γύναι)] 나와 무슨 상관이 있나이까'라고 응답한다. 티 에모이 카이 쏘이 귀나이(τί ἐμοὶ καὶ σοί, γύναι). '여자여'라고 번역된 '귀나이'는 여자를 부르는 존칭이 아니었다. 어떤 주석가들은 이 도발적인 상황을 완화시키기 위해 '귀나이'는 반드시 귀부인을 부를 때 사용된 극존칭이었다고 주장하기도 하지만 근거가 희박하다. 이는 보통의 여성을 가리키는 말이다. 과부도 '귀나이'였다. 베드로전서 3:5의 '거룩한 부녀들'에서 부녀들도 '귀나이'라고 불렸다. 왜 1절에서는 마리아를 예수의 어머니라고 칭하는 저자가 여기서 갑자기 어머니에게 '귀나이'라고 부르는 예수의 충격적인 호칭을 부각시킬까? 이 이상한 상황을 제대로 파악하려면 '포도주가 다 떨어졌다'는 마리아의 보고를 정확하게 이해해야 한다. 첫째, 문자적 이해다. 실제 포도주가 떨어졌다. 둘째, 예수님의 사역을 포도주를 제공하는 사역으로 이해한 구원론적 요구라고 보는 것이다. 예수님이 포도주가 없다는 그 말을 어머니가 아들에게 포도주를 좀 사달라고 부탁하는 말로 들었다면(전자 해석) 귀나이라고 부르지 않았을 것이다. 그런데 예수님은 포도주가 없다는 이 보고를 신학적으로 해석했고, 그 해석에 따라 응답하셨다. 이렇게 해석하는 이유는 "내 때가 아직 이르지 아니하였나이다"라는 예수님의 응답 때문이다. 이 어려운 선문답을 파악하기 위해서는 요한복음 전체의 구도와 이미지, 중심주제를 고려해야 한다. 어머니 마리아를 "여자여"라고 부르는 순간부터 예수님의 고양된 자의식이 전면에 부각되었다. 더이상 마리아의 아들이 아니라 하나님의 아들로서의 고양된 자의식 속에서 공생애를 시작한다는 의미가 드러난다.[1]

예수님의 언어 사용에 있어서 포도주는 두 가지 의미를 가진다. 보통 마시는 포도주와 자신이 흘린 새 언약의 피를 나타낸다. 특히 요한복음 맥락에서는 포도주가 성령을 가리킨다. 19:34에서 로마 군병이 예수님 옆구리를 찔렀더니 '물과 피가 쏟아졌다'고 말한다. 이때 피라는 말이 중요하다. 누가복음 22:20의 새 언약 초청말씀이 '피'를 포도주에 비유한다. 예수님이 포도주를 따르면서 "이 잔은 내 피로 세우는 새 언약이니 곧 너희를 위하여 붓는 것이라"고 말한다. 예수님 머릿속에서 "포도주가 없다"는 말은 새 언약의 피가 필요하다는 말과 동일하다. '새 언약 백성을 창조할 성령세례가 아직 이루어지지 않았다'는 말과 같은 말이다. '성령의 감화감동이 없어서 이스라엘 백성과 하나님의 관계는 중도에 파탄난 미완성 결혼식처럼 되어버렸다'라는 뜻이다. '포도주가 없다, 그들에게'라는 마리아의 보고를 예수님은 성령의 새 포도주를 공급해 달라는 강청으로 들어버렸기 때문에, '내 때'[2] 즉 '내가 옆구리에서 피를 쏟을 때가 아직 되지 않았다'라고 대답한다.

이런 해석은 요한복음 2장과 19장 사이에 있는 일종의 아치arch구조, 혹은 내포 구조inclusio 때문에 가능하다.[3] 두 장 모두에 마리아를 '여자여'라고 부르는 호칭이 나온다. 2장에는 물과 포도주가, 그리고 19장에는 물과 포도주로 비유된 피가 나온다. 포도주 이야기를 통해 요한복음을 전개해가려고 하는 저자의 수사학적 메시지가 여기에 있다. "여자여, 내 때가 아직 이르지 아니하였나이다"라는 말의 의미는 요한복음 19:26, 34에 가서야 밝혀진다. 19:26에서 예수님이 또 한 번 마리아를 가리켜 "여자여"라고 부르신다. "여자여, 보소

요

서. 아들이니이다."[4] 사도 요한에게 어머니 마리아의 여생을 보살펴 줄 것을 부탁하면서 십자가에 달린 예수님이 하시는 말씀이다. 예수님은 십자가에 달려서 마리아를 부르셨던 "여자여"를 2장에서 앞당겨 사용하신다. 이것은 장차 일어날 일을 예고하는 예언적 삽입수사 prolepsis 기법이다. 십자가에 달려 하실 말을 미리 내다보고 하신 것이다. 가나의 혼인잔치를 자신의 십자가 죽음과 연결시키신 것이다.

요한복음 전체는 예수님이 옆구리에서 물을 쏟고 피를 쏟아서 성령을 공급하시는 사건에 집중한다. 하나님과 이스라엘 백성 사이에 결혼식이 시작됐는데, 결혼식이 완성되기도 전에 성령의 포도주가 바닥난 상황에 예수님이 오신 것이다. 하나님과 이스라엘 백성 사이의 언약 해체 및 이완 상태를 반전시키러 오셨다. 예수님이 옆구리에서 물과 피를 쏟으셔서, 즉 성령 세례를 주셔서 새 언약시대를 개시하려고 오셨다. '포도주가 없다'는 말을 구원사적으로 깊게 생각하신 예수님은 이처럼 선문답을 하실 수밖에 없었다. 성령의 세례를 베풀어야 하는 사명 강박 속에 있다가 갑자기 포도주가 없다는 말에 놀라서, '지금 내가 포도주를 쏟을 때가 아니다', 즉 '내가 새 언약의 피를 쏟을 때가 아니다'라고 하면서 물러서신 것이다.

이런 대화는 일상적이라기보다는 신학적으로 심원深遠하다. "내 때가 아직 이르지 아니하였나이다"라는 말씀은 '아직은 내가 이스라엘 백성과 하나님 사이의 결혼언약관계를 완성시킬 포도주를 쏟을 때가 아니다'라는 의미로 읽을 수 있다. 이러한 관점에서 "여자여"와 "포도주" 그리고 "때" 언급이 물과 피를 쏟는 십자가 사건을 예기케 하는 언동임을 알 수 있다.

요한1서 5:5-8이 이 해석을 지지한다. "증언하는 이가 셋이니 성령과 물과 피라. 또한 이 셋은 합하여 하나이니라." 물과 피, 성령이 다 같다는 것이다(참조. 고전 10:2-4, 16). 성령과 포도주는 같은 것이다. 포도주가 없다는 그 말을 예수님은 1,500년 이스라엘 구원사의 맥락으로 들었던 것이다. 사도행전 2장은 성령 충만한 백이십 문도를 본 사람들이 '새 술에 취했다'라고 논평하는 장면을 기록하고 있다. 새 언약의 피에 취했다는 말이기도 하다. 또 다른 예수님의 포도 관련 비유도 이런 해석을 지지한다.

마태복음 20장에는 오후 다섯 시까지 일꾼을 찾는 포도원 주인이 나온다. 요한복음 15:1에서 예수님은 "나는 참포도나무요 내 아버지는 농부라"고 말씀하시고, 5절에서 예수님은 "나는 포도나무요 너희는 가지라"고 말씀하신다. 예수님과 제자공동체는 포도주를 생산할 과원이다. 거룩한 피를 흘릴 희생공동체라는 것이다.

예수님이 포도주가 없다는 말에 '내 때'를 언급하신 것은 물과 피를 쏟을 시점을 생각하며 응답하신 것이다. 이는 포도주가 없다는 말을 너무 깊게 해석한 것이다. 포도주가 없다는 말을 하나님의 아들인 자신에게 신적인 개입을 요청하는 말로 들으셨기 때문에 예수님이 어머니 마리아를 '귀나이'라고 부르셨다. 자신은 이 포도주가 동이 난 상황과 관계가 없다고 선을 그으며 거절로 반응하신다. 자신이 포도주를 제공할 때가 아직 이르지 않았기 때문이다.[4절]

그런데도 마리아는 예수님의 대답을 거절로 듣지 않았다. "내 때가 아직 이르지 아니하였나이다"라는 말을 듣고 마리아는 예수님이 표적을 공개적으로 행하지는 않겠지만 이 긴급한 문제를 해결해 줄 것을 믿고 종들에게 이렇게 말한다. "하인들[집사들, 디아코노이스(διακόνοις)]에게 이르되 너희에게 무슨 말씀을 하시든지 그대로 하라."[5절] 본문에서 "하인들"이라고 번역된 단어는 청지기들을 가리킨다. 6절은 삽입절과 같다. "거기에 유대인의 정결예식을 따라 두세 통 드는 돌항아리 여섯이 놓였는지라." 이것은 7절에 나올 예수님의 말을 의미 있게 만드는 지문 역할을 한다. 예수님이 하인들에게 '항아리에 물을 채우라'고 요구하시자 하인들이 물을 가득 채웠다. 이는 1.8리터 물병 400개 정도에 해당하는 양이다. 720리터의 물을 가득 채웠다. 이렇게 많은 포도주가 필요했다는 것은 많은 하객이 몰려왔음을 의미한다. 유력한 바리새파 사람 집일 가능성이 크다. 이 집 주인은 유대인의 정결예식을 준수하는 바리새인으로서 손님들을 위해 두세 통의 물을 담을 수 있는 항아리를 여섯 개나 준비한 세심한 사람이다. 바리새파에게 신앙은 물로 죄와 불결을 씻어야 하는 청결강박증을 의미한다.

8-10절은 전무후무한 사건을 담담하게 증언한다. 8절의 예수님 어조는 너무 평상적이다. "이제는 떠서 연회장에게 갖다 주라." 자신이 뭔가 위대한 일을 해냈다는 자부심과 격앙된 감정도 없이 조용하게 일을 추진하신다. 포도주를 연회장에게 갖다 줘야 잔치는 계속될 수 있다. 9절은 연회장의 미지근한 놀람을 건조하게 표현한다. 물로 된 포도주를 맛보고도 연회장은 이 포도주의 유래를 알려고 하지 않고 대신 신랑의 속깊은 준비성을 칭찬한다. 직접 물을 채웠는데 물이 포도주로 바뀌는 기적의 전모를 알았던 하인들도 평온하게 일을 진행한다. 10절은 모든 공을 신랑에게 돌리는 연회장의 합리적인 사고를 보도한다. '신랑'을 불러 그의 배려를 칭찬한다. 신랑은 보통 결혼식의 포도주 제공 순서와 달리 가장 좋은 포도주를 제일 늦게 내는 파격적인 인물로 칭송을 받았다. 이렇게 해서 가나의 첫 표적은 아주 조용한 사건으로 마무리된다. 일주일간 계속되는 혼인잔치는 행복하게 끝났을 것이다. 11절은 이 현장에 있었던 사도 요한 자신의 평가다. 물을 포도주로 바꾸는 이 가나 혼인 잔치의 기적이 앞으로 행해질 표적들 중 '첫 표적'이다. 윌리암 바클레이가 말했듯이, 요한복음은 발목이 채 차지 않는 개울물 같기도 하지만 코끼리도 헤엄을 쳐서 건너야 할 만큼 깊은 강이다. 쉽지만 심오하다는 말이다.

이 단락은 네 복음서 모두에 기록될 정도로 중요한 성전 소제 및 척결사건을 보도한다.마 21:12-13, 막 11:15-17, 눅 19:45-46 예수님을 십자가에 못 박아 죽이려는 유대인 종교권력자들의 결심을 확고부동하게 만든 사건이었다. 요한복음은 공생애의 최종 순간에 일어난 이 사건을 책의 초반에 배치한다. 12절은 요한복음 2장 전체에 어떤 기여를 하는지 분명하지 않다. "예수께서 그 어머니와 형제들과 제자들과 함께 가버나움으로 내려가셨으나 거기에 여러 날 계시지는 아니하시니라." '가버나움 중심의 갈릴리 사역'마 9:1에 초점을 맞춘 공관복음서의 관점을 수정하거나 보완하려는 저자의 의도를 반영하는 것처럼 보인다. 요한복음의 특징 중 하나는 예수님 사역의 주무대가 예루살렘과 유대라는 것을 강조하는 것이다. 공관복음은 갈릴리에 초점을 둔 반면, 요한복음은 예루살렘 중심이다. 둘 다 진실일 수 있다. 예수님의 생애에서 어떤 사건이 가장 중심적인지에 대해 의견이 다를 수 있기 때문이다. 예수님이 보내신 시간, 행하신 일, 만나신 사람의 숫자와 다양성 등을 고려하면 갈릴리가 주무대다. 그러나 예수님의 정체를 확연히 드러낸 곳은 예루살렘이라고 볼 수 있다. "가버나움으로 내려가셨으나 거기에 여러 날 계시지는 아니하시니라"는 정보는 오로지 요한복음의 이곳에서만 제시된다. 그렇다면 요한복음은 예수님이 어디에서 주로 활동하셨다고 주장하는가? 예수님의 영혼의 나침반은 어디를 향하였는가? 요한복음은 예수님의 마음은 예루살렘을 지향하고 있다고 본 것이다. 1:28에서 예수님은 사실상 유대지역에서 이미 자신의 존재를 드러내고 있었다고 보도한다. 요단강 건너편 베다니는 예루살렘보다 더 남쪽인 유대지방이다. 처음부터 예수님은 유대에 와계셨던 것이다. 예수님이 첫 제자들을 만나신 곳이 갈릴리 호수 근처가 아니라 베다니 세례 주던 곳이다. 요한복음에 따르면 예수님은 세례 요한이 세례를 베풀던 곳에서 초기 제자들을 확보하신다. 예수님은 갈릴리에 오래 계시지 않고, 처음부터 예루살렘 성전에서 유대인들과 날카롭게 부딪히셨다. 또한 12절에서는 어머니와 "형제들"과 제자들과 같이 가버나움으로 내려가신 예수님의 동선이 언급된다. 여기 외에 '어머니 마리아와 형제들과 제자들'이 이처럼 나란히 동시에 언급된 구절은 사도행전 1:13-14이 유일하다. 오순절 성령 강림을 앞두고 제자들과 여자 제자들과 어머니 마리아와 예수님의 아우들이 마음을 한데 모아 간절히 기도했다. 이들이 백이십 문도 성령 강림사건의 핵심 증인들이다.[행 1:15] 이들은 오순절 성령의 새 포도주를 처음 맛본 증인들이다. 그들은 갈릴리 가나의 첫 표적의 증인들임과 동시에 오순절 성령의 새 포도주를 처음 들이킨 증인들이다.

13절은 이 점을 잘 부각한다. "유대인의 유월절이 가까운지라. 예수께서 예루살렘으로 올라가셨더니." 예수님은 갈릴리 민중(오클로스)이 아니라, 유대인들과 밀착해 논쟁하는 데 공생애의 무게추를 기울였다는 것이다. 갈릴리 가나에서 가버나움으로 내려가시고[카타바이노(καταβαίνω)], 가버나움에서는 곧장 예루살렘으로 올라가셨다[아나바이노(ἀναβαίνω)]. '내려가다', '올라가다' 두 동사 모두 주어는 3인칭 단수 예수님이다. 가나에서 가버나움을 스치듯이 거쳤다가 예루살렘으로 직행했다는 것이다. 공관복음서가 가버나움에서 일어난 많은 사건들을 기록하는 데 비해 요한복음은 가버나움 사역을 거의 보도하지 않는다. 가버나움의 여러 사건들보다 가나의 혼인 잔치에서 물을 포도주로 변화시킨 첫 표적이 더 중요하다고 보았기 때문이다. 이 사건이 바로 성전 척결사건으로 이어진다. 이것은 무엇을 의미하는가? 성전 척결사건과 물을 포도주로 바꾼 표적을 연속선상에서 해석하라는 것이다.

13절에서 또 하나 인상적인 사실은 유월절[5]을 마치 외부인의 입장에서 쓴 것처럼 '유대인의 유월절'이라고 말한다는 점이다. 유월절은 묵과절passover이다. 이집트의 모든 장자가 하나님의 천사에 의해서 죽임을 당했을 때 유월절 어린양 피가 문설주와 인방에 발라져 있는 집들만 죽음의 천사가 묵과하고 넘어갔다.pass over 출 12:13 이 감격적인 구원대사를 기리는 유월절이 거대한 상업축제로 변질된 것을 보신 예수께서 격하게 반응하신다. "성전 안에서 소와 양과 비둘기 파는 사람들과 돈 바꾸는 사람들이 앉아 있는 것을 보시고" 행동에 돌입한다. 예수님을 주어로 하는 지각동사 "보시고"는 대체로 곧장 심각한 행동을 유발한다(또한 막 2:5). 예수께서는 예루살렘에서 38년 된 병자가 누운 것을 "보시고", 그 병이 오랜 줄 "아시고" 고쳐주신다. 예수님에게 '보는' 행위는 본질을 통찰하는 행위이다. 넓은 성전 마당이 제물을 팔고 사는 가축시장으로 변질되고 데나리온을 세겔로 환전하는 환전소로 전락한 것을 "보신다." 곧 행동하실 것이라는 암시다. 헤롯 대왕이 착공한 이후 46년째 건설 중인 예루살렘 성전은 가로 400미터 세로 280미터의 장방형 대지 위에 들어선 거대한 신전이었다. 헤롯 대왕이 건설하기 시작해 당시까지도 건축이 완료되지 않았던 예루살렘 성전은 당시 기준으로 로마제국 영토 내에서 가장 큰 신전이었다. 로마제국과 그리스의 신전, 터키의 페르가몬에 있는 이쉬타르 신전도 이렇게 넓지 않았다. 예루살렘 성전의 뜰 대부분은 '이방인의 뜰'이라고 불린 대광장이었으며, 이곳이 바로 희생제물 매매시장과 환전소가 자리한 곳이었다. 제사장들이 직영하는 목장에서 제공된 제물용 가축은 엄청난 이익을 남기며 팔거나 교환되었다. 경건한 유대인들이 지방에서 몰고 온 제물들은 헐값에 팔리거나 불리한 조건으로 성전 직영 목장에서 길러진 제물과 교환되었다. 전 세계에 흩어진 디아스포라들이 데나리온을 들고 와서 세겔과 환전해 제물을 살 때에도 큰 환차이익이 발생했다. 터키, 그리스, 로마, 이집트, 에티오피아 등 해외 각지에서 오는 사람들은 로마 황제의 초상화가 찍혀 있는 데나리온이나 그리스 은전 드라크마를 가지고 와서 성전에서 유통되는 세겔로 바꾼다. 예를 들면, 보통 민간금융업자에게는 1데나리온이 1세겔로 교환되는데, 성전 안에서는 1데나리온이 0.5세겔에 불과하다. 환전상들은 대제사장에게 상당한 커미션이나 임대료를 지불하고 이와 같은 영업을 했다. 예루살렘 대제사장은 종교인이 아니라 구원독과점 업체의 사장이자 외환금융업자였다고 할 수 있다. 예수님은 이 이익발생 구조를 알고 계셨다. 예수님은 희생제물상과 환전상의 영업 현장을 예의주시하신다.[14절; 막 11:11]

15-16절은 예수님이 이방인의 뜰 희생제물 시장을 도발하시고 환전상들의 탁자를 뒤엎으시는 장면을 묘사한다. 공관복음서에 따르면 예수님은 혁대를 풀었다. 요한복음에서는 혁대가 아닌 '노끈으로 채찍을 만들었다'고 말한다. 양, 소를 성전에서 내쫓고 환전상의 탁자를 엎으신다. 양과 소가 환전상의 소유였던 것으로 보인다. 주 공격 목표는 환전상이었다. 다만 가난한 자들에게 희생제물로 쓸 비둘기를 파는 사람들에게는 말로 타이르신다.[16절] "이것을 여기서 가져가라. 내 아버지의 집으로 장사하는 집[6]을 만들지 말라." 이 장면을 보고 제자들이 성경말씀 시편 69편을 생각했다. '주의 전을 사모하는 열심이 나를 삼키리라.' 제자들도 보통이 아니다. 어떻게 이 상황에서 시편 69편을 기억해 낼 수 있었을까? 예수님과 제자들이 3년간 같이 다녔다는 것은 그 사이에 깊은 교감이 있었다는 뜻이다. 제자들은 낫 놓고 기역자도 모르는 비천한 민중이 아니라 지식인이었다. 오순절 성령 강림 때에 베드로의 성경 해석을 보면 제자들 수준

을 가늠할 수 있다. 베드로가 얼마나 대단한 사람인지를 알아야 한다. 한국교회 목사들이 반지성주의에 경도되어 공부의 무용성을 정당화할 때 그들의 주장을 뒷받침할 예로 베드로를 든다. '본래 학문 없는 범인으로 알았다가'라는 사도행전 4:13을 인증하며 베드로의 무식을 말한다. 그런데 이 구절은 베드로가 무식하다는 말을 하는 것이 아니라 정규 랍비학교를 다니지 않았다는 뜻이다. 베드로는 성경에 통달한 평신도였다. 성경에 통달하지 않은 사람은 시편 69편을 찾아낼 수 없다. 베드로는 예수님의 부활을 시편 16편으로, 예수님의 승천과 하나님 보좌우편 착석을 시편 110편으로, 오순절 성령 강림을 요엘서 2:28-32로 해석한 최초의 신학자다. 성전 가축시장과 환전상을 보고 그들의 상행위를 몰아내시는 예수님을 보고 제자들은 시편 69:9을 떠올리며 스승의 행동을 납득하려고 했다. '주의 전을 사모하는 열심이 나를 삼키리라.' '주의 전을 사모하는 열심'이라는 말에는 하나님의 성전, 아버지 집에 대한 맏아들 의식이 극명히 드러난다. 아버지 집이 유린당할 때, 아버지 집이 장사의 소굴로 바뀔 때 아들은 아버지와 하나이기 때문에 반드시 개입한다. 이것이 바로 맏아들 의식이요 독생자 의식이다. "내 아버지 집"이라는 어구에는 하나님 아버지에 대한 배타적인 부자지간의 관계가 표현되어 있다. 요한복음 5:18-19은 예수님이 하나님을 친아버지라고 생각하고 부르는 언동 때문에 격분하는 유대인들의 분노를 보도한다. 예수님의 독특한 배타적 독생자 의식이 유대인들을 격분시킨다. 예수님 말고는 아무도 하나님을 1인칭 남성단수 소유격을 붙여 '내 아버지'라고 부르지 않았다. 모든 경건한 유대인들은 '우리의 아버지'Our Father라고 부른다. 구약성경과 신구약 중간기 문헌 어디에도 요한복음의 예수님처럼 하나님을 '내 아버지'라고 부르는 경우는 없다. '내 아버지'라는 호칭은 예수님이 처음 사용하신 말이다. 이 말은 아버지와 예수님이 완벽하게 하나였음을 말한다. 요한복음 5:19은 이렇게 증언한다. "아버지께서 행하시는 그것을 아들도 그와 같이 행하느니라." '나는 아버지가 하시는 것을 모방하는 도제 아들이다'라는 것이다. '아버지 집에서 저질러지는 엄청난 만행을 내가 아버지의 이름으로 분노하는 것이다. 내 아버지가 터트릴 분노를 아들인 내가 터트린 것이다.' 아버지 하나님에 대한 사랑이 없는 사람들은 분노도 없다.

에릭 메텍시스가 쓴 『디트리히 본회퍼: 목사, 순교자, 예언자, 스파이』라는 책이 있다.[7] 이 책의 논지는 본회퍼와 히틀러의 갈등은 불가피했으며 필연적이라는 것이다. 그 이유는 본회퍼와 히틀러가 각각 서로 대립하는 인생관과 세계관을 갖고 인생행로를 출발했기 때문이다. 히틀러적 인생관과 본회퍼적 인생관은 결승전에서 만날 수밖에 없다. 본회퍼는 독일 신경과학자로 유명한 베를린 대학교수의 아들로서 인간의 존엄, 자유, 사랑 등의 미덕을 배우며 자랐다. 히틀러는 미술학도가 되기를 원했지만 실패했으며 우울증이 있었던 오스트리아의 건달이었다. 그는 뮌헨에서 1923년에 쿠데타를 일으키다 실패하고 란츠베르크 감옥에 갇힌다. 그는 거기서 『나의 투쟁*Mein Kampf*』이라는 도발적인 책을 펴낸다.[8] 나치즘의 맹아를 틔운 것이다. 본회퍼는 유복하고 사랑이 넘치는 가정의 8남매 중 한 아들로 태어나 많은 사랑을 받으면서 자랐다. 형제자매들 간에는 우애가 깊었으며 밤마다 가족음악회가 열렸을 만큼 가족들 사이의 사랑이 깊었다. 이런 가정 분위기가 본회퍼의 인생여정을 향도하는 데 지대한 영향을 끼쳤다. 반면 히틀러는 자신의 불운과 불행을 남의 탓으로 여기는 가학적 공격성향을 단련시키며 권력의지를 벼리고 벼렸다. 아무런 토대도 없던 청년시절에 뮌헨의 맥주집에서 쿠데타를 일으켜 전국적인 지명도를 확보한 후 마침내 나치당을 창설해 당수가 되고 독일 수상의 자리에까지 오른다. 본회퍼는 본회퍼대로 컸고, 히틀러는 히틀러대로 컸는데, 이들이 각각 결승전에 올라 서로를 겨냥했다. 자유와 인류애라는 고귀한 미덕을 추구하는 순결의 상징인 본회퍼와 가장 악랄한 권력의지의 화신으로 연단된 히틀러는 결국 결승전에서 조우할 수밖에 없었던 것이다. 이렇게 행복하고 자유로운 인생을 추구하는 사람은, 타인을 지배하고 박탈하면서까지 세계의 운명을 좌우하려는 자와 대결할 수밖에 없다.

갈릴리의 백합화 같고 샤론의 장미꽃 같았던 순결한 예수님은, 시간문제일 뿐이지 결국은 하나님의 이름을 망령되이 사용해 엄청난 부와 권력을 누리는 복마전覆魔殿 같은 예루살렘 성전체제와 결승전에서 조우할 수밖에 없었다. 경건하게 살고자 하는 사람은 박해를 자초하게 되고 순결하면 할수록 그만큼 악한 자들과 대결하고 조우할 가능성이 커진다.

실제로 하나님의 자녀들은 '하나님의 성전'이 종교적 이권다툼의 장이 되고 강도떼들의 소굴로 전락했을 때 그것을 보고 참을 수 없다. 1536년의 초판 『기독교강요』 서문에는 존 칼빈이 프랑스 왕 프란시스에게 바치는 헌정문이 실려있다.[9] 개신교가 탄생할 수밖에 없는 이유를 논리적이면서도 열정적인 문체로 기록한 이 글은 강도의 소굴로 전락한 교회에 대해 순결한 하나님의 자녀들이 느끼는 거룩한 분노가 어떠해야 하는지를 잘 예시하고 있다. 하나님의 거룩한 교회가 교황주의자들에 의해 더럽혀진 것을 본 청년 칼빈은 고국에서 추방되어 외국을 전전하면서 『기독교강요』를 집필했다. 이 책은 하나님의 교회의 타락에 대한 슬픔과 의분으로 숨쉬면서 거룩하신 하나님 앞에 독자의 마음을 겸손하게 자복시킨다. 문제는 이렇게 분노를 터트릴 만큼 순결한가이다. 순결하고 온유한 사람의 분노만 힘이 있다. 온유한 사람의 분노는 천상의 메시지를 갖는다. 예수님은 성전이 아버지 하나님의 집이며 만민이 와서 하나님과 소통하는 기도처라고 믿었지만, 현실의 예루살렘 성전은 부패하고 타락해 있었다. 예수님의 거룩한 도발과 예언자적 행동의 파장은 컸다. 유대인들이 당장 예수님께 찾아와, '네가 무슨 권세로 이런 일을 하느냐? 네가 하나님의 신임장을 표적으로 보일 수 있느냐'라고 힐문한다.

이제 예수님은 결승전 상대의 민낯을 대면하신다. 유대인들은 요한복음 내내 예수님의 구조화된 대적자들이며, 예수님은 이들과의 숱한 논쟁들과 조우를 통해 점점 자신을 치명적인 위험지역으로 몰아가신다. 주님의 전에 대한 열심은 예수님을 시한폭탄으로 가열시킨다. 순결한 교회, '원래의 교회'에 대한 비상한 열심을 가진 사람들은 항상 악한 종교권력자들과 결승전에서 만났다. 화형, 추방, 파문, 유랑이 주님의 전에 대한 열심으로 돌진하는 순결한 영혼들의 분깃이었다. 15세기의 얀 후스, 존 위클리프, 사보나롤라, 16세기 종교개혁자들인 마틴 루터, 멜란히톤, 츠빙글리, 마틴 부처, 존 칼빈은 출생지, 국적, 생몰 및 활동연대 등 모든 면에서 달랐다. 마틴 루터와 멜란히톤을 제외하고는 서로 서신을 주고받거나 정기적으로 어울린 사이는 아무도 없었다. 각자 사는 곳에서 종교개혁의 열정을 불태우며 일어났다. 그들은 모두 한결같이 순결한 복음에 달구어졌기 때문에 교회갱신에 이바지했다. 그들 중 누구도 로마 가톨릭과 일대일로 결승전에서 맞설 영웅적 기백을 소유하지는 못했으나, 순결함으로 저항하다 보니 모두가 로마 가톨릭과의 결승전에서 만나게 되었다. 누구든지 충분히 순결하고 의롭고 경건하면 시대의 중심죄악세력들과 결승전에서 만날 수밖에 없다. 주님의 교회에 대한 열심은 언젠가 성전의 권력구조에 대한 거룩한 분노로 폭발할 내폭장치다. 온유하신 예수님은 채찍을 휘두르면서 거룩한 분노를 터트리셨다. 평소에 사랑, 자비, 오래참음, 온유의 화신이었던 예수님이 터트리신 분노는 계시적인 빛을 발하는 분노다. 우리가 혁대를 풀어 분노의 채찍을 만들어 성전체제에 도발하지 못하는 가장 큰 이유는 충분히 의롭고 온유하지 못하기 때문이다. 예수님은 요한복음 초반부터 낡고 악한 성전체제를 무너뜨리고 세상 죄를 지고 갈 어린양의 발걸음을 이미 내딛으셨다.

유대인들은 '하나님의 아들'인 예수님께 '네가 예언자적 신임장을 가지고 있느냐? 네게 이런 일을 하도록 누가 임명장을 주었느냐? 네가 하나님이 보낸 자임을 입증할 수 있는 표적이 있느냐'고 물었다. 유대인들에게 표적은 하나님이 함께하시는 증거, 즉 신임장credential을 의미했다. 사도 바울도 유대인의 신앙을 표적추구 신앙이라고 정의한다. '유대인들은 표적을 구하고 헬라인들은 지혜를 찾는다.'고전 1:22 마태복음 12:38(선생님이여, 우리에게 표적 보여주시기를 원하나이다)에 비추어 볼 때, 유대인들이 예수님의 거룩한 도발에 대항하기 위해서 '하늘로부터 오는 표적'을 행해 보라고 요구한 것임을 알 수 있다.눅 11:16 유대인들은 예수님이 모세와 엘리야 같은 예언자가 아니면 도저히 할 수 없는 행동을 거침없이 하는 것을 보고 표적을 요구했다. 예수님은 이 표적 요구에 대해서 악하고 음란한 세대가 표적을 구한다고 단언하신다.마 12:38-42, 막 8:12, 눅 11:29 그리고 덧붙이신다. "선지자 요나의 표적 밖에는 보일 표적이 없느니라."마 12:39 요나 이야기를 표적 이야기로 읽는 것은 신선하고 낯설다. 보통 회개의 위력을 말하는 예언서로 알려진 요나서를 예수님은 인자의 고난과 부활을 예고하는 예언으로 읽으신다. 요나가 밤낮 사흘 동안 큰 물고기 뱃속에 있었던 것같이 인자도 밤낮 사흘 동안 땅 속에 있을 것이다.마 12:40 여기서 사흘이 중요한 단서다.

이러한 관점에서 요한복음 2:19을 이해할 수 있다. 표적을 요구하는 유대인들에게 비의에 가득 찬 대답을 하신다. "너희가 이 성전을 헐라. 내가 사흘 동안에 일으키리라." 당시 기준으로 성전을 '헐어버린다'라는 발상 자체만으로도 성전에 대한 가장 도발적인 모독 행위이며, 성전에 계신 하나님에 대한 신성모독으로 단죄되었다. 당시 유대인들의 종교적 감수성에 가장 충격적 타격을 주는 언동은 성전과 모세에 대한 도발이었다. 뤼싸테 톤 나온 투톤 카이 엔 트리씬 헤메라이스 에게로 아우톤(λύσατε τὸν ναὸν τοῦτον καὶ ἐν τρισὶν ἡμέραις ἐγερῶ αὐτόν). "이 성전"은 의도적인 모호성을 띤다. 맥락상 예루살렘 성전을 가리키는 것으로 보는 것이 상식적인 이해다. 그런데 만일 성전을 손가락으로 가리키면서 한 말이 아니라면 예루살렘 성전이 아닌 다른 성전을 염두에 둔 발언일 수도 있다.

20절은 유대인들이 "이 성전"을 예루살렘 성전을 가리키는 말로 이해했음을 보여준다. 그들은 '46년[10] 걸려 지은 성전을 헐고 어찌 사흘 동안에 성전을 짓겠다는 것이냐'라고 되물었다. '어떻게'라는 질문에 예수님은 답변하지 않으셨다. 요나서 표적 이야기에 비추어 볼 때 사흘 만에 부활하실 것을 암시한 것이 틀림없다.

성전 척결사건은 네 복음서에 다 기록되어 있을 정도로 예수님의 공생애를 상징하는 기념비적 사건이었다. 결국 '네가 무슨 표적을 보이겠느냐'는 질문에 대해 삼일 만에 성전을 다시 짓는 표적을 보여주겠다고 답변하신 셈이다. 요한복음에는 나오지 않지만 공관복음서에는 '네가 도대체 무슨 자격으로 이렇게 성전을 소제하느냐'고 묻는 유대인들에게 예수님은 세례 요한의 세례에 기대어 자신의 권위를 내세우신다.[막 11:15-19, 27-33, 마 21:23-27] "요한의 세례가 하늘로부터냐, 사람으로부터냐. 내게 대답하라."[막 11:30] 그러나 유대인들은 대답하지 못했다. 세례 요한의 세례운동이 하늘로부터 온 세례, 즉 하나님이 보증하고 함께하시는 세례운동이었다고 믿는다면, 유대인들은 세례 요한의 세례 때문에 이스라엘에 데뷔한 예수님의 신적 기원을 인정해야 한다. 왜냐하면 예수님이 세례 요한에게 세례를 받을 때 이스라엘에게 "이는 내 사랑하는 아들이요 내 기뻐하는 자라"는 말로 소개되었기 때문이다. 반대로 유대인들이 세례 요한의 세례가 인간의 세례라고 말한다면 그 순간 민중의 거친 항의를 받게 될 것이다. 세례 요한을 예언자로 알고 있는 민중의 기대를 배반하기 때문이다. 결국 유대인들은 예수님의 질문에 대답하지 못했다. 예수님은 '네가 무슨 권세로 이런 일을 하느냐'고 묻는다면 '내 대답은 이것이다. 하나님 아들의 권세로 행한다'라고 응답하신 셈이다.

마태복음 21장 포도원 소작인 쟁의 비유도 '네가 도대체 무슨 권세로 성전을 소제하느냐'고 묻는 질문에 대한 답변을 담고 있다. 주인이 포도원 소작인들에게 소작료를 받으려고 종을 보냈다. 소작인들은 종들을 때리거나 죽이거나 돌로 쳤고, 마지막으로 보낸 주인의 상속자 아들까지 잡아 포도원 밖에 내쫓고 죽여 버린다. 이 비유의 배경은 이사야 5:1-7이다. 이 본문은 이스라엘을 포도원에 비유하고 열매를 기대하는 주인이신 하나님을 보여준다. 하나님은 이스라엘에게 정의와 공의의 소작료를 원한다. 그런데 이스라엘은 포악과 부르짖음의 소작료를 지불했다. 가난한 사람을 학대하고 빈부를 양극화하여 이스라엘 언약백성을 목자 없는 양 같은 처지로 만들었다. 이 비유의 요지는 '하나님 아들 이름으로 내가 성전을 청소한다'라는 답변이다.

예수님은 이때 "이 성전을 헐라. 내가 사흘 동안에 일으키리라"고 말씀하심으로써 물고기 뱃속에 삼일 동안 갇혀 있었던 요나가 삼일 만에 부활하듯이, 당신이 죽은 자 가운데서 삼일 만에 부활할 것이라고 암시하신다. '성전 된 자기 육체를 삼일 만에 일으키는 행위', 즉 '죽은 자 가운데서 다시 살아나는 것'은 '예수님 자신이 성전'이라는 진리를 결정적으로 선포하는 행위가 된다. 예루살렘 성전의 핵심 기능은 속죄소의 두 그룹 사이에 좌정하신 하나님이 죄를 용서하고 매년 이스라엘 백성을 언약백성으로 갱신해주는 언약갱신 기능이었다. 성전은 또한 토라교육을 통해 언약백성을 교육시키고 성장시키는 배움의 터였다. 성전의 모든 제사와 예배, 토라교육과 절기 제의와 교육은 이스라엘이 하나님의 언약백성이기에 허락된 특권이요 은혜였다. 그런데 예루살렘 성전을 통해서는 더이상 하나님의 사죄 권세가 선포되지 못했으며 언약갱신도 이뤄지지 않았다. 언약백성을 성장시키는 토라교육도 이뤄지지 않았다. 하나님과 이스라엘 사이의 언약적 소통도 이뤄지지 않았다.

오히려 예수님은 공생애 사역을 통해 정확하게 성전사역을 모두 수행했다. 예수님 이름으로 죄 사함이 선포되고 영적 갱생이 일어났다. 예수님의 인격 자체, 즉 예수님의 사람 됨됨이(육체)가 성전이 되었다. 예수님이 하나님 아버지를 불렀을 때 하나님 아버지가 영광으로 나타나시면 예수님 육체가 성전임을 증명하는 것이다. 예수님의 표적은 예수님 자신이 하나님의 영광이 나타나는 성전임을 계시한다. 예수 그리스도의 몸된 교회가, 예수님이 지상에 살며 행하셨던 것처럼 연약한 사람들을 부축하며, 가난한 과부의 눈물을 닦아주고, 하루에 한 데나리온도 벌지 못하는 빈민들을 먹여주면, 그것으로 성전 역할을 하는 것이다. 예수 그리스도의 몸인 교회가 예수님이 갈릴리에서 하셨던 일을 계승하면 거기에 하나님의 영광이 머물게 된다. 예수님의 제자들이 예수님의 이름으로 죄를 사하는 곳이 바로 예수님의 성전 됨을 입증하는 현장인 것이다.[요 20:23 11]

21-22절은 요한복음 저자가 붙인 해설적 논평이다. 삼일 성전 완성 언급의 요지는 예수님이 예루살렘 성전이 아니라 성전이 된 자기 육체[투 소마토스 아우투(τοῦ σώματος αὐτοῦ)]를 가리켜 말씀했다는 것이다.[21절] 성전 된 예수님은 하나님의 죄 사함을 선포하는 하나님의

아들이다. 예루살렘의 돌로 된 성전이 하나님과 세상 만민을 연결하는 데 실패하자, 예수님의 육체와 손과 발, 예수님의 말씀이 하나님과 소통이 단절됐던 죄인들을 회복하고 치료하는 권능의 매개물이 되었다. 예수 이름 자체가 벌써 성전이 된 것이다. 과거에는 성전에 가서 하나님을 불렀는데, 오늘 우리는 예수 이름으로 하나님을 부른다. 예수님이 성전인지 아닌지 알고자 하면 예수님 이름으로 하나님을 불러보면 된다. 예수님의 이름으로 불렀을 때 하나님께서 응답하시면 예수님이 성전임을 확인할 수 있다. 기도가 바로 예수님의 육체가 성전 됨을 확신하는 증거가 된다. 그런데 당시의 현장에 있었던 제자들은 이 비의에 찬 논쟁을 바로 그 순간에는 깨닫지 못했다. 예수님이 삼일 만에 죽은 자 가운데서 살아나신 후에야 이 표적 논쟁의 참 뜻을 이해했다.[22절]

23-25절은 이 단락의 결론부이면서 3장을 준비하는 전환단락이다. 23절은 유월절에 예수께서 예루살렘에 머물며 표적을 행하시자 많은 사람이 그의 행하시는 표적을 보고 그의 이름을 믿었다고 말한다. 유대인들은 표적을 보고서야 예수님의 신적 위임 사실을 믿었다. 그의 이름을 믿었다는 말은 그가 하나님이 보내신 하나님의 아들임을 믿었다는 말이다. 그런데 이 믿음은 예수님께 순복하고 동화되는 믿음이 아니라 자신들의 이해타산을 위한 믿음이었고, 예수님을 움직이고 이용하려는 믿음이었다. '이스라엘을 속량할 자'로서의 기대감을 충족시키는 믿음이었다. 24절은 예수님이 이런 의미로 믿는 자들, 표적을 보고 믿는 자들에게는 그의 몸을 의탁하지 않았다고 말한다. 그 이유는 표적을 보고 자신의 이름을 믿는 자들을 친히 아셨기 때문이다. 그들은 자신들의 아젠다를 갖고 예수님을 믿었다. 그들에게 중요한 것은 예수님 자신이 아니라 그의 표적이었다. 표적을 행하지 않는 예수는 거부 대상이었다. 예수님은 이런 의미로 자

신을 믿는 사람의 증언에 기댈 필요를 느끼지 않으신다. 그는 사람의 속에 있는 속생각을 아셨기 때문이다. 24-25절에서 '아신다'는 표현이 두 번 나오는 것은 의미심장하다. 곧 표적을 보고 자신을 믿으려는 사람들의 증언을 요청하지 않으신다. 3장의 니고데모는 표적을 보고 믿는 사람인데, 그는 끝내 예수님을 증언하는 제자단에 합류하지 못한다.

메시지

2:1-11은 세상의 모든 고등종교와 복음의 차이를 극명하게 드러낸다. 이 세상의 모든 고등종교는 청결강박 속에서 깨끗해지는 과정을 통해 구원을 맛보려고 한다. 세상의 고등종교는 돌 항아리 여섯 개에 물을 가득 채워 죄와 부정을 씻어주려고 한다. 반면에 하나님의 복음은 단순히 깨끗해지는 데 있지 않고 혼인예식적인 강력한 영적 결합에서 오는 기쁨과 희락을 선사한다. 하나님은 우리를 취하게 하시고 신인 연합과 일치의 기쁨 속에서 선해지고 의로워지도록 도와주신다. 청결강박 종교인 바리새파 신앙으로는 사도행전 2장의 축제를 연출할 수 없다. 아침 9시부터 새 술, 성령에 취할 때에 자기 재산을 내놓고 형제자매적 우애와 사랑을 실천할 수 있다. 우리나라 민법에서 술 취한 상태에서 한 계약은 그 효력을 인정받기 힘들다. 우리가 술에 취한 채로 재산을 바치면 법적으로 무효가 된다. 그런데 우리는 알코올 도수가 없는 포도주 성령에 취했기 때문에 법적으로 문제가 없다. 사도행전 2장과 4장을 보면 성령 충만한 사람들이 자기 재산을 모두 바쳤는데, 이것은 술 취한 사람만이 하는 일이지 정신이 말짱한 사람에게는 기대할 수 없는 행동이다. 그래서 자기 사유재산을 신성불가침 자산으로 지키려는 사람은 성령의 새 술

에 취하지 않도록 극도로 조심해야 한다. 성령의 새 술에 취해서 바보가 되면 대책 없이 착해지기 때문이다. 천국에서 유통될 수 없고 대한민국에서만 유통되는 화폐와 금덩이를 가지고 살려면 성령 충만을 간구하는 일도 삼가야 한다. 성령 충만은 하나님과의 혼인 상태, 즉 새 언약의 결속으로 묶이는 사람들에게만 주어지는 선택적 선물이기 때문이다. 예수님은 유대교적 세상, 즉 정결과 청결의 강박에 사로잡힌 세상에 오셨다. 하나님과 연합하는 언약백성의 환희는 사라지고 청결에 집착하는 유대교가 지배하는 세상에 들어오셨다.

예수님은 하나님의 신부인 이스라엘에게 혼인 잔치의 기쁨을 회복시켜서, 기쁨과 감격에 가득 차 하나님 요구를 자발적으로 행하는 세상을 창조하기를 원하셨다. 성령에 취하여 의를 행하는 언약백성으로 회복하기를 원하셨다. 앞으로 이뤄질 예수님의 사역 방향을 가리킨다는 점에서 물이 포도주로 바뀌는 이적은 예언적 표적이 되며, 예수님의 정체를 단숨에 드러내는 표적이 된다. 즉 포도주 표적사건은 결혼식의 민원 문제를 해결해 주는 조용한 사건임을 넘어서 예수님이 앞으로 인류에게 무슨 선물을 가져다주실 것인지를 보여준다. 예수님은 거룩한 '새 포도주 성령'을 부어서, 하나님과 영적으로 결속되게 하심으로써 우리로 하여금 하나님의 율법을 행하게 하실 것이다. 곧 예레미야 31:31-34이 말하는 스스로 하나님의 율법을 행하는 새 언약 백성으로 창조하실 것이다.

물이 포도주로 바뀌는 표적이 일어나는 과정에서 마리아가 행한 역할이 중요하다. "포도주가 없다"라고 정직하게 보고하는 일이 그것이다. 희락과 사랑의 포도주가 바닥났다고 아뢰는 일이 중요하다. 성령 충만함이 없는 교회사역은 자발성 없는 노예노동이 된다. 성령의 포도주에 취하지 않은 채 일하는 사람들 사이에서는 기계적 마찰음이 들려온다. 성령의 포도주가 공급되지 않은 채 반복되는 가정생활, 직장생활, 교회생활은 모두 권태롭고 지루한 일들이 된다. 이 모든 것들이 신선하고 날마다 새롭고 감격이 있으려면 성령의 새 술에 취해야만 한다. 영국시인 윌리엄 블레이크가 '영국 교회의 예배당이 이 을씨년스러운 겨울 날씨에 흑맥주 한 잔씩 돌릴 수 있다면 모든 사람이 교회에 나올 수 있을 텐데'라는 시를 읊은 적이 있다. 그렇다. 영국의 겨울날씨처럼 을씨년스러운 저녁에 흑맥주 한 잔씩 따라 주며 마음과 몸을 데워준다면 교회는 사람들로 가득 찰 것이다. 블레이크가 설파한 시구의 시적 진실은 교회는 사람들을 따뜻한 성령의 포도주로 데워주고 따뜻하게 해주어야 한다는 것이다. 성령의 새 포도주에 취하는 혼인 예식의 기쁨을 주고 언약백성의 결속감을 주는 예배가 사람들을 교회로 불러들인다. 거룩한 포도주가 가득 넘치는 축제가 생계노동의 권태와 반복을 이겨내게 한다.

3장.

물과 성령으로 거듭나야 보이는 하나님 나라

3

1 그런데 바리새인 중에 니고데모라 하는 사람이 있으니 유대인의 지도자
라. 2 그가 밤에 예수께 와서 이르되 랍비여, 우리가 당신은 하나님께로부
터 오신 선생인 줄 아나이다. 하나님이 함께 하시지 아니하시면 당신이 행하시는 이
표적을 아무도 할 수 없음이니이다. 3 예수께서 대답하여 이르시되 진실로 진실로 네
게 이르노니 사람이 거듭나지 아니하면 하나님의 나라를 볼 수 없느니라. 4 니고데모
가 이르되 사람이 늙으면 어떻게 날 수 있사옵나이까. 두 번째 모태에 들어갔다가 날
수 있사옵나이까. 5 예수께서 대답하시되 진실로 진실로 네게 이르노니 사람이 물과
성령으로 나지 아니하면 하나님의 나라에 들어갈 수 없느니라. 6 육으로 난 것은 육이
요 영으로 난 것은 영이니 7 내가 네게 거듭나야 하겠다 하는 말을 놀랍게 여기지 말
라. 8 바람이 임의로 불매 네가 그 소리는 들어도 어디서 와서 어디로 가는지 알지 못
하나니 성령으로 난 사람도 다 그러하니라. 9 니고데모가 대답하여 이르되 어찌 그러
한 일이 있을 수 있나이까. 10 예수께서 그에게 대답하여 이르시되 너는 이스라엘의 선
생으로서 이러한 것들을 알지 못하느냐. 11 진실로 진실로 네게 이르노니 우리는 아는
것을 말하고 본 것을 증언하노라. 그러나 너희가 우리의 증언을 받지 아니하는도다. 12
내가 땅의 일을 말하여도 너희가 믿지 아니하거든 하물며 하늘의 일을 말하면 어떻게
믿겠느냐. 13 하늘에서 내려온 자 곧 인자 외에는 하늘에 올라간 자가 없느니라. 14 모
세가 광야에서 뱀을 든 것 같이 인자도 들려야 하리니 15 이는 그를 믿는 자마다 영생
을 얻게 하려 하심이니라. 16 하나님이 세상을 이처럼 사랑하사 독생자를 주셨으니 이
는 그를 믿는 자마다 멸망하지 않고 영생을 얻게 하려 하심이라. 17 하나님이 그 아들
을 세상에 보내신 것은 세상을 심판하려 하심이 아니요 그로 말미암아 세상이 구원을
받게 하려 하심이라. 18 그를 믿는 자는 심판을 받지 아니하는 것이요 믿지 아니하는

자는 하나님의 독생자의 이름을 믿지 아니하므로 벌써 심판을 받은 것이니라. [19]그 정
죄는 이것이니 곧 빛이 세상에 왔으되 사람들이 자기 행위가 악하므로 빛보다 어둠을
더 사랑한 것이니라. [20]악을 행하는 자마다 빛을 미워하여 빛으로 오지 아니하나니 이
는 그 행위가 드러날까 함이요 [21]진리를 따르는 자는 빛으로 오나니 이는 그 행위가
하나님 안에서 행한 것임을 나타내려 함이라 하시니라. [22]그 후에 예수께서 제자들과
유대 땅으로 가서 거기 함께 유하시며 세례를 베푸시더라. [23]요한도 살렘 가까운 애논
에서 세례를 베푸니 거기 물이 많음이라. 그러므로 사람들이 와서 세례를 받더라. [24]
요한이 아직 옥에 갇히지 아니하였더라. [25]이에 요한의 제자 중에서 한 유대인과 더불
어 정결예식에 대하여 변론이 되었더니 [26]그들이 요한에게 가서 이르되 랍비여, 선생
님과 함께 요단 강 저편에 있던 이 곧 선생님이 증언하시던 이가 세례를 베풀매 사람
이 다 그에게로 가더이다. [27]요한이 대답하여 이르되 만일 하늘에서 주신 바 아니면
사람이 아무것도 받을 수 없느니라. [28]내가 말한 바 나는 그리스도가 아니요 그의 앞
에 보내심을 받은 자라고 한 것을 증언할 자는 너희니라. [29]신부를 취하는 자는 신랑
이나 서서 신랑의 음성을 듣는 친구가 크게 기뻐하나니 나는 이러한 기쁨으로 충만하
였노라. [30]그는 흥하여야 하겠고 나는 쇠하여야 하리라 하니라. [31]위로부터 오시는 이
는 만물 위에 계시고 땅에서 난 이는 땅에 속하여 땅에 속한 것을 말하느니라. 하늘로
부터 오시는 이는 만물 위에 계시나니 [32]그가 친히 보고 들은 것을 증언하되 그의 증
언을 받는 자가 없도다. [33]그의 증언을 받는 자는 하나님이 참되시다는 것을 인쳤느니
라. [34]하나님이 보내신 이는 하나님의 말씀을 하나니 이는 하나님이 성령을 한량 없이
주심이니라. [35]아버지께서 아들을 사랑하사 만물을 다 그의 손에 주셨으니 [36]아들을
믿는 자에게는 영생이 있고 아들에게 순종하지 아니하는 자는 영생을 보지 못하고 도
리어 하나님의 진노가 그 위에 머물러 있느니라.

요

주석

3장은 표적을 보고 하나님 나라의 동선을 파악하려는 유대인 관원

니고데모의 길과 세례 요한의 길을 대조한다. 유대인들로 대표되는 '세상'은 자신의 물리적 눈에 의지하여 하나님 나라의 실체를 보려고 한다. 니고데모는 극장의 우상이나 동굴의 우상에 매여 자신이 속한 바리새파 유대인의 전통이 정형화해준 관점에 매여 있는 인물로 오리무중의 혼란을 겪고 있다. 그에 비해 세례 요한은 하나님과 영적으로 소통하는 '유대인'이다. 그는 예수님의 독생자 의식을 세상 죄를 지고 가는 무한책임에서 본다. 3장은 거듭나야 보이는 하나님 나라,[1-21절] 세례자 요한의 겸손한 자기 이해,[22-30절] 그리고 하늘로부터 오는 진리의 증인[31-36절]으로 나뉜다.

거듭나야 보이는 하나님 나라 ● 1-21절

앞서 보았듯이 2장의 마지막 단락은 예수께서 성전에 들어가셔서 성전을 장사하는 소굴로 만든 자들을 추방하시는 예언자적 도발을 보도한다. 환전상들은 대제사장들의 하수인들이며 대제사장의 경제적 이익을 관리하거나 나누는 중간관리자들이다. 당시의 예루살렘 성전은 종교적 흥행 면에서는 호황을 누리고 있었다. 요세푸스 『유대 전쟁사』에 따르면 예루살렘 성전은 해외교포들과 그들이 전도한 외국인 개종자 혹은 개종 예정자들이 즐겨찾는 성지로 각광받고 있었다. 유월절 같은 절기에는 알렉산드리아 교포 40만 명, 로마 교포 2만 명, 시리아 다마스쿠스에 흩어진 수십만 명의 유대인을 포함해 아시아와 아프리카, 유럽에서 온 참배객들로 인산인해를 이루었다. 본토 이스라엘 순례자를 포함해서, 25만 명 이상의 사람들이 절기에 모여들었다. 유대인들과 그들로 인해 개종한 개종자들에게 예루살렘 성전은 하나님을 만나는 거룩한 중개지점이었고, 이스라엘의 운명을 극적으로 역전시켜 열방의 종주국가로 만들어줄 '메시아 대망' 신앙의 집합처였다. 그래서 유월절에 대략 1백만 마리의 양이 도살되었다는 기록이 있을 정도로 예루살렘 성전은 호황을 누리고 있었다.

그런데 예수님은 이런 엄청난 아우라를 가진 성전에 노하셨다. "노끈으로 채찍을 만드사 양이나 소를 다 성전에서 내쫓으시고 돈 바꾸는 사람들의 돈을 쏟으시며 상을 엎으시고, 이것을 여기서 가져가라. 내 아버지의 집으로 장사하는 집을 만들지 말라"고 명하셨다. 성전에서 벌어지는 장사는 공평한 거래가 아니었다. 사려는 사람이 파는 사람에게 을의 위치에 서는 불공정거래였다. 공급독점이 이뤄지는 불공정거래였다. 성전 제사장들과 레위인들이 제물로서의 합당 여부를 판단하는 권한을 독점했기 때문이다. 지방민들이 가져온 예물을 하나님의 성전에 바치기 힘들다고 말라기 1, 3장[1:7-13; 3:3]을 인용하면서 불합격 판정하고, 대제사장의 하도급 혹은 직영목장에서 온 싱싱한 제물들을 강매하면서 엄청난 이익을 남겼다. 제물의 종류는 재산의 정도에 따라 달랐다. 유월절에는 유월절의 어린양 외에 번제, 속죄제가 드려졌다. 이 두 제사에 드리는 제물은 소, 양, 그리고 비둘기였다. 사회적 지위와 경제적 유여 정도에 따라 제물을 달리해 드렸다. 유월절에 도살할 어린양 외에 번제, 소제로 드릴 소나 양이 상당히 많이 소요되었다. 비둘기 제물 외에는 대부분 성전 제사장 집단의 직영목장에서 공급된 제물들이 합당한 제물로 인정받았으며, 해외에서 온 교포들과 이방인 개종자들은 자국 화폐를 성전 세겔로 환전해 제물을 샀다. 농축산물 유통업과 은행업이 유월절에 동시에 성업을 한 것이다. 성전 제사장 집단은 이 영업을 관장하며 축재할 수 있었다. 이런 상황에서 성전이 장사하는 집이 돼버린 것이다. 예수님은 채찍을 들고 상행위를 쫓아냈다. 예수님은 예루살렘 성전을 부순 것이 아니라, 예루살렘 성전이 중심이 되어 유지된 유대사회의 거짓된 천국관, 거짓된 하나님관, 거짓된 구원관을 부수기 위해서 그렇게 행동하신다. 오늘날 예수님이 이 세상에 오신다면 아마 돈으로 하는 항존직 선거와 총회장 선거를 모두 부수어버리실 것이다.

부패한 종교는 얼마든지 사기업으로 전락할 수 있다. 종교는 죽고 사는 문제, 궁극 문제를 다루는 보험업으로 전락할 가능성이 농후하다. 종교는 죽음 너머의 생명을 약속하거나 유사한 확신을 주입시키거나, 죽음 너머에 있을 세계에 대한 상상력을 점화시켜 사람들의 마음과 돈을 사냥한다. 특히 이 세상이 살 만하다고 생각하는 사람일수록 이런 영생 약속 종교에 몰린다. 이 세상이 고달프다고 생각하는 사람은 내세에 대한 상상력도 빈곤하다. 살 만한 사람들은 죽어서도 이 삶을 연장하고 싶어 하는 데 반해, 생활이 지긋지긋한 사람들은 삶을 연장시키고 싶은 마음이 없기에 내세 중심의 종교에 끌리는 정도가 덜하다. 부유한 사람들은 인생이 너무 좋기 때문에 이런 정도의 삶이 죽어서까지 연장된다면 얼마든지 돈을 낼 마음이 있다. 그래서 내세 지향적 종교는 항상 부유층의 종교로 선호된다. 장사하는 집 같은 성전은 하나님 나라 영생에 들어가려고 하는 부유한 사람들에게 거역감을 일으키지 않는다. 부유한 유대인 교포들은 성전에 많은 돈을 헌금하고, 스가랴 14장에서 메시아가 들어갈 것이라고 예언된 예루살렘 성전 동편문을 향해서 모여든다. 오늘날 예루살렘 동편은 닫혀 있지만, 유대인들은 메시아가 와서 열 때까지만 닫혀 있을 것으로 믿는다. 메시아가 지나가는 동편문 쪽에 매장돼야만 부활한다는 전설을 믿는 많은 유대인 부호들은 동편문이 보이는 묘지에 묻히기를 열망하고, 실제로 그곳에 묻히기도 했다. 지금도 성전 동쪽문을 바라보는 넓은 공동묘지가 조성되어 있다.

요한복음의 순서와는 달리 예수님의 성전을 향한 이 거룩한 도발은 예수님의 초기 사역이 아니라 마지막 사역이었다. 수난 주간의 유월절에 일어났다. 마태복음 26장에서 예수님이 산헤드린에서 고소당할 때 '성전을 훼방한 자', '성전을 허물어뜨리겠다고 말한 자'라고 고소되고 있다. 예수님의 이 행동은 예수님을 죽음으로 몰아넣었다. 이런 위기 상황에서도 예수님은 유대인들의 마음을 얻으려고 예루살렘에 머물며(베이스캠프) 표적을 행하셨다. "유월절에 예수께서 예루살렘에 계시니 많은 사람이 그의 행하시는 표적을 보고 그의 이름을 믿었"다. 예수께서 행한 표적 목록은 마태복음 11:2-6에 나온다. 앉은뱅이를 일으키는 기적,[막 2장, 요 5장] 눈 먼 자의 눈을 뜨게 한 기적,[요 9장] 죽은 자를 살리는 표적,[요 11장] 나병환자를 깨끗게 한 표적,[눅 17장] 그리고 가난한 사람에게 복음을 전한 것이 그것들이다. 유대인들은 이런 일련의 표적들을 전혀 흉내내지 못했다. 이 표적들은 메시아가 이 땅에 와서 하실 일들을 망라한 이사야 35장의 성취이기 때문이다. 예수님이 성전의 장사 행위를 중단하는 소란을 일으켰지만 체포되지는 않았다. 예수님이 행하신 엄청난 표적들이 예수님을 에워싸면서 그의 방벽이 되어줬기 때문일 것이다. 바로 이런 상황에서 니고데모가 등장한다.

1절은 바리새인 니고데모를 소개한다. 바리새인은 당시의 이스라엘 전체 인구 50만 명 중에서 6천 명 정도가 참여한 자정자결[自淨自潔]을 추구하는 종파였다.[1] 산헤드린 회원과 제사장, 율법학자, 서기관 등 여러 분야에서 바리새인은 지도력을 발휘하고 있었다. 다니엘을 필두로 주전 167-164년의 마카베오 항쟁을 주도한 경건한 열조들의 신앙을 계승하려고 하는 종파였다. 예수님 당시에는 힐렐과 샴마이라는 두 랍비가 바리새파의 신학 담론을 주도하고 있었다. 안식일 성수, 정결 예법, 할례, 율법 존중, 이방인 개종 시도, 부활과 종말 신앙 등 여러 면에서 바리새파는 세속적인 종파였던 사두개파와 구별되었다. 예수님 당시의 바리새파는 존경받는 종파였고 영향력도 컸다. 복음서에 와서 '바리새파'는 위선자, 자신도 행하지 않는 것을 남에게 강요하는 모순의 사람들로 알려져 있으나, 신약성경은 바리새파 자체를 비난하기보다는 바리새파의 일탈, 오류, 혹은 완악함을 비판한다. 사도 바울도 바리새파 출신이며, 예수님의 초기 제자들도 바리새파 신앙에 어느 정도 동조하던 청년들이었다. 사도 베드로는 사도행전 10장의 날짐승 환상에서 자신이 어려서부터 레위기 정결음식법을 잘 준수했다고 말한다. 그 또한 바리새파 경건을 존중한 사람이었다. 니고데모를 '바리새파'라고 소개한 이유는 바리새파 사람들이 대제사장들이 속한 사두개파에 비해 예수님을 좀 더 우호적으로 보는 것과 관련이 있다. 요한복음은 바리새파를 합리적이고 예수님께 더 우호적인 종파였다고 본다.

바리새인 니고데모는 '유대인들의 지도자'라고 소개된다. 유대인 관원이라는 말을 볼 때, 그가 유대인 관원들을 대표했거나 그들의 일부 의견을 집약해서 예수님을 찾아왔다는 것을 함의한다. '지도자'라고 번역된 헬라어 아르콘(ἄρχων)은 71명으로 구성된 유대인 자치정부의 고위직분자를 가리킨다. 유대인 자치정부의 국회와 사법부를 합해 놓은 것을 산헤드린이라고 부른다. 산헤드린 회원 71명을 아르콘이라고 부른다. 한 가지 인상적인 것은 그의 헬라어 이름으로 '승리한 백성'을 의미한다(니코+데모스). 그는 헬라적 교양을 갖춘 합리적 인물이었을 가능성이 크다.

니고데모는 표적 행하는 예수와 성전을 훼방하는 예수 사이에서 딜레마에 빠져 있었다. 예수는 신성모독적인 행동을 일삼는 신성모독자인지, 아니면 모세와 엘리야급 예언자인지가 큰 의문이었다. 그의 딜레마는, 갈릴리의 예수는 그 행하는 표적에 비추어 볼 때 하나님이 함께하시는 비범한 인물인 것은 분명한데, 그가 모세의 율법을 가볍게 여기며 심지어 안식일도 존중하지 않고 결정적으로는 성전을 존숭하지 않는 것처럼 보인다는 것이었다. 도저히 이해되지 않았다. 그래서 밤에 직접 찾아왔다. 처음 하는 말에 그의 고민이 담겨 있다.

'랍비여, 우리가 당신은 하나님께로부터 오신 선생[디다스칼로스(διδάσκαλος)]인 줄 아나이다.' 1:38에서 랍비에 해당하는 헬라어 번역어가 디다스칼로스다. 랍비는 직역하면 '선생님들'이다. 랍비는 선생님들의 집합체다. '큰 선생님'이라는 뜻이다. 니고데모는 예수님을 한 분야의 일가를 이룬 선생, 랍비라고 부른다. 그런데 언표되지 않은 니고데모의 질문은 이런 것이었을 것이다. '예수님, 하나님이 함께하시기에 가능한 표적을 당신(쉬)이 행하심에 비추어 볼 때 당신은 분명히 하나님으로부터 온 분이 맞습니다. 그런데 왜 성전을 훼방하십니까?' 니고데모는 '당신이(쉬) 행하는 표적'에서 2인칭 단수 대명사를 써 가면서 예수님을 표적 행하는 능력을 중심으로 이해하려고 한다. 예수님의 메시지, 자의식, 그리고 표적을 통전적으로 연결시키지 못하고 있다. 그래서 '예수님 자체'를 이해하지 못한다. 현재 2절에는 이런 질문이 없지만, 예수님은 2절 전체를 질문으로 들으신다. 그래서 3절에는 '대답하다'라는 동사가 나온다. 3절은 예수님의 대답이다. 예수님은 단도직입적으로 대답하신다. "진실로 진실로 네게 이르노니 사람이 거듭나지 아니하면 하나님의 나라를 볼 수 없느니라." 2절 어디에서도 '하나님 나라를 보는 것'과 관련된 질문이 없는데 예수님의 답변에는 '하나님의 나라[2]를 볼 수 없느니라'는 말이 등장한다. 2절과 3절 사이에 오고간(마음으로 오고간) 대화 중 누락 부분을 살려서 보면 예수님의 대답은 아마도 이런 함의를 지니고 있을 것이다.

'지금 내가 하고 있는 행동들은 하나님 아버지의 일이다. 앉은뱅

이를 다시 일으켜 세우는 것은 앉은뱅이 이스라엘을 일으켜 세우는 행동이며, 눈 먼 자를 고친 것은 이스라엘의 눈을 뜨게 해주는 것이며, 나병환자를 고친 것은 부정해진 이스라엘을 치유하는 것이며, 죽은 자를 부활시킨 것은 죽은 자처럼 영락한 이스라엘을 회복하는 것이다. 성전 청소는 하나님과 이스라엘의 진정한 소통과 사귐의 터가 되도록 성전을 회복한 일이다. 나의 모든 총체적인 사역은 하나님 아버지께서 당신의 언약백성 이스라엘을 다스리시는 현장이다. 왜 내가 행하는 표적과 나의 언동 속에서 하나님 아버지의 다스림을 보지 못하고 현상에만 집착하느냐?'

예수님은 이런 메시지를 니고데모가 이해하기를 간절히 바라시므로 '진실로 진실로 네게 이르노니'[아멘 아멘 레고(ἀμὴν ἀμὴν λέγω)]라고 말씀한다. 당시의 어법 기준에 비추어 볼 때 예수님의 독특한 화법 중 하나가 '진실로'를 두 번, 그리고 앞에 쓰는 것이다. 당시 랍비들은 자신의 말끝에 '아멘'을 덧붙였다.[3] 어떤 말을 하고 나서 자신의 진심을 담고 싶을 때 아멘을 덧붙였다. '내가 오늘 당신에게 밥을 사겠습니다. 아멘.' 이 경우 진짜 밥을 사고 싶다는 것이다. 그런데 예수님은 이렇게 말한다. '아멘, 아멘, 내가 오늘 당신에게 밥을 사겠습니다.' 복음서에 나오는 예수님의 육성을 찾아내려고 할 때 사용하는 기준들이 있는데 이는 그 가운데 비유사성의 기준the criterion of dissimilarity에 해당한다. 비유사성의 원칙에 따르면 이중 아멘 모두冒頭 화법은 당시의 어떤 문서에도 나오지 않기 때문에 예수님의 독특화법으로 인정된다. '아멘 아멘' 화법에 비추어 볼 때 예수님이 얼마나 격정적인 진실의 통화자인지를 알 수 있다. 예수님의 화법은 강력한 임팩트를 일으킨다. 예수님은 산상수훈 끝에 언어생활에 대해 이렇게 가르치셨다. 어떤 사람이 말을 하려거든 빙빙 돌리지 말고 예, 예,Yes, Yes 아니요, 아니요No, No라고 말하라고 가르치신다. 예수님의 언어생활은 간결하고 단호하고 직설적이었으며, 예수님은 거리낌 없는 화자였다. 분명하게 말하는 어법을 구사했다. 예수님은 이중 아멘을 문장 앞에 배치하여 니고데모를 바리새파 신학의 좁은 틀에서 해방시켜 주려고 하셨다. 그런데도 그는 바리새파 신학이라는 땅에 속한 생각에 붙잡혀 예수님을 이해하려고 한다. 예수님이 전하는 하나님 나라는 지적으로 각성해야 하지만, 동시에 신생아적 수용성으로 영접해야 하는 나라이다. 하나님 나라는 동화적인 상상의 나라를 믿을 수 있을 만큼 수용적인 어린아이 같은 감수성을 가진 사람에게 보인다. 닫힌 종교체계인 바리새파 신학으로는 예수님을 파악할 수 없고 예수님을 통해 가시화되는 하나님 나라를 볼 수 없다. '성전제사와 율법 준수를 통하여 하나님을 알 수 있다고 믿는 당신들 바리새파 신학 틀로서는 내가 벌이는 하나님 나라 운동의 전모를 파악할 수 없다.' 이런 취지의 대답을 하신 셈이다.

율법을 어기는 것처럼 보이는 예수님의 행동에 하나님 나라의 폭발적인 생명력이 과시되기 때문에 니고데모는 예수님을 부정하지도 못하고, 자기가 속한 진영논리 때문에 예수님을 인정하지도 못한다. '왜 율법을 어기는 자가 하나님과 함께하는 표적을 행할까? 왜 하나님의 표적을 행하는 랍비가 율법을 어길까?' 이 딜레마에 대한 예수님의 답변은 '위로부터 태어나는 것'의 비밀에 있다. '위로부터 태어난다'는 말은 그 자체로는 구약용어가 아니지만 구약적 근거가 있는 어구이다. '위로부터 오는 하나님의 영'의 계시를 받아야 예수님을 통해 실재화되고 있는 하나님 나라가 보인다는 것이다. 에안 메 티스 겐네데 아노텐, 우 뒤나타이 이데인 텐 바실레이안 투 데우(ἐὰν μή τις γεννηθῇ ἄνωθεν, οὐ δύναται ἰδεῖν τὴν βασιλείαν τοῦ θεοῦ). 아노텐(ἄνωθεν)은 '위로부터'from above라는 말이다. 부사 '위쪽', '위에서부터'를 의미하는 아노(ἄνω)에서 파생된 말이다. 개역개정의 '거듭'이라는 의미는 전의된 의미인 셈이다. '위로부터'는 '하나님으로부터'를 의미한다.[4] 하나님의 영으로부터 신생아처럼 쇄신되지 않으면 하나님 나라를 볼 수 없다는 말이다. 그런데 니고데모는 '위로부터 태어난다'는 개념을 이해하지 못하고 어머니의 자궁을 통한 재출산을 생각하며 묻는다. "사람이 늙으면 어떻게 날 수 있사옵나이까. 두 번째 모태에 들어갔다가 날 수 있사옵나이까."[4절] 아주 초보적인 질문이지만 여기에 진실이 있다. 어머니 배로부터 태어난 것과 똑같이 다시 태어나야 한다.

5절은 '위로부터 나는 것', 겐네데 아노덴(γεννηθῇ ἄνωθεν)을 설명한다. 물과 성령으로 태어나는 것이 위로부터 태어나는 것이다. 원전은 "물"과 "영"이다.[5] "예수께서 대답하시되 진실로 진실로 네게 이르노니 사람이 물과 성령으로 나지 아니하면 하나님의 나라에 들어갈 수 없느니라." "물과 성령"에서 '과'에 해당하는 접속사 카이(καὶ)는 등위접속사라기보다는 동격으로 사용되어 '즉'을 의미하는 경우도 있다. '물, 즉 성령'이라는 뜻이다.[6] 물과 성령으로 언약갱신을 맺어 새 이스라엘로 쇄신되는 미래를 예언한 본문은 에스겔 36:25-26이다. "맑은 물을 너희에게 뿌려서 너희로 정결하게 하되 곧 너희 모든 더러운 것에서와 모든 우상 숭배에서 너희를 정결하게 할 것이며 또 새 영을 너희 속에 두고 새 마음을 너희에게 주되 너희 육신에서 굳은 마음을 제거하고 부드러운 마음을 줄 것이며." 이것이 바로 물과 성령으로 태어나는 장면을 묘사한다. 물과 성령으로 다시 한 번 하나님과의 언약관계로 들어가는 것을 가리켜 '위로부터 태어난다'고 말한다. 거듭난다는 말은 물과 성령으로 감화감동되어서 하나님의 논리를 이해하고 하나님의 비전에 동참하여 하나님 뜻대로 살고 싶은 열망이 가득 차게 되는 상태를 말한다. 하나님의 율법에 깊이 공감하며 그 율법을 스스로 지킬 수 있는 상태가 되는 것이 '위로부터 태어나는' 것이다.

그런데 당시의 유대교는 성령의 역사에 관한 많은 예언들을 거의 주목하지 않았다. 한번 고정관념에 사로잡히면 고정관념과 어긋나는 것처럼 보이는 하나님의 약속이 보이지 않는다. 메시아에 대한 오해가 대표적이다. 당시 유대교인들에게 구약성경에서 메시아에 관한 가장 대표적인 예언은 시편 2편과 외경 「솔로몬의 시편」 18편이었다. 이 두 본문에는 철창으로 만국을 다스리는 정복군주 이미지의 메시아가 나타난다. 이런 구절들에 집착한 유대인들은 알렉산더 대왕과 율리우스 카이사르 같은 메시아를 기대했다. 그래서 도살장으로 끌려가는 어린양, 많은 사람을 위하여 자기 목숨을 대속물로 주는 온순한 어린양 같은 메시아 예언 본문[사 53장]은 전혀 눈에 들어오지 않았다. 바리새파는 눈이 감긴 상태였다. '성전에서 예배를 드리고, 이방인과 접촉을 삼가며, 십일조를 하고, 일주일에 두 번 금식을 해야 메시아가 빨리 온다'고 믿었던 바리새인 종교로 볼 때는 '위로부터 오는 성령'은 심히 낯설었다. 세상의 모든 종교적 공적과 교육도 필요 없고 위로부터 하나님이 결정한 사람에게 불어 젖히는 성령만이 모든 새로운 하나님 백성을 산파한다고 말하는 성경 말씀이 바리새인들에게는 들어오지 않았다.

6절은 바리새인 니고데모의 세계를 육이라고 말하며 니고데모를 육에서 난 존재라고 말한다. 육에서 난 것과 영에서 난 것의 차이를 강조한다. 육과 영은 그리스 철학의 기본개념 중 하나로서, '육'[肉]이라고 번역된 사르크스(σάρξ)는 물리적이고 생물학적 세계를 말한다. 육의 본질은 자기보호적이고 자기중심적 개별성이다. 플라톤과 아리스토텔레스는 질료와 형상이라는 기준으로 육과 영을 구분한다. 영은 육체와 독립적으로 존재하는 신적 형상으로 보편적 실재이다. 요한복음 저자는 그리스 철학의 기본개념을 빌어 위로부터 태어나는 것을 설명한다. 오늘날 현대심리학, 뇌과학, 생화학 등에서는 육체와 독립적으로 존재하는 영의 실체를 인정하지 않는다. 영은 상상의 질서요 개념이라고 본다. 그러나 성경은 그리스 철학과도 다르고 현대의 생물학과 심리학과도 다른 의미에서 영의 실재를 인정한다. 성경은 영과 육을 완전히 독립적으로 활동하고 작동하는 실체로 보지 않으며 육과 영의 교호적인 작용을 인정한다. 그러면서 인간이 하나님의 형상이라고 하는 근원적인 개념에 의지하여 하나님에 대한 응답적인 지향성을 영이라고 본다. 요약하면 요한복음은 그리스 철학의 용어를 빌어 위로부터 태어나는 것을 설명하지만, 육의 세계는 영의 감옥이며 열등하고 악하고 불완전하다고 보는 그리스 철학(플라톤의 『파이돈』)에 동의하지 않는다. 성경은 하나님의 형상이 인간의 생화학적 요소 안에 내장되어 있다고 본다. 인간의 몸이 하나님의 형상을 자신도 모르게 의식하며 생화학적 작용을 한다는 것이다. 인간의 인격적 활동, 자기반성과 평가, 타인과 교제하는 활동 모든 것은 인간의 몸이 하는 활동이지만, 그것은 인간의 생화학적 요소 안에 내장된 하나님의 형상의 반영이요 작용이라는 것이다. 육에서 난 것은 하나님의 영적 에너지와 파동에 응답하지 못하는 닫힌 체계를 말하고, 영에서 난 것은 하나님과의 인격적 교제 속에 들어가 하나님께 응답하는 존재를 가리킨다. 본문의 맥락에서 육은 견고하게 구축된 자기폐쇄적 전통을 비유한다. 외부의 계시, 즉 하나님의 계시수용성이 결여된 자기충족적이고 자기폐쇄적인 신학 전통이 육이다.

니고데모는 바리새파 전통이라는 닫힌 체계의 사람으로 전통의 언어에 속박된 존재다. 유대인, 관원, 바리새파라는 육의 요소들로 환원되는 사고와 행동에 매여 있다. 이런 닫힌 체계 속에서 니고데모는 이미 이룬 자요, 된 자다. 다만 그는 하늘로부터 오는 초월적이고 우발적인 영의 작용에는 소외되어 있다. 자신을 자기세계에서 이룬 자, 된 자라고 생각하는 니고데모에게 '위로부터 태어나야 한다'라는 요구는 충격으로 다가왔다. 그래서 예수님은 니고데모에게 '놀라지 말라'고 충고한다.[7절] 8절은 위로부터 태어나는 자는 육의 세계에서 '된 자'와 태어나는 과정이 다르다는 점을 강조한다. '위로부터 태어나는 과정'은 육의 존재는 스스로 확보할 수 없는 신적 우발성이 주도한다. 바람의 임의성이 영에서 난 자의 출생을 설명하는 예시물이다. 바람소리는 들어도 바람이 어디로 부는지는 모른다.[7] 바람이 부는 방향은 바람이 불고 나서야 안다. 영이 누구에게 역사할지는 영이 결정한다. 사람이 원하는 쪽으로 바람을 불어오게 할 수 없듯이 영은 인간의 소원으로 조작하거나 조종할 수 없는 초월적인 존재다. 영으로 난 사람은 영의 임의적인 작용으로 태어난 사람이다. 하나님의 우발성은 인간의 전통, 외모, 혈과 육의 요소를 고려하지 않는다. 하나님의 임의적이고 일방적인 영이 불어서 태어나기 때문에, 인간이 위로부터 태어나기 위해 스스로 동원할 수 있는 공로는 전혀 없다. 영은 학군, 학벌 등의 구분이나 신분지위상 구분을 순식간에 뒤집어버리는 신적 우발성과 자유의 세계다. 근원과 출처를 알 수 없는, 초월 저편 하나님께로부터 온 바람만이 사람을 거듭나게 하여 예수님이 펼치는 하나님 나라 운동의 본질을 간파하게 한다.

8절의 바람의 임의성을 예시하는 구약의 출처는 다섯 곳 정도 된다. 영의 바람이 불어 이스라엘이 소생하는 드라마는 예레미야 31:31-34, 에스겔 36:25-26; 37장, 이사야 32:15, 그리고 요엘 2:28-32 등에 예언되어 있다. 예수님은 에스겔 37장과 이사야 32:15을 염두에 두고 위로부터 거듭나는 원리를 설명하셨을 것이다. "또 내게 이르시되 인자야, 너는 생기를 향하여 대언하라. 생기에게 대언하여 이르기를 주 여호와께서 이같이 말씀하시기를 생기야,

사방에서부터 와서 이 죽음을 당한 자에게 불어서 살아나게 하라 하셨다 하라. 이에 내가 그 명령대로 대언하였더니 생기가 그들에게 들어가매 그들이 곧 살아나서 일어나 서는데 극히 큰 군대더라." 겔 37:9-10 예수님은 사망한 자에게 생기의 바람이 불어서 마른 뼈와 같은 이스라엘이 하나님의 군대로 부활하는 드라마를 생각하며 영의 우발성을 예해하셨을 것이다. 아울러 '위에서부터 불어오는 영'의 사역은 이사야 32:15을 염두에 두고 말씀했을 것이다. "마침내 위에서부터 영을 우리에게 부어주리니 광야가 아름다운 밭이 되며 아름다운 밭을 숲으로 여기게 되리라."사 32:15

9절은 이런 영의 임의적 작용으로 태어나는 일의 실현가능성을 의심하는 니고데모의 반응을 말한다. 10절은 2인칭 단수 대명사를 독립적으로 사용함으로써 니고데모의 성경문맹 상태를 책망하는 예수님의 대답이다. 쒸 에이 호 디다스칼로스 투 이스라엘(σὺ εἶ ὁ διδάσκαλος τοῦ Ἰσραὴλ). '다른 이가 아니라 **당신**이 이스라엘의 대표적인 랍비다. 어찌 이런 것들에 대해 모를 수가 있느냐?' 니고데모는 호 디다스칼로스 투 이스라엘이다. 여러 선생 중 한 명이 아니라 이스라엘을 대표하는 선생이라는 말이다. '이런 이스라엘 선생이 영의 역사로 이스라엘이 갱생될 것을 말하는 성경구절들을 왜 모르느냐?' 이런 뜻이다. 바람 같은 영의 역사로 이스라엘이 갱생될 미래를 예언하는 위에서 언급된 구약성경의 약속들도 모르는 니고데모는 예수님께 책망을 받는다.

11절은 니고데모와의 대화에서 소통이 잘 되지 않는 것을 느낀 예수님의 좌절감을 드러낸다. "우리"는 예수님과 아버지 하나님을 가리킨다. 또는 예수님, 세례 요한, 그리고 아버지 하나님을 가리킬 수도 있다. 동시에 요한복음의 저자도 '우리'에 속한다. '우리'는 복수이므로 복수의 증언은 유효하다는 점을 상기시킨다. 예수님은 복수의 증인인 '우리가 아는 것과 본 것'을 증언하는데 니고데모가 속한 바리새인들(2인칭 복수) '너희는 우리의 증언을 받지 않는다'고 질책하신다. 여기서 '받다'라고 번역된 동사는 람바노(λαμβάνω)이다. '붙들다, 파악하다, 납득하다'는 의미다. 바리새인들은 '우리'의 복수 증언을 듣고도 붙들지 않는다. 예수님은 니고데모가 대표하는 '바리새인들의 행태'를 지적하신다.

12절의 1인칭 주어 '나'는 예수님인 점을 고려하면 11절의 "우리"도 예수님, 세례 요한, 그리고 아버지 하나님을 가리키는 것이 분명하다. 우리가 아는 것과 본 것은 하나님께서 구약성경을 통해서 펼치신 구원역사를 총칭한다. 예수님은 아버지 하나님의 품속에 있던 독생자로서 하나님께서 이스라엘에게 1,500년간 행하신 구원대사에 정통하고 계신다. 이스라엘에게 일어난 구원역사 안에서 하나님은 당신의 영을 보내어 이스라엘을 부단히 갱생시키셨다. 예수님은 이스라엘 구원대사를 하나님 아버지의 관점에서 증언하러 오셨다. 그런데 유대인들은 이 증언을 거부한다. 12절은 당신의 증언을 배척하는 유대인의 불신앙을 안타깝게 여기는 예수님의 안타까움을 보여준다. 예수님이 이스라엘 땅에 와서 표적을 일으키며 하나님 나라 백성의 언약적 의무를 상기시키는 가르침을 베풀었지만 유대인들은 믿지 않았다. 땅의 사역 자체도 부인한다. 유대인들은 예수님 자신이 하늘에서부터 가져온 하나님의 구원경륜을 말하면 더욱 믿을 수 없다는 태도로 나온다.[12절]

13절은 인자 되신 예수님 자신이 하늘 일을 말할 적법한 자격이 있음을 강조한다. 인자는 신약성경에서 모두 여든아홉 번 정도 사용되는데, 대부분 '궁극적 승귀를 위해 필연적으로 고난을 감수해야 하는 예수님의 종말론적 심판자 역할'을 강조할 때 사용되는 예수님의 자기호칭이다. '인자'라는 용어가 빈번하게 나오는 에스겔서와 다니엘 7:13이 예수님의 인자 호칭사용을 설명할 때 항상 인증되는 구약성경이다. 이 두 구절이 말하는 인자에 대한 이해를 도와주는 시편 두 편을 더 인용할 수 있다. 시편 8편과 80편에서 '인자', 벤 아담(bēn 'ādām)은 창세기 1장의 아담을 가리키는 말로 사용한다. "사람이 무엇이기에 주께서 그를 생각하시며 인자가 무엇이기에 주께서 그를 돌보시나이까. 그를 하나님보다 조금 못하게 하시고 영화와 존귀로 관을 씌우셨나이다. 주의 손으로 만드신 것을 다스리게 하시고 만물을 그의 발 아래 두셨으니."시 8:4-6 "주의 오른쪽에 있는 자 곧 주를 위하여 힘있게 하신 인자에게 주의 손을 얹으소서."시 80:17 이 두 시편은 정확하게 창세기 1:26을 해석하고 있다. "하나님이 이르시되 우리의 형상을 따라 우리의 모양대로 우리가 사람을 만들고 그들로 바다의 물고기와 하늘의 새와 가축과 온 땅과 땅에 기는 모든 것을 다스리게 하자 하시고."창 1:26 시편 80:17과 시편 8편에 따르면 '아담'이 최초의 인자다. 이 두 시편에서 '인자'는 하나님 우편 보좌에 앉은 대리자, 부왕副王을 가리킨다. 하나님 우편 보좌에 앉아서 왕명을 출납하며 하나님을 대리하는 통치자가 '인자'였다.

또한 하나님이 에스겔을 '인자'라고 부를 때(2:1, 3, 6, 8을 비롯하여 총 94회 사용)에도 이런 의미로 인자였다. 다윗 왕조의 왕정신학에 따르면시 110:1 "주의 오른쪽에 있는 자(인자)"는 왕을 가리킨다. 시편 8:4을 보면 아담이 최초로 왕적 존재로 선택받고 부르심을 받았다는 것을 알 수 있다. "사람이 무엇이기에 주께서 그를 생각하시며 인자가 무엇이기에 주께서 그를 돌보시나이까." 시편 8:4의 인자도 벤 아담(bēn 'ādām)이다. 다니엘서 7:13의 "인자와 같은 이"로 번역되는 아람어는 커바르 에노쉬(kěbar 'ĕnôš)인데 여기서 바르 에노쉬는 정확하게 히브리어 벤 아담의 아람어 번역어이다. 다니엘서 7:13을 보면 "인자와 같은 이"가 왕의 명령을 받아 지상에서 하나님 백성을 모으는 일을 수행한다. 이런 의미의 최초의 인자는 아담이었다. 그래야 하나님께서 아담에게 통치사명을 수여하는창 1:26-28 이유가 해명된다. 정리하면 '인자'는 야웨 하나님의 명령을 수행하는 인간적 중개자를 가리키는데, 주로 왕을 가리킨다. 인자 사명은 아담으로부터 예수 그리스도까지 여러 사람들에 의해 수행되었고 에스겔도 그중의 하나다. 하나님 우편 보좌에 계시면서 이 땅에서 마지막 인자 사명을 수행하는 분이 예수님이다. 복음서에서 예수님은 자신을 매우 빈번하게(여든아홉 번의 인자 용례 대부분이 예수님의 자기호칭) '인자'라고 부른다. 그중에서도 마태복음 26:64의 "인자가 권능의 우편에 앉아 있는 것과…… 너희가 보리라"라는 구절과 시편 80:17의 "주의 오른쪽에 있는 자 곧 주를 위하여 힘있게 하신 인자"라는 구절을 연결시켜 보면, 인자가 아담적 부왕 그리스도, 하나님의 그리스도를 가리키는 것이 더욱 분명해진다. 아담은 단지 최초의 인간이 아니라 하나님의 부왕 지위를 부여받은 최초의 사람이었다.[8] 종말에 오실 심판자로서의 '인자' 이미지는 위경 「에녹서」에서 두드러진다.[9] 예수님의 인자 호칭은 구약의 창세기부터 위경 전통에 이르기까지 등장하는 '인자'의 다양한 사명을 당신에게 집약시키는 맥락에서 사용된 자기호칭이었다.

요약하면, 예수님의 인자 호칭은 세 가지를 의미한다. 첫째, 인자는 아담적 부왕으로서 하나님의 지상통치의 대리자다. 둘째, 인자는 구약의 모든 인자들이 걸어갔던 발자취를 따르는 고난의 종이다. 하나님의 왕명을 출납하고 그것을 관철시키는 과정에서 환난과 고통을 자초하기 때문에 인자의 고난은 필연적이다. 셋째, 인자는 자신이 당한 고난을 바탕으로 종말의 심판자가 되신다.

13절의 인자는 하나님 우편 보좌에 앉아 계시던 부왕이던 하나님의 아들이 사람으로 오셨다가 다시 하늘로 올라갔다고 말한다. 이사야 55:10-11이 말하는 하나님의 '말씀'이 바로 인자가 된 것이다. 14절은 인자가 올라간 방식을 말한다. 인자가 하늘로 올라간 방식은 '들림'이었다. 14절의 종속절은 능동태 문장이며 주절은 수동태 문장이어서 대구관계가 잘 부각되지 않는다. 14절의 종속절을 수동태로 고치면, '뱀이 모세에 의해 광야에서 들렸던 것처럼 인자도 들려야 할 것이다'로 된다.

14절은 민수기 21:4-9의 구원사를 배경으로 삼고 있다. 민수기 21:1-8에는 불순종하는 이스라엘을 심판하기 위해 불뱀을 보내는 사건을 기록한다. 출애굽의 의미를 부단히 불신하던 이스라엘 백성은 하나님께서 곧장 가나안으로 가는 길 대신 에돔 땅을 우회하는 방향으로 인도하자 크게 반발한다. 물도 없고 양식도 없는 곳에서 죽이려고 애굽에서 자신들을 끌어냈다고 불평하며 하나님과 모세에게 격하게 반항했다. 만나를 하찮은 음식이라고 공격하며 순식간에 이집트로 되돌아갈 태세였다. '출애굽 구원' 자체를 원천무효화하려는 기세였다. 이때 하나님께서 불뱀을 보내서 이스라엘 백성을 물어 죽게 하셨다. 많은 백성이 죽어가자 모세가 적극적으로 중보기도에 나섰고 하나님은 이때 놋뱀을 만들어 장대 위에 매달게 하신다. 하나님은 물린 사람들이 그것을 쳐다보면 살아날 것이라는 약속을 덧붙이신다. 불뱀의 공격을 자연적인 일이라고 본 자들은 하나님의 처방을 무시했으며 불뱀이 하나님의 심판임을 믿은 자들은 쳐다보았다. 아니나 다를까, 장대 위에 쳐들린 놋뱀을 쳐다본 사람들은 모두 살아났다.[민 21:9] 그들은 불뱀이 출애굽 구원을 모욕하는 자신들의 패역한 언동에 대한 심판임을 믿는 자들이다.

놋뱀은 더이상 물지 않는 뱀을 가리키며 하나님의 용서의지를 상징한다. 하나님의 용서를 기대하고 강청한 사람만이 놋뱀을 쳐다보았고, 살아났다. 언뜻 보면 미신적인 방법이지만 실은 불뱀의 공격을 하나님의 심판으로 이해한 사람들에게는 미신이 아니라 과학보다 더 정확한 살 길이었다. 불뱀이 하나님의 심판이라면 놋뱀은 불뱀으로 집행된 심판의 무효화를 의미한다. 하나님께 지은 죄로 불뱀 징계를 받았다고 생각하는 모든 사람들이 고개를 들어 놋뱀을 쳐다보고 살아난 것은 미신이나 유사마술의 힘에 호소한 것이 아니라 신앙에 호소한 것이었다. 놋뱀을 본 사람들에게 불뱀은 더이상 물지 않는 놋뱀이 된 것이다. 놋뱀은 '너를 물던 불뱀은 죽었다. 불뱀의 위력은 끝났다'라는 하나님의 치료선언 그 자체였다. 높이 쳐들린 놋뱀을 쳐다봄으로 말미암아 불뱀의 독 효력이 중지되도록 하신 하나님에 대한 신앙을 훈련시킨 것이다. 이스라엘 역사는 불뱀과 놋뱀의 교차로 점철되었다. 아니 인류역사 자체가 불뱀에게 물려 죽는 인간을 위해 고비마다 놋뱀을 만들어 장대 위에 달아주신 이야기이다. 하나님께서 이스라엘 민족의 죄를 심판하기 위해서 가혹한 심판을 내리셨다. 그 심판이 이스라엘 민족을 멸망시킬 위기의 순간마다 극적인 용서를 선언함으로써 민족 전멸의 위기를 막아주시고 다시 살 길을 내주셨다.

14절은 바로 불뱀-놋뱀 사건이 '인자가 들려 모든 사람을 살려낼 드라마'를 미리 보여준 것이라고 말한다. 14절의 핵심은 '인자의 사죄 권능은 인자가 들려야 발휘된다'는 것이다. 인자가 들린다는 말은 일차적으로 인자가 십자가에 달리는 것, 중간 단계로 죽은 자 가운데서 들리는 것, 그리고 궁극적으로 하나님 우편 보좌로 들리는 사건을 가리킨다. 종말에 심판을 집행하실 인자가 먼저 심판받는 자가 되었다는 사실이 여기서 중요하다. 자신의 죄로 인해 인자가 심판을 받았다고 믿는 사람만이 들리신 인자를 쳐다보고 용서를 받고 영생을 누릴 것이기 때문이다. 인자를 믿는 자는 자신이 불뱀에 물려 죽어가고 있다고 느끼며, 인자가 자신을 무는 불뱀을 무효화시킨 놋뱀이라고 믿는 자다. 하나님은 이런 의미로 인자를 믿는 자로 하여금 영생을 얻게 하신다. 영생은 아브라함, 이삭, 야곱이 받은 나라를 상속하는 것이다.[마 8:11] 영생은 아브라함, 이삭, 야곱이 하나님과 맺은 언약의 상속자가 되어 하나님 나라, 즉 사랑과 우애공동체를 상속하는 것을 의미한다. 이스라엘은 하나님과의 언약 아래 있는 공동체로 그 자체가 영생을 누리도록 부름 받은 공동체이다. 인자를 믿지 않으면 이 언약적 우애와 결속에서 이탈해 자신의 욕망대로 살다가 분해되고 해체되는 결과에 이른다. 인자를 믿으면 하나님과 이스라엘이 맺은 언약적 유대 속에 들어가 평화와 사랑의 공동체에 참여한다. 15절에서 말하는 영생이 개인주의적 내세나 사후의 삶을 주로 가리키는 말이라고 오해하면 안 된다.

여기서 말하는 영생은 구약성경의 언약신학에서 나온 말이다. 사랑, 우애로 가득 찬 공동체적 삶이 영생이다.[시 133:3] 이웃을 해치려는 악의가 없는 개인들의 사귐이 영생이다.[시 15:1-5] 그것을 아브라함의 품에,[눅 16:22] 혹은 아브라함, 이삭, 야곱의 식탁에 참여한다고 말한다.[마 8:11] 아브라함의 후손은 이 영생을 상속받기로 예정된 자들이다.[눅 10:25] 영생을 상속받는다는 것과 땅을 상속받는다는 것은 같은 말이다.[마 5:5] 영생은 영원히 지속가능한 공동체생활이며 그것은 시간 중심의 개념이 아니라 관계 중심, 특히 언약 중심의 사회생활이다. 하나님의 언약에 결속된 삶이 영생이라는 것이다.

그런데 일부 그리스도인들이 통속적으로 생각하는 영생은, '이웃' 혹은 '타자'의 자리가 없는 '특권적인 낙원'으로 이주하는 것이다. 우리나라의 전래종교들은 '죽어서 천당 간다'는 의미의 개인구원을 소중하게 여긴다. 이 전래민속종교의 천당 개념이 기독교의 구원개념과 접목되면서 개인구원론이 기독교구원론의 주류가 되어 버렸다. 그러나 요한복음이 말하는 영생은 개인구원이 아니며 죽어서도 연장되는 사후의 삶, 내세after life도 아니다. 성경은 개인구원과 사후의 영생에 대해서 거의 언급하지 않는다. 다윗은 물론이요 이스라엘의 경건한 왕들인 요시야나 히스기야 왕도 죽어서 조상에게 갔다. 개인이 죽으면 일단 씨족 공동체로 집결한다. 그런데 신약성경에 오면 개인 단위로 받는 구원에 대한 이해가 나타나고, 영벌이나 영생을 상속받는다. 마태복음 25장에서 이 논리를 구사해 영생과 영벌을 받을 자를 각각 격리시켜 구분한다. 로마서 9장과 요한계시록도 영생과 영벌로 나눈다. 구약성경에서 희미하게 나왔던 개인의 사후 운명을 다루는 내세관이 정교하게 발전한다. 개인은 죽으면 생전의 행동들을 총량적으로 평가받은 후에 영생과 영벌의 이원적 분리를 겪게 된다는 것이다. 언뜻 보면 요한복음도 우리나라의 전래민속종교가 말하는 영생과 유사한 영생 개념을 설파하는 것처럼 보인다. 그러나 신약성경 전체는 물론이요 요한복음의 영생과 영벌 개념도 구약성경의 언약적 결속으로서의 영생 이해를 상속하고 있다.

그런데 왜 신약성경의 일부 구절은 '사후에 경험할 영생과 영벌'을 강조하는 것처럼 보일까? 그것은 신약성경의 문서들이 저작 당시 주변 세계의 철학과 사상의 변동에 어느 정도 영향을 받았기 때문이다. 신약성경은 그리스-로마문명의 거푸집에서 형성된 사상들과 언어들에 영향을 받고 역으로 그것들에게 성경적 재해석을 가하면서 형성되었다. 신약성경의 개인 단위의 영생, 영벌 개념은 그리스-로마의 촘촘한 도시국가적 공동체적 삶이 붕괴되면서 시작되었다. 주전 332년에 알렉산더 대왕이 30만 명의 정규군을 가진 페르시아 왕을 물리치고 페르시아를 정복했다. 그리스 문화는 터키, 시리아, 팔레스타인까지 범람했고 인도까지 진출했다. 터키 남부 지중해 지역은 벌써 오래 전부터 그리스 식민지였다. 그리스 철학자인 탈레스의 이오니아 학파에 속하는 철학자들 대부분 오늘날 터키 지역에 거주하던 그리스 사람들이었다. 탈레스 등 만물의 근원을 캐물은 학자들을 이오니아 학파(이오니아의 중심 도시였던 밀레토스를 따라 밀레토스 학파라고 불리기도 함)라고 하는데, 이오니아는 바로 터키의 지중해변에서 내륙으로 뻗은 터키 남부지역을 가리켰다. 이오니아 철학자들의 본거지였던 밀레토스와 가까운 도시가 에베소였다.[행 20:17] 열두 사도 중 가장 오래 살았고 요한복음의 저자로 전해지는 사도 요한은 에베소의 목회자였다. 그리스 철학이 맹렬하게 영향을 끼치던 곳의 목회자였다. 그리스 철학의 대전제 중 하나가 '영혼'을 육체와 독립적으로 존재하는 실체로 본 것이다. 만물의 기원을 물질에서 찾으려는 선배 철학자들과 달리 소크라테스가 처음으로 물질의 궁극성을 부정하고 정신(영혼) 우위 존재설을 주장했다. 이것이 플라톤과 아리스토텔레스가 이어받은 핵심 사상이다. 육체는 소멸하지만 영혼은 불멸하고 신과 연합하게 된다는 사상이다. 영혼불멸설이다. '지금 영혼은 육체라는 감옥, 감각, 욕망, 평정심을 빼앗긴 물질의 감옥에 갇혀 있는데 육체가 죽으면 영혼이 신(다이몬)에게로 되돌아가 산다.' 그리스-로마시대의 통속철학과 종교는 육체는 죽더라도 영혼이 신에게로 돌아가는 것을 믿었다. 이것이 그리스-로마적 영생 이해의 기본이다. 바울 당시 그리스적 개인 영생을 강조하던 종교가 엘레시움 밀교, 미트라 숭배, 마니교 등이었다. 이 종교들은 모두 시리아-터키 지역에서 발생해 로마로 건너왔다. 그래서 바울 당시의 일부 로마지식인들은 '시리아의 오른테스강이 로마까지 범람한다'라고 주장하기도 했다. 시리아에서 유래한 동양종교들이 표방하던 개인구원론은 촘촘한 도시국가적 공동체생활이 붕괴된 자리에서 생긴 구원론이었다.

요한복음의 청중이었을 에베소 헬라인들(헬라어를 쓰는 사람들)은 이런 그리스적 영생 개념에 익숙했을 것이다. 그리스적 영생은 죽은 영혼들이 영원토록 지복을 누리는 삶이다. 요한복음의 저자 요한은 그리스 문화의 영향을 많이 받은 개인 단위의 영생론에 익숙한 사람들에게 이렇게 영생론을 펼칠 수밖에 없었다. 하지만 신약이 말하는 영생 개념도 이생에서 각 개인이 보이는 삶과 행동 하나하나가 사후의 삶을 결정짓는 데 중요하다는 것을 강조할 뿐이지 '이웃'의 자리가 없는 낙원생활을 가리키지 않는다. 신약성경의 다른 책들이나 요한복음도 '믿는 사람만이 홀로 보장받는 특권화된 영생'을 가르치지 않았다. 전체적으로 구약의 영생 개념을 이어받는다. 오히려 요한복음은 그리스적 영생 개념을 성경의 영생 개념으로 재주형하고 세례를 준다.

요한복음의 영생 본문을 피상적으로 읽으면 사회 문제에 대해 관심 갖지 않아도 예수님만 믿으면 천국이 온 것으로 오해할 위험이 있다. 이런 경우에는 요한복음을 공관복음서와 함께 읽거나 예언서들과 같이 읽으면 균형 잡힌 영생관을 회복할 수 있다.

그런데 실제로는 요한복음이 말하는 영생도 '이웃과 더불어 사는 사회적 삶'이다. 요한복음 17:3은 "영생은 곧 유일하신 참 하나님과 그가 보내신 자 예수 그리스도를 아는 것"이라고 정의한다. 영생이 언약적이고 관계적인 삶임을 말한다. 요한복음의 영생의 핵심은 영원이라는 시간이 아니라, 누구와의 언약 속에 매여 사느냐의 문제다. 헬레니즘 세계에 퍼진 영생과 비교해 요한복음의 영생 특징은 영생의 사회적 차원과 현재적 차원을 강조하는 데 있다. 요한복음의 영생은 '지금 바로 하나님과 그 보내신 자 예수를 아는 데서부터 시작된다.' 요한복음의 영생 개념과 가장 가까운 개념이 레위기나 신명기가 말하는 '산다' 혹은 '생명'이라는 개념이다. 레위기 18:5과 신명기 11:13-15, 30:16-17은 여호와의 율법과 계명을 지키는 것이 바로 '사는 것' 즉 생명이라고 정의한다. 레위기와 신명기의 생명은 하나님과의 수직적 언약결속과 이웃과의 수평적 언약결속에 매여 있는 것을 가리킨다. 하나님을 모시고 이웃과 함께 형제자매적 연합과 동거를 실현하는 것이 영생이다. 이것이 바로 시편 133편에 있는 영생이다. "보라, 형제가 연합하여 동거함이 어찌 그리 선하고 아름다운고…… 헐몬의 이슬이 시온의 산들에 내림 같도다. 거기서 여호와께서 복을 명령하셨나니 곧 영생이로다."[1-3절] 형제자매가 한데 연합하여 사는 것이 영생이라는 것이다. 이때 형제자매는 빈부격차로 갈라질 수 있는 불평등한 조건 속에 있는 형제자매다. 높낮이가 다른 형제자매가 연합하여 동거할 때 하나님의 초월적인 은혜가 우로처럼 내린다. 이런 연합과 동거를 보고 하나님께서 복을 주신다. 이 복이 바로 영생이다. 영생은 해발 3천 미터에 육박하는 높은 헐몬산의 이슬이 시온의 산들에 내림과 같은 것이다. 높은 헐몬산에서 형성된 이슬이 시온의 들판을 적심 같이, "아론의 머리에 있는 보배로운 기름이 수염 곧 아론의 수염에 흘러서 그의 옷깃까지 내림 같이", 하나님의 초월적 은혜가 사회구성원 모두에게 골고루 퍼지는 상태가 바로 영생이다. 하나님의 초월적 은혜가 산봉우리에서 들판까지 윤택하게 하듯이, 모든 사회구성원들, 특히 밑바닥 구성원들까지 하나님의 자애로운 돌보심을 누리는 상태가 바로 영생이다. 이것이 바로 예수님이 말하는 영생이며, 요한복음이 말하는 영생이다. 요한복음의 영생은 사회적 함의가 가득 찬 영생이다. 내 이웃이 어떻게 되든지 말든지 나만 누리면 되는 그런 천국구원은 영생이 아니다. 성경은 나의 이웃이 누리지 못하고 나만 누리는 극락은 영생이 아니라고 말한다. 불뱀은 하나님과의 관계를 끊어버리고 이웃과의 관계를 끊어버리는 하나님의 심판이다. 불뱀에 물린 사람이 놋뱀을 쳐다보면 하나님과 이웃과 각각의 언약적 결속감이 회복된다. 영생이 시작된다. 비록 15-16절이 개인전도할 때 자주 인용되는 구절이

긴 하지만 원래는 이스라엘의 언약사와 구원사라는 큰 맥락 안에서 경험된 영생을 말하는 구절들이다.

16절은 하나님이 이스라엘을 멸망시키지[10] 않고 보존하기 위하여 불뱀에 물려 죽어갈 때마다 놋뱀을 쳐든 방식으로 이스라엘을 사랑하셨다고 말한다.[11] 동시에 독생자를 주시기까지 혹은 독생자를 내어 주실 만큼 세상을 사랑하셨다는 의미도 갖고 있다. '무엇 무엇을 할 만큼 ~하다'를 의미하는 구문이다. '세상'은 하나님의 독생자와 정반대의 길을 걷는 인류를 가리킨다. 하나님과 등지고 멀어져가는 세상을 돌이키려고 하나님과 태초부터 함께한 독생자를 희생시킬 만큼 세상을 사랑했다는 뜻이다. 실천적 함의를 끌어내기 위해서는 '이처럼'을 하나님이 세상을 사랑하는 방식으로 이해하는 것에 좀 더 주목해 볼 필요가 있다.

하나님은 이스라엘이 불뱀에 물려 민족의 정체성이 파괴되고 끝장날 위기에 처할 때마다 놋뱀을 높이 쳐들어 쳐다보게 함으로써 살려주셨다. 심판으로 전멸될 위기에 처한 이스라엘에게 신적 용서 의지의 화신인 놋뱀을 쳐다보게 하심으로써 구원을 베푸셨다. 구약 성경 자체가 불뱀에 물려 죽게 되었다가 놋뱀을 쳐다보고 살아 남은 자들이 남긴 유산이다. 16절 '이처럼'은 바로 이런 뜻이다. '이처럼'을 자세하게 해명하기 전에 14-15절에서 놋뱀으로 동일시되는 '독생자'에 대한 설명이 필요하다. 독생자는 모노게네스 휘오스(μονογενής υἱός)를 번역한 말이다. '독특하게 하나님의 아들이 되는 아들'이라는 뜻이다. 독獨은 생生을 꾸미는 부사이며, 자子를 수식하는 형용사가 아니라는 사실이 중요하다. 지정의를 가진 인격자는 존재하는 순간부터 언어적 표현과 사고행위를 한다. 하나님과 말씀은 처음부터 동시적으로 함께 있었다. 그런데 말씀은 인격적인 하나님이 출산한 아들이다. 예수님은 하나님의 품속에 있는 말씀으로서 하나님이 낳은 아들이다. 이렇게 완전하게 하나 되어 아버지 하나님의 뜻을 행하는 말씀을 '독특하게 낳은 아들' 독생자라고 부른다. 독생자는 하나님 아버지와 완전히 하나인 아들이다. 독생자를 주신다는 말은 하나님 자신을 주신다는 말이다.

놋뱀을 쳐들어 살려주시는 하나님의 방법은 이스라엘을 구원하시는 방법이면서 세상 만민을 구원하는 방식이기도 하다. 아담인류는 죄의 결과 파상공격을 당하여 죽을 수밖에 없는 존재이다. 하나님이 용서의 놋뱀을 쳐들어 보게 하지 않으면 인간은 죄 중에서 죽게 될 운명이다. 놋뱀은 지나간 모든 죄를 용서해주시겠다는 용서의지의 극적 표시물이다. 하나님은 죄로 인하여 죽을 수밖에 없는 아담에게 극적으로 가죽옷을 지어 입혀 죄를 용서하셨다. 가죽옷이 바로 최초의 놋뱀인 셈이다. 출애굽기 32장에서 이스라엘 백성은 금송아지를 제작해 야웨 하나님이라고 숭배한다. 하나님은 아브라함의 자손을 전멸시킬 기세로 진노하셨다. 이때 모세는 생명을 건 중보기도를 통하여 전멸위기를 모면했다. 번쩍 쳐든 모세의 손은 모세 자신의 생명을 담보한 기도이다. 하나님은 이스라엘 민족의 멸절위기 때마다 극적인 용서의지로 이처럼 죄를 용서하시고 이스라엘 민족을 보존해 오셨다. 높이 '쳐들린 모세의 중보기도 손'이 놋뱀이었다. 구약성경은 하나님이 놋뱀을 번쩍 들어서 이스라엘 백성을 전멸위기에서 구해주신 사건들로 가득 차 있다. 바벨론 포로들이 70년 동안 이방 땅에 다 흩어졌을 때, 고레스 칙령이라고 하는 놋뱀을 번쩍 쳐들어서 바벨론 포로들을 귀향시켜주셨다. 이스라엘 역사는 한마디로 불뱀에 물려 파멸당하던 한 민족을 놋뱀을 번쩍 들어 되살려낸 이야기다. 더 넓게 보면 인류의 역사가 바로 불뱀에 물려 죽어가는 인류를 놋뱀을 쳐들어 쳐다보게 함으로써 살려주신 용서의 역사이다. 각 나라와 각 민족과 각 가문에도 이런 대반전의 역사가 항상 있어왔다. 이스라엘 역사에서 집단적으로 경험됐던 놋뱀의 위력은 우리 개개인의 생애에서도 나타난다.

'하나님이 세상을 이처럼 사랑하사 놋뱀 독생자를 주셨다.' 이때 누가 놋뱀을 쳐다보는가? 불뱀에 물려 심장이 파열될 만큼 고통스러운 사람이 놋뱀을 쳐다본다. 놋뱀을 쳐다보는 데는 구약성경 지식도 필요하지 않다. 하나님의 초월적 구원이 없다면 내 생애는 끝났다고 느끼는 절박함만 있으면 된다. 불뱀에 물려 죽어가는 실존의 참상만이 우리로 하여금 눈을 들어 놋뱀을 쳐다보게 만든다. 놋뱀을 쳐다본즉 불뱀의 독 위력은 약화되고 소멸된다. 우리 대부분은 구약을 몰랐을 때도 쳐들린 놋뱀을 보고 구원을 받았다. 내 인생의 고통이 하나님이 보내신 불뱀의 독 때문임을 아는 사람은 하나님이 쳐든 놋뱀을 쳐다보게 된다. 하나님의 구원이 없다면 파열될 것 같은 극단적 위기에서 인간은 놋뱀을 쳐다본다. 놋뱀은 쳐다보기만 하면 구원이 임하고, 영생[조에 아이오니오스(ζωή αἰώνιος)]이 시작된다.

하나님은 불뱀에 물려 죽어가는 세상을 위해 놋뱀을 쳐드는 방식으로 세상을 사랑하신다. 우리 주 예수 그리스도, 세상 죄를 지고 가는 어린양이 바로 쳐들린 놋뱀이다. 하나님은 하나님의 구원을 향한 목마름이 극에 달한 사람에게 이전 죄를 모두 다 용서해주시겠다는 의지를 표상하는 놋뱀을 쳐들어 그것을 쳐다보고 구원을 얻게 하신다. 이런 방식으로 그 사람을 사랑하신다. 놋뱀을 쳐다보는 행위는 '예수 그리스도라는 이름을 영접하는 행위'다. 놋뱀을 쳐다보는 순간 죄 사함이 선언되고 쳐다보는 자는 하나님의 자녀가 되는 권세를 받는다. 우리가 그 이름을 믿는 순간 내가 참으로 믿었다면 반드시 성령의 내주가 시작되어 우리가 하나님의 자녀가 되었음을 인印쳐 주신다. 누구든지 놋뱀을 쳐다보고 죄 사함을 받는 순간-시차는 있을지라도-성령의 내주를 경험하며 하나님을 아바 아버지라 부르짖기 시작한다.[롬 8:15] 누구든지 예수를 높이 쳐들린 놋뱀으로 믿고 그를 영접하는 자마다 영생을 얻는데, 이 영생은 아버지를 아는 것이며 그 아버지가 보내신 독생자 예수 그리스도를 아는 것이다. 구체적으로, 쳐들린 그 놋뱀이 당했던 무시무시한 고난의 역정('들림')을 아는 것이 바로 영생이다. 영생을 누리면 아바 아버지라 부르는 형제자매적 연합에 들어가며, 반드시 성령의 하나되게 하는 사역을 통해 공동체에 접목된다. 요한복음은 그리스적 영생보다는 훨씬 더 현재적인 영생을 말한다. 요한복음은 시편 133편이 찬양하는 영생을 말한다. 이런 요한복음의 영생을 좀 더 실천적으로 설명하는 신약성경이 요한1서다. "사랑하는 자들아, 우리가 서로 사랑하자. 사랑은 하나님께 속한 것이니 사랑하는 자마다 하나님으로부터 나서 하나님을 알고 사랑하지 아니하는 자는 하나님을 알지 못하나니 이는 하나님은 사랑이심이라."[4:7-8] 이처럼 영생 공동체는 세상 변혁적 에너지를 뿜어내는 강력한 사랑 실천 공동체이기 때문에 반드시 사회적 연대를 창조한다. 이런 영생의 초기 단계가 사도행전 2-4장의 초대교회에서 나타난다.

17-21절은 16절에 대한 더 자세한 해설이다. 불뱀에 물려 죽어가는 사람들이 놋뱀을 쳐다보고 살아난 것은 하나님이 그들의 죄를 놋뱀에게 전가시켰기 때문이다. 장대 위에 높이 쳐들린 놋뱀은 심판받고 죽임을 당한 인자의 초상이다. 쳐들린 놋뱀을 쳐다보지 않는 것, 인자를 믿지 않는 것은 불뱀에 물린 채 살아가는 것이며 멸망으로 떨어질 수밖에 없다. 이 단락은 만민의 죄를 스스로 전가시킨 하나님의 독생자를 중심으로 이뤄지는 심판과 구원을 말한다.

17절은 하나님이 독생자를 보내신 목적을 말한다. 16절에서와 마찬가지로 여기서도 세상은 일차적으로 '유대인들'을 가리킨다. 요한복음 8-9장도 어둠의 세상은 '유대인들'을 가리키는 것이라고 명시적으로 말한다. 요한복음의 세상은 예루살렘을 본거지로 삼고 하나님의 초월적인 은혜와 계시에 맞서는 '유대인들'이다. 하나님이 이 세상에 독생자를 보낸 목적은 세상을 심판하려는 것이 아니라 구원하기 위함이었다. 예수님은 암탉이 새끼를 모음같이 예루살렘을 평화의 도성으로 갱신하기를 원하셨다.[눅 13:34; 19:42] 성전을 깨끗게 하고 만민이 와서 기도하는 집으로 만들기 원하셨다. 그런데 예루살렘은 이를 원하지 않았다. 예루살렘은 자신을 우주의 중심이라고 생각했다. 예루살렘 그 자체는 자기완결적이고 자기충족적이며 자율적인 공동체였다. 하나님 아버지의 빛의 투과를 허락하지 않는 자기지탱적인 세상, 코스모스였다. 독생자는 로마제국과의 군사항쟁을 통해서가 아니라 이스라엘의 영적 갱생을 통하여, 주검이 된 이스라엘을 부활시켜 로마 주둔군이 필요 없는 이스라엘로 만들려고 하셨다.[눅 17:37] 호세아 8:1에 의하면 독수리는 불순종하는 이스라엘을 덮치는 이방 나라를 의미한다. "원수가 독수리처럼 여호와의 집에 덮치리니 이는 그들이 내 언약을 어기며 내 율법을 범함이로다."

18절은 독생자의 이름을 믿는 자는 구원을 받을 것이며, 독생자를 통한 하나님의 최후 평화메시지를 받아들이지 않는 자는 멸망할 것을 강조한다. "벌써 심판"을 받았다는 말은 주후 66-70년 유대전쟁을 통해 마가복음 13장, 마태복음 24장에서 예고한 하나님의 징벌이 이미 실현되었음을 암시한다. 요한복음은 주후 80-100년경에 기록되었으므로 70년에 일어난 성전 파괴, 예루살렘 붕괴를 이미 과거지사로 언급한다. 예수님이 오신 당면의 목적은 유대인들이 로마항쟁에 휩쓸려 민족전멸의 위기를 자초하지 않도록 하려는 것이었다. 그런데 로마에 대한 군사적 항쟁을 통해 제2의 마카베오가 되려는 군사적 모험주의자들이 이스라엘의 목자가 되어 양떼들을 위험에 몰아넣었다. 요한복음 10장은 예수님이 오신 목적을 자세히 설명한다(10:16; 참조. 막 6:34).

19절은 세상이 받은 '정죄'를 말한다. 왜 세상은 빛보다 어둠을 더 사랑하는가? 20절은 어둠의 세상이 자신의 악한 행위를 드러내는 빛을 미워하기 때문이라고 말한다. 어둠은 악을 오랫동안 행한 결과 그 악한 행위가 드러나는 것을 두려워한다. 빛은 악을 드러내 더 이상 악이 우리를 지배하지 못하도록 한다. 어둠 속에서 죄를 짓는 자들이 그 죄를 이기지 못하는 이유는 빛 가운데 나아오지 않기 때문이다. 에베소서 5:11-13은 빛의 책망을 받는 것이 빛을 영접하는 것임을 말한다. "너희는 열매 없는 어둠의 일에 참여하지 말고 도리어 책망하라. 그들이 은밀히 행하는 것들은 말하기도 부끄러운 것들이라. 그러나 책망을 받는 모든 것은 빛으로 말미암아 드러나나니 드러나는 것마다 빛이니라." 그런데 어둠이 빛을 정죄하고 봉쇄하는 이유는 자신의 죄를 폭로하고 단죄하는 심판을 막으려는 것이었다. 21절은 지속적으로 진리를 따르는 자들은 빛으로 나오며, 그 결과 그의 행위가 하나님 안에서 행한 것임이 드러난다는 사실을 말한다. 결국 19-21절은 세상을 대표하는 유대인들이 빛 되신 예수님의 말씀을 믿지 못한 이유는 자신들의 악한 행위를 고칠 마음이 없었기 때문임을 말한다. 그들에게 예수님을 믿는 것은 자신들의 불의하지만 특권적인 기득권과 권세의 상실을 의미했다. 예수님을 믿는 행위는 사생활뿐만 아니라 생계를 유지하고 부를 획득하는 모든 사회적 과정과 절차도 예수님 닮기를 요구한다. 예수님을 영접했을 때 예수님의 성품과 충돌하는 우리의 권력 기반과 경제적 토대는 부서지고 망가진다. 우리의 삶의 행태 자체가 어둠일 때 빛이신 예수님을 배척할 수밖에 없다. 예루살렘 종교권력 당국자들은 자신들의 삶 자체와 종교적 신념 때문에 예수님을 영접할 수 없다. 예수님을 영접하는 것을 막는 근원적 방해물은 우리의 불의한 생업구조, 직장, 그리고 사상체계 등이다.

전체적으로 17-21절은 어둠에 빠진 세상에게 이미 심판이 집행되었음을 말하고, 심판을 자초한 이유를 해설한다. 66-70년 유대전쟁을 통해 예루살렘의 유대인들이 '멸망'당한 사실을 해설한다.

세례 요한의 겸손한 자기 이해 ● 22-30절

이 단락은 세례 요한의 사역을 한층 더 자세히 설명한다. 22절은 예수님의 사역 무대가 다시 유대지방임을 말해준다. 예수님은 예루살렘에서 유대지역의 요단강으로 가서 세례운동을 계속하셨다. 23절은 세례 요한의 세례운동도 동시에 진행되고 있었음을 보도한다. 세례 요한은 물이 많은 요단강 애논 근처에서 세례를 베풀었는데 아직도 많은 사람이 세례를 받고 있었다. 24절은 헤롯 안티파스에게 체포되어 처형당하기 전까지[막 6:14-29] 세례 요한이 왕성한 세례운동을 전개했다고 말한다. 25절은 세례 요한의 제자 중 몇 사람이 '한 사람'의 유대인과 더불어 정결예식을 놓고 벌인 논쟁에 대해 말한다. 세례 요한의 세례와 유대교의 전통적인 정결예식의 성격을 두고 벌어진 논쟁이었을 것이다. 유대교의 전통적인 정결예식에 따라 유대인들은 하루에도 여러 번 손과 발을 씻는데 왜 세례 요한이 새삼스럽게 몸 전체를 씻기를 요구하는지에 대한 논쟁이었을 것이다. 당시 유대교의 정결예식 규정에 따르면 전신을 씻는 것은 이방인의 개종자들에게 요구하는 예식이었다. 그런데 세례 요한은 아브라함의 자손인 이스라엘 사람에게 몸 전체를 물에 담그는 침례를 요구했기에 유대인들이 이의를 제기했을 것이다.

26절은 25절과 자연스럽게 연결되지 않는다. 그럼에도 26절은 '그리고'(카이)로 시작한다. 26절의 주어인 "그들"은 세례 요한의 제자들이다. 이들은 스승에게 세례운동의 중심이 예수께로 옮겨지고 있다고 다소 걱정스럽게 보고한다. 예수님의 세례운동이 세례 요한의 세례운동을 압도할 정도로 사람들을 흡인하고 있다는 보고였다. '선생님과 죽 함께 있던' 사람으로서 '선생님이 이스라엘에게 공적으로 추천한 그 사람'이 세례 받을 사람들을 다 흡인하고 있다는 것이다. 세례 요한이 최초의 세례운동을 펼치던 곳인 '요단강 저편'과 예수님이 세례를 베풀던 유대지역은 거리가 멀지 않았던 것 같다. 세례 요한의 제자들이 예수님 공동체의 동향을 아는 것을 볼 때 이런 추정이 가능하다. 그런데 세례 요한의 제자들 중 일부는 아직도 세례 요한에게 남아 있으며 세례 요한을 예수님보다 더 높은 존재로 평가하는 듯한 인상을 준다. 26절에서 요한의 제자들은 세례 요한 중심으로 예수님을 규정한다. 그들은 심지어 '예수'라는 이름을 언급하지도 않는다. 그들에게 예수님은 세례 요한의 세례운동의 처음부터 '선생님 당신과 함께 있던 사람이며 당신(쉬)이 공적으로 신원보증해주시고 널리 알려주신 이'이다. 여기서 중요한 표현은 '함께 있던'이다. '있던'이라고 번역된 에엔(ἦν)은 에이미 동사의 3인칭 단수 미완료시제다. 예수님은 세례 요한과 한동안 지속적으로 함께 있었던 사이였다는 것이다.

결국 26절은 예수님과 세례 요한이 과거의 어느 시점부터 지속적으로 함께 있었다는 것을 말한다. 요단강에서 예수께서 세례를 받을 때 처음 만난 관계가 아니라 오래된 우정과 동역의 관계였음을 강조한다. 이런 추정을 가능케 하는 실마리는 많다. 첫째, 세례 요한이 예수님에게 세례를 베풀 때 처음에는 사양했다는 사실에서 세례 요한이 이미 예수님을 자기보다 더 우월한 존재로 의식했다는 것을 알 수 있다. 마태복음 3:14에 보면 세례 요한은, "내가 당신에게서 세례를 받아야 할 텐데 당신이 내게로 오시나이까"라고 말한다. 이 말은 세례 요한이 예수님에 대해 잘 알고 있었고, 자기보다 더 높고 거룩하신 분으로 알고 있었다는 걸 방증한다. 그런데도 예수님은 마태복음 3:15에서 '이렇게 당신이 베푸는 거족적인 회개세례를 나 자신도 받음으로써 우리 둘이 함께 하나님의 의를 이루는 것이 중요합니다. 속히 내게 세례를 베풀어 주십시오'라고 요구하신다. 여기서 '함께 하나님의 의를 이룬다'는 것이 중요하다. '우리 둘이 동역하고 협력해서 이스라엘을 하나님의 언약백성으로 갱생시켜 하나님의 의에 결속시키는 것이 중요합니다. 우리 둘이 힘을 합쳐 회개의 세례 운동을 전개하면 하나님께서 이스라엘 백성 가운데 하나님 말씀대로 살아야겠다는 언약적 책임감을 창조해주실 것입니다.' 이런 정도의 의미다. 하나님의 의[츠다카]는 이사야 46:13[나의 공의(츠다카)를 가깝게 할 것인즉…… 나의 구원이 지체하지 아니할 것이라]에 언급된 하나님의 '구원'과 동의어이다. 하나님의 의[츠다카(ṣĕdāqā)]는 이스라엘과 당신의 언약관계를 지탱시키는 비대칭적일 정도로 압도적인 하나님의 신실성이다. 하나님의 의에 붙들린 이스라엘 백성은 하나님의 언약백성으로 살아가야 한다는 거룩한 부담을 안게 된다. 세례 요한의 회개 요구에 응답해 요단강에 뛰어든 사람은 하나님의 언약백성으로 갱생된다. 비록 죄와 허물로 더러워졌지만 회개의 세례를 받은 사람은 하나님 율법의 요구에 자신을 속박한 것이다. 요한의 감화력 넘치는 메시지에 세리와 군병들, 그리고 창기들도 요단강가로 몰려들었다.[마 21:31-32, 눅 3:12-14] 각각 다 자기 죄를 자복하면서 세례를 받았다. 그런데 이 자복 대열에 예수님도 동참하셨다. 예수님은 무슨 죄를 자복하셨을까? 요한복음 1:29이 이 질문에 대한 답변이다. "보라, 세상 죄를 지고 가는 하나님의 어린양이로다." 예수님은 '세상 죄'를 자복했다. 여기서 '세상'은 좁게는 하나님과의 언약을 파기하고 살아가는 유대인을 가리키고, 넓게는 빛이신 하나님을 등지고 자기충족적이고 자기주장적으로 살아가는 세상 만민을 가리킨다. 따라서 예수님이 요한에게 세례를 받으셨을 때 이스라엘의 언약 대표자로서 이스라엘의 중심 죄악들(언약파기적 죄악)을 자복하셨다. 이 언약파기적 죄는 이스라엘을 옥죄는 죄이면서 동시에 온 세상 만민을 하나님의 진리와 생명으로부터 멀어지게 만드는 자기파멸적인 생기이기 때문에 예수님은 온 세상 만민의 죄를 지고 가려고 그들의 죄를 자복하셨다. 이 자복이 세상 죄를 짊어지는 첫 단계였다. 예수님은 세상 죄, 즉 유대인들의 핵심 죄악을 자기의 죄인 것처럼 자복하셨을 것이다. 한마디로 말하면, 유대인들의 죄는 하나님의 언약을 파기하고 세상 보통 민족처럼 살아가는 죄, 하나님 언약에 매인 공동체의 거룩함을 잃고 살아가는 죄였다. 하나는 로마 앞잡이 세리가 되고, 또 하나는 분봉왕이 되고, 또 하나는 창녀가 되고, 또 하나는 로마주둔군에 돼지고기를 납품하는 돼지 농장주인이 되고, 또 하나는 폭력적으로 징세하는 세리를 돕는 폭력배가 되고, 또 하나는 로마와 전쟁을 불사하는 독립투쟁가가 되는 것 모두를 자기 책임이라고 고백하신 것이다. '이렇게 서로 적대하면서 으르렁거리면서 사는 것이 내 책임이다.' 이것이 아버지의 품속에 있던 독생자의 마음이었다. 하나님의 독생자가 아버지 품속에 있었다는 말은 하나님 아버지가 이 세상의 죄에 대해 무한책임의 자기책임전가를 하신다는 것을 의미한다. 이 하나님 아버지의 마음이 독생자의 마음이다. 하나님이 인류의 죄에 대해 궁극적으로 무한책임을 지신다는 말이다. 이것은 하나님이 이 세상을 창조할 때 하나님 안에서 일어난 다짐이다. 하나님은 인류의 죄에 대해서 무슨 생각을 하시는가? 하나님은 단지 죄를 용서하시는 분이 아니라 죄책을 자기에게 전가시키는 분이다. 하나님은 독생자의 완전한 순종이라는 청정 바다에 인류의 죄악이라는 모든 오물 쓰레기를 투척하신다. 하나님이 만드신 영적,

물리적 우주 안에서 불순종은 물리적 에너지와 질량을 가진다. 에너지 불변법칙에서 보듯이 불순종 자체의 에너지는 소멸될 수가 없다. 순종을 통해서만 무효화되거나 중화될 수 있을 뿐이다. 하나님으로부터 빛의 속도로 멀어지는 인류의 불순종은 하나님과 태초부터 하나였던 독생자의 순종에 의해서만 무효화되고 중화된다. 이것이 하나님이 만드신 우주 안에서 작동하는 영적, 물리적 우주법칙이다. 하나님의 마음과 10킬로미터 멀어진 사람을 원래 상태로 되돌리려면 하나님께 10킬로미터 더 다가간 사람이 있어야만 한다.

우리 하나님은 인류의 모든 만행들의 궁극적 피해자이면서도 인류의 악행이 다 내 책임이라고 생각하시는 책임적인 하나님이시다. 하나님께서 독생자 예수님의 순종의 바다에 인류의 모든 불순종의 쓰레기를 갖다놓고 무효화시키기로 작정하셨다. 독생자가 불순종의 모든 만행들을 스스로 떠맡는다. 하나님의 어린양 예수님은 세상 죄를 지고 어디로 가실까? 아버지의 품속으로 가져가신다. 인류의 모든 죄악의 궁극적 투척지는 아버지 하나님의 품속이다.

이 세상은 세례 요한과 같은 예언자들만으로는 죄 문제를 해결할 수 없다. 남의 죄를 지적하고 고발하고 탄핵하는 예언자로는 불충분하다. 죄의 참혹성에 대한 양심의 경악을 일으키는 것만으로는 안 되고, 죄를 실제로 지고 가는 사람이 필요하다. 죄를 실제로 제거하는 사람은 독생성자급 순종의 화신들이다. 남의 죄를 지적하는 세례 요한 같은 사람은 인류역사에 많이 나타났다. 그런데 자기 당대의 동료시민들의 죄를 무효화시킬 만큼 큰 순종을 바친 사람들은 너무나 적다.

예수님은 세례 요한이 거론하지 않던 '하나님의 의'를 이루기 위해 세상 죄를 지고 가기로 작정하신다. 예수님은 세리들과 창녀들을 비난하지 않고 그들을 따뜻하게 영접하고 사랑하고 하나님의 자녀로 대우하셨다. 세리, 창녀, 군병을 미워하고 증오하는 사람들의 증오는 그들을 하나님의 자녀라고 선언하고 영접하는 이 무한책임전가적인 하나님의 독생자에게로 옮겨갔다. 하나님의 의는 예언자적인 죄 탄핵을 뛰어넘는다. 하나님의 죄 용서는 각 사람이 범한 죄악의 피해자들에 대한 원상회복을 내포한다. 내가 만일 어떤 사람을 속여 그의 가정을 파탄으로 몰아간 죄를 범했다고 가정하자. 이런 경우 내가 죄 용서를 받으려면 하나님은 내 죄로 망한 그 사람의 가정을 회복시켜 주셔야만 한다. 생각만 해도 전율이 느껴지는 죄 용서와 회복의 드라마이다. 나의 탐욕으로 망가진 사람의 인생도 회복시켜 주셔야만 내 죄의 용서가 완료될 것이다. 부동산 투기나 아파트 투기를 일삼는 행위는 편법이건 불법이건 아파트 가격의 가수요를 발생시키고 집을 사고 싶은 사람들의 주택 소유를 영구적으로 어렵게 만드는 죄악이다. 그런데 내가 아파트 투기를 통해 수백억의 자산가가 되었다고 치자. 이런 경우 내가 하나님께 죄를 용서받으려면 그 용서에는 나의 아파트 투기로 인해 집 없는 고통을 견딘 이웃들의 고통과 눈물을 씻어주는 피해자 신원과 위로가 동반되어야 한다. 예수님이 삭개오의 집에 가서 선포한 구원은 삭개오의 토색질로 피해를 입은 가난한 자들에 대한 배상을 야기했다. 삭개오에 대한 죄 용서가 유효하려면 삭개오의 죄악으로 피해를 본 사람들에 대한 신원과 회복이 있어야 한다.

세례 요한과 예수님 둘 다 구원은 '회개'를 동반한다고 보았다. 누가복음 3:7-14은 회개에 합당한 열매가 바로 죄악의 피해자에 대한 배상, 보상, 원상회복임을 시사하고 있다.[12] 예수님은 시대의 중심 죄악을 지고 가는 어린양이다. 예수님의 사죄 선언은 가해자에게는 회개와 평안이, 피해자에게는 신원, 위로, 배상이 주어지는 형평작업이었다. 예수님이 죄를 지고 가시는 행위는 이웃의 삶을 부서뜨리는 중심죄악을 지적하고 그 지적으로 초래된 비난, 정죄, 고난을 감수하는 것까지 포함한다. 이것이 바로 하나님 나라와 그 의를 추구하는 것이었다.

27절은 모든 죄책 자복자들을 요단강으로 불러내는 예수님의 영적 흡인력이 사람의 힘이 아니라 하나님이 주신 감화력이라고 말한다. 34절이 말하듯이, 하나님께서 예수님에게 한량 없이 성령을 주셨기 때문에 이런 영적 향도력이 발출되었다.

28절은 세례 요한의 겸비한 고백을 보도한다. 이제 예수님을 증언하는 자신의 사명을 그의 제자들에게 넘겨준다. 자신은 그리스도가 아니라 그의 앞에 선구자로 보냄을 받은 자라는 것을 제자들에게 다시금 강조한다. 예수님의 초기 제자들이 모두 세례 요한의 제자(요한, 안드레)이거나 추종자(시몬 베드로)였다는 것은 세례 요한이 얼마나 자기를 낮추고 그리스도를 높였는지를 잘 보여준다. 사도 요한은 원래 세례 요한의 제자였다가 스승이었던 세례 요한의 증언을 듣고 예수님의 제자가 되었다. 그래서 요한복음이 세례 요한과 예수님의 관계를 이렇게 자세하게 소개할 수 있었다.

29절은 유대인의 결혼 풍습을 이용해 세례 요한의 사명을 정의한다. 유대인의 결혼 예식에는 신랑의 들러리가 신랑을 신부와 하객들에게 소개하는 예식이 있었다. 결혼식장에 신랑이 도착할 때까지 신랑의 들러리는 신부집에 와서 결혼식의 여흥을 돋운다. 신랑은 6-7킬로미터 떨어진 곳에서 올 수도 있고, 혹은 20킬로미터 떨어진 곳에서 올 수도 있었다. 결혼의 여흥과 축제적 분위기를 고조시키는 역할을 맡은 들러리는 신부를 취하는 신랑의 기쁨에 동참하면서 자신보다 늦게 신부집에 도착하는 신랑을 신부와 그 가족, 하객들에게 멋지게 소개하고 퇴장했다. 기다리고 서 있다가 '신랑 도착!'이라는 전령의 외침이 들리면 자신의 사명을 다한 들러리는 크게 기뻐한다. 신랑이 오면 들러리는 무대 밖으로 사라져야 하는데, 세례 요한은 이렇게 사라지는 것을 기꺼이 감수한다. 퇴장의 미학이다. 세례 요한은 신랑 되는 그리스도가 신부 되는 이스라엘을 취하여 혼인 예식을 올리도록 거간하는 들러리라는 것이다. 자신은 신랑이 아니라 신랑 들러리로서의 사명을 기쁨으로 수행했다는 것이다. 무대를 퇴장하는 세례 요한이 나는 "이러한 기쁨으로 충만하였노라"고 말했을 때 유대인들은 가슴속에 쏙 들어오는 이 비유를 정확하게 이해했을 것이다. 30절은 29절을 부연한다. 아주 감동적인 퇴장사이다. "그는 흥하여야 하겠고 나는 쇠하여야 하리라." 예수님은 이런 세례 요한에게 극대의 존경을 보이셨다. "여자가 낳은 자 중에 세례 요한보다 큰 이가 일어남이 없도다."마 11:11 "너희가 즐겨 받을진대 오리라 한 엘리야가 곧 이 사람이니라."마 11:14 세례 요한은 이스라엘 백성을 정결한 신부로 만들어 신랑 예수님께 데려가기 위해 회개의 세례운동을 펼쳤던 예언자였다. 그의 사명은 신랑이신 예수님께 이스라엘 백성의 순종과 일편단심을 이어주는 것이었다. 세례 요한은 쇠락을 찬미한다. 하나님 앞에서는 쇠락도 아름다운 것이다. 쇠약해지는 것, 영향력을 잃어가는 것, 사람의 주목을 덜 받는 것, 각광받는 무대중앙에서 내려와 어둠 속으로 사라지고 잊히는 것도 영성이다. 약해질 땐 약해질 수 있는 것이 기독교 영성이다. 세례 요한은 예수님 앞에 쇠락해졌지만 하나님의 구원사에서 위대한 예언자로 시성諡聖되었다. 세례 요한처럼 쇠약함을 즐길 만큼 자라는 성도는 주님의 눈에 큰 자로 인정받는다. 선배가 쇠할 때 더 좋은 후배가 그 자리를 채운다. 이 쇠락은 창조적 쇠락이다. 창조적 쇠락은 하나님의 구속사에 더 나은 동역자를 데뷔시키기 위한 쇠락이다. 세례 요한은 쇠락했지만 여자가 낳은 자 중에 가장 큰 자, 하나님 나라에 찬연히 빛나는 자가 되었다.

하늘로부터 오는 진리의 증인 ●31-36절

이 단락은 예수 그리스도의 천상적 기원을 말한다. 앞 단락의 세례 요한 담화를 사도 요한이 부연설명하고 있다. 이 단락에서 예수님은 "위로부터 오시는 이", "하나님이 보내신 이", "아들" 등 여러 이름으로 불린다. 그런데 이 세상을 대표하는 유대인들은 하나님 아버지의 증언을 받지 않고 그의 아들에게 순종하지 않아 하나님의 진노를 이고 산다. 30절과 관련시켜 보면 31절의 "위로부터 오시는 이"는 예수님을 가리키고 "땅에서 난 이"는 세례 요한을 가리킨다고 볼 수 있다. 이 절은 예수님과 세례 요한의 관계를 집약한다. 왜 세례 요한이 쇠하여야 하고 예수님이 흥하여야 하는가? 하늘과 땅의 차이만큼 차원이 다르기 때문이다. 세례 요한은 땅의 일을 말하고 예수님은 하늘로부터 오는 계시를 말한다. 땅의 일을 말하는 계시는 하나님의 계시에 의해 대체돼야 한다. 초등학문은 고등학문에 의해서 대체돼야 한다. 일시적이고 잠정적 가치만을 말하는 사람은 영원하고 보편적이고 영속적 가치를 말하는 사람에 의하여 대체돼야 한다. 세례 요한은 위대한 예언자이지만 '만물 위에 계신' 하나님의 아들은 아니다. 세례 요한은 이스라엘적 맥락에서 쓰임 받은 예언자이지만, 예수 그리스도는 만물, 만민의 영생과 영벌을 나누는 하나님의 아들이시다.

32절은 이스라엘이 위로부터 오는 증언을 받지 않았다고 말한다. 위로부터 오신 이 그가 친히 '보고 들은 것'을 증언했지만 그의 증언을 받는 자가 없었다. 33절은 그의 증언을 받는 자는 하나님이 참되시다는 것을 인을 치듯이 가슴 깊이 영접했다고 말한다. 그의 증언을 받는 자는 일차적으로 세례 요한을 가리키고 이차적으로는 세례 요한을 통해 예수님을 알고 믿게 된 자들이다. 예수님의 증언[요 3:14-21]

을 받아들인 세례 요한은 하나님이 이스라엘과 맺은 언약에 신실하신 하나님임을 성령의 인침을 통해 확신했다. 세례 요한은 모세와 엘리야를 파송하신 하나님이 바로 예수님을 파송하셨다는 것을 확신했다. 아울러 세례 요한의 증언을 받는 사람들도 예수님을 보낸 하나님이 바로 아브라함부터 이스라엘 역사 속에 활동하신 그 하나님임을 확신했다. 아브라함과 맺은 언약을 지키고 성취하기 위해 예수님을 보내신 하나님은 신실하신 하나님이다.

초대교회는 예수님의 이미지와 구약성경의 하나님 이미지를 조화시키는 데 어려움을 겪었다. 144년에 로마교회에 마르시온이라는 사람이 나타나서 구약의 하나님과 신약의 하나님은 전혀 다른 하나님이라고 주장하기 시작했다. 결국 이단으로 배격됐지만 구약의 하나님과 예수님이 계시하신 하나님을 분리시켜 다른 하나님이라고 주장하는 견해를 신학적인 용어로 마르시오니즘Marcionism이라고 한다. 구약의 하나님은 다소 까칠하고 원시적인 하나님이고, 신약의 하나님은 모든 죄를 다 사하려고 결단한 후 평온을 누리는 세련된 하나님이라고 여기는 것이 일종의 마르시오니즘이라고 할 수 있다.[13] 그런데 33절은 구약을 제대로 읽었다면 예수님을 영접할 수밖에 없다고 말한다. 예수님을 보내신 분이 바로 구약의 하나님이기 때문이다. 예수님을 보내신 하나님이 구약성경의 하나님임을 알고 영접하는 사람이 세례 요한과 예수님 당시에는 적었다. 세례 요한의 증언을 받고 예수님을 참 하나님이 보내신 참 하나님의 아들로 믿는 사람이 매우 적었다.

34절이 말하는 "하나님이 보내신 이"는 언뜻 보면 세례 요한을 가리키는 것처럼 보이지만, 예수님을 가리킨다고 봐야 한다. 두 가지 이유 때문이다. 첫째, 31절의 "위로부터 오시는 이"는 만물 위에 계신 분이기 때문이다. 세례 요한은 만물 위에 계신 분은 아니다. 또한 34절이 말하는 “하나님이 보내신 이”는 한량 없이 성령을 분여分與받는 분이다. 세례 요한이 하나님 아버지로부터 한량 없이 성령을 분여分與받았다는 증거는 없다. 34절의 “하나님이 보내신 이”는 35절이 말하는 “아들”이다. 아들에게 한량 없이 분여分與된 성령은 하나님 아버지의 말씀을 깨닫고 공감하고 이해하도록, 그리고 그것을 아버지 하나님의 마음으로 선포하도록 중개하신다. 성령은 예수 그리스도에게 하나님 말씀을 선포하도록 격려할 뿐만 아니라 예수 그리스도를 믿고 성령을 받은 사람들에게 하나님 말씀을 전파하도록 추동하신다.

‘만물을 관장하시는 권세’에 대한 35절의 언급은 31절의 “위로부터 오시는 이”가 하나님의 아들임을 더욱 분명히 밝힌다. 만물 위에 계시고 만물을 통치하시는 분은 세례 요한이 아니라 하나님의 아들이다. 성자의 순종은 성령의 역사를 유발시키듯이, 성자를 모방하여 순종하는 사람들에게는 성령의 한량 없는 감동이 임한다. 아들을 믿는 자에게 하나님의 자녀가 되는 권세를 주셨는데 그것이 성령의 감화감동 속에 사는 권세이다.

36절은 아들을 믿는 자에게 약속된 영생과 아들에게 순종하지 않는 자들에게 임하는 하나님의 진노를 선언한다. 아들을 믿는 자에게 영생이 주어지는 이유는 아들만이 하나님을 알게 하고 하나님의 언약에 묶어주시기 때문이다. 아들만이 성령의 세례를 베풀어 하나님의 새 언약으로 초청해주시기 때문이다. 영생은 하나님과 이웃과 더불어 누리는 사랑, 우애, 평화의 교제이며 영원히 지속가능한 삶이다. “아들을 믿는 자”는 십자가에 들린 놋뱀이 된 아들의 십자가 신비를 믿는 자다. 다시 말해서 자기의 옛 자아를 십자가에 못 박고 부활하는 비밀을 깨닫고 그것에 참예한 자다. 영생은 신의 성품을 덧입는 삶이며 어떤 악에도 영향을 받지 않으며 압도적 희열과 평강을 누리는 삶이다.

반면에 아들에게 순종하지 않는 자에게는 하나님의 진노가 임한다. 아들은 하나님의 임박한 심판을 예고하고 회개를 촉발시키러 오시는 마지막 예언자이기 때문에, 아들의 메시지를 거부하면 남는 것은 하나님의 진노밖에 없다. "그의 아들에게 입맞추라. 그렇지 아니하면 진노하심으로 너희가 길에서 망하리니 그의 진노가 급하심이라."시 2:12 요한복음이 기록될 당시의 유대인들은 로마와 군사항쟁을 벌였다가 완전히 궤멸되었다. 하나님의 진노가 그들 위에 머물러 있었다.

메시지

요한복음 전체에서 예수께서 하나님을 지칭할 때 가장 빈번하게 그리고 의미심장하게 사용하는 호칭은 '아버지' 혹은 '나를 보내신 이'이다. '아버지'라는 호칭은 '하나님'이라는 호칭보다 두 배 이상 빈번하게 사용된다. '하나님'이라는 말은 '아버지'에 비해 상대적으로 적게 사용된다. '하나님의 이름을 망령되이 부르지 말라'는 제3계명 존숭이 예수님 당시에도 상당했다. 그래서 예수님은 의미심장한 순간마다 하나님을 '나를 보내신 이'라고 부르신다(약간 다른 표현으로는 '보낸 이', '보내신', '나를 보내신 이' 등). 예수님은 철저하게 '나를 보내신 이가 나와 함께' 하시므로, '나는 나의 뜻대로 하려하지 않고 나를 보내신 이의 뜻대로" 하겠다고 말씀한다. 이처럼 요한복음에는 신적 파송자의 파송 행위가 사십 차례 이상 언급된다.

예수님이 하나님을 지칭할 때 아버지, 하나님 외에 '나를 보내신 이'라는 호칭을 이토록 자주 사용한 이유가 무엇일까? 이것은 예수님이 구약예언자들의 사자使者파송 공식구문messenger formula에 빗대어 자신의 사명을 규정하려고 했음을 보여준다. 예수님은 스스로 구약성경의 이스라엘 역사 내내 예언자들을 파송하셨던 '하나님이 최후에 파송하신 자'라는 의식을 굳게 붙잡으셨다. 이때 '최후 파송'이라는 말은 하나님께서 이스라엘을 선택하셔서 1,500년 구원사를 일구신 그 목적을 완성시킬 목적으로 파송했다는 의미다. 구원사의 목적을 성취하기 위한 '최후' 파송이라는 뜻이다('최후로 파송받은 포도원 주인의 사랑하는 아들' 비유).[막 12:1-8] 예수님은 독창적 사상을 전파함으로써가 아니라 자신을 보내신 하나님 뜻에 철저하게 복종함으로 자신의 독창성을 과시하셨다. 이 세상에서 고등종교를 창시한 모든 사람들의 경우 사상의 독창성이 주목대상이다. 이에 반해 예수님은 사상의 독창성이 아니라 철저한 순종과 실천을 통하여 자신의 참다운 독창성을 드러내신다.

예수님이 '하나님'이라는 호칭 대신에 '자신을 보내신 이'라는 표현을 사용하는 또 다른 이유는, 하나님의 이름을 망령되이 일컫지 말라는 구약성경의 전통을 존중하려고 하셨기 때문이다. 예수님은 '하나님'이라는 언어가 갖는 종교권력적인 위험을 의식하고 있으며 최대한 '하나님'이라는 용어를 권력과시적 맥락에서 사용하지 않으려고 자제하신다. '하나님'이라는 호칭은 종교의 역사에서 피 터지게 하는 갈등과 상쟁의 요충이었다. '절대자 하나님' 때문에 인류가 화평을 도모하기보다는 적대관계에 빠질 때가 더 많았다. 선한 사람이 하나님의 이름을 거명하는 순간보다 악인이 하나님의 이름을 거명할 때가 훨씬 더 빈번했기 때문이다. 진짜 하나님을 아는 사람들은 하나님의 이름을 망령되이 부르지 않기 위하여 함부로 하나님이라는 말을 쓰지 않았다. 그래서 예수께서도 구약성경의 전통에 따라서 '하나님' 대신 '나를 보내신 이'라는 호칭을 자주 사용하셨다.

그럼에도 불구하고 예수님은 '아버지', 또는 '하나님'이라는 호칭을 팔십 차례 이상 사용하기도 하셨다. 예수님이 '하나님', '아버지'를 거명할 때는 단 한 가지 상황뿐이다. 자신을 철두철미하게 하나님께 순종하고 자신의 뜻을 하나님 앞에 복종시킬 때만 자신을 '아버지의 아들'이라고 주장하신다. '하나님'과 '아버지'를 공공연하게 언급하는 경우는 특권을 강조하기 위함이 아니라 순종의 무한책임을 강조할 때였다.

이처럼 요한복음에서 "나를 보내신 이"라는 하나님 호칭은 매우 중요하다. 요한복음에서 예수님은 철저하게 자신을 구약의 하나님이 보내신 자라고 정의한다. 요한복음을 구약성경과 더 밀착시켜 읽어야 하는 이유가 여기 있다. 요한복음의 예수님 언동들은 철저하게 구약 참조적, 구약 대비적, 구약 성취적이다. 특히 예수님은 자신을 보낸 하나님이 역사의 진공 상태에서 자신을 보낸 것이 아니라, 창조 이래 당신의 사자들을 보낸 사자파송의 역사라는 맥락에서 자신을 보내셨음을 아셨다. 그리하여 아브라함부터 자신의 시대까지(더 멀리는 아벨의 피부터 사가랴의 피까지) 예언자들을 파송해서 이스라엘을 구원하고 지탱하셨으며 그럼으로써 인류를 지탱하고 구원하시려고 한 전前역사[마 23:35]를 배경으로 삼아 자신의 비전을 설파하신다.

구약예언자들의 사자使者공식구문은 이것이다. 코 아마르 아도나이(kō 'āmar YHWH). '야웨께서 이렇게 말씀했다.' 파송받은 사자가 하나님의 말을 전할 때 쓰는 도입부가 바로 '코 아마르 아도나이'이다. 그 이하의 내용은 지배층과 청중들에게 격렬한 반발을 초래할 심판과 위협의 신탁이었다. 모세는 이집트 파라오 앞에 가서 '코 아마르 아도나이'라고 말하며 '내 백성을 보내라'는 하나님의 메시지를 전했다. 이사야가 아하스왕 앞에 가서 '코 아마르 아도나이'라고 말했으며, 엘리야가 아합왕 앞에 가서 '코 아마르 아도나이'라고 외치며 왕을 질책하고 회개를 촉구했다. 그런데 '코 아마르 아도나이'라는 도입구 아래 선포된 구약예언자의 모든 사자파송공식은 특정한 순간에 임한 하나님의 말씀에만 적용되었다. 그런데 예수님의 언동 전체가 '코 아마르 아도나이'의 도입구 아래 발출되고 피력된 하나님의 메시지였다. 예수님의 이중 아멘 도입구도 일종의 신언 대언사자양식어구이다. 그런데 자신들이 파송받았다는 의식을 가졌던 구약성경의 예언자들의 피파송의식을 모두 합해도 예수님만큼 독특한 피파송의식에는 이르지 못한다. 예수님은 모든 예언자들의 피파송의식을 집적한 것보다 더 강하고 독특한 피파송의식에 지배당하셨다. 예수님은 결코 자의로 말씀하시지 않았고 신적 충동과 추동 때문에 말씀하고 행동하셨다. 예수님의 모든 말씀과 행동은 하나님 아버지와의 교감과 일치 속에서 표출되었다. 사상의 독창성은 그가 추구한 목표가 아니었다.

이처럼 예수님은 고등종교나 철학의 창시자들과 달리 독창적 사상을 추구하지 않고 실천의 치열성에 집중하셨다. 예수님에게 독창적 사상이 없다는 말이 아니다. 그의 삶의 독창성에 비하면 사상의 독창성이 빛이 바랜다는 말이다. 예수님은 석가모니나 공자나 소크라테스적인 의미의 독창적 사상가가 아니다. 구약의 구원사를 총결산하는 성취적인 완성자이지, 자신의 천재적 직관이나 통찰로 무시간적으로 유효한 잠언적 경구나 진리를 마구 쏟아낸 분이 아니었다. 불교의 석가모니는 전통 브라만 사상을 뒤엎은 독창적 사상가이며 그의 독창성은 연기론, 중용론에 있다고 여겨진다. 공자는 삼황오제 시대, 특히 은나라의 무왕 시대를 이상향 시대로 보아 춘추 시대에 독창적인 사상을 열어 3천 명의 제자를 얻었다. 소크라테스도 이오니아 학파의 유물론적 철학을 창조적으로 계승해 마침내 정신우위의 철학을 확립한 독창적인 사상가로 칭송된다.

그러나 예수님은 자신의 말씀을 육화시키고 실천하여 하나님 앞에 인간이 보여야 할 지고지순至高至純의 자유와 순종을 보여주셨다. 십자가에 못 박힌 실천이 그의 독창성의 원천이다. 하나님 아버지께 바친 지고지순의 순종, 이스라엘의 죄를 지고 어린양의 길을 걸어가는 올곧은 행보가 그를 독창적으로 만든다. 예수님의 '독창적 가르침'으로 알려진 '하나님을 전심으로 사랑하라'는 계명과 '이웃을 자신의 몸처럼 사랑하라'는 계명은 구약의 모세와 예언자들이 이미 오래 전부터 가르쳤던 가르침이었으며, 예수님과 거의 동시대 랍비였던 힐렐도 유사하게 가르쳤다. 동양의 경천애인敬天愛人이나 불교권에서 운위되는 대자대비大慈大悲에서도 사랑의 이중계명은 반향反響되고 있다. 예수님의 산상수훈과 사랑의 이중계명이 독창적이지 않은 것이 아니다. 다만 그의 십자가 순종의 극한적 경지에 비하면 독창적이지 않다는 말이다. 하나님 전심사랑과 이웃 사랑 사상은 예수님의 독창적인 사상이 되기에는 보편적으로 공기처럼 퍼져 있는 사상이다. 예수님은 사상의 독창성이 아니라 '자신을 보내신 이'의 뜻을 행하는 독보적 철저성으로 독창성을 이루신다. 예수님은 실천의 치열성에 온 목숨을 걸었던 분이다. 그분은 자기를 보내신 이의 뜻을 행하는 데 생명을 걸었지 독특한 사상으로 사람들을 가르치지 않으셨다. 예수님은 육체노동자였고 목수였기 때문에 하나님 말씀을 왜곡할 만한 어떤 전통적 지식유산도 상속받지 못했다. 그래서 하나님 말씀의 철저한 육화를 이룰 수 있었다. 하나님 말씀을 왜곡하는 정치권력, 종교권력, 군사력, 그리고 지식권력의 왜곡과 거짓으로부터 보호받았다. 정치권력, 군사력, 경제권력은 항상 종교권력, 특히 지식권력을 옆에 두고 종처럼 부린다. 세계의 지배자들이 종교권력과 지식권력을 옆에 두는 목적은 자신의 권력남용을 신의 이름으로 정당화하기 위함이다.[14] 그래서 권력집단화된 종교가 보통 사람들의 일상생활(경제, 문화생활)을 신의 이름으로 지배하고 의미를 부여하는 동시대 지배층의 상부 이데올로기라고 비난한 마르크스의 주장은 전혀 근거없는 기독교 비방이라고 보기 어렵다. 예수님이 선포하신 하나님의 복음은 상부구조는 아니었지만, 하나님 나라의 급진적 도래를 대적하는 유급성직자들이 관리하는 권력집단화된 제도종교는 항상 지배계급의 일원이었다. 하나님 나라 복음이 제도권 종교가 되는 순간 바로 지배계급의 일원이 된다. 하나의 국가나 사회의 지배층을 떠받치는 제도로 기능하는 제도화된 종교, 즉 지배계층의 일원이 된 종교는 하나님의 통치를 대적한다. 18세기 임마누엘 칸트나 프리드리히 헤겔, 칼 마르크스가 본 독일 루터교회는 부패한 지배층의 일원이었다. 1795년 스물네 살 청년 헤겔은 친구 프리드리히 셸링에게 보낸 한 편지에서 이렇게 개탄했다. "종교와 정치는 똑같은 은밀한 게임에서 손잡고 결탁했다. 종교는 전제정치가 원하는 것을 가르쳐 왔다."[15] 이처럼 제도화된 교회는 바람처럼 왔다가 이슬처럼 사라질 각오로 하나님의 말씀을 대언하는 예언자적 감수성을 도저히 갖출 수가 없다.

또한 구약의 예언자들이 사자파송 공식구문 '코 아마르 아도나이'를 어디서 외쳤는지가 중요하다. 예언자들은 성문과 광장 앞에 가서 지배층 권력자들에게 회개를 요청할 때 '하나님이 나를 보냈다'는 사자 공식구문을 내세웠다. 예수님이 자신을 하나님이 보낸 종말의 인자, 예언자라고 자임한 맥락도 이런 위험한 맥락이었다. 자신은 하나님이 보내셔서 온 사람이라고 말씀하는 순간부터 예수님은 적대적인 반역자들에게 둘러싸이게 되었다. 그럴 때마다 예수님은 자신의 배후가 아버지 하나님임을 강조하셨다. "나를 보는 자는 나를 보내신 이를 보는 것이니라"[12:45]라고 선언하셨다. 예수님의 행동 중에서 하나님 성품과 의지를 드러내지 않은 것은 하나도 없었다. 예수님은 이 세상에서 하나님을 계시하는 것 외에 어떤 독창성도 과시할 마음이 없었다. 영원하신 하나님을 프로타주해서 보여주신 분이 예수님이다. 예수님이 사용하신 하나님 언어는 이 세상의 제도화된 권력종교들의 언어와 너무 다르다. 예수님은 하나님이라는 말을 쓸 때 자기특권을 절대화하고 영속적으로 유지하기 위해서 쓰신 것이 아니었다. '하나님'이라는 말을 쓰는 순간 자신이 낮은 자가 되고 섬기는 자가 되기로, 입술을 땅에 대고 사는 비천한 자의 친구가 되기로 결단하셨다.

우리 그리스도인들도 '하나님이 보내셨다는 피파송의식'으로 무장함으로써 사상의 독창성이 아니라 순종의 치열성으로 그리스도인의 정체성을 드러내도록 요청받는다. 우리는 빛으로 세상에 오신 예수님을 재현하고 체현하는 급진적 실천으로 부름받았다. 광야에서 들린 놋뱀처럼 들린 인자가 되어 세상 만민을 이끄는 예수님의 삶에 동참하도록 초청받았다. 악한 행위 때문에 빛으로 나아오기를 거절하고 빛을 배척하는 세상에 대한 가장 강력한 대항은 산 위에 있는 동네를 환히 비추는 등잔 위의 등불이 되는 것이다. 마태복음의 산상수훈 공동체는 요한복음에서 영생공동체로 표현된다. 이스라엘을 멸망의 길에서 영생의 길로 돌이키기 위해 높이 쳐들린 놋뱀처럼 교회는 하나님에 의해 영적 고도가 높은 곳으로 들려야 한다. 자신의 상처로 만민을 치유했던 예수님처럼 교회는 십자가를 지고 예수를 따름으로써 영적 고도를 높여야 한다.

요한복음의 영생은 서로 상호보합적이면서 상호의존적으로 사는 지속가능한 세포적 연합의 삶을 의미한다. 요한복음의 영생은 죽어서 무시간적인 영원 속으로 들어가는 것, 육체는 벗고 혼백만 날아다니는 삶이 아니다. 요한복음에서 말한 영생은 지속가능한 공동체적 삶, 상호보합적이고 공생적인 사회생활이다. 빛이신 예수님 가운데로 오면 우리 각자의 은사와 재능이 꽃피어 이웃에게 유익한 사람이 되며 지속가능한 사회생활에 기여하게 된다. 어둠 가운데 있기 때문에 이웃과 나 사이에 있는 상호보합적 공생관계를 알지 못하고 경합관계, 상호 배척관계만 안다. 형제를 미워하는 것, 경쟁적으로 배제하는 이 활기차 보이는 도시생활은 통째로 어둠 속에서 방황하는 과정이다. 어둠은 이웃을 나와 상호보합적인 공생관계에 있는 것으로 보지 않고 배척하고 배제하고 죽여 없애야 할 무엇으로 믿게 만드는 상황이다. 어둠은 인간의 악성과 죄성을 극도로 활성화시키는 체제이다. 주님은 로마제국과 헤롯 분봉왕 등이 다스리는 질식할 것 같은 세상에서 상호보합적이고 상호의존적인 영생 공동체를 창출하셨다. 주님이 오신 당대의 당면목적은 하나님 나라의 선포요 실현이었다. 구체적으로 갈릴리 농민들 사이에 상호보합적이고 공생적인 삶을 창출하기 위해서 서로 빚을 탕감해주라고 설득하셨다. 백데나리온 빚진 이웃을 감옥에 집어넣지 말고 빚을 탕감해주는 운동을 벌이셨다. 생존권이 무너진 사람에게 생존권을 찾아주고 우애를 돈독하게 하면서 자생하는 공동체를 만들라고 주님은 명령하셨다. 그래서 주님은 오천 명을 잔디밭 테이블에 앉혀 놓고 먹을 것을 무한히 공급해주셨다. 오천 명에게 배부를 때까지 원 없이 주시는 영생 공동체, 지속가능한 공동체에 대한 비전을 갈릴리 농민들에게 각인시켜주셨다.

4장.

영생하도록 솟아나는 샘물, 예수 그리스도

4

1 예수께서 제자를 삼고 세례를 베푸시는 것이 요한보다 많다 하는 말을
바리새인들이 들은 줄을 주께서 아신지라. 2 (예수께서 친히 세례를 베푸
신 것이 아니요 제자들이 베푼 것이라.) 3 유대를 떠나사 다시 갈릴리로 가실새 4 사마
리아를 통과하여야 하겠는지라. 5 사마리아에 있는 수가라 하는 동네에 이르시니 야곱
이 그 아들 요셉에게 준 땅이 가깝고 6 거기 또 야곱의 우물이 있더라. 예수께서 길 가
시다가 피곤하여 우물 곁에 그대로 앉으시니 때가 여섯 시쯤 되었더라. 7 사마리아 여
자 한 사람이 물을 길으러 왔으매 예수께서 물을 좀 달라 하시니 8 이는 제자들이 먹을
것을 사러 그 동네에 들어갔음이러라. 9 사마리아 여자가 이르되 당신은 유대인으로서
어찌하여 사마리아 여자인 나에게 물을 달라 하나이까 하니 이는 유대인이 사마리아
인과 상종하지 아니함이러라. 10 예수께서 대답하여 이르시되 네가 만일 하나님의 선
물과 또 네게 물 좀 달라 하는 이가 누구인 줄 알았더라면 네가 그에게 구하였을 것이
요 그가 생수를 네게 주었으리라. 11 여자가 이르되 주여, 물 길을 그릇도 없고 이 우물
은 깊은데 어디서 당신이 그 생수를 얻겠사옵나이까. 12 우리 조상 야곱이 이 우물을
우리에게 주셨고 또 여기서 자기와 자기 아들들과 짐승이 다 마셨는데 당신이 야곱보
다 더 크니이까. 13 예수께서 대답하여 이르시되 이 물을 마시는 자마다 다시 목마르려
니와 14 내가 주는 물을 마시는 자는 영원히 목마르지 아니하리니 내가 주는 물은 그
속에서 영생하도록 솟아나는 샘물이 되리라. 15 여자가 이르되 주여, 그런 물을 내게
주사 목마르지도 않고 또 여기 물 길으러 오지도 않게 하옵소서. 16 이르시되 가서 네
남편을 불러 오라. 17 여자가 대답하여 이르되 나는 남편이 없나이다. 예수께서 이르시
되 네가 남편이 없다 하는 말이 옳도다. 18 너에게 남편 다섯이 있었고 지금 있는 자도
네 남편이 아니니 네 말이 참되도다. 19 여자가 이르되 주여, 내가 보니 선지자로소이

다. [20]우리 조상들은 이 산에서 예배하였는데 당신들의 말은 예배할 곳이 예루살렘에
있다 하더이다. [21]예수께서 이르시되 여자여, 내 말을 믿으라. 이 산에서도 말고 예루
살렘에서도 말고 너희가 아버지께 예배할 때가 이르리라. [22]너희는 알지 못하는 것을
예배하고 우리는 아는 것을 예배하노니 이는 구원이 유대인에게서 남이라. [23]아버지
께 참되게 예배하는 자들은 영과 진리로 예배할 때가 오나니 곧 이 때라. 아버지께서
는 자기에게 이렇게 예배하는 자들을 찾으시느니라. [24]하나님은 영이시니 예배하는
자가 영과 진리로 예배할지니라. [25]여자가 이르되 메시야 곧 그리스도라 하는 이가 오
실 줄을 내가 아노니 그가 오시면 모든 것을 우리에게 알려 주시리이다. [26]예수께서
이르시되 네게 말하는 내가 그라 하시니라. [27]이 때에 제자들이 돌아와서 예수께서 여
자와 말씀하시는 것을 이상히 여겼으나 무엇을 구하시나이까 어찌하여 그와 말씀하시
나이까 묻는 자가 없더라. [28]여자가 물동이를 버려두고 동네로 들어가서 사람들에게
이르되 [29] 내가 행한 모든 일을 내게 말한 사람을 와서 보라. 이는 그리스도가 아니냐
하니 [30]그들이 동네에서 나와 예수께로 오더라. [31] 그 사이에 제자들이 청하여 이르되
랍비여, 잡수소서. [32]이르시되 내게는 너희가 알지 못하는 먹을 양식이 있느니라. [33]제
자들이 서로 말하되 누가 잡수실 것을 갖다 드렸는가 하니 [34]예수께서 이르시되 나의
양식은 나를 보내신 이의 뜻을 행하며 그의 일을 온전히 이루는 이것이니라. [35]너희는
넉 달이 지나야 추수할 때가 이르겠다 하지 아니하느냐. 그러나 나는 너희에게 이르노
니 너희 눈을 들어 밭을 보라 희어져 추수하게 되었도다. [36]거두는 자가 이미 삯도 받
고 영생에 이르는 열매를 모으나니 이는 뿌리는 자와 거두는 자가 함께 즐거워하게
하려 함이라. [37]그런즉 한 사람이 심고 다른 사람이 거둔다 하는 말이 옳도다. [38]내가
너희로 노력하지 아니한 것을 거두러 보내었노니 다른 사람들은 노력하였고 너희는
그들이 노력한 것에 참여하였느니라. [39]여자의 말이 내가 행한 모든 것을 그가 내게
말하였다 증언하므로 그 동네 중에 많은 사마리아인이 예수를 믿는지라. [40]사마리아
인들이 예수께 와서 자기들과 함께 유하시기를 청하니 거기서 이틀을 유하시매 [41]예
수의 말씀으로 말미암아 믿는 자가 더욱 많아 [42]그 여자에게 말하되 이제 우리가 믿는
것은 네 말로 인함이 아니니 이는 우리가 친히 듣고 그가 참으로 세상의 구주신 줄 앎

이라 하였더라. [43]이틀이 지나매 예수께서 거기를 떠나 갈릴리로 가시며 [44]친히 증언하시기를 선지자가 고향에서는 높임을 받지 못한다 하시고 [45]갈릴리에 이르시매 갈릴리인들이 그를 영접하니 이는 자기들도 명절에 갔다가 예수께서 명절 중 예루살렘에서 하신 모든 일을 보았음이더라. [46]예수께서 다시 갈릴리 가나에 이르시니 전에 물로 포도주를 만드신 곳이라 왕의 신하가 있어 그의 아들이 가버나움에서 병들었더니 [47]그가 예수께서 유대로부터 갈릴리로 오셨다는 것을 듣고 가서 청하되 내려오셔서 내 아들의 병을 고쳐 주소서 하니 그가 거의 죽게 되었음이라. [48]예수께서 이르시되 너희는 표적과 기사를 보지 못하면 도무지 믿지 아니하리라. [49]신하가 이르되 주여, 내 아이가 죽기 전에 내려오소서. [50]예수께서 이르시되 가라. 네 아들이 살아 있다. 하시니 그 사람이 예수께서 하신 말씀을 믿고 가더니 [51]내려가는 길에서 그 종들이 오다가 만나서 아이가 살아 있다 하거늘 [52]그 낫기 시작한 때를 물은즉 어제 일곱 시에 열기가 떨어졌나이다 하는지라. [53]그의 아버지가 예수께서 네 아들이 살아 있다 말씀하신 그 때인 줄 알고 자기와 그 온 집안이 다 믿으니라. 54 이것은 예수께서 유대에서 갈릴리로 오신 후에 행하신 두 번째 표적이니라.

주석

4장은 예수님의 '사마리아' 사역과 갈릴리 복귀를 다룬다. 당시의 여행 관습으로 볼 때 예수님의 사마리아 통과는 예외적인 일이었다. 사마리아 방문은 예수님의 의도가 분명한 여정이었다. 사마리아는 유대인들에게 아주 혹독한 모멸을 받아온 한 맺힌 땅이었는데, 거기서 예수님은 풍성한 열매를 거두었다. 사마리아를 거쳐 잠시 머물 듯이 갈릴리로 물러갔다가 왕의 신하의 아들을 고치는 표적을 행하신다. 4장은 영생하도록 속에서 솟아나는 샘물,[1-26절] 사마리아에 씨를 뿌리고 추수하시는 예수님,[27-42절] 그리고 갈릴리에서 행한 두 번째 표적: 왕의 신하의 아들을 고치신 예수님[43-54절]으로 나뉜다.

이 단락은 예수님의 당대 사역의 목표가 무엇인지를 알게 해주는 의미심장한 전환장면을 다룬다. 3:22, 26은 예수님이 세례 요한과 독립적으로 그리 멀지 않은 요단 강줄기에서 경합하듯이 세례운동을 전개했음을 말한다. 1절은 3:26을 이어받아 흡인력이 더 강력했던 예수님의 세례운동이 이번에는 바리새인들의 예의주시 대상이 되었음을 말한다. 바리새인들이 예수께서 '제자를 삼고' 세례를 베푸는 것이 요한보다 많다 하는 말을 듣고 자신을 예의주시한다는 사실을 예수님은 아셨다. 세례 요한의 세례운동과 비교해 볼 때 예수님의 세례운동의 한 가지 특이한 점은 '제자' 삼는 것이 우선시되었다는 것이다. 예수님은 '제자양성'을 목표로 하는 세례운동에 치중했다는 인상을 준다. 2절에서는 희곡의 지문 같은 해설을 삽입한다. 예수께서 친히 세례를 베푸신 것이 아니라 제자들이 세례를 베풀었다는 것이다. 이 지문의 기능이 무엇일까? 예수님이 세례 자체에 의미를 덜 부여했다는 말인가? 아니면 제자들이 오히려 세례 요한급의 영적 권위를 가졌다는 말인가? 이는 아마도 예수님의 세례운동이 제자들과 같이 연합하여 추진한 공동체적 사역이었음을 의미할 것이다. 세례 요한의 세례운동도 세례 요한과 제자들이 공동으로 전개한 운동이었음을 짐작케 한다. 더욱이 예수님의 초기 제자들은 세례 요한의 제자들(최소한 요한, 안드레, 베드로)이었기에 이들이 세례 요한과 함께 하던 세례사역을 예수님을 따르면서도 계속했음을 암시한다. 2절은 오히려 예수님이 어느 시점부터 세례운동과 약간의 거리를 두기 시작했음을 암시한다. 그 이유는 자신이 지나치게 빨리 예루살렘 종교 당국자들(바리새인)의 감시망에 포착되는 것에 대한 염려 때문이었을 것이다. 요한복음이 예수님의 사역의 주 현장을 갈릴리가 아니라 유대지방으로 본다는 사실에 비추어 볼 때, 3절은 갈릴리로 물러나시는 예수님의 동선이 비상한 움직임임을 강조하는 셈이다.

2절과 3절 사이에 마가복음 6장이 자세히 보도하는 세례 요한의 헤롯 안티파스 질책, 피체,被逮 처형사건이 일어났을 가능성도 있다. 어쨌든 유대지역은 정치적으로 위험한 곳이었다. 감시와 감찰의 촉수가 쉽게 뻗칠 수 있었기 때문이다. 세례 요한의 순교사건도 예수님의 갈릴리 퇴거결정에 어느 정도 영향을 미쳤을 것이다.

그래서 예수님은 유대를 떠나 다시 갈릴리로 내려가신다. 자신의 사역 본거지를 떠나 갈릴리로 후퇴하신다는 의미다. 그런데 4절은 예수님의 마음속에 있는 비전이 무엇인지를 보여준다. 4절의 원의는 '사마리아를 통과해 갈릴리로 가고자 하는 내적인 압박을 느꼈다'는 것이다. 당시의 유대인들, 그리고 예루살렘에 종교적 충성심을 느끼는 사람들은, 여리고에서 갈릴리로 뻗은 요단강 협곡 평지에 생긴 협곡 평지길을 이용해 갈릴리와 유대지방을 오갔다. 이 평탄대로는 유대에서 사마리아로 가는 산악로에 비해 한결 수월한 길이었다. 당시의 유대인들이 이 도로를 이용하지 않고 택할 수 있는 다른 길은 예루살렘에서 지중해 해안을 따라 가는 해변길via maris이거나 벧엘, 세겜, 사마리아를 거쳐 갈릴리로 올라가는 내륙산길이었다. 벧엘, 세겜, 사마리아를 거쳐 갈릴리로 가는 이 길은 흔히 족장들이 다닌 길이라고 해서 '족장로'라고 불렸다. 유대에서 족장로를 따라 갈릴리로 가려면 해발 600미터 전후의 산등성이 길을 상당히 걸어야 했다. 유대인들이 대개 사마리아를 통과하는 행로를 취하지 않고 요단 협곡 왕의 대로를 취하는 이유는 족장로가 단거리이긴 하지만 험했기 때문이다. 유대에서 갈릴리로 갈 때 사마리아를 통과하지 않는 더 큰 이유는 유대와 사마리아의 길고 긴 분단과 갈등의 역사 때문이었다. 유대인들이 사마리아를 통과하는 것을 사마리아인들이 막거나 냉대했다.[눅 9:52-53] 유대인이 사마리아를 갈 때에는 목이 말라도 '물 한 잔 얻어 마시는 것'[요 4:9]조차 쉽지 않았을 만큼 유대와 사마리아는 적대적인 불상종을 이어가고 있었다.

주전 921년부터 계속된 남유다와 북이스라엘의 갈등 역사가 남긴 상처 때문에 유대지방과 사마리아는 적대적인 관계를 이어왔다. 주전 721년에 북이스라엘 왕국이 망할 때 사마리아는 수도였고, 북왕국의 상징이었다. 열왕기하 17장이 보도하듯이 북왕국이 앗수르에게 망한 후 사마리아 지역은 앗수르 제국이 외부 거주민들을 집중적으로 끌어들여 이스라엘적 정체성을 희석시키려고 했던 곳이다.[왕하 17:24-33] 그래서 많은 이방인들이 사마리아에 와서 거주했고, 자신들이 이전에 믿던 신들의 신상을 세워놓고 생활했다.[왕하 17:33] 그래서 사마리아는 혼합종교의 본거지가 되었고, 종교적, 인종적인 혼합이 일어났다. 열왕기하 17장은 이점을 부각시켜 '사마리아'는 더럽혀지고 오염된 땅이라는 편견을 심었다.

사마리아에 대한 이와 같은 인식이 더욱 더 악화된 계기는 에스라-느헤미야 시대(주전 450년경)에 있었던 예루살렘 성전과 성벽중건 공사였다. 당시 사마리아의 토착세력이었던 산발랏이 예루살렘 성전재건과 성벽재건에 참여하려고 하자 에스라-느헤미야는 산발랏의 시도를 적극적으로 좌절시켰다.[스 4:1-3, 6, 느 4:1-14; 6:1] 산발랏 자체가 달의 신인 '신'[Sin]과 유사한 단어를 그의 이름에 보유할 정도로 종교혼융적인 인물이었기 때문이다. 에스라-느헤미야에게 배척된 사마리아 사람들에게는 원래 그리심산에 신전이 있었다. 신명기 27장까지 거슬러 올라가는 세겜의 그리심산 성전은 모세적 기원을 가졌다고 믿어졌다. 에스라-느헤미야 시대 이후로 사마리아 지역 사람들은 예루살렘 성전 제의에 열렬하게 참여하지 않고 그리심의 성전을 찾았을 것이다. 그러던 중 주전 128년경 하스모니안 왕조의 사실상 초대 왕으로 불릴 수 있는 히르카누스 1세가 세겜의 그리심산 성전을 공격하고 파괴하며 북왕국 사람들을 강제로 예루살렘 성전으로 오도록 했다.[1] 이때 그리심산 성전에서 예배드리던 북왕국 후손 거민들은 격렬하게 반발했다. 히르카누스 1세의 공격에서 보듯이 사마리아에 대한 유대인들의 관계는 단죄적이며 배척적이었다. 그래서 북이스라엘 핵심지파인 요셉지파가 살던 '사마리아'는 유대와 갈릴리 사이에 끼어 있는 땅임에도 불구하고 섬처럼 고립되었다. 유대지방의 장로들 중에는 갈릴리 곡창지대에 땅을 가진 지주들도 있었기에 갈릴리는 여전히 정신적으로 '유대'에 속했고, '사마리아'만 고립되어 있었다.

이런 상황에서 예수님은 사마리아 정면 통과 결단을 해야 한다는 내적 압박을 느끼고 사마리아로 들어갔다. 예수님은 이른 아침 출발해서 정오가 되어 사마리아 수가라는 동네에 도착했다.[5절] 그 동네는 야곱이 요셉에게 준 땅이 가깝고, 또 야곱이 물을 마시던 우물이 있었다.[6절] 예수님은 도보여행 중 곤비하여 우물 곁에 앉았는데 정오였다.[6절] 여인들이 물 길러 나올 시간은 아니었다. 그런데 사마리아 여인 한 사람이 그 시간에 물을 길러 왔고 갈증을 느낀 예수님은 "물을 좀 달라"고 부탁하신다. 8절은 예수님이 여자에게 "물을 좀 달라"고 부탁하는 이유를 제시한다. 제자들이 먹을 것을 사러 동네에 들어가 곁에 아무도 없었기 때문이다. 그런데 9절부터 사마리아 여자의 의미심장한 반응이 터져 나온다. 지난 상처와 갈등의 기억을 순식간에 소환하는 대화를 개시한다. 여자는 '물을 달라'고 한 사람에게 일견 냉담하게 응대한다. 9절은 유대인과 사마리아인의 갈등과 적대의 역사를 간략히 요약하며, 당시에 상존하던 갈등과 대립을 선명하게 드러낸다. '당신은 유대인 남자로서 어찌하여 사마리아 여자인 나에게 물을 달라 합니까?' 헬라어로 이 문장을 직역하면 여인의 의도를 더 잘 알 수 있다. 포스 쒸 유다이오스 온 파라 에무 페인 아이테이스 귀나이코스 사마리티도스 우쎄스(πῶς σὺ Ἰουδαῖος ὢν παρ' ἐμοῦ πεῖν αἰτεῖς γυναικὸς Σαμαρίτιδος οὔσης). '어찌 당신(σὺ)은 유대인 남자로서 사마리아 여자인 나에게 마시게 하라고 간청합니까?' 온(ὢν)과 우쎄스(οὔσης)는 둘 다 에이미 동사(εἰμί=be 동사)의 분사들이다. 온(ὢν)은 '줄곧 유대인으로 살아온 당신'이라는 의미를 부각시키고 우쎄스(οὔσης)는 '줄곧 사마리아 여자로 살아온 나에게'라는 의미를 부각시킨다. 2인칭 단수 대명사 쒸(σὺ)가 독립적으로 사용된 것은 '당신은 유대인이요'를 강조하는 장치이다.

자신에게 말을 걸어오는 유대인 남자 예수님에게 보인 사마리아 여자의 반응은 당시 상황에서는 자연스러운 반응이었다. 당시는 남자가 여자에게 공공연히 말을 걸 때 여자가 남편에게 의심을 받을 수 있는 지극히 남성중심 사회였다. 남자가 낯선 여자에게 쉽게 말을 거는 것은 상궤를 벗어난 분방함이었다. 그런데 여자가 더욱 주목하는 대립은 유대인과 사마리아인 간의 갈등이었다. 9절 하반절은 여인이 그처럼 반응한 이유를 제시한다. 여자가 보기에는 유대인이 사마리아인에게 말을 거는 행위는 이전까지의 유대인-사마리아인 불상종 관습을 개의치 않는 대담함이라는 것이다. "유대인이 사마리아인과 상종하지 아니함이러라"는 9절의 마지막 소절은 매우 강한 불화상태를 표현한다.[2] 고도의 적개심이 파도치고 있는 상태이다. 그런데 예수님은 이런 상황에서 사마리아를 여러 차례 통과하신 것으로 보인다. 누가복음 9:51에 이렇게 말한다. "예수께서 승천하실 기약이 차가매 예루살렘을 향하여 올라가기로 굳게 결심하시고 사자들을 앞서 보내시매 그들이 가서 예수를 위하여 준비하려고 사마리아인의 한 마을에 들어갔더니 예수께서 예루살렘을 향하여 가시기 때문에 그들이 받아들이지 아니 하는지라." 누가복음 9:51 이

하에는 사마리아 사람들이 예수님을 배척하자눅 9:53 격렬하게 분노하는 두 제자의 반응을 보도한다. "주여, 우리가 불을 명하여 하늘로부터 내려 저들을 멸하라 하기를 원하시나이까." 이런 어리석은 말을 하는 제자들을 예수께서 돌아보시며 꾸짖으셨다.눅 9:55 어떤 고대 사본에는 9장 55절 끝에 다음과 같은 말이 있다. "이르시되 너희는 무슨 정신으로 말하는지 모르는구나. 인자는 사람의 생명을 멸망시키러 온 것이 아니요 구원하러 왔노라 하시고."

유대인들에 대한 사마리아인들의 배척과 분노는 오랜 세월 동안 쌓인 앙금이었다. 앞서 말했듯이 주전 128년 요한 히르카누스 1세가 군대를 끌고 가서 사마리아 사람들의 영적 중심지인 그리심산 성전을 초토화시키고 제사장들도 모두 죽여버렸다. 이 상처가 아물지 않은 곳에 예수님이 들어간 것이다. '유대인 남자'인 예수님은 '사마리아 여자'에게 '물을 좀 달라'고 부탁하는 형식을 빌어 적의의 담을 먼저 넘어보려고 하신다.

예수님은 낯선 여자에게 말을 거셨다. 오전 6시 이전이나 오후 6시 이후가 아니라 낮 12시에 물 길러 온 여자는 예수님의 비상한 관심을 끌었다. 예수님은 처음부터 사마리아 사람과 '상종하러' 오셨다. 그런데 당신의 갈증이 사마리아 사람의 인정人情을 기대하게 만드는 상황이었기에 불상종의 경계를 넘어 먼저 '물 좀 달라'고 요청하셨다. 고대 이스라엘에서 땡볕 아래 여행 중인 사람에게 냉수 한 그릇을 제공하는 것은 큰 환대로 간주되었다.막 9:41 그만큼 '목마른 사람'에 대한 배려가 중요시되었다. 그래서 예수님은 이 여인을 위험에 빠뜨리지 않고 대화할 수 있는 정오의 우물가에서 말을 건네셨다. 아무도 찾지 않는 정오의 우물가는 낯선 불상종의 경계를 허물어 볼 기회를 제공했다. 사정이 이러했음에도 불구하고 예수님과 사마리아 여자와의 길고 몰입된 대화는 제자들에게 놀라운 상황이었다. 27절에는 제자들의 반응이 기록되어 있다. "이때에 제자들이 돌아와서 예수께서 여자와 말씀하시는 것을 이상히 여겼으나." 그런데 그들 중 누구도 "어찌하여 그와 말씀하시나이까 묻는 자가" 없었다. 두 사람이 남녀 간의 의심스러운 분위기와 전혀 다른 차원의 신령한 대화를 이어가고 있었기 때문이다.

일상적인 '물'을 둘러싼 대화에서 신령한 '물'에 대한 대화로 수준이 바뀌는 지점이 10절이다. "네게 물 좀 달라 하는 이가 누구인 줄 알았더라면 네가 그에게 구하였을 것이요." 예수님은 사마리아에 생수를 공급하러 가는 사명의 행로를 취하다가 갈증을 느꼈다. 그런데 여인은 예수님의 사명을 모르고 그저 한 사람의 유대인 남자로 취급한다. '나는 한 명의 유대인 남자가 아니다'라는 함의가 10절에 깃들어 있다. '나는 생리적인 갈증을 느끼고 있고, 너희 사마리아는 영적 갈증을 느끼고 있다'라는 뜻이다. "'물 좀 달라'고 아쉬운 소리를 해야 할 사람이 '내'가 아니라 '너'이다. 낮 12시에 물을 길러 오는 너는 인생 전체가 목마르다. '네 몸짓, 음성, 눈빛' 모두가 말한다. '나는 하나님의 선물, 하나님의 생수를 들이키고 싶습니다.' 너는 하루하루 살아갈 동력이 떨어진 사람이고, 나는 목이 마른 사람이다. 너와 나 중에 누가 누구에게 '물 좀 달라'고 요청해야 할까? 네가 오히려 물을 달라고 요청해야 할 것이다. 그가 네게 생수를 주었으리라." 이상이 10절의 함의이다. 여자의 마음을 사로잡은 단 한 마디는 '생수'[휘도르 조온(ὕδωρ ζῶν), '살리는 물']였다. 여자는 예수님의 정곡 찌르는 말을 금세 알아차린다. "그가 네게 생수를 주었으리라." 이 말에 여인은 자신의 위치를 깨닫는다. '지금 내게 말하는 이 사람은 그냥 유대인 남자가 아니구나. 나야말로 생수를 마셔야 풀리는 갈증이 있다.' 갑자기 예수님의 위엄과 확신을 알아차린 여인은 음조를 바꾼다.

여자가 처음에는 예수님을 "당신"이라고 부르더니 11절에서부터 "주여(퀴리에)"라고 부른다. "주여, 물 길을 그릇도 없고 이 우물은 깊은데 어디서 당신이 그 생수를 얻겠사옵나이까." '생수'의 의미를 알려면 '하나님의 선물'이 무엇을 의미하는지 알아야 한다. 하나님의 선물과 생수는 동격이라고 봐야 한다. 하나님의 선물이 곧 생수이다. 요한복음 7:37도 생수를 약속하시는 예수님을 보여준다. "누구든지 목마르거든 내게로 와서 마시라." 하나님의 선물인 생수를 말하는 대표적인 성경구절은 이사야 55:1과 예레미야 2:13이다.[3] "오호라, 너희 모든 목마른 자들아, 물로 나아오라. 돈 없는 자도 오라. 너희는 와서 사 먹되 돈 없이, 값없이 와서 포도주와 젖을 사라." 사 55:1 "내 백성이 두 가지 악을 행하였나니 곧 그들이 생수의 근원되는 나를 버린 것과 스스로 웅덩이를 판 것인데 그것은 그 물을 가두지 못할 터진 웅덩이들이니라."렘 2:13

사마리아인들은 예언서를 가지고 있지 않았기 때문에 여인은 생수를 선물로 준다는 예언서 구절을 전혀 모르고 있다. 하나님의 생수인 성령을 선물로 주시겠다고 약속하신 예언서가 없는 여자는 당연히 하나님의 선물인 성령을 알지 못했다. 그래서 여자는 생수를 성령을 가리키는 메타포로 보지 않고, 깊은 곳에 있는 심층수를 가리키는 말로 이해했다. 11절에 피력된 여인의 관심은 심층생수를 어떻게 길어 올릴 것인가였다. '이 우물은 깊고 심층수는 저 깊은 곳에 있는데다 두레박도 없는데 당신은 어떻게 그 심층수를 길어 올리겠다고 합니까?' 여인이 이해하는 심층생수를 길어 올리기 위해서는 무거운 두레박이 필요했다. 심층생수는 샘물이 터져 나오는 분천의 뿌리에서 막 솟아오르는 분천수를 의미했기 때문이다. 여인의 관점으로 이해하면 11절은 '이 분천생수를 길어 올리려면 특수 두레박이 필요합니다'라는 말이 된다. 예수님은 잠시 침묵하신다. 성령을 가리키는 생수를 심층생수로 이해하는 여인에게 어떻게 '자신이 주실 생수'를 설명할 수 있을까를 궁리하신다. 그러는 사이 모세오경만 아는 여인은 예수님을 야곱과 비교하며 후속질문을 던진다.

12절은 여인의 관심이 생수에서 예수님께로 이동했음을 보여준다. 조상 야곱과 예수님을 비교한다. 나다나엘도 조상 야곱을 소중히 여기는 이스라엘 사람이었다. 예수님은 나다나엘에게 자신이 야곱보다 더 큰 이임을 간접적으로 알려주셨다. 여인은 예수님을 야곱과 비교한다. '우리가 사용하는 이 우물은 야곱 때부터[4] 사용하던 유서 깊은 우물인데 내게 생수를 주실 수 있다고 말하는 당신은 야곱보다 더 큽니까?' 12절의 헬라어 첫 소절은 부정의문문이다. 개역개정은 긍정의문문으로 번역했는데 음역하고 직역하면 이렇다. 메 쒸 메이존 에이 투 파트로스 헤몬(μὴ σὺ μείζων εἶ τοῦ πατρὸς ἡμῶν). 여기서도 2인칭 단수 대명사 쒸(σὺ)가 독립적으로 사용되고 있으며 이 절의 첫 단어는 부정어 메(μὴ)이다. '다른 이가 아니라 당신(σὺ)이라도 설마 우리 아버지(조상) 야곱보다 큰 분은 아니겠지요?' 여기서 여인은 지금 개역개정과는 달리 야곱과 예수님을 비교하되 야곱이 여전히 더 큰 자라는 함의가 든 질문을 던진 것이다.

13-14절은 예수님의 답변이다. 답변 내용을 보면 자신이 야곱보다 큰 자라고 대답하고 있음을 알 수 있다. 먼저 예수님은 야곱이 주는 물을 마시는 자마다 다시 목마름을 느끼게 된다는 사실을 강조하신다.[13절] 그런데 예수님 당신이 "주는 물을 마시는 자는 영원히 목마르지 아니"할 것이다. 그 이유는 예수님이 '주는 물은 마신 사람의 배 속에서 영생하도록 솟아나는 샘물이" 될 것이기 때문이다.[14절] 14절의 첫 소절은 1인칭 대명사 에고(ἐγώ)가 독립적으로 사용된 구문이다. '야곱이 아니라 내가(ἐγώ) 주는 물'을 강조한다. 14절의 마지막 소절이 중요하다. 음역하고 직역하면 이렇다. 알라 토 휘도르 호 도

쏘 아우토 게네세타이 엔 아우토 페게 휘다토스 할로메누 에이스 조엔 아이오니온(ἀλλὰ τὸ ὕδωρ ὃ δώσω αὐτῷ γενήσεται ἐν αὐτῷ πηγὴ ὕδατος ἁλλομένου εἰς ζωὴν αἰώνιον). ‘내가 주는 물은 그것을 마신 자 안에서 영원히 솟구치는 물의 샘이 되리라.’ 예수님이 주는 생수는 마신 사람 안에서 영원히 솟아오르는 자가용출적 샘물이 된다는 것이다.[5] 이것을 한번 마신 사람은 목마를 수가 없다. 그 사람 속에서 샘물이 자가공급되기 때문이다. 이 마지막 소절이 여인의 비상한 관심을 끌었다.

15절은 여인의 삶 깊은 곳을 드러내는 단초가 된다. “주여, 그런 물을 내게 주사 목마르지도 않고 또 여기 물 길으러 오지도 않게 하옵소서.” 이 말은 여인의 내면을 일순간에 조명한다. 여인은 지금 한 번 마시면 다시는 목마르지 않는, 신비한 마술적인 물을 원한다. 일상생활의 수고로운 노동을 원하지 않는다. 고단하기 때문이다. 여인은 도피주의적인 구원을 원했다. 세상에 한 번 마시고 나면 다시는 갈증을 느끼지 않도록 만드는 물이 어디 있겠는가? 당연히 예수님이 주시는 물은 일상생활의 수고를 면제시키는 신비한 물이 아니다. 하나님의 선물은 일상생활의 의무마저도 면제시켜주는 마술적인 힘을 발휘하지 않는다. 참된 성령 충만은 하나님에 대한 목마름을 유지시키는 충만이다. 성령의 생수는 여전히 갈증을 남겨주는 생수이기 때문에 매일 마셔야 한다. 역설이다. 하나님에 대한 앎이 충분하지만 하나님을 알수록 하나님에 대한 간절한 열망이 더 생긴다. 성령 충만은 허기를 남기는 충만이다.

그런데 사마리아 여자는 다시는 물 길러 올 일도 없게 만드는 도피주의적인 구원을 갈망한다. 그녀에게는 매일 물 길러 오는 것 자체가 고역이었기 때문이다. 여기서 예수님의 직관력이 위력을 발휘한다. ‘생수를 달라’고 요구하는 여인에게 예수님은 동문서답 같은 대답을 하신다. “가서 네 남편을 불러 오라.”16절 ‘생수’를 선물로 받으려면 '남편'의 정체를 알아야 한다는 것이다. 생수 문제가 갑자기 남편 문제로 바뀐다. 이 여인이 자신과 대담하게 말을 주고받는 것을 보고 예수님은 필시 이 여인이 남편이 없거나 남편으로부터 자유로운 여자임을 짐작했다. 생수 갈증이 남편 편력과 상관관계가 있다는 것처럼 들린다.

17절은 여자의 대답과 예수님의 논평을 동시에 담고 있다. "나는 남편이 없나이다." "네가 남편이 없다 하는 말이 옳도다." 여인에게 남편은 안정감이요 소속감이다. 여인에게는 남편 같은 남편, 자신의 영혼과 결속된 남편이 없다는 뜻이다. 18절은 '남편' 문제를 우의적으로 해석할 수 있을 만큼 예수님의 예지와 통찰력이 빛난다. '네게 남편이 다섯 있었다. 그리고 지금도 네게 남편이라고 할 자가 있지만, 그는 네 남편이 아니다.' 여인의 가정사를 꿰뚫어 보신 것이다. 고대 이스라엘 사회에서 남편의 존재가 여성의 공민권과 사회적 소속감을 의미했다는 점을 고려하면 여인의 삶은 비상하게 방황하는 삶이었다고 볼 수 있다. 수가성 우물가의 이 여인은 기구하고 희귀한 운명의 소유자가 아닐 수 없다. 그래서 사람들은 과연 예수님 당시에 한 여자가 다섯 남편을 거칠 수 있었을까를 의심하기도 했다.

다섯 남편을 둔 여인의 역사적 실존 가능성을 의심하는 주석가들은 이 다섯 남편을 거친 여인을 우의적으로 해석했다. 초대교회의 교부들을 위시하여 주석가들은 다섯 남편을 가진 여자를 '모세오경만을 믿고 다른 성경은 알지 못하는 폐쇄적인 사마리아 사람들'이라고 보았다.[18절] 이 우의적인 해석이 불가능한 것은 아니지만, 이런 기구한 운명의 여인의 역사적 실존을 부정하거나 의심하지 않고도 이차적으로 시도할 수 있는 해석이 될 수 있다.

약간 다른 방향의 우의적 해석도 제시해 볼 수 있다. 이 여인의 다섯 남편 쟁점을 좀 더 넓은 이스라엘 구원사 맥락에서 이해하려고 하는 것이다. 에스겔 23장에는 오홀라와 오홀리바라는 두 자매 이야기가 나온다. 오홀라와 오홀리바는 각각 예루살렘과 사마리아를 가리키는 비유이다. 이들이 정부情夫를 바꿔가며 음행하는 것을 격렬하게 단죄하는 예언적 우화이다. 호세아, 에스겔, 예레미야 등은 이스라엘을 음녀라고 말하며 참 남편이신 야웨 하나님을 버리고 이방 나라들과 통정하는 이스라엘의 방탕을 정죄한다. 이렇게 보면 이스라엘 역사 전체가 다섯 남편에게 몸을 의탁한 사마리아 여자의 처량한 신세와 같다고 볼 수 있다. 즉 이스라엘이 애굽, 앗수르, 바벨론, 페르시아, 그리스-로마 다섯 제국을 좇아가며 음행을 일삼던 음녀라고 볼 수 있다. '남편' 쟁점을 사이에 두고 오간 두 사람의 대화를 문자적으로 읽었을 때에는 도저히 이해할 수 없기에 이런 우의적 해석도 시도되었을 것이다.

하지만 본서는 일단 문자적 해석을 시도한다. 다만 이 여인의 다섯 남편 편력에 대하여 지나치게 도덕적으로 해석하는 경향은 경계하고자 한다. 남편을 자주 교체한 쪽이 여자인지 아니면 여러 남편들에게 이혼을 당한 것인지는 알 수 없기 때문이다. 이제까지의 대화를 종합하면 사마리아 수가성 여인은 품행이 방정치 못해서였든지, 아니면 당시의 남성중심의 사회관습에 희생당해서였든지 불행한 과거를 가진 여인임은 분명하다.

그런데 19-26절의 이어지는 대화는 사마리아 여인이 단지 품행이 방정하지 못한 얼룩진 과거사를 가진 여인이 아니라 메시아를 열망하는 '참 이스라엘' 사람임을 드러낸다. 예수님과 나누는 '예배' 문제, '메시아 도래' 관련 대화는 여인의 신학적 식견이 보통 수준을 능가함을 보여준다.

'남편 쟁점'을 둘러싼 대화는 19절부터 예수님의 정체성에 대한 관심으로 한 걸음 더 전진한다. 19절은 여인의 관점 변화를 주목한다. 12절에서 예수님을 야곱과 비교하던 여인은 이제 예수님을 '선지자'라고 말한다. 모세오경만 성경으로 갖고 있었던 사마리아인들에게 선지자는 사실상 '모세'를 가리킨다. 신명기 18:15-18(특히 18절)이 말하는 모세 다음에 올 모세 같은 '선지자'를 염두에 둔 발언이었을 가능성이 크다.[6] 이처럼 예수님에 대한 여인의 이해가 점점 깊어진다. 처음에는 '유대인 남자'로 알았다가 이제 '선지자'라고 고백하기에 이르렀다. 19절의 헬라어 구문에도 2인칭 단수 대명사 쒸(σύ)가 독립적으로 사용된다. 19절의 마지막 소절을 음역하고 직역하면 이렇다. 데오로 호티 프로페테스 에이 쒸(θεωρῶ ὅτι προφήτης εἶ σύ). '내가 보니 선지자입니다. 당신이야말로(σύ)!' 여인이 예수님을 '선지자'라고 본 이유는 자신의 과거지사를 비범하게 직관하는 능력을 가졌기 때문이었다.

20절은 '예배' 문제로 초점을 옮긴다. 여인은 사마리아의 전통을 자랑스럽게 여기는 전통주의자다. '야곱의 우물'을 귀하게 여길 뿐만 아니라 신명기 27장이 말하는 그리심산 예배 전통도 소중히 여긴다. 다시 여인은 사마리아 사람들의 입장을 대변하는 진영논리의 대변자가 된다. 당연히 예수님은 '유대인 당신들'을 대변하는 인물이 된다. 20절 하반절은 유대인들이 사마리아 사람들에게 강요한 교리를 인용한다. 음역하고 직역하면 이렇다. 카이 휘메이스 레게테 호티 엔 히에오솔뤼모이스 에스틴 호 토포스 호푸 프로스퀴네인 데이(καὶ ὑμεῖς λέγετε ὅτι ἐν Ἱεροσολύμοις ἐστὶν ὁ τόπος ὅπου προσκυνεῖν δεῖ). '그리고 당신들이야말로(휘메이스) 말한다. 예루살렘에 마땅히 예배드려야 하는 장소가 있다.' 이 '예루살렘 유일예배론'은 하스모니안 왕조를 이끌었던 요한 히르카누스 1세가 사마리아 사람들이 하나님을 예배하던 그리심 성전을 불태우고 제사장들을 죽였던 주전 128년 만행 이래로 유대인들이 사마리아 사람들에게 집요하게 강조해 온 말이다. '그리심산이 아니라 예루살렘 성전이 있는 시온산에 와서 예배드려야 한다.' 그런데 역사적으로 보면 그리심산이 예루살렘보다 더 유서 깊은 예배처소였다. 그리심산은 이스라엘이 가나안 땅에 들어와서 처음 예배드렸던 세겜에 있는 산이다.[신 27:12] 따라서 조상들이 예배드렸던 산인 것은 맞다. 그리심산을 신성화한 나머지 예루살렘 성전에서 드려지는 예배를 정통에서 벗어난 예배라고 생각하며 오로지 모세오경만을 정경으로 받아들이는 사마리아인들의 전통은 아마도 주전 5세기부터 굳어졌을 것이다. 사마리아 사람들이 정경으로 받아들이는 오경을 사마리아 오경[Samaritan Pentateuch]이라고 부른다. 사마리아 오경은 지금 우리가 가지고 있는 오경과 큰 서사적 틀에서는 같지만, 세부적인 면에서 상당한 차이가 있다. 창세기 22장의 '모리아'를 '세겜의 모레'라고 고치는 데서 알 수 있듯이, 사마리아 오경은 우리가 가진 현재의 모세오경의 주요지명들을 친[親]사마리아 방향으로 약간씩 수정했다. 또한 사마리아인들은 하나님의 선물, 즉 성령에 대해 예언하는 예언서를 갖지 못했다. 성령을 보내셔서 이스라엘 백성들의 강퍅해진 마음을 순식간에 부드럽게 만들어 하나님께 순종하는 일이 가능하도록 만들어주시겠다는 약속을 사마리아인들은 몰랐다. 사마리아 사람들이 모세오경만 굳게 붙잡는 가장 큰 이유는 모세오경의 마지막 책인 신명기 27장이 사마리아의 중심지인 세겜에서 열두 지파의 언약체결식이 일어나고 있다고 말하기 때문이다.

사마리아 여인이 처음에는 품행이 단정하지 못하거나 불행한 삶을 헤쳐온 여인처럼 보였지만, 20절부터는 사마리아의 상처와 슬픔을 대변하는 대변인으로 느껴진다. 대개 성전은 '국가'를 후원하고 지탱하는 신이 거한다고 믿어졌기에 성전이 없는 고대의 도성은 '과부'라고 불렸다. 예루살렘이 한때 과부로 불렸다.[사 54:1-4] 하나님이 없는 도성은 과부였다. 사마리아 여인은 개인적으로 비참한 신세지만. 또한 사마리아의 슬픈 역사를 대변하는 여인이기도 하다. 남편 없는 이 여인은 개인적으로 불행할 뿐 아니라, 과부 같은 사마리아 사람 전체의 불행을 대변한다는 점에서 사마리아 공동체를 대신하여 비통함을 겪고 있다. 이 여인은 실제로 남편이 없는 이혼녀 또는 이혼당한 여자다. 이혼당한 여자였던 사마리아 여인과 함께 사는 남자도 남편이 아니다. 마찬가지로 신학적으로 볼 때 사마리아 전체가 참된 하나님 없는 도성이며, 하나님에 대한 참된 예배에서 이탈되어 있다. 이사야나 호세아의 메시지에 비추어 보면 남편 되신 하나님이 없는 과부다.

예수님은 사마리아를 품으려고 오셨지만 유다가 사마리아보다 더 바른 하나님 이해에 기초하고 있다고 보았다. 21-22절이 이 점을 분명하게 밝힌다. 이런 점에서 예수님은 유대인의 선민의식을 간직하고 있었다. 예수님은 유대인의 배타적 특수성을 포기하지 않은 채 사마리아를 품으려고 하신다. 그런데 예수님의 이런 유대인의 선민의식 옹호입장은 예루살렘 종교권력자들의 입장과는 다르다. 그들의 입장은 사마리아 배제이지만, 예수님은 사마리아 영접과 포용이다. 21절은 예배의 핵심은 장소가 아니며, 예배 대상인 하나님 아버지를 올바로 아는 것임을 말한다. 22절은 1인칭 복수 대명사와 2인칭 복수 대명사가 각각 독립적으로 사용되는 대조구문이다. '너희'[휘메이스(ὑμεῖς)]는 알지 못하는 자(것)를 예배하고, '우리'[헤메이스(ἡμεῖς)]는 아는 것을 예배한다. '우리'는 유대인을 가리킨다. 22절 마지막 소절은 사마리아를 포함한 전체 이스라엘을 위한 '구원은 유대인에게 난다'는 예수님의 입장을 부각시킨다. 사마리아인들에 비하여 유대인이 하나님의 구원 통로라는 것이다. 모세오경만을 고집하는 사마리아인들은 예언자들을 통해 약속된 하나님의 구원 경륜을 전혀 모르기 때문이다. 사마리아인의 예배가 잘못된 것은 장소 때문이 아니라 예배 대상인 하나님을 모르는 채 드리는 예배이기 때문이다. 사마리아 여인은 주전 128년 이래 시온산의 예루살렘 성전과의 경쟁구도 속에서 그리심산에서 드리는 예배를 귀중하게 여기고 있다. 신명기 27장에 보면 그리심산은 이스라엘 여섯 지파가 이스라엘 전체 지파를 위해 복을 빈 거룩한 산이었다.[11-12절] 신명기 27장의 전통을 신봉한 사마리아 사람들이 주전 128년보다 좀 앞선 시기에 그리심산에 성전을 지어놓고 '이곳이 바로 정통 모세 신학을 계승하는 산이다'라고 자랑했다. 그리심산을 신성시하면서 북이스라엘 지역에 사는 거주민들이 예루살렘 성전으로 가는 것을 막았기 때문에 예루살렘 성전 대제사장이었던 요한 히르카누스 1세가 군대를 동원해서 그리심산에서 예배하는 사마리아 사람들을 죽여버렸다. "우리 조상들은 이 산에서 예배하였는데 당신들의 말은 예배할 곳이 예루살렘에 있다 하더이다"[20절]라는 여인의 말은 이 상처를 끄집어낸 것이다.

예수님은 여자의 양자택일적 문제제기에 다른 문제를 끌어들여 우회적으로 대답하신다. '아버지께 예배할 때가 온다.' 장소가 중요한 게 아니라 예배 받는 분이 누군지를 아는 것이 중요하다는 것이다. 23절은 예배를 받으시는 분을 아는 것과 똑같이 중요한 사실 하나를 말한다. 장소의 신성성이 중요한 게 아니라 예배자 마음의 신성성이 더 중요하다는 것이다. '영과 진리 안에 있는 사람의 예배가 참 예배다. 하나님은 영과 진리 안에서 예배 받으신다. 이 산과 저 산이 하나님께 더 가까이 가게 만드는 도구가 아니다.' 영과 진리로 드리는 예배는 성령의 감화감동을 받으며 하나님께 진정으로 연합되는 예배이다. 영과 진리로 감화감동 받으며 예배하는 자, 그가 아버지께서 찾는 예배자다. 따라서 '예루살렘의 시온산이나 그리심산 등

특정한 지역과 장소를 더이상 신성화하면 안 된다'는 것이다. C. S. 루이스는 『나니아 연대기』 제7권에서 이 점을 주목했다. 다른 신(칼로르멘 제국이 섬기는 타슈 신)을 섬겼던 자(칼로르멘 청년 에메트[진실])가 천국에 왔다(시공주니어, 2001년판, 224-229). 그는 사자왕 '아슬란'에게 가서 '나는 이교도입니다. 나는 당신 아슬란의 이름으로 기도하지 않았습니다. 나는 아슬란 당신을 예배하지 않고 내가 믿던 우리 민족의 토착신에게 절했습니다. 나는 한 번도 당신을 찾지 않았습니다. 그런데 내가 어떻게 구원을 받았습니까'라고 말한다. 예수 그리스도를 상징하는 사자왕이 이렇게 대답한다. '네가 정직과 신용과 자비와 친절의 삶에 터전을 두고 드렸던 모든 기도는 사실상 아슬란에게 드린 기도였다. 네가 아슬란에게 아슬란의 이름으로 기도를 드렸다 하더라도 부정직과 폭력과 증오심과 거짓 위에서 드렸던 모든 기도는 사실은 다른 신, 즉 우상에게 드려진 기도와 같은 것이다.'[7] 이런 입장 때문에 C. S. 루이스가 일부 사람들에게 종교다원주의자라는 비난을 받는다. 그러나 이것은 종교다원주의가 아니라 기독교 복음의 보편성, 하나님 예배의 보편성을 강조한 견해이다. 하나님께 드려지는 예배의 유효성은 그리심산과 예루살렘 시온산의 거룩성에 달려 있지 않고, 예배자의 거룩성, 신령성에 달려 있다. 영과 진리로 예배드리는 자와 육과 거짓으로 예배드리는 자의 갈등이 시온산과 그리심산의 갈등보다 더 근원적 갈등이다.

예수님은 이 산과 저 산의 예배 논쟁을 제쳐두고 아버지 하나님께 신령과 진정으로 예배드리는 것을 강조하셨지만, 유대인들의 배타적 선민 지위를 포기했는가? 그렇지 않다. 예수님은 이 보편적 진리를 파수하는 유대인들의 우월적 지위를 인정한다. 왜냐하면 예배의 본질이 이 산의 문제도 아니고 저 산의 문제도 아니며 예배 받으시는 분과 예배드리는 자의 영적 교감과 진실한 결속이 예배의 본질이라는 진리를 '유대인들이 가진 성경'에서 말하고 있기 때문이다. '구원이 유대인에게서 남이라'는 말은 지금 예루살렘 성전을 차지한 유대인들이 하나님의 구원을 배타적으로 매개한다는 말이 아니라, 참된 구원은 유대인의 성경에 계시된 하나님으로부터 온다는 말이다. 영과 진리의 예배가 특수한 산과 장소를 신성화하는 예배보다 더 온전한 예배이다. 영과 진리로 드리는 예배는 하나님의 성령에 우리의 영이 이끌림을 받고 우리의 삶이 하나님과 진실되게 일치하는 것으로 드려지는 예배이다. 참된 예배자는 그 영이 하나님의 영에 이끌리고 그 삶이 하나님의 말씀에 충실하게 견인되는 자다. 우리 영은 하나님의 성령에 이끌리는 접촉점이다. 하나님의 영이 우리의 영에게 감화를 일으키면 자기부인의 능력이 배가된다. '영성이 있다'는 말은 성령의 감화감동을 잘 받는다는 말이다. 성령의 지시에 민첩하게 순종하는 것이 영성이다. 사도행전 8장의 빌립 집사나 사도행전 13장의 금식 중인 안디옥교회 회중은 영의 역사에 예민하게 응답했다. 빌립이 사마리아 광야를 가던 중에, 성령의 감화감동이 임하여 '가사Gaza 톨게이트로 달려가라. 거기에 네가 도와줄 사람이 있다'라는 음성이 들려오자마자 가사로 달려가서 에디오피아 내시를 만나 성경을 가르쳐 준다. 이것이 바로 성령에 민감한 영성의 실례이다.

영으로 예배를 드리는 것은 하나님과 의사소통이 가능한 수준으로 영적인 감수성을 갖추는 것을 말한다. 진리 가운데 예배드리는 것은 하나님의 영적 지침과 명령과 권고사항을 삶 속에 실천하는 것이다. "영과 진리"라고 할 때 "진리"는 명제적 진리가 아닌 인격적 견고성을 가리킨다. 다시 말해서 어제 그 사람과 오늘 그 사람이 동일한 것이 "진리"이다. 영적 견고성과 인격적 일관성으로 예배드리는 것이 영과 진리로 예배드리는 것이다. 이해타산과 무관하게 항상 옳은 말에 순종하는 인격적 통전성 또는 견고성이 바로 진리이다.

요약하면, 영과 진리로 드리는 예배는 성령에 감동받기 잘하는 마음과 자기부인 잘하는 감수성으로 드리는 예배다. 하나님과의 인격적 유대와 결속이 확보된 사람이 드리는 예배가 '진리' 안에서 드리는 예배다. 영과 진리로 예배드리는 사람에게는 이 산이든 저 산이든 중요하지 않고, 아버지 하나님과의 교감이 중요하다. 하나님 아버지는 영과 진리로 예배드리는 사람을 찾으시기 때문이다. 하나님 아버지는 당신과 진정으로 교감하고 사귀기를 원하는 사람을 찾으신다. 하나님 아버지는 인질이나 포로로 잡혀온 사람들에게 예배 받지 않으신다. 아버지 하나님은 영과 진리로 총체적 의사소통이 가능한 영적 존재들을 찾으신다. 유대인들이 가진 성경만이 이 예배의 본질을 가르치기 때문에 '구원이 유대인에게서 난다'는 말이 맞다.

24절은 왜 하나님이 특정한 산에 매이는 하나님이 아닌지를 말하며 23절의 논지를 되풀이한다. 하나님이 영이시기 때문에 특정 물리적 공간이나 장소에 매이지 않으시고, 영과 진리에 반응하신다. 영이신 하나님은 특정한 인종을 특별히 신성화하거나 특정한 장소를 신비화시키는 방식으로 인류에게 접근하시는 하나님이 아니라, 예배드리는 사람의 진심에 접근하신다. 하나님의 성품에 온전히 합당한 방식으로 나와서 하나님을 찾는 사람이 영과 진리로 예배드리는 사람이다. 하나님의 성품을 알고 하나님의 요구를 알고 하나님께 접근하는 자가 영과 진리로 예배드리는 자다. 성경은 영과 진리 대신에 특정장소를 신성화하려는 종교권력자들에 대한 비판으로 가득 차 있다. 영과 진리로 예배드리는 자는 자기절대화를 거부하고 하나님을 경배하고 이웃을 사랑하는 자기극복과 자기부인에 단련된 자다.

25절은 사마리아 여자의 관심이 '예배' 문제에서 '메시아'(그리스도) 도래 문제로 이동하고 있음을 보여준다. 여인이 메시아 문제를 거론하는 이유는 예배 문제를 종결적으로 해결해줄 분은 메시아라고 믿기 때문이다. 25절은 사마리아 여인의 신앙지평이 보통 사마리아 사람들의 신앙적 지평보다 훨씬 더 넓고 포괄적임을 보여준다. 사마리아 오경에는 '메시아 도래' 대망 구절이 거의 없다는 점에서 더욱 그렇다. 이 여인은 사마리아 오경 전통에 속했지만, 유대인들이 품은 메시아 도래 열망을 품고 있다는 점에서 경계선을 넘는 인물이다. 여인은 현재의 갈등을 종말의 미래시점으로 미루려고 한다. 그리심산과 시온산의 갈등을 오실 메시아에게 위탁하려고 한다. 다시 말해 그리심산을 포기하고 예루살렘으로 예배드리러 가는 방식으로 예배 문제를 타결 짓고 싶지 않고 종말의 시점까지 그 해결을 미루려고 한 것이다.

26절은 사마리아 여인에게 주시는 예수님의 대답이다. '내가 바로 예배 문제의 종결적 해결자, 메시아다'라고 말씀하신다. 야곱과 비교되는 자에서 '선지자'로 받아들여진 예수님은 당신이 예배 문제의 궁극적 종결자인 메시아임을 드러내신다. 이렇게 해서 예수님은 '야곱의 우물'에게 갇혀 있던 '사마리아인들'에게 야곱보다 큰 자(1:51 인자의 하늘 열림 사역)이며 그리심 성전과 예루살렘 성전의 해묵은 갈등을 종식시킬 메시아로 자신을 계시했다. 예수님은 승천시에도 '사마리아'를 회복할 것을 제자들에게 특정하여 당부하심으로써 당신이 모세적 기상으로 열두 지파를 한데 모으려는 메시아임을 드러내셨다.[행 1:8; 9:31] 사마리아에게도 생수의 선물을 허락하신 것이다.

사마리아에 씨를 뿌리고 추수하시는 예수님 ● 27-42절

이 단락은 예수님의 원기회복 이유와 사마리아 여자에게 심긴 신앙의 위력을 말한다. 아무리 좋은 일이라도 일을 하면 생명력의 감가상각이 일어난다. 그런데 어떤 일은 우리를 소진시키면서도 동시에 원기를 북돋우기도 한다. 일의 열매가 일의 소진시키는 효과를 상쇄하고도 남는 에너지를 공급하기 때문이다. 이 단락의 예수님은 허기를 잊어버릴 만큼 일에 몰두하여 소모된 에너지보다 더 많은 에너지를 공급받으신다. 4장 첫 장면의 예수님은 분명히 피곤에 지치신 모습이었다. 예수님이 사마리아 여인과 대화를 주고받는 사이에 갑자기 원기가 가득 찬 분으로 바뀌었다. 이 사이에 무슨 일이 일어났을까? 대화가 깊어질수록 예수님의 원기를 결정적으로 고취시킨 것이 무엇일까? 논쟁으로 시작된 이 대화가 예수님에게 어떤 힘을 공급했을까?

한동안 자리를 비웠던 제자들이 돌아왔을 때 감히 대화를 중단시킬 수 없을 정도로 여인과 예수님은 대화에 몰두하고 있었다. 돌아온 제자들이 "예수께서 여자와 말씀하시는 것을 이상히 여겼으나" "무엇을 구하시나이까"라고 묻지 못했다.[27절] 제 삼자가 끼어들 수 없을 정도로 몰입된 대화였고 교감이 오고간 대화였기 때문이다. 제자들이 돌아온 후 사마리아 여인은 행동의 사람으로 바뀌었다. 물동이를 그 자리에 두고 동네로 들어가 사람들에게 말하기 시작했다.[28절] 29절은 예수를 메시아로 영접한 사마리아 여자의 확신의 정도를 보여준다. 유대와 사마리아의 갈등을 해소해줄 수 있는 메시아를 본 여인은 기꺼이 동네사람들에게 "내가 행한 모든 일을 내게 말한 사람을 와서 보라. 이는 그리스도가 아니냐"라고 말한다.[29절] 사마리아 여인의 말을 들은 사마리아 사람들이 동네에서 나와 예수께로 몰려왔다.[30절]

31-38절은 30절에서 39절로 이어지는 이야기 흐름을 일시적으로 끊어놓는다. 예수님과 제자들 사이의 사명담론이다. 31절에서 제자들은 동네에 가서 음식을 사온 제자들이 허기로 지쳤을 예수님께 식사를 권한다. 랍비 파게(ῥαββί, φάγε). "랍비여, 잡수소서." 32-34절

에서 예수님은 당신의 비장秘藏의 음식을 말씀하신다. 예수님이 자신에게는 그들이 알지 못하는 양식이 있다고 말씀하자,[32절] 제자들은 누가 가져다 드렸을까 궁금해 한다.[33절] 32절의 헬라어 구문은 1인칭 단수 대명사 에고와 2인칭 복수 대명사 휘메이스를 각각 독립적으로 사용함으로써 예수님이 드시는 음식과 제자들의 음식을 구별한다. 에고 브로신 에코 파게인 헨 휘메이스 우크 오이다테(ἐγὼ βρῶσιν ἔχω φαγεῖν ἣν ὑμεῖς οὐκ οἴδατε). '나는 너희가 알지 못하는 먹을 양식을 갖고 있다.' 34절은 예수님의 양식을 말한다. "나의 양식은 나를 보내신 이의 뜻을 행하며 그의 일을 온전히 이루는 이것이니라." 34절의 둘째 소절의 개역개정은 헬라어 구문의 원의를 약간 흐리고 있다. 음역하고 직역하면 이렇다. 에몬 브로마 에스틴 히나 포이에쏘 토 델레마 투 펨프산토스 메 카이 텔레이오쏘 아우투 토 에르곤(ἐμὸν βρῶμά ἐστιν ἵνα ποιήσω τὸ θέλημα τοῦ πέμψαντός με καὶ τελειώσω αὐτοῦ τὸ ἔργον). '내 양식은 나를 보내신 이의 뜻을 행하며 그의 일을 완수하기 위함이다.' 이를 자세히 풀이해보면 '내가 먹어야 하는 이유, 즉 내가 양식을 필요로 하는 이유는 자신을 이 세상에 보내신, 구체적으로 사마리아로 보내신 하나님의 뜻을 행하고 그의 일을 완수하기 위함이다'라는 의미다. 여기서 히나(ἵνα)절은 목적절이다. 여기서 중요한 진실을 깨닫는다. 예수님은 당신을 사마리아로 보내어 하나님께 드리는 참된 예배를 통해 유대와 사마리아의 분열과 갈등을 종식시키려는 하나님의 뜻을 행하시기 위해 먹는다는 것이다. '나를 사마리아로 통과하도록 압박하신[요 4:4] 그분이 나에게 하라고 하신 일, 즉 사마리아와 유대 사이에 평화를 만드는 일을 완수하기 위해 나는 먹는다.' 이 '일'은 유대와 사마리아의 평화와 우애회복이다. '사마리아 사람들을 향한 화해의 복음을 내게 위탁하신 하나님 아버지의 뜻에 순종하는 이 기쁨이야말로 나에게 엄청난 원기를 공급하는 일이다.' 사마리아 여자에게 참된 예배를 가르치고 유대인과 사마리아의 불상종 적대관계를 해결할 실마리를 찾은 것은 진수성찬을 먹은 것과 같이 원기를 회복시켜주었다는 것이다.

35절에서는 이스라엘의 농경 리듬보다 파종기와 추수기가 더 빠르게 순환되는 하나님 나라의 추수사역을 말씀한다. 이스라엘에서는 농사를 지을 때 보통 파종하고 넉 달 후에 추수한다. 이스라엘은 10월 말부터 11월 사이에 밀과 보리를 파종하고 2-3월에 추수한다. 그런데 예수님은 씨를 뿌리자마자 추수한다. 사마리아 여자의 증언을 듣고 떼로 몰려오는 사마리아 사람들을 보고, "너희 눈을 들어 밭을 보라. 희어져 추수하게 되었다"고 말씀하신다.[35절; 막 4:29, 마 9:37-38] 넉 달이 지나야만 추수하는 자연농사력과 달리 사마리아 여자에게 씨를 뿌리자마자 그녀를 통해 사마리아 사람들이 몰려왔을 때, 예수님은 추수할 것이 많아지는 신령한 밭을 보면서 기분이 좋아지셨다.

36-38절은 다소 어렵다. 36절은 삯을 받고 일하는 노동자를 이용한 비유이다. 36절에서 거두는 자는 예수님과 사도들을 가리킨다. 뿌리는 자는 하나님(예수님)이다. 노동자들은 추수하는 노동에 대한 삯도 받고 영생에 이르는 열매를 모은다. 추수꾼이 받는 삯은 하나님 나라의 사도직분이다. 사도직분을 삯으로 받은 일꾼들이 사람들을 영생의 알곡으로 추수하러 다닐 것이다. 추수꾼들은 영생의 씨앗을 뿌리는 하나님의 기쁨에 참여한다. 37절은 심는 자와 추수하는 자가 다르다는 점을 말한다. 심는 자는 파종기의 노동자이며, 거두는 자는 추수기의 노동자들이다. 그들은 각기 다른 시기에 다른 종류의 일을 부여받았다. 37절은 사도행전 8장에서 일어날 사마리아 교회 개척을 내다보는 말씀이다.[행 9:31] 사마리아 교회 개척은 집사 빌립이 씨앗을 뿌리고 베드로와 요한이 열매를 거둔 연합사역이었다.

예수님은 승천하실 때에 사마리아를 특정해 하나님 나라의 복음을 증거해야 할 지역으로 선언하신다.[행1:8] 하나님 나라 운동은 독불장군의 원맨쇼가 아니라 하나님이 총지휘하시는 연합사역과 분업사역이다. 우리가 거두는 영생의 알곡은 우리가 처음부터 수고하여 산파한 영혼이 아니라, 씨 뿌리는 자와 물 주는 자의 앞선 수고가 있었기에 맺힌 열매다. 예수님이 뿌린 씨앗에서 거두어진 열매가 사도행전 8장의 사마리아 교회이다. 사도행전 9:31은 사마리아의 교회가 든든히 서 가는 상황을 보도한다. "그리하여 온 유대와 갈릴리와 사마리아 교회가 평안하여 든든히 서 가고." 사마리아에 대한 유별난 관심은 요한복음의 특징 중 하나다. 요한복음은 예수님이 선사한 영생이 사마리아와 유대의 화해라고 말하는 셈이다. 예수님은 당대의 가장 화급한 분쟁지역인 사마리아와 갈릴리, 사마리아와 유대, 갈릴리와 유대를 '교회'라는 이름으로 화해하는 공동체로 창조하신 것이다.

39절은 사마리아 여인의 증언의 위력을 통해 한 사람의 증인이 갖는 위력이 얼마나 큰지를 보여준다. 한 사람만 감동시키면 동네사람 모두에게 파급효과가 있다. '자신이 행한 일'이 무엇인지를 환히 꿰뚫어보신 예수님의 예지는 사마리아 여자로 하여금[29, 39절] 예수님을 선지자요 메시아로 영접하도록 이끌었다. 39절에서도 사마리아 여자는 29절의 말을 반복한다. "내가 행한 모든 것"은 사마리아 사람들에게도 알려진 일임을 시사한다. 사마리아 여자는 동네 사람들에게 '그 행한 모든 일'로 알려져 있었다는 것이다. 사마리아 여자의 증언이 동네사람들을 믿도록 했고 그들은 예수를 믿었다. 예수가 하나님의 아들이며 메시아임을 믿었다.

40절은 사마리아 사람들의 신속한 응답을 보도한다. 그들은 예수님에게 자기들과 함께 유하기를 청한다. '유대인들'보다 훨씬 더 우호적이다. 그래서 예수님은 이틀이나 사마리아에 유하신다. 아마 이

때 예수님은 사마리아 사람들의 진정한 영적 분투를 들었을 것이다. 누가복음 17:11-19은 이방인으로 취급받던 사마리아 나병 환자만이 자신을 고쳐주신 예수님께 감사를 표했다고 말한다. 예수님은 이방인으로 취급당하던 사마리아 나병 환자의 감사 태도를 칭찬하신다. 누가복음 10:25-37은 선한 사마리아인 일화를 말한다. 이 이야기를 통해 예수님은 모멸받던 이방인급 동족 사마리아인이 오히려 영생을 상속받기에 합당한 자라고 칭찬하신다. 예수님의 사마리아 사랑과 친애는 급기야 유대인들로 하여금 예수님을 '사마리아 사람'이라고 욕하는 사태를 초래했다.[요 8:48] 요한복음 8:48에서 '사마리아 사람'은 '귀신 들린 사람'과 같은 의미로 사용되는 단어다. 예수님은 사마리아와 유대를 화평케 하려고 애쓰시다가 모략과 중상을 자초하셨다. "화평하게 하는 자는 복이 있나니 그들이 하나님의 아들이라 일컬음을 받을 것임이요 의를 위하여 박해를 받은 자는 복이 있나니 천국이 그들의 것임이라. 나로 말미암아 너희를 욕하고 박해하고 거짓으로 너희를 거슬러 모든 악한 말을 할 때에는 너희에게 복이 있나니."[마 5:9-11]

41-42절은 예수님의 사마리아 체류가 더욱 더 풍성한 전도열매를 맺게 했다고 보도한다. 더욱 많은 사마리아 사람들이 여인의 증언을 통해서가 아니라 예수님 말씀을 친문[親聞]함으로써 '그가 참으로 세상의 구주[쏘테르(σωτὴρ)]인 줄' 확신하게 되었다.[41-42절] 누가 분열되어 상쟁하는 세상의 구주가 될 수 있는가? 상쟁하는 지역민들을 화목케 하는 평화의 왕이다. 예수님은 단지 사마리아와 유대 사이의 문제만을 해결할 수 있는 지역평화 전문가가 아니라 세상의 구주이시다. 온 세상은 평화의 구세주를 갈망하고 있다. 예수님은 온 세상의 구주가 되기 이전에 '수가'라는 작은 사마리아 동네의 구주가 되셨다. 지역적이고 특수한 갈등과 상쟁지역에서 하나님 나라를 구현

한 사람이, 세계 만민에게 통용 가능한 하나님 나라 운동가가 될 수 있다. 우리는 우리 동네를 평화의 공동체로 만들도록 부름받았다. 동네 단위의 평화가 온 세상의 평화의 기초이다. 동네를 화해와 사랑으로 가득 채운 예수님은 세상을 화해와 사랑으로 가득 채우실 구주가 된다. 세계평화는 동네평화, 지역평화에서 시작된다. 우리 시대의 항구적인 불화 상태, 사마리아와 유대의 갈등 문제를 돌파하려는 열망이 있어야 동네평화 전문가가 될 수 있으며, 거꾸로 작은 단위의 평화를 이뤄본 사람들만이, '사마리아를 통과하여야 하겠는지라'라는 상상력에 사로잡힐 수 있다. 허무맹랑한 추상적인 사고에 사로잡히지 말고 지역적 화해 전문가가 되고, 살과 피부에 와 닿는 문제에 투신하면 우리가 통과해야 할 사마리아가 보일 것이다.

갈릴리에서 행한 두 번째 표적
: 왕의 신하의 아들을 고치신 예수님 ● 43-54절

이 단락은 가버나움에 사는 왕의 신하의 아들을 가나에서 말씀으로 치유하는 표적을 다룬다.[마 8:5-13, 눅 7:1-10] 이 단락은 1-42절과 상대적으로 독립된 단락이다. 사건이 일어나는 장소, 시점, 등장인물도 다 다르다. 예수님은 사마리아에서 "갈릴리"(아마도 나사렛)로 북상하는 중이다. 43절의 "거기"는 사마리아다. 지역 이동을 중심으로 요한복음을 다시 보면, 예수님이 처음으로 등장하는 요한복음 1:19 이하의 상황(유대인들이 파견한 조사단이 세례 요한의 정체 조사 상황)이 벌어지는 곳은 유대지역이다. 예루살렘에서 가까운 요단강이다. 마가복음 1:9에 따르면 예수께서 갈릴리 나사렛에서부터 요한의 세례현장으로 왔다. 갈릴리 나사렛이 예수님의 발착지이다. 갈릴리 나사렛 → 유대지역의 요단강 → 갈릴리(벳새다, 가나) → 다시 예루살렘(요

2:23 '유월절에 예수께서 예루살렘에 계시니') → 사마리아 → 다시 갈릴리(나사렛)로 체류지점이 바뀐다.

예수님은 갈릴리로 돌아가면서 의미심장한 말씀을 덧붙이신다. "선지자가 고향에서는 높임을 받지 못한다." 44절은 누가복음 4:24과 같은 내용이다. 선지자들이 고향에서 배척당하는 관습에 대한 언급은 나사렛에서 하신 말인 것으로 보아 여기서 말하는 '갈릴리'는 아마도 나사렛을 가리킬 것이다. 공관복음서에서 자주 언급되는 갈릴리 '가버나움'은 아직까지 언급되지 않는다. 44절의 선지자 배척 예상과 달리 갈릴리 사람들은 예수님을 환호하며 영접했다.[45절] 그런데 그 이유가 특이하다. 그들이 명절 중(요 2:23 유월절) 예수께서 예루살렘에서 행하신 모든 일을 보았기 때문이다. 갈릴리 사람들이 예루살렘에서 보았다고 하는 '모든 일'은 아마도 '많은 표적'을 가리킬 것이다. 요한복음 2:23과 3:2은 예수님이 유월절 명절 기간에 많은 표적을 행했음을 언급한다. 3:2은 "하나님이 함께 하시지 아니하시면" 아무도 할 수 없는 예수님의 표적에 대해 말한다. 다만 갈릴리 사람들이 예루살렘에서 보았다고 하는 많은 표적들이 정확하게 무엇을 가리키는지는 분명하지 않다. 2:23과 3:2 사이에는 예수님이 예루살렘에서 표적을 행하는 장면이 하나도 없기 때문이다.[8] 요한복음 2:13-22이 기록하는 성전 소제사건을 공관복음서, 특히 마가복음은 공생애의 마지막 수난 주간에 일어난 사건이라고 보는데,[11:15-19] 복음서 연구가들도 대부분 성전 척결사건을 공생애 후기사역이라고 본다.[9] 그렇다면 니고데모가 예수님을 찾아온 사건도 사실상 예수님의 공생애 사건 후기 어쩌면 성전 척결사건 직후였을 가능성도 배제할 수 없다. 요한복음 3:14-15의 '인자 들림' 언급에 비추어 볼 때, 3장 담화도 공생애 후기, 즉 십자가 죽으심이 거의 기정사실화되었을 때 하신 말씀일 가능성도 있다. 어쨌든 44-45절도 '표적'을 보고

'믿는' 유대인들의 성향이 갈릴리 사람들에게도 퍼져 있다는 것을 보여준다.

46-54절의 배경은 갈릴리 가나이다. 가나는 헤롯 안티파스의 수도인 세포리스와 가깝고 나사렛과도 그리 멀지 않다.[10] 가나는 헤롯 안티파스의 영지인 가버나움과는 다소 거리가 있다.[11] 그런데 가버나움에 사는 헤롯 안티파스의 신하에게 병으로 죽어가는 아들이 있었다.[46절] 왕의 신하는 예수님이 유대로부터 갈릴리로 돌아오셨다는 소식을 듣고 자기 집에 와서 자신의 아들을 고쳐주실 것을 요청한다.[47절] 그는 가버나움에서 가나까지 찾아간다. 이 요청에 대한 예수님의 응답은 거칠다. "표적과 기사"를 보지 않으면 도무지 믿지 않는 신앙을 비판하신다.[48절] 45절에서 예수님을 영접했던 갈릴리인들은 '갈릴리 남자들'이다. 갈릴리에서 예루살렘까지 올라가서 명절을 축성하고 온 남자들은 유력자들이거나, 가난하지만 경건하고 독실한 사람들이었다. 갈릴리 남자들이 예수님을 영접하는 이유는 그들이 목격한 표적 때문이었다. 표적은 신적 능력의 증표다. 갈릴리 사람들은 능력을 찬미하는 사람들이다. 유대인들에게는 표적만큼 사람을 감동시키는 것이 없다. 예수님도 어떤 의미에서 표적을 통해서 단숨에 예루살렘과 갈릴리 일대에서 태풍의 눈으로 부상했다. 왕의 신하에게까지 도와달라는 요청을 받을 정도가 되었다. 사실 복음서 여러 곳에서 예수님은 엄청난 표적의 능력을 가지셨지만 계속 피해 다니셨다고 증언한다. 표적을 행한 후에는 배 안으로, 산 속으로, 혹은 광야로 나가 스스로를 은닉하셨다. 예수님은 명절 중 모든 표적을 보았기 때문에 자신을 환영했던 갈릴리 사람들의 환영이 진정성이 없다고 보셨다. 48절이 이런 예수님의 평가를 대변한다. "너희는 표적과 기사를 보지 못하면 도무지 믿지 아니하리라." 표적과 기사를 보여주지 않으면 환영하지 않는 것은 참다운 믿음이 아니라고

보셨다. 예수님은 이렇게 표면적인 열기가 가득 찬 갈릴리에 왔지만 '환영받지 못했다'고 느끼셨다. 진정성이 있는 환영이 아니었기 때문이다. 그래서 갈릴리 가나로 피하셨는데, 거기서도 표적을 듣고 자신을 찾는 왕의 신하의 요청에 직면하신 것이다. 예수님은 자신이 물을 포도주로 바꾸었던 그 집(예수님 어머니 친척집)으로 가서 쉬기를 원하셨다. 이렇게 짐작할 수 있는 근거는 '전에 물로 포도주를 만드신 곳이라'는 구절이다. 예수님은 여기서 물질적 공궤를 받으셨을 것이다. 예수님은 공생애로 지친 몸과 마음을 쉬려고 가나에 오셨는데 가버나움에서 급전急傳이 온 것이다.

예수님이 자신의 표적을 직접 본 적이 없었을 법한 왕(헤롯 안티파스)의 신하와 연결됐다면, 갈릴리 나사렛 사람들이 그 신하에게 예수님을 소개했을 가능성이 있다. 언뜻 듣기에는 예수님이 냉담한 반응을 보였는데도 왕의 신하는 다시 간청한다.[49절] "주여, 내 아이가 죽기 전에 내려오소서." "내려오소서"라는 요구에도 불구하고 예수님은 응하지 않으셨다. 헤롯의 신하의 집에 내려가 헤롯 왕실에까지 소문을 내고 싶지 않았기 때문이었을 것이다[참조. 눅 23:8 헤롯(안티파스)이…… 이적 행하심을 볼까 바랐던 연고러라]. 그러나 아들이 죽어가는 것을 보고 억장 무너지는 슬픔에 빠져 있는 다급한 아버지의 마음을 받고 고쳐주신다. 예수님께 집요하게 붙어 '제발 고쳐 달라'고 요구하는 왕의 신하는 예수님의 외견상의 냉담을 극복한다. 예수님의 마음을 돌이킬 수 있었던 것은 아들에 대한 사랑으로 예수님께 다급하게 강청했기 때문이었다.

마침내 예수님은 고쳐주신다. "가라, 네 아들이 살아 있다."[50절] "살아 있다"라고 번역한 개역개정의 번역은 '살았다'[제(ζῇ)]로 번역되어야 한다. 예수님은 그 아들이 살아 있는지 없는지 판결을 내려준 것이 아니라 살려주셨기 때문이다. 제(ζῇ)는 '살다'를 의미하는 동사

자오($\zeta\acute{\alpha}\omega$)의 3인칭 단수 직설법현재형이다. 이 단어는 '살아났다'의 의미를 가진 '살았다'이다. 이것이 표적이라고 불리는 이유는 왕의 신하의 아들이 사실상 사경을 헤매다가 살아났기 때문이다. 그 신하는 예수님의 말을 믿고[50절] 가나에서 가버나움 집으로 돌아가는 중에 '당신의 아들이 살았다'는 종들의 전갈을 듣는다.[51절] 왕의 신하는 예수님이 '살았다'라고 외친 시점과 아들이 병이 낫기 시작한 시점을 비교해볼 생각으로 병이 낫기 시작한 시점을 종들에게 묻는다.[51절] '어제 일곱 시에 열기가 떨어지기 시작했습니다.'[52절] 왕의 신하는 예수님이 '네 아들이 살았다'라고 외친 시점이 바로 어제 일곱 시(오후 1시)인 것을 알고 예수님이 고쳐주셨음을 믿고 온 집안사람에게 예수님에 대한 믿음을 증거했다.[53절]

우리가 우리의 간절하고 적실한 간구제목을 하나님께 아뢸 때 예수님 말씀은 거리를 초월하여 능력을 발휘한다. 왕의 신하는 표적 자체에 몰두한 것이 아니라 예수님의 사랑과 자비에 호소했다. 예수님의 표적 일으키는 능력에 기댄 것이 아니라 사랑과 자비에 기대었다. 갈릴리 사람들 모두에게 표적과 기사를 보지 않으면 도무지 믿지 않는다고 비판하셨던 예수님은 왕의 신하가 표적을 구하는 것이 아니라 사랑을 갈구한다는 것을 아셨다. 표적 자체를 구하는 표적신앙이 아니라 하나님의 아들 독생자의 무한자비와 사랑을 갈망했기에 예수님은 표적으로 응답하셨다. 왕의 신하는 표적신앙이 아니라 예수님의 심장에 내장된 신적 동정심과 그 영광을 직관하고 '살려 달라'고 외쳤다. 이것은 표적신앙이 아니라 믿고 기대하고 의뢰한 후에 결과적으로 표적을 맛본 신앙이다. 우리가 여기서 배우는 것은 예수님을 필요로 하는 왕의 신하의 간절한 믿음이다. 죽어가는 아들을 살려 달라고 아우성치는 간구를 예수님께 보내는 갈급함이다. 왕의 신하의 간증이 이렇게 자세하게 실렸다는 사실은 초대교회에서 이 왕의 신하가 잘 알려진 인물이었을 가능성을 시사한다. 누가복음 8:3은 헤롯의 청지기 구사Chuza의 아내 요안나가 자기 소유로 예수님을 섬겼다고 말한다. 복음서 전체에서 헤롯왕의 신하는 이 두 군데에서만 의미심장하게 언급된다. 본문의 왕의 신하가 헤롯의 청지기 구사Chuza를 가리킬 가능성이 있다는 추론은 근거가 없지 않다.[12] 온 집안이 다 믿었다는 것은 구원 경험이 그만큼 확실하고 강력했다는 것이다.행 16:31 여기서도 한 사람의 증언이 온 집안사람들에게 영향력을 미쳐 온 집안사람들이 다 믿게 되었다.53절 그래서 이 단락과 4:1-42의 연결고리를 굳이 찾으려면 '증인 한 사람의 영향력'이라는 주제를 찾을 수 있다.

54절에서는 왕[13]의 신하의 아들을 고쳐주신 사건이 갈릴리에서 행한 두 번째 표적이라고 한다. 첫째, 둘째 표적 둘 다 가나에서 일어났다는 사실이 인상적이다. 이 표적은 또한 갈릴리에 잘 알려져 전승되어온 엘리야와 엘리사의 죽은 소년 소생기적을 떠올리게 만든다. 고열로 사경을 헤매던 소년이 살아난 것은 엘리야왕상 17:21-22와 엘리사의 소년 소생기적왕하 4:32-37의 재현이다. 사르밧 과부의 죽은 아들의 신체를 접촉해서 살려낸 엘리야와 수넴 여인의 죽은 아들의 신체를 접촉하여 살려낸 엘리사의 기적을 능가하는 표적이다. 심지어 병자와의 신체 접촉 없이 '말씀' 권세로 치유하신다. 오병이어의 기적은 엘리야가 사르밧 과부의 집에서 일으킨 무한공급의 기적왕상 17:14-16과 엘리사가 한 과부의 집에서 일으킨 기름 무한공급 기적왕하 4:1-7을 방불케 하면서 그것을 능가하는 표적이다. 마찬가지로 가버나움의 왕의 신하 아들의 치유도 엘리야와 엘리사의 기적을 이어받으면서도 그것들을 뛰어넘는 표적이다. 두 선지자가 신체 접촉을 통해 소년들을 소생시켰다면 예수님은 말씀 권능으로 죽게 된 소년을 살려내셨다. 이는 예수님이 예언자적이면서 동시에 예언자 이상의 존재라는 것을 보여준다.

메시지

그리심산을 끼고 있는 세겜은 아브라함이 터를 잡았던 곳이며창 12:6 야곱이 거주했던 곳이기도 했다.창 33:18-20 그래서 전통의 관점에서 보면 사마리아 사람들이 세겜의 그리심산에서 예배를 드리는 것은 정통성의 표지가 될 수는 있다. 오늘날 저급한 종교들은 자기들이 예배드리는 산이 신성한 산이요 하나님이 나타나신 산이라고 주장하며 장소의 신성성에 집착한다. 예루살렘 성전터를 놓고 유대교, 이슬람교, 가톨릭, 아르메니아정교, 개신교가 각축하고 있다. 수니파와 시아파의 갈등, 남수단과 북수단의 갈등 등 모든 종교간 갈등은 그리심산과 시온산의 신성성을 다투는 갈등의 연장이다. 이 산이 더 신성하냐, 저 산이 더 신성하냐고 하는 의미 없는 헤게모니 각축이 열등한 종교들의 세계다. 이러한 열등종교는 인류를 구원하는 원천이 아니라 인류를 의미 없는 각축과 갈등으로 몰아넣는 어둠의 세계다. 예수님은 이런 국지적 논쟁을 일축하셨다. 예수님은 사마리아와 예루살렘의 신성성의 갈등과 각축에서는 누구의 손도 들어 주지 않고, 신령과 진정으로 예배드리는 사람의 신성성(영과 진리)이 예배를 더 예배답게 만든다고 말씀함으로써 산의 신성성에 대한 갈등과 경쟁에 종지부를 찍으셨다. 산(예배처소)의 신성성에 기대지 않고 예배자 자신의 신령함으로 드리는 예배가 하나님이 받으시는 참된 예배임을 가르치셨다. 영과 진리로 하나님 아버지께 예배드리는 것은 모든 종교의 차이를 왜소하게 만드는 본질적인 기독교 신앙이다. 기독교와 타종교의 갈등은 그리심산과 시온산의 갈등만큼 매우 외형적인 갈등이다. 영과 진리는 외형적인 종교의 표상을 무색하게 만드는 본질이다. 하나님은 영과 진리로 예배하는 자에게 매이는 분이지 신성한 특정 장소에 매이지 않으신다. 하나님은 장소와 물질적 환경의 신성성 여부에 매이는 분이 아니라, 신령과 진심으로 하나님께 순종하기로 다짐하는 사람들의 진심에 매이는 하나님이시다. 사마리아와 유대 사이에 128년 동안 있었던 국지적 헤게모니 논쟁, 즉 누가 더 신성하며 하나님께 가까운가를 다투는 각축을 종식시키는 분이 예수님이시다. 하나님은 이 산도 아니고 저 산도 아니고 신령과 진정으로 예배하는 예배자의 마음에 좌정하신다. 예수님은 진심으로 두 세 사람이 모여 내 이름을 부르는 곳에 내가 함께 있겠다고 말씀했다.[마 18:20] 하나님은 산에 속박을 느끼지 않고 신령과 진정으로 예배드리는 사람에게 속박을 느끼신다.

예수님은 유일신 신앙의 배타성을 한 번도 포기하지 않으셨다. 예수님의 유일신 신앙은 자기를 특권화시키는 것이 아니라 오히려 비특권화하고 종처럼 낮추기 위한 신앙교조이다. 예수님이 유일하신 아버지를 부르셨을 때는 자기를 높이기 위한 것이 아니라 낮추기 위함이었다. 우리는 잘못된 배타성, 즉 자기를 특권적으로 우대하는 자기복무적 배타성은 비난해야 하지만, 자기를 낮추어 죽기까지 복종시키는 배타적 신앙은 배워야 한다. 항상 유일하신 아버지를 말씀하신 예수님은 이 배타적 신앙에서 한 걸음도 물러나지 않으셨지만, 만민에게 개방된 보편적인 구주와 주가 되셨다. '구원이 유대인에게서 난다'라는 말은 일견 유대인들의 옹졸한 선민사상을 옹호하는 것처럼 보이지만 사실은 그렇지 않다. '구원이 유대인에게서 난다'는 말은 이스라엘 사람이 다른 모든 민족보다 우월하다는 의미가 아니라, 그들이 경험한 비특권적 구원 경험, 인류의 보편적 공익을 매개하는 구원 경험만이 참된 구원이라는 것이다. 다시 말해 '유대인에게서 구원이 난다'는 예수님의 주장은 자기 민족이 우월하다고 말하는 선민사상이 아니다. 세계 역사에는 어떤 신과 특정하고 특별한 친연관계를 주장하는 문서들이 전해져 온다. 파라오의 계시문서, 메소포타미아의 이시타르 여인에게 받았다는 계시문서, 일본의 만세일계 천황계보 문서 등에서 많은 사람들이 특정한 신과 자신의 민족이 가족적 친연관계를 갖고 있다고 주장하고 있다. 이 문서들에서는 특정한 신이 특정한 개인과 민족(국가, 왕실)을 지극히 높이고 영화롭게 할 것이라는 약속이 있다. 그런데 이 모든 문서들에는 왜 특정한 신이 특별한 개인(왕)이나 왕실, 국가를 높여주는지 그 보편적 목적에 대한 진술이 없다. 그러나 이런 모든 고대문서와 달리 구약성경의 이스라엘은 인류에 봉사하기 위한 근거를 제시할 때만 자신들이 선택받은 하나님의 백성이라고 주장했다. 이스라엘 백성이 하나님께 택함받았다는 주장을 할 때는 자신들을 특권적 지위로 올려놓기 위해서가 아니었다. 구약성경 전체에 걸쳐서 이스라엘 민족은 자신들이 선하거나 우월하다고 주장하기보다는, 오히려 자기의 처참한 죄성을 스스로 고발하며 폭로한다.

구원이 유대인에게서 난다는 말은, 구약성경에 기록된 바와 같이 죄로 물든 이스라엘 백성을 끝까지 돌보시는 하나님 은총의 절대적 주권성을 경험한 유대인들의 구원이 참된 구원이라는 주장이다. 유대인들이 경험한 구원이야말로 인류 모두가 알아야 할 구원이라는 말이다. 유대인들이 경험한 구원을 증언하는 성경이 표준적인 하나님 구원을 말해준다는 것이다.

성경의 이스라엘 선민사상은 인류의 공익을 위한 배타적 선민신앙이다. 유대인에게서 구원이 난다는 말은 겉으로는 타자배제적인 선민사상이지만, 실제로는 보편적인 지향이 뚜렷하다. 흔히 오해되는 것과는 달리 구약은 시온이나 예루살렘의 신성성에 기대는 선민사상을 옹호하는 것이 아니라, 영과 진리로 예배드리는 자만이 하나님께 속했다고 말하는 보편주의를 말한다. 특정한 장소에 매인 분이 아닌 하나님, 오히려 진실의 인격에게 소통의 길을 허락하시는 하나님이다. 산의 신성성이 아니라 마음의 신령성이 더욱 중요하다. 창세기 4장에서부터 성경은 예배에 대한 동일한 이해를 가르친다. 하나님은 가인의 예배는 물리치시고 아벨의 예배를 받으신다. 신령과 진정으로 예배드리는 사람의 예배를 받으시고, 신령과 진정이 아니라 마음속에 죄와 살기를 품고 형제를 미워하는 마음의 예배를 거부하신다. 믿음, 즉 신실함 없이는 하나님을 기쁘게 할 수 없다.[히 11:6] 가인은 아벨에 대한 적의를 가득 품은 채 제단에 나왔기 때문에 하나님께서는 가인의 예배를 물리치셨다.

로마서 8:9-11은 영과 진리로 예배드리는 사람의 자기부인적 영성을 잘 보여준다. 영으로 예배드린다는 것은 육신을 절대화하거나 육신의 생각을 섬기는 것과 공존할 수 없다. 예루살렘에서만 예배드려야 한다고 고집을 피우는 것은 "육신의 생각"이다. 그것의 결국은 "사망"이다. 반면 영이신 하나님과 열린 소통으로 예배드리는 자는 하나님과의 복된 사귐이 주는 생명과 평안으로 가득 찬다. 특정 장소를 고집하거나 특정 민족을 신성화하여 이웃을 모멸하거나 학대하는 자들이 내세우는 "육신의 생각은 하나님과 원수가" 되며 "하나님의 법에 굴복하지 아니할 뿐 아니라 할 수도 없다." 이것은 예수님을 육신으로 알았던 바울이 경험한 대파국이다.[고후 5:16] 육신으로 예배드리는 자는 자신의 손에 무죄한 이웃의 피를 가득 묻힌 채 제단에 나가 손을 들고 기도하는 자다. 가인 방식으로 제사를 드리는 자다. 그것은 하나님의 법에 굴복하는 마음이 없이 하나님께 예배드리는 것이다. 하나님 뜻에 순종할 의지가 없는 상태로 드리는 예배는 하나님이 배척하신다. 하나님은 감미롭고 자발적인 순종의지로 가득 찬 사람의 예배를 받으시고 그렇게 예배하는 자를 찾고 찾으신다. "육신에 있는 자들은 하나님을 기쁘시게 할 수" 없다. 바울이 예수 그리스도를 만나기 전의 상황이 바로 빌립보서 3:1-6의 '육신'의 자랑할 것들로 가득 찬 상태이다. 자신의 특권적 소속, 특권적 교육 배경, 종교적 수련과 학문가풍, 인맥, 지위로 자랑하는 자들은 '육신에 있는 자들'이다.

"만일 너희 속에 하나님의 영이 거하시면 너희가 육신에 있지 아니하고 영에 있나니 누구든지 그리스도의 영이 없으면 그리스도의 사람이 아니"다. 자발적 순종의 화신인 그리스도의 영과 소통되고 연락되는 상황에서 드리는 예배가 영과 진리로 예배드리는 것이다. 하나님은 당신께 자발적으로 순종할 의지로 가득 찬 예배자를 찾으신다. 영과 진리로 드리는 예배는 사사로운 행위가 아니라 공공연한 효과를 드러내는 공적 행위이다. 백 명이 영과 진리로 예배드릴 때 백 단위의 순종이 일어나며, 만 명이 영과 진리로 하나님을 예배하면 만 단위의 순종이 일어난다. 신령과 진정으로 예배드리면 예배 행위는 우주적인 공적公的 행위가 된다.

5장.

하나님의 독생자 예수 그리스도의 독특한 자기 이해

5

1 그 후에 유대인의 명절이 되어 예수께서 예루살렘에 올라가시니라. 2 예
루살렘에 있는 양문 곁에 히브리 말로 베데스다라 하는 못이 있는데 거기
행각 다섯이 있고 3 그 안에 많은 병자, 맹인, 다리 저는 사람, 혈기 마른 사람들이 누
워 [물의 움직임을 기다리니 4 이는 천사가 가끔 못에 내려와 물을 움직이게 하는데 움
직인 후에 먼저 들어가는 자는 어떤 병에 걸렸든지 낫게 됨이러라.] 5 거기 서른여덟
해 된 병자가 있더라. 6 예수께서 그 누운 것을 보시고 병이 벌써 오래된 줄 아시고 이
르시되 네가 낫고자 하느냐. 7 병자가 대답하되 주여, 물이 움직일 때에 나를 못에 넣
어 주는 사람이 없어 내가 가는 동안에 다른 사람이 먼저 내려가나이다. 8 예수께서 이
르시되 일어나 네 자리를 들고 걸어가라 하시니 9 그 사람이 곧 나아서 자리를 들고 걸
어가니라. 이 날은 안식일이니 10 유대인들이 병 나은 사람에게 이르되 안식일인데 네
가 자리를 들고 가는 것이 옳지 아니하니라. 11 대답하되 나를 낫게 한 그가 자리를 들
고 걸어가라 하더라 하니 12 그들이 묻되 너에게 자리를 들고 걸어가라 한 사람이 누구
냐 하되 13 고침을 받은 사람은 그가 누구인지 알지 못하니 이는 거기 사람이 많으므로
예수께서 이미 피하셨음이라. 14 그 후에 예수께서 성전에서 그 사람을 만나 이르시되
보라, 네가 나았으니 더 심한 것이 생기지 않게 다시는 죄를 범하지 말라 하시니 15 그
사람이 유대인들에게 가서 자기를 고친 이는 예수라 하니라. 16 그러므로 안식일에 이
러한 일을 행하신다 하여 유대인들이 예수를 박해하게 된지라. 17 예수께서 그들에게
이르시되 내 아버지께서 이제까지 일하시니 나도 일한다 하시매 18 유대인들이 이로
말미암아 더욱 예수를 죽이고자 하니 이는 안식일을 범할 뿐만 아니라 하나님을 자기
의 친 아버지라 하여 자기를 하나님과 동등으로 삼으심이러라. 19 그러므로 예수께서
그들에게 이르시되 내가 진실로 진실로 너희에게 이르노니 아들이 아버지께서 하시는

일을 보지 않고는 아무것도 스스로 할 수 없나니 아버지께서 행하시는 그것을 아들도
그와 같이 행하느니라. 20 아버지께서 아들을 사랑하사 자기가 행하시는 것을 다 아들
에게 보이시고 또 그보다 더 큰 일을 보이사 너희로 놀랍게 여기게 하시리라. 21 아버
지께서 죽은 자들을 일으켜 살리심 같이 아들도 자기가 원하는 자들을 살리느니라. 22
아버지께서 아무도 심판하지 아니하시고 심판을 다 아들에게 맡기셨으니 23 이는 모든
사람으로 아버지를 공경하는 것 같이 아들을 공경하게 하려 하심이라. 아들을 공경하
지 아니하는 자는 그를 보내신 아버지도 공경하지 아니하느니라. 24 내가 진실로 진실
로 너희에게 이르노니 내 말을 듣고 또 나 보내신 이를 믿는 자는 영생을 얻었고 심판
에 이르지 아니하나니 사망에서 생명으로 옮겼느니라. 25 진실로 진실로 너희에게 이
르노니 죽은 자들이 하나님의 아들의 음성을 들을 때가 오나니 곧 이 때라. 듣는 자는
살아나리라. 26 아버지께서 자기 속에 생명이 있음 같이 아들에게도 생명을 주어 그 속
에 있게 하셨고 27 또 인자됨으로 말미암아 심판하는 권한을 주셨느니라. 28 이를 놀랍
게 여기지 말라. 무덤 속에 있는 자가 다 그의 음성을 들을 때가 오나니 29 선한 일을
행한 자는 생명의 부활로, 악한 일을 행한 자는 심판의 부활로 나오리라. 30 내가 아무
것도 스스로 할 수 없노라. 듣는 대로 심판하노니 나는 나의 뜻대로 하려 하지 않고
나를 보내신 이의 뜻대로 하려 하므로 내 심판은 의로우니라. 31 내가 만일 나를 위하
여 증언하면 내 증언은 참되지 아니하되 32 나를 위하여 증언하시는 이가 따로 있으니
나를 위하여 증언하시는 그 증언이 참인 줄 아노라. 33 너희가 요한에게 사람을 보내매
요한이 진리에 대하여 증언하였느니라. 34 그러나 나는 사람에게서 증언을 취하지 아
니하노라. 다만 이 말을 하는 것은 너희로 구원을 받게 하려 함이니라. 35 요한은 켜서
비추이는 등불이라. 너희가 한때 그 빛에 즐거이 있기를 원하였거니와 36 내게는 요한
의 증거보다 더 큰 증거가 있으니 아버지께서 내게 주사 이루게 하시는 역사 곧 내가
하는 그 역사가 아버지께서 나를 보내신 것을 나를 위하여 증언하는 것이요 37 또한 나
를 보내신 아버지께서 친히 나를 위하여 증언하셨느니라. 너희는 아무 때에도 그 음성
을 듣지 못하였고 그 형상을 보지 못하였으며 38 그 말씀이 너희 속에 거하지 아니하니
이는 그가 보내신 이를 믿지 아니함이라. 39 너희가 성경에서 영생을 얻는 줄 생각하고

성경을 연구하거니와 이 성경이 곧 내게 대하여 증언하는 것이니라. 40 그러나 너희가
영생을 얻기 위하여 내게 오기를 원하지 아니하는도다. 41 나는 사람에게서 영광을 취
하지 아니하노라. 42 다만 하나님을 사랑하는 것이 너희 속에 없음을 알았노라. 43 나는
내 아버지의 이름으로 왔으매 너희가 영접하지 아니하나 만일 다른 사람이 자기 이름
으로 오면 영접하리라. 44 너희가 서로 영광을 취하고 유일하신 하나님께로부터 오는
영광은 구하지 아니하니 어찌 나를 믿을 수 있느냐. 45 내가 너희를 아버지께 고발할까
생각하지 말라 너희를 고발하는 이가 있으니 곧 너희가 바라는 자 모세니라. 46 모세를
믿었더라면 또 나를 믿었으리니 이는 그가 내게 대하여 기록하였음이라. 47 그러나 그
의 글도 믿지 아니하거든 어찌 내 말을 믿겠느냐 하시니라.

주석

5장은 예루살렘에서 행한 표적들 중 처음으로 기록된 표적이다. 38년 된 전신마비 병자는 이스라엘 민족의 총체적 전신마비 상태를 상징하는 개인이다. 예수님은 38년 된 병자를 안식일에 치유함으로써 안식일의 참된 의미가 무엇인가를 생각나게 만드신다. 이 안식일 치유사건은 예수님의 파격적인 독생자 의식을 드러내는 계기가 되고 예수님의 독생자 의식은 유대인들과의 격렬한 논쟁을 촉발시킨다. 5장은 안식일에 38년 된 병자를 고치신 예수님,[1-18절] 하나님 아버지와 하나님 아들의 연합과 일치,[19-29절] 그리고 예수 그리스도에 대해 말하는 모세[30-47절]로 나뉜다.

안식일에 38년 된 병자를 고치신 예수님 ● 1-18절

요한복음의 대전제는 말씀이 육신이 되어 우리 가운데 거하시는 하나님이 되셨다는 선언이다. 우리 가운데 거하시는 인간화된 말씀은

그 안에서 영광을 방출하신다. 그 영광은 은혜와 진리로 분광分光된다. 육신은 피조물의 제한성 속에 갇혀 있는 세계요, 죄와 죽음이 역사하는 세계다. 창세기의 아담의 범죄 이래로 '땅에 임한 저주'가 작동하는 세계다. 그러면서도 육신은 하나님의 영광을 수용하는 거룩한 용기容器이기도 하다. 이 단락은 죄와 죽음이 역사하는 세상에 오신 하나님, 육신이 되신 하나님이 은혜와 진리를 실연하는 사건을 보도한다.

1절은 "그 후에"라는 말로 시작한다. "그 후에"는 헬라어 메타 타우타(Μετὰ ταῦτα)의 번역어인데 이 어구는 '이것들 후에'라는 뜻이다. 이 어구는 서사적, 시간적 계기성繼起性이 없는 사건들을 연결할 때도 사용된다. 앞장과 5장 사이에 서사적 흐름이 자연스럽지 않다는 것을 가리킨다. 즉, 4장의 사건이 반드시 5장의 사건보다 먼저 일어났다거나, 또는 4장의 사건 직후 5장 사건이 일어났다는 의미가 아니다. '그 후에'라는 말은 '어느 날', '어느 때'와 같은 의미로 볼 수 있다.

1절은 이 단락이 보도하는 사건이 유대인의 명절에 예루살렘으로 올라간 예수님께 일어난 사건임을 밝힌다. 갈릴리 지방민들이 예루살렘으로 상경하는 명절은 세 가지다. 유대력으로 1월(태양력으로 3-4월)의 유월절-무교절,[출 12:1-20] 유대력으로 3월(태양력 5-6월)의 칠칠절,[출 34:22, 레 23:15-21] 유대력으로 7월 15일(태양력으로 9-10월)의 수장절(혹은 초막절)[레 23:33-43]이 그에 해당된다.[신 16:16] 1절의 유대인의 명절은 셋 중 하나일 것이다. 명절은 축제의 환호성이 울려 퍼지는 희락과 감사의 절기이다. 그런데 그 축제의 환호성에 참여하지 못하는 사람들이 있다. 베데스다 연못가에 누워 있는 병자들이다.

2절은 예루살렘 성전으로 들어가는 양문羊門 곁에 있는 베데스다라는 연못으로 독자들의 주목을 집중시킨다. 베데스다는 '벧-헤세드'의 통속적인 한국어 음역으로 '자비의 집'이라는 뜻이다. 이 '자비의 집' 연못 옆에 행각 다섯이 있어서 어느 정도의 실내공간을 만들었고[2절] 거기에 많은 환자들이 누워 있었다. 맹인, 다리 저는 사람, 혈기 마른 사람들이 특별히 거명되고 있다.[3절] 말하자면 성전 부속 보건소라고 할 수 있다. 그 보건소 연못은 간헐천이었는데, 분출할 때 온천에 몸을 담그면 병이 낫는다고 알려져 있었다. 환자들은 물이 동할 때에 연못에 들어가려고 기다리고 있었다.

4절은 요한복음 저자가 '풍문'으로 들은 내용을 희곡 지문처럼 덧붙인 구절이다.[1] 그 풍문은 천사가 가끔 내려와 연못을 용출시킬 때 먼저 들어간 사람이 낫는다는 것이었다. 온천에서 처음으로 용출하는 분천수[噴泉水]에 치유력이 강한 화학요소들이 많았음을 암시한다. 그래서 환자들은 서로 먼저 들어가기 위해 경쟁했다. '어떤 병에 걸렸든지' 먼저 뛰어들기만 하면 낫는다는 선착순 구원론이 베데스다 연못의 구원론이었던 셈이다. 베데스다 연못은 '경쟁'에서 이겨 구원을 맛보는 가혹한 세계였다.

5절은 그 많은 환자 중에서 38년 된 환자에게 예수님의 시선이 멈췄음을 말한다. 그의 몰골이 단연 예수님의 시선을 끌 만큼 비참해 보였던 것이다. 예수님은 그가 누워 있는 모습을 "보시고", 병이 오래된 줄 "아시고"는 "네가 낫고자 하느냐"고 물으신다.[6절] 6절 문장에서 지각동사의 자연스러운 진전이 인상적이다. 눈을 들어 그를 보시니 그 고통의 깊이가 감지되었다는 것이다. 척추결핵으로 14년 동안 누워 있었던 미우라 아야꼬가 쓴 『이 질그릇에도』에는 오랫동안 병상에서 투병하다가 낫기를 포기한 병자의 슬픈 고백이 있다. 14년 동안 병상에 누워 있어보니 죽어버린 사람이 훨씬 부럽더라는 것이다. 14년 동안의 투병생활에도 생의 의지가 꺾여버리는데, 38년간 누워 있는 병자의 고통은 상상하기조차 힘들다.

예수님이 '남을 탓하며' 물의 움직임에만 희망을 걸고 있는 38년 된 환자에게 "네가 낫고자 하느냐"고 물으신 목적은 병을 이기고 낫고자 하는 의지가 '물이 동할 때 뛰어드는 것'보다 더 중요하다는 것을 일깨우기 위함이었다. 7절은 38년 된 병자의 반응을 보도한다. '예, 낫고 싶습니다'라는 간결한 대답을 기대하는 독자들의 기대와는 달리, 그는 '다른 사람'을 탓하고 있다. 물이 움직일 때에 자신을 못에 넣어줄 사람이 없어 자신은 오랫동안 치유의 기회를 놓쳤다는 것이다. 연못의 물이 움직일 때 먼저 들어가도록 자신을 넣어줄 사람이 없었다는 것이 그의 불운을 더욱 쓰라리게 만들었다. 38년 된 병자에게 옆에 누워 있는 '다른 병자들'은 자신의 구원을 막는 방해자였다. 물이 움직일 때 연못에 먼저 뛰어드는 사람만 구원을 누리는 과당경쟁체제가 '다른 병자들'을 경쟁자로 보게 만들었다. 현재까지 연못가에 남아 있는 병자들은 선착순 구원론의 세계에서 불리한 자들이다. 눈이 먼 사람, 다리를 저는 사람, 혈기 마른 사람 모두가 이 경쟁에서 불리한 자들이다.

이런 상황에서 예수님은 38년 된 병자의 '낫고자 하는 의지'를 자극하는 질문을 던지신다. '네가 낫고자 하느냐?' 이는 38년 된 환자의 상상력에 불을 지피는 질문이었다. 그것은 자비로운 예수님의 시선과 음성이 불러일으킨 상상력이다. 예수님의 시선과 음성 자체가 메시지였다. 자비롭고 은근한 음성으로 표현된 질문이었기에 그에게 단지 질문에 불과한 말이 아니었다. 처음으로 자신을 주목하고 자신의 치유에 관심을 가져준 이와의 인간적인 접촉이었다. 이 질문은 답을 기대하는 질문도 아니고, 병자의 열망을 알고 싶은 호기심에서 나온 질문도 아니다. 예수님 자신에게 관심을 집중시키는 질문이다. '대체 당신이 누구시길래 나에게 감히 낫고자 하느냐고 묻습니까? 대체 당신은 누구입니까?' 역으로 질문을 불러일으킨 질문이었다. 38년 된 병자는 이렇게 답했다. '낫고 싶지만 먼저 내려가지 못했습니다. 다른 사람들보다 먼저 연못에 들어가지 못해 아직도 누워 있습니다.' 이 말은 '예, 낫고 싶습니다'는 말이다. 예수님은 7절에서 그의 강력한 열망을 보신다. '그렇다. 이 사람은 아직도 물이 동할 때를 기다리고 있고 연못의 물이 움직일 때 연못에 먼저 뛰어들기를 원한다. 다만 먼저 뛰어들지 못했을 뿐이다.' 이것이 예수님의 해석이었다.

예수님은 '낫고자 하는 의지'가 중요함을 일깨워주기 위해 '네가 낫고자 하느냐'는 질문을 던지셨고, 연못의 물이 아니라 당신에 대한 신뢰를 심으셨다. '숱한 사람들이 이 연못가에서 거의 죽은 자와 같은 나를 지나쳤건만 오직 이 분만 나에게 다가오셨다.' '낫고 싶으냐'고 물어준 그 시선과 음성이 38년 된 병자의 몸과 마음을 따뜻하게 데웠다. 예수님은 인간의 불행과 고통에 대한 신적인 긍휼을 몸으로 보여주셨다. 38년간 방치됐던 황량한 야산 같은 인생의 반경에, 따뜻한 햇볕처럼 독생자의 시선이 그를 어루만진다. 뒤틀린 몸으로 38년간 누워 지낸 자신의 인생에 온기가 피어오른다고 느낀 바로 그 순간, 일어나 달리고 싶은 열망에 사로잡힌다.

이때 예수님의 예기치 않은 도전이 38년 된 병자를 세차게 흔든다. "일어나 네 자리를 들고 걸어가라."[8절] 구문은 세 가지 연속동작을 명하는 명령문이지만 실상은 초청이다. '38년 동안 한 번도 일어날 생각을 하지 못했던 당신이지만, 이제 스스로 일어나라.' 불가항력적인 명령이자 초청이었다.

38년 된 병자는 곧 나아서 무거운 자리를 지고 걸어갔다. 38년 동안 붙들려 있던 족쇄에서 해방되었다. 그는 무거운 침상을 들고 바리새인들이 정해둔 안식일에 걸어야 할 거리(2천 규빗-1킬로미터; 행 1:12)보다[2] 더 먼 거리를 걸어갔다. 그러다가 안식일을 어긴 자라는 혐의를 받게 되었다. 안식일인데 무거운 물건을 지고 먼 거리를 걸어가는 것은 안식일법 위반이라고 보는 유대인들의 시선이 10절에 드러난다. 38년 만에 병이 나아 감격하며 집으로 돌아가는 이 사람에게 '하루 더 누워 있다가' 안식일이 지나면 가라고 요구하는 셈이다. 유대인들의 안식일법에는 인간에 대한 이해와 배려, 사랑과 공감이 전혀 없다.

11-12절은 아주 경직된 대화를 담고 있다. 안식일을 어겼다고 비난받는 치유된 그 병자가 자신은 자신을 낫게 한 사람의 명령에 따라 움직인 것뿐이라고 답변하자,[11절] 유대인들은 "네게 안식일에 자리를 들고 걸어가라"고 한 자가 누구냐고 묻는다.[12절] 고침을 받은 사람은 자신을 고쳐준 사람이 누군지 몰랐다. 예수님이 군중 사이에 숨어버리셨기 때문이다.[13절] 예수님은 표적으로 자신의 존재를 드러내는 과시형 메시아가 아니라 은닉하고 숨는 겸손한 메시아였다. 얼마 후 예수님은 성전에서 고침받은 그 사람을 만나서, "보라, 네가 나았으니 더 심한 것이 생기지 않도록 다시는 죄를 범하지 말라"고 말씀한다.[14절] 이는 마치 38년간 전신마비로 누워 있던 병자가 죄 때문에 그 병에 걸렸다고 말씀하는 것처럼 보인다. 독자들은 그 병자가 왜 38년간 누워 있게 되었는지 전후 사정을 모른다. 다만 예수님은 죄가 38년간의 고통을 초래했다고 보신다. 이는 모든 병고는 죄 때문에 초래된 것이라는 교리를 확정하는 것은 아니다. 38년 된 병자의 병고가 죄의 결과라는 뜻일 뿐이다. 죄는 하나님과 동행할 수 있는 능력을 빼앗기는 무능력, 무의지 상태이다. 처음에는 자유의지로 하나님의 계명대로 사는 길을 거부하고 하나님의 말씀대로 걸어가는 것을 거부할 수 있다. 그런데 이 거부와 불순종이 누적되면 하나님의 계명대로 살고 싶어도 살 수 없는 무능력 상태에 빠진다.

'성전'에서 예수님을 만난 후 그 고침받은 사람은 유대인들에게 가서 자신을 고쳐준 사람이 '예수'라고 말한다.[15절] 그가 유대인들에게 '가서' 말한 것을 볼 때 유대인들이 그에게 누가 고쳤는지를 알아내라고 요구했을 가능성이 있다.[12절] 16절은 유대인들이 예수님을 박해하기 시작한 계기 중 하나가 예수님이 '안식일법'을 어겼다는 혐의였음을 알려준다.

유대인들은 38년 동안 누워 있던 환자가 예수님의 자비로 치료되는 감격에 동참할 힘이 없었다. 안식일법이 무너지는 것에 대한 두려움이 컸기 때문이다. 그들은 안식일을 주신 하나님을 경배하지 않고 안식일 자체를 경배했다. 그들은 안식일의 신성성을 강조하기 위해서 안식일을 주신 목적 자체를 물어보지 않았다. 안식일은 하나님이 승리하신 날이다. 하나님이 거대한 원시바다(혼돈)에게 '더이상 땅을 범람하지 말라'고 명하여 피조물에게 평화로운 거주공간(땅)을 선사하신 날이다. 6일 동안의 창조를 마치고 하나님은 제7일에 안식하셨다. 이제 안정된 거주공간에 사는 피조물들의 안정된 삶이 시작됐기 때문에 하나님도 쉬신다. 하나님도 안식일에 거룩한 긴장 이완에 들어가신다. 하나님은 피조물의 연약성에 갇혀 있진 않았지만, 인격적인 하나님이시기에 긴장도 하시고 안식도 하신다. 전능하신 하나님이 어떻게 긴장하실 수 있는가? 이는 오히려 하나님의 인격성을 부정하는 질문이다. 하나님은 기뻐하시고 슬퍼하시고 실망하시고 분노하시는 인격적인 하나님이다. 슬픔, 오열, 아픔, 전부가 에너지가 격동하는 사건이다.

그런데 아픈 사람을 보고도 초월의 거리에서 평정을 유지하는 신이 있다면 그런 신은 성경의 하나님이 아니라 스토아 철학자들의 신이다. 스토아 철학에서 신은 무념무상 아파테이아이다. 아파테이아(ἀπάθεια)는 그리스어로 부정형용어인 아(ἀ)와 '정념'을 의미하는 파토스(πάθος)의 합성어이다. 파토스(감정이입)가 없다는 뜻이다. 그런데 성경의 하나님은 파토스의 하나님이기 때문에 피조물이 아플 때는 오열하시고, 파라오가 히브리 노예들을 때릴 때 분노하신다. 노예들을 건지기 위해 파라오의 채찍을 빼앗아 파라오를 징벌하시는 정의로운 감정이 풍부한 하나님이시다. 악과 혼돈세력을 무찌르기 위하여 하나님은 거룩한 긴장을 하신다. 그리고 혼돈과 무질서를 제압한 후에 하나님은 안식하신다. 창세기 2:4, 출애굽기 20:11에서 하나님이 천지를 창조하신 후에 '안식하셨다'는 표현은 '거룩한 이완'을 하셨음을 신인동형론적인 방식으로 표현한 것이다. 요약하면 하나님이 당신의 거룩한 성품과 통치에 반항하는 혼돈세력에게서 거둔 승리를 기념하기 위하여 쉬시는 것이 안식이다.

또한 안식일은 이집트의 노예백성이었던 히브리 백성이 하나님께서 그들을 해방했던 그 감격에 의지하여 그들이 부리는 노예와 가축에게도 쉼을 주어야 하는 날이다. 이스라엘은 안식일의 수혜자이면서 동시에 불우한 처지에 있는 동포와 가축을 하나님처럼 해방시켜주어야 하는 안식의 수여자이기도 하다. 이런 점에서 안식일 계명은 노예가 지켜야 할 계명이 아니라 노예를 소유한 유력자들이 지켜야 할 계명이었다. 안식일은 초과이윤을 얻기 위하여 자기 몸과 자기 노예의 몸과 자기 가축을 혹사시키는 대농장주들의 초과이윤욕구를 억제하는 날이다. 안식일 계명을 지키라고 요구받는 사람들은 안식일에도 다른 사람들에게 일을 시킬 가능성이 있는 사람들이었다. 이런 역동적인 안식일 계명을 유대인 랍비들(바리새인들)은 모든 사람에게 평등하게 적용했다. 그들은 미쉬나 사바트라는 문서[B. Shabbat 7b]에 안식일 준수의무를 잘 수행하기 위해 서른아홉 가지의 금지조항을 정해 두었다.[3] '씨를 뿌리지 말라', '쟁기질을 하지 말라'에서부터 '불을 피우지 말라', '반죽하지 말라', '물건을 들고 사적 공간에서 공적 공간으로 남 보는데서 들고 다니지 말라'에 이른다. 38년 된 병자가 자기 물건을 들고 집 1층에서 2층으로 이동하는 건 문제가 없다. 그러나 자신이 누워 있던 베데스다 연못이라는 '사적 공간'에서 침상을 들고 다른 장소로 가면 안식일 위반이다. 모든 사람들이 보는 데서 물건을 지고 갔기 때문이다. 예수님은 이런 유대인들의 불합리한 안식일 준수세칙을 무효화하기 위해, "네 자리를 들고 일어나 걸어가라"고 명하신다. 유대인들은 안식일 계명의 신성한 준수에 몰두한 나머지 38년 만에 일어나 걸어가는 그 사람의 감격에 공감할 능력이 전혀 없었다. 유대인들은 그에게 안식일을 지키기 위해서는 침상에 하루 더 누워 있거나, 침상을 둔 채 1킬로미터 이하의 길만 걸어가라고 요구하는 것이다.

17절은 예수님의 안식일 이해의 진수를 보여준다. 안식일은 아무것도 행하지 않는 날이 아니라, 아버지의 일을 하는 날이다. 하나님 아버지의 안식은 활동중지를 의미하는 것이 아니다. 17절의 요지는 안식일은 활동중지가 아니라 '아버지 하나님의 일'을 하는 날이라는 뜻이다. 하나님 아버지께서 안식일을 거룩하게 하사 복을 주셨다.[창 2:3] 이스라엘도 안식일에 활동을 중지할 것이 아니라 거룩하고 복된 일을 하여야 한다는 말이다. 예수님은 안식일을 거룩하게 하기 위하여 아버지의 일, 즉 38년 된 병자의 마비된 전신을 온전케 하는 일을 하신다. 하나님이 주신 복을 베푸신다. 따라서 이스라엘 백성은 안식일을 거룩하게 여기고 복을 베푸는 일에 참여해야 한다. 인간의 생명을 고갈시키는 이윤 창출 같은 저등사역은 중지하지만, 하나님 안에서 자신도 안식하며 이웃에게 안식을 선사하는 고등사역은 해야 한다. 하나님의 말씀을 듣고 거룩한 긴장 이완을 하는 것이 고등사역이다. 혹독한 노동에서 고갈되고 소진된 몸과 영혼을 하나님께 맡겨 소생을 맛보는 것이다. 안식일은 생명을 구하는 날이다. 유대인들은 가축이 구덩이에 빠지면 건져주는 일은 했다. 그러면서도 그들은 구덩이에 빠진 사람을 건져 내시는 예수님을 정죄한다.막 3:4-5, 눅 13:16 38년간 구덩이에 빠져있던 병자를 건지는 일은 안식일에 마땅히 해야 할 일이다.

17절은 38년 된 병자를 찾아내서 고쳐주신 분은 바로 하나님 아버지임을 암시한다. 안식일은 38년 된 죄로 인하여 치명상을 입고 쓰러져 있는 이웃을 일으켜서 은혜의 직립보행자가 되도록 도와주는 날이다. 요한계시록 1:10은 밧모섬에 유배당했던 사도 요한의 안식일 경험을 말한다. "주의 날에 내가 성령에 감동되어 내 뒤에서 나는 나팔소리 같은 큰 음성을 들으니." 사도 요한은 안식일에 큰 나팔소리 같은 하나님의 어린양 음성을 들었다. 안식일은 성령에 감동된 사람에게 큰 나팔소리 같은 주님의 음성이 들리는 날이다. 성령에 감동된 사람에게는 안식일에 어린양의 음성이 들리고 하늘에 있는 어린양 예수의 보좌가 보인다. 안식일은 어린양 예수가 이 세계를 다스리고 계시고 교회를 다스리고 계심을 믿을 수 있는 눈이 열리는 날이다.

18절은 안식일을 일하지 않는 날로 규정한 유대인들의 논리를 정면으로 반박하는 예수님을 더욱 증오하게 되는 계기를 말한다. 안식일은 하나님 아버지의 일을 하는 날, 즉 생명을 살리는 일을 하는 날이라고 정의하신 예수님을 유대인들은 죽이고자 더욱 애썼다. 아버지 하나님과 자신을 일치시키는 발언을 보고 격분했기 때문이다. 그들은 하나님을 친아버지라고 부르며 하나님과 자신을 동급으로 놓는 예수의 언동을 참을 수 없었다.

하나님 아버지와 하나님 아들의 연합과 일치 • 19-29절

이 단락에는 네 복음서 중에서 예수님의 독생자 자의식이 가장 섬세하게 표현되어 있다. 유대교는 하나님의 명령과 율법을 거룩하게 받들면서도 아버지 하나님의 속마음을 가르치는 데는 무관심했다. 안식일 계명을 주신 하나님의 속마음에 있는 사랑과 은혜는 배척한 채 안식일 계명 준수에 과도하게 집착했다. 그러나 요한복음은 태초부터 하나님 품속에 있는 독생자의 관점에 의거해 안식일을 해석한다. 네 복음서 중에서 요한복음만이 예수 그리스도를 모노게네스 휘오스(μονογενής υἱός), '독생자'라고 부른다.[1:18; 3:16] 아버지와 아들 관계가 독특하게 창조되었다는 의미의 아들이 바로 독생자다. 단지 예수님이 아버지 하나님께 순종의 화신이기 때문에 하나님의 아들일 뿐만 아니라, 영원부터 아버지와 함께 있던 아들이기 때문에 순종과 공명의 화신이 되었다는 말이다. 마태, 마가, 누가가 예수님을 하나님 아들로 표현할 때는 구약의 약속을 성취하는 '순종의 화신'으로서 예수 그리스도를 강조하는 경우이다. 요한복음은 예수님이 순종의 화신으로서의 아들임을 뛰어넘어 존재론적으로 하나님과 영원히 함께 있는 아들 하나님이라고 주장한다. 이 주장은 지금도 이해하기 어렵지만 예수님 당시에 이런 주장을 처음 들었던 유대인들은 실로 경악을 금치 못했다. 도저히 이해할 수 없었기 때문이다. 예수님이 반복적으로 스스로를 하나님의 독특한 친자,[親子] 즉 독특한 부름의 하나님 아들이라고 주장하자 이것이 유대인들을 격분시켰다. 그동안 이스라엘 역사에서 자기가 하나님의 친아들이라고 주장하는 사람은 아무도 없었다. 예수님은 아브라함부터 세례 요한까지 하나님의 마음속에 있던 이상화된 이스라엘의 화신이다. 예수님은 이상화된 이스라엘이 '성년'에 도달했을 때 등장한 종말의 '아들'이다. 보통의 경우 자신이 하나님의 독생자라고 주장하는 사람이 나타나면 그것은 그 주장을 하는 자의 정신이 탈구되었거나 광적인 상태에 빠졌음을 의미한다. 그런데 예수께서는 지극히 온전한 정신으로 이렇게 유례가 없는 독특한 주장을 하셨다.

요한복음을 해석할 때는 예수님이 하나님을 친아버지라고 부르는 맥락을 주목해야 한다. 예수님은 무한히 자신을 낮추는 맥락에서만 하나님의 독생자 의식을 드러내신다. 19세기 자유주의 신학자들이 주장하듯이 예수님은 구약을 건너뛰고 양자도약을 한 종교적 천재가 아니었다. 구약은 아브라함부터 세례 요한까지 하나님의 뜻에 순종한 아들들의 점선적 연속 드라마였다. 아브라함적 장자 의식의 종말론적인 적분이 맏아들 의식, 독생자 의식이었다. 예수님의 독생자 의식은 그의 천재적 의식도약의 결과가 아니라 아브라함적 맏아들 의식의 누적된 결정체였다. 예수님은 이 장자 의식의 총적분자로서 독생자 의식을 갖고 태어났다. 그래서 그의 독생자 담론은 진지하게 받아들여야 한다. 세상에서 어떤 사람이 자신을 힘센 자의 아들임을 드러내는 것은 특권적 대우를 기대하는 표현이다. 하지만 자신이 하나님의 아들이라는 예수님의 선언은 지극한 순종의 책임을 의미했다. 예수님이 하나님을 '내 아버지'라고 불렀을 때는 '내가 아버지의 특권을 사용하겠다'는 맥락이 아니라 '나는 목숨을 바쳐 아버지의 뜻에 순종하겠다'는 맥락이었다. 독생자라는 예수님의 자기이해는 무한책임의 순종의지를 담고 있다.

아버지 하나님에 대한 독생자의 순종은 기계적 순종이 아니라 사랑과 경외에서 우러나온 공감적 순종이다. 요한복음 1:18은 이런 독생자만이 아무도 본 사람이 없는 감춰진 하나님을 분명히 나타냈다고 선언한다. "본래 하나님을 본 사람이 없으되 아버지 품속에 있는 독생하신 하나님이 나타내셨느니라." "나타내셨느니라"로 옮겨진 단어는 '밝히 선포하다'를 의미하는 엑세게오마이(ἐξηγέομαι)의 3인칭 단수 부정과거형 엑세게사토(ἐξηγήσατο)이다. 아무도 본 적 없는 하나님을 정확하게 오류 없이 나타낸 분은 예수님밖에 없다는 것이다. 예수님은 종교권력화된 제도적 기독교가 다 담아낼 수 없는 대양과 같이 엄청나게 크고 풍성한 분이다. 기독교가 사람을 구원하는 것이 아니라, 예수님이 구원하신다. 제도화된 기독교는 예수님의 한 흔적을 가지고 종교권력집단을 만들려는 자기복무적인 근성에 경사되기 쉽다. 모든 종교는 산 정상으로 올라가는 다른 등산로일 뿐이라고 주장하는 종교다원주의 또한 제도권 종교들의 담합카르텔이다. 모든 종교는 자기복무적 오류투성이며, 종교라는 등산로는 결코 정상에 이르지 못한다. 제도권 종교들은 사람들을 분열시키고 갈등으로 몰아넣고 사제들의 종으로 만든다. 심지어 기독교도 예수님을 믿고 신봉한다고 주장하는 사람들의 공동체이지만 예수님의 순전한 진리를 체현하는 데는 역부족이며, 오류와 허물투성이다. 하나님의 구원은 특정한 종교에 있는 것이 아니라 예수 그리스도에게 있다. 예수 그리스도를 말미암지 않고는 아버지 하나님께 갈 자가 없다.[요 14:6]

19-29절의 청중은 "유대인들"이다. 예수님은 유대인들 앞에서 18절에서 제기된 혐의(하나님을 친아버지라고 부르고 하나님과 자신을 동등하게 여기는 언동)를 자세히 해명하신다. 19절에서 예수님은 자신을 하나님 아버지의 도제라고 주장하신다. 아들 예수님은 아버지 하나님이 행하시는 일을 보고, 그것을 본받아 행한다는 것이다. 창조부터 지금까지 아버지 하나님이 행하시는 창조, 통치, 돌봄, 심판, 구원을 보고 그것을 모방한다. 20절은 19절을 부연한다. 20절의 주어는 아버지 하나님이다. 아버지 하나님이 아들 하나님을 가르치시고 보여주신다(참조. 사 50:4-5). 하나님께서 이 세상에서 당신이 행하시는 것을 다 보여주실 뿐만 아니라 구약시대를 통해 행하신 구원대사보다 더 큰 일을 아들에게 보여주심으로써 사람들을 놀라게 하실 것이다. 20절의 마지막 소절은 '할 수 있도록'을 의미하는 히나

(ἵνα) 목적절이다. 히나 휘메이스 다우마제테(ἵνα ὑμεῖς θαυμάζητε). 여기서 2인칭 복수 대명사 휘메이스(ὑμεῖς)가 독립적으로 사용된다. '다른 이가 아니라 너희가 보고 놀라도록' 하나님께서 아들 되신 예수님 자신을 통해 구약에서 행하신 어떤 구원대사보다 더 큰 구원대사를 행하실 것이다. '놀라다'를 의미하는 동사 다우마조(θαυμάξω)는 긍정적인 의미로 놀라는 것이다. 감탄하면서 놀라는 행위를 묘사한다. 예수님은 당신의 사역이 유대인들을 놀라게 할 것임을 아신다. 구약 율법에 대한 유대인들의 해석을 훨씬 뛰어넘는 해석, 표적(치유, 바람과 바다를 잔잔케 함 등), 사죄권능 발휘,[막 2장] 죽은 자를 살리시는 능력 등은 유대인들을 놀라게 했다.

21절은 구약시대에 하나님께서 보여주신 일보다 더 큰 일이 무엇인가를 예시한다. 곧 죽은 자를 살리는 역사이다. 아버지께서 죽은 자들을 일으켜 살리심 같이 아들도 자기가 원하는 자들을 살릴 수 있다. 예수님은 죽은 자를 살리는 권능을 행한다는 점에서 구약시대에 예언자들을 통해 성취된 하나님의 일들보다 더 큰 일을 행하는 아들 하나님이다.

22-29절은 '죽은 자를 살리는 아들'의 권능이 종말의 심판에서 발휘될 것임을 말한다. 이 심판은 예수님 당대의 이스라엘에게 적용되는 심판임과 동시에 시간종결적인 종말의 심판에 적용되는 심판이다. 이 단락의 배경은 다니엘 7:13-14과 에스겔 37장의 이스라엘 민족 부활예언이다. '인자'는 하나님 우편 보좌에 앉아 하나님의 지상통치를 매개하고 대리하는 부왕이다. '인자'의 의미는 창세기 1:27-28, 시편 8:4-5, 시편 80:17, 그리고 40차례 이상 '인자'라고 불리는 에스겔의 예언[2:1]에서 추론된다. 인자는 사람의 아들을 의미하는데, 사람(아담)과 같은 의미다. 하나님의 보좌에서 나오는 왕명을 받아 땅에 전하여 그것이 관철되도록 매개하고 대리하는 부왕이

인자다. 그런데 예수님이 스스로를 '인자'라고 부르실 때, 그것은 고난감수적인 부왕이라는 개념으로 발전된다. 예수님은 신약성경에서 여든아홉 번이나 자신을 '인자'라고 부르신다. 종말의 심판을 언급할 때나 자신이 하나님 아버지의 뜻에 따르는 과정에서 고난을 감수해야 한다는 맥락에서 스스로를 '인자'라고 부르셨다. 태초부터 계신 말씀 하나님이 인자가 되어 고난감수적인 사명여정에 들어섰다. 하나님 아버지는 이 종말의 인자인 나사렛 예수에게 심판 권세를 위임하셨다.[22, 27절] 인자 되신 예수님은 이스라엘 열두 지파를 심판할 권세를 다시 열두 사도에게 위임하셨다.[마 19:28 4] 그리고 모든 성도들에게 천사들과 세상을 심판하는 권세를 부여하신다.[고전 6:2-3] 예수님에 대한 태도가 종말 심판의 향방을 가늠한다.

23절은 아버지 하나님께서 아들에게 심판 권세를 위임하신 이유를 제시한다. 모든 사람이 아버지 하나님을 공경하는 것처럼 아들도 공경하도록 하기 위함이다. 하나님 아버지는 아들을 공경하지 않으면 아들을 보내신 아버지 하나님 당신을 공경하지 않는 것으로 간주하신다.

24절은 3:36의 영생담론을 반복한다. 영생은 구약의 언약사의 관점에서 이해해야 한다. 하나님이 주신 기업의 땅 가나안에서 아브라함, 이삭, 야곱의 식탁에 참여하며 함께 사는 것을 의미한다. 영생은 시간이 아니라 관계의 문제이다. 하나님이 주시는 기업에서 언약 공동체를 이루며 형제자매와 동거하며 연합해 사는 삶이 영생이다. 영원히 지속되는 공동체적 삶이다. 영생은 땅에서 이루어지는 정치사회적 공동체이며, 하나님과 이웃과의 이중적인 언약에 매여 사랑, 인애, 공평, 정의를 추구하는 사회적 삶이다. 하나님은 예수님을 역사에 출현한 모든 세대의 이스라엘을 하나로 묶어 다스리는 인자, 부왕으로 삼으셔서 이 세상에 보내셨다. 인자 되는 예수님은 언약백성을 회복하기 위해 옛 언약 해체와 새 언약 체결을 주도하는 과정에서 고난을 자취한다. 인자 되신 예수님은 이 언약 공동체에 누구를 참여시킬 것인가를 결정하고 심판하는 권세를 부여받는다. 인자 되신 예수님을 믿는 사람들은 인자가 산파하고 매개하는 새 언약 공동체에 참여해 영생을 누리게 되고, 인자를 보낸 하나님을 믿지 않는 자는 심판을 받는다. 심판은 언약 공동체, 영생 공동체에서 끊어지는 것이다. 예수님은 종말에 있게 될 영생을 지금 당장 맛볼 수 있도록 초청했다. 그것은 형제자매적 우애가 가득 찬 언약 공동체적 유대감으로 지탱되는 사회로 초대하는 것이었다. 예수님은 이스라엘을 하나님의 언약적 보호와 현존을 확보하는 거룩한 백성으로 재주형하려고 하셨다. '회개'하고 하나님 나라 복음을 받아들이면 영생을 맛본다. 마태복음 19:28-30은 영생 공동체의 시작을 의미한다. 영생은 형제자매와 전토가 배가되는 공동체에 참여하는 것이다. 시편 133편이 그리는 공동체에 접목되는 것이다.[골 1:13-14] 언약 공동체로 재활복구되는 것이 바로 '사는 것'이다. 이스라엘은 하나님과의 언약적 결속감과 유대감으로 산다. 하나님의 언약적 요구에서 이탈하여 자기욕망을 극대화하는 것은 사는 것이 아니라 죽는 것이다. 누가복음 15장의 탕자는 죽었다가 다시 살아난 자이며[15:24] 삭개오도 잃어버린 자였다가 다시 아브라함의 자녀가 되어 영생에 참여하게 되었다.[눅 19:9-10] 누가복음 10장의 선한 사마리아인처럼 강도 만나 거의 죽게 된 동포를 돌보는 자비를 행하는 자가 영생을 상속한다.[25-37절] 영생을 상속한다는 개념과 산상수훈에서 '땅을 상속한다'는 개념은 거의 일치한다. '온유한 자'가 땅을 상속하는[마 5:5] 원리는 포식자처럼 사는 자가 아니라, 자신의 땅을 경작하여 하나님과 이웃을 사랑하는 데 쓰는 자가 땅의 최종 경작자가 된다는 것이다.

25절은 에스겔 37장[사 26:19, 단 12:3]의 예언을 해석한다. 구약성경에는

'죽은 자가 하나님의 아들의 음성을 들을 때가 오나니'라는 예언은 없다. 에스겔 37장은 "죽은 자들에게 사방의 생기가 들어가 다시 살아나게 하라"[1-10, 11-14절]고 명령하는 인자 에스겔의 사역을 말한다. 죽은 자들에게 '무덤을 열고 나오라'고 외치는 인자 에스겔의 음성[37:13]이 25절이 말하는 하나님의 아들의 음성을 가리킨다. 예수님은 에스겔의 인자 음성을 종말론적인 인자인 당신의 음성을 예고하는 것이라고 해석한다. 26절은 인자 되신 예수 그리스도가 죽은 자를 살리는 권능을 발휘할 수 있는 이유를 말한다. 하나님 아버지의 위임 때문이다. 당신 안에 있는 생명을 아들에게도 주신다. 아들 안에 있는 생명은 어둠에 억류된 사람들에게 빛이며 죽은 자들을 다시 살리는 생명이다.

27절은 아들에게 주신 죽은 자를 살리는 능력은 산 자와 죽은 자를 가르는 심판 권세임을 말한다. 27절은 직역하면 이렇다. '그리고 그는 그에게(아들에게) 심판하는 권세를 주셨다. 그는 인자이기 때문이다.' 요한복음 3:13은 "하늘에서 내려온 자 곧 인자 외에는 하늘에 올라간 자가 없느니라"라고 말한다. 인자는 하늘에서 내려온 자 혹은 하나님의 파송을 받은 대언자다. 하늘에서 내려온 인자는 사명을 수행하기 위하여 하나님께 철두철미하게 복종한다. 하나님의 뜻을 철두철미하게 순종하기 위하여 고난까지 감수한다. 마지막으로 인자는 하나님의 뜻에 복종하다가 고난과 죽임을 당한 후에는 "높이 들린 자"가 된다. 하나님 보좌까지 높이 들린 자가 인자라는 사실은 요한복음 12:32-33에 나온다. "내가 땅에서 들리면 모든 사람을 내게로 이끌겠노라 하시니 이렇게 말씀하심은 자기가 어떠한 죽음으로 죽을 것을 보이심이러라." 인자가 들려야 하는 이유는 모든 사람을 자기에게 이끌기 위함이다. 인자는 하나님 우편 보좌로 높이 들려 산 자와 죽은 자를 가르는 심판주가 되신다(행 2:33-36 "하나님이 오른손으로 예수를 높이시매……이 예수를 하나님이 주와 그리스도가 되게 하셨느니라"; 빌 2:10-11, 딤후 4:1, 히 1:3).

구약성경에는 하나님의 심판을 예고하고 대언하는 인자들이 많이 있었다. 그들은 하나님의 우편에서 하나님의 메시지를 출납하고 그것을 땅에 선포하고 관철시키는 하나님 말씀의 실행적 대리자들이었다. 그런데 그들 중 누구도 심판하는 권세를 누리지 못했다. 심판은 '분별하여 가려내는 행위'이다. 세상에는 알곡과 가라지가 섞여 있고 악인과 의인이 한데 모여 산다. 이런 세상을 인자 되신 예수님은 당신을 영접하는지 여부를 근거로 가려내실 것이다. 예수님은 인자 사명의 완성자가 되신다. 인자 되신 예수님이 심판권세를 부여받는 이유는 인자가 먼저 자신의 심판 대상이 될 사람들을 대신해서 심판을 받으셨기 때문이다. 인자는 '들림'을 통해 사람들을 자신에게 이끌 것이다.요 3:14; 8:28; 12:32 인자는 영생에 들어갈 하나님의 백성을 모으는 과정에서 영생과 영벌을 받을 자를 결정한다.

28절은 무덤 속에 있는 자들이 인자의 음성을 들을 때가 바로 예수님 자신의 때라는 말을 듣고 경악하게 될 유대인들(바리새인들)을 상정한다. 바리새인들은 종말의 부활은 믿었지만, 이스라엘 민족의 갱생이 바로 예수님 때부터 시작된다는 사실은 믿지 않았다. 유대인들은 "무덤에 있는 자들이 인자의 음성을 들을 때"가 바로 지금 예수님의 때라는 사실에 놀랄 것이다. 예수님은 이스라엘 민족 부활갱생이 바로 당신 자신의 사역으로 지금 일어나고 있다고 말씀하신다. 에스겔 37장은 36:20부터 시작되는 새 언약 본문의 일부이다. 인자 에스겔은 이방에서 더러워진 이스라엘 백성을 맑은 물로 깨끗이 씻고 성령으로 세례를 주어 이스라엘을 언약백성으로 재활복구할 날을 예고한다. 이때 에스겔 골짜기의 마른 뼈들에게 인자가 '내 백성아, 무덤을 열고 나오라'고 외친다. 에스겔 37장은 인자 에스겔의 대언사역으로 마른 뼈들처럼 백골이 되어 나뒹구는 이스라엘이 하나님의 군대로 부활하는 미래를 내다본다. 예수님은 자신이 바로 에스겔 37장을 실연하고 있다고 주장하신다.

29절은 에스겔 37장보다 더 진전된 부활을 다룬다. 이스라엘 민족 일부는 생명을 누리기 위해, 일부는 심판받기 위해 부활할 것이다. 29절은 역사 종결적인 최후심판을 가리키는 것처럼 보인다. 에스겔 37장은 이스라엘 민족이 두 그룹으로 나뉜 채 부활할 것이라고 예고하지는 않기 때문이다. 이 무서운 이원적 부활은 하나님의 역사종결적 심판을 강조하는 묵시문학적 신앙의 본류 중 하나다. 다니엘서, 데살로니가전후서와 요한복음 12장[44-48절]이 이런 종말론적 심판신앙을 일부 공유한다. 29절은 예수님 당대의 청중에게도 적실성이 있는 경고이지만 요한복음의 모든 후대 독자들에게도 적실성이 큰 경고이다. 선행자는 생명의 부활을, 악행자는 심판의 부활을 경험할 것이다. 헬레니즘의 개인구원론이 요한복음에도 어느 정도 영향을 미친 흔적이 나타난다. 로마서 2:5-9도 최후심판을 내다보며 이원적 부활을 말한다. "하나님의 의로우신 심판이 나타나는 그날에 임할 진노를 네게 쌓는도다. 하나님께서 각 사람에게 그 행한 대로 보응하시되 참고 선을 행하여 영광과 존귀와 썩지 아니함을 구하는 자에게는 영생으로 하시고 오직 당을 지어 진리를 따르지 아니하고 불의를 따르는 자에게는 진노와 분노로 하시리라."

예수 그리스도에 대해 말하는 모세 • 30-47절

이 단락은 비록 일방적이긴 하지만 유대인들과 예수님의 논쟁이라는 맥락을 전제한다. 구약의 하나님을 믿는다고 하면서 구약의 하나님이 보내신 인자 예수님을 배척하는 유대인들의 모순을 폭로한다. 모세의 이름으로 예수님을 배척하는 유대인들에게 예수님은 모세의 글을 바탕으로 당신을 해설하는 역공을 취하신다. 30-45절에는 1인칭 단수 대명사 에고(ἐγώ)가 다섯 차례,[30, 31, 34, 43, 45절] 2인칭 복수 대명사 휘메이스(ὑμεῖς)가 다섯 차례[34, 35, 39, 44, 45절] 사용된다. 30절의 첫 소절은 '나 자신으로 말하자면[에고(ἐγώ)] 스스로 심판할 수 없다'이다. 예수님은 하나님의 이름을 함부로 말하지 않고 '자신을 보내신 이'[펨프산토스(πέμψαντός)]라고 에둘러 말한다. 예수님의 최고 관심은 자신을 보내신 이의 뜻이다. 주기도문에도 나오는 아버지의 뜻이다.[마 6:9] 31절은 신명기 복수증언법[19장] 기준에 따라 자신이 스스로 자신에 대해 증언하면 그 증언은 참된 증언으로 인정받기 어렵다고 말한다. 32절에서 예수님은 자신이 하나님의 보내신 바 된 인자임을 증언하는 다른 증인을 끌어들인다. 여기서 '나를 위하여 증언하시는 이'는 세례 요한을 가리킨다. 33절이 이러한 해석을 뒷받침한다. 33절은 예수님이 하나님이 보내신 자임을 증언하는 증인이 일차적으로는 세례 요한임을 명시한다. 요한복음 1:19-28은 유대인들이 보낸 조사단에게 세례 요한이 예수님에 대해 증언했던 정황을 잘 보도한다.

34절은 32절에서 언급된 '나를 위하여 증언하시는 증인'이 사실상 요한임을 인정하지만, 그의 증언이 자신이 하나님 아버지께서 보낸 자임을 증언하는 결정적인 것은 아님을 강조한다. 1인칭 대명사 에고를 사용하여 예수님 자신은 모든 것을 사람의 증언에 기대지 않지만, 유대인인 '너희가'(휘메이스) 구원을 받도록 하기 위해 세례 요한의 증언도 중시한다고 말씀하신다. 유대인들 대부분 세례 요한을 예언자라고 믿었기에 세례 요한에 대한 믿음으로 자신에 대한 세례 요한의 증언도 믿어 구원을 받으라는 것이다. 예수님은 '유대인들'의 양심에 호소하며 그들도 '구원받기를' 원하신다.

35절은 지금 예수님을 의심하고 대적하는 유대인들도 한때는 세례 요한의 제자였음을 강조한다. '다른 이들이 아니라 너희도(휘메이스) 한때는 세례 요한이 발출하는 빛을 상당히 기뻐했다.' 휘메이스 데 에델레싸테 아갈리아데나이 프로스 호란 엔 토 포티 아우투(ὑμεῖς δὲ ἠθελήσατε ἀγαλλιαθῆναι πρὸς ὥραν ἐν τῷ φωτὶ αὐτοῦ). '하지만 너희야말로 한동안 그의 빛 안에서 기꺼이 엄청 즐거워하였다.' '원하다'를 의미하는 동사 델로(θέλω)와 '몹시 기뻐하다'를 의미하는 아갈리아오(ἀγαλλιάω)가 이 구문에 사용되었다. 세례 요한에 대한 유대인들의 존숭감정이 매우 크다는 것을 암시한다.[5]

36절에서는 예수님이 마음속에 품고 있었던 가장 중요한 증언을 말씀한다. 세례 요한의 증거보다 더 의미심장하고 결정적인 증거는 아버지께서 자신에게 완수하라고 하시는 일들[에르가(ἔργα)]이라는 것이다. 36절의 첫 소절은 1인칭 단수 대명사 에고로 시작한다. '나 자신이야말로(에고) 요한보다 더 큰 증언을 갖고 있다.' 예수님 자신이 행하는 일들이 구약의 하나님이 자신을 보내신 사실을 증언한다는 것이다. 마태복음 11:5-6은 예수님이 행하신 일들을 요약한다. "맹인이 보며 못 걷는 사람이 걸으며 나병환자가 깨끗함을 받으며 못 듣는 자가 들으며 죽은 자가 살아나며 가난한 자에게 복음이 전파된다 하라. 누구든지 나로 말미암아 실족하지 아니하는 자는 복이 있도다 하시니라." 이 일들은 하나님이 종말의 메시아에게 행하라고 위탁하신 일들이다. 이스라엘을 회복할 종말에 일어날 일들을 예수님이 행하고 계신다는 것이다. 사도행전 10:36-38도 같은 취지의 말씀이다. "만유의 주 되신 예수 그리스도로 말미암아 화평의 복음을 전하사 이스라엘 자손들에게 보내신 말씀 곧 요한이 그 세례를 반포한 후에 갈릴리에서 시작하여 온 유대에 두루 전파된 그것을 너희도 알거니와 하나님이 나사렛 예수에게 성령과 능력을 기름 붓듯

하셨으매 그가 두루 다니시며 선한 일을 행하시고 마귀에게 눌린 모든 사람을 고치셨으니 이는 하나님이 함께하셨음이라."

37절은 이러한 사역들보다 예수님이 하나님이 보내신 자임을 입증하는 더욱 결정적인 근거는 하나님이 친히 하신 증언[막 1:11]이라고 말한다. 비록 유대인들은 아버지의 음성을 듣지 못하고 비둘기처럼 내리는 성령(하나님의 형상)을 보지 못했지만 예수님은 요단강 수세시에 들었던 아버지의 음성과 성령 강림을 결정적인 증거로 내세우신다. 32절이 말하는 '자신을 위한 또 다른 증인'은 세례 요한을 넘어 더 궁극적으로는 세례 요한의 수세시 예수님과 세례 요한 모두에게 들려온 증언, "너는 내 사랑하는 아들이라. 내가 너를 기뻐하노라"는 증언[막 1:11]을 하신 아버지 하나님을 가리킬 것이다.

38절은 유대인들의 인자 배척과 불신의 이유를 말한다. 여기서도 2인칭 복수 대명사 휘메이스가 마지막 소절에서 사용된다. '그의 말씀'은 하나님 아버지의 말씀을 가리킨다. 하나님의 말씀이 '너희 유대인들 안에 거하지 않는다'는 말이다. 38절 첫 소절을 직역하면, '그런데 너희는 너희 안에 머무는[메논타(μένοντα), 분사대격] 그의 말씀을 갖고 있지 않다'이다. 유대인들의 생각과 사고를 형성하고 지도하는 것이 하나님 말씀이 아니라는 것이다. 이렇게 말할 수 있는 이유가 38절의 호티(ὅτι)절이다. '다른 이가 아니라 너희가[휘메이스(ὑμεῖς)] 그가 보내신 바로 이 사람을 믿지 않기 때문이다.' 구약성경의 말씀이 유대인들의 신앙적 사고와 신학적 지각력을 단련시켰다면 예수님을 하나님이 보내신 자로 믿었을 것이다.

39절은 유대인들의 모순을 한층 더 깊이 지적한다. 여기서 또 다시 휘메이스가 사용된다. '연구하다'로 번역된 단어 에라우나오(ἐραυνάω)는 '배우려고 애쓰다', '열심히 상고하다'를 의미한다. 철저한 연구 태도를 가리킨다. '다른 이가 아니라 너희가(휘메이스) 그것들 안에서 영생을 얻으려고 열심히 성경을 연구했다. 그런데 그것이 바로 나에 대하여 증거하는 것들이다.' 예수님은 이스라엘을 하나님과의 언약관계로 회복시켜 모세오경과 예언자들이 이상적으로 그리는 언약 공동체로 재주형하기 위해 오셨다. 요한복음식으로 말하면 이스라엘에게 영생을 주시려고, 공관복음서식으로 말하면 이스라엘이 하나님 나라에 들어오게 하시려고, 로마서식으로 말하면 이스라엘을 의롭게 하시려고 오셨다. 영생, 하나님 나라, 의롭게 되는 일은 듣는 청중의 결단을 요청했다. 자신이 이전에 속했던 반反하나님 나라적이며 반反언약 공동체적 삶을 포기해야 했다. 예수님은 모세와 예언자들과 시편이 오랫동안 꿈꾸던 이상적인 이스라엘 언약 공동체를 창조하기 위해 모세오경과 예언자들의 강령을 관철시키려고 하셨다. 그러나 신명기, 시편 133편이 꿈꾸는 영생 공동체를 창조하기 위한 예수님의 하나님 나라운동에 유대인들은 동참하기를 원하지 않았다.[40절]

41-47절은 앞 단락의 논지를 더욱 발전시킨다. 유대인들은 사람에게 영광을 취하려고 온갖 외식적인 종교권위를 내세우고 종교활동에 몰두한다.[마 6:1-18] 그러나 예수님은 사람의 영광을 취하는 데 관심이 없다. 구약을 그토록 존숭한다고 하면서도 자신의 영생 복음과 하나님 나라 복음을 끝내 영접하지 못하는 유대인들 안에 하나님을 사랑하는 마음이 없음을 지적하신다.[42절] 하나님을 사랑하라는 요구는 신명기에 나온다. 신명기에서 하나님을 사랑한다는 것은 그의 계명을 이해하고 지키는 것을 가리킨다. 유대인들에게는 하나님을 사랑하는 마음, 즉 하나님을 두려워하고 삼가는 마음이 없다는 것이다. 43절은 유대인들이 자기 이름을 내걸고 랍비 행세를 하는 이는 환영하지만, 하나님 아버지의 이름으로 급진적인 회개를 요구하는 예수님은 배척하는 외식을 지적한다. 이때 1인칭 단수 대명사 에고

가 다시 사용된다. 43절 첫 소절은, '다른 이가 아니라 나 자신은 내 아버지의 이름으로 왔다'이다. 자기 이름을 내걸며 제자들을 모으는 당시의 랍비 유대교의 패거리 풍토를 빗대어 말한다. 랍비들은 하나님 나라의 도래를 말하지도 않고 급진적인 회개도 요구하지 않았다. 아주 작고 사소한 쟁점들에서 재판관 노릇 하느라고 시간을 보내는 자들이다. 낙타는 거리낌 없이 삼키면서 음료에 빠진 하루살이는 걸러낸다.[마 23:24] 시대의 중심죄악과 문제들은 제쳐둔 채 아주 작고 사소한 문제들이 마치 신학의 본류인 것처럼 논쟁했다. 이 사소하고 기막힌 하루살이 논쟁은 『탈무드』에 실려 있다. 안식일의 참된 목적과 정신을 제쳐놓고 서른아홉 금지계명을 더 세밀하게 확장할 생각에 집중했다.

44절은 예수님 당시 유대인들의 자가포상적인 분위기를 비판한다. 그들은 서로 '랍비' 또는 '아버지'라 불러가며 영광을 주고받았다. 44절 첫 소절에 2인칭 복수 대명사 휘메이스가 다시 등장한다. 44절 전체를 직역하면 이렇다. '다른 이가 아니라 너희가 서로 영광을 취하면서(분사), 유일하신 아버지로부터의 영광을 추구하지 않으니 어찌 믿을 수 있겠는가?' 개역개정은 '나를'이라는 목적어를 삽입하는데 불필요한 삽입이다. 오히려 '하나님이 나를 보내신 것을 믿을 수 있겠는가'의 의미에 가깝다.

45절은 심판 담론이다. 예수님은 당신을 불신하고 배척하는 유대인들을 예수님 자신(에고)이 고발하지 않고 유대인들 '너희가'(휘메이스) 바라는 모세가 고발할 것임을 강조한다. 45절은 1인칭 단수 대명사 에고와 2인칭 복수 대명사 휘메이스가 동시에 사용되는 구문이다. 첫 소절, '내가(에고) 너희를 고발할까 생각하지 말라'에서 예수님은 자신이 아니라 모세가 유대인들을 정죄할 것임을 강조한다. 모세는 존숭하면서 모세가 예언한 영생 공동체를 실제로 구현하려고 하는 인자 예수님을 배척하는 유대인의 명백한 모순이 드러난다. 46절은 45절을 한층 더 명료하게 밝힌다. 모세는 이스라엘에게 하나님의 명령, 계명, 그리고 이스라엘의 미래상에 대해 전달하고 가르쳤다. 하나님은 모세를 통해 당신의 율법, 법도, 계명을 다 듣고 행할 이상화된 이스라엘, 순종과 신뢰, 사랑과 경외로 가득 찬 아들의 반응을 기대하셨다. 하나님은 광야의 완악한 이스라엘 백성을 앞에 두고도 마음속에는 이 모든 계명을 이해하고, 영접하고, 행할 이상적인 이스라엘 백성이 나타나기를 바라셨다. 구약의 모세오경과 예언자들의 강령은 이스라엘 민족이 하나님의 영에 추동된 언약 공동체로 재활복구되어 세계 만민을 하나님께 향도할 제사장 나라로 성숙해 가라고 촉구하는 것이다. 이 위대한 비전, 이스라엘에게 두신 하나님의 소망을 이루기 위해 예수님은 하나님 나라 복음을 증거하여 이스라엘을 새 언약으로 재주형하고자 하셨다. 모세가 꿈꾸는 일을 예수님은 실행한 것이다. 그런 점에서 모세는 예수님이 오셔서 하실 일을 미리 말한 셈이다.

38-46절은 요한복음의 영생이 모세와 예언자들이 말한 영생의 상속임을 밝힌다. 요한복음의 예수님을 이해하는 데 결정적인 원천 자료는 구약성경과 모세이다. 루돌프 불트만과 그의 제자들에 의해 그동안 요한복음은 그리스적 세계관을 지닌 사람들에게 호소력을 갖기 위해 히브리적 세계관을 그리스적 세계관으로 변형시킨 것처럼 오해되었다. 그러나 요한복음 자체가 이런 입장을 썩 지지하는 것 같지 않다. 요한복음의 로고스론을 구약의 토라 기독론이나 지혜 기독론에서 해명할 수 있는데도 불구하고 그리스 철학의 로고스론에 과도하게 의존했던 서구신학의 한계를 극복할 때가 되었다. 요한복음의 예수님과 그 중심주장은 구약적 세계관의 빛 아래서 가장 잘 파악할 수 있다. 앞으로 요한복음 연구의 과제는 모세와 예수의 거

리를 좁히는 데 있다.[6]

47절은 유대인들에게 심각한 비판을 하신다. '너희 유대인들은 모세의 글도 믿지 않는다. 그러니 나의 말은 더욱 믿기 어려울 것이다.' 모세의 글을 믿은 사람들은 모세가 꿈꾸는 하나님 나라를 예수님이 지금 성취하고 있음을 알 수 있다는 것이다.[마 5:17, 눅 24:27, 44]

요약하면, 30-47절은 예수님이 네 가지 측면에서 하나님이 보내신 자임을 증거하고 있다. 첫째, 세례 요한의 증언을 통해, 둘째, 예수님이 행하시는 표적과 기적들을 통해, 셋째, 예수님이 세례를 받을 때 들려온 하나님의 음성을 통해,[막 1:11] 넷째, 구약성경(모세)을 통해서이다. 신명기 19장의 복수증인법[15절]을 충족시키고 있는 것이다.

메시지

요한복음 5장의 영생은 구약성경에서 그리고 모세와 예수님의 예언-성취관계에서 파악해야 한다. 구약이 말한 영생은 흔히 기독교인들이 아무 맥락 없이 전도용 구호로 읊어대는 영생과 그 결이 상당히 다르다. 요한복음이 구약에서 상속한 영생개념은 우리의 정치, 사회, 문화의 방향을 결정하는 데 풍요로운 함의와 적용성을 갖는다. 요한복음의 영생은 먼 미래, 또는 죽어서 누릴 영생이 아니라 신적인 불멸의 삶을 논한다. 신적인 안전이 보장된 삶이다. 영생은 우리 삶의 질과 수준을 평가하는 기준이 된다. 요한복음 3장에서 시작되는 영생에 대한 담화가 어렵게 들리는 가장 큰 이유는 영생에 대한 우리의 편협한 이해 때문이다. 즉, 사후 세계[after life]와 영생을 동일시하기 때문이다. 영생이란 죽음 이후에 시작되는 것이 아니라 이 땅에서부터 시작되는 삶이며, 구약적 되울림이 있는 삶이다. 구약이 말하는 영생은 하나님과 맺은 언약에 결속되어 사는 삶이다. 하나님의 언약율법에 자신을 결박시키고 이웃과 촘촘하게 연결되어 연합과 동거를 누리는 삶이다. 하나님의 언약에 신실하게 결박된 삶은 신적 보호와 임재를 확보한다. 결과적으로 지속가능하고 평화로운 삶이 실현된다. 즉 적의 침탈에 공격받지 않고 자기 땅을 경작해서 그 소출을 누리는 삶이다. 내가 통제할 수 없는 외부적 세력에 의해서 침탈당하지 않고 안전하게 사는 삶이 영생이다. 영생은 '땅에서 이뤄지는 삶'이며, '이웃과의 평화가 보장된 삶'이다. 영생의 구약적 정의는 시편 133편에 나온다. "형제가 연합하여 동거함이 어찌 그리 선하고 아름다운고. 머리에 있는 보배로운 기름이 수염 곧 아론의 수염에 흘러서 그의 옷깃까지 내림 같고 헐몬의 이슬이 시온의 산들에 내림 같도다. 여호와께서 거기서 복을 명령하셨나니 곧 영생이로다." 초월적인 하나님 은총이 이 땅에 내려서 형제자매가 행복하게 동거하고 연합하여 사는 삶, 다시 말해서 세포적 결속감으로 단단한 유대감을 가지고 사는 삶, 정서적 충족감과 사회경제학적 삶의 생태학적 선순환이 보장된 삶이 영생이다.

신명기 30:15은 영생(생명)을 선택하는 결단을 요구한다. "보라, 내가 오늘 생명과 복과 사망과 화를 네 앞에 두었나니." 여기서 말하는 '생명'은 시편 133편의 영생과 같은 말이다. 영생은 하임 아드-하올람life for eternity이다. 영원히 지속되는 삶, 영원까지 이어지는 삶, 즉 완성된 하나님 나라에까지 연장되는 삶이 영생이다. 하나님 나라에 연장되는 삶은 신적 가치와 미덕을 구현한 삶이다. 자기를 내어주는 이웃 사랑이 영생의 시작이다. 이런 점에서 볼 때 요한복음의 영생은 그리스-로마 문명에서 상상되던 영생과 다르다.

플라톤의 대화록 『파이돈』은 소크라테스가 죽기 몇 시간 전에 토해냈던 말을 담고 있다. 사후의 생에 대한 스승의 강론을 파이돈이라는 제자가 듣고 전해준 영생론이다. 영생은 육체의 감옥을 빠져나간 영혼이 우주에 충만해 있는 신, 다이몬과 결합하는 것이다. 이 영생 개념이 플라톤과 소크라테스를 통해서 기독교로 들어왔다. 초기 기독교신학도 영생을 신과의 결합이라고 가르쳤다. 요한복음도 이 점을 전혀 부정하지는 않는다. 그런데 구약성경은 물론이요 요한복음도 육체를 벗어버린 영과 원래 육체성이 없는 신의 순수한 결합을 영생이라고 가르치지는 않는다. 성경은 육체를 가진 인간이 땅에서 단단히 뭉쳐 해체될 수 없는 세포적 결속감으로 공동체를 이루며 사는 것을 영생이라고 말한다. 예수님은 당대에 적합한 영생론을 펼치셨다. 예수님 당대의 이스라엘은 하나님의 언약백성으로서의 정체성을 상실하고 있었다. 구약성경에서 하나님이 약속한 영생의 이상과 너무나 동떨어져 살고 있었다. 말라기 이후에 예언자도 없이 400년을 보냈다. 이스라엘은 주전 538년부터 페르시아의 원격지배를 받다가 알렉산더의 그리스 제국 지배를 받았고, 이어서 로마제국의 아시아 속주로 편입되었다. 로마제국은 제2차 삼두정치 지도자들인 안토니우스와 옥타비아누스에게 협조한 헤롯 대왕에게 이스라엘을 통치하는 용역을 허락했다. 가이사랴에 본부를 둔 로마제국의 총독부는 예루살렘 일대의 직할통치지역을 제외하고는 헤롯 왕가의 분봉왕들에게 이스라엘 대부분의 위임통치권을 넘겨주었다.[눅 3:1-5] 예루살렘 성전 운영은 대제사장들에게 위임하였고, 71명으로 구성된 산헤드린은 이스라엘 사람들을 종교적으로 지배했다. 헤롯 왕실들, 로마제국, 그리고 예루살렘 성전이 이스라엘 백성의 삶에 중대한 영향을 끼치고 있었다. 이런 다극적인 권력중심 때문에 이스라엘 사람들은 언약 공동체적인 결속감과 유대감을 모두 잃고 각자도생하고 있었다. 로마총독과 헤롯 왕실은 농민들과 상인에게 징세했고, 땅을 상실한 농민들은 소작인의 신세를 면치 못했다. 병자와 귀신 들린 자가 갈릴리 전역에 나타났다. 100데나리온의 빚을 갚지 않았다고 이웃끼리 서로 드잡이를 하면서 고소할 정도로 이스라엘 백성은 서로에 대해 형제자매적 동포애를 실천하지 않고 있었다. 로마제국에 대해서는 친로마파와 현실순응적 중간노선도 있었고, 반로마 항쟁파도 있었다. 이 중에서 비록 소수이지만 강력한 영향력을 발휘한 것은 반로마 항쟁파였다. 로마제국을 군사적으로 공격하여 예루살렘에 상비군과 관료조직, 그리고 통치권을 가진 군주를 가진 신정국가를 세우려고 하는 세력이었다. 갈릴리 농민들 사이에는 이러한 반로마 항쟁 분위기가 일어나고 있었다. 예수님 당시에는 열심당원이 크게 득세하지 않았지만 그의 제자 중 한 사람은 가나나인(열심당원) 시몬이었다. 예수님은 벌써 3-40년 후에 일어날 로마항쟁 조짐을 보고 어쩌면 민족이 멸망당할 수 있다고 염려하셨다. 3:16에도 이런 염려가 묻어 있다. "하나님이 세상을 이처럼 사랑하사 독생자를 주셨으니 이는 그를 믿는 자마다 멸망하지 않고 영생을 얻게 하려 하심이라."

예수님은 당신의 이스라엘 회복 비전을 믿고 따르는 사람들 사이에 영생 공동체를 구축하려고 하셨다. 예수님의 당대사명은 구약성경의 이상사회였던 영생을 갈릴리 농민들 가운데 실현하는 것이다. 예수님을 믿으면 영생의 길이 열리고 믿지 않으면 멸망당하는 이유가 여기에 있다. 예수님은 갈릴리 농민 가운데 신명기적인 의미의 평화롭고 자발적 민중자치 공동체가 탄생하지 않으면,[7] 전쟁을 통하여 신정국가를 세우려는 군사무장 세력이 헤게모니를 쥐게될 것을 내다보신 것이다. 로마제국과 군사항쟁에 돌입하는 것은 이스라엘 민족의 멸망을 자초할 것임을 내다보셨다.[눅 19:41] 아니나 다를까, 이스라엘은 마침내 66년에 제1차 반란, 115년에 제2차 반란, 135년에 제3차 반란을 일으켰다가 멸망을 당한다. 1948년에 다시 이스라엘 국가가 건설될 때까지 '나라'와 '국토' 없이 열방 중에 흩어져 살았다. '인자'를 믿지 않으면 '멸망당한다'는 말은 당대적 맥락에서는 이런 의미였다. 신명기 30:20은 영생의 핵심이 하나님과의 언약관계의 지속성임을 다시 말한다. "그는 네 생명이시요 네 장수이시니.long life in the land" 영생은 내외부의 착취세력이나 압제권력기관 없이도 사랑과 우애라는 고도의 자율성으로 유지되는 사회생활이다. 로마서 13:10이 말하는 이상이 바로 영생이다. "그러므로 사랑은 율법의 완성이니라." 요한복음의 영생은 공관복음서의 하나님 나라와 동일한 개념이라고 볼 수 있다. 예수를 믿으면 왜 영생을 상속하는가? 이웃을 착취하거나 지배하고자 하는 충동이 영구적으로 사라지고 이웃에게 사랑스러운 존재로 변화되기 때문이다. 예수님의 영생은 갈릴리 농민들에게 하나님 나라를 의미했다. 오십 명, 백 명씩 잔디에 앉아 빵을 나눠 먹는 것이 영생실험이었다. 예수님 당시의 역사적 맥락에서 영생은 시편 133편의 회복이며, 신명기 30장 15절과 19절의 실현이었다. 빈부격차가 심해지고 로마제국에 대한 증오심이 격화됨과 동시에 소작인과 지주의 갈등이 악화되면 무력항쟁적이고 투쟁적인 지도자들이 두각을 드러내게 된다. 무력투쟁과 군사적 항쟁을 외치는 열심당원이 당대의 민심을 주도하는 영도자로 부각될 가능성이 크다. 이스라엘의 영적 갱신과 언약 공동체성 회복을 이루는 것이 로마와의 군사항쟁보다 더 화급한 과업이라고 생각하는 예수님 같은 노선은 배척당하기 쉽다. 언약갱신을 통해 이스라엘을 하나님과 이웃에 대해 촘촘하게 연합된 언약적 영생 공동체 구현, 즉 하나님 나라 구현을 기도企圖하는 예수를 믿지 않으면, 당시 이스라엘 인구의 8할을 차지한 갈릴리 농민들은 무력항쟁을 통한 로마주둔군 축출노선을 선호할 수밖에 없다. 무장투쟁세력이 당시 인구의 8할에 해당하는 농민의 민심을 장악하면 무력항쟁이 일어나는 것은 명약관화하다. 이스라엘 민병대급 군인들이 로마제국 최정예인 6군단이나 10군단과 전쟁을 하게 되면 어떻게 될까? 민족전멸이 초래된다. 여기서 요한복음 3:16은 더욱 무겁게 들린다. "이는 그를 믿는 자마다 멸망하지 않고 영생을 얻게 하려 하심이라." 5:24도 같은 논지이다. "내가 진실로 진실로 너희에게 이르노니 내 말을 듣고 또 나 보내신 이를 믿는 자는 영생을 얻었고 심판에 이르지 않고 사망에서 생명으로 옮겼느니라."

이런 영생 공동체는 사도행전 2-4장에서 싹튼다. 형제자매의 사랑과 상호보합적 연합이 일어나 국가의 복지제도 없이도 가난한 자들에 대한 돌봄이 일어난다. 감시와 처벌 없이도 질서정연하고 평화로운 사회적 삶이 가능하다. 자신의 모든 재산과 물질을 형제자매 사랑을 위해 거룩하게 공탁하는 곳에서는 국가의 역할도 줄어든다. 국가는 공동체의 평화를 깨뜨릴 가능성이 있는 구성원들을 억제하고 감시하는 데 엄청난 에너지를 쏟지만 구성원들의 공동체 파괴행위를 근절하지 못한다. 이런 상황에서는 감시와 처벌이 국가의 중심 기능이 되어버린다. 감시와 처벌로 지탱되는 국가는 탐욕과 독점과 배타가 일상화된 폭력적인 시민사회를 통제하는 리바이어던Leviathan이다. 토마스 홉스가 국가를 가리켜 거대한 원시괴수인 리바이어던욥 41:1이라고 불렀을 때, 그것은 국가를 구성하는 구성원들의 죄악된 일탈을 억제하고 평화롭고 안전한 사회를 유지하기 위해 국가가 거대한 권력체로 비대해지는 상황이 불가피하다는 점을 인정한 것이었다.[8] 그런데 거대한 괴수(국가)의 감시와 처벌 때문에 질서를 지키는 국민들은 영생이 무엇인지 맛볼 수 없다. 영생은 육체적 개체성을 입은 개개인이 이웃을 자발적으로 사랑하는 일에 숙달될 때 실현되는 공동체 생활이기 때문이다. 예수님이 주시는 영생은 세상 철학자들까지도 역사의 진보라고 상상하는 미래상을 성취한다. 오늘날 인문사회과학자들 모두 역사의 진보는 개인의 자유가 증가하는 것이며, 함께 사는 능력 또한 비약적으로 증가하는 것이라는 데 동의하고 있다. 그러나 인간의 도덕성 총동원, 역사의 미래에 대한 통찰 총동원, 그리고 이상적인 정치사회 공동체 건설을 위한 정치력 총동원으로는 이러한 영생을 성취할 수 없다. 세상이 갈망하는 영생은 하나님의 아들의 자기 몸 바친 사랑과 그 사랑에 사로잡히게 하는 성령의 역사가 없으면 결코 성취될 수 없다. 인류역사의 완성은 알파 되시고 오메가 되시는 하나님의 은혜와 선물로만 성취될 수 있다. 예수 그리스도에 대한 태도가 인류역사를 영생의 미래로 추동시킬지 아니면 파멸의 미래로 추동시킬지를 결정하는 데 중대한 영향을 미친다.

요

6장.

하늘에서 오신 생명의 떡이신 예수 그리스도

6

[1]그 후에 예수께서 디베랴의 갈릴리 바다 건너편으로 가시매 [2]큰 무리가
따르니 이는 병자들에게 행하시는 표적을 보았음이러라. [3]예수께서 산에
오르사 제자들과 함께 거기 앉으시니 [4]마침 유대인의 명절인 유월절이 가까운지라. [5]
예수께서 눈을 들어 큰 무리가 자기에게로 오는 것을 보시고 빌립에게 이르시되 우리
가 어디서 떡을 사서 이 사람들을 먹이겠느냐 하시니 [6]이렇게 말씀하심은 친히 어떻
게 하실지를 아시고 빌립을 시험하고자 하심이라. [7]빌립이 대답하되 각 사람으로 조
금씩 받게 할지라도 이백 데나리온의 떡이 부족하리이다. [8]제자 중 하나 곧 시몬 베
드로의 형제 안드레가 예수께 여짜오되 [9]여기 한 아이가 있어 보리떡 다섯 개와 물고
기 두 마리를 가지고 있나이다. 그러나 그것이 이 많은 사람에게 얼마나 되겠사옵나
이까. [10]예수께서 이르시되 이 사람들로 앉게 하라 하시니 그 곳에 잔디가 많은지라.
사람들이 앉으니 수가 오천 명쯤 되더라. [11]예수께서 떡을 가져 축사하신 후에 앉아
있는 자들에게 나눠 주시고 물고기도 그렇게 그들의 원대로 주시니라. [12]그들이 배부
른 후에 예수께서 제자들에게 이르시되 남은 조각을 거두고 버리는 것이 없게 하라
하시므로 [13]이에 거두니 보리떡 다섯 개로 먹고 남은 조각이 열두 바구니에 찼더라.
[14]그 사람들이 예수께서 행하신 이 표적을 보고 말하되 이는 참으로 세상에 오실 그
선지자라 하더라. [15]그러므로 예수께서 그들이 와서 자기를 억지로 붙들어 임금으로
삼으려는 줄 아시고 다시 혼자 산으로 떠나 가시니라. [16]저물매 제자들이 바다에 내
려가서 [17]배를 타고 바다를 건너 가버나움으로 가는데 이미 어두웠고 예수는 아직 그
들에게 오시지 아니하셨더니 [18]큰 바람이 불어 파도가 일어나더라. [19]제자들이 노를
저어 십여 리쯤 가다가 예수께서 바다 위로 걸어 배에 가까이 오심을 보고 두려워하
거늘 [20]이르시되 내니 두려워하지 말라 하신대 [21]이에 기뻐서 배로 영접하니 배는 곧

그들이 가려던 땅에 이르렀더라. 22 이튿날 바다 건너편에 서 있던 무리가 배 한 척 외
에 다른 배가 거기 없는 것과 또 어제 예수께서 제자들과 함께 그 배에 오르지 아니
하시고 제자들만 가는 것을 보았더니 23 (그러나 디베랴에서 배들이 주께서 축사하신
후 여럿이 떡 먹던 그 곳에 가까이 왔더라) 24 무리가 거기에 예수도 안 계시고 제자들
도 없음을 보고 곧 배들을 타고 예수를 찾으러 가버나움으로 가서 25 바다 건너편에서
만나 랍비여, 언제 여기 오셨나이까 하니 26 예수께서 대답하여 이르시되 내가 진실로
진실로 너희에게 이르노니 너희가 나를 찾는 것은 표적을 본 까닭이 아니요 떡을 먹
고 배부른 까닭이로다. 27 썩을 양식을 위하여 일하지 말고 영생하도록 있는 양식을
위하여 하라. 이 양식은 인자가 너희에게 주리니 인자는 아버지 하나님께서 인치신
자니라. 28 그들이 묻되 우리가 어떻게 하여야 하나님의 일을 하오리이까. 29 예수께서
대답하여 이르시되 하나님께서 보내신 이를 믿는 것이 하나님의 일이니라 하시니 30
그들이 묻되 그러면 우리가 보고 당신을 믿도록 행하시는 표적이 무엇이니이까, 하시
는 일이 무엇이니이까. 31 기록된 바 하늘에서 그들에게 떡을 주어 먹게 하였다 함과
같이 우리 조상들은 광야에서 만나를 먹었나이다. 32 예수께서 이르시되 내가 진실로
진실로 너희에게 이르노니 모세가 너희에게 하늘로부터 떡을 준 것이 아니라. 내 아
버지께서 너희에게 하늘로부터 참 떡을 주시나니 33 하나님의 떡은 하늘에서 내려 세
상에 생명을 주는 것이니라. 34 그들이 이르되 주여, 이 떡을 항상 우리에게 주소서. 35
예수께서 이르시되 나는 생명의 떡이니 내게 오는 자는 결코 주리지 아니할 터이요
나를 믿는 자는 영원히 목마르지 아니하리라. 36 그러나 내가 너희에게 이르기를 너희
는 나를 보고도 믿지 아니하는도다 하였느니라. 37 아버지께서 내게 주시는 자는 다
내게로 올 것이요 내게 오는 자는 내가 결코 내쫓지 아니하리라. 38 내가 하늘에서 내
려온 것은 내 뜻을 행하려 함이 아니요 나를 보내신 이의 뜻을 행하려 함이니라. 39 나
를 보내신 이의 뜻은 내게 주신 자 중에 내가 하나도 잃어버리지 아니하고 마지막 날
에 다시 살리는 이것이니라. 40 내 아버지의 뜻은 아들을 보고 믿는 자마다 영생을 얻
는 이것이니 마지막 날에 내가 이를 다시 살리리라 하시니라. 41 자기가 하늘에서 내
려온 떡이라 하시므로 유대인들이 예수에 대하여 수군거려 42 이르되 이는 요셉의 아

들 예수가 아니냐. 그 부모를 우리가 아는데 자기가 지금 어찌하여 하늘에서 내려왔
다 하느냐. 43 예수께서 대답하여 이르시되 너희는 서로 수군거리지 말라. 44 나를 보내
신 아버지께서 이끌지 아니하시면 아무도 내게 올 수 없으니 오는 그를 내가 마지막
날에 다시 살리리라. 45 선지자의 글에 그들이 다 하나님의 가르치심을 받으리라 기록
되었은즉 아버지께 듣고 배운 사람마다 내게로 오느니라. 46 이는 아버지를 본 자가
있다는 것이 아니니라. 오직 하나님께서 온 자만 아버지를 보았느니라. 47 진실로 진
실로 너희에게 이르노니 믿는 자는 영생을 가졌나니 48 내가 곧 생명의 떡이니라. 49 너
희 조상들은 광야에서 만나를 먹었어도 죽었거니와 50 이는 하늘에서 내려오는 떡이니
사람으로 하여금 먹고 죽지 아니하게 하는 것이니라. 51 나는 하늘에서 내려온 살아
있는 떡이니 사람이 이 떡을 먹으면 영생하리라. 내가 줄 떡은 곧 세상의 생명을 위한
내 살이니라 하시니라. 52 그러므로 유대인들이 서로 다투어 이르되 이 사람이 어찌
능히 자기 살을 우리에게 주어 먹게 하겠느냐. 53 예수께서 이르시되 내가 진실로 진
실로 너희에게 이르노니 인자의 살을 먹지 아니하고 인자의 피를 마시지 아니하면 너
희 속에 생명이 없느니라. 54 내 살을 먹고 내 피를 마시는 자는 영생을 가졌고 마지막
날에 내가 그를 다시 살리리니 55 내 살은 참된 양식이요 내 피는 참된 음료로다. 56 내
살을 먹고 내 피를 마시는 자는 내 안에 거하고 나도 그의 안에 거하나니 57 살아 계신
아버지께서 나를 보내시매 내가 아버지로 말미암아 사는 것 같이 나를 먹는 그 사람
도 나로 말미암아 살리라. 58 이것은 하늘에서 내려온 떡이니 조상들이 먹고도 죽은
그것과 같지 아니하여 이 떡을 먹는 자는 영원히 살리라. 59 이 말씀은 예수께서 가버
나움 회당에서 가르치실 때에 하셨느니라. 60 제자 중 여럿이 듣고 말하되 이 말씀은
어렵도다. 누가 들을 수 있느냐 한대 61 예수께서 스스로 제자들이 이 말씀에 대하여
수군거리는 줄 아시고 이르시되 이 말이 너희에게 걸림이 되느냐. 62 그러면 너희는
인자가 이전에 있던 곳으로 올라가는 것을 본다면 어떻게 하겠느냐. 63 살리는 것은
영이니 육은 무익하니라. 내가 너희에게 이른 말은 영이요 생명이라. 64 그러나 너희
중에 믿지 아니하는 자들이 있느니라 하시니 이는 예수께서 믿지 아니하는 자들이 누
구며 자기를 팔 자가 누구인지 처음부터 아심이러라. 65 또 이르시되 그러므로 전에

너희에게 말하기를 내 아버지께서 오게 하여 주지 아니하시면 누구든지 내게 올 수
없다 하였노라 하시니라. 66 그 때부터 그의 제자 중에서 많은 사람이 떠나가고 다시
그와 함께 다니지 아니하더라. 67 예수께서 열두 제자에게 이르시되 너희도 가려느냐.
68 시몬 베드로가 대답하되 주여 영생의 말씀이 주께 있사오니 우리가 누구에게로 가
오리이까. 69 우리가 주는 하나님의 거룩하신 자이신 줄 믿고 알았사옵나이다. 70 예수
께서 대답하시되 내가 너희 열둘을 택하지 아니하였느냐. 그러나 너희 중의 한 사람
은 마귀니라 하시니 71 이 말씀은 가룟 시몬의 아들 유다를 가리키심이라. 그는 열둘
중의 하나로 예수를 팔 자러라.

주석

6장은 오병이어의 표적과 그것의 의미에 대한 길고 복잡한 논쟁을 담고 있다. 오병이어의 표적은 네 복음서에 모두 기록되고 있을 만큼 예수님의 중요한 사역으로 기억되었다.[마 14:13-21, 막 6:30-44, 눅 9:10-17] 표적은 그 자체로 표적 경험의 당사자들에게 하나님의 은혜와 구원을 창조하는 기사[奇事]다. 동시에 더 깊고 더 넓은 실재를 가리키는 예고적 기적이고, 예수님의 정체성과 임박한 사역을 가리키는 예언적 기적이다. 그래서 표적은 상징력을 갖고 있다. 6장은 오천 명을 먹이신 예수님,[1-15절] 내니 두려워하지 말라,[16-21절] 무리에게 들려주시는 영생을 위한 양식 강론,[22-40절] 유대인들과 논쟁하시는 예수님,[41-59절] 그리고 영생의 말씀을 듣고 예수님을 따르는 열두 제자[60-71절]로 나뉜다.

오천 명을 먹이신 예수님 ●1-15절

이 단락은 갈릴리 호수 건너편에서 벌어진 넷째 표적을 다룬다. 굶주린 무리를 상대로 떡과 물고기를 제공하는 이 표적은 군중들의 정

치의식을 도약시켰다. 1절에 있는 '그 후에'라는 어구는 그리스어로 메타 타우타(Μετὰ ταῦτα)이다. '이것들 후에'라는 뜻이다. 앞 장 사건과 서로 상관없는 새로운 에피소드를 도입할 때 사용하는 도입어구이다. 5:1도 메타 타우타로 시작했다. 메타 타우타는 반드시 사건들의 시간적인 선후관계를 표현하는 문학 장치가 아니므로 4장 사건 다음에 5장 사건이 일어났고, 5장 사건 다음에 6장 사건이 일어났다고 볼 필요가 없다. 예수님은 디베랴 방향의 갈릴리 호수로 배를 타고 건넜다. 개역개정의 1절 번역은 다소 어색하다. '갈릴리 바다 건너편 디베랴로 가시매'라고 번역되어야 한다. 디베랴가 출발지가 아니라 목적지이다.[1] 출발지는 언급되어 있지 않으나 가버나움이다(17절 가버나움으로 되돌아가는 제자들). 공관복음은 모두 '가버나움'에 예수님의 갈릴리 사역 기지가 있었다고 말한다. 아마도 시몬 베드로의 장모가 살던 집이었을 것이다. 시몬 베드로는 원래는 갈릴리 호수에서 약간 떨어진 벳새다 출신이었는데 가버나움에 사는 여성과 결혼해 가버나움에 정착했다. 갈릴리 호수는 타원형 호수로서 남북으로 20킬로미터, 동서로 8킬로미터 뻗어 있다. 지금도 침강 중인 요르단 협곡지대의 호수이기 때문에 갈릴리 호수는 해수면보다 246미터 아래에 있다. 시계 방향으로 보면 가버나움은 12시 방향에 있으며 디베랴는 8시 방향에 있다. 시계 2시 방향에 벳새다가, 5시 방향에 마가복음 5장 사건이 일어난 거라사 지방이 있다.[2] 6시 방향에는 도시가 없다. 그렇기 때문에 예수님은 주로 가버나움에서 디베랴 사이를 배타고 이동하곤 하셨다. 디베랴는 로마 제2대 황제 티베리우스[눅 3:1]의 이름을 따서 조성된 산상도시였다. 헤롯 안티파스라는 분봉왕이 티베리우스 황제에게 충성심을 과시하기 위하여 건설했으며 자연스럽게 디베랴는 친로마적인 문화를 즐기는 부자들의 거주지가 되었다.[3] 이스라엘이 로마제국의 속주이며 로마제국의 지배를 대리하여 갈릴리를 지배하던 토착지배세력[헤롯가문과 헤롯당(막 12:13 헤롯당이 바리새인과 합세하여 징세 문제 질문); 눅 23:8-12 로마황제에게 충성경쟁 하는 헤롯과 빌라도]의 위세가 크게 느껴지는 곳이다. 바로 이곳 디베랴에서 오병이어의 표적이 일어난다. 로마 황제와 헤롯 분봉왕에게 수탈당하는 갈릴리 민중에게 예수님은 '왕'적 지도력을 발휘하는 셈이다.

2절은 큰 무리가 예수님을 따라다니는 이유를 말한다. 병자들에게 행하시는 표적을 보았기 때문이다. 2절의 정동사들의 시제는 모두 미완료다. "따르니(ἠκολούθει)", "행하시는(ἐποίει)", "보았음이라(ἐθεώρουν)"가 모두 미완료시제이다. 이는 따르는 행위, 표적 행하는 행위, 그리고 표적을 보는 행위가 단순히 한 번 일어난 행위가 아니라 지속적인 행위였음을 표현한다. 예수님이 갈릴리에서 표적을 '지속적으로 행하고' 무리는 그것들을 '지속적으로 보고' 예수님을 '지속적으로 따랐다'는 것이다. 그런데 놀라운 것은 요한복음에는 '갈릴리'에서 '지속적으로 행한 표적들'을 말하는 본문이 없다. 갈릴리 가나에서 왕의 신하의 아들을 고쳐준 사건[4:46-54] 외에는 갈릴리의 표적은 기록되어 있지 않다. 갈릴리 사람들도 예루살렘에 올라가서 예수님이 그곳에서 행한 표적들을 보고 내려왔다.[4:45]

요한복음과는 상반되게 마가복음 1:34은 예수께서 갈릴리에서 많은 병자들을 고치셨다고 증언한다. 마태복음 4:23은 예수님의 치유사역이 갈릴리 전역에서 이뤄졌다고 말한다. 이로써 요한복음이 공관복음서와 달리 시간대별로 예수님 사역을 기록하지 않고 있음을 다시 확인할 수 있다. 요한복음은 이미 공관복음서에 알려진 갈릴리 표적들에 대한 선이해를 가진 독자를 상정하고 있음을 짐작할 수 있다. 병자들에게 행한 표적을 보고 많은 무리가 따르는 2절의 상황은 마태복음 4:23-25이 묘사하는 상황과 유사하다. 마태복음

4:23-25과 요한복음 6:2은 무리가 산으로 올라가는 예수님을 따르는 상황을 제시한다.

3절은 예수님이 제자들과 함께 산에 올라가 앉았다고 말한다. 스승과 제자가 함께 앉은 상황은 랍비가 제자들에게 한바탕 가르침을 줄 것으로 기대되는 장면이다.[마 5:1, 막 3:13] 3절은 마태복음 5:1의 산상수훈 도입부와 유사하지만, 마태복음과는 달리 요한복음 6장에는 산상수훈이 아니라 무리를 먹이는 일에 초점을 맞춘다.

4절은 예수님이 유대인의 명절인 유월절임에도 예루살렘에 가는 대신 갈릴리에 머물러 계셨음을 밝힌다. 이 유월절은 2:23과는 다른 유월절이다. 이 시점은 예수님의 공생애 2년차, 혹은 그 이후다. 예수님이 갈릴리에 머물고 계신 이유가 분명하지는 않지만, '큰 무리가 따르는' 상황과 무관하지 않아 보인다. 공관복음서를 읽은 독자들은 산상수훈을 기대했던 자리에 오병이어의 표적과 긴 영생담화가 나타나는 것에 놀랄 수 있다. 산상수훈의 자리에 생명-떡 담론이 있는 셈이다. 5절은 마태복음 5:1의 "무리를 보시고"를 상기시킨다. "예수께서 눈을 들어 큰 무리가 자기에게로 오는 것을 보시고 빌립에게 이르시되 '우리가 어디서 떡을 사서 이 사람들을 먹이겠느냐.'" 인상적인 사실은 예수님이 사도 빌립에게 주도적 역할을 맡긴 점이다. 빌립이 갑자기 이 장면의 주인공이 되는 이유는 알 수 없다. "눈을 들어"[에파라스(ἐπάρας)]와 "보시고"[데아사메노스(θεασάμενος)] 둘 다 현재분사이다. "눈을 들어" 보는 상태가 계속됐다는 뜻이다. '계속 보신' 후에 예수님이 갑자기 먹는 문제를 꺼낸 것을 볼 때, 예수님이 무리가 매우 굶주려 있는 것을 간파하시고 먹이길 원하셨음을 알 수 있다. 이와 유사한 상황이 마가복음 8:1-4에 나온다. 여기서는 굶은 지 사흘 된 무리를 보시고 칠병이어의 기적을 일으키신다.

요한복음의 오병이어 표적사건에서 베드로와 요한이 아니라 빌립과 안드레[8절]가 예수님의 핵심제자 역할을 수행하는 점은 주석가들의 상상력을 자극했다. 주석가들은 대개 당시 모여든 무리의 구성원 대부분이 헬라어를 사용하는 이방인이었을 것이라고 생각한다. 베드로의 본명인 시몬이나 요한 등은 히브리식 이름이다. 시몬은 '듣다'를 의미하는 샤마(šāmā')에서 파생된 이름이고, 요한은 '은혜롭다'를 의미하는 하난(ḥānan)에서 파생된 이름이다. 그러나 빌립과 안드레는 둘 다 그리스식 이름이다. 이 두 사람은 요한복음 12장에 헬라인들이 찾아와 예수님을 면담하고자 할 때 재차 등장한다. 12장 상황은 빌립과 안드레가 헬라어를 능통하게 구사했을 가능성을 뒷받침한다. 이런 정황 증거를 바탕으로 주석가들은 디베랴로 몰려든 무리 가운데 이방인 혹은 헬라어를 쓰는 사람이 많았을 것이라고 판단한다. 그러나 이러한 판단은 본문 자체의 지지를 받지 못한다. 14절에 따르면 무리가 신명기 18:15의 예언을 아는 것으로 보이며, 15절에서 이들이 예수님을 임금으로 삼고자 했다. 이런 점에서 헬라인 혹은 이방인 군중가설은 지지받기 힘들다. 어쨌든 빌립과 안드레가 이번 사건에서는 주인공 역할을 맡았다. 요한복음은 사도 도마를 네 차례 의미심장하게 언급하고, 나다나엘도 주목한다. 요한복음은 마태복음이나 마가복음에서 잘 알려진 베드로와 요한 중심의 사도 이야기를 보완하고 싶어서 다른 사도들의 역할을 강조하기를 원했다고 보는 것이 좋다. 예수님은 수사도 혹은 수제자 개념으로 베드로만 우대하신 것이 아니라, 열두 제자를 두루 적재적소에서 가르치 고 훈련하셨다고 보아야 한다.

6장 본문에서는 '빌립'이 예수님과 교감하는 제자로 뽑혔다. 예수님은 아마도 디베랴 사정에 밝았을 가능성이 있는 빌립에게 '어디서 떡을 살 것인가'를 물어보셨다. 이는 예수님이 자신을 따라다니는 무리가 굶주린 상황임을 알아차렸다는 뜻이다. 예수님은 사람의 필요를 정확하게 통찰하신다. 38년 된 병자가 "그 누운 것을 보시고 병이 벌써 오래된 줄 아시고 네가 낫고자 하느냐"고 물으셨다. 마가복음 2:13에서, 예수께서 "다시 바닷가에 나가시매 큰 무리가 나왔"지만 "레위가 세관에 앉아 있는 것을 보시고, 나를 따르라"고 말씀했다. 예수님의 '보는 행위'는 후속적인 구원행동을 일으키는 행위였다. '보는 행위'는 다른 사람의 필요를 알아차리는 공감의 시작이다. 빌립에게 "우리가 어디서 떡을 사서 이 사람들을 먹이겠느냐"고 물으신 까닭은, 예수님이 자신을 따르는 큰 무리가 굶주려 있었다는 것을 아셨고 어찌하든지 먹이길 원하셨기 때문이다. 굶주린 사람에 대한 예수님의 동정심은 마가복음 8:3-4에 기록되어 있다. "만일 내가 그들을 굶겨 집으로 보내면 길에서 기진하리라." 예수께서는 굶주린 사람의 비애를 아신다.

5절에서 "어디서 떡을 사서 이 사람들을 먹이겠느냐"라고 빌립에게 물은 예수님의 의도는 '빌립을 시험하고자 하심'이었다.[6절] 빌립의 어떤 점을 시험하시려고 한 것인가? 빌립의 수학적인 연산능력이나 지리실력을 시험한 것일까? 아니었을 것이다. 빌립의 책임감과 동정심, 굶주린 사람들을 먹이고 싶은 상한 목자의 심정이 있는가를 시험한 것이다. 6절은 예수님이 이미 먹일 방법을 알고 있었음에도 빌립을 시험했다고 말한다. 6절 하반절에는 3인칭 남성단수 대명사 아우토스(αὐτὸς)가 독립적으로 사용되고 있다. '예수님 그 자신(아우토스)은 자신이 무엇을 할지를 알고 계셨다.' 6절 하반절은 결국 주어인 예수님의 시험의지를 부각시키는 구문인 셈이다.

그런데 빌립은 상한 목자의 심령을 표현하지 못하고, 계산했다.[7절] '조금씩만 나눠 주어도 이백 데나리온어치의 떡이 모자랄 것 같습니다.' 빌립은 먹이고 싶은 열망을 피력하기보다 비용이 부족하다고 말한다. 예수님은 어찌하든지 무리를 먹이고자 하는 빌립의 동정심을 기대했을지 몰라도 빌립은 결핍을 인지하는 데 민첩했다. "부족하리이다." 당시의 일용노동자 하루 품삯이 한 데나리온이었다.[마 20:2, 9] 이백 데나리온은 육체노동자 7개월의 월급이었다. 이렇게 큰 돈이 부족하다는 빌립의 계산에 잠시 침묵이 흐른다. 이때 바로 시몬 베드로의 형제 안드레가 끼어들어,[8절] 보리떡 다섯 개와 물고기 두 마리를 가진 한 어린아이[파이다리온(παιδάριον)]를 소개한다. '아이'라고 번역된 파이다리온은 12세 이전의 어린 소년을 가리킬 때 사용되는 단어다. 성년에 이르지 못한 소년이 남자 어른들만 오천 명이 모여든 혼잡한 집회장에 어떻게 왔을까? 무척 이례적인 참석자다. 그러면서도 안드레는 어린아이의 음식을 보고 '이것이 이 많은 사람을 먹이는 데 얼마나 도움이 되겠는가'하고 반문한다.[9절]

예수님은 오병이어를 가진 소년을 소개하면서도 여전히 무리를 먹일 양식이 없는 상황을 걱정하는 안드레의 말에 대답하는 대신 "이 사람들"을 우선 잔디에 앉히라고 명하신다.[10절] 여기에 사용되는 '앉다'라는 동사는 아나페세인(ἀναπεσεῖν)인데 아나핍토(ἀναπίπτω) 동사의 부정과거 부정사이다. 아나핍토는 식사대형으로 약간 편하게 몸을 기대며 앉은 자세[reclining to eat]를 가리킨다. 친밀한 감정이 느껴지도록 '식사'하기에 적합한 자세로 앉게 하라는 말이었다. 사람들은 '식사가 나오겠구나'라는 기대감을 갖고 앉았을 것이다. 무리에게 '먹기를 원하는 갈망'을 고취하면서 앉힌 것이다. 이런 긴장과 서스펜스, 믿음과 기대가 교차하는 긴장점에서 예수님이 떡을 갖고 축사하신다.[11절] 예수께서 보리떡 다섯 개를 붙들고 감사를 표하신 후[유카리스테사스(εὐχαριστήσας)] 앉아 있는 사람들에게 똑같은 분량[호모이오스(ὁμοίως)]을 나눠주시고 물고기는 원하는 만큼 나눠주셨다.[11절] 예수님이 보리떡 다섯 개와 물고기 두 마리를 붙들고 감사기도 하실 때 하나님의 능력이 역사하셨다. 하나님께서 예수님에게 '이 모든 무리를 먹이시겠다'는 당신의 의향을 알리신다. 성부와 성자의 완전한 교감이 일어난다. 이때 표적이 일어난다. 무리가 배불리 먹었을 때, 예수님은 제자들에게 남은 조각을 하나도 버리지 말고 거두라고 명하신다.[12절] 보리떡 다섯 개와 물고기 두 마리로 먹고 남은 음식이 '열두 바구니'에 가득 찼다.[13절] 열두 바구니는 이스라엘을 먹일 양식을 의미하기도 하고, 혹은 이스라엘 밖의 이방인들을 먹일 양식이라는 의미도 된다. 어떤 주석가들은 바구니는 헬라인들의 음식 그릇이라는 점에 착안하여 오병이어 기적은 이방인들을 위한 예수님의 구원사역임을 강조하고, 열두 바구니 음식[마 14:20 열두 바구니; 막 6:43 열두 바구니; 눅 9:17 열두 바구니; 비교. 막 8:1-10 칠병이어 기적(8절 일곱 광주리)]은 이방인들이 먼저 예수님께 구원받고 난 후에 이스라엘이 구원받게 될 구원 섭리를 미리 예고하는 것이라고 해석하기도 한다. 이런 해석도 14-15절에 가면 근거가 없다는 것이 밝혀진다. 14-15절은 오천 명 무리가 신명기와 모세를 잘 아는 이스라엘 백성임을 시사하기 때문이다. 아울러 요한복음의 저자는 오병이어의 기적은 엘리야가 사르밧 과부집에서 일으킨 무한공급의 기적(가루와 기름, 왕상 17:14-16)과 엘리사가 한 과부의 집에서 일으킨 무한공급 기적(기름, 왕하 4:1-7)을 방불케 하면서도 그것들을 뛰어넘는 표적이라는 점을 부각시킨다. 오병이어 표적은 예수님은 예언자적이면서 예언자 이상의 존재임을 가리키는 표적인 것이다. 동시에 예수님의 살과 피를 마시는 성만찬적인 공동체가 산파될 것을 가리키는 예언적 기적이다. 오병이어의 기적은 갈릴리 민중에게 행한 자비의 표적이면서 동시에 예수님의 살과 피를 먹게 될 성만찬 공동체의 탄생을 내다보는 표적이다. 사도행전 2-4장은 오순절 성령 강림 이후 성만찬적 공동체가 형성되는 과정을 증언하고 있다.

이 표적에 대한 사람들의 반응[14-15절]을 살펴보기 전에 표적이 일어나는 순간을 좀 더 자세하게 상상해볼 필요가 있다. 무엇이 오병이어의 표적을 촉발시켰는가? 무리를 먹이시려는 예수님(하나님 아버지)의 간절함이 표적의 원천이지만 동시에 중요한 것은 굶주린 오천 명 자체의 존재이다. 굶주린 무리 자체가 하나님의 표적 창조의 동력을 촉발시키는 메시지이다. 오천 명의 무리가 굶주린 채 예수님을 따르는 이 상황이 표적과 기적의 원천이다. 신인神人의 영적 감응이 기적을 만들었다. 하나님 아버지는 이 절박한 상황에 표적으로 응답하신 것이다. 더 구체적으로 말하면 식사대형으로 앉아 적의와 이질감이 해소된 오천 명의 공동체가 하나님의 표적을 촉발시켰다. 예수님은 친밀한 감정이 수수되는 상태를 만드신 후에야 식사할 수 있다는 믿음을 고취시키시고 표적을 행하셨다. 오천 명이 느꼈던 굶주림이 예수님을 관통하며 예수님의 마음속에 오천 명을 먹이고 싶다는 상한 목자의 열망이 폭발했다. 그런데 오천 명의 굶주린 이들을 먹여야겠다는 예수님의 불타는 동정심은 하나님 아버지가 주신 마음이었다. 굶주린 무리 자체가 독생자의 열망과 동정심을 자극하였고, 독생자의 상한 목자의 심정이 영적 감응을 일으켜 하나님 아버지께 타전되자 표적이 일어났다. 무리를 먹이고자 하는 상한 목자의 열망이 하나님께 전달되었을 때 오천 명을 먹일 양식이 공급되었다. 굶주린 사람들을 먹이고자 하는 열망이 기도가 된다. 예수님의 기도는 굶주린 무리의 아우성을 싣고 아버지 하나님께 올라간다. 예수님은 오천 명을 먹이는 데만 관심을 가지신 것이 아니라 어떤 분위기에서 먹는가에도 관심을 가지셨다. 예수님은 굶주린 이스라엘을 언약 식탁공동체, 유월절 식탁공동체로 재창조하길 원하셨다. 예수님은 탄수화물을 섭취시켜 일시적 허기를 충족시키는 일회성 행동에 관심이 없었고, 오천 명을 친밀하고 우애 넘치는 형제자매 공동체로 만들어내는 일에 관심을 가졌다. 요한복음 6장의 오병이어 기적은 공관복음서의 산상수훈 강화를 대신할 뿐만 아니라 성만찬을 대신하는 본문이다.

성만찬은 영적으로 굶주린 사람들을 50명, 100명씩 언약체결 식탁에 앉혀 먹이는 예전이다. 이것은 오십부장과 백부장의 영적 지도 아래 이스라엘 민족이 시내산에서 실연한 언약체결식 장면을 방불케 한다(참조. 출 16:8; 18:21, 25; 24:11). 오병이어 표적을 통한 무리의 식사는 출애굽 후 이스라엘 백성이 만나를 함께 먹었던 광야식탁을 재현한 것이다. 모세가 일으켰던 '하늘의 표적'을 그대로 재현한 것이다. 예수님은 굶주림의 일과성 해결이 아니라 앉아서 식사하는 친밀한 오천 명의 식사공동체 창조에 더 큰 관심을 가졌다. 이것은 교회의 사명을 다시금 생각하게 한다. 교회는 굶주린 무리의 기갈을 통찰함으로 이들을 식사 자리에 앉혀 언약 공동체로 묶어내는 현장이다. 모든 차별을 극복하고 언약 공동체로 하나가 되는 것, 이것이 초대교회 성만찬의 사회사적 의미였다. 일찍이 그리스의 도시국가 스파르타의 전설적 입법자 뤼쿠르고스는 모든 스파르타에 공동식사를 강제적으로 도입해 무리한 방법으로 공동체를 창조하려고 했다. 성령의 감동 없이 강제적으로 식사공동체를 창조하려다가 민중에게 배척을 당했다.[4] 그러나 예수님은 성령의 감화감동으로 언약 공동체를 창조하려 하셨다. 온 세상 만민이 빈부노소, 노예와 자유민, 남녀, 본백성과 이방인 상관없이 한 식탁에서 그리스도의 몸된 떡을 떼어 먹는 날을 꿈꾸었다.

14-15절은 오병이어의 표적에 대한 무리의 반응을 보도한다. 14절은 무리가 이방인이 아님을 보여준다. 그들은 예수님이 신명기 18:15, 18이 말하는 '모세 후에 올 그 선지자'라고 믿었다. "네 하나님 여호와께서 너희 가운데 네 형제 중에서 너를 위하여 나와 같은 선지자 하나를 일으키시리니 너희는 그의 말을 들을지니라…… 내

가 그들의 형제 중에서 너와 같은 선지자 하나를 그들을 위하여 일으키고 내 말을 그 입에 두리니 내가 그에게 명령하는 것을 그가 무리에게 다 말하리라." 예수님 당시의 메시아 도래를 대망하는 일부 유대인들은 모세 유형의 예언자가 와서 큰 표적으로 이스라엘을 회복시킬 것이라고 믿었다(마 16:14, 눅 24:19-21 '이스라엘을 속량할 선지자').[5] "참으로 세상에 올 그 선지자"는 메시아의 별칭이었다. 감동적인 표적을 보고 예수님을 이스라엘을 속량할 자라고 믿는 바로 그 무리가 자신을 정치적으로 곤경에 빠뜨릴 것을 직감하신 예수님은 급히 다시 산으로 잠적하신다.[15절] 15절의 첫 소절을 음역하고 직역하면 무리의 의도가 집요하고 조직적임을 알게 된다. 예수스 운 그누스 호티 멜루씬 에르케스타이 카이 하르파제인 아우톤 히나 포이에쏘씬 바실레아 아네코레센 팔린 에이스 토 오로스 아우토스 모노스(Ἰησοῦς οὖν γνοὺς ὅτι μέλλουσιν ἔρχεσθαι καὶ ἁρπάζειν αὐτὸν ἵνα ποιήσωσιν βασιλέα, ἀνεχώρησεν πάλιν εἰς τὸ ὄρος αὐτὸς μόνος). '이제 그들이 왕으로 세우기 위해 곧 와서 자신을 탈취하려고 하는 것을 아시고, 그만이 홀로[아우토스 모노스(αὐτὸς μόνος)] 다시 산으로 떠나갔다.' '탈취하다'를 의미하는 하르파제인(ἁρπάζειν)은 강한 동사다. 무리는 예수님을 탈취해 왕으로 부르며 따를 기세였다. 당시에는 이미 '왕'이 존재하고 있었다. 헤롯 분봉왕이 갈릴리를 다스렸고 또 이스라엘 전역이 로마제국 황제의 속주였으므로 로마 황제가 갈릴리 민중을 지배하는 최고의 왕이었다. 이런 상황에서 오천 명의 남자들에게 '왕'으로 추대되는 것은 반역자가 되는 것이다. 그렇게 되면 예수님은 자신의 대의명분을 세상에 알리고 제자들에게 각인시키기도 전에 정치적으로 희생되고 말 것이다. 무리가 예수님을 부를 때 극도로 자제해야 하는 표현이 바로 '왕'이었다. 하나님 나라를 일개 정치적 운동으로 왜곡시킬 수 있는 위험천만한 언동이었다. 그래서 예수님은 15절의 마지막 소절에 나오듯이, 다른 사람이 아니라 그 자신이 홀로[아우토스 모노스(αὐτὸς μόνος)] 산으로 피했다. 예수님의 단독결단을 강조하는 3인칭 남성단수 대명사 아우토스가 독립적으로 사용되고 있다.

여기서 굶주린 무리의 무모함을 본다. 굶주린 무리는 자신의 허기를 충족시키는 자를 구세주요 왕으로 세우려고 한다. 히틀러, 스탈린, 모택동 모두 무리가 친히 세운 왕들이다. 지나치게 굶주린 무리의 정치적 판단은 악마의 유혹에 넘어가기 쉽다.

내니 두려워하지 말라 ●16-21절

이 단락은 앞뒤 단락과의 연결이 분명하지 않다(비교. 마 14:22-27, 막 6:45-52). 한 가지 방식은 오병이어 기적과 물위를 걷는 예수님의 사역을 모세-출애굽 유형론의 빛 아래서 해석하는 것이다. 오병이어 표적은 유대인들의 유월절 식사에 상응하는 모세보다 더 큰 자인 예수님의 유월절이며, 물위를 걷는 예수님의 표적은 모세의 홍해 도하에 상응하는 표적이라는 것이다. 요한복음의 저자는 예수님이 유대인들의 유월절을 대신하며, 유대인들의 홍해 도하를 대신하는 구원을 창조하시는 하나님의 아들이라는 것을 선포하려는 목적을 가졌다고 볼 수 있다.[6] 그러나 이것은 신학적 해석이며 목회적 성찰로는 다소 사변적이다. 목회적 관점에서 이 단락은 '왕이 되어 천하를 다스리는 예수님'을 생각하며 들떴을 제자들을 진정시키는 노도광풍 훈련을 다루는 것으로 읽을 수 있다. 22-71절에서 펼쳐지는 영생담론과 영생의 떡 말씀과 이 단락이 무슨 주제로 연결되는지 판단하기도 쉽지 않다. 그러나 제자들의 미래가 노도광풍에 휩쓸리는 고난과 역경의 세월이 될 것이라는 정도의 메시지는 얻을 수 있다. 예수님이 함께 하는 노도광풍 속의 항해라면 '두려워하지 말아야' 한다는 것이다.

산으로 혼자 잠적하신 예수님을 두고 제자들은 가버나움으로 가기 위해 다시 호수로 내려간다.[16절] 디베랴는 산상도시이기 때문에 호수로 가려면 '내려가야' 한다. 제자들이 배를 타고 가버나움으로 가려고 할 때 이미 상당히 어두워져 있었다. 날이 어두워졌는데도 예수님은 아직 오지 않았다. 기다리다가 제자들만 먼저 배를 타고 가버나움으로 '가는데, 큰 바람이 불어 계속 파도가 일어나고 있었다.' 이때 "가는데"는 '가다'를 의미하는 동사 에르코마이(ἔρχομαι)의 3인칭 복수 미완료형 에르콘토(ἤρχοντο)이다. 17절은 제자들이 어두웠을 때 배를 타고 출발한 이유를 밝힌다. 예수님이 오기를 기다렸는데 기다리다가 늦어졌다는 뜻이다. '어두웠고'의 시제가 과거완료형 시제이기 때문이다[기노마이 동사의 과거완료 에게고네이(ἐγεγόνει)]. 제자들이 배타고 출발할 때에는 이미 어두워져 있었다는 말이다. '날은 이미 어두워져 있었다. 그런데 예수는 아직 오지 않았다.' 북쪽의 헐몬산에서 불어오는 바람 때문에 갈릴리 호수의 밤 뱃길은 위험하다.

18절은 속격분사구문이다. 헤 테 달라싸 아네무 메갈루 프네온토스 디에게이레토(ἥ τε θάλασσα ἀνέμου μεγάλου πνέοντος διεγείρετο). 주어는 헤 달라싸(ἡ θάλασσα)이고 정동사는 디에게이레토(διεγείρετο)이다. 속격분사구문은 아네무 메갈루 프네온토스(ἀνέμου μεγάλου πνέοντος)이다. '큰 바람이 불어오기 때문에 갈릴리 호수가 아래위로 요동쳤다.' 이런 의미다. 정동사 디에게이레토는 아래위로 요동치는 상황을 묘사한다. 파도가 아래위로 요동친다는 말은 바람이 거세게 불었음을 나타낸다. 배가 전복될 수 있는 상황이다. 십리, 약 4킬로미터를 노를 저어 갈 즈음 제자들은 바다 위를 걸어 배쪽으로 가까이 오는 예수님을 보고 공포에 질렸다.[19절] 동일한 사건을 기록한 평행본문 마태복음 14장과 마가복음 6장에는 예수님이 새벽 3-4시쯤 왔다고 말한다. 제자들이 약 6시간 이상 호수 한가운데서 노를 젓고 있었던 것이다. 6시간 이상 고통스럽게 노를 저었음에도 4킬로미터 밖에 전진하지 못한 상황이었다. 마태복음 14장에서 말한 것처럼 바람이 거슬러서 불어오면 전진할 수 없었기 때문이다.

예수님은 6시간 이상 바다에서 두려움 가운데 혈투를 벌이고 있던 제자들에게 오신다. 예수님이 오셨을 때 제자들은 심히 두려워했다. 바람과 파도를 보고 공포에 떨었던 마음은 바다 위를 뚜벅뚜벅 걸어오시는 예수님을 보고 더 큰 두려움에 빠졌다. 요동치는 파도보다 더 무서운 장면은 그런 파도치는 호수 위를 뚜벅뚜벅 걸어오시는 예수님이다. 제자들은 공포에 질렸다. 에포베데싼(ἐφοβήθησαν)은 포베오(φοβέω) 동사의 부정과거 3인칭 복수형이다. 신성한 사태를 보고 '두려워했다'는 의미에 가깝다. 구약의 예언자들이 신적 현존에 직면해 느꼈던 것과 비슷한 두려움이었다.

20절은 예수님의 현재직설법 화법으로 표현되어 있다. 1인칭 단수 대명사가 독립적으로 사용되고 있다. 에고 에이미(ἐγώ εἰμι). '다른 이가 아니라 너희가 아는 바 나 자신이다'라는 뜻이다. '나는 존재한다, 나는 여기 있다.' 그러니 '두려워 말라'는 것이다. 예수님의 존재(에고 에이미)가 노도광풍보다 더 압도적이라는 말이다. 구약성경의 예언서, 특히 이사야 40-66장에서 빈번하게 사용되는 구원 신탁의 중심요소가, '나는 야웨이다'라는 어구이다. 예수님은 신적 항구여일성을 강조하는 마음으로 에고 에이미를 말씀하신다. 제자들은 기뻐서 예수님을 배로 영접했고 마침내 가버나움에 도착했다.[21절]

이 단락은 예수님의 현존, 에고 에이미가 노도광풍 같은 극도의 두려운 상황을 종료시키고 진정시킨다는 것을 가르쳐준다. 세상 사람들은 두려움을 느낀다는 점에서 하나다. 두려움의 원인과 양상은 모두 다르지만, 두려움에 시달리지 않는 사람은 없다. 대기업의

CEO는 시장 지배력이 줄어드는 것에 대한 두려움을 항상 갖고 있다. 연예인들은 몸무게가 조금만 늘어도 엄청난 두려움에 직면한다. 청년들은 정규직을 얻지 못하는 취업불안의 공포에 떤다. 두려움은 인간 존재를 파산시키는 감정이다. 사람마다 소원의 항구에 가기 위해 괴롭게 노를 젓지만 전진이 없기 때문에 두렵다. 본문은 두려움도 창조적임을 보여준다. 예수님을 초청하는 두려움이다. 예수님이 우리의 괴로운 노젓기 현장, 파도치는 현장에 오시게 하는 두려움이다.

본문의 두려움은 신앙을 활성화시키는 두려움이다. 영적 감수성을 회복시키고 쇄신시키는 두려움이다. 하나님께서 우리의 영적 감수성을 회복시키기 위하여 우리를 두려운 상황으로 몰아가시고, 바람과 파도를 조성하신다. 아마도 제자들은 오병이어의 표적으로 예수님을 '왕'으로 삼으려는 무리의 열기에 다소 격앙되었을 것이다. 오천 명의 무리를 다 먹이고 예수님이 왕으로 추대되는 격앙된 분위기가 싫지 않았을 것이다. 이런 상황에서 제자들은 정치적인 야심이 작동되었을지도 모른다. 마가복음 6:52은 오천 명을 먹인 사건 때문에 제자들이 영적으로 판단력이 흐려졌다는 느낌을 주는 논평을 덧붙인다. "이는 그들이 떡 떼시던 일"의 참된 의미를 파악하지 못하고 "그 마음이 둔해졌"기 때문이다. 제자들은 예수님이 임금이 되면, 자기들이 임금 주변에 있는 신하가 되고 고관대작이 된다는 생각을 했는지도 모른다.[마 19:28] 제자들은 사람들이 예수님을 왕으로 추대하려는 사태를 즐겼던 것 같다. 그래서 예수님은 제자들의 영적인 감수성을 쇄신시키기 위해 위기를 조성하셨던 것이다.

이 이야기의 핵심은 무엇일까? 첫째, 우리 하나님은 우리의 평온한 일상을 노도광풍에 집어던져 우리가 하나님을 간절히 찾도록 영적 감수성을 쇄신하기를 원하신다. 둘째, 큰 바람과 파도는 하나님의 아들 예수와 함께 있을 때는 잔잔해진다는 사실이다. 제자들은 큰 바람과 파도에 요동치는 배 안으로 예수님을 기쁨으로 영접한다. 예수님이 배에 오르시자마자 바람과 파도는 잦아든다. 우리는 요동치는 갈릴리 호수의 밤바람에 시달리는 배의 사공과 같다. 이 노도광풍의 위력에 시달릴 때 우리는 예수님을 영접하는 것의 위력을 실감한다. 바람과 파도를 잔잔하게 하실 수 있는 예수의 말씀을 삼키자마자 바람과 바다가 잔잔케 된다. 바람과 물결을 거슬러 가는 제자들처럼 우리는 이 시대의 풍조와 가치관을 거슬러서 전진해야 하기 때문에 고달프고 두렵다. 우리가 지쳐서 더이상 노 저을 힘도 없는 그 순간에 예수님은 우리의 배에 올라 바람과 파도를 잔잔케 함으로써 소원의 항구로 항해할 수 있도록 격려하신다.

무리에게 들려주시는 영생을 위한 양식 강론 ● 22-40절

22-40절의 청중은 예수님을 지속적으로 따라다니는 무리, 즉 예수님을 억지로 '왕'으로 추대하려는 군중이다. 41-59절의 청중은 예수님을 대적하며 도전하는 논쟁적인 유대인들이다. 60-71절의 청중은 제자들이다. 세 단락 모두를 관통하는 주제는 영생이다. 22-24절은 오병이어의 표적이 일어난 다음 날에 전개된 상황을 보도한다. 다음 날 디베랴에 남아 있던 무리가 한 척 외에는 대부분의 배가 디베랴를 떠나고 없는 것을 보았다. 아울러 제자들이 탄 배에 예수님이 타지 않았던 것도 알았다.[22절] 이처럼 무리의 상황인식을 보도한 22절은 24절로 바로 이어진다. 23절은 삽입어구인데 현재 개역개정은 헬라어 구문을 어색하게 번역하고 있다. '디베랴의 배 몇 척이 예수께서 축사하시고 여럿이 떡 먹던 곳 가까이 와 있었다.' 이 배들은 디베랴에서 오병이어의 표적이 행해지던 곳 근처까지 가

까이 왔던 배들이다. 23절은 무리가 디베랴에서 온 배들이 정박한 곳, 즉 어제 오병이어의 기적이 일어난 곳과 가까운 곳에 예수님이 숙박하는가 하고 샅샅이 찾아봤다고 말한다. 그러나 거기서도 그들은 예수님과 제자들을 찾지 못했다. 어제 떡 먹는 곳 근처에(디베랴 항구에 속한) 배들이 정박해 있었더라도 그것들은 제자들과 예수님이 타던 배가 아니었다. 배 몇 척이 여전히 디베랴에 남아 있더라도 예수님과 제자들이 디베랴를 떠나지 않았다는 말은 아니라는 것이다. 제자들과 예수님은 어디론가 떠났다. 그래서 무리도 배를 타고(아마도 23절이 말하는 몇 척의 배) 가버나움으로 건너갔다.[24절] 바다 건너편 가버나움에서 예수님을 만난 그들은 "랍비여, 언제 여기 오셨나이까."라고 물었다.[25절]

26절부터 예수님은 자신을 필사적으로 찾아다니는 무리의 동기를 의심하며 비판적으로 분석하기 시작한다. 26절은 무리의 동기에 대한 예수님의 예리한 통찰이다. "내가 진실로 진실로 너희에게 이르노니 너희가 나를 찾는 것은 표적을 본 까닭이 아니요." 한마디로 무리는 자신이 행한 오병이어 표적이 궁극적으로 가리키는 진실을 간파하지 못하고 예수님을 굶주림을 해결해주는 정치경제적 해결사로 믿고 접근한다는 것이다. 표적의 의미를 깨닫지 못하고 떡을 먹고 배가 불렀다는 사실 하나에 집착하며 예수님을 수단화한다는 것이다. '오병이어 표적의 참된 의미를 깨달았다면 나를 억지로 임금 삼으려고 하지 않을 것이다.' 이런 뜻이다. 오병이어의 표적은 단지 허기를 채우기 위한 기적이 아니라 예수님 자신이 바로 나뉘어지고 찢겨진 떡이라는 진실을 가리키고 있는데 무리는 예수님이 누군가에 대한 관심이 없다.

27절은 무리에게 주는 권면이다. "썩을 양식을 위하여 일하지 말고 영생하도록 있는 양식을 위하여 하라. 이 양식은 인자가 너희에

요

게 주리니 인자는 아버지 하나님께서 인치신 자니라." 그들이 정작 관심을 가져야 할 것은 예수님이 하나님께서 인印을 쳐서 보낸 인자라는 사실을 믿고 받아들이는 것이다. 예수님을 하나님의 인자라고 받아들이면 오병이어의 표적 같은 하나님의 구원 간섭을 더 많이 맛보게 될 것이다. "영생하도록 있는 양식"을 얻기 위한 일이 무엇이냐고 묻는 무리에게[28절] 하나님이 보내신 인자이신 자신을 '믿는' 일이라고 확언하신다.[29절] '믿는' 행위는 '순종하고 따르는' 행위이다. 예수님의 영생 비전에 응답하고 호응하는 행동을 보이는 것이다. 이런 점에서 하나님께서 보내신 이를 '믿는' 것은, 하나님이 이스라엘에게 해주기를 기대하는 가장 긴급하고 중요한 일이다. 하나님의 아들 예수를 하나님이 보내신 자로 믿고 영접하면 이스라엘은 철저하게 쇄신되고 갱생되어 새 언약의 공동체로 재창조될 것이다. 오병이어의 식탁은 이스라엘이 새 언약 공동체로 거듭 태어날 미래상을 잠시 선취하게 하신 것이다.

30절은 무리의 피상성을 드러낸다. 그들은 오병이어의 광야식탁을 아직도 초자연적인 하나님의 표적으로 인지하지 못하고 있다. 오병이어로 오천 명을 먹인 과정을 잘 모른다. 다만 예수님이 먹을 것을 한량 없이 공급하는 초능력자라고 안다. 그들은 정작 예수님에게 '당신을 하나님이 인치신 인자'로 믿게 만드는 표적을 요구한다. 30절에는 2인칭 단수 대명사 쒸(σύ)가 독립적으로 사용된다. '이제 당신이 무슨 표적을 행할 것인가?' 31절에서 그들은 출애굽기 16:4의 만나 이야기와 모세를 순식간에 상기하며 예수님을 출애굽기의 모세와 견주려고 한다. 그들은 '만나'보다 더 엄청난 하늘의 표적을 보고도 만나 수준의 표적을 요구한다.[31절]

32절은 만나 사건을 정확하게 해석하시는 예수님의 말씀이다. '광야에서 내려준 만나는 모세가 준 것이 아니다. 그것은 하나님이 내려주신 것이다. 그런데 만나는 장차 하늘로부터 내려주신 참 떡을 예기하는 예고적 표징이었다.' 광야의 만나사건은 과거의 사건이지만 장차 하늘에서 하나님이 내려주실 참 떡을 가리키는 표징이라는 것이다. 33절은 하나님의 떡을 설명한다. 그것은 하늘에서 내려온 떡으로서 세상에 생명을 주는 떡이다. 이 신비한 떡에 대해 듣자마자 그들은 즉각 반응한다.[34절] "주여, 이 떡을 항상 우리에게 주소서." 사마리아 수가성 여인이 보인 반응과 거의 동일하다.[4:15] '주여, 이런 물을 내게 주사 매일 물 길러 올 필요가 없게 하소서.'

35절은 그들의 즉각적 요구에 대한 예수님의 답변이다. 1인칭 단수 대명사 에고가 독립적으로 사용되는 문장이다. 에고 에이미 호 아르토스 테스 조에스(ἐγώ εἰμι ὁ ἄρτος τῆς ζωῆς). '다른 이가 아니라 나 자신이말로 생명의 떡이다.' 따라서 "내게 오는 자는 결코 주리지 아니할 터이요 나를 믿는 자는 영원히 목마르지 아니하리라." 예수님은 이 중요한 영적 진리를 계시하기 위하여 오병이어의 표적을 행하셨다. 예수님의 말씀을 듣고 믿고 영접하는 것이 예수님을 먹는 것이고 섭취하는 것이다. 자신이 생명의 떡임을 알려주기 위하여 오병이어의 표적을 베풀었는데, 무리는 예수님을 먹고 마시려고 하지 않고, 예수님이 만든 떡만 먹고 마시려고 한다.

무리는 예수님이 준 표적의 떡을 먹고 보고도 정작 예수님을 믿지 않는다.[36절] 37절은 무리의 불신앙과 배척을 아버지 하나님의 뜻 안에서 해석하시려는 예수님의 마음을 대변한다. 하나님이 보내주시는 자만이 자신을 믿을 것이며 자신은 오는 자를 결코 내쫓지 않을 것이다.[37절] 38절은 35절의 의미를 더욱 자세하게 해명한다. 예수님은 하늘에서 내려온 산 떡으로 자신의 뜻을 행하려고 하지 않고, 자신을 보내는 이, 하나님 아버지의 일을 행하는 데 투신되어 있다. 39절은 예수님의 당면과업을 말한다. 예수님은 자신에게 행하라고 하신 일이 자신에게 주신 자들을 하나도 잃지 않고 마지막 날에 모두 살리는 것임을 말씀하신다. 예수님은 사람을 살리는 일에 전력 투신하셨기 때문에 영적으로 물리적으로 온 몸이 소진되었다. 소진되었지만 예수님은 신적 원기를 공급받으셨다.

예수님의 당대과업은 무덤에서 죽은 자들을 되살려 하나님 나라의 백성으로 재활복구시키는 일이었다. 40절은 39절을 부연설명한다. 아버지의 뜻은 아들을 보고 믿는 자마다 아브라함부터 시작된 영생 공동체, 언약 공동체에 참여하는 것이다. 마지막 날에는 아브라함, 이삭, 야곱의 식탁에 앉게 될 것이다.[마 8:11] 40절의 영생은 철저하게 구약성경에 원천을 둔 영생이다. 모세가 꿈꾸던 이상적인 삶이 영생이었다. 언약적 유대와 우애가 넘치는 삶이 영생이다. 40절의 마지막 소절에서 1인칭 단수 대명사 에고가 독립적으로 사용되고 있다. '나 자신이 반드시 아들을 보고 믿는 자를 살려낼 것이다.'

예수님은 지금 이스라엘에게 전무후무한 대파국적 심판이 임박했다고 진단하신다. 이것은 세례 요한과 같은 입장이었다. 장차 임할 진노를 내다보신다.[눅 3:7] '속으로 아브라함의 자손이라고 자랑하는 선민들'의 뿌리 자체를 근절할 심판이다. "이미 도끼가 나무 뿌리에 놓여 있"는 형국이다.[눅 3:9] 이 심판은 이스라엘을 알곡과 가라지로 갈라내는 심판이 될 것이다. "손에 키를 들고 자기의 타작마당을 정하게 하사 알곡은 모아 곳간에 들이고 쭉정이는 꺼지지 않는 불에 태우시리라."[눅 3:17] 쉽게 풀어쓰면 예수님은 무리에게 이렇게 말씀하시는 셈이다. '지금 여러분이 알아야 할 것은 나를 왕으로 삼는 일이 아니다. 지금 여러분이 나에게 보낼 마땅한 태도는 내 말을 믿어주는 것이다. 내가 하나님의 인치신 자임을, 내가 하나님께 파송받아 이스라엘 백성을 전멸로부터 건져내려고 하는 선한 목자임을 믿어주는 것이다.' 인간의 일차원적인 욕망을 충족시켜주는 사람을 왕으로 삼으려는 것은 공산주의 혁명에서 실험되었다. 공산주의 혁명은 일차원적인 인간욕망을 충족시키는 지도자를 왕으로 삼았지만, 공산주의 혁명가를 왕으로 삼았던 무리들은 자유를 박탈당했다. 공산주의 사회는 동물적인 양식을 섭취하는 것을 중시했다. 그런데 인간은 아무리 동물적 양식을 섭취한다 하더라도 여전히 하나님에 대한 허기로 괴로워한다. 하나님이 주시는 양식이 아니고서는 도저히 해결할 수 없는 절대허기가 있다. 하나님이 인간을 만드실 때 하나님을 섭취하도록 인간을 만들어 놓으셨기 때문이다. 신명기 8:3과 마태복음 4:4은 '사람이 떡으로만 살 것이 아니요 하나님의 입으로부터 나오는 모든 말씀으로 살아야 한다'고 말한다. 요한복음 4:34은 예수님의 원기충족 비밀을 말한다. "나의 양식은 나를 보내신 이의 뜻을 행하며 그의 일을 온전히 이루는 이것이니라." 예수님에게는 '자신을 이 세상에 보내신 이의 뜻을 행하는 것'이 진수성찬을 먹은 것과 똑같았다. '내 아버지 하나님의 뜻을 순종하고 성취하고 실현시킬 때 나는 최고급 양식을 먹은 것이나 마찬가지다.' 하나님 말씀에 순종하면 힘이 난다는 것이다. 하나님 말씀은 순종하는 사람에게 생명력을 주고, 그에게 음료가 되며 양식이 된다.

인간이 하나님 말씀을 먹고 마신다는 말은 하나님이 원래 인간을 창조하실 때 하나님 말씀이 들어가야 할 위와 혈관을 따로 만드셨다는 말이다. 하나님의 말씀을 듣고 순종할 때 피가 돌고 생명의 영양분이 순환하도록 인간이 하나님께 최적반응을 보이도록 창조하셨다. 하나님 말씀을 먹는 행위가 하나님의 말씀인 예수님을 먹는 행위이다. 예수님을 먹는 행위는 실천된 말씀을 먹는 행위이다. 살아가는 것이 힘들어서 낙심했을 때에는 의롭고 진실하게 사랑이 가득 찬 삶을 사는 사람을 보면 힘과 용기를 얻는다. 다시 한 번 하나님 앞에서 떳떳하게 살고 싶다는 용기가 솟아난다. 그것이 바로 그 사람을 먹는 것이다. 그 사람의 삶의 열매를 먹는 것이다.

유대인들과 논쟁하시는 예수님 ●41-59절

이 단락에서 예수님은 앞 단락22-40절의 청중 중에서 '유대인들'을 따로 불러내 논쟁하시면서 22-40절을 한층 더 자세히 해설하고 설명하신다. 예수님을 죽이려는 살기가 피부에 와 닿을 정도로 유대인들의 적의가 무겁게 느껴지는 단락이다. 이 단락은 자신을 하늘에서 내려온 산 떡이라고 주장하는 예수님의 언동에 대한 유대인들의 반응과 이에 대한 예수님의 성실한 답변을 담고 있다. 41절은 자신이 하늘에서 내려온 '생명의 떡'[호 아르토스 테스 조에스(ὁ ἄρτος τῆς ζωῆς), 35절]이라는 예수님의 주장에 대한 유대인들의 당혹스러운 반응을 보도한다. 41절은 에고 에이미 구문을 의도적으로 강조한다. 에고 에이미 호 아르토스 호 카타바스 에크 투 우라누(ἐγώ εἰμι ὁ ἄρτος ὁ καταβὰς ἐκ τοῦ οὐρανοῦ). '다른 이가 아니라 바로 내가(에고) 하늘에서 내려온 떡이다.' '하늘에서 내려온'이라는 말은 '하나님께 파송받은'이라는 표현의 겸양어법이다. 하나님의 이름을 망령되이 일컫지 말라는 계명을 지키기 위해 유대인들은 하나님을 최대한 동사, 명사, 형용사로 바꿔 부른다. 랍비들은 하나님을 하나님의 '이름'을 의미하는 쉠(šēm) 또는 '하늘'이라고 불렀다. 혹은 커도쉬 이스라엘(qědôš yiśrā'ēl), '이스라엘의 거룩하신 이the Holy One of Israel'라고 부르기도 했다. 42절은 유대인들의 명시적 반박을 말한다. '이 자는 다른 이가 아니라 우리가(헤메이스) 아는 요셉의 아들 예수가 아니냐? 우리는 그의 아버지와 어머니를 알고 있다. 그런데 어떻게 그가 하늘에서 내려왔다고 하는가?' 1인칭 복수 대명사 헤메이스(ἡμεῖς)가 사용된다는 말은 '우리'가 확실히 안다는 것을 강조한다. 42절에 비추어 볼 때 여기 나오는 "유대인들"은 예루살렘에 본거지를 둔 유대인이 아니라 갈릴리 나사렛 거주 유대인들을 가리킨다. 그들은 예수님의 고향 사람들로 유대교에 충실한 사람들이다. 명절 때마다 예루살렘에 올라가는 자들이다.[4:45] 예수님의 나사렛 희년선포 설교를 듣고 경악하며 낭떠러지로 데려가 밀치려고 했던 자들이거나 그들과 관련된 자들이었을 것이다.[눅 4:28-29]

43절은 예수님의 짧은 경고이다. "너희는 서로 수군거리지 말라." 자신이 '하늘에서 내려온 떡'이라는 예수님의 주장에 충격을 받은 유대인들의 불편하고 당혹스러운 반응은 서로 귓속말로 적의어린 의심을 교환하는 수군거림으로 나타났다. '서로 수군거림'은 집단논리를 강화시켜 사유작용을 완악하게 한다. 44절에서 예수님은 유대인들이 자신을 배척하고 불신하는 섭리적인 이유를 말한다. 아버지께서 친히 이끌어주신 자만 예수님 당신께로 올 수 있다. 예수님은 자신에게 온 자는 마지막 날에 다시 살리실 것임을 확약하신다. 45절에서 예수님은 이사야 54:13, 예레미야 31:33-34를 인증하며 하나님의 가르침을 받은 자들, 곧 아버지께 듣고 배운 사람들은 다 자신에게 올 것이라고 주장한다. "네 모든 자녀는 여호와의 교훈을 받을 것이니."[사 54:13] "그러나 그 날 후에 내가 이스라엘 집과 맺을 언약은 이러하니 곧 내가 나의 법을 그들의 속에 두며 그들의 마음에 기록하여 나는 그들의 하나님이 되고 그들은 내 백성이 될 것이라. 여호와의 말씀이니라. 그들이 다시는 각기 이웃과 형제를 가리켜 이르기를 너는 여호와를 알라 하지 아니하리니 이는 작은 자로부터 큰 자까지 다 나를 알기 때문이라."[렘 31:33-34]

46절 첫 소절은 아버지께 가르침을 받았다는 말이 불러일으킬 오해를 불식시킨다. 오직 하나님께서 온 자만 아버지를 보았다. 즉 예수님 자신만이 아버지 하나님을 보았다는 것이다. 47절은 자신을 믿는 자가 영생을 가졌음을 확증하는 예수님의 말씀이다. 48절은 35절, 41절을 되풀이하는 에고 에이미, 자기계시 문장이다. 에고 에이미 호 아르토스 테스 조에스(Ἐγώ εἰμι ὁ ἄρτος τῆς ζωῆς). '다른 이가 아니라 내가 바로 생명의 떡이다.' 49-50절에서 예수님은 모세 시대의 만나 세대와 지금 자신을 먹는 세대의 차이를 설명한다. 만나를 먹은 세대는 다 죽었지만,[49절] 이 사람 곧 하늘에서 내려온 떡을 먹는 사람은 죽지 않는다. '죽지 않는다'는 말은 생화학적인 죽음을 겪지 않는다는 말이 아니라 하나님과의 언약관계에 들어간다는 말이다.

51절이 6장 전체의 요절이다. "나는 하늘에서 내려온 살아 있는 떡이니 사람이 이 떡을 먹으면 영생하리라. 내가 줄 떡은 곧 세상의 생명을 위한 내 살이니라 하시니라." 51절은 6장과 공관복음서의 성만찬 제정 본문을 연결시킨다. "또 떡을 가져 감사기도 하시고 떼어 그들에게 주시며 이르시되 이것은 너희를 위하여 주는 내 몸이라 너희가 이를 행하여 나를 기념하라 하시고 저녁 먹은 후에 잔도 이와 같이 하여 이르시되 이 잔은 내 피로 세우는 새 언약이니 곧 너희를 위하여 붓는 것이라"(눅 22:19-20; 참조. 마 26:26-28, 막 14:22-24).

52-59절은 가버나움 회당[7]에서 갈릴리 거주 유대인들과 벌인 논쟁이다.[59절] 유대인들 사이에도 논쟁이 벌어진다.[52절] 52-58절은 51절에 대한 해설이다. 52절에서 말하는 유대인들이 서로 다투는 상황은 자기 살을 먹는 떡이라고 주장하는 예수의 도발적인 언동을 보고 받은 충격 때문이다. 서로 쟁점이 달라서 다투었다기보다는 충격을 해소하는 과정에서 오고간 수군거림을 가리킨다. 유대인의 근원적 질문은, "이 사람이 어찌 능히 자기 살을 우리에게 주어 먹게 하겠느냐"는 것이었다.[52절] 사람의 살과 피를 마시며 영생에 들어간다는 사상은 당시에 로마군인들 사이에 널리 퍼진 황소숭배 제의(미트

라이즘) 같은 이교적 밀교집단에서나 들을 수 있는 말이었다. 그러나 예수님은 고대근동부터 이스라엘에 널리 알려진 언약체결식을 염두에 두고 이 말씀을 하신다. 이스라엘은 유월절 때 유월절 어린양의 피를 뿌리고 고기를 먹으며 언약백성 정체성을 확보했다. 예수님은 당신이 하나님과 이스라엘의 언약을 갱신하며 새 언약을 산파하는 인자라고 생각한다. 자신의 희생(살, 피)으로 이스라엘이 하나님의 언약백성으로 갱생되는 미래를 그린다. 53절은 이 단락 중에서도 핵심이다. "인자의 살을 먹지 아니하고 인자의 피를 마시지 아니하면 너희 속에 생명이 없느니라."[53절] 인자의 희생으로 산파되는 새 언약에 동참하는 이스라엘이 생명에 들어가는 것이다. 레위기 18:5과 신명기 30:16, 19-20, 그리고 숱한 시편들은 '생명', '산다'는 개념을 하나님의 율법과 계명을 준행함으로써 하나님과의 언약적 유대와 결속감을 누리는 것이라고 말한다. "너희는 내 규례와 법도를 지키라. 사람이 이를 행하면 그로 말미암아 살리라. 나는 여호와이니라."[레 18:5] "곧 내가 오늘 네게 명령하여 네 하나님 여호와를 사랑하고 그 모든 길로 행하며 그의 명령과 규례와 법도를 지키라 하는 것이라. 그리하면 네가 생존하며 번성할 것이요 또 네 하나님 여호와께서 네가 가서 차지할 땅에서 네게 복을 주실 것임이니라.…… 내가 오늘 하늘과 땅을 불러 너희에게 증거를 삼노라. 내가 생명과 사망과 복과 저주를 네 앞에 두었은즉 너와 네 자손이 살기 위하여 생명을 택하고 네 하나님 여호와를 사랑하고 그의 말씀을 청종하며 또 그를 의지하라. 그는 네 생명이시요 네 장수이시니 여호와께서 네 조상 아브라함과 이삭과 야곱에게 주리라고 맹세하신 땅에 네가 거주하리라."[신 30:16, 19-20]

예수님은 모세와 예언자들이 그리는 이스라엘의 이상적 공동체, 즉 하나님의 영에 추동되어 하나님의 율법을 마음에 새기고 하나님의 율법을 준행하는 언약 공동체를 산파하시려고 이 말씀을 하신다. 54절은 53절의 반복이다. 예수님의 '살을 먹고 피를 마시는 자는 영생을 가졌고, 마지막 날에 그를 다시 살릴 것'이다. 그런데 마지막 날은 예수님이 활동하시는 당대부터 시작된 종말(마지막 날)이다. 예수님이 이스라엘을 새 언약으로 재창조하시는 활동시점이 마지막 날의 시작점이다. 예수님의 초림이 마지막 날의 시작점이며, 예수님의 재림이 마지막 날의 완성시점이다. 예수님이 재림하는 날은 지금과 같은 시간과 공간 속에 펼쳐지는 역사는 종결되고 종료되는 날이며, 만물을 새롭게 하는 새 하늘과 새 땅을 창조하시는 만물갱신을 성취하는 날이다.[계 21:1-5] 즉, 예수님이 말하는 마지막 날은 일차적으로 '예수님 당대부터 시작되는 종말의 때'를 가리킨다. 예수님은 자신이 인류역사의 종말의 시작 시점이라고 본다. 아들의 음성을 듣고 살아나는 자들이 하나님과의 새 언약에 들어가고 영생한다. 영생은 하나님과의 언약관계, 언약적 결속에 들어가는 것이다.

55절의 "내 살"과 "내 피"는 각각 영생하는 사람들이 먹고 마실 참된 양식이자 참된 음료이다. 당신 자신을 하나님께 순복시키고 자신의 생명을 이스라엘을 위해 내어 주게 만드는 원기[元氣]가 예수님의 살과 피[레 17:11]였다. 예수님의 살과 피란, 그 자신을 하나님의 계명을 준수하게 함으로써 하나님 앞에 살도록 하는 내면적 결단과 의지의 총화이다.[레 18:5] 하나님께서 신명기 6:4-5 쉐마 계명에서 이스라엘에게 기대하는 전심전력의 사랑이 예수님을 원기 있게 만드는 살과 피였다. 예수님의 살과 피를 먹는 것은 하나님에 대한 예수님의 전심전력의 사랑을 소화하고 흡수하여 하나님께 쉐마적 충성을 바치는 것을 의미한다. 따라서 하나님의 뜻에 죽기까지 순종하게 만든 예수님의 살과 피를 먹고 마시는 자는, 하나님께 순복하고 하나님의 계명을 준행함으로써 하나님께 '사는 존재', 즉 하나님의 언약에 매인 존재가 된다. 즉 예수님의 살과 피를 먹고 마시는 자는 예수님과 언약적 일체가 된다. 56절은 예수님의 살과 피를 먹고 마시는 행위는 생각, 감정, 의지 면에서 예수님과 하나가 되는 것임을 더욱 분명히 한다. 예수님의 살을 먹고 피를 마시는 자는 예수님 안에 거하고 예수님도 그의 살과 피를 섭취한 자 안에 거한다. 57절은 '산다'라는 동사의 의미를 구약의 언약신학적 맥락에서 다시 정의한다. 예수님에게 '사는' 것은 자신을 보내신 아버지의 뜻을 준행하고 그와의 언약적 일체성을 구현하는 과정이다. 이것이 예수님이 아버지 하나님으로 말미암아 '사는' 것이다. 마찬가지로 예수님을 먹는 사람도 예수님의 뜻을 준행함으로써 원기를 만들어 '산다.' 예수님은 아버지 하나님의 뜻을 준행하면서 음식을 섭취한 것처럼 원기를 느꼈다. 예수님을 먹는 자는 그의 뜻을 준행하는 데서 오는 희열 때문에 원기를 느낀다. 예수님을 먹는 것은 예수님을 하나님께 순복시켰던 모든 순간의 예수님을 모방하고 체현하는 것이다. 예수님을 모방하고 체현하는 일은 원기를 느끼게 한다. 예수님과의 언약적 일체감과 유대에서 오는 원기가 음식섭취의 효과를 낸다. 먹는 행위는 에너지를 창조하는 생화학적인 활동이다. 예수님의 행동, 인격의 총화를 대표하는 살과 피를 먹는 것은 예수님의 행위를 내면화하고 육화하는 것이다. 예수님을 내면화하고 육화하는 것은 열량을 창조한다.

58절은 52-57절을 요약하는 구절이다. '이 사람은 하늘에서 내려온 떡이다. 출애굽한 후 조상들이 광야에서 먹고도 죽은 만나와 같은 것이 아니다. 만나를 먹은 조상들은 죽었다. 그러나 하늘에서 온 떡을 먹는 자는 영원히 살 것이다.' 만나는 그것을 먹은 사람을 하나님과의 영원한 언약에 결속시키지 못했지만 예수님의 살과 피를 먹고 새 언약에 결속된 자들은 성령을 받을 것이다. 이 성령은 마음에 하나님의 율법을 새기고 그 율법을 준행할 능력을 부여하신다. 52-59절의 대지를 바울은 로마서 8:9-16에서 다음과 같이 말한다.

> 만일 너희 속에 하나님의 영이 거하시면 너희가 육신에 있지 아니하고 영에 있나니 누구든지 그리스도의 영이 없으면 그리스도의 사람이 아니라. 또 그리스도께서 너희 안에 계시면 몸은 죄로 말미암아 죽은 것이나 영은 의로 말미암아 살아 있는 것이니라. 예수를 죽은 자 가운데서 살리신 이의 영이 너희 안에 거하시면 그리스도 예수를 죽은 자 가운데서 살리신 이가 너희 안에 거하시는 그의 영으로 말미암아 너희 죽을 몸도 살리시리라. 그러므로 형제들아 우리가 빚진 자로되 육신에게 져서 육신대로 살 것이 아니니라. 너희가 육신대로 살면 반드시 죽을 것이로되 영으로써 몸의 행실을 죽이면 살리니 무릇 하나님의 영으로 인도함을 받는 사람은 곧 하나님의 아들이라. 너희는 다시 무서워하는 종의 영을 받지 아니하고 양자의 영을 받았으므로 우리가 아빠 아버지라고 부르짖느니라. 성령이 친히 우리의 영과 더불어 우리가 하나님의 자녀인 것을 증언하시나니.

예수님의 살과 피를 먹는 행위는 예수님과 함께 십자가에 못 박혀 새 생명 가운데 행하는 영생으로 완결된다.[롬 6:3-5] 이 단락에서 '먹다'라는 개념은 언약신학의 맥락에서 이해되어야 한다. 고대근동 문명에서는 서로의 인격과 영혼이 결속될 때 '서로를 먹는다'라고 말한다. 즉 서로의 말과 약속, 신실성을 먹는다는 의미에서 언약체결 의식의 일환으로 '식사'를 했다. 이때의 계약식사에 나오는 양과 소는 계약 당사자를 대표하는 제물이었다. 자신을 대표하는 제물을 나눠 먹음으로써 계약 준수책임이 엄숙하게 봉인되었다. 출애굽기 24:10-11에서도 "이스라엘 자손들의 존귀한 자들"이 "하나님을 뵙고 먹고 마셨다." "하나님을 뵙고 먹고 마셨"던 이스라엘의 존귀한 자들은 이스라엘을 대표해 하나님과 계약식사를 한 것이다. 계약 당사자들은 서로의 인격과 생명을 대표하는 희생제물을 음식으로 만들어 나눠먹음으로써 언약적 결속을 상호 봉인했다. 모든 지속적 우정관계나 계약관계는 먹는 행위를 수반한다. 내가 일생 동안 어떤 사람과 서로 친구가 되겠다고 하면 그것은 서로의 인격을 먹겠다는 의미다. 이삭은 블레셋 족속의 아비멜렉과 계약을 맺고 함께 먹었다.[창 26:30] 야곱과 라반도 "여갈사하두다"(히브리어로 "갈르엣")에서 계약을 맺고 같이 먹었다.[창 31:44-54] 서로의 인격을 먹은 것이다. 결혼한 부부는 서로의 사랑, 우정, 그리고 진실한 인격을 먹으며 산다. '먹다'는 말은 계약적 결속 상태에 들어가 계약 상대의 신실성을 먹고 살아갈 원기를 공급받는다는 뜻이다.

예수님을 먹는다는 말은 예수님의 인격과 삶을 섭취하고 소화함으로써 예수님과 계약적 결속 상태를 유지한다는 말이다. 예수님과의 언약적 결속이 바로 영생이기 때문에 예수님의 살과 피를 먹어야 영생한다. 예수님을 먹고 마시는 사람만이 인생의 절대허기가 해결된다. 하나님이 만드신 인간은 예수님이라는 필수영양소를 섭취하지 못하면 절대허기에 시달려서 결국 죽음에 이를 수밖에 없다. 더 나아가 예수님처럼 자기 몸을 오천 명의 양식으로 내어줄 만큼 사랑이 충만한 사람만이 하나님과 함께 더불어 영생할 수 있다. 예수님을 먹고 마셔야만 영생을 누린다는 말은, 하나님 사랑과 이웃 사랑에 바쳐진 인생은 영생하고 죽지 않는다는 뜻이다.

그러면 예수님을 모르고 사는 사람들은 '사는 것'이 아닌가? 예수님도 모르고 마음대로 사는 사람들은 허기 중에 겨우 살고 있거나, 혹은 '살기'를 내뿜으며 다른 사람을 잡아먹고 사는 것이나 마찬가지다. 다른 사람의 생명을 착취하며 살아가는 사람들도 활기 차 보일 수 있다. 그러나 그 활기의 실상은 살기이다. 살기가 충만한 사람과 생기가 충만한 사람이 닮아 있기 때문에 쉽게 분간하기 어려울 수 있다. 부동산 투기를 비롯하여 불의한 방법으로 축재하는 사람들에게도 생기 같은 것이 있지만, 사실 그것은 살기이다. 살기를 내뿜는 사람과 자신의 몸을 오천 명의 양식으로 바치면서 남이 알아주지 않지만 고요하게 사랑에 투신된 사람 간에는 실로 큰 차이가 있다. 예수님의 제자라면 예수님처럼 자신의 인생을 오병이어로 바쳐서 '다른 사람의 양식이 되는 인생을 살아야겠다'고 결단해야 한다. 하나님 사랑과 이웃 사랑에 최적화된 인간이 되기 위해서 십자가를 지고 묵묵히 예수님의 길을 따라가야 한다. "누구든지 나를 따라오려거든 자기를 부인하고 자기 십자가를 지고 나를 따를 것이니라." 막 8:34 "누구든지 제 목숨을 구원하고자 하면 잃을 것이요." 자기 목숨을 하나님 사랑과 이웃 사랑 때문에 소진할 용기가 있는 사람들은 자기 생명을 구원할 것이다. 예수님처럼 자신의 생명을 오천 명의 양식으로 기꺼이 내어주는 결단만이 영생을 선사받도록 한다. 일인분 양식에 불과했던 오병이어가 예수님 손에서 오천 명을 먹이는 양식으로 바뀌듯이 예수님을 믿는 사람의 인생도 바뀌게 된다. 예수님을 먹지 않고 발산하는 모든 기운, 전투적 삶의 의지, 승리에 대한 의지 전부 다 살기일 가능성이 있다.

요약하면, 예수님을 먹고 섭취한다는 말에는 세 가지 의미가 있다. 첫째, 예수님 자신이 먹고 섭취했던 성경(구약성경)을 계속 섭취하고 소화하고 이해하는 것이다. 둘째, 예수님을 모방하고 예수님을 하루 종일 묵상하고 예수님 때문에 용기를 얻는 것이다. 셋째, 예수님을 잘 믿고 예수님과 계약적 결속 상태에 있으면서 예수님을 공동체적으로 따라가며 추종하는 형제자매들과 강력한 영적인 우정을 나누는 것이다. 이 단락의 요지를 쉽게 풀이하면 다음과 같다. '하나님 뜻을 행하기 위하여 순종할 때 원기가 넘칠 것이다. 그것이 바로 나(예수님)를 먹는 것이다, 하나님 뜻을 행하기 위하여 한 번 순종할 때마다 여러분은 신적인 에너지로 충만할 것이다. 그것이 바로 나를 먹는 것이다.'

영생의 말씀을 듣고 예수님을 따르는 열두 제자 ●60-71절

요한복음 6장은 비유적이고 함축적인 문체로 표현되어 있기 때문에 해석하기 쉽지 않다. 앞 단락은 예수님의 살과 피를 먹는 성만찬적 삶을 다룬다. 이 말씀은 유대인들의 격렬한 반발을 촉발시켰다. 이 단락은 예수님의 살과 피 담론이 제자들에게 일으킨 반응을 보도한다. 예수님의 충격적인 '살과 피' 담론은 유대인들에게 뿐만 아니라 제자들에게도 격한 반응을 일으켰다. "이 말씀은 어렵도다. 누가 들을 수 있느냐."60절 최초의 제자들에게도 이런 충격적인 반응을 불러일으킨 것을 볼 때 우리가 6장 본문을 이해하지 못한다고 해도 너무 실망할 필요가 없다.

이 단락을 이해하기 위해 앞 단락의 대지를 간략하게 되새김질 할 필요가 있다. 예수님이 자신을 먹고 마시는 음식이라고 말한 맥락에 주목하면서 되짚어 보려고 한다. 앞서 여러 차례 언급한 바와 같이(특히 3장 강해), 요한복음이 말하는 '영생'은 구약성경의 맥락, 더 구체적으로는 언약신학의 맥락에서 이해해야 한다. 22절 이하 단락에서 예수님은 자신이 표적으로 만든 떡을 먹는 것과 자신을 먹는 것이 전혀 다르다는 것을 강조하면서 '내가 만든 표적의 떡을 먹고 배가 부르는 것은 참 제자가 아니며, 나 자신을 먹고 마셔야만 참 제자다'라고 말씀하신다. 놀라운 표현 중 하나가 12절에 나온다. "그들이 배부른 후에 예수께서 제자들에게 이르시되." 여기서 "배부른 후에"라는 말은 동물적인 양식 섭취의 결과를 묘사할 때 쓰는 동사이다. '너희가 나를 집요하게 찾아서 왕 삼으려고 하는 까닭은 너희의 굶주린 배를 채워줬기 때문이다. 내가 오병이어의 기적을 베푼 까닭은 너희가 나를 붙들어 나를 임금 삼아 달라고 청하기 위함이 아니었다. 내가 생명의 떡이라는 영적 진리를 말해주고자 한 것이다. 내가 오천 명을 먹이는 양식이고 나를 먹고 마셔야만 사람들이 영원히 목마르지 않고 영원히 죽지 않는다는 진리를 알려주기 위해서 오병이어 표적을 행했다.' 이것이 22절 이하 단락의 요지이다. 이러한 말 사위가 유대인들에게 먹혀들지 않지만, 제자들도 이해하지 못한다.

60절은 예수님이 자기 살을 먹고 피를 마시라고 말씀하시니 제자들마저도 실족하는 모습을 보여준다. 그런 면에서 요한복음은 정직하고 투명하다. 예수님의 살과 피 강화講話는 구약의 언약신학과 영생 개념에 대한 선이해가 없으면 도저히 이해할 수 없다. 세상의 어떤 종교의 창시자도 자기 살과 피를 마시라고 하는 경우는 없었다. 종교나 고상한 철학의 창시자들은 보통 사람들이 승인할 수준의 계명부터 가르친다. '과도한 욕망을 끊으라.' '극기복례하라.' 그들은 객관적이고 보편적인 진리의 법칙을 믿으라고 설득하지, 자신을 믿고 자신의 살과 피를 먹으라고 말하지 않는다. 이런 점에서 예수님은 독창적 종교나 철학의 창시자로 분류되기 어렵다. 예수님의 모든 언어와 행동은 구약성경에서 전개된 이스라엘의 구원역사, 곧 언약을 통한 구원역사라는 배경 안에서 이해될 수 있다. 예수님이 자신을 하늘에서 왔다고 말하는 것은 신화적인 담론이 아니라, '하나님에 의해 파송받았다'는 의식의 극단적 표현이다. 자신이 이스라엘 역사의 종말에 이스라엘을 새 언약 공동체로 산파하기 위해 하나님 백성을 모으는 인자라는 의식이 예수님을 사로잡았다. 즉 신적인 피파송의식이 너무 강했다.[41절] 41절에서는 유대인들이 수군거렸고 61절에서는 제자들 중 여럿이 수군거렸다. 60절의 중간 소절은 직역하면 이렇다. '거칠다. 누가 이 말을 듣고 견딜 수 있느냐?' '듣다'는 동사는 지적 이해의 문제가 아니라 공감의 문제이다. 누가 듣고 이해하고 공감할 수 있겠느냐는 의미다. 제자들이 이렇게 불평한 것이다. 41절에서 수군거렸다는 동사는 '불평하다'를 의미하는 공귀조(γογγυζω) 동사의 3인칭 복수 미완료형[에공귀존(ἐγόγγυζον)]이다. 61절에도 동일한 동사[공귀주신(γογγύζουσιν), 3인칭 복수현재]가 사용된다.

제자들이 이렇게 수군거리는 것을 스스로 알아차리시고 예수님은 '이 말이 너희를 실족시키느냐'고 물으신다. 투토 휘마스 스칸달리제이(τοῦτο ὑμᾶς σκανδαλίζει). '실족시키다'라고 번역된 헬라어는 스칸달리조(σκανδαλίξω)이다. '넘어지게 만들다'는 말이다. 제자들 중 여럿이 실족한 것처럼 보인다. 그런데 62절에서 예수님은 자신이 이전에 있던 곳으로 올라가는 것을 볼 때에는 제자들도 자신의 말을 이해하고 공감할 수 있을 것이라고 말씀하신다. 인자가 들릴 때에야 요 3:14-15; 8:28; 12:32 제자들이 자신의 말을 진정으로 이해하고 납득할 것이라는 암시이다.

63절은 의미심장한 말씀이지만 난해하다. 음역하고 직역하면 이렇다. 토 프뉴마 에스틴 토 조오포이운, 헤 사르크스 우크 오펠레이 우덴. 타 레마타 하 에고 렐랄레카 휘민 프뉴마 에스틴 카이 조에 에스틴(τὸ πνεῦμά ἐστιν τὸ ζῳοποιοῦν, ἡ σὰρξ οὐκ ὠφελεῖ οὐδέν· τὰ ῥήματα ἃ ἐγὼ λελάληκα ὑμῖν πνεῦμά ἐστιν καὶ ζωή ἐστιν). '영이 바로 살리는 것이며 육은 어떤 것에도 유익하지 못하다. 다른 이가 아니라 바로 내가(에고) 이제까지 너희에게 말했던 그 말씀이 영이며 동시에 생명이다.' 이제까지 예수님이 말씀한 모든 영생담론, 살과 피 담론은 하늘에서부터 기획되고 시작된 가르침이었기에, 이제까지 받은 유대교 전통종교 교육이나 개념은 예수님의 이 가르침을 이해하는 데 전혀 도움이 되지 않는다는 것이다. 예수님이 강설하신 '영생', '살과 피', '부활' 등은 모두 다 영이요 생명이다. 이것들은 모두 하나님이 하실 일, 성령이 하실 일에 속한다.

64절은 이 영생담론, 살과 피 강화가 제자들 일부에게는 받아들여지지 않았음을 보여준다. '믿지 않는 자들'은 복수로 표현되어 있다. 더욱 충격적인 것은 이 믿지 않는 자들 중에 자기를 팔 자가 들어 있다는 발언이다. 아마도 가룟 유다가 '이 말은 어렵도다'는 반응을 주도했을 것이다. 65절은 44절의 취지를 되풀이한다. '아버지 하나님이 보내 주지 않은 자'는 스스로 아무리 노력해도 자신에게 올 수 없다. 예수님 주변을 맴도는 것과 예수님께 와서 속하는 것은 전혀 다르다. 아버지 하나님이 보내 주시지 않았는데 스스로 예수님을 능동적으로 찾는 자들은 예수님께 순복하기 위한 것이 아니라 예수님을 이용하여 자신의 아젠다를 추구하려는 자들이다. 65절은 예수님의 추종자들을 걸러내는 분리기 역할을 한다. 66절은 이 말을 듣고 많은 제자들이 떠나가고 다시는 그와 동행하지 않았음을 밝힌다. 이 떠나간 제자들이 예수님을 '십자가에 못 박으라'고 소리친 목소리가 되었다. 빌라도의 관정 앞에서 예수님을 십자가에 못 박으라고 소리친 자들은 예수님을 모르는 자들일 수 없다. 알았지만 용납할 수 없고 공감할 수 없는 증오와 배척감을 가진 사람들이었다. 그들은 한때 예수님을 따랐으나 예수님이 펼친 영생담론, 살과 피 강화에 실족한 자들이다. 누가복음 10:1은 예수님을 따르는 제자들이 칠십 명이나 되었다고 말한다. 이 칠십 명도 따로 세워서 추린 제자들이니 사실상 더 많은 제자들이 예수님 주변을 따르고 지켰을 가능성이 크다.

67절은 열두 제자에게 자신을 계속 따를 것인지 떠날 것인지를 단도직입적으로 묻는 비장한 질문이다. 헬라어 구문의 둘째 소절은 부정문이 문두에 나오는 부정의문문이다. 여기에는 2인칭 복수 대명사가 독립적으로 사용되어 '너희'의 의향이 무엇인지에 방점이 찍혀 있다. 둘째 소절을 음역하고 직역하면 이렇다. 메 카이 휘메이스 델레테 휘파게인(μὴ καὶ ὑμεῖς θέλετε ὑπάγειν). '심지어 너희도 떠나가려는 것은 아니냐?' 비장하고 고독한 질문이다. 이때 시몬 베드로가 어수선하고 어색한 분위기를 즉각 수습한다. 68절에 비추어 볼 때 베드로는 영생의 말씀을 어느 정도 이해한 것처럼 보인다. 둘째 소절의 직역은 이렇다. '주여(퀴리에), 우리가 어디로 떠나가겠습니까? 영생의 말씀[레마타 조에스 아이오니우(ῥήματα ζωῆς αἰωνίου)]을 당신이 갖고 계십니다.' 어느 정도 깊이까지 정확하게 이해했는지 몰라도 베드로는 예수님이 영생의 말씀을 갖고 가르치기 때문에 자신들은 떠나지 않겠다고 대답한 것이다. 69절은 떠나지 않는 이유를 더욱 자세히 밝힌다. 1인칭 복수 대명사 헤메이스(ἡμεῖς)와 2인칭 단수 대명사 쒸(σὺ)가 동시에 사용되는 구문이다. '그리고 다른 이가 아니라 바로 우리(헤메이스)는 당신이야말로(쒸) 하나님의 거룩하신 자임을 믿어 왔고, 알아왔습니다.'

70절은 베드로의 민첩한 호응에 대한 예수님의 중대한 답변이다. 여기서 1인칭 단수 대명사 에고가 사용된다. 자신이 선택했지만 하나님이 보내주시지 않은 자가 있다는 말이다. 보통 랍비-제자의 관계는 제자들에게 선택의 주도권이 있다. 그런데 예수님의 경우 선택의 주도권이 예수님에게 있었다.[요 15:16] 예수님은 열두 제자를 밤이 새도록 기도해 세우셨다(참조. 눅 6:12, 막 3:13). 70절의 둘째 소절은 충격적이다. '내가 택한 제자 열둘 중 한 사람은 마귀'[디아볼로스(διάβολός)]이다. 사람을 마귀라고 부르는 것은 이례적이다. 71절에서 이 말은 가룟 유다를 가리키는 말이라고 설명한다. 개역개정은 헬라어 유단 시모노스 이스카리오투(Ἰούδαν Σίμωνος Ἰσκαριώτου)를 '가룟 시몬의 아들 유다'라고 번역하는데 근거가 약한 번역이다. 굳이 번역하자면 '가룟 사람(이스는 히브리어 '남자'를 의미하는 이쉬의 아람어 발음) 시몬의 유다'이다. 시몬의 아들이라는 말은 없지만 용례상 이렇게 번역할 수는 있다. 가룟은 어딘지 분명하지 않은 지역인데 아마 갈릴리의 어느 지방일 것이다. 그가 어떤 계기로 예수님의 제자가 되었는지는 알려진 바가 없다. 그는 예수를 팔 생각을 계속 품어온 자라고 말해진다. 71절의 둘째 소절을 음역하고 직역하면 이렇다. 후토스 가르 에멜렌 파라디도나이 아우톤, 헤이스 에크 톤 도데카(οὗτος γὰρ ἔμελλεν παραδιδόναι αὐτόν, εἷς ἐκ τῶν δώδεκα). '왜냐하면 이 자는 그를 넘겨주려는 마음을 품고 있었기 때문이다. 열둘 중 하나이면서.' 에멜렌은 '바야흐로 ~하려 하다'를 의미하는 동사 멜로(μέλλω)의 3인칭 단수 미완료시제다. 유다가 예수를 우발적으로 넘긴 것이 아니라 넘기려는 생각을 지속적으로 품고 있다가 본문의 영생담화와 살과 피 강화를 듣고 실족했다는 것이다. 결국 요한복음 6장의 영생담론과 살과 피 강화가 유다의 배반을 심화시키는 계기가 되었다.

메시지

앞서 언급한 바와 같이 요한복음이 말하는 영생은 영원히 존속될 만한 가치가 있는 삶을 가리킨다. 그것은 하나님과의 언약에 매인 삶이며 이웃과의 언약에 결속된 삶이다. 파울로 코엘료 같은 사람의 뉴에이지 문학은 신과 인간이 직접 접촉해서 누리는 풍성한 삶을 상상한다. 요한복음의 영생은 뉴에이지 종교가 말하는 그런 영생과는 전혀 다르다. 영과 직접 교통하여 초능력을 발휘하거나 영생 불사를 누리는 몽환적인 생활이 아니다. 영생은 구약성경의 언약사상에서 유래한 개념이다. 레위기 18:5, 신명기 30:19-20, 시편 133편 등은 영생을 이해하기 위해 참조해야 할 원천자료이다. 특히 시편 133편은 '영생'이라는 말을 직접적으로 사용하는 본문이다. "보라, 형제가 연합하여 동거함이 어찌 그리 선하고 아름다운고. 머리에 있는 보배로운 기름이 수염 곧 아론의 수염에 흘러서 그의 옷깃까지 내림 같고 헐몬의 이슬이 시온의 산들에 내림 같도다. 거기서 여호와께서 복을 명령하셨나니 곧 영생이로다." 시편 133편은 초월적인 하나님의 복이 형제자매들끼리 오순도순 평화롭게 사는 공동체를 창조하는 정경을 노래한다. 신명기가 말하는 영생과 거의 같은 의미로 생명이라는 단어를 사용한다. 신명기적 생명은 이웃끼리 영원히 결속되어 사는 삶, 어떤 전쟁 천재지변 인재지변 등 삶을 위협하는 세력으로부터 온전히 보호받는 삶이다. 레위기 18:5은 야웨의 계명을 지키고 사는 사람이 '산다'고 말한다. 레위기는 하나님과 그의 언약적 계명에 충실한 일상생활을 영위하는 것을 '사는' 행위라고 본다. 이 세 구절을 요약하면, 영생은 하나님과 맺은 언약에 충실하여 하나님 사랑과 이웃 사랑에 매여 있는 자유로운 공동체 참여생활이라고 볼 수 있다.

사랑에 깊이 몰입해본 사람은 영원히 존속되는 사랑의 삶, 즉 영생을 희구하는 마음을 갖는다. 요한복음이 말한 영생은 영원히 존속될 만한 가치가 있는 사회적인 삶을 가리킨다. 요즘말로 하면 정치적으로, 사회적으로, 생태적으로 지속가능한 삶이다. 요한복음은 이 땅에서 실현될 영생에 초점을 맞추되 지구 탈출적이고 육신 탈피적인 영생을 희구하지 않는다. 이스라엘 민족이 예수 그리스도를 믿으면 영생을 누리고 예수 그리스도를 믿지 못하면 멸망을 당한다는 선언은 예수님의 당대 청중에게 엄청난 의미가 있었다. 그러나 요한복음의 영생은 지상에서 시작되고 실현되지만 지구적인 차원의 공동체적인 삶을 뛰어넘는 초월적인 완성을 기다리는 삶이다. 지상에서 아무리 영생이 실현되어도 그것은 유토피아적인 의미의 영생은 아니다. 요한복음은 신약학자들이 주장하듯이 '실현된 종말'[8]을 강조하지만, 그렇다고 히브리서 12:22-24이 말하는 완성될 하나님 나라, 즉 "하늘의 예루살렘과 천만천사와 하늘에 기록된 장자들의 모임과 교회와 만민의 심판자이신 하나님과 및 온전하게 된 의인의 영들과 새 언약의 중보자이신 예수"가 중심이 되는 새 하늘과 새 땅에서 이뤄지는 영생을 부정하지는 않는다. 요한복음은 보혜사 성령의 인도를 받으며 진리를 알고 자유케 된 하나님의 자녀들 안에 역사 완성적인 종말의 시점에 완성될 영생이 이미 시작되었음을 강조한다. 중요한 것은 요한복음에서 예수님이 말하는 영생이 당대의 청중에게 어떻게 이해되었을 것인가를 규명하는 것이다. 그들에게 영생은 모세오경과 예언자들이 꿈꾸던 이상적인 언약 공동체의 삶, 즉 언약적 결속과 우애를 실현한 공동체적인 삶이었다는 점이 먼저 강조되어야 한다.

예수님 당시와 그 후 한 세기 동안에 '이스라엘의 미래'를 개척하려고 하는 다섯 집단이 활동했다. 첫째, 로마제국을 무력으로 몰아내고 신정국가를 세우려는 열심당원들이다. 다음으로는 정반대의 스펙트럼을 대표하는 사두개파와 헤롯파가 있었다. 헤롯당은 로마제국으로부터 정치용역권을 따내어서 이스라엘을 분할통치하고 로마제국에게 충성을 바치는 정치용역업자들이었다. 헤롯 왕실은 이스라엘을 네 개의 나라로 나눠 분봉왕이 각각의 지역을 다스렸다. 분봉왕이라고 번역된 헬라어는 테트라아르케스(τετραάρχης), 즉 '4분의 1지역 왕'이라는 뜻이다. 예루살렘은 대제사장에게 관할권이 위임되어 있었기에 이스라엘을 지배하는 토착세력은 4+1로 구성돼 있었던 셈이다. 로마제국은 4+1로 구성된 토착세력을 중개고리로 이스라엘 전지역을 속주로 지배했는데, 이 중 1에 해당하는 자들이 사두개파였다. 바벨론 귀환포로 출신의 사독계열 제사장 계보를 계승한다고 주장한 자들이었다. 그들은 원래의 사독계열 제사장들과는 혈연적 관계는 없었지만, 그렇다고 주장했기에 사두개파라고 불렸다. 이들은 대체로 친로마 세력이었으며, 신학적으로는 자유주의적인 관점을 견지해 천사와 부활 등을 믿지 않았다. 다음으로 바리새파가 있었고, 그보다 더 급격한 분리주의자들인 에세네파가 있었다. 현상유지적 수구세력인 헤롯당과 사두개파와 달리 이들은 종교적 성결과 철저한 율법 준수를 통해 이스라엘을 갱신시켜 메시아 도래를 촉진시키려고 한 자들이었다.

예수님은 이 다섯 개 분파 어디에도 속하지 않으셨다. 예수님은 이사야 42-61장에 제시된 청사진에 따라 이스라엘을 쇄신하여 이사야 60-62장에 약속된 하나님 나라를 실현하려고 분투하셨다. 예수님은 로마제국을 시체가 된 이스라엘을 뜯어 먹으러 온 독수리떼라고 보았으며, 이스라엘을 영적으로 갱신해 하나님의 새 언약백성으로 회복시킴으로 극복 가능한 모순이라고 보셨다. 이스라엘의 열두 지파를 하나님의 새 언약으로 묶어 하나님의 친정통치를 받는 하나님 나라로 회복하면 이방의 압제를 넘어설 수 있다고 보셨다. 예수님은 가이사랴에 있는 로마총독부가 아니라 예루살렘 성전이 문제라고 생각하셨다. 예수님은 모세와 예언자들이 꿈꾸는 하나님의 언약백성 공동체 회복에 온 에너지를 다 쏟으셨다. 이스라엘 민중 안에서 형제자매적 사랑과 우애가 불붙듯이 일어나는 영생을 선포하셨다. 이것이 하나님 나라 복음이었다. 그는 영원히 존속할 만한 가치 있는 삶이 불빛처럼 퍼져야만 이스라엘에 미래가 있다고 주장하셨다. 이것이 예수님의 성만찬적인 공동체주의였다. 자기 살과 피를, 다른 사람을 먹이는 양식으로 내어주는 사람들이 이스라엘의 미래라고 보셨다. 이스라엘의 미래는 왕도 아니고 상비군도 아니고 관료조직도 아니고 성전도 아니다. 자기 몸을 하늘에서 내려온 산 떡으로 여겨서 자기 몸을 다른 사람의 음식으로 제공하는 사람들이다. 이런 사람들이 이스라엘의 참 왕이고 이스라엘의 주도세력이며 이스라엘의 미래를 담보하는 사람이라는 것이다. 이스라엘 민족이 로마제국과 군사 대결을 통해서 얻는 신정국가가 이스라엘의 미래가 아니다. 이스라엘 미래는 하늘에서 내려온 산 떡이신 예수님이 자기 몸과 자기 생명력을 다른 사람을 위해서 식사로 제공하는 것과 같은 자기 내어줌과 자기 양도가 일상화되는 언약 공동체에 의해 담보된다. 예수님의 가르침은 당대에 진짜 필요한 말이었다. 예수님의 모든 설교는 일차적으로 그 당대의 사람들을 살리는 말이었다. 요한복음 3:16도 철저하게 당대의 청중에게 주시는 말씀이었다. "하나님이 세상을 이처럼 사랑하사 독생자를 주셨으니 이는 그를 믿는 자마다 멸망하지 않고 영생을 얻게 하려 하심이라."

이스라엘 민족이 로마제국과 군사적 항쟁을 통해서 나라 전체를 통째로 해방시키려는 모험은 민족적 자살행위에 가까웠다. 예수님은 이 군사적 항쟁주의가 민족 멸망을 초래할 가능성을 심히 걱정하셨다. 예수님은 이스라엘 동포끼리 서로 믿고 사랑하고 상처를 싸매주고 채무를 탕감해주고 먹을거리를 나누는 사랑이 로마제국을 이기는 유일한 길이라고 보셨다. 사랑과 우애로 단련된 언약 공동체가 튼튼하게 뿌리를 내리면, 로마제국과 군사적 항쟁이라는 극단의 민족적 자살행위를 하지 않고도 이스라엘 민족이 영생할 수 있다. 민족적인 생명을 유지해갈 수 있다.

'내가 하늘에서 내려왔다'와 같은 말씀은 매우 도발적이고 낯설다. 이단교주들이나 할 주장이다. 청중에게 무한복종을 유발하려는 의도인가 의심스러울 수 있다. 그러나 결코 그런 의도가 아니었다.

'이 자는 우리가 잘 아는 요셉의 아들 예수가 아니냐.' 이렇게 수군거리는 사람들에게 예수님이 들려주신 주장의 진의는 이것이었다. '이스라엘 동포 여러분, 내가 하늘에서 내려왔다고 하는 주장은나의 종교적 기득권과 권력을 주장하고 행사하기 위한 것이 아닙니다. 내가 하늘에서 내려왔다는 말뜻은 철두철미한 자기 비움과 복종을 촉구하는 것이요, 하나님이 나를 파송했다는 강력한 피파송의식, 즉 하나님이 나를 직접 보내셨다는 의식을 강조하는 말입니다. 하늘에서 내가 내려왔기 때문에 이기심을 충족시키는 어떠한 행동도 하지 않습니다. 오히려 나는 죽기까지 하나님 아버지께 순종하기 위해 이런 불편한 주장을 하는 것입니다.'

확실히 세계종교의 창시자들의 언어와 예수님의 언어는 상당히 다르다. 세상의 종교들은 미지의 사후세계에 대한 무지와 동경을 이용해 사람들을 지배한다. 모든 종교는 이원론에서 탄생한다. 예수님은 이 이원론을 깨뜨리기 위해 하늘에서 파송된 성육신하신 하나님이다. 이런 피파송의식이 예수님을 자기부인으로 몰아갔으며, 예수님은 자신의 살과 피가 인간의 양심을 하나님께 결속시키는 언약체결의 제물이라고 주장하신다. 누구든지 예수님의 살과 피를 먹으면 예수님이 하나님께 느낀 피파송의식을 느끼게 된다. 예수님은 우리로 하여금 자기 살과 피를 먹게 만드신 후에 우리가 예수님의 살과 피에 동화되도록 하신다. 예수님 유전자 복제 같은 일이 일어난다. 예수님의 살과 피가 우리 안에 들어오면 시편 133편에 나오는 형제자매와 연합하고 동거하는 데 최적화된 개인으로 거듭 태어난다. 높은 헐몬산은 지형성 강우를 일으킨다. 높은 헐몬산이 밤마다 이슬을 만들어서 시온 들판을 윤택하게 한다. 예수님의 살과 피를 먹고 마시는 사람들은 고결한 헐몬산 같은 영적 고도를 유지하며 메마른 땅을 적시는 이슬을 만든다. 그들의 삶은 이슬처럼 들판을 윤택하게 한다. 예수님의 살과 피를 먹고 마시는 사람은 제사장적 축복의 매개자가 된다. 아론의 머리는 지도자들이다. 성직자들도 아론의 머리가 되고 부모들도 아론의 머리가 된다. 아론의 머리는 하나님의 축복의 감람유를 받아 수염을 거쳐 옷깃까지 흘러내려 보낸다. 성한 사람은 성하지 못한 사람의 헐몬산이 되는 것이며, 공부 많이 한 사람은 공부하지 못한 사람의 헐몬산이 되는 것이고, 기업을 통하여 성공한 사람들은 가난한 사람들의 헐몬산이 되는 것이다. 이것이 바로 사람이 자기 목숨을 다른 사람의 양식으로 주는 것이다. 이런 사람이 많아질 때 인류는 멸망이 아니라 영원히 지속가능한 삶을 살게 된다. 기독교는 인류에게 영생을 주는 보물이기 때문에 이런 기독교는 온 땅에 퍼져야 한다.

파푸아 뉴기니 이리안자야 부근에서 사역했던 캐나다 선교사 돈 리차드슨은 『화해의 아이*Peace Child*』라는 책을 썼다. 그의 선교지였던 파푸아 뉴기니에는 주기적으로 이웃부족을 배신하고 이웃부족을 습격하여 이웃부족의 피를 먹고 마심으로써 자기부족의 번영을 누리는 사위sawi라는 부족이 있었다. 사위족의 특징은 주기적 배신을 통해 쾌감을 극대화하고 적의 살과 피를 마심으로 공동체적 결속을 다지는 것이었다. 이웃부족과 오랫동안 평화로운 상태를 유지하다가 이 평화로운 협정계약을 갱신하기 위해 이웃부족의 대표 한 사람이 오면 한 달 동안은 환대하며 그 대표를 감동시킨다. 29일 동안 친절로 감동시켜서 이웃부족의 대표가 자신의 부족과 사위족은 계약이 연장된다고 확신하는 바로 그 순간, 30일째 되는 날 사위족이 그 대표를 배신해서 잡아먹는다. 사위족은 배신당한 이웃부족의 대표가 놀라는 모습을 보고 쾌감을 느끼면서 그 대표의 살을 뜯어먹는다. 돈 리차드슨은 이런 부족을 전도하려고 애썼다. 그는 사위부족과 인근 다른 부족이 화해협정을 맺을 때 '죄없는 아이'를 한 명씩 주고받으면서 평화를 유지하는 전통을 이용해 예수님을 전한다. 이웃부족에게 평화의 볼모로 잡혀가는 아이를 화해의 아이Peace Child라고 불렀다. 돈 리차드슨은 예수님이 바로 전세계 부족들에게 '화해의 아이'라고 전했다. 예수님의 살과 피를 먹고 마심으로써 이웃부족을 배신하지 않고 잡아먹지 않는 길이 있음을 전했다.

이 세상에서 예수님의 살과 피, 즉 성령을 마시지 않고 살면, 사위족처럼 다른 사람을 배신하고 살과 피를 뜯어먹으면서 자기 존재를 유지할 수밖에 없다. 그런데 예수님의 성령을 받고 자기 몸을 떼어주는 예수님의 성만찬적 사랑을 경험하고 모방하면 자신도 모르게 점차 자신의 생명을 다른 사람의 음식으로 제공하는 삶을 살게 된다. 이것은 파푸아 뉴기니 사위족까지도 알아야 하는 복음이다. 예수 그리스도의 살과 피를 나누는 운동, 이것이 참 기독교이다.

요한복음은 육신을 입은 채 이런 영생을 사는 것이 가능하다고 가르친다. 신령한 일은 육체를 덜 쓰는 일이라는 생각은 성경에서 낯설다. 이것은 토마스 아퀴나스가 대중화시킨 단순논법인데 요한복음은 이런 이원론을 극복한다. 육신은 정신에 비해서 열등하기 때문에 영혼과 관련된 일을 하는 성직자는 영적인 삶을 사는 것이고, 육체노동자들의 육체노동은 열등하다는 것은 성경에 뿌리박은 기독교라면 받아들일 수 없는 사상이다. 영생은 육체를 입고 사는 사람이 지금 누리고 장차 상속하는 삶이다. 누가복음 10:25에 젊은 부자가 와서 묻는다. "선생님, 내가 무엇을 하여야 영생을 얻으리이까." 이 구문은 정확하게 번역하면, '어떻게 하면 영생을 상속할 수 있습니까'이다. '상속하다'[클레로노메오(κληρονομέω)]라는 동사가 마태복음 5:5에서 다시 사용된다. "온유한 자는 복이 있나니 그들이 땅을 기업으로 받을 것임이요." '땅을 상속한다'는 말과 '영생을 상속한다'는 말은 같다. 영생은 땅에서 사는 공동체 생활에서 시작되어 예수님의 재림으로 개시될 완성된 하나님 나라에서 완성되는 언약적 결속의 삶이다. 평화롭고 의롭고 적대관계가 해소된 채 땅에서 사는 공동체 생활에서, 장차 완성될 하나님 나라에서 누릴 영생이 선취적으로 경험된다. 하나님을 전심으로 사랑하고 이웃을 내 몸처럼 사랑하는 곳에 영생이 실현된다. 이런 삶은 도덕적 수양만으로는 실현될 수 없다. 성령의 감화감동이 필요하다. 영생은 성령으로 추동되어야만 지속가능한 공동체 삶이다. 로마서 8:11-14은 영생에 참여하는 개인이 어떻게 성령의 감화감동을 받는가를 말해준다. "예수를 죽은 자 가운데서 살리신 이의 영이 너희 안에 거하시면 그리스도 예수를 죽은 자 가운데서 살리신 이가 너희 안에 거하시는 그의 영으로 말미암아 너희 죽을 몸도 살리시리라."롬 8:11 죽을 몸, 덧없는 가치에 매여 있는 몸인데 이 몸 안에 성령이 거하면 고린도전서 15:42-44의 부활이 약속된다. "죽은 자의 부활도 그와 같으니 썩을 것으로 심고 썩지 아니할 것으로 다시 살아나며 욕된 것으로 심고 영광스러운 것으로 다시 살아나며 약한 것으로 심고 강한 것으로 다시 살아나며 육의 몸으로 심고 신령한 몸으로 다시 살아나나니 육의 몸이 있은즉 또 영의 몸도 있느니라."

이런 영생을 상속받으려면 예수 그리스도가 주는 살과 피를 먹어야 한다. 초대교회는 예수님의 살과 피를 먹는 경험을 성만찬에서 떡을 떼는 경험으로 했다. 초대교인들에게는 예수님 당시에 예수님의 살을 먹고 피를 마시는 일이 낯설지 않았고 어렵지도 않았다. 누가복음 24장에서는 엠마오로 가는 두 제자가 예수님이 떼서 주신 떡을 먹자마자 눈이 밝아진다. '눈이 밝아진다'는 것은 원기가 회복됐다는 의미다. 엠마오 도상의 두 제자가 총체적 기진맥진 상태에 빠져서 더이상 걸어갈 힘이 없었을 때, 예수님이 떡을 떼어주신다. 누가복음 22:19-20에서 약속한 당신의 살과 피를 음식으로 주신 것이다. "이것은 너희를 위하여 주는 내 몸이라…… 이 잔은 내 피로 세우는 새 언약이니 곧 너희를 위하여 붓는 것이라." 두 제자는 예수님이 떡을 떼어주실 때, 이 성만찬 말씀이 상기되며 떡을 먹자마자 눈이 밝아져 부활하신 예수님이 옆에 계신 것을 깨달았다. 이처럼 초대교회는 성만찬의 떡을 뗄 때마다 주님의 임재를 경험하고 주님 자신을 먹는 것과 똑같은 효과를 맛보았다. 그런데 오늘날 우리는 예수님의 살과 피를 먹는 일에 태만하다. 그래서 교회 안에서마저도 예수님의 살과 피를 먹는다는 말뜻 자체가 낯설고 생소하게 들린다.

그럼에도 여전히 교회가 주님의 동역자요 세상의 희망이 되는 이유는 57절이 말하는 바와 같이, 예수님처럼 하나님 아버지가 주신 명령을 수행하다가 원기충천해지는 사람들이 존재하기 때문이다. 인류역사가 지금까지 계속 유지되는 이유는 예수님처럼 자신의 살과 피를 다른 사람에게 양식으로 내어주는 사람들의 성만찬적 희생 덕분이다. 예수님이 제자들도 실족할 만큼 강한 자기주장, 즉 '내가 하늘에서 내려온 산 떡'이라고 한 주장은 기독교를 다른 종교보다 높이려는 의도가 아니었다. '나는 하늘에서 내려온 산 떡이요, 생명의 음료이다'라는 예수님의 배타적 자기주장은 온 세계 만민을 위해 살과 피를 선사하기 위함이다.

7장.

누구든지 목마르거든 내게로 와서 마시라

7

[1]그 후에 예수께서 갈릴리에서 다니시고 유대에서 다니려 아니하심은 유
대인들이 죽이려 함이러라. [2]유대인의 명절인 초막절이 가까운지라. [3]그
형제들이 예수께 이르되 당신이 행하는 일을 제자들도 보게 여기를 떠나 유대로 가소
서. [4]스스로 나타나기를 구하면서 묻혀서 일하는 사람이 없나니 이 일을 행하려 하거
든 자신을 세상에 나타내소서 하니 [5]이는 그 형제들까지도 예수를 믿지 아니함이러라.
[6]예수께서 이르시되 내 때는 아직 이르지 아니하였거니와 너희 때는 늘 준비되어 있
느니라. [7]세상이 너희를 미워하지 아니하되 나를 미워하나니 이는 내가 세상의 일들
을 악하다고 증언함이라. [8]너희는 명절에 올라가라. 내 때가 아직 차지 못하였으니 나
는 이 명절에 아직 올라가지 아니하노라. [9]이 말씀을 하시고 갈릴리에 머물러 계시니
라. [10]그 형제들이 명절에 올라간 후에 자기도 올라가시되 나타내지 않고 은밀히 가시
니라. [11]명절중에 유대인들이 예수를 찾으면서 그가 어디 있느냐 하고 [12]예수에 대하
여 무리 중에서 수군거림이 많아 어떤 사람은 좋은 사람이라 하며 어떤 사람은 아니
라 무리를 미혹한다 하나 [13]그러나 유대인들을 두려워하므로 드러나게 그에 대하여
말하는 자가 없더라. [14]이미 명절의 중간이 되어 예수께서 성전에 올라가사 가르치시
니 [15]유대인들이 놀랍게 여겨 이르되 이 사람은 배우지 아니하였거늘 어떻게 글을 아
느냐 하니 [16]예수께서 대답하여 이르시되 내 교훈은 내 것이 아니요 나를 보내신 이의
것이니라. [17]사람이 하나님의 뜻을 행하려 하면 이 교훈이 하나님께로부터 왔는지 내
가 스스로 말함인지 알리라. [18]스스로 말하는 자는 자기 영광만 구하되 보내신 이의
영광을 구하는 자는 참되니 그 속에 불의가 없느니라. [19]모세가 너희에게 율법을 주지
아니하였느냐. 너희 중에 율법을 지키는 자가 없도다. 너희가 어찌하여 나를 죽이려
하느냐. [20]무리가 대답하되 당신은 귀신이 들렸도다. 누가 당신을 죽이려 하나이까.

21 예수께서 대답하여 이르시되 내가 한 가지 일을 행하매 너희가 다 이로 말미암아 이
상히 여기는도다. 22 모세가 너희에게 할례를 행했으니 (그러나 할례는 모세에게서 난
것이 아니요 조상들에게서 난 것이라.) 그러므로 너희가 안식일에도 사람에게 할례를
행하느니라. 23 모세의 율법을 범하지 아니하려고 사람이 안식일에도 할례를 받는 일
이 있거든 내가 안식일에 사람의 전신을 건전하게 한 것으로 너희가 내게 노여워하느
냐. 24 외모로 판단하지 말고 공의롭게 판단하라 하시니라. 25 예루살렘 사람 중에서 어
떤 사람이 말하되 이는 그들이 죽이고자 하는 그 사람이 아니냐. 26 보라. 드러나게 말
하되 그들이 아무 말도 아니하는도다. 당국자들은 이 사람을 참으로 그리스도인 줄 알
았는가. 27 그러나 우리는 이 사람이 어디서 왔는지 아노라. 그리스도께서 오실 때에는
어디서 오시는지 아는 자가 없으리라 하는지라. 28 예수께서 성전에서 가르치시며 외
쳐 이르시되 너희가 나를 알고 내가 어디서 온 것도 알거니와 내가 스스로 온 것이 아
니니라. 나를 보내신 이는 참되시니 너희는 그를 알지 못하나 29 나는 아노니 이는 내
가 그에게서 났고 그가 나를 보내셨음이라 하시니 30 그들이 예수를 잡고자 하나 손을
대는 자가 없으니 이는 그의 때가 아직 이르지 아니하였음이러라. 31 무리 중의 많은
사람이 예수를 믿고 말하되 그리스도께서 오실지라도 그 행하실 표적이 이 사람이 행
한 것보다 더 많으랴 하니 32 예수에 대하여 무리가 수군거리는 것이 바리새인들에게
들린지라. 대제사장들과 바리새인들이 그를 잡으려고 아랫사람들을 보내니 33 예수께
서 이르시되 내가 너희와 함께 조금 더 있다가 나를 보내신 이에게로 돌아가겠노라.
34 너희가 나를 찾아도 만나지 못할 터이요 나 있는 곳에 오지도 못하리라 하시니 35 이
에 유대인들이 서로 묻되 이 사람이 어디로 가기에 우리가 그를 만나지 못하리요. 헬
라인 중에 흩어져 사는 자들에게로 가서 헬라인을 가르칠 터인가. 36 나를 찾아도 만나
지 못할 터이요 나 있는 곳에 오지도 못하리라 한 이 말이 무슨 말이냐 하니라. 37 명절
끝날 곧 큰 날에 예수께서 서서 외쳐 이르시되 누구든지 목마르거든 내게로 와서 마
시라. 38 나를 믿는 자는 성경에 이름과 같이 그 배에서 생수의 강이 흘러나오리라 하
시니 39 이는 그를 믿는 자들이 받을 성령을 가리켜 말씀하신 것이라. (예수께서 아직
영광을 받지 않으셨으므로 성령이 아직 그들에게 계시지 아니하시더라) 40 이 말씀을

들은 무리 중에서 어떤 사람은 이 사람이 참으로 그 선지자라 하며 [41] 어떤 사람은 그리스도라 하며 어떤 이들은 그리스도가 어찌 갈릴리에서 나오겠느냐. [42] 성경에 이르기를 그리스도는 다윗의 씨로 또 다윗이 살던 마을 베들레헴에서 나오리라 하지 아니하였느냐 하며 [43] 예수로 말미암아 무리 중에서 쟁론이 되니 [44] 그 중에는 그를 잡고자 하는 자들도 있으나 손을 대는 자가 없었더라. [45] 아랫사람들이 대제사장들과 바리새인들에게로 오니 그들이 묻되 어찌하여 잡아오지 아니하였느냐. [46] 아랫사람들이 대답하되 그 사람이 말하는 것처럼 말한 사람은 이 때까지 없었나이다 하니 [47] 바리새인들이 대답하되 너희도 미혹되었느냐. [48] 당국자들이나 바리새인 중에 그를 믿는 자가 있느냐. [49] 율법을 알지 못하는 이 무리는 저주를 받은 자로다. [50] 그 중의 한 사람 곧 전에 예수께 왔던 니고데모가 그들에게 말하되 [51] 우리 율법은 사람의 말을 듣고 그 행한 것을 알기 전에 심판하느냐. [52] 그들이 대답하여 이르되 너도 갈릴리에서 왔느냐. 찾아 보라. 갈릴리에서는 선지자가 나지 못하느니라 하였더라. [53] [다 각각 집으로 돌아가고]

주석

7장은 예루살렘 초막절 강화를 다룬다. 갈릴리 거주 유대인들과의 논쟁에 비하여 예루살렘에서 벌이진 유대인들과의 논쟁은 적의가 훨씬 고조되어 있다. 예수님이 만일 공생애를 3년 정도 수행했다면 갈릴리에서 예루살렘에 올라갔을 법한 횟수는 아홉 차례 혹은 그 이상이다. 예수님이 '수전절'(유대력 9월 25일부터 8일간, 태양력 11-12월)에도 예루살렘에 머문 것을 볼 때[10:22] 3대 순례 절기에 한 번 올라가 절기가 끝나고도 예루살렘에 머물렀던 듯하다. 7장이 말하는 초막절(유대력 7월 15일)에 상경해 두 달 이상 머물면 수전절(유대력 9월 25일)로 이어지는 점을 미루어볼 때, 예수님은 7-10장이 말하는 모든 사건들이 일어나는 동안에 두 달째 예루살렘에 머무른 것으로 보인다. 7장은 믿지 않는 예수님의 형제들,[1-9절] 유대인의 명절에 예루살렘에 올라가신 예수님,[10-24절] 나를 믿는 자는 그 배에서 생수의 강이 흘러나오리라,[25-44절] 그리고 예수님을 배척하는 대제사장들과 바리새인들[45-53절]로 나뉜다.

믿지 않는 예수님의 형제들 ●1-9절

6:59은 예수님의 살과 피 강화가 갈릴리 가버나움 회당에서 유대인들과 나눈 논쟁임을 밝힌다. 7:1은 다시 메타 타우타(μετὰ ταῦτα)로 시작한다. 앞서 언급한 바와 같이 이 어구는 독립된 에피소드를 도입하는 장치이지 반드시 서사적 사건 전개를 표시하는 장면전환 장치는 아니다. 6장 사건에 이어서 7장에서의 사건이 일어났다는 뜻은 아니다. 하지만 경우에 따라 이 어구는 앞장과 뒷장의 인과관계를 표시하는 의미 있는 장치로 사용되기도 한다. 6장은 '유월절'에 예루살렘에 상경하지 않고 갈릴리 디베랴와 가버나움에 머문 예수님의 동선을 보도한다. 7장 첫 단락은 유대에 가서 자신을 널리 알리라는 동생들의 요구를 받은 예수님의 상황을 보도한다. 복음서에서 유일하게 예수님의 동생들이 예수님에게 모종의 제안을 하는 장면이다. 이는 예수님의 '갈릴리 은신'이 상당히 오래 지속되었음을 의미한다. 즉 유대인들과의 적대적 조우를 피하고자 예수님이 갈릴리에 주로 머물렀다는 인상을 준다. 그렇다면 1절의 메타 타우타는 6장과 7장의 시간적 선후관계를 표시하는 의미 있는 장면전환 장치로 볼 수도 있다. 6장에서 언급된 유월절은 유대력 1월 14일에, 초막절은 유대력 7월 15일에 축성된다. 그렇다면 예수님이 약 6개월 동안 갈릴리에 은신해 있었다고 볼 수 있다.

1절은 예수님의 원래 사역지가 유대지역인데도 유대인들의 살해

음모 때문에 갈릴리로 철수한 것처럼 보도한다. 6장에서 예수님과 논쟁한 유대인들은 갈릴리 거주 유대인들이다. 6장 어디에서도 예수님을 죽이려는 갈릴리 거주 유대인들의 살해모의에 대한 언급은 없다. 그러나 예수님에 대한 예루살렘과 유대지역 유대인들의 적의는 상당히 고조되어 있다. 5:18은 예수님에 대한 예루살렘 거주 유대인들의 적의를 다음과 같이 진술한다. "유대인들이 이로 말미암아 더욱 예수를 죽이고자 하니 이는 안식일을 범할 뿐만 아니라 하나님을 자기의 친아버지라 하여 자기를 하나님과 동등으로 삼으심이러라." 하나님을 자기 아버지라고 부른 언동은 예수님을 죽음으로 몰아넣은 도발적 주장이었다. 유대인들이 전통적으로 드리는 '18복 기도문'이나 주기도문 어디에서도 하나님을 친아버지, 혹은 나의 아버지라고 부르지 않는다. 둘 다 '우리 아버지'라고 부른다. 하나님을 아빠abba라는 친근한 호칭으로 부른 사람은 예수님이 처음이었다. 예수님이 하나님을 친아버지라 부르는 계기는 마가복음 1:11의 수세시 임한 하나님의 음성을 들었던 상황이었을 것이다. "너는 내 사랑하는 아들이라." 예수님은 무한한 자기부인의 맥락에서 하나님을 아버지라고 부르셨다. 1절은 유대인들이 예수님을 죽이려고 하기 때문에 유대를 떠나 갈릴리로 내려왔다고 말한다. 결국 1절은 5:18을 염두에 두고 있다.

2절은 유대인의 초막절(혹은 수장절, 유대력 7월 15-22일, 태양력 9-10월)이 가까워지고 있음을 밝힌다. 초막절은 이스라엘의 남자가 예루살렘 성전에 나가 하나님 앞에 나타나야 하는 유대인의 3대 절기 중 하나다. 3절은 예수님의 형제들마 13:55, 막 6:3, 행 1:14이 예수님께 "다시 유대로 되돌아가라"고 제안했다고 보도한다. '당신의 제자들이 당신이 행하는 일을 볼 수 있도록 유대로 사역 본거지를 옮기라'는 것이다. 이 제자들은 '유대에 사는 제자들'을 가리킬 것이다. '당신의 행하는 일들'[헬라어 구문은 복수 타 에르가(τὰ ἔργα)]은 아마도 '표적', '치유', '축사행위' 등을 가리킬 것이다. 초막절에는 전국 각지에 사는 경건한 유대인들이 모두 예루살렘에 모이기 때문에 예수님 자신의 비전을 선포하기에 적합한 계기가 된다고 보신 것이다. 동생들은 예수님이 세상에 단번에 나타나려면 갈릴리 중심으로 활동하지 말고 유대와 예루살렘으로 올라가야 한다고 주장했던 것이다.

4절은 형제들이 예수님에게 유대지역으로 올라가라고 말하는 이유를 밝힌다. 4절 상반절의 헬라어 구문을 직역하면 이렇다. '실로 그 자신이(아우토스) 세상에 공적인 인물이 되기를 추구하면서도 몰래 일하는 사람은 없다.' 그들이 보기에 예수님이 스스로 나타나기를 구하면서도 갈릴리에 묻혀서 일하는 것처럼 보이기 때문이다. 너무 소극적이라는 것이다. 형제들도 예수님이 무슨 원대한 일을 하려고 한다는 것은 감지하고 있다. 그래서 갈릴리에서 행한 일들을 유대에 가서도 행한다면 예수님 자신의 존재감이 부각될 것이라고 본 것이다. 예수님이 품은 원대한 비전은 갈릴리가 아니라 유대에 가서 펼쳐야 한다고 본 것이다. 마태복음 11:4-5, 사도행전 10:38이 말하는 엄청난 능력과 기적을 예루살렘과 유대에 가서 나타내서 자신의 정체를 단박에 명백하게 부인할 수 없는 방법으로 '나타내라'는 것이었다. 동생들이 이런 정도의 충고를 해주는 것을 보면 예수님과 동생들 사이에 상당히 많은 대화가 오고갔음을 짐작할 수 있다. '믿지 않았다'[에피스튜온(ἐπίστευον)]고 할 때 '믿다'는 3인칭 복수 미완료형이다. 동생들은 예수님의 강론을 들었거나 가정에서 대화를 주고받으면서 예수님의 비전을 들었을 텐데도 지속적으로 '믿지 않았다.' 예수님의 인자 의식, 하늘의 산 떡 주장 등을 믿지 않았다. 하지만 그들도 예수님의 능력에 기대를 걸었던 것 같다. 예수님도 세상에 나가 표적을 행하여 전쟁에서 이긴 왕이 패배한 왕을 항복시키는 방식으로 유대와 예루살렘 사람들, 더 나아가 로마총독도 순복시켜 보라는 것이다. 요한복음 저자는 형제들의 이런 충고를 예수님을 '믿지 않고 있었기 때문에' 가능한 충고였다고 본다.[5절]

6절은 동생들의 충고에 대한 예수님의 답변이다. '나의 때는 아직 이르지 않았다. 그러나 너희가 세상에 자신을 드러낼 때는 언제나 열려 있다.' '나의 때', 곧 자신이 십자가에 못 박혀 죽음으로써 하나님의 아들임을 드러내는 때, 즉 들림으로써 모든 사람을 이끄는 인자임을 드러낼 때는 아직 임하지 않았다. 아직은 유대인들이 강요하는 죽음을 받아들여 희생당할 때가 아니라는 것이다. 굴욕적인 십자가를 받아들일 때가 아직 오지 않았다. '나는 표적으로 사람들을 항복시키는 방식으로 내 정체를 알려주고 싶지 않다. 나는 사람들의 이성과 양심을 실족시킬 정도로 어리석어 보이는 방식으로 십자가에 달리는 무능력한 나사렛 예수가 만민의 주主가 된다는 것을 알리고 싶다. 이 진리를 밝힐 때가 아직 이르지 않았다.' 십자가에 달려 창에 뚫린 옆구리에서 물과 피를 쏟아내는 자기 산화散華의 시간이 아직 오지 않았다는 것이다.

7절은 예수님 자신과 세상(유대인)의 갈등과 적의가 어디에서 발생하는지를 말한다. 세상이 예수님의 동생들(야고보, 유다, 요셉)을 미워하지 않지만 자신을 미워하는 이유는, 다른 이가 아니라 예수님 자신(에고, 나 자신)이 세상의 행위들을 악하다고 증거하기 때문이다. 유대인들은 속으로 스스로를 아브라함의 자손이라고 믿으며[눅 3:8] 동포들 위에 군림하고 로마제국의 통치에 순응하며 목자 없는 양 같은 무리를 전혀 돌보지 않는 자들이다. 그들은 하나님의 말씀을 사랑하지 않고 모세의 율법을 지키지도 않으면서 모세의 심판 자리를 꿰차고 있다. 그들의 악은 오랜 세월에 축적되고 단련되어 구조화되어 있다.

8절에는 2인칭 복수 대명사 휘메이스와 1인칭 단수 대명사 에고가 같이 사용되어 동생들과 예수님의 입장 차이를 선명하게 대조한다. 8절을 음역하고 직역하면 이렇다. 휘메이스 아나베테 에이스 텐 헤오르텐. 에고 우크 아나바이노 에이스 텐 헤오르텐 타우텐, 호티 호 에모스 카이로스 우포 페플레로타이(ὑμεῖς ἀνάβητε εἰς τὴν ἑορτήν· ἐγὼ οὐκ ἀναβαίνω εἰς τὴν ἑορτὴν ταύτην, ὅτι ὁ ἐμὸς καιρὸς οὔπω πεπλήρωται). '다른 이가 아니라 너희는 명절에 올라가라. 다른 사람은 몰라도 나 자신은 이 명절에 올라가지 않는다. 왜냐하면 내 때가 아직 무르익지 않았기 때문이다.' 이렇게 말씀하신 후에 그 자신은(아우토스) 갈릴리에 머무셨다.[8절] 예수님은 당신이 올라갔을 때 표적을 행해 달라는 요구에 직면할 것이기 때문에 올라가지 않겠다고 하신 것이다. 예수님은 표적을 행함으로 알려지는 것을 원치 않으셨다.

유대인의 명절에 예루살렘에 올라가신 예수님 ● 10-24절

그런데 예수님은 동생들이 명절을 축성하러 올라간 후에 자기 자신도(아우토스) 올라가셨다. 다만 공공연히 드러내지 않고 은밀히 올라갔다.[10절] 11-13절은 예수님이 유대인들 가운데 태풍의 눈이 되어 있음을 보여준다. 유대인들은 예수님이 명절에 온 것으로 생각하고 어디 있느냐며 찾고 있었다.[11절] '찾고 있었다'[에제툰(ἐζήτουν)]는 미완료시제이다. '계속 찾고 있었다'는 말이다. 그런데 유대인들이 예수님을 바라보는 입장은 둘로 나뉘어 있다. 한 쪽 유대인들은 '좋은 사람'이라고 하며 다른 쪽 유대인들은 '무리를 미혹한다'고 비난한다.[12절] '미혹'은 신명기 13장이 정죄하는 거짓 선지자의 전형적인 언동이다. "너희 중에 선지자나 꿈 꾸는 자가 일어나서 이적과 기사를 네게 보이고 그가 네게 말한 그 이적과 기사가 이루어지고 너희가 알지 못하던 다른 신들을 우리가 따라 섬기자고"신 13:1-2 말하면 그를 "죽이라."신 13:5 실제로 사도 바울로 변화되기 전 청년 바리새인 사울은 예수님의 제자 스데반을 '돌로 쳐 죽임'으로써 스데반이 따르는 나사렛 예수가 거짓 선지자라고 확신했음을 보여준다. 어쨌든 예수님이 무리를 "미혹했다"는 말은 무리에게 새로운 이스라엘의 청사진을 제시하고 자신의 대의명분에 따르라고 설득했음을 시사한다. 유대인들이 이런 예수님을 신명기 13장이 정죄하는 '거짓 선지자'로 보기 시작한 것이다. 그래서 예수님을 호의적으로 생각하는 유대인들도 적의에 찬 유대인들을 두려워해서 공공연히 예수님을 칭송하거나 칭찬하지 못했다.13절 예수님에 대해서 좋게 말한 사람들을 보복하는 분위기 때문에 위축될 수 있었지만 예수님은 정면돌파를 택하신다.

14-24절은 명절 중간에 기습적으로 나타난 예수님이 자신을 안식일법 위반자, 모세의 율법 위반자라고 단죄하는 유대인들을 반박하는 강론을 펼치는 상황을 보도한다. 예수님은 8일간 계속되는 초막절 중간에 성전에 올라가 가르치셨다. '가르쳤다'는 동사는 에디다스켄(ἐδίδασκεν)으로 3인칭 단수 미완료시제다. 한 번이 아니라 상당 시간 가르쳤다는 것이다. 예수님의 가르침은 유대인을 놀라게 했다. 유대인들이 놀랍게 여긴 이유는 '이 사람이 정식으로 랍비 문하에 들어가 교육을 받지 않았는데[메 메마데코스(μὴ μεμαθηκώς)] 글들[그람마타(γράμματα)]을 읽는 것을 보았기 때문이다.' 유대인들은 예수님의 신상에 대해 잘 알고 있었다. 예수님이 갈릴리 태생 목수 출신이며, 정규 랍비학교 출신이 아님을 알았다.[1] 그런데도 너무 거침없이 가르치시는 예수님의 가르침에 놀랐다. 그는 정규학교를 나오지 않았지만 꾸준히 육체노동을 하시면서 아침마다 하나님 말씀을 배우시고 깨우침 받으면서 엄청난 실력을 쌓았다. 예수님은 서기관

과 달리 엄청난 권세를 발하는 가르침을 주어 파문을 일으켰다.[막 1:22] 예수님의 가르침은 권세, 즉 엑수시아(ἐξουσία)를 지녔다. 엑수시아는 순복하게, 또는 반발하게 하는 권세이다.

16절은 '이 사람은 배우지 않았는데 어찌 글을 아느냐'는 유대인들의 질문[15절]에 대한 답변이다. "내 교훈은 내 것이 아니요, 나를 보내신 이의 것이니라." '내 가르침은 스스로 고안한 것이 아니다. 나를 보내신 이가 내 입속에, 그리고 귓속에 넣어 주신 것이다. 나를 보내신 이가 내 심장을 흔들어서 토해내게 하신 말씀이다.' 시편 16:7, 19:1-4과 이사야 50:4-5은 예수님이 자신의 교훈을 하나님 아버지의 가르침이라고 말하는 이유를 암시한다. "나를 훈계하신 여호와를 송축할지라. 밤마다 내 양심이 나를 교훈하도다."[시 16:7] "하늘이 하나님의 영광을 선포하고 궁창이 그의 손으로 하신 일을 나타내는도다. 날은 날에게 말하고 밤은 밤에게 지식을 전하니 언어도 없고 말씀도 없으며 들리는 소리도 없으나 그의 소리가 온 땅에 통하고 그의 말씀이 세상 끝까지 이르도다."[시 19:1-4] "주 여호와께서 학자들의 혀를 내게 주사 나로 곤고한 자를 말로 어떻게 도와줄 줄을 알게 하시고 아침마다 깨우치시되 나의 귀를 깨우치사 학자들 같이 알아듣게 하시도다. 주 여호와께서 나의 귀를 여셨으므로 내가 거역하지도 아니하며 뒤로 물러가지도 아니하며."[사 50:4-5]

16절의 답변을 의역하면 이런 의미다. '내 교훈은 내가 갈릴리에서 자라고 살았기 때문에 불만에 가득 차서 하는 말이 아니다. 갈릴리의 아우성에 바탕을 두었지만, 하나님이 나를 진동시켜서 내가 이 말을 외치지 않으면 안 될 만큼 거룩하게 충동하고 영감을 주셔서 토해내게 하신 말씀이다.' 예수님은 자신의 갈릴리 출신임을 문제삼아 경멸하는[7:41] 유대인들에게 '갈릴리'는 자신을 기르고 단련시킨 하나님 아버지의 학교였다고 말씀하고 싶으셨을 것이다.

17절은 예수님이 자신이 가르치는 교훈이 하나님으로부터 온 것인지 예수님 자신이 스스로 독자적으로(1인칭 단수 대명사 **에고**) 만드신 교훈인지 분별하는 방법을 말한다. 하나님의 뜻을 행하려는 의지가 있는 사람은 예수님 자신의 교훈을 실천해 보라. 예수님이 가르치는 대로 행하면 자신의 가르침이 아버지 하나님께로부터 온 것임을 알게 된다. 예수님의 가르침이 무슨 열매를 맺는가 보라. 예수님의 가르침을 받아 실천하면 아버지 하나님이 오랫동안 모세와 예언자들을 통해 주신 비전, 즉 하나님 나라가 세워진다. 이스라엘의 이상적인 공동체, 영생 공동체가 생겨난다.

18절에서 예수님은 스스로 말하는 랍비라고 불리는 큰 자들의 교훈과 자신의 교훈이 어떤 차이를 갖는지 말씀한다. 유대교 랍비들은 스스로 말하는 자이면서 동시에 자기영광을 추구한다. 그러나 예수님은 자신의 영광이 아니라 자신을 파송하신 아버지 하나님의 영광을 추구하신다. 19절에서 예수님은 모세가 준 율법을 지키지 않는 유대인들의 패역을 지적하신다. 예수님 자신은 모세의 율법을 완성하러 오신 분이다.[마 5:17] 따라서 유대인들이 정녕 모세의 율법을 지킨다면 자신과 충돌할 수 없다. 모세의 율법을 지킨다면 자신을 죽이려고 할 수가 없다. 그런데 유대인들은 예수님이 모세의 율법을 훼방하는 자라고 단죄하며 죽이려고 한다. 특히 안식일법을 훼방하고 위반한다는 혐의를 씌워 죽이려고 한다. 제도화된 종교는 언제나 이성과 양심 이하로 전락될 수 있는 어둠의 영역이다. 종교는 절대진리를 대신하고 대표한다고 주장하고 자임하는 자들의 세계이기 때문에, 종교적 논쟁은 반대 의견을 가진 자를 죽여버림으로써 종결될 때가 많다. 예루살렘 사람들이 예수를 죽이려고 하는 이유는 그들이 알고 있는 하나님과 다른 하나님을 전하며 자신들이 누려온 중재 기능을 무효화하기 때문이었다. 중세 가톨릭교회가 교회의 신앙과 신학체제를 뒤흔드는 개혁자들을 처형한 것도 이러한 이유 때문이다. 가톨릭교회는 이탈리아 피렌체 종교개혁자 사보나롤라, 프라하의 얀 후스, 영국의 존 위클리프 등을 화형시켰다. 종교는 결코 논리와 이론의 싸움터가 아니다. 종교는 거대한 권력과 경제력을 행사하고 배분하는 권력체이다.

예루살렘 성전에 똬리를 튼 성전유대교는 막강한 경제권력의 총본산이었다. 유월절에는 백만 마리 이상의 양이 도살당했다. 예루살렘 제사장 체제와 결탁된 목장에서 유월절 제물을 거의 독점하다시피 공급했다. 예루살렘의 성전종교는 호화로운 삶을 보장해주는 권력복합체이기 때문에 그것에 도전하는 자는 죽여야만 했다.

20절은 유대인들이 예수님에게 이성을 상실한 수준의 비난을 퍼붓는 내용이다. '당신은 귀신을 갖고 있다.' '당신은 귀신 들린 자다.' 20절의 주어는 무리[오클로스(ὄχλος)]이다. 유대인들이 떼지어 예수님을 비난하고 있다는 것을 시사한다. 무리는 시치미를 뗀다. '누가 당신을 죽이려고 하는가?' 19절 "너희가 어찌하여 나를 죽이려 하느냐"에 대한 답변으로, 자신들은 죽이려고 하지 않는다고 발뺌한다. 거짓에 속하고 악에 기울어진 유대인들은 하나님의 독생자인 예수님을 귀신 들린 자라고 말할 수밖에 없다. 우리가 악하면 선한 사람마저도 오히려 악해 보인다. 우리가 의로워야 악한 사람이 악하게 보인다. 우리가 의로운 공동체에 확실하게 소속돼야만 이 세상이 악한 것 때문에 비통함을 느낀다.

21절에서 예수님은 유대인들이 자신을 죽이려고 하는 이유를 말씀한다. '한 가지 일을 내가 했다. 그런데 당신들은 경악하고 있다.' 요한복음 5장에서 38년 된 병자를 안식일에 고쳐준 사건을 염두에 두고 하시는 말씀이다.[23절] 자신이 한 일 하나 때문에 유대인들이 벌 때처럼 자신에게 대적한다는 것이다. 안식일에 예수께서 사람의 전신을 건전하게 한 사건은 5장에 있는 사건이다. 6장이 5장과 7장 사이를 가로막고 있다. 그래서 독자들이 읽을 때는 5장 사건을 염두에 두고 7장을 읽어야 한다. 7:23이 말하는 유대인들의 예수님에 대한 적의의 원인은 5:17-18이다. "예수께서 그들에게 이르시되 내 아버지께서 이제까지 일하시니 나도 일한다 하시매…… 유대인들이 이로 말미암아 더욱 예수를 죽이고자 하니." 유대인들은 아버지와 자기를 동일선상에 놓고 자기가 하는 행동은 아버지의 행동을 모방하는 것이라고 주장하는 예수님을 참을 수 없었다. 예수님은 아버지 하나님으로부터 도제적인 견습을 받아 자신도 안식일에 일을 하신다는 것이다. 하나님 아버지께서 안식일에 사람을 건전케 하는 일을 하셨듯이, 아버지 하나님이 내려보내신 불가항력적인 힘에 이끌려서 38년 된 병자를 안식일에 고쳤다고 주장하시는 것이다.

38년 동안 죄와 죽음과 저주 안에 갇힌 사람을 회복시켜 준 그 사건이 예수님을 죽음으로 몰아가고 있다. 38년 동안 죽음과 저주에 갇혔던 사람을 건져내기 위해서 착한 일을 했기 때문에 예수님은 죄와 죽음을 뒤집어쓰게 될 운명이다. 38년 동안 저주 안에 있던 사람을 건져내기 위해서 38년 된 사람의 저주를 뒤집어 쓴 것이다. 여기서 갈라디아서 3:13의 논리를 이해할 수 있다. "그리스도께서 우리를 위하여 저주를 받은 바 되사 율법의 저주에서 우리를 속량하셨으니." 죄인들의 인생을 감금시킨 율법의 저주를 예수님이 대신 지고 가신 것이다. 예수님은 창녀와 세리 등 사회적 평판이 매우 나쁜 사람들과 함께 식사를 하셨다. 한 식탁에 둘러앉아 함께 밥을 먹는 행위는 종교적 경계선 바깥에 굴러 떨어진 자들을 종교적으로 복권시키는 행위이다. 바로 이 행위 때문에 예수님은 세리와 창녀들이 받았던 모든 오명과 비난을 뒤집어쓰셨다. 예수님의 사랑의 애찬식탁 자체가 저주를 대신 뒤집어쓴 현장이다. 예수께서는 골고

다에서 십자가를 지기 전에 벌써 이 애찬의 식탁에서 십자가를 지셨다.

22절은 태어난 지 팔일째 되는 날에 모든 남자아이에게 할례를 행하라는 법을 지키기 위해 안식일에도 할례를 행하는 관습을 상기시킨다. 태어난 지 팔일 되는 날이 안식일이어도 당시의 유대인들은 할례를 행했다. 할례법을 안식일법보다 더 상위에 두었기 때문이다.[2] 이처럼 유대인들 스스로 안식일 규정보다 더 중요한 할례법을 지키기 위해 안식일에 아무 일도 하지 말라는 문자적 금지규정을 어겼다. 이런 융통성을 발휘하는 유대인들이 자신이 안식일에 전신마비 병자를 고쳐 온전케 한 것에 대해 격분하는 것은 이치에 맞지 않음을 지적한다.[23절]

왜 안식일 계명에 이렇게 집착하는가? 유대인들은 하나님께서 그분의 절대적 계명에 일사불란하게 순종하는 사람들을 좋아한다고 생각했다. 자신들의 모든 고난(바벨론 유배부터 로마제국에게 복속된 지금까지)은 율법조항들을 어긴 죄악에 대한 하나님의 징벌이라고 보았다. 신명기 28장의 징벌신학을 과도하게 존중했다. 그러는 가운데 언약과 율법을 주신 하나님의 본마음과의 접촉을 상실했다. 하나님의 압도적 사랑과 자비를 이해하는 데 어려움이 생겼다. 성경보다는 '장로들의 전통'[막 7:3-5]이라고 불리는 구전율법에 대한 존숭이 과도해 구약성경의 중심, 즉 하나님 사랑과 이웃 사랑의 우선적 중요성을 잊어버렸다. 유대인들이 믿는 하나님은 진짜 하나님이 아니라, 유대인의 종교적 강박증이 만들어낸 천상의 독재자였다. 그들은 이 천상의 독재자가 안식일에는 모든 인간들이 일하지 않고, 연기도 피우지 않고, 조용하게 토라만 읽는 것을 기뻐하신다고 생각했다. 그들은 하나님이 일사불란한 규율성을 좋아하신다고 믿었다. 그런데 '안식일에 일하지 말라'는 계명의 요지는 전혀 그런 의미가 아니었

요

다. 구약성경이 말하는 안식일 계명은 '도무지 일하지 말라'는 것이 아니라 노예와 종을 소유한 사람들이 안식일에 땅을 경작하여 매매하여 물건을 사고 팔아 돈을 버는 일을 하지 말라는 것이었다. "일곱째 날은 네 하나님 여호와의 안식일인즉 너나 네 아들이나 네 딸이나 네 남종이나 네 여종이나 네 가축이나 네 문안에 머무는 객이라도 아무 일도 하지 말라."출 20:10 안식일 노동 금지계명은 노예들과 많은 땅을 소유한 사람들의 극단적 생산성 추구를 막는 계명이지, '도무지 어떤 일도 하지 말라'는 것이 아니었다. 하나님은 오히려 안식일도 누리지 못하고 일터로 나가는 사람들이 안식일을 위반했다고 보지 않고 안식일을 박탈당했다고 보신다.

안식일은 6일 동안 노동으로부터 마모됐던 인간성을 회복하는 날이요 몸과 육체가 쉬는 날이다. 38년 된 병자가 무거운 죄책감의 침상에서 일어나 은혜의 직립보행을 시작하는 날이다. 태어날 때부터 맹인 된 사람을 다시 보게 하는 치유사역이 일어나야 하는 날이다. 하나님이 안식일에 하시는 일은 생명회복, 치유, 구원이다. 아들 하나님도 안식일에 좋은 일을 하시는 아버지 하나님을 따라 일하신다. 그래서 예수께서는 자기가 38년 된 병자를 고친 사건을 아버지가 '일하신' 사건이라고 해석한다. 하나님은 인간의 개별적 상황도 이해하지 않고 무조건 율법의 계명을 기계적으로 지키라고 요구하는 전체주의적인 폭군이 아니다.

24절에서 예수님은 유대인들이 자신의 겉모습, 겉행동을 보고 판단하지 말고 공평하게 판단해 줄 것을 요청하신다. 갈릴리 출신, 정규 랍비학교 교육을 받지 않은 자, 안식일을 훼방한 자 등 겉으로 드러난 인상을 보고 판단하지 말라는 것이다.

이 단락은 7장의 핵심 메시지를 담고 있다. 적진 한복판에 가서 적대적인 청중의 마음을 얻으려고 진정을 토하시는 예수님이 가깝게 다가온다. 예수님은 이해받지 못하고 공감받지 못하는 고독 속에서 독생자의 길을 가신다. 예수님에 대한 유대인들의 의견이 여기서도 갈리고 있다. 십자가에 매달리는 때가 아직 오지 않았기에 유대인들이 감히 예수님께 손을 대지 못한다. 짧은 유예시간에 예수님은 목청을 높여 외친다. 예수님은 '독생하신 아들', 헬라어로 모노게네스 휘오스(μονογενής υἱός)이다. 한 번도 하나님 아버지의 뜻을 어겨본 적 없는 천의무봉한 신뢰와 연합 속에 있는 아들이라는 뜻이다. 구약성경에는 '하나님의 아들들'이라는 집단명사가 나오는데, 이는 하나님의 현존 앞에서 하나님의 뜻을 준행하는 천사들을 가리킨다(욥기 1, 38장, 창세기 6:1-3 등). 또한 구약성경은 이스라엘 전체를 가리킬 때 '하나님의 맏아들' 또는 '하나님의 아들'이라는 표현을 사용한다. 이스라엘 백성 전체가 하나님께 아들이라는 뜻이다. 구약성경에는 한 개인이 하나님 아들이라고 한 적은 한 번도 없다. 예수님 당시 유대인들이 드렸던 '18복 기도문'도 하나님을 '하늘에 계신 우리 아버지, 우리 조상들의 하나님 아버지'라고 부른다. 이스라엘 백성이 공동체적으로 하나님 아들이었다. 그런데 예수님은 이스라엘 백성과 천상세계의 천사들을 가리키는 아들들 중의 하나가 아니라 자신을 독특한 관계 안에 있는 하나님의 아들이라고 주장했다. 요한복음에서 예수님이 자신을 하나님의 독특한 아들이라고 자임할 때는 그 아들이 순종의 결정체라는 뜻이다. 예수님의 아들 되심은 천군천사들의 하나님 아들 됨과 이스라엘 백성의 아들 됨의 원형 아들 됨이다. 예수님은 뒤에 생겨난 하나님 아들 됨의 원형으로서 하나님 아들이기 때문에 독특하게 하나님 아들이 되신 분이다. 이처럼 예수님은 하나님의 아들 또는 하나님의 아들들이라는 용례가 익숙한 이스라엘 백성에게 아주 독특한 '아들'의 자의식과 정체성을 갖고 등장했다. 하나님을 자기 친아버지라고 했고 하나님께서 자신을 직접 파송했다고 말씀했다. 심지어 자신은 하나님께로부터 났으며, 하늘에서 내려온 떡[요 6:41]이라고 주장했다. 이 주장은 예수님을 갈릴리 사람 요셉의 아들로 알고 있던 유대인들에게는 충격이었다(요 6:42; 참조. 막 6:3).

간단히 말하면 요한복음은 예수님이 어떤 점에서 하나님 아버지의 독생자인지를 자세히 해설한 책이다. 특히 독생자라는 말뜻을 자세히 설명해 놓은 요한복음 본문들이 요한복음 3-7장, 14-17장까지이다. 독생자의 의미를 네 가지로 정리할 수 있다. 첫째, 아버지 품속에서 태어나신 분으로서 하나님 아버지와 의가 한 번도 상한 적이 없는 완벽한 연합과 순종 속에 있는 아들이다. 둘째, 하나님 아버지의 뜻을 수행하기 위해 죽기까지 순종하는 순종의 화신이다. 셋째, 독생자는 피파송의식을 가지고 이 세상에 파송되어 세상의 죄를 지고 가는 책임감의 화신이다. 마지막으로, 독생자는 죽음을 겪고 아버지께 돌아가는 아들이며 아버지께 돌아가 보혜사 성령을 보내주신 아들이다. 특히 네 번째 의미의 독생자 정체성이 14-16장에 집중적으로 나타난다.[3]

이런 '독생자 의식'을 가진 예수님의 말씀은 고루하고 병든 유대인들이 감당하기에는 너무 벅차고 도발적이다. 예수님 말씀은 기탄이 없다. "자기가 하늘에서 내려온 떡이라 하시므로 유대인들이 예수에 대하여 수군거려."[6:41] 예수님은 예루살렘 종교권력자들을 선제공격하시고 그들의 거짓된 종교 기초를 뒤흔드셨다. "나는 생명의 떡이니 내게 오는 자는 결코 주리지 아니할 터이요 나를 믿는 자는 영원히 목마르지 아니하리라."[6:35] "내가 하늘에서 내려온 것은 내 뜻을 행하려 함이 아니요 나를 보내신 이의 뜻을 행하려 함이니라."[6:38] 이런 말들은 하나님을 대신해서 하나님의 지상대리자의 역할을 자임했던 예루살렘 종교당국자들을 매우 곤혹스럽게 만들었다. 본문도 이런 엇갈리는 대화의 연장선상에 있다.

25절은 예수님이 예루살렘 사람들에게 알려져 있으며, 유대인들에게 미움을 받고 있다는 사실이 널리 알려져 있음을 보여준다. '이 자는'이라고 번역된 후토스는 감정이 배제된 지시대명사로 비칭[卑稱] 대명사이다. "이 자는 '그들이' 죽이고자 하는 그 사람이 아니냐?" 이렇게 말하는 예루살렘 사람들은 바로 예수님 앞에서 가르침을 들어봤던 사람들이다. 26절은 그들의 정세 판단을 보여준다. 유대인들이 죽이려는 그가 '당당하고 공공연하게 성전에서 가르쳐도 유대인들이 제지하지 않는 것을 보니 당국자들[호이 아르콘테스(οἱἄρχοντες)]도 그가 그리스도라고 알고 있는가?' 이런 여론은 예수님의 영향력이 얼마나 강력했던지를 간접적으로 증거한다. 아르콘테스는 산헤드린 당국자들을 가리킨다. 이렇게 수군거리는 사람들은 예수님에게 호의적인 사람들이 아니라 적대적인 청중으로 보인다. 당국자들이 왜 예수님을 성전에서 종횡무진하도록 내버려두는지 의아하게 생각하는 사람들이기 때문이다. 27절은 예루살렘 사람들의 입장을 드러낸다. "그러나 우리는 이 사람이 어디서 왔는지 아노라." 이들은 24절에서 말하는 '외모로 사람을 판단하는' 자들이다. 자신들은 예수의 출신을 아는데 그리스도는 어디서 오는지 신비에 감춰져 있다고 생각한다. 이런 예루살렘 사람들의 비우호적 감시망에도 아랑곳하지 않고 예수님은 여전히 성전에서 가르치고 있다.[28절] '가르치고 있다'는 능동분사형[디다스콘(διδάσκων)]이다. '계속 가르치고 있었다'는 의미다.

예루살렘 사람들이 예수님이 그리스도가 될 수 없다고 배척하는 이유는 삼단논법으로 제시된다. 대전제는 그리스도는 초월적 신적 기원을 가지고 오시는 분이다.[4] 소전제는 '그러나 우리는 이 사람이 어디서 왔는지 안다'이다. '이 사람이 갈릴리 나사렛 출신이다.' 결론은 '따라서 예수는 그리스도(메시아)가 될 수 없다'이다. 이들의 말도 전혀 틀린 것은 아니다. 예수님은 확실히 출생을 통해서 오셨고, 갈릴리에서 자라셨다. 예수님은 중력법칙을 무시하면서 하늘에서 내려오시지 않았다. 예수님은 목수 아버지를 둔 집안에서 태어나 갈릴리 토양에서 어린 시절, 청소년 시절, 그리고 청년 시절을 보내셨다. 이런 전기적 정보를 확보하고 있는 사람들이 예수를 메시아라고 인정하기는 힘들었을 것이다. 이런 이유 때문에 고대 이스라엘에는 '선지자가 고향에서 환영을 받지 못한다'는 잠언이 생겨났다. 고대사회에서 어떤 선지자가 일어나면 고향 사람들이 곧 '당신은 분명 어제까지 밭 갈던 사람 아닌가'라고 반발했기 때문이다. 예수님은 엘리야가 자기 고향에서 환영받지 못하고 시돈 땅의 사르밧 과부에게 가서 처음으로 선지자로 인정받았다는 이야기를 통해 자신이 나사렛에서 인정받지 못하고 배척받은 상황을 해명하셨다.[눅 4:24-26] 예수님은 이런 상황을 답답하게 여겨서 크게 소리치셨다. 28절은 이렇게 시작한다. "예수께서 성전에서 가르치시며 외쳐[에크락센(ἔκραξεν)] 이르시되." 여기서 '외치다'는 동사는 크라조(κράζω)이다. 엄청나게 큰 소리로 외쳤다는 말이다. 너무 답답했기 때문이다. '나도 나를 안다'는 말은 자신도 갈릴리 출신인 것을 인정한다는 말이다. '내가 하늘에서 왔다는 것은 구름을 타고 왔다는 뜻이 아니다. 나는 갈릴리 출신이다. 그렇지만 내가 하늘에서 왔다는 주장의 참뜻은, 내가 가르치고 외치고 선포하는 이 모든 것들이 나 자신이 임의대로 지어내고 상상하여 만든 것이 아니라 나를 보내신 이의 뜻을 대변한다는 뜻이다. 내가 하늘에서 왔다는 말의 진의는 나는 나 자신의 야심이 아니라 나를 보내신 하나님의 뜻을 백퍼센트 순종하기 위해서 일생을 바친다는 말이다. 내가 하늘에서 왔다는 말을 기하학적 공간이동으로 생각하면 안 된다.' 이사야 55:10-11의 말씀의 의미처럼 자신이 하나님께로부터 왔다는 것이다. "이는 비와 눈이 하늘로부터 내려서 그리로 되돌아가지 아니하고 땅을 적셔서 소출이 나게 하며 싹이 나게 하여 파종하는 자에게는 종자를 주며 먹는 자에게는 양식을 줌과 같이 내 입에서 나가는 말도 이와 같이 헛되이 내게로 되돌아오지 아니하고 나의 기뻐하는 뜻을 이루며 내가 보낸 일에 형통함이니라." 예수님은 자신이 하나님으로부터 와서 하나님의 뜻을 완벽하게 성취하고 하나님께로 돌아가는 하나님의 말씀이라는 것이다. 하늘에서 내려왔다는 주장을 형이상학적 언어, 혹은 신화적 언어로 오해하지 말라는 것이다. '나는 이사야 55:10-11에 나오는 그 하나님의 말씀이다.' 예수님은 이 진리를 크게 외쳐 말했다. 그런데 '너희' 예루살렘 유대인들은 나를 모를 뿐만 아니라 나를 보내신 이, 하나님 아버지를 모른다.

28절의 마지막 소절에는 2인칭 복수 대명사 휘메이스(ὑμεῖς)가 사용된다. '안다'는 말은 공감하고, 이해하고, 경외하고, 사랑하는 행동이다. 유대인들은 하나님 아버지에게 공감도 못했고 경외하지도 않았으며 사랑하지도 않았다. 예수님은 이 외침에서 조금도 물러날 기미를 보이지 않았다. 29절에서 다시 반복하신다. 첫 소절에서 1인칭 단수 대명사 에고가 사용된다. 에고 오이다 아우톤, 호티 파라 아우투 에이미 카케이노스 메 아페스테일렌(ἐγὼ οἶδα αὐτόν, ὅτι παρ᾽ αὐτοῦ εἰμι κἀκεῖνός με ἀπέστειλεν). '누구보다도 나 자신은 그분을 안다. '왜냐하면 나는 그분 옆에 있기 때문이다. 그분이 나를 보내셨기 때문이다.' '안다'는 말은 묵직하고 진실된 단어다. 하나님과 총체적으로 교감하고 사랑하고 소통한다는 말이다. 반면에 유대인들은 살아계신 아버지 하나님을 모른다. 28절의 마지막 소절은 '다른 이가 아니라 정작 너희는(휘메이스) (나를 보내신 이를) 모른다'이다. 모르는 자들이 아는 자를 박해한다. 29절의 진의는, '내가 하늘에서 왔다는 말을 듣고 오해하지 말라. 나를 보내셔서 행하게 하시는 그 일을 완수하러 왔다'는 것이다. 하나님이 예수님을 통해서 성취하시려는 것은 이스라엘을 하나님의 언약백성으로 갱신시켜 세계 만민의 제사장 국가로 만드는 것이었다. 이스라엘 열두 지파를 모아 모세와 예언자들이 그리는 '하나님 언약에 매인 공동체', '하나님의 영에 추동되는 공동체'로 재창조하는 것이었다. 예수님은 예루살렘을 평화의 도성으로 만들고자 하나님의 속마음을 기탄없이 선포하셨다. 이사야 40-66장의 예언을 성취해 이스라엘로 하여금 세계 만민을 하나님께로 이끄는 제사장 성민공동체로 창조하려는 것이 예수님의 당면과업이었다. 예수님의 사명은 모세와 예언자들을 통해 이미 오래전에 주신 비전을 성취하는 것이었다.[히 10:7] 예수님은 유대인을 대표하는 니고데모에게 '위로부터 태어나야 한다'고 강조했다. 위로부터 태어나는 것은 성령의 세례를 받고 새 언약백성으로 거듭 태어나는 것이다. 예수님은 마음에 하나님의 율법이 새겨지고 하나님의 영이 추동하는 대로 율법을 준행하는 새 언약시대를 산파하려고 하셨다. 예수님이 보시기에 로마제국이라는 거대한 행성과 충돌할 것 같은 오도된 민족주의가 이스라엘 민중의 마음을 도둑질하고 있었다. 거짓된 선민의식을 연료삼아 로마와 항쟁하려는 오도된 민족주의, 이미 그 효력이 끝난 제2의 마카베오 항쟁을 재현하려고 기도[企圖]하는 삯군 목자들이 목자 없는 양들을 오도하는 것이 보였기 때문이다. 이런 예언자적 통찰을 갖고 이스라엘을 올바로 인도하려는 예수님을 유대인들은 영접하지 않고 배척했다. 그들의 행위가 악하여 빛 가운데로 나오는 것을 싫어했기 때문이다.

30절은 유대인들이 성전에서 크게 외치는 예수님, 강력한 영향력으로 사람들을 움직이는 예수님을 체포하려고 노력했으나 아무도 손을 대지 못했다고 말한다. 민중의 추종 열기가 너무 대단했기 때문이다.[31절] 그러나 요한복음 저자는 더 근원적인 이유를 말한다. 아직 예수님이 인자로서의 정체성을 밝히 드러낼 때가 오지 않았기 때문이다. 인자가 들리는 순간에 사람들은 인자 예수의 정체를 알 것이며,[요 8:28] 인자는 들린 후에 모든 사람을 자신에게 이끌 것이다.[요 12:32]

31절은 유대 당국자들이 왜 선불리 예수를 체포하지 못했는지를 간접적으로 밝힌다. 많은 사람들이 나사렛 예수를 그리스도급 예언자로 보고 있었기 때문이다. 그들은 예수님이 행하는 표적들을 보고 '설령 그리스도가 온다 하더라도 이 분보다 더 많은 표적을 행할 수 있을까'라고 자문했다. 요한복음 20:30은 요한복음에 기록된 일곱 가지 표적 외에도 많은 표적을 행하셨다고 증언한다. 예루살렘 사람들은 표적 행하는 능력을 위주로 예수님의 정체를 판단한다. 표적 신앙은 하나님께 전심으로 순복하려는 신앙이 아니라 능력숭배 신앙이다. 하나님이기 때문에 하나님께 순복하는 것이 아니라, 하나님의 능력 때문에 하나님께 순복하는 피상적 신앙이다. 그래서 예수님은 표적 때문에 믿는 사람들에게 마음을 의탁하지 않으셨다.[요 2:23-24]

이러한 이유로 요한복음은 '표적'을 중심으로 예수님의 정체를 이해하려는 시도를 시종일관 부정적으로 본다. 그럼에도 표적을 보고 많은 사람들이 예수님을 선지자라고 믿었다. 예수님을 지지하는 대중의 기운이 조성되자 바리새인들은 초조해지기 시작했다. 그래서 대제사장직을 역임한 자들과 현역 대제사장들과 바리새인들이 예수님께 우호적인 무리의 마음이 예수님께로 기울어지는 것을 막아보려고 아랫사람들을 보내 예수님을 체포하려고 시도했다.[32절] 아랫

사람들은 군병이 아니라 종들이다. 이들은 비무장 장정들이었을 것이다. 33절은 자신을 체포하려고 접근하는 유대인들의 종들을 보면서 약간 신비스러운 답변을 하신다. '너희가 나를 잡아 죽이지 않더라도 나는 지상에 오래 머물지 않을 것이다.' '조금 있다가 나는 나를 보내신 이에게로 돌아간다.'[33절] 그때는 '너희가 나를 찾으려고 해도 찾을 수 없을 것이다. 나 자신이 있는 곳에는 너희가 올 수 없을 것이다.' 34절 마지막 소절에도 1인칭 단수 대명사 에고와 2인칭 복수 대명사 휘메이스가 각각 독립적으로 사용되며 예수님과 유대인들의 엇갈린 행로를 더욱 선명하게 대조한다. '나 자신이 있는 곳'에 '다른 사람은 몰라도 너희는 올 수 없다'는 의미다.

이 신비스러운 답변은 유대인들의 상상을 자극했다.[35절] 34절의 의미를 놓고 그들은 이런저런 해석을 시도한다. 35절의 중간 소절인 호티절에 1인칭 복수 대명사 헤메이스가 독립적으로 사용된다. 호티절은 '이 자가 어디로 가려고 하기에 다른 이가 아니라 바로 **우리**(헤메이스)도 그를 찾을 수 없다고 하는가?' 이런 의미다. 마지막 소절은 부정어 메(μή)가 문두에 나오는 부정의문문이다. '그가 헬라인들 중의 디아스포라에게 가서 헬라인들을 가르치겠다는 것이 아닌가?' 이 구문은 긍정답변을 기대하는 부정의문문으로 유대인들이 예수님이 탈예루살렘을 기도[企圖]하는 것으로 단정하는 것처럼 보이게 만든다. 예수님은 탈세상을 생각하는데, 유대인들은 탈예루살렘만 생각한다. 이미 바리새인들 중에도 개종자를 얻기 위해 해외 순회강의를 다니는 이들이 있었기에[마 23:15] 이런 발상 자체는 가능했다.

36절은 유대인들의 오해가 풀리지 않고 있음을 말한다. 36절은 34절에 나오는 예수님의 말씀을 반복한다. '내가 있는 곳에 너희는 올 수 없다'는 34절의 예수님 말씀이 유대인들의 마음을 떠나지 않고 있음을 보여준다.

37-44절은 초막절 명절 끝날에 예수님이 목청껏 외친 메시지와 그것에 대한 유대인들과 무리의 반응을 보도한다. 유대인의 3대 절기 중 하나인 초막절은 모든 경건한 유대인들과 해외거주 유대인들, 그리고 개종자들이 예루살렘에 모이는 절기이다. 출애굽 민족해방의 여로에서 광야생활했던 역사적 기억을 새롭게 하고 조상들의 신앙 발자취를 추체험하기 위해 모든 예배자들이 초막에서 일주일을 생활한다. 이스라엘 민족이 주택에서 나와서 예루살렘 근처 2킬로미터 근방 안팎에 초막을 치고, 초막에서 생활하던 광야시절의 집단의식으로 회귀하는 시간이었다. 참여자들은 일주일 동안 초막 안에 살면서 조상들의 광야 40년 기억을 단축해 경험했다. 끝날은 모든 참여자들이 다 함께 모이는 대집회일이다. 엄청난 사람들을 상대로 예수님은 자신이 초막절의 주인임을 선언하신다.[37절] "누구든지 목마르거든 내게로 와서 마시라." 이 선언은 초막절의 핵심 행사와 깊은 관련이 있다. 초막절의 핵심은 광야의 초막에 살던 이스라엘 민족에게 생수를 공급하던 하나님의 은총을 기억하는 것이었다. 하나님은 광야에서 시시때때로 반석을 쳐서 또는 지하수 오아시스 샘줄기를 찾아 이스라엘 민족에게 음용수를 공급하셨다.[출 17:1-7, 민 20:1-13; 21:16-18, 고전 10:4] 이 광야시대의 음용수 공급을 영구적으로 기념하기 위해 초막절 마지막날 사람들은 실로암 물가에 가서 물을 가득 떠다가 항아리에 붓는 의식을 거행했다(사 12:3, 겔 47:1, 참조. 요 4:14). 이스라엘 민족은 생수를 콸콸 넘치게 공급하셨던 하나님의 은혜를 이렇게 재현했다. 이 의식은 '명절 끝날'에 이루어졌다. 예수님은 초막절 축성자들이 생수를 떠서 종교적 의식이 거행되는 그 순간에, 자신에게 '와서 생수를 마시라'고 초청하신 것이다. '명절 끝날 곧 큰 날에 예수께서 서서 외치셨다.' 예수님이 큰 소리로 외치셨다는 말은 두 번 나온다. 회중이 매우 많았기 때문이다. 자신이 바로 이스라엘을 따라

다닌 '반석'이라는 뜻이다.[고전 10:4] 이사야 12:3과 에스겔 47장에 약속된 것처럼 예수님은 자신을 믿는 자에게는 그 배에서 생수의 강이 흘러나올 것이라고 약속하신다.[요 4:14] 에스겔 47장은 성전에서 흘러나오는 생수를 말한다. 요한복음 2:19-21은 예수님의 육체가 바로 성전이라고 말한다. 에스겔 47장은 장차 메시아에게서 흘러나올 성령을 가리키는 예표였다. 자신의 육체를 성전이라고 생각하는 예수님은 에스겔 47장을 인증해 자신을 믿는 자는 그 배에서 생수의 강이 흘러나올 것이라고 말씀하실 수 있었다.

39절은 '배에서 흘러나오는 생수의 강'에 대한 요한복음 저자의 해석이다. '생수의 강'은 예수님을 믿는 자들(예수님께 언약적으로 결속된 자들)이 받을 성령을 가리킨다. 그런데 예수께서 십자가에 달려 죽음을 당하시고 하나님 아버지 우편 보좌로 돌아가시지 않았기 때문에 요한복음 14:26, 15:26, 16:7이 약속한 또 다른 보혜사 성령은 아직 믿는 자들에게 임하지 않았다.

40-41절은 예수님의 초막절 강론이 끼친 영향력이 무척 강력했음을 말한다. 무리 중 일부는 예수님이 신명기 18:15, 18이 말한 그 종말에 오실 모세 같은 선지자라고 말하기도 했다. 어떤 이는 예수님을 그리스도라고 말하며, 또 다른 일부 사람들은 예수님이 갈릴리 출신임을 들어 그가 그리스도일 수가 없다고 반박한다.[41절] 예수의 인간적 기원, 갈릴리 출신, 육체노동자 집안의 태생을 알고 있던 사람들은 예수의 입에서 나오는 대담하고 도발적 언어들을 감당하지 못했다. 41절 하반절에 등장한 회의주의자들은 미가서 5:2을 인증해서 그리스도는 다윗의 후손으로, 다윗의 마을 베들레헴 출신이어야 한다고 말했다.[42절] 이들이 미가서 5:2을 인증해 '메시아는 다윗이 살던 마을 베들레헴에서 나온다'고 말하는 이면에는 다윗의 기상을 가진 출중한 영웅호걸적 메시아에 대한 갈망이 들어있다. 그들은 다

윗과 같이 출중한 문무겸비 메시아를 앙망했다.

이처럼 '예수님이 누구인가? 그가 그리스도인가, 아닌가?'라는 질문을 사이에 두고 유대인들 사이에 의견갈등[스키스마(σχίσμα)]이 일어났다.[43절] 이들 중에 그리스도에 대한 회의주의자들보다 더 강경한 적대자들도 있었는데 그들은 아예 예수님을 체포하려고 했다. 하지만 실제로 예수님을 체포한 자는 없었다.[44절]

예수님을 배척하는 대제사장들과 바리새인들 ●45-53절

이 단락은 예수님을 외모로 판단하는 유대인들의 완악함과 패역을 고발한다. 예수님의 출신지 갈릴리라는 지역이 종교지도자들과 바리새인들에게 걸림돌이 되고 있다. 45절은 32절의 이야기를 잇는다. 32절에서 대제사장들과 바리새인들은 예수님을 잡아 오라고 종들을 보낸다. 그 종들이 예수님을 잡지 못한 채 다시 돌아왔더니 '대제사장들과 바리새인들'이 왜 잡아오지 않았느냐고 묻는다.[45절; 18:3, 행 5:22, 26] 46절은 아랫사람들의 보고내용이다. 놀랍고 신선한 보고였다. "그 사람이 말하는 것처럼 말한 사람은 이때까지 없었나이다." 종들은 스스로 판단했다. 대제사장들과 바리새인들이 붙잡아서 심문해야 할 미혹자가 아니었다는 것이다. 이들은 아랫사람이었지만 예수님에 대해 거짓 증언을 할 수 없었다. 그들에게 각인된 나사렛 예수는 '체포해야 할 거짓 선지자'가 아니었다.

47절은 아랫사람들의 예수 품평에 대한 바리새인들의 당혹스러운 답변이다. "너희(휘메이스)도 미혹되었느냐?" 2인칭 복수 대명사의 독립적 사용을 볼 때 '너희마저' 미혹되었느냐는 의미에 가까운 질문이다. 48-49절의 주어는 47절의 주어 '바리새인들'이다. 이 두 절은 바리새인들의 이어지는 말이다. 이들은 당국자들(관원들, 아르콘테스)이나 바리새인 혹은 그들의 수하에 있는 아랫사람들 중에 '예수를 믿는 자'가 있는지 색출하려고 단도직입적으로 묻는다. 이 질문은 아랫사람들에게 한 질문일 수도 있고 함께 있는 모든 사람들 들으라고 하는 질문일 수도 있다. 후자인 것처럼 보인다. 니고데모가 끼어드는 장면[50절]에 비추어 볼 때 당국자들과 바리새인 중에도 예수님께 우호적인 사람들이 있음을 추정케 하는 질문이다.[12, 31, 40절]

49절은 바리새인들의 결론이다. "율법을 알지 못하는 이 무리는 저주를 받은 자"다. 예수님과 예수님을 우호적으로 생각하고 믿는 사람들을 통틀어 저주받은 자라고 말한다. 바리새인들의 이런 일방적 예수 단죄 분위기를 진정시키는 이가 바로 요한복음 3장에 등장했던 관원 니고데모이다.[50절] 그는 바리새인들에게 신명기의 율법(증언법, 신 17:6; 19:15)에 의거해 '문제가 되는 사람의 말을 청취하기도 전에, 그가 행한 일을 조사하여 확정하기도 전에 단죄하는 것이 옳지 않음'을 상기시킨다.[51절] 이에 바리새인들이 니고데모를 공박한다. 그리고 갈릴리 출신 예수님을 우호적으로 생각하는 니고데모에게 갈릴리 출신 프레임을 덧씌운다. '다른 이가 아니라 당신도(쒸) 갈릴리 출신이냐?' 입법, 사법 최고권력을 가진 71명의 산헤드린 회원 중에서 니고데모 한 사람만이 예수님을 간접적으로 옹호했다. '우리는 그 사람의 말을 들어보기 전에, 그 사람의 행동을 조사해보기도 전에 그가 죄 있다고 말할 수는 없다.' 니고데모는 이후 예수님 장례식 용품을 제공하며 자신도 예수님을 사랑하는 사람임을 드러냈다. 니고데모는 3장, 7장, 예수님 장례 상황을 보도하는 19장에서 언급된다. 이것은 니고데모가 기독교 교회에 합류한 사람임을 암시한다. 갈릴리에 대한 주류의 편견이 지배하는 체제 안에서 내부자 소수파의 의견을 가지면 오히려 구원을 받을 수 있다는 함의를 준다.

52절 하반절에서 바리새인들은 니고데모를 공박하기 위해 2인칭 단수 대명사 쒸를 사용하고 있다. 71명의 회원 중에서 소수파 의견을 가지면, '당신도 갈릴리 사람인가? 당신도 예수를 믿는가? 당신도 예수당인가?' 이렇게 힐문당한다. 이런 소수파로 내몰리고 우리 지위를 위협하는 것 같은 무서운 편견들이 우리를 공격할 때 니고데모를 생각하면서 견딜 수 있다. 바리새인들은 니고데모를 공박하면서 '갈릴리에서 어떤 선지자도 일으켜 세움을 받지 않았다'고 말한다. '나지 못하느니라'라고 번역된 헬라어는 우크 에게이레타이(οὐκ ἐγείρεται)이다. 에게이레타이는 '일어나다'를 의미하는 에게이로(ἐγείρω)의 3인칭 현재직설법 수동태다. 갈릴리는 선지자가 일어날 수 없는 여건이라는 것이다. 갈릴리는 소작농들, 석수장이, 상인들, 이방인들의 집단거주지로서 이스라엘의 영적 전통이 보존된 곳이 아니었기 때문이다. 랍비들의 활동 본거지도 아니요 성경 필사가 이루어지는 곳도 아니다. 신령한 인물이 나기에는 너무 황폐한 지역이라는 함의가 들어 있다. 그런데 예수님은 갈릴리에서 온 선지자이며 그 이상이다.[5] 힘, 교육 배경, 출신지 등 외모를 숭배하는 풍토에서 배척받은 예수님은 힘없고 가난한 이스라엘 백성의 메시아가 되기 위해 그들의 가난에 참여하고 그들의 빈천을 옷 입으셨다.

예수님은 사람들을 따라오게 만드는 모세 같은 영도자적 인물도 아니고, 왕적 권세로 사람들을 항복시키는 다윗왕적인 인물 또한 아니었다. 이스라엘 민족에게 가장 조합될 수 없는 말은 갈릴리와 메시아였다. 그런데 예수님은 '갈릴리에서 오신 메시아'였다. 예수님은 갈릴리에서는 선지자가 나지 못했다는 역사의 통계를 뒤집고 오셨다. 당시 갈릴리 나사렛에는 지체 높은 사람들이 살지 않았고 소작인들, 석수장이들이 모여 살았다. 갈릴리 나사렛에서 6킬로미터 떨어져 있는 헤롯 안티파스의 수도였던 세포리스 신도시 건설 현장에서 일을 구하려고 많은 석수장이들이 갈릴리로 몰려들었다. 예수님 자신도 6킬로미터를 걸어서 세포리스 도시 토목공사에서 일을 하셨을 것이다. 유대인들의 편견에서도 드러나듯 갈릴리 나사렛에서는 학자도 나지 못했고, 랍비도 나지 못했으며, 예언자도 일어나지 못했다. 그럼에도 예수님은 갈릴리에서 사역을 시작하셨다. 마태복음은 예수님이 갈릴리에서 처음으로 사역을 시작하시는 장면을 이사야 9:1을 인증해서 이렇게 해석한다. "예수께서 온 갈릴리에 두루 다니사 그들의 회당에서 가르치시며 천국 복음을 전파하시며 백성 중의 모든 병과 모든 약한 것을 고치시니."마 4:23 갈릴리는 백성들의 약한 것과 모든 병들이 모인 곳이었기에 예수님은 바로 그곳에서 사역을 시작하셨다. 갈릴리 가버나움의 세리였던 마태는 예수께서 갈릴리에서 사역을 시작하신 장면을 보고 이렇게 썼다. "이는 선지자 이사야를 통하여 하신 말씀을 이루려 하심이라. 일렀으되 스불론 땅과 납달리 땅과 요단강 저편 해변 길과 이방의 갈릴리여, 흑암에 앉은 백성이 큰 빛을 보았고 사망의 땅과 그늘에 앉은 자들에게 빛이 비치었도다 하였느니라."마 4:14-16 예수님이 갈릴리를 선택하시고 갈릴리 태생이 되신 이유는 갈릴리가 모든 아픈 사람들의 집결지이자 사망의 그늘에 앉아 아우성치는 생존의 터였기 때문이었다. 메시아 예수님이 갈릴리에서 나온다는 것은 하나님의 성품상 너무나 당연한 것이었다. '나는 높고 거룩한 곳에 거하는 지존무상하신 하나님이지만, 마음이 부서지고 심령이 깨어져 망가진 사람들 틈 사이에 있는 겸손하게 된 사람들의 하나님이다.'사 57:15 '내 마음은 불의한 지상 권력자들의 불의와 억압 때문에 마음이 부서져버린, 인생의 행복을 가눌 길도 없이 흩어져버린 자들과 함께 한다.' 이사야 57:15 말씀 때문에 하나님의 성품상 갈릴리는 메시아 탄생에 매우 적합한 터전이다. 하지만 바리새인들에게는 예수님이 갈릴리에서 나온 것이 문제가 된다. 종교권력자들의 관점에서 볼 때 갈릴리는 다윗의 혈통을

가진 인물이 나올 수 없고, 모세적 풍모와 카리스마를 가진 자가 나올 수 없다. 갈릴리는 소작인의 땅이고, 고통이 아우성치는 곳이며, 이방인들과 섞여 사는 혼혈의 땅이고, 모든 경멸적인 것들이 모여 있는 땅이기 때문이다.

요세푸스가 쓴 『유대 전쟁사』는 66-70년에 로마에 대해 전면전을 벌였던 갈릴리 농민들에 대해 자세히 묘사한다.[6] 갈릴리는 기후가 좋아 작물이 풍부하고 온갖 곡식과 과실과 유실수가 잘 자라며 남자 인구의 성비가 다른 어떤 지역보다 높았다. 그래서 갈릴리는 남성적 호전성을 상징하는 곳이 되었고 농민적 저항의 터전이 되었으며 또 착취당한 자들이 많은 곳이었다. 요세푸스에 따르면 갈릴리는 작은 도시라도 남성 인구 1만5천 명이 금세 모였다. 요세푸스는 예수님 당시에 갈릴리에서는 남성 1만5천 명을 보유한 도시가 여럿 있었다고 말한다. 그리스적 생활양식이 두드러진 세포리스는 요샛말로 강남 같은 곳이었다. 친로마귀족들이 로마 수입품을 가지고 먹고 살았던 도시였으며, 대중목욕탕이 있었다. 밤에 음악회가 열리는 야외음악당도 있었고 마차경기장도 있었다. 이곳이 갈릴리의 또 다른 얼굴이었다. 세포리스는 로마귀족들과 친로마적 이스라엘 부호들이 지중해성 기후에서 자란 선선한 바나나와 오렌지, 말린 무화과 디저트를 먹으면서 마차경기를 즐겼던 산상도시였다. 당시 마차경기는 그것을 후원할 부호세력들이 없으면 불가능했다. 부호들의 존재는 갈릴리 농민에게는 고통이었다. 누가복음 12:1-9, 마태복음 21장 등에는 소작쟁의 때문에 매를 맞는 농민들의 이야기가 나온다. 예수님은 갈릴리에서 매 맞는 소작인들을 많이 보셨을 것이다. 의에 주리고 목마른 사람들을 많이 보셨을 것이다. 그래서 산상수훈에서 예수님이 이런 말을 하신다. 마카리오이 호이 프토코이 토 프뉴마티, 호티 아우톤 에스틴 헤 바실레이아 톤 우라논

(Μακάριοι οἱ πτωχοὶ τῷ πνεύματι, ὅτι αὐτῶν ἐστιν ἡ βασιλεία τῶν οὐρανῶν). '심령이 가난한 자는 복이 있나니 천국이 그들의 것임이요.' 마태복음 5:6은 이렇다. 마카리오이 호이 페이논테스 카이 딥쏜테스 텐 디카이오쉬넨, 호티 아우토이 코르타스데손타이(μακάριοι οἱ πεινῶντες καὶ διψῶντες τὴν δικαιοσύνην, ὅτι αὐτοὶ χορτασθήσονται). 여기서 '디카이오쉬네(δικαιοσύνη)'는 의를 가리킨다. 하나님의 통치가 이 땅에 구현되지 않기 때문에 타는 목마름을 가진 사람들은 복이 있다. 왜냐하면 그들은 충만히 배부를 것이고 그들의 갈증은 해갈될 것이기 때문이다. 산상수훈은 갈릴리에서 자란 예언자의 마음에 조성되는 기막힌 시적 헌법요강이다.

갈릴리에는 의에 주리고 목마른 사람이 많았기 때문에 예수님은 갈릴리에서 나오셔야 했다. 예루살렘 종교권력자였던 바리새인들은 갈릴리 아우성에 공감하지 못했다. 우리의 존재는 어디에서 자라 무엇을 경험하는가에 따라 틀지워진다. 1980년대의 한국의 민중신학은 한국사회의 독재적 억압 상황에서 민중의 생존권과 인권이 유린되는 상황에 대한 목회자들과 신학자들의 응답이었다. 1940-1970년대의 남아메리카의 절망적 상황에서 남미의 해방신학이 나왔다. 브라질의 돔 헬더 까마라 주교, 엘살바도르의 로메로 주교, 브라질의 보프 신부, 아르헨티나의 구티에레즈 등의 해방신학은 1970-1980년대의 남미의 민중 고통을 기독교적으로 해석하고 그것에 대해 응답하는 과정에서 나왔다. 갈릴리적 아우성이 묻어 있는 토양에서 인물이 빚어진다. 갈릴리적 토양과 응답하면 인물이 나오고 메시아적 독생자급 인물이 나온다.

역사의 모순을 정면으로 응시하는 지성이 자라서 당대의 역사적 모순을 해결하는 일꾼으로 성장한다. 이런 점에서 보면 메시아가 갈릴리에서 나오는 것이 당연한 역사적 원칙인데 종교당국자들은 이를 모른다. 예루살렘 종교권력이 휘두르는 역사에 대해서 강력한 안티테제를 만든 사람만이 예수님 같은 사람이 될 수 있다. 우리도 예수님처럼 갈릴리적 토양 속에서 갈릴리적 아우성에 응답하는 삶을 살다보면 목자의 마음이 생기게 된다. '굶은 지 나흘이 되었음에도 하나님 나라의 복음을 듣기 위해 자신에게 쇄도하는 무리를 보고 창자가 끊어지는 것 같은 체휼을 느꼈던 예수님'의 마음[막 6:34]에 공감하게 된다.

갈릴리는 종교권력자들에게는 편견으로 정죄당하고 멸시받은 땅이었지만 메시아를 일으킨 땅이었다. 하나님의 영이 갈릴리에서 당신의 마음에 공명하는 자들의 마음을 격동시킨다. 갈릴리는 소작인들이 매 맞는 곳이었고, 파산한 이들이 감옥에 끌려가는 곳이었으며, 오리를 가자하면 십리까지 따라가야 하는 강제노역의 세계였다. 돈을 한 호리라도 갚지 못하면 풀려날 수 없는 죄수가 된 가난한 농민의 탄식이 하늘을 두드리는 땅이었다. 산상수훈 안에 예수님이 보셨던 갈릴리 사회 전모가 드러난다. 우리도 갈릴리적 삶의 참혹함을 응시하면서 하나님의 음성에 응답할 준비를 해야 한다.

53절은 바리새인들의 갈릴리 비하발언과 아무 상관없이 배치된 구절이다. 8:1과 호응하는 구절이다. 초막절 장막생활을 끝내고 무리, 바리새인, 대제사장들은 각각 집으로 돌아갔다.

메시지

분명 요한복음 전반에 걸쳐 예수님이 구사하신 화법에는 상상을 초월할 만큼 자기집중적이고 도발적인 면이 있다. 역사상 자기를 믿는 자가 생수의 강을 맛본다고 말한 종교인은 단 하나도 없었다. 어떤 각성된 종교천재도 자기에게 모든 관심과 주의를 집중시키는 말을 하지 않았다. 예수님은 정신적으로 이렇게까지 진실을 표현하실 수 밖에 없는 신적 추동 속에 사셨던 분이다. 예수님은 도발적이고 자기집중적인 언동을 통해서 자기유익을 추구한 것이 아니라 사람들로 하여금 생명을 얻게 하고, 병든 자를 낫게 하고, 귀신을 축출하는 능력을 발출했다. 인간이 감히 할 수 없는 자기주장적인 언어와 자기해명적 말투가 보통 사람들이 보기에 거슬릴 수 있고, 그의 배타적 진술이 인간의 평등관념을 자극할 수 있다. 하지만 그 내용을 면밀히 살펴보면 진실이 넘쳐서 나오는 주장임을 알 수 있다. 예수님은 권력이나 자기영광이나 부귀영화를 누리려고 사람들을 자기에게 집중시키는 것이 아니다. 사람들을 초청하여 생수의 강을 맛보도록 돕기 위해서 처절하게 외치고 외치신다.

7장을 통해서 하나님께서 우리가 어떻게 살기를 원하시는지를 되새겨 볼 수 있다. 노예생활에서 자유민의 삶으로 가는 여정은 광야의 초막생활에서 연습하고 훈육되는 시간이다. 파라오 채찍 아래 살던 죄악된 노예생활로부터 가나안 땅에 가서 스스로 노동하며 자기책임하에 살아가는 자유인의 삶으로 전환하기 위해서는 오랜 과도기 광야생활을 거쳐야 한다. 그런데 광야여정에는 항상 물이 부족하다. 생수를 공급받지 못한 사람들은 조급하여 죄를 짓게 되고 인간성이 황폐하게 된다. 오늘날 많은 사회적 범죄는 생수를 공급받지 못한 인간의 자기파멸적 도피행위 외에 다름이 아니다. 우리가 을지로와 충무로와 세종로에 살면서 인간성을 유지하고 살려면 끊임없이 우리의 갈증을 해갈시키는 생수가 필요하다.

예수님은 성령의 감화감동이 없으면 광야 같은 인생살이가 불가피한 것을 아시고 "누구든지 목마르거든 와서 생수를 마시라"고 초청하신다. 값을 주지 않고 마시는 은혜의 생수를 마시라고 초청하신다.[사 55:1-3] 하나님은 인간이 인간성을 감가상각 당하여 짐승처럼 바꿔어가는 자신을 보고 소스라치게 놀라게 될 때 당신에게 오라고 초청하신다. 본문은 예수님이 주시는 생수를 마시는 것이 예수님 자신을 지속적으로 믿는 것이라고 말한다. 여기에 복잡한 논리가 있다. 어떻게 예수를 믿으면 생수의 강이 흘러나오는가. 39절이 말하는 것처럼 생수의 강은 예수님을 "믿는 자들이 받을 성령"을 가리킨다. 성령은 생화학적 반응을 일으키는 하나님이다. 예수님을 믿지 않으면 성령을 받지 못하고, 성령의 생수를 들이키지 않으면 인간은 살기를 내뿜으며 살 수밖에 없다. 예수님을 믿는 순간 성령을 선물로 받는데 성령을 선물로 받으면 광야 같은 세상에서 생수를 매 순간 공급받으면서 살 수 있다.

그렇다면 예수를 믿는다는 것은 무엇인가? 예수님이 하나님의 독생자임을 믿는 것이고, 예수님이 인류의 죄를 대신하여 십자가에 못이 박히셔서 우리를 대신하여 저주받아 죽었음을 믿는 것이고, 예수님이 우리 대신 저주받아 죽은 죽음을 하나님이 부활로 응답하셔서 예수님을 우리 주와 그리스도가 되게 하셨다는 것을 믿는 것이다. 예수를 믿는 것은 하나님 앞에서 우리 죄를 대신하여 죽으신 것을 믿는 것이며, 우리 죄를 대신해서 죽으신 예수님을 삼일 만에 부활시켜서 주와 그리스도가 되게 하신 것을 믿는 것이고, 주와 그리스도가 되신 예수님이 하나님 우편 보좌에 앉으셔서 성령을 보내주신 것을 믿는 것이다. 요약하면, 예수를 믿는 것은 내 인생이 예수님의 핏빛 십자가의 고난으로 용서받았음을 심사숙고 끝에 믿는 것이다. 내 죄, 나의 모든 일탈과 허물이 예수님이 십자가에서 저주받아 죽는 순간에 해결되었다고 믿는 것이다. 죄를 용서받았다고 믿는 그 순간에 그 믿음이 진실하다면 하나님 편에서 문을 열어주신다. 하나님 편에서 '들어오라'는 입장 시그널을 주신다. '네 믿음이 나에게 승인되었기 때문에 네가 믿었다는 것을 성령을 내주케 함으로써 인을 쳐준다. 네 자신의 신념만으로 믿는 자가 된 결정적인 표지가 될 수 없다. 내 편에서 네 믿음을 인정하는 사인을 보내겠다. 그것이 바로 성령을 선물로 보내는 것이다.' 이런 의미에서 내가 참으로 예수님을 믿었는지를 하나님 편에서 인정받는 것이 내가 믿는 것보다 더 중요하다.

성령을 선물로 받으면 전기자기장 안에 들어가는 것처럼 몸에 생화학적 변화가 일어난다. 성령은 우리에게 영적, 물리적 현상을 일으키신다. 성령은 때때로 생화학적 반응을 일으켜서 우리 존재가 공중에 떠다니는 것 같은 부양된 의식으로 살 수 있도록 만들기도 하고 슬픔과 분노에 사로잡혀 하나님과 공명하게도 하신다. 성령이 오실 때마다 물리적, 화학적 요소가 응답하기 때문이다. 성령은 바람과 같고 물과 같다고 표현할 수밖에 없다. 성령은 우리를 하나님의 자녀로 인印치시며, 우리의 존재가 하나님께 불가역적으로 소속되었음을 확신시킨다. 성령은 우리에게 이 세상과의 분리의 아쉬움보다 하나님 아버지의 나라에 들어가, 하나님 아버지께 강력하게 소속됐다는 감격을 더욱 사무치게 느끼게 하신다. 하나님과 나 사이에 있는 견고한 결속감을 해칠 수 없다는 고귀한 배타적 소속감을 창조해 주신다. 성령이 우리를 지배하면 우리는 흑암의 나라에서 하나님 아들의 나라로 시민권 이전이 일어난다. 성령 충만한 것은 하나님과의 감미로운 결속감 속에 사는 것이기 때문에 이 세상에 어떤 세력도 하나님과 우리 사이에 맺어진 성령의 인치는 계약적 결속감을 해치거나 손상시키지 못한다. 이 성령의 선물은 목이 말라서 하나님을 향하여 뛰어가는 사람에게 주시는 선물이다.

성령 충만은 도피주의가 아니다. 성령 충만은 세상과의 창조적 분리감과 이격감을 주지만, 그것을 통해 오히려 세상 안에 계속 살면서도 인간성을 보존할 수 있게 만든다. 오히려 성령의 선물을 받지 않으면 도피주의자가 되거나 세속주의자가 되기 쉽다. 성령 충만을 받지 못하면 세속의 원리에 찰싹 달라붙어 세속과 이 세상 사이의 긴장을 전혀 느끼지 못하는 세속영합주의가 되거나, 아니면 세상을 다 부정하면서 도피하는 사람이 될 수도 있다. 성령 충만하면 오히려 세상에서 수세적으로 사는 게 아니라 세상의 기초를 허무는 거룩한 공세성을 드러낼 수 있다. 바로 이런 삶이 그 배에서 생수의 강이 흘러나오는 삶이다. 성령이 우리 안에 충만하면 광야 같은 세상에 살면서도 광야의 황폐한 야수성으로부터 공격받거나 영향 받거나 동화되지 않고, 인간의 거룩한 존엄성을 향유하면서 살 수 있다. 세상을 바꿔가면서, 세상의 시간 안에 포착된 사람들을 사랑의 포로로 만들어가면서 살 수 있다.

예수님을 만나려면 '누구든지 목마르다'는 것을 인정하고 정직하게 대면하기만 하면 된다. 이사야 12:2-3은 말한다. "보라, 하나님은 나의 구원이시라.…… 그러므로 너희가 기쁨으로 구원의 우물들에서 물을 길으리로다." 목이 마른 자들은 예수님께 가서 생수의 강을 들이키기만 하면 된다. 이 성령 충만의 선물은 갈릴리 나사렛 출신 예수님이 인류에게 주신 선물이다. 세상의 고등종교와 철학의 창시자들은 도덕률, 논리, 경구 등 보편적 호소력이 있는 교훈을 주창했다. 그러나 예수님은 생수, 바람, 영을 선사하셨다. 예수님은 또 다른 보혜사 성령을 인류역사 속에 고취시켰고 지금도 고취하고 계신다.

이 세상의 고등종교의 창시자나 고매한 철학의 창시자들은 오랫동안 교육을 받은 사람들이었다. 그러나 예수님은 그들과 달리 세상의 정규교육을 받지 않으셨다. 하지만 그는 이사야 50:4-5이 묘사하는 방식으로 아버지 하나님께 직접 성경을 배워 통달하셨다. "주 여호와께서 학자들의 혀를 내게 주사 나로 곤고한 자를 말로 어떻게 도와줄 줄을 알게 하시고 아침마다 깨우치시되 나의 귀를 깨우치사 학자들 같이 알아듣게 하시도다. 주 여호와께서 나의 귀를 여셨으므로 내가 거역하지도 아니하며 뒤로 물러가지도 아니하며." 이것이 바로 예수님이 아버지 하나님께 받은 도제식 교육이었다.[7] 아버지 하나님으로부터 받은 도제적 제자교육은 예수님을 위대한 순종과 모방의 아들로 성장시켰다. 예수님은 제도권 랍비교육을 받지 않았을 뿐이지 공부를 하지 않으신 것이 아니다. 예수님은 장로의 전통을 가르치는 바리새인 랍비들의 문하에 들어가지 않으셨고, 가야바와 안나스 같은 타락한 성직자들의 모범을 강요하는 신학교를 다니지 않으셨을 뿐이다. 예수님은 아침마다 하나님 말씀을 듣고 순종하면서 하나님 말씀의 진리를 온몸으로 경험하셨다. 그래서 예수님은 스스로 말하는 자가 아니라 하나님께 파송받아 하나님의 신적 추동에 따라 대담하게 말하는 자가 되신 것이다. 그저 하나님 말씀을 남의 글 읽듯이 전하는 사람에게는 아무런 감화력이 없다. 순종과 실천을 꾸준히 해온 사람의 말만이 힘이 있다. 사람을 일으키고 모이게 만들고 투신하게 만들고 변화시킨다. 하나님의 보내신 자의 말을 실천하고 순종하다 보면, 보내신 자 하나님과 보냄받은 사람 사이에 강력한 영적, 인격적 유대가 작동하고 있음을 확인할 수 있다.[17절] 가내수공업적 도제교육은 공장제 대규모 학교교육보다 인재를 양성하는 데 더 효과적일 수 있다.

예수님이 아버지 하나님께 받은 교육은 일대일 가내수공업적인 도제교육이었다. 하나님 아버지께서 예수님을 도제처럼 교육시켰듯이, 우리도 예수님을 스승처럼 순종하고 모방하면, 예수님은 우리 영혼을 각성시켜 도제처럼 훈육해주시며 우리가 하나님의 계명을 준행할 수 있도록 격려해주실 것이다.

8장.

진리가 너희를 자유케 하리라

8

1 예수는 감람산으로 가시니라. 2 아침에 다시 성전으로 들어오시니 백성이
다 나아오는지라. 앉으사 그들을 가르치시더니 3 서기관들과 바리새인들이
음행 중에 잡힌 여자를 끌고 와서 가운데 세우고 4 예수께 말하되 선생이여, 이 여자가
간음하다가 현장에서 잡혔나이다. 5 모세는 율법에 이러한 여자를 돌로 치라 명하였거
니와 선생은 어떻게 말하겠나이까. 6 그들이 이렇게 말함은 고발할 조건을 얻고자 하
여 예수를 시험함이러라. 예수께서 몸을 굽히사 손가락으로 땅에 쓰시니 7 그들이 묻
기를 마지 아니하는지라. 이에 일어나 이르시되 너희 중에 죄 없는 자가 먼저 돌로 치
라 하시고 8 다시 몸을 굽혀 손가락으로 땅에 쓰시니 9 그들이 이 말씀을 듣고 양심에
가책을 느껴 어른으로 시작하여 젊은이까지 하나씩 하나씩 나가고 오직 예수와 그 가
운데 섰는 여자만 남았더라. 10 예수께서 일어나사 여자 외에 아무도 없는 것을 보시고
이르시되 여자여, 너를 고발하던 그들이 어디 있느냐. 너를 정죄한 자가 없느냐. 11 대
답하되 주여, 없나이다. 예수께서 이르시되 나도 너를 정죄하지 아니하노니 가서 다시
는 죄를 범하지 말라 하시니라. 12 예수께서 또 말씀하여 이르시되 나는 세상의 빛이니
나를 따르는 자는 어둠에 다니지 아니하고 생명의 빛을 얻으리라. 13 바리새인들이 이
르되 네가 너를 위하여 증언하니 네 증언은 참되지 아니하도다. 14 예수께서 대답하여
이르시되 내가 나를 위하여 증언하여도 내 증언이 참되니 나는 내가 어디서 오며 어
디로 가는 것을 알거니와 너희는 내가 어디서 오며 어디로 가는 것을 알지 못하느니
라. 15 너희는 육체를 따라 판단하나 나는 아무도 판단하지 아니하노라. 16 만일 내가
판단하여도 내 판단이 참되니 이는 내가 혼자 있는 것이 아니요 나를 보내신 이가 나
와 함께 계심이라. 17 너희 율법에도 두 사람의 증언이 참되다 기록되었으니 18 내가 나
를 위하여 증언하는 자가 되고 나를 보내신 아버지도 나를 위하여 증언하시느니라. 19

이에 그들이 묻되 네 아버지가 어디 있느냐. 예수께서 대답하시되 너희는 나를 알지
못하고 내 아버지도 알지 못하는도다. 나를 알았더라면 내 아버지도 알았으리라. [20] 이
말씀은 성전에서 가르치실 때에 헌금함 앞에서 하셨으나 잡는 사람이 없으니 이는 그
의 때가 아직 이르지 아니하였음이러라. [21] 다시 이르시되 내가 가리니 너희가 나를 찾
다가 너희 죄 가운데서 죽겠고 내가 가는 곳에는 너희가 오지 못하리라. [22] 유대인들이
이르되 그가 말하기를 내가 가는 곳에는 너희가 오지 못하리라 하니 그가 자결하려는
가. [23] 예수께서 이르시되 너희는 아래에서 났고 나는 위에서 났으며 너희는 이 세상에
속하였고 나는 이 세상에 속하지 아니하였느니라. [24] 그러므로 내가 너희에게 말하기
를 너희가 너희 죄 가운데서 죽으리라 하였노라. 너희가 만일 내가 그인 줄 믿지 아니
하면 너희 죄 가운데서 죽으리라. [25] 그들이 말하되 네가 누구냐. 예수께서 이르시되
나는 처음부터 너희에게 말하여 온 자니라. [26] 내가 너희에게 대하여 말하고 판단할 것
이 많으나 나를 보내신 이가 참되시매 내가 그에게 들은 그것을 세상에 말하노라 하
시되 [27] 그들은 아버지를 가리켜 말씀하신 줄을 깨닫지 못하더라. [28] 이에 예수께서 이
르시되 너희가 인자를 든 후에 내가 그인 줄을 알고 또 내가 스스로 아무것도 하지 아
니하고 오직 아버지께서 가르치신 대로 이런 것을 말하는 줄도 알리라. [29] 나를 보내신
이가 나와 함께 하시도다. 나는 항상 그가 기뻐하시는 일을 행하므로 나를 혼자 두지
아니하셨느니라. [30] 이 말씀을 하시매 많은 사람이 믿더라. [31] 그러므로 예수께서 자기
를 믿은 유대인들에게 이르시되 너희가 내 말에 거하면 참으로 내 제자가 되고 [32] 진리
를 알지니 진리가 너희를 자유롭게 하리라. [33] 그들이 대답하되 우리가 아브라함의 자
손이라 남의 종이 된 적이 없거늘 어찌하여 우리가 자유롭게 되리라 하느냐. [34] 예수께
서 대답하시되 진실로 진실로 너희에게 이르노니 죄를 범하는 자마다 죄의 종이라. [35]
종은 영원히 집에 거하지 못하되 아들은 영원히 거하나니 [36] 그러므로 아들이 너희를
자유롭게 하면 너희가 참으로 자유로우리라. [37] 나도 너희가 아브라함의 자손인 줄 아
노라. 그러나 내 말이 너희 안에 있을 곳이 없으므로 나를 죽이려 하는도다. [38] 나는 내
아버지에게서 본 것을 말하고, 너희는 너희 아비에게서 들은 것을 행하느니라. [39] 대답
하여 이르되 우리 아버지는 아브라함이라. 하니 예수께서 이르시되 너희가 아브라함

의 자손이면 아브라함이 행한 일들을 할 것이거늘 [40] 지금 하나님께 들은 진리를 너희
에게 말한 사람인 나를 죽이려 하는도다. 아브라함은 이렇게 하지 아니하였느니라. [41]
너희는 너희 아비가 행한 일들을 하는도다. 대답하되 우리가 음란한 데서 나지 아니하
였고 아버지는 한 분뿐이시니 곧 하나님이시로다. [42] 예수께서 이르시되 하나님이 너
희 아버지였으면 너희가 나를 사랑하였으리니 이는 내가 하나님께로부터 나와서 왔음
이라. 나는 스스로 온 것이 아니요 아버지께서 나를 보내신 것이니라. [43] 어찌하여 내
말을 깨닫지 못하느냐. 이는 내 말을 들을 줄 알지 못함이로다. [44] 너희는 너희 아비 마
귀에게서 났으니 너희 아비의 욕심대로 너희도 행하고자 하느니라. 그는 처음부터 살
인한 자요 진리가 그 속에 없으므로 진리에 서지 못하고 거짓을 말할 때마다 제 것으
로 말하나니 이는 그가 거짓말쟁이요 거짓의 아비가 되었음이라. [45] 내가 진리를 말하
므로 너희가 나를 믿지 아니하는도다. [46] 너희 중에 누가 나를 죄로 책잡겠느냐. 내가
진리를 말하는데도 어찌하여 나를 믿지 아니하느냐. [47] 하나님께 속한 자는 하나님의
말씀을 듣나니 너희가 듣지 아니함은 하나님께 속하지 아니하였음이로다. [48] 유대인들
이 대답하여 이르되 우리가 너를 사마리아 사람이라 또는 귀신이 들렸다 하는 말이
옳지 아니하냐. [49] 예수께서 대답하시되 나는 귀신 들린 것이 아니라 오직 내 아버지를
공경함이거늘 너희가 나를 무시하는도다. [50] 나는 내 영광을 구하지 아니하나 구하고
판단하시는 이가 계시니라. [51] 진실로 진실로 너희에게 이르노니 사람이 내 말을 지키
면 영원히 죽음을 보지 아니하리라. [52] 유대인들이 이르되 지금 네가 귀신 들린 줄을
아노라. 아브라함과 선지자들도 죽었거늘 네 말은 사람이 내 말을 지키면 영원히 죽음
을 맛보지 아니하리라 하니 [53] 너는 이미 죽은 우리 조상 아브라함보다 크냐. 또 선지
자들도 죽었거늘 너는 너를 누구라 하느냐. [54] 예수께서 대답하시되 내가 내게 영광을
돌리면 내 영광이 아무것도 아니거니와 내게 영광을 돌리시는 이는 내 아버지시니 곧
너희가 너희 하나님이라 칭하는 그이시라. [55] 너희는 그를 알지 못하되 나는 아노니 만
일 내가 알지 못한다 하면 나도 너희 같이 거짓말쟁이가 되리라. 나는 그를 알고 또
그의 말씀을 지키노라. [56] 너희 조상 아브라함은 나의 때 볼 것을 즐거워하다가 보고
기뻐하였느니라. [57] 유대인들이 이르되 네가 아직 오십 세도 못되었는데 아브라함을

보았느냐. 58 예수께서 이르시되 진실로 진실로 너희에게 이르노니 아브라함이 나기 전부터 내가 있느니라 하시니 59 그들이 돌을 들어 치려 하거늘 예수께서 숨어 성전에서 나가시니라.

주석

8장은 '진리가 자유케 하는' 원리를 예해例解하고 설명한다. 진리는 인격적 존재들 사이를 잇는 견고한 결속이다. 구체적으로 여기서는 하나님과의 인격적 결속을 의미한다. 하나님과의 인격적 결속은 하나님이 주신 율법의 논리를 이해하고 그것에 공감해 내면화시키는 것을 의미한다. 율법이 마음에 새겨질 만큼 내면화하는 것이 '진리'이다. 신약시대 이후에는 하나님의 말씀의 완전한 화신인 예수님을 사랑하고 그의 말을 마음에 내면화시키는 것이 진리다. 8장은 가서 다시는 죄를 범치 말라,1-11절 나는 세상의 빛이다,12-20절 예수님의 견인불발적 기상과 그 원천,21-30절 그리고 진리가 너희를 자유케 하리라31-59절로 나뉜다.

가서 다시는 죄를 범치 말라[1] ● 1-11절

요한복음은 특수한 개인들을 등장시켜서 요한복음의 신학적인 이념들을 예해한다. 요한복음 3장에서는 양심적 바리새인이 예수님께 어떻게 구원받는가를 예해한다면, 4장은 모세오경 하나님에 대한 참예배를 갈구하는 사마리아 여인을 통해 메시아 시대의 예배를 예해한다. 5장에는 38년 된 병자를 등장시켜 38년 동안 방황하는 이스라엘 백성의 총체적 무기력 상태를 보여주고 이스라엘 민족을 하나님과 동행하는 언약백성으로 일으켜주실 것을 예해한다. 요한복음에는 특수한 개인들을 등장시켜서 예수 그리스도가 '이스라엘 민족의 회복과 관련하여' 각각에게 무슨 의미가 있는지를 자세히 풀이한다. 3, 4, 5장은 각각 특별한 개인들의 구원사건을 다루면서 이스라엘 민족 전체의 구원 시나리오를 다채롭게 조명한다. 8:1-11은 간음하다 붙잡힌 한 여인의 이야기임과 동시에 호세아서와 예레미야서, 그리고 에스겔서 등이 말한 '음부淫婦 이스라엘'이 어떻게 재활복구될 수 있을 것인가를 예고한다. 이 단락은 실제로 예수님에게 구원을 받은 한 여인의 이야기이면서 동시에 '이스라엘 민족의 구원 시나리오'로 해석될 수 있는 여지를 남긴다. 호세아서는 이스라엘을 간음하다 붙잡힌 현행범 음부로 고발한다. 오늘 본문은 호세아서가 말한 주제, 하나님께 간음죄를 범했던 이스라엘 백성이 어떻게 구원받는가를 다룬다. 이스라엘 백성이 예수를 통하여 죄 사함을 받고 거듭나서 새로운 백성이 되는 길을 제시한다. 호세아서에서 야웨 하나님과 신부인 이스라엘 사이에 있어야 할 언약적 결속을 진실(에무나, 에메트)이라고 말한다. 이것이 요한복음이 말하는 진리의 의미다. "진실함으로(쁘에무나) 네게 장가들리니 네가 여호와를 알리라."2:20 "이 땅에 진실(에메트)도 없고."4:1 하나님과의 인격적 결속을 의미하는 진리가, 이스라엘이 강대국을 정부情夫로 영접하며 따라다니는 음행(강대국과의 동맹정책, 호 7:11)을 중지시킬 수 있고 근본적으로 자유케 할 수 있다.

물론 이 단락을 이런 구원사적 맥락 안에 위치시켜 읽을 수 있다고 해서 실제로 간음하다 붙잡힌 한 여인의 구원간증을 무시해서는 안 된다. 이것이 간음하다 붙잡힌 한 여인의 이야기라는 점은 의심의 여지가 없다.[2] 1절은 7:53의 일부이기도 하며 7장 마지막 상황을 이어받는다. 이 단락의 무대는 예루살렘이다.

모든 사람이 초막절을 마치고 집으로 돌아갔지만 예수님은 감람산[3]으로 가셨다.[1절] 감람산은 예수님의 야외 기도처소이자 쉼터였다. 기도하러 가셨다는 말이다. 예루살렘 성전에서 중앙골짜기와 힌놈의 아들 골짜기 평지를 지나면 감람산이 나온다. 예수님은 성전에서 가까운 곳인 감람산에서 휴식하신 것으로 보인다. 마가복음 11:17, 19에 보면, 예수께서 성전에 오셨다가 "그리고 날이 저물매 그들이 성 밖으로 나가"는 장면이 언급된다. 누가복음 22장에도 "예수께서 나가사 습관을 따라 감람산에 가시매"[39절]라는 구절이 나온다. 감람산에 가는 행위는 쉼을 누리고 기도에 몰입하기 위한 행위임을 알 수 있다.

2절은 예수님이 아침에 성전으로 나오셨다고 말한다. '모든 백성'[라오스(λαὸς)]이라고 불리는 일련의 사람들도 모였다. 이들은 예수님이 아는 백성, 즉 예루살렘에 거주하면서 예수님께 일시적으로 쏠리며 예수님을 자기 수준으로 추종하는 유대인들을 가리키는 것으로 보인다. 예수님은 아침에 일찍 나온 모든 사람을 청중으로 앉혀놓고 예수님도 앉은 채로 가르치셨다. 예수님의 행동은 당시의 랍비의 모습과 같다. "앉으사 그들을 가르치시더니"라는 표현은 예수님이 3-5절에 나오는 간음녀의 처분 문제에 대한 질문을 받을 위치에 있었다는 것을 시사한다. '가르쳤다'로 번역된 에디다스켄(ἐδίδασκεν)은 동사 디다스코(διδάσκω)의 3인칭 단수 미완료형이다. 일회성 가르침이 아니었다는 말이다. '앉아서'는 행위의 지속성을 표현하는 분사형 카디사쓰(καθίσας)[4]임에 비추어 볼 때 아침에 나온 이 사람들은 예수님에게 가르침을 받기로 약속된 청중임을 짐작할 수 있다.

그런 조용한 아침에 서기관들[그람마테이스(γραμματεῖς)]과 바리새인들이 음행 중에 잡힌 한 여자를 끌고 와서 예수님 앞에 세웠다.[3절] 그들이 예수님을 "선생님이여"라고 부르며 "이 여자가 간음하다가 현장에서 잡혔나이다"라고 보고한다. 율법은 간음하다 붙잡힌 남자와 여자는 돌로 쳐 죽이도록 명한다.레 20:10, 신 22:22-24, 겔 16:38, 40 레위기 20:10을 보면 사회 미풍양속을 해치는 중대범죄자는 아무라도 먼저 발견하는 자들이 처단할 수 있었다. 국가가 개입하기 전에 공동체가 먼저 개입할 수 있었다. 아니나 다를까, 그들은 이 간음하다 붙잡힌 여인을 돌로 쳐 죽이는 것을 명하는 구약율법을 인증하며 예수님의 사형판결을 유도하는 것처럼 보인다.5절 5절의 마지막 소절에는 2인칭 단수 대명사 쒸가 독립되어 사용되고 있다. 쒸 운 티 레게이스(σὺ οὖν τί λέγεις). '다른 이가 아니라 당신은 이제 무엇이라고 말씀하시렵니까?'

6절은 요한복음의 저자가 그들의 질문의 의도가 무엇인지를 해설하는 내용이다. 그들은 고소할 구실을 찾기 위해 예수님을 시험하는 중이었다. 로마총독의 행정관할권이 있는 예루살렘에서 재판 없이 한 사람을 '돌로 쳐 죽이라'고 말하면 로마의 형사소송법을 어겼다는 혐의를 받게 된다. 혹은 '죽여서는 안 된다'고 판결하면 모세의 율법을 무시하고 배척한다는 혐의를 받을 수 있었다. 예수님은 이런 시험 의도를 훤히 꿰뚫고 계셨다. 이 질문을 받은 예수님은 예상 밖의 행동을 취하신다. 몸을 굽혀 손가락으로 땅에 뭔가를 쓰셨다. 예수님은 몸을 아래로(κάτω) 굽혀서 그들을 일단 진정시킨다. '굽히다'를 의미하는 헬라어 동사는 큅토(κύπτω)이다. 마가복음 1장에서 세례 요한이 사용하는 동사이기도 하다. "곧 내 뒤에 오시는 그이라. 나는 그의 신발끈을 풀기도 감당하지 못하겠노라."7절 몸을 굽히는 것은 전형적으로 노예가 하는 행동이다. 그런데 예수님은 몸을 아래로 굽혔다. 예수님을 둘러싼 남자들은 모두 돌을 들고 있었을 것이다. 자기를 시험하려는 대적자들의 적개심에 직면해 예수님은 낮게 엎드린 자세로 글을 계속 마구 쓰셨다. 6절의 마지막에 "쓰시니"라고 번역된 헬라어는 카테그라펜(κατέγραφεν)이다. '글을 쓰다'라는 동사 그라포(γράφω)에 강세접두사 카타(κατα)가 붙은 단어가 카타그라포(καταγράφω)이다. 카타그라포는 '과장된 몸짓으로 글을 쓰다'를 의미한다. 주변의 주의를 집중시킬 의도가 있는 거침없는 글쓰기가 카타그라포이다. 그런데 여기서 "쓰시니"를 의미하는 헬라어 동사는 카타그라포 동사의 3인칭 단수 미완료 카테그라펜(κτεγραφεν)이다. '마구 거침없이 뭔가를 계속 쓰고 계셨다'는 의미다. 기막힌 연출이 아닐 수 없다. 분노하고 격앙된 대적자들의 가시돋친 언어를 몸을 굽혀 땅에 글을 마구 쓰심으로 수습하시는 것이다. 무엇을 썼는지는 모른다. 다만 몸을 굽히고 뭔가를 계속 거침없이 쓰는 자세는 아마도 옆에 있는 모든 사람들의 호기심을 일순간에 자극했을 가능성이 크다. 한동안 시간이 흘렀는데도 돌을 든 회중의 조바심을 자아낼 정도로 땅에 뭔가를 계속 쓰고 있었다. 그래서 서기관들과 바리새인들이 조바심이 나서 "묻기를 마지 아니"했다. "묻기를 마지 아니하는지라"고 번역된 헬라어 구문은 에페메논 에로톤테스 아우톤(ἐπέμενον ἐρωτῶντες αὐτόν)이다. 에페메논은 '지속적으로 ~하다'를 의미하는 에피메노(ἐπιμένω) 동사의 3인칭 복수 미완료형이며, 에로톤테스는 '묻다', '요청하다'를 의미하는 에로타오(ἐρωτάω)의 남성복수 능동분사형이다. 이 두 단어 모두 지속적으로 같은 동작을 반복하는 상황을 묘사한다. 그들이 예수님께 '어떻게 할까요? 선생님'을 되풀이해 물었음을 알 수 있다.

이런 상황이 한동안 지속되는 상황에서 예수께서 홀연히 일어나 말씀했다. '너희 중에 죄 없는 남자가 먼저 그녀에게 돌을 던질지어다.' 아마 겸손하게 몸을 구푸려서 글을 쓰셨던 예수님의 마음은 이 여인을 동정하고 싶은 마음과 율법을 깨고 싶지 않은 마음, 두 가지 모두일 것이다. 돌을 든 회중의 분노는 죄를 미워하여 간음죄를 엄벌에 처하라고 말하는 레위기 20:10의 하나님 마음이기도 하다.

하지만 또 한편, 머리카락을 헝클어뜨리고 옷매무새가 엉망인 채로 죽음의 위기에 처한 저 가련한 여인을 용서해 다시 재활시키고자 하는 것도 하나님의 마음이다. 죄를 미워하는 마음도 하나님의 마음이고, 죄인을 소생시키고자 하는 마음도 하나님의 마음이다. 이 두 마음이 예수님의 마음이었다. 그래서 예수님은 돌을 든 회중과 고개를 떨군 채 두려움에 떠는 저 여인 사이에서 몸을 구푸려 마구 글을 쓰실 수밖에 없었다. 율법을 어기지 않으면서 여인을 용서하는 길을 예수님은 글을 쓰면서 찾고 찾았다. 마지막 순간에 하나님의 지혜가 떠올랐다. "너희 중에 죄 없는 자가 먼저 돌로 치라."

너무 절묘한 판결이었다. 모세의 율법도 위반하지 않았고 로마의 형법도 어기지 않았다. 돌을 든 남자들을 일순간에 얼어붙게 만든 말이었다. 아무런 응답이 없었다. 그래서 예수님은 다시 몸을 굽혀 땅에다 뭔가를 지속적으로 쓰셨다. '쓰는 행동'은 이번에도 미완료형이다. 한동안 쓰셨다는 말이다.[5] 이번에는 '쓰다' 동사에 그라포(γράφω)라는 단어가 사용되었다. 6절에 사용된 '쓰다'라는 동사는 카타그라포(καταγράφω)였다. 카타그라포는 '휘갈겨쓰다, 일필휘지로 갈기듯이 쓰다'를 의미한다. 강세접두사 카타가 붙어 단순히 '쓰는' 행위를 보다 강력하게 수식하는 단어다. 6절에 비해 8절에서는 예수님의 정서가 좀 더 안정된 모드로 들어간 것처럼 보인다. 그래서 차분하게 쓰고 계셨다. 글을 쓰는 행위는 밖으로 말을 내뱉는 행위나 타자를 향해 행동을 취하거나 동작을 취하는 행위에 비하여 자기성찰적이고 내면지향적이다. 글을 쓰는 행위는 자기를 살피면서도 동시에 성난 군중들의 심리를 직관하고 통찰하기에 적합하다. 끝내 군중들은 예수님께 어떤 대답도 하지 못하고 자리를 떴다.

9절은 고소자들이 양심의 가책을 느껴 어른부터 시작해 젊은이까지 모두 다 자리를 떠났으며 오직 예수님과 그 여자만이 남겨졌다고 보도한다. '어른으로 시작하여'에서 어른은 프레스뷔테로스(πρεσβύτερος)이다. '장로'라고 번역되는 '프레스바이테리안'presbyterian의 뿌리이다. '어른으로 시작하여 젊은이까지 하나씩 하나씩 나가고'라는 표현에서 우리는 어른이 죄가 많다는 사실을 확인한다. 돌로 칠 수 있는 사람은 예수님밖에 없었다. 예수께서 일어나서 여자 외에는 아무도 없는 것을 보고 여자에게 묻는다.10절 '여자여[귀나이(γύναι)],[6] 너의 고소자들이 어디 있느냐?' 몰라서 묻는 질문도 아니요 대답을 기대하는 질문도 아니다. 여자를 안심시키려는 질문이다. 여자는 자신을 정죄하는 자들이 사라지고 없다고 대답한다. 예수님은 여인을 근원적으로 안심시키면서 다시는 간음죄를 범하지 말라고 당부하신다. '나도(에고) 너를 정죄하지(카타크리노) 않겠다. 너도 일상의 자리로 돌아가되 다시는 간음죄를 범하지 말라'고 당부하신다.

요

나는 세상의 빛이다 ● 12-20절

요한복음에만 나오는 예수님의 일곱 가지 일인칭 자기계시 선언이 있다. "내가 곧 생명의 떡이라",6:48 "나는 세상의 빛이라",8:12 "나는 양의 문이니",10:7 "나는 선한 목자라",10:11 "나는 부활이요 생명이니",11:25 "내가 곧 길이요 진리요 생명이니",14:6 "나는 참포도나무요" 15:1 등은 요한복음에만 있는 예수님의 자기계시문이다. 헬라어 문장으로 에고 에이미(ἐγώ εἰμι)이다. 에고는 영어에서 '자아'를 의미하는 에고ego라는 단어로 바뀌었지만 헬라어에서는 1인칭 대명사다. 에고 에이미 토 포스 투 코스무(ἐγώ εἰμι τὸ φῶς τοῦ κόσμου)라는 문장은 '다른 사람이 아닌 바로 내가 세상의 빛이다'라는 뜻이다. 에고라는 1인칭 대명사가 돌출적으로 사용되지 않고 에이미 토 포스 투 코스무라고 해도 같은 의미다. 그런데 에고가 에이미 앞에 독립적으로 사용되면 주어를 다른 사람과 강하게 대조하는 구문이 된다. '다른 사람이 아니라 나야말로 세상의 빛, 나야말로 선한 목자다'라는 뜻이 된다. 요한복음 10장의 '나는 선한 목자다'라는 자기계시는 에스겔 34장에 나오는 거짓 목자들과 자신을 대조하는 수사법이다. 자칭 선한 목자를 가장하는 바리새인과 같은 종교지도자들에 대조되는 예수님 자신이 바로 에스겔 34장에 나오는 바로 그 선한 목자라는 주장이다. 요한복음 15:1의 "나는 참포도나무요"라는 자기계시도 예레미야 2장과 이사야 5장에 나오는 들포도나무와 자신을 대조하는 구문이다. '나는 예레미야 2장과 이사야 5장이 말하는 들포도나무와 전혀 다른 참포도나무다. 구약성경에 나오는 불순종하는 이스라엘과는 달리 나는 순종하는 이스라엘 백성의 적분체이다. 나는 구약성경에 나타났던 이상적인 순종을 바쳤던 이스라엘 백성의 총체적 인격이다'라는 의미다.

12절 "예수께서 또 말씀하여 이르시되 나는 세상의 빛이니"라는 자기계시는 이사야 42:1-6을 염두에 두고 하신 말씀이다. 이사야 42:6은 이스라엘을 열방의 빛, 세상의 빛이라고 말한다. 예수님은 세상 만민의 영적 무지몽매 상태를 들추어내시고 세상 사람들이 살아야 할 바른 길을 제시하는 이스라엘 민족의 사명의 완수자다. '나는 이스라엘 백성이 하나님께 이상적으로 순종했을 때 나타날 바로 그 공동체의 대표이다'라는 뜻이다. '나는 원래 이스라엘에게 주셨던 하나님의 사명을 백퍼센트 수행하는 독생자다. 나는 이스라엘 백성의 불순종과 실패를 만회하는 백퍼센트 순종하는 아들이다.' 이 세상의 많은 '아들들'은 저마다 잘못된 길들을 가는 양떼와 같다. 예수님은 잘못된 길을 걸어가는 아들들의 죄를 대속하기 위하여 하나님의 어린양으로 이 땅에 오셨다. 요한복음 1:29, 36은 이사야 53장이 그리는 '세상 죄를 지고 가는 하나님의 어린양이 바로 나사렛 예수'라고 선언한다. "우리는 다 양 같아서 그릇 행하여 각기 제 길로 갔거늘 여호와께서는 우리 모두의 죄악을 그에게 담당시키셨도다."사 53:6 구약의 '어린양' 메시지를 증폭시키는 메시지가 요한복음이다.

누가복음 24:27-44도 예수님이 전체 구약성경의 성취자임을 증거한다. "이에 모세와 모든 선지자의 글로 시작하여 모든 성경에 쓴 바 자기에 관한 것을 자세히 설명하시니라."27절 하나님은 이스라엘에게 언약의 율법을 주실 때, 이상적으로 순종할 한 아들을 생각하면서 주셨다. 실제로는 이스라엘 백성 대다수는 불순종하고 극히 적은 사람만 순종했다. 예수님은 아벨, 에녹, 에노스, 노아, 므두셀라, 아브라함, 모세, 사무엘, 다윗, 이사야, 예레미야 등 모든 순종하는 이스라엘 사람의 순종을 적분한 만큼 순종하신다. 이스라엘의 구속사로 범위를 좁혀서 아브라함의 순종에서부터 무한대까지 적분하면 예수님의 순종이 된다. 예수 그리스도의 순종을 미분하면 모든 개별적 신자들의 순종으로 분할된다. 하나님께서 이스라엘 민족에게 말씀을 처음 선포하실 때 이 말씀을 지켜줄 이상적인 이스라엘 민족을 생각하면서 선포하셨다. 이처럼 이상화된 이스라엘 백성이 독생자다. 예수님의 눈에는 하나님께서 이스라엘 백성에게 주신 모든 말씀은 순종하기로 결단한 자기 자신을 가리키는 말이다. 모든 하나님의 말씀은 한 완벽한 순종의 아들, 독생자를 불러내는 말씀인 것이다. 그래서 예수님은 모세와 예언자, 그리고 시편 등 모든 구약을 자신의 순종을 촉구하는 말씀으로 보신다.

예수님은 인류를 대속하기 전에 이스라엘을 대속하신다. 이스라엘 민족은 인류를 대속할 백성인데 이스라엘 민족의 죄를 대속한다면 인류를 대속할 길이 열리기 때문이다. 이스라엘 민족은 세계 만민 가운데 하나님의 제사장 나라로 선택받았다.출 19:5-6 "세계가 다 내게 속하였나니 너희가 내 말을 잘 듣고 내 언약을 지키면 너희는 모든 민족 중에서 내 소유가 되겠고 너희가 내게 대하여 제사장 나라가 되며 거룩한 백성이 되리라. 너는 이 말을 이스라엘 자손에게 전할지니라." 세계 만민을 이끌어가는 제사장 나라로 선택받은 이스라엘이 제사장 나라 사명수행에 실패하면, 이방인들은 하나님께 가는 길이 막힌다. 이스라엘 백성이 제사장 나라, 즉 세계 만민을 하나님께 향도하는 '빛' 사명에 실패했을 때 독생자인 예수께서 오셔서 이스라엘 백성의 실패를 더 큰 순종으로 상쇄하심으로 이스라엘의 사명이 성취되었고 궁극적으로 인류 구원의 길이 열렸다. 예수님이 자신을 생명의 빛이라고 호칭하는 것은 이사야 42:1-6을 성취하는 이상화된 이스라엘이 바로 자신이라고 주장하시는 것이다. 열방의 영적 무지몽매 상태를 들추어낼 뿐만 아니라 열방을 하나님께로 이끌어가는 제사장이라는 뜻이다. 여기서 '세상'은 간음하다 붙잡혀 죽음의 위기에 내몰린 여인을 가리키며, 더 나아가서는 예언자들로부터 '간음한 여자'로 지탄받았던 이스라엘 민족을 가리킨다.[호 1-6장] 세상의 빛이신 예수님을 지속적으로 따르는 자는 어둠에 억류되지 않는다.[사 9:1-2] 간음하다 붙잡힌 여인은 어둠에 억류되어 어둠에 다니는 세상의 대표자다.

'나를 따르는 자는 어둠에 다니지 아니하고'에서 '따르는'은 현재 능동태 남성단수 분사형[호 아콜루톤(ὁ ἀκολουθῶν)]으로 표현되어 있다. '나를 따랐고 지금도 따르며 앞으로도 따를 자'가 능동분사형으로 표현된 '따르는 자'이다. '나를 지속적으로 계속 따르는 자, 그 자는 어둠에 다니지 아니할 것이다.' 여기서 '어둠에 다니지'와 '않을 것이다'라는 말이 중요하다. "다니지"라고 번역된 헬라어 단어는 페리파테쎄(περιπατήσῃ)인데 '걷다', '다니다'를 의미하는 동사 페리파테오(περιπατέω)의 3인칭 단수 부정과거 접속법[aorist subjunctive]이다.[7] 페리파테오는 그냥 발로 걷는 행위를 가리키지 않고 어떤 기준점을 정해 놓고 걷는 목적지향적 행보를 가리킨다. 어떤 가치관과 미덕을 표방하든지 어떤 악덕과 나쁜 신념을 표방하든지 자신의 속생각을 공공연히 드러내며 사는 것을 페리파테오라고 말한다. 요한복음 1:1-12에 '어둠에 다닌다'는 표현의 의미가 제시된다. "그 안에 생명이 있었으니 이 생명은 사람들의 빛이라. 빛이 어둠에 비치되 어둠이 깨닫지 못하더라."1:4-5 요한복음은 하나님을 등지고 사는 사람들의 삶을 어둠으로 정의한다. 하나님을 등지고 사는 사람들의 삶 중에도 다양한 스펙트럼이 있다. 가장 처참한 어둠이 있고 가장 기만적인 어둠이 있다. 처참한 어둠은 세리와 창녀의 삶이다. 이들의 삶은 자타공인 어둠이다. 그러나 세리와 창녀처럼 처참하게 어둠에 다니는 사람들은 어둠에 대한 자각증세 때문에 빛을 갈구하는 큰 갈망을 갖고 있다. 세리와 창녀는 가장 비참한 어둠이기 때문에 "나는 세상의 빛이니"라는 말을 들을 때 금방 귀가 열린다. 그런데 가장 기만적인 어둠은 자신의 사소한 의와 선을 과장하고 자신의 죄와 허물은 감추는 자들이다. 이들은 자신을 의롭다고 생각하고 다른 사람을 심판하는 것을 즐긴다. 바리새인과 서기관이 이런 어둠이다. 이들은 처참한 어둠을 먹이 삼아서 기생하는 종교인으로 사실상 가장 기만적인 어둠이다. 기만적인 어둠은 바리새인과 서기관으로 대표되는 종교로서, 이 종교는 상대적으로 열등한 도덕적 실패자들을 먹이 삼아 종교적 위계질서를 공고하게 구축하여 이 세상에서 사기적인 구원 흥행을 벌인다. 바리새인과 서기관들은 간음하다 붙잡힌 여인들, 안식일을 지키지 못하는 생계형 노동자들, 몸을 깨끗이 씻을 수 없고 정결케 될 수 없어 직업적인 불결을 감수할 수밖에 없는 연약한 자들을 먹이 삼아서 거룩한 종교의 위계를 만들어놓고 왕노릇 하는 자들이며, 심지어 자신들이 빛이라고 참칭하는 자들이다. 바리새인과 서기관들은 빛을 참칭하는 가짜 빛으로서, 간음하다 붙잡힌 여인들을 돌로 때려 죽여 종교를 유지하려는 자들이다. 이것은 바로 『카라마조프가의 형제들』 제2부 5편 5장 대심문관에 나오는 14세기 스페인 세빌리야 대심문관의 종교이다. 그는 예수님을 대성당의 지하실에 감금해서 다시 오신 예수님이 대중을 직접 만나지 못하게 가로막는다. 그는 기적 이야기와 기만적 성례전을 근거로 대중을 노예근성에 묶어두려고 하고 예수님은 그들에게 자유를 주시려고 한다. 대심문관은 투옥된 예수님에게 대중을 무책임하게 자유롭게 만들지 말라고 요구하고 위협한다. 서기관과 바리새인들도 이런 자들이다. 한국교회에도 이런 서기관과 바리새인들이 맹활약하고 있다. 그들은 세 가지만 지키면 구원받는다고 주장한다. 술과 담배를 하지 않을 것, 성수주일 하고 십일조 꼬박꼬박 낼 것, 담임목사를 믿고 순종할 것. 오늘날 한국교회 사제들과 목사들은 이 세 가지 외에 어떤 것도 진지하게 요구하지 않는다. 교인들을 무서워하고 그들에게 아첨하느라고 하나님의 복음을 선포할 기백을 잃어가고 있다. 소수의 신부와 목회자들이 분투하고 있지만 주류가 되기에는 심히 미약하다.

이처럼 유사 빛, 즉 빛이 아닌데 빛으로 대접받는 성직자들이 많다. 예수님의 빛에 노출될수록 성직자들은 겸손해진다. 그들은 자신을 낮춰 죽기까지 복종한 예수님의 길을 따른다. 반면에 예수님의 빛을 맛보지 못한 성직자들은 권력의 첨탑에 서서 모든 호사를 누리며 산다. 바리새인과 서기관들은 간음하다 붙잡힌 어둠의 가장 처참한 단계에 와 있는 사람들의 약점을 이용해서 빛을 가장하고 빛을 참칭한다. 이런 자들에 맞서서 예수님은 선언하신다. '간음하다 붙잡힌 여인의 죄를 정죄하고 심판하기만 하고 이 여인을 죄로부터 건져줄 능력이 없는 바리새인과 서기관들'과는 달리 '나야말로 세상의 빛'이다. 자신은 간음하다 붙잡힌 여인을 재활복구시키고 어둠에 사로잡히지 않게 하는 능력을 발휘하는 '세상의 빛'이라는 것이다. 예수님을 지속적으로 따르는 자는 어둠에 포획되지 않고, 유사짝퉁 모조품 영생에 사로잡히지 않는다. 어둠은 하나님을 등져서 자기만족적인 쾌락과 욕망을 추구하는 삶이다. 차라리 바리새인의 어둠보다 간음하다 붙잡힌 여인의 어둠이 구원에 더 가깝다. 바리새인의 어둠은 자기만족적인 의에 사는 일종의 유사영생에 속아 사는 인간의 무지몽매이며, 간음하다 붙잡힌 여인의 어둠은 자기욕망을 통제하지 못한 일탈된 욕망이다. 하지만 예수님을 따르는 사람들은 생명의 빛을 얻는다.[고후 5:17, 엡 5:7-13] 에베소서 5:7-13은 생명의 빛을 얻는 것이 무엇인지 말한다. 빛의 공동체에 참여하는 것이다. "너희가 전에는 어둠이더니 이제는 주 안에서 빛이라. 빛의 자녀들처럼 행하라. 빛의 열매는 모든 착함과 의로움과 진실함에 있느니라."[엡 5:8-9] 의로움과 착함과 진실함을 추구하는 공동체에 들어가는 것이 생명의 빛을 얻는 것이다. 또한 "열매 없는 어둠의 일에 참여하지 말고 도리어 책망하"는[엡 5:11] 공동체에 속하면 삶이 투명하기 때문에 열매 없는 어둠의 일에 더이상 은밀하게 참여할 수 없게 된다. 물론 공동체 참여가 어둠의 문제를 해결하지 못하고 어둠을 심화시킬 수도 있다.

바리새인들은 자신이 세상의 빛이라고 주장하는 예수님을 복수 증인법에 근거해 즉각 반박한다. 13절의 둘째 소절은 2인칭 단수 대명사 쒸가 독립적으로 사용된 구문이다. '다른 이가 아니라 네가(쒸) 스스로에 대하여 증언하고 있다니'라는 정도의 의미다. '예수 자신이 자신을 옹호하기 위한 증언'은 유효한 증언이 아니라는 것이다.[13절; 요 5:31] 그러나 예수님은 자신의 증언이 참된 이유를 제시하며 바리새인들을 재반박한다.[14절] 자신의 증언이 참된 이유는 자신은 하나님께로 와서 하나님께로 돌아가는 하나님의 말씀이기 때문이다. '나 자신(에고)은 자신이 어디서 오며 어디로 가는 것을 알지만, 너희(휘메이스)

바리새인들은 나의 신적 파송과 위임(요 13:3; 16:28; 비교. 요 9:29)을 전혀 인정하지 않는다.' 여기서도 예수님을 주어로 하는 1인칭 단수 대명사 에고와 바리새인을 가리키는 주어 2인칭 복수 대명사 휘메이스가 동시에 사용되어 양측의 대립을 부각시킨다. 예수님은 바리새인들이 편견 때문에 자신을 받아들이지 못함을 지적한다.[15절] '내가 갈릴리 출신이라는 사실, 내가 정규 랍비학교나 서기관학교를 다니지 않았다는 사실, 내가 육체노동자 목수 출신이라는 사실이 너희 눈을 가린다.' 이런 의미다. 육체를 따라 판단하는 것은 예수님의 학력, 그리고 경력을 문제시하는 것이다. 여기서도 휘메이스와 에고가 동시에 사용된다. 고린도후서 5:16에서 바울 자신도 바리새인 시절에 예수님을 육체대로 알았다고 고백했다. '너희(휘메이스)는 육체를 따라[카타 싸르카(κατὰ σάρκα)] 판단하지만, 나 자신(에고)은 아무도 판단하지 않는다.' 예수님 자신은 아무도 육체대로 판단하지 않는다는 말이다.

16절은 15절을 부연한다. 설령 예수님은 자신이 판단하는 경우에도 자신의 판단은 참되다고 말한다. 자신이 혼자 판단하는 것이 아니라 자신을 보내신 이가 자신과 함께하기 때문이다. 여기서도 1인칭 단수 대명사 에고가 두 차례 사용된다. '다른 이가 아니라 내가 판단하여도 내 판단은 참되다. 나 자신은 나를 보내신 이와 함께하기 때문이다.' 17-18절은 신명기의 복수증인법을 인증해[17절] 자신의 증언이 참되다고 주장한다. 2인 이상의 증인이 증언할 때 그 증언은 유효하다. 예수님은 스스로 자기증인이 되고 자신을 보내신 아버지도 자기증인이 되기에 2인 증언 유효규정을 충족시킨다고 말한다. 18절의 첫 소절은 1인칭 단수 대명사 에고로 시작한다. '내가(에고) 나 자신에 대한 증인이다.' 예수님의 자기변호에 대한 바리새인들의 반발은 직설적이다. "네 아버지가 어디 있느냐?"[19절] 예수님은 바리새인들이 자신을 알지 못하는 것은 먼저 아버지 하나님도 모르고 있기 때문임을 지적함으로써 답변하신다. 자신을 알았다면 구약의 하나님 아버지를 알았을 것이기 때문이다.[요14:7; 16:3] 악순환이다. 아버지 하나님을 모르기 때문에 아들을 모르고 아들을 모르니 아버지도 모른다. '모른다'는 말은 정서적 공감, 인격적 영접, 그리고 지적 납득의 반대말이다. 배척이자 거부이다. 자신들 안에 있는 어둠, 교만, 시기, 질투, 욕심이 그들의 마음을 완악하게 만든다.

20절은 12-19절의 가르침을 펼친 장소를 언급한다. '성전에서 가르치실 때에 헌금함 앞에서' 하셨다. 헌금함은 성전 구역 중 '여성의 뜰' 앞에 있었다. 예수님이 사람들이 자원예물을 바치러 오는 공개적인 장소에서 가르쳤으며 유대인들이 얼마든지 해칠 수 있는 장소에서 이 단락의 강화[講話]를 베풀었다는 것을 의미한다. 예수님은 유대인들, 바리새인과 서기관과 대제사장들의 홈그라운드에서, 적진 한복판에서 공공연히 가르치셨다. 하지만 체포하는 사람이 없었다. 그의 때가 아직 이르지 않았기 때문이다.[20절]

예수님의 견인불발적 기상과 그 원천 • 21-30절

21절은 14절의 "나는 내가 어디서 오며 어디로 가는 것을 알거니와"라는 소절을 이어받는다. 이 청중도 아마 앞 단락의 청중과 동일하거나 유사한 인적 구성(22절 유대인들)을 가졌을 것이다. 21절에는 예수님을 주어로 하는 1인칭 단수 대명사 에고가 두 번이나 사용된다(첫 소절, 마지막 소절). 예수님은 처음부터 1인칭 단수 대명사 에고를 독립적으로 사용하여 자신이 '갈 것'을 강조하신다. '다른 이는 몰라도 나는 스스로 간다. 너희는 내가 떠나가고 난 후에 나를 찾겠지만 찾지 못하고 너희 죄 가운데서 죽을 것이다.[8] 내가(에고) 가는 곳에는 너희(휘메이스)는 오지 못할 것이다.' 에고와 휘메이스가 긴장을 이루며 배치되어 있다. 유대인들은 이 말씀을 '자결하려는가'라고 오해한다.[22절] 유대인들은 소통능력이 상당히 결핍되어 있다. 예수님이 성경적인 맥락을 섬세하게 인증하며 암시하면서 말하는 미묘한 표현 세계를 전혀 이해하지 못한다. 예수님은 자신과 유대인들과의 인식 격차, 이해 격차를 급진적인 이원론으로 해명하신다.[23절] 여기서 휘메이스-에고 대립이 두 번이나 반복된다. "너희는(휘메이스) 아래에서 났고, 나는(에고) 위에서 났으며, 너희는(휘메이스) 이 세상에 속하였고 나는(에고) 이 세상에 속하지 아니하였느니라." 요한복음 내내 예수님과 유대인들의 대립과 갈등은 '에고-휘메이스'의 지평과 차원 대립으로 표현된다. 위-아래, 이 세상 비소속-이 세상 소속 간의 갈등이다. 어떻게 예수님이 이런 급진적 이원구조 의식으로 가득 차게 되었을까? 구약성경의 하나님에 대한 연합과 일체적 결속감에서 나온 피파송의식 때문이다. 구약의 하나님은 예언자를 이 세상에 부단히 파송하신다. 파송받은 예언자들은 하나님의 사명을 이루기 위해 갖은 고난을 겪는다. 예수님은 예언자들을 사로잡았던 피파송-피위임 의식으로 가득 차 있다. 이것이 예수님이 요한복음에서 '나를 보내신 이'라는 표현을 그토록 많이 쓰신 이유이다. 특히 이 어구는 요한복음 3-8장에서 자주 등장한다. 예수님 안에 있는 '나를 보내신 이' 의식은 바로 자신이 하늘에서 왔다는 뜻이다. 내가 하늘에서 왔다는 뜻은 하나님의 뜻을 행하러 왔다는 의미다. 이것이 구약예언자들의 소명사화들을 관통하는 핵심주제이다. 더 구체적으로, 예언자들의 피파송-피위임 의식을 잘 설명하는 구절이 이사야 55:10-11이다. 예수님은 하나님 뜻을 성취하는 기쁨을 삶의 연료로 삼는다는 의미에서 하늘에서 난 자다. 유대인들은 땅의 종교권력에 기생하는 자들로서 하나님의 영에 추동된 피파송-

피위임 의식이 전혀 없다. 그들은 아래서 형성된 전통적 사고와 관습의 아들딸로서 죽은 조상들로부터 상속한 전통 외에 다른 진리의 원천이 없다. 예수님 당시의 유대인들은, 주전 4세기부터 편찬되고 주전 2세기경부터 유포되기 시작하여 예수님 당시에 만개했던 탈무드, 랍비문서, 장로들의 전통이라고 불리는 구전율법과 그것들에 대한 해석들에 매여 있는 자들이었다.[9] 이 종교문서들은 하나님의 위임이나 파송을 받은 예언자들이 만든 문서가 아니라 자신의 공동체를 종교적인 위계질서로 다스리려는 엘리트 사제계층이 만든 문서들이다. 그것들의 목적 자체가 하나님을 매개하고 가르치는 것이 아니라 특수한 종교질서를 영속시키려는 것이다. 이런 문서들을 읽고 그 안에서 생각이 굳어진 자들은 하나님의 직접 파송과 위임을 받은 예수님의 언어를 도저히 이해할 수 없었다.

24절은 21절을 부분적으로 되풀이한다("너희가 너희 죄 가운데 죽으리라"). '이 땅'에서 생성된 종교전통에 뿌리박은 자들은 자신의 오류와 완악함, 하나님에 대한 저항적 무감각 가운데, 즉 죄 가운데서 죽을 수밖에 없다. 그들이 사는 길은 자신들의 종교위계 관념, 관습과 전통을 전복하고 하나님의 거룩한 임재 앞으로 소환하는 예수님을 하나님이 보내신 자(24절의 중간에 있는 호티 이하의 절에 나오는 "에고 에이미")로 믿는 것이다. 그렇지 않으면 죄 가운데서 죽는다. 하나님의 생명에서 떠나 굳어지고 각질화된다. 이런 무서운 경고를 발하는 예수님 앞에 잠시 놀란 그들은 원초적인 질문을 제기한다.[25절] "네가 누구냐?" 쒸 티스 에이(σὺ τίς εἶ). 2인칭 단수 대명사 쒸가 사용된다. '다른 이가 아닌 너는 누구냐?' 이런 의미다. 개역개정의 "나는 처음부터 너희에게 말하여 온 자니라"는 헬라어 텐 아르켄 호 티 카이 랄로 휘민(τὴν ἀρχὴν ὅ τι καὶ λαλῶ ὑμῖν)을 번역한 문장이다. 이 구문은 어색한 문장이라 번역하기 어렵다. 텐 아르켄은 대격(목적격)인데 '태초부터'라고 번역하는 것은 의역이거나 무리한 번역이다. '태초부터' 혹은 '처음부터'를 표현하려면 엔 아르케(ἐν ἀρχή)를 사용하는 것이 정상이다. 대격(목적격) '텐 아르켄'을 직역하면 '태초를 나는 너희에게 말하는 자다'가 된다. '나는 처음을 말하는 자'라는 말은 '창세기의 창조'를 가리키거나, '빛이 있으라'는 하나님의 태초발언을 의미할 수도 있다. 아니면 아브라함부터 지금까지 이스라엘에게 말씀해온 하나님이라는 뜻을 의미할 수도 있다.요 8:26; 9:37 혹은 이사야 40-55장에서 자주 나오는 '나는 처음이요 나중이라' 혹은 '나는 처음이요 나중인 자 하나님'이라는 어구를 암시할 수도 있다(특히 43:10).[10]

예수님은 26절에서 25절의 의미를 자세히 설명한다. '너희'와 '세상'은 동일집단이며 동일청중이다. 요한복음에서 세상은 예루살렘에 똬리를 튼 유대인들의 종교체제이다. 예수님은 유대인들에게 대하여 말하고 판단할 것이 많지만 다 판단하고 말씀한 것이 아니다. 다만 예수님은 자신을 보내신 이가 참되시다는 것을 강조하며, 자신이 자신을 보내신 이에게 들은 것을 유대인들, 즉 세상에 말하고 있음을 역설한다. 자신은 아버지 하나님의 뜻을 들은 대로 대변하는 중이라는 것이다. 26절의 마지막 소절에는 카이(καὶ)와 에고를 합한 1인칭 단수 대명사 에고의 변형인 카고(κἀγὼ)가 사용된다. 카고는 '나 또한'의 의미를 갖는다. 예수님 자신은 또한 자신을 보내신 이가 들려주는 대로 듣고 말한다는 것이다.

27절은 예상 외로 놀랄 만한 논평을 제시한다. 유대인들은 예수님이 아버지 하나님을 가리켜 '자신을 보내신 이'[호 펨프사스 메(ὁ πέμψας με)]라고 칭한다는 사실을 모른다. 28절은 예수님의 의미심장한 해설이다. '너희가 인자를 든 후에 내가 하나님이 보내신 자[에고 에이미(출 3:14)]임을 깨닫게 될 것이며 내 스스로 아무것도 하지 않

고 아버지께서 가르쳐 주신대로 이것들을 말하고 있음을 알게 될 것이다.'

28절 상반절은 유명한 인자 들림 본문이다. 유대인들이 지금은 예수님 자신이 하나님 아버지께 파송받은 인자라는 사실을 모르는데, 깨달을 때가 있다는 것이다. 지금 자신의 말을 우호적으로 듣는 유대인들도 아직은 영적 암흑에 빠져 있다. 그러나 이들에게는 희망이 있다. 예수님 자신이 '십자가에 못 박혀 들린 후에' 이런 유대인들은 '자신이 하나님이 보내신 이'임을 깨닫게 될 것이다. 즉 예수님 자신의 죄 때문에 하나님께 저주받아 죽은 것이 아니라 세상 죄를 지고 가는 어린양의 죽음임을 깨닫게 될 것이다.

여기서 "너희가 인자를 든 후에"라는 어구에는 세 가지 의미가 있다. 첫째, 예수께서 세상 죄를 지고 가는 어린양의 고난 감수, 곧 각기 제 길로 가는 양들의 죄를 뒤집어쓰기 위해 십자가에 못 박힐 것을 가리킨다. 이는 타인의 죄책과 징벌을 감수하기 위해 징벌받는 자리에 대신 서는 것을 의미한다. 일부 유대인들은 예수님이 신성모독자가 아니라 하나님의 아들임을 알게 될 것이다. 요한복음 3:14은 이런 의미의 인자 들림을 말한다. "모세가 광야에서 뱀을 든 것 같이 인자도 들려야 하리니." 매 맞고 고초를 당하면서 십자가 위에 들리는 것, 이 세상 모두가 하나님과 평화를 누리도록 죄 없는 예수님이 대신 벌을 받는 것이 하나님이 고안하신 구원 방식임을 깨닫게 될 것이다. 하나님은 죄 없는 자가 죄인들을 위해 대신 십자가 죽음이라는 징벌을 받아 죄를 대속하는 어리석은 이치로 인간을 구원하신다.[고전 1:21-25] 둘째, 예수님이 죽은 자 가운데서 다시 살아나실 때를 의미한다. 셋째, 예수께서 부활하신 후 40일 만에 하나님 우편 보좌로 승천하실 것을 가리킨다. 이 셋째 의미의 들림을 더 자세히 설명하는 구절은 요한복음 12:32이다. "내가 땅에서 들리면 모든 사람을 내게로 이끌겠노라 하시니." 예수님은 왜 들려야 하는가? 모든 사람을 하나님께 이끌기 위함이다. 원래 예수님과 하나님 사이는 영원 전부터 끊어질 수 없는 강력한 연합과 결속이 있었다. 그런데 예수님이 십자가에 못 박혀 죽음에 굴러 떨어지심으로 이 결속이 끊어졌을 때 그 빈자리에 거룩하신 하나님과 수백억 광년 멀리 떨어져 있던 죄인들이 들어왔다. 그들이 예수님이 누리던 결속감을 차지하러 쇄도했다. 예수님이 원래 하나님과 누렸던 엄청난 영적 연합을 부정당하고 박탈당해서 저 음부로 떨어졌을 때, 세리와 창녀들이 원래 예수님이 누리던 연합과 결속의 자리를 차지했다. 예수님이 누렸던 엄청난 흡인과 일치 권세가 예수님으로부터 죄인들에게로 옮겨졌다. 그래서 세리와 죄인들이 예수님이 누리시던 화해와 일치를 누리게 되었다.

인자가 십자가에 못 박히는 그 순간은 죽음의 그늘에 앉아 있던 사람들이 하나님께로 막 올라가는 순간이었다. 예수님이 떨어지는 그 순간에 삭개오는 용서받는 자리로 올라갔다. 삭개오가 있던 심판받던 나무에 예수님이 올라가고 삭개오가 하나님께로 올라가는 것이다. 예수님이 삭개오를 영접하고 품자마자 삭개오를 향한 비난이 예수님께 집중되었다. 예수님이 삭개오를 아브라함 자손이라 선포하는 순간 아브라함 자손이 되어 아브라함 품안으로 들어가고, 예수님은 그 순간 삭개오가 받던 정죄를 대신 받았다. 간음하다 붙잡힌 여인을 용서하는 순간 간음하다 붙잡힌 여인은 하나님 품안으로 들어갔다. 그런데 간음하다 붙잡힌 여인을 향한 적개심의 돌덩어리들은 예수님 머리를 향했다. 예수님이 십자가에 못이 박혀서 대신 벌받는 순간은 간음하다 붙잡힌 여인을 하나님 품안으로 불러들이는 시간이고, 삭개오를 하나님 품안으로 불러들이는 시간이다. "내가 땅에서 들리면 모든 사람을 내게로 이끌겠노라"는 말씀은 그런 뜻이다. 첫 번째 들림은 십자가의 수치스러운 죽음을 당하심, 두 번째 들림은 부활하심, 세 번째 들림은 하나님 우편 보좌로 들림을 말한다. 요한복음 14-16장에 따르면, 이 세 번째 들리심 때문에 성령이 우리 가운데 오셨다. 오순절 성령은 예수께서 하나님 우편보좌에 앉으셨음을 입증하는 객관적 사건이다.[행 2:22-38] 예수께서 성령을 통하여 전 세계만민에게 시공간의 장애를 받지 않고 동시다발적으로 나타나 함께하실 수 있다. 예수께서 부활하셔서 성령을 보내시지 않으면 예수님은 시공간에 제한되어 3차원 공간에서만 활동하셔야 했을 것이다. 그런데 성령을 보내심으로 말미암아 예수님은 3차원 공간을 벗어나서 동시다발적으로 편재하는 유비쿼터스[ubiquitous] 메시아가 되셨다. 이것이 높이 들린 인자가 세상 사람들을 자신에게로 이끄는 방식이다.

28절 하반절은 고대 수공업자들이 제자를 양성하는 과정을 생각나게 한다. 하나님 아버지께서 장인이 되셔서 예수 그리스도를 가내수공업적인 도제로 가르치셨다. 장인은 모방과 견습을 통해 도제를 가르친다. 도제[徒弟]는 거장[maestro]의 기술을 직접 가까운 거리에서 보고 모방하며 스스로 마에스트로가 되어간다. 모세는 40년 동안 여호수아를 도제로 삼아 훈련시켰다. 엘리사가 엘리야의 도제였다. 도제는 모방을 통해 창조되는 제자다. 예수님은 이 세상에 출현한 어떤 종교 천재, 창시자, 철학자와도 견줄 수 없이 독특한 분이다. 그의 말투는 종교인들의 그것과 달랐다. 예수님은 겸손한 분이라고 말하기에는 너무 도발적이고 체제전복적이다. 스토아 철학의 관점, 특히 세네카의 관점에서 예수님은 겸손하지 않다. 예수님에게 가장 놀라운 것은 누구도 흉내낼 수 없는 신적 담대함이다. 실제로 어떤 사람이 아무리 훌륭하고 성공을 거두었다고 해도 가문과 출생이 비천하면 세상에서 당당하지 못할 수도 있다. 그런데 예수님은 전혀 기탄이 없었고, 찬란하게 당당하셨으며, 정곡을 찌르는 통찰은 수련을 통해 쌓은 교양에서 나오는 예지를 훨씬 초월했다. 그는 육체노동을 했던 순회목수였지만, 예루살렘 최고 수준의 신학박사들과 논쟁할 때 절대로 밀리지 않으셨다. 예수님의 이 당당함은 어디서 유래했을까? 겸손하다고 말하기 힘든 이 비범한 대담성과 과감성은 어디서 왔을까? 28절의 증언을 진지하게 듣지 않으면 끝내 이해할 수 없다. 하나님 아버지로부터 보고 듣고 배운 것을 그대로 한다고 말하는 예수님의 증언이 대답이다. "오직 아버지께서 가르치신 대로 이런 것을 말하는 줄도 알리라." 하나님 아버지께서 예수님에게 강력한 대담함과 인습을 초월하는 돌파력을 가지고 말씀하도록 감동하셨다.

이사야의 종의 노래 셋째 편인 이사야 50:4-9에는, 예수님이 아침마다 배우고 깨우쳐 자신의 수염을 뽑고 뺨을 때리는 자들 앞에서도 물러서지 않는 견인불발적堅忍不拔 기상을 체득하는 상황을 상상하게 만드는 도제훈련이 언급된다. 이사야 50:4-5은 야웨의 기뻐하신 뜻을 수행하는 종의 교육과 훈련과정을 엿보게 해준다. "주 여호와께서 학자들의 혀를 내게 주사 나로 곤고한 자를 말로 어떻게 도와줄 줄을 알게 하시고 아침마다 깨우치시되 나의 귀를 깨우치사 학자들 같이 알아듣게 하시도다." 예수님은 아마도 이 본문을 염두에 두고 하나님 아버지께서 자신을 가르쳤다고 말씀했을 것이다. 가난한 목수였던 예수께서는 랍비 정규학교에서 배우는 대신 아침마다 귀를 열고 하나님께 직접 깨우침을 받으셨다. 아버지 하나님은 예수님을 학자들처럼 알아듣게 가르치셨고, 학자의 혀로 곤핍한 영혼을 지탱시키고 위로할 수 있는 능력을 주셨다. 예수님은 아침마다 도제처럼 하나님 아버지로부터 직접 배웠고 하나님 아버지로부터 직접 감화 감동받으면서 견인불발적 종으로 자라갔다. "나를 때리는 자들에게 내 등을 맡기며 나의 수염을 뽑는 자들에게 나의 뺨을 맡기며 모욕과 침 뱉음을 당하여도 내 얼굴을 가리지 아니하였느니라."[사 50:6] 하나님 말씀을 증거하지 못하도록 자신을 핍박하고 괴롭히는 사람에게 등을 맡겼지만 뒤로 물러나지는 않으셨다. 즉 당신의 순종을 철회하지 않았다는 말이다. 하나님은 아침마다 하나님을 향해 귀를 여는 훈련과 혀로 말하는 훈련을 시키셨다. 구체적으로 그것은 토라를 낭독하고 암송했다는 말이다.

토라를 큰 소리로 낭독하고 계속 암송하면 하나님이 함께하시는 임재경험을 할 수 있다. 이 사실을 이해하도록 돕는 중세의 한 일화가 있다. 14세기 스페인에서는 유대인들이 심한 박해를 당했다. 어느 랍비가 박해와 고문을 당한 끝에 뇌를 다쳐 기억을 모두 잃게 되었다. 랍비는 한 가지, 즉 히브리어 알파벳 22문자만 기억했다. 그런데 하나님께서 알파벳밖에 외우지 못하는 히브리 랍비에게 알파벳을 외울 때 하늘이 열리는 기적을 베푸셔서 하나님의 말씀을 신비한 방법으로 기억하게 하셨다. 이스라엘의 노벨평화상 수상자 엘리 위젤의 『불꽃 속에 연단받는 영혼들』이라는 책[11]에 나오는 이야기다. 말씀 낭독과 음송이 얼마나 중요한지를 일깨우는 일화이다. 우리도 예수님처럼 일상생활 현장에서 아침마다 하나님께 귀를 열어 놓고 말씀을 배운다면 예수님처럼 당당해질 수 있다.

29절은 28절을 심화해석하고 보충한다. 여기서도 예수님은 하나님과 자신의 일체적 결속을 강조한다. 자신을 보내신 이가 항상 자신과 함께하며 홀로 내버려 두신 적이 없다.[요 8:26] 따라서 자신(에고)은 '그에게 기쁨이 되는 일들'[타 아레스타 아우토(τὰ ἀρεστὰ αὐτῷ)]을 행한다. 타 아레스타 아우토는 이사야 40-66장에 나오는 바로 그 표현이다(사 46:10; 55:11; 53:10; 56:4; 참조. 42:1; 비교. 44:28; 48:14). 야웨의 종이 야웨의 기쁨을 위하여 일들을 한다. 이 말은 '나는 아버지 하나님 뜻을 철두철미하게 행하기 위하여 목숨을 버리려

요

는 결기로 가득 차 있다'라는 뜻이다.

이런 예수님의 자기의식을 가장 쉽게 이해하려면 이사야 55:10-11을 주목해야 한다. "내 입에서 나가는 말도 이와 같이 헛되이 내게로 되돌아오지 아니하고 나의 기뻐하는 뜻을 이루며 내가 보낸 일에 형통함이니라." 예수님은 하나님 입에서 나간 말씀이다. "이는 비와 눈이 하늘로부터 내려서 그리로 되돌아가지 아니하고 땅을 적셔서 소출이 나게 하며 싹이 나게 하여 파종하는 자에게는 종자를 주며 먹는 자에게는 양식을 줌과 같이 내 입에서 나가는 말도 이와 같이 헛되이 내게로 되돌아오지 아니하고 나의 기뻐하는 뜻을 이루며 내가 보낸 일에 형통함이니라." 이것이 정확하게 29절의 '기뻐하는 뜻을 이루며'라는 구절의 배경이다. "나를 보내신 이가 나와 함께하시도다. 나는 항상 그가 기뻐하시는 일을 행하므로 나를 혼자 두지 아니하셨느니라."

이처럼 요한복음 8:29과 이사야 55:11은 축자적으로 거의 동일한 사상을 말한다. 예수님 머릿속에는 대체로 다음과 같은 생각들이 가득 차 있었다. '나는 하나님께 파송받은 하나님의 독생자다. 나는 나를 파송하신 아버지께 헛되이 돌아가지 않는다. 하나님께서 나에게 주신 사명을 완수하고 돌아간다. 그런데 하나님께서 내게 주신 사명은 세상 죄를 지고 가는 어린양의 사명이다.' 하늘로부터 왔다는 예수님의 주장은 죽기까지 순종하겠다는 결기 어린 결심이다. 하늘로부터 왔다는 것은 순종의 결심을 극한적으로 표현하는 것이다. 그런데 하나님이 어떤 방식으로 예수님과 늘 함께하셨을까? 예수께서는 하나님과 함께하기 위하여 수도원적 은둔수행이나 고행을 추구하셨을까? 예수께서 40일 동안 금식하셨다는 것을 빼고 광야에 오랫동안 잠적하셨다는 말이 없는 것을 볼 때 예수님의 일상생활 자체가 하나님과 함께하는 경험의 연속이었을 가능성이 높다. 로렌스 형제가 썼던 『하나님의 임재연습』과 조나단 에드워즈가 편집한 『데이비드 브레이너드의 일기』라는 책에서 하나님과 함께하는 일상생활의 경험을 약간 엿볼 수 있다. 이 두 책에는 하나님과 함께하는 사람의 심층심리가 잘 나와 있다. 하나님과 함께하는 사람은 영혼의 질량과 부피가 축소조정된다. 하나님과 함께있는 사람은 어떤 역설적 경험을 하는가? 자아가 십자가에 못 박히는 어두운 밤을 통과하는 경험이다. 이사야 6:5은 이런 경험의 일면을 보여준다. "화로다. 나여, 망하게 되었도다. 나는 입술이 부정한 사람이요 나는 입술이 부정한 백성 중에 거주하면서 만군의 여호와이신 왕을 뵈었음이로다 하였더라." 하나님과 함께하는 사람의 극한 경험의 한 단면이다. 8절에는 이 영혼 정화의 경험 후에 소명 수납이 이어진다. "내가 또 주의 목소리를 들으니 주께서 이르시되 내가 누구를 보내며 누가 우리를 위하여 갈꼬 하시니. 그때에 내가 이르되 내가 여기 있나이다. 나를 보내소서." 하나님과 함께하는 사람의 경험은 옛 자아의 죽음과 새로운 자아의 탄생이다. 새로운 자아의 탄생 경험에 따라오는 후속 경험은 '내가 세상에 파송받았다'는 의식이다. 로렌스 형제와 데이비드 브레이너드는 둘 다 하나님의 임재와 하나님의 파송 및 위임을 동시에 감지하고 응답했다.

21-39절의 강론은 임팩트가 컸다. 이 말씀을 듣고 많은 사람이 예수님을 믿었다.[30절] '믿었다'[에피스튜산(ἐπίστευσαν)]는 부정과거시제이다. 31절 이하 단락은 이처럼 "자기를 믿은 유대인들"에게 주신 가르침이다. 여기서 '자기를 믿은 유대인들'은 페피스튜코타스 아우토 유다이우스(πεπιστευκότας αὐτῷ Ἰουδαίους)이다. 페피스튜코타스는 '믿다'를 의미하는 동사 피스튜오(πιστεύω)의 남성복수 완료형분사 대격이다. '믿은 후에도 계속 믿는 자들'이라는 말이다.

요

앞에서 말했듯이, 요한복음은 예수님의 거침없는 언동과 거룩한 도발에 의해 자극을 받아 어찌할 바를 몰라 하는 유대인들의 분노와 충격을 자세히 추적한다. 요한복음을 뜨겁게 달구는 논쟁적 주제는 예수님이 하나님과 너무 가깝다는, 하나님과 독특한 관계에 있다는 주장이다. 즉 예수님의 독생자 주장이라고 할 수 있다. 예수님이 하나님의 독생자라는 주장은 이스라엘 역사상 너무나 독특하기 때문에 정통이거나 이단이거나 둘 중 하나가 될 수밖에 없었다. 모세나 사무엘, 예레미야나 이사야 등 어떤 예언자도 자신이 하나님의 친아들이라고 주장하지는 않았다. 하나님을 '내 아버지'라는 일인칭 단수소유격으로 표현한 예수님 방식의 하나님 호칭은 쿰란문서에도, 랍비문서에도 없으며, 어떤 예언자의 비망록에도, 당연히 구약성경에도 없다. 하나님 아버지와 자기를 친아들과 친아버지 관계로 묶는 이런 독특한 언동이 예수님을 위험에 빠뜨리고 죽음으로 몰아갔으며 마침내 십자가에 못 박히게 만들었다.

그런데 예수님의 이 독생자 의식과 언동은 어떤 진실을 담고 있을까? 출애굽기를 보면 '이스라엘은 나의 맏아들'이라는 말이 나온다.[출 4:22] 맏아들은 하나님 나라를 상속하고 계승하는 아들이다. 하나님의 통치를 이 땅에 매개하고 구현할 아들이 맏아들 이스라엘 민족이다. 독생자 의식은 이 맏아들 의식의 종말론적 적분체이며 진화물이다. 예수님은 이스라엘 민족의 맏아들 의식을 자신의 인격 안에 만개시키셨다. 집단적으로 이스라엘 민족 모두가 가져야 할 집단의식으로서의 맏아들 의식을 예수님 개인이 가지셨다. 예수님과 이스라엘 민족 전체는 아들 의식에 있어서 부피와 질량이 똑같다. 예수님은 혼자 맏아들 의식을 가지셨으므로 이스라엘 민족의 언약 대표자가 되신 것이다. 이런 경우 예수님의 순종은 이스라엘 민족 전체의 순종으로 간주된다. 이스라엘 민족 전체의 언약 파기는 언약 대표자인 예수님이 범한 언약 파기로 간주된다. 레위기 16장에 보면 대제사장이 범죄했을 때 바치는 제물과 회중 모두가 범죄했을 때 바치는 제물이 수송아지로 동일하다. 만 명의 회중이 범죄했을 때 바치는 제물과 대제사장 한 명이 범죄했을 때 바치는 제물이 똑같은 것이다. 대제사장 한 명과 회중 전체는 영적 질량과 부피와 용적 면에서 똑같다는 말이다.

예컨대 아브라함부터 예수님까지 인구가 1억 명이라고 가정하면, 1억 명 모두의 순종 및 불순종과 독생자 예수님의 순종 및 불순종은 똑같은 무게를 가진다는 것이다. 1억 명 모두는 하나님께 범죄했고, 다 양 같아서 각기 제 길로 갔다. 그런데 독생자 예수님이 1억 명 모두를 다시 바른 길로 되돌아오도록 하기 위해, 그들의 양심에 찔림을 주기 위해 벌을 받는 경우, 독생자가 받은 벌은 1억 명이 받은 벌이 된다. 예수님은 그 1억 명의 이스라엘 백성이 각각 걸어갔던 불순종의 길을 만회하려고 그들을 대신해 벌을 받는 순종의 길을 갈 결심을 하셨던 것이다. 요한복음이 어려운 이유는 요한복음의 예수님 언어 안에는 아브라함부터 예수님까지 1,500년의 이스라엘 역사가 꿈틀거리고 있음에도 독자들은 구약성경에 나타난 하나님과 이스라엘의 언약 역사를 잘 모르기 때문이다. 예수님의 독생자 의식은 예수님이 아브라함부터 당대까지 이어져왔던 이스라엘 민족의 불순종을 만회하려는 순종을 드릴 아들로 자임했다는 것을 의미한다. 예수님의 독생자 의식은 요한복음 1:18에 의하면 '아버지 품속에 있는' 아들 의식이다. 한 번도 불순종을 범해 보지 않은(아버지 품을 한 번도 떠난 적이 없는) 아들이 독생자라는 뜻이다.

이스라엘 민족의 죄가 독생자에게 전가되어서 예수 그리스도가 순종하는 순간 그의 순종 때문에 이스라엘의 모든 죄를 용서하겠다는 협약이 하나님과 그리스도 간에 맺어져 있었다. 그런데 이스라엘은 세계 만민을 대표하는 아들이기 때문에 이스라엘이 죄를 용서받았다는 말은 세계 만민의 죄도 용서받을 가능성이 열렸다는 것이다. 요한복음의 인자 들림 본문들은 독생자 예수의 십자가 죽음과 부활, 그리고 승천과 성령 파송이 세계 만민을 구원하는 토대임을 말해준다. "모세가 광야에서 뱀을 든 것 같이 인자도 들려야 하리니."요 3:14 "너희가 인자를 든 후에 내가 그인 줄을 알고."요 8:29 "내가 땅에서 들리면 모든 사람을 내게로 이끌겠노라."요 12:32 독생자의 정체성이 결정적으로 완전히 드러나는 곳은 이 삼중적 '들림'이다. 예수님은 공생애 동안에 이스라엘의 대표적인 죄를 표상하는 죄인들을 고쳐주셨다. 예를 들어 38년 된 병자는 38년간 방황했던 광야 세대를 표상한다. 간음하다 붙잡힌 여인은 호세아와 예레미야에게 비난받던 음녀 이스라엘을 표상한다. 요한복음 9장의 날 때부터 맹인 된 자는 눈먼 하나님의 백성사 42, 49장을 가리킨다. 열두 해 동안 혈루병에 걸린 여인, 열두 해 살다가 죽은 야이로의 딸, 죽은 지 사흘된 나사로(요나서의 이스라엘, 에스겔 37장의 이스라엘) 등은 모두 구약성경에서 이스라엘의 고질적인 죄를 표상하는 병자들이다. 무엇보다도 광야 40년을 압축적으로 표상하는 예수님의 40일 광야 금식과 시험은 예수님을 이상화된 이스라엘, 이스라엘의 대표자로 보게 만든다.

예수님의 공생애 3년은 아브라함부터 모세와 예언자들을 거쳐 세례 요한에 이르기까지 이스라엘 전체 역사에서 일어났던 모든 죄와 저주를 무효화시키고 이스라엘을 재활복구 시켜가는 과정이었다. 예수님의 공생애 3년 동안 일어난 일은 이스라엘 민족의 역사 안에서 대표적으로 경험된 모든 저주를 만회하는 죄 사함의 역사였고, 이스라엘의 죄를 지고 가는 죄 소거消去의 역사였다. 예수님의 말씀

안에 벌써 십자가에서 저주 어린 죽음을 완료한 이후에 누리게 될 사죄 권능이 역사했다. 예수님이 십자가에 못 박힌 것은 가장 마지막에 일어난 사건이지만, 논리적으로 이것이 가장 먼저 일어난 사건이었다. 공생애 기간 동안 발휘된 예수님의 사죄 권능[막 2장, 요 8장]은 인자가 들린 후부터 발휘할 사죄 권능의 가불이었다.

요약하면, 예수님은 랍비나 예언자들과 달리 너무 독특한 언동을 하셔서 자기를 죽음으로 몰아가셨다. 그 언동의 핵심은 독생자 의식이었다. 그 독생자 의식의 핵심은 이스라엘 민족의 모든 집단불순종을 당신 자신이 만회하여 이스라엘 민족의 불순종과 불신앙의 죄를 대속하심으로, 이스라엘 민족을 새 언약의 백성으로 갱생시키려는 십자가 죽음 감수에서 드러났다.

31절은 이제 자기를 믿은 유대인들에게 심화된 가르침, 즉 제자도에 대한 가르침을 주시려는 예수님을 소개한다. 자신을 지속적으로 믿는 유대인들에게 제자의 길을 제시한다. '믿는 자'에서 '제자'로 성장할 것을 요청하신다. 여기서 "너희가"는 2인칭 복수 대명사 휘메이스이다. '다른 이가 아니라 너희가' 정녕 '나의 말'에 거하면, '내 제자가 된다.' '거하면'은 부정과거 접속법이며, '된다'는 현재 직설법이다. 거한다는 말은 '지속적으로 순종하다, 말씀의 논리를 납득하고 그 말씀이 참임을 실험해보다'를 의미한다. 말씀대로 살아보는 것이 거하는 것이다. 요한복음 15:4에서도 예수님은 제자들에게 "내 안에 거하라"고 요구하신다. 마가복음 3:14은 예수님이 제자들에게 기대하는 첫째 의무가 '당신 자신과 함께 있는 것'이었다. 제자는 스승의 말을 텍스트 삼아 현실을 해석하는 사람이다. 예수님의 제자가 된다는 말은 예수님과의 지속적인 인격적 투신관계에 들어가는 것을 의미한다. 32절은 이렇게 거하다 보면 진리를 알게 될 것이라고 약속하신다. '진리'는 알레데이아(ἀλήθεια)다. 플라톤의 『국가론』은 이데

아론을 설명하는 동굴우화를 통해 그리스 철학에서 말하는 자유케 하는 진리의 힘을 예해한다. 동굴 안에 감금된 사람들은 그림자를 보고 실재라고 판단하고 동굴 밖의 실재를 상상할 힘이 없다.[12] 동굴 밖에 나가 본 사람은 그림자의 실체가 동굴 밖에서 움직이는 존재들임을 알게 되며 다시는 동굴로 되돌아가지 않는다. 진리에 의해 자유케 되었기 때문이다. 소크라테스는 죽음은 자신의 영이 육체의 감옥을 벗어나 다이몬(신)과 결합하는 존재상승적인 경험이라고 확신했다. 이 진리에 대한 앎이 죽음 공포를 이기게 했다(『파이돈』). 그리스 철학에서 말하는 진리는 사실과 명제가 일치하는 상황을 가리킨다(진리대응설). 그러나 성경에서 말하는 진리는 하나님의 인격적 항구여일성을 가리킨다.

예수님의 말씀에 거하다 보면 진리이신 하나님과 견고한 결속감을 느끼게 되고 하나님과의 결속감 때문에 죄를 짓게 만드는 원시적 충동, 외적 압력 등으로부터 자유케 된다. 여기서는 예수님이 하나님 아버지와 누리는 항구여일한 교제와 일치를 아는 것이 진리를 아는 것이다. 예수님 말씀을 들으면 하나님이 이스라엘 민족에 대해서 얼마나 철저하게 진실하시고 신실하신 분인가를 깨닫게 된다. 예수님의 말에 거하면 하나님이 이스라엘 민족에게 파괴될 수 없는 계약적 신실성을 유지하는 항구여일한 하나님임을 알게 되고, 이스라엘 민족과 맺은 파괴될 수 없는 언약이 곧 온 인류에게 허락하신 하나님의 언약임을 알게 된다. 예수님의 항구여일성과 그것의 원천인 하나님의 언약적 신실성과 견고성이 바로 진리다.

예수님의 말씀에 거하면 하나님의 항구여일한 신실하심이 '우리를 자유케 하는 것'을 경험하게 된다. 여기서 말하는 자유는 외부적 억압의 부재가 아니라, 죄를 짓지 않을 수 있는 자유, 남의 지배와 간섭을 필요로 하지 않는 자율을 말한다. 로마서식으로 말하면 죄와 죽음으로부터의 자유이다. 예수님의 말씀에 거하면 예수님과의 인격적 결속과 유대를 갖게 되고 그 결속감은 죄를 짓고 싶은 원시적 욕망으로부터, 죽음으로부터 우리를 자유롭게 한다. 예수님의 말에 지속적으로 거하면 제자 대접을 받고, 제자 대접을 받는 순간 하나님의 신실성을 만끽하는 내면의 교제권에 들어가게 된다.

33절은 '제자가 되라'고 요청받은 유대인들이 제기하는 반문이다. '우리는 아브라함의 자손이며 남의 종이 된 적이 없는데 왜 당신은(쒸) 우리가 자유롭게 될 것이라 말합니까?' 33절의 마지막 소절은 2인칭 단수 대명사 쒸가 따로 사용된 강조구문이다. 특히 "어찌 당신이 '너희가 자유롭게 될 것이다'라고 말합니까"라는 의미다. 이런 질문을 하는 유대인들은 예루살렘의 유대인 자치구역에 사는 자들일 것이다. 로마총독은 예루살렘과 유대 일대의 특수지역에 대해서는 유대인의 자치권을 제한적으로 허용했다. 그래서 일부 유대인들은 로마의 속주통치 아래 있다고 생각하지 않았을 수도 있다. 이 유대인들은 예루살렘 성전의 제사장들이거나 성전 관련 일에 종사하는 유대인들이었을 것이다.

예수님 당시의 성전 중심의 유대교는 크게 흥행하고 있었고 바야흐로 이사야 60-62장의 예언이 성취될 것이라는 기대감도 없지 않았다. 유대인들에게 하나님 아들 됨은 특권과 영광의 상속권을 의미했다. 이사야 60-62장은 이스라엘이 장차 이방인들을 향도하는 제사장 국가가 될 것을 그리고 있다. "이방 사람은 너희 농부와 포도원지기가 될 것이나 오직 너희는 여호와의 제사장이라 일컬음을 받을 것이라. 사람들이 너희를 우리 하나님의 봉사자라 할 것이며 너희가 이방 나라들의 재물을 먹으며 그들의 영광을 얻어 자랑할 것이니라."[61:5-6] 다시 말해 여호와께 복 받은 아브라함의 후손들인 유대인들은 여호와 하나님의 제단에서 '제사장'으로 섬기면서 이방인들이 만든 양식을 먹고 사는 특권을 누릴 것이다. 이것이 예수님 당시의 유대인들이 아브라함의 자손됨에 대해 품었던 자기복무적 이해였다. 이런 유대인들은 자신들이 '자유케 되어야 할 종'이라는 생각에 반발할 수밖에 없었다. 예수님 당시를 기준으로 400년의 과거역사를 돌이켜 보면 예루살렘 성전을 중심으로 사는 유대인이 얼마나 이스라엘 민중과 유리된 의식으로 살았는지를 짐작할 수 있다.

페르시아 제국 이래로 예루살렘 성전 주변에 사는 제사장들은 한 번도 종이라고 느낄 수 없을 만큼 특권적 지위를 보장받았다. 첫째, 바벨론 포로 이후 페르시아가 들어서서 여호와의 성전에 봉사하는 사람들에게 자유를 부여했다. 그리스 제국이 통치할 때도 예루살렘 신성특별구역은 제사장들의 정치적 자율 관할지역으로 존중받았다. 로마제국도 주전 63년에 이스라엘을 복속한 이래 대체로 예루살렘 특별행정구역을 인정했다. 평시에는 예루살렘에 로마제국의 정규군이 주둔하지 않았다. 예루살렘의 신성한 특별구역에 사는 사람들은 '나름대로' 자유를 누렸다고 생각할 수 있다. 예수님 당시에도 성전의 특권적 지위는 보존되었다. 제사장 또는 제사장 주위에 있는 사람들은 항상 아브라함의 자손이라는 특수신분을 이용하면서 아브라함 자손답게 살았다고 주장했다. 그래서 예루살렘의 유대인들이 자신들이 '종이 된 적이 없다'고 하는 말은 어떤 의미에서는 맞는 말이다. 바벨론 포로귀환부터 로마제국까지 약 400년간 예루살렘 신성특별구역에 살았던 제사장 계층 사람들은 실제로 자유를 누렸다.[13] 그들은 자신들이 아브라함 자손이기 때문에 영생을 상속받을 것이라고 생각했다. 누가복음 10:25 이하에 한 젊은 사람이 와서 "내가 무엇을 하여야 영생을 상속할 수 있으리이까"라고 묻는 장면이 나온다. 이 질문은 아브라함 자손들이 죽은 후에 영생을 상속한다고 믿었던 선민사상을 배경으로 인해 제기되었다. 아브라함의 자손은 영생을 상속하도록 예정되어 있기 때문에 죽어서 그들의 조상에게 돌아가 영생 공동체에 입적된다고 믿었다. 사도행전 13:36에는 "다윗은 당시에 하나님의 뜻을 따라 섬기다가 잠들어 그 조상들과 함께 묻혀 썩음을 당하였"다고 기록되어 있다. 솔로몬과 히스기야도 열조에게로 돌아갔다. 모두 영생의 상속자가 됐다는 뜻이다. 구약성경 맥락에서 죽어서 조상에게 돌아갔다는 말은 영생공동체로 들어갔다는 의미다. 이스라엘 백성에게 가장 무서운 말이 '아브라함 자손이 아니다'라는 것이었다. '망실된 자', '잃어버린 자'와 같은 말이 가장 무서운 저주였다. 누가복음에서 예수님은 "인자가 온 것은 잃어버린 자를 찾아 구원하려 함이니라"고 말씀하신다. 누가복음 19장에서 예수님이 망실된 자 삭개오에게 "이 사람도 아브라함의 자손임이로다"라고 선언하시자 삭개오가 기뻐서 잔치를 벌였다. 아브라함 자손이 됐다는 말은 아브라함이 확보해놓은 영생을 누리는 자가 됐다는 뜻이니 잔치를 벌일 정도로 기쁜 일이었다. 예수님 당시의 유대교 구원론은 아브라함 영생에 참여하느냐, 참여하지 못하느냐의 차이였다. 당시의 기준으로 삭개오 같은 민족반역자급 인물은 망실된 자였기에 영생을 상속할 수 없는 자였다. 당연히 사마리아 사람들도 망실된 자였다. 그런데 예수께서는 그들을 '이 사람도 아브라함의 자손임이로다'라고 말함으로써 세리와 사마리아 사람들도 아브라함의 영생 공동체에 초청했다. 요한복음 9장에 나오는, 날 때부터 눈먼 사람도 아브라함의 자손이 되었다. 예수님은 이방인과 여자와 사마리아인 모두를 포함하여 아브라함 자손의 범위를 굉장히 넓혔다.

34절은 '왜 종이 된 적도 없는 우리에게 갑자기 자유케 되리라고 말하느냐'라는 유대인들의 질문에 대한 답변이다. '죄를 짓는 순간 죄의 종이 된다. 하나님과 언약적 결속을 누리지 못하면 죄를 짓게 되고 자연스럽게 자유를 빼앗기게 된다. 내가 말한 자유는 정치적 자유가 아니라 죄충동으로부터의 자유이다.' 죄를 범하는 자마다 죄의 종이 되기 때문에 죄를 범하지 않기 위해 진리를 알아야 한다. 즉 죄를 범하지 않기 위해 예수님과의 인격적 결속을 확보하여야 한다는 뜻이다. 예수님 말씀에 거하면 하나님의 신실하심과 연대되고 결속되기 때문에 원시적인 죄의 충동으로부터 해방된다. '죄의 종'은 둘로스 에스틴 테스 하마르티아스(δοῦλός ἐστιν τῆς ἁμαρτίας)이다. 하마르티아스는 '과녁이 빗나가듯이 원하는 바를 행하지 못하는 무능력'이다. 로마서 7:21-24이 말하듯이, 죄는 마음이 원하는 선을 행하지 못하게 만드는 궤도일탈적 원심력이다. 죄는 인간의 본성 안에 본성화되어 있는 세력이며 기득권을 행사하는 로마총독과 같다. 신비주의 랍비들은 죄의 충동을 이기기 위해서 죄 충동이 일 때마다 하인에게 자신을 채찍질해 달라고 요구한다. 엘리멜렉 비저넥이라는 우크라이나 민스크 출신의 유명한 랍비가 있었다. 그는 하시딤 운동의 지도자로서, 그의 죄 충동을 이기기 위한 투쟁으로 유명하다. 그는 어느 날 마부를 데리고 깊은 숲속에 들어가 아무도 없는 곳으로 가서 큰 채찍을 주면서 악마를 몰아내자고 말한다. 종은 주인이 악마를 몰아내기 위해서 채찍을 들고 가니 악마가 나타날 줄 알았는데, 깊은 숲에서도 악마가 보이지 않는다. 그는 '랍비님, 악마가 어디에 있습니까'라고 물었다. 랍비는 '아직도 악마를 보지 못했는가'라고 반문하고는 자기 몸을 가리키며 '이 안에 악마가 있다'고 말하면서 종으로 하여금 자기 몸을 내리치라고 요구했다. 하인이 주인에게 얻어맞으면서도 순종하지 않자, 랍비는 스스로 자기 몸을 피가 철철 흐를 만큼 쳤다. 랍비는 자기 안에 있는 죄의 충동을 이기기 위해서 스스로를 채찍질했다. 힌두교도나 일부 불교도들도 유사하게 악마를 퇴치한다. 그러나 이런 고행으로도 우리 안에 거하는 죄를 소멸시키거나 죽일 수 없다.

예수님은 이 가학적 랍비처럼 하지 않고 성령으로 몸의 행실을 죽이도록 은혜를 주신다. 우리가 산속에 깊이 들어가지 않고도 원시적 죄의 충동을 이기도록 길을 열어주셨다. 일상생활 안에서 죄의 충동을 압도해갈 수 있는 자유를 주셨다. 죄와 사망의 권세에서 우리를 자유케 하는 생명의 성령의 권세가 바로 주님이 주신 자유이다. 이것이 바로 아들이 주는 자유이다.[롬 8:15] 만일 아들이 주는 자유를 누리지 못하면 두려움으로 가득 찬 노예생활과 같은 종교생활이 시작된다. 그것은 하나님의 진노를 피하기 위한 노예적 율법준수다. 하나님과 사이가 나빠지지 않기 위해 납득되지도 않는 일을 계속하는 것이 노예의 삶이다. 그런데 노예는 집에 영원히 거하지 못한다. 상속자인 아들만 집에 거한다. 로마서 8:15-16은 이 진리를 잘 포착한다. "너희는 다시 무서워하는 종의 영을 받지 아니하고 양자의 영을 받았으므로 우리가 아빠 아버지라고 부르짖느니라. 성령이 친히 우리의 영과 더불어 우리가 하나님의 자녀인 것을 증언하시나니." 예수님의 말씀에 거하면 하나님과의 인격적 연합과 결속을 맛본다. 이 인격적 연합과 결속에 힘입어 세상의 어떤 부정적인 어둠의 세력의 공격으로부터도 자유를 누린다.

35절은 종과 아들의 근본적 차이를 말한다. 고대사회에서 종(둘로스)은 주인의 재산을 상속하지 못하기 때문에 언젠가 주인집을 떠나야 한다.[35절] 그러나 아들은 아버지 집의 상속자이기에 영원히 집에 거한다. 우리가 하나님께 죄를 범할수록 아들 됨은 희석되고 종의 노예근성은 증대된다. 아들은 아버지와 운명공동체이기 때문에 아버지의 명령을 세세히 듣지 않고도 아버지의 집을 관리하지만, 종은 주인의 재산에 아무런 분깃이 없기 때문에 최소한의 의무수행만 한다. '종'은 주인을 무서워하여 복종하지만, 아들은 아버지이신 주인을 사랑하기 때문에 자발적으로 순종한다. 바울은 로마서 8:15-16

에서 '율법 아래 사는 삶'을 '무서워하는 종의 영'에게 속박된 삶이라고 정의한다.

그런데 아들이 아버지를 상속하여 주인이 될 때 독립할 정도의 자산을 갖춘 종들을 속량해 자유인으로 만들어 줄 수 있었다.[36절] 로마제국의 수도 로마에도 이렇게 자유를 얻은 해방노예가 있었고 이들이 초대교회에 참여하기도 했다. 아버지 집의 종이었던 자들이 자유를 얻는 길은 아들이 자라 아버지의 유업을 상속할 때 종들을 속량시켜주는 것이었다. 지금 예수님은 바로 종을 속량시켜줄 아들의 권세를 가지고 있다고 말하는 것이다.

37절은 33절의 유대인들이 던진 질문에 대한 예수님의 답변이면서, 유대인들이 자신을 죽이려고 하는 이유에 대한 예수님의 진단이다. '아브라함의 자손'은 하나님과 이스라엘이 맺은 언약의 상속자이며, 장차 열리게 될 영생식탁[마 8:11]에 참여할 사람이다(눅 1:73 사가랴의 찬양 '우리 조상 아브라함에게 하신 맹세라'; 3:8; 16:23 '아브라함의 품'; 19:9 '이 사람도 아브라함의 자손'; 요 8:39). 당시의 유대인들은 하나님과 아브라함이 맺은 맹세언약 때문에 하나님이 이스라엘을 보살펴주신다고 믿었고, 자신을 아브라함의 자손이라고 부르는 것을 가장 영예롭게 생각했다. 그런데 유대인들은 아브라함 자손이라는 선민의식에 갇혀 그 마음 안에 예수님이 주시는 말씀을 받고 이해하고 숙고할 자리가 없었다.[37절] 그래서 예수님을 죽이려고 한다.

38절은 다시 에고-휘메이스 대립구도를 부각시키는 구문이다. 드디어 예수님은 자신을 죽이려는 유대인들을 더이상 아브라함의 후손이라고 보지 않고 '마귀의 자손'이라고 단죄하신다. '나'(에고)-'보다'(헤오라카)-'말하다'(랄로) 짝과 '너희'(휘메이스)-'듣다'(에쿠사테)-'행하다'(포이에테) 짝이 대립한다. '나는 내 아버지께로부터 직접 본 것을 말하고, 너희 유대인들은 너희의 아버지로부터 들은 대로 행한다.' 유대인들이 당황해서 마귀가 아니라 아브라함이 자신들의 아버지라고 역설한다.[39절] 예수님의 답변은 직설적이다. 아브라함의 자손(테크논의 복수 테크나)이라면 아브라함이 하던 일들을 행함으로써 아브라함의 자손임을 입증하라는 것이다. 아브라함은 믿음의 사람이며 하나님의 율례와 법도를 근실히 행한 신실성의 표상이다.[창 26:5] '자손'이라고 번역된 테크논(τέκνον)이라는 단어는 아버지를 잘 따라하고 모방하도록 교육받기에 적합한 유청소년급 자손이다.

40절은 자신을 죽이려는 유대인들의 행사를 보고 아브라함과 유대인들을 구분하는 예수님의 말씀이다. 하나님께 들은 진리를 말해 준 사람을 죽이려는 유대인들은 아브라함을 전혀 닮지 않았다. 아브라함은 부지중에 천사를 대접한 사람이며,[창 18:1-7, 히 13:2] 하나님의 종 멜기세덱에게 십일조를 바쳤고,[창 14장] 장막을 옮길 때마다 하나님께 단을 쌓고 하나님의 세밀한 인도를 구했던 신실성의 화신이었다. 이런 아브라함의 행위를 전혀 모방하지 않는 이 유대인들의 정체는 무엇인가?

41절에서 예수님은 단호한 단죄선언을 하신다. 당연히 유대인들의 격렬한 반박이 뒤따른다. 여기서 휘메이스(너희)와 헤메이스(우리)가 각각 사용된다. 2인칭 복수 대명사 휘메이스는 유대인들에 대한 예수님의 단호한 정죄를 강조하고, 1인칭 복수 대명사 헤메이스는 유대인들의 결연한 자기방어 어조를 부각시킨다. '너희는(휘메이스) 너희의 아비의 일들을 행하는구나!' 유대인들은 음란을 끄집어낸다. '뭐니뭐니해도 우리는(헤메이스) 음란으로부터 나오지 않았다. 우리에게는 한분 하나님만 있다.' 여기서 '음란'이라는 말의 함의가 중요하다. 예수님을 은근히 '하갈로부터 나온 이스마엘 자손 같은 적통 탈락자'로 보려는 마음을 드러낸다. 좀 더 본질적으로는 '음란' 언급은 예수님을 유일신 신앙을 떠난 이단자로 몰아가고자 준비하는 의도를 드러낸다. 예수님이 신명기의 '다른 신을 섬기자'고 미혹하는 거짓 선지자[신 13:1-3]라는 암시를 주는 말투이다. 구약성경은 음란죄를 우상숭배죄 안에 포함시켰다. 레위기 20:1-6은 몰렉 우상을 섬긴 죄를 음행을 단죄하는 규정 앞에 배치한다. 41절은 예수님을 우상숭배자, 혹은 다른 신을 섬기자고 미혹하는 거짓 선지자로 몰아가려는 유대인의 전략을 일부 드러낸 셈이다.

42-47절은 유대인들에 대한 예수님의 일방적인 책망을 담고 있다. 42절에서 예수님은 또다시 자신을 변호하신다. 당신을 대적하는 유대인들이 하나님을 아버지로 모셨다면(유대인들의 18복 기도문, '우리 아버지 하나님'으로 시작) 그들이 당신을 사랑했을 것이라고 말한다. 자신을 대적하고 미워하고 죽이려는 집요한 살기는 그들의 아버지가 하나님이 아님을 반증한다. 하나님 아버지의 아들은 희생과 복종 부담을 지는 자이며 기득권 포기자를 의미한다. 예수님이 하나님을 '내 아버지'라고 부르는 것은 남보다 더 많은 것을 갖기 위해서가 아니라 아버지 하나님 뜻에 더 복종하기 위함이다. 하나님을 아버지라 부르는 순간은 자기부인적 순종에 몸을 맡기는 순간이다. 예수님은 하나님을 아바 아버지라 부르는 순간, 아버지의 뜻을 행하기 위하여 아버지가 주신 쓴 잔을 마시겠다는 결심을 굳혔다. 그에 비해 유대인들은 처음부터 아브라함 자손이 아니었다. 그들은 마귀의 자손이다. 마귀의 욕심과 살인에 의해 지배되고 있기 때문이다.

예수님은 42절 하반절에서 두 가지를 강조하신다. 첫째, 1인칭 단수 대명사 에고를 사용해 자신이 정말 하나님께로부터 왔다고 강조하며, 자신이 스스로를 내세우는 자가 아니라 하나님 아버지께 파송받았음을 역설한다. 43절은 유대인들의 완매함과 영적 무감응을 안타까워하시는 예수님 말씀이다. 자신의 말씀을 알지 못하는 이유는 들을 줄 모르기 때문이라고 지적한다. '듣는다'는 것은 이해하고 납득하는 것이다. 이사야 6:9-10에서 이사야가 만날 청중처럼 유대인들은 치명적인 완매함에 빠져 있다. 44절에서 예수님은 더이상 유대인들을 설득하려고 하거나 이해시키려고 하지 않고 최후통첩식 선고를 내리신다. 요한복음 전체에서 유대인들과 예수님 사이에 오고간 말들 중 최고의 적의를 담은 말들이 여기에 나온다. 첫 소절은 휘메이스를 주어로 하는 단죄구문이다. '너희는(휘메이스) 너희 아비 마귀[디아볼로스(διάβολος)]에게서 났다.' 그 근거는 '너희도 너희 아비처럼 욕심[에피튀미아스(ἐπιθυμίας)]대로 행하기' 때문이다. 셋째 소절은 그들의 아비 마귀를 정의한다. 마귀는 처음부터 살인자요 그 속에 진리가 없던 자였다. 그 마귀는 진리에 서지 못하고 거짓을 말할 때마다 제것으로 말한다. 그는 거짓말쟁이일 뿐만 아니라 거짓말쟁이의 아버지이기 때문이다. 격렬하고 중첩적인 마귀 정죄다.

45절은 유대인들이 진리를 말하는 예수님을 믿지 못하는 이유를 말한다. 그들이 처음부터 진리가 그 속에 없었던 거짓의 아비에게서 난 자이기 때문이다. 그래서 유대인들은 예수님을 살해하려고 한다. 첫 소절은 1인칭 단수 대명사의 독립적 사용이 이뤄진 문장이다. '다른 이가 아니라 나 자신은 진리를 말한다.' 46절은 예수님의 힐문이다. '너희 중에 누가 나를 책망[엘렝코(ἐλέγχω)]하겠느냐?' 누가 내 잘못을 지적하고 고쳐볼 수 있겠는가? 엘렝코는 허물이나 오류를 고치는 경책을 의미한다. 46절의 마지막 소절은 개역개정에는 드러나지 않지만 휘메이스 강조구문이다. '어찌하여 너희는 나를 믿지 않느냐?' 자신을 믿은 유대인들을 상대로 제자도를 가르치는 것으로 시작한 강론31절이 격렬한 감정을 일으키며 결렬로 나아가고 있다.

47절은 다시 휘메이스 강조구문이다. 하나님께 속한 자는 하나님의 말씀을 듣는다는 공리에 의거해 유대인들이 하나님께 속하지 않았음을 선언한다. '너희가(휘메이스) 듣지 않는다.' 48절은 유대인들의 증오감정이 담긴 격렬한 반발이다. 헤메이스와 쒸가 대조적으로 각각 사용되고 있다. '다른 이가 아니라 우리가(헤메이스) 네가(쒸) 사마리아 사람이거나 귀신들렸다고 말했다. 그렇지 않은가?' 예수님과 유대인 사이에는 타협할 여지가 없다. 예수께서는 유대인을 마귀 자식이라고 선언했다. 유대인들은 예수님을 사마리아 사람 혹은 귀신 들린 자라고 맞받아쳤다.

49절에 예수님의 격앙된 반론이 나온다. 1인칭 단수 대명사 에고와 2인칭 복수 대명사 휘메이스가 다시 대립한다. '다른 이가 아니라 나 자신은(에고) 귀신 들린 자가 아니라 오히려 내 아버지를 공경한다. 그런데 너희야말로(휘메이스) 나를 멸시하고 있다.'

50절은 예수님의 추가적인 자기변호를 담는다. 당연히 에고가 주어로 독립적으로 사용되고 있다. '나 자신은 내 영광을 추구하지 않는다. (영광을) 구하고 판단하는 이가 따로 있다.' 즉 하나님은 이스라엘에게서 영광받기를 구하고 판단하신다.

네 복음서는 예수님이 하나님의 아들 됨을 이용해서 특권이나 영광을 취하거나 누리시는 장면을 단 한 번도 보도하지 않는다. 예수님은 하나님을 '내 아버지'라고 불렀을 때 단 한 번도 자신을 위해 면류관이나 조공예물을 요구하지 않으셨다. 하나님을 아버지라 부르면서도 18년 내내 목수일을 계속하셨다. 12세 소년시절부터 예수님은 하나님을 '내 아버지'라고 부르셨다.[눅 2:49] 하나님을 아버지라 부르면서도 매일 일용할 양식을 청하는 기도를 드리셨고[마 6:11] 그의 제자들은 때때로 안식일에도 허기진 배를 움켜쥐고 밀밭에 뛰어들 만큼 가난했다.[눅 6:1] 예수께서는 숱한 질병과 귀신 들린 자를 고치셨지만 끝까지 가난하고 질박한 삶을 유지하셨다. 마지막 수난 주간에도 감람산에서 밤이슬을 맞으면서 노숙하신 것으로 보인다. 예수님은 자신의 제자가 되겠다고 하는 한 청년에게 이런 말씀을 하신적이 있다. "여우도 굴이 있고 공중의 새도 집이 있으되 인자는 머리 둘 곳이 없도다."눅 9:58 예수님은 영광을 구하지 않으신 것이 분명하다. 대부분의 종교권력은 영광을 추구한다. 거짓된 모든 종교권력은 영광 추구를 통해 자신이 신과 가깝다고 과시한다. 그러나 성경과 참된 기독교는 하나님과 가깝다고 주장하는 사람들이 세상 영광을 추구하는 것을 참혹한 일탈이자 타락이라고 본다. 진정으로 하나님과 가까운 사람은 자기를 위해서 영광을 추구하지 않고, 자기 십자가를 지고 십자가에 달린 예수님의 길을 따라 걷는 십자가의 영광을 추구한다. 하나님의 아들로 불리는 예수님은 '랍비'라고 불리는 영광을 즐기지 않았고 무한책임적인 십자가를 지고 감으로써 당신의 하나님 아들 되심을 증명한다. 하나님과 가까운 사람들은 현세에서 영광의 면류관을 거절하고 양도한다. 지식과 예술적 재능과 몸의 매력 등으로 말미암아 영광의 면류관을 취하려는 사람들은 참 하나님과 한 번도 접촉해보지 못한 사람들일 가능성이 크다. 참 하나님을 한 번만 접촉하고 나면, 하나님의 영광의 역설적 본질을 한 번만 맛보기만 하면, 세상 사람들이 추구하는 영광을 배척할 담력이 생긴다. 이것이 종교와 복음의 차이이다. 종교권력은 하나님을 알지 못하기 때문에 권력추구적인 존재가 된다. 모든 타락한 종교권력으로부터 버림받은 참된 하나님의 예언자들은 왜 권력을 멀리 하고 혈혈단신 단기필마로 거리의 아우성과 동역하게 될까? 그들은 하나님을 알기 때문이다. 하나님을 아는 사람들은 거리의 아우성, 필요가 있는 곳으로 질주하고 달려가는 섬김의 영에 추동된다. 그러나 종교권력으로 보호를 받는 유대인들은 하나님을 알지 못하기 때문에 권력이 주는 몽롱한 안정감에 탐닉한다. 하나님을 아는 사람들은 우주를 운행하시는 하나님의 세계 갱신적 에너지가 온 몸에 퍼지기 때문에 아우성과 눈물이 있는 곳으로 달려간다. 예수님의 '너희는 하나님을 알지 못하되 나는 안다'라는 말은 이런 맥락에서 이해될 수 있다.

51절에서 예수님은 "진실로"를 두 번 반복하면서 이제껏 전개했던 영생 가르침을 되풀이하신다. '자신의 말을 지키면 영원토록 죽음을 맛보지 않을 것이다.' 예수님의 말을 지키는 것은 하나님과의 언약에 결속되는 것이므로 죽음에 떨어지지 않는다. 죽음은 하나님의 언약에서 끊어지는 것이며, '산다'는 것은 하나님의 언약에 결속되는 것이다. 여기서 예수님은 하나님의 독생자이기 때문에 죽음의 치명적 보편성을 알고 계셨고, 그것을 능히 뛰어넘을 수 있는 삶의 전망과 통찰을 제시하신다. 당연히 여기서 말하는 죽음은 생물학적 죽음을 의미하지 않는다. 고린도전서 15:42-44이 말하듯이 약하고 썩고 욕된 육신의 몸은 신령하고 영화로운 몸으로 부활한다. '죽지 않는다'는 말은 부활을 약속하는 말이다. 아예 한 번도 죽음을 맛보지 않는다는 말이 아니라 영원한 죽음을 겪지 않는다는 뜻이다. '내 말을 지키면 죽음을 극복할 수 있다'는 예수님의 약속은 하나님과 이스라엘이 맺은 언약의 맥락에서 이해되어야 한다.

52절 첫 소절은 51절의 예수님 주장에 대한 유대인들의 반박이다. 그들은 예수님을 보고 '귀신 들린 자'라고 말하며 더욱 격분한다. 예수님을 귀신 들린 자라고 믿는 유대인들이, 아브라함과 선지자들도 다 죽었는데 어찌 네가(쉬) '내 말을 지키면 죽음을 맛보지 않을 것이라'고 말하느냐 반발한다. '네가 어찌 그렇게 참람한 말을 하느냐'라는 의미다. 우리가 죄와 불순종으로 얼룩진 인생을 살다 보면 하나님이 우리에게 주시는 영원한 생명의 약속마저도 귀신 들린 자의 말처럼 들린다. 유대인들은 예수님을 죽이고 싶은 증오감정으로 들끓고 있다. 죽음이 죄의 결과라면 예수님의 말씀을 지키는 언약적 결속감은 죄를 극복하는 과정이기 때문에 죽음을 극복하는 것도 당연하다. 유대인들은 이런 논리를 이해하지 못하고 생화학적인 의미의 죽음을 생각하고 있다. 죽음을 영원히 극복하실 수 있는 전능하신 하나님, 창조주 하나님의 아들로서 예수님이 죽음을 극복할 수 있다고 말씀하는 것은 지극히 상식적이다.

53절에서 유대인들의 반발이 이어진다. 첫 소절에 2인칭 단수 대명사 쉬가 사용된다. '네가 아브라함보다 더 큰가?' 다시 죽음으로 들어간 아브라함과 선지자들을 언급하며 묻는다. 너는 도대체 너를 무엇이라고 생각하느냐? 티나 세아우톤 포이에이스(τίνα σεαυτὸν ποιεῖς). '너는 너 자신을 갖고 무엇을 만드느냐?'

54절은 다시 에고-휘메이스 구문이다. '만일 나 자신이 스스로를 영화롭게 하면 내 영광은 아무것도 아니다. 나를 영화롭게 하시는 분은 내 아버지이시다. 다른 이가 아니라 바로 너희가(휘메이스) 우리의 하나님이라고 말하는 바로 그분이다.' 55절은 더 심화된 예수님의 자기증언이자 자기해명이다. '너희는 이제까지 한 번도 그를 안 적이 없다(완료). 그러나 나 자신은(에고) 그를 안다. 만일 내가 그를 모른다고 말하면 나도 너희처럼 거짓말쟁이가 되리라. 그렇기는 커녕 나는 그를 알고 그의 말씀을 지킨다.' 예수님이 하나님을 안다는 말은 최종적이다. 하나님을 아는 것은 하나님의 말씀을 지키는 것이다. '알다'는 공경하다, 사랑하다, 교류하다, 공감하다 등 여러 가지 요소들을 포괄하는 언약적 함의가 가득 찬 말이다. 56절은 유대인들을 다시 한 번 경악시키는 예수님의 도발적인 발언이다. '너희 아버지 아브라함이 나의 날을 볼 것을 즐거워하면서 기대하다가 보고 기뻐하였다.' 아브라함은 이삭이 태어날 것을 즐겁게 기대하다가 마침내 보고 기뻐하였다.[창 21장] 예수님은 자신이 아브라함의 바로 그 후손, 종말론적 '이삭'이라고 본 것이다. 창세기 22:17-18이 말하는 바로 그 후손, 천하만민을 복되게 할 그 후손이 바로 자신이라고 말한다. 아브라함이 모리아 번제단에 이삭을 바친 행위가 바로 자신이 하나님의 번제단에 바쳐질 사건을 가리킨다고 본 것이다. 예수님은 자신이 아브라함 때부터 기다려지고 예기되고 기대되었던 바로 그 아들이라고 주장한다. 이것은 갈라디아서 4:4 이하에서 다시 주장되고 있다.

갈라디아서 4:4-5은 다음과 같이 말한다. '때가 차서 하나님은 아브라함의 유업을 이을 종말의 이삭이신 예수 그리스도를 여자의 몸에서 나게 하시고 율법 아래서 나게 하셨다. 율법 아래 있는 자들을 속량하게 하시려고 율법에 매여 있는 이스라엘의 일원으로 태어나게 하셨다.' 이처럼 아브라함은 그의 후손이 땅에 나타나기를 1,500년 동안 기다렸다. 아브라함은 자신의 생물학적 대물림을 해줄 아들 이삭을 낳기까지 25년을 기다렸고, '천하만민에게 복이 될 그의 후손'이 태어나기를 1,500년 기다렸다. "네가 이같이 행하여 네 아들 네 독자도 아끼지 아니하였은즉 네 씨로 말미암아 천하만민이 복을 받으리라."창 22:16-18 아브라함은 아버지의 뜻에 온전히 자기 몸을 결박당한 채 기꺼이 제물이 되는 이상화된 종말의 그 후손(이삭)이 언젠가 나타나기를 기다렸다. 아브라함은 결국 모리아산에서 종말에 나타날 하나님의 아들이 결박당할 날을 내다보고 미리 즐거워했다. 아브라함은 이삭 같은 순종의 아들, 자신이 번제로 바쳐질 것을 알고도 결박당해 준 이삭 같은 아들이 나타날 것을 즐거워했다. 그런 아들 때문에 천하만민이 복을 받기 때문이다. "너희 조상 아브라함은 나의 때 볼 것을 즐거워하다가 보고 기뻐하였느니라." 아브라함이 수풀에 걸린 숫양을 보고 즐거워하는 장면은 창세기 22장에는 나오지 않는다. 이 구절은 랍비들의 아케다 본문창 22장 주석집에 나온다. 70인역 헬라어 성경에는 창세기 22장에서 아브라함이 기뻐하는 장면이 나온다. 예수님은 랍비들의 해설집과 70인역과 같은 헬라어 성경도 알고 계셨을 가능성이 있다. 예수님은 철두철미하게 구약-

참조적이고 구약-의식적이시며 구약-성취적인 분이다. 그만큼 구약성경을 성취하고자 하는 의지가 강하셨다.

57절은 유대인들의 질문이다. '오십 세도 안 된 네가 아브라함을 보았느냐?' 예수님은 이중 아멘으로 당신의 말씀을 인치신다. 58절의 예수님 대답은 유대인의 살기를 충천케 했다. '아브라함이 있기 전부터 나는 있다.' 프린 아브라암 게네스다이 에고 에이미(πρὶν Ἀβραὰμ γενέσθαι ἐγὼ εἰμί). 예수님의 나이가 많아도 33세 정도일 텐데 좀 더 연륜이 배인 얼굴이었던 것처럼 보인다. '오십 세도 못 되었는데'라는 말은 예수님이 노련해 보였다는 것을 암시한다.[14] "진실로 진실로 너희에게 이르노니 아브라함이 나기 전부터 내가 있느니라 하시니." 예수님의 기막힌 발언에 더이상 답변을 할 겨를도 없이 유대인들이 돌을 들어 쳐죽이려고 하자 예수님은 숨었다가 성전을 빠져나가셨다.[59절] 공관복음서와 달리 요한복음은 예수님이 유대인들과 나눈 최고 수준의 적대적 논쟁을 매우 사실주의적으로 자세히 복구하고 있다.[15] 예수님의 이런 도발적인 발언들은 초대교회의 사도들이 지어낼 수 없는 너무나 독특한 말들이다. 8장의 격렬한 유대인 단죄강화는 비유사성의 원칙에 의하면 전적으로 예수님 자신의 육성으로 간주될 수 있다.

메시지

간음죄는 율법의 금지를 뛰어넘는 욕망이 일으키는 범죄이다. 간음죄는 상대적이다. 나의 욕망이 어느 정도 통제되어도 나의 욕망을 자극하는 상대의 치명적 매력에 넘어지는 죄이다. 간음행위는 하나님 심판의 밝은 빛 앞에 노출되기 전까지는 격렬한 로맨스였을지 몰라도, 하나님의 밝은 눈초리 앞에 조명되었을 때는 자신을 죽음으로 몰아넣을 죄가 되고 만다. 우리가 하는 모든 행동들은 하나님의 진리의 탐조등 앞에 노출되기 전까지는 괜찮은 정도의 행동, 심지어 우리를 즐겁게 하는 행동들일 수 있다. 그러나 우리의 모든 행동은 간음하다 붙잡힌 여인의 행동처럼 하나님 앞에 서면 돌을 맞아야 마땅한 죄일 수도 있다. 우리도 이렇게 진리의 빛 앞에 노출되어 하나님의 안목으로 우리 죄를 지적해보면 간음하다 붙잡힌 여인과 별반 다를 것이 없다. 8:1-11은 이스라엘 민족 전체를 간음한 여인이라 보고 있는 호세아서를 상기시키는 말씀이다. 간음하다 붙잡힌 현행범 여인이 구원받을 수 있다면 이스라엘 민족도 구원받을 수 있다는 메시지가 여기에 들어 있다. 호세아가 그렇게 단죄하고 비난하던 불순종한 이스라엘 백성도 갱생될 수 있고 정결한 주님의 신부가 될 수 있다는 것이다. 물론 예수님의 간음한 여자에 대한 용서는 간음죄를 가볍게 여긴다는 의미가 전혀 아니었다.

예수님만이 심판할 자격을 가졌지만, 군중이 버리고 간 돌로 예수님은 여인이 아닌 자신을 응징하셨다. 십자가의 죽음은 자기전가적 징벌 감수였다. 십자가의 죽음은 예수님에게 있어 무한자책의 표현으로서의 죽음이다. 하나님은 죄 있는 인간의 연약성을 자기책임으로 아시고 당신의 독생자에게 모든 책임을 다 전가시켜서 율법의 저주를 받게 하사 우리를 율법의 저주에서 속량하셨다. 예수님이 이 여인의 죄를 용서해준다는 말은 예수님이 이 여인의 죄를 지고 가시겠다는 의미다. 죄를 지고 가는 사람만 죄를 용서할 수 있다. 요한복음 1:29은 이 진리를 잘 표현한다. "보라, 세상 죄를 지고 가는 하나님의 어린 양이로다." 예수님은 세상 죄를 지고 가셨기 때문에 죄를 다시 짓지 말라고 말할 수 있다. 세상 어떤 종교에서도 인간의 죄를 용서해주고 이 무거운 죄책감으로부터 우리를 건져주겠다고 나서는 구세주는 없다. 오직 예수님뿐이다. 세계종교가 비슷해 보이지만 절대로 비슷하지 않다. 이렇게 개인의 죄를 지고, 세상 죄를 지고 가는 어린양은 어떤 종교도 생각하지 못했던 표상이다. 예수님은 "다시는 죄를 범하지 말라"는 이 말씀 하나만 주시고 죄를 용서했다. 이것이 바로 기독교이다. 기독교는 죄를 용서할 뿐만 아니라 다시는 죄를 짓지 못하도록 도와주는 성령 추동推動의 복음이다. 생명의 성령의 법이 율법의 저주에서 우리를 건져 예수 그리스도 안에 있는 자에게는 다시는 정죄함이 없도록 하셨다. 성령의 감화감동으로 죄를 짓지 않게 되기 때문이다. 그러면 예수 믿고 나면 다시 죄를 지을 수 없다는 말인가? 그렇지 않다. 예수 믿은 후에 짓는 죄는 주님의 영토 안에서 짓는 죄이다. 은혜의 영토 아래, 즉 죄 사함의 감동이 살아있는 영토 안에서의 죄와 허물은 극복 가능하다. 죄를 이기는 성령의 감화감동으로 이런 죄들은 금세 극복하게 된다. 골로새서 1:13은 "그가 우리를 흑암의 권세에서 건져내사 그의 사랑의 아들의 나라로 옮기셨으니"라고 말한다. 죄 사함은 통치권의 교체로 나타난다. 주님의 권세 아래서 짓는 죄는 '죽어가는 옛 자아'가 잔여 기득권을 갖고 신생아 같은 거듭난 자아를 핍박하는 모양새이다. 이 죄는 흑암의 권세 아래서 짓는 죄와 다르다. 흑암의 권세 안에서는 죄악의 권세에 매여 어쩔 수 없이 죄를 짓고 그 결과 더욱 더 하나님과 멀어진다. 하지만 하나님 사랑의 아들 나라로 왔을 때 짓는 죄는 예수님의 속죄의 은혜를 더 뼈저리게 느끼게 만드는 성화 추동력을 발생시킨다. 예수 안에서 죄 용서받은 사람이 죄를 짓는 경우와 예수의 보혈 이전에 죄악의 권세 아래 살면서 짓는 죄는 다르다. 골로새서 1:13이 말한 그 정세와 공중권세 잡은 자의 노예로 살 때 죄를 짓는 것은 자기파괴적인 죄책감에 얽매이게 한다. 하나님 사랑의 아들 나라로 옮겨가 영토가 바뀌었는데도 여전히 짓는 죄는 '몸의 속량'을 갈망하게 만든다. "우리 곧 성령의 처음 익은 열매를 받은 우리까지도 속으로 탄식하여 양자 될 것 곧 우리 몸의 속량을 기다리느니라."롬 8:23 죄는 죄이지만 그리스도를 닮게 만드는 목마름을 가중시키는 죄다.[16]

흑암의 권세 아래서 풀려난 사람이 여전히 죄를 짓는 것은 죽어가는 옛 자아의 잔여 기득권 때문이기도 하지만, 구원받지 못한 죄악된 세상에 살기 때문에 어쩔 수 없는 경우도 있다. 그것은 성화를 촉진시키는 죄의 경우로 로마서 8:23을 생각나게 하는 죄 경험이다. 우리 몸의 속량을 애타게 기다리는 탄식을 불러일으키는 죄의 경험이다. 우리가 몸의 속량을 받을 때까지는 완전히 구원받지 못한 이 세상에서 죄와 허물을 완전히 끊지 못하고 산다. 그러나 이것은 성령 충만을 요청하는 아우성이다. 하나님 나라 영토 안에 왔는데도 죄를 짓는다면 그때마다 성령 충만을 달라고 소리치는 아우성으로 죄의 기능이 바뀌기 때문에, 하나님 나라의 영토 안에 들어온 사람에게는 죄를 짓는 유혹이 점점 약해진다.

이와 반대로 흑암의 영토에 속한 사람은 간헐적으로 착한 일을 하더라도 순식간에 다시 흑암의 권세에 사로잡힌다. 그러므로 흑암의 권세에 사로잡힌 죄의 경험은 성화를 촉진시키는 경험이 아니라 죄책감에 예속시켜 더욱 죄를 짓게 만든다. '내가 어차피 이렇게 더러워졌는데, 더 더러워지자.' 이렇게 자기를 더럽히는 경험이 흑암의 권세 아래 죄가 발휘하는 위력이다.

그리스 작가 니코스 카잔차키스가 쓴 『그리스인 조르바』라는 작품은 각 대학 도서관이 흔히 대학교 신입생들에게 추천도서로 선정하는 소설이다. 이 소설은 기독교적 관점에서 보면 방탕과 타락을 미학화하는 소설이다. 모든 범죄적 타락 경험이 결국은 자유에 이르게 한다는 주장이다. 오디세이적 방랑과 타락, 니체적 욕망의 극단 긍정, 이런 것이 모두 정당화될 수 있다. 그리스인 조르바는 60대 남성인데 살인, 강간, 과부와 동침하기 등 이 세상의 모든 죄는 다 범해 본다. 그는 나이가 들어서도 여전히 총명한 머리를 가지고 주인공인 백면서생 같은 지식인을 깨우치는 교사 역할을 한다. 조르바는 타락했지만 인간다운 따뜻함을 유지하고 도량이 넓은 지혜로운 사람으로 그려진다. 타락했지만 인간의 모든 연약함을 이해할 듯한 예지가 가득 찬 사람이다. 이 책의 문학적 가치를 제쳐 두고 보면 이 소설은 죄와 타락이 인간 존엄을 얼마나 손상시키는지에 대한 정직한 통찰이 부족하다고 볼 수 있다. 가장 큰 허구는 그렇게 많은 죄를 짓고서 60대가 되면 사람이 망가져서 더이상 예지와 너그러움을 유지하지 못한다는 사실을 감추고 있는 것이다. 살인, 강간, 방화 등 많은 죄를 저지른 사람이 어떻게 형형한 눈빛으로 20대 젊은이를 감동시킬 아우라를 유지하고 있겠는가? 그럴 수 없다. 죄를 짓는 순간 총체적인 일그러짐과 망가짐이 발생하기 때문이다. 『그리스인 조르바』는 니체의 철학을 허구적으로 미학화시켰다. 그리스인 조르바처럼 살면 60대에 이르러 삶이 거의 망가지게 된다. 타락한 60대 남성이 조르바처럼 도량이 넓고 예지가 가득 찬 현인으로 성숙해갈 가능성은 없다.

그럼에도 불구하고 예수님은 이렇게 망가진 인생도 불쌍히 여겨 회개와 갱생의 기회를 주기도 하신다. 주님은 우리가 죄를 지을 수밖에 없는 아담 후손의 근원적 속박에 매여 있는 것을 동정하신다. 그러나 이런 예수님의 동정심을 믿고 60대가 되기까지 방탕한 삶을 사는 것을 정당화할 수는 없다. 오히려 예수님은 우리가 이 죄로부터 풀려나기를 원하시고 다시는 죄를 짓지 않는 상태가 되길 원하셔서 구원을 주셨다. 구원은 무엇인가? 골로새서 1:13이 말하듯이 흑암의 권세에서 건져냄을 당하여 하나님 사랑의 아들 나라로 옮겨가는 것이다. 죄 많은 세상에서 유혹받으면서 살지 않기 위해서는 거룩한 환경 동아리가 필요한데 교회가 바로 그런 공동체다. 주님이 우리의 죄를 용서해주시는 목적은 죄 짓지 않는 자유에 이르도록 하기 위함이다. 성령의 자유에 이르기까지 인도하려고 죄를 용서하셨다. 예수님이 우리에게 주시는 최고의 선물은 죄와 사망의 법에서 우리를 해방하는 생명의 성령이다. 로마서 8:1은 말한다. "생명의 성령의 법이 죄와 사망의 법에서 너를 해방하였음이라." 다시는 죄와 사망의 법에 매여 살지 않도록, 즉 죄책감과 자기파괴적 우울증에 빠져 그리스인 조르바의 실험을 하지 않게 하시고 점점 더 고귀하게 살도록 고양시켜주신다. 성령의 감동은 양심의 가책을 받아서 주님을 따라 순종하게 만들어주는 것이다. 율법의 요구를 이루어질 수 있게 만들어주는 것이 성령의 감화감동이다.[롬 8:4]

9장.

내가 세상에 있는 동안에는 세상의 빛이다

9

1 예수께서 길을 가실 때에 날 때부터 맹인 된 사람을 보신지라. 2 제자들이
물어 이르되 랍비여, 이 사람이 맹인으로 난 것이 누구의 죄로 인함이니이
까. 자기니이까, 그의 부모니이까. 3 예수께서 대답하시되 이 사람이나 그 부모의 죄로
인한 것이 아니라 그에게서 하나님이 하시는 일을 나타내고자 하심이라. 4 때가 아직
낮이매 나를 보내신 이의 일을 우리가 하여야 하리라. 밤이 오리니 그 때는 아무도 일
할 수 없느니라. 5 내가 세상에 있는 동안에는 세상의 빛이로라. 6 이 말씀을 하시고 땅
에 침을 뱉어 진흙을 이겨 그의 눈에 바르시고 7 이르시되 실로암 못에 가서 씻으라 하
시니 (실로암은 번역하면 보냄을 받았다는 뜻이라) 이에 가서 씻고 밝은 눈으로 왔더
라. 8 이웃 사람들과 전에 그가 걸인인 것을 보았던 사람들이 이르되 이는 앉아서 구걸
하던 자가 아니냐. 9 어떤 사람은 그 사람이라 하며 어떤 사람은 아니라 그와 비슷하다
하거늘 자기 말은 내가 그라 하니 10 그들이 묻되 그러면 네 눈이 어떻게 떠졌느냐. 11
대답하되 예수라 하는 그 사람이 진흙을 이겨 내 눈에 바르고 나더러 실로암에 가서
씻으라 하기에 가서 씻었더니 보게 되었노라. 12 그들이 이르되 그가 어디 있느냐. 이
르되 알지 못하노라 하니라. 13 그들이 전에 맹인이었던 사람을 데리고 바리새인들에
게 갔더라. 14 예수께서 진흙을 이겨 눈을 뜨게 하신 날은 안식일이라. 15 그러므로 바
리새인들도 그가 어떻게 보게 되었는지를 물으니 이르되 그 사람이 진흙을 내 눈에
바르매 내가 씻고 보나이다 하니 16 바리새인 중에 어떤 사람은 말하되 이 사람이 안식
일을 지키지 아니하니 하나님께로부터 온 자가 아니라 하며 어떤 사람은 말하되 죄인
으로서 어떻게 이러한 표적을 행하겠느냐 하여 그들 중에 분쟁이 있었더니 17 이에 맹
인되었던 자에게 다시 묻되 그 사람이 네 눈을 뜨게 하였으니 너는 그를 어떠한 사람
이라 하느냐. 대답하되 선지자니이다 하니 18 유대인들이 그가 맹인으로 있다가 보게

된 것을 믿지 아니하고 그 부모를 불러 묻되 [19] 이는 너희 말에 맹인으로 났다 하는 너
희 아들이냐. 그러면 지금은 어떻게 해서 보느냐. [20] 그 부모가 대답하여 이르되 이 사
람이 우리 아들인 것과 맹인으로 난 것을 아나이다. [21] 그러나 지금 어떻게 해서 보는
지 또는 누가 그 눈을 뜨게 하였는지 우리는 알지 못하나이다. 그에게 물어 보소서.
그가 장성하였으니 자기 일을 말하리이다. [22] 그 부모가 이렇게 말한 것은 이미 유대인
들이 누구든지 예수를 그리스도로 시인하는 자는 출교하기로 결의하였으므로 그들을
무서워함이러라. [23] 이러므로 그 부모가 말하기를 그가 장성하였으니 그에게 물어 보
소서 하였더라. [24] 이에 그들이 맹인이었던 사람을 두 번째 불러 이르되 너는 하나님께
영광을 돌리라. 우리는 이 사람이 죄인인 줄 아노라. [25] 대답하되 그가 죄인인지 내가
알지 못하나 한 가지 아는 것은 내가 맹인으로 있다가 지금 보는 그것이니이다. [26] 그
들이 이르되 그 사람이 네게 무엇을 하였느냐. 어떻게 네 눈을 뜨게 하였느냐. [27] 대답
하되 내가 이미 일렀어도 듣지 아니하고 어찌하여 다시 듣고자 하나이까. 당신들도 그
의 제자가 되려 하나이까. [28] 그들이 욕하여 이르되 너는 그의 제자이나 우리는 모세의
제자라. [29] 하나님이 모세에게는 말씀하신 줄을 우리가 알거니와 이 사람은 어디서 왔
는지 알지 못하노라. [30] 그 사람이 대답하여 이르되 이상하다. 이 사람이 내 눈을 뜨게
하였으되 당신들은 그가 어디서 왔는지 알지 못하는도다. [31] 하나님이 죄인의 말을 듣
지 아니하시고 경건하여 그의 뜻대로 행하는 자의 말은 들으시는 줄을 우리가 아나이
다. [32] 창세 이후로 맹인으로 난 자의 눈을 뜨게 하였다 함을 듣지 못하였으니 [33] 이 사
람이 하나님께로부터 오지 아니하였으면 아무 일도 할 수 없으리이다. [34] 그들이 대답
하여 이르되 네가 온전히 죄 가운데서 나서 우리를 가르치느냐 하고 이에 쫓아내어
보내니라. [35] 예수께서 그들이 그 사람을 쫓아냈다 하는 말을 들으셨더니 그를 만나사
이르시되 네가 인자를 믿느냐. [36] 대답하여 이르되 주여, 그가 누구시오니이까. 내가
믿고자 하나이다. [37] 예수께서 이르시되 네가 그를 보았거니와 지금 너와 말하는 자가
그이니라. [38] 이르되 주여, 내가 믿나이다 하고 절하는지라. [39] 예수께서 이르시되 내가
심판하러 이 세상에 왔으니 보지 못하는 자들은 보게 하고 보는 자들은 맹인이 되게
하려 함이라 하시니 [40] 바리새인 중에 예수와 함께 있던 자들이 이 말씀을 듣고 이르되

우리도 맹인인가. [41] 예수께서 이르시되 너희가 맹인이 되었더라면 죄가 없으려니와 본다고 하니 너희 죄가 그대로 있느니라.

주석

9장은 태어날 때부터 시각 장애인이 된 한 남자를 고쳐주시는 기적을 보도하는데, 그것은 또한 야웨의 종이지만 맹인이 되어 열방의 제사장 나라로 살지 못하는 이스라엘을 개안시켜줄 사건을 예고하는 표적이다. 9장은 8장의 주제와 연속되는 '세상의 빛 되신 예수님'의 정체를 보다 심층적으로 다룬다. 9장은 날 때부터 맹인 된 사람을 고치신 예수님,[1-12절] 눈을 뜬 맹인과 눈이 더욱 감긴 바리새인들,[13-34절] 그리고 보는 자와 보지 못하는 자의 엇갈린 운명[35-41절]으로 나뉜다.

날 때부터 맹인 된 사람을 고치신 예수님 ● 1-12절

이 단락은 13-41절에서 펼쳐지는 예수님과 바리새인들의 논쟁의 배경이 될 표적 이야기를 담고 있다. 이 단락은 치유사화이면서 동시에 바리새인들과의 논쟁서사의 일부다. 8장까지는 예수님과 날카롭게 충돌한 집단을 '세상' 혹은 '유대인들'이라고 말하는데, 9장에서는 바리새인들을 예수님의 대적자로 특정하고 있다.

개역개정에서는 8:59과 9:1 사이에 아무런 접속사가 없는 것처럼 번역되어 있지만, 헬라어 본문은 1절에서 접속사 카이(그리고)로 시작한다. 그렇다고 해서 9장이 8장의 사건과 엄밀한 의미의 선후관계에 있다는 것을 의미하는 것은 아니다. 본문의 장소는 예루살렘 실로암 못에서 그리 멀지 않은 예루살렘 성전 출입문(아마도 미문, 행 3:1) 앞이다. 다른 걸인도 구걸하던 곳이 성전 미문 근처였던 것으로 보아 본문의 걸인도 성전을 출입하는 자들에게 구걸하기에 적당한 곳에 앉아 있었을 것이다. 예수님은 '길을 가실 때' 날 때부터 눈이 먼 사람을 보셨다.[1절] 예루살렘 성전지역에서 바깥으로 이동하는 중에 보셨다는 말이다. 1절은 단순한 사실보도처럼 보이는 문장이지만 예수께서 어떤 목적지를 두고 걸어가다가 일부러 주목했다는 점을 부각시킨다. 이때 "보았다"는 단어는 의도적으로 몸을 틀어서 보았다는 뜻이다. 그랬기 때문에 제자들은 예수님의 관심이 이 사람에게 쏠리는 것을 직감했다. 이 상황에서 제자들은 '이 사람이 맹인이 된 이유'를 예수님께 질문했다.[2절][1] 이 질문은 대체로 인간의 질병과 고통이 죄에 대한 하나님의 징벌 때문에 생겼다고 보는 바리새파적 편견이 장전된 질문이었다.[2] 제자들은 이 사람이 맹인으로 태어난 것은 죄로 인한 것이라는 사실을 당연히 전제하고 있다. 다만 누구의 죄인지가 쟁점이었다.

예수님은 곧장 대답하신다.[3절] 단호한 대답이었다. 3절의 헬라어 문장은 동사 중심문장인데 개역개정은 명사 중심으로 번역하고 있다. 3절의 직역은 이렇다. '이 사람은 죄를 범하지 않았다. 그의 부모도 죄를 범하지 않았다. 오히려 하나님의 일들[타 에르가 투 데우(τὰ ἔργα τοῦ θεοῦ)]이 그 안에서 밝히 드러나기 위함이다.' '나타내고자'라고 번역된 헬라어 파네로데(φανερωθῇ)는 '알게 하다', '계시하다', 혹은 '밝히 드러내다'를 의미하는 동사 파네로오(φανερόω)의 3인칭 단수 부정과거 수동태접속법이다. '나타내고자'라는 번역은 다소 약한 번역이다. 히나(ἵνα)절은 헬라어 구문처럼 수동태(밝히 드러나기 위함이다)로 번역하는 것이 낫다. '하나님의 일들이 그(맹인) 안에서 밝히 드러나도록 하기 위함이다.' 여기서 '하나님의 일들'과 '밝히 드러내는 것'이 무엇인지가 중요하다. '하나님의 일들'은 4절에 나오는 '나를 보내신 자의 일들'과 관련되어 보인다. 날 때부터 맹인인 사람의 고통은 예수님을 통해 행해질 일들을 드러내는 통로가 된다. 날 때부터 맹인 된 자 안에서 이뤄지는 일들은 여러 가지이다. 뒤따라 나오는 절들의 주석에서 밝혀지겠지만 맹인의 고통을 통해 드러나는 하나님의 일들은 첫째, 예수님의 정체를 드러내는 일이며, 둘째, 이스라엘의 구속과 인류구속 경륜을 드러내는 일이다. 즉 예수님이 세상의 빛이며, 열방의 빛으로 부름받은 이스라엘의 눈을 열어 '열방의 빛' 사명을 완전케 하실 분이라는 것을 드러낸다.[5절]

이와 관련해 밝히 드러나는 또 다른 진실은 다음과 같다. 첫째, 예수 그리스도가 창세기의 창조를 감당하시는 하나님이심을 밝히 드러낸다. 둘째, 날 때부터 맹인이 된 자의 고통은 죄와 상관없으며 하나님의 재창조를 기다리는 유예 상태임을 밝히 드러낸다. 셋째, 예수님은 이사야 6:9-10, 42:16-19, 43:8, 49:6 등에서 묘사된 눈먼 이스라엘의 눈을 뜨게 하려고 온 야웨의 종이며 메시아임을 드러낸다.[사 35:5, 마 11:5] 마지막으로, 예수님은 하나님을 등지고 어둠에 억류된 죄인들을 하나님께로 인도하는 주와 그리스도이심을 밝히 드러낸다. 이사야서의 종의 노래에 나오는 야웨의 종은 열방의 빛이다. 예수님이 바로, 열방의 빛이 되라고 이스라엘을 세워주신 하나님께 응답한 이상적인 이스라엘이다.

4-5절은 다소 어려운 구절이다. 4절의 "때"는 예수님의 "내 때" 어구에서 나오는 그 "때"가 아니다. 4절 첫 소절에는 '당위'를 의미하는 비인칭 동사 데이(δεῖ)와 사실상 진[眞]주어인 "우리"의 대격 헤마스(ἡμᾶς)가 사용되고 있다. 4절 첫 소절은 직역하면, '낮 동안에 나를 보내신 이의 일들을 우리가 완수해야 한다'이다. '아직 낮'이라는 말은 당신 자신이 십자가에 못 박히기 전의 유예된 시간(막 15:33 "온 땅에 어둠이 임하여 제 구시까지 계속하더니")을 가리킨다. 예수님은 자신에게 허락된 제한된 시간 안에 사명을 완수하려고 최선을 다하신

다. 요한복음 3:17, 34; 5:36-37; 6:57; 7:29; 8:18, 27 등 실로 많은 곳에서 예수님이 하나님을 부르는 가장 빈번한 칭호는 "나를 보내신 이"다. "하나님" 대신 "나를 보내신 이"라고 칭하는 이유는, 자신의 모든 사역이 임의대로 하는 것이 아니라 하나님이 행하도록 이끄는 일을 대행하고 있다는 사실을 강조하시기 위함이다. 자신이 길 가실 때 날 때부터 맹인이 된 사람을 만나게 된 것도 '하나님의 일들'을 위한 기획 속에 일어났다고 보신다.

예수님은 자신이 세상에 있을 때는 '빛'이라고 선언하신다.[5절] 9장 맥락에서 '빛'은 '눈이 먼 바리새인들을 계몽시켜서 자신을 보내신 하나님 아버지를 영접하도록 애쓰는 자신'을 가리킨다. 요한복음 전체 맥락에서는 하나님을 등진 세상 전체를 하나님께로 이끄는 인류 구속의 사명 수행을 가리킨다. 요한복음 1:4-5은, '예수님 안에 있는 생명력이 사람들의 빛인데도 어둠이 빛을 영접하지 않는 상황'을 미리 내다본다. 1:9은 이 빛이 세상에 오는 모든 사람에게 각각 비치는 빛이라고 말한다.

요한복음은 빛과 어둠을 날카롭게 대조시키는 복음서다. 요한복음은 창세기를 해석하며 창세기처럼 '태초'부터 시작한다. 창세기에 따르면 빛보다 어둠이 더 시원적인 기원을 가진 존재이다. 물론 이 어둠이 빛이신 하나님보다 더 시원적일 수는 없다. 그럼에도 불구하고 피조물 어둠은 피조물 빛보다 먼저 있었다. 창세기 1장의 창조는 먼저 있던 어둠만으로 구성된 흑암우주를 빛이 주도하는 우주로 변형시키는 과정이다. 미켈란젤로가 기암괴석을 갖고 와서 불필요한 모든 암석들을 제거한 후에 '그 안에 잠자고 있던 다윗'을 불러내듯이, 하나님께서는 흑암에게 명령해 순식간에 어둠을 통제하는 빛을 창조하셨다. 어쩌면 흑암은 빅뱅 이전의 상태라고 볼 수 있을 것이다. 하나님 자신의 역사의 관점에서 볼 때 하나님께서는 어둠에 대면하여, 어둠을 억제하는 방식으로, 즉 어둠을 질료로 삼아 빛을 창조하시고 우리가 누리는 이 멋진 우주를 만드셨다. 하나님께서는 우리 삶의 경험 속에서 어둠 자체를 없애지 않으셨다. 어둠은 창조의 일부이다. 날 때부터 맹인 된 자의 고단한 인생이나 장애를 갖고 태어난 사람 모두 죄로 인한 징벌을 받는 것이 아니라 하나님이 처음 지으신 우주와 세상의 진면목이다. 이 세상에는 장사처럼 달리는 태양 같이 강렬한 양의 기운뿐 아니라 빛을 잃어버린 어둠의 기세도 여전히 존재한다. 그래서 피조물 어둠이 피조물 빛보다 더 시원적으로 존재했다는 것을 아는 것이 창세기와 요한복음을 이해하는 데 도움이 된다. 예수님 안에 이글거리는 생명력이 빛이다. 예수님 안에 이뤄지는 아버지 하나님과의 막힘없는 교제, 아버지 하나님에 대한 예수님의 무조건적인 신뢰가 빛이다. 우리가 예수님을 보기 전까지는 '내가 살고 있는 곳이 어두운 동굴'인줄 모른다. 빛이신 예수님을 보고 나서야 내가 어둠 속에 있었음을 알게 된다. 예수 그리스도께서 타락하지 않은 원형적인 인간이 누릴 하나님과의 교제를 실현하셨기 때문에, 예수님과 하나님 사이에 일어난 교제가 우리가 어둠인지 빛인지를 판단하는 기준이 된다. 날 때부터 맹인 된 자는 인간이 날 때부터 처해 있는 곤경을 상기시키는 인물이다. 날 때부터 맹인 된 사람처럼 우리 인간도 아담 안에서 맹인 된 자로 태어났다. 그것은 우리 각 사람의 죄와 상관없는 운명이었다. 아담 안에서 죄 가운데 태어난 우리는 빛이신 하나님을 온전히 볼 수 없는 근원적 시력 제한을 가지고 태어났다. 이것은 받아들이기 힘들 수도 있다. 그런데 사람이 스무 살 정도 되면 자기 안에 있는 어둠을 인정할 수밖에 없고, 자신이 영적인 맹인이라는 정도의 메타포는 이해할 수 있다. 어둠 속에 있는 맹인은 인간 모두를 상징적으로 대표하는 사람이다. 우리는 우리의 시좌를 왜곡하는 '들보'

를 안고 태어났다. '들보'가 박힌 눈은 타인의 눈에 있는 '티끌'이 엄청 크게 보인다.

날 때부터 눈이 먼 이 사람은 창세기 1:2을 생각나게 한다. "흑암이 깊음 위에 있고 하나님의 영은 수면 위에 운행하시니라." 이 사람의 흑암에 하나님의 바람이 불어오고 있다. 예수님의 말씀이 바로 하나님의 바람이요 하나님의 영이다. "나는 세상의 빛이다"라는 예수님의 선언은 날 때부터 맹인이었던 사람에게 창세기 1:3의 그 빛처럼 강력한 임팩트를 주었을 것이다. 캄캄한 원시 우주와 같은 그 맹인에게 '자신을 세상의 빛'이라고 선언하신 분의 손길이 와 닿았다. 5절과 6절 사이에 맹인이 어떤 반응을 보였는지는 모른다. 그가 예수님의 돌연한 외과적 시술 제스처를 묵묵히 받아들이는 것을 볼 때 분명히 믿고 기대했을 것이다.

6절은 촉감을 통로로 맹인이 된 사람과 소통하는 예수님의 모습이다. 예수께서 진흙을 침으로 이겨 그의 눈에 발라주신다. 일종의 외과시술이다. 여기서 우리는 주님의 침과 진흙의 의학적 효과 등에 대해 과도한 상상을 할 필요가 없다. 다만 이 장면에서 '진흙'은 창세기 2:7 "땅의 흙으로 사람을 지으시"는 장면을 연상시킨다는 것을 의식하면 된다. 예수께서는 창세기 1:2의 어둠을 질료로 삼아 창세기 2:7의 사람 창조 장면을 실연한다. 요한복음 저자는 맹인을 고치는 이 장면을 창세기 1-2장의 맥락 안에서 이해하도록 유도한다. 맹인은 아무 반응이 없다. 예수님의 손끝을 감촉으로 느낄 뿐이다. 아직까지 예수님이나 제자들 중 누구도 자신에게 단 한 마디 말도 건네지 않았다. 그는 제자들과 예수님의 대화를 듣기만 했고 예수님의 대답에 놀랐을 뿐이다. 가장 신선한 충격은 자신의 눈 먼 장애가 자신의 죄나 부모의 죄와 상관이 없을 뿐만 아니라 하나님의 일들이 자신 안에 나타나게 되는 통로가 된다는 말이었다. 그리고 4절에서 예수님이 자신을 보내신 이의 일들을 하시겠다는 말을 듣고 기대감을 갖게 되었는데, 5절이 결정적이다. '나는 세상의 빛이다.' 32절에서 말해지듯이 이 맹인은 자신의 눈 먼 장애를 고치기 위해 창세 이후로 맹인의 눈을 뜨게 해 준 기적을 찾아봤으나 단 한 번도 없었다는 사실을 이미 확인하고 있었다.

예루살렘 성전을 출입하던 그 많은 사람들 중 누가 자신을 응시하면서 그의 불행을 하나님의 일과 연결시켜 주었던가? 멀리서 볼 때 맹인 거지는 사람이 아니라 무생물적 정물로 보였을 것이다. 무생물적 정물 상태에 있기에 감정도 없고 인격도 없다고 생각할지도 모른다. 그러나 예수님은 언뜻 보기에 무생물적 정물로 보이는 이 맹인의 마음을 직관했다. 그 맹인 거지는 꺼져가는 심지였고 상한 갈대였다. 인격성을 박탈당한 채 구걸하는 신세로 굴러 떨어졌지만 그는 눈 뜨고 살고 싶었다. 그에게도 자기 삶에 대한 치열한 고민이 있었다. 예수님은 그것을 읽었고 알아차리셨다. 사랑의 눈길로 보니 그는 무생물적 정물이 아니라 상처 입은 사람이었고, 하나님을 갈구하는 영혼이었다. 사랑이 가득 찬 눈길로 보면 무생물 사물처럼 내 앞에서 왔다 갔다 하는 사람 속에 무슨 문제가 꿈틀거리는지 통찰할 수 있는 안목이 생긴다. 사랑 때문에 하나님과 그 불행한 사람의 인생을 연결시키는 신학적 상상력이 예수님께 생겼다. 사랑이 없으면 영혼이 보이지 않는다. 32절에 보면 예수님이 창세기의 창조 장면을 실연하시는 이유를 짐작할 수 있다. 맹인으로 살았지만 그가 예루살렘 성전산에 터 잡은 걸인이었기 때문에 하나님과 성경을 잘 알고 있었을 것이다. 창세기 1-2장을 들어서 알고 있었을 것이다. 창세기 1-2장을 아는 이 맹인에게 예수님은 창세기를 방불케 하는 치유를 행하신다. '그대는 창세 이후로 아무도 눈을 뜨게 하지 못했다고 알고 있을 것이다. 그렇다. 네 말이 맞다. 내가 두 번째 창세기를 쓰고 있다. 나는 새로운 창조를 하고 있다.' 이런 메시지를 전하면서 예수님은 눈에다가 침으로 이긴 진흙을 발라주셨다. 이때 맹인은 '이 분이 나를 창세기 그 순간으로 데려가는구나, 나에게 두 번째 창조를 하시는가 보다'라는 상상을 했을 것이다. 창세 이후로 맹인 된 사람이 눈을 뜨지 못했다는 것을 알고 있는 이 사람에게 예수님의 무언극적 치료 시도는 얼마나 거룩한 서스펜스를 불러 일으켰겠는가?

7절은 사실상 맹인 남자에게 예수님이 처음으로 건네시는 말이다. "실로암 못에 가서 씻으라." '보냄을 받은 자'라는 뜻을 가진 실로암은 못으로 유명하다. '보냄을 받은 자'라는 뜻을 요한복음 저자가 굳이 여기에 덧붙인 이유는 '보냄을 받은 자' 예수님과 실로암 못을 연결시켜 보라는 암시를 주는 듯하다. 예수님은 날 때부터 눈 먼 사람의 눈을 씻어 다시 보게 하는 실로암 못 같다는 것이다.[마 11:5] 이 실로암 못은 예루살렘 성 밖의 기혼샘물을 성안으로 끌어들이기 위해 만든 못으로 주전 705년 어간에 유다 왕 히스기야가 확장했다. 맹인이었던 남자가 있는 곳에서 실로암 못까지는 1킬로미터가 넘었을 것이다. 안식일에 가기에 적합한 거리보다 먼 거리에 있는 연못이었다. 그런데 예수님은 실로암 못에 가서 씻으라고 명한다. '씻으면 병이 나을 것이다.' 혹은 '이제 너는 눈을 뜰 수 있다. 믿음으로 가서 씻으라.' 이런 자세한 지침도 없이 '실로암 못에 가서 씻으라'고만 하신다. 실로암 연못까지 걸어갔을 때 맹인은 예수님이 자신의 믿음과 순종을 기대하셨다는 것을 알았다. 하지만 맹인은 아직도 아무런 말이 없다. 그가 예수님의 지시를 따른 결과만 묘사된다. "이에 가서 밝은 눈으로 왔더라." 7절은 끝내 맹인의 반응이 무엇이었는지 침묵한다.

8절은 맹인을 알던 사람들과 이웃 사람들이 맹인의 치유를 보고 놀라는 반응을 보도한다. 그들은 밝은 눈으로 씻고 온 이 사람이 전에 앉아서 구걸하던 그 걸인이었음을 보고 놀란다. 9절은 놀라는 이웃 사람들과 주변 사람들이 밝은 눈으로 온 사람이 전에 자신들이 알고 있던 그 맹인 거지였는지 아닌지에 대한 갑론을박을 벌였다고 말한다. 이때 처음으로 맹인이었던 사람의 입에서 말이 터져나온다. 에고 에이미(ἐγώ εἰμι). '다른 이가 아니라 바로 내가 당신들이 알고 있던 그 맹인 거지 맞소.' 혹은 '맞소. 내가 바로 그 사람이오!' 이런 뜻이다.

10절은 맹인이었던 사람이 눈을 뜨게 된 사태에 관심을 가진 사람들이 그저 단순한 이웃사람이 아님을 암시한다. 호기심 수준을 넘는 궁금증을 피력한다. "네 눈이 어떻게 떠졌느냐?"11절은 맹인의 진정한 육성이다. 6-7절을 되풀이한다. 한 가지 인상적인 사실은 예수님을 '예수'라고 불리는 '그 사람'이라고 부른다. "'예수'라는 사람이 내게 진흙을 이겨 바르고 '실로암 못에 가서 씻으라'고 말해 가서 씻었더니 지금처럼 보게 되었소." 아주 간결한 사실 보고다. 눈을 떠 세상을 보게 된 자의 감격과 흥분은 조금도 없이 무미건조하고 냉정하게 보고한다. 자신의 치유 경위를 묻는 사람들은 이제 그에게 '예수'의 행방을 묻는다.[12절] 치유받은 그 사람은 아주 간결하게 '모르오'라고 대답한다. 맹인이었던 그 남자의 억제된 기쁨과 이웃 사람들의 무감동하고 무동정적인 '사실 캐묻기'는 날 때부터 맹인된 자의 눈을 다시 뜨게 해주신 하나님에 대한 감사와 찬양, 그리고 예수님에 대한 감사 표현 등 마땅히 예상되는 즉흥적인 흥분을 다 삼켜버리고 있다. 왜 이렇게 냉정하고 무감각할까? 왜 이웃사람들이라고 불리는 이 사람들이 그 불행했던 남자의 기쁨과 흥분에 덩달아 춤추지 못하고 파충류처럼 차갑게 반응하는 것일까?

13-14, 22절에 가서야 어느 정도 궁금증이 풀린다. 그의 이웃들은 그 사람을 데리고 바리새인들에게로 간다. 이것은 중립적인 움직임이 아니다. 불길한 조짐이다. 그들은 날 때부터 맹인이었던 사람이 '안식일에 먼 거리를 걸었다'는 것과 '그를 고친 사람이 예수'인 것을 알았기 때문에 그를 바리새인들에게 데리고 갔다.[13절] 유대인들(바리새인들)은 예수를 그리스도라고 시인하는 자들을 유대교 제의에서 아예 출교하기로 결정을 해두었기 때문이다.[22절] 예수는 접촉해서는 안 될 최고 수준의 위험인물로 지명수배 중이었다. 바리새인들은 이스라엘 사람들이 율법을 어기는 것을 감찰하고 조사하는 종교자경단이었다. 이웃 사람들은 이 고침받은 맹인이 안식일 위반 혐의가 있다고 생각해서였는지 혹은 예수 신봉자라고 간주했기 때문인지 바리새인들에게 데리고 갔다.

이 단락은 맹인 걸인이었다가 예수님 때문에 눈을 다시 뜨게 된 사람을 취조하고 위협해 예수님의 영향력을 차단하려는 바리새인들의 헛된 시도를 보도한다. 14절은 이 맹인의 치유사건에 바리새인들이 끼어드는 이유를 시사한다. 예수께서 진흙을 이겨 눈을 뜨게 한 날은 안식일이다. 유대인들의 안식일 준수세칙 서른아홉 가지 중 하나가 '안식일에 쟁기질 하지 말라'였다. 이것을 확장하면 '흙을 만져서는 안 된다'는 세칙으로 바뀔 수 있다.

본문에는 두 개의 삼단논법이 팽팽하게 긴장을 이루고 있다. 첫째 삼단논법은 바리새인의 삼단논법이다. 대전제는 '모든 경건한 하나님의 백성은 안식일을 지킨다'이다. 중간 전제는 '예수는 안식일을 지키지 않는다'이다. 결론은 '따라서 안식일을 범하는 예수는 하나님의 경건한 자녀가 아니라 죄인이다'이다. 반면에 치유된 걸인 맹인의 삼단논법은 이것이다. 대전제는 '하나님은 경건한 사람의 기도에만 응답하신다'이다. 혹은 '경건한 하나님의 사람만이 표적을 행할 수 있다'이다. 중간전제는 '하나님은 예수님의 말을 듣고 표적을 행하게 하셨다'이다. 결론은 '따라서 예수님은 하나님으로부터 온 사람이다'이다.

이 단락에서는 맹인의 삼단논법이 바리새인의 삼단논법을 압도하는 상황이 전개된다. 처음에는 주목받지 못한 위치에 소실점처럼 있다가 점점 화면의 중심으로 이동하는 주인공을 줌-업zoom-up하는 영화촬영기법을 구사하듯이, 이 단락은 처음에는 별로 중요한 위치에 있지 않던 조연을 점점 화면의 중심으로 이동시켜 주인공으로 부각시킨다. 날 때부터 맹인 된 사람은 바로 이런 역할 확장을 맡는 중심인물로 부상한다. 1절에서 그는 존재감이 없던 무생물적 정물처럼 보였다. 그런데 이 단락에서는 맹인 걸인의 목소리, 사연, 학식, 용기 등이 부각되고 요한복음 9장이 끝날 때까지 그가 이야기를 끌어가는 중심역할을 맡는다. 그는 부모가 있었지만 맹인이었기 때문에 장성할 때까지 거지로 살았다. 인간 존엄성의 상당 부분을 훼손당하면서 구걸해 살던 사람이었지만, 그의 내면은 하나님 지향적이었고 신학적 사고에 능숙했다. 그래서 고침받은 이 맹인은 유대인 종교 최고기구인 산헤드린에서 바리새파 대표자들과 논쟁을 벌인다. 바리새인의 삼단논법에 맞서서 그가 알고 있는 모든 신앙상식과 성경지식을 총동원하여 예수님이 최소한 선지자 또는 그 이상이라고 주장한다. 처음 무대에 등장했을 때는 매우 하찮은 역할을 할 것처럼 보였고 무생물 취급을 당했던 이 치유된 맹인이, 이처럼 완벽한 논리를 구사하고 바리새인들에게 조금도 밀리지 않는 신학적 논쟁을 끌고가는 모습은 충격적일 정도로 신선하다. 우리가 보기에 죽은 정물처럼 보이는 사람들의 영혼 속에도 파란만장한 논쟁이 있고 주장이 있고 목소리가 있는 것이다. 하루 종일 일하는 외국인 노동자, 사람들에게 멸시받으며 살아가는 모든 불행한 사람들의 마음에도 엄청난 논리가 있고 자기존엄을 유지하려는 끊임없는 분투가 있으며, 자기운명을 개선하려는 열망이 있다.

15절에서 바리새인들이 한때 맹인이었던 이 사람에게 던진 첫 질문은 이웃 사람들이 던진 질문[10절]의 반복이었다. '어떻게 보게 되었느냐?' 바리새인들도 치유받은 이 사람의 기쁨에 공감하는 마음이 눈꼬리만큼도 없는 파충류적인 냉기를 뿜어낸다. 그 고침받은 사람은 7절의 예수님 말씀을 11절에서처럼 간단히 되풀이함으로써 대답한다. 16절은 이 대답을 들은 바리새인들이 예수님에게 적대적인 사람들과 우호적인 사람들로 갈라져 논쟁을 벌였다고 보도한다. 전자는 예수는 안식일을 지키지 아니한 것으로 보아[14절] 하나님께로부터 온 자가 아니라고 생각했고, 후자는 이런 표적을 행하는 예수는 죄인일 수 없다고 주장했다. 17절은 바리새인들의 질문이 좀 더 핵심으로 접근하는 것을 보여준다. 그들은 그 사람(예수)이 맹인의 눈을 뜨게 한 사실은 인정하는 것처럼 말한 후에 맹인이었던 사람에게 묻는다. '다른 이가 아니라 너 자신은[쒸(σύ)] 그를 어떻게 생각하느냐?' 2인칭 단수 대명사 쒸가 사용되어 맹인이었던 이 사람의 의견이 무엇인지가 중요해진다. 맹인의 대답은 간결하고 단호하다. '선지자입니다.' 예수님을 정죄할 고소거리를 모으던 바리새인들은 좌절감을 느낀 나머지 이제 그의 부모들을 조사하기 시작한다. '이 자가 당신들의 아들이 맞는가? 그가 어떻게 눈을 뜨게 되었느냐?'[19절] 부모의 대답도 간결하고 단호하다.[20절] '이 사람이 우리 아들인 것 맞소. 그가 맹인이었던 것도 사실이오.' 그런데 부모들은 예수를 그리스도로 시인하는 자는 출교하기로 한 유대인들의 결정을 두려워하여[22절] 최대한 예수 옹호발언을 하지 않으려고 아들에게 책임을 전가

한다.[21절] 여기서 1인칭 복수 대명사 헤메이스(ἡμεῖς)와 3인칭 단수 대명사 아우토스(αὐτὸς)가 각각 사용됨으로, 부모들이 아들의 치유사건과 의도적으로 거리두기를 하고 있음이 부각된다. 그들은 '내 아들' 혹은 '우리 아들'에게 '물어보라'고 말하는 대신, '그에게 물어보라'고 대답한다. 고침받은 맹인을 제3자 대하듯이 말한다. '다른 사람은 몰라도 우리는(헤메이스) 그가 어떻게 보게 되었는지, 누가 고쳐주었는지 모릅니다. 다른 이가 아니라 그 자신이(아우토스) 장성한 사람이니 그에게 물어보시오.' 틀린 말은 아니지만 다시 보는 기적을 맛본 맹인 아들의 부모치고는 너무나 냉정하다. 바리새인 중심의 유대인들이 종교경찰 역할을 하면서 예수님과 관련된 사람들을 정죄하고 축출하는 분위기에 주눅이 들었기 때문이다. 22절의 "그리스도를 시인하는 자"에서 '시인하다'는 헬라어 호모로게오(ὁμολογέω)이다. 로마서 10:9의 "네가 만일 네 입으로 예수를 주로 시인하며"에 나오는 동사('시인하는')이다. 예수가 하나님이 보내신 부왕副王 그리스도라고 시인하는 자는 기독교에 가담한 자를 의미한다. 그런 자는 누구든지 출교된다. '출교되다'는 동사는 아포쉬나고고스 게네타이(ἀποσυνάγωγος γένηται)를 번역한 말이다.[3] 아포-쉬나고고스는 '쉬나고그에서 배제된다'는 말이다. 쉬나고그, 즉 '회당'에 참여하지 못한다는 말이다. 쉬나고그synagogue는 유대인들이 모이는 종교집회, 학습 및 의전 공동체를 가리킨다. 유대인 삶의 중핵이다. 쉬나고그에서 쫓겨나면 유대인 사회로부터 쫓겨나는 것이며, 생계를 꾸리는 데 중요한 모든 사회적 관계망으로부터 단절된다. 종교법의 보호를 전혀 받지 못하며 이웃간의 상부상조의 미덕도 기대할 수 없다. 22-23절은 부모가 왜 이렇게 비겁해 보이는지를 해명하는 듯한 해설이다. 유대인들을 두려워한 나머지 아들에게 증언 책임을 다 넘겼다는 것이다. 그들은 예수님을 알았고 아들이 어떻게 눈을 뜨게 되었는지 알고 있었지만 증언하지 못했다는 것이다.

이에 유대인들이 맹인이었던 사람을 두 번째로 불러 심문한다.[24절] 이번에는 하나님의 영광 사수 요구를 앞세운 채 자신들이 내린 결론에 동의하라고 위협하는 분위기이다. '너는 하나님께 영광을 돌려라. 너를 고친 것은 하나님이다. 예수는 아무 상관이 없다. 너는 하나님이 네 눈을 뜨게 했다고 증언하라.' 이런 의미다. 그들은 덧붙인다. '다른 사람은 몰라도 우리는(헤메이스) (너를 고쳤다고 주장하는) 이 사람이 죄인[하마르톨로스(ἁμαρτωλός)]이라고 알고 있다.' 맹인의 부모들도 바리새인들도 끝내 예수님의 이름을 말하지 않는다. 예수님의 이름 자체를 삭제하고 누락하며 그의 존재를 지우려고 한다. 고침받은 이 사람의 대답은 간결하고 단호하다.[25절] 25절의 마지막 소절 헬라어 구문을 음역하고 직역하면 이렇다. 헨 오이다 호티 튀플로스 오온[4] 아르티 블레포(ἓν οἶδα ὅτι τυφλὸς ὢν ἄρτι βλέπω). 나를 고친 그가 죄인인 줄을 알지 못한다. '다만 한 가지를 알고 있다. 즉 오랫동안 맹인이었던(튀플로스 오온) 내가 지금 본다는 것이다.' 고침받은 맹인은 한 가지 아는 사실로 바리새인의 위협에 맞서고 있다.

26절은 사실상 위증을 강요하는 기세로 바리새인들이 고침받은 맹인에게 다시 묻는 정황을 보도한다. '그가 네게 무엇을 했으며 어떻게 네 눈을 뜨게 했느냐?' 초점은 그, 즉 예수님이 행한 일, 고치는 방법을 물은 것이다. 27절은 수세적인 대화 분위기를 일순간에 반전시키는 고침받은 맹인의 반격이다. 바리새인들이 자신의 앞선 증언을 '듣지 않았음'을 강조한다. 이 '듣지 않는 태도'는 예수님에게서도 동일하게 여러 차례 지적받은 완악함이다. 바리새인들은 '듣지 않으려는 자들'이다. 고침받은 맹인은 이미 한 대답을 '듣지 않고' 같은 대답을 반복하게 하는 저의가 무엇이냐고 물으며 바리새인들을 자극한다. '당신들도 그의 제자가 되렵니까?' 자신은 이미 제자가 되었다는 암시가 들어 있다. 여기서 '당신들'은 휘메이스로 표현된다. '당신들도' 이제 제자가 될 참이냐고 물은 것이다. 27절의 마지막 소절을 음역하고 직역해 보면 고침받은 맹인의 발언 안에 바리새인들을 비꼬고 자극하는 유머가 작동하고 있음을 엿볼 수 있다. 이 소절은 부정의문문이다. 메 카이 휘메이스 델레테 아우투 마데타이 게네스다이(μὴ καὶ ὑμεῖς θέλετε αὐτοῦ μαθηταὶ γενέσθαι). 직역하면, '심지어(카이) 당신들도(휘메이스) 그의 제자가 될 의향이 있는 것 아닙니까'이다. '당신들도 이렇게 진지하게 그에 대해서 배우려고 하는 것 보니까 제자가 되려고 작심한 듯합니다. 그렇지 않습니까?' 조롱과 익살까지 곁들인 반문이다. 고침받은 맹인은 점점 존재감이 커지고 있다.

28절은 바리새인들의 천박성과 요새화된 신앙 노선을 말해준다. 그들은 이 당당한 증인을 저주하며[엘로이도레싼(ἐλοιδόρησαν)], 자신들과 이 증인의 입장 차이를 인칭대명사를 독립적으로 사용해 가면서 선명하게 부각시킨다. '너 자신은(쒸) 그의 제자이나, 우리는(헤메이스) 모세의 제자다.' 요한복음 5:46의 말씀을 들었더라면 이들의 모세주의가 얼마나 근거 없는지를 알았을 것이다. 모세는 이상화된 이스라엘을 향하여 하나님의 계명, 법도, 율례 그리고 언약을 선포했고 가르쳤다. 예수님은 자신이 모세와 선지자들의 강령을 백퍼센트 성취하러 왔음을 분명히 말씀했다(마 5:17). 모세가 생각했던 이상화된 이스라엘 백성이 바로 자신이라는 것이다. 모세의 이름 뒤에 숨는 바리새인들은 참된 모세의 제자가 아니다. 29절에서 다시 한 번 바리새인들은 1인칭 복수 대명사 헤메이스를 사용해가면서 모세의 권위를 높이고 예수님을 폄하한다. 그들은 단 한 번도 예수님의 이름을 언급하지 않는다. '다른 이가 아니라 우리는(헤메이스) 하나님이 모세에게 말씀했다는 것을 알지만 이 사람은 어디서 왔는지 알

수 없다.' 바리새인들은 신명기 34:10-12을 생각하면서 모세를 높인다. 그러나 그들은 모세가 자신의 뒤에 올 한 예언자의 도래를 예언했다는 사실을 모르며, 더 나아가 모세가 이스라엘이 하나님과 맺은 언약을 잘 지켜 열방을 위한 제사장 나라가 되며 열방을 하나님께 향도하는 거룩한 백성이 되라는 사명[출 19:5-6]을 가르쳤다는 것을 망각하고 있다. 예수님은 출애굽기 19:5-6에 언표된 이스라엘의 사명을 성취하러 오셨다. 모세가 꿈꾸던 이스라엘의 사명을 완수하러 오셨다. 사도 바울도 이스라엘에게 두신 하나님의 소망[사 42:1-6]을 인하여 쇠사슬에 매여 로마에까지 갔다.[행 28:20]

그런데 역설적이게도 모세가 바리새인들의 발목을 잡고 있다. 모세의 종교가 무엇이길래 예수님을 배척할 만큼 그토록 대담한 확신을 바리새인들에게 심어주었을까? 이 논쟁이 왜 중요한가? 모세를 시성[諡聖]하고 절대화하면서 예수님을 악마화하려는 바리새인의 적의는 10장까지 이어진다. 예수님이 귀신 들렸다는 주장은 요한복음 8:48에서 처음 언급된다. 10:21에서 어떤 유대인들은 9장 사건을 인증하면서 '예수님이 귀신 들린 사람일 수 없다'고 말한다. "귀신이 맹인의 눈을 뜨게 할 수 있느냐 하더라." 요한복음 8:48부터 10:21까지 지속적으로 예수님이 귀신 들렸다는 오해를 받고 있다. 이 악의적 판단의 근거가 바로 모세의 율법 신명기 13장의 거짓 선지자 처단법이다. 모세 종교의 특징은 하늘로부터 오는 표적을 갖고 사람들을 설복시키는 데 있다. 모세의 표적은 출애굽기 7-12장에 나오는 열 가지 재앙이다. 그 열 가지 재앙은 모세가 일으키거나 매개한 재앙들이며, 이집트 파라오 체제를 멸망시킨 재앙들이다. 일거에 폭풍 같은 재앙으로 파라오 체제를 부수고 민족 전체를 구출한 그런 수준의 표적을 모세의 표적이라고 부른다. 예수님이 이런 수준의 표적으로 로마제국 같은 권력자로부터 이스라엘 민족을 구출하면 모세급 표적의 인물이 된다. 유대인들이 보기에는 이스라엘을 지배하는 이민족의 권력 체계를 무력화시키는 표적만 참표적이고, 이런 표적을 행해야만 하나님이 보내신 자가 되는 셈이다. 그래서 그들은 "하나님이 모세에게는 말씀하신 줄을 우리가 알거니와"라고 말한다. 신명기 34:10-12은 후대의 이스라엘이 모세를 절대적으로 시성한 이유가 하나님이 그에게는 대면하여 말하고 모세는 민족 전체를 해방한 표적과 기사를 행하였기 때문이라고 확언한다. 과연 모세는 이스라엘 민족이 두려워할 만큼 무시무시한 가운데 율법을 받았다. 신명기 5:24-27은 모세의 중재자 역할이 이스라엘 민족 전체의 요청에 의해서 부여되었다고 말한다. 시내산에서 폭풍과 무시무시한 구름이 임하자 이스라엘 백성은 하나님께 나가는 것을 두려워하며 모세의 중재를 간청한다. "말하되 우리 하나님 여호와께서 그의 영광과 위엄을 우리에게 보이시매 불 가운데에서 나오는 음성을 우리가 들었고 하나님이 사람과 말씀하시되 그 사람이 생존하는 것을 오늘 우리가 보았나이다. 이제 우리가 죽을 까닭이 무엇이니이까. 이 큰 불이 우리를 삼킬 것이요 만일 우리가 우리 하나님 여호와의 음성을 다시 들으면 죽을 것이라. 육신을 가진 자로서 우리처럼 살아 계시는 하나님의 음성이 불 가운데에서 발함을 듣고 생존한 자가 누구니이까. 당신은 가까이 나아가서 우리 하나님 여호와께서 하시는 말씀을 다 듣고 우리 하나님 여호와께서 당신에게 이르시는 것을 다 우리에게 전하소서. 우리가 듣고 행하겠나이다." 모세는 이렇게 공공연하고 장엄한 분위기에서 하나님께 받은 율법을 공적으로 중개하고 해석해주도록 백성들로부터 위탁을 받았다.

그런데 예수님께는 그런 거족적 중재 요청을 위임받는 통과의례가 없었다. 다만 예수님은 모든 구약예언의 완성자였던 세례 요한으로부터 인정받고 이스라엘 무대에 등단하셨다. 모세의 후계자인 세례 요한의 승인을 받고 이스라엘 무대에 등장했기 때문에 모세종교의 승인을 받은 것과 마찬가지였다. 그런데 모세종교 만큼의 웅장한 스케일은 없었다. 예수님은 민족구원을 위해 민족 대[對] 민족의 싸움을 주도하지 않으시고 개인의 양심에 호소하셨다. 예수님은 이민족 왕조를 초토화시키는 표적을 행하지 않으시고 모든 아픈 자들을 살리는 표적을 행하셨다. 국적과 인종을 불문하고 고치고 회복시키셨다. 예수께서는 적국 아람의 장군 나아만을 고쳐준 엘리사 같았고, 이방여인의 아들을 살려준 엘리야 같았다. 엘리야와 엘리사의 표적을 이어받은 예수님의 표적은 민중의 삶을 치유하고 소생시키는 표적이었다. 적대세력을 와해시키고 파괴시키는 표적이 아니라 이방인들마저 살려내는 표적이었다. 민족 단위로 구원을 베푸는 모세의 표적과 달리 예수님의 표적은 개인 단위로 구원했다. 12년 동안 혈루병을 겪은 여인, 가버나움의 왕의 신하의 아들, 귀신 들린 소년, 38년 된 전신마비 병자, 날 때부터 맹인 된 자들을 구원하셨다. 모세의 표적은 강한 민족주의적 열망을 충족시키는 표적이었으나 예수님은 민족 전체의 신임을 받게한 표적을 행하신 적이 없다. 예수님이 만일 모세와 같은 인정을 얻으려면 빌라도의 법정이나 헤롯의 궁궐 앞에서 이런 표적을 행하셨어야 한다. 그런데 예수님은 민족 대 민족의 대결 맥락에서 표적을 행하지 않고 개인의 양심에 호소하는 표적을 행하셨다. 민족적 경계를 뛰어넘는 개인에게 호소하는 표적을 행했하셨기 때문에 모세 같은 표적종교를 창설하실 수 없었다. 예수님은 이스라엘 민족과 이방인의 경계를 허물어뜨리려고 오셨기 때문에, 이방인을 누르고 심판하여 이스라엘 민족의 열등감을 순식간에 날려버리고 이스라엘 민족의 한 맺힌 역사를 신원해줄 수 있는 표적을 행하실 수가 없었다.

이와 같은 구원사의 점진적 진행 과정을 모르는 바리새인들은 모세종교 장막에 숨어 예수님을 대적한다. 여기서 우리는 차선이 최선의 적이라는 원리를 깨닫는다. 차선이 최선의 도래를 필사적으로 대적한다는 뜻이다. 모세종교를 단순화하면 '죄 지으면 벌 받고, 순종하면 상을 받는다'는 원리이다. 아울러 모세의 종교는 하나님이 우리 편 아닌 다른 편은 혼내주는 종교이다. 인간의 정신과 도덕의 유아기 때는 모세종교의 민족적 단위의 구원론이 호소력이 더 있다. 초등학교 3학년짜리 어린아이가 친구에게 얻어 맞고 왔다. 이 어린아이에게는 대속사상이 없다. 그런데 목사인 아버지가 그 아이에게 이렇게 충고했다면 어떻게 들렸을까? '네가 매를 맞은 것은 평화를 위함이다. 너는 너를 때린 일진 아이의 죄뿐만 아니라 네 반의 모든 악동의 죄를 지고 가야 한다. 너는 목사 아들이기 때문이다.' 도저히 납득할 수 없었을 것이다. 차라리 두들겨 맞고 온 아들에게 하나님이 살아 계심을 납득시키려면 아버지가 때린 아이 집에 찾아 가서 꿀밤을 한 대 주든지, 그 아버지에게 일러 그 때린 아이를 대신 혼내게 하든지 해야 한다. 이렇게 하지 않고 목사인 아버지가 아직 어린이에 불과한 아들에게 이사야 53장의 고난받는 종의 대속적 고난신앙을 심어주려고 해서는 안 된다. 유아기 단계의 표적종교의 논리는 적을 심판해서 자기 백성에 대한 사랑을 확신시키는 것이다. 이런 유아기 상태의 종교 논리를 가진 바리새인들이 예수님을 이해하는 것은 불가능했을 것이다. 모세의 표적을 요구하는 유대인들은 이스라엘의 대적에게 보복을 하시고 대적들 보는 데서 이스라엘을 신원해줄 메시아를 앙망하고 있었다. 초등학생 남자아이 수준의 보복적 정의에 집착하고 있었다.

당시의 유대인들이 모세의 표적을 사무치게 바랐던 것은 로마제국의 권력을 초토화시켜 이스라엘 민족을 모세 방식으로 속량해주기를 바랐기 때문이다. 모세종교의 장엄한 규모와 고양된 민족주의 감정으로 나사렛 예수를 바라보니 예수는 지나치게 보편적이고 착하며 너무 먼 사랑을 실천하고 있었다. 예수님은 이방인과 유대인, 남자와 여자, 어린아이와 어른들의 차이, 즉 유대종교가 설정했던 모든 인위적 경계들을 허물어뜨리고 대화합과 평화의 식탁을 만드셨다.

예수님은 화려한 외양을 전혀 갖추지 못했기에 더욱 멸시받기 쉬웠다. 영광의 왕이신 예수께서는 갈릴리 지방민의 소박함으로 자기를 낮추고 감췄다. 가나 혼인잔치에 왔다가 물로 포도주를 만들어 놓고 홀로 잠적하신 분, 숱한 병자를 고치고 홀로 산으로 잠적하신 분이다. 놀라울 정도로 소박한 자기겸양, 자기은닉이 예수님의 본질이다. 그래서 바리새인들은 '예수님의 출신 성분'을 폄하하고 멸시한다.

신명기 34:10은 "모세는 여호와께서 대면하여 아시던 자요"라고 했지만, 요한복음 1:18은, "본래 하나님을 본 사람이 없"다고 선언한다. 하나님 품속에 있던 독생자 예수님에 비하면 모세는 하나님을 본 것이 아니다. 하나님 품속에 있던 독생자가 하나님에 대해서 전달하는 진실과 하나님의 집 사환으로 하나님과 대면하여 대화했던 모세가 들려주는 진실 사이에는 너무나 큰 격차가 난다.

30-33절은 이 고침받은 맹인의 영적 총명을 집약적으로 드러낸다. 답변 태도, 논리 구성과 결론 도달 등에서 볼 때 그는 단순한 맹인이 아니라 신학적 식견이 상당한 지식인이었다. 25절부터 독자들은 고침받은 이가 보통 맹인이 아니라는 사실을 눈치 챘을 것이다. 바리새인들과 주고받는 대화 속에서 자신이 창세기부터 전개되는 하나님의 구원역사를 다 알고 있는 것처럼 말한다. 30절은 둘째 소절부터 직역하면 이렇다. '그가 내 눈들을 뜨게 해주었는데 그가 어디에서 오는 것을 당신들이[휘메이스(ὑμεῖς)] 모르다니, 이 일[엔 투토

(ἐν τούτῳ)]에 이상한 점[토 다우마스톤(τὸ θαυμαστόν)]이 있다'이다. '이것 안에'라고 번역되는 엔 투토에서 투토(이것)는 '바리새인들이 맹인의 눈을 뜨게 해준 사람이 하나님께로부터 왔는지 오지 않았는지도 모르는 상황'을 가리킨다. 31절은 바리새인들이 자신을 고쳐준 사람의 능력이 어디서 왔는지 모르는 상황을 그 고침받은 맹인이 왜 이상하다고 판단하게 되었는지를 말한다. 우리는 '하나님은 죄인을 듣지 않으시고 경건하여 그의 의지를 행하는 이런 사람을 들으신다'는 것을 안다. 고침받은 맹인은 처음으로 1인칭 복수동사 오이다멘(οἴδαμεν)을 사용한다. 하나님이 경건한 자를 들어주시는 것은 '우리'라고 불리는 이스라엘 백성 전체가 다 알고 있는 상식이었기 때문이다. 32절은 이 고침받은 맹인의 기막힌 논평을 말한다. 32절을 직역하면 더욱 그 논지가 분명히 드러난다. '세대 이후[에크 투 아이오노스(ἐκ τοῦ αἰῶνος)]에 어떤 사람이 오랫동안 맹인이었던 사람[튀플루 게겐네메누(τυφλοῦ γεγεννημένου), 겐나오(γεννάω, 태어나다) 동사의 남성단수 수동완료분사)]의 눈들을 회복시켜 주었다는 사실은 들려진 적이 단 한 번도 없었다.' 에쿠스테(ἠκούσθη)는 아쿠오(ἀκούω) 동사의 부정과거 3인칭 단수 수동형이다. 단 한 차례도 어떤 사람이 오랫동안 눈이 멀었던 사람의 눈들을 회복시켜 주었다는 말이 들린 적이 없었다. '세대 이후'는 로마서 12:2이 말하는 '이 세대'[아이오니 투토(αἰῶνι τούτῳ)]를 가리키는 말이다. 묵시문학의 용어인데 묵시문학은 제1창세기 시대와 제2창세기 시대를 구분하여 전자를 '이 세대'라고 부르고[마 24:34, 고전 7:29] 후자를 '다음 세대'라고 부른다. 다음 세대는 하나님이 만물을 새롭게 하시는, 즉 새 하늘과 새 땅을 창조하시는 때를 의미한다.[계 21:1-5] 32절의 에크 투 아이오노스(ἐκ τοῦ αἰῶνος)는 '첫 창조 이래로'라는 의미가 된다. 개역개정의 '창세 이래'라는 번역도 적합하다. 그렇다면 이 맹인은 창세기부터 말라기까지 구약성경 전체

에서 '어떤 예언자나 랍비가 날 때부터 맹인 된 자의 눈을 뜨게 해준 것이 있었는가'를 자세히 살펴봤다는 것을 시사한다. 그는 자신의 시력 회복 가능성을 찾고 찾았던 것이다. "하나님이 죄인의 말을 듣지 아니하시고 경건하여 그의 뜻대로 행하는 자의 말은 들으시는 줄을 우리가 아나이다"와 32절을 바탕으로 생각해보면 맹인은 상당한 신학적 식견을 갖고 있음을 알게 된다. 창세 이후로 맹인으로 난 자의 눈이 떠진 사건이 한 번이라도 있는가? 이 일생의 관심사를 갖고 하나님 말씀을 듣고 찾았다는 것이다. 창세 이후로 눈을 뜨게 한 사람이 있었는지를 조사할 정도이니 그는 자신이 눈을 뜰 가능성을 한시도 놓치 않고 생각했다는 것을 의미한다. 민중친화적인 예언자였던 엘리야와 엘리사는 많은 이적을 행했지만 맹인의 눈을 뜨게 하지는 못했다. 모세가 하늘에서 온 표적들로 불리는 엄청난 표적과 기사를 행했지만 맹인의 눈을 뜨게 해준 일은 없다.

33절은 고침받은 맹인의 결론이다. '이 사람 예수는 하나님으로부터 오셨다. 그렇지 않다면 그는 어떤 표적도 행할 수 없었다.' 이 결론이 바리새인들을 격분시켰다. 34절에서 바리새인들은 2인칭 단수 대명사 **쒸**를 두 번이나 사용하면서 그를 격렬하게 저주한다. '네가 온전히 죄 가운데 태어난 놈으로서 네가 우리를 가르치다니.' 격렬한 증오와 경멸이 담겼다. 바리새인들은 맹인으로 태어난 것이 죄 때문이라는 교조에서 한 치도 물러남이 없다. 그들의 또 다른 삼단논법 역시 요지부동이다. '이 땅의 모든 고난은 죄로부터 왔다. 날 때부터 맹인 된 자는 고난을 겪고 있다. 따라서 이 사람은 죄 가운데 태어난 죄인이다.' 바리새인들의 교조적 확신은 그들의 이성과 양심마저 마비시킨다. "죄 가운데서 나서 우리를 가르치느냐"라는 힐문은 2절의 질문을 상기시킨다. "이 사람이 맹인으로 난 것이 누구의 죄로 인함이니이까?"[5]

보는 자와 보지 못하는 자의 엇갈린 운명 ● 35-41절

이 단락은 '보는 자'와 '보지 못하는 자'의 엇갈린 운명을 다룬다. 35-38절은 고침받은 맹인에게 신앙을 가르치는 예수님의 모습을 보여주고, 39-41절은 9장 전체의 요지를 담는 결론으로 최종적으로 바리새인에게 들려주는 가르침이다. 35절은 고침받은 맹인이 유대인들에게 축출되었다는 말을 들은 예수님이 그를 만나 인자에 대한 신앙을 심어주는 장면을 보도한다. 그를 만나 처음으로 신앙고백을 유도하신다. '다른 이가 아니라 네가(쒸) 인자를 믿느냐?' 여기서 이 고침받은 맹인이 '인자'의 뜻을 모른다는 점이 중요하다. 인자는 흔히 일부 학자들이 주장하듯이 자기를 가리키는 아람어식 어법이 아닐 가능성이 크다. '나'를 믿느냐고 물은 것이면, 고침받은 이가 '그'가 누구인지 물었을 리가 없기 때문이다. 고침받은 맹인은 '인자'의 의미를 모를 뿐만 아니라 그가 누구인지도 몰랐다. 그러나 자신은 믿기를 원한다고 고백한다.[36절] 예수님은 '네게 이미 말한 자, 곧 너와 말하는 자가 곧 인자다'라고 말한다.[37절] 38절은 고침받은 맹인의 응답이다. 그는 '내가 믿나이다'라고 말하며 예수님께 절했다. 바리새인 중 일부는 이 현장에 있었다.

예수님은 바리새인들을 겨냥하여 9장 전체의 요지를 선포하신다. 4절이 말하는 하나님의 일들 중 하나를 말씀하신다. 39절의 첫 소절에는 1인칭 단수 대명사 에고(ἐγώ)가 등장한다. '다른 이가 아니라 내가 세상을 심판하러 왔다. 보지 못하는 자들은 보게 하고, 본다고 하는 자들은 보지 못하게 하려고.' 이사야 6:9-10의 사명을 재현하는 인상을 준다. 이사야는 귀가 먹게 하고 눈이 감기게 하는 사역을 하도록 보냄받았다. 하나님은 완악함에 빠진 사람들이 예언자의 말씀을 들을수록 더욱 완악하게 하신다. 그들의 완악함이 해소되지 않고 대파국적 심판을 초래하도록 그 열매를 맺을 때까지 눈을 감기고 귀를 막아버리신다.

40절은 일부 바리새인들의 초보적 각성을 보도한다. '다른 이가 아니라 바로 우리가(헤메이스) 맹인이란 말인가?' 40절의 마지막 소절은 부정의문문이다. 메 카이 헤메이스 튀플로이 에스멘(μὴ καὶ ἡμεῖς τυφλοί ἐσμεν). '심지어(카이) 우리도 맹인이 아닌가?' 혹은 '심지어 우리도 맹인이다. 그렇지 않은가?' 이런 뜻이다. 들으려고 하지 않는 바리새인들은 맹인이다. 멸망을 완수할 때까지 완악한 자들, 회개불가능 지점까지 가는 자들이 맹인이다.

41절은 예수님의 무서운 통고를 담고 있다. '차라리 맹인이라면 죄가 없으려니와, 본다고 하니 죄가 그대로 있다.' 여기서 2-3절의 의미가 해명된다. 날 때부터 맹인인 사람이 맹인으로 태어난 것은 자기 죄 때문도 아니요 부모의 죄 때문도 아니다. 하나님께 저항하고 등진 이스라엘이 바로 맹인임을 드러내기 위해 맹인으로서 대신 고통을 겪고 있는 중이었다. 41절은 이사야 6:9-10의 맥락에서 가장 잘 이해할 수 있다. 이사야의 청중[사 6:9]은 하나님의 포도원을 망친 죄인들이다.[사 3:14; 5:1-7] 그들은 하나님께서 이스라엘 역사 속에 행하시려고 하는 심판의 손길을 볼 눈이 없다. 그런데도 그들은 자신들이 하나님의 일과 도모를 알고 있다고 주장한다. 이때 하나님께서 이사야를 보내셔서 영적으로 무지몽매한 유다 왕실의 유력자들과 예루살렘 거민들의 영적 시력을 영구적으로 앗아가셨다. '본다'고 하는 자들의 눈을 감겨버리셨다. 그래서 6:11-13의 대파국적 재난이 임박한 상황에서도 위기 징후를 포착할 영적 감수성과 인지 능력을 완전히 상실하고, 마침내 앗수르의 침략으로 멸망 직전의 파국으로 던져졌다. 마태복음 23:16은 바리새인과 서기관들을 가리켜 "화 있을진저, 눈 먼 인도자여"라고 말한다. 이사야 6:9; 42:7; 43:8 등에 의

하면 눈 먼 자는 하나님께 반역하여 이방 땅에 와서 억류된 이스라엘 포로를 가리킨다. 그들은 "너희가 듣기는 들어도 깨닫지 못할 것이요 보기는 보아도 알지 못하리라"고 저주를 받은 이스라엘 백성이다.사 6:9-10 누적된 불순종으로 영적 시력을 잃어버린 이스라엘 백성이 맹인이다. 언제 맹인이 되는가? 누적된 불순종으로 살아 계신 하나님이 이 세상을 통치한다는 확신을 잃어버리면 맹인이 된다. 바리새인들은 실상 이사야 6:9이 말하는 그 맹인들의 복사판이다.

바리새인들은 과도한 확신을 통하여 살아계신 하나님 말씀에 오랫동안 불순종했기 때문에 더이상 하나님의 동선을 보지 못하는 맹인이 된 것이다. 요한복음 3장에 나오는 니고데모 또한 맹인이었다. "우리가 당신은 하나님께로부터 오신 선생인 줄 아나이다. 하나님이 함께하시지 아니하시면 당신이 행하시는 이 표적을 아무도 할 수 없음이니이다"(3:2; 참조. 요 9:33). 그는 안식일을 범한 죄인으로 비난받으면서 표적을 행하는 예수님을 이해할 수 없었고 혼란에 빠졌다. 예수님은 니고데모의 혼란을 꿰뚫어 보신 후 그의 영적 맹목 상태를 들추어낸다. "진실로 진실로 네게 이르노니 사람이 물과 성령으로 나지 아니하면 하나님의 나라에 들어갈 수 없느니라."3:5 누가 맹인인가? 물과 성령으로 거듭나지 않은 자, 다시 말해서 부분 논리에 갇혀서 전체를 보지 못하는 자, 전통에 갇혀 하나님의 새로운 계시를 영접하지 못하는 사람이다.

메시지

고난과 불행의 존재는 하나님을 의심하게 만드는 저항적 무신론자들의 단골메뉴이다. 본문은 고난과 불행을 죄에 대한 징벌이라고 생각하는 바리새파 신학을 정면으로 비판한다. 하나님이 지으신 이 세상은 우리의 관점에서 완벽한 세계가 아니라 하나님이 보시기에 적합한 세상이다. 죄와 벌이라는 인과관계로 해명되지 않는 빈틈의 고난, 즉 부조리한 고난이 있다. 죄와 벌의 이항대립적인 논리로 환원될 수 없는 복잡계가 하나님이 지으신 이 세계다. 프리초프 카프라의 『현대물리학과 동양사상』은 인과율로 설명될 수 없는 이 세상의 물리현상을 다룬다.[6] 그가 주창하는 신新물리학(불확정성의 원리, 양자역학 등)은 뉴턴의 기계론적 인과성의 물리학으로는 이 세상을 다 설명하지 못한다는 것을 인정한다. 이 세계는 법칙적 정확성의 세계가 아니라 확률적 개연성의 세계라는 것이다. 다시 말해서 죄와 벌로 환원할 수 없는 고난도 있다는 것이다. 예수님 당시의 유대인들은 개인의 고통과 장애 등 불행은 자신 또는 부모의 죄 때문에 온 고난이라고 생각했다. 신명기 28장과 에스겔 18:4 등에 근거한 추론이었다. 그런데 예수님은 맹인으로 태어난 것은 죄에 대한 징벌이 아니라 하나님의 일들을 밝히 드러내는 상황이라고 선언하신다. 반야심경이나 아함경 같은 불경은 인간의 고난을 인과론적인 연기로 해석한다. 일곱 번 윤회 안에서 자신(혹은 누군가)의 죄 때문에 이 사람이 지금 맹인이 되었다고 설명하는 식이다. 그런데 예수님은 하나님의 후속창조(혹은 계속창조) 섭리론으로 날 때부터 맹인이 된 사람의 고통에 접근하신다.[7] 날 때부터 보지 못하는 불행을 죄의 탓이라고 생각하는 주류신학의 통념에 맞서서 예수님은 어둠 또한 하나님의 창조에 속하며 더 나은 창조를 기다리는 과도기 상태임을 계시하신다. 욥의 고난을 죄의 결과로 보던 욥의 친구들처럼 바리새인들과 심지어 제자들까지 이 불행한 남자의 고난을 죄에 대한 응벌로 봤다. 하지만 예수님은 어둠이 하나님의 일들을 드러낼 질료 상태이며 하나님의 추가적 창조 작업을 기다리는 유예 상태라고 말한다. 이 맹인 안에 하나님의 일들이 밝히 나타날 것이라고 선언하신다.

예수님의 후속창조 섭리론은 창조주 하나님을 더이상 볼 수 없는 깊은 흑암 속으로 유폐된 것 같은 인생을 사는 사람들, 스스로도 자신의 고난을 하나님의 징벌이라고 생각하는 사람들의 인생을 새롭게 보는 관점이다. 예수님 옆에는 진짜 하나님이 계셨음이 분명하다. 예수님은 죄와 벌의 냉혈한적인 도그마로 접근하시지 않고 어둠 속에 빠져 자맥질할 수밖에 없는 인생의 불행에 대해서 신적 동정심을 드러내셨다. 인간의 근원적 불구성과 불행에 대해서 하나님이 하실 일이 곧 나타날 현장이라고 봄으로써 불행과 하나님을 연결시켰다. 날 때부터 원시우주적 맹인 상태로 태어난 이 사람이 하나님의 재창조사역을 드러낼 근거가 되고 하나님의 창조 영광을 드러낸다는 것은 코페르니쿠스적 발상이다. 원시우주 같은 캄캄하고 비참한 걸인의 고난도 하나님과 관련되어 있고 연결되어 있다. 역설적으로 내 안에 있는 어둠, 우리 가정에 있는 어둠도 바로 하나님의 후속창조를 통해 하나님의 일이 나타날 어둠일 수 있다. 우리가 불구와 장애 또는 선천적 어둠, 또는 후천적으로 내 죄 때문에 생긴 어둠이라 할지라도 그 어둠은 그냥 어둠으로 끝나지 않고 빛을, 하나님 영광을 드러낼 수 있는 통로가 될 수 있다.

"만일 우리가 야만적인 세력의 난폭한 공격 앞에서 금방 신앙을 잃어버린다면 우리는 하나님을 믿는 사람이 아니다." 『영혼의 기도*The Soul of Prayer*』라는 책(1916년 작)에서 피터 포사이스Peter T. Forsyth, 1848-1921의 말이다.[8] 포사이스의 경고에도 불구하고 우리는 사실 자주 야만적인 힘 앞에서 쉽게 마음이 냉담해지고 하나님에 대한 믿음이 흔들리는 곤경에 처한다. 하나님을 믿는다는 말은 야만적인 세상의 많은 쓰레기 같은 경험에도 불구하고 선하신 하나님께서 이 세상을 통치한다는 것을 믿는 것이다. 9장의 중심단락은 고침받은 맹인과 바리새인들의 숨막히는 논쟁이다. 그는 자신을 다시 흑암의 세계로 추방하려는 진짜 눈 먼 자들인 바리새인들의 음모에 맞서 자신이 아는 단 한 가지 사실에 기대어 흔들리지 않는다.

그는 창세 이후로 누군가가 맹인의 눈을 뜨게 해준 사건이 단 한 건도 성경에 기록되지 않았다는 사실 때문에 절망하던 사람이었다. 천지가 새로 개벽할 때 눈 먼 자의 눈이 열린다고 예언하고 있는 이사야 35장을 자신이 눈을 뜨면 세계가 재창조되는 것이고, 자신의 눈을 뜨게 한 분은 이 천지개벽 세상의 주와 왕이 되실 수밖에 없다고 생각했을 것이다. 맹인 걸인은 예수님을 만날 때까지는 자기 삶에 일어난 비극은 아무도 해결할 수 없다고 생각했다. 자신에게 있는 어둠을 하나님이 빛으로 변화시켜주신다는 믿음이 없었기 때문이다. 그때 세상의 빛이신 예수님이 자신의 캄캄한 어둠에 손을 대셨다. 우리 인생을 암흑천지로 만드는 불행을 보고 너무 압도당하면 안 되는 이유는, 빛이신 하나님이 계시고 어둠을 만져서 빛을 만들어내시는 예수님이 어둠 한복판으로 뚜벅뚜벅 걸어오시기 때문이다.[9] 세상의 야만적 힘 앞에서 신앙을 위협당할 때 우리는 '한 가지 아는 것'에 근거하여 자신의 구원 감격을 무효화하려는 바리새인들과 맞섰던 본문의 주인공을 떠올려야 한다. 그 고침받은 맹인은 자신의 구원 감격을 냉각시키고 자신을 또 다른 어둠으로 추방하려는 바리새인들에 맞서서 인자를 믿는 믿음으로 추방당한 곤경을 이겨내도록 예수님의 부름을 받았다. 우리도 동일한 부름을 받았다. 악은 엄청난 위력을 발휘하지만 세상을 완전히 지배하지는 못한다. 선이 승리하는 것도 쉽지 않지만 악은 영원히 실패한다. 선은 승리하고 하나님은 승리하시고 박애로 충만한 사람들이 가득 찬 세상은 반드시 이 야만적인 세상을 이길 것이다. 그것이 바로 눈을 뜨게 된 사람들의 고백이다. 그것이 바로 인자 되신 예수님을 믿는 것이다. 인자 되신 예수님을 고백하는 순간 우리 눈은 더 밝아지고, 그분에게 경배하는 순간 우리는 을지로와 충무로와 세종로에서 당했던 야만적인 무신론을 강요하는 쓰라린 경험들을 이겨낼 수 있다. 산헤드린처럼 태생 맹인의 빛에 대한 증언을 틀어막으려고 하는 악한 자들, 그를 쫓아내려고 하는 악한 종교권력자들을 무서워하면 안 된다. 어둠의 세력은 빛의 증언을 막으려고 애를 쓴다. 빛의 증인들을 사회에서 추방함으로써 증언하지 못하도록 위협한다. 어둠의 세력에게 쫓겨난 자들이 세운 공동체가 바로 하나님 나라다. 어둠의 세력으로부터 쫓겨남을 당한 자들이 인자 예수님을 믿고 대조, 대항, 대안 공동체 하나님 나라를 구축하도록 부름받을 수 있다. 이 세상으로부터 박해를 당하고 쫓겨남을 당하여 인자 되신 예수님께만 절하는 공동체가 바로 교회다.

10장.

나는 선한 목자다

1

1 내가 진실로 진실로 너희에게 이르노니 문을 통하여 양의 우리에 들어가
지 아니하고 다른 데로 넘어가는 자는 절도며 강도요 2 문으로 들어가는
이는 양의 목자라. 3 문지기는 그를 위하여 문을 열고 양은 그의 음성을 듣나니 그가
자기 양의 이름을 각각 불러 인도하여 내느니라. 4 자기 양을 다 내놓은 후에 앞서 가
면 양들이 그의 음성을 아는 고로 따라오되 5 타인의 음성은 알지 못하는 고로 타인을
따르지 아니하고 도리어 도망하느니라. 6 예수께서 이 비유로 그들에게 말씀하셨으나
그들은 그가 하신 말씀이 무엇인지 알지 못하니라. 7 그러므로 예수께서 다시 이르시
되 내가 진실로 진실로 너희에게 말하노니 나는 양의 문이라. 8 나보다 먼저 온 자는
다 절도요 강도니 양들이 듣지 아니하였느니라. 9 내가 문이니 누구든지 나로 말미암
아 들어가면 구원을 받고 또는 들어가며 나오며 꼴을 얻으리라. 10 도둑이 오는 것은
도둑질하고 죽이고 멸망시키려는 것뿐이요 내가 온 것은 양으로 생명을 얻게 하고 더
풍성히 얻게 하려는 것이라. 11 나는 선한 목자라. 선한 목자는 양들을 위하여 목숨을
버리거니와 12 삯꾼은 목자가 아니요 양도 제 양이 아니라. 이리가 오는 것을 보면 양
을 버리고 달아나나니 이리가 양을 물어 가고 또 헤치느니라. 13 달아나는 것은 그가
삯꾼인 까닭에 양을 돌보지 아니함이나 14 나는 선한 목자라. 나는 내 양을 알고 양도
나를 아는 것이 15 아버지께서 나를 아시고 내가 아버지를 아는 것 같으니 나는 양을
위하여 목숨을 버리노라. 16 또 이 우리에 들지 아니한 다른 양들이 내게 있어 내가 인
도하여야 할 터이니 그들도 내 음성을 듣고 한 무리가 되어 한 목자에게 있으리라. 17
내가 내 목숨을 버리는 것은 그것을 내가 다시 얻기 위함이니 이로 말미암아 아버지
께서 나를 사랑하시느니라. 18 이를 내게서 빼앗는 자가 있는 것이 아니라 내가 스스로
버리노라. 나는 버릴 권세도 있고 다시 얻을 권세도 있으니 이 계명은 내 아버지에게

서 받았노라 하시니라. [19]이 말씀으로 말미암아 유대인 중에 다시 분쟁이 일어나니 [20]
그 중에 많은 사람이 말하되 그가 귀신 들려 미쳤거늘 어찌하여 그 말을 듣느냐 하며
[21]어떤 사람은 말하되 이 말은 귀신 들린 자의 말이 아니라 귀신이 맹인의 눈을 뜨게
할 수 있느냐 하더라. [22]예루살렘에 수전절이 이르니 때는 겨울이라. [23]예수께서 성전
안 솔로몬 행각에서 거니시니 [24]유대인들이 에워싸고 이르되 당신이 언제까지나 우리
마음을 의혹하게 하려 하나이까. 그리스도이면 밝히 말씀하소서 하니. [25]예수께서 대
답하시되 내가 너희에게 말하였으되 믿지 아니하는도다. 내가 내 아버지의 이름으로
행하는 일들이 나를 증거하는 것이거늘 [26]너희가 내 양이 아니므로 믿지 아니하는도
다. [27]내 양은 내 음성을 들으며 나는 그들을 알며 그들은 나를 따르느니라. [28]내가 그
들에게 영생을 주노니 영원히 멸망하지 아니할 것이요 또 그들을 내 손에서 빼앗을
자가 없느니라. [29]그들을 주신 내 아버지는 만물보다 크시매 아무도 아버지 손에서 빼
앗을 수 없느니라. [30]나와 아버지는 하나이니라 하신대 [31]유대인들이 다시 돌을 들어
치려 하거늘 [32]예수께서 대답하시되 내가 아버지로 말미암아 여러 가지 선한 일로 너
희에게 보였거늘 그 중에 어떤 일로 나를 돌로 치려 하느냐. [33]유대인들이 대답하되
선한 일로 말미암아 우리가 너를 돌로 치려는 것이 아니라 신성모독으로 인함이니 네
가 사람이 되어 자칭 하나님이라 함이로라. [34]예수께서 이르시되 너희 율법에 기록된
바 내가 너희를 신이라 하였노라 하지 아니하였느냐. [35]성경은 폐하지 못하나니 하나
님의 말씀을 받은 사람들을 신이라 하셨거든 [36]하물며 아버지께서 거룩하게 하사 세
상에 보내신 자가 나는 하나님의 아들이라 하는 것으로 너희가 어찌 신성모독이라 하
느냐. [37]만일 내가 내 아버지의 일을 행하지 아니하거든 나를 믿지 말려니와 [38]내가
행하거든 나를 믿지 아니할지라도 그 일은 믿으라. 그러면 너희가 아버지께서 내 안에
계시고 내가 아버지 안에 있음을 깨달아 알리라 하시니 [39]그들이 다시 예수를 잡고자
하였으나 그 손에서 벗어나 나가시니라. [40]다시 요단 강 저편 요한이 처음으로 세례
베풀던 곳에 가사 거기 거하시니 [41]많은 사람이 왔다가 말하되 요한은 아무 표적도 행
하지 아니하였으나 요한이 이 사람을 가리켜 말한 것은 다 참이라 하더라. [42]그리하여
거기서 많은 사람이 예수를 믿으니라.

주석

10장은 유명한 선한 목자 강화이다. 예수님은 자신의 죽음이 흩어진 양떼들을 모아 먹이고 다스리려는 메시아적 사명을 수행하는 과정에서 요청된 자발적 죽음임을 강조한다. 이스라엘의 흩어진 양떼들을 '우리'에 모아 언약 공동체를 회복하고 푸른 초장에서 먹이고 돌보려는 선한 목자의 노력은 삯군 목자, 강도와 이리떼들의 방해와 공격을 만난다. 이 과정에서 선한 목자는 양들을 위하여 스스로 목숨을 내놓는다. 양들에 대한 이 큰 사랑은 아버지 하나님이 아들을 감화감동시켰기 때문에 실행되었다. 10장은 선한 목자, 삯군 목자, 그리고 이리떼,[1-21절] 예수님의 예루살렘 수전절 담화: 예수님을 돌로 치려는 유대인들,[22-39절] 세례 요한의 세례운동 발상지로 물러나시는 예수님[40-42절]으로 나뉜다. 21절에서 9장의 날 때부터 맹인 된 자의 치유사건을 언급하는 것으로 보아 1-21절도 예루살렘의 유대인들에게 행한 강론으로 보는 것이 타당하다.

선한 목자, 삯군 목자, 그리고 이리떼 • 1-21절

요한복음에서 예수님의 언어는 '구약성경 말씀'을 참조하거나 암시하는 경우가 많다. 예수님은 구약성경을 알고 있는 사람들을 상대로 말씀을 증거하기 때문에, 예수님 말씀을 '크게 울리는 말씀'으로 듣기 위해서는 구약성경에 관한 선이해가 있어야 한다. 요한복음 15장에 나오는 "나는 참포도나무요 내 아버지는 농부라"는 말씀을 이해하려면 구약에서 비난받는 들포도나무에 대한 이해가 있어야 한다. 이사야 5장, 예레미야 2장에 보면 들포도나무라는 말이 나온다. "무릇 만군의 여호와의 포도원은 이스라엘 족속이요 그가 기뻐하시는 나무는 유다 사람이라. 그들에게 정의를 바라셨더니 도리어 포학이요 그들에게 공의를 바라셨더니 도리어 부르짖음이었도다."[사 5:7] 이사야는 공평과 정의의 열매를 맺지 못하고 포악과 압제를 맺었던 이스라엘 공동체를 들포도나무에 빗댄다. 예수님은 이사야 5:7에 나오는 들포도나무 비유를 이미 알고 있는 청중, 예레미야 2장의 들포도비유를 이미 알고 있는 청중에게 "나는 참포도나무요"라고 선언하셨다. 그러므로 구약성경을 많이 알수록 예수님의 언어는 크게 공명된다. 예수님은 독창적인 사상가가 아니라 구속사 성취적인 완성자다. 예수님은 아브라함, 모세, 다윗, 그리고 예언자들이 하나님과 함께 엮어온 구속사를 완수하려는 '성취자' 면모가 현저하셨다.

10장은 정확하게 에스겔 34장을 원본으로 삼고 대화하고 있다. 참목자라는 말은 에스겔 34장에 나오는 삯꾼 목자를 염두에 둔 말이다. 이 외에도 요한복음 10장에 나오는 많은 어휘들(이리떼, 강도떼, 양의 문, 양, 생명을 풍성히 얻는다)이 에스겔 34장에서 암시적으로 혹은 명시적으로 나온다. 10장은 요한복음 전체에서 자기계시 선언인 에고 에이미(ἐγώ εἰμι) 구문이 가장 많이 사용되는 장이며, 특히 이 단락에 에고 에이미 선언이 대부분 나온다. 고대 이스라엘 사회의 목축문화에 뿌리박은 목자와 양의 긴밀한 유대가 이 단락을 이해하는 데 도움이 된다. 이 단락의 청중은 예루살렘의 "유대인들"로[19, 21절] '적대적 청중'이다. 바리새인, 서기관, 제사장 등 이스라엘의 지도자층이다. 이 단락은 언뜻 보기에는 굉장히 목가적인 담화이다. 그러나 실상 선한 목자 담화 자체는 예수님의 목숨을 위태롭게 하는 무서운 담화이다. 1절부터가 도전적이고 자극적이다. 이중 아멘(진실로 진실로)을 문두에 배치한 엄숙한 말씀이다. 1-2절은 이스라엘의 목축업자들에게 상식이다. "문을 통하여 양의 우리에 들어가지 아니하고 다른 데로 넘어가는 자는 절도며 강도"이다.[1절] "문으로 들어

요

가는 이"가 "양의 목자"이다. 여기까지는 아무도 시비 걸 수 없는 사실이다. 목자만이 양들에게 알려졌기에 문을 통해 출입한다. 목자가 아닌 자들이 문을 이용하면 양떼들이 동요하고 흩어진다. 첫 순간부터 긴장을 불러일으키는 이 말은 예수님이 2인칭 복수인 "너희" 즉 예루살렘의 "유대인들"에게 하신 말씀이다.

3절은 목장 문지기와 목자의 역할을 말한다. 문지기는 아마도 양무리, 염소무리 등 여러 가축들을 관리하는 대목장에 속한 일꾼일 것이다. 그가 목자임을 확인하고 문을 열어준다. 문지기가 열어준 문을 통해 목자가 들어가 양을 부른다. 양은 목자의 음성을 듣고 안심한다. 이때 목자가 자기 양의 이름을 각각 불러 초장으로 인도하여 데리고 간다.[3절] 이스라엘의 목자는 미국의 대평원 기업형 목장의 목자와는 다르다. 이스라엘의 경우 거대한 목초지가 없었기에 양떼가 수천 마리나 되는 대목장은 없었다. 아무리 많아도 2-300마리를 넘지 않았다. 목자가 양들의 이름을 붙여 기억할 정도의 양떼였다고 봐야 한다. 목자는 양 각각의 개성, 버릇, 장단점을 알고 있다. 이름을 붙여 불렀다는 것은 양 개개의 특성을 꿰뚫고 있다는 의미다. 목자는 자기 양을 다 내놓은 후에 앞서 가는데 양들이 그의 음성을 알기 때문에 목자를 따라간다.[4절] 어릴 때부터 자신을 이끌고 초장으로 데려가 준 목자와 그 음성을 양은 안다. 양은 목소리 분별의 천재이다. 양처럼 온순한 동물은 자신을 보호하기 위해 청각이 아주 발달되어 있다. 상대적으로 시력은 약하다. 그래서 목자와 함께 살기에 적합하다. 아프리카 세렝게티 사파리의 임팔라는 청각도 발달되어 있지만 아주 빨리 달릴 수 있어 건강한 임팔라는 사자와 표범을 따돌릴 수 있다. 그런데 양은 임팔라처럼 자기를 보호하는 데 필요한 특징을 갖고 있지 않다. 오로지 목자를 믿고 따르는 것으로 자기를 보호한다. 이스라엘은 어디든지 풀과 물이 있는 지역이 아니다. 이스라엘의 자연 지리에 정통한 목자들의 인도를 따라가야 양들은 물을 마시고 풀을 뜯어 먹을 수 있다.

5절은 양의 음성에 민감하게 반응하는 양의 자기보호 행동을 말한다. 양은 자신의 목자가 아닌 타인의 음성은 '알지 못하기 때문에' 타인을 따르지 않고 도리어 도망친다. 양이 사는 길은 목자가 아닌 타인의 음성을 듣고 도망치는 것이다. 음성은 그 자체가 메시지이다. 음성은 문장 자체보다도 더 많은 메시지와 의미를 담을 때가 있다. 음성에는 인간의 가장 깊은 인격적 지향이 묻어난다. 음성에는 성문[聲紋]이라고 불리는 무늬가 있다. 목자의 음성은 양을 위한 모든 선한 의도와 감정을 담고 있다. 그러나 타인의 음성은 생명이 없고 인격적 유대와 흡입력이 없다.

6절은 예수께서 들려주신 양과 목자의 비유를 청중("그들이" 곧 '예루살렘의 유대인들')이 이해하지 못했다고 말한다. '유대인들'은 이사야 시대의 청중처럼 혹은 예레미야 시대의 청중처럼 예언자들의 말과 논리를 전혀 이해하지 못한다. 종교는 하나님을 등진 자들이 만드는 자기폐쇄적이고 자기복무적인 말의 철옹성이다. 예루살렘을 향해 열린 창을 가졌던 다니엘의 방과 달리 유대인들의 종교는 계시에 저항하는 요새다. 자신들의 체계에 도전하고 반발하는 말에 대해서는 악마화하는 코드가 내장되어 있는 매트릭스다. 예수님의 말과 담론은 그들에게 너무 낯설고 외생적이며 초월적이기에 예수님을 극단적으로 타자화할 수밖에 없다. 그것은 바로 악마화다.[21절] 예수님의 모든 사역이 '영적인 차원이 있는 것은 인정하지만' 그것을 하나님의 사역이 아니라 귀신의 일, 귀신의 왕 바알세불의 일이라고 폄하하고 모욕한다.[막 3:22, 마 12:22-32, 눅 11:14-22, 요 8:48] 인자를 훼방하는 그들의 죄(인자의 출신을 문제 삼는 것 등)는 용서받을지 몰라도 하나님의 성령의 역사를 훼방하는 죄는 용서받지 못한다.[막 3:29-30] 가장 극악무도한 죄는 하나님의 일을 악마화하는 죄다. 인자 되신 예수님에 대한 유대인의 저항은 아벨의 피부터 성전 제단에서 살해당한 사가랴의 피까지 인류가 하나님께 범한 가장 극악한 죄를 총적분하고 총결산하며 완성하는 죄다.[마 23:35] 양과 목자는 구약성경에 자주 나오는 야웨 하나님과 이스라엘의 언약관계 메타포인데, 유대인들은 이 사실에도 깜깜하다. 그래서 예수님은 보충하신다. 이중 아멘을 필두로 '다시' 말씀하신다. '내가 양의 문이다.' 선한 목자 담화 이전에 처음 나오는 에고 에이미 구문이다.[7절] 에고 에이미 헤 튀라 톤 프로바톤(ἐγώ εἰμι ἡ θύρα τῶν προβάτων). '다른 이가 아니라 나 자신이 양떼의 문이다.' '나는 선한 목자다'라는 말보다 어려운 비유이다. 9절에서 다시 '자신이 양떼의 문이다'라는 에고 에이미 문장을 반복하신다. 앞선 구절들에서 자신이 은근히 목자인 것처럼 말해둔 다음에 갑자기 자신을 양의 문이라고 하시는 이유가 무엇일까?

8절이 그 이유를 어느 정도 설명해준다. 예수님 자신보다 "먼저 온 자는 다 절도요 강도"라는 사실과 바로 그 이유 때문에 양들이 그들의 음성을 듣지 않았다는 점을 강조하는 것이다. 자신보다 먼저 온 자는 예수님 당대 기준으로 "먼저 온 자"이다. 주전 2세기부터 형성되던 랍비 유대교의 지도자들이나 묵시문학적 급진파들을 가리킨다. 모세나 예언자들을 가리키는 말이 아니다. 예수님 당대 기준으로 "먼저 온 자"들인 것이다. 그들은 절도요, 강도라는 것이다. 아주 급진적인 비판이요 단죄이다. 그들이 지도자 행세를 했다는 점에서는 목자처럼 보였으나 그들은 양떼의 마음을 도둑질하고 강탈한 자들이었다. 예수님은 조금도 에둘러 말하지 않고 바로 격렬하게 공격했다. 이에 비해 예수님은 양떼의 출입을 알고 양떼의 사정을 속속들이 안다. 문을 거치지 않는 양은 없다. 자신을 양의 문이라고 하는 이유는 자신이 양떼의 속마음, 상처, 방황의 심도를 알고 공감한다는 말이다. 그래서 예수님이 갈릴리에 나타나시면 목자 없는 양 같은 무리가 무수히 따랐다.[막 6:34] 이전에 어떤 랍비나 무력항쟁주의자들이나 바리새인들도 자신을 따르는 양떼를 거느려 본 적이 없다.

9절은 7절을 보충하며 구원론적인 함의를 추가한다. 9절 하반절은 예수님이 자신을 양의 문이라고 주장하시는 이유이다. '문'은 목자가 양떼를 초장에서 우리로 불러들일 때 양이 지나가는 통로이다. 문은 양떼의 출입을 보는 곳이다. 양이 이 문을 통해 들어가면 예수님이라는 선한 목자의 보살핌과 보호 속으로 들어간다. 문을 통과한다는 말은 구원에 들어간다는 말이다. 또 문을 통해 나온다는 말은 정상적인 목자의 안내를 받고 나온다는 말이다. 문을 통해 나오는 양떼는 당연히 풍성한 초장으로 인도를 받는다. 이스라엘의 목자는 문에 서서 양떼의 출입을 관찰하면서 양떼의 숫자를 세었고 각각의 형편과 건강 상태를 조사할 수 있었다.

10절에서 예수님은 자신보다 먼저 온 도둑과 자신이 양떼에게 오는 이유를 각각 생생하게 대조한다. 10절 상반절은 이중 부정문으로 된 문장이다. '도둑은 훔치고 죽이고 멸망시킬 목적으로 오지 않으면 오지 않는다.' 도둑의 행동은 현재직설법으로 표현되어 있다. 하반절은 독자의 기대처럼 예수님의 1인칭 단수 대명사의 에고가 이끄는 대조문장이다. '다른 이와 달리 나 자신은(에고) 그들이 생명을 충분히 누리도록 하기 위해서 왔다.' 예수님의 '오심'은 부정과거로 표현되어 있다. '도둑'이 오는 것은 지금도 진행 중인 '현재'상황이라는 암시가 들어 있다. 양들이 생명을 누리는 것은 푸른 목초지와 맹수의 공격이 없는 맑은 물가로 인도될 때 가능하다. 에스겔 34장의 마지막에는 "내 양 곧 내 초장의 양 너희는 사람이요 나는 너희 하나님이라"는 구절이 나온다.[31절] 에스겔 34:30은 31절이 말하는 '사람'이 이스라엘 족속임을 말해준다. 예수님이 오신 것은 하나님의 양떼인

요

이스라엘이 생명을 누리되 풍성하게 누리도록 하기 위함이다. 양떼의 생명을 노략질하는 자들로부터 보호하겠다는 것이다. 야웨 하나님의 양떼인 이스라엘 민족이 하나님과 직접 교제를 즐기게 하고 어떤 외적 침입자들로부터도 위협당하지 않도록 보호해주겠다는 것이다. 이스라엘 백성, 곧 야웨 하나님의 양은 야웨께서 주신 땅을 경작하여 살아가는 자유농민이다. 이스라엘 농민이 자기 땅을 경작하며 생산한 곡물을 약탈당하지 않고 누리는 권리가 바로 생명을 누릴 권리이다. 더 풍성한 생명향유는 생존을 넘어 자기 땅을 경작해서 소출을 거두어 하나님께 바치고 이웃과 나눌 수 있는 삶이다. 이웃과의 평화로운 삶이 '생명을 더 풍성히 얻는 삶'이다. 예수님은 이스라엘 백성이 하나님과의 사귐에 참여할 뿐만 아니라 이웃과도 평화를 누리는 더 풍성한 삶으로 인도하려고 오셨다.

이미 있는 지도자들과 자신을 비교할 때 '나보다 먼저 온 자들은 절도요 강도다'라고 선언하시는 예수님은 경솔한 자기옹호를 하는 것이 아니라, 이스라엘의 지도자 노릇하는 자들의 정체를 폭로하신다. 이는 자기 목숨을 위태롭게 하시는 발언이다. 예수님은 예루살렘 성전을 중심으로 종교권력을 행사하던 종교권력자들과 그 밑에 기생하던 서기관, 바리새인과 같은 체제순응적 지식인들을 염두에 두고 말씀한다. 특히 바리새인들은 당시에 백성의 목자 노릇하던 종교엘리트 집단이었다. 그들은 일종의 청교도 집단이었으며 종교적 자경단이었다. 서기관과 제사장은 일종의 공적 직분의 이름이다. 정규 성경 필사 및 전승 교육을 받았던 서기관들은 주로 바리새파 출신이었으며, 이들은 성전 제사장들의 이익을 담보하는 해석을 해주던 율법학자들이기도 했다. 서기관, 율법학자들 중 대다수는 바리새파 집단의 회원이었다. 산헤드린을 머리로 한 유대인들의 자기폐쇄적인 성경 해석과 관습 수호는 숨막힐 정도로 민중 억압적이었다.

이런 자들이 예수님의 눈에는 도둑이요 강도였다(참조. 눅 3:1-5). 예루살렘 종교권력자들은 특권을 누리고 있었다. 그 밑에 기생하는 중간관리자들과 중간지배 착취자들인 세리와 군병들도 로마제국 치하에서 어느 정도 권세를 누렸다. 그러나 땅에 매여 사는 농민들은 자기 소출을 마음껏 누리지 못하고 헤롯 왕실과 로마제국에게 이중으로 빼앗겼다. 예수님은 이 땅을 떠나지 못하고 살아야 하는 이스라엘의 농민들을 양떼라고 봤다. 양은 땅을 경작하는 자유농민이었다. 시편 95:7은 "우리는 그가 기르시는 백성이요 그의 손이 돌보시는 양"이라고 선언한다. 왕에게 지배당하지 않고 하나님과 직접 계약을 맺은 자유농민들이 '백성'[히브리어로는 암('am)]이요 양이다. '암'('am)은 하나님과 직접 계약을 맺어서 어떤 전제군주에게도 지배받지 않을 권리가 있는 자유민이다. 이들의 자유는 땅의 경작권에 있었다. '암'('am)은 착취의 대상이 아니라 하나님의 직접적 돌봄을 받는 백성이다. 예수님이 이스라엘 백성을 양이라고 했을 때 그것은 지금 우리가 생각하는 양이 아니다. 포식자 맹수들에게 희생당하지 않도록 하나님의 마음에 합한 왕이 특별 보호해주는 백성이 바로 양이다.[사 11:6] '암'('am)은 각자 자기 땅을 경작하여 생산한 소출로 먹고 사는 자유민이다. '암'('am)은 하나님께 직접 속해 있고 이스라엘 왕들에게 지배당하지 않도록 되어 있다. 왕들도 절대로 '암'('am)을 마음대로 징집하지 못한다. 하나님과 직접 계약을 맺었던 하나님의 양떼, '암'('am)이 많아질수록 국가주의 이데올로기에 이리저리 흔들리는 대중의 수는 줄어들고 주체적 시민의 수가 늘어난다. 예수님은 이스라엘 백성을 양이라고 말함으로써, 전제군주 지배하에 휘둘리는 일반 백성을 하나님의 직접 통치를 받는 백성으로 삼고자 하나님 나라의 비전을 제시하셨다. 스스로 자율의 멍에를 지고 국가기관이 필요 없을 만큼 자율적인 시민이 되기 원했고, 어떤 형법과 민법

등의 강제조항에도 위축되지 않을 만큼 높은 도덕성을 유지하는 하나님 나라 시민이 되기를 원하셨다. 예수님이 주시려는 풍성한 삶은 내외적 약탈, 강제징집, 그리고 폭력적 지배의 위협으로부터 자유로운 삶이다. 그러기 위해서는 성령의 감화감동을 맛보면서 국가적 감시, 처벌체제를 불필요하게 만들 만큼 이웃 친화적인 고결시민으로 환골탈태해야 한다. 우리가 성령 안에서 국가의 폭압적인 형법과 민법의 법령에 지배당하지 않으면서도 국가제도보다 훨씬 높은 차원의 자율적인 공동체생활을 이루면 그것이 바로 더 풍성한 삶이며 요한복음이 말하는 영생이 된다.

11-18절은 그 유명한 선한 목자 강화이다. 이 단락에는 에고 에이미 구문이 두 차례 나오고[11, 14절] 1인칭 단수 대명사 에고가 에고 에이미 구문의 에고를 제외하고도 세 번이나 사용된다.[15, 17, 18절] 그만큼 예수님의 자기계시적 어조가 두드러진다. 11절의 상반절 헬라어 구문은 에이미 호 포이멘 호 칼로스(εἰμι ὁ ποιμὴν ὁ καλός)이다. '나는 그 선한 목자다.' 여기서 정관사는 청중이나 독자들이 이미 알고 있는 그 선한 목자를 순식간에 상기시키는 정관사이다. 앞서 언급했듯이 이 선언은 '나는 에스겔 34장이 말한 그 선한 목자다'라는 말이다. 1인칭 단수 대명사가 따로 쓰이고 있기 때문에 에고 에이미 호 포이멘 호 칼로스는 '나보다 먼저 온 도둑과 강도, 절도와 달리, 나 자신은(에고) 구약에서 약속한 바로 그 선한 목자다'라고 번역된다. '다른 사람이 아니라 내가'라는 예수님의 이 화법은 지금 이 말을 듣고 있는 바리새인과 서기관이 볼 때 격렬하게 모욕을 느낄 수 있는 말이다. 그 말이 바로 에고 에이미 호 포이멘 호 칼로스이다. '나는 선한 그 목자라.' '그'라는 정관사가 붙어 있는 선한 목자는 바로 에스겔 34장이 말한 '그 선한 목자'이다. 이 말을 듣고 있는 바리새인과 서기관 등은 에스겔 34장이 말한 이리떼, 강도떼, 삯꾼 목자라는

말이다.

11절 하반절은 '선한 목자'의 정의를 밝힌다. 양들을 위해 목숨을 바치는 목자가 선한 목자다. 고대 이스라엘에서 야외 초장에서 양들을 돌보는 목자의 과업은 위험하고 고단했다. 사무엘상 17장에서 다윗이 사울에게 자신의 목동 경험을 말하는 가운데, 자신의 목자 과업을 수행하다가 맹수와 싸워 양들을 보호했다는 말을 한다. "다윗이 사울에게 말하되 주의 종이 아버지의 양을 지킬 때에 사자나 곰이 와서 양떼에서 새끼를 물어가면 내가 따라가서 그것을 치고 그 입에서 새끼를 건져내었고."[34-35절] 이런 맹수와 싸우다가 목숨을 잃을 수도 있다. 예수님은 이스라엘 자유농민들의 자유를 되찾아주고 더 풍성한 생명을 누리도록 해주려다가 자신의 목숨을 잃을 위험성을 이야기하신다.

반면에 삯군은 목자도 아니요 양도 자신의 양이 아니다. 이리떼가 오면 양을 버리고 도망쳐버린다.[12절] 그러는 사이에 이리가 양을 물어가서 해친다. 이리는 탐관오리, 자유농민 착취자들을 가리킨다. 바리새인, 서기관, 대제사장 등은 양떼를 물어뜯는 포식자 짐승을 보고 도망쳐버린다. 소년 다윗처럼 싸워야 하는데 도망친다. 삯군은 사실 도둑과 같은 존재이다. 이들은 '달아나는' 존재이다. 양떼의 목숨이 걸린 중요한 사태가 벌어지면 달아난다. 문제의 엄숙성으로부터 달아나고 절박성으로부터 도망친다. 중간지식인들과 지도자들이 자유농민의 희생을 목전에 보고도 도망치며 양떼는 맹수들에게 물어 뜯긴다.

13절은 그들이 도망치는 이유를 말한다. 그들은 양떼에 대한 인격적, 계약적 투신이 전혀 없는 자들이기 때문이다. 돈을 받고 양을 돌보는 체하는 자들이다. 양과 본질적인 연대가 전혀 없이 하루 품삯만 받으면 그만인 자들이다. 그에 비해 양과 서로 밀접하게 교류하고 교감하고 상호투신적 언약관계에 있는 목자는 자신의 목숨을 바치기까지 양을 지키고 보호한다.[14절] 선한 목자는 양떼의 입장에서 볼 때 '선한' 것이다. 교호적 교감과 공감이 양과 선한 목자를 묶어 준다.

15절부터는 비유를 실재의 세계로 전환시킨다. 15절 상반절의 헬라어 구문을 직역하면 이렇다. '아버지께서 나를 아시는 것같이, 나 또한(카고=카이+에고) 아버지를 안다.' '안다'는 용어는 언약적 결속과 유대, 공감과 상호침투적 순환을 의미한다. 아버지 하나님과 예수님은 서로의 내면에 깊숙이 스며들며 침투하며 연합되고 결속되어 있다. 1인칭 단수 대명사 에고가 사용된 이 상반절은 예수님 자신이 아버지를 안다는 것을 강조하는 구문이다. 선한 목자되신 예수님과 양떼의 언약적 상호투신과 결속의 원형은, 아버지 하나님과 예수님의 상호투신적 결속이다. 하나님 아버지께서 예수님을 아시는 것처럼, 그리고 예수님이 하나님 아버지를 아시는 것처럼 예수님과 양 사이에도 상호투신적 결속이 있다. 이 결속 때문에 선한 목자 예수님은 양들을 위해 목숨을 버릴 수 있다. 선한 목자 예수님은 자신이 돌봐야 할 양떼, 즉 이스라엘 백성이 생의 벼랑 끝으로 내몰리는 위기를 안다. 사흘 동안 굶으면서도 하나님 나라의 복음을 들으러 다니는 양떼의 허기를 안다. 수천 명의 사람들이 이 들판에서 저 들판으로, 이 산에서 저 산으로, 이 멧부리에서 저 멧부리로 예수님을 따라다닌다는 말은 당시의 이스라엘 사람들이 삯군, 강도들에게 얼마나 시달렸는지를 짐작케 한다. "예수께서 나오사 큰 무리를 보시고 그 목자 없는 양 같음으로 인하여 불쌍히 여기사 이에 여러 가지로 가르치시더라."[막 6:34] 예수님은 "목자 없는 양 같음으로 인하여" 창자가 끊어지듯이 공감하셨다[스플랑크스니조마이(σπλαγχνίζομαι)]. 예수님 당시의 이스라엘 사회가 어떤 의미에서 목자 없는 양 같은 사람들의 탄식으로 가득 찼는지를 보려면 예수님보다 약 20년 늦게 태어난 유대인 역사가 요세푸스의 『유대 전쟁사』를 보면 된다. 이 책은 악질적인 로마총독들(바루스, 빌라도, 플로루스)의 패역한 갑질이 66-70년 대로마 항쟁의 근원이 되었다고 말한다.[1] 로마제국의 압제와 수탈을 도와주는 말단 관리들이 세리와 군병이었다. 세리와 군병의 협조가 없으면 헤롯 분봉왕 체제도 무너지며 로마제국의 지배도 어려워진다. 이스라엘 사람 중 아무도 세리가 되지 않으면 헤롯 분봉왕들은 세금을 거둬들일 수 없다. 로마제국은 분봉왕이 되어서라도 이스라엘을 통치하겠다는 통치 용역업자가 등장하지 않는다면 지배하기 위해 직접 관리를 파견해야 한다. 이것은 훨씬 더 큰 반발과 저항을 불러일으킨다. 로마제국은 예루살렘에 대해서는 10분의 1 속주세를 요구하지 않았지만, 나머지 지방에서 십일조 안보세금을 거뒀다. 예루살렘의 독특한 반역성을 알았던 율리우스 카이사르와 옥타비아누스(아우구스투스) 황제는 예루살렘을 건드리지 않았다. 예루살렘에는 총독이 관저를 설치하지 못했다. 총독 관저는 해변도시 가이사랴에 있었다. 예루살렘에는 안토니오 요새라는 출장소만 있었다.[2] 대신 갈릴리가 로마총독의 수탈과 압제의 희생자가 되었다. 요세푸스는 로마가 파견한 총독들이 갈릴리와 유다 일대를 지배하는 과정을 자세히 말하면서 네로 황제가 파견했던 게시우스 플로루스 총독의 학정을 특별히 비판했다.[3] 플로루스 총독은 갈릴리 지방민들이 세금도 내지 않고 공물도 바치지 않자 예루살렘 성전의 금고를 부수어서 그 안에 있는 돈을 통째로 가져갔다. 이것이 이스라엘 사람들이 66년에 로마총독과 주둔군에게 맞서는 전쟁을 일으킨 원인이 되었다.

13절이 말하는 삯군 목자는 유대인들의 종교지도자를 가리키며 특별히 예루살렘 종교지도자를 가리킨다. 이리와 강도떼는 토착 헤롯 분봉왕들을 가리키면서 동시에 로마제국의 수탈행위를 대리하는 자들을 가리킨다. 예수님이 언급한 "이리"는 헤롯 왕실과 로마제국을 가리켰다. 예수님이 정치에 대해서 관심이 없었을까? 아니다. 예수님은 헤롯 안티파스를 '여우'라는 별명으로 부르셨다. 그의 또 다른 별명은 새였다. 누가복음 9:58에서 예수께서 헤롯 안티파스와 자신의 처지를 비교하는 비의한 말씀을 하신다. "여우도 굴이 있고 공중의 새도 집이 있으되 인자는 머리 둘 곳이 없도다." 나사렛에서 북쪽으로 6킬로미터 떨어진 곳에 악하고 음란한 분봉왕 헤롯 안티파스의 수도 세포리스, 즉 '치포리'가 있었다. 치포리는 히브리어로 새라는 뜻이다. 도시가 새 모양으로 보였기 때문에 그런 이름을 얻었다. 지금도 그 유적지에는 전차경기장과 로마 목욕탕 터가 남아 있다. 누가복음 9:58에서 예수님은 헤롯의 세포리스 신도시 건설과 궁궐 건설을 비꼬면서 자신의 빈천한 처지를 에둘러 말씀하신 것이다.

또한 예수께서는 마가복음 10:42에서 로마제국과 헤롯 분봉왕들의 통치행위를 두 가지 단어로 규정하셨다. 카타퀴리유오(κατακυριεύω, 임의로 주관하는 행위)와 카텍수시아조(κατεξουσιάζω, 권세를 부리는 행위)이다. 카텍수시아조는 '강압적 권력으로 눌러 복종시키다'를 뜻하며 카타퀴리유오는 '강제로 주인노릇하다'를 의미한다. 둘 다 '강압적으로, 폭력으로 지배하다'를 의미한다. 자발적인 순종을 유발하는 통치가 아니라 복종을 억지로 짜내는 협박통치이다. '말을 듣지 않으면 가둬버리겠다', '명령에 따르지 않으면 죽여버리겠다'는 위협으로 다스리는 통치이다. 예수님은 기가 막힌 농민적 시각을 가지고 헤롯 분봉왕들과 로마제국의 총독에 대해 너무나 통렬하게 그들의 통치 본질을 분석해 내신 것이다.

삯꾼, 도둑, 강도, 이리떼 등의 행태에 대한 예수님의 비유언어는 청중의 위기감을 촉발시키는 정치적 가연성이 큰 담론이었다. 이것이 선한 목자 담화에 있는 무서운 폭발력이다. 선한 목자 예수님은 이스라엘의 잃어버린 양떼를 찾기 위해서 로마제국과 헤롯 왕조와 바리새인 성전종교가 포기해버렸던 인간들을 찾아다니면서 그들을 재활복구시키셨다. 이 자비와 긍휼사역이 자기 목숨을 버리시는 과정이었다. 예를 들어 날 때부터 맹인 된 자는 바리새인들의 신학에 따르면 죄 가운데 태어난 자였다. 예수께서는 이 사람이 죄 때문에 불구가 된 것이 아니라 하나님 일들이 나타날 통로가 될 것이라고 반박하셨다. 예수님은 바리새인들이 죄인이라고 규정한 사람들을 영접해 아브라함의 영생 공동체로 초청하셨다. 세리와 창녀 등 바리새인들이 배척했던 죄인들을 하나님 나라의 잔치에 초대받은 하나님 나라의 본 백성으로 영접하셨다. 여자들, 어린아이, 이방인들도 무차별로 하나님 나라에 초청했다. 12년 동안 혈루병을 앓던 여인을 하나님 나라에 초청했다. 로마제국의 앞잡이였던 여리고의 세금 청부업자 우두머리 삭개오를 품으시고 재활복구시키셨다. "이 사람도 아브라함의 자손임이로다. 인자가 온 것은 잃어버린 자를 찾아 구원하려 함이니라."[눅 19:9-10] 이런 광범위한 구원활동으로 당시 바리새인들, 서기관들, 대제사장들이 설정했던 구원 판도를 뒤엎었다. 선한 목자 예수님은 바로 이런 선한 일들을 함으로써 유대인들에게 점점 미움을 받으시다가 마침내 십자가에 못 박히셨다. 예수님은 선한 목자의 고유 과업인 찢기고 상한 양떼를 살리고 고치려다가 미움 받으셨고 마침내 자기 목숨을 버리셨다. 잃어버린 양을 찾으려다가 자기 목숨을 버리신 것이다. 요한복음에서는 예수께서 죽임을 당한다고 말하지 않고 예수님이 스스로 자기 목숨을 내놓았다고 말한다.

15절 하반절의 직역은, '내 목숨을 내가 내어놓는다. 양들을 위하여'다. 목적어 '내 목숨'[텐 프쉬켄 무(τὴν ψυχήν μου)]이 문두에 온다.

'어린 양떼를 삯군과 이리떼와 강도떼로부터 건져내기 위해서 내가 조금씩 살기와 위협의 사정권 안에 내 인생을 디밀어간다.' 혹은 '나를 죽이려고 하는 강도떼의 사정권 내에 내가 점점 들어간다'는 말이다. '강도떼에게 빼앗긴 내 양떼를 찾기 위해서, 강도떼가 물고 있는 그 양새끼를 빼내기 위해서 나는 강도의 이빨 사정권으로 들어간다.' 사자와 곰의 이빨 사정권 내로 들어간다는 말이다.

16절은 약간 다른 주제를 도입한다. "이 우리"는 이스라엘 본토의 이스라엘 백성을 가리키고 "이 우리에 들지 아니한 다른 양들"은 디아스포라로 흩어져 사는 이스라엘 백성, 그리고 그들로 인해 하나님을 믿게 된 이방인들을 가리킨다. 예수님이 목숨을 바치는 이유는 이스라엘 본토 밖에 있는 다른 양들도 하나님 백성의 공동체로 이끌어 들이기 위함이다. 인자 들림 본문 중 하나인 요한복음 12:32에서 예수님은 인자가 들린 후에 모든 사람을 이끌 것이라고 말씀하신다. 본토 이스라엘 밖의 양들을 하나님께로 모으기 위해 예수님은 자기 목숨을 버리고 들릴 것이다. 16절의 마지막 소절은 다윗왕의 다스림 아래 이스라엘 열두 지파가 모여 하나가 되는 비전을 말하는 에스겔 34:23과 37:24을 요약한 것이다. 에스겔 34장에서 종말에 오실 그 선한 목자의 이름은 다윗이다. 에스겔 34장의 다윗은 이사야서에서는 '다윗의 후손'이라고 불리는 메시아를 가리킨다. 예수님은 자신의 목숨을 내놓고 들리는 인자가 되어 열두 지파 완전체 이스라엘을 다스릴 왕이 되실 비전을 말씀한다.

17절은 목숨을 내놓는 더 큰 이유를 말씀한다. 다시 얻기 위함이다. 그런데 '이로 말미암아 아버지께서 나를 사랑한다'는 이 소절은 헬라어 구문에서는 문두에 온다. 16절이 15절에서 17절로 이어지는 말의 흐름을 끊는 삽입절이다. 17절의 디아 투토(διά τοῦτό, '이로 말미암아')는 15절을 마무리하는 접속사적 전치사구이다. '그러므로'

정도의 의미다. 예수님이 양을 위하여 목숨을 내놓는 것은 아버지와 예수님 사이의 '서로에 대한 앎'에서 나온 결단이라는 것이다. 자신의 목숨을 내놓는 아들의 결단은 아버지의 뜻이다. 따라서 아버지와 아들의 교감에서 아들이 아버지의 뜻을 따라 자기 목숨을 내놓는 것을 인하여 아버지께서 아들을 사랑하신다. 이것은 조건적 사랑이라는 말이 아니라 아버지께서 기꺼이 승인하시고 공감하시고 받으신다는 것이다. 아들이 양들을 위하여 목숨을 내놓는 것은 결국 아버지 하나님과의 앎, 교감 속에 이뤄진 아들 예수님의 결단이다. 그래서 17절 둘째 소절에서 1인칭 대명사 에고[에고 티데미 텐 프쉬켄 무(ἐγὼ τίθημι τὴν ψυχήν μου)]는 더욱 의미가 있다. 이런 자기 목숨을 바쳐서 표현하는 사랑은 원래 아버지 하나님의 사랑이다. 인간과 피조물을 창조하시고 생명을 선사하신 창조행위 자체는 아버지 하나님이 자기 목숨을 내놓으시는 사랑이라고 볼 수 있다. 전능하신 아버지 하나님은 창조를 위해, 피조물을 사랑하기 위해 자기를 소진하시고 반역자 인간을 다시 살리기 위해 자기 생명을 내어주신다.

요한복음의 부활은 하나님 사랑의 불멸성과 불패성不敗性을 입증한다. 형이상학적 불변실재인 사랑이 궁극임을 선언하는 신학적 사건이다. 반면에 공관복음서의 부활은 로마 최고법정이 내린 판결을 뒤엎는 더 큰 나라가 있다는 정치적 선언이다. 공관복음서에서는 하나님께서 로마총독 빌라도의 사형 판결을 무효화시킴으로 천상의 최종법정이 있다는 것을 보여주는 정치적 판결을 내리신다. 요한복음에서는 이 세상의 가장 연약한 어린 양떼를 사랑하시기 위하여 목숨을 바친 사랑의 불멸성을 입증하는 것이 부활이다. 하나님의 사랑은 하나님 생명 그 자체이기 때문에 어떤 피조물도 사랑을 죽이거나 파괴하지 못한다. 그래서 하나님의 사랑을 위해 자기 목숨을 내놓으시는 예수님은 자기 목숨을 다시 얻을 권세를 갖게 되신다. 사람이 천

하를 잃어도 하나님 나라와 하나님의 복음을 위해 목숨을 잃으면 불멸의 목숨을 다시 얻는다.막 8:35

18절은 예수님이 죽음을 경험하시는 것은 자신의 목숨을 빼앗는 자에게 목숨을 아까워하다가 빼앗기시는 것이 아니라 스스로 내어놓으시는 행위라는 사실을 강조한다. 여기서 1인칭 단수 대명사 에고가 사용된다. '다른 자의 압력에 의해서가 아니라 내가(에고) 스스로 내 목숨을 내놓는다. 예수님은 자신의 목숨을 내놓는 권세도 있지만 다시 얻을 권세도 있다고 말씀하시면서 이것이 하나님 아버지로부터 받은 계명임을 역설한다. 하나님 아버지께서 예수님께 '네 목숨을 먼저 내놓고 다시 얻으라'고 명하셨다는 것이다. '나는 유대인들의 미움과 증오를 받아 죽임을 당하는 것이 아니다. 나는 유다의 배반으로 죽음에 넘겨진 것도 아니다. 나는 불의한 빌라도 때문에 죽는 것이 아니다. 나는 아버지 하나님의 뜻, 잃어버린 양떼를 찾기 위해 자기 생명을 소진하시는 하나님을 사랑하기 때문에 죽는 것이다. 나는 잃어버린 양에 대한 하나님 아버지의 큰 사랑에 감복했기 때문에 나도 어린양을 사랑하다가 죽는다. 어린양을 사랑하다가 죽겠다는 마음을 하나님 아버지께서 주셨다. 그래서 나를 죽게 만드신 분은 내 아버지이다.' 이것이 18절의 요지이다. '하나님 아버지는 나를 사랑하사 아버지와 나 사이에 있는 불멸의 연합과 사랑을 입증하기 위해서 다시 생명을 얻을 권세를 내게 주신다.' 우리 하나님이 이 세상을 창조하신 목적은 하나님 사랑의 질량과 부피를 확장하기 위해서, 즉 하나님 나라의 확장을 위함이었다. '왜 하나님께서는 우리를 만드셨을까?' 이 질문에 대해 4세기 그리스 교부였던 아타나시우스는 '우리 인간을 하나님처럼 되게 만들기 위해서 만드셨다'라고 대답했다. 죄인 된 인간은 야수적 욕망에 시달리는 존재이지만 우리 안에 전혀 다른 신적 성품이 주어지면 우리는 사랑의 불멸성을 입증하는 인생을 살 수 있다. 하나님은 다시 사는 부활을 통해, 사랑하다가 죽을 수 있는 삶은 부패할 수 없고 불멸할 수밖에 없다는 진리를 알려주셨다.

19-21절은 예수님의 선한 목자 강화가 청중인 유대인들에게 촉발시킨 논쟁 상황을 보도한다. 분쟁이 일어났다는 말은 일부 유대인들이 예수님의 말씀에 조금씩 마음이 열리는 증거다.[19절] 그러나 다수파는 예수님을 악마화하면서 그가 귀신 들렸으며 미쳤다고 말한다.[20절] 그들의 논리는 사실을 부정하는 편견에 휘둘리고 있으며, 치명적인 견강부회로 유지될 뿐이다. 그들의 논리는 다음과 같이 요약될 수 있다. 첫째, '맹인의 눈을 뜨게 했다는 그 고침받은 사람의 말을 믿을 수 없다.' 둘째, '예수가 그의 눈을 뜨게 했다면 그는 귀신의 힘을 빌렸을 것이다. 귀신의 왕 바알세불을 힘입어 귀신을 쫓아냈을 것이다.'[마 12:24] 그들은 맹인 된 자를 귀신 들린 자로 오해했다. 마태복음 12:22에는 이러한 유대인의 편견이 반영되어 있다. "그때에 귀신 들려 눈 멀고 말 못하는 사람을 데리고 왔거늘 예수께서 고쳐 주시매." 유대인들은 예수님이 귀신의 왕 바알세불의 힘을 빌리지 않았다면 이 열등한 작은 귀신에 들려 "눈 멀고 말 못하는 사람"을 고칠 수 없었을 것이라고 오판했다. 셋째, 예수님이 날 때부터 맹인된 자의 눈을 뜨게 했다고 하더라도 귀신의 힘을 빌렸기 때문에 무효다.' 이런 논법이 바리새인들의 요새화된 편견이다. 이 편견과 다투는 소수파의 의견은 최소한 예수님의 선한 목자 강화가 귀신 들린 자의 말일 수 없다고 말하는데, 그 근거가 '귀신이 맹인의 눈을 뜨게 할 수 없기 때문'이라고 보는 것이다.

예수님의 수전절 담화
: 예수님을 돌로 치려는 유대인들 ● 22-39절

22-39절은 예루살렘에서 있었던 수전절[修殿節] 논쟁을 담고 있다. 수전절이란 '성전을 수리한 것을 기념하는 절기'라는 의미다. 엥카이니아(ἐγκαίνια)로 불리는 이 절기는 주전 165년에 마카베오 항쟁의 지도자 유다 마카베오가 예루살렘 성전을 오염시키고 농단했던 시리아의 셀류키드 왕조의 8대왕 안토니우스 에피파네스 4세로부터 성전을 탈환해 봉헌했던 사건을 기념하는 절기다.[4] 성전을 되찾을 때 성전 등잔 촛대의 기름이 다 떨어졌는데도 여전히 불이 밝게 비치고 있었던 기적을 축성하기 위해 유대인들은 집집마다 등불을 환하게 켜 빛나게 했다. 그래서 하누카(빛의 축제)로 불리기도 한다. 기슬레월, 즉 주전 164년 유대력 9월(태양력 11-12월) 25일에 시작해 8일간 계속되는 겨울철 절기였다(22절; 마카베오상 4:41-61). 그래서 예수님도 성전 안 솔로몬 행각, 즉 실내에서 머물며 가르치고 있었다.[23절] '거니시니'라고 번역된 헬라어 페리에파테이(περιεπάτει)는 페리파테오(περιπατέω) 동사의 3인칭 단수 미완료형이다. 하루 동안 한 번 거니신 것이 아니라, 이 실내 공간을 거점 삼아 한동안 지속적으로 활동하셨다는 의미다.

이 단락의 논쟁은 1-21절 단락의 논쟁상황 직후에 일어난 것은 아닐 가능성도 있지만 주제는 연결되고 있다. 그리스도 논쟁, 양과 목자 담화, 영생, 하나님과 아들의 일체성 등이 예수님과 유대인들 사이의 논쟁거리였다. 24절은 유대인들이 예수님을 에워싸고 정체를 밝혀 달라고 요구하는 상황을 보도한다. 이 유대인들은 일견 적대적인 편견을 갖고 예수님을 죽이려고 덤벼드는 무리처럼 보이지 않는다. 그리스도의 말을 듣고 마음에 의혹이 생긴 사람들이다.

적대적 다수파와 우호적 소수파의 중간 입장을 가진 것처럼 보인다. 개역개정의 번역도 이런 추측을 정당화한다. 그런데 실상은 이들도 믿지 않는 다수파에 속한 자들이다. '다른 이가 아니라 당신이[쒸(σὺ)] 그리스도이면 밝히 말씀하소서.' 유대인들은 예수님이 자신들의 영혼[프쉬케(ψυχὴ)]을 격동시키고[아이로(αἴρω)] 있다고 말한다. 영혼(프쉬케)이 격동된 상태는 중립적이고 명징한 이해에 도달하기 힘든 상태이다. 그들 스스로 예수님의 독생자 언동 때문에 심각하게 교란되어 있음을 인정한다. 그래서 영혼이 교란케 된 유대인들은 예수님을 둘러싸고 정체를 더 분명하게 밝혀 달라고 지속적으로 말했다. '말했다'를 의미하는 엘레곤(ἔλεγον)은 레고(λέγω) 동사의 3인칭 복수 미완료형이다. 솔로몬 행각에 거니는 동안 내내 '당신이 그리스도라면 정체를 더 분명히 밝히라'고 말했다는 뜻이다. 개역개정의 존대어 번역은 문맥을 다소 무시한 번역이다. '당신 정체를 밝혀라' 정도의 의미다.

25절에서 예수님은 이미 자신을 믿지 않기로 작정한 사람들에게 자신의 정체를 밝히는 것은 어렵다는 취지로 답변하신다. '정체를 밝혀라'라는 요구에 대한 간접적인 답변이다. 예수께서 이들이 자신의 말을 듣고도 믿지 아니한다고 말한다.[25절] 그리고 그들은 예수님이 아버지의 이름으로 행하는 일들도 믿지 않는다. 오히려 아버지의 이름으로 행하는 예수님의 일들이 그가 하나님의 아들임을 증거함에도 불구하고,[25절] 믿지 않는다. 25절의 헬라어 구문 셋째 소절은 에고(ἐγὼ) 구문이다. 직역하면 이렇다. '다른 이가 아니라 내가(에고) 내 아버지의 이름으로 행하는 일들, 이 일들[타우타(ταῦτα)]이 나를 증거한다.' 그런데도 유대인들은 이 일들을 자세히 조사하고 살펴보지도 않고 오히려 예수님이 귀신 들렸다거나 귀신의 힘을 빌어 표적을 행한다고 비난한다. 예수님은 그들이 자신에게 하나님이 보내주신 양,

곧 자신의 양이 아니므로 자신을 믿지 않는다고 판단한다.[26절] 26절에 2인칭 복수 대명사 휘메이스가 사용된다. '다른 이가 아니라 너희는[휘메이스(ὑμεῖς)] 믿지 않는다.' 이런 뜻이다.

27절은 1-5절의 핵심논지를 반복한다. 하나님이 예수님께 보내주신 양은 예수님의 음성을 들으며 예수님을 따른다. 예수님 또한 그들을 안다.[27절] 27절의 셋째 소절도 에고 구문이다. 카이와 합해져 카고로 되어 있지만 이것 또한 1인칭 단수 대명사 에고의 강조구문이다. '그리고 나는(에고) 그들을 안다.' 여기서 중요한 사실은 예수님의 양들에게는 타인의 음성을 듣지 말아야 할 의무가 있다는 것이다. 자신들을 죽음과 파멸로 이끌어가는 거짓 선지자, 삯군 목자, 강도, 이리떼의 달콤한 유혹에 협조하지 않을 의무가 있다. 히틀러 치하에 살았던 독일인들은 거짓 선지자를 따랐다가 망했다. 히틀러를 제1당으로 만들어준 독일 민중은 1932년 선거에서 죄책을 져야 했다. 독일은 히틀러만 잘못한 것이 아니라 히틀러를 총통으로 뽑은 민중도 잘못했기 때문에 독일 민중도 타인의 음성을 따라간 책임을 져야 했다. 뉘른베르크 나치 전당대회에 40만 명의 나치 당원들이 '구세주 히틀러'(하일러 히틀러)를 외치는 것을 보고 독일 민중이 히틀러의 음성을 듣고 따랐고, 유대인과 집시의 박해에 협조했다. 독일의 구세주가 나타났다고 생각한 독일기독교연맹에 맞서 본회퍼, 마틴 니묄러 등 소수의 사람들이 히틀러의 음성이 우리 주님의 음성이 아니라 타인의 음성인 것을 알아차렸다. 일본 군국주의 역사도 마찬가지다. 일본의 군국주의화에는 예전의 '이름'만 있었던 천황을 실제적인 천황으로 신격화했던 메이지유신 핵심그룹의 책임이 가장 크다. 일본천황을 믿었던 천황숭배자들이 지금도 일본의 모든 권력기관에 암약하고 있다. 일본은 양의 탈을 쓴 늑대처럼 평화헌법을 버리고 전쟁 가능한 국가로 회귀하려고 한다. 일본 아베 정권의

막후는 일본 군국주의의 부활 세력들이다. 일본 민중은 자신들을 파멸로 몰아갈 타인의 음성을 분별하고 따라가지 말아야 한다. 목자의 음성을 분별하지 못하는 대중과 양떼도 역사의 파국에 책임을 져야 한다.

진화론에 따르면, 약자를 죽이는 것은 적자생존론의 실현이기에 도덕적 판단 대상이 아니다. 사회진화론에 따르면 소위 '열등인간'이라고 불리는 사람들을 도태시키는 것은 악이 아니라 자연적 진화 법칙일 뿐이라고 한다. 사자가 가장 느리고 약한 임팔라를 사냥하는 것과 같다. 임팔라 중에서 약하고 느린 임팔라, 즉 가장 열성 인자를 가진 자가 사자의 먹이가 되고, 보다 빠른 다른 임팔라 무리, 즉 상대적 우성 인자들이 보호된다는 것이다. 이것이 히틀러 체제의 우생학 실험의 배후에 놓인 사상이었다. 오늘날에도 히틀러 같은 자들은 경쟁과 각축 사회에서 생산성이 낮은 사람들은 도태시켜서 인간 존엄 밑바닥으로 끌어내려도 된다고 생각한다. 사회 적자생존론은 예수님의 음성이 아니라 타인의 음성이다.

28절은 3장과 6장에서 다룬 영생을 다시 말한다. 여기서도 에고 구문이 나온다. 카이와 에고의 합성어 카고(κἀγὼ)가 나온다. '그리고 나는(에고) 그들에게 영생을 준다.' 예수님은 자신을 따르는 양들에게 영생을 주시기 때문에 그들은 영원히 멸망하지 아니할 것이요 또 아무도 그들을 예수님 손에서 빼앗아 갈 수 없다.[28절] 29절은 아무도 예수님의 손에서 예수님의 양들을 빼앗아갈 수 없는 이유를 말한다. 그들을 주신 하나님 아버지는 만물보다 크시기 때문이다. 30절은 유대인들을 격분시키는 예수님의 독생자 화법이다. "나와 아버지는 하나이니라." 이 구문도 에고 구문이다. 에고 카이 호 파테르 헨 에스멘(ἐγὼ καὶ ὁ πατὴρ ἕν ἐσμεν). '나 자신과 아버지 우리는 하나다.' 절대유일신 신앙을 교조화하고 있는 유대인들이 참지 못하는 독생자 화법의 전형이다. 예수님은 하나님 아버지와의 천의무봉 신뢰와 연합 속에서 하나님을 '내 아버지'라고 부르셨다. 예수님과 하나님 아버지 사이의 거리는 0이다. 큰 질량과 작은 질량이 거리가 0이 될 정도로 완전히 하나가 되어 합쳐질 경우 무한대의 에너지가 창출되어 서로를 끌어당긴다. 이런 의미에서 예수님은 자신을 하나님의 독생자라고 간주하고 행동하셨다. 이 독생자 화법을 들을 때마다 유대인들은 예수를 거짓 선지자로 간주해 돌로 치려고 했는데 이번에도 "다시" 돌을 들어 치려고 시도한다. 한두 번 치려고 한 것이 아니라는 말이다.[31절] 유대인들이 알아야 할 사실은 어떤 맥락에서 예수님이 하나님과 자신은 하나이며, 자신이 하나님의 아들이라고 주장하시는가이다. 예수님에게 하나님의 독생자 화법은 항상 비특권화, 순종의 무한 부담을 강조하는 화법이었다. 일본 천황은 천조대신의 직계 후손이기 때문에 아시아를 지배해도 된다는 지배욕을 정당화하는 일본 군국주의자들과는 정반대의 맥락이었다. 대부분의 종교에서 '바로 그가 신의 아들이다'라는 말은 지배권과 정복욕을 정당화하는 수사이다. 그러나 예수님은 하나님의 아들이라는 말씀을 하실 때마다 십자가에 죽기까지 복종함, 자기비움, 타인의 유익을 구하기 위해 자기 목숨을 바치는 결심을 다지고 다지셨다. '하나님 독생자'라는 독생자 담론은 단 한 번도 권력 담론으로 변질되지 않았다. 오늘날 종교인들은 하나님을 대신하기 때문에 최고의 면류관을 써서 지상의 재판관과 통치자 노릇을 하겠다는 권력미화 담론에 빠지기 쉽다. 예수님의 독생자 화법은 순종의 무한책임을 수반하는 자기해체적 십자가 언어다. 양들을 지배하고 왕노릇하는 종교권력자들은 예수님의 독생자화법의 진의를 터득하고 깨달아야 한다.

예수님은 아버지로 말미암아 자신이 여러 가지 선한 일을 유대인들에게 보였는데도 구체적으로 무슨 일 때문에 자신을 돌로 치려 하는지 물으신다.[32절] 유대인들은 '네가 한 선한 일 때문이 아니라 너의 신성모독적 언동 때문이다. 특히 사람인 네가 자칭 하나님이라고 주장하기 때문이다'라고 대답한다.[33절] 33절의 마지막 소절인 호티(ὅτι) 절은 2인칭 단수 대명사 쒸가 나오는 절이다. '네가(쒸) 사람으로서 [안드로포스 오온(ἄνθρωπος ὢν), being human] 스스로를 하나님으로 만들기 때문이다.'

이 비난에 대해 예수님은 시편 82:6을 들어 자신이 '하나님이다'라는 주장을 옹호하신다. 유대인들이 소중히 여기는 율법(구약성경 토라)의 시편에서 "내가 너희를 신이라 하였노라"는 구절을 근거로 제시하신다.[34절] "하나님의 말씀을 받은 사람들을 신이라"고 부르는 성경의 증언은 무효화할 수 없다.[35절] 개역개정의 "하나님의 말씀을 받은 사람들을"이라는 번역은 자동사 기노마이(γίνομαι)를 능동사인 것처럼 번역했는데 불필요한 의역이다. 35절의 상반절 뒷 소절은 음역하면 프로스 후스 호 로고스 투 데우 에게네토(πρὸς οὓς ὁ λόγος τοῦ θεοῦ ἐγένετο)이다. '하나님의 말씀이 임한 사람들에 대하여'라는 뜻이다. 주어가 하나님 말씀이다. '말씀을 받은 사람들'이 아니라 '말씀이 임한 사람들이 신이라고 불렸다.' 결국 35절 상반절은 다음과 같이 직역하는 것이 낫다. '만일 그가 하나님의 말씀이 임한 그 사람들에(에케이누스 데우스, 모두 대격] 대하여, 신을 말했다면'이다. 에케이누스(ἐκείνους), 데우스(θεοὺς), 전치사 프로스(πρὸς) 뒤에 나오는 관계대명사 후스(οὓς) 모두 대격이다. '하나님 말씀이 임하다'는 문장의 히브리어 구문은 하야 드바르 아도나이(hāyā dĕbar YHWH)이다. 이 히브리어의 헬라어 번역어가 에게네토 호 로고스 투 데우(ἐγένετο ὁ λόγος τοῦ θεοῦ)이다. 하나님 말씀이 임하고 하나님의 영에 사로잡히면 예언자들도 의사소통 수준에서는 신격神格에 들어온다. 예수님이

요

자신을 하나님의 아들이라고 부를 때 그것은 그리스 신화에서 말하는 신 혹은 신의 아들이라는 어구와 다르다. 예수님이 당신을 하나님의 독생자요 하나님과 하나라고 부를 때 그것은 예언자적 신격을 부여받았다고 말씀하시는 것이다. 커다란 자석磁石에 보통 쇠붙이가 오랫동안 붙어 있으면 자성磁性을 얻는 원리와 유사하다. 예수께서는 하나님을 친아버지라고 부르는 자신의 말투와 주장이 유대인들에게 걸림돌이 되는 것을 아시고 이처럼 적극적으로 자기변호에 나서신다.

인간을 신으로 모시는 모든 이방종교를 멸시하고 하나님 절대유일신 신앙을 지켜온 유대교가, 이 세상 모든 열등한 종교들과 자신의 종교들을 구분할 때 사용한 잣대가 신과 인간의 무한한 이격이었다. 당시의 지중해 종교들 대부분은 신들과 인간의 경계를 흐릿하게 만들어 놓았다. 로마에는 30만의 신이 있었다. 로마는 국가적 영광을 창출했던 사람들을 모두 신격화시켰기 때문에 신이 많았다. 결국은 로마에서 가장 명예로운 사람들의 총연합체가 신들의 동아리였다. 로마제국 이전 고전 그리스 시대에도 사람이 신이 된다는 개념은 익숙한 사상이었다. 그리스 교부들은 하나님을 닮아가는 인간의 신화神化를 강조했다. 클레멘트, 오리겐, 아타나시우스 등 그리스 교부들은 '인간이 신처럼 되는 것은 하나님의 창조계획 안에 있었던 경륜'이라고 보았다. 그런데 유대교에서는 절대로 사람은 하나님이 될 수 없었다. 그리스와 로마 사람들이 유대교의 윤리적 탁월성, 신관의 우수성을 말할 때, 이것은 유대교에서 하나님과 사람은 도저히 하나가 될 수 없다는 이격감을 강조한 것과 관련이 있다. 구약성경 안에는 하나님과 같이 된다는 개념이 언약적 일체감을 표현하는 맥락에서 사용되고 있다. 인간이 하나님과 인격적, 의지적, 인지적 일치감을 맛보고 하나님께 인격적으로 완전히 순복하고 하나님 뜻을

백퍼센트 대행하고 납득할 때, 그런 경우는 인간도 엘로힘이라고 불렸다. 구약에서 '사람이 하나님(엘로힘)처럼 된다'라는 표현은 아담과 하와에게 뱀이 거짓되게 약속한 신적 불멸성 취득 신화와 아무런 상관이 없다. 창세기 3:5에서 뱀은 아담과 하와에게 "너희가 그것을 먹는 날에는 너희 눈이 밝아져 하나님(엘로힘)"처럼 될 것이라고 약속한다. 이때 뱀은 신적 선악 판단 및 결정권, 불멸성 등을 가진다는 점에서 신처럼 된다고 약속했다. 그리스-로마의 신 같은 수준의 권능과 불멸을 누리게 될 것이라는 함의였다. 그리스-로마의 신화에서 나올 법한 신격의 약속이었다. 그러나 이것은 시편 82:6("너희는 신들이며")의 말씀을 인용하여 인간을 엘로힘이라고 부를 수 있다고 주장하는 예수님의 마음에 있는 '신'과는 전혀 다른 개념이다. 예수님에게 '엘로힘'은, 하나님 말씀이 임해 하나님께 의지적으로 순복하여 하나님과 영적으로 고도의 일치를 누리는 존재를 가리킨다. 이때 '신'은 하나님 말씀이 임해 그 말씀에 순종하는 사람을 가리킬 뿐 존재론적으로 신화神化되어 신적 불멸을 획득하는 존재가 된다는 말이 아니다. 하나님과 완전한 일치를 누리는 영생적 교제에 들어온 피조물도 신이라고 불린다는 것이다.

이스라엘 역사는 하나님의 말씀이 임하여 신격神格으로 들어간 예언자들이 이끌어온 역사이다. 이스라엘 민족 대다수는 불순종했지만, 소수의 예언자들과 그들을 따르고 순종한 하나님의 자녀들이 이스라엘의 구속 역사를 지탱해왔다. 이들은 하나님이라는 신격을 얻은 자들이었고 이들은 하나님의 이상적인 맏아들의 대표자들이었다. 예언자들은 자기 당대의 맏아들 이스라엘의 대표자들이었다. 예수님의 독생자 의식은 예언자적 맏아들 의식의 적분체다. 예수님이 스스로를 하나님의 독생자라고 생각한다는 말은 아브라함부터 세례 요한까지 하나님의 말씀을 맡아왔던 예언자적 인물들의 맏아들 사명의식을 적분하셨다는 것을 의미한다. 따라서 예수님의 독생자 의식의 진면목은 이렇게 표현될 수 있을 것이다. '내가 독특한 의미의 하나님 아들이라는 말을 할 때는 불순종한 이스라엘 민족의 불순종 역사를 상쇄시키려는 의지를 드러내는 때이다. 나의 독생자 의식은 불완전하게 순종한 이스라엘의 불순종을 만회하여 각 세대의 이스라엘을 대표했던 예언자들의 맏아들다운 순종을 완성하려는 마음이다. 이스라엘 민족의 불순종의 역사를 백퍼센트 순종의 역사로 대역전시키러 온 이상화된 맏아들, 종말의 맏아들이다. 그런 의미에서 나는 독생자적 순종 부담을 안고 산다.' 결국 불순종하던 이스라엘의 저주 역사를 구원의 역사, 용서받은 역사로 만드실 수 있을 만큼 큰 순종을 바칠 아들이라는 뜻이다. 따라서 독생자라는 말 자체는 하나님과 이스라엘의 언약의 역사 안에서만 쓸 수 있는 말이다. 예언자를 목적 지향적으로 지속적으로 파송해주신 하나님의 역사 안에서만 독생자 의식이 나올 수 있기 때문이다. 지난 1,500년간 하나님 아들 의식, 또는 하나님 말씀을 맡은 엘로힘 의식을 가진 자들이 분투해오던 역사에서만 독생자가 나타날 수 있다. 이스라엘 민족의 불순종을 상쇄하기 위해 예수님은 일관성 있게 순종했기 때문에 독생하신 하나님의 아들이라고 불린다. 이런 독생자 의식을 가진 엘로힘들이 사회의 공공 영역에서 사라지고 소멸되면, 즉 하나님이 현실 속에서 올바로 대표되지 못하면 저항적 무신론이 기승을 부리게 된다. 하나님의 자녀들이 하나님의 일을 하지 않을 때 무신론이 일어난다. 빌리 그래이엄 목사와 대규모 순회 전도집회를 다니며 주강사로 활약했던 찰스 템플턴은 『하나님과 작별: 내가 기독교를 거절한 이유』라는 책을 쓰면서 1957년에 무신론자로 전향했다.[5] 그 이유 중 하나가 아프리카의 어린아이들을 하나님이 돌보지 않기 때문이라고 한다. 유치한 생각이긴 하지만 통속적 무신론의 가장 전형적 발생과정이기도 하다. 우리가 하나님의 말씀이 임한 엘로힘으로서 하나님의 일을 행하지 않으면 무신론이 일어나도 불평할 수 없다. 아프리카 아이들은 하나님이 하늘에서 직접 돌볼 것이 아니라 땅에서 하나님과 교감하면서 하나님 자녀된 자들, 하나님 말씀 맡은 이들이 돌봐야 한다. 이 세상에서 아무도 하나님의 일들을 행하지 않으면 하나님이 계시지 않는다고 소리치는 것이 더 정직한 반응이다.

36절은 '하나님의 말씀이 임한 사람들이 신격을 얻는다'는 35절의 논리를 한층 더 밀고 나가는 예수님의 논법이다. 하나님의 말씀을 위탁받은 사람이 신(엘)이라고 불리는 마당에, 하나님 아버지께서 거룩하게 하사 세상에 보내신 자신을 가리켜 "나는 하나님의 아들이라"고 말하는 것을 "너희가(휘메이스) 어찌 신성모독이라고 하느냐"고 반문하신다.[36절]

37-38절은 유대인들에게 자신을, 아니면 자신의 사역만이라도 믿어 달라고 호소하는 예수님의 진정성을 증언한다. 자신의 말의 겉면만 보지 말고 자신이 아버지 하나님의 일을 행하고 있음을 믿어달라는 호소이다. 자신이 하나님 아버지의 일을 행하지 아니하거든 믿지 않아도 되지만,[37절] 자신이 아버지 하나님의 일을 행하거든 믿어달라는 것이다. 심지어 자신은 믿지 아니하더라도 자신이 행하는 말과 행동, 표적의 실재성은 믿으라는 것이다. 이런 믿음을 가지면 다른 사람은 몰라도 유대인 당신들은(휘메이스) "아버지께서 내 안에 계시고 나 자신도(카고=카이+에고) 아버지 안에 있음을 깨달아" 알 것이기 때문이다.[38절] 유대인들은 더이상 대답하지 않고 "다시" 예수를 잡고자 하였으나 예수님은 그들의 손아귀에서 벗어나셨다.[39절]

요

40-42절은 예수님의 피신과 피정을 보도한다. "다시" 요단강 저편 세례 요한이 처음으로 세례 베풀던 곳, 자신의 소명을 처음으로 공론화시킨 그곳에 가서 머물렀다.[40절] 이때는 이미 세례 요한이 헤롯 안티파스에게 목숨을 잃고 그의 제자들이 세례운동을 이어가던 때였다. 41절은 카이 접속사로 시작한다. 많은 사람이 왔는데, 그 이유가 무엇인지 분명하지 않다. 헬라어 구문은 카이 폴로이 엘돈 프로스 아우톤(καὶ πολλοὶ ἦλθον πρὸς αὐτὸν)이다. '그리고 많은 사람이 그에게로 왔다' 혹은 '그리고 많은 사람이 그곳으로 왔다.' 둘 다 가능한 번역이다.[41절] 아우톤이 예수님을 가리킨다면 전자의 번역이, 40절에 있는 장소를 의미하는 남성단수 토포스(τόπος)를 의미한다면 후자의 번역이 적합할 것이다. 41절을 시작하는 접속사 '그리고'에 비추어 볼 때 많은 사람이 요단강 저편으로 온 것은 세례 요한의 제자들에게 세례를 받으러 왔다기보다는 예수님을 보기 위함이라는 인상을 준다. 세례 요한의 세례운동 본거지에 세례를 받으러 왔다가 예수님을 믿게 되었다기보다는, 41절의 "많은 사람"은 유대지방에서 예수님이 피신한 장소까지 따라왔던 사람들일 것이다.[41절] 아마도 그들은 표적 때문에 예수님을 믿는 사람들이었을 것이다. 42절에서 그들이 한 말도 이런 추측을 뒷받침한다. "요한은 아무 표적도 행하지 아니하였으나 요한이 이 사람을 가리켜 말한 것은 다 참이라 하더라." 이스라엘에게 공식적으로 등장시킨 이 사람 예수에 대해 말한 것은 "다 참이라"는 것이다. 그리하여 세례 요한의 세례운동도 알았고 그에 의해 이스라엘에게 공적으로 소개된 예수님을 따라온 "많은 사람들"이 요단강 저편 세례 요한의 본거지까지 와서 세례 요한과 예수님을 비교한 후에 예수님을 믿는 쪽으로 방향을 틀었다.[42절] 그런데

이들은 예수님이 우려하는 '표적'을 보고 믿는 자들이었다. 표적을 통해 이스라엘을 속량할 자라고 믿는 자들이었을 것이다.[눅 1:68; 24:21]

메시지

이 세계의 모든 권력화된 종교에는 성도를 착취하려는 야만적 요소가 있다. 그런데 하나님으로부터 온 종교의 특징은 가장 하나님께 가깝다고 여겨지는 사람들이 부단하게 희생과 겸손을 실천한다는 것이다. 하나님과 접촉한 종교의 특징은 비움, 낮춤, 나눔, 품음이다. 진짜 하나님과의 만남이 있으면 부단한 겸손, 부단한 낮춤, 비특권화, 특권 포기가 일어난다. 하나님의 영과 접촉하는 순간 편한 것을 거부하게 된다. 거룩하신 하나님은 육신의 제한 속에 들어오셨기 때문에 사람의 종이 되기까지 자신을 낮추셨다. 즉 생명력을 소진하는 쪽으로 자기를 비우셨다. 그런데 고체화된 권력으로 무장된 제도권 종교는 하나님과 점차 멀어지며 자기폐쇄적이고 자기충족적인 매트릭스로 변질된다. 양떼의 생명력을 착취하여 큰 건물을 짓거나 부동산 자산을 늘리거나 거대한 해외투자를 늘리는 등 제도권 종교가 벌이는 모든 악행들은 제도화되고 권력화된 종교의 지도자들이 스스로 선한 목자가 아니라 삯군, 강도, 도둑이며 하나님과의 영적 접촉을 상실했음을 드러내는 것이다. 종교는 순진하게 속아 넘어가는 자들의 무지몽매 위에 권력의 바벨탑을 쌓아올린다. 양떼가 바친 헌금으로 배불리고 대성당이나 대신전을 짓는 자들이 양떼의 목숨을 파리하게 만드는 세속권력자들을 비호하고 축복한다. 이런 권력추종적인 종교권력자들은 대부분 양들을 배반한다. 고체화된 권력을 가진 제도권 종교는 결코 예수님이 주시는 풍성한 삶, 영생을 선사할 수 없다.

예수님이 선사하시는 풍성한 삶은 영생이다. 영생은 국가나 어떤 인간 결사체나 조직이 강탈하지 못하는, 하나님이 보장하시는 평화로운 사회생활이다. 영생은 내 행복을 추구하기 위해 이웃의 자유와 행복을 해치지 않아도 되는 삶이다. 예수님의 영생은 하나님이 주신 이 풍요로운 땅과 자연을 향유할 권리를 누리는 것이다. 이런 영생을 가로막는 것이 무장병력을 가진 주권국가들이 상쟁하는 세계다. 시장을 점유하기 위해 피 터지는 경쟁을 일삼는 회사에 고용당해 일방적으로 생명력을 소진당하는 세계다. 쉽게 말해 영생은 예수님 같은 분의 사랑과 섬김 속에 자신도 사랑과 섬김의 능력을 체득해가는 삶이다. 영생은 소극적으로는 절도나 강도떼 같은 지도자들 밑에서 휘둘리지 않을 권리, 착취당하지 않을 권리, 노략질당하지 않을 권리, 국가기관의 거짓 선전에 넘어가서 전쟁터로 끌려가지 않을 권리이다. 적극적으로 자기가 경작한 땅에서 난 소출을 가지고 이웃과 나눌 수 있는 권리이다. 에스겔 34장과 요한복음 10:1-14이 그리는 선한 목자와 함께 하나님을 경배하고 이웃을 사랑하는 권리이다. 예수님은 죽은 우리를 천당에 데려가기 위해서가 아니라, 이 땅에서부터 누릴 풍성한 삶을 선사하기 위해 오셨다. 예수님은 모든 폭압적 국가권력자들을 강도와 도둑떼로 보이게 할 만큼 철두철미하게 겸손한 비무장 왕으로 오셨다. 예수님을 보기 전까지 우리는 세상의 전제적, 독재적 지배자들이 힘 겨루는 각축장 같은 세계를 벗어날 길이 없다. 예수님은 어린양이라고 불리는 이스라엘 자유농민들의 독특한 지위를 회복하여 하나님께 직접 통치를 받는 나라를 선포하셨다. 예수님은 세속정부의 육법전서에 지배당하지 않아도 될 만큼 높은 수준의 도덕과 윤리를 실천하는 사람들로 하나님 나라를 세우고 계시는 중이다. 초국가적 자유와 존엄을 누리도록 부르신 것을 알고 우리 그리스도인들은 무정부주의적 하나님 나라 시민이 되었다. 이 세상의 폭압적 국가 체제를 불필요하게 만드는 하나님 나라 시민이 되었다. 감시와 처벌기관 등을 무기 삼아 사람들을 다스리는 폭압적 국가 체제가 필요 없을 정도로 고결한 사람들이 하나님 나라의 시민이다. 하나님 나라는 민족국가 체제 너머에서 오는 나라이다. 그것은 주권 무장국가들의 무장을 평화롭게 해체시키는 성령의 추동 국가다. 이 하나님 나라의 강령은 로마서 13:8-10이다. "피차 사랑의 빚 외에는 아무에게든지 아무 빚도 지지 말라. 남을 사랑하는 자는 율법을 다 이루었느니라. 간음하지 말라, 살인하지 말라, 도둑질하지 말라, 탐내지 말라 한 것과 그 외에 다른 계명이 있을지라도 네 이웃을 네 자신과 같이 사랑하라 하신 그 말씀 가운데 다 들었느니라. 사랑은 이웃에게 악을 행하지 아니하나니 그러므로 사랑은 율법의 완성이니라." 이웃을 자기 몸처럼 사랑하는 그 세계는 사랑 외에는 다른 법이 필요 없다. 이 하나님 나라의 비전은 일찍이 예레미야 31:31-34을 통해 알려졌다. 여호와의 성령이 우리 각 형제자매 심령에 거하게 되면 여호와의 율법을 지킬 능력이 샘솟게 되고, 마침내 여호와의 율법을 실천하게 되면 강제로 우리 양심을 지배하는 감독자가 나타날 필요가 없는 날이 온다. 이것이 성령으로 온 세상만민을 묶어내는 새 언약시대, 예수시대의 미래상이다. 하나님 나라의 중간단계로서의 무정부주의는 통속적 무정부주의처럼 국가를 무조건 거부하고 징집을 거부하는 것이 아니라, 국가의 권력을 점점 축소하여 시민 역량, 사랑 역량, 봉사 역량을 국가의 법이 요구하는 것 이상으로 확장하고 발전시키는 사회다. 세계 모든 그리스도인들이 자기 나라의 권력, 행정력, 폭압적인 강제성을 약화시키는 쪽으로 사랑을 늘려가는 운동이 하나님 나라 운동이다.

하나님의 통치와 돌봄을 받는 양들인 자유농민들, 자기 땅을 경작하면서 타인의 땅을 차지하지 않고 자기 노동의 성과로 먹고 사는 사람들이 하나님 나라의 중심시민들이다. 그들은 폭압적 국가 기능을 약화시키면서 이 세상을 점점 국가의 도둑떼와 강도떼가 내리는 명령 체계가 하달되지 못하도록 만드는 데 너무나 중요한 시민들이다.

요약하면 예수님이 선사하는 영생은 더 풍성한 생명이다. 자기 땅에서 자기 땀을 흘려서 먹고 사는 삶, 압도적인 외부세력들로부터 땅을 빼앗길 염려가 없이 사는 안전한 삶, 안식권이 보장된 삶, 타인의 음성을 가진 거짓된 지배자들에게 휘둘리지 않을 권리가 있는 삶이다. 더 나아가 노동의 성과를 이웃과 나눌 수 있는 삶이 풍성한 삶이다. 노동과 안식이 조화를 이루는 삶이 풍성한 삶이고, 하나님께 배타적으로 소속되어 강제적이고, 폭력적인 국가 기관에 휘둘리지 않고 떳떳하게 살아가는 삶이 영생이다.

자유농민적 인간은 국가에게 소속되기 전에 하나님께 책임지는, 하나님과 소통하는 언약적 당사자다. 하나님과 자유농민 사이에는 어떤 중간관리자도 필요 없다. 고귀한 하나님의 형상을 따라 지음받은 인간이기 때문에 독재자에게 귀속되거나 국가에 의해 동원될 부속품이 아니다. 하나님은 국가를 초월해서 모든 개인을 언약관계로 초청해 언약을 맺어주신다. 인간은 엘로힘이 되도록 부름받았다. 하나님께 직접적인 책임을 지고 하나님 말씀을 따라 사는 존재, 하나님께 책임져서 하나님의 창조세계를 하나님 뜻에 따라 함께 관리해 가는 신으로 살도록 부름받았다. 인간은 하나님께 결속돼야만 국가에 예속되지 않고 기업체에 예속되지 않으며 자기 생계를 위탁한 직장에 노예처럼 굴종하지 않을 수 있다. 인간이 모욕과 노예적 존엄 파괴를 견디지 못하는 이유는 인간 창조의 비밀에 있다. 우리가 하나님 아들일 뿐만 아니라 하나님 고귀한 형상이기 때문에, 모욕당하는 순간 하나님이 동시에 연동돼 모욕을 받는다. 아우슈비츠에서 유대인 6백만 명이 죽어갈 때 하나님도 똑같이 6백만 명의 고통을 받으셨다. 하나님과 인간의 존엄은 연동돼 있기 때문에 인간의 존엄을 파괴할 때 하나님의 존엄도 파괴된다. 하나님과 인간은 언약관계 아래 있다. 예수님은 이런 뜻으로 "나와 아버지는 하나이니라"[10:30]라고 하셨다. '인간을 대표하는 나와 아버지는 하나이니라.' 이런 의미다. 유대인들은 하나님과 예수님 사이의 견결한 결속과 교제를 끝내 이해하지 못했다.

요

11장.

나는 부활이요 생명이다

11

[1]어떤 병자가 있으니 이는 마리아와 그 자매 마르다의 마을 베다니에 사
는 나사로라. [2]이 마리아는 향유를 주께 붓고 머리털로 주의 발을 닦던 자
요 병든 나사로는 그의 오라버니더라. [3]이에 그 누이들이 예수께 사람을 보내어 이르
되 주여, 보시옵소서. 사랑하시는 자가 병들었나이다 하니 [4]예수께서 들으시고 이르
시되 이 병은 죽을 병이 아니라 하나님의 영광을 위함이요 하나님의 아들이 이로 말
미암아 영광을 받게 하려 함이라 하시더라. [5]예수께서 본래 마르다와 그 동생과 나사
로를 사랑하시더니 [6]나사로가 병들었다 함을 들으시고 그 계시던 곳에 이틀을 더 유
하시고 [7]그 후에 제자들에게 이르시되 유대로 다시 가자 하시니 [8]제자들이 말하되 랍
비여, 방금도 유대인들이 돌로 치려 하였는데 또 그리로 가시려 하나이까. [9]예수께서
대답하시되 낮이 열두 시간이 아니냐 사람이 낮에 다니면 이 세상의 빛을 보므로 실
족하지 아니하고 [10]밤에 다니면 빛이 그 사람 안에 없는 고로 실족하느니라. [11]이 말
씀을 하신 후에 또 이르시되 우리 친구 나사로가 잠들었도다. 그러나 내가 깨우러 가
노라. [12]제자들이 이르되 주여, 잠들었으면 낫겠나이다 하더라. [13]예수는 그의 죽음을
가리켜 말씀하신 것이나 그들은 잠들어 쉬는 것을 가리켜 말씀하심인 줄 생각하는지
라. [14]이에 예수께서 밝히 이르시되 나사로가 죽었느니라. [15]내가 거기 있지 아니한
것을 너희를 위하여 기뻐하노니 이는 너희로 믿게 하려 함이라. 그러나 그에게로 가자
하시니 [16]디두모라고도 하는 도마가 다른 제자들에게 말하되 우리도 주와 함께 죽으
러 가자 하니라. [17]예수께서 와서 보시니 나사로가 무덤에 있은 지 이미 나흘이라. [18]
베다니는 예루살렘에서 가깝기가 한 오 리쯤 되매, [19]많은 유대인이 마르다와 마리아
에게 그 오라버니의 일로 위문하러 왔더니. [20]마르다는 예수께서 오신다는 말을 듣고 곧
나가 맞이하되 마리아는 집에 앉았더라. [21]마르다가 예수께 여짜오되 주께서 여기 계

셨더라면 내 오라버니가 죽지 아니하였겠나이다. [22] 그러나 나는 이제라도 주께서 무
엇이든지 하나님께 구하시는 것을 하나님이 주실 줄을 아나이다. [23] 예수께서 이르시
되 네 오라비가 다시 살아나리라. [24] 마르다가 이르되 마지막 날 부활 때에는 다시 살
아날 줄을 내가 아나이다. [25] 예수께서 이르시되 나는 부활이요 생명이니 나를 믿는 자
는 죽어도 살겠고 [26] 무릇 살아서 나를 믿는 자는 영원히 죽지 아니하리니 이것을 네가
믿느냐. [27] 이르되 주여, 그러하외다. 주는 그리스도시요 세상에 오시는 하나님의 아들
이신 줄 내가 믿나이다. [28] 이 말을 하고 돌아가서 가만히 그 자매 마리아를 불러 말하
되 선생님이 오셔서 너를 부르신다 하니 [29] 마리아가 이 말을 듣고 급히 일어나 예수께
나아가매 [30] 예수는 아직 마을로 들어오지 아니하시고 마르다가 맞이했던 곳에 그대로
계시더라. [31] 마리아와 함께 집에 있어 위로하던 유대인들은 그가 급히 일어나 나가는
것을 보고 곡하러 무덤에 가는 줄로 생각하고 따라가더니 [32] 마리아가 예수 계신 곳에
가서 뵈옵고 그 발 앞에 엎드리어 이르되 주께서 여기 계셨더라면 내 오라버니가 죽
지 아니하였겠나이다 하더라. [33] 예수께서 그가 우는 것과 또 함께 온 유대인들이 우는
것을 보시고 심령에 비통히 여기시고 불쌍히 여기사 [34] 이르시되 그를 어디 두었느냐.
이르되 주여, 와서 보옵소서 하니 [35] 예수께서 눈물을 흘리시더라. [36] 이에 유대인들이
말하되 보라, 그를 얼마나 사랑하셨는가 하며 [37] 그 중 어떤 이는 말하되 맹인의 눈을
뜨게 한 이 사람이 그 사람은 죽지 않게 할 수 없었더냐 하더라. [38] 이에 예수께서 다시
속으로 비통히 여기시며 무덤에 가시니 무덤이 굴이라 돌로 막았거늘 [39] 예수께서 이
르시되 돌을 옮겨 놓으라 하시니 그 죽은 자의 누이 마르다가 이르되 주여, 죽은 지가
나흘이 되었으매 벌써 냄새가 나나이다. [40] 예수께서 이르시되 내 말이 네가 믿으면 하
나님의 영광을 보리라 하지 아니하였느냐 하시니 [41] 돌을 옮겨 놓으니 예수께서 눈을
들어 우러러 보시고 이르시되 아버지여, 내 말을 들으신 것을 감사하나이다. [42] 항상
내 말을 들으시는 줄을 내가 알았나이다. 그러나 이 말씀 하옵는 것은 둘러선 무리를
위함이니 곧 아버지께서 나를 보내신 것을 그들로 믿게 하려 함이니이다. [43] 이 말씀을
하시고 큰 소리로 나사로야, 나오라 부르시니 [44] 죽은 자가 수족을 베로 동인 채로 나
오는데 그 얼굴은 수건에 싸였더라. 예수께서 이르시되 풀어 놓아 다니게 하라 하시니

라. [45]마리아에게 와서 예수께서 하신 일을 본 많은 유대인이 그를 믿었으나 [46]그 중
에 어떤 자는 바리새인들에게 가서 예수께서 하신 일을 알리니라. [47]이에 대제사장들
과 바리새인들이 공회를 모으고 이르되 이 사람이 많은 표적을 행하니 우리가 어떻게
하겠느냐. [48]만일 그를 이대로 두면 모든 사람이 그를 믿을 것이요 그리고 로마인들이
와서 우리 땅과 민족을 빼앗아 가리라 하니 [49]그 중의 한 사람 그 해의 대제사장인 가
야바가 그들에게 말하되 너희가 아무것도 알지 못하는도다. [50]한 사람이 백성을 위하
여 죽어서 온 민족이 망하지 않게 되는 것이 너희에게 유익한 줄을 생각하지 아니하
는도다 하였으니 [51]이 말은 스스로 함이 아니요 그 해의 대제사장이므로 예수께서 그
민족을 위하시고 [52]또 그 민족만 위할 뿐 아니라 흩어진 하나님의 자녀를 모아 하나가
되게 하기 위하여 죽으실 것을 미리 말함이러라. [53]이 날부터는 그들이 예수를 죽이려
고 모의하니라. [54]그러므로 예수께서 다시 유대인 가운데 드러나게 다니지 아니하시
고 거기를 떠나 빈 들 가까운 곳인 에브라임이라는 동네에 가서 제자들과 함께 거기
머무르시니라. [55]유대인의 유월절이 가까우매 많은 사람이 자기를 성결하게 하기 위
하여 유월절 전에 시골에서 예루살렘으로 올라갔더니 [56]그들이 예수를 찾으며 성전에
서서 서로 말하되 너희 생각에는 어떠하냐. 그가 명절에 오지 아니하겠느냐 하니 [57]이
는 대제사장들과 바리새인들이 누구든지 예수 있는 곳을 알거든 신고하여 잡게 하라
명령하였음이러라.

주석

11장은 마지막 표적 장이다. 사랑하는 친구 나사로의 무덤을 찾아 '죽은 자를 향해 나오라'고 소리치시는 예수님은 에스겔 37:12에서 에스겔의 대언을 성취하는 인자다. 예수님은 죽은 자를 살리는 부활 권능을 과시하심으로 이 세상의 그 누구도 걸어갈 수 없는 길을 걸어가셨다. 독생자 예수의 생명은 죽은 자를 살리는 부활 권능으로 드러났다. 예수는 병든 자를 죽지 않도록 막지 않으시고, 죽은 지 나

홀 된 사람을 죽은 자 가운데서 다시 살리는 부활 권능을 드러내셨다. 11장은 나사로를 살리신 예수님,[1-16절] 나는 부활이요 생명이니,[17-44절] 예수님을 죽이려는 유대 당국자들,[45-53절] 그리고 다시 피신하신 예수님[54-57절]으로 나뉜다.

나사로를 살리신 예수님 ●1-16절

11장은 10장이나 12장과 서사적으로 연결되어 있지 않은 독립적인 이야기다. 헬라어 본문에서도 11:1은 아무런 접속사 없이 시작된다. 본문은 예루살렘에서 오 리쯤 떨어진 베다니[11:1, 18]에서 일어난 사건이다. 7-8절에 비추어 볼 때 요한복음 저자는 10장 사건(33절 '돌로 치려')을 염두에 두고 11장을 기록한다. 10장 다음 상황이라고 생각하며 읽으라는 것이다. 결국 10:40의 "요단강 저편"에 잠시 머물던 예수님은 다시 예루살렘 근처 2킬로미터까지 온 것이다. 1절은 어떤 병자라고 언급하고 그의 이름을 끝에서 밝힌다. 그 병자를 마리아와 마르다의 마을에 사는 나사로라고 소개한다. 마리아와 마르다는 요한복음의 독자들에게 익히 알려진 인물이라는 전제가 깔린 소개이다. 2절은 마르다는 빼놓고 마리아와 나사로의 혈연관계만 언급한다. 마리아가 압도적으로 더 잘 알려진 인물이라는 인상이 든다. 아니나 다를까, 주께 향유를 붓고 머리털로 주님의 발을 닦아준 마리아를 부각시킨다. 놀라운 것은 요한복음 저자가 12장에서 소개될 사건을 먼저 언급하여 마리아를 소개한다는 점이다. 네 복음서 모두에 기록된 사건이 '한 여인이 향유를 예수님께 붓고 머리털로 발을 닦거나 씻어준 사건'이다. 마태복음 26장과 마가복음 14장과 요한복음 12장은 모두 '베다니'에서 일어난 사건이라고 말하는 점에서 일치한다. 누가복음 7장에서는 한 바리새인 시몬의 집에서 일어난 사건이라고 말한다. 마태복음과 마가복음은 베다니 시몬의 집에서, 누가복음서는 '시몬'의 집에서 일어났다고 보는 점에서 세 복음서는 일치한다. 아무튼 예수님께 향유를 도유하고 발을 닦아준 사건은 유명하다. 요한복음 저자도 이를 의식해 12장에 이르기 전에 마리아를 향유사건의 주인공으로 소개하고 있다.

3절은 예수님이 요단강 저편 세례 요한의 세례운동 본거지에서 머물고 계실 때 나사로의 누이들이 예수님을 급하게 찾았다는 점을 강조한다. 누이들은 오라버니 나사로를 '주님, 당신이 사랑하시는[필레이스(φιλεῖς)] 이'라고 부른다. 예수님과 나사로는 우정이 깊은 친구 사이였다. 그런데 다급한 내왕 요청을 받은 예수님은 비의에 찬 논평을 하신다.[4절] 4절 전체는 마르다에게 간접적으로 전달한 메시지이다. '이 병은 죽음으로 이어질 병은 아니다. 하나님의 영광을 위한[휘페르(ὑπὲρ)] 병이다.' '죽게 될 만큼 아픈 병'도 하나님의 영광을 위하는 요소를 갖고 있다는 점이 놀랍다. 왜 예수님이 마르다의 전갈을 받고도 즉시 베다니로 돌아가시지 않았는지 그 이유가 되기도 한다. 그런데 하반절은 다소 어렵다. 하나님의 영광을 위한다는 것은 어느 정도 이해할 수 있지만, '하나님의 아들이 영화롭게 될 계기가 되는 병'이라는 점은 선뜻 이해하기 어렵다. 4절의 마지막 소절 히나 목적절은, 나사로의 병은 하나님의 아들이 영화롭게 될 계기가 될 것이라고 말한다. 나사로가 병이 든 사태는 하나님의 영광을 위할 뿐만 아니라 궁극적으로 '하나님의 아들이 영화롭게 되도록 하는' 병이라는 것이다. 이 복잡한 인과관계의 알고리즘을 쉽게 정리하면 이렇다. 나사로의 질병을 고치러 예루살렘에 가는 길은, 먼저 하나님의 아들이 하나님 아버지에게 얼마나 순전하게 순종하고 아버지 하나님의 전적인 사랑을 받고 있는지를 과시하게 될 기회를 제공할 것이다. 이것이 하나님의 아들이 하나님 아버지에 의해 영화롭게 되는 상황이다. 그런데 하나님의 아들이 영화롭게 된다는 것의 궁극적 의미는 이 수준을 넘는다. 나사로의 위독 상황이 하나님의 아들 인자가 십자가에 달려 하나님께 백퍼센트 순종을 바치는 계기가 된다는 것이다. 그 결과 하나님 아버지께 전적인 순종을 드리는 아들을 통해 아버지 하나님이 영광을 받으신다. 첫 번째 들림인 십자가의 들림을 통해 하나님의 아들은 영화롭게 된다. 그런 다음 죽은 자 가운데서 두 번째 들림인 부활을 통해 하나님의 아들은 '권능 안에서' 하나님 아들 됨이 공증된다. 마침내 승천하셔서 하나님의 우편 보좌로 돌아가셔서 세 번째 들림을 경험할 것이다. 가장 온전한 의미에서는 인자는 세 번의 들림을 통해 영화롭게 될 것이다. 나사로의 죽을 것 같은 위독 상황은 하나님 아들이 영화롭게 되는 것으로 귀결되는데, 11장 맥락에서 첫째 들림의 의미로 하나님의 아들이 영화롭게 된다.

5절은 이야기를 전진시키는 문장이 아니라 삽입절 같은 성격을 띤다. 6절의 상황, 즉 사랑하는 이가 병들어 죽게 되었는데 예수님이 왜 즉시 친구에게 가지 않는지를 궁금해 하는 독자들의 이해를 돕는다. 예수님이 마르다, 그 동생 마리아, 그리고 나사로를 사랑해 오고 있었던(에가파) 상황에 비추어 볼 때 예수님의 지체 이유가 더욱 궁금해진다. 개역개정에서 '사랑하시더니'라고 번역된 에가파(ἠγάπα)는 '사랑하다'를 의미하는 동사 아가파오(ἀγαπάω)의 3인칭 단수 미완료형이다. 지금도 사랑하는 사이라는 것이다. 이 '사랑'은 견결하고 친밀한 우정을 의미한다. 마르다가 3절에서처럼 긴급한 전갈을 보내 도움을 요청할 정도로 가까운 사이였다.

사정이 이렇게 긴박했는데도 불구하고, 즉 나사로가 위독하다는 소식을 듣고도 예수님은 계시던 곳, 요단강 저편에서 이틀을 더 머무신다.[6절] 베다니가 바로 예루살렘 종교 당국자들의 홈그라운드였기 때문이다. 예수님은 유대인들의 반발 때문에 마음이 위축돼서 요단강 건너편으로 피신했는데 다시 유대로 갈 난처한 상황이 발생했다고 생각했다. 예수님은 자신을 대적하는 사람들을 피하여 도망가야 할 만큼 연약한 분이었고, 자신을 돌로 쳐 죽이려고 하는 사람들의 공세를 보고 피신하는 분이었다. 이틀간의 고민 끝에 제자들에게 "유대로 다시 가자"고 말씀하신다.[7절] 그러자 다수의 제자들이 난색을 표한다. '방금도[10:31, 33] 유대인들이 돌로 치려고 했는데 당신이 또 그리로 가실 것입니까?'[8절] 이때까지만 하더라도 예수님은 나사로의 위독 상태를 제자들에게 알려주지 않았다. 11절에 가서야 나사로의 위독 상황을 제자들에게 알려주신다. '유대로 돌아가자'는 갑작스러운 제안을 듣고 놀란 제자들을 낮과 밤의 반분[半分] 비유를 들어 진정시키신다. 아직은 낮 12시간대에 속하여 빛이 환한 시간이라는 것이다. 자신이 발산하는 하나님의 영광이 자신과 제자들을 보호한다는 것이다.[9절] 낮에 다니면 환해서 실족할 수 없다. 십자가에 못 박히는 시간이 오기 전까지는 제자들이 예수님 때문에 걸려 넘어지는 일[프로스콥토(προσκόπτω)]이 일어나지 않는다. '실족하다'라고 번역된 동사 프로스콥토는 '무엇인가에 걸려 넘어지는 동작'을 가리킨다. 예수님의 무기력, 두려움, 그리고 수동적인 십자가 처형 감수 등을 보고 넘어져버리는 것을 의미한다. 인자가 구름을 타고 와서 이스라엘 열두 지파를 다스릴 '나라'가 세워질 것을 기대한 제자들, 이스라엘 나라의 회복을 기대한 제자들에게는 예수님이 십자가를 지고 골고다로 오르는 사태는 실족하여 쓰러지는 밤이다. 그런데 예수님은 이번 베다니행은 그런 밤으로 이어지지 않을 것이라고 판단하고 제자들을 진정시키신다. '이번 유대행은 자신이 십자가에 못 박히는 시간이 아니라는 것이다.' 그러나 밤이 되면 어두워 실족하듯이, 자신이 체포되어 십자가에 못 박히는 무기력에 빠지고 모든 신적 영광을 다 빼앗기는 때, 즉 밤이 되면 제자들이 실족할 것임을 말씀한다.[10절] 9-10절로 제자들을 설득했는데도 제자들은 여전히 진정되지 않고 동요하고 있다.

11절에서는 제자들을 '사실'로 압박하신다. 9-10절의 말씀을 하신 후에 또 말씀한다. '우리 친구[필로스(φίλος)] 나사로가 잠에 떨어졌다. 그래서 나는 그를 깨우러 간다.' 여기서 인상적인 것은 나사로를 '우리 친구'라고 칭한 것이다. 나사로는 사적 친구가 아니라 하나님 나라 운동에 동참한 신앙적인 동지였다는 말이다. 나사로는 유대인들의 홈그라운드에 거하면서 예수님과 내통하는 친구였다. 그와 두 누이는 유대인들의 교구 안에 살지만 실상은 하나님 나라와 내통하고 예수님과 영적으로 교통하는 동역자들이었다. 예수님이 '우리 친구 나사로'라고까지 말했음에도 불구하고, 제자들은 "주여, 잠들었으면 낫겠나이다"라고 말함으로써 여전히 유대로 가고 싶어 하지 않는 마음을 드러낸다.[12절] 에이 케코이메타이 쏘데쎄타이(εἰ κεκοίμηται σωθήσεται). '그가 잠들었다면 나을 것입니다.' 제자들은 일부러 '잠에 떨어졌다'는 예수님의 말을 비유로 듣지 않고 문자적으로 이해한 것처럼 대답했다. 예수님이 나사로의 죽음을 가리켜 비유로 말씀했으나 제자들은 '잠에 떨어졌다'는 말을 "잠들어 쉬는 것"으로 생각해서 13절처럼 응답했다. 제자들이 유대로 가기 싫어하는 정도가 보통이 아님을 알 수 있다. 14절에 가서야 예수님이 밝히 직설적으로 말씀했다. '나사로가 죽었다.' 예수님은 제자들의 베다니행 합류를 기대하면서 11절에서 "우리 친구 나사로"라고까지 말했는데도 제자들은 쉽게 동조해주지 않았다. 그들은 10:31, 33의 '돌로 쳐 죽이려는 유대인의 살기'를 뼛속까지 실감했음이 틀림없다.

15절에서는 예수님이 마르다와 마리아의 긴급 전갈을 받고도 이틀을 더 기다린 이유를 말씀하시면서 제자들에게도 뭔가를 가르치려는 목적이 있었음을 밝히신다. 이번 베다니행은 제자들에게도 의미 있는 사건이 될 것이다. 15절의 개역개정 번역은 어색하다. 음역하고 직역하면 이렇다. 카이 카이로 디아 휘마스 히나 피스튜세테, 호티 우크 에멘 에케이. 알라 아고멘 프로스 아우톤(καὶ χαίρω δι᾽ ὑμᾶς ἵνα πιστεύσητε, ὅτι οὐκ ἤμην ἐκεῖ· ἀλλ᾽ ἄγωμεν πρὸς αὐτόν). '나는 기뻐한다. 너희로 믿을 수 있도록 하는 상황, 즉 내가 거기(베다니)에 (나사로가 죽기 전부터) 있지 않았기 때문이다. 그런데 이제 우리는 그에게로 간다.' 15절의 요지를 쉽게 풀면 이러하다. '전갈을 받자마자 곧장 베다니로 가지 않고 이틀을 기다린 것은, 나의 제자들인 너희가 나를 믿으면 죽어도 살고, 살아서 믿는 자는 영원히 죽지 않는다는 사실[25-26절]을 믿을 수 있도록 여건을 만들기 위함이었다. 이제 너희가 내가 원하는 수준의 믿음을 가질 수 있게 되어 기쁘다. 내가 이틀 전부터 거기 가 있었다면 나사로가 죽지는 않았겠지만 곧 보게 될 죽음과 부활의 드라마를 보지는 못할 것이다. 나의 요지는 이것이다. 우리 친구 죽은 나사로가 있는 베다니로 가자.' 사랑하는 친구의 죽음에 슬퍼하며 그를 살리기 위해 위험을 감수하는 이 사랑이 합해져서 십자가에 달린 예수님이 되셨다. 십자가에 달린 예수님은 친구의 죽음을 애통해하며 위험한 여정에 돌입하시는 분이다. 이런 작은 사랑이 총적분되어서 바로 십자가에 달리는 죽음의 감수로 이어졌다.

15절의 예수님의 말씀요지를 가장 먼저 알아차린 제자는 디두모 도마였다. 디두모(쌍둥이)라고도 불리는 도마가 다른 제자들에게 "우리도 주와 함께 죽으러 가자"고 말한다.[16절] 엉뚱하기도 한 이 돌발적 발언은 적어도 도마는 이번 유다행(베다니행) 발걸음이 '주님과 함께 죽으러 가는 여정'임을 직감했다는 것을 시사한다. 도마의 발언이 끝나자마자 예수님 일행은 벌써 베다니에 도착했다.[17절] 예수께서 80킬로미터 떨어진 먼 곳에서 이틀에 거쳐 걸어서 예루살렘 턱밑 베다니까지 온 것이다.[18절]

이 단락의 무대는 베다니다. 청중은 나사로 가족, 제자들, 그리고 조문하러 온 유대인들이다. 이 단락은 나사로의 죽음과 부활이 어떤 점에서 예수님 자신의 죽음과 부활의 전조인지를 보여준다. 죽은 자들이 인자 되신 하나님의 음성을 듣고 부활할 것이라는 5:25-28의 예언이 최초로 성취되는 현장이다. 나사로의 부활은 예수님의 부활을 내다보고, 예수님의 부활은 이스라엘 민족의 영적 갱생과 새 언약 결속을 내다본다.

17절은 예수님 일행이 베다니에 왔을 때 안타깝게도 나사로는 죽어 무덤에 묻힌 지 이미 나흘째였다고 말한다. 상식적으로 죽은 지 나흘이 지난 사람의 경우 소생 가능성이 없다. 그래서 그런지 비통한 분위기가 현장을 지배하고 있었다. 많은 유대인이 오라비를 잃은 마르다와 마리아를 위문하러 왔다.[19절] 유대인의 장례식은 일주일 정도 계속됐다. 일주일 동안 계속되는 장례식에 숱한 손님이 오고가기 때문에 상주는 몹시 지친다. 마르다는 예수님이 오신다는 소식을 듣고 뛰어나와 예수님을 영접하면서 이성적인 대화를 한다.[20-21절] 하지만 마리아는 집에 앉아 있었다.[20절] 마르다가 예수님을 보자마자 "주께서 여기 계셨더라면 내 오라버니가 죽지 아니하였겠나이다"라고 한탄하면서,[21절] '지금이라도 예수께서 아버지 하나님께 구하기만 하면 하나님이 오라버니를 살려주실 것이라'는 희망을 피력한다.[22절] 22절에는 주님께서 우리 오라버니의 죽음을 미연에 방지할 수 있었겠지만 그러지 않아서 오라버니가 죽었다는 함의가 들어 있다. 지금이라도 뭔가를 해달라는 요구도 들어 있다. 예수님도 "네 오라비가 다시 살아나리라"는 말로 화답하신다.[23절] 그러자 마르다 자신도 "마지막 날"에 자신의 오라버니가 부활할 것을 믿는다고 대답함으로써

예수님의 말씀의 진의를 떠보고자 한다.[24절]

이 마지막 부활에 대한 예수님의 진의가 25-26절에서 밝혀진다. 25절 상반절은 에고 에이미(ἐγώ εἰμι) 구문이다. 에고 에이미 헤 아나스타시스 카이 헤 조에(ἐγώ εἰμι ἡ ἀνάστασις καὶ ἡ ζωή). '나 자신이야말로 부활이요 생명이다.' '나 자신이야말로 생명이다'라고 말씀하셔도 되는데 먼저 '부활'을 강조하시는 이유가 무엇일까? 예수님이 단지 생명이 아니라 죽음의 권세를 이기는 권능이 있는 생명이라는 것을 강조하기 위함이다. 죽음은 죄의 결과이고, 죄는 하나님과의 언약적 분리이다. 하나님에 대항하여, 하나님과 맞서면서 사는 자기폐쇄적인 삶이다. 예수님은 하나님과 하나인 독생자다. 예수님은 하나님 아버지와의 언약적 연합 속에 사신다. 예수님은 하나님의 생명으로 가득 차 있다. 창조주 하나님은 아담을 창조하실 때, 하나님의 형상, 즉 그리스도의 형상대로 창조하셨다.[롬 8:29] 모형인 아담의 생명은 원형인 그리스도의 생명에 의존하고 있다. 하나님과의 언약적 연합과 결속에 들어가는 것이 생명이다. 예수님은 하나님과의 언약적 결속과 연합에서 깨어져 죽음에 떨어진 자들을 다시 하나님 아버지께로 회복시키는 의미에서 부활이다. 예수님은 죽음을 정면으로 돌파하는 부활이시다. 예수님 자신이 죽은 자를 다시 하나님과의 언약 속으로 재활복구시키는 부활의 권능 자체이시다. 예수님은 죽은 자를 다시 하나님의 새 언약 백성으로 회복시켜 생명의 성령 권세로 붙들어 매신다.[롬 8:1-13]

25절 하반절, "나를 믿는 자는 죽어도 살 것"이라는 예수님의 말씀은, 예수님을 믿는 행위가 하나님의 새 언약에 매이고 결속되는 삶이기 때문에 생화학적으로 죽을지라도 다시 부활한다는 것을 강조하는 말씀이다. '죽어도 살겠다'라는 25절 하반절은 마르다가 말한 종말에 있게 될 부활의 확실성을 확증하는 말이기도 하다.

26절은 25절 하반절을 보충한다. '지금 살아 있으면 예수님을 믿는 자[호 피스튜온 에이스 에메(ὁ πιστεύων εἰς ἐμὲ)]는 영원까지[에이스 톤 아이오나(εἰς τὸν αἰῶνα)] 죽지 않을 것이다.' 여기서 '영원까지'를 의미하는 헬라어는 에이스 톤 아이오나로, 이 구절은 "다음 세대"가 올 때까지 죽은 상태로 있지는 않을 것이라는 의미다. '다음 세대가 올 때'[롬 12:2]는 새 하늘과 새 땅이 열리는 종말의 때를 의미한다. 결국 26절도 25절이 말하는 종말의 날에 맛볼 부활을 말한다. 그런데 여기서도 '죽지 않고'의 의미는 처음부터 영원히 죽지 않고 새 하늘과 새 땅으로 곧바로 들어간다는 것은 아니다. 예수님은 마르다에게 "이것을 네가 믿느냐"고 물으신다. 마르다는 요한복음이 생각하는 표준적인 신앙고백으로 응답한다. 27절에는 에고(ἐγὼ)-쒸(σὺ) 대명사가 각각 독립적으로 사용된다. '다른 이는 몰라도 나 자신은(에고) 당신이야말로(쒸) 그리스도시요 세상에 오시는 하나님의 아들이신 것을 지금까지 믿어왔습니다.' 개역개정에서 "믿나이다"로 번역된 헬라어는 페피스튜카는 '믿다'를 의미하는 동사 피스튜오의 1인칭 단수 현재완료형이다. 이전부터 지금까지 죽 '믿어 왔다'는 의미다.

21-27절은 예수님이 아직 베다니 두 자매의 집에 도착하기 전 도상에서 마르다와 나눈 대화다. 28절은 마르다가 예수님의 청으로 자기 집으로 돌아가 슬픔에 잠겨 있던 마리아를 불러 예수님을 맞으러 나가라고 말하는 상황을 말한다. "선생님이 오셔서 너를 부르신다." 왜 예수님은 마리아를 따로 불러내 만나기를 원하실까? 마리아의 슬픔을 달래고 마리아에게 부활신앙을 심어주시기 위함이었을 것이다. 예수님이 자신을 보자고 하신다는 말을 들은 마리아는 급히 일어나 마르다를 만났던 곳으로 나아갔다.[29절] 예수는 아직 마을로 들어오지 않고 마르다가 맞이했던 곳에 그대로 계셨다.[30절] 그런데 마리아와 함께 집에 있어 위로하던 유대인들은 마리아가 급히 일

어나 나가는 것을 보고 무덤에 곡하러 가는 줄로 생각하고 뒤따라갔다.[31절] 32절부터는 많은 조문객들도 지켜보는 가운데서 이뤄진 예수님과 마리아의 만남을 보도한다. 마리아가 예수 계신 곳에 가서 뵙고 그 발 앞에 엎드려, "주께서 여기 계셨더라면 내 오라버니가 죽지 아니하였겠나이다"라고 말하며 오열했다.[32절] 마리아가 울자 함께 따라온 모든 유대인들도 울었다.[33절] 예수님은 마리아가 비통하게 우는 것과 또 함께 온 유대인들이 함께 비통하게 우는 것을 보시고 심령에 비통히 여기시고 불쌍히 여기셨다.[33절] 그리고 '그를 어디 두었느냐'고 물으셨다. 그랬더니 '그들이'(마리아와 유대인 조문객들, 혹은 조문객들) "주여, 와서 보옵소서"라고 말하며 무덤으로 안내했다.[34절]

35-37절은 아직 무덤에 가기 전의 상황을 보도한다. 예수께서 오열하는 마리아와 조문객들의 비통한 울음에 마음이 동하여 눈물을 흘리셨다.[35절] 그 사이에 같이 따라온 조문객들은 두 가지 반응을 보였다. 다수의 유대인들은 '아! 그(나사로)를 얼마나 사랑했으면 저렇게 울기까지 하실까'라고 반응했다.[36절] 그런데 그중 몇 사람(앞의 반응을 보인 사람들보다는 적은 수의 사람)은 "맹인의 눈을 뜨게 한 이 사람이 그 사람은 죽지 않게 할 수 없었더냐"고 말하며 예수님의 무정함을 나무랐다.[37절] 이 몇몇 사람은 요한복음 9장 사건을 직간접으로 아는 자들이었다. 이들은 예수님이 친구의 위독 전갈을 받고도 늦게 오셔서 우시는 모습을 보고 마뜩찮게 생각했다.[37절] 이 두 가지 수군거림을 들으셨을 가능성이 큰 예수님은 "다시 속으로 비통히 여기시며 무덤에" 가셨다.[38절] 무덤은 큰 돌로 입구를 막아 놓은 동굴 무덤이었다.[38절]

예수께서 "돌을 옮겨 놓으라"고 하자, 마르다가 난색을 표한다. '주여, 죽은 지가 나흘이 되어 벌써 냄새가 납니다.'[39절] 예수께서 "내 말이 네가 믿으면 하나님의 영광을 보리라"고 말했음을 상기시키면서 돌을 옮겨 놓으라고 재차 말씀한다. 25-26절 어디에도 "네가 하나님의 영광을 보리라"고 말씀하신 적은 없는데 예수님은 "네가 하나님의 영광을 보리라"고 말씀하셨다고 한다. 요한복음 저자는 4절을 염두에 둔 것처럼 보인다. "이 병은 죽을 병이 아니라 하나님의 영광을 위함이요." 마르다에게 간접으로 전한 이 말씀을 염두에 두고 "네가 믿으면 하나님의 영광을 보리라"고 말씀했다고 생각하실 수도 있다. 아니면 25-26절 대화 중에 이런 말씀을 축자적으로 하셨을 수도 있다. 25-26절이 예수님과 마르다가 나눈 대화 전부를 기록하지 않았을 수도 있기 때문이다. 아무튼 마르다에게 믿음을 요구하신 예수님은 죽은 자의 부활을 언급하면서 당신이 죽은 나사로를 부활시킬 것임을 암시하신다. 그런데 마르다는 그 말씀의 진의를 깨닫지 못하고 있다.

돌을 옮겨 놓자 예수님은 눈을 들어 우러러 보시고 기도하신다. 41절 하반절부터 42절까지는 기도문이다. 직역하면 이렇다. '아버지여, 저를 들어주셨던(부정과거) 것을 감사합니다.[41절] 제가(에고) 아버지께서 항상 저를 들으시는(현재) 줄을 오래 전부터 알았습니다(과거완료). 그러나 이 둘러선 무리 때문에 (앞의 두 기도 문장을) 말했습니다. 그들이 당신(쒸)께서 나를 보내신 것을 믿도록 하기 위함입니다.'[42절] 이 두 절은 예수님이 하나님과 가졌던 교감의 수준을 드러낸다. 개역개정은 헬라어 구문에는 없는 단어인 '말'을 넣어 한글 어법에 맞춘다. '나를 들으신 것'을 '내 말을 들으신 것'으로 의역한다. 헬라어에서 '말을 듣다'는 표현은 따로 있다. 헬라어에서 인칭대명사를 목적어로 '듣다'를 쓰는 경우는 히브리어 샤마 동사의 목적어로 인칭대명사가 오는 것에 정확하게 호응한다. 두 언어 모두에서 '듣다'라는 동사(샤마, 아쿠오)가 '사람' 자체를 목적어로 삼는 경우가 있다는 사실을 주지할 필요가 있다. '특별한 말을 듣다'와 '사람의 존재 자체를 듣다'는 확실히 다르다. 하나님이 어떤 사람의 특정한 말을 들으시는 것이 아니라 사람 자체를 들으시는 경우에는 사람 자체가 하나님께 메시지이자 말이다. 하나님은 예수님의 특정한 말과 기도를 들어주신 것이 아니라 예수님이라는 존재 자체를 하나의 말로 들었다는 뜻이다. 예수님의 삶 전체가 하나님이 받으시고 들으시는 메시지요 말이요 기도라는 것이다. 예수님은 개역개정의 번역이 말하는 것보다 훨씬 더 깊은 차원의 신인 교감과 영적 감응을 말씀하고 계신 셈이다.

예수님이 자신과 하나님 아버지 사이에 작동하는 교감과 영적 감응을 굳이 말로 표현한 이유가, 둘러선 무리가 하나님이 자신을 보냈음을 믿을 수 있도록 유도하기 위함이라고 말씀한다. 이 기도를 말한 후에 큰 소리로 나사로를 불렀다. 라자레 듀로 엑쏘(Λάζαρε, δεῦρο ἔξω). '나사로야, 밖으로 나오라.'[43절] 5:25, 28의 예언이 성취되는 현장이다. "무덤 속에 있는 자들이 다 하나님의 아들의 음성을 들을 때가 오나니 듣는 자는 살아나리라." 요한복음 5:25, 28은 에스겔 37:14의 되울림이다. "내 백성들아, 내가 너희 무덤을 열고 너희로 거기에서 나오게 한즉 너희는 내가 여호와인 줄을 알리라." 죽은 자를 깨우시는 하나님 아들의 음성이 바로 나사로의 무덤 앞에서 울려 퍼지고 있다. 하나님의 아들은 산 자와 죽은 자의 경계를 가볍게 뚫는다. 하나님 아들의 목소리는 죽은 자에게까지 들린다. 이에 죽은 나사로가 수족을 베로 동인 채로 나왔다. 얼굴은 여전히 수건에 싸여 있었다.[44절] 예수께서 "풀어 놓아 다니게 하라"고 명하신다.[44절]

주님께서 죽은 지 나흘째 되는 무덤 앞에 와서 큰 소리로 외치신다. '밖으로 나오라.' 시체처럼 경직된 우리 사고를 깨우러 오신다. 죽은 지 나흘째 된 나사로에게도 들리는 하나님 아들의 음성, 그 절대적 투과력을 믿으며 오늘도 '무덤 밖'으로 불러내는 하나님 아들의 음성을 기대한다.[히 4:12-14] 누가복음 24:44은 모든 구약성경의 궁극적 귀착점을 자신이라고 설명하는 부활하신 예수님의 인상적인 해설이다. "모세의 율법과 선지자의 글과 시편에 나를 가리켜 기록된 모든 것이 이루어져야 하리라." 구약성경의 모든 예언의 궁극적인 목적지가 부활하신 예수님 자신이라는 것이다. 구약성경에서 하나님께서 하신 모든 약속과 명령들이 십자가에 달려 죽으시고 삼일 만에 부활하신 예수님의 일을 가리키고 있다. '모세의 글과 시편과 예언자에게 한 모든 말은 내게 순종을 기대하고 있고, 내가 응답할 것을 기대하고 선포된 말이다'라는 뜻이다. 이때의 '나'는 곧 이상화된 이스라엘이다. 구약성경의 모든 내용을 한마디로 요약하면 이스라엘 민족의 갱생과 부활 드라마라고 할 수 있다. 모세의 글, 시편, 예언서를 모두 합하면 단 한 가지 중심 진리로 수렴된다. '하나님과 이스라엘 백성 사이에 맺은 계약은 파기될 수 없고, 끊어질 수 없다. 이스라엘 민족의 죄가 아무리 크다 한들 하나님 아버지께서는 이스라엘 백성을 당신의 백성으로 선택하신 선택을 철회할 수 없고, 취소할 수 없으며, 끊어내지 못한다는 것이다. 하나님은 이스라엘 죄보다 더 큰 사랑과 인애로 죄를 극복하신다. 이스라엘 민족은 하나님을 붙잡다가 힘이 빠져 언약 준수에 실패했지만 하나님께서 오른손으로 이스라엘 민족을 붙들고 계신다. 이스라엘민족은 자기의 죄와 허물로 언약백성의 자격을 잃었지만 하나님 아버지의 오른손이 붙들어주기 때문에 이 계약관계가 끊어지지 않고 이스라엘 민족은 다시 한 번 하나님의 참백성으로 갱생될 것이다. 이처럼 모세의 글과 시편과 예언서의 글이 한 가지로 지목하는 미래는 이스라엘 민족의 궁극적 부활과 소생이다. 마가복음 8:31에서 '인자가 죽임을 당하고 사흘 만에 살아나야 할 것을 비로소 그들에게' 가르치실 수 있었던 것도, 바울이 고린도전서 15:3-4에서 "성경대로 그리스도께서 우리 죄를 위하여 죽으시고 장사 지낸 바 되셨다가 성경대로 사흘 만에 다시 살아나사"라고 선포할 수 있었던 것도, 구약성경의 궁극적인 약속이 이스라엘의 부활이라고 믿었기 때문이다. 죽음의 세력이 아무리 맹위를 떨쳐도 삼일간만 맹위를 떨칠 수 있고, 삼일 후에는 이스라엘(예수님)이 부활한다는 것이다. 예수님은 이스라엘 민족의 부활이 너무 확실하기 때문에 당신 자신도 부활할 수밖에 없다고 확신하셨다. 구약성경에 나타난 이스라엘 민족의 갱생과 부활 드라마를 자신에게 일어날 드라마로 확신하셨다. 자신이 이스라엘의 언약대표자이며 이상화된 이스라엘이기 때문이다. 예수님은 나사로의 무덤 앞에 가서 우는 사람들 한복판에서 에스겔 37:12을 생각하시면서, '나사로야, 나오라'고 외치셨다. 여기서 삼일만의 부활 드라마가 착상되었다. 삼일은 어둠이 빛을 삼킨 짧은 시간, 매우 짧은 기간의 고난을 의미한다. 예수님은 구약성경에 나오는 삼일의 틀을 통째로 인용하여 성경에 기록된 대로 자신이 삼일 만에 부활할 것으로 확신하셨다. 삼일 만의 부활을 확신하고서 자신이 부활이요 생명이라고 선언하신 결정적인 근거는 요나서에서 나온다. 예수님 자신은 죽음을 이긴 부활이요 생명이기에 죽음의 공포에 시달리는 사람들을 도울 수 있다. '나는 부활이요 생명이다'라는 예수님의 말씀은 추상적인 총론이 아니라 죽음의 공포에 시달리는 나사로의 무덤 앞에서 한 말이다. '나는 죽은 자를 살려내는 능력의 화신이요, 죽은 자까지도 돌보는 생명의 주요, 죽은 자에게도 음성을 들리게 하여 일어나게 만들 수 있는 주이다'라고 선언하신 것이다. 나사로는 결국 에스겔 37:12의 상징적 성취를 맛본 개인이면서 이스라엘 민족의 부활을 예기케 한다.

나사로는 병들어 죽게 된 이스라엘이자 바로 우리 자신을 의미한다. 요한복음 저자는 나사로의 이야기를 옛날 이야기가 아니라 우리 자신의 이야기로 읽도록 유도한다. 11장 내내 의미심장한 모든 순간에 예수님은 현재직설법으로 말씀하신다. 예수님의 중요한 발화 행위는 대부분 현재직설법이다. 요한복음은 과거의 사건을 회상하는 책이 아니라, 현재에 일어나는 사건으로 독자들을 불러들이고 연루시키는 현재직설법으로 말씀하시는 예수님, 살아계신 예수님의 음성이 들리는 책이다. 요한복음 저자는 베로 수족이 동여 매인 채 걸어 다니는 나사로의 충격적인 부활 장면을 본 사람들의 현장 반응은 생략한 채 다음 단락으로 넘어간다.

예수님을 죽이려는 유대 당국자들 ●45-53절

마리아에게 와서 예수께서 하신 일을 본 많은 유대인이 그를 믿었다.[45절] 그런데 이들 또한 표적 자체를 보고 믿었으나, 표적의 의미까지는 깨닫지 못한 것으로 드러난다. 그들 중 일부는 "바리새인들에게 가서 예수께서 하신 일"을 보고했다.[46절] 사실 보고 이상의 보고였을 것이다. 아니나 다를까, 처음으로 대제사장들과 바리새인들이 공회[쉰네드리온(συνέδριον)]를 소집해, "이 사람이 많은 표적을 행하니 우리가 어떻게 하겠느냐"고 말하며 대책 수립에 들어간다.[47절; 마 26:1-5, 막 14:1-2, 눅 22:1-2] 요한복음에서 공회 소집은 여기서 처음 언급된다. 산헤드린으로 불리는 공회는 종교 문제에 대해 최고 권위를 가진 판결을 내리는 유대인 자치기관이다. 회의를 소집한 주최측의 전망은 비관적이다. '만일 표적을 통해 민심을 요동치게 만드는 이 사람을 이대로 두면 모든 사람이 그를 믿을 것이요, 그리고 로마인들이 와서 심지어 우리 땅[헤몬 카이 톤 토폰(ἡμῶν καὶ τὸν τόπον)]과 민족[토 에스노스(τὸ ἔθνος)]을 빼앗아 갈 것'이라고 말한다.[48절]

산헤드린이 말하는 우리 땅과 민족은 유대지역과 예루살렘, 그리고 그곳 거주 유대인들을 가리키는 것으로 보인다. 왜냐하면 주전 63년에 이미 폼페이우스가 와서 시리아-팔레스타인을 정복해 이스라엘 전역을 로마의 속주로 삼았기 때문이다. 그런데 율리우스 카이사르와 옥타비아누스는 예루살렘 일대 지역에 대해서는 유대인들의 자치권을 허용했다. 그 자치권을 행사하는 기관이 산헤드린이다. 산헤드린의 입장에서 보면 자신들은 아직 로마에게 지배를 받는 속주도 아니요, 땅을 빼앗긴 것도 아닌 셈이다. 산헤드린은 예수님 때문에 모여든 전국 각지 이스라엘 사람들과 해외 거주 이스라엘 사람들이 예수님을 지도자로 삼아 로마에 대해 반역을 일으킬 것에 대한 염려를 표출하는 것이다. 그들은 아직도 '이스라엘'을 로마인들에게 빼앗기지 않은 땅과 민족(사람)으로 간주한다. 로마총독은 가이사랴에 관저를 두고 명절 등 군중 대거 집결행사 때에만 예루살렘에 왔다. 로마는 안토니오 요새에 소대병력 정도의 상징적 숫자의 병사만 주둔시켰고, 주력병력 대부분은 갈릴리에 있었다.

이런 상황에서 예수님이 군중을 격동시킬 태풍의 눈으로 떠올랐고, 산헤드린은 정치공학적 해결을 모색하는 회의를 열고 있다. 이들은 예수님의 죄를 보고 죽여야겠다고 생각한 것이 아니라 예수님의 영향력을 두려워했다. '모든 사람이 예수를 믿는 상황'이 두려웠다. 이런 상황에서 그 해 대제사장 가야바가 일어나 묘수를 제안한다. 그의 첫 마디는 '다른 이가 아니라 여러분(휘메이스)은 아무것도 모르고 있소'였다.[49절] 50절이 그의 묘안이다. "한 사람이 백성을 위하여 죽어서 온 민족이 망하지 않게 되는 것이 너희에게 유익한 줄을 생각하지 아니하는도다." 가야바는 산헤드린 공회의 회원 대다수가 온건노선을 취하는 것을 나무라는 것처럼 보인다. 그들은 예수를 죽여서라도 온 민족이 망하지 않게 하는 전략을 묘수라고 주장한다. 가야바는 예수님이 죄인이기 때문이 아니라 그의 민중 장악력과 영향력이 너무 커서 로마인들이 소요사태를 빙자해 군대를 동원해서 약탈과 살해를 자행할까 걱정한 것이다. 예수님 때문에 열린 최초의 공회가 예수님을 단죄할 어떤 죄목도 논의하지 않고 그의 영향력이 가져올 파장만 논의했다는 것이 참으로 인상적이다. 요한복음 저자는 가야바의 지극히 이해타산적인 정치공학 묘수가 자신도 모르는 사이에 신학적 예지와 통찰을 드러낸 것이라고 평가한다.[51-52절] 가야바의 발언은 대제사장이 갖는 영적 통찰력의 소산이 아니라 가야바의 현실정치적 이해타산을 드러냈으나, 결과적으로 예수님의 죽음을 내다본 예언으로 평가된다.[52절] 51절의 "이 말은 스스로 함이 아니요"라는 어구는 참 절묘하다. 하나님이 그 해의 대제사장인 가야바로 하여금 현실정치적인 책략을 짜도록 유도하셨는데, 그 과정에서 예수님의 죽음이 필요한 이유를 설명해내는 지혜를 주셨다고 본다. 가야바는 로마군이 유대와 예루살렘을 공격해 초토화시키지 못하도록 하기 위해, 즉 자기 민족을 보호하기 위해 나사렛 예수가 희생되어야 한다고 본다.[51절] 가야바의 이 발언은 예수께서 이스라엘 본토에 사는 이스라엘 민족만 위할 뿐 아니라 흩어진 하나님의 자녀를 모아 하나가 되게 하기(10:16의 "이 우리에 들지 아니한 다른 양들") 위하여 죽으실 것을 미리 언급한 셈이 되었다.[52절] 이 날부터는 산헤드린이 나서서 예수를 죽이려고 모의하기 시작했다.[53절] 그동안 바리새인들이 예수님과 논쟁하다가 격분해서 돌로 쳐 죽이려는 시도는 여러 번 있었으나, 산헤드린이 나서서 죽일 모의를 하기는 이번이 처음이었다.

다시 피신하신 예수님 • 54-57절

이런 상황에서 예수님은 10:40에서처럼 다시 피신하신다. 산헤드린

이 나서서 자신을 죽이려고 모의하는 것을 알게 된 예수께서 다시는 유대인 가운데 드러나게 다니지 아니하셨으며 유대를 떠나 "빈 들 가까운 곳인 에브라임이라는 동네에 가서 제자들과 함께" 머무셨다.[54절] 얼마나 머물렀는지는 모른다. 10장의 수전절에서부터 11:55의 유월절까지는 4-5개월의 시간이 소요되었으니, 에브라임에 4-5개월 정도 머물렀다고 볼 수 있다. 55절은 다시 유대인들의 유월절이 가까워졌다고 말한다. 아마도 2:23의 그 유월절일 것이고, 6:4의 유월절과는 다른 유월절일 것이다. 55절은 많은 지방민들도 자신들을 성결하게 하기 위하여 유월절 전에 시골에서 예루살렘으로 올라갔다고 말한다. 그런데 그들은 바로 예수를 찾으며 갑론을박을 벌였다. 성전에 서서 "너희 생각에는 어떠하냐. 그가 명절에 오지 아니하겠느냐"고 말하면서 예수님의 등장에 대한 기대를 고조시켰다.[56절] 그들이 예수님에 대한 관심을 고조시킨 이유는 57절에 나온다. 대제사장들과 바리새인들이 '누구든지 예수 있는 곳을 알거든 신고하여 잡게 하라'고 명령했었기 때문이다. "명령하였음이러라"고 번역된 헬라어 데도케이산(δεδώκεισαν)은 '주다', '선포하다'를 의미하는 동사 '디도미(δίδωμι)'의 3인칭 복수 과거완료 능동태다. 유월절 전에 이미 산헤드린과 바리새인들은 '누구든지 예수의 거처를 알고 있거든 신고하게 하고 체포하라'는 명령을 진작 내려놓았다. 이런 엄중한 상황에서 유월절 엿새 전에 예수님은 예루살렘의 턱밑이라고 할 수 있는 베다니에 다시 와 계셨다. 12장은 이 상황에서 시작된다.

메시지

"비록 수만 명의 사람들이 땅에 포석[鋪石]들을 깔며, 채소의 모든 흔적을 지워버리고, 나무들을 잘라내고, 새들과 짐승들을 다 쫓아내고,

나프타와 석탄 연기로 대기를 채워, 사람들이 촘촘하게 모여 사는 작은 땅 한 조각을 훼손하려고 온갖 애를 썼을지라도, 여전히 봄은 봄이었다. 심지어 이 도시에도 봄이었다. 태양빛은 따뜻했고 공기는 향기로웠다. 풀이 뿌리째 뽑히지 않았던 모든 곳에서는 풀이 소생했으며 대로의 좁은 잔디밭에서 뿐만 아니라 포석들 사이에서도 솟아났다.…… 그러나 이 봄 아침에 남자와 여자들은 서로 속이고 자신들과 다른 사람들을 괴롭게 하는 일을 그만두지 않았다. 사람들이 신성하다고 여길 가치가 있다고 생각한 것은 이 봄날의 아침이 아니었다. 사람들은 모든 피조물에게 주신 기쁨이자, 사람들의 마음을 평화, 조화, 사랑으로 기울어지게 만드는 이 세상의 아름다움을 생각하지 않았다. 오히려 서로를 노예화하는 장치들만 생각했다."[1] 톨스토이의 『부활』은 이렇게 시작한다. 이 소설의 첫 장면은 주인공 예카테리나 미하일로브나 마슬로바가 갇혀 있는 감옥의 퀴퀴하고 썩은 냄새와 음산한 분위기를 대지에 찾아온 봄의 부활 위세와 대조하면서 시작한다. 대지의 부활과 인간의 절망적 황폐화를 대조한다. 하나님이 우리에게 주시는 부활은 자연이 갖는 거대한 자가치유력에 이미 계시되어 있다. 자연은 죽음을 예찬하기보다는 죽음 후의 부활을 예찬하는 대서사시다. 인간과 자연의 역사 자체가 죽음의 역사가 아니라 죽음을 극복하는 부활의 역사다.

고린도전서 15장에서 바울이 한 알의 씨앗을 갖고 부활을 예해하듯이 자연 자체가 대부활의 향연이다. 문명의 황폐함이 아무리 자연을 침범하더라도 자연 안에 있는 거대한 자기치유, 자기복원력은 죽음보다 부활이 더 궁극적인 실재임을 보여준다. 봄은 자연에 속하지만 초자연적인 하나님을 가리키고 있다. 창조주 하나님께서 아무 공로 없어도 봄을 선물로 주시듯이 인류의 운명이 죽음에서 종결되지 않고 부활의 봄에 완성되도록 예정해두셨다. 우리가 봄을 가져오기 위해서 태양의 기울기를 조절하거나 지구 공전과 자전의 각도를 조절할 필요가 없다. 하나님의 선물로 봄이 오듯이, 구원은 봄처럼 선물로 온다. 이 선물이 우리 노동을 통한 구원보다 훨씬 더 중요하다. 우리 그리스도인들은 노동가치설의 세계에 살지 않고 은혜가치설의 세계에 산다. 인간의 삶에 결정적으로 중요한 물, 공기, 하늘, 땅, 식물, 자원 등은 인류 모두가 사이좋게 나눠 쓰라고 주신 하나님의 선물이요 은혜이다. 이 소중한 인류의 공통향유 자산은 인간노동이 창조한 것이 아니라 하나님이 미리 주신 선물이다. 부활은 하나님이 인간의 공로가 쌓이기도 전에 이미 창조 때부터 주시기로 작정한 선물이다.

부활은 죽음이 잔혹하게 공격하는 세상에서 부대끼며 사는 사람들이 붙드는 미래이다. 생명을 위협하는 죽음의 권세들 한복판에서 부활신앙은 위력을 드러낸다. 죽음의 징후가 질병이다. 질병은 생의 의지를 부서뜨리고 우리를 무덤으로 디밀어가는 완강한 세력이다. 병의 가장 큰 파괴력은 우리 존재를 위축시키고 살 소망을 꺾어놓는 것이다. 오늘날 우리가 경험하는 가장 치명적인 병은 바이러스나 박테리아에 의한 병이 아니라, 타자와의 관계 파국과 결렬에서 온다. 우리 몸과 마음의 병이 인간 신체의 각 기관 세포 사이의 불일치와 갈등에서 비롯되듯이, 사회적 존재인 인간의 질병은 관계 파탄에서 온다. 개인은 사회라는 세포적 연합체 속에 살고 있다. 한 세포가 만일 탐욕적으로 자기영역을 확장하면 이웃세포가 치명상을 입게 된다. 만일 A라는 세포가 B라는 세포보다 훨씬 더 빠른 속도로 성장하고 더 많은 칼로리를 몰래 저장하면 암세포가 된다. 레이첼 카슨의 『침묵의 봄』 14장은 암세포의 발생과정을 자세히 설명한다. 어느 순간 정상적인 통로로 영양분이 공급되지 않자 나중에 한 영물스러운 세포가 몰래 영양분을 따로 섭취 받으려고 비밀창고를 만들어 운영하다가 과잉 공급된 영양분으로 증식 속도가 너무 빨라 암세포가 된다는 것이다. 암세포는 네 배 정도의 영양분을 받기 때문에 다른 세포보다 네 배 정도 빠르게, 그리고 많이 자란다. A라는 세포가 암에 걸리면 B, C, D, E 세포가 모두 위축된다. 급속도로 영양분을 섭취해 급속도로 성장하는 세포가 암세포가 된다. 암세포는 세포적 연합 상태인 생명체계를 파괴하여 병을 유발한다.

이런 '세포적 연합과 평형 상태가 깨진 인간'을 '병들었다'고 말한다. 병든 사람의 특징은 생육, 번성의 힘을 스스로 파괴하는 데 있다. 병든 상황에서는 모든 의미 있는 관계로부터 소외되고 추방된다. 이사야 38장에 보면, 히스기야가 병들어 죽고 나면 하나님 영광을 찬미할 수 없고 하나님께 감사도 못하게 될 것을 슬퍼하는 장면이 있다. 그래서 중년에 피부암에 걸려 죽게 된 자신의 처지를 심히 애통해하며 '살려 달라'고 기도한다. 만일 인간의 죽음이 나뭇잎 하나가 떨어지는 정도의 분리라면 이런 애통함도 없을 것이다. 그런데 우리는 사람이 죽을 때 심히 슬퍼한다. 나뭇잎과 달리 인간은 하나님 지으신 이 세계와 헤어질 때 파도처럼 밀려오는 슬픔을 느낀다. 죽음은 생육하고 번성하며 땅에 충만하라는 하나님의 생명복음이 더이상 들리지 않는 곳으로 끌려가는 추방이다. 인류는 이 죽음의 치명적 위력을 느끼며 두려워 떠는 데서 하나가 됨을 자각한다. 죽음의 보편성이 인류를 하나로 묶는 공통경험이다. 인간의 모든 생명활동은 죽음 의식적이며 죽음 대항적인 몸짓이다. 그러나 시간은 모든 인간을 하나님의 심판보좌 앞으로 데리고 가는 호송차와 같다.

기독교 복음은 죽음의 비통에 대한 유일한 해답이다. 기독교 복음의 중심은 '죽음'을 통과해 생명으로 가는 길을 친히 내신 예수님이다. 예수님은 죽지 않게 하는 마술적 힘을 가진 분이 아니라 죽음을 경험한 후에 '부활'을 맛보게 하는 분이시다. 예수님의 부활은, 이 세상에서 허용된 생화학적 생명을 불멸의 가치와 선을 위해 거룩하게 소진하며 사는 자들의 미래다. 예수님이 '부활이요 생명이다'라는 기독교 복음을 좀 쉽게 말하면, 하나님의 계명에 순종하기 위해 자기생명 내놓는 예수님의 삶이 불멸의 삶이라는 것이다. 하나님 전심사랑과 이웃 사랑을 위한 예수님의 자기생명 양도가 사랑의 불멸성을 친히 체현했다. 폭력이 사랑을 이기지 못하고 불의가 정의를 이기지 못한다. 탐욕이 세포적인 연합을 이기지 못한다. 인류역사는 죽음의 역사이면서 죽음을 극복하는 역사이다. 예수님의 하나님 전심사랑과 이웃 사랑의 모범이 불의, 탐욕, 폭력을 다 무력화시킨다.

이 진리를 극적으로 표현하는 장면이 나사로의 무덤으로 뚜벅뚜벅 걸어가시는 예수님의 모습이다. 예수님은 나사로 무덤으로 걸어가는 것이 아니라, 실상은 매우 위험한 자기 죽음의 길로 뚜벅뚜벅 걸어가시는 것이다. 자신이야말로 죽음을 피하는 연약한 생명이 아니라 죽음을 거친 후 다시 부활하는 생명임을 입증하기 위해 걸어간다. 주님은 죽음의 폭력성 앞에 위축되는 연약한 사람이며 친구의 죽음 앞에서 우는 사람이다. 자신을 죽이려는 사람들의 살해와 적대의 위협 앞에 주눅 들어 피했다가 사람들의 격려와 지지를 받아서 간신히 용기를 내시는 사람다운 사람이다. 불확실성과 확신 사이에서 방황하다가 생각의 갈래를 정리하기 위해서 숙고를 거듭한 후에 그는 마침내 결단에 이르는 사람이다. 그는 제자들의 동요와 좌절감 실족을 걱정해서 이틀을 더 머무는 배려를 베풀어주시는 우정의 사람이다. 그는 죽음을 응시하면서 자기에게 죽음이 될지도 모르는 위험한 여정을 친구 때문에 감히 걸어가는 아주 용기 있는 사람이다. 그는 곧 찾아올 밤의 실족을 걱정하면서 하나님이 허락하신 낮의 시간에 최선을 다하시는, 때에 민감한 사람이다. 예수님은 죽음과 맞대결을 피하지 않고 죽음을 향해 전진하신다.

예수님의 사랑을 받는 친구요 동역자임에도 우리 그리스도인들은 병들어 죽게 될 수 있다. 죽음에 근접하는 '나사로들'의 위독한 병환도 하나님의 영광을 품은 질병이다. 나사로의 부활 이야기는 부활을 애타게 열망하며 지하의 세계로 위험한 여행을 떠났던 오르페우스의 슬픔에 대한 해답이다.[2] 그리스 신화에는 오르페우스가 뱀에 물려 죽은 아내 님프 에우리디케를 찾으러 음부로 내려가는 이야기가 있다. 오르페우스는 음부에 내려가 아내를 만났지만 지상으로 아내를 데려올 때 절대 뒤돌아보지 말라는 계명을 어겨 아내를 다시 음부의 세계에 두고 자신만 홀로 산 자의 땅으로 되돌아온다. 기사생환의 기회에서 자신의 부주의로 아내를 잃은 오르페우스는 7일 동안 식음을 전폐하고 비탄에 빠졌다. 나사로의 무덤 앞에서 우신 예수님은 오르페우스적 통곡에 응답하신다. 예수님은 모든 사랑하는 사람을 죽음에 넘겨준 사람의 비통한 오열에 응답하신다.

오늘날 기독교는 부활 교리를 믿는 데 그치는 것이 아니라 죽음의 공포에 떠는 사람에게 예수님의 음성을 들려줘야 한다. 초대교회사에 기독교가 세상 사람들의 주목을 끌고 대중적인 전도력을 왕성하게 발휘한 통로는 장례식이었다. 장례식을 무료로 해주고 죽음의 의미를 부활로 설명해주었기 때문이었다. 예수님은 자신이 "부활이요 생명이니"라고 말씀하심으로 죽음의 공포에 시달리는 모든 사람들에게 근원적인 해결책을 제시하셨다. 부활신앙으로 초대교회는 죽음의 징벌적 측면보다는 죽음의 안식적 효과를 극대화하면서 유족들을 위로했다. 죽음은 원래 징벌이지만 주 안에서 죽으면 안식이 되고 위로가 되고 신앙을 과시하는 증언행위가 된다. 그래서 아우구스티누스는 『하나님의 도성』 제13권 26-28장에서 성도의 죽음은 징벌이 아니라 상급이 될 수 있다고 말한다.[3] 죽는 마음으로 최선을 다하면 위대한 인생을 살 수 있다는 것이다. 우리 옛 자아를 십자가에 못 박고 매일 조금씩 미분적으로 죽어가면 면류관을 받는다. 오도된 쾌락과 일탈적 욕망에 사로잡힌 내 마음을 예수님의 부활 능력으로 십자가에 못 박고 사랑의 화신으로 거듭 태어나는 것이다. 이것이 바로 톨스토이의 『부활』에서 네흘류도프 백작이 경험한 부활이다. 사납고 배타적이고 음탕했던 귀족이 농노들에게 모든 땅을 나눠주고 자신의 죄악으로 인해 비참한 죄수로 전락한 여인에게 가서 용서를 구하는 것이다. 실제로 톨스토이가 말한 '부활'은 도덕적 갱생, 사회정의, 동정심의 무한한 확장, 공산주의 핏빛 혁명을 부를 수 있는 무시무시한 양극화를 해결하는 평화의 마을 만들기였다. 모두 다 죽음을 두려워하고 발버둥치는 세상에서 부활을 사는 그리스도인들은 먼저 도덕적 갱생을 맛보고, 사회정의와 동정심을 확장시키는 하나님 나라 운동에 참여할 특권을 얻었다. 무덤 앞에서 오열하는 모든 사람들에게 부활의 증인들은 들려줄 복음이 있다.

12장.

한 알의 밀이 죽으면 많은 열매를 맺는다

1 1 유월절 엿새 전에 예수께서 베다니에 이르시니 이 곳은 예수께서 죽은 자
가운데서 살리신 나사로가 있는 곳이라. 2 거기서 예수를 위하여 잔치할새
마르다는 일을 하고 나사로는 예수와 함께 앉은 자 중에 있더라. 3 마리아는 지극히 비
싼 향유 곧 순전한 나드 한 근을 가져다가 예수의 발에 붓고 자기 머리털로 그의 발을
닦으니 향유 냄새가 집에 가득하더라. 4 제자 중 하나로서 예수를 잡아 줄 가룟 유다가
말하되 5 이 향유를 어찌하여 삼백 데나리온에 팔아 가난한 자들에게 주지 아니하였느
냐 하니 6 이렇게 말함은 가난한 자들을 생각함이 아니요 그는 도둑이라. 돈궤를 맡고
거기 넣는 것을 훔쳐 감이러라. 7 예수께서 이르시되 그를 가만 두어 나의 장례할 날을

위하여 그것을 간직하게 하라. 8 가난한 자들은 항상 너희와 함께 있거니와 나는 항상
있지 아니하리라 하시니라. 9 유대인의 큰 무리가 예수께서 여기 계신 줄을 알고 오니
이는 예수만 보기 위함이 아니요 죽은 자 가운데서 살리신 나사로도 보려 함이러라. 10
대제사장들이 나사로까지 죽이려고 모의하니 11 나사로 때문에 많은 유대인이 가서 예
수를 믿음이러라. 12 그 이튿날에는 명절에 온 큰 무리가 예수께서 예루살렘으로 오신
다는 것을 듣고 13 종려나무 가지를 가지고 맞으러 나가 외치되 호산나 찬송하리로다.
주의 이름으로 오시는 이 곧 이스라엘의 왕이시여 하더라. 14 예수는 한 어린 나귀를 보
고 타시니 15 이는 기록된 바 시온 딸아, 두려워하지 말라. 보라, 너의 왕이 나귀 새끼를
타고 오신다 함과 같더라. 16 제자들은 처음에 이 일을 깨닫지 못하였다가 예수께서 영
광을 얻으신 후에야 이것이 예수께 대하여 기록된 것임과 사람들이 예수께 이같이 한
것임이 생각났더라. 17 나사로를 무덤에서 불러내어 죽은 자 가운데서 살리실 때에 함
께 있던 무리가 증언한지라. 18 이에 무리가 예수를 맞음은 이 표적 행하심을 들었음이
러라. 19 바리새인들이 서로 말하되 볼지어다. 너희 하는 일이 쓸 데 없다. 보라, 온 세

상이 그를 따르는도다 하니라. [20] 명절에 예배하러 올라온 사람 중에 헬라인 몇이 있는
데 [21] 그들이 갈릴리 벳새다 사람 빌립에게 가서 청하여 이르되 선생이여, 우리가 예수
를 뵈옵고자 하나이다 하니 [22] 빌립이 안드레에게 가서 말하고 안드레와 빌립이 예수께
가서 여쭈니 [23] 예수께서 대답하여 이르시되 인자가 영광을 얻을 때가 왔도다. [24] 내가
진실로 진실로 너희에게 이르노니 한 알의 밀이 땅에 떨어져 죽지 아니하면 한 알 그대
로 있고 죽으면 많은 열매를 맺느니라. [25] 자기의 생명을 사랑하는 자는 잃어버릴 것이
요 이 세상에서 자기의 생명을 미워하는 자는 영생하도록 보전하리라. [26] 사람이 나를
섬기려면 나를 따르라 나 있는 곳에 나를 섬기는 자도 거기 있으리니 사람이 나를 섬기
면 내 아버지께서 그를 귀히 여기시리라. [27] 지금 내 마음이 괴로우니 무슨 말을 하리
요. 아버지여, 나를 구원하여 이 때를 면하게 하여 주옵소서. 그러나 내가 이를 위하여
이 때에 왔나이다. [28] 아버지여, 아버지의 이름을 영광스럽게 하옵소서 하시니 이에 하
늘에서 소리가 나서 이르되 내가 이미 영광스럽게 하였고 또다시 영광스럽게 하리라
하시니 [29] 곁에 서서 들은 무리는 천둥이 울었다고도 하며 또 어떤 이들은 천사가 그에
게 말하였다고도 하니 [30] 예수께서 대답하여 이르시되 이 소리가 난 것은 나를 위한 것
이 아니요 너희를 위한 것이니라. [31] 이제 이 세상에 대한 심판이 이르렀으니 이 세상의
임금이 쫓겨나리라. [32] 내가 땅에서 들리면 모든 사람을 내게로 이끌겠노라 하시니 [33] 이
렇게 말씀하심은 자기가 어떠한 죽음으로 죽을 것을 보이심이러라. [34] 이에 무리가 대
답하되 우리는 율법에서 그리스도가 영원히 계신다 함을 들었거늘 너는 어찌하여 인자
가 들려야 하리라 하느냐. 이 인자는 누구냐. [35] 예수께서 이르시되 아직 잠시 동안 빛
이 너희 중에 있으니 빛이 있을 동안에 다녀 어둠에 붙잡히지 않게 하라. 어둠에 다니
는 자는 그 가는 곳을 알지 못하느니라. [36] 너희에게 아직 빛이 있을 동안에 빛을 믿으
라. 그리하면 빛의 아들이 되리라. 예수께서 이 말씀을 하시고 그들을 떠나가서 숨으시
니라. [37] 이렇게 많은 표적을 그들 앞에서 행하셨으나 그를 믿지 아니하니 [38] 이는 선지
자 이사야의 말씀을 이루려 하심이라. 이르되 주여, 우리에게서 들은 바를 누가 믿었으
며 주의 팔이 누구에게 나타났나이까 하였더라. [39] 그들이 능히 믿지 못한 것은 이 때문
이니 곧 이사야가 다시 일렀으되 [40] 그들의 눈을 멀게 하시고 그들의 마음을 완고하게

하셨으니 이는 그들로 하여금 눈으로 보고 마음으로 깨닫고 돌이켜 내게 고침을 받지
못하게 하려 함이라 하였음이더라. 41 이사야가 이렇게 말한 것은 주의 영광을 보고 주
를 가리켜 말한 것이라. 42 그러나 관리 중에도 그를 믿는 자가 많되 바리새인들 때문에
드러나게 말하지 못하니 이는 출교를 당할까 두려워함이라. 43 그들은 사람의 영광을 하
나님의 영광보다 더 사랑하였더라. 44 예수께서 외쳐 이르시되 나를 믿는 자는 나를 믿
는 것이 아니요 나를 보내신 이를 믿는 것이며 45 나를 보는 자는 나를 보내신 이를 보
는 것이니라. 46 나는 빛으로 세상에 왔나니 무릇 나를 믿는 자로 어둠에 거하지 않게
하려 함이로라. 47 사람이 내 말을 듣고 지키지 아니할지라도 내가 그를 심판하지 아니
하노라. 내가 온 것은 세상을 심판하려 함이 아니요 세상을 구원하려 함이로라. 48 나를
저버리고 내 말을 받지 아니하는 자를 심판할 이가 있으니 곧 내가 한 그 말이 마지막
날에 그를 심판하리라. 49 내가 내 자의로 말한 것이 아니요 나를 보내신 아버지께서 내
가 말할 것과 이를 것을 친히 명령하여 주셨으니 50 나는 그의 명령이 영생인 줄 아노
라. 그러므로 내가 이르는 것은 내 아버지께서 내게 말씀하신 그대로니라 하시니라.

주석

12장의 주제는 예수님의 임박한 죽음이다. 이제 한 알의 밀이 땅에 떨어지려고 한다. 동시에 12장은 일찍 죽임 당한 하나님의 어린양이 세상 만민을 심판하는 종말을 내다본다. 12장은 예수님의 장례를 준비하는 마리아,[1-11절] 예루살렘으로 상경하시는 예수님,[12-36절 상반절] 거부당한 고난의 종 예수님,[36절 하반절-43절] 그리고 마지막 날의 심판[44-50절]으로 나뉜다.

예수님의 장례를 준비하는 마리아 ●1-11절

이 단락은 요한복음 11장의 후속적 상황을 다룬다. 나사로를 살려

주신 예수님에게 감사를 표하는 만찬이 베다니 나사로의 집에서 열린다. 때는 유월절 엿새 전이다(1절; 참조. 마 26:6-13, 막 14:3-9). 집안 전체가 잔치 준비에 여념이 없었다. 마르다는 일을 하고 나사로는 예수와 함께 앉은 자 중에 있었다.[2절] 11:54은 예수께서 베다니에 오기 전에 빈 들 가까운 유대 에브라임 동네에 머물렀다고 기록한다. 유대 에브라임은 미가서 5:2이 말하는 다윗의 동네이면서 메시아가 태어날 동네로 예언된 지역이다. 11:53은 빈 들 가까운 에브라임에 머문 이유가 유대인들을 피해 은신하기 위함이었음을 시사한다. 그런데 나사로의 집안에서 잔치를 위해 다시 초대했던 것이다. 예루살렘으로부터 벗어나려는 예수님의 의향을 좌절시키는 초청이었다. 10:39-40, 11:53이 두 장 연속으로 말하고 있듯이 유대인들은 '다시 예수를 잡으려고' 하는 중이었다. 시간문제일 뿐 유대인들이 예수를 잡는 것은 확실했다. 그런데도 예수님은 이번에도 자신을 죽이려고 하는 종교 당국자들의 사정권 내로 들어오신다. 이번 유월절은 운명적인 유월절이 될 가능성이 농후했다. 유대지방과 예루살렘 사람들은 예수님의 표적들이 무리에게 미치는 영향력을 두려워하면서도 예수님을 이스라엘을 속량할 자라고 은근히 믿고 있는 민중의 눈[눅 24:21]이 부담스러워서 쉽게 체포하지 못했다. 그동안 예루살렘에서 행한 표적들은 '이스라엘 민족의 곤경'을 상징적으로 대표하는 개인들을 상대로 한 것들이었다. 38년 된 병자를 고치신 사건, 날 때부터 맹인 된 사람의 눈을 열어주신 사건, 죽은 나사로를 다시 살리신 사건이 그것들이다. 예수님이 이처럼 선한 일만 계속하고 다니셔도 거짓된 종교권력은 참지 못했다. 예수님이라는 존재 자체가 어둠의 종교권력자들에게는 위협이 되었기 때문이다. 그들은 예수님의 죄를 찾지 못하고 그가 유월절에 행사할 영향력의 파급력을 두려워했다.

이런 상황에서 마리아는 지극히 비싼 향유, 곧 순전한 나드 한 근을 예수의 발에 붓고 자기 머리털로 예수님의 발을 닦는 돌출행동을 감행했다. 집안은 향유 냄새로 진동했다.[3절] 요한복음 저자는 전후 사정을 언급하지 않고 이 돌발적인 상황을 묘사한다.[1] 마리아의 돌발행동은 가룟 유다의 감수성을 건드렸다.[4절] 4절에서 유다는 "예수를 잡아 줄 가룟 유다"로 소개된다. 그는 삼백 데나리온에 이 향유를 팔아 "가난한 자들에게 주지" 않는 행동을 나무란다.[5절] 예수님 한 사람에게 낭비하는 것은 정의감에 어긋난다는 식의 질책이었다. 이런 상황에서 질책성 발언을 하는 것을 볼 때 제자단 내에서 유다의 존재감이 작지 않았으며, 그의 관심이 '가난한 자들'에게 쏠려 있음을 알 수 있다. 산상수훈인 마태복음 5:3[눅 6:20]과 마태복음 11:6, 누가복음 4:16에서 예수님의 하나님 나라 복음의 수혜자 선두에 '가난한 자들'이 언급되고 있다. 예수님에게 가난한 자들은 핵심적으로 돌봐야 할 양이었다. 따라서 제자 중 하나인 유다가 이렇게 가난한 자를 생각하는 것도 무리는 아니었다. 그런데 요한복음 저자는 유다의 발언 동기를 부정적으로 평가한다.[6절] 그는 유다를 아예 "도둑"[클렙테스(κλέπτης)]이라고 말한다. 돈궤를 맡은 유다가 예수님께 들어온 후원금을 상습적으로 훔쳤음을 말하고 있다. 6절의 "훔쳐 감이러라"고 번역된 말의 헬라어는 에바스타젠(ἐβάσταζεν)이다. '가져가다', '옮기다'를 의미하는 동사 바스타조(βαστάζω) 동사의 3인칭 단수 미완료형이다. 미완료형으로 표시된 '훔치는 행위'는 좀 더 정확하게는 '반복적으로 자행된 유용행위'를 가리킨다. 평소에 가난한 자들을 돌본다는 핑계로 공금을 유용해 '도둑'이라고 비난받는 가룟 유다가 마리아를 질책하여 분위기가 경색되자 예수님이 직접 수습하신다.[7절] 일단 마리아를 '가만 두라'고 하신다. 가만 두는 행위는 마리아가 나드 한 근 전체를 예수님의 발을 닦는 데 사용하는 것을 내버려 두는 것을 가리키는 듯하다. 7절 하반절의 말씀은 충격적이고 신비한 모호성을 띠고 있다. "나의 장례할 날을 위하여 그것을 간직하게 하라." 이것을 '다 낭비하지 말고 일부는 남겨 두라'는 말로 해석한다면, 이 말은 앞의 "가만 두라"는 말과 충돌하는 것처럼 보인다. 그러므로 '나의 장례일에 쓸 것을 위해 간직하라'고 말하는 것은 '향유를 남겨두라'고 하는 말이 아니라, '향유 도유행위를 장례식 예행으로 간주하고 내버려 두라'는 것이다. 마리아의 행위를 중지시키지 말라는 뜻이다.

그런데 왜 마리아가 갑자기 이런 돌발행동을 했을까. 예수님의 7절 말씀 안에 이해의 실마리가 보인다. 마리아만이 이번 유월절이 예수님의 마지막 유월절이 될지도 모른다는 직관을 가졌을 가능성이다. 마리아는 예수님의 일거수일투족에서 죽음에 직면한 사람이 느끼는 긴장을 주목했을 것이다. 마리아는 여성 특유의 통찰력으로 예수님이 단호한 침착함으로 베다니로 돌아오셨음을 감지했다. 그래서 마리아는 감사의 잔치라는 겉모양 속에 감춰진 예수님의 죽음을 예감했다. 마지막이라고 생각하고 그동안 품었던 감사와 사랑을 한꺼번에 표현했을 것이다. 마리아는 노동자의 1년치 품삯으로 살 수 있는 가장 귀한 향유를 깨뜨려 머리털로 예수님의 발을 씻기는 퍼포먼스를 할 수밖에 없었다. 마리아는 잔치의 환호성으로 가득 찬 잔치의 이면에 주님의 죽음이라는 주제를 포착하고, 주님의 마지막 장면을 자기의 가장 귀한 것으로 장렬하게 표현했다. 예수님은 이 퍼포먼스가 자신의 장례식 예행연습 같다고 느꼈을 수 있다.

8절은 마리아의 행동을 가만 두라고 한 7절의 이유를 말하는 신명기 15:11 인용이다. 요한복음 저자도 다른 복음서 저자들마 26:11, 막 14:7과 마찬가지로, 신명기 15:11이 부정문("땅에는 언제든지 가난한 자가 그치지 아니하겠고")[2]으로 되어 있는 것을 긍정문으로 바꾸어 인용한 것으로 보인다. "가난한 자들은 항상 너희와 함께 있거니와 나는 항상 있지 아니하리라." 가난한 자들에 대한 사랑 표현의 기회는 아직 남아 있다는 취지의 말씀이다. 다만 자신의 지상 생애가 종결되는 시점에서 마리아가 표출한 돌발행동은 질책받을 일이 아니라는 것이다.

유다에 대한 요한복음의 부정평가는 삼백 데나리온을 주는 구제 활동이 나쁘다고 말한 것이 아니라, 예수님을 향해 마리아가 표현한 사랑의 진실성을 이해하지 못하는 유다의 냉혹함에 대한 평가다. 예수님에 대한 사랑을 통과한 가난한 자들에 대한 사랑만이 가난한 사람들을 지배하는 권력적 관리로 귀결되지 않는다. 가난한 사람들에 대한 이해보다 더 근원적 이해는 예수님의 부르튼 발에 대한 이해다. 마리아가 비싼 향유로 닦은 예수님의 부르튼 발은, 의를 추구하다 당한 곤경이다. 거짓과 싸우다가 진리가 입은 상처다. 예수님의 더러워지고 부르튼 발이야말로 가난한 사람들의 압축적인 운명이다. 예수님의 부르튼 발을 닦는 사랑을 경유하지 않고 바로 가난한 사람을 사랑하는 것은 가난한 사람들을 위한 사랑이 아니다. 가난한 사람들도 데나리온을 원하는 것이 아니라 상처를 씻고 싸매고 어루만지고 환대하는 총체적 사랑을 원한다. 마리아처럼 예수님의 발을 부둥켜안고 자기 머리털로 씻어본 사람이 가난한 사람들을 도울 수 있다.

가난한 사람을 돕겠다고 나선 혁명이 공산당 혁명이었다. 공산주의자들은 가난한 사람들을 위한 사상을 펼칠 때까지는 의로워 보인다. 하지만 권력을 잡는 순간 그들은 가난한 자들에게 빵을 주는 대가로 자유를 차압해 버린다. 공산주의자들이 주창했던 가난한 자들에 대한 사랑, 히틀러의 나치당이 표방했던 가난한 독일 민중에 대한 사랑은 인류에 대한 대량학살과 인류혐오 범죄로 귀결되었다. 예수님에 대한 인격적 사랑이 없는 가난한 사람에 대한 사랑은 사랑을 절대화하고 자신의 권력을 절대화한다. 그러나 예수님을 사랑하면 그 사랑은 절대로 권력이 되지 않는 사랑으로 남는다. 예수님을 먼저 사랑하고 그 사랑에 터하여 가난한 사람을 사랑하면 이 사랑은 영원히 유효한 사랑으로 역사한다. 주님을 사랑하면 결국 가난한 사람을 사랑할 수밖에 없다. 주님의 마음이 가난한 사람에게 쏠려 있기 때문이다. 하나님의 영은 부서지고 상한 잃어버린 자들을 향해서 쉴 새 없이 흘러가기 때문이다. 마치 낮은 곳으로 흘러가는 지하수처럼 하나님의 영은 불쌍한 사람, 존재가 충만하지 못한 사람, 마음이 찢겨진 사람들을 향해서 쉼 없이 흘러간다. "오직 너희를 위하여 보물을 하늘에 쌓아 두라." 하늘은 어디일까? 가난한 사람들의 호주머니다(눅 12:33 "너희 소유를 팔아 구제하여 낡아지지 아니하는 배낭을 만들라. 곧 하늘에 둔 바 다함없는 보물이니"). 되갚을 길이 없는 사람들에게 잔치를 베푸는 것, 그것이 하늘에 보물을 쌓는 행위이다. "잔치를 베풀거든 차라리 가난한 자들과 몸 불편한 자들과 저는 자들과 맹인들을 청하라. 그리하면 그들이 갚을 것이 없으므로 네게 복이 되리니 이는 의인들의 부활시에 네가 갚음을 받겠음이라 하시더라." 눅 14:13-14

자기 존재의 가장 귀한 것을 깨뜨린 사람들은 향기를 내뿜는다. 마태복음 병행본문에서 예수님은 향유를 깨뜨려 자기 발을 씻어준 여인의 행동은 복음이 전해지는 모든 곳에서 찬양되어야 할 행동으로 기억되기를 바라신다. "내가 진실로 너희에게 이르노니 온 천하에 어디서든지 이 복음이 전파되는 곳에서는 이 여자가 행한 일도 말하여 그를 기억하리라 하시니라." 마 26:13 주님을 사랑하는 사람의 깨뜨린 향유가 온 집안에 가득 차듯이 온 세상에 가득 찬다. 교회는 그리스도 예수를 아는 냄새를 각처로 발산하는 곳이다. 고후 2:14

9절은 유대인의 큰 무리가 예수님과 그가 살린 나사로를 보기 위해 나사로의 집으로 쇄도하는 상황을 보도한다. 예수께서 나사로를 살린 표적은 예수님의 마지막 유월절을 뜨겁게 달군 태풍의 눈이 되었다. 대제사장은 표적의 증인인 나사로까지 죽이려고 모의했다.[10절] 나사로 때문에 많은 유대인이 가서 예수를 믿었기 때문이다.[11절] "믿음이러라"고 번역된 헬라어는 에피스튜온(ἐπίστευον)이다. '믿다'를 의미하는 동사 피스튜오(πιστεύω)의 3인칭 복수 미완료형이다. '일과성 믿음'이 아니라 지속성 있는 믿음이었다. 하지만 여기서도 유대인들은 표적을 인해 믿는 표적신앙에 매여 있다.

예루살렘으로 상경하시는 예수님 ● 12-36절

이 단락은 공관복음서에서 예수님의 수난 주간 일정에 일어난 일들을 다룬다. 겟세마네 기도에 상응하는 기도가 있고, 무리가 시편 118편을 낭독하며 호산나 찬송으로 예수를 영접하는 이벤트도 이 단락에 기록되어 있다. 이 단락의 병행본문은 마태복음 21:1-11, 마가복음 11:1-11, 그리고 누가복음 19:28-40이다. 나사로의 집은 예루살렘에서 동쪽 방향으로 2킬로미터 떨어진 감람산 남동부 경사면에 있는 마을이다.[3] 베다니에서는 성전이 어느 정도 보인다. 기드론 골짜기나 힌놈의 아들 골짜기를 지나 올라가면 바로 성전산이다. 따라서 예수님이 나사로의 집에 와 계시다는 소문은 조문하러 전에 왔었던 유대인들에 의해 순식간에 퍼졌다.[17-18절] 나사로의 집에 잔치가 있던 다음날에는 유월절 축성[祝聖]을 위해 모인 큰 무리가 예수께서 예루살렘으로 오신다는 것을 들었다.[12절] 여기서부터 예수님을 극단적으로 위험에 빠뜨리게 된 정치적 퍼포먼스가 펼쳐진다. 나중에 빌라도가 예수님을 '유대인의 왕'이라고 기소한 것도 이 행사와 관련되어 있다. 많은 무리는 마카베오 항쟁지휘부를 맞이하는 개선식을 방불케 하는 행사를 펼친다. 그들은 종려나무 가지를 가지고 맞으러 나가,마카베오상 13:51, 마카베오하 10:7 "호산나, 찬송하리로다. 주의 이름으로 오시는 이 곧 이스라엘의 왕이시여!"라고 외쳤다.13절 '호산나'(hôšānnā)에서 '나'(nā')는 '제발'이라는 뜻으로 간청의 의미가 붙은 접사이다. '호산'은 '이사야'(yĕšāyāhû)와 동일한 어근을 가진 단어이며, 그 어근은 '구원하다'를 의미하는 야샤(yāšā)이다. '호산나'는 '제발 우리를 구원하소서'라는 영탄문이다. 이것은 시편 118:25-26을 압축적으로 인용한 것이다. 25절에서 '구원하소서'라는 말이 되풀이되고 있다. 원래 이 시편은 예루살렘 성전에서 레위인들이 지방 순례객들을 맞이할 때 불렀던 교창 환영곡이었다. 그런데 이제는 무리가 이 시편을 예수님에게 적용해서 '제발 우리를 구원하소서. 주의 이름으로 오시는 이, 곧 이스라엘의 왕이시여'라고 외쳤다. '왕'이라는 단어를 말함으로써 무리가 갑자기 분위기를 격앙시켜버렸다. 예수님을 '왕'이라고 소리치는 퍼포먼스는 왕이 되어달라는 요구였다.

"이스라엘의 왕"이라는 말은 주전 586년 이래 처음으로 사용된 말이다. 물론 주전 142년부터 주전 37년까지 유다 마카베오의 형 시몬의 아들 요한 히르카누스 1세가 개창한 하스모니안 왕조가 '왕'이라는 용어를 썼을 것이며, 주전 63년 이래 이스라엘이 로마의 속주가 되고, 주전 37년에 헤롯이 헤롯 왕조를 개창하면서 다시 '왕'이라는 칭호를 사용했을 것이다. 그러나 이때의 '왕'은 전 이스라엘 민중의 지지를 받아 추대된 왕이 아니라 전쟁의 전리품으로 얻은 '왕'이었다. "호산나, 찬송하리로다. 주의 이름으로 오시는 이 곧 이스라엘의 왕이시여!"라고 외친 이 무리는 6:15에서 오병이어의 표적을 본 후에 예수님을 탈취해 '왕'으로 삼으려던 바로 그 무리거나 연관된 사람들일 것이다.[4] "찬송하리로다. 주의 이름으로 오시는 이"는 시편 118:26에서 따온 말("여호와의 이름으로 오는 자가 복이 있음이여")이며, 축제 절기에 예루살렘을 찾는 순례자들이 서로 주고받은 축복인사의 일부였다. 하지만 118:25과 연관시켜보면 "여호와의 이름으로 오는 자"는 메시아를 가리키는 축원으로 간주될 수도 있다. 시편 118:25은 "여호와여, 구하옵나니 이제 구원하소서. 여호와여, 우리가 구하옵나니 이제 형통하게 하소서"라는 집단기원문이다. 따라서 종려가지를 들고 시편 118:26의 일부를 인용하며 "주의 이름으로 오시는 이"를 곧 "이스라엘의 왕"이라고 해석하는 무리는 예수님에게 메시아적 구원을 행해줄 것을 기대하는 셈이다. 메시아적 구원은 마카베오 항쟁지휘부가 주전 164년에 시리아 셀류키드 군대를 예루살렘에서 축출하듯이 이방인을 몰아내는 구원을 뜻한다.

예수님은 자신을 왕으로 추대하는 이 압도적인 군중을 외면하지 못하고 스가랴 9:9의 예언을 성취하는 퍼포먼스를 행하심으로써 그들의 외침에 응답하신다. 한 어린 나귀를 보고 타고 들어가신다.[14절] 스가랴 9:10-13은 나귀를 타고 예루살렘에 입성하는 왕이 이스라엘의 이상왕이며 평화의 왕임을 선언하고 있다. 15절은 어린 나귀를 타고 예루살렘에 입성하시는 이 모습은 "시온 딸아, 두려워하지 말라. 보라, 너의 왕이 나귀 새끼를 타고 오신다 함과 같더라"는 스가랴 9:9의 성취임을 밝힌다. 이스라엘의 이상적인 왕은 전쟁을 지휘하는 전쟁 군주가 아니라 평화의 왕이라는 것이다. 스가랴 9:9 하반절은 예수님이 '나귀'를 타고 입성하신 배경을 다음과 같이 말한다. "그는 공의로우시며 구원을 베푸시며 겸손하여서 나귀를 타시나니 나귀의 작은 것 곧 나귀 새끼니라." 이 공의로운 이스라엘의 왕은 전쟁으로 나라를 지키려다가 멸망한 북이스라엘과 남유다의 역사에 대한 비판적 성찰을 담고 있다. 스가랴 9:10은 예수님이 왕은 왕이로되 어떤 왕이 될 것인지를 드러내는 결정적인 말씀이다. "내가 에브라임의 병거와 예루살렘의 말을 끊겠고 전쟁하는 활도 끊으리니 그가 이방 사람에게 화평을 전할 것이요 그의 통치는 바다에서 바다까지 이르고 유브라데 강에서 땅 끝까지 이르리라." 이스라엘의 왕은 일단 이스라엘 내부의 호전성을 해소시킨 후에 이방 사람들에게 전쟁을 하지 않겠다고 평화의 메시지를 전한다. 이사야 2:4이 예언하듯이, 이스라엘이 먼저 "칼을 쳐서 보습을 만들고", "창을 쳐서 낫을 만들 것이며", "다시는 전쟁을 연습하지 않는" 나라가 될 것이다. 이스라엘의 왕, 이 평화의 왕은 "바다에서 바다까지 이르고(온 지중해 일대) 유브라데 강에서 땅 끝까지" 다스릴 것이다. 바다에서 바다까지, 유브라데 강에서 땅 끝까지는 사실 이집트 세력과 메소포타미아 세력, 그리스와 페르시아 세력의 각축장이요 상시 전쟁터였다. 바다와 바다, 강과 강에 이르는 양강 세력의 충돌지점에 위치하여 평화를 박탈당한 이스라엘의 왕이 평화를 확장하는 통치를 할 것이다. 예수 그리스도는 오순절 성령 강림을 통해 이집트에서부터 메소포타미아까지 사람들 모두를 한데 모아 예루살렘에서 평화의 공동체를 창출하셨다.[2:9-11] 예수 그리스도는 막힌 담을 여는 평화이시다. 예수는 에베소서 2:13-18이 말하는 평화의 주이며 왕이시다.

> 이제는 전에 멀리 있던 너희가 그리스도 예수 안에서 그리스도의 피로 가까워졌느니라. 그는 우리의 화평이신지라. 둘로 하나를 만드사 원수 된 것 곧 중간에 막힌 담을 자기 육체로 허시고 법조문으로 된 계명의 율법을 폐하셨으니 이는 이 둘로 자기 안에서 한 새 사람을 지어 화평하게 하시고 또 십자가로 이 둘을 한 몸으로 하나님과 화목하게 하려 하심이라. 원수 된 것을 십자가로 소멸하시고 또 오셔서 먼 데 있는 너희에게 평안을 전하시고 가까운 데 있는 자들에게 평안을 전하셨으니 이는 그로 말미암아 우리 둘이 한 성령 안에서 아버지께 나아감을 얻게 하려 하심이라.

예수 그리스도는 세상 만민을 위하여 시온산에 기름진 음식과 오래 저장했던 포도주를 갖고 잔치를 열 이사야의 하나님이 품은 이상을 성취하신다. 예수님은 시온산에서 모든 민족의 얼굴을 가린 가리개와 열방을 덮은 덮개를 제하시며 만민평화를 창조하실 것이다.[사 25:6-7] 이 평화사상이 시온에서 나올 것이다. 예언자들이 오랫동안 꿈꾸었던 미래를 실현하기 위해 예수님은 어린 나귀를 타고 입성하셨다. 그러나 제자들은 어린 나귀를 타고 예루살렘에 입성하신 예수님의 의도를 깨닫지 못하다가 "예수께서 영광을 얻으신 후에야" 스가랴 9:9이 "예수께 대하여 기록된 것임"을 깨달았으며, 13절에서 묘사된 무리의 환호와 영접의 의미를 깨달았다.[16절] 17-18절은 예루살렘에 모여든 군중의 열광적인 예수님 추종열기가 어떻게 고조되었는지를 설명한다. 나사로의 부활을 목격한 무리[17절]가 종려나무 가지를 든 군중에게 예수님의 표적 행하심을 증언했기 때문이다. 그들은 "표적"에 희망을 걸었다. 이 무리는 대제사장 종교 당국자들을 '왕'으로 인정하지 않는 자들이었고, 헤롯 분봉왕들도 '왕'으로 여기지 않았다. 당연히 로마제국의 황제나 총독도 "이스라엘의 왕"이라고 보지 않았다. 그들은 "이스라엘의 왕"을 기다리는 이스라엘 사람이었다.

19절은 예수님에 대한 기대가 최고조에 도달하자 바리새인들이 절망하는 모습을 보여준다. 그들은 서로 "볼지어다. 너희 하는 일이 쓸 데 없다. 보라, 온 세상이 그를 따르는도다"라고 말했다. 19절 하반절의 개역개정은 헬라어 구문에 없는 단어 "온"을 추가한다. 헬라어 구문의 직역은, '보라, 세상이 그의 뒤를 따랐다'이다. "따르는도다"로 번역된 헬라어 아펠덴(ἀπῆλθεν)은 화자[話者]로부터 '멀어져 가다'를 의미하는 동사 아페르코마이(ἀπέρχομαι)의 3인칭 단수 부정과거시제다. 화자인 바리새인들로부터 멀어져가는 의미의 예수님 추종을 묘사한다. '세상은 (우리 바리새인들과 멀어져) 그를 뒤따랐다.' 이런 의미다.

20-26절은 19절에서 26절로 전환되는 이야기의 흐름('따름'의 주제)을 끊는 삽입단락이다. 20-21절에 나오는 유월절에 예배하러 온 헬라인들(헬라어를 쓰는 로마제국의 속주민들)의 예수님 면담 요청은 예수님이 자신의 목숨을 바쳐 '들린 인자가 되어야 하는 이유'[요 12:32]를 확인하는 계기가 된다. 유월절 예배에 참석하러 온 경건한 헬라인 몇 사람[20절]이 갈릴리 벳새다 사람 빌립에게 가서, "선생이여"라고 부르며 그들이 "예수를 뵈옵고자" 하는 의향을 전한다. 개역개정이 "선생이여"라고 번역한 헬라어는 '퀴리에'(κύριε, 주여)이다. 퀴리오스(κύριος)가 예수님에게만 배타적으로, 의미심장한 신학 전문어로 사용되지 않았음을 보여주는 증거다. 마리아와 마르다가 예수님을 부를 때도 '퀴리에'라고 부른다. 퀴리오스는 '지체 높은 선생'을 의미할 수도 있다. 헬라인들이 빌립을 '지체 높은 선생'으로 간주했던 모양이다. 빌립은 헬라어 이름을 가진 것에 비추어 볼 때 헬라어를 능통하게 구사한 제자였을 것이다. 또 한 제자 안드레도 헬라어 이름이다. 둘은 헬라적 교양이나 어학 실력에서 두드러져 친밀한 사이였을 가능성이 있다. 빌립과 안드레의 동역은 6장의 오병이어 사건에서도 한 번 있었고, 이번이 두 번째다. 빌립은 안드레에게 가서 이 요청을 알리고 안드레가 예수님께 청한다.[22절] 예수님은 짐짓 다른 말씀을 하신다. "인자가 영광을 얻을 때가 왔도다."[23절] 23절의 마지막 소절인 히나(ἵνα) 목적절은 '인자가 영화롭게 되기 위함'이라는 것이다. 예수님은 헬라인들이 자신을 찾는 이때는 '인자가 헬라인들도 이끌어야 할 때'가 되었다고 본 것이다. 이스라엘 본토 "우리"에 속하지 아니한 "다른 양"(10:16, 해외에 흩어진 디아스포라 유대인들 및 이방인들)을 자신에게로 이끌어야 할 때가 왔음을 직감하셨다. 그런

데 인자가 모든 사람을 이끌기 위해서는 "들려야 한다."[12:32] 인자가 놋뱀처럼 들리는 그 시간은 십자가에 달리는 시간이다. 십자가에 달리는 이 시간은 하나님의 아들인 인자가 자신을 보내신 아버지 하나님께 목숨을 바쳐 순종함으로써 하나님 아들 됨의 진수를 보여줄 순간이다. 하나님 아들 됨의 영광이란 권력 과시가 아니라 자발적이고 무한책임적인 순종 부담을 지고 가는 결단임을 보이는 때이다. 인자이신 예수님은 십자가의 죽음을 받아들이는 순종을 통해서 자신이 하나님 아버지가 보내신 아들임을 만천하에 드러내야 한다. 이것이 인자가 영화롭게 되는 것이다. 요약하면, 인자가 영광을 얻을 때가 왔다는 것은, 예수님 자신이 십자가에 들려 모든 사람을 이끄는 때가 왔음을 의미한다.

24절은 23절을 보충한다. 이중 아멘을 문두에 둔 24절은 평범하고도 심오한 농사 비유다. "한 알의 밀이 땅에 떨어져 죽지 아니하면 한 알 그대로 있고 죽으면 많은 열매를 맺느니라." 아멘 아멘 레고 휘민, 에안 메 호 콕코스 투 시투 페쏜 에이스 텐 겐 아포다네, 아우토스 모노스 메네이. 에안 데 아포다네, 폴뤼 카르폰 페레이(ἀμὴν ἀμὴν λέγω ὑμῖν, ἐὰν μὴ ὁ κόκκος τοῦ σίτου πεσὼν εἰς τὴν γῆν ἀποθάνῃ, αὐτὸς μόνος μένει· ἐὰν δὲ ἀποθάνῃ, πολὺν καρπὸν φέρει). 에안 메 호 콕코스 이하 소절만 직역하면 이렇다. '만일 밀알 하나가 땅에 떨어져 죽지 않으면, 그것 자체(아우토스)는 홀로(모노스) 땅 밖의 세계에 머물게 된다.' 즉, 죽고 많은 열매를 맺는 땅속의 드라마에 참여하지 못한다. 예수님은 여기서 이스라엘의 구원사에 대한 선이해가 없던 헬라인에게 농사 비유로 자신의 사역을 설명하신다. '지금 여러분이 나를 찾는 것을 보니 내가 죽어야 한다'는 말이다. '세계 만민이 나를 찾는다면 내가 죽어 열매를 맺어서 세계 만민 가운데 갈 수밖에 없다.' 예수님 자신이 한 알의 밀이며, 성령으로 충만하여 세계로 퍼지는 당신의 증인 제자들, 즉 밀알의 "많은 열매"가 헬라인들에게 '갈 것임'을 암시하고 있다. 사도 바울도 부활의 확실성을 가르칠 때, 곡식 알갱이 한 알이 죽어 다시 부활하는 농사드라마를 사용한다.고전 15:36 사도행전 13-28장이 바로 헬라어로 말하는 이방 세계로 파송된 '많은 열매' 증인들의 활약상을 보도한다.

25절은 공관복음서의 십자가 고난담화 뒤에 나오는 요약문이다. 자신의 생명을 사랑하는 자는 잃어버리지만, 이 세상에서 자기의 생명을 미워하는 자는 영생하도록 보전할 것이다. 마가복음에서는 유사한 취지로 다음과 같이 말씀하신다. "누구든지 자기 목숨을 구원하고자 하면 잃을 것이요 누구든지 나와 복음을 위하여 자기 목숨을 잃으면 구원하리라"(8:35; 비교. 마 16:25, 눅 9:24). 요한복음은 마가복음 8:34("누구든지 나를 따라오려거든 자기를 부인하고 자기 십자가를 지고 나를 따를 것이니라")의 십자가 제자도 가르침 대신에 '한 알의 썩는 밀알' 가르침을 제시한 셈이다. 기독교의 존립은 땅에 떨어져 썩는 밀알이 되기로 결단한 개개인의 결단에 달려 있다. 25절이 말하는 잃어버리게 될 생명, 미워함의 대상이 되는 생명은 생화학적 생명이다. 특정한 가치와 미덕을 표방하는 의지의 결정체로서의 생명이 아니라 현세적 기본욕망에 충실한 생명이다. 이런 생명이 무가치한 것이 아니라 불멸의 궁극가치를 추구하는 삶, 즉 영생을 가로막는 장애가 될 때는 미워해야 할 대상이다. 나치에 협력하여 살면서 숱한 사람을 죽여야 하는 그런 생명은 미워해야 할 삶이다. 굴욕적인 일을 하느니 자살하는 것이 더 좋다고 말하는 것이 아니다. 다만 생물화학적 생명은 더 궁극적이고 불멸한 가치와 삶을 위해 희생될 때 그것의 가치가 극대화된다는 것이다. 이 세상에는 '죽음'으로 '삶의 가치를 찬란하게 만드는 일'이 자주 일어난다. 저등한 생명의 죽음으로 고등한 생명이 창조되는 것이다.

26절은 복음서 전체에서 아주 희귀한 어구이다. 예수님의 입에서 "나를 섬기려면"이라는 말이 나오기 때문이다. 여기서 '섬기다'는 '예배하다, 존숭하다, 진심으로 필요를 채운다'는 의미다. 예수님은 영적으로 소진되어 간다. 도움이 필요하다. 자신에게 섬김이 필요한 상황을 인정하시고 도움을 요청하신다. 지금 예수님은 위험한 인물이며, 예수님과의 친연親緣관계는 제자들을 위험하게 만들 수도 있다. 그런데 예수님을 섬기려면 예수님이 걸어가는 썩는 밀알의 길을 따라가야 한다. 썩는 밀알의 자리가 예수님이 계신 곳이며, 예수님을 섬기는 자는 예수님의 길을 따라 자신도 썩는 밀알의 자리로 걸어가야 한다. 그런 진정한 예수님 따름에 충실한 것이 예수님을 섬기는 것이다. 예수님을 지지하고 도와드리고 현존을 나누는 것이 섬기는 것이고 따르는 것이다. 이런 의미로 예수님을 따르고 섬기는 자를 아버지 하나님께서는 존귀하게 여기실 것이다.[26절]

27-35절은 공관복음서의 겟세마네 기도 상황을 다르게 재현한다. 공관복음서에서는 겟세마네 기도가 아버지 하나님 앞에 하나님의 아들이 단독으로 벌이는 기도의 사투로 묘사된다. 그런데 여기서는 '무리'가 곁에서 기도 상황을 엿보는 개방된 활동이다. 공관복음에서는 제자들이 돌 하나 던질 만한 거리인 약 50미터 가량 떨어진 곳에서 잠에 빠지는데, 요한복음에는 제자들의 존재감이 없다. 27절에서 예수님은 갈등하는 마음을 드러내신다. "지금" 예수님의 마음이 괴로워서 '말로 드리는 기도'가 잘 나오지 않는 상황이다. "무슨 말을" 해야 할지 당황스러운 순간이다. 예수님은 자신이 직면한 이 죽음의 때를 면하게 해달라고 아버지 하나님께 간청하신다. 구원간청인 것이다. 그런데 바로 그 간청 후에 자신의 구원간청 기도를 덮어쓰기하는 결심을 드러내신다. "그러나 내가 이를 위하여 이때에 왔나이다." 히브리서 10:5-7은 시편 40:6을 인증해 이런 예수님의

마음을 재구성한다. "그러므로 주께서 세상에 임하실 때에 이르시되 하나님이 제사와 예물을 원하지 아니하시고 오직 나를 위하여 한 몸을 예비하셨도다.…… 이에 내가 말하기를 하나님이여, 보시옵소서. 두루마리 책에 나를 가리켜 기록된 것과 같이 하나님의 뜻을 행하러 왔나이다 하셨느니라." 예수님은 구약성경에 자기를 가리켜 예언된 말씀을 성취하려고 하셨다. 이 결심도 죽음의 현실 앞에서 잠시 흔들려 '구원간청 기도'를 드린다. 그러나 동요는 곧 진정된다. 28절에서 한층 더 단호한 결심을 바탕으로 자기구원 기도는 이내 아버지의 이름을 영화롭게 해달라는 간구로 바뀐다. "아버지여, 아버지의 이름을 영광스럽게 하옵소서." 아버지의 이름이 영화롭게 되는 길은 아들의 순종을 통해서 열린다. 즉 자신이 아버지의 뜻에 순종하도록 아버지께서 도와주셔서 당신의 이름이 영화롭게 해달라는 간구이다. 아버지의 이름을 영화롭게 해달라는 간구가 드려지는 동시에 하늘에서 소리가 들려왔다.28절 하반절 "내가 이미 영광스럽게 하였고 또 다시 영광스럽게 하리라." 28절의 마지막 소절에서 "영광스럽게 하다"의 목적어는 아버지의 이름이다. '내가 내 이름을 영광스럽게 하였으며 또 영광스럽게 할 것이다.' 이런 천상 음성은 요단강에서 세례 받을 때 들었던 음성 이후 두 번째이다(요한복음에서). 29절은 이 천상의 음성이 예수님에게만 명확하게 들렸음을 시사한다. 곁에 서서 들은 무리는 음성의 정체를 놓고 의견을 달리했기 때문이다. 어떤 이들은 '천둥소리'라고 하며 또 어떤 이들은 '천사가 예수님에게 한 말'이라고 말했다. 여기서도 제자들의 존재감이 드러나지 않는다.

그러나 뜻밖에도 예수님은 자신에게 명확하게 들린 이 천상의 음성은 자신을 위한 것이 아니라 "너희"라고 불리는 "곁에 선 무리"를 위한 것이라고 주장하신다. 이 무리는 '유대인들처럼 적대적인 무리'는 아니지만, 그렇다고 제자들도 아니다. 다만 십자가의 제자도에 관해 들은 무리이므로 제자의 길에 관심을 보인 무리였을 것이다. 마가복음에 보면 예수님의 십자가 제자도 담화는 "무리와 제자들"에게 하신 말씀으로 나온다. "나를 따라오려거든 자기를 부인하고 자기 십자가를 지고 나를 따를 것이니라."[막 8:34] 이 천상의 음성은 "무리에게" 예수님의 십자가가 예수님과 하나님을 영화롭게 하는 사건임을 확신시켜 주려는 목적을 갖고 있다.

31절은, 하나님의 아들이 땅에 떨어져 죽는 사건은 아버지 하나님의 이름을 영화롭게 하는 사건임과 동시에 이 세상에 대한 심판임을 말한다. 세상이 아버지 하나님이 보내신 아들을 십자가에 못 박는다는 것은 세상의 자기정체를 만천하에 공포하는 사건이다. 세상이 '우리는 하나님의 아들을 죽여버림으로 하나님께 반역을 일으킨다'라고 선언하는 셈이다. 세상 임금은 자기권력을 이용해 하나님의 아들을 죽이겠지만 그것은 하나님의 아들이 세상의 모든 군왕들의 통치권을 몰수하고 회수하는 계기가 될 것이다. 세상 임금은 하나님의 아들을 죽임으로써 자신이 세상 임금 자리를 더이상 차지해서는 안 되는 불법의 사람이라는 것을 만천하에 공포하게 된다. 자기폐위를 하는 셈이다. '나는 하나님 아버지가 보내신 하나님의 아들을 죽여 하나님께 반역자가 되었다. 이 세상을 통치하시는 아버지 하나님은 이런 반역자인 나를 폐위시키신다.' 그래서 세상 임금은 '나는 쫓겨난다'고 말할 수밖에 없다. 당시의 세상 임금들은 누가복음 3:1-2에 잘 나타나 있다. 로마황제 디베료부터 일곱 명의 세상 임금들(로마총독 빌라도, 헤롯, 빌립, 루사니아, 안나스, 가야바)이 소개된다. 마가복음 10:42은 이들이 실제 사람들의 마음을 순복시키는 통치자들이 아니라 '통치하는 것처럼 보이는 자들'이라고 말한다. 로마제국의 2대 황제 티베리우스(디베료)는 42세에 아테네 올림픽 전차경주에서 우승했던 강골무인형 지도자였다. 티베리우스 통치의 특징은 법적 강제와 무력과시적 공권력 통치였다. 그는 반란세력을 무력으로 진압할 능력을 갖춘 자들을 주로 시리아나 유대 총독으로 파견했다. 빌라도도 그런 부류의 강경파였다. 예수님은 갈릴리에서 분봉왕 헤롯 안티파스와 로마제국의 군사력 위주의 강압통치를 목격하셨다. 그래서 통치자들을 "호이 도쿤테스 아르케인(οἱ δοκοῦντες ἄρχειν)", 곧 "다스리는 자들처럼 보이는 자들"이라고 부르신다. 그들의 통치 행태는 카타퀴리유오(κατακυριεύω)와 카텍수시아조(κατεξουσιάζω)였다. 카타퀴리유오는 강압적 지배를 수반한 '주인노릇'이며 권력남용적 강압지배다. 카텍수시아조는 부당하고 불의한 권세(엑수시아) 남용을 가리킨다. 이런 호이 도쿤테스 아르케인이 천하를 다스리는 시대에 진정한 다스리는 자, 나귀 새끼를 타신 왕이 오신 것이다. 당신이 나귀 새끼를 타고 오신 이유는, 지금 세상에 카텍수시아조와 카타퀴리유오를 통해 지배하는 자들로 군림하는 자들은 더이상 '왕'이 아님을 보여주시기 위함이다. 세상 임금은 자신의 백성으로 하여금 파괴하고 생명과 사랑의 가치를 훼손하는 방식으로 살도록 강압한다. 심지어 세상 임금은 일시적으로 우리에게 유익을 주지만 종국적으로 우리로 하여금 비인간화하는 일을 하도록 만드는 자다. 이 세상 임금은 빵과 이익을 주지만 인간의 고귀성을 파괴하는 일을 시키는 자다. 나쁜 임금의 명령에 복종하는 순간 우리는 하나님의 형상을 잃어버리게 된다. 이런 세상 임금이 언제 쫓겨날까? 예수님이 십자가에 달리셨을 때다. 참다운 왕이 찬란하게 십자가에 달릴 때 우리는 우리 마음의 보좌에서 세상 임금이 쫓겨나가는 경험을 하게 된다. 예수님의 십자가형을 집행했던 로마 백부장은 예수님이 십자가에 못 박혀 운명하시는 장면을 처음부터 지켜보다가 마지막 큰 소리로 숨을 거두시는 그 순간에 예수님을 하나님의 아들로 영접했다.[막 15:39] 그의 마음보좌에서 티베리우스나 빌라도 같은 세상 임금이 쫓겨났다. 신약성경 전체에서 보면 이 세상을 다스리는 임금은 궁극적으로는 로마제국 같은 세상권세의 배후에서 암약하는 사탄이다. 열국을 미혹하여 전쟁하게 하고 자기파멸적인 풍요를 추구하게 하고 자기파괴적 성적 권리나 자유를 주장하게 만들어, 인류문명이 하나님을 망각하고 배척하게 만드는 사탄이 궁극적인 세상 임금이다. 요한계시록 20장에 가서야 결박될 왕이 주님의 십자가 왕도 앞에서 쫓겨날 세상 왕이다.

32절은 세상 임금들이 폐위된 그 자리에 참되신 왕이 등극하는 장면(들림)을 보여준다. 32절 상반절은 1인칭 단수 대명사 에고 강조문장이다. '그리고 내가[카고(κἀγὼ)] 땅에서 들리면, 모든 사람을 나에게로 이끌 것이다.' 들린다는 것은 세 가지 의미가 있다. 십자가에 달려 들리는 것, 죽은 자 가운데 들리는 것, 그리고 하나님 우편 보좌로 승천하는 것이다. 그중에서도 32절은 셋째 의미의 들림을 부각시킨다. 그래서 이제 하나님의 아들, 인자 되신 예수 그리스도가 아버지 하나님의 우편 보좌에서 모든 사람을 자신에게 직접 대면시켜 심판하며 다스리실 것이다. 인자 되신 하나님의 아들이 십자가에 못 박히기 위해 땅에서 들리면 그 극한 순종에 대한 보상으로 아버지 하나님으로부터 만왕의 왕 만주의 주가 되라는 위임을 받으신다.[행 2:31-34] 바울은 이 변증법적인 진리를 깊이 깨닫고 빌립보서에서 유명한 그리스도 승귀 찬양을 펼친다.[빌 2:6-11]

> 그는 근본 하나님의 본체시나 하나님과 동등됨을 취할 것으로 여기지 아니하시고 오히려 자기를 비워 종의 형체를 가지사 사람들과 같이 되셨고 사람의 모양으로 나타나사 자기를 낮추시고 죽기까지 복종하셨으니 곧 십자가에 죽으심이라. 이러므로 하나님이 그를 지극히 높여 모든 이름 위에 뛰어난 이름을 주사 하늘에 있는 자들과 땅에 있는 자들과 땅

아래에 있는 자들로 모든 무릎을 예수의 이름에 꿇게 하시고 모든 입으로 예수 그리스도를 주라 시인하여 하나님 아버지께 영광을 돌리게 하셨느니라.

33절은 '인자 들림'이라는 어구를 사용해서 자신의 장래에 대해 말씀하신 예수님이 자기가 어떻게 죽으실 것인가를 보여주셨다고 말한다. 즉 자신이 '들려서' 죽음을 당할 것임, 즉 십자가에 달려 죽으실 것을 알려주셨다. 34절은 '인자의 들림'을 이해하지 못하는 무리의 반응을 보도한다. 무리는 구약성경에서 "그리스도가 영원히 계신다"(시 16:8 "내가 여호와를 항상 내 앞에 모심이여")고 들었는데, '예수, 당신(쒸)은 어찌하여 인자가 들려야 하리라고 말하느냐'고 묻는다. 무리는 이미 여기서 그리스도와 인자가 거의 같은 존재를 가리키는 것으로 전제하고 있음을 보여준다. 그들에게 그리스도는 '항상 있는 존재', 즉 죽지 않는 존재였다. '항상 계신 그리스도'를 말하는 구약성경 율법이 구체적으로 어디를 가리키는지는 분명하지 않다. 다만 무리는 '예수, 당신이 말하는 들려야 하는 인자는 도대체 누구인가' 하고 따져 묻는다.[34절] '당신이 그리스도인가, 혹은 당신이 인자인가?' 이렇게 묻는 셈이다. 이런 질문을 제기하는 것에 비추어 볼 때 29절 이하에 나오는 이 '무리'는 13절에 나오는 종려나무 군중과는 구별되는 존재다. 이들은 아직도 예수님의 정체에 대한 확신이 없는 상태이다. "이 인자는 누구냐"라는 질문은 수난 주간까지 이어지는 질문이다. 왜 무리는 '인자'라는 말을 듣고 그것이 누구를 가리키는지 몰랐을까? 예수님이 이 평범한 구약용어를 신학적 의미가 충만한 단어로 바꾸기 전까지는 한 번도 들어보지 않았기 때문이다. 예수님 이전의 누구도 '인자'라는 단어를 '그리스도' 혹은 '종말에 오실 심판주'를 가리키는 단어로 사용한 적이 없다. '인자'는 예수님이 구약에서 발굴해서 의미를 붙인 '메이드 바이 예수님made-by-Jesus' 용어다. 인자는 종말에 오셔서 하나님의 우편 보좌에 앉으실 부왕이다. 그런데 인자는 고난과 굴욕을 수반하는 순종을 아버지 하나님께 바침으로써 그리스도와 주主로 승귀昇貴될 종이다.

35절은 '인자가 누구인가'를 묻는 총론적 질문에 대한 예수님의 우회적 답변이다. "아직 잠시 동안 빛이 너희 중에 있으니 빛이 있을 동안에 다녀 어둠에 붙잡히지 않게 하라. 어둠에 다니는 자는 그 가는 곳을 알지 못하느니라." 자신이 십자가에 못 박히기 전까지는 잠시 아직 '낮시간'이라는 것이다. 8:12과 9:4에서 이미 발설하신 말씀이다. 자신이 유대인들에게 붙잡혀 죽음을 당하기 전까지는 빛이 있는 낮의 시간이기에 어둠을 잘 분별하여 어둠의 세력에 휩쓸리거나 동조하지 말라고 경고하신다. 더 나아가서 '너희에게 빛이 있을 동안에' 빛을 믿고 '빛의 아들'이 되라고 촉구하신다.[36절 상반절] 빛의 아들은 어둠의 세상을 대표하는 '유대인들의 자기폐쇄적인 세상'에서 창조적으로 탈출해 예수를 하나님의 아들, 그리스도로 믿는 자들이다. 흑암의 권세에서 하나님의 아들의 사랑의 나라로 소속을 바꾸는 것이다.[골 1:13] 빛이신 예수님을 적극적으로 영접하여 빛의 공동체에 속하지 않으면 어둠에 소속될 수밖에 없다는 뜻이다. 주님은 우리에게 이 땅의 영생 공동체에 속하라고 명하신다. 로마의 압제체제, 헤롯의 압제체제 아래라고 할지라도 이스라엘 동포들이 서로를 상호보합적 존재로 영접하여 돈독한 사랑의 공동체를 이루라고 호소하신다.

빛 가운데 다닌다는 말은 빛의 자녀들 가운데, 신령한 교제권 가운데 다닌다는 뜻이다. 또한 빛 되신 하나님 말씀을 끊임없이 묵상하고 붙들어서 영적 감화감동을 받는 것을 의미한다. 빛 가운데 하나님께서 인정할 만한 행동을 공공연히 하고 다니는 것이다. 하나님이 인정하시는 정의롭고 공의로운 행동을 공공연히 행하는 사람들이 빛의 자녀들이다. 하나님이 인정하실 수 없는 어떤 어두운 일도 하지 않고 공공연히 드러내놓고 선한 일을 일삼는 것이 바로 빛의 공동체에 속하는 것, 빛의 자녀들처럼 행하는 것이다.

35-36절의 요지는 빛이 있는 동안에 빛을 붙잡고 이해해야 한다는 것이다. 빛을 붙잡지 않으면 어둠에 붙잡히게 되기 때문이다. 우리가 진리에 붙잡히지 않으면 거짓에 붙잡히게 된다. 인간의 양심은 절대로 중립적이지 않다. 인간의 양심은 선과 악, 빛과 어둠 흑백논리에 지배된다. 내가 충분히 밝은 빛이 아닐 때 나는 어둠인 것이다. 빛과 어둠밖에 없다는 것이 예수님의 단호한 양단논법이다. 빛이 있는 동안에 빛을 파악하고 붙들어 빛의 자녀가 되는 일에 성공하지 못하면 어둠의 자녀가 되는 일밖에 남지 않는다. 우리가 하나님의 말씀을 영접하여 그 말씀을 삼키는 순간 내 영혼에 불이 밝혀진다. 빛의 자녀는 하나님과 조율된 행동과 습관을 가진다, 발광체이신 빛을 영접하고 빛을 붙잡는 순간, 나는 빛의 영역에 살게 된다는 뜻이다. 우리가 빛을 믿으면 빛이 된다. 우리가 정의를 믿고 정의의 가치를 아는 순간, 우리는 정의로운 사람이 된다. 빛을 믿는다는 말은 빛과 동화된다는 것을 의미하기 때문이다.

36절 하반절은 다음 단락의 첫 부분에 해당된다. 예수님은 10, 11, 12장에서 연속적으로 유대인들의 촉수를 피해 숨으신다.[10:39; 11:53-54; 12:36] 36절 하반절에서 예수님은 빛의 자녀가 되라고 호소하신 후에 그 말씀을 영접하지 않은 자들을 피해 숨으셨다. 한국교회에서도 우리 주님이 떠나가서 숨는 사태가 벌어질 수 있고, 우리 개개인 신자에게서도 예수님이 떠나가 숨으실 수 있다. 주님이 나의 삶의 동선에서 어느 순간 은닉하시면 우리는 어둠에 사로잡힌다. 어둠에 사로잡히는 순간, 내리는 모든 판단은 오류이다. 어둠에 사로잡혀서 내리는 모든 판단과 행동은 복구해야 할 손해이다. 어둠에 사로잡혀서 내리는 모든 결정은 내가 나중에 회복시켜야 할 손해로 기록된다. 물리적 시간이 아무리 많다고 해도 어둠에 사로잡혀서 보낸 시간은 내가 복구하고 회복해야 하는 잃어버린 시간일 뿐이다.

거부당한 고난의 종 예수님 ● 36-43절

이 단락은 유대인들이 예수님의 표적을 보고도 그를 하나님의 아들로 믿고 영접하지 못하는 이유를 설명하고 있다. 요한복음 저자는 표적을 보고 믿는 신앙을 제자도의 신앙에 비해 부족하고 피상적인 믿음이라고 생각하면서도, 표적을 보고도 믿지 않는 유대인들의 치명적이고 자기파멸적 완매頑昧를 비판한다. 유대인들은 대체로 예수님에게 두 가지 상반된 태도를 보이는 집단으로 나뉜다. 갈릴리를 비롯한 지방민들은 예수님을 이스라엘을 속량할 자라고 믿어 예수님에게 뭔가를 보여 달라고 요구한다. 이들은 '왕'이 없는 시대를 살아가고 있다고 생각하여 예수님을 '왕'으로 삼으려고 한다. 일부 바리새인이나 유대인들도 이런 우호적인 입장에 가담한다. 그러나 이들은 예수가 표적으로 행할 일(이스라엘의 회복)에 관심을 갖지만 예수가 누구인가에 대한 관심이 적다. 이들에게 예수는 도구에 불과하다. 그래서 이들은 예수님이 십자가를 지는 모습에 실망하고 예수를 따르는 제자도에 이르지 못한다.

이에 반해 바리새인과 예루살렘 종교권력자들(산헤드린)은 예수가 행사할 대중 영도력을 두려워하는 자들이다. 이들 중에는 신앙적, 신학적 대립으로 예수님을 증오하는 소집단이 있다. 바리새인들과 서기관, 율법학자들은 예수님의 안식일 해석, 정결법 해석, 이방인에 대한 태도, 구원 등에 관한 포용주의적 해석에 극단적 적의를 가진 자들이다. 이들은 예수님을 모세율법 위반자라고 판단하여 '그를 돌로 쳐 죽이려고' 한다. 거짓 선지자 처단법으로 죽이려고 한다.[신 13장] 이에 비해 사두개파를 중심으로 하는 산헤드린 공회는 예수님의 언동에 대한 신학적 단죄보다는 예수님의 표적 위력과 대중 영향력이 로마항쟁의 도화선이 될까 전전긍긍하는 현실정치파다. 이들은 로마제국의 황제에 대한 모반죄를 덧씌워 예수를 죽이려고 한다. 빌라도가 예루살렘에 출장 나오는 명절에 예수님의 영향력이 극대화되는 상황이 연출되는 것이야말로 빌라도를 겁박하기에 좋은 여건이 된다는 사실을 알고 있다. 이들은 빌라도의 손을 빌려 예수님을 죽이려고 한다. 로마제국의 통치에 반발하는 언동을 모두 모아서 고소한다. 그러나 예수님에게 로마통치에 대항하여 반역을 선동하는 언동이 기대만큼 나타나지 않는다. 단 한 가지 '예수님을 이스라엘의 왕'이라고 환호하는 대중의 환호성은 좋은 실황 증거가 될 수 있다. 이처럼 산헤드린은 빌라도가 예루살렘에 와 있는 명절기간에 예수님을 죽이려고 했다. 예수님에 대한 살기와 살해모의는 바리새인과 종교 당국자들에 휘둘리는 유대인들에게 착상되어 산헤드린이 결실하는 순서로 진행될 가능성이 커졌다. 이런 와중에 예수님의 정체성에 대해 갈팡질팡하는 중도적 유대인들에게 예수님은 '빛의 아들'이 되라고 호소하며 숨으셨다.[36절 하반절]

37절에서 요한복음 저자는 "이렇게 많은" 표적을 자신들 앞에서 행했으나 예수님을 믿지 않는 유대인들을 나무란다. 그런데 이제까지 요한복음이 기록한 표적은 일곱 가지였고 대중이 보는 데서 행한 표적은 서너 가지에 지나지 않는다. 이것은 무엇을 말하는가? 유대인들이 보는 앞에서 훨씬 더 많은 표적을 행하셨음을 알 수 있다. 요한복음은 예수님이 행하신 표적을 다 기록하지 않았다고 한다.[20:30] 왜 유대인들은 이토록 예수님을 배척하고 거부할까? 38절은 이사야 53:1을 인용해 고난의 종에게 나타난 야웨 하나님의 팔(권능)을 믿지 않는 유대인들의 완악함을 해석한다. 이사야 53:1이 예고한 것처럼 '우리'라고 일컬어지는 이스라엘 백성 중에서 하나님의 아들이 아버지 하나님께 듣고 배운 것을 말할 때 믿어준 자가 없었다. 이스라엘 중에서 주의 팔이 하나님의 아들 예수에게 나타난 것을 믿어준 자가 없었다. 39절은 이 예언이 그들의 완악함을 미리 내다봤다고 말한다. 39절 하반절과 40절은 이사야 6:9-10을 인용해 유대인들의 영적 무지몽매와 하나님의 계시에 대한 만성적 저항사태를 설명한다. "그들의 눈을 멀게 하시고 그들의 마음을 완고하게 하셨으니 이는 그들로 하여금 눈으로 보고 마음으로 깨닫고 돌이켜 내게 고침을 받지 못하게 하려 함이라 하였음이더라." 주전 8세기 예언자 이사야는 하나님으로부터 이스라엘 백성의 눈이 감기고 귀가 먹도록 예언했다. 이사야가 예언하고 선포할수록 청중의 마음은 더욱 완악해지고 영적 시력은 더욱 어두워졌다. 하나님과 이미 적대상태에 들어가 완악해진 자들에게 하나님의 진리의 말씀이 더욱 드세게 배척당한다. 40절은 예수님 당시의 청중이 이사야 시대의 청중과 같은 상태라고 본다. 이사야 6:11-13은 이사야의 청중들이 견지했던 패역적 완악함, 무지몽매, 불신앙이 대파국의 참사로 귀결되었다고 말한다. 41절은 이사야가 오래 전에 벌써 주의 영광을 보고 주를 가리켜 예언한 것이라고 해석한다. 42절은 이 와중에 산헤드린 관원(아르콘) 중에서도 믿는 자가 많았지만 바리새인 때문에 드러나게 말하지 못했다고 증언한다. 그들은 출교를 당하지 않기 위해서(아포쉬나고고스=apo+synagogos, without synagogue) 공개적으로 예수님을 그리스도로 고백하지[호몰로게오(ὁμολογέω)] 못했다. 43절은 은밀하게 예수님을 믿는 이 사람들을 비판적으로 바라본다. 그들은 사람의 영광(산헤드린 공회 회원이라는 명예)을 하나님의 영광(예수 그리스도를 영접한 빛의 아들의 영광)보다 더 사랑했다[아가파오(ἀγαπάω)]고 평가된다.

우리가 사람의 영광이 지배하는 폐쇄적인 세계 속에 살면 사람의 영광이 하나님의 영광보다 더 크게 보인다. 그리하여 출교당할지도 모른다는 두려움에 지배당하게 된다. 그런데 우리 주님의 말씀에 붙들려 반복적으로 감화감동을 받아 주님의 말씀대로 사는 사람들의 동아리에 참여하면, 어둠의 왕국 안에서도 자생하는 빛의 공동체에 속할 수가 있다. 예루살렘 당국자들이 아무리 숨 쉴 틈을 주지 않는다 하더라도, 예수님을 사랑하고 이웃을 사랑할 여지는 남아 있다.

마지막 날의 심판 ●44-50절

이 단락은 요한복음에서 예수님이 대중에게 직접 말씀하시는 마지막 장면을 보도한다. 요지는 '자신이 하나님의 아들임을 믿고 자신이 선포한 하나님 나라 복음을 받아들여 새 언약백성으로 갱생되라'는 것이다. 예수님이 조성한 이 새 언약백성으로서의 재활복구 기회를 놓치면 파멸이 있을 것이라고 말씀하신다. 이 단락은 공관복음서에서 마태복음 24장, 마가복음 13장, 누가복음 21장[5-33절]의 대파국적 심판 예고 장면에 해당된다. 이 단락에서 예수님은 자신이 자의로 말하는 것이 아니라 자신을 보내신 하나님 아버지가 일러주신 말씀을 대언하는 것임을 다시 강조하신다. 자신이 온 목적은 이스라엘에게 영생을 선사하기 위함이라는 것이다. 이런 절박함을 담아 예수께서 외치신다.[44절] '나를 믿는 자는 나를 믿는 것이 아니요 나를 보내신 이를 믿는 것이다.' 유대인들은 예수님이 모세와 예언자들의 하나님을 대표하고 있다는 것을 믿지 않고 '다른 신'을 전하는 거짓 선지자로 오해했다. 예수님은 45절에서 44절의 논지를 한 번 더 강조한다. "나를 보는 자는 나를 보내신 이를 보는 것이니라." 아버지 하나님과 자신은 하나, 즉 싱크로율 백퍼센트라는 것이다.[10:30] 예수님은 구약의 모세와 예언자들이 오랫동안 꿈꾸던 하나님 나라를 육화시키기 위해 분투하셨다. 예수님은 독창적이라기보다는 모방적이고 완성적인 사명에 매인 분이다. 예수님은 아무 맥락도 없이 보편적으로 유효한 도덕적 금과옥조나 잠언적 진리를 선포하신 분이 아니라, 시간의 계기 속에서 진행되는 하나님 나라의 도약적 발전을 위해 구속역사적으로 의미심장한 예언을 말씀했다. 이 하나님 나라의 도약과정에 이스라엘 백성을 노출시키고 그 운동에 동참시키려고 하셨다. 예수님의 모든 말씀은 상황적중적인 말씀이며, 특정한 순간에 특정한 결단을 촉구하는 예언적 말씀이다.

46절은 예수님의 사명을 간략하게 제시한다. "나는[에고(ἐγώ)] 빛으로 세상에 왔나니 무릇 나를 믿는 자로 어둠에 거하지 않게 하려 함이로라." '다른 이가 아니라 내가 빛으로 세상에 왔다'는 이 말씀은 이스라엘과 유대인들에게만 적용되는 것이 아니라 세계 만민에게 적용된다. 자기폐쇄적이고 자기충족적인 유대인들이 세상의 진면목을 압축하고 있다. 하나님의 계시에 저항하고 하나님의 진리 조명에 극렬하게 반항하는 인간세상의 축소판이다. 하나님이 없다고 주장하는 사람은 지적 확신을 피력하는 것이 아니다. 하나님이 없다고 말하는 사람은 하나님의 존재를 묵살하고 방자하고 교만하게 살고 있는 자신을 변명하는 말이다.[시 14:1-4] 인간은 자기행위가 악하기 때문에 빛 가운데 나오는 것을 싫어한다. 47-50절은 예수님의 영생담화가 이스라엘과 유대인의 맥락을 벗어나서도 보편적인 적용점을 갖는다고 말한다.

47절에서는 유대인들만이 아니라 '세상의 보통 사람'이 예상 청중이다. 예수님이 세상에 오신 목적은 심판이 아니라 구원이다. 사람이 '내 말을 듣고 지키지 아니할지라도 내가(에고) 그를 심판하지' 않을 것이다.[47절] 대신 예수님의 말씀을 듣고 믿지 않고 영접하지 않으면 '예수님이 우리 각 사람에게 하신 그 말씀이 마지막 날에' 우리를 "심판"할 것이다. 유대인들은 이 세상 만민의 영적 일탈과 반역을 대표하는 자들이다. 우리가 만일 구원의 길을 미리 통보받지 않았다면 우리가 당하는 종말의 심판이 가혹하게 느껴질 수 있다. 그러나 이미 하나님의 아들이 제의한 구원을 거절하고 배척했기 때문에 변명의 여지가 없다.[48절]

49-50절은 예수님의 독생자 화법과 언동을 집약한다. 49절 상반절은 에고 강조구문이다. 예수님은 '내가(에고) 자의로 아무 말이라도 하는 사람'이 아니라는 점을 말한다. 그는 자신을 "보내신 아버지께서" 자신이 할 말을 친히 명령하여 주셨다고 고백한다.[49절] 50절에서 예수님은 아버지 하나님이 자신에게 주신 명령이 영생임을 확신한다고 말한다. 영생은 언약적 결속, 인격적 연합과 일치를 의미한다. 50절은 49절을 축자적으로 반복한다. 50절 중간소절은 에고 강조구문이다. '지금 내가(에고) 말하는 것들은 내 아버지께서 내게 말씀하신 그대로이다.'

메시지

이솝 우화에는 호수에 사는 개구리들이 제우스 신에게 '왕'을 세워달라고 강청하는 이야기가 있다. '우리에게 왕을 주십시오'라고 강청하는 호수의 개구리들에게 제우스가 나무 막대기를 던져주었다. 개구리들이 나무막대기를 보고 처음에는 왕이라고 좋아하다가 나무막대기가 아무것도 아닌 것을 알고 실망해서 다른 왕을 세워달라고 다시 청했다. 생동감 있는 왕을 달라고 강청하자 제우스가 '여기

요

너희의 왕이다' 하며 개구리 한 마리를 던져주었다. 그런데 이번에도 개구리들은 '이 자는 개구리에 불과합니다. 왕이 아닙니다. 우리보다 강한 왕, 우리를 복종시킬 왕을 주십시오'라고 떼를 썼다. 그래서 마지막으로 제우스가 뱀을 보내 주었다. 개구리들은 자신들보다 강한 '왕'으로 온 뱀을 환영했다. 그러나 머지않아 왕으로 온 뱀은 호수의 개구리를 다 잡아먹고 말았다. 자유롭게 살아가는 인간에게 '왕'이란 존재가 얼마나 무서운 존재인지를 성찰하게 만드는 우화이다. 사사기 9:7-15의 요담의 가시나무 우화도 같은 요지다. 왕을 세우려고 애쓰는 숲의 나무들(자유농민들)에게 왕이 될 만한 좋은 성품의 사람들(감람, 포도나무, 무화과)은 모두 '왕'이 되기를 거절한다. 그런데 마지막으로 왕이 되어달라고 요청받은 '가시나무'는 기꺼이 왕이 되어 모든 숲의 나무들을 태우겠다고 위협하며 압제한다. 사무엘상 8:18은 이 우화 속의 개구리들과 숲의 나무들이 진작 들었어야 할 말씀이다. "그 날에 너희는 너희가 택한 왕으로 말미암아 부르짖되 그 날에 여호와께서 너희에게 응답하지 아니하시리라." 인간을 창조하신 하나님이 아니고는 인간을 감화감동시켜 통치할 자가 있을 수 없다.

오늘날 세계 만민은 자신들이 뽑은 왕 때문에 시달림을 받고 있다. 한 사회의 최고지도자는 그 사회가 표현할 수 있는 도덕성과 시민의식의 표현이다. 만일 사회가 음란하고 부패했다면 부패하고 음란한 사람이 지도자로 등장해도 경보장치가 작동하지 않는다. 부패한 민중은 반드시 부패한 지도자를 추대한다. 민중은 청결한데 갑자기 부패한 왕이 등장할 수는 없다. 일시적으로는 청결한 민중을 속일 수 있을지 몰라도 더러운 왕은 민중의 저항을 받기 마련이다. 그런데 이 정상적인 민중저항이 작동하지 않을 때가 있다. 외부의 적이 너무 강해 삶이 파탄날 지경에 이르면 민중은 이성을 잃고 부패하고 악한 지도자를 세워 '구원'을 갈구하게 된다.

에리히 프롬이 쓴 『자유로부터의 도피』는 제1차 세계대전의 패전 상처에 신음하던 독일 민중이 자유를 포기하고 강력한 '왕'에게 자유를 양도하여 대중독재의 흑역사가 시작된 과정을 사회심리학적으로 분석하고 있다. 왜 계몽주의의 발상지였던 독일이 히틀러 같은 야만적이고 문명퇴행적인 폭군 앞에 굴복했는가? 자유를 포기했기 때문이었다. 자유를 행사하는 짐을 지기 싫어 폭군에게 양도하는 바람에 나치의 역사, 제2차 세계대전이라는 흑암이 대방출되었다는 것이다. 자유라는 숭고한 책임을 포기하고 마술적 표적을 행해서라도 독일을 구원해줄 것 같은 지도자에게 미혹되었다. 600퍼센트의 인플레와 실업 상태를 해결해주는 요술방망이 같은 정책을 휘둘렀던 히틀러에게 모든 자유를 양도했다. 1938년 오스트리아 빈, 1939년 폴란드 점령으로 시작된 나치의 유럽 점령은 파죽지세였다. 점차 독일의 영토와 통치력이 확장되었고, 독일인들의 자부심이 커졌다. 그런데 41년부터 모든 유럽전선에서 독일의 청년들이 스러지기 시작했다. 특히 러시아 전선에 수십만 명의 독일 청년들이 투입되었고, 연이은 전사 소식은 독일 전역을 장례식장으로 만들었다. 뉘른베르크에서 40만 명의 당원을 거느리고 나치당 전당대회를 열 때 박수치던 사람들의 집집마다 통곡의 소식이 날아든다. 독일 국가의 팽창으로 독일 민중의 집단적 자부심도 커져 가는가 싶더니 곧 비극이 시작되었다. 독일 민중의 삶을 피폐케 했던 제1차 세계대전 패전 배상금 문제를 해결하여 신임을 얻었던 그 강력한 왕이 결국 모든 독일 국민에게 생명과 재산을 국가에게 바치라고 명령했다. 그리고 나머지 유럽의 기독교문명 국가들과 자기파멸적인 전쟁을 벌였다. 이것이 강력한 왕을 영접했을 때의 대파국적 결말이다. 우리에게는 강력한 국가, 강력한 왕의 통치를 사모하는 자유도피주의적 습성이 있다. 그러나 강력한 왕은 호수의 개구리들을 잡아먹은 뱀과 같은 존재임을 기억해야 한다.

왕과 백성은 상호조명적이고 상호조영적이다. 서로가 서로를 비춘다. 예수님은 전차를 몰고 전장을 누비고 무공을 세워 왕이 된 세상 임금 디베료의 시대에 어린 나귀 새끼를 타고 예루살렘에 입성하신다. 자신이 섬길 백성을 자유케 하고 고도의 주체성을 살려주시려고 자신은 극도의 자제와 자기부인의 왕이 되신다. 예수님이 다스리신다고 할 때 그것은 세상 임금이 다스린다고 할 때와 전혀 다르다. 우리는 세상 임금이 우리를 다스린다는 말을 듣는 순간 자유가 줄어든다는 느낌이 든다. 그런데 예수님이 우리를 다스리시자마자 우리의 자유, 주체성과 개성은 풍요롭게 확장된다. 나귀 새끼는 세상 제왕의 군마와 정반대 이미지를 갖고 있다. 나귀는 오로지 짐을 지고 가는 온순한 동물이다. 실로 나귀는 겸손과 섬김의 상징이다. 나귀처럼 우리 죄짐을 지고 가는 예수님은 우리 안에 오셔서 존재하지 않는 것처럼 계신다. 하지만 빌라도 광장의 군중은 어린 나귀 새끼를 타고 오신 이 겸손한 왕을 보고 실망하여 십자가에 못 박으라고 소리쳤다. 그들은 나귀 새끼 타고 오신 겸손한 왕 대신 강력한 왕을 원했다. 그들은 서로 사랑하고 우애롭게 사는 능력을 구현함으로써 '강한 이스라엘이 되려고 하지 않고' 강한 표적의 힘에 자신을 일치시킴으로 강하려고 했다. 강한 집단에 소속되어 타자를 지배하는 집단주의적 자유, 힘에 의지하는 자유를 갈망했다. 빌라도 광장의 무리는 우리에게 낯설지 않다. 우리 또한 강력한 나라의 국민 되기를 원하고 강력한 회사, 강력한 조직의 일원이기를 원한다. 내가 약하더라도 강력한 조직의 일원이 되어 조직과 한 몸을 이룸으로써 내가 강해지는 마술적이고 신비적인 존재 상승을 원한다. 이런 심리 때문에 빌라도 광장에 모인 군중은 나귀 타고 오신 '왕'에게 좌절했다. 표적과 신적 권능으로 로마제국에 대한 열세를 순식간에 역전시켜줄 메시아를 기대했던 군중은 너무 겸손한 왕 앞에 실족했다. 그러나 표적 숭배는 하나님 인격에 대한 열망이 아니라 힘의 숭배다. 힘 숭배는 사탄 숭배와 멀지 않다. 사탄 혹은 사탄적 무력으로 지배하는 군주는 우리를 지배하자마자 자신의 악마적 의지를 우리에게 관철시키고 우리를 노예화한다. 사탄은 우리의 개성과 자유를 궤멸시킨다. 사탄은 인간을 일시 지배할 수 있지만 하나님이 만드신 하나님의 형상에 반응하는 인간을 영원히 지배할 수는 없다. 인간은 예수님에게만 복종하도록 창조되었기 때문이다. 예수님의 인간 통치는 인간의 마음과 양심에 대한 통치다. 하나님의 형상으로 창조된 인간의 마음은 하나님 방식의 통치가 아닌 모든 이물적인 통치에 저항하게 마련이다. 인간의 마음은 본질적으로 모든 독재자와 사탄적 지배자에 대해 조용하고 은밀하게 거부하고 저항한다. 솔제니친은 스탈린 치하의 굴락Gulag에서 단 한 번도 공산체제에 복종하지 않았다. 감히 스탈린 같은 자가 인간을 다스릴 수 없다고 믿었다. 인간의 마음과 양심은 자발적인 순종과 동의를 이끌어내는 겸손한 왕에게만 다스림을 허용하기 때문이다. 인간은 비록 타락했지만 타락한 인간마저도 압제적인 지배자와 통치자를 참아내지 못한다. 어린 나귀 새끼를 타고 와서 자기를 부인하고 자기의 특권을 십자가에 못 박는 왕에게만 인간은 우주적 안정감을 가지고 자신을 통치하도록 마음을 연다. 세계 역사는 하나님께 반란 중이기도 하지만 사탄적인 세상 임금에 대해 반란 중이기도 하다.

로마제국은 주검이 있는 곳에 모여드는 독수리 떼와 같다. 이스라엘 민족이 영적 기백을 잃고 시체처럼 변질되었기 때문에 로마제국이 독수리 문양을 하고 와서 뜯어 먹는다. 이스라엘 민족이 독수리 문양을 기치로 내건 로마제국 6군단과 10군단 같은 주둔군을 필요 없게 만드는 진정한 길은 다시 한 번 이스라엘이 하나님의 언약백성으로 환골탈태하는 것이다. 사랑과 우애가 살아 있는 공동체, 오천 명씩 잔디에 앉아서 나눠 먹는 영생 공동체를 회복하는 것이다. 로마제국은 사랑과 정의가 뼛속 깊이 내면화되어 이웃 사랑을 위해 자기 목숨을 내어주는 예수님 같은 충실한 자유인을 지배하지 못한다. 참 자유인은 로마제국을 무서워하지 않는다. 이것이 예수님의 하나님 나라 복음이었다. 그래서 예수님은 로마제국이 감히 다스릴 수 없는 거룩한 백성 이스라엘 열두 지파 언약 공동체를 회복하려고 하셨다. 갈릴리 일대에서 하나님 나라를 실현시키려고 하셨다. 이스라엘부터 나귀 타는 왕이 다스리는 나라로 회복되길 원하셨다. 예수님은 어린 나귀새끼처럼 오셔서 우리의 죄짐을 지시고, 죄와 사망의 법에서 성령의 생명의 왕국으로 우리를 옮겨주셨다. 이 생명의 나라는 생명의 성령의 법이 통치하는 나라이다. 겸손한 왕은 우리의 짐을 지는 나귀와 같은 존재이며 우리에게 자유를 돌려주시기 때문에, 우리 스스로도 매 순간 이런 왕의 다스림을 받을 결단을 해야 한다. 그래서 성령이 우리를 돕지 않으면 이 자유가 부담스러운 짐이 돼버린다. 성령의 도우심이 없으면 신앙생활 자체가 짐이 된다.

예수님이 주시는 자유는 매 순간 내가 책임지고 결단하고 행동하는 자유이며, 이웃을 돕고 사랑하는 공익적이며 공동체적인 미덕이다. 톨스토이나 도스토예프스키는 러시아 농민들의 원시적 우애와 상호부조 문화에서 이런 자유와 자율의 조화를 간취했다. 크로포트킨이나 푸르동 같은 무정부주의자나 공상적 사회주의자들은 압제적 국가가 들어서기 이전의 풀뿌리 농민공동체 안에서 이미 성령의 감화감동으로 유지되는 영생 공동체의 현실적인 가능성을 보았다. 예수님은 생명의 성령의 법으로 영생 공동체를 창조하려고 하셨다. 성령의 감화감동 속에 사는 사람들은 이웃 사랑을 통하여 율법을 완성하기 때문에, 법과 공권력으로 시민들의 도덕적 무질서를 억제할 국가는 필요 없게 된다. 로마서 13:8-10은 영생 공동체의 본질을 통찰한다.

> 피차 사랑의 빚 외에는 아무에게든지 아무 빚도 지지 말라. 남을 사랑하는 자는 율법을 다 이루었느니라. 간음하지 말라, 살인하지 말라, 도둑질하지 말라, 탐내지 말라 한 것과 그 외에 다른 계명이 있을지라도 네 이웃을 네 자신과 같이 사랑하라 하신 그 말씀 가운데 다 들었느니라. 사랑은 이웃에게 악을 행하지 아니하나니 그러므로 사랑은 율법의 완성이니라.

인간의 욕망을 극단적으로 설정해놓고 그런 죄를 지으면 벌준다고 하는 부정적 법조문은 모든 세속국가들의 최후보루이다. 그런데 이웃을 위해서 자기 몸을 종처럼 바치는 사랑의 공동체, 영생추구적인 공동체에는 어떤 압제도 필요하지 않다. 로마에게 속주세를 바치는 대신 로마의 가난한 자들에게 십일조를 떼어 도와주는 곳이 이스라엘의 영생 공동체가 될 것이기 때문이다. 예수님이 어린 나귀 새끼를 타신 왕이 되신 이유는 이런 의미의 영생 공동체를 창조하기 위해서였다. 왕이신 예수님은 국가공권력으로 통치하는 세상 왕들을 필요 없게 만들기 위해 오셨다.

세상 사람들은 자신들은 타락했지만 놀랍게도 자신들의 왕은 완전한 존재이기를 바란다. 존재하지만 존재하지 않는 것처럼 은닉된 자, 특권을 주장하기보다는 섬기는 왕을 원한다. 예수님 같은 왕을 갈망한다. 예수님은 창조주 하나님이 이 세상을 다스리는 방식으로 다스리신다. 창조주 하나님은 아무도 눈치 채지 못할 정도로 겸손하게 다스리신다. 숲의 맑은 공기처럼, 맑은 강물처럼 자연스럽게 우리를 다스리신다. 은닉성과 철두철미한 자기 비움이 하나님 통치의 진수이다. 이런 하나님 아버지를 닮아 공기처럼 자기를 가볍게 비우는 왕만이 인간에게 영접되는 왕이다. 이제 인류역사는 결론에 도달했다. '결국 예수님 같은 왕이 아니라면 누구도 더이상 인류를 다스릴 수 없다.'

13장.

너희도 서로 발을 씻어주는 것이 옳으니라

13

1 유월절 전에 예수께서 자기가 세상을 떠나 아버지께로 돌아가실 때가 이
른 줄 아시고 세상에 있는 자기 사람들을 사랑하시되 끝까지 사랑하시니
라. 2 마귀가 벌써 시몬의 아들 가룟 유다의 마음에 예수를 팔려는 생각을 넣었더라. 3
저녁 먹는 중 예수는 아버지께서 모든 것을 자기 손에 맡기신 것과 또 자기가 하나님
께로부터 오셨다가 하나님께로 돌아가실 것을 아시고 4 저녁 잡수시던 자리에서 일어
나 겉옷을 벗고 수건을 가져다가 허리에 두르시고 5 이에 대야에 물을 떠서 제자들의
발을 씻으시고 그 두르신 수건으로 닦기를 시작하여 6 시몬 베드로에게 이르시니 베드
로가 이르되 주여, 주께서 내 발을 씻으시나이까. 7 예수께서 대답하여 이르시되 내가
하는 것을 네가 지금은 알지 못하나 이후에는 알리라. 8 베드로가 이르되 내 발을 절대
로 씻지 못하시리이다. 예수께서 대답하시되 내가 너를 씻어 주지 아니하면 네가 나와
상관이 없느니라. 9 시몬 베드로가 이르되 주여, 내 발뿐 아니라 손과 머리도 씻어 주
옵소서. 10 예수께서 이르시되 이미 목욕한 자는 발밖에 씻을 필요가 없느니라. 온 몸
이 깨끗하니라. 너희가 깨끗하나 다는 아니니라 하시니 11 이는 자기를 팔 자가 누구인
지 아심이라. 그러므로 다는 깨끗하지 아니하다 하시니라. 12 그들의 발을 씻으신 후에
옷을 입으시고 다시 앉아 그들에게 이르시되 내가 너희에게 행한 것을 너희가 아느냐.
13 너희가 나를 선생이라 또는 주라 하니 너희 말이 옳도다. 내가 그러하다. 14 내가 주
와 또는 선생이 되어 너희 발을 씻었으니 너희도 서로 발을 씻어 주는 것이 옳으니라.
15 내가 너희에게 행한 것 같이 너희도 행하게 하려 하여 본을 보였노라. 16 내가 진실
로 진실로 너희에게 이르노니 종이 주인보다 크지 못하고 보냄을 받은 자가 보낸 자
보다 크지 못하나니 17 너희가 이것을 알고 행하면 복이 있으리라. 18 내가 너희 모두를
가리켜 말하는 것이 아니니라. 나는 내가 택한 자들이 누구인지 앎이라. 그러나 내 떡

을 먹는 자가 내게 발꿈치를 들었다 한 성경을 응하게 하려는 것이니라. [19] 지금부터
일이 일어나기 전에 미리 너희에게 일러 둠은 일이 일어날 때에 내가 그인 줄 너희가
믿게 하려 함이로라. [20] 내가 진실로 진실로 너희에게 이르노니 내가 보낸 자를 영접하
는 자는 나를 영접하는 것이요 나를 영접하는 자는 나를 보내신 이를 영접하는 것이
니라. [21] 예수께서 이 말씀을 하시고 심령이 괴로워 증언하여 이르시되 내가 진실로 진
실로 너희에게 이르노니 너희 중 하나가 나를 팔리라 하시니라. [22] 제자들이 서로 보며
누구에게 대하여 말씀하시는지 의심하더라. [23] 예수의 제자 중 하나 곧 그가 사랑하시
는 자가 예수의 품에 의지하여 누웠는지라. [24] 시몬 베드로가 머릿짓을 하여 말하되 말
씀하신 자가 누구인지 말하라 하니 [25] 그가 예수의 가슴에 그대로 의지하여 말하되 주
여, 누구니이까. [26] 예수께서 대답하시되 내가 떡 한 조각을 적셔다 주는 자가 그니라
하시고 곧 한 조각을 적셔서 가룟 시몬의 아들 유다에게 주시니 [27] 조각을 받은 후 곧
사탄이 그 속에 들어간지라. 이에 예수께서 유다에게 이르시되 네가 하는 일을 속히
하라 하시니 [28] 이 말씀을 무슨 뜻으로 하셨는지 그 앉은 자 중에 아는 자가 없고 [29] 어
떤 이들은 유다가 돈궤를 맡았으므로 명절에 우리가 쓸 물건을 사라 하시는지 혹은
가난한 자들에게 무엇을 주라 하시는 줄로 생각하더라. [30] 유다가 그 조각을 받고 곧
나가니 밤이러라. [31] 그가 나간 후에 예수께서 이르시되 지금 인자가 영광을 받았고 하
나님도 인자로 말미암아 영광을 받으셨도다. [32] 만일 하나님이 그로 말미암아 영광을
받으셨으면 하나님도 자기로 말미암아 그에게 영광을 주시리니 곧 주시리라. [33] 작은
자들아, 내가 아직 잠시 너희와 함께 있겠노라. 너희가 나를 찾을 것이나 일찍이 내가
유대인들에게 너희는 내가 가는 곳에 올 수 없다고 말한 것과 같이 지금 너희에게도
이르노라. [34] 새 계명을 너희에게 주노니 서로 사랑하라. 내가 너희를 사랑한 것 같이
너희도 서로 사랑하라. [35] 너희가 서로 사랑하면 이로써 모든 사람이 너희가 내 제자인
줄 알리라. [36] 시몬 베드로가 이르되 주여, 어디로 가시나이까. 예수께서 대답하시되
내가 가는 곳에 네가 지금은 따라올 수 없으나 후에는 따라오리라. [37] 베드로가 이르되
주여, 내가 지금은 어찌하여 따라갈 수 없나이까. 주를 위하여 내 목숨을 버리겠나이
다. [38] 예수께서 대답하시되 네가 나를 위하여 네 목숨을 버리겠느냐. 내가 진실로 진

실로 네게 이르노니 닭 울기 전에 네가 세 번 나를 부인하리라.

주석

13장은 공관복음서의 성만찬 본문이며 새 언약 개시 본문이다. 13장은 주와 스승이신 예수님이 제자들에게 3년간 가르쳤던 모든 가르침의 총화를 담고 있다. 주와 스승이 되신 예수님은 기독교의 미래를 영구적으로 확정하셨다. 주와 스승이신 예수님의 부드러운 손이 거친 제자들의 발을 씻어주는 것이 기독교의 본질이다. 이 그림에서 벗어난 모든 것은 예수님이 창설한 갈릴리발 하나님 나라에서 크게 이탈한 것이다. 13장은 제자들의 발을 씻어주신 예수님,[1-20절] 한 제자의 배반을 예언하시는 예수님,[21-30절] 형제자매 세족사랑을 본으로 보이신 예수님,[31-35절] 베드로의 세 번 부인을 예언하시는 예수님[36-38절]으로 나뉜다.

제자들의 발을 씻어주신 예수님 ●1-20절

12장이 "유월절 엿새 전에" 베다니에서 일어난 사건을 보도하는데,[12:1] 13장은 상당히 진전된 상황, 유월절[逾越節] 하루 전 목요일 상황을 보도한다. 13장에도 에고(ἐγώ)-휘메이스(ὑμεῖς) 강조구문이 여러 차례 반복되고 있다. 1절은 예수님을 주어로 하는 분사구문[에이도스(εἰδὼς), "아시고"]으로 시작한다. 첫 분사구문의 의미가 개역개정으로는 다소 모호하다. '당신이 세상을 떠나 아버지께로 가실 것을' 유월절 전에 아셨다는 말인지, 또는 당신이 '유월절 전에 아버지께로 가실 것'을 아셨다는 것인지 분명하지 않다. 그러나 헬라어 구문을 직역하면 전자가 더 정확한 번역이다. 1절의 첫 어구가 '명절 전에'

이다. 당신께서 이 세상을 떠나 아버지께로 가실 것을 '명절 전에' 아셨다. 이번 명절이 당신의 지상에서의 마지막 사역이 될 것을 아셨다. 유월절은 죽음의 천사가 이집트의 장자들을 죽여 이집트를 심판할 때, 집 문설주에 어린 양의 피를 발라놓은 이스라엘 백성의 장자들을 살려주신 절기다.[출 12:13] 이집트인들을 심판하는 천사가 그 피를 보고 넘어간 일화에서 '넘어가는 절기'가 생겼다. 유월절은 이스라엘 민족해방 열망이 극에 달하는 시점이다. 유월절 행사를 할 때마다 로마제국 아래 시달리고 있던 이스라엘 사람들, 특별히 갈릴리 사람들은 '우리를 다스릴 참 모세 같은 메시아'를 바라는 메시아 대망 감정이 충천한다.[눅 24:21] 예수님은 유월절에 갈릴리에서 했던 모든 사역들을 총괄적으로 마무리하기 위하여 예루살렘에 오셨다. 오시자마자 예루살렘 종교 당국자들은 예수님을 체포하기 위해서 혈안이 됐다.[12:36]

예수님이 기리는 유월절은 로마제국보다 더 큰 군대를 동원해서(요 18:36, 마 26:53 열두 군단 이상의 천사) 로마총독과 분봉왕들을 몰아내고 로마제국과 결탁되어 있는 성전체제를 무너뜨리는 무력행사의 날이 아니다. 남을 지배하려고 하는 지배욕구의 영원한 단념, 타자를 부려먹으려고 하는 권력의지로 가득 찬 옛 자아를 부서뜨리는 날이다. 게르하르트 로핑크의 『예수는 어떤 공동체를 원했나』라는 책에서 초대교회의 예수님 제자공동체의 특징을 논했는데, 그중 하나가 '지배하려는 의지에 대한 영원한 단념'이었다.[1] 초대교회는 지배하려는 의지를 단념한 지도자들에 의해 대표되었다. 그런데 유월절에 분출되는 이스라엘 민족의 해방 열망은 로마제국을 몰아낼 정도로 강한 메시아를 대망하는 것으로 결집되었다. 예수님은 로마제국이라는 거대한 암반에 메시아를 대망하는 이스라엘의 열기가 충돌하는 이 유월절이 당신의 죽음을 부를 것임을 유월절 전에 이미 아셨다. 두 가지 이유 때문이다. 첫째, 유대인 당국자들의 정치조직인 산헤드린이 직접 당신을 죽이려고 하는 기세를 아셨다. 둘째, 자신을 왕으로 옹립하려는 군중의 열기가 너무 강해 로마총독의 눈에 가시가 될 정도였음을 아셨다. 로마총독과 불편하지만 동거하는 성전 권력자들이 자신을 로마제국의 손에 넘길 것을 아셨다는 것이다. 이런 상황에서도 예수님은 세상에 있는 당신의 사람들을 사랑하시되 끝까지 사랑하셨다. 여기서 "끝까지"는 에이스 텔로스(εἰς τέλος)를 번역한 말로서, '완전함에 이를 때까지' 혹은 '목적을 이룰 때까지'라고 번역되는 말이다. 요한복음 19:30의 예수님의 가상칠언[架上七言] 중 하나가 "다 이루었다"인데, 그것은 테텔레스타이(τετέλεσται)라는 헬라어의 번역이다. 테텔레스타이는 텔로스, 즉 '목적이 다 성취되었다'는 뜻이다. 십자가에 달린 예수님은 자신의 목숨을 바치는 그 행동이 사랑의 궁극목적을 성취하는 것으로 이해했다는 것이다. 하나님이 세상을 사랑하신 정도가 세상을 다시 얻기 위해 독생자를 내어주시는 데서 완성되었다는 의미다.[3:16]

"사랑하시니"라고 번역된 헬라어는 에가페센(ἠγάπησεν)인데 '사랑하다'를 의미하는 아가파오(ἀγαπάω) 동사의 3인칭 단수 부정과거형이다. 이때 말하는 '사랑'은 강렬하게 단 한 가지 행동으로 표현된 사랑을 의미한다. 결국 끝까지 사랑했던 행위는 우선적으로는 유월절 애찬을 미리 나누면서 발을 씻어주신 그 행동을 가리킨다. 그런데 이 '끝까지 표현된' 사랑은 십자가에 자신의 생명을 바치는 데서 온전히 드러난다. 이런 점에서 몸을 굽혀 제자들의 발을 씻어주는 데서 더 나아가 심지어 자신을 팔 유다의 발까지 부둥켜안고 씻어준 사랑이었다.

2절은 두 개의 속격분사구문으로 되어 있다. '저녁식사가 진행되는 중에[기노메누(γινομένου, 현재능동분사)], 마귀가 가룟 시몬 유다의 가슴에 그를 넘겨주도록 벌써 (생각을) 뿌렸던 상황에서'이다. 둘째 속격분사구문의 의미상의 주어는 베블레코토스(βεβληκότος)이다. '던지다', '씨를 뿌리다' 등의 의미로 번역되는 동사 발로(βάλλω)의 현재완료 능동분사단수 속격형이다. 주어는 마귀이다. 이 분사구문 둘 다 부대상황을 서술하는데 '무엇이 진행되는 동안에' 정도로 번역될 수 있다. 개역개정에서는 헬라어 구문에 없는 '팔려는 생각'을 추가해 번역했지만 위의 직역에서 살펴본 것처럼 '마귀가 뿌렸다', 혹은 '마귀가 심었다' 정도의 의미다.

개역개정 3절의 첫 어구인 "저녁 먹는 중"은 2절의 첫 분사구문 카이 데이프누 기노메누(Καὶ δείπνου γινομένου)를 번역한 말이다. 개역개정은 번역과정에서 순서를 바꿨다. 2절을 직역하면 이렇다. '저녁 만찬이 진행되고 있었는데, 마귀는 이미 그 전에 유다의 마음에 그가 예수를 팔아버리도록 생각의 씨를 뿌린 상황이었다.' 가룟 유다는 예수님을 대제사장들과 바리새인들에게 넘겨줄 생각을 이미 품은 채 만찬에 참석하고 있었다는 말이다. 3절도 두 개의 분사구문이다. '아시고'는 '알다'를 의미하는 동사 오이다(οἶδα)의 단수주격 능동분사 에이도스(εἰδὼς)를 번역한 말이다. 에이도스가 두 개의 목적절인 호티(ὅτι)절을 갖고 있다. 3절을 직역하면 이렇다. '아버지께서 모든 것을 자신의 손에 맡겨주셨다는 것을 아시고 또 자신이 아버지께로부터 왔다가 이제 아버지께로 가는 것을 아시며.' 첫째 호티절은 이번 유월절에 죽음을 피하려면 피할 수 있다는 것을 암시한다. 아버지께서 모든 것을 아들의 손에 맡겼다는 것은 자신이 원하면 이번 유월절 희생은 피할 수 있다는 것이다. 그런데 두 번째 호티절은 자신이 아버지께로부터 와서 아버지께로 가는 것은 피할 수 없는 운명이라는 것도 아셨다는 것을 말한다. 예수님은 두 갈래 상념에 사로잡혀 있다. 이런 상황을 잘 의식하신 예수님이 만찬석상의 무겁고 장중한 분위기를 깨는 행동에 돌입하신다.

4절은 두 개의 현재직설법 동사와 하나의 분사, 그리고 하나의 부정과거 동사로 되어있다. '저녁 잡수시던 자리에서 그가 일어나신다. 그리고 겉옷을 벗으신다. 그리고 수건을 잡아[라본(λαβὼν)] 스스로를 감쌌다[디에조센(διέζωσεν), 디아존뉘미(διαζώννυμι)의 3인칭 단수 부정과거)]. 겉옷은 다리 정강이 아래까지 내려오는 긴 옷이었다. 겉옷을 벗으면 맨살이 거의 다 드러난다. 고대사회에서 노예는 주인을 섬기는 자리에서는 겉옷을 입지 못했다. 자신이 칼과 같은 흉기를 지니고 있지 않음을 보여 주인을 안심시키기 위해서였다.

5절은 예수님의 이 돌발적인 퍼포먼스가 무엇을 위한 것인지 말한다. 5절의 첫 동사도 현재직설법이다. '뿐만 아니라 그가 대야에 물을 떠 담으신다. 그리고 제자들의 발을 씻으시고 감겨있던 수건으로 닦기 시작했다.' 유대인의 예법으로는 식사 전에 발을 씻는 것이 정상이다. 주로 맞은 편 사람 쪽으로 발을 뻗어 약간 비스듬히 기대는 방식으로 앉아서 식사하는 유대인의 식사 자세로 인해 식전에 발을 씻는 것은 필수적 의례였다. 유대인들은 정결법이라고 불리는 율법세칙을 만들어 식사 전 손발을 씻는 것을 강조했다. 예수님의 제자들도 이 정결예법을 어긴다는 혐의를 받고 항의를 받은 적이 있다.[막 7:2-4] 발을 씻지 않고 식사하면 발냄새가 식사자리를 지배한다. 예수님의 최후 식사만찬이 왜 아무도 발을 씻지 않은 채 시작되었을까? 공관복음서가 여기에 이해의 실마리를 던져준다.

이 발 씻는 장면 직전에 '누가 크냐'는 논쟁이 있었다.[마 20:20-28, 막 10:35-45] 듣기에 따라서는 예수님이 누가 크냐는 논쟁을 촉발시키는 말씀을 하셨다. "세상이 새롭게 되어 인자가 자기 영광의 보좌에 앉을 때에 나를 따르는 너희도 열두 보좌에 앉아 이스라엘 열두 지파를 심판하리라."[마 19:28] 이런 말을 듣자 인자의 나라가 영광 중에 임할 때 누가 주의 옆에 앉는가가 화급한 쟁점이 되었다. 그럴 때 요한과 야고보의 어머니가 예수님께 전격적으로 간청했다. "나의 이 두 아들을 주의 나라에서 하나는 주의 우편에, 하나는 주의 좌편에 앉게 명하소서."[마 20:21] 그랬더니 열 제자가 분히 여기며 제자공동체는 급격하게 냉랭해졌다. 예수님의 발을 씻어주는 것은 고사하고 서로의 발을 씻어주는 것도 잊어버린 채 식사에 돌입했다. 예수께서 3년이나 교육시킨 제자들 수준이 이러했다. 기독교의 미래를 맡을 제자들이 예수님 돌아가시기 하루 전까지도 영적 유치[幼稚]상태를 드러냈다. 예수님이 식사하던 중에 일어나는 것도 파격이지만, 식사 중에 겉옷을 벗고 수건을 허리에 동여 함께 식사하는 사람의 발을 씻기 시작하는 것은 더욱 충격적이지 않을 수 없다. 예수께서는 이 충격적인 퍼포먼스를 통해 천근만근의 무거운 마음을 표현하시고 있는 셈이다.

6절은 베드로의 돌발반응을 보도한다. 예상대로 2인칭 단수 대명사 쒸(σύ)를 써가며 베드로가 반대한다. '주여, 당신께서(쒸) 내 발을 씻는 것은 예법에 어긋납니다. 다른 사람이 아니라 당신이 어찌 내 발을 씻으려고 하십니까?' 예수께서는 베드로의 반발을 가볍게 넘기신다. 7절에도 1인칭 단수 대명사 에고와 2인칭 단수 대명사 쒸가 역동적인 긴장을 이루며 병치하고 있다. "내가(에고) 행하는 것은 너는(쒸) 지금은 알지 못하나 이후에는 알리라."[7절] 제자의 발을 씻어주시는 이유를 베드로라도 지금은 깨달을 수 없다는 것이다. 베드로는 쉽게 물러나지 않고 '절대' 반대하고 나선다.[8절] 제자들의 발을 씻어주시는 예수님에 대한 베드로의 반대는 다른 제자들의 불편하고 당혹스러운 마음을 대변한다. 하지만 예수님은 더욱 엄중하게 베드로를 가르치신다. "내가 너를 씻어주지 아니하면 네가 나와 상관이 없느니라."[8절] 시몬 베드로의 돌발적 반대는 갑자기 극단적인 반대제안으로 전환된다. "주여, 내 발뿐 아니라 손과 머리도 씻어주옵소서."[9절]

베드로는 '자신의 몸 전체를 씻어달라'고 함으로써 특별대우를 요구한다. 예수님에게 다시 한 번 정결세례를 받고 싶다는 것이다. 예수님이 자신을 특별하게 대우해주기를 바라는 마음이다. 이 특별대우 대접 요구는 마태복음 20:20-28 단락에서 요한과 야고보의 어머니가 요구한 바로 그것이었다. 베드로는 몇 시간 전의 주의 좌우편 자리 문제로 선제공격을 당해 마음이 상해 있었기에 그 손상당한 권위를 만회하기 위해 이처럼 요란한 특별대우를 요구한다. 예수님은 베드로의 엉뚱한 요구를 간단하게 수습하신다. "이미 목욕한 자는 발밖에 씻을 필요가 없느니라. 온 몸이 깨끗하니라."[10절] 예수님의 세속식은 이미 깨끗한 자들의 발만 깨끗게 하려는 의식이라는 것이다. 베드로는 이미 예수님께 깨끗함을 받았기에 온 몸이 깨끗한 상태다. 그런데 10절 하반절은 의미심장한 첨언인데, 이 세족퍼포먼스의 또 다른 당면한 의도를 드러낸다. '너희가(휘메이스) 깨끗하지만, 깨끗하지 않은 사람이 있다.' 세속식의 당면한 의도는 이 깨끗하지 아니한 제자의 마음을 돌이키시기 위함이라는 것이다. 깨끗하지 않은 자는 예수님을 팔아넘길 자를 가리킨다고 말하는 11절은 요한복음 저자의 해설적 삽입문이다.

12-21절은 예수께서 급진적인 낮추심을 통하여 제자들을 경악케 한 사건의 후속상황이다. 이 단락은 세족식의 의미를 자세히 말하고 자신을 팔 제자의 양심을 다시 한 번 세차게 두드리는 예수님의 고뇌를 보여준다. 제자들의 발을 씻어주고 닦아주신 후에 다시 겉옷을 입고 좌정하신 예수님은 제자들에게 자신의 세족식의 의미를 아는지 물으신다.[12절] "내가 너희에게 행한 것을 너희가 아느냐?" 이 질문은 제자들이 이 세족식을 이해할 수 없거나 이해하지 못하고 있음을 암시한다. 13절의 첫 소절은 2인칭 복수 대명사 휘메이스로 시작한다. '다른 이가 아니라 너희가(휘메이스) 나를 선생[디다스칼로

스(διδάσκαλος)] 또는 주[퀴리오스(κύριος)]라고 부른다. 정확하게 말한 것이다. 나는 그렇다.' 이처럼 예수님은 자신을 선생 또는 주라고 부르는 제자들의 호칭은 옳다고 긍정하신 후 실로 자신이 선생이면서 주임을 강조하신다.[13절]

14절은 이 강조 위에 연장된 가르침이다. 에고와 휘메이스가 독립적으로 사용되어 예수님의 교훈 요지를 더욱 부각시킨다. '주와 선생인 내가(에고) 너희 발을 씻었으니 너희도(휘메이스) 서로 발을 씻어주는 것이 옳다.'[14절] "너희도 서로 발을 씻어주는 것이 옳으니라"고 번역된 14절의 마지막 소절의 헬라어 구문을 직역하면, '너희가 서로 발들을 씻어주는 일에 빚지고 있다'[오페이레테(ὀφείλετε)]이다. 15절은 예수님의 세속식의 목적을 말한다. 자신의 세속식은 제자들이 그 본을 따라 서로 발을 씻어주라는 가르침을 각인시키기 위함이다.[15절] 여기서도 에고-휘메이스 대명사의 독립적 사용이 이뤄진다. '내가(에고) 행했던 것처럼 너희도(휘메이스) 행하게 하려고 너희에게 본[휘포데이그마(ὑπόδειγμα)]을 보였다.'

12-15절은 '주와 스승'이라는 단어가 갖는 장중함을 모르는 현대 독자들에게 잘 와닿지 않을 수도 있다. 『탈무드』에도 스승이 제자들에게 발 씻음 받는 장면을 언급한다. 예수님보다 약간 이른 당대에 이스라엘에는 큰 스승으로 불리는 힐렐과 샴마이라는 두 랍비가 있었다. 힐렐과 샴마이도 당연히 제자들로부터 발 씻음을 기대했을 것이다. 예수께서 제자들에게 '너희 중에서는 스승, 큰 자' 대접을 받는 것을 삼가라고 가르치신 것을 보면, 누군가가 발을 씻어주기를 기다리지 말고 서로 발을 씻어주는 형제들이 되라고 강조해 가르치셨음이 틀림없다(마 23:8-12 "너희는 랍비라 칭함을 받지 말라"). 누가복음 7장에 따르면 먼 거리를 걸어온 손님의 발을 씻어주는 환대가 마땅히 기대되었음을 알 수 있다. 예수님은 바리새인 시몬의 집에 갔을

때 발 씻을 물도 주지 않는 냉대를 받았다고 섭섭한 마음을 피력하셨다.[44절] 예수님의 상처받은 마음을 순식간에 쾌활하게 만들어준 사람이 소문난 탕녀였다. 그녀는 비싼 향유를 예수님의 발에 붓고 자기 머리털로 예수님의 발을 씻었다.[눅 7:37-38] 식사 전 발 씻김의 의미를 충분히 아셨던 예수님이 서로 발을 씻지 않고 누가 크냐는 논쟁 끝에 마음이 얼어붙은 제자들의 발을 씻어주셨다. 누가 크냐는 논쟁을 하지 않았다면 어쩌면 제자들은 서로 발을 씻어준 후에 식사할 수도 있었을 것이다. 그런데 누가 크냐는 논쟁, 즉 누가 주님의 좌편과 우편에 앉게 되냐는 논쟁을 벌인 끝에 서로의 발을 씻어줄 여유를 갖지 못했다. 몸을 먼저 낮추는 사람은 스스로 작은 자임을 공언하는 사람이다. 큰 자로 대접받으려는 열망 때문에 몸을 굽힐 수가 없었다. 이 상황에서 예수님은 타자를 지배하고 다른 사람들을 종처럼 부려먹으려는 사탄적인 권력욕 자체를 십자가에 못 박기를 원하셨다. 우리가 주님의 부드러운 세척 손길을 경험한다면 타자를 지배하고자 하는 욕구보다는 다른 사람을 위해서 사랑의 종이 되고자 하는 욕구가 생겨난다. 발을 씻어주는 예수님의 손길을 많이 경험할수록 자기를 낮추는 유연성, 자기하강의 능력이 커지고 신장된다. 예수님이 몸을 굽혀서 나의 오물 가득 찬 자아를 씻어주셨다는 것을 기억하는 사람들은 몸을 굽힐 유연성을 얻는다. 창조주 하나님이 잘못 살아버린 피조물의 인생을 수습하기 위해 냄새나는 발을 부둥켜안는 이 그림은 기독교의 진수다. 하나님과 이웃에게 악취를 발산하는 나의 역겨운 자아를 씻어주신 것을 기억하는 사람은 주와 스승 되신 예수를 본받을 능력을 얻게 된다. 자신의 벗은 몸을 보이면서 우리 양심을 순식간에 얼어붙게 만들고, 높아지는 우리 마음을 산산조각 내는 주님의 이 부드러움 앞에 우리의 야수적 권력 욕구는 해체되고 만다.

사람의 냄새를 맡을 사정권에 들어갈수록 우리는 냄새로 판단하게 된다. 멀리 있을 때에는 보이지 않던 형제자매들의 약점과 눈에 거슬리는 점들이 보인다. 교회공동체에서 생활하려면 조금씩 가까워질 때 형제자매들의 냄새나는 발이 내 코밑까지 뻗치는 것을 참아야 한다. 내 앞으로 뻗친 지체의 냄새나는 발을 조용히 부둥켜안고 씻을 수 있어야 한다. 곧 나를 배신하고 나에 대해 험담하고 다니는 사람들의 발마저도 씻어주는 신적인 겸비가 요청된다.

16절은 이중 아멘 구절로서 항구적인 진리를 선포한다. "종이 주인보다 크지 못하고 보냄을 받은 자가 보낸 자보다 크지" 못하다는 이 진리에서 종은 제자들이며 주인은 예수님이다. 보냄을 받은 자는 제자들이며 보낸 자는 예수님이다. 세족식은 큰 자가 작은 자를, 주인이 종을 위해 노예처럼 몸을 굽혀 발을 씻어주는, 인습혁파적인 사건이다. 세상의 주인-종의 관계를 전복시키는 행위다. 제자들은 예수님의 세속식이 세상질서를 전복하고 해체하는 급진성을 띠고 있음을 알아야 한다. 이 급진적 체제전복성을 알고도 '서로의 발을 씻어주는 사랑의 종노릇'을 행하면 '복된 자'가 된다.[17절] '복된 자'는 복을 받은 자면서 다른 사람에게 복을 매개하고 전달하는 자다. 복된 자는 독점자이거나 소유자가 아니라 매개자이면서 유통자다.

이 단락은 우리에게 충격적인 가르침과 항구적인 울림을 전해준다. 전능하신 하나님의 전능의 내면을 보여주기 때문이다. 하나님의 전능은 마음대로 권세를 휘두르는 것이 아니라 인격적 감화를 영구적으로 일으키는 전능이다. 예수님의 전능은 로마제국을 일순간에 초토화시킬 수 있는 하늘군대 열두 군단을 부리는 것이 아니다. 자기를 비워 종의 형체를 가질 수 있는 전능, 권력의 힘으로 지배하려는 권력 신뢰를 영원히 단념케 하는 전능이다. 우리 하나님은 감화감동시켜서 다스리려고 하지, 힘과 권력에 편승해 다스리려고 하지 않으신다. 하나님은 사람에게 자발적이고 자유로운 선을 기대하시지, 사람의 의지를 강요해서 선하게 만들지 않으신다.

예수님은 노예처럼 몸을 굽혀서 발을 씻어주심으로 베드로와 요한과 야고보의 양심에 종의 영성을 영구적으로 각인시키셨다. 실로 처절하게 진행된 마지막 만찬이었다. 예수님이 베푸신 최후의 만찬은 중의적이다. 예수님이 지상에서 드신 마지막 만찬이라는 의미에서 최후의 만찬이다. 동시에 우리 옛 자아가 최후를 맞이하는 만찬이기 때문에 최후의 만찬이기도 하다. 우리가 최후의 만찬에서 예수님께 발 씻김을 경험하고 나면 우리는 영원히 주님의 사랑의 감촉을 잊지 못한다. 그리하여 우리는 자기비움의 낙차 큰 자기하강을 할 수 있다. 우상숭배하는 곳에서는 탐욕과 파당심과 비린내 나는 이기심이 끊임없이 일어나고, 참 하나님을 숭배하는 곳에서는 세상을 놀라게 만드는 급진적 사랑과 실천이 계속 일어난다. 기독교의 본질은 하나님이 인간의 더러운 발을 씻어주시기 위하여 몸을 굽히시는 사랑이다. 이와 같은 하나님의 행동을 모방하는 것이 기독교다.

우리 발은 이 세상에 살면서 접촉하는 자아를 가리킨다. 온 몸은 깨끗하지만 발은 여전히 더럽다. 이미 예수님의 보혈로 온 몸이 깨끗해져 목욕한 자와 같이 되었는데, 발은 왜 여전히 더러울까? 이 세상이 아직 구원받지 못했기 때문에 구원받지 못한 세상에 사는 성도는 깨끗해졌지만 여전히 더러워진다. 그래서 발은 주님이 매일 씻어주셔야 한다. 정확하게 말하면 주님의 영으로 가득 찬 제자들이 서로 씻어주어야 한다. 우리 주님은 세상 살다가 더러워진 발, 우리 자아를 말없이 씻어주심으로 오늘도 기독교를 유지시켜주시고 내 신앙을 유지시켜 주신다. 우리가 만일 주님의 부드러운 발 씻김의 손길을 매 순간 경험하지 못한다면, 우리는 이 세상에서 냉담자가 될 것이고 신앙을 잃어버린 자가 될 것이다. 베드로는 온 몸을 씻어달라고 간청함으로써 이 기막힌 사랑의 퍼포먼스에 대한 몰이해를 드러냈지만 주님은 철없는 제자의 발을 묵묵히 씻어주셨다. 심지어 주님은 자신을 팔아넘길 배반자 제자의 발도 부둥켜안고 씻으셨다. 주님의 손길을 감촉하는 제자들은 양심을 바늘로 찔리는 경험을 했다. 베드로는 이 날의 경험을 잊지 못해 베드로전서 5:5에서 이렇게 회상한다. "젊은 자들아, 이와 같이 장로들에게 순종하고 다 서로 겸손으로 허리를 동이라." 우리는 어쩔 수 없이 살다가 더러워지는 경험을 한다. 우리 영혼은 분명히 구원받았지만 구원받지 못한 세상과 접촉하면서 오염되는 것은 불가피하다. 우리 몸이 아직 속량받지 못했기 때문이다. 로마서 8:23이 말하듯이 우리는 "몸의 속량"을 기다린다.

기독교는 인간 구원을 위해서 몸 굽히신 하나님 이야기, 신성의 겉옷을 벗으신 하나님의 사랑 이야기다. 「언터처블: 1퍼센트의 우정」이라는 영화는 남을 간호하기에 체구도 적합하지 않고, 살아온 방식도 엉망진창인 한 남자가 어느 귀족집에 가서 전신 마비된 사람을 돌보는 이야기다. 그 남자가 하는 일이 바로 발을 씻어주는 것이다. 모든 전문 간호사들은 발을 잘 씻어주기 위해서 애를 쓰는데 이 사람은 자기가 살던 방식으로 자유분방하게 발을 씻어준다. 그런데 자신의 발을 함부로 다루는 이 정직한 사나이를 휠체어에 탄 부자가 신뢰하기 시작한다. 그는 자신의 발을 자유분방하게 씻어주는 이 거구의 사나이가 내뿜는 진심을 받고 영접하면서 서로 친구가 된다. 우리 주님은 언터처블Untouchable 한 우리의 발을 씻어주시기 위해 몸을 굽히고 겉옷을 벗으셨다. 우리 주님처럼 하나님 아들이라는 강한 확신과 정체성을 가진 사람만이 이렇게 몸을 굽힐 수 있다. 보통 사람은 굴욕감 때문에 굽히고 싶어도 그럴 수 없다. 하나님의 영에 온전히 사로잡혀서 내가 하나님 자녀란 것을 의심하지 않아야만 몸을 굽힐 수 있다.

2012년 겨울에 일련의 기독대학생들이 힌두교가 97퍼센트 이상 지배하는 인도네시아 발리에 가서 봉사활동을 했다. 봉사활동의 마지막 날 밤에 크리스천 대학생들이 힌두교 신자 부모들 아래 사는 어린 초등학생들에게 기독교를 간접적으로 소개하기 위해 30분짜리 음악극을 했다. 그 음악극 안에 예수님으로 분한 사람이 십자가에 못 박히는 장면이 들어있었다. 예수님이 로마병정들에게 끌려 골고다로 오르는 장면, 십자가에 달려 괴로워하는 장면, 검은옷을 입은 로마군인이 하얀옷을 입은 주님의 팔다리에 못을 박는 장면이 하나하나 지나갔다. 주님이 고통스러워하며 비명을 내지르니 힌두교 10-13세 아이들이 뭔가를 말하면서 울기 시작했다. 통역을 해보니 이 아이들이 자기 죄가 십자가에 못 박히는 장면을 보고 감동받고 슬퍼하고 있었다. 이 무언극이 끝나고 어린 학생들에게 한국의 대학생들이 세족식을 연출했다. 두 시간 동안 진행된 세족식에서도 오열은 그치지 않았다. 힌두교 아이들은 대부분 발이 부르터 있었다. 아이들은 선교사가 운영하는 학교에 다닐 정도는 될 만큼 여유 있는 집안의 자녀들이었음에도 그들의 발은 상처투성이었다. 상처투성이가 된 어린아이들의 발을 부둥켜안은 대학생들의 눈물도 그치지 않았다. 문밖에 서서 이 광경을 지켜본 힌두교 신자들인 부모들에게도 감동은 전파되었다. 이처럼 살다가 상처입고 부르터버린 자아를 씻어주고 사랑의 향유를 발라주고 다시 살 수 있는 힘을 주는 것이 기독교다.

교회는 살다가 더러워지고 상처 입은 발을 씻어주고 향유를 발라주는 곳이다. 기독교회가 성령충만하여 신령한 기운이 충일하면 자기 몸을 굽혀서 겉옷을 벗는 것이 어렵지 않다. 이 세상에서 교회는 유일하게 겉옷을 벗는 곳이기 때문이다. '옛 자아'의 겉옷을 벗고 몸을 굽혀 냄새나는 형제자매의 발을 씻어주는 급진적인 사랑이 있는 교회가 사랑의 흡인력이 크다.

그런데 예수님은 여기서 불길한 단서를 추가하신다. '너희 모두를 가리켜 복된 자가 될 것이라'고 말씀하지 않았다는 것이다. '복 선언'은 자신이 스스로 택한 자들만을 염두에 두고 하신 말씀이다. 예수님은 자신이 택하지 않았는데 제자가 된 자가 있다고 말하는 셈이다.[18절] 당신이 주도적으로 택한 자는 자신이 알지만, 자신이 택하지 않았는데도 자신의 제자가 된 자가 있다는 것이다. 18절의 둘째 소절은 1인칭 대명사 에고가 이끄는 문장이다. '나는(에고) 따로 불러낸 자를 안다.' 예수님은 자신이 주도해 뽑아 세우신 제자와 스스로 와서 제자가 된 자를 구분하신다. 예수님 당시에 스스로 예수님을 따르는 제자가 되려고 한 사람들이 있었음을 알 수 있다.[눅 9:57-61] 18절 하반절에서 예수님은 시편 41편을 인용해 자신을 배반할 자가 제자단 중에 있다고 말씀하신다. "내 떡을 먹는 자가 내게 발꿈치를 들었다 한 성경을 응하게 하려는 것이니라." 자신을 팔 자에 대해 반복적으로 암시하고 갈수록 명시적으로 말하는 이유는, "일이 일어날 때에 내가 그인 줄"(에고 에이미) 제자들이 믿을 수 있도록 하기 위함이었다.[19절] 제자 중 하나가 당신을 파는 일이 일어날 때에 그것은 예수님이 미리 예고한 것임을 깨닫고 당황하지 않도록 일러주신 것이다. '내가 바로 그것을 예고한 대로'임을 믿을 수 있도록 미리 말씀하신 것이다.

20절은 요한복음 전체에서 후렴처럼 반복되는 파송 공식구문의 변형문이다. 형제의 발을 씻기는 종의 도를 행하는 자가 예수님이 보낸 자임을 공증하는 말씀이다. 예수님을 영접하지 못하는 유다의 마음을 얻으려고 하신 말씀이기도 하다. 예수님의 제자를 영접하는 자는 예수님을 영접하는 것이듯, 예수님을 영접하는 자는 그를 보내신 이를 영접하는 것이다. 보냄을 받은 자는 보낸 자와 동격이며 동일체이기 때문이다. 보냄받은 자의 메시지의 원천은 보낸 자다. 제자들의 발을 씻기기 위해 몸 구푸리는 예수님의 메시지는 그를 이 세상에 보내신 아버지 하나님의 메시지다.

한 제자의 배반을 예언하시는 예수님 ● 21-30절

이 단락은 스승을 배반하려는 결심을 굳힌 유다의 마음, 마귀에게 포획된 그의 마음을 돌이켜 보려고 애쓰시는 예수님의 무위無爲로 끝난 분투를 보도한다.[마 26:20-25, 막 14:17-21, 눅 22:21-23] 21절의 "이 말씀"은 18-20절 특히 18절을 가리킨다. "내 떡을 먹는 자가 내게 발꿈치를 들었다"는 다윗의 시편을 인용하며 당신의 식탁에서 함께 식사하는 제자 중 하나가 자신을 배반할 것이라고 예고하시는 내용이다. 제자의 배반을 미리 내다보시고 제자의 마음을 돌이키려고 우회적으로 말씀하신 후 유다의 차가운 얼굴을 보신 예수님은 "심령이 괴로워" 증언하신다. 증언하는 말은 확실히 일어날 일을 말할 때 쓰는 동사이다. 이중 아멘 후 예수님은 "너희 중 하나가 나를 팔리라"고 말씀한다. 그런데 이 "너희 중 하나"가 가룟 유다인 줄 아무도 눈치채지 못하였을 만큼 유다는 의심받지 않고 천연덕스럽게 처신했다. 철저하게 가장하고 은닉했다는 것이다. 이 비의에 찬 배반 예고는 제자들을 충격으로 몰아넣는다. 그들은 "누구에게 대하여 말씀하시는지" 갖가지 추측을 하면서 서로 쳐다보았다. 개역개정은 정동사와 분사를 바꿔 번역함으로써 원의를 흐린다. "의심하더라"고 번역된 헬라어 동사 아포레오(ἀπορέω)는 '의심하다'는 말이 아니라, '당혹스러워하다', '어찌 할 바를 모르다', '교란되다'를 의미하는 중간태 동사이다. "의심하더라"는 아포루메노이(ἀπορούμενοι)로서 중간태 복수

주격분사이다. '어찌할 바를 모른 채(분사) 제자들은 서로를 쳐다보았다.' 당혹스러운 마음으로 '쳐다본 행위'가 정동사였다. 얼마나 난감하고 당혹스러웠을까. 제자공동체가 그 순간 분열되어 버렸다.

23절은 분사문장이다. 예수의 제자 중 하나 곧 그가 지속적으로 친애하시던[미완료 에가파(ἠγάπα)] 자가 예수의 품에 의지하여 죽 가깝게 기대고 있었다. "누웠는지라"고 번역된 아나케이메노스(ἀνακείμενος)는 '식탁에 앉다', '비스듬히 기대어 앉다'를 의미하는 동사 아나케이마이(ἀνάκειμαι)의 단수주격분사이다. 예수께서 친애하셨던 그 제자(요한복음의 저자)가 예수님께 가장 가깝게 기대어 앉아 식사를 하고 있었다.[2] 여기서 예수님이 죽 사랑하셨던 제자라는 묘사는 예수님의 편애경향을 가리킨다기보다는 그 제자 자신의 주관적 기억이라고 보아야 한다. 이 제자에게 시몬 베드로가 머릿짓을 하여 예수님을 팔 자가 누구인지 알아보라고 말한다.[24절] 그 예수님의 가슴에 기댄 제자가 단도직입적으로 묻는다. "주여, 누구니이까?"[25절] 예수께서 더이상 에둘러 말씀하지 않으시고 그 제자에게만 말한다.[26절] "내가(에고) 떡 한 조각을 적셔다 주는 자가 그니라." 이 소절에서 "내가"는 1인칭 단수 대명사 에고로 표시된다. '내가 의도적으로 떡을 건네준 사람'에게 초점이 잡힌다. '이 말씀을 하자마자 예수님은 떡 한 조각을 적셔서 가룟 시몬의 아들 유다에게 주셨다.'[26절] 이 조각을 받은 후[메타 토 프소미온(μετὰ τὸ ψωμίον), 직역하면 '이 조각 후에'] 곧 사탄이 유다 속에 들어갔다.[27절] 이에 예수께서 유다에게, "네가 하는 일을 속히 하라"고 말씀하신다. 여기까지 진전된 상황을 어느 정도라도 파악한 제자는 시몬 베드로와 예수님의 품에 기댄 채 식사하던 그 제자(요한복음의 저자)밖에 없었다. 그러나 27절의 마지막 소절, "네가 하는 일을 속히 하라"는 말씀의 뜻을 이해하는 자는 앉은 자 중에 아무도 없었다.[28절] 심지어 어떤 제자들은 "유다가 돈궤를 맡았으므로 명절에 우리가 쓸 물건을 사라"고 하셨거나 "가난한 자들에게 무엇을 주라"고 명하셨다고 생각했을 정도였다.[29절] 유다는 그 조각을 받고 즉시 나갔다. 개역개정은 나가자마자 곧 밤이 된 것처럼 번역하는데 그렇지 않다. 떡조각을 받자마자 '곧 나갔다'는 뜻이다. 그때는 이미 밤이 된 때였다[에엔 데 눅스(ἦν δὲ νύξ)].

요한복음 13장 전체가 그렇지만 이 단락은 예수님의 길과 유다의 길을 뚜렷이 대조한다. 사탄과 유다의 관계에 관해서 2절에 비해 27절에는 좀 더 강한 표현이 등장한다. "조각을 받은 후 곧 사탄이 그 속에 들어간지라." 마귀가 뭔가를 뿌린 단계[2절]를 지나서 사탄이 직접 들어갔다. 이를 통해 어떤 단계적 진전을 볼 수 있다. 생각 수준에서 사탄에 협조하는 단계가 있고, 아예 사탄이 유다의 인격을 통째로 장악해서 유다의 행동에 선택의 여지를 없애버리는 단계가 있다는 말이다. 예수께서는 3년 동안 양육했던 제자들이 예수님이 보내는 생애 마지막 날에 지리멸렬하는 것을 보고 괴로워하셨다. 우리 주님은 심령이 괴로워서 증언하셨다. '심령이 괴로운' 상태는 "심령에 비통히 여기시고"[11:33]와 "지금 내 마음이 괴로우니 무슨 말을 하리요"[12:27]의 감정선을 잇는 상황이다. 11-13장에서 예수님은 자신이 '죽게 되었다'는 강한 감정표현을 하신다.

예수님의 괴로워 죽게 된 마음은 유다의 배반을 보면서 유대인들에게 무기력하게 붙잡혀 죽음의 길로 걸어가야 하는 자신의 처지에서 비롯되었다. 주님은 최선을 다했지만 제자들은 '누가 크냐'는 논쟁으로 예수님의 마지막 식탁을 산산조각 냈다. 예수님이 기어코 가르치시려고 했던 십자가의 도를 산산조각 내는 논쟁이 제자들을 경직시켰다. 예수님의 공생애 3년은 십자가의 도를 제자들에게 가르친 교육훈련 기간이었다. 예수님은 으뜸이 되려고 하는 자는 섬기는 자가 되어야 한다며 3년 내내 친히 둘로스, 종이 되는 시범을 보이셨지만, 제자들은 누가 크냐는 논쟁으로 자신의 가르침을 집단적으로 배반했다. 아무도 발을 씻어주지 않았다. 비싼 향유를 부어 예수님의 임박한 죽음을 내다보면서 머리털로 발을 씻어주었던 마리아에 비하면 제자들은 예수님의 마음을 공감하고 이해하는 데 너무 무정하고 무감각하다. 예수님의 마지막 식탁을 전혀 이해하지 못한다.

이런 예수님의 마음을 결정적으로 '죽게 될 만큼 괴롭게 만든 상황'이 유다의 차갑게 식어버린 마음이었다. '돈궤를 맡았을 정도로' 신임 받았던 유다가 예수님을 팔려고 하는 상황이었다. 유다의 배반은 제자들의 집단배반의 절정이었다. 그런데 나머지 제자들과 달리 유다의 배반은 마귀의 사주를 받았다는 점에서 특이하다. 예수님의 생애 전체에 걸쳐서 마귀(혹은 사탄)는 뚜렷한 의도를 품고 예수님과 여러 차례 조우했다. 유다에게 작용한 마귀도 예수님과 심지어 베드로를 흔들던 마귀와 동일한 지향을 갖고 활동했다. 예수님을 대적하는 영적 지향자들(세력)은 더러운 귀신, 마귀, 그리고 사탄으로 불린다. 마귀와 사탄은 동일 존재를 다르게 부르는 말인 것처럼 보이기도 하는데, 사탄이 더 상위 존재처럼 보이기도 한다. 플라톤의 철학(대화록)에서 자주 등장하는 다이몬(δαίμων)은 영靈 혹은 신神으로 번역된다. 『소크라테스의 변명』에서 소크라테스는 자신이 육체를 벗어나면 다이몬과 하나가 될 것이라고 확신한다. 플라톤 철학에서 '영靈'이라고 했던 다이몬이 신약성경에 와서 '귀신'으로 불리는 것은 아주 인상적이다. 프뉴마(πνεῦμα)가 다이몬과 호환되어 빈번히 사용되기도 한다.[마 12:45, 막 1:23; 5:2, 8] 마귀와 사탄을 가리키는 디아볼로스(διάβολος)에 비해 다이몬(귀신들)은 대부분 집단으로 활동한다. 귀신들로 번역되는 프뉴마와 다이몬 앞에는 '더럽다', '많다' 등 형용사나 관형사가 사용된다는 점이 인상적이다.[3] 결국 사탄 혹은 마귀가 다이몬 혹은 프뉴마를 관장하는 위계질서를 구성하는 것처럼 보인다. 놀라운 사실은 인간의 마음, 가슴 등 인격의 중심에 귀신이나 마귀가 출입할 수 있다는 사실이다. 인간은 바위나 무생물과 달리 영적 존재들과 소통 가능한 영적 존재이기 때문이다. 인간은 불결한 영들이 출입하고 심지어 차지할 수 있는 인격 공간이다.

마태복음 12:43-45은 이 진리를 예해한다. "더러운 귀신이 사람에게서 나갔을 때에 물 없는 곳으로 다니며 쉬기를 구하되 쉴 곳을 얻지 못하고 이에 이르되 내가 나온 내 집으로 돌아가리라 하고 와 보니 그 집이 비고 청소되고 수리되었거늘 이에 가서 저보다 더 악한 귀신 일곱을 데리고 들어가서 거하니 그 사람의 나중 형편이 전보다 더욱 심하게 되느니라." 이처럼 인간의 영혼은 귀신의 거주처가 될 수 있다. 인간은 자신의 의지와 지성의 힘 바깥에 존재하는 귀신에게 영향 받을 수 있는 존재다. 인간은 자신이 받았던 도덕교육과 의지력에 따라 자신의 마음을 지킬 수 있는 존재가 아니다. 인간의 마음은 여러 외부 공격자들, 즉 영적인 힘의 공격 앞에 노출된 성곽이다. 인간의 마음을 지속적으로 공격하는 외부세력이 바로 마귀다. 그래서 인간이 예기치 못했던 태풍과 같은 귀신의 힘에 휘둘릴 수 있다. 이것은 자신의 마음을 깊고 내밀하게 성찰해본 사람들에게는 익히 알려져 있는 무서운 현실이다. 마귀가 생각을 뿌렸을 때는 유다가 저항할 수 있다.[2절] 생각 차원에서 마귀가 유다를 흔드는 단계였기 때문이다. 그런데 유다가 마귀 생각을 전적으로 영접했을 때는 사탄이 아예 유다 안에 들어가서 유다의 인격을 접수해버린다. 성령께서 우리 안에 오시면 일어나는 일과 정반대의 일이 일어난다. 성령의 내주는 우리의 개별성과 주체성을 증가시킨다. 성령이 우리 안에 오면 내가 독특하게 과시할 수 있는 개인기와 재능이 꽃핀다. 그런데 귀신이 우리 안에 오면 귀신은 성령과 달리 악령이기 때문에 우리 인격을 접수하고 장악하고 인격성과 개체성을 파괴해버린다. 성령에 민감하게 오랫동안 순종한 사람만이 사탄의 생각이 들어올 때 즉시 저항할 수 있다. 다른 대부분의 제자와 달리 유다가 예수님을 만난 과정에 대한 기록은 없다. 유다가 예수님을 만난 과정에 대한 스토리도 있었겠지만, 기록말살형을 당했다. 기록말살형은 주로 로마 황제들이 사후에 당한 형벌이었다. 티투스 장군의 동생이었던 도미티아누스가 황제가 되어 폭정을 거듭하다가 기록말살형을 당했다. 황제로서 그가 했던 모든 치적이 사라져버렸다. 유다는 제자들에 의해서 기록말살형을 당했다. 돈궤를 맡은 핵심 보직자였던 그가 당한 최악의 처벌이었다. 돈궤는 원래 가장 정직한 사람이 맡는 것이다. 유다는 예수님의 하나님 나라 운동을 위한 후원금 관리를 맡았을 것이고, 가난한 사람을 돕는 일도 그의 주업무였을 것이다. 그런 유다였기 때문에 유다가 예수님 만나는 과정도 극적이었을 가능성이 많은데도 그 기록이 없다. 유다가 은 30냥 때문에 예수님을 대제사장과 성전권력자들에게 팔아넘겼다고 보는 것은 다소 협소한 도덕주의적 해석이다. 돈에 대한 탐욕 때문이라고 보기에는 유다의 마지막 행적 자체가 너무 극적이다. 유다가 예수님이 십자가에 못 박히기 위해 체포되는 장면을 보고 자살한 것을 보면, 유다는 파렴치범이라기보다는 사상범이었다고 봐야 할 것이다. 그러려면 그를 움직인 마귀의 생각이 무엇인지를 알아야 한다.

도대체 예수님의 하나님 나라 운동에 대해 마귀가 무슨 생각을 했는가? 이것을 알기 위해서는 마태복음 4장, 누가복음 4장, 그리고 마가복음 8장 등 마귀가 화자로 나온 맥락을 자세히 살펴보아야 한다. 마귀는 자신의 고유한 메타내러티브[4]를 가진 존재가 아니기 때문에, 예수님의 비전과 내러티브에 맞서는 대항적인 메타내러티브만을 제시할 수밖에 없었다. 공관복음서에 나타난 마귀의 대항내러티브에 따르면 마귀는 세 가지 생각을 피력했다. 첫째, 능력과 표적을 통하

요

여 예수가 하나님의 아들임을 입증해야 한다.[마 4장, 눅 4장] 둘째, 예수가 하나님의 특별한 가호 속에 있음을 극적인 '순간 기적'을 통해서 입증해야 한다. 성전에서 밀쳐 떨어짐을 당했을 때도 절대로 두개골이 부서져 죽지 않아야 하고, 사뿐히 나비처럼 앉는 표적을 보여야만 하나님의 아들임을 입증할 수 있다. 셋째, 천하만국의 영광을 휘두르는 사람, 천하만국을 장악한 능력자가 되는 것이 하나님의 아들임을 입증하는 길이라는 것이 마귀의 생각이다. 마귀의 생각은 누가 보더라도 도덕적으로 비열하다기보다는 매우 복잡한 신학적 논리를 갖고 있다. 이렇게 마귀의 생각을 가진 사람은 예수를 배반한 유다만이 아니다. 오늘날 능력과 표적을 중심으로 기독교 신앙을 입증하려는 사람들 중에서도 나타난다. 목회자들도 진실한 삶으로 사람을 감동시키지 못할 때는 표적을 사모하게 된다. 자신을 불신하고 대적하는 교인들에게 진실한 인격으로 자신의 목회자 됨을 증명하려고 하기보다는, 지팡이로 뱀도 만들고 나병도 낫게 해주는 표적을 행할 수 있었으면 하고 바랄 수 있다. 진실한 인격과 누적된 삶의 순간들을 통해서가 아니라 누가 보더라도 굴복할 수밖에 없는 카리스마로 '내가 하나님과 얼마나 가까운가' 보여주길 원하는 이 마음이 능력 숭배 사상이며 마귀의 사상과 근접한다.

마가복음 8:31-33은 베드로마저도 '사탄'과 동일시되어 예수님께 심각한 질책을 당하는 상황을 가감 없이 보도한다. "인자가 많은 고난을 받고 장로들과 대제사장들과 서기관들에게 버린 바 되어 죽임을 당하고 사흘 만에 살아나야 할 것을 비로소 그들에게 가르치시되 드러내 놓고 이 말씀을 하시니 베드로가 예수를 붙들고 항변하매 예수께서 돌이키사 제자들을 보시며 베드로를 꾸짖어 이르시되 사탄아, 내 뒤로 물러가라." 사탄은 하나님의 아들이 십자가 지는 것을 격렬하게 반대한다. 하나님은 폭력과 힘이 하나님의 전능하심 앞에 무력하다는 사실을 알려주기 위해서, 당신의 아들이 폭력과 힘의 희생자가 되어 십자가에 못이 박혀 죽도록 내버려두신다. 오히려 죽은 후에 삼일 만에 부활시키심으로 로마제국의 폭력 자체가 사람을 죽일 수 있지만 근원적으로 부활을 막을 수 없다는 것을 보여주셨다. 유다가 예수를 판 것은 예수님이 진짜 하나님 아들인지를 시험하기 위하여 극단적 위험에 빠뜨린 행위였다. 오랏줄에 묶이고 빌라도의 법정까지 끌려가서 뺨을 맞는 상황에서 예수가 과연 하나님 아들이라면 하나님 아버지가 예수를 건져주셔야 한다고 생각한 것이다. 그런데 놀랍게도 예수님은 십자가를 지는 매 순간 한 번도 표적에 호소하시지 않았다. 십자가에 달려 목이 마른 그 순간에도 예수께서는 마취제를 먹지 않고 고통을 오롯이 견뎌내셨다. 표적 숭배는 타자를 굴복시켜서 믿게 만들려는 권력의지의 소산이다. 예수가 표적과 천하만국을 다스리는 영광과 능력을 보유함으로써 하나님의 아들임을 입증해야만 한다고 생각한 그 생각이 바로 예수를 팔아넘기는 생각이라 할 수 있다. 그런 점에서 예수를 팔아넘기는 것은 오늘날에도 가능하다.

예수님을 팔려는 이 생각은 스스로 종이 되어서 타자의 발을 씻어주는 굽힘으로 해소되고 극복될 수 있다. 세상의 운명은 항상 십자가를 지고 친히 몸종이 되려고 하는 사람이 향도한다. 인류역사는 알렉산더와 모택동과 히틀러 같은 사람이 아니라 몸종이 되어서 가족을 돌보고 이웃의 발을 씻어주는 사람들이 이끌어간다. 역사의 중심세력은 다른 사람의 발을 씻어주는 마음씨가 넉넉하고 권력을 많이 갖지 못한 지극히 평범한 사람들이다. 주님의 시선이 머무는 곳은 비영웅적이고 일상적인 섬김을 반복적으로 묵묵히 감당하는 곳이다. 주님은 발 냄새를 감수하면서 형제자매를 사랑하기로 다짐하고 다짐하는 사람들을 중심으로 역사를 이끌어가신다. 친히 몸종이 되시는 예수의 길과 능력과 표적을 통하여서 하나님의 아들 됨을 입증해야 한다고 강박하는 유다의 길이 역사 속에 팽팽히 맞서 왔다.

형제자매 세족사랑을 본으로 보이신 예수님 ● 31-35절

이 단락은 예수님이 지상생애에서 마지막으로 남기신 가르침을 담고 있다. 지리멸렬하게 무너지는 제자공동체에게 마지막으로 남기신 가르침은 '서로 사랑하라'이다. 서로 사랑하는 감정이 전혀 생기지 않는 냉랭함이 지배하는 이 어색한 순간에, 예수님은 제자들이 서로 사랑하는 것이 예수님의 가르침이 이 땅에 살아남고 존속되는 유일한 길임을 말씀하신다. 유다가 떡 조각을 받고 나간 후에 예수님은 비의에 찬 말씀으로 상황을 수습하신다. "지금 인자가 영광을 받았고 하나님도 인자로 말미암아 영광을 받으셨도다."

이 단락의 분위기도 실로 침울하다. 유다의 배반을 생각하며 심령이 괴로워 죽게 된 예수님[21절]은 이 침울한 분위기를 수습하기 위해 안간힘을 쓰신다. 밤의 아들 유다가 나가자마자 예수께서는 역설적으로 '지금 인자가 영광을 받았다'고 말씀하신다. 어쩌면 유다의 배신이 없었다면 주님은 이번 유월절이 아니라 다음해 유월절까지 당신의 죽음을 유예시킬 수 있었을지도 모른다. 주님이 3년 만에 반드시 돌아가셔야 할 이유는 없었기 때문이다. 십자가에 돌아가시는 것이 아버지 하나님의 뜻이라 하더라도 공생애 3년째 되는 유월절에 반드시 돌아가셔야 하는 것은 아니었다. 그런데 유다의 배신 때문에 어둠의 세력이 자신을 체포하자, 십자가에 들림을 받아 아버지의 뜻을 성취하는 완료단계가 이르렀음을 아셨다. 예수님은 자신을 파송하여 이루려고 하신 그 사명을 완수할 수 있게 되었기 때문에 인자는 영화롭게 되었다고 선언하셨다. 요한복음의 영광은 이 세상 사람들이 생각하는 영광이 아니라 하나님 아버지의 뜻을 이루기 위해 굴욕을 감수하는 것을 말한다. A. J. 크로닌이 1941년에 쓴 『천국의 열쇠』는 중국에서 선교사역을 하다가 사실상 무신론자가 되어 돌아와 은퇴하는 스코틀랜드의 한 가톨릭 신부의 이야기다.[5] 프랜시스 치셤 신부는 가장 순결한 선의를 가지고 중국에 선교하러 갔다가 모든 것을 잃고 돌아왔다. 그가 돌보고 아꼈던 모든 이들은 죽었거나 망했다. 사랑하는 여인도 잃었고, 그녀의 딸 또한 지켜주지 못하고 잃었다. 홍수와 강도떼에 교인들과 재산도 모두 잃었다. 그가 수십 년 동안 중국에서 애쓴 흔적이 하나도 남아 있지 않았다. 그는 병든 몸만 이끌고 고향에 돌아왔다. 선교사역이 대실패로 끝났기 때문에 귀국했음에도 선교부에서 치셤 신부에게 연금을 줄 수 없었다. 선교 실적을 기록한 문서가 하나도 남아 있지 않았기 때문이다. 선교활동을 기록한 문서 한 장은 물론이고 사역활동을 담은 사진 한 장 조차 없었다. 소설 처음과 마지막 장면에 안셀름 신부가 등장한다. 그는 치셤 신부의 신학교 동기인데 권력의지가 강한 인물이었다. 치셤 신부와 달리 가톨릭 고위성직자가 되어 치셤 신부의 연금수령 여부와 사목지를 결정할 권한을 갖고 있다. 치셤은 안셀름에게 찾아가 연금을 줄 수 있는지 알아본다. 대답은 긍정적이지 않았다. 자기의 고향에서 사목할 수 있도록 해달라는 치셤 신부의 간청에도 불구하고 안셀름은 다른 도시의 사목지로 치셤을 보내려고 한다. 치셤 신부의 인생은 이웃에 대한 선의로 가득 찼지만, 그가 받은 대접이라곤 거절과 버림받음과 냉대밖에 없었다. 예수님이 십자가상에서 토하신 말씀이 그의 외침이었다. "나의 하나님, 나의 하나님, 어찌하여 나를 버리셨나이까." 작가 크로닌은 독자들에게 누가 천국의 열쇠를 쥐고 있는 베드로의 후계자인지 묻는다. 안셀름이 아니라 치셤 신부의 손에 베드로의 천국열쇠가 들려 있음을 암시한다. 하나님의 영광은 역설적이다. 신적 유기감을 피력하면서 십자가에 달려 죽는 이 모습이 인자가 영화롭게 되는 모습이라고 말하기 때문이다. 요한복음의 신비는 이 역설적 병치에 있다.

결국 요한복음에서 인자의 영광은 순종에 있다. 표적을 통한 영광 발산은 궁극적인 인자의 영광이 아니다. 인자 됨의 영광은 인자가 자신의 목숨을 바쳐가면서 아버지 하나님께 순종하는 데 있다. 이제 인자가 십자가의 죽음에 넘겨지는 것은 피할 길이 없다. 인자는 모든 사람을 이끌기 위해 놋뱀처럼 들림 받을 것이다. 인자가 자신의 사명을 수행함으로써 인자는 영화롭게 될 것이며, 인자의 순종을 통해 그를 보내신 아버지 하나님을 영화롭게 하실 것이다. 인자가 영화롭게 된 순간에 아버지 하나님 또한 영화롭게 되셨다[에독사스데(ἐδοξάσθη)]. '영화롭게 되셨다'는 표현은 부정과거시제로 표현되었다. 십자가의 인자 들림으로 영화롭게 된 그 정황을 특정해서 말하는 것이다. 이처럼 아버지와 아들이 영화롭게 되는 과정은 상호적이었다. 아들 때문에 아버지 하나님이 영화롭게 된다는 것은 이 세상의 모든 부모들이 쉽게 이해한다.

32절은 성부가 성자를 영화롭게 하실 것을 말한다. 인자, 즉 아들 하나님이 아버지 하나님을 영화롭게 하는 것은 아들의 순종, 죽기까지 자신을 바치는 순종이라면, 아버지 하나님이 아들 하나님께 주실 영광은 두 번째, 세 번째의 인자 들림, 곧 부활과 승천을 가리킨다. 예수님은 자신의 십자가 들림이 부활 들림8:28과 승천 들림12:32으로 완전케 될 것을 믿으신다.

33-35절은 "작은 자들"로 불리는 제자들에게 주신 예수님의 사랑훈訓이다. 이제 당신은 "작은 자들"이라고 부르는 제자들과 지상에서 보낼 시간이 얼마 남지 않았다는 것을 말씀하신다. '예전에 유대인들에게 너희는[휘메이스(ὑμεῖς)] 내가[에고(ἐγώ)] 가는 곳에 올 수

없다'고 말씀하신 것처럼 제자들에게 비슷한 논조의 말씀을 하신다. '지금 너희(제자들)에게도 말한다. 너희는 지금은 내가 가는 곳으로 따라올 수 없다.'[33절] 예수님과 유대인들은 가는 길이 다르듯이, 예수님의 길과 제자들의 길도 지금은 다르다는 것이다. 유대인들처럼 지금은 제자들도 예수님이 가는 순종과 자기부인의 길을 갈 수 없다. 구체적으로는 아버지께로 돌아가는 길이다.[2절] 아버지께로 돌아가는 길은 자신을 보내신 이의 뜻을 다 성취하고 형통하게 한 후에 되돌아가는 이사야 55:10-11의 그 말씀의 길이다. 예수님을 보내신 아버지의 뜻은 인자가 놋뱀처럼 들리는 경험을 통해 아버지께로 돌아가는 것이었다. 인자가 십자가에 들리는 이 길은 유대인들에게는 상상도 할 수 없는 길이었다. 그런데 이 사정은 제자들에게도 마찬가지였다. 그래서 제자들도 지금은 예수님을 따라갈 수 없다. 그런 역량을 전혀 갖추지 못했기 때문이다. 제자도의 핵심은 '자기를 부인하고 자기 십자가를 지고 예수님을 따르는 것'인데 지금은 제자들이 이 십자가의 제자도를 실천할 역량이 없다. '너희가 십자가를 지고 나를 따를 것이지만[막 8:34] 지금은 나를 따라올 수 없다.' 지금은 제자들이 예수님처럼 죽음과 대결하면서 죽음의 길로 뚜벅뚜벅 걸어감으로써 제자됨을 입증할 수 없다. 그 궁극적인 십자가의 제자도에 이르기 전에 과도기 단계에서 해야 할 일이 있다. 서로 사랑하는 것이다. 34절은 지리멸렬하게 분열된 제자들을 결속시키려고 하는 말씀이다. 누가 크냐는 논쟁을 극복하고 승화하는 길은 서로에 대한 사랑, 서로를 섬겨주고 높여주는 사랑이다. 그러나 이 서로 사랑은 폐쇄적인 사랑이 아니라 열린 사랑이며, 십자가를 지고 예수님을 뒤따르는 제자도이다. 34절은 두 개의 히나(ἵνα) 목적절을 갖고 있다. '너희가 서로 사랑할 수 있도록[히나 아가파테 알렐루스(ἵνα ἀγαπᾶτε ἀλλήλους)] 내가 새 계명을 너희에게 준다. 심지어 너희도[카이 휘메이

요

스(καὶ ὑμεῖς)] 서로 사랑할 수 있도록 내가 너희를 사랑했던[에가페사(ἠγάπησα), 부정과거)] 것처럼.' 이 맥락에서 사랑한다는 것은 사랑의 종노릇함을 의미한다. 예수님이 제자들을 발 씻어주심으로 사랑을 표현하신 것처럼 제자들도 서로 사랑해야 한다. 가난한 자를 사랑하거나 이웃을 사랑하는 행위는 이미 구약성경에서 명령된 사랑 계명이다. 그런데 서로의 발을 씻어주는 종노릇을 감수하면서 잠재적 경쟁자인 서로를 사랑하라는 것은 새 계명이다.

교회나 가까운 공동체에서 타인의 발을 씻어주는 '서로 사랑'(또래 사랑, 동료 사랑)은 타인의 죄를 기억하지 않고 용서하는 것이다. 스캇 펙M. Scott Peck이 쓴 『주와 함께 가는 여행』[6]에 실린 한 예화는 하나님의 용서를 유머러스하게 설명한다. 필리핀에 사는 한 소녀가 예수님과 대화하는 신비체험을 한다. 그래서 해당 교구의 추기경이 여러 번 조사했다. 추기경은 신비체험의 신빙성을 테스트하기 위해 소녀에게 계속 어려운 질문을 하고 소녀는 꼬박꼬박 대답한다. 그래도 추기경은 소녀의 신비체험의 신빙성을 확정짓지 못해 마침내 소녀에게 어려운 과제를 준다. "그런데 너는 진짜 예수님과 대화를 하였니?" "네, 했습니다. 긴 대화는 아닙니다. 짧은 대화를 하는데, 제 영혼이 매우 편안해집니다." "그러면 내가 지난 번 나보다 더 높은 신부님께 무슨 죄를 고해성사했는지 예수님께 한번 물어보고 오너라." 그 소녀는 "예, 물어보고 오겠습니다."라고 대답했다. 소녀가 얼마 후에 주님을 만났을 때 주님께 물었다. "저를 시험하는 그 높으신 추기경님이 마지막으로 고해성사한 자신의 죄가 무엇인지 알아 오라고 했습니다." 예수님이 대답하신다. "다 잊어버렸다. 나는 다 기억하지 못한다." 그래서 소녀는 추기경에게 돌아가 "예수께서 잊어버리셨다고 하십니다"라고 말했다. 거룩한 망각이 죄 사함의 시작이다. 하나님은 우리의 죄를 기억하지 않으시고 마치 내가 이 세상에 처음 등장한 것처럼 대하신다. 사랑은 형제자매의 허물을 기억하지 않는 거룩한 망각 능력이다. 이웃의 발 냄새(자아 냄새)를 잊어주고, 약점을 모르는 것처럼 행동해주는 신성함을 가지고 만나는 것이 섬김이요 서로 사랑이다. 상대방의 자아가 풍기는 냄새를 악취 난다고 거리를 두고 배척하는 것이 아니라 묵묵히 감수하며 친근하게 대하는 것이 섬김이다.

구약성경에서는 촘촘한 공동체를 이루는 구성원 지체들에게 요한복음에서처럼 '서로 사랑'을 명한 적은 없다. 촘촘한 공동체를 이루는 구성원 간에 서로를 사랑하는 것은 지난한 일이다. 이렇게 급진적이고 인격적인 사랑 계명은 처음이다. 그래서 새 계명이다. 이렇게 급진적이고 내면적인 사랑, 존재 전체를 쏟아야 가능한 서로 사랑, 즉 서로에게 사랑의 종노릇을 명하는 계명을 준행할 때, 이것은 예수님을 따르는 제자의 표지가 된다. 자기를 부인하고 자기 십자가를 지고 예수님을 따르는 제자도가 바로 여기 '서로 사랑'의 제자도에서 먼저 실천되어야 한다. 제자들이 서로를 헐뜯거나 의심하거나 깎아내리려고 하지 않고, 형제들 위에 자신을 높이려고 하지 않고, 서로에 대해 사랑의 종노릇을 할 때에야 다른 모든 사람들도 그런 제자들이야말로 '예수님의 제자'인 것을 알게 된다는 것이다.[35절]

지금은 주님처럼 죽음의 길로 뚜벅뚜벅 걸어갈 수 없지만 그 후, 즉 옛 자아가 우리 주님과 함께 십자가에 못 박히고[롬 6:3-5] 오순절 성령을 받은 후에는 예수님을 따라갈 수 있다. 서로 사랑하는 일은 주님이 십자가에 못 박히신 후에 주님의 우편 보좌에서 오순절 성령을 파송하신 이후에만 가능하다. '내가 하나님 우편 보좌에 올라가서 오순절 성령을 파송한 후에야 여러분은 성령 충만한 가운데 율법의 요구를 따라 행할 수 있다.'

서로 사랑은 인류 사랑보다 어렵고, 아프리카 소말리아의 피골 상접한 어린아이를 사랑하는 것보다 더 어렵다. 제자공동체는 잠재적 경쟁의식과 비교의식 사이에서 오락가락 할 수 있는 또래집단이기 때문에 그에 속한 제자들 사이에는 '서로 사랑'이 힘들다. 서로 사랑하는 일은 매일 490번씩 용서하면서 참아줘야만 가능하다. 베드로와 요한이 원래는 사이가 좋지 않았다. 요한과 야고보가 주의 영광의 나라가 임할 때 우편과 좌편에 앉겠다는 야심을 드러내자 베드로를 비롯한 열 제자가 분기탱천하여 적개심을 드러냈다. 그런데 오순절 성령이 임하자마자 둘은 영적으로 절친한 동역자가 된다. 사도행전 3장에서 오후 3시에 요한과 베드로가 함께 기도하러 가는 장면이 나온다. 또한 요한복음 전반에 걸쳐 베드로가 수제자임을 암시하는 구절이 여럿 있다. 베드로의 실수 중에서 낯 뜨거운 실수를 모두 빼준 저자가 요한이다. 마가복음과 마태복음은 베드로의 실수를 가장 많이 기록한다. 마가복음은 베드로의 통역자였던 마가의 저작이었기 때문에 베드로의 구술을 기록한 것이다. 마가복음에는 실수를 자주 저지르는 베드로가 나온다. 마태복음과 누가복음이 마가복음에 기록된 베드로의 실수들을 그대로 이어받아 기록한 데 비해, 요한은 베드로의 실수를 많이 줄이고, 주로 대답 잘하는 베드로, 주님을 놀라게 하는 천재적 베드로를 부각시킨다. 요한복음은 베드로야말로 진정 영적으로 영민한 사람이라고 말한다. 베드로의 가장 빛나는 순간을 소개하는 단락이 요한복음 6:67-68인데, 마태, 마가, 누가복음에는 병행구절이 없다. "예수께서 열두 제자에게 이르시되 너희도 가려느냐. 시몬 베드로가 대답하되 주여, 영생의 말씀이 주께 있사오니 우리가 누구에게로 가오리이까." 베드로가 예수님을 위로하며 깜짝 놀라게 하는 장면이다. '주여, 십자가를 지지 마십시오. 큰일 납니다.' 베드로의 이런 발언은 모두 생략했다. 마지막으로 요한복음 21장에서 베드로가 순교하게 될 것을 암시하는 본문이 나온다. "네가 젊어서는 스스로 띠 띠고 원하는 곳으로 다녔거니와 늙어서는 네 팔을 벌리리니 남이 네게 띠 띠우고 원하지 아니하는 곳으로 데려가리라." 베드로가 주후 64년에 십자가에 거꾸로 달려 죽었음을 암시하는 본문이다.

사도 요한의 제자로 1세기 소아시아에서 활동했던 속사도 교부 안디옥의 이그나티우스가 목회서신들에서 베드로를 여러 차례 칭찬했다. 베드로의 수제자로 알려진 로마의 클레멘트와 요한의 제자들인 이그나티우스와 폴리갑은 서로 친했다. 요한과 베드로가 서로 사랑하는 일에 성공했다는 것을 알 수 있다. 베드로전서 5:5에서 베드로는 13장의 사랑의 세족훈[訓]을 영롱하게 기억하고 계승한다. "젊은 자들아, 이와 같이 장로들에게 순종하고 다 서로 겸손으로 허리를 동이라." 이 말은 정확하게 수건으로 허리를 동였던 요한복음 13장을 되살리는 언어적 표현이다. "그러므로 하나님의 능하신 손 아래에서 겸손하라. 때가 되면 너희를 높이시리라."벧전 5:6 사도 요한도 무척 바뀌었다. 사도 요한은 원래 우뢰의 아들이라는 별명을 갖고 있었다. 성격이 너무 급했기 때문이다. 사마리아가 예수님을 영접하지 않자 이렇게 말한다. "제자 야고보와 요한이 이를 보고 이르되 주여, 우리가 불을 명하여 하늘로부터 내려 저들을 멸하라 하기를 원하시나이까."눅 9:54 이렇게 성격이 불 같았던 요한이 "사랑하는 자들아, 우리가 서로 사랑하자. 사랑은 하나님께 속한 것이니…… 사랑하는 자들아, 하나님이 이같이 우리를 사랑하셨은즉 우리도 서로 사랑하는 것이 마땅하도다"요일 4:7-11라고 말하는 사랑의 사도가 되었다. 이처럼 베드로와 요한은 각각 성장하고 성숙해서 서로 사랑하는 자들이 되었다.

베드로의 세 번 부인을 예언하시는 예수님 ● 36-38절

이 단락은 베드로의 실족을 예고하는 예수님의 말씀을 담고 있다. 최후의 만찬석상의 예수님의 말씀 중에 시몬 베드로가 주목한 말씀은 '사랑의 새 계명'이 아니라 '내가' 가는 곳에 '너희는' 따라올 수 없다는 말씀이었다.[33절] 베드로는 주님에게 단도직입적으로 묻는다. "주여, 어디로 가시나이까." 라틴어로 도미네, 쿠오 바디스(Domine, quo vadis)이다.[36절 7] 베드로는 특정 장소를 염두에 두고 묻는 것이 아니라 '주여, 무슨 일을 하려고 하십니까'라고 묻는 것이다. 자신도 예수님에게 일어날 일을 감당할 것처럼 말한다. 베드로의 이 질문의 숨은 뜻은 '나도 따라갈 것이다'라는 결심이다. 수제자 의식의 발로라고 볼 수 있다. 그러나 예수님은 33절을 약간 수정해 대답하신다. "내가 가는 곳에 네가 지금은 따라올 수 없으나 후에는 따라오리라."[마 26:31-35, 막 14:27-31, 눅 22:31-34] 지금은 따라올 수 없지만 후에는 따라올 수 있다는 위로가 깃든 대답이었다.[36절] 그러나 베드로의 기세는 꺾이지 않는다. "주여, 내가 지금은 어찌하여 따라갈 수 없나이까. 주를 위하여 내 목숨을 버리겠나이다." 베드로의 진심은 '주를 위해 내 목숨을 버리겠습니다'에 나와 있다.[37절] 자신을 따라올 수 없다고 하는 예수님의 말씀을 야속하다고 느끼는 말투다. 베드로는 자신이 영적인 어린이인 파이디온(소자, 요 21:5 '얘')에 불과한 줄을 모른다. 자신이 대장부가 된 줄로 안다. 그러나 예수님이 보시기에 베드로는 아직은 예수님의 십자가 길을 따라갈 수 없다. 파이디온(παιδίον)이기 때문이다. 예수님은 베드로의 현실 자각을 돕는 말씀으로 베드로를 경각시킨다. '네가 나를 위하여 네 목숨을 버리겠다고 호언장담하지만 네가 새벽을 알리는 새벽 닭 울음도 들리기 전에 세 번이나 나를 모른다고 부인할 것이다.'[38절] 베드로는 예수님의 길이 목숨을 버리는 길임을 은근히 눈치 챘지만 구체적으로 어떻게 자신의 목숨을 바칠지는 몰랐다. 뭔가 대장부다운 호기를 보일 수 있을 정도라고 생각했던 것 같다. 그러나 예수님은 베드로가 자신을 안다고 말하는 것이 얼마나 위험한 일인지를 알게 될 것이라고 예고하신다. 금요일 새벽 닭이 울기 전에 베드로는 예수님과 자신의 거리를 무한히 벌여 놓지 않으면 자신의 목숨이 위태로워질 것을 깨닫게 될 것이다.

메시지

인간의 이기심을 다룬 『산둥 수용소』라는 책이 있다.[8] 이 책은 조직신학자인 랭던 길키Langdon Gilkey가 젊은 시절 중국 선교지에 영어교사로 자원봉사하러 갔다가 겪은 사건을 기록한 실화이다. 그는 1941년부터 중국 북경에 있는 연경대학에서 영어를 가르쳤다. 그러던 중 중일전쟁이 발발했고 일본이 중국 산둥지방을 점령함에 따라 졸지에 일본군에게 포로로 잡히게 되었다. 산둥반도에 있는 위엔 수용소에서 3년 동안 2천여 명의 다국적 포로들과 함께 수용소생활을 했다. 길키는 이 책에서 선교사, 의사, 교사, 사업가 등 사회적 지위가 있는 중산층 사람들이 수용소에서 보여주는 절망적인 인간성들을 희극적으로 묘사했다. 평소에 도덕감이 탁월한 사람들이 포로수용소라는 특수환경에서는 하향조정된 도덕성을 드러낸다는 것을 보여준다. 포로들의 인간성 바닥을 드러낸 한 사건은, 미국 적십자사가 200명 정도 되는 미국인 포로들을 위해 큰 소포꾸러미를 선물로 보내면서 벌어진 일이다. 일본군 포로수용소 사령관이 세어보니 1,500개의 선물꾸러미였다. 수용소 내에 남아 있는 사람은 1,450여 명이기 때문에 이를 재소자 한 사람당 하나씩 분배하고자 일본군 사령관이 포고문을 붙였다. 그랬더니 미국 포로의 대표 몇 사람이 미국 적십자사가 보낸 선물을 왜 모든 포로들에게 동일하게 나누느냐고 항의했고, 갈등 끝에 선물 배분이 중단되었다. 이런 미국 사람들의 항의에는 미국 선교사들도 참여했다. 그곳에 있던 다른 국적의 교수와 음악가, 예술가 등은 그전까지만 해도 인간의 '도덕성과 선한 의지'를 신봉한 자유주의자였다가, 그 사건을 겪고는 칼빈의 원죄설로 돌아서 버렸다. 미국 적십자사의 선물이 오기 전보다 수용소는 더 을씨년스럽고 불행한 공간이 되어버렸다.

수용소에 갇혀 있는 미국인들은 극단적인 원죄적 이기심이 지배하는 세상에서 흔히 만나는 유형의 사람들이다. 아무리 많은 부가 창출되어도 바르게 분배되지 않으면 그 부는 불행의 원천이라는 것을 보여준다. 이 책의 핵심은 인간의 도덕성이 빛이 아니고, 인간의 계몽주의 지성도 결핍과 감금상황에서는 아무런 힘을 발휘하지 못했다는 것이다. 수용소 안에서 사람들은 저자 자신을 포함해서 처음부터 끝까지 온통 과학적 법칙이라고 불러도 될 만큼 일관되게 이기적으로 행동했다. 미국인 포로들은 일단 자신들 각자가 소포꾸러미를 일곱개 반씩 가진 후 개개인의 도덕성에 따라서 다른 나라 포로들에게 나누든지 말든지 할 자유를 강조한다. 가진 자의 자유를 강조한 셈이다. 그런데 이것은 인종과 국적에 상관없이 보편적 사랑을 실천하는 적십자사의 원칙에 어긋난다. 주님의 붉은 보혈을 상징하는 적십자를 기치로 걸고 만들어진 적십자사는 인종차별 없이 만민에게 나누는 것을 원칙으로 선물을 보낸 것인데, 미국 사람이 국가주의를 끌어들여 논쟁을 벌인 것이다. 다른 나라 포로들이 적십자사의 대의명분에 호소하여 미국인들의 이기심을 이겨보려 하지만 원시적 집단이기주의 논리가 이긴다. 미국인들이 요구하는 수준까지는 아닐지라도 선물은 미국인들의 이기적인 주장이 반영된 방식으로 배분된다. 중국 사람들을 위해 자기 목숨까지도 희생하러 온 선교사들도 이런 이기심의 준동을 진압하지 못할 뿐만 아니라 거기에 휩쓸려버린다.

수용소라는 닫힌 세계에서는 결핍이 지배한다. 결핍은 인간의 원시적 이기심을 준동케 한다. 세상은 죄와 죽음의 철조망에 갇힌 수용소 같은 어둠의 영역이다. 빛보다 어둠의 논리가 더 빛을 발한다. 우리는 미국인 포로들처럼 이런 어두운 세상에서 하나님이 주신 선물을 자신의 전리품으로 취급한다. 주님의 보혈이 묻은 선물을 우리가 각각 일곱개 반씩을 차지하고 다른 나라 포로들의 원한과 불평, 탄식과 분노를 촉발시키며 산다. 우리는 촘촘히 짜여진 공동체에서 아침저녁으로 얼굴을 마주 대하는 동료를 사랑하는 데 실패한다. 우리는 서로의 짐을 져주기보다는 자신의 짐이 더 무겁다고 생각한다. 우리 주님은 인간의 계몽된 이성, 도덕 윤리 등 이 모든 것들을 포함해서 세상이 온통 어둠 속에 있는 것을 아시고, 이 어둠을 폭로하고 영생 가능한 공동체로 인도하시기 위해 오셨다. 주와 스승이 되어 종의 도를 실천하신 예수님을 본받는 제자들의 강한 실천력이 1세기 로마제국 전체에서 기독교를 단연 빛나게 만들었다. 초대교회의 지도자들은 주와 스승이 되신 예수님의 몸 구푸리는 제자도를 실천함으로써 화려한 신전, 복잡한 종교의식, 그리고 복잡한 지식체계를 가졌던 다른 종교들의 영향력을 크게 앞질렀다. 주와 스승되신 예수님의 종의 도를 본받고 모방하는 일은 기독교 역사에 나타난 어떤 위대한 상징물보다도 위대하다. 노트르담 대성당이나 토마스 아퀴나스의 『신학대전』도, 중세의 이탈리아 화가 지오토Giotto di Bondone, 1266?-1337와 미켈란젤로의 성화도, 일상의 현장에서 같은 공동체에 속한 형제자매들의 발을 씻어주기 위해 몸을 구푸리고 이기심의 정강이를 꺾는 발 씻기는 제자도에 비하면 기독교 본질에서 멀리 떨어져 있다. 예수님은 저 멀리 이역만리 선교지에 있는 한 인간을 사랑하는 것보다, 일상의 현장에서 좁은 공간을 함께 사용하고 적은 식량을 같이 나눠 먹어야 하는 당면한 이웃 사랑이 훨씬 어렵다는 것을 아신다. 모든 삶의 기회, 욕망 충족의 기회를 놓고 잠재적으로 경쟁하는 동료들끼리 서로 사랑하는 것은 포로수용소의 상황에서 서로를 사랑하는 일만큼 어렵다.

사도들과 그들의 제자들이 예수님의 종의 도를 모방하고 계승했을 때 기독교는 주변세계를 밝히는 빛이 되었다. 이것이 콘스탄티누스 황제의 313년 밀라노 칙령 이전의 카타콤 기독교의 진수였다. 교회는 구원받은 자들의 강한 영적 유대와 결속 그 자체였다. 그래서 당시에 "교회 밖에는 구원이 없다"는 선언이 나오게 되었다. 258년 순교자가 된 카르타고의 주교이자 교부였던 키프리아누스의 명언이다. 교회는 세상에서 한 번도 실현되지 못했던 영생 공동체를 실험한 공동체였다. 콘스탄티누스 황제가 기독교를 공인하고 나서 얼마 지나지 않아 로마황실에는 반기독교적 반동이 있었다. 기독교를 약화시키고 다시 로마의 전통종교들을 부흥시키려고 대대적인 정책을 펼쳤던 배교자 율리아누스(361-363년 재위) 황제는 신하들에게 기독교가 왜 이렇게 '극성'을 부리며 왕성한지를 조사하라고 지시했다. 그가 받은 보고서에는 역설적으로 기독교인들의 독특한 공동체 생활과 사랑의 능력에 대한 경탄이 있었다.[9] 율리아누스 황제가 읽은 보고서에는 313년 이후의 교회가 당시의 퇴락하던 로마제국의 전통을 대신하고 대체하는 새로운 '사회'를 만들어내는 일단의 모습이 증언되고 있다. 교회는 자신의 주변사회에 책임을 갖고 온갖 불행한 사람들을 흡수했다. 로마제국 전역에서 작고 큰 교회와 상관없이 모든 교회는 과부와 고아, 퇴역군인, 가난한 사람과 부랑아들을 하나님의 자녀로 영접하고 사랑했을 뿐만 아니라 장례식을 치를 여유가 없이 죽은 사람들의 장례식까지 교회가 맡아주고 있었다. 로마 국가기관은 손을 놓고 있는데 교회는 국가가 해야 할 공동체 돌봄 책임을 다하고 있었다. 배교자 율리아누스 황제가 교회를 박해하려다가 발견한 역설적 상황이었다. 이처럼 교회는 세상 사람들에게 빛의 자녀가 어떻게 사는지를 본으로 보여줘야 한다.

그러나 아직도 한국교회 안에는 십자가의 도를 실천하고 몸을 굽혀 이 세상의 발을 씻음으로 세상을 감화감동시키려고 하기보다는, 권력의 힘으로 기독교를 전하려는 자들이 있다. 기독교인이 도시의 시장이 되기만 하면, 기독교인이 나라의 대통령이 되기만 하면 하나님이 영광을 받으실 것이라고 생각하는 사람들이다. 이들은 하나님을 찬양할 때 하나님의 권능, 영광, 지혜를 집중적으로 찬양한다. 그들은 하나님은 지상에 있는 권력자들보다 더 큰 권력을 가지고 있으며 더 큰 영광을 가져야 하기 때문에 하나님의 교회도 함께 특혜를 누려도 된다고 생각한다. 심지어 목사는 대통령보다 더 높은 자로 대접받아야 한다고 주장하기도 한다. 이러한 권력미화 신학은 하나님이 권력과 영광과 부와 모든 좋은 것을 독점하고 계시고 모든 인간의 운명을 마음대로 결정하시는 전지전능한 권력을 누리는 분이라고 생각하는 특징이 있다. 사람들은 이런 하나님을 생각하기 때문에 하나님이 세상의 악당들을 물리적으로 제압하지 않으면 곧 하나님의 살아 계심을 의심한다. 하지만 이런 권력숭배 신학은 예수께서 계시해주신 하나님에 대한 신앙과 전혀 다른 우상숭배다. 하나님은 그렇게 일하지 않으신다. 하나님의 전능하심은 하나님의 겸손한 성품과 사랑을 넘지 않는 범위에서 역사하는 전지전능함이다. 하나님의 전지전능보다 더 중요한 것은 하나님의 성품이다. 하나님은 자신의 성품의 일관성을 유지하며 당신의 전지전능을 세심하게 사용하시지, 모든 행동을 마음대로 할 수 있다는 의미의 전지전능의 하나님이 아니시다. 하나님은 악을 행하는 데 전적으로 무능하시고 하나님의 성품에 어긋나는 말과 행동은 영원히 하지 못하는 무능한 하나님이시다. 그래서 우리 하나님은 이 세상에서 악행이 창궐해도 즉각 그것을 중지시키지 않을 때가 많다. 신적 공권력을 마음대로 발동해 인간의 자유와 책임이라는 원리 아래 돌아가는 세상규칙을 깨뜨리는 것은 하나님의 성품에 어긋나기 때문이다. 만일 악을 멈추는 일이 하나님의 유일한 목적이라면 이 세상의 모든 악행을 일시에 중지시킬 수 있을 것이다. 그런데 하나님은 인간에게 자유를 주고 인간에게 자기가 선택한 행동에 책임을 지게 하신다. 인생의 대소사를 선택하는 자유를 빼앗아가면서까지 악을 막지는 않으신다. 하나님의 성품에 어긋나는 능력 사용이기 때문이다. 그런데도 우리는 하나님의 전지전능함을 하나님께 불리하게, 인간에게는 유리하게 사용한다. "악한 일에 관한 징벌이 속히 실행되지 아니하므로 인생들이 악을 행하는 데에 마음이 담대하도다."전 8:11 하나님이 당신의 성품과 모순을 일으키지 않는 방식으로 능력을 사용하시기 위해서는, 지상에 있는 하나님의 자녀들 편에서 이 세상 사정을 양심과 이성의 언어로 계속해서 하나님께 고백하고 하나님이 관여해 주시도록 요청해야 한다. 하나님은 당신의 마음대로 능력을 사용하시는 분이 아니라, 성도의 기도 요청을 듣고서야 역사하시는 하나님이다. 하나님은 세상만민의 운명을 장기판에 장기를 움직이듯이 마음대로 움직이는 전능하신 분이 아니다. 사랑 때문에 자기의 능력을 포기하고, 사랑 때문에 자기 전능의 겉옷을 벗고, 노예처럼 자기를 낮추실 수 있는 전지전능한 하나님이시다. 하나님의 능력은 먼지처럼 작은 인간과 당신을 하나되게 할 만큼 자신을 축소시킬 수 있는 극한 겸손이다. 세상에서는 자신의 능력을 극대화하여 출세의 사다리 끝까지 올라간 사람을 능력자라고 말한다. 그런데 성경은 출세의 정점에 올라갔음에도 불구하고 겸손하게 자기의 모든 특권을 양도하고 자기를 비워서 종이 될 만큼 낮아질 수 있는 능력을 참된 능력이라고 본다. 하나님 아들 예수님은 하나님의 아들임에도 불구하고, 그는 신적 아우라의 겉옷을 벗고 맨살을 드러내면서 제자들의 냄새나는 발 앞에 굽히셨다. 로마황제는 타자를 무력화, 초토화시켜 지배하고 자신 앞에 무릎을 꿇게 한다. 그런데 예수님은 종이 되셔서 사람의 발을 씻기면서까지 겸손히 자기를 낮추는 방식으로 전지전능을 드러내셨다. 베드로가 잘못된 판단과 행동을 할 때마다 육체적 고통을 가해 그를 온순하게 만들지 않았다. 베드로가 교만을 스스로 반성해서 이렇게 살아서는 안 되겠다는 숙고와 성찰을 통하여 그런 삶을 포기하도록 유도하셨다.

권력의지로 중무장한 우리의 자아를 십자가에 못 박아주신, 즉 우리 옛 자아의 최후를 노정시킨 예수님의 세족 식탁은 우리를 위해 성육신하신 하나님의 진면목을 보여준다. '스스로 종이 되신 예수님의 이 사랑'이 로마제국의 토대를 근원적으로 허무는 가장 급진적이고 혁명적인 전복 방법이 되었다. 요한복음을 깊이 연구하면 할수록 육신을 갖고 섬기는 일의 위대성에 눈을 뜬다. 고대 로마제국은 노예들의 '몸' 노동에 의해 지탱되는 사회였다. '둘로스'는 로마제국의 모든 삶의 토대를 이루는 무상노동을 끊임없이 제공하였다. 그런데 로마제국을 지탱하기 위해 고된 노동력을 무한히 공여하는 노예들의 노동을 꿰뚫어보신 예수님은 스스로 둘로스가 되겠다고 선언하실 뿐 아니라, 제자들에게도 서로를 섬기는 둘로스가 되라고 말씀했다. 예수님은 로마제국을 궁극적으로 이기는 방법을 말씀하신 것이다. 로마제국은 왕이 되려는 자들, 지배자가 되려는 자들, 권력을 남용하려는 자들의 나라였다. 권력남용과 압제적인 권력 행사의 욕망의 궁극에 로마제국이 있다. 예수님은 로마제국으로부터 이스라엘을 해방시키는 길이 무력항쟁으로 로마의 예루살렘 및 갈릴리 주둔군을 격퇴하는 것이 아니라, 로마제국의 근본 토대를 허물어뜨리는 사랑과 자기희생적 섬김임을 선포하신 것이다. '내가 세우려고 하는 교회의 궁극적 본질은 둘로스가 되려고 하는 자원적인 결단에 있다. 이것이야말로 이스라엘을 로마제국으로부터 해방하는 진정한 길이다. 서로에게 종이 되고 섬기는 자가 되려고 하는 결단이 로마제국을 분쇄하는 길이다. 로마제국의 권력을 이스라엘의 일부 정치엘리트들에게 배분하여 권력을 이전하는 것이 진정한 구원이 아니라, 로마적 삶의 방식을 완전히 끝장내고 이스라엘적 삶의 방식, 즉 서로에게 사랑의 노예가 되어주고 섬기는 자가 되어주는 삶의 방식을 육화시키는 것이 로마제국으로부터 이스라엘을 해방하는 길이다. 로마제국이 스스로를 유지하기 위해 의존하는 탐욕적인 권력행사와 약탈적인 삶의 방식들을 버리고, 이웃에게 그리고 자신이 속한 공동체 지체들에게 종이 되고 섬기는 자가 되려는 삶이야말로 이스라엘의 본질이며 하나님 나라 백성의 근원적인 자기해방력이다.'

예수님은 이런 사상을 요한복음 13장에서 설파하신 셈이다. 그런데 예수님이 가르쳐준 섬기는 자들의 나라, 서로 사랑의 둘로스가 되어주는 하나님 나라 복음은 인간의 마음에 각인되기가 너무 어려운 낯선 가르침이었다. 우리는 기독교 복음이 우리에게 근본적으로 바로 전달되었는지 끊임없이 의심해보아야 한다. 기독교 복음은 노예들과 섬기는 자들에 의해 세워지는 하나님 나라 복음이다. 이 놀라운 하나님 나라 복음이 예수님 당대의 제자들에게도 아직 납득되지 못했다. 예수님이 3년간이나 하나님 나라 복음을 가르쳤지만 여전히 제자들은 서로 섬기지 않고 서로 돌보아주지 않으며 서로 사랑하지 않는 냉정함에 묶여 있었다. 아무도 서로의 발을 씻어주지 않는 이 상태가 예수님에게 깊은 좌절감과 실패감을 안겨 주었다. 3년간 교육했는데도 이 정도라는 말은 예수님도 기독교의 근본을 당신의 제자들에게 가르치는 일이 몹시 힘들었음을 말해준다. 이처럼 기독교 진리는 로마제국적 약탈사회, 권력공학적 조작사회에 사는 자들에게는 이해되기 힘들고 낯선 복음이었다. 기독교의 하나님 나라 복음은 자연인들에게 습득되기 매우 어려운 것이고 정상적인 이성을 가진 사람에게도 매우 낯선 것이기 때문에 예수님도 제자 교육에 어려움을 겪으신 것이다. 프랑스 개신교 사상가인 쟈크 엘룰 같은 사람도 "기독교는 우리 인간의 본성에 맞지 않는 그 무엇이다"라고 말했다(『뒤틀려진 기독교』). 그런데 이렇게 받아들이기 힘든 기독교를 많은 사람들이 믿고 기독교인이 되었다고 주장하는 것 자체가 매우 의심스러운 현상이라고 봐야 한다. 만일 인구의 4분의 1이 이런 기독교 복음의 소화하기 힘든 점을 영접하고 기독교인이 되었다면, 아마도 그 사회는 로마제국을 극복하는 이상적인 사회가 될 수 있었을 것이다.

기독교는 로마제국적인 삶의 방식을 궁극적으로 이겨내는 방식이다. 서로 사랑하고 섬겨주고 둘로스가 되어 발을 씻어주는 이 급진적인 자기부인의 삶이야말로 로마제국을 토대부터 붕괴시키고 물리친 삶이 아니었던가. 그런데 우리는 안타깝게도 예수님의 둘로스 복음에 저항하는 주류 이데올로기에 포박당한 채 살아가고 있다. 부자가 되라고 부추기는 세상에 살면서 둘로스가 되기란 어렵다. '부자富者'라는 말은 라틴어 '렉스'rex에서 나왔다. 라틴어 렉스는 왕을 의미한다. Rex가 고대영어 richs로 발전되었다가 현대 영어 rich가 되었다. '부자'는 왕, 즉 지배하려는 사람이다. 국가적으로 부자가 많아지면 그만큼 둘로스가 많아져야 한다. 모든 사람이 왕처럼 살고자 마음먹고 부자가 되려고 하면, 무상노동력을 제공하는 노예가 그만큼 더 많이 필요하다. 오늘날 부자들은 과거의 왕과 같은 대접을 원하기 때문에 부자 중심 사회는 무상노동력을 끊임없이 징발하려고 한다. 그들은 저임금과 사회적 모멸감을 견디면서도 저항하지 않는 순한 노예들의 노동력을 필요로 한다. 그들에게는 가난한 사람들의 원통함과 슬픔에 대한 공감능력이 별로 없다.

왕 대접을 받으려고 하는 자들이 이룬 사회가 바로 로마제국이다. 이러한 로마제국적 삶의 방식은 우리 인간성의 심연에 있는 사탄적 권력욕을 활성화시킨다. 사탄이 우리 인간을 비인간화시키는 방법 중 하나가 타인을 지배하고 복속시키려는 권력 욕구를 촉발시키는 것이다. '내가 네게 천하만국의 영광을 줄테니 내게 절하라.' 이 음성은 예수님을 로마제국 황제 같은 군사적 정복군주로 만들고자 시험한 악마의 속삭임이었다. 천하만국의 영광은 악마에게 절하는 사람에게 주어지는 인간존엄 파괴권력이다. 악마에게 절하면 천하만국의 영광을 얻는다. 그런데 악마에게 부여받은 천하만국을 다스리는 권세는 통치자 자신의 인간성을 파괴하는 것은 물론이요 인류 혐오적인 문명파괴 행위를 초래한다. 악마가 주는 천하만국 통치 권력은 우리 각자의 인간성을 와해시킨 후에 얻는 권력이기 때문이다. 예수님은 이런 종류의 천하만국 통치권력을 단호히 거부하시면서 십자가를 지고 인간의 마음을 영구적으로 다스리는 인자 통치의 길을 선택하신다. '인자는 천하만국의 권세와 영광을 누리러 오지 않고 십자가를 지고 종의 도를 실천하러 왔다.' 인자는 섬기는 것, 즉 십자가를 지고 죽음에 이르는 그 순간이 만민의 마음을 감화시켜 다스리는 순간임을 아신 것이다. 인자의 통치원리는 다음과 같다. '나는 로마제국을 기초부터 무너뜨리러 왔다. 나는 단지 지중해 한 모퉁이에서 일어난 로마제국만이 아니라 모든 나라, 모든 족속 안에 있는 로마제국을 무너뜨리러 왔다. 역사 안에서는 항상 로마제국이 갈릴리인을 십자가에 못 박았지만, 하나님 나라에서는 갈릴리인이 로마제국의 뿌리 깊은 제왕적 지배권력을 해체하고 무너뜨린다.'

역사는 갈릴리인과 로마인의 대결이다. 역사는 십자가를 짐으로써 모든 약탈적 권력의지를 스스로 분해하여 둘로스가 되려고 하는 갈릴리인 예수의 길과, 남을 지배하고 약탈하고 포식자처럼 살려고 하는 로마인의 길이 각축하는 싸움터다. 로마제국적인 삶은 타자 착취적인 삶이다. 그런 삶을 살아가는 사람에게 가장 근원적인 좌절감을 안겨주는 사람이 갈릴리 사람 나사렛 예수다. 그의 인자의 길, 십자가의 굴욕 감수, 자기하강적 섬김의 삶이 로마제국의 토대를 붕괴시켜버린다. 오늘날 세계 갈등의 핵심은 미중 갈등이 아니다. 미국 안에 있는 로마인들과 미국 안에 있는 갈릴리인들의 갈등이다. 중국 안의 로마인들과 중국 안의 갈릴리인들의 갈등일 뿐이다. 그런데 역사에서는 항상 로마인이 갈릴리인을 십자가에 못 박는다. 그러나 하나님 나라에서는 갈릴리 사람이 십자가에 못이 박힌 채 로마제국의 심장부를 해체하고 이긴다. 어떤 무력에도 호소하지 않고 진리의 권능으로 하나님 나라는 로마제국을 이겨낸다.

14장.

나는 길이요 진리요 생명이니

14

1너희는 마음에 근심하지 말라. 하나님을 믿으니 또 나를 믿으라. 2내 아
버지 집에 거할 곳이 많도다. 그렇지 않으면 너희에게 일렀으리라. 내가
너희를 위하여 거처를 예비하러 가노니 3가서 너희를 위하여 거처를 예비하면 내가
다시 와서 너희를 내게로 영접하여 나 있는 곳에 너희도 있게 하리라. 4내가 어디로
가는지 그 길을 너희가 아느니라. 5도마가 이르되 주여, 주께서 어디로 가시는지 우리
가 알지 못하거늘 그 길을 어찌 알겠사옵나이까. 6예수께서 이르시되 내가 곧 길이요
진리요 생명이니 나로 말미암지 않고는 아버지께로 올 자가 없느니라. 7너희가 나를
알았더라면 내 아버지도 알았으리로다. 이제부터는 너희가 그를 알았고 또 보았느니
라. 8빌립이 이르되 주여, 아버지를 우리에게 보여 주옵소서. 그리하면 족하겠나이다.
9예수께서 이르시되 빌립아, 내가 이렇게 오래 너희와 함께 있으되 네가 나를 알지 못
하느냐. 나를 본 자는 아버지를 보았거늘 어찌하여 아버지를 보이라 하느냐. 10내가
아버지 안에 거하고 아버지는 내 안에 계신 것을 네가 믿지 아니하느냐. 내가 너희에
게 이르는 말은 스스로 하는 것이 아니라 아버지께서 내 안에 계셔서 그의 일을 하시
는 것이라. 11내가 아버지 안에 거하고 아버지께서 내 안에 계심을 믿으라. 그렇지 못
하겠거든 행하는 그 일로 말미암아 나를 믿으라. 12내가 진실로 진실로 너희에게 이르
노니 나를 믿는 자는 내가 하는 일을 그도 할 것이요 또한 그보다 큰 일도 하리니 이
는 내가 아버지께로 감이라. 13너희가 내 이름으로 무엇을 구하든지 내가 행하리니 이
는 아버지로 하여금 아들로 말미암아 영광을 받으시게 하려 함이라. 14내 이름으로 무
엇이든지 내게 구하면 내가 행하리라. 15너희가 나를 사랑하면 나의 계명을 지키리라.
16내가 아버지께 구하겠으니 그가 또 다른 보혜사를 너희에게 주사 영원토록 너희와
함께 있게 하리니 17그는 진리의 영이라. 세상은 능히 그를 받지 못하나니 이는 그를

보지도 못하고 알지도 못함이라. 그러나 너희는 그를 아나니 그는 너희와 함께 거하심
이요 또 너희 속에 계시겠음이라. 18 내가 너희를 고아와 같이 버려두지 아니하고 너희
에게로 오리라. 19 조금 있으면 세상은 다시 나를 보지 못할 것이로되 너희는 나를 보
리니 이는 내가 살아 있고 너희도 살아 있겠음이라. 20 그 날에는 내가 아버지 안에, 너
희가 내 안에, 내가 너희 안에 있는 것을 너희가 알리라. 21 나의 계명을 지키는 자라야
나를 사랑하는 자니 나를 사랑하는 자는 내 아버지께 사랑을 받을 것이요 나도 그를
사랑하여 그에게 나를 나타내리라. 22 가룟인 아닌 유다가 이르되 주여, 어찌하여 자기
를 우리에게는 나타내시고 세상에는 아니하려 하시나이까. 23 예수께서 대답하여 이르
시되 사람이 나를 사랑하면 내 말을 지키리니 내 아버지께서 그를 사랑하실 것이요
우리가 그에게 가서 거처를 그와 함께 하리라. 24 나를 사랑하지 아니하는 자는 내 말
을 지키지 아니하나니 너희가 듣는 말은 내 말이 아니요 나를 보내신 아버지의 말씀
이니라. 25 내가 아직 너희와 함께 있어서 이 말을 너희에게 하였거니와 26 보혜사 곧
아버지께서 내 이름으로 보내실 성령 그가 너희에게 모든 것을 가르치고 내가 너희에
게 말한 모든 것을 생각나게 하리라. 27 평안을 너희에게 끼치노니 곧 나의 평안을 너
희에게 주노라. 내가 너희에게 주는 것은 세상이 주는 것과 같지 아니하니라. 너희는
마음에 근심하지도 말고 두려워하지도 말라. 28 내가 갔다가 너희에게로 온다 하는 말
을 너희가 들었나니 나를 사랑하였더라면 내가 아버지께로 감을 기뻐하였으리라. 아
버지는 나보다 크심이라. 29 이제 일이 일어나기 전에 너희에게 말한 것은 일이 일어날
때에 너희로 믿게 하려 함이라. 30 이후에는 내가 너희와 말을 많이 하지 아니하리니
이 세상의 임금이 오겠음이라. 그러나 그는 내게 관계할 것이 없으니 31 오직 내가 아
버지를 사랑하는 것과 아버지께서 명하신 대로 행하는 것을 세상이 알게 하려 함이로
라. 일어나라 여기를 떠나자 하시니라.

주석

14장은 16장까지 이어지는 보혜사 성령 파송 강화다. 예수님은 아

버지 하나님이 시작하신 인류구원의 역사를 완전케 하는 마지막 단계에 파송된 인자인데, 인자의 마지막 사명은 죽은 자 가운데서 부활하셔서 하나님 우편보좌에 앉으신 후에 실행된다. 그것은 또 다른 보혜사 성령을 제자들에게 파송하는 일이다. 예수님의 신체적 부재 상황에서 제자들을 총체적으로 인도하고 용기를 북돋우는 대리자가 바로 또 다른 보혜사 성령이다. 14장은 나는 길이요 진리요 생명이다[1-24절]와 또 다른 보혜사 성령이 오시리라[25-31절]로 나뉜다.

나는 길이요 진리요 생명이다 ● 1-24절

이 단락은 근심에 쌓인 제자공동체를 위로하고 결속시키는 평강 담론이다. 근심은 제자공동체를 지배하는 정념이다. 제자들이 근심에 빠진 궁극적인 이유는 예수님의 미래에 닥칠 불길한 일 때문이다. 이와 관련해 제자들을 구체적으로 근심에 빠뜨린 것은 제자공동체의 지리멸렬한 양상이다. 제자 중 한 사람은 예수님의 목숨을 예수님의 대적자들에게 넘길 것이며, 또한 수제자 베드로는 새벽도 오기 전에 예수님을 세 번이나 '모른다'고 부인할 것이 예고되었기 때문이다. 1절의 첫 소절 "너희는 마음에 근심하지 말라"는 헬라어 구문을 직역하면 '너희의 마음이 교란당하게 내버려 두지 말라'이다. '근심하지 말라'로 번역된 단어 타랏쎄스도(ταρασσέσθω)는 수동태다. '교란하다', '곤란하게 하다' 등을 의미하는 동사 타랏쏘(ταράσσω)의 3인칭 단수 수동태명령형이다. 마음이 교란되는 상태는 마음속 깊은 곳에 가라앉아 있던 찌꺼기들이 활성화되어 의식을 지배하는 상태다. 마음은 평소에는 객관적인 인식기능과 사유기능을 행하는가 싶다가도 궁지에 몰리면 매우 주관적으로 반응한다. 마음의 깊은 바다 속에 무의식이 있으며, 그동안 마음이 경험했던 것들에 대한 온갖 종류의 감정이 무의식에 갈무리되어 있다. 갯벌과 바다 땅들이 세찬 파도에 격동되면서 물 전체를 흙탕물로 만들 듯이, 무의식에 쌓여 있던 염려와 불안이 시야를 가린다. 근심은 전망을 잃어버려 사유의 응집성과 통일성이 와해되는 상황이다. '근심하지 말라'는 말은 '인격의 중심인 마음의 응집성과 명료성이 무너져 내리지 않게 마음을 붙잡으라'는 말이다. '외부 상황에 의해 우리의 자아가 과도하게 영향을 받도록 내버려 두지말라. 너희의 마음이 중심에서부터 흔들려서는 안 된다'는 의미다.

앞서 언급한 바와 같이 제자공동체를 지배하는 근심과 세찬 동요는 근본적으로는 예수님에게서 나왔다. 예수님이 동요하고 교란되었기 때문이다. 예수님이 제자들을 불가피하게 떠나야 하고 제자들은 예수님 없는 세상에 남아 서로 사랑하면서 살아가야 한다. 제자들의 관점에서 보면 지난 3년간 예수님을 따라다녔던 모든 수고와 분투가 공중분해되는 데서 오는 허무감이 근심의 핵심요소였다. 예수님과의 이별도 근심거리지만, 자신의 남은 삶을 어떻게 꾸려갈 것인지도 마음의 교란을 일으킨다. 제자들은 3년 동안 예수님을 따라다니며 거의 전재산을 주님께 바쳤다.[마 19:29] 그들은 하나님 나라가 도래할 줄 믿고 전존재를 투신했다. 갈릴리, 베뢰아, 데가볼리, 그리고 유대와 예루살렘까지 종횡무진하며 사자처럼 외치고 폭풍처럼 휘몰아쳤던 스승 예수님이 흔들린다. 예루살렘 바깥에서는 사자처럼 담대했던 예수님이 예루살렘이라는 적진 한복판에 들어와 동요하신다. 예루살렘에 오자마자 가장 먼저 하신 말씀이 12:27에 나온다. "지금 내 마음이 괴로우니 무슨 말을 하리요." 중심이 흔들린다는 뜻이다. "아버지여, 나를 구원하여 이 때를 면하게 하여 주옵소서." 예루살렘의 당국자들이 조성해놓은 죽음의 덫 안으로 뚜벅뚜벅 걸어가신 예수님은 가까스로 죽음의 공포를 이기고 순종의지를 다

지신다. "지금 내 마음이 괴로우니 무슨 말을 하리요. 아버지여, 나를 구원하여 이때를 면하게 하여 주옵소서. 그러나 내가 이를 위하여 이때에 왔나이다." 이 순종의지를 다지는 기도가 제자들을 경악시켰을 것이다. 예수님은 예루살렘 당국자들이 계획하는 죽음을 피하고자 하는 마음도 있고 죽음으로써 아버지 하나님에 대한 자신의 극대순종을 바쳐 아버지께 영광을 돌리고자 하는 마음도 있다. 모든 위대한 업적은 생물학적 목숨을 바치는 무서운 결단에서 나온다는 것을 아시는[막 8:35] 예수님은, 이 순간 정확하게 아담인류의 두려움을 몸서리치게 느끼고 있다. 예수님은 깊은 곳에서부터 동요하고 있다. 이 동요를 보고 제자들이 동요하고 있다. 제자들의 마음의 동요와 근심은 파생된 동요와 근심이다. 이사야 7장에 아람과 북이스라엘 군대에게 포위당한 아하스왕이 두려움에 사시나무처럼 떠는 장면이 나온다. 왕의 마음이 사시나무처럼 떨게 되자 왕의 일거수일투족을 지켜보던 백성의 마음도 동요했다. 동요와 불안은 전염성이 강하고 확산성이 매우 강하다. 사도행전 27장에 보면 로마로 가던 배가 14일 동안 지중해에서 표류하자 배에 탄 모든 사람들이 절망하고 식음을 전폐하는 상황이 나온다. 바울이 밤에 본 환상에 근거해 먹자고 설득할 때까지 사람들은 거의 죽은 자처럼 두려움에 마비되어 있었다.

예수님발發 근심을 더욱 악화시키고 가중시킨 것은 제자공동체의 분열과 와해 분위기다. 제자 중 한 사람은 스승을 팔려고 밖으로 나갔고, 수제자 베드로는 닭이 새벽을 알리는 울음을 울기도 전에 예수님을 세 번이나 부인할 것이라는 경고를 들었다. 제자공동체는 몇 제자들의 이상한 움직임 때문에 흔들렸다. 근심이 파도치며 마음 깊은 곳에 있는 진창과 갯벌을 위로 끄집어내면 판단력이 마비된다. 제자들은 예수님의 죽음, 예수님과의 이별이 자아낼 어두운 면에만 모든 생각이 쏠려 있다. 예수님을 따라다닌 3년의 활동, 예수님을 따라 하나님 나라에 투신했던 모든 것이 수포로 돌아갔다고 오판할 수 있는 위험한 상황이다.

예수님이 이런 상황에서 자신의 괴로운 상태를 종료하고, 제자들의 마음속 깊은 동요도 진정시키기 위해 수습에 나서신다. 예수님 자신의 근심을 극복한 후에 제자들의 근심도 수습하신다. 메 타라쎄스도 휘몬 헤 카르디아(Μὴ ταρασσέσθω ὑμῶν ἡ καρδία). '너희의 마음이 동요되지 않도록 하라.' 깊은 곳에서부터 헝클어지지 않도록 각별히 조심하라고 당부하신다. 제자들을 달래며 근심하지 말라고 위로할 수 있는 근거가 1절 하반절부터 나온다. '하나님을 믿고 또 나를 믿으라.' 그동안 공생애 모든 사역은 아버지 하나님과 아버지 하나님께 순종한 예수님의 이인무二人舞였다. 지금 눈앞에 전개되는 현실을 믿지 말고 자신을 보내신 아버지 하나님, 그리고 자신의 모든 메시지와 사역을 책임져주실 아버지 하나님을 믿고 순종하기 위해 적진으로 뛰어드는 예수님 자신의 결단을 믿으라는 것이다.

2절은 좀 더 구체적인 위로가 되는 말씀이다. '내 아버지 집에 거할 곳이 많다.' '내 아버지 집'은 성전을 가리킨다. 성전에는 여러 종류의 방과 거주할 공간이 있다. 그런데 예수님이 여기서 가리키는 '내 아버지 집'은 예루살렘 성전이 아니라 하나님 아버지께서 마련하시는 하나님 나라를 가리킨다.[1] 2절의 '아버지 집에 있는 많은 거처할 곳'은 예루살렘 성전의 여러 거처할 방과 대조된다. 지금의 예루살렘 성전, 즉 아버지의 집에는 강도들이 들어와 복마전을 이룬다. 따라서 인자 되신 예수님도 지상의 예루살렘 성전에서는 거할 곳을 얻지 못하고 머리 둘 곳이 없는 고독한 처지다. 제자들도 예수님의 이 궁벽한 처지에 함께하고 있다. 예수님은 궁벽하고 초라하게 남겨지게 될 제자들에게 지상의 하나님 아버지 집에는 제자들의 거처가 없음을 암시하면서 제자들이 장차 거처할 곳을 미리 마련하기 위해 아버지께로 간다는 사실을 강조한다. 하나님 아버지 집에 거처를 갖는 것은 하나님 아버지와 함께 다스리는 일에 참여할 영광과 책임을 함의한다.[마 19:28; 계 20:4] 그래서 예수님이 아버지께로 돌아가시는 것이 제자들에게도 중요한 의미가 있다. 예수님이 제자들을 떠나 아버지께로 떠나가는 것은[13:1] 제자들을 위한 거처를 예비하러 가시는 길이기 때문이다. 제자들을 위한 거처가 무엇인지는 분명하지 않으나 하나님 나라가 완성되었을 때에 제자들이 맡게 될 사명(하나님 나라의 방백 역할)을 가리키는 것처럼 보인다.[2]

3절은 2절을 보충하고 부연한다. 예수님이 제자들을 위한 거처를 예비할 그곳으로 가서 거처를 예비한 후에 다시 제자들에게 와서 그들을 자신에게로 영접하실 것이다. 3절의 마지막 소절은 에고-휘메이스 구문이다. 호푸 에이미 에고 카이 휘메이스 에테(ὅπου εἰμὶ ἐγὼ καὶ ὑμεῖς ἦτε). '내가(에고) 있는 곳에 심지어 너희도(휘메이스) 있게 될 것이다.' 에테는 에이미 동사의 2인칭 복수 접속법[subjunctive]이다. '예수님이 있는 곳'에서 '있는'은 에이미, 현재직설법이다. 그러나 제자들이 예수님이 있는 곳에 있게 될 상황은 미래의 조건이 충족될 때 실현된다. 4절은 자신이 가는 곳이 어디인지 그리고 자신이 걷는 길이 무엇인지 제자들이 알고 있다고 전제하는 예수님의 말씀이다.[3] 그러나 도마는 예수님의 목적지도 모르거니와 그 목적지로 가는 길도 모르겠다고 털어놓는다.[5절] 13:1은 예수께서 가시는 목적지는 자신을 보내신 아버지임을 밝힌다. 그가 아버지께 가기 위해 걷는 길은 죽음 감수의 길이다.

도마의 푸념에 대한 예수님의 대답은 유명한 에고 에이미(ἐγὼ εἰμί) 구문이다. '다른 이가 아니라 내가 길이요 진리요 그리고 생명이다.' 길, 진리, 생명은 모두 구약성경에서 하나님께서 이스라엘에게 주시는 언약적 선물이요 과업을 가리키는 말이다. 따라서 이 어구는 구약성경의 언약 역사의 맥락에서 이해되어야 한다. 이 소절은 이스라엘과 하나님의 언약의 역사, 즉 구속사에서 익숙하게 알려진 개념들을 점층적으로 배열하고 있다. 구약에서 '길'은 데레크인데, 토라 혹은 토라를 준행하는 삶을 가리킨다. '길을 걷다'는 어구는 야웨의 '토라를 따라 살다'의 의미다.[시 1:1-4] 시편 1편에 나오는 히브리어 어구인 할라크 쁘데레크 아도나이(hālakh běderekh YHWH)는 '야웨의 길을 따라 걷다'를 의미한다. 여기서 '걷다'는 동사는 율법의 시행세칙을 의미하는 구체적 순종행위를 가리킨다. '걷다'라는 히브리어 동사에서 랍비들의 율법세칙들을 의미하는 '할라카'라는 단어가 파생되었다. 예수님은 예루살렘의 유대인들이 오해하듯이 야웨의 토라를 위반하고 그것으로부터 일탈하는 분이 아니라, 야웨 하나님의 토라를 정확하게 이해하고 그 토라를 준행하는 표준적인 삶, 즉 순종의 정도[正道]를 걸어가고 있다. 아버지 하나님께로 가려면 예수님처럼 살아야 한다는 말이다. 예수님을 따라가야 하나님 아버지께로 나아갈 수 있다. 죽음의 공포를 극복하고 아버지의 뜻에 복종하기로 결단하며 죽음으로 걸어가시는 예수님 자체가 제자들이 아버지께로 갈 때 걸어가야 하는 길, 정도라는 것이다. 예수님은 한 번도 가보지 않은 길을 스스로 만들며 가신다. 아버지 하나님의 뜻에 순종하기 위해 부조리한 죽음을 받아들이는 이 순복의 길이 바로 아버지께로 가는 **길**이다. 정로에서 이탈한 불순종한 이스라엘 민족을 대신하여 예수님은 순종의 정도가 되신다. 예수님을 영접하고 믿는 것이 아버지께로 가는 참된 길에 들어서는 행위다.

또한 예수님은 진리다. 진리는 하나님과 이스라엘 사이의 언약관계를 지탱시키는 항구여일한 인격적 견고성이다. 예수님은 이스라엘 민족을 어찌하든지 언약관계 안에 지탱시키기 위해 오래 참고 대파국적 위기의 순간마다 언약갱신을 해주시는 아버지 하나님의 인격적 항구여일성의 화신이다. 동시에 예수님은 불순종한 이스라엘을 대신하여 아버지께 인격적으로 결속된 분이다. 예수님은 이상적인 이스라엘이 하나님 아버지께 보여야 할 인격적 항구여일성을 계시하면서 아버지의 뜻을 이루기 위해 목숨을 바치신다. 목숨을 다해 하나님을 사랑하라는 쉐마의 명령에 순복하신다. 이스라엘이 하나님께 보여야 할 내적 견고성(**진리**)이 예수님 안에 온전하게 화육되어 있다. 마지막으로, 예수님은 생명이다. 특별히 레위기와 신명기가 강조하는 '생명'은 율법 준행자들에게 하나님이 내려주신 선물로서의 삶을 가리킨다.[레 18:5, 신 30:15-20]

> 너희는 내 규례와 법도를 지키라. 사람이 이를 행하면 그로 말미암아 **살리라**. 나는 여호와이니라.[레 18:5]

> 보라, 내가 오늘 생명과 복과 사망과 화를 네 앞에 두었나니 곧 내가 오늘 네게 명령하여 네 하나님 여호와를 사랑하고 그 모든 길로 행하며 그의 명령과 규례와 법도를 지키라 하는 것이라. 그리하면 네가 생존하며 번성할 것이요 또 네 하나님 여호와께서 네가 가서 차지할 땅에서 네게 복을 주실 것임이니라.…… 내가 오늘 하늘과 땅을 불러 너희에게 증거를 삼노라. 내가 생명과 사망과 복과 저주를 네 앞에 두었은즉 너와 네 자손이 살기 위하여 생명을 택하고 네 하나님 여호와를 사랑하고 그의 말씀을 청종하며 또 그를 의지하라. 그는 네 생명이시요 네 장수이시니 여호와께서 네 조상 아브라함과 이삭과 야곱에게 주리라고 맹세하신 땅에 네가 거주하리라.[신 30:15-20]

생명은 언약백성인 하나님이 주신 언약의 선물이지만 하나님과 맺은 언약을 유지하기 위하여 선택해야 할 과업이기도 하다. 하나님의 모든 계명은 선물이지만 동시에 과업이다. 예수님은 하나님의 언약과 율법을 부단히 지켜 생명을 선택한 순종의 화신이라는 것이다. 예수님의 부단한 생명 선택의 순종 때문에 이스라엘 민족이 하나님의 언약백성 지위를 회복했다. 예수님은 레위기와 신명기가 말하는 생명[레 18:15; 신 5:16; 30:6, 15, 19, 20; 32:47] 그 자체이자 화신이다.

제자들은 예수님과의 분리에 직면해 예수님의 정체성을 의심할 수 있는 상황에 놓였다. 이런 상황에서 예수님은 제자들을 떠나가시는 자신의 분리로 인해 제자들이 실족하는 것을 막기 위해 이처럼 삼중적인 점층법을 구사하신다. 자신의 임박한 곤경이 아버지께 순종하는 토라 순종의 현장이요, 아버지와 이스라엘의 언약관계의 갱신을 보증하는 인격적 신실성의 현장이며, 아버지 하나님이 주시는 생명을 선택하는 길임을 확신시키려고 애쓰신다. 아버지께 돌아가시기 위해 십자가의 죽음까지 감수하는 이 결단은 생화학적 목숨을 희생시킴으로 영원한 생명을 얻는 과정이라는 것이다.

요약하면, 아버지 하나님을 위하여, 하나님을 향하여 죽는 죽음을 감수하면서 순종하는 예수님의 길만이 아버지 하나님께로 가는 배타적인 길이다. 또한 8:31-32 강해에서도 언급했듯이 **진리**는 인격적 항구여일성으로 하나님의 신적 불변성을 가리키는 말이다. 구체적으로 아버지 하나님과 아들 하나님 사이를 결속하는 인격적 항구여일성이 진리다. 예수님은 어떤 죽음의 공포 앞에서도 그 본질이 흔들리지 않는 항구여일성의 화신이다. 이 항구여일성은 아버지 하나님께 강력하게 결속됨으로 드러난다. 예수님은 죽음의 공포로 잠시 흔들리는 것처럼 보였으나 항구여일한 견고성으로 아버지와 굳게 결속되어 있다. 마지막으로 예수님이 '생명'이라고 선언되는 이유는 하나님을 향해서 죽는 죽음, 곧 하나님께 순종하는 죽음은 죽음이 아니라 죽음을 이기는 부활의 삶을 가져오기 때문이다. 6절을 요약하면 예수님이 길, 진리, 생명이라는 의미는 예수님의 십자가 죽음 감수가 하나님과 동행하는 길에서의 이탈이 아니며, 아버지 하나님과의 관계 단절도 아니며, 생명박탈 경험이 아니라는 것이다.

그런데 6절은 기독교가 다른 모든 세계의 고등종교나 철학을 근원적으로 무시하고 멸시하게 만드는 오만을 자극하는 데 오용된 면이 없지 않다. 확실히 6절은 예수님의 배타적 독생자의 지위와 정체성을 말하지만 세계의 다른 모든 종교나 철학의 의미를 모조리 배척하게 만드는 선언이 아니다. 예수님의 배타성은 기독교의 배타성이 아니다. 기독교는 예수님의 삶과 사역, 그리고 예수님이 계시하는 하나님에 대한 해석과 경험 등이 한데 어우러져 형성된 종교다. 6절의 '나'인 예수님은 2천 년 전에 이스라엘 역사 속에 이스라엘 사람의 모습을 띠고 오신 인간이면서 또한 태초부터 하나님과 함께 계시는 하나님의 아들이요 하나님이시다. 확실히 예수님은 33년간 이스라엘의 토양에서 이스라엘 사람이라는 특수성의 외피를 쓰고 사셨다. 그러나 예수님의 본질은 '태초부터 하나님과 함께 계셨던 말씀(로고스)'이다. 그리스 철학에서는 신과 피조물 사이에서 중재역할을 맡은 신적 중간자를 로고스라고 불렀지만, 요한복음의 로고스는 그리스 철학의 로고스와는 전혀 다른 차원의 중보자다. 구약성경에서는 하나님 아버지에게 나간 말씀이면서 아버지 하나님과 독립적 위격을 가진 존재를 로고스라고 불렀다.[사 55:10-11] 요한복음은 구약성경에 대한 이해가 없는 헬라인들에게 그들에게 익숙한 로고스라는 개념을 빌려 예수 그리스도를 설명했지만, 예수 그리스도는 그리스인들에게 알려진 로고스보다 더 깊은 의미를 지닌 로고스이다. 예수 그리스도는 2천 년 전 갈릴리에서 처음 태어난 특수한 민족의 일원이 아니라, 창조 이전부터 아버지 하나님 옆에 계셨던 말씀이었다.

이 로고스는 세상에 존재하는 모든 피조물의 창조와 형성에 관여한 행위자로서 하나님이었다. 예수님의 외피인 인간성은 약 158센티미터 정도의 키를 가졌다고 추정되는 이스라엘 농부의 얼굴이다. 그러나 그분의 본질은 만유를 지으신 로고스이며, 만유를 붙들고 지탱하는 로고스이다. 어떤 모양으로든지 이 로고스는 세계 만민에게 알려질 수밖에 없는 하나님이시다. 따라서 배타적 지위를 가진 로고스이지만 세계만민을 창조하셨던 로고스를 믿고 알게 되면, 우주적인 포용심이 생길 수밖에 없다. 예수님은 지중해성 날씨에 연단된 구리빛 피부를 가졌을 법한 남자이지만, 세계만민을 동시에 당신의 백성으로 여기고 다스리는 보편적인 하나님이시다. 예수님은 보편성을 품은 배타성의 기표이다. 배타적인 예수님을 믿으면 보편적이 된다. "내가 곧 길이요 진리요 생명이니 나로 말미암지 않고는 아버지께로 올 자가 없느니라." '나처럼 보편적인 로고스를 통하지 않고는 아버지께로 갈 자가 없다'는 의미다. 예수 그리스도의 보편적 배타성은 토라 순종의 화신으로서, 언약적 신실성의 화신으로서, 하나님과의 쉼 없는 언약적 생명 교제의 화신으로서 표현되었다. 출애굽기 40:34-35과 레위기에서 제시하는 바와 같이 죄인은 스스로 아버지 하나님께 갈 수 없다. 아버지 하나님이 지성소 시은좌에서 먼저 불러주시지 않으면, 아무도 아버지께 나아갈 자가 없다. 예수님은 지성소 속죄소에서 모세와 이스라엘을 불러서 언약관계로 들어오도록 초청하시는 화해주도적인 하나님이시다. 예수님은 죄인을 당신의 언약백성으로 부르시는 하나님의 일방적인 용서의지와 화해의지의 화신이다. 예수님을 말미암지 않고는 아무도 아버지께로 갈 자가 없다는 말은 하나님의 일방적인 화해의지, 용서의지 없이는 누구도 스스로 아버지 하나님께 가까이 갈 수 없다는 뜻이다. 6절의 요지는 십자가를 지고 가는 예수님이 계시하는 아버지 하나님만이 온 인류에게 알려지고 계시되어야 할 하나님이라는 진리다. 요한복음이 자세하게 묘사하는 성육신하신 하나님의 아들의 겸손한 면모에서 어긋나는 어떤 종교나 철학도 보편적인 하나님께로 가는 길이 아니라는 뜻이다. 하나님은 온 세계 만민을 로고스이신 예수 그리스도의 보편적이고 포괄적인 통치 아래 위임하신다.

사도행전 17:26-27은 만유 안에 당신의 신성을 감춰두신 하나님을 더듬어 찾아가는 인류의 분투를 증언한다. "인류의 모든 족속을 한 혈통으로 만드사 온 땅에 살게 하시고 그들의 연대를 정하시며 거주의 경계를 한정하셨으니 이는 사람으로 혹 하나님을 더듬어" 발견케 하신다. 사도행전 14:15-17도 유사한 취지의 메시지를 담고 있다. "이르되 여러분이여, 어찌하여 이러한 일을 하느냐. 우리도 여러분과 같은 성정을 가진 사람이라. 여러분에게 복음을 전하는 것은 이런 헛된 일을 버리고 천지와 바다와 그 가운데 만물을 지으시고 살아 계신 하나님께로 돌아오게 함이라. 하나님이 지나간 세대에는 모든 민족으로 자기들의 길들을 가게 방임하셨으나." 사도행전 10:31은 민족적 소속을 따지지 않으시고 만민에게 동등하게 접근 가능한 하나님으로 계시는 이스라엘의 하나님을 증언한다. 이방인 백부장 고넬료가 만난 하나님은 외모를 보지 않으신다. 민족과 종교적 소속도 보지 않으신다. 그의 삶의 중심을 보신다. "고넬료야, 하나님이 네 기도를 들으시고 네 구제를 기억하셨으니." 고넬료는 유대인도 아니고 기독교인도 아니다.[4] 하나님은 모든 인류에게 보편적으로 가까이 계시는 만민의 하나님이시다.출 19:5, 행 17:24-29

7절은 제자들에게도 오늘날의 독자들에게도 어렵다. 예수님은 제자들에게 '자신을 알았더라면 아버지 하나님도 알았을 것'이라고 말씀하시며, '이제부터는 하나님을 알고 그를 이미 보았느니라'라고 말씀하신다. "알고"는 현재직설법 시제[기노스케테(γινώσκετε)]로, "보았느니라"는 현재완료시제['보다'를 의미하는 동사 호라오(ὁράω)의 2인칭 복수 현재완료 헤오라카테(ἑωράκατε)]로 표현되어 있다. 하나님을 아는 것은 현재의 경험이며, 본 것은 현재완료형 행동이다. 제자들은 이미 예수님의 일거수일투족에서 아버지 하나님을 보았다는 것이다. 예수님의 모든 삶, 행위, 사역이 아버지 하나님의 뜻의 완벽한 체현이었다는 것이다. 예수님의 발걸음 하나하나에 아버지 하나님의 뜻이 반영되고 있다.

하지만 예수님의 주장에도 불구하고 제자들은 예수님이 아버지께로 뚜벅뚜벅 걸어가는 길의 의미를 모르고 예수님을 본 것이 어떤 점에서 아버지 하나님을 본 것과 같은 경험인지도 잘 이해하지 못한다. 아마도 제자들은 아직도 세찬 동요 가운데 있기 때문에 지난 3년간 예수님을 보고, 알고, 경험한 것의 의미를 다 파악하지 못하고 있는 듯 보인다. 이런 분위기를 반영하는 인물이 빌립이다. 7절의 다소 난해한 말씀에 빌립이 다시 질문함으로써 응답한다. "아버지를 우리에게 보여 주옵소서. 그리하면 족하겠나이다." 자신들은 아직 아버지를 보지 못했다는 것이다. 예수님의 행적 하나하나에서 아버지 하나님을 보지 못한다는 것이다. 요한복음 1:18은 아무도 하나님을 본 사람이 없지만 독생하신 하나님, 즉 아버지의 품속에 있는 독생자가 하나님을 밝히 보여주었다고 증언하고 있다. 하지만 빌립으로 대표되는 제자들은 아직도 아버지를 보지 못하고 있다고 말한다. 빌립의 질문에 대한 예수님의 대답도 여전히 다소 어렵다.[9절] 예수님과 제자들은 꽤 오랫동안 같이 있었는데도, 제자들이 자신 안에서 아버지를 보지 못했다는 점에 대해 예수님은 놀라신다. 9절 마지막 소절은 자신을 본 자는 아버지를 본 것인데도 아직도 아버지를 보여 달라고 간청하느냐는 역질문이다. 9절의 마지막 소절은 '네가(쒸) 어찌하여 아버지를 보여 달라고 하느냐'이다. 2인칭 단수 대명사 쒸가 사용되어 빌립의 질문 자체에 놀라는 모습을 부각시킨다. 7-9절 모두가 예수님과 제자 사이의 소통이 원활치 못함을 보여준다.

10-11절은 9절을 보충하고 부연하는데 정확하게 이해하기 쉽지 않다. 요한복음의 핵심 관심사는 청중과 독자들이 예수 그리스도가 구약의 하나님이 보내신 자임을 믿고, 구약의 하나님과 하나인 아들임을 믿으라는 초청이다. 이제 제자들도 '믿으라'는 권면을 받는 자리에 섰다. 예수님이 하나님이 보내신 자로 보이지 않을 수 있는 절체절명의 순간에 '믿으라'고 요구하신다. 10절 첫 소절 호티(ὅτι)절에는 1인칭 단수 대명사가 나오고 둘째 소절에도 에고가 사용된다. 첫 소절은 부정의문문이다. '내가(에고) 아버지 안에 거하고 아버지가 내 안에 거하는 것을 너희가 믿지 않느냐?' 긍정답변을 기대하는 의문문이다. 예수님이 제자들에게 이르시는 말은 예수님이 임의로 혼자 말씀하시는 것이 아니다. '자신 안에 계시는 아버지께서 당신의 일들을 행하고 계시는 것이다.' 10절의 요지는 이렇다. '아버지 하나님의 거룩한 요구에 순종 열정이 나를 붙들고 있다. 내 가슴속에 이 순종 열정을 점화시키며 명령하신 아버지가 있다. 내 안에서 이 죽음의 길을 거룩하게 호위하시고 죽음의 길로 나를 이끌면서 나와 함께하시는 아버지가 있다.' 그래서 '이 사실을 믿지 못하겠거든 내 안에서 그가(아버지께서) 행하는 그 일들로[10절] 말미암아 나를 믿으라.' 11절을 좀 더 쉽게 풀면 이런 뜻이다. '내 안에는 명령하시는 아버지가 있고, 내 안에는 아버지의 명령에 순종하는 아들도 있다.' 20절에도 유사한 취지의 말씀이 나온다. "그 날에는 내가 아버지 안에, 너희가 내 안에, 내가 너희 안에 있는 것을 너희가 알리라."

12절은 이중 아멘 말머리 문장이다. 여기서도 믿는 행위가 강조된다. '예수님을 믿는 자는 예수님이 하는 일도 할 뿐 아니라 더 큰 일도 할 것이다.' 그 이유는 마지막 소절 호티절에 나온다. 호티절은

1인칭 단수 대명사 에고로 시작한다. '내가(에고) 아버지께로 갈 것이기 때문이다.' 아버지께로 가서 보내실 보혜사 성령의 권능을 덧입은 제자들은 예수께서 행하신 일보다 사역적인 범위나 양에 있어서 '더 큰 일도' 할 수 있다는 것이다. 예수님이 아버지께로 돌아가는 길은 죽음을 받아들이는 길이다. 이 죽음 감수를 통해 아들은 아버지 하나님과 일치됨을 입증했다.

아버지 하나님은 아들인 예수님을 부활시키심으로 자신과 하나님의 아들이 하나인 것을 입증하셨다. 그 결과로 하나님은 예수의 이름을 주와 그리스도의 권세를 갖는 이름이 되게 하셨다.[빌 2:10-11] 그래서 예수님 이름으로 구하는 것을 예수님이 친히 들어주실 것이다. 아버지께서 예수의 이름 권세를 객관적으로 영화롭게 하셨기 때문이다. 하나님 아버지는 아들의 이름으로 요청된 것을 아들의 이름으로 성취되게 해주심으로 아들을 통해 영화롭게 되실 것이다.[13절] 아버지가 아들의 이름으로 구하는 바를 들어주신다는 말은 예수님이 아버지와 하나가 되었음을 증명하는 것이다. 예수님의 이름으로 구하는 모든 것은 하나님의 뜻을 이루게 해달라는 간구이기 때문에, 결국 하나님 아버지를 영화롭게 하는 간청이다. 예수 이름으로 기도하여 기도응답을 받음으로 말미암아 예수님과 아버지가 하나가 됐음을 알게 된다. 예수 이름으로 기도하는 사람만이 예수님이 아버지 안에 계시고 아버지 하나님이 예수님 안에 계심을 깨닫게 된다. 요한복음의 언어 하나하나는 단순한 말이 아니라 영이다. 깊은 영의 세계를 모르는 현대 그리스도인들에게 요한복음 14장의 언어는 너무 낯설다. 아무리 헬라어 원전을 깊이 연구해도 예수님의 언어와 그 어조를 납득하는 것은 여전히 난해한 작업이다. 예수님에 대한 감미로운 순종과 예배 기조를 흐트러뜨리면 예수님에 대한 신뢰와 사랑도 약화되고 냉담해져버린다. 예수님이 하나님 아버지 안에 있다는 것을 깨닫는 방법은 기도하고 간구하는 방법밖에 없다. 주 예수의 이름으로 기도하고 응답받으면 예수님은 하나님 안에 있는 것을 확신하게 되며, 주 예수 그리스도의 이름으로 구하여지는 것들이 응답되면 아버지 하나님이 영광을 받으시게 된다.

예수님의 이름으로 구하는 것은 예수님의 성품에 맞게 기도하는 것이다. 이런 유의 기도만이 예수님이 하나님 아버지 안에 거한다는 것을 입증할 수 있다. 완전히 죽음 저편으로 끌려간 것처럼 보였던 예수님이 아버지께로 가는 길이었음을 깨닫게 된다.

14절은 13절의 부연이다. 주절은 "내가 행하리라"에서 "내가"는 예상대로 에고 문장이다. 15절은 예수님의 이름으로 구하기 전의 조건을 말한다. 예수님을 먼저 사랑하는 것이 예수님의 이름으로 구하는 행위의 전제이다. 예수님을 사랑하는 행위는 그의 계명을 지키는 행위다. 15절은 15장에서도 반복적으로 강조된다. 신명기적 울림이 있는 말씀이다. 예수님의 계명을 지키는 자가 예수님을 사랑하는 자이며 그가 예수님의 이름으로 예수님께 구하는 자다.

16절은 처음으로 알로스 파라클레토스(ἄλλος παράκλητος), "또 다른 보혜사"를 언급한다.[5] 첫 소절은 1인칭 단수 대명사 에고 문장이다. 카이와 에고가 합해 카고가 되었다. '그리고 내가 아버지께 구할 것이다.' 아버지께 구할 내용은 또 다른 보혜사를 보내주셔서 제자들과 함께하도록 해달라는 것이다. 또 다른 보혜사는 진리의 영이다.[17절] 하나님과 예수님의 항구여일한 성품에 제자들을 결속시키는 영이다. 제자들끼리 서로 결속시키는 영이다. 세상, 즉 유대인들은 성령을 받지 못할 것이다. 그를 보지도 못하고 알지도 못할 것이기 때문이다. 그러나 '너희(휘메이스)는 성령을 알 것이다. 그가 제자들과 함께(파라) 그리고 제자들 안에 내주하실 것이기 때문이다.' 결국 17절은 예레미야가 예고한 새 언약시대의 도래를 가리킨다.[렘 31:31-34]

18절은 16-17절이 말하는 또 다른 보혜사가 바로 예수님의 현존을 매개하고 육화시키는 영임을 강조한다. 예수님이 아버지께 구하여 보내실 성령은 진리의 영이다. 진리의 영은 무엇보다도 제자들과 예수님의 인격적 결속을 창조하는 영이다. 여기서 '진리'는 명제와 사실의 일치가 아니다. 그리스 철학(아리스토텔레스)의 진리를 의미하지 않는다.[6] 진리는 인격적 항구여일성과 일치성을 말한다. 진리의 영은 예수님과 제자들, 하나님 아버지와 예수님을 견고하게 결속시키는 영이다. 진리의 영이 오면 이완되고 분리된 것처럼 보이던 인격적 관계들이 견고하게 결속된다.

요한복음 14장이 외견상 지배하는 분위기는 예수님의 임박한 죽음이며 제자들과 예수님의 분리다. 심지어 하나님 아버지와 예수님이 분리되고 이격되는 분위기다. 14장 처음부터 예수님은 자신이 제자들을 떠나 아버지께로 갈 것임을 말씀하신다. 예수님이 아버지께로 가는 그 길은 로마제국의 권력이 강요한 죽음을 통과해 가는 길이다. 로마제국이 이스라엘에게 강요하는 십자가형을 예수님이 친히 받음으로써, 이스라엘의 고난에 동참한다. 이스라엘을 하나님께 속하는 언약백성으로 만들려는 당신의 선의가 로마제국에 반역하는 일로 간주되는 현실을 피할 수 없다. 이 뿐만 아니다. 예수님은 아버지께로 가기 위해 십자가형을 감수하면서 하나님 아버지로부터 '내팽개쳐지는 유기'를 당할 것이다. 요한복음에는 나오지 않지만 공관복음서에서는 예수님이 이 신적 유기를 고통스럽게 토로하는 장면을 가감 없이 보도한다. '나의 하나님, 나의 하나님, 어찌하여 나를 내팽개치셨나이까?' 제자들에게 알려진 이 처절한 신적 유기감이 제자들을 뿔뿔이 흩어지게 만든 원인 중 하나였다. 예수님이 아버지께로 돌아가는 길에 하나님께로부터 자기가 버림받았다고 느껴지는 신적 유기감을 피할 수가 없었다. 제자들은 예수님이 하나님으로부터 내동댕이쳐지는 십자가의 참혹한 현실을 목격하고 실족할 것이다. 이런 신적 유기감이 제자들에게까지 전염될 때 그것은 '고아의식'으로 나타난다. 예수님은 자신이 백퍼센트 순종을 표현하는 가운데 백퍼센트 버림받은 경험을 감수해야 할 것을 예상했다. 예수님이 보내주실 진리의 영은 하나님과 예수님의 한층 강화된 결속 유대를 창조하는 영이며, 그것을 제자들에게 확신시켜주는 영이다.

이 진리의 영은 알로스 파라클레토스, 또 다른 보혜사이다. 보혜사는 '곁에서 기운을 북돋우는 위로자'라는 뜻이다. 이 다른 보혜사는 제자들이 스스로 고아처럼 버림받았다고 생각하는 그 순간도, 사실은 예수님께 버림받은 것이 아니라 예수님과 한층 견고하게 결속되었다는 것을 확신시켜줄 영이다. 제자들이 스스로 고아처럼 버림받았다고 생각할 때도 하나님을 믿으라고 격려하는 영이다. 또 다른 보혜사는 "흑암 중에 행하여 빛이 없는 자라도 여호와의 이름을 의뢰하며 자기 하나님께 의지"하도록 기운을 북돋워주신다. 시편 139:8-12은 또 다른 보혜사의 사역을 그림처럼 보여준다. "내가 하늘에 올라갈지라도 거기 계시며 스올에 내 자리를 펼지라도 거기 계시니이다. 내가 새벽 날개를 치며 바다 끝에 가서 거주할지라도 거기서도 주의 손이 나를 인도하시며 주의 오른손이 나를 붙드시리이다. 내가 혹시 말하기를 흑암이 반드시 나를 덮고 나를 두른 빛은 밤이 되리라 할지라도 주에게서는 흑암이 숨기지 못하며 밤이 낮과 같이 비추이나니 주에게는 흑암과 빛이 같음이니이다." 또 다른 보혜사는 나를 두른 빛이 온통 어둠이 된다 할지라도 그 어둠도 하나님이 주장하는 어둠이라면 어둠이 아니라고 확신시켜주신다. 하나님이 함께하는 어둠은 어둠이 아니라는 것이다.

19절은 다시 에고-휘메이스 문장이다. 세상과 제자들의 전혀 다른 행로를 대조한다. 세상은 조금 있으면 예수님을 다시는 보지 못할 것이지만 너희는(휘메이스) 예수님을 볼 것이다. 세상이 보지 못하는 예수님을 제자들은 보게 되는 이유는 예수님이 살아 있기 때문이다. 그리고 제자들 너희도(휘메이스) 살아 있을 것이기 때문이다.

20절은 예수님과 제자들 사이의 잠시의 이별과 분리 이후에 한층 더 밝은 진리의 빛을 받게 될 제자들에 대해 말한다. '예수님이 아버지 안에, 제자들이 예수님 안에, 예수님이 제자들 안에 있는 것을' 제자들이 알게 될 "그 날"은 예수님의 부활과 승천, 그리고 오순절의 또 다른 보혜사가 오시는 날을 가리킨다. "안"은 참 신비한 언어이다. 인간이 바위나 나무 안에는 들어갈 수 없다. 그런데 영적 존재인 인간은 영이신 하나님 "안"에 있을 수 있고, 영이신 하나님은 인간 "안"에 거하실 수 있다. 아버지 하나님이 가장 큰 품이다. 제자들을 '안에 품은' 아들을 품은 아버지시다.

21절은 14-15절을 보충하면서 20절의 예수님의 제자 '내주' 약속을 보완한다. 어떤 사람들에게 예수님이 내주하시는가? 어떤 사람들에게 아버지 하나님의 사랑이 나타나는가? 여기서 '사랑'은 요한복음 전체에서처럼 신명기적 용어다. 신명기에서 유독 '하나님을 사랑하라'는 명령이 반복된다. 신명기가 말하는 하나님을 사랑하는 행위는 하나님의 계명을 지키는 것이다. 하나님은 자신의 결핍 때문에 인간의 사랑을 요구하는 것이 아니라 당신의 충만함을 나누시려고 사랑하라고 요구하신다. 제자들이 예수님 안에 있는 행위는 예수님을 사랑하는 행위다. 예수님을 사랑하는 자는 예수님의 계명(서로 사랑)을 지키는 자다. 예수님을 사랑하는 자는 예수님의 아버지 하나님께 사랑을 받을 것이다. 당연히 예수님도 자신을 사랑하여 당신의 계명을 지키는 자 "안에" 거하며 그에게 당신을 '나타내실 것'이다.[21] 절 세상에는 나타나지 않지만 예수님의 이름으로 모인, 예수님을 사랑하는 증인들에게 예수님은 당신을 나타내신다(엠마오 도상의 두 제자, 부활 후 제자들에게 일곱 차례 나타나심). "두세 사람이 내 이름으로 모인 곳에는 나도 그들 중에 있느니라."마 18:20 예수님의 이름으로 사랑의 교제를 나누는 그곳에 예수님은 자신을 드러내신다. 하나님 전심 사랑과 이웃을 네 몸처럼 사랑하라는 사랑의 이중 계명을 지키는 사람들에게 하나님의 사랑이 탁본된다. 하나님 사랑의 열매는 여러 가지로 나타난다. 하나님과의 영적 소통의 긴밀화, 활성화, 빈번화가 일어나고, 하나님이 주신 영적 가족들과의 결속이 강해진다. 그리고 하나님이 주신 은사와 재능이 뚜렷하게 나타나 하나님 나라에 기여할 기회를 얻게 된다. 이런 것이 하나님의 사랑이 탁본되는 현장이다. 세상이 아니라 당신을 사랑하는 자에게만 당신을 나타내시겠다는 예수님의 비의에 찬 말씀에 가룟인 아닌 유다가 질문한다. "주여, 어찌하여 자기를 우리에게는 나타내시고 세상에는 아니하려 하시나이까."22절 시의적절한 질문이다. '나타낸다'는 의미는 재현과 체현을 의미한다. 세상은 예수님을 사랑하지 않기 때문에 예수님을 체현할 수가 없다. 세상은 예수님을 사랑하지도 않고 그의 말씀을 지키지 않기 때문에 그런 세상에 예수님이 탁본될 수가 없다. 예수님을 사랑하며 그의 말씀을 지키는 자를 예수님의 아버지 하나님께서 사랑하실 것이다. 예수님을 사랑하고 그의 말씀을 지키는 자에게 하나님과 예수님이 가서 그와 함께 거하실 것이다. 예수님을 사랑하고 그의 말씀을 지키는 자에게 예수님이 나타난다(체현된다). 24절에서 예수님은 23절을 반복하면서 당신의 말씀은 예수님 자신의 자의적인 가르침이 아니라 자신을 보내신 아버지의 말씀임을 다시 강조한다.24절 예수님을 사랑하지 아니하는 세상(유대인들)은 예수님의 말씀을 배척하고 지키지 아니했다. 제자들이 들었던 예수님의 말씀은 예수님 자신이 혼자 착상한 말이 아니요 자신을 보내신 아버지의 말씀이라는 것을 세상과 달리 제자들은 안다.

요한복음은 예수님이 구약의 하나님이 보내신 자임을 확증하는 데 온 심혈을 기울인다. 요한복음이 나올 당시에는 이미 바울 서신과 공관복음서들이 초대교회에서 널리 읽히고 있었다. 그런데도 에베소 중심의 유대인들과 유대교에 관심을 가진 헬라인들은 예수님을 구약의 하나님과 전혀 다른 신을 대표한다고 오해하고 있었다. 그래서 요한복음은 바울 서신과 공관복음서의 진리를 확증하기 위하여, 예수님이 바로 구약의 아버지 하나님이 보내신 자이고, 예수님이 하나님을 온전히 체현하며, 예수님을 사랑하고 그의 계명을 지키는 자들이 참 이스라엘이자 구약의 하나님을 상속했음을 반복해서 역설했다.

또 다른 보혜사 성령이 오시리라 ●25-31절

이 단락은 16-17절이 말하는 또 다른 보혜사 성령의 사역을 상론한다. 25절에서 예수님은 제자들과 함께 머물 때 '이 모든 것들'(앞 단락의 성령 말씀)을 말씀했다고 하신다. 장차 제자들에게 일어날 일은 제자들과 함께하는 동안에 다 말씀했다는 의미다. 그런데 26절은 예수님 자신이 '다 말했다'고 해서 제자들이 '다' 이해할 수 있다고 생각하지는 않음을 보여준다. 제자들은 안개가 시야를 가리는 것 같은 오리무중 상황이다. 왜 예수님이 아버지께로 가셔야 하는가? 그것은 도대체 무엇을 의미하는가? 왜 죽게 되었다고 말씀하시는가? 모든 것이 의아했다. 요한복음 전체에서는 19장에 열네 번 언급되는 것을 제외하고는 '십자가' 자체가 전혀 언급되지 않는다. 마가복음 8, 9, 10장에서 세 번 연속적으로 언급되는 십자가 죽음 예고는 단 한 차례도 나오지 않는다. 대신 '아버지께로 간다'는 표현은 여러 번 나온다. 요한복음에는 십자가 죽음은 아버지께로 가는 예수님의 중간여정으로 나온다. 또한 요한복음에서는 공관복음서와는 달리 성령 파송, 성령 도래가 14, 15, 16장에 걸쳐 연속적으로 언급된다.

26절은 16-17절의 성령의 사역을 부연하고 보충한다. 16절에서는 예수님이 아버지께 구하여 제자들에게 오게 될 성령을 말한다. 하나님 아버지께서 예수님 이름으로 성령을 보내실 것이다. 16절과 26절 상반절을 종합하면, 또 다른 보혜사 성령은 예수께서 아버지께로 돌아가 아버지께 요청함으로써, 아버지 하나님께서 보내주실 것이다. 또 다른 보혜사는 예수님의 이름으로 오실 것이다. 아버지 하나님께서 예수님의 이름으로 또 다른 보혜사 성령을 보내실 것이기 때문에, 성령은 예수님이 이미 행하신 사역을 바탕으로 일하실 것이다. 보혜사 성령은 예수님 부재시 제자들에게 모든 것을 가르치고 예수님이 제자들에게 말한 모든 것을 기억나게 하실 것이다. 성령의 가르치심, 기억나게 하심은 제자들에게 예수님이 자신들 안에 와 계시다고 느낄 만큼 예수님과의 견고한 영적 유대와 결속을 경험하게 할 것이다.

이러한 견고한 일치와 결속이 예수님이 주시는 평안이다. 27절의 넷째 소절은 1인칭 단수 대명사 에고 문장이다. '내가(에고) 너희에게 준다.' 예수님이 주는 평안은 예수님이 또 다른 보혜사로 오셔서 제자들을 세밀하게 돌보시고 부축하고 지탱해주기 때문이다. 예수님은 18절의 약속처럼 제자들을 고아처럼 신적 유기감 가운데 방치하지 않고 오실 것이다. '오시리라'고 한 그 약속[18절]이 또 다른 보혜사가 오심으로써 실현될 것이다. 이 또 다른 보혜사가 오셔서 세상이 주는 평화와는 질적으로 다른 예수님의 평화를 주시기 때문에, 제자들은 마음에 근심하지 말아야 하고,[1절] 두려워하지도 말아야 한다. 다섯째 소절은 1절 상반절의 반복이다. '너희의 마음이 교란당하지 않게 하라'이다. 제자들의 근원적 근심과 불안은 예수님과의 분리와 이별이다. 그로 인해 자신들의 지난 3년간의 모든 분투가 망가져버리는 사태다. 예수님께 모든 것을 다 걸었기 때문에 오는 이 깊은 심적 동요와 두려움을 아는 자들은 또 다른 보혜사 성령을 대망하게 된다. 결국 세상이 빼앗을 수 없는 평안, 세상이 주는 평안과 전혀 다른 평안은 또 다른 보혜사가 창조하시는 평안이다. '보혜사'라고 번역되는 파라클레토스는 '곁에서 힘을 북돋워주는 위로자'라는 뜻이다. 지탱과 지지를 해주는 보혜사이다. 보혜사가 옆에 있으면 현실에서 일어나는 일들의 더 깊은 이면을 볼 수 있는 능력을 갖게 된다. 보혜사 성령은 '나에게 참혹한 악행의지를 가지고 덤벼드는 대적들이 아버지 하나님 뜻을 성취하도록 나의 자아를 십자가에 못 박도록 도와준다'고 믿게 만든다. 나의 죽음을 도와주고 내가 굴욕당하고 패배당하고 십자가에 못 박히는 일이 하나님 아버지 뜻을 성취하는 일임을 확신시켜준다. 나를 굴욕과 패배로 몰아넣는 악한 대적들이 나로 하여금 아버지 하나님 뜻을 성취하고 목적을 이루는 도구가 된다면 우리는 최악의 상황에서도 평안을 누릴 수 있다. 나에게 일어난 최악의 일도 내가 아버지의 뜻에 순도 백퍼센트로 순종하는지 여부를 판별하는 데 도움이 되는 소품이라면 절대적 평안이 온다. 보혜사 성령은 악행자들이 성도에게 퍼붓는 폭력적인 언사들을 거룩하게 승화시키는 지혜를 주시고 성도를 매장시킬 기세로 공격해올 때도 악으로 악을 갚지 않고 선으로 악을 갚을 수 있는 상상력을 고취하신다. 예수님은 하나님 아버지께 철저하게 버림받았다고 느끼는 이 경험이야말로 자신의 극대치 순종이라고 믿었다. '아담 인류의 죄를 영구적으로 대속하기 위해서 하나님의 독생자인 저를 이렇게 버림받고 심판받는 이 자리에 서게 하시는 아버지의 뜻은 선합니다. 아버지는 옳습니다. 저는 아버지를 믿는 일을 절대로 포기하지 않겠습니다.' 이런 믿음으로 예수님이 평안을 누리게 되었다. 이것이 십자가 죽음을 놀랍게 해석한 예수님이 누리는 평안이며 이를 제자들에게도 선사하신다. 예수님이 삶의 극단에서 보여준 믿음과 순종과 신뢰는 점점 하나님과 멀어져가는 인류의 모든 일탈과 패역을 상쇄하고도 남는 엄청난 우주적인 귀소본능을 일으키는 강력이었다. 예수님의 언어는 타락한 인간이 아버지의 품으로 돌아가도록 만드는 강력한 인력으로 작용한다.

세상이 주는 평안은 고통 회피, 죽음 회피, 질병 회피, 가난 회피에서 오는 평안이다. 세상은 하나님이 아닌 것과의 결속에서 평안을 누린다. 좋은 회사에 취직해서 오는 평안, 좋은 배우자 만나서 오는 평안 등은 세상이 주는 평안이다. 이런 것들은 모두 나와 하나님 사이에서 본질적으로 영속적으로 발생하는 평안이 아니라, 타자의존적이고 외부의존적 평안이다. 그러나 예수님이 주시는 평안은 고통 돌파, 죽음 돌파, 질병과 가난 돌파에서 오는 평안이다.

예수님은 27절의 마지막 소절에서 이런 취지로 위로하신다. '나를 십자가에 못 박은 예루살렘 당국자들이 너희의 생사여탈권을 휘두를 것이라고 두려워하지 마라. 너희가 내 제자가 되어 하나님 나라 운동에 전재산을 바치며 분투했던 3년이 물거품 되었다고 낙심하지 마라. 내가 힘이 약해 희생당하는 것처럼 보일지 몰라도, 그렇지 않다. 나 스스로 아버지의 뜻을 위해 목숨을 바친다. 나는 떠나가지만 반드시 돌아온다. 너희가 거할 곳을 만들어놓고 반드시 돌아올 것이다. 내가 아버지께로 돌아가는 것은 아버지에 대한 사랑 때문임을 너희가 들었다. 아버지를 사랑하기 때문에 아버지가 원하는 방식으로 사는 것이 나의 기쁨이다. 이 방식으로 살기 위하여 나는 기꺼이 죽음도 감수하는 것이다. 내가 아버지께로 돌아가는 것은 아담 인류가 하나님 아버지로부터 멀어진 것을 순식간에 회복시키기 위함이다. 아브라함부터 지금까지 이스라엘 백성이 하나님과 멀어진 이격을 만회하여 하나님과 결속시키기 위하여 이 길을 간다. 내가 아버지께로 가는 것은 이스라엘 구원사가 완성되는 것이고, 인류의 구원사가 완성되는 것이다. 나는 다시 오기 위해 떠난다. 그렇기 때문에 너희는 마땅히 기뻐해야 한다. 죽음을 감수하는 이 길은 우주적 평안이 함께하는 길이다.' 요한복음의 십자가에는 아버지와 아들만 있다. 아버지에게로 돌아가기 위해 목숨을 바쳐 아버지께 순종하려는 독생자의 굳은 결심과, 세상이 미처 이해할 수 없는 아버지와 아들 간의 신비한 교감이 요한복음을 처음부터 끝까지 끌어가고 있다. 바로 이런 이유 때문에 제자들에게 '당혹해하지도 두려워하지도 말라'고 말씀하신다.

28절은 제자들이 기억해야 할 진실을 강조한다. 첫 소절에 에고 대명사가 등장한다. '너희는 내가 떠나갔다가 너희에게로 온다고 내가(에고) 말한 것을 들었다.' 3, 18, 19절에서 예수님은 자신이 지금은 제자들을 떠나 아버지께로 가지만, 제자들에게 돌아온다고 말씀했다. 그런데 제자들은 떠나간다는 말에는 크게 휘둘리면서 '다시 온다'는 말은 흘려들은 것 같다. 여기서 예수님은 제자들이(너희) 자신을 정말 사랑했다면[에가파테(ἠγαπᾶτέ)] 예수님이 자신보다 크신 아버지 하나님께로 떠나가는 것을 기뻐했을 것이라고 말한다. 즉 제자들이 정녕 예수님을 사랑했다면 예수님이 아버지 하나님께 받은 사명을 완수하는 것을 기뻐했을 것이다.

29절에서 예수님은 자신이 아버지께로 가기 전에 이런 일들을 알려주시는 이유를 말씀하신다. 예수님 자신이 죽고 삼일 만에 부활하셔서, 마침내 아버지 하나님의 우편 보좌로 들린 후에 아버지 하나님께 요청해 보내주실 성령이 오실 때에야 제자들은 14장의 난해한 말씀들을 모두 이해할 수 있다. 자신이 말씀하신 대로 다 진행된 것을 확인한 제자들이 자신을 믿도록 이끌기 위해, 예수님은 아버지께 돌아가기 전에 보혜사 성령의 오심과 그 역할을 자세히 설명한다는 것이다. 이제 예수님은 제자들과 보낼 시간이 얼마 남지 않았으며 세상 임금이 자신을 잡으러 올 것이라고 예고하신다.[30절] 그러나 자신이 힘이 없어서 세상 임금에게 굴복하는 것이 아님을 강조한다.[마 26:53] 세상 임금은 아버지께로 돌아가려는 예수님의 결단에 영향을 미치는 어떤 변수도 되지 못한다.[30절]

요한복음과 공관복음의 예수 수난기사를 비교해보면 요한복음만의 특징이 두드러진다. 먼저, 요한복음에는 공관복음서에서 반복되는 십자가 수난 예고가 전혀 없다. "인자가 많은 고난을 받고 장로들과 대제사장들과 서기관들에게 버린 바 되어 죽임을 당할 것이다."[막 8:31] 둘째, 요한복음에는 강력한 타자의 폭력에 의하여 예수님의 운명이 좌우되는 것처럼 말하는 표현이 없다. 공관복음서는 예수님을 십자가 죽음으로 몰아간 자들 각각의 악행에 대해 독자의 분노를 일으키는 방식으로 예수님의 수난사를 정리한다. 셋째, 공관복음서는 유다가 배반하지 않았다면, 산헤드린에 예수님을 변호해줄 만한 유력한 의원이 몇 명만 더 있었다면, 대제사장과 예수님 사이에 끈끈한 관계성이 있었다면, 빌라도가 좀 더 공정하게 재판했더라면 예수님이 십자가 참변은 피할 수 있었을 것이라는 느낌을 갖게 만든다. 그러나 요한복음에서는 예수님이 수동적으로 당하는 의미의 '수난'에 대한 언급이 없다. '누구에게 목숨을 잃는다', '고난당한다', '버림받는다' 등의 수동태적 표현이 없다. 전적으로 하나님의 능동태와 아들의 능동태가 지배한다. '하나님이 세상을 이처럼 사랑하사 독생자를 넘겨주셨다'[디도미(δίδωμι)]. 예수님은 자기 목숨을 버릴 권세도 있고 다시 얻을 권세도 있지만, 스스로 자기 목숨을 내놓는다.[10:11] 하나님과 예수님 사이에 원초적 약속이 있었기 때문에 예수님이 아버지께로 가는 그 길(공관복음서로 말하면 십자가의 길)에는 어떤 우발적 동기나 행동이라는 변수도 유의미한 역할을 하지 못한다. 십자가에 달려 죽으시는 사건의 궁극적 시원은 하나님 아버지께서 세상을 사랑하사 독생자를 내어주신 결단이다. 십자가 사건은 아버지 하나님이 독생자를 주시기로 한 결단에 독생자 아들이 응답하시고 순종하신 사건이다. 철저하게 아버지와 아들 사이의 교감과 동역사건이다. 요한복음의 예수님을 이해하려면 예수님과 하나님 아버지 사이에 오고간 깊은 대화, 우리가 포착하기 힘든 높은 단위의 영적인 교감, 서로에 대한 신뢰를 자세히 살펴봐야 한다. 그래서 요한복음을 읽으면 십자가 사건은 빌라도가 전혀 상관할 사건이 아니다. '세상 임금이 나를 잡으려고 오지만, 나의 죽음은 세상 임금의 결정과 상관없는 우주적 차원의 일이다.' 세상 임금은 예수님에 대해서 어떤 생사여탈권도 없다. 예수님은 이 세상 임금 때문에 죽는 게 아니라 아버지께로 돌아가기 위하여, 아버지 뜻을 성취하지 않고는 아버지께 돌아갈 수 없기 때문에 스스로 자취하는 죽음이다. 아들 하나님은 죽기까지 순종하는 이 순종을 통하여 아버지께로 돌아가야 한다. 예수님은 아버지의 뜻에 순종하기 위하여 하나님의 어린양으로 자발적으로 제단에 올라가신다. 이 과정에 우발적인 인간변수들이 일정 정도 역할을 맡지만 결정적인 역할이 아니다. 유다의 배신, 베드로의 변절, 종교권력자들의 두려움과 질투, 관료주의적 완고성, 그리고 빌라도의 대중영합 보신주의 등이 예수님의 십자가형 집행에 일정 수준 기여한다. 그러나 이런 것들은 독생자를 세상에 보내신 아버지와 아버지께 순종하는 아들의 절대순종에 비하면 미미한 종속 변수들이다.

31절에서 예수님은 자신에게 닥칠 일들은 오히려[알라(ἀλλά)] 예수님이 아버지 하나님을 사랑했기 때문에 자초한 일이며 아버지께서 자신에게 명한 대로 준행한 것임을 온 세상이 알도록 하는 데 그 목적이 있다는 것을 분명하게 밝힌다.[31절] 이 말씀을 하신 후 예수님은 만찬석상을 '일어나 여기를 떠나자'고 제안하신다. 겟세마네의 시간이 온 것이다.

메시지

삼위일체 교리는 많은 사람들에게 논란거리가 된다. 삼위일체를 정확하고 명료하게 해설하기가 어렵기 때문이다. 삼위일체 교리를 가장 체계적으로 설명했던 사람들은, 아우구스티누스(354-430)보다 약간 앞선 시대(4세기)에 활동했던 터키 갑바도기아의 세 교부다. 대[大]바실,[Basil the Great, 330-379] 바실의 동생인 니사의 그레고리,[Gregory of Nissa, 335-395] 그리고 나지안주스의 그레고리[Gregory of Nazianzus, 329-389]가 그들이다.[7] 이 세 사람이 삼위일체 교리를 집대성했는데, 이들의 핵심주장은 하나님이 세 위격을 가진 하나님이라는 것이다. 즉 삼위 측면을 강조했다. 삼신론이라는 오해를 받을 만큼 그들은 성부, 성자, 성령의 다른 위격을 강조한다. 그들이 삼위일체론을 착상했을 때 근거로 삼은 본문이 요한복음이었다.[14-16장] 이들보다 약 1세기 앞서서 카르타고의 교부 터툴리아누스, 로마교회의 프락세아스, 알렉산드리아의 오리겐도 삼위일체론을 전개했으나 갑바도기아의 세 교부들만큼 세 위격에 방점을 두지는 않았다. 그들은 대부분 일체성을 강조했다. 그들은 주로 성자의 신격[神格]이 성부와 백퍼센트 동등하다는 데 방점을 찍어 325년의 니케아 공의회에서 니케아 신조를 집성하는 데 기여했다. 니케아 신조의 정점은 성자의 신성이 성부의 신성과 백퍼센트 같다(호모우시오스, 동일 본질)는 주장이었다. 니케아 신조보다 더 늦은 시기에 삼위일체론을 주창했던 갑바도기아의 교부들은 니케아 공의회의 삼위일체론 결정에 참여하지는 않았으나 주로 성령론에 집중해 삼위일체론을 전개했다. 이 세 교부의 삼위일체론은 요한복음의 성령론 중심의 삼위일체론이다. 그들의 영향 아래 동방교회(러시아, 그리스, 시리아, 아르메니아 정교회)가 서방교회에 비해 삼위적 구별을 가진 하나님론, 즉 삼위일체론을 더 적극적으로 전개했다.

한국교회는 마태복음과 로마서에 좀 더 많은 관심을 가진 서방교회(로마교회)의 전통을 잇는다. 서방교회는 독일, 앵글로색슨 교회로 이어졌다. 죄를 대속해주고 속량해주는 '성자' 중심의 하나님 구원을 강조한다. 속죄론 중심의 전통이다. 반면에 동방교회의 삼위일체론의 근거 본문이 된 요한복음에서는 속죄론보다 신인 연합을 더 강조한다. 죄 사함보다 그리스도와 연합하는 것을 강조한다. 마태복음과 로마서가 믿음이라는 명사를 강조한 데 비하여 요한복음은 '믿다'라는 동사를 강조한다. 물론 이러한 차이를 지나치게 강조할 필요는 없다. 하지만 보혜사 성령을 중심으로 삼위일체론을 발전시킨 동방교회가 요한복음을 중시했다는 사실은 의심의 여지가 없다.[8]

그렇다면 삼위일체론의 본질과 의의는 무엇인가? 여기서 분명히 해둘 것은 삼위일체론이 '하나님은 한분이시다'라는 신명기의 쉐마를 부정하는 삼신론이 아니라는 사실이다. 삼위일체론은 삼신일체론이 아니다. 성부, 성자, 성령을 구분하는 위격位格은 개별성과 일체성의 신비한 조화를 구현한다. 이 세상에는 이러한 위격을 유비로 설명할 수 있는 대상이 없다. 그렇다면 우리가 왜 삼위일체론을 주창하는가? 삼위일체적인 하나님 이해를 가질 때 인류 구속의 드라마 구조를 잘 이해할 수 있기 때문이다. 삼위일체 하나님에 대한 가장 쉬운 이해는, 하나님은 홀로 존재하는 절대단독자가 아니라 연합체라는 것이다. 하나님은 스스로 대화하시고 당신이 하신 일에 대해 평가하고 만족을 피력하는 하나님이시다. 자기평가 감정, 기획적 지성, 통일적 의지를 가지고 세상을 창조하시고 사랑할 대상을 만드시며 당신의 의지와 사상을 피조물과 나누시는 하나님이다. 하나님은 당신 안에 있는 생명, 즉 영광(빛)을 받아서 이 빛을 인격과 삶으로 다채롭게 분광시켜 하나님께 반사하는 피조물을 창조하시기를 기뻐하시는 하나님이다. 삼위일체 하나님은 자기 확장적이고 자기 계시적인 영광으로 온 세계를 가득 채우기 위해 창조하셨고 이 목적을 위해 이스라엘을 선택하셨다. 온 세계에 가득 찰 영광이 먼저 이스라엘에 충만하기를 원하셨다. 이스라엘 민족 안에 가득 찰 하나님의 영광이 먼저 하나님의 아들 예수님에게 충만히 나타났다. 삼위일체 하나님의 진면목은 이스라엘과 이스라엘의 언약대표자인 예수님을 하나님의 생명 친교, 영광 발출과 반사의 드라마에 주인공으로 부르셨다는 것이다.

요한복음은 성부 하나님이 세상에 '생명, 말씀, 성령' 보내심을 강조한다. 하나님 아버지께서 먼저 빛을 이 세상에 보내신다. 빛의 집합적 반사체로 이스라엘을 선택해 보내신다. 그리고 마침내 아들 하나님을 보내신다. 아들의 요청으로 아버지 하나님은 성령을 보내신다. 아들 하나님은 제자들을 세상에 보내신다. 하나님 아버지와 아들 하나님이 제자들에게 성령을 파송해 영원히 그들과 함께 있게 하신다. 이것이 요한복음의 보냄 구조다. 삼위일체론적으로 인류 구속사를 이해할 때 가장 감동적인 면은 인류 구속의 대장정이 아버지 하나님과 아들 하나님과 성령 하나님의 유기적이고 응집적인 동역과 연합으로 완주되었다는 것이다. 그리고 이 하나님의 연합과 동역 속에 인간의 자리와 역할이 마련되어 있다는 점이다.

요한복음에서 단연 두드러진 장면은 예수님이 자신을 보내신 이를 항상 의식하고 있다는 점이다. 아들은 성령의 끊임없는 감화감동을 받아가면서 아버지의 뜻을 성취하신다. 아버지의 뜻을 성취하신 아들은 마침내 원래의 자리, 태초부터 누리던 아버지의 영광의 우편 보좌로 돌아가신다. 원래 있던 곳으로 돌아가신 아들 하나님은 아버지 하나님께 요청해서 예수님을 믿는 사람 모두에게 내주하게 될 성령을 보내주신다. '예수를 하나님의 아들이요 주主와 그리스도'라고 고백하는 모든 사람에게 또 다른 보혜사 성령이 오신다. 또 다른 보혜사인 성령은 진리의 영이면서 동시에 예수의 이름으로 오신 영이다. 성령은 내주하고, 가르치고, 생각나게 하고, 제자들 옆에서 힘을 북돋우는 위로 및 지탱 사역을 하신다. 또 다른 보혜사는 첫 보혜사 예수님의 이름으로 오신 성령이기 때문에, 성령의 이름은 사도행전에서는 예수 그리스도의 영이라고 불리기도 한다. 아버지는 아들에 대해서 증거하고, 아들은 아버지에 대해서 증거하며, 예수님의 요청으로 아버지 하나님이 보내신 성령은 예수님을 증거한다. 아울러 성령은 예수의 이름으로, 예수님을 통해 아버지 하나님을 증언한다.

요약하면, 또 다른 보혜사 성령은 예수 그리스도에 대해 증언하고, 예수 그리스도를 통해서 하나님 아버지를 증거한다. 아버지, 아들, 성령은 위계에 맞게 일하시므로 인격적이지만 종적 연대를 형성하신다. 그러나 이 연대는 경직된 지시-순종의 종적 연대가 아니라 부단한 자기 양도, 위임, 그리고 일치성을 구현하는 연대다. 이런 종적 연대를 통해 삼위 하나님이 일체를 이루는 방식을 갑바도기아의 세 교부들(그리고 위르겐 몰트만 등)은 상호침투, 상호순환이라고 불렀다.[9]

그런데 이 종적 연대는 인격적 연합 안에서 작동한다. 영원 전부터 아버지와 아들이 함께 있었음을 증언하는 요한복음 1:1-2은 횡적, 수평적 연대도 증언한다. 요한복음 17:5도 이 진리를 증언한다. '내가 창세전부터 아버지와 함께 누리던 영화를 내게 주십시오.' 삼위일체 하나님은 이 세상을 창조하기 전부터 일체를 이루며 계셨다.

문제는 '이런 삼위일체 교리가 우리에게 별로 상관없는 교리이니 다만 구원만 주십시오'라는 구원실용주의 입장이다. 그런데 삼위일체 교리를 잘 모르면 왜 하나님이 우리의 죄를 사하실 수 있는지, 어떻게 죄를 징벌하는 공의를 훼손하지 않고 대속구원을 주실 수 있는지를 정교하게 이해할 수 없다. 삼위일체 교리를 제대로 이해하면 하나님이 왜 우리의 죄를 용서해주셨는지 그 논리적 필연성을 이해하게 된다. 삼위일체 개념을 모르면 하나님이 어느 날 갑자기 세상과 인간을 창조하시고, 어느 날 인간이 죄를 지었다고 갑자기 심판하시고, 또 어느 날 갑자기 우리를 용서하기로 작정하셨다고 믿을 수밖에 없다. 삼위일체론은 하나님의 일련의 행동을 가능한 한 논리적으로 설명하며 감화감동을 일으킨다.

삼위일체 교리의 또 다른 의의는, 인간에게 하나님의 우주적 구속역사, 즉 새 하늘과 새 땅 창조에 참여할 여지를 마련해주는 실천적 함의를 갖고 있다는 점이다. 삼위일체론의 관점에서 보면 인간은 보냄을 받은 존재로서 언젠가 삼위일체적 교제 속에 참여할 희망을 안고 창조되었다. 그런데 범죄함으로 인간은 삼위일체의 영광에 이르지 못하고 죄 가운데 죽을 수밖에 없다.[롬 3:23] 어둠에 억류된 존재가 되었다는 말이다. 삼위일체론은 여기서 하나님이 왜 죄지은 인간을 멸망시키기보다는 그들의 죄를 해소하시고, 원상복귀보다 더 나은 상태로 재창조하시기로 결단했는지를 감동적으로 설명한다. 하나님은 아담을 창조하실 때 당신의 아들 하나님의 형상을 따라 지으셨다. 아들 하나님은 아담이 범죄했을 때 아담의 재활복구를 위해, 아담을 그리스도의 형상을 본받는 존재로 재창조해주시기 위해 '성육신'하기로 아버지 하나님과 언약했다. 성육신하신 아들 하나님은 제자들을 세상에 파송해, 삼위일체 하나님의 인류 재창조와 구속사역에 동역자로 사용하기를 원하신다. 요한복음에서 제자들은 인류를 대신하여 다시 세상에 파송받는 아들 하나님의 대리자들이다. 요한복음에서 제자들은 단순히 구원의 수혜자가 아니라 하나님의 아들의 동역자이며 보혜사 성령의 내주로 하나님의 뜻을 대리하는 자녀들이다. 하나님이 우리 인간을 구원하실 때 우리 인간은 구원을 받기만 하는 존재가 아니라 하나님의 인류 구원역사에 제자로, 사도로, 동역자로 참여하도록 부름받았다. 예수님이 우리를 세상에 파송하는 이 보내심 구조는 삼위일체 하나님이 일하시는 방식이다. 삼위일체는 하나님과 질적으로 다른 피조물 인간도 감히 삼위일체적 하나님의 연합과 상호침투[10]와 순환의 일부가 되도록 부름받았다는 것을 강조한다. 우리는 구속론을 들어 이 사실을 쉽게 설명할 수 있다.

한 사람 아담이 지은 죄로 말미암아 온 인류가 죄와 죽음의 골짜기로 떨어졌다. 아담 한 사람이 지은 죄가 모든 사람에게 퍼져서 죄와 죽음이 온 인류에게 운명이 되었다. 그런데 둘째 아담 예수가 오셔서 아담이 지었던 모든 죄를 상쇄하고 그 죄를 갚으심으로 말미암아 아담이 죄 짓기 이전보다 더 나은 상태를 창조했다. 아담의 불순종을 둘째 아담의 순종으로 상쇄하고 무효화시켰다. 결국 하나님은 하나님 나라를 완성하실 때 인간을 구원받은 수혜자로만 보시지 않고 천국을 만드는 데 중요한 존재로 예정하셨다. 인간의 순종이 매우 중요한 요소라는 것이다. 인간은 단순히 영생 잔치에 초청받고 그것을 누리기만 하는 존재가 아니라 독생자급 순종을 바쳐 하나님과 함께 영생 공동체를 창조하는 공동창조자로 부름받은 것이다. 독생자급 순종을 바치는 사람들이 많은 곳에 성령의 역사가 많이 일어나고 천국이 창조된다. 삼위일체론은 이러한 실천적인 함의를 갖는다.

삼위일체 교리는 하나님이 죄 많은 인간을 왜, 그리고 무슨 논리로 용서하셨는지를 설명하는 교리임과 동시에, 우리 인간은 하나님이 주시는 구원을 받기만 하는 데서 끝나지 않고 성자의 파송을 받

요

아 하나님의 인류회복 역사에 이바지할 존재로 부름받았다는 것을 강조한다. 육신을 입고 오신 하나님의 아들 예수 그리스도의 죽기까지 복종하신 그 순종이 인간 모두에게 엄청난 의미를 주었듯이, 누구든지 예수 그리스도처럼 자기를 쳐서 독생자급 순종을 바치기만 하면 그 사람은 하나님의 구원역사, 즉 새 하늘과 새 땅 창조자의 동참자가 된다. 빌립보서 2:5은 삼위일체 교리가 없다면 도저히 나올 수 없는 말씀이다. "너희 안에 이 마음을 품으라. 곧 그리스도 예수의 마음이니." 그리스도 예수의 마음은 우리가 모방해야 할 마음이라고 말한다. 2:6-11은 그리스도 예수의 마음에 대한 해설이다. "그는 근본 하나님의 본체시나 하나님과 동등됨을 취할 것으로 여기지" 아니하셨다. 예수님은 당연히 하나님과 동등됨을 주장할 수 있지만 그 동등됨을 강탈할 그 무엇으로 여기지 않으시고, "오히려 자기를 비워 종의 형체를 가져 사람들과 같이 되셨고 사람의 모양으로 나타나사 자기를 낮추시고 죽기까지 복종하셨으니 곧 십자가에 죽으심이라. 이러므로 하나님이 그를 지극히 높여 모든 이름 위에 뛰어난 이름을 주사 하늘에 있는 자들과 땅에 있는 자들과 땅 아래에 있는 자들로 모든 무릎을 예수의 이름에 꿇게 하시고 모든 입으로 예수 그리스도를 주라 시인하여 하나님 아버지께 영광을 돌리게 하셨느니라."

이제까지 하나님 아버지께 반역하는 모든 피조물들은 그리스도의 극한 순종으로 진압되어 가는 중에 있다. 하나님 아버지는 당신의 독생자가 바친 완전한 순종의 모범을 토대로 모든 피조물의 반역을 진압하셨다. 예수 그리스도의 위대한 순종 때문에 모든 악마적 불순종은 존재 소멸을 선고받았다. 모든 악마적 불순종, 오만과 탐욕은 하나님 아들의 완전한 순종행위 때문에 모두 존재 소멸을 선고받았다. 예수 그리스도의 완전한 순종으로 모든 악마를 소멸시킬 수 있다는 이 원리가 삼위일체의 실천적 함의다. 여기서 '우리 또한 독생성자급 순종을 드려서 우리 시대에 활약하는 악마들을 존재 소멸시키는 데 우리 전부를 드리자'는 결심이 나온다. 삼위일체론은 우리 인간도 하나님을 모방할 수 있게 만든다. 즉 하나님 아들 독생자를 모방할 수 있게 하심으로써 우주의 구원 드라마가 하나님의 모노 드라마가 아니라 인간과 피조물이 동참하는 공동 드라마임을 깨닫게 한다. 삼위일체 교리가 없다면 요한복음에 자주 등장하는 예수 그리스도의 결심, 발언 진술 자체가 불가능하다. 하나님께서는 홀로 구원역사를 이루시겠다고 말씀하시지 않고, 독생성자급 순종을 통해 인류의 운명을 쇄신하고 하나님 나를 건설하자고 우리를 초청하신다. 우리 하나님은 우리를 구원하실 뿐 아니라 우리 인류의 일부를 선택해 구원의 공동창조자로 사용하신다. 이처럼 우리가 삼위일체 교리를 잘 이해하면 예수 그리스도의 순종을 모방하게 된다.

삼위일체론자가 아니면 우리는 어떤 입장을 가질 수밖에 없는가? 두 가지 중 하나를 믿어야 한다. 우선 예수님을 유대인의 예언자로 보는 에비온파의 입장을 취하게 된다. 예수님을 하나님 아들로 믿지 않고 선지자로 보았던 마틴 부버, 아브라함 요슈아 헤셸, 데이빗 플루서(David Flusser) 같은 사람이 이런 입장에 서 있다. '예수는 불운한 선지자였다. 엘리야 같이 왔지만 홀로 분투하다가 아무런 뜻을 이루지 못하고 역사 속에 찬란히 타들어간 유성 같은 존재였다.' 다음으로는 아리우스(256-336년)의 종속론적인 성자론에 입각한 아리우스파 삼위일체론이다. 아리우스파는 예수님이 하나님 아들이라고 믿는다. 그런데 예수님의 신성을 하나님 아버지와는 다른 신성, 파생된 신성이라고 본다. 하나님 아버지보다는 '덜 신적인 의미의 신'less co-eternal God이라고 본다. 아들 하나님은 존재하지 않은 적이 있다는 주장의 다른 표현이다. 예수님이 피조된 하나님이라고 본다.

이에 비해 우리가 믿는 삼위일체론은 325년의 니케아 종교회의에서부터 451년의 칼케돈 공의회까지 126년에 걸쳐 정통교리로 채택되었다. 알렉산드리아의 교부였던 아타나시우스가 이 정통 삼위일체 교리를 주장했기 때문에 대개 아타나시우스 입장이라고 부른다. 이 정통 삼위 일체교리는 아들 하나님이 하나님 아버지와 태초부터 함께 있었다고 믿는 요한복음 1:1을 근거로 삼는다.[11] 앞서[1장] 이사야 55:10-11을 근거로 말씀의 성육신을 자세히 설명했다. 비와 눈이 하늘에서 내려서 땅을 윤택하게 하고 초목을 결실케 하고 돌아가듯이, 우리 하나님 입에서 나간 말씀들은 하나님과 함께 하나님이 목적한 바를 성취하고 하나님께 돌아간다. 이때 하나님의 말씀은 하나님이 존재하는 순간부터 하나님이었다. 예수님을 하나님 말씀이라고 한 이상 아리우스파의 입장은 성립되기 힘들다. 아리우스의 논리를 따르면, 아버지 하나님이 말씀의 지성, 말씀의 의지와 감정이 없이 존재한 적이 있었다고 상상해야 하는데, 그것은 불가능하다. 하나님이 존재한 순간 우리 하나님은 홀로 완전하신 하나님으로 존재했기 때문에, 그 순간부터 하나님은 말씀과 감정과 의지를 가지신 하나님이었다. 하나님 아버지가 존재한 순간, 하나님의 말씀도 함께 존재했다. 그래서 '아버지 품속에 있는 독생하신 하나님'[1:18]이란 표현이 중요하다. 한때는 아버지 하나님의 품이 텅 비었다가 어느 시점에 말씀 하나님이 그 텅 빈 품으로 들어갔다는 것은 상상하기 어렵다. 한때 말씀이 계시지 않는 때가 있었다는 아리우스파의 말을 따라가면, 하나님은 계셨으나 하나님 말씀은 계시지 않았던 때가 있었기 때문에 '하나님은 정신적으로 진공 상태의 하나님으로 존재한 적이 있었다'라고 주장해야 한다. 불가능한 상상이다. 그러므로 정통 삼위일체론은 '하나님 말씀과 하나님은 항상 영원 전부터 함께 영원히 계셨다[co-eternal]'라고 말한다.

15장.

나는 포도나무요 너희는 가지라

15 [1]나는 참포도나무요 내 아버지는 농부라. [2]무릇 내게 붙어 있어 열매를
맺지 아니하는 가지는 아버지께서 그것을 제거해 버리시고 무릇 열매를
맺는 가지는 더 열매를 맺게 하려 하여 그것을 깨끗하게 하시느니라. [3]너희는 내가
일러준 말로 이미 깨끗하여졌으니 [4]내 안에 거하라. 나도 너희 안에 거하리라. 가지
가 포도나무에 붙어 있지 아니하면 스스로 열매를 맺을 수 없음 같이 너희도 내 안에
있지 아니하면 그러하리라. [5]나는 포도나무요 너희는 가지라. 그가 내 안에, 내가 그
안에 거하면 사람이 열매를 많이 맺나니 나를 떠나서는 너희가 아무것도 할 수 없음
이라. [6]사람이 내 안에 거하지 아니하면 가지처럼 밖에 버려져 마르나니 사람들이 그
것을 모아다가 불에 던져 사르느니라. [7]너희가 내 안에 거하고 내 말이 너희 안에 거
하면 무엇이든지 원하는 대로 구하라. 그리하면 이루리라. [8]너희가 열매를 많이 맺으
면 내 아버지께서 영광을 받으실 것이요 너희는 내 제자가 되리라. [9]아버지께서 나를
사랑하신 것 같이 나도 너희를 사랑하였으니 나의 사랑 안에 거하라. [10]내가 아버지
의 계명을 지켜 그의 사랑 안에 거하는 것 같이 너희도 내 계명을 지키면 내 사랑 안
에 거하리라. [11]내가 이것을 너희에게 이름은 내 기쁨이 너희 안에 있어 너희 기쁨을
충만하게 하려 함이라. [12]내 계명은 곧 내가 너희를 사랑한 것 같이 너희도 서로 사랑
하라 하는 이것이니라. [13]사람이 친구를 위하여 자기 목숨을 버리면 이보다 더 큰 사
랑이 없나니 [14]너희는 내가 명하는 대로 행하면 곧 나의 친구라. [15]이제부터는 너희를
종이라 하지 아니하리니 종은 주인이 하는 것을 알지 못함이라. 너희를 친구라 하였
노니 내가 내 아버지께 들은 것을 다 너희에게 알게 하였음이라. [16]너희가 나를 택한
것이 아니요 내가 너희를 택하여 세웠나니 이는 너희로 가서 열매를 맺게 하고 또 너
희 열매가 항상 있게 하여 내 이름으로 아버지께 무엇을 구하든지 다 받게 하려 함이

라. [17] 내가 이것을 너희에게 명함은 너희로 서로 사랑하게 하려 함이라. [18] 세상이 너
희를 미워하면 너희보다 먼저 나를 미워한 줄을 알라. [19] 너희가 세상에 속하였으면
세상이 자기의 것을 사랑할 것이나 너희는 세상에 속한 자가 아니요 도리어 내가 너
희를 세상에서 택하였기 때문에 세상이 너희를 미워하느니라. [20] 내가 너희에게 종이
주인보다 더 크지 못하다 한 말을 기억하라. 사람들이 나를 박해하였은즉 너희도 박
해할 것이요 내 말을 지켰은즉 너희 말도 지킬 것이라. [21] 그러나 사람들이 내 이름으
로 말미암아 이 모든 일을 너희에게 하리니 이는 나를 보내신 이를 알지 못함이라. [22]
내가 와서 그들에게 말하지 아니하였더라면 죄가 없었으려니와 지금은 그 죄를 핑계
할 수 없느니라. 23 나를 미워하는 자는 또 내 아버지를 미워하느니라. [24] 내가 아무
도 못한 일을 그들 중에서 하지 아니하였더라면 그들에게 죄가 없었으려니와 지금은
그들이 나와 내 아버지를 보았고 또 미워하였도다. [25] 그러나 이는 그들의 율법에 기
록된 바 그들이 이유 없이 나를 미워하였다 한 말을 응하게 하려 함이라. [26] 내가 아버
지께로부터 너희에게 보낼 보혜사 곧 아버지께로부터 나오시는 진리의 성령이 오실
때에 그가 나를 증언하실 것이요 [27] 너희도 처음부터 나와 함께 있었으므로 증언하느
니라.

주석

15장은 예수께서 자신에게 멀어져가는 제자들의 마음을 붙잡기 위해 주시는 감동적인 가르침이면서 제자공동체의 구속사적 사명을 일깨우는 가르침이다. 이스라엘 역사에서 포도나무는 하나의 나무가 아니라 이스라엘을 상징하는 은유물이다. 주님의 가르침에 빈번하게 등장하는 포도나무, 포도원, 포도주는 이스라엘의 구속사적 사명을 함축하는 비유들이다. 15장은 나는 포도나무요 너희는 가지라[1-15절]와 열두 제자를 세우신 목적[16-27절]으로 나뉜다.

이 단락은 세족 목요일 밤에 겟세마네 동산으로 이동하는 중에 하신 말씀이거나(14:31 '일어나 여기를 떠나자'), 혹은 최후의 만찬식탁에서 하신 말씀이다. 수난 주간의 세족 목요일 늦은 밤에 겟세마네 동산으로 가는 중 마주친 포도원을 지나면서 주신 유훈일 수도 있고, 만찬다락방에서 멀리 보이는 포도원을 가리키며 주신 가르침일 수도 있다. 예수께서 포도원을 보면서 이탈과 균열 조짐이 보이는 제자들의 마음을 안정시키기 위하여 이 말씀을 하셨을 것으로 추정된다. 이 단락의 핵심어는 '내 안에 거하라', '내게 붙어 있으라'는 말씀이다. 제자들의 마음속에는 십자가를 지고 죽음에 넘겨질 예수님을 이탈하고 떠나버리고 싶은 마음이 있었기 때문이다. 십자가를 지고 모든 것을 잃어버리는 이 순간에 갈릴리의 예언자요 고난 감수적인 인자 옆에 붙어 있는 것이 제자들에게 무엇을 의미할까? 예수 그리스도의 격한 고난의 인생 속으로 연루되어, 예수님을 갈아엎고 유린하는 역사의 거대한 수레바퀴 아래 함께 깔리는 것을 의미하지 않았을까? 역사의 거대한 수레바퀴 아래 깔려 희생당하는 예수 옆에 붙어 있는 것은 제자들이 선택할 수 있는 일이 아니었다. 그래서 모두 다 주를 버릴지라도 '나는 주를 버리지 않겠다'라고 말하는 베드로의 다짐이 오히려 역설적으로 분열감을 일으킨다. '모두 다 주를 버릴지라도'라는 가정법화법에서 드러나듯이 제자들의 대세는 '주를 버리는' 분위기였다. 포도원 담화는 목요일 밤 10시 전후에 이뤄졌을 것이며, 예수께서 "내가 진실로 진실로 네게 이르노니 닭 울기 전에 네가 세 번 나를 부인하리라"고 말씀하신 것은 자정을 넘긴 시점 전후에 하신 말씀일 것이다. 베드로가 새벽이 되기 전에 세 번씩 예수님을 부인하게 될 상황은 예수님과 제자들 사이를 급격하게 갈라

놓을 사태가 일순간에 벌어질 것이라는 말이다. 당시 예루살렘 닭들이 새벽 4-5시경에 울었다고 본다면, 예수님이 가야바와 안나스의 집에 잡혀간 시간이 새벽 3-4시경 정도라고 짐작할 수 있는 근거가 된다. 새벽 4-5시 전에 세 번 부인하려면 예수님은 3-4시경이나 그 이전에 붙들렸을 것이다. 그렇다면 예수님은 세족 목요일밤 10-11시부터 다음날 새벽 4시경까지 겟세마네 동산에서 밤새도록 기도하셨을 것이다.

겟세마네 동산은 기드론 시내와 힌놈의 아들 골짜기 사이 길을 지나자마자 나온다. 안나스와 가야바의 집은 성전 산 주택지구에 있었기 때문에 예수님은 다시 올라와야 했을 것이다. 겟세마네 동산과 안나스와 가야바의 공관까지는 천천히 걸으면 3-40분 걸리는 거리다.

1절은 요한복음에서 여러 차례 사용되는 에고 에이미(ἔγω εἰμι) 구문으로 시작한다. '다른 이가 아니라 내가(에고) 참포도나무요 내 아버지는 농부[게오르고스(γεωργός)]이시다.' 에고 대명사의 돌출적 사용은 차이 보조사를 넣어 번역하는 것이 좋다. '다른 이가 아니라 나야말로 참포도나무다.' 요한복음 10:11, 14에 나오는 '다른 이가 아니라 내가 참 목자다'라는 구문처럼 구약성경에 나오는 비교대상을 의식하는 구문이다. '참포도나무'는 구약성경에 나오는 비유법, 즉 우상숭배에 빠져 만신창이가 된 이스라엘을 '들포도나무'라고 말한 예언자들의 언어를 상기시킨다. 이사야 5장과 예레미야 2장은 이스라엘을 들포도나무라고 말한다.[1] 반면에 예수님 자신은 범죄한 이스라엘을 일대일로 대신하는 참포도나무다. 즉 예수님은 이스라엘 전체 회중을 대신하고 대표하는 참이스라엘이다. 이사야 5:1-7에서 하나님은 자신이 극상품 포도나무를 심은 정원사, 과수원지기 농부라고 말한다. 농부이신 하나님은 이스라엘과 유다에게 정의(미쉬파트)와 공의(츠다카)의 포도 열매를 기대했는데, 그들은 '부르짖음'[츠아카(ṣĕʿāqā)]과 '포학'[미쉬파흐(mišpāḥ)]이라는 들포도 열매를 맺었다. 히브리어로 읽을 때는 이 네 단어가 말장난語戱 수사법인 것을 알 수 있다. 이스라엘에게 미쉬파트(mišpāṭ, 정의)의 포도가 맺히기를 기대했지만 미쉬파흐, 포학의 열매를 맺었다. 포학은 약자에 대한 강자의 압제와 유린을 가리킨다. 공평무사한 공동체생활을 기대했으나 사회적으로 유력한 자들이 연약한 자들을 압제함으로써 비인간화시켰다. 츠다카(ṣĕdāqā, 공의)의 열매를 기대했지만 츠아카, 부르짖음을 결실했다. 약자의 아우성이 그칠 날이 없는 세상을 만들었다. 그래서 농부이신 하나님은 자신이 가꾼 포도원의 울타리를 제거하셔서 침략자들(맹수 공격자)의 노략질 아래 방치하기로 결정하셨다.

예수님이 자신이 참포도나무라고 말씀했을 때는 이사야 5장의 '들포도나무 규탄'을 인증하시는 것이다. 예수님과 열두 제자는 현재의 성전체제와 대비되는, 이스라엘 열두 지파로 구성된 새 포도나무 공동체라는 것이다. 예수님은 자신의 방식대로 이스라엘 공동체를 재창조하기를 원하신다. 예수님은 어떤 세상을 원하셨는가? 타자의 인생을 파괴하는 불의한 위계질서가 없는 세상을 원하셨다. 에스겔 16:49은 소돔성의 멸망 원인이 가난한 사람들의 얼굴을 맷돌질하는 부자들의 악행이었다고 말한다. 예수님은 예루살렘을 소돔의 관원들과 고모라의 백성이라고 말하는 이사야 1:10을 염두에 두고, 성전체제 중심의 불의한 이스라엘을 비판하신다. 이사야는 자기 시대가 한때 번영했다가 재기불능의 파멸을 겪고 역사 속으로 사라졌던 소돔과 고모라 수준으로 타락했다고 보았다.

요약하면 "나는 참포도나무요 내 아버지는 농부라"고 말씀했을 때 예수님은 정확하게 이사야 5:1-7을 이어받은 것이다. 에고 에이미 헤 암펠로스 헤 알레디네(Ἐγώ εἰμι ἡ ἄμπελος ἡ ἀληθινή). 들포도나무였던 이스라엘, 즉 성전 종교체제[2]와 달리 예수님이 창조할 새 이스라엘은 촘촘한 언약적 결속과 유대로 지탱된다.

2절은 포도나무 비유를 말씀하시는 목적을 서술한다. 농부이신 아버지 하나님은 줄기에 붙어 있는 것처럼 보이지만 열매 맺지 못하는 가지는 제거하시고 열매를 맺는 가지는 더 풍성하게 맺도록 깨끗게 하신다. 여기서 열매 맺지 못하는 가지는 표적을 보고 자신을 믿는 유대인들(제자들)을 가리키며, 더 구체적으로는 유다를 가리킨다. 열매 맺는 가지는 성장 중에 있지만 깨끗게 손질할 필요가 있는 가지다. 베드로 같은 제자는 허풍과 과장, 호언장담과 인간적 패기로 충만하지만 전정剪整작업이 필요한 가지다. 교회 안에도 열매 맺지 못하는 가지와 열매 맺는 가지가 뒤섞여 있기 때문에, 하나님 아버지의 끊임없는 전정작업이 이뤄지지 않으면 교회는 도덕적 파렴치범들을 위한 은신처가 되기 쉽다. 하나님은 우리 각자 안에서도 열매 맺지 못하는 '가지'에 해당되는 습관, 태도, 관계 등을 잘라내신다. 하나님은 우리가 참포도 열매를 맺도록 복잡한 인맥을 정리해주시기도 한다. 포도 농사의 성패는 열매 맺지 못하는 위장 가지들을 얼마나 적시에 잘라내는가에 달려 있다.

3절은 2인칭 복수 대명사 휘메이스(ὑμεῖς)가 독립적으로 사용된 문장이다. '이미 너희(휘메이스)는 내가 이제까지 계속해서 해준 말로 깨끗해져 있다.' 예수님의 "말씀"은 여기서 단수다. 어떤 말씀을 가리킬까? 일단 공생애 기간 내내 하신 말씀들을 총칭하는 것으로 이해할 수 있다.[13:10] 예수님이 공생애 내내 들려주신 말씀이 제자들을 영적으로 정화하고 세척해 새 언약백성으로 준비시켰다는 것이다. 그러나 좀 더 구체적으로 마가복음 8, 9, 10장에서 연속으로 나오는 십자가 관련 말씀이다. 여러 제자들로 하여금 더이상 따라다니지 않게 만드는 "고난" 예고 말씀을 의미한다. 요한복음 6장이 공관복음서의 십자가 예고 말씀을 담고 있다. 6:66-71은 유다가 실족해 넘어지는 자리가 바로 살과 피 담론, 새 언약 담론임을 보여준다. 유다는 예수님이 자신의 살과 피를 새 언약의 계약식사 음식으로 제공하시겠다는 말씀에 결정적으로 실족했다. 예수님의 살과 피를 먹고 영생하는 공동체에 대한 가르침에서 유다는 '마귀'로서의 정체를 드러낸다.6:70-71 6:66-71이 열매 맺지 못하는 가지를 잘라내는 전정작업을 감당한 셈이다.

4절은 이미 깨끗게 된 제자들(예수님의 죽음을 알고도 예수님께 붙어 있는 가지들)에게 다음 단계의 영적 결속으로 초청하는 예수님의 말씀이다. 영적 정화는 영적 결속을 위한 예비단계였다. 제자들은 예수님과 상호내주로 결속되어야 한다. 둘째 소절은 독립적으로 사용된 1인칭 단수 대명사 에고로 시작한다. 카고(κἀγὼ)는 카이(καὶ)와 에고(ἐγώ)의 합성어다. '그리고 나 자신도 너희 안에 머물 것이다.' 포도나무 가지가 몸통(줄기)에 붙어 있지 아니하면 열매를 맺지 못하듯이 제자들도 예수님 안에 있지 아니하면 열매를 맺을 수 없다. '안에 거하다'라는 표현은 구약성경에는 나오지 않는 어구다. 제자들이 예수님 안에 거한다는 말은 그의 가르침 안에서 생각하고 행동한다는 말이다. 예수님의 영향력 아래 사는 것이다. 그런데 예수님이 제자들 안에 거한다는 것은 제자들의 염려와 근심을 관리하고 통제하고 승화시키는 방식으로 영향을 끼치는 것을 의미한다. 예수님이 제자들 안에 있다는 말은 제자들 개개인 안에 거하는 것도 의미하지만 제자들이 각각 서로 맺는 관계 안에 머무는 것을 가리키기도 한다. 예수님이 제자들 사이의 관계가 분열적이고 대립적이지 않으며 상호보합적이고 상호견인적인 유대를 이루도록 촉진하는 역할을 하시겠다는 것이다.

5절은 4절을 더 분명하게 해설한다. 5절은 에고-휘메이스 강조구문으로서 사실상 4절을 되풀이한다. 에고 에이미 헤 암펠로스, 휘메이스 타 클레마타(ἐγώ εἰμι ἡ ἄμπελος, ὑμεῖς τὰ κλήματα). '다른 이가 아니라 나 자신이 포도나무, 너희(휘메이스)는 가지.' 둘째 소절은 직역하면, '내 안에 거하는 그 사람에게 내가 거하면 이 사람은 열매를 맺는다'이다. 마지막 호티(ὅτι)절은 이유절이다. '왜냐하면 나 없이는 너희는 아무것도 결실할 수 없기 때문이다.' 예수님은 포도나무 몸통이요 줄기이며 제자들은 가지이기 때문에, 예수님과 제자들 사이에는 분리될 수 없는 언약적 결속이 작동한다. 이사야 5:1-7, 예레미야 2:21, 시편 80:8 등을 종합해 보면, 이스라엘 백성은 한때는 극상품 포도나무였는데 어느 순간에 들포도나무로 변질되었다. 하나님과의 언약적 결속에서 분리된 이스라엘은 품종 자체의 돌연변이를 겪었다. 포도원 농부로서 포도원을 가꾸었던 포도원 주인이 소출을 거두러 왔을 때 경악했다. 신적 자비와 공평(츠다카와 미쉬파트)을 열매 맺을 것으로 알고 왔는데, 포학과 양극화로 인한 아우성을 열매로 맺었다. 예수님이 자신은 참포도나무로, 제자들은 가지로 비유하셨을 때 염두에 둔 생각이 무엇이었는지를 알려주는 또 하나의 중요한 본문이 마태복음 21장에 나오는 포도원 소작쟁의 비유이다(또한 막 12:1-9). 이 소작쟁의 비유는 이사야 5장의 신약 해석판이다. 누가복음 13장에도 유사한 사상이 나타난다. 여기서 주인은 자신의 포도원을 맡아 경작한 농부로부터 자신의 위임을 철회하려고 한다. 그런데 포도원 농부가 애걸복걸해서 3년간 더 참아주기로 한다. 예수님은 이 두 가지 포도원 비유를 통해 이스라엘 민족의 역사를 불순종의 역사, 혹은 들포도를 결실한 실패한 포도원 농사라고 규정하신다. 실제로 마카베오 독립항쟁 세력들을 이은 하스모니안 왕조는 포도송이가 새겨진 은전을 주조해 유통시켰다. 이처럼 예수님 당시에 포도송이(포도원)가 이스라엘 민족 자체를 가리킨다는 것은 널리 알려진 상식이었다.

앞서 언급했듯이 1-5절은 구약성경 전체를 하나님의 포도원 농사로 설명하고 있는 예언자들을 상기시켜준다. 예수님은 자신과 열두 지파를 대표하는 열두 제자를[3] 하나님께 정의와 공의의 열매를 맺어드릴 참포도나무라고 주장하신다. 이는 하나님이 이스라엘을 선택하신 목적이 성취되는 공동체를 말한다. 여기서 왜 하필 예언자들과 예수님은 이스라엘을 포도나무에 비유했을까? 이 또한 깊은 구약적 울림을 갖고 있다. 포도나무의 본질은 목재에 있지 않고 포도주를 생산하는 데 있다. 이사야 25:6에 보면, 여호와 하나님이 세계만방을 시온산에 초청해 오래 저장했던 포도주로 잔치를 열어주실 미래가 펼쳐진다. 하나님은 세계 만민을 희락의 잔치에 초청하여 기쁨의 포도주에 취하게 만듦으로써 세계만민이 서로에 대해 다시는 적개심의 면박을 쓰지 않고 만나도록 촉진하신다. 면박을 벗고 얼굴과 얼굴을 맞대고 만나게 하신다. 세계만국 가운데 형제우애적 사랑이 싹트도록 잔치를 베푸신다. 이것이 이스라엘을 창조하시고 기르시고 마침내 열방 향도의 제사장 국가로 사용하시려는 목적이다. 이스라엘 민족의 존재 목적은 열방을 취하게 하는 포도주 생산이다. 이스라엘에서 생산된 이 포도주는 세계열방 가운데 평화를 창조하는 연회장에서 사용될 포도주다. 포도주는 마신 사람의 응집된 자아를 이완시킨다. 보복의식으로 가득 찬 면박 너머의 민족의식, 역사적 구원舊怨의식을 아주 묽게 만들어버린다. 열국 모두가 이 포도주를 마셔야만 야웨 하나님의 산에서 다시는 골육상잔의 전쟁을 하지 않게 될 날을 기약할 수 있다. 바로 이 날을 위해 이스라엘은 포도주 공급 포도원으로 존재해야 하는 것이다. 결국 사도행전 2장에서 이사야 25:6의 잔치가 실현된다. 성령 충만한 백이십 문도는 '새 술에 취했다'는 말을 들었다.행 2:13 글류쿠스 메메스토메노이 에이씬(*γλεύκους μεμεστωμένοι εἰσίν*). 글류쿠스는 '새 포도주'를 의미하는 글류

코스(γλεῦκος)의 속격이며 메메스토메노이는 '가득 채우다'를 의미하는 동사 메스토오(μεστόω)의 남성복수주격 완료수동태 분사다. 에이씬은 에이미 동사의 3인칭 복수 직설법현재다. '그들은 새 포도주에 가득 채움을 받은 상태였다.' 여기서 성령은 포도주로 표현되어 있다. 포도나무 공동체라는 말은 결국 보혈을 흘려서 남을 희락에 도취하게 만드는 공동체다. 하나님은 이 세상에 성령의 포도주를 공급하기 위하여 이스라엘 민족을 선택하셨고 이스라엘의 대표자인 예수님을 선택하셨다. 예수님이 물을 포도주로 바꾸는 기적을 행한 이유도 바로 이런 이사야적 비전, 사도행전 2장 비전을 예기케 하는 복선이다. 이런 오순절 성령의 포도주를 양조하기 위해서 제자들은 예수님의 몸에 붙어 있어야 한다. 예수님의 제자들은 자연스럽게 붙어 있는 가지이면서 동시에 매 순간 붙어 있기로 결단해야 하는 '자유의지를 가진 인격체' 가지다. 식물 포도나무 가지는 줄기에 붙어야 할 것인지 말 것인지를 고민할 필요가 없다. 그러나 인격체 포도나무 가지들은 매 순간 숙고하고 결단해서 몸통에 붙어 있기를 선택해야 한다.

6절은 만일 가지가 몸통에 붙어 있지 않기로 결단하듯이 제자들이 예수님 '안에' 거하지 않을 경우 일어날 일을 말한다. 가지처럼 밖에 버려져 마를 것이며, 끝내 불태움을 당할 것이다. 열매 맺지 못해 잘려서 말라버린 가지들을 화목으로 쓰는 것은 이스라엘의 흔한 풍경이었다. 결국 예수님의 속마음에 비추어 5-6절을 해설하면 이런 뜻이다. '내가 십자가의 죽음이라는 비극적 운명으로 끌려간다고 여러분이 나를 떠나는 것은 옳지 않다. 여러분이 나를 떠나면 열매를 맺지 못하고 시들어 밖에 버려져 불태움을 당한다. 지금 십자가의 운명으로 뚜벅뚜벅 걸어가는 내가 여러분의 인생에 위험한 폭풍을 몰고 올 것 같은 재난의 불씨처럼 느껴질지라도 나를 떠나서는 안 된다. 십자가를 지는 내 안에 붙어 있는 것만이 진짜 나와 인격적으로 결속되는 것이다. 십자가를 지는 나에게 붙어 있는 제자만이 열매를 맺는다.' 결국 요한복음 15장 전체 맥락에서 "내 안에 거하라"는 예수님의 말은, '십자가를 지고 하나님의 제단에 자신의 목숨을 바치기 위해 스스로 약해진 예수 안에 붙어 있으라'는 것이다. 곧 닥칠 일들이 제자들로 하여금 예수님을 버리고 도망치게 할 것이지만 예수님께 붙어 있어야 한다는 것이다. 스스로 옳지만 불의한 재판을 받고 죽임을 당하는 것을 묵묵히 받아들이는 예수 안에 붙어 있어야 한다. 십자가를 지신 예수를 사랑해야만 열매를 맺는다는 뜻이다. 2절의 "내게 붙어 있어 열매를 맺지 아니하는 가지"는 유다를 가리킨다. 유다는 하나님이 잘라냈다. 붙어 있었지만 열매를 맺지 못했기 때문이다. 마지막 순간 예수님의 떡을 먹고도 회개 기회를 완전히 포기했다. 떡을 받자마자 어둠 속으로 사라졌다. 유다는 예수님을 배반하여 스스로 떠난 것이 아니라 농부 되신 하나님께 잘림을 당했다. 결국 3절의 "내가 일러준 말"은 예수님 가르침의 총칭이라기보다는 '십자가 고난 예고'(자신의 죽음을 암시하는 살과 피 담화) 말씀이다. "인자가 대제사장과 서기관들에게 붙들려 십자가에 죽임을 당할 것이라"는 말을 가리킨다. 자신의 죽음을 전제하거나 암시하는 말을 듣고도 예수님을 떠나지 않는 자들은 새 언약에 참여하는데 요청되는 영적 정화를 거친 셈이다.[겔 36:25-26] 예수를 믿고 예수님 곁에 머무는 것이 위험한 일이 될지라도 여전히 예수님과 함께 있는 제자는 깨끗게 되었기 때문에 열매를 맺을 가능성이 높다. 디모데후서 4:10-11은 바울 곁에 머물면서도 열매를 맺지 못하고 떨어져나간 제자들과 붙어 있는 제자들을 거명한다. "데마는 이 세상을 사랑하여 나를 버리고 데살로니가로 갔고 그레스게는 갈라디아로, 디도는 달마디아로 갔고 누가만 나와 함께 있느니라."

6절 하반절은 제자들에 대한 엄중한 경고이자 교회공동체에 대한 경고다.[4] 예수님 안에 거하지 아니하는 가지(교회와 그리스도인)는 몸통에서 베임을 당해 밖에 버려져 화목으로 불태워진다. 포도나무는 화목火木으로 쓰임받는 것이 아니라, 포도열매를 맺어야 하고, 궁극적으로 포도주를 양조하기 위해 사용되는 것이다. 2천년 교회사는 예수님 안에 거하지 않은 교회와 그리스도인들이 밖에 버려져 말라 불태워진 사건으로 가득 차 있다. 교회가 성령의 새 포도주로 가득 차 향기를 발하지 않으면 베임당한 가지처럼 마르게 된다.

7절은 예수님 안에 거하고 예수님께 붙어 있는 제자들이 어떤 열매를 맺게 되는지를 말한다. 제자들이 예수님 안에 거하고 예수님의 십자가 말씀('깨끗게 하는 말')이 제자들 안에 거하면, 제자들은 무엇이든지 구하면 응답받게 된다. 예수님과 상호내주적 연합을 이룬 제자들은 기도응답 특권을 누리게 된다. 십자가를 지는 예수님과 깊은 친교를 나누면 제자들의 간구가 응답된다. 예수님 안에 거하며 예수님이 십자가를 지시는 일에 동참한 제자가 구하는 바는 무엇이든지 성취시켜주신다. 십자가를 지신 예수님 안에 거하는 제자들은 예수님의 마음에 합당한 것만을 간구할 것이기 때문에 그들의 간구는 항상 응답받을 수밖에 없다. 16절이 말하는 "내 이름으로"는 '십자가를 지신 예수님의 이름으로'라는 뜻이다.

8절은 제자들이 맺을 열매가 기도를 통해서 맺힐 것임을 말한다. 제자들의 열매는 이사야 5:7에 비추어 볼 때 정의와 공의의 열매며, 성품과 사회적 미덕의 측면에서 보면 갈라디아서 5:22-23이 말하는 성령의 열매다. 정의와 공의를 구현하는 사람들의 성품이 성령의 열매다. 사랑, 희락, 화평, 온유, 오래 참음, 자비, 양선, 충성, 절제가 성령의 열매들인데, 이것들은 인격으로 맺히는 열매이면서 사회적 가치와 미덕으로 맺히는 열매이기도 하다. 이런 열매를 풍성하게 맺

요

으면 하나님 아버지께서 영광을 받으실 것이며, 이런 열매를 맺는 사람들은 예수님의 제자로 공인된다. 마태복음 5:16은 그리스도의 제자들이 세상 사람들로 하여금 하나님 아버지께 영광을 돌리게 만드는 것을 '착한 일'이라고 선언한다. 율법과 선지자의 강령을 지키는 일이 착한 일이다. 마태복음 7:15-27은 제자도의 시금석은 하늘에 계신 아버지 하나님의 뜻대로 행하는지 여부라고 말한다(특히 20절). 아름다운 열매, 즉 공의와 정의의 열매를 맺지 못하는 나무는 찍혀 불에 던져진다.[마 7:19] 요한복음이 말하는 이 열매를 개개인의 신자들에게 적용하려고 하기 전에 교회가 맺을 공적인 차원의 열매에 먼저 적용하는 것이 요한복음의 의도에 더 적실하다. 이사야 5:1-7의 맥락을 염두에 두고 해석해야 한다. 결국 열매 맺는 신자만이 예수님의 제자다. 예수님께 배운 자라는 칭호는 열매에 대한 공적인 인정이다.

9절은 예수님 안에 '거한다'[4절]는 것이 무엇을 의미하는지를 구체적으로 설명한다. 아버지께서 예수님을 사랑하셨던 것처럼 제자들도 예수님이 그들에게 보였던 그 사랑을 확신하고 그 안에 머물러야 한다.[13:1] 예수님은 자신이 아버지께로 가실 때가 이른 줄을 이미 유월절이 시작되기 전에 알았지만 제자들을 끝까지 사랑하기 위하여 수난 주간 내내 제자들을 지키고 그들과 함께 시간을 보냈다. 예수님이 제자들에게 쏟았던 사랑은 많겠지만, 13-15장 맥락에서는 발을 씻어주시는 사랑을 가리킨다. 제자들의 미성숙을 보고 화내지 않고 오래 참아주고 믿어주고 견디어주는 사랑이다. 누가 크냐는 논쟁을 벌이면서 서로의 발을 씻어줄 생각도 못한 채 허겁지겁 식사로 뛰어들던 제자들의 야심과 권력욕 등 미성숙을 참고 부둥켜안았다. 먼지와 때가 낀 제자들의 자아를 품고 씻었다. 정죄하기보다는 영원히 잊지 못할 온유하심으로 발을 씻어주셨다. 이런 몸 구푸리는 사랑을 감사로 기억하고 모방하는 것이 예수님의 사랑 안에 거하는 것이다.

10절은 9절을 보완하고 부연한다. 예수님의 사랑 안에 거한다는 말은 예수님의 사랑을 생각하면서 감미로운 기분에 빠져 있으라는 것이 아니라, 그 견고한 의지로 예수님과의 연합을 유지하라는 말이다. 예수님의 사랑은 예수님이 제자들에게 주신 사랑이기도 하지만 또한 제자들이 예수님께 보여야 할 사랑이다. 예수님으로부터 발 씻김의 사랑을 받은 제자들은 이제 예수님을 사랑할 기회를 갖게 되었다. 예수님에게 일어나는 최악의 사태를 보고도 예수님에 대한 신뢰를 철회하면 안 된다. 예수님을 믿고 견뎌야 한다. 10절 하반절은 예수님이 주신 계명을 지킴으로써 예수님을 사랑하는 그 사랑 안에 거하라고 한다. 복음서 전체 맥락에서 이 계명은 하나님 전심사랑 계명과 이웃 사랑 계명을 가리킨다. 하지만 요한복음의 근접 전후맥락에서는 13:34-35의 새 계명을 의미한다. 12절도 이런 해석을 지지한다. 몸을 구푸려 형제자매의 발을 씻어주는 사랑, 서로 사랑 계명이다. '서로 사랑'은 촘촘한 공동체생활을 해야 하는 동료에게 실천해야 할 사랑인데 막연한 인류 사랑보다 훨씬 고난도의 과제이다. '서로 사랑'은 내게 발을 뻗어 식탁을 마주할 만큼 가까운 사람들에 대한 사랑이다. 친밀감이 오고가야 할 사이에 오히려 경쟁, 질투, 적의가 싹트기 쉽다. 수도원, 수녀원, 신학교, 회중, 직장 등에서 마주치는 모든 '가까운 이웃'에게 '서로 사랑'을 실천하기는 심히 어려운 일이다. 예수님은 제자공동체 구성원들이 지금 서로에 대해 의심과 반감을 갖고 냉랭해져 있는 것을 아신다. 그러므로 예수님은 당신이 주신 서로 사랑의 계명을 지키는 것이 자신을 사랑하는 사랑 안에 거하는 것이라고 말씀하신다.

11절은 예수께서 제자들에게 1-10절의 가르침을 주신 목적을 말한다. '이것들을 너희에게 다 말했다.' "내가 이것을 이름은"(11절)에서 '이름은'이라고 번역된 헬라어 렐랄레카(λελάληκα)는 '말하다'를 의미하는 동사 랄레오(λαλέω)의 1인칭 단수 현재완료이다. '이것들을 나는 다 말했다.' 이런 의미다. '다 말한' 내용은 포도나무 담화다. 이 포도나무 비유담화의 목적은 자신 안에 있는 기쁨이 제자들 안에도 지속적으로 존재하고[에(ᾖ), 에이미 동사의 3인칭 단수 가정법현재], 제자들 안에서 만개되도록 하기 위함이다. 여기서 중요한 것은 예수님이 말하는 "내 기쁨"의 실체이다. 지금 예수님은 유다가 대동하고 올 체포조를 맞이하고 심문을 거치고 죽음에 넘겨질 운명인데 무슨 "기쁨"이 있단 말인가. 예수님이 말하는 "내 기쁨"은 하나님 아버지께 끝까지 순종하기로 결단하고 그 결단을 실행하고 있다는 사실 때문에 느끼는 기쁨이다. 아버지 하나님의 뜻에 자신을 바치는 급진적인 순종의 기쁨이며, 더 나아가서 아버지 하나님이 은밀하게 붙들어 주심을 맛보는 데서 오는 기쁨이다. 아무리 생각해도 제자들에게 배반당하고 버림받고 수치스러운 재판과 죽음에 넘겨질 일이 코앞에 닥쳤는데 무엇이 기뻤을까라고 생각하기 쉽다. 그런데 예수님이 말씀한 기쁨은 이 모든 불쾌하고 답답하며 곤욕스러운 일들이 아버지께 가는 길의 일부라고 생각할 때 오는 기쁨이다. 아들 예수님의 기쁨은 자신을 이 세상에 보내신 이의 뜻에 순종하는 데서 생기는 기쁨이다. 겉으로 볼 때는 예수님께는 하나님 아버지로부터 자신을 이격시키고 분리시키는 불행한 일들이 예상된다. 그런데 멀어지게 만드는 그 사태 속에서도 아버지와 아들의 하나임을 확신시키는 예수님의 주관적이고 내적인 확신은 깊어간다. 예수님은 자신의 이런 기쁨이 제자들에게도 생겨나 지속되다가 마침내 완전케 되도록 하기 위해 포도나무 담화를 주셨다. 제자들의 기쁨은 처음에 부활하신 예수님을 만나고 상당히 완전케 되었다가 오순절 성령이 오셔서 희락의 포도주를 부어주시자 온전히 완성되었다. 오순절 성령, 또 다른 보혜사가 오셔서 제자들과 함께 거하며 그들 안에 내주하면 제자들의 기쁨은 극대로 만개할 것이다. 예수님은 이처럼 제자들의 기쁨이 만개되도록 1-10절의 말씀을 주신다.

12절은 10절이 말하는 "내 계명"을 부연한다. 예수님이 세족 목요일 밤에 사랑의 시범을 보여주셨던 것을 토대로 제자들도 '서로 몸 구푸려 사랑하라'는 계명이다. 13절은 '서로 사랑'의 최고단계를 말한다. 예수님 자신이 세족 목요일 밤에 보여준 사랑, 제자들이 서로 사랑할 때 준거로 삼아야 할 사랑의 본질은 '친구를 위해 목숨을 버리는 데' 있다. 14-15절은 친구를 위해 목숨을 버리는 사랑의 본질을 부연한다. 14절은 휘메이스-에고 강조구문이다. '너희는(휘메이스) 내 친구다. 내가(에고) 너희에게 명한 것을 행하면.' 친구 사이는 교감과 상호이해를 바탕으로 한 우정에 의해 지탱된다. 제자들이 예수님이 명하는 서로 사랑의 계명을 납득하고 이해하고 공감하여 행한다면 예수님의 '친구'라는 말이다. 15절은 이제부터 예수님과 제자들은 단지 퀴리오스(κύριος)와 둘로스(δοῦλος)의 관계가 아니라 친구관계가 된 이유를 말한다. 종은 주인의 일의 전모를 모르고 부분적으로 특정 지시사항만 받아 행한다. 그런데 친구는 비밀을 나눈다. 일의 전모를 나눈다. 하나님은 아브라함에게 이스라엘 민족을 부르신 목적, 실현 방법 등 전모를 알려주셨다. 아브라함이 하나님의 벗[창 18:17, 대하 20:7, 사 41:8]이라고 불리는 이유가 여기에 있다. 예수님은 제자들에게 아버지 하나님으로부터 들으신 모든 구원계획 전모(이스라엘에 대한 하나님의 생각 전모)를 나누고 공유하셨다. 제자들을 친구[필로스(φίλος)]로 대우하셨다. 제자들에게 특정과정에서 특정과업만 명하신 것이 아니라 하나님 아버지의 인류 구속계획 전모를 알고 납득하고 공감하기를 기대하셨다. 또한 친구는 친구의 죽음에 응답하는 책임을 맡아야 한다. 예수님이 제자들을 친구로 격상시키기 위해 자신의 목숨을 바치는 이 행위를 우정과 동지적 책임감으로 모방하고 확산할 사명을 가져달라고 촉구하신 것이다. 자신의 죽음의 의미를 이해하고 납득하여 친구로서의 응답을 기대하신 것이다. 여기서 친구는 예수님의 친구 위한 죽음에 상응하는 우정을 보여야 할 동반자다.[5]

열두 제자를 세우신 목적 ● 16-27절

이 단락은 세상을 향해 열매를 맺음으로 예수님이 구약의 하나님이 보내신 이임을 공증하는 제자들의 사명을 다룬다. 제자들의 사명은 이사야 5:7이 말하는 열매를 맺어 예수님의 행적을 복제하고 확산하는 것이다.

16절은 휘메이스-에고 강조구문이면서 두 개의 히나(ἵνα) 목적절을 종속절로 갖고 있다. '너희가(휘메이스) 나를 택하지 않고 내가(에고) 너희를 택했다.' 예수님은 밤이 새도록 기도하신 후에 열두 제자를 택하여 세우셨다(눅 6:12; 비교. 막 3:13). 보통 랍비의 제자 모집은 제자들이 스승을 찾아가는 방식으로 이뤄진다. 그러나 예수님은 자신이 원하는 이들을 따로 불러 모으셨고 제자로서의 뚜렷한 정체성을 각인시켜 세우셨다. 예수님이 제자들을 스스로 주도해서 뽑아 세우신 목적은 두 가지다. 첫째 '너희가(휘메이스) 세상에 나가서[휘파게테(ὑπάγετε)] 열매를 맺게 하되 그 열매가 항상 지속적으로 유지되도록 하기 위함이다.' 일과성 열매가 아니라 상시적으로 열매가 달려 있는 포도나무 공동체가 되기를 원한다는 것이다. 둘째, 이 두 번째 히나 목적절은 앞의 히나 목적절의 종속절이다. '너희가 열매결실 공동체가 되어야 하는 이유는 내 이름으로 무엇을 구하든지 그가

(내 아버지) 너희에게 주시도록 하기 위함이다.' 기도 응답의 확실성은 열매 결실성에 달려 있다. 16절의 마지막 히나절의 동사[도(δῷ), 주도록]의 주어는 3인칭 남성단수로서 '아버지 하나님'을 가리킨다. 이사야 58:6-9은 공의와 정의의 열매를 맺는 귀환포로 공동체가 무엇을 구하든지 응답하시는 하나님을 보여준다. "네가 부를 때에 나 여호와가 응답하겠고 네가 부르짖을 때에 내가 여기 있다 하리라." 사 58:9 아버지 하나님께서 거의 무조건적으로 응답하시는 간구는 열매 관련 간구다. 이사야 5:7이 말하듯이 공의와 정의의 열매를 맺기 위해 기도하는 것은 응답하신다. 열매 맺는 공동체의 간구는 언제나 하나님 아버지의 응답을 촉발시킨다.

여기서 중요한 것은 예수님의 이름으로 아버지께 구한다는 것이다. 예수님의 이름으로 구한다는 것은 예수님 뜻만 구한다는 것이다. 예수님은 결국 아버지 하나님의 뜻을 이루려고 구하시니 하나님 아버지는 결국 당신의 뜻을 이루시려고 예수님과 그의 제자들의 간구를 지렛대로 삼으시는 셈이다. 아버지 하나님은 당신 홀로 일하시지 않고 당신의 뜻을 독생자에게 먼저 나누시고 독생자는 자신의 제자들에게 나눔으로써, 결국 아버지 하나님 당신의 뜻이 이뤄지게 하신다. 주님이 가르치신 기도에도 '당신의 뜻이 하늘에서 이루어진 것처럼 땅에서도 이루어지길' 간구하는 청원이 있다. 예수님의 이름으로 간구하는 것은 예수님의 속마음을 대변하는 기도다. 예수님은 아버지 하나님의 속마음을 알고 그것을 이루려고 기도하신다. 아버지 하나님은 당신의 뜻이 매개되어 이뤄지길 원하신다. 이 과정에서 인간은 하나님의 뜻을 이해하고 공감하며 전적으로 납득해 그것이 마치 자신의 일인 것처럼 성취한다. 하나님이 원하시는 열매는 정의와 공의의 열매다. 제자공동체가 옛 이스라엘에게 기대되었던 그 열매, 정의와 공의의 열매를 맺으면 세상 사람들은 그들이 예수님 안에 붙어 있음을 인지하게 되고 하나님께 영광을 돌린다. "이같이 너희 빛이 사람 앞에 비치게 하여 그들로 너희 착한 행실을 보고 하늘에 계신 너희 아버지께 영광을 돌리게 하라."마 5:16 우리 그리스도인들은 신념이 아니라 우리의 선한 삶과 사역을 통해 세상으로 하여금 아버지 하나님께 영광 돌리게 한다.

교회는 주님의 몸이다. 식물생장학적으로 예수님께 붙어서 계속해서 과실을 맺고 확대 재생산되는 유기체이다. 거대한 자석이 쇠붙이를 끌어들이듯이 이런 교회가 세상 사람들을 견인하고 구원한다. 예수님을 사랑하는 힘이 기독교의 힘이다. 예수님을 사랑하기 때문에 예수님께 순종하는 것이 기독교의 유일한 힘이다. 예수님에 대한 사랑과 과감한 사랑의 실천력, 급진적인 희생정신, 고결한 인격과 윤리적 삶, 이런 것들이야말로 기독교회가 부단히 공급하는 포도주, 세상 만민을 취하게 만드는 거룩한 포도주다.[6] 성령의 포도주에 취한 사람들은 민족, 인종, 계급과 계층이라는 적개심의 면박을 벗고 평화의 공동체를 이룬다.

교회는 약해 보여도 성령의 포도주가 공급되는 포도나무 공동체이기 때문에 자생력이 강한 초목 같다. 교회 조직이 무너지지 않는 이유는 강제력에 의해 움직이는 조직이 아니라 내부에서 깊이 우러나온 확신으로 지탱되고 운영되는 모임이기 때문이다. 스탈린과 모택동과 같은 독재자들이 멸절시키려고 해도 없애지 못했다. 레닌과 스탈린 시기에 수천만 명의 그리스도인들이 희생당했다. 많은 주교들이 죽었고 수녀들도 죽었다. 서구유럽에서 죽었던 모든 순교자보다 더 많은 순교자가 레닌-스탈린 시대의 러시아에서 죽임을 당했다. 모택동이 벌인 인민공사 대약진운동으로 2천만 명 이상이 죽었고, 그 와중에 기독교인들도 무수하게 희생당했다. 중국에 다시는 기독교 신앙이 재생될 수 없다고 믿을 만큼 멸절되었다. 그러나 중국기독교는 엄청난 순교자와 고난의 증인을 배출하며 중국공산당을 위협할 만큼 자랐다. 하나님을 향한 불타는 인간의 마음은 아무도 끊지 못한다. 하나님을 향한 불타는 진심은 어떤 압제나 고문도 제거할 수 없다. 공평과 정의의 열매를 맺는 교회는 공평과 정의의 포도주를 공급하는 거룩한 양조장이다. 교회를 다녀오면 성령의 새 술에 취한 상태가 돼야 한다. 신적 도취 상태에 빠져서 자기 탐욕을 무장해제시키는 것이 쉬워지는 일이 교회에서 일어나야 한다.

이사야 25:6에 따르면 하나님이 종말에 시온산 잔치에 내오실 포도주는 "오래 저장하였던 포도주"다. 아브라함, 이삭, 야곱이 포도주통에 던져진 최초의 포도알이었다. 아브라함이 주전 16-15세기 사람이므로 1,500년 이상의 긴 이스라엘 역사에 걸쳐 하나님은 포도주를 숙성시키고 발효시키셨다. 1,500년 이상 긴 세월에 걸쳐 발효된 포도주가 예수님의 포도주이다. 아브라함 이래로 이스라엘 역사에 나타냈던 순종하는 인간들을 적분하면 예수님이 나온다. 아브라함부터 시작해서 모든 훌륭한 인간들을 합성해 하나의 인격으로 응집하고 통일시키면 독생자 예수님이 나온다. 아브라함부터 세례 요한까지 일어났던 부분적인 순종과 부분적인 하나님 사랑을 모두 합하면 예수님이 하나님께 드린 순종과 사랑이 된다. 마침내 예수님이 세계 만민에게 제공된 완제품 포도주이시다. 예수님을 먹고 마시면 취하게 된다. 예수님을 제대로 만나고 알면 이기심과 탐욕으로 중무장한 내 모습이 매우 비정상인 것을 알게 된다. 예수님을 알게 되면 거룩하게 취한 상태가 나를 지배하게 되고 탐욕의 강철 같은 근육이 이완되면서 착해진다. 복음의 포도주, 예수님에게 취하면 서로 적대하는 민족들은 더이상 싸우지 않고 하나님 안에서 인류애적 결속을 누리게 된다. 예수님에게 취한 세계 만민은 민족적 적개심과 경계의 면박을 벗고 요한계시록 7:7-9에 나오는 것처럼 인류화합적 공동체를 이루게 된다. 모든 만민은 민족적, 언어적, 인종적 정체성을 가진 채 하나가 된다.

거룩한 새 포도주에 취하면 이기심과 계급적인 탐욕, 그리고 계층적인 특권의식이 해소된다. "나는 포도나무요 너희는 가지"라는 예수님의 자기계시는 사도행전의 오순절 성령 강림 시대를 내다보는 종말론적 시좌를 드러낸다. 요한복음 19:34은 이 포도나무 담화를 십자가의 죽음으로 열릴 성령시대에 비추어 해석하게 한다. "그 중 한 군인이 창으로 옆구리를 찌르니 곧 피와 물이 나오더라." 물과 피가 쏟아졌다는 것을 요한1서 5:6-7에서는 이렇게 말한다. "증언하는 이가 셋이니 성령과 물과 피라. 또한 이 셋은 합하여 하나이니라." 예수의 옆구리에서 쏟아져 나오는 물과 피가 바로 포도주다. 요한1서 이 구절에 따르면, 예수님은 '내 옆구리에서 쏟아진 물과 피가 복음의 새 포도주다'라고 말씀하시면서 운명하신 것이다. 이런 해석을 지지하는 또 다른 구절은 복음서의 새 언약 구절이다.

누가복음 22:20은 "저녁 먹은 후에 잔도 그와 같이 하여 이르시되 이 잔은 내 피로 세우는 새 언약이니 곧 너희를 위하여 붓는 것이라"는 예수님의 성만찬 제정 말씀이 새 언약 체결을 도입하는 상황이라고 본다. 예수님은 자신이 흘릴 피를 새 언약의 피라고 말하면서 포도주가 바로 이 피를 상징하는 메타포라고 해석한다. "나는 포도나무요 너희는 가지라"는 예수님의 말씀[5절]은 제자들을 십자가 지는 삶으로 초청하는 말씀인 셈이다. 그렇다면 참포도나무 담화는 예수님의 피흘림을 내다보는 예언이며 제자들의 피흘리는 순교를 내다보는 예언이다. 요한복음 2장과 19장은 예수님의 어머니 마리아를 독특하게 부르는 예수님의 화법을 등장시킨다. 요한복음 2장에는 "여자여, 나와 무슨 상관이 있나이까"라는 문장이, 19장에는 "여자여, 보소서, 아들이니이다"라는 구절이 나온다. 둘 다에서 예수님은 어머니 마리아를 '여자여'라고 부르신다. 특히 19장의 "여자여, 보소서, 아들이니이다"라는 말은 십자가에서 피 흘리면서 발설하신 말씀이다. "여자"는 요한복음 2장의 그 "여자"이다. 요한복음 2장에서 "저들에게 포도주가 없다"고 마리아의 보고를 들은 예수님이 "여자여, 내 때가 아직 이르지 아니하였나이다"라고 대답하신다. 이것은 무엇을 의미하는가? 요한복음 2:1-11의 물로 포도주를 만드는 그 사건은 십자가에서 물과 피를 쏟아낼 자기 십자가의 죽음을 상징하는 예고편이라는 뜻이다. 예수님은 자기가 물과 포도주를 쏟을 때가 온다는 것을 암시하기 위해서 가나 혼인잔치에서 이사야 25:6의 종말론적 향연을 연상시키는 표적을 행하신다. 가나의 포도주 표적 사건은 "오래 저장하였던 포도주로 연회를 베푸"실 하나님의 종말 잔치를 부분적으로 실연한다. 가나 혼인잔치는 이사야 25:6의 예비적 성취 현장이다. 예수님은 물, 포도주, 포도나무 비유를 통해서 결국 한 가지를 집중적으로 가리키신다. 십자가의 죽음을 통하여 흘리는 물과 피가 하나님이 오랫동안 준비하신 세계 만민을 위한 포도주라는 것이다. 예수님은 자신을 가리켜 '새 포도주'라고 말씀하신다. "새 포도주를 낡은 가죽 부대에 넣는 자가 없나니."[막 2:22] 이 구절도 결국 십자가의 자기 죽음을 가리키신다. 예수님의 모든 포도나무 및 포도주 담론들은 자기 해설적이다.

17절은 포도나무와 가지 비유를 통해 열매의 중요성을 강조하는 예수님의 훈화 목적을 말한다. 히나 목적절을 해석하면, 예수님의 포도나무 비유 훈화의 목적은 제자들이 '서로 사랑할 수 있도록' 하기 위함이다. 가지가 열매를 맺으려면 예수님의 몸통에 붙어 있어야 한다. 몸통에 붙어 있으려면 가지들이 서로 사랑해야 한다. 가지인 제자들은 서로 사랑함으로써만 가지처럼 포도나무 줄기(몸통이신 그리스도)에 붙어 있을 수 있다. 형제를 미워하면서 동시에 예수님께 붙어 있을 수는 없다. 보이는 형제를 사랑하지 못하면 보이지 않는 하나님을 사랑할 수 없다.요일 4:20 형제를 미워하는 자마다 어둠에 속하게 된다.요일 2:9

18절은 이렇게 서로 사랑하는 언약 결속체인 제자들을 세상이 미워하게 될 것임을 말한다. 세상은 유대인들의 자기폐쇄적인 공동체를 가리킨다. 세상은 빛을 미워한다. 자기 행위가 악한 것을 들추는 빛을 배척함으로써 자신의 어둠 권세를 유지한다. 세상은 제자들을 파송한 예수님을 먼저 미워했기 때문에 당연히 제자들도 미워한다.

19절은 제자공동체가 세상(유대인들)으로부터 미움을 받는 이유를 밝힌다. 제자들은 세상에 속하지 않았기 때문이다. '내가(에고) 너희를 세상으로부터 택했기 때문에 세상이 너희를 미워한다.' 세상은 자기에게 속하지 않는 자들을 미워한다. 세상은 권세이기 때문이다. 자신의 통치를 거부하고 배척하는 자들을 미워함으로써 어둠 권세를 유지하려고 한다. 열매를 맺는 착한 제자공동체가 역설적으로 어느 순간에 환영받지 못하고 미움 받을 수 있다. 세상 만민에게 사랑의 포도주를 공급하는 거룩한 양조공동체인 제자공동체가 열매를 풍성하게 맺어서 세상을 기쁘게 하는 일도 하겠지만, 궁극적으로는 세상의 박해와 미움을 초래할 수 있다는 점은 충격적이다. '기독교는 우리만 잘하면 다 잘 될 것이다'라고 생각하는 것은 순진한 착각일 수 있다. 세상 자체가 이미 악해져 있다면 선한 열매를 맺는 포도나무 공동체는 미움을 받는다.

20절은 산상수훈 마태복음 5:12-13을 생각나게 한다. 요한복음 13장에서 말씀했듯이 종이 주인보다 클 수는 없다. 주인인 예수님을 미워하는 세상은 종인 제자들을 당연히 미워하게 마련이다. 세상이 예수님을 박해했기 때문에 제자들을 박해할 것이며, 예수님을 영접한 사람들은 예수님의 말씀을 지킬 것이며 제자들의 말도 지킬 것이다. 제자들은 예수님의 궤적을 그대로 따른다. 예수님이 맛본 박해, 영접을 똑같이 제자들도 맛보게 될 것이다.

21절에서 예수님은 자신 때문에 제자들이 당할 대박해를 내다보신다. 세상 사람들은 예수님의 이름을 미워하는 그 열기로 제자들을 박해하고 미워할 것이다. 왜 세상은 예수님의 이름을 대적할까? 세상이 예수님 자신을 보내신 이를 알지 못하기 때문이다. 22절은 예수님이 왜 유대인들, 세상의 미움과 박해를 초래했는지를 설명하는 구절이다. 예수님이 그들에게 와서 그들의 죄와 악행을 들추지 않았더라면 그들은 자신이 죄 중에 있다는 것을 깨닫지도 못하고 있었을 것이다. 그러나 이제는 자신들이 빠져 있는 '죄'의 상태를 감출 수도 없고 다른 것에 핑계를 댈 수도 없게 되었다.

23절은 21절을 보완한다. 자신을 미워하는 자는 아버지 하나님("내 아버지")을 미워하는 자들이다. 예수님은 세상(유대인들)이 자신을 미워하는 이유가 자신을 보내신 아버지 하나님을 미워하기 때문이라고 단언하신다. 예수님을 사랑하고 존경하는 행위를 모르는 채 사람들은 자신이 예수님을 사랑하고 존경한다고 말한다. 예수님에 대한 사랑과 존경은 그에 대한 모방, 순복, 신뢰를 내포한다. 세계 만민 가운데 형제자매 우애를 창조하기 위하여 오신 예수님은 낯선 이, 외국인, 난민 등 소수의 국외자들을 혐오하고 배척하는 모든 국수주의적 정치이념 집행자들, 계급적 이익수호자들, 계층이익을 위해 타인의 행복을 부서뜨리는 자들에 의해 미움과 박해를 받으신다. 인류의 대다수 유력자들은 세계 만민을 형제자매 우애공동체로 만들려고 시도하는 사람들을 미워한다. 세상이 사랑의 불멸성과 궁극적 지고성을 역설한 예수님을 미워한다는 말은 세상을 움직이는 원동력은 사랑이 아니라 다툼과 경쟁이라는 사실을 보여준다.

1992년 오슬로 협정이 체결된 이후 이스라엘과 팔레스타인은 평화공존을 위해 조금씩 전진해 오고 있다. 그런데 양측의 갈등과 적의를 심화시키는 각각의 극단세력에 의해 이 평화 움직임은 숱한 좌절을 겪고 있다. 오슬로 협정을 구현하려던 이스라엘의 라빈 수상은 팔레스타인에게 우호적인 제안을 했기 때문에 암살당했다. 이슬람 사람 중에서 야세르 아라파트가 이스라엘을 처음으로 국가로 인정했다. 그러자 온건파 아라파트에 대한 미움이 극에 달해서 하마스라는 이스라엘 적대집단이 가자Gaza에서 정권을 잡았다. 세상은 원수에게 친절을 베풀고 적대세력에게 친절과 자비를 베푸는 것을 참지 못한다. 예수님을 미워하는지 사랑하는지의 판별 기준은 나의 주관적 예수님 애오愛惡 감정이 아니다. 나의 가치관과 행위가 예수님을 좋아하는지 미워하는지를 판별하는 시금석이다. 감정적으로는 예수님을 사랑하지만, 내 불의한 이익취득 행위, 나의 불의한 지위남용과 권력남용, 이웃의 행복에 대한 나의 무배려를 통해 사실상 예수님을 미워하는 행위를 할 수 있다. 교회 안에도 예수님을 미워하는 세상 사람들이 암약할 공간이 얼마든지 있다. 예수님의 사랑과 공의를 법으로 만드는 일을 방해하면 나의 투표행위도 예수님을 미워하는 행위가 될 수 있다.

24절은 22절을 보완한다. 예수님이 오셔서 누구도 하지 못한 일들을 그들 중에서 행하지 않았더라면 유대인들, 즉 세상은 자신이 죄 가운데 있다는 것을 자각도 못했을 것이다. 예수님이 와서 행하신 일들에는 가르침, 논쟁, 표적, 치유, 예언자적 행위 예언(성전 척결)이 있다. 이 모든 일들은 유대인들의 영적 무지몽매, 완악함, 무자비함, 불의함을 일시에 드러냈다. 그들은 자신들의 어둠을 환히 조명하는 빛과 그 빛을 보내신 아버지를 보고도 깨닫고 돌이키지 않았다. 자신들의 악한 행실을 미워하며 회개했다면 아버지 하나님을 미워하지 않았을 것이다. 그런데 그들은 회개 대신에 증오와 배척으로 아버지 하나님이 보내신 자와 아버지 하나님을 대적했다. 25절에서 예수님은 시편 35:19과 69:4을 인용하며 자신을 공연히 미워하는 세상의 반응을 해석하신다. "부당하게 나의 원수 된 자가…… 까닭 없이 나를 미워하는 자들이 서로 눈짓하지 못하게 하소서."[시 35:19] "까닭 없이 나를 미워하는 자가…… 부당하게 나의 원수가 되어."[시 69:4] 유대인들은 이 두 시편의 예언을 성취하는 자들이다.

26절은 또 다른 보혜사 성령의 도래와 그 사역을 말한다. 예수께서("내가") 아버지께로부터(아버지께 요청하여) 보낼 성령, 즉 진리의 영이 와서 예수님에 대해 증언할 것이다. 참된 진리를 알려줄 보혜사 성령이 유대인들이 배척하고 증오했던 예수님에 대해 증언할 것이다. 27절은 성령의 증언의 의미를 좀 더 부연설명한다. 성령의 인도를 받는 제자들 '너희'(휘메이스)가 나와 함께 있었으므로 나에 대해 증언할 것이다. 26절의 성령의 증언은 곧 성령의 인도하심에 맡겨진 제자들의 증언으로 매개될 것이다.

16-17절, 26-27절의 요지를 종합하면 보혜사 성령의 증언에 민감하게 감응하며 성령의 인도를 받는 제자 공동체가 예수님을 효과적으로 증언할 수 있다는 것이다. 16-17절의 요지는 공동체의 구성원간의 '서로 사랑'이 공동체 밖에서 행하는 세상 사랑 사역보다 더 중요한 예수 제자공동체 식별 표지이며, 서로 사랑이 체현된 공동체가 아버지께 기도응답을 받고, 아버지께 기도응답을 받을수록 공동체의 결속력은 강해진다는 것이다. 예수 이름으로 제자들이 아버지께 기도해서 받는 기도응답의 내용이 무엇이길래 기도응답을 받을수록 서로간의 결속력이 강해질까? 26-27절 외에 14:16도 해답의 실마리를 준다. "내가 아버지께 구하겠으니 그가 또 다른 보혜사를 너희에게 주사 영원토록 너희와 함께 있게 하리니." 제자공동체가 예수 이름으로 아버지께 구할 것은[16절] 또 다른 보혜사 성령이다.

성령은 평안의 줄로 제자공동체를 하나되게[엡 4:3] 하는 초자연적 영이다. 서로 사랑하게 만드는 성령을 받을 때 우리는 안으로는 '서로 사랑'에 매진하고 세상에 대해서는 대외적인 열매를 맺는다. 예수를 모방하고 확대하고 체험하는 공동체가 된다. 제자공동체가 예수 이름으로 아버지께 간구하면, 성령의 하나되게 하는 사역과 언약적 결속감 창조사역으로 응답받는다. 성령으로 결속된 제자공동체는 안으로는 서로 사랑을 통해서, 밖으로는 공의와 정의의 열매 성령의 열매를 맺음으로써 예수님이 '하나님이 보내신 이'임을 증언한다.

메시지

요한복음 15장은 의미심장한 말씀임에도 불구하고 이 말씀의 진정한 분위기에 접근하기가 쉽지 않다. 요한복음에서 쓰이는 언어는 모두 구약성경을 의식하거나 참조하거나 혹은 성취하려는 예수님의 의도를 드러내기 때문이다. "나는 포도나무요 너희는 가지라."[5절] 이 말은 이스라엘 구원사 1,500년을 간결하게 압축한다. 요한복음 15:1에 나오는 "참포도나무"인 예수님과 열두 제자는 들포도나무 역사로 단정되었던 이스라엘의 역사를 대신하는 새로운 이스라엘 창조를 의미한다. 예수님과 열두 제자 공동체는 하나님이 아브라함 후손 이스라엘을 선택한 원래 목적을 성취하는 참포도나무 공동체다. 아브라함부터 예수님까지 1,500년간 존속된 이스라엘 역사는 이제 예수님의 제자들이 맺을 열매를 통해서 압축적으로 복기[復棋]된다. 하나님이 아브라함을 선택한 목적은 정의와 공의를 행할 아브라함의 후손을 통해 세계만민에게 복을 주시기 위함이었다.[창 18:18-19] 하나님은 아브라함 후손의 순종을 통해 세계 만민에게 복을 주시려고 아브라함과 그의 후손을 선택하셨다.[창 22:17-18] 아브라함의 "그 후손"

갈 3:16; 4:4이 바로 자기 옆구리에서 물과 피를 쏟으신 예수님이다. 예수님의 보혈은 성령의 포도주, 새 언약의 포도주다. 열두 사도는 예수님의 보혈 포도주에 취하여 세계만민에게 흩어져 산화했다. 예수님 당시의 유대인들은 이런 장엄한 하나님의 세계 만민 구원역사를 이해하지 못했고 공감하지도 못했다. 그래서 아버지 하나님이 보내신 인자 예수님을 죽여버렸다. 그런데 인자 예수님을 죽여버리는 이 악행도 하나님의 세계 만민 구원계획을 꺾지 못했다. 하나님의 아들 예수님은 이 극한적 불의와 악행의 희생자였지만 아버지 하나님 앞에 자신의 목숨을 내놓고 아브라함적 순종을 극대화하셨다. 들포도 이스라엘의 반역과 불순종의 역사를 일순간에 무효화시킬 만큼 지고지순한 순종을 드렸다. 예수님과 열두 제자 공동체는 이스라엘의 패역과 일탈 역사를 복기하면서 상쇄하고, 원래 이스라엘에게 두신 소명을 완수했다. 예수님과 제자공동체가 살아가는 방식은 원래 하나님이 아브라함과 이스라엘을 선택한 목적을 실현하는 삶의 방식이었다. 예수님과 열두 사도는 열국을 기쁨의 잔치에 초청하시려고 하나님이 예비하신 포도주 생산농원이었다. 아브라함부터 예수님까지 이스라엘 역사는 하나님 아버지의 뜻을 내팽개치고 혈과 육의 집단인 민족국가로서 존립하는 데 치중한 역사였다. 그런데 예수님은 '자신이야말로 참포도나무다'라고 선언하시며 원래 하나님께서 이스라엘 포도나무를 심으신 뜻을 성취하신다. 예수님과 열두 제자공동체의 포도나무에서 맺힌 포도열매는 사도행전 2장에서 오순절의 성령이라는 새 포도주로 발효되었다.

예수님이 이스라엘 열두 지파를 대표하는 열두 제자를 선택해서 하려고 하신 일은 거룩한 포도주를 공급하는 것이었다. 예수님은 포도주가 떨어진 혼인잔치 같은 하나님과 이스라엘 백성 사이의 언약 파탄 상황을 고치려고 하셨다. 그것이 바로 새 언약으로 이스라엘을 다시 불러들여 하나님과의 언약적 결속을 회복시키는 것이었다. 혼인예식의 감격이 느슨한 상태에 포도주를 공급하여 다시 혼인잔치의 열기를 이어가려고 하셨다. 예수님이 열두 제자를 선택한 목적은 공의와 정의의 열매를 맺게 함으로써 이스라엘 백성이 순식간에 스스로 '우리가 하나님의 참백성인 것'을 깨닫고 하나님과의 언약적 결속에 들어가도록 결단을 촉구하기 위함이었다. 예수님과 열두 제자 공동체의 포도나무에 맺힌 열매들이 거룩한 포도주로 발효되어온 세상만민을 시온산의 화해잔치로 초청하는 것이 예수님이 열두 제자를 뽑아 세우신 목적이었다. 예수님의 옆구리에서 흘러나오는 물과 피[요 19:34]는 성령을 상징하는 새 포도주다. 예수님이 보내신 성령을 받으면 새 포도주에 취한 상태가 되어 하나님과의 언약적 결속에 들어가게 된다. 사랑과 평화의 포도주가 온 세계에 공급되면, 하나님과 유대를 잃어버리고 사는 모든 피조물들이 하나님이 자신들을 언약으로 붙들고 계심을 깨닫게 된다. 하나님과 이스라엘 백성의 언약적 회복은 하나님과 인류 전체의 언약적 결속의 예후이며 전조前兆이다. 교회는 하나님과의 언약적 유대를 잃고 자기는 세상에서 아무 의미 없는 존재라고 생각하는 사람들에게 희락의 새 포도주를 공급하는 거룩한 포도원이다. 이 성령의 새 포도주를 마신 사람은 '내 인생도 하나님의 손 안에 있구나, 나와 하나님 사이에는 끊을 수 없는 견결한 언약이 작동하고 있구나, 나는 고아가 아니구나, 창조주 하나님이 나를 창조했다는 성경은 맞는 말이구나'라고 느끼게 된다.

오늘날 한국교회는 불행히도 거룩한 새 포도주를 공급하는 포도원 같은 위엄을 상실하고 있다. 오히려 사방에서 교회와 기독교인들의 열등한 공중도덕의식을 비판한다. 한국교회는 예수님과 열두 제자의 포도나무 공동체의 열매를 맺는 데 실패하고 있다. 임마누엘 칸트는 1793년에 쓴 『이성의 한계 안에서의 종교』라는 책에서 기독교의 위력은 하나님을 등지고 사는 인간의 자애적自愛的 타락(근본악)을 전복시키고 하나님 앞에 인간을 윤리적 책임자로 세우는 데 있다고 주장했다.[7] 그는 형이상학적 교리들이나 위계질서적인 성직자들의 중재행위는 기독교의 본질이 아니며, 이성을 가진 사람들로 하여금 '선'을 추구하도록 설득할 수 있는 감화력과 윤리도덕적 고결이 기독교 신앙의 위력이라고 주장했다. 윤리와 도덕 문제에서 먼저 설득력을 갖고 거룩한 목소리를 가진 교회가 '하나님은 살아계시다', '자유가 있다', '영혼은 불멸하다' 등의 형이상학적 담론을 펼칠 때 설득력을 가진다는 것이다. 교회가 도덕적 슬럼가가 되어 열매를 맺지 못하면 교회가 선포하는 모든 설교들은 헛것이 된다. 마태복음 7:15-23에서 예수님은 "거짓 선지자들을 삼가라. 양의 옷을 입고 너희에게 나아오나 속에는 노략질하는 이리라. 그들의 열매로 그들을 알지니"마 7:15라고 경고하신다. '주의 이름으로 귀신 쫓아내고 예언자 노릇하고 목사 노릇하는 우리의 열매가 엉망'일 때 주님은 바로 우리에게, '불법을 행하는 자들아. 나를 떠나라. 나는 너희를 모른다'마 7:23고 말씀하실 것이다. 실로 두려운 말씀이다.

예수의 길을 따르다가 세상으로부터 미움을 받고 나서도 여전히 열매를 맺는 가지로 예수님께 붙어 있을 때 예수 그리스도의 참제자로 공증된다. 이 세상이 우리를 미워하지만 하나님은 이 세상을 사랑하사 독생자를 주셨다. 세상의 하나님 미움과 하나님의 세상 사랑이 격돌하고 충돌한다. 하나님을 배역하고 등진 세상에 독생자를 보내주셔서 사랑을 표현하시는 하나님은, 오해받으면서도 사랑을 포기하지 않는 집요하고 신실하신 하나님이다. 사랑은 오해와 반역을 이겨내면서 실현된다. 그래서 요한복음의 하나님 사랑은 원수 사랑이다. 이런 하나님 사랑을 본받는 사랑에는 옛 자아의 죽음이 요구된다. 옛 자아가 죽지 않으면 사랑할 수 없다. 이 세상은 도덕적 합리성으로 굴러가는 것처럼 보이지만 그렇지 않다. 세상 속에는 근원적으로 빛이신 하나님과 독생자 예수님에 대한 반역적 저항이 있다. 요한복음 내내 하나님 아버지와 그의 독생자 예수님에 대한 완강한 저항과 반역을 대표하는 세력이 전통과 교리의 요새로 무장한 종교권력자들이다. 하나님과 예수님의 명의를 독점한 종교권력자들의 반역이 세상의 근원적 저항이다. 2천년 교회사는 종교권력자들과 빛이신 하나님과 독생자 예수님을 대변하는 소수의 증인들이 얼마나 자주 충돌했는지를 잘 보여준다. 하나님과의 가족적 친연성親緣性을 주장하는 제도화된 종교권력자들은 단순한 어둠이 아니라 빛을 대적하는 사탄적 어둠이다. 악한 세상의 궁극에는 악한 종교가 있다. 그러므로 모든 세상 사람들이 그리스도인들이 예수님 닮아가는 것을 즐거워하며 환영한다고 속단해서는 안 된다. 세상에는 기독교 신앙과 공존할 수 있는 긍정적 요소들도 많지만 어느 순간에 어둠의 세상은 자신의 어두운 정체를 드러내기도 한다. 빛을 가장한 어둠이 세상의 정체이다. 그럼에도 불구하고 세상을 온통 어둠만으로 구성된 질서라고 보아서도 안 된다. 온통 어둠이 아니라 빛도 상당히 많이 품고 있는 어둠이다. 그러나 결정적인 순간에 세상은 하나님을 대적하고 하나님의 아들을 박해하는 어둠으로 드러난다.

16장.

진리의 성령 보혜사 성령

16 1 내가 이것을 너희에게 이름은 너희로 실족하지 않게 하려 함이니 2 사람들
이 너희를 출교할 뿐 아니라 때가 이르면 무릇 너희를 죽이는 자가 생각하
기를 이것이 하나님을 섬기는 일이라 하리라. 3 그들이 이런 일을 할 것은 아버지와 나
를 알지 못함이라. 4 오직 너희에게 이 말을 한 것은 너희로 그 때를 당하면 내가 너희
에게 말한 이것을 기억나게 하려 함이요 처음부터 이 말을 하지 아니한 것은 내가 너희
와 함께 있었음이라. 5 지금 내가 나를 보내신 이에게로 가는데 너희 중에서 나더러 어
디로 가는지 묻는 자가 없고 6 도리어 내가 이 말을 하므로 너희 마음에 근심이 가득하
였도다. 7 그러나 내가 너희에게 실상을 말하노니 내가 떠나가는 것이 너희에게 유익이
라. 내가 떠나가지 아니하면 보혜사가 너희에게로 오시지 아니할 것이요 가면 내가 그
를 너희에게로 보내리니 8 그가 와서 죄에 대하여, 의에 대하여, 심판에 대하여 세상을
책망하시리라. 9 죄에 대하여라 함은 그들이 나를 믿지 아니함이요 10 의에 대하여라 함
은 내가 아버지께로 가니 너희가 다시 나를 보지 못함이요 11 심판에 대하여라 함은 이
세상 임금이 심판을 받았음이라. 12 내가 아직도 너희에게 이를 것이 많으나 지금은 너
희가 감당하지 못하리라. 13 그러나 진리의 성령이 오시면 그가 너희를 모든 진리 가운
데로 인도하시리니 그가 스스로 말하지 않고 오직 들은 것을 말하며 장래 일을 너희에
게 알리시리라. 14 그가 내 영광을 나타내리니 내 것을 가지고 너희에게 알리시겠음이
라. 15 무릇 아버지께 있는 것은 다 내 것이라. 그러므로 내가 말하기를 그가 내 것을 가
지고 너희에게 알리시리라 하였노라. 16 조금 있으면 너희가 나를 보지 못하겠고 또 조
금 있으면 나를 보리라 하시니 17 제자 중에서 서로 말하되 우리에게 말씀하신 바 조금
있으면 나를 보지 못하겠고 또 조금 있으면 나를 보리라 하시며 또 내가 아버지께로 감
이라 하신 것이 무슨 말씀이냐 하고 18 또 말하되 조금 있으면이라 하신 말씀이 무슨 말

씀이냐. 무엇을 말씀하시는지 알지 못하노라 하거늘 [19] 예수께서 그 묻고자 함을 아시고
이르시되 내 말이 조금 있으면 나를 보지 못하겠고 또 조금 있으면 나를 보리라 하므로
서로 문의하느냐. [20] 내가 진실로 진실로 너희에게 이르노니 너희는 곡하고 애통하겠으
나 세상은 기뻐하리라. 너희는 근심하겠으나 너희 근심이 도리어 기쁨이 되리라. [21] 여
자가 해산하게 되면 그 때가 이르렀으므로 근심하나 아기를 낳으면 세상에 사람 난 기
쁨으로 말미암아 그 고통을 다시 기억하지 아니하느니라. [22] 지금은 너희가 근심하나 내
가 다시 너희를 보리니 너희 마음이 기쁠 것이요 너희 기쁨을 빼앗을 자가 없으리라. [23]
그 날에는 너희가 아무것도 내게 묻지 아니하리라. 내가 진실로 진실로 너희에게 이르
노니 너희가 무엇이든지 아버지께 구하는 것을 내 이름으로 주시리라. [24] 지금까지는 너
희가 내 이름으로 아무것도 구하지 아니하였으나 구하라. 그리하면 받으리니 너희 기
쁨이 충만하리라. [25] 이것을 비유로 너희에게 일렀거니와 때가 이르면 다시는 비유로 너
희에게 이르지 않고 아버지에 대한 것을 밝히 이르리라. [26] 그 날에 너희가 내 이름으로
구할 것이요 내가 너희를 위하여 아버지께 구하겠다 하는 말이 아니니 [27] 이는 너희가
나를 사랑하고 또 내가 하나님께로부터 온 줄 믿었으므로 아버지께서 친히 너희를 사
랑하심이라. [28] 내가 아버지에게서 나와 세상에 왔고 다시 세상을 떠나 아버지께로 가노
라 하시니 [29] 제자들이 말하되 지금은 밝히 말씀하시고 아무 비유로도 하지 아니하시니
[30] 우리가 지금에야 주께서 모든 것을 아시고 또 사람의 물음을 기다리시지 않는 줄 아
나이다. 이로써 하나님께로부터 나오심을 우리가 믿사옵나이다. [31] 예수께서 대답하시
되 이제는 너희가 믿느냐. [32] 보라, 너희가 다 각각 제 곳으로 흩어지고 나를 혼자 둘 때
가 오나니 벌써 왔도다. 그러나 내가 혼자 있는 것이 아니라 아버지께서 나와 함께 계
시느니라. [33] 이것을 너희에게 이르는 것은 너희로 내 안에서 평안을 누리게 하려 함이
라. 세상에서는 너희가 환난을 당하나 담대하라. 내가 세상을 이기었노라.

주석

16장은 보혜사 성령을 약속하는 세 번째 장이다. 이제 제자들에게

도 환난이 몰려올 것이 예고되며 제자들은 점차 엄중한 현실의 무게를 깨닫기 시작한다. 예수님은 자신이 제자들을 떠나 아버지께로 가지 않으면 보혜사 성령이 오지 않을 것임을 강조하며 자신이 아버지께로 가는 것이 제자들에게 유익하다는 점을 강조한다. 제자들은 혼란이 가중되는 이 중대한 시간에 예수님이 하나님 아버지께로부터 오신 것을 최종적으로 믿겠다고 결단했지만, 이 결단의 시효가 얼마가 될지는 모르는 상황이다. 16장은 또 다른 보혜사 성령의 사역[1-24절]과 내가 세상을 이기었노라[25-33절]로 나뉜다.

또 다른 보혜사 성령의 사역 ● 1-24절

13장에서부터 시작된 근심(22절 '교란된 마음')이 16장에 이르기까지 제자들을 사로잡고 있다.[14:1; 16:20] 제자들의 근심은 의식의 표면에서 일어나는 근심이 아니라, 실족을 초래할 정도의 근심이다. 이 단락은 제자들의 근심이 기쁨이 될 것을 예고하며 제자들을 위로하시는 예수님의 섬세한 영혼 돌봄사역을 다룬다. 제자들의 근심은 분리불안에서 오는 근심이다. 예수님이 자신들을 떠나면 자신들은 고아처럼 남겨질 것이라는 불안이다. 예수님이 하나님의 아들이 아니라 유대인들에게 참변을 당해 죽는 불운한 예언자에 불과한 것으로 드러난다면, 예수님을 따랐던 지난 3년간 자신들이 해온 모든 분투와 희생이 물거품이 될거라는 불안이다. 게다가 이 근원적 불안으로부터, 결국 자신들도 예수님을 부인하고 버리고 흩어질 것이라는 예수님의 예고가 주는 불안이 파생되었다. 이것은 예수님이 걷는 길을 자신들이 따를 수 없다는 무기력에 대한 불안이다.[막 14:27] 물거품이 될 과거의 분투에 대한 실망에서 오는 불안, 미래가 위험에 가득 찬 현실로 바뀔지 모른다는 불안, 그리고 무엇보다도 예수님과 기약없이 이별하게 된다는 불안이 한꺼번에 제자들을 강타하고 있다. 이런 때 예수님을 하나님의 아들로 믿었던 제자들의 근원적 신앙이 흔들려 예수님을 부인하고 버리게 될 위험은 현실이 될 것이다.

1절은 요한복음 15장의 모든 교훈, 좀 더 가깝게는 보혜사의 오심을 되풀이해 말해주는 목적을 말한다. '너희가 실족하지 않도록 하기 위함이었다'는 것이다. '실족한다'는 말은 스칸달리조(σκανδαλίζω)이다. 1절의 히나 목적절의 스칸달리스데테(σκανδαλισθῆτε)는 스칸달리조의 2인칭 복수 부정과거접속법aorist subjunctive이다. '실족한다'는 것은 예수님을 하나님의 아들로 믿는 믿음의 철회이며, 예수님을 따라다니는 일의 중단을 의미한다. 예수님과의 관계를 끝내는 일이다. 예수님을 3년 동안 따라다녔던 모든 발걸음이 일장춘몽이라고 정리할 때 예수님을 더이상 따르고 싶지 않은 상태가 되는 것이다. 급격하게 신앙 냉각을 경험하면서 하나님의 통치를 더이상 믿지 못하는 상태가 실족이다.

우리는 하나님이 개인인 나 한 사람을 사랑하시는 것은 믿을 수 있지만, 우리가 속한 작은 소그룹, 회사, 또는 한국 교회, 한국 사회, 궁극적으로 전세계를 과연 사랑하시며 정의와 공의로 다스리고 계시는지를 믿기는 쉽지 않다. 교인들이 목사들 때문에 실족 상태에 있고 시민은 정치지도자들 때문에 실족 상태에 있다. 많은 청소년들은 부모님 때문에 실족 상태에 있고 회사의 종업원들은 사장님 때문에 실족 상태에 있다. 실족 상태는 넘어진 상태다. 신뢰가 무너지는 상황이 실족이다. 예수님은 제자들이 실족하지 않도록 보혜사 성령이 와서 제자들을 위로하고 견인해줄 것을 반복해서 말씀하신다. 14, 15, 16장, 세 장에 걸쳐 예수님이 보혜사 성령 오심을 강조하신 이유는 제자들이 지금 당신께 붙어 있도록 도우시기 위함이었다. 십자가의 순간은 제자들의 마음을 무섭게 냉각시켜 예수님으로부터 멀어지게 할 것임을 예수님은 이미 알고 계신다. 한 제자가 예수님을 배반할 것이며 베드로는 새벽닭 울기 전에 예수님을 세 번이나 부인할 것이라는 경고를 들은 제자공동체는 서로를 의심하는 분위기에 빠져들었다. 이별과 분리 예고만 하시는 예수님 때문에 요르단 협곡처럼 땅 밑으로 침강하고 있다. 그래서 예수님은 보혜사 성령의 도래를 되풀이해 강조하신다. 타우타 렐랄레카 휘민 히나 메 스칸달리스데테(Ταῦτα λελάληκα ὑμῖν ἵνα μὴ σκανδαλισθῆτε). '내가 보혜사가 오심을 너희에게 말해주는 목적은 너희가 실족하지 않게 도우려 함이니.'

2절은 제자들의 실족이 유대인들의 출교 때문에 유발될 수도 있음을 상정한다. '출교하다'는 동사는 '회당과 분리된 상태로 만들다'는 말이다. '출교하다'는 단어는 아포쉬나고구스(쉬나고고스의 대격) 포이에수신(ἀποσυναγώγους ποιήσουσιν)을 번역한 말이다. 아포(ἀπό)는 '분리된'을 의미하는 전치사다. 쉬나고게(συναγωγή)는 회당 혹은 회중이라는 말이다. 포이에오(ποιέω)는 '만들다'를 의미하는 동사다. 아포쉬나고고스는 '회당 축출'을 의미한다. 여기서 예수님은 유대인들이 예수님의 제자들을 유대교 총회에서 추방할 때 제자들이 예수님에 대한 신앙을 포기할 위험성을 미리 말씀하신다. 회당 출교 상황을 생각하면 제자들에게 '내게 붙어 있으라, 내 안에 거하라'고 반복해서 강조하는 예수님의 의도가 더욱 분명하게 드러난다. 요한복음은 주후 80-90년경 소아시아의 유대인 공동체가 그리스도인들을 유대교에서 출교하는 상황을 반영하는 것으로 보인다. 주후 80-90년의 소아시아 기독교인들은, 예수님이 수난 주간 담화에서 이미 출교 사태를 예고하셨다는 것을 깨닫고 예수님께 붙어 있도록 권고받았을 것이다. 예루살렘 초대교회는 적어도 주후 70년 유대전쟁 전까지는 예루살렘 성전을 출입하며 유대교의 한 종말론적 분파 정도로 간주되어 출교 처분을 받지는 않았던 것으로 보인다. 사도 바울도 유대인 회당을 본거지로 성경을 강해하고, 유대인들과의 논쟁을 통해 예수가 그리스도임을 공증하려고 했다. 바울은 대략 40년부터 64년까지 활동했다. 유대교는 에세네파와 쿰란공동체 등에서 보듯이 분파적으로 활동하는 것에 낯설지 않았다. 보통 유대교인들은 기독교를 '예수를 지나치게 강조하는 종말론적 성향의 분파'라고 생각했을 수 있다. 사도행전 15장의 사도 공의회의 의장이 당시의 유대인들에게 존경받았던 바리새파 출신 사도였던(행 21:17-22, 갈 2:9-12, 참조. 마 13:55, 막 6:3)[1] 예수님의 동생 야고보인 것을 볼 때, 유대교와 초기 예루살렘 교회의 긴장과 대립은 상상만큼 높지 않았다. 오순절 성령 강림이 일어난 지 4-5년이 지난 후 헬라파 유대인들이 예루살렘 교회의 지도자 집단의 일부로 부상하면서 성전 중심의 유대교 당국자들과 갈등이 일어났고, 이 와중에 스데반 집사가 순교했다. 따라서 여기서 말하는 출교가 실제로 일어난 곳은 80년 이후의 소아시아 유대인 공동체였다.

예수님은 유대인들이 제자들을 출교하는 데 그치지 않고 죽일 것이며(참조. 9:22), 이 죽이는 행위를 하나님을 섬기는 일이라고 생각할 것이라고 말씀한다. 정확하게 사도행전 7:57-8:1에서 일어난 스데반 순교 상황을 예고한다. "하나님을 섬기는 일"로 번역된 헬라어는 라트레이안 프로스페레인 토 데오(λατρείαν προσφέρειν τῷ θεῷ)이다. 이것은 레위기 용어다. 거짓 선지자를 돌로 쳐 죽이는 것은 하나님께 제물을 바치는 행위라고 보았던 유대인들의 관행을 의식한 말이다. 유대인들은 거짓 예언자를 죽이는 행위가 하나님의 제단에 희생 제물을 바치는 일이라고 생각할 것이라는 뜻이다.

3절에서 예수님은 '사람들이'(유대인들이) 아버지 하나님과 자신을 모르고 묵살했기 때문에 이렇게 당신의 제자들을 죽일 것이라고 예언하신다. 예수님이 자신을 따르는 제자들에게 닥칠 가혹한 불행을 미리 말씀해 주시는 까닭은 그런 고난을 받을 때 이상하게 여기지 말고 견디어야 함을 일러주기 위함이다. 예수께서 처음부터 이런 고난을 미리 말해주지 않았던 이유는 그동안 제자들 곁에 예수님이 항상 함께하셨기에 그런 박해를 당할 가능성이 없었기 때문이었다.[4절] 예수님과 함께 영생에 들어갔다고 생각했는데 현실적으로 와닿는 경험은 출교, 죽음이라면 제자들이 실족할 수도 있었기에 미리 말씀하지 않았다.

5절은 자신의 행로에 대해 제자들이 아직도 납득하지 못하는 상황을 안타깝게 생각하는 예수님의 마음을 드러낸다. 예수님은 지금 죽으러 가시는 것이 아니라 자신을 보내신 아버지께 가시는데, 제자들은 아버지께 가시는 예수님의 떠남에 대해 진지한 질문을 하기보다는[5절] 아예 '떠난다'는 말씀을 듣고 마음에 슬픔이 가득 찬다. 예수님은 이 상황을 민망한 마음으로 바라보신다.[6절] 6절의 "근심"이라고 번역된 단어 뤼페(λύπη)는 '근심'보다 더 격렬한 감정인 '슬픔'을 의미한다.

7절은 보혜사 성령에 대한 세 번째 설명이다. 7절에는 1인칭 대명사 에고(ἐγώ)가 두 번이나 사용된다. 첫 소절과 둘째 소절 히나(ἵνα) 목적절에서 에고가 사용된다. '다른 이가 아니라 내가(에고) 너희에게 진실을 말한다.' '실상'이라고 번역된 헬라어는 알레데이아(ἀλήθεια)이다. 이 단어는 진리 혹은 진실을 의미한다. 겉으로 보이는 현상은 비통을 자아내지만 이 떠남의 진실은 제자들과 예수님을 더 강하게 결속시킬 일이라는 것이다. 현상은 슬픔을 자아내는 이별과 분리이지만, 진실은 영원한 결속과 연합을 초래하기 위한 일시적인 이별과 분리라는 것이다. 둘째 소절의 히나절은 접속법절일 뿐 목적절의 의미가 없다. '다른 이가 아니라 내가 떠나게 되는 상황'이 '너희에게 유리한 일이다.' 이처럼 제자들은 예수님이 세 번째로 또 다른 보혜사를 약속해도 위로를 받지 못한 것처럼 보인다. 그들의 압도적인 관심은 아직도 예수님의 육체적 현존이 사라지는 것이다. "내가 떠나가는 것이 너희에게 유익이라"고 말하며 "내가 하나님께 떠나가지 아니하면 또 다른 보혜사가 오지" 않는다고 설명해도 그들에게는 예수의 육체적 현존과 결별하는 것에서 오는 상실감이 너무 크다.

7절의 셋째 소절과 넷째 소절은 예수님이 아버지께로 떠나가시는 것이 제자들에게 유익한 이유를 설명한다. 아들 하나님이 아버지께로 돌아가시지 아니하면, 보혜사가 제자들에게 오시지 않는다. 이것은 아버지 하나님과 아들의 원래 약속이기 때문이다. 아들이 아버지의 뜻을 모두 성취한 후에 아버지 우편 보좌에 가서 아버지께 요청해서 성령을 보내시는 것이 아버지와 아들의 약속이었다. 요한복음에서 예수님의 죽음은 예수님이 아버지께로 가시는 큰 그림의 일부이며, 아버지께로 가서 보혜사 성령을 파송하시는 사역을 예고하는 것이 십자가 죽음 예고보다 더 중요하다. 공관복음서는 예수님의 십자가 죽음을 세 차례 예고하는 데 반해, 요한복음은 보혜사 성령 파송을 세 차례 예고한다. 요한복음은 아들의 십자가 죽음과 부활보다 오히려 아버지께로 돌아가셔서 하실 사역, 즉 보혜사 성령 파송을 절정의 사건으로 강조한다. 예수님이 아버지께로 가셔서 하실 가장 중요한 일은 제자들에게 보혜사를 파송하는 일이라는 것이다.

8절은 보혜사 성령이 유대인들과 예수님 제자들 사이에 벌어진 논쟁과 대립을 해석하여 진리로 인도할 것임을 말한다. 보혜사 성령은, 죄, 의, 심판에 대해 세상(유대인들)을 책망하실(엘렝코) 것이다. '책망하다'로 번역된 엘렝코(ἐλέγχω)는 시시비비를 가려주는 행위를 의미한다. 유대인들이 생각하는 죄는 안식일을 축자적으로 지키지 아니한 것, 정결예법을 어긴 것 등이다. 그러나 보혜사 성령이 오면 예수님을 영접하지 않는 것이 진짜 '죄'임을 깨닫게 하실 것이다.9절 세상은 의에 대해서 오해했고 성령의 책망을 받을 것이다.[2] 유대인들은 하나님께 의를 실천하기 위해 예수님을 십자가에 못 박으려고 한다. 그들이 생각하는 의는 안식일 율법 등의 세세한 규칙을 수호하려는 열심으로 표현되었다. 그런데 성령이 오시면 예수님이 십자가에 달려 죽으신 것은 하나님의 의를 어겨 징벌을 받은 것이 아니라, 하나님의 신실하신 이스라엘 사랑을 계시하기 위해 스스로 받아들인 죽음이라는 것을 깨닫게 할 것이다.10절 예수님의 십자가 죽음은 하나님의 율법을 어긴 '예수의 죄를 징벌하는 하나님의 의'가 아니라, 이스라엘을 다시 언약백성 삼으시려는 하나님의 의에 응답하기 위한 참 이스라엘 대표자인 예수님의 믿음과 순종의 표현이라는 것을 깨우쳐줄 것이다. 보혜사 성령이 오시면 예수님의 언동이 죄인지, 예수님의 메시지를 거부하는 유대인들의 언동이 죄인지, 하나님께 돌아가는 독생자의 죽음을 완성한 예수님이 의를 실천하는 것인지, 예수를 죽여 없애서 이단자를 박멸하는 유대인 종교권력자들이 의를 실천하는 것인지를 확실하게 깨우쳐줄 것이다.

마지막으로 유대인들은 예수님이 세상 임금에 의해 심판을 받았다고 생각할지 몰라도, 성령이 오시면, 예수님이 아니라 진리이신 예수님을 죄인으로 몰아 불의하게 재판했던 자신이 곧 세상 임금이었고, 자신이 심판 받았다는 것을 깨우쳐줄 것이다.11절 12절은 자신의 죽음을 둘러싸고 생길 수 있는 의혹과 불확실성도 더 해명해주시길 원하지만 제자들이 다 납득할 수 없기 때문에 자제하시는 예수님의 입장을 말한다.

13절은 진리의 성령이 불확실한 긴장에 사로잡히게 될 제자들을 진리 가운데로 인도하실 것임을 말한다. 예수님의 죽음을 둘러싼 모든 일들의 실상을 깨닫게 하실 것이다. 그런데 성령도 스스로 말하지 않고 아버지께 들은 것을 말하되 장래 일들('올 일들')에 대해 통고해주실 것이다.

14-15절은 성령의 활동 권능과 영역을 말한다. 보혜사 성령은 예수님의 영광을 나타내겠고 '나(예수님)로부터 취하여'[람바노(λαμβάνω)] '너희(제자)에게 알릴 것'이다.[14절] 15절은 14절을 보완한다. 성령이 예수님으로부터 취하여 제자들에게 메시지를 중개할 것이다. 그런데 예수님으로부터 취한 그것은 아버지 하나님께 있는 것이기도 하다.[15절] 아버지 하나님께 있는 것이 다 아들의 것이기도 하므로 성령의 미래 통고(알리는) 사역의 원천은 아버지 하나님이다.

이어 예수께서 잠시 후에는 제자들이 예수님을 볼 수 없다가 또 잠시 후에 볼 것이라고 말씀함으로써,[16절] 자신의 십자가 죽음과 부활 후 재회를 예고한다. 제자들은 16절의 말뜻도 이해하지 못하고 아버지께로 간다는 예수님의 말씀도 이해하지 못한다.[17절] 제자들은 각각의 말뜻을 몰라 서로에게 문의하지만 명쾌한 이해에 도달하지 못한다. 그들은 16절의 "조금 있으면"이라는 말뜻도 이해하지 못한 채 우왕좌왕하고 있다.[18절]

예수님은 16절의 의미를 몰라 당황하는 제자들의 질문 욕구를 알아차리신다.[19절] 20-21절에서 좀 더 직설적으로 답변하신다. 20절에는 2인칭 복수 대명사 휘메이스(ὑμεῖς)가 두 번이나 사용된다. 세상과 제자들의 반응은 역전된다. 예수님 자신이 아버지께로 가시기 위해 죽음에 넘겨지면 세상은 기뻐할 것이며, 제자들[너희는(휘메이스)]은 애통해하며 제자들[너희는(휘메이스)]은 비통에 압도될 것이다. 그런데 '너희의 비통은 기쁨으로 변할 것이다.' 21절은 아이를 낳는 여인의 근심과 희열, 산고의 망각 과정을 예로 들어 제자들이 예수님의 죽음을 창조적으로 견딜 것을 권고하신다. 지금 예수님은 산고를 겪는 임산부다. 동시에 제자들도 해산하는 여인처럼 장차 닥칠 큰 고통에 압도되어 있다. 연약한 모성의 몸을 찢고 아이가 탄생하듯이, 예수님이 십자가에 못 박혀서 육체의 휘장이 찢기는 고통을 당할 때 교회가 탄생한다. 탄생한 신생아는 산모의 뼈마디가 으스러지는 순간의 모든 산고를 망각하게 만드는 기쁨을 준다. 예수님의 죽음은 창조적 고통이다. 심지어 제자들의 고통 또한 창조적 고통이다. 임산부의 고통은 환희를 잉태한 고통이다. 그러므로 견디고 감수할 만하다.

22절은 휘메이스 강조구문이며 앞의 '정[正]의 상황[멘(μὲν)]과 후의 반[反]의 상황'[데(δὲ)]을 대조하는 구문이다. '지금은 너희가(휘메이스) 나와의 이별, 나의 죽음으로 인해 비통을 안고 있다(멘). 그러나(데) 나를 다시 볼 것이다. 그때는 근심과 비통을 삼키는 기쁨이 너희를 압도할 것이다.' 제자들의 기쁨을 빼앗을 자가 없을 것이다.

23절은 '그날'에 일어날 상황 진전을 말한다. 예수님을 다시 보게 될 그날에, 즉 성령으로 오실 예수님을 보게 될 그날에 제자들은 예수님께 직접 묻거나 구하지 않을 것이다. 예수님 이름으로 아버지 하나님께 구하면 아버지 하나님께서 예수의 이름으로 다 주실 것이다. 지금까지는 제자들이 예수의 이름으로 아무것도 구하지 않았지만 그날부터는 예수의 이름으로 간구하면 받을 것이다. 예수 이름의 실체와 위력을 경험하는 이 상황은 세상이 앗아갈 수 없는 기쁨이 제자들 가운데 충만하도록 하기 위함이다.[24절] 24절은 결국 예수 이름으로 기도하여 응답받는 사람만이 기쁨이 충만해지는 것을 경험한다고 말한다. 22절은 이 기쁨이 죽음의 비통을 거친 후에 찾아온 기쁨이라고 말한다. 즉 부활의 능력과 부활의 권능에 사로잡힌 기쁨이다. 예수님 이름으로 구하는 것은 예수님이 원했던 하나님 나라와 그 의를 구하는 것이다. 이 땅에 하나님 나라 통치력을 확산시키는 기도다. 이때 제자들의 기쁨은 충만해지고 세상은 제자들의 이 기쁨을 빼앗아갈 수 없다. 마태복음 18:20에 따르면 이것은 하나님의 현존을 경험하는 기쁨이다. "두세 사람이 내 이름으로 모인 곳에는 나도 그들 중에 있느니라." 두세 사람이 함께 하나님의 현존을 경험하면서 기도하고 응답을 경험하는 것은 부활의 기쁨이 충만해지는 길이다.

실로 14-16장에 묘사된 제자들의 근심과 불안과 허탈감은 부활의 기쁨이 없으면 해소될 수 없는 것이었다. 24절 하반절이 말하는 '충만해지는 기쁨'은 죽음의 공포를 이기게 만드는 기쁨이며, 산헤드린 재판을 받을 때도 기가 죽지 않게 만드는 기쁨이다. 요한과 베드로가 감옥에 갇혔을 때도,[행 4장] 바울과 실라가 감옥에 갇혔을 때도 쉴 새 없이 기도하고 하나님을 찬양하게 만든 바로 그 기쁨이다.[행 16장]

내가 세상을 이기었노라 • 25-33절

이 단락은 제자들이 가까스로 신앙을 회복하는 과정을 다룬다. "우리가 믿사옵나이다."[30절] 25절에서 예수님은 출산 비유[21절]와 장례식 비유(20, 22절; 참조. 막 2:19-20)를 통해 당신의 죽음(떠남)이 초래할 비통과 그것을 뒤집는 반전을 말씀하신다. 더이상 비유로 말하지 않고 밝히 아버지에 대해 드러날 날이 올 것임을 말씀하신다.

그날에는 제자들이 아버지 하나님께 예수님 이름으로 직접 구할 것이다. 예수님이 제자들을 위해 아버지께 구하지 않고, 예수의 이름으로 제자들이 직접 아버지께 구할 것이다.[26절] 마지막 호티절에 1인칭 단수 대명사 에고가 사용된다. '내가 구하지는 않겠다'는 말이다. 27절은 제자들이 아버지께 직접 구할 수 있는 토대와 이유를 말한다. 27절에는 3인칭 단수 대명사 아우토스(아버지 그 분이), 2인칭 복수 대명사 휘메이스(너희), 1인칭 단수 대명사 에고(내가)가 모두 독립적으로 사용된다. '아버지 그분(아우토스)께서 너희를 사랑하신다. 너희가(휘메이스) 나를 사랑하고 내가(에고) 하나님께로부터 온 것을 믿었기 때문이다.' 개역개정은 "아버지께서 친히 사랑하심이라"를 문장 끝에 배치했는데 헬라어 원문에서는 문장의 첫 머리에 이 구문이 나온다. 헬라어 원문처럼 첫 머리에 배치하는 것이 낫다.

28절은 요한복음의 후렴구 같은 주제구절이다. 아버지께로부터 왔다가 다시 세상을 떠나 아버지께로 가는 예수님의 여정이다. 예수님을 십자가에 못 박는 인간 대리자들의 행동은 아들 하나님의 오심과 떠나심의 여정에서 종속변수에 지나지 않는다.

29-30절에서 가까스로 신앙을 회복하는 제자들의 모습을 보여준다. 제자들은 예수님이 자신의 오심과 떠남을 더이상 비유에 의지하지 않고 명료하게 말씀하셔서[29절] 예수님의 언동을 납득할 수 있다고 말한다. 장례식, 출산 비유, 포도나무 비유 등의 비유언어에서 잘 포착하지 못한 것들을 밝히 드러내놓고 이야기하는 예수님을 보고 "지금에야" 예수님의 말씀, 동선, 그리고 당면 목표를 알겠다고 고백한다.[30절] 제자들은 '당신의 올곧음 때문에, 인간에게 이리저리 흔들리지 않는 견인불발을 보고 우리는 당신이 하나님께로부터 오셨다고 믿는다'고 고백한다.[30절] 예수님은 이제야 믿느냐고 되물으신다.[31절] 흔들리던 제자들이 가까스로 예수님에 대한 믿음을 회복한 것처럼 보여 안심하시는 예수님의 질문이다.

32절은 제자들이 예수님에 대해 갖는 믿음마저도 십자가의 시간에는 위력을 발휘하지 못할 것을 보여준다. 예수님은 제자들에게 '자신을 버려두고 다 각각 제 곳으로 흩어지고 자신만 홀로 남겨둘 때가 벌써 왔다'고 말씀한다. 유다와 성전 경비병들이 로마군병들을 대동하고 가까이 왔다는 말이다. 그러나 셋째 소절에서 예수님은 놀라운 말씀을 하신다. 제자들이 자신을 내버려두고 도망친 그 고독한 순간이 아버지께서 자신과 함께하시는 순간이라는 것이다. 그래서 예수님은 홀로 있는 것이 아니라 아버지와 함께 있다.

이 역설은 하나님의 자녀들에게도 경험된다. 예수님께 배타적으로 소속되어 있기 때문에 홀로 내버려둠을 당하는 고난 경험이 많을 때 성령의 '북돋우시는 사역'이 나타난다. 즉 하나님 함께하심의 확신이 형성된다. 1897년에 일본의 우찌무라 간조는 무시무시한 군국주의 황실이 일본 국민을 천황의 신민으로 만드는 국민교육헌장 선포에 반대했다. 국민교육헌장은 1897년에 교육칙어라는 이름으로 일본천황이 일본 국민에게 실시한 국가주의 교육령이었다. 이 교육칙어를 공개적으로 반대한 우찌무라 간조는 대다수의 일본인들에게 비국민, 매국노, 역적이라고 매도되며, 생명의 위협까지 느끼고 일본에 대한 모든 생물학적 애착관계를 끊어버린다. 이런 마음을 『그리스도의 위로』와 『구안록』이라는 책에 담았다. 일본에게 버림받고 하나님께 위로받는 영혼의 증언이다.

33절은 제자들에게 공개적으로 용기를 갖도록 격려하시는 예수님의 짧은 격문이다. 예수님께서 아버지 하나님이 함께하시는 경험을 말씀하시는 이유는 제자들로 하여금 평안을 누리도록 하기 위함이다. 아버지 하나님과 함께하는 예수님 안에서 평안을 누리라는 것이다. '내가 누리는 이 평안 안에서 너희도 평안을 누려라.' 33절 셋째, 넷째 소절은 제자들이 평안을 누려도 되는 이유를 말한다. 세상에서는 제자들이 환난을 당할 것이나 담대할 필요가 있다. '내가(에고) 세상을 이겼기 때문이다.' 세상이 주는 죽음의 공포를 이겼기 때문에 세상의 위협과 협박에 전혀 굴복할 필요가 없다는 것이다. 예수님 안에서 누리는 평안은 세상을 이긴 자가 누리는 평안이다. 15:19에서 예수님은 "너희가 세상에 속하였으면 세상이 자기의 것을 사랑할 것이나 너희는 세상에 속한 자가 아니요 도리어 내가 너희를 세상에서 택하였기 때문에 세상이 너희를 미워하느니라"고 말씀하신다. 세상은 제자들을 미워하고 제자들은 세상에서 환난을 당할 것이다. 그러나 예수님은 세상의 미움을 당하셔도 미움으로 세상에 응대하시지 않고 세상의 악을 선으로 이기셨기 때문에, 세상이 아무리 박해해도 예수님의 본질, 독생자의 위엄과 영광을 파괴할 수 없다. 예수님 안에 있으면 세상에서 미움을 받더라도 미움의 대응감정으로 세상을 대하지 않을 수 있다. 예수님께 배타적으로 소속되어 예수님 안에 있으면 세상의 죽음 위협, 모략과 중상, 박해 등에 세상 방식으로 대응할 필요를 느끼지 않을 것이다.

하지만 예수님께 배타적으로 소속되지 않은 사람들은 두 가지 반응을 보일 수밖에 없다. 첫째, '예수님 소속'이 아니기 때문에 예수님 때문에 환난을 당하지 않을 것이다. 대신 세상과 유착관계 때문에 오는 비본질적 환난을 당할 것이다. 소돔성과 고모라성이 가까운 요단 들판에서 삶의 근거지를 찾았던 롯의 환난은 바로 이런 환난이다. 롯은 여호와의 동산처럼 물이 풍성하게 공급되고 관개용수가 풍부한 소돔의 요단 들판을 보고 근거지를 옮겼다. 롯은 그곳에서 환난을 당했다. 그돌라오멜 동맹국과 소돔 동맹국이 전쟁을 벌였는데, 그돌라오멜 동맹군이 롯과 부녀와 인민을 포로로 잡아 먼 나라로 끌고갔다. 롯이 당한 환난은 요한복음 16:33이 말하는 환난이 아니다. 예수님이 말씀하시는 환난은 소돔성과 유착돼 살면서 소돔성과 같이 망하는 환난이 아니라, 소돔성을 갱생하기 위해 소돔성으로부터 배척당하는 고난을 가리킨다.

둘째, 예수님 소속도 아니요 세상 소속도 아닌 사람들이 세상에서 환난을 당하면 세상에게 당한 대로 세상에 응대하게 된다. 세상 사람들의 사악함과 잔혹함에 손상당한 사람은 자신을 공격한 사악하고 잔혹한 세상을 닮아감으로써 세상의 환난에 맞서려고 한다. 대부분 사람들은 이런 방식으로 세상의 환난의 피해자가 되었다가 세상의 사악함과 잔혹함을 증대시키는 가해자로 변해간다.

그러나 예수님 안에서 환난을 당하는 자들은 세상에서 당한 환난에 대해 놀라운 반전과 창조적 극복으로 대응할 수 있다. 하나님 외에는 내 옆에 아무도 남아 있지 않은 극심한 고독의 때가 하나님이 나와 함께하시는 시간임을 맛보면 이런 반전과 창조적 극복이 가능하다. 십자가에 매달려서 도움을 요청했지만 아무도 도와주지 않는 두려운 시간은 삼일 만에 반전되는 환난이다. 예수님께 배타적으로 소속되어 혼자 버려둠을 당했다는 느낌을 경험한 사람만이 "세상에서는 너희가 환난을 당하나 담대하라. 내가 세상을 이기었노라"는 말뜻을 이해할 수 있다. 그렇지 않고 세상과 유착하여 세상의 일부가 되어 사는 사람들에게는 이 말이 낯설다. 야고보서 4장이 말한 것처럼(4절) '세상과 벗된' 사람들은 예수님의 이 말씀이 갖는 무게를 충분히 이해하지 못한다. 예수님께 배타적으로 소속돼야만 세상이 우리를 미워한다는 말을 이해할 수 있다. 세상이 잘못됐다는 것을, 세상이 하나님께 반역중이라는 것을, 세상이 영광의 왕을 배척 중이라는 것을 끊임없이 상기시키고 세상을 거룩하게 도발하면 세상이 우리를 미워한다. 세상의 빛과 소금으로 살면 세상이 우리를 미워한다. '경건하게 살고자 하는 사람이 박해를 받는다.'딤후 3:12

메시지

14-16장에서 예수님 담화는 반복적이며 청중의 성찰을 불러일으킨다. 또 다른 보혜사가 등장하여 예수님과의 이별과 예수님의 부재 순간을 견디어야 할 제자들을 지탱하고 견인하실 것이라고 예고된

다. 제자들의 근심은 깊어가지만 여전히 그들의 마음에 이해의 빛은 떠오르지 않는다. 14장부터 불안과 근심에 둘러싸인 제자들은 예수님과의 이별이 또 다른 보혜사가 오시기 위한 조건이라고 아무리 설명해도 납득하지 않고 근심은 줄어들지 않았다. 예수님은 제자들의 점점 위축되어가는 마음과 허탈감들이 제자공동체를 지배하는 것을 보면서, 또 다른 보혜사가 오셔서 자신의 이름으로 활동하며 자신이 지상에 있을 때와 똑같이 제자들과 영원히 함께할 것이라고 약속하셨다. 그런데 제자들은 격한 이별의 슬픔과 허탈감에 사로잡혀 이 모든 말씀을 알아듣지 못한다. 14:26; 15:26; 16:7 세 군데에서 결정적으로 예수님은 성령을 보내주실 약속을 반복하신다. '내가 아버지께로 돌아가면 아버지께 요청하여 아버지께서 성령을 보내주실 텐데 너희가 성령을 받는 순간 확신하여라. 내가 매장되어 썩어 점점 사라지는 존재가 아니라 내가 하나님 우편 보좌에 가서 주와 그리스도가 되었음을 믿어야 한다. 그 결정적 증거는 보혜사 성령을 보내주는 것이다.' 이런 취지의 말씀을 하신 것이다. 또 다른 보혜사는 사도행전 2장에서 강림한 오순절의 성령을 가리킨다. 첫 열매를 하나님께 드리는 초실절인 오순절에 성령이 임하시면 '내가 매장되어서 썩지 않고 하나님 우편 보좌로 올라가서 주와 그리스도가 된 것을 논리적으로 확신하라'고 가르치신 것이다. 이처럼 예수님은 근심과 이별과 허탈감에 압도되어 있는 제자들에게 '내가 육신적으로 떠나는 것이 훨씬 좋다'는 것을 납득시키려고 하지만 성공하지 못하고 있다.

우리가 슬픔과 좌절감에 압도되면, 슬픈 일 너머에 다시 좋은 일이 온다는 것을 아무리 이성적으로 납득하고 싶어도 납득하지 못한다. 뒤에 올 좋은 일을 기대하며 현재의 나쁜 것을 재해석할 수 있는 상상력을 발동하지 못한다. 예수님의 이름으로 오실 성령의 역사에 대한 예수님의 약속도 슬픔과 근심에 사로잡혀 버린 제자들을 충분히 시원하게 해주지 못한다. 인간에게는 이성적인 논리에 더이상 설득당할 수 없는 시간이 있다. 슬픔의 격류에 지배당할 때이다. 이때는 더이상 로고스, 차분한 언어가 우리에게 먹혀들지 않는다. 슬픔과 근심과 허탈감과 모든 것이 끝났다는 자포자기 감정이 지배하는 제자들에게 예수님의 위로도 역부족인 것처럼 보인다. 그래서 예수님도 14-16장, 세 장에 걸쳐 민망할 정도로 동일한 말씀을 반복하시고 긴 설교를 이어가신다.

7, 13절에서 예수님은 자신이 떠나가면 진리의 성령이 오셔서 진리 가운데로 인도할 것이라고 약속하신다. 이 진리가 제자들을 회복시킬 것이다. 진리의 영이 와서 제자들을 진리 가운데 인도하면 제자들은 예수님의 죽음의 원인이 무엇인지를 깨닫게 된다. 예수님이 진짜 죄를 지어서 죽은 건지, 아니면 하나님께는 인정받는데 세상 임금에게 일시적으로 단죄되고 있는 것인지 명확하게 분별할 수 있게 된다. 이런 명료한 해석을 통해 항구여일한 주님의 성품이 제자들에게 전달되고 유입되어 제자들과 예수님이 더욱 견고하게 결속될 것이다. 진리의 성령이란, 옳고 그름을 명확하게 정리해주는 진리의 성령일 뿐만 아니라 인격적 항구여일성을 함양해주는 진리의 영이기도 하다. 구약에서 '진리'는 에메트, 에무나로 표현된다. 에메트, 에무나는 인격적 항구여일성과 견고성을 가리킨다.

다시 말해서 예수님이 돌아가시기 직전의 제자들은 극도의 혼란에 빠져서 진실과 비진실 사이를 방황하고 있는데, 성령을 받자마자 예수님이 우리를 위하여 저주받아 죽으셨음을 깨닫게 되고, 그는 십자가에 못 박혀 죽으셨지만 삼일 만에 부활할 수밖에 없음을, 그리고 하나님 우편 보좌에 앉았음을 깨닫게 된다는 것이다. 이 깨달음을 통해 진리의 성령은 예수님과 제자들 사이에 훨씬 더 견실한 인격적 유대감을 창조한다. 더 나아가 제자들끼리도 서로 강력한 우정으로 결속되게 만든다. 진리의 성령이 와서 제자들에게 깨우치신 가장 중심진리는 예수님의 십자가 죽음이 '당한 죽음'이 아니라 '스스로 바친 죽음'이라는 것이다.

요한복음 14-16장 언어가 특별히 더 어렵게 느껴지는 이유는, 하나님 아버지와 예수님 사이의 높은 수준의 교감을 제자들이(독자들이) 이해하지 못하기 때문이다. 아버지와 아들 하나님 사이에는 이스라엘 역사를 새롭게 하려는 의지가 공유되고 있다. 공관복음서와 달리 요한복음에서 예수님은 수동적으로 '당하는' 고난이나 죽음을 모른다. 요한복음에는 수난 주간 사화 자체가 없다. 예수님은 수차례 '내가 내 목숨을 내놓는 것이지 누가 빼앗는 것이 아니다'라고 말씀하신다. '내가 아브라함부터 지금까지 누적된 이스라엘의 불순종을 무효화하기 위해서, 위대한 순종을 바치려고 한다. 목숨을 바치면서 아버지의 뜻에 순종하겠다. 나는 아버지께로부터 왔다가 아버지께로 돌아가는 말씀이다. 나는 아버지의 품속에서 아버지와 백퍼센트 공감하고 사귀면서 이 길을 간다.' 쉽게 말하면 14-16장의 취지는 이런 결심의 우회적 피력이었다. 제자들은 예수님과 하나님 아버지 사이에 이뤄진 이 고도의 교감을 이해하지 못해 비통과 근심에 빠져 있다.

죄, 의, 심판에 대한 제자들의 상념은 복잡했다. 예수님의 길이 과연 하나님께 가는 길인지, 아니면 하나님으로부터 내팽개쳐지는 죄인의 길인지 혼란스러웠다. 이 혼란은 보혜사 성령이 오셔서 그들을 진리의 길로 인도할 때에야 비로소 해소될 것이다. 보혜사 성령이 오셔서 제자들에게, 예수님의 언동이 죄가 아니라 예수님을 영접하지 않는 세상의 언동이 죄라는 것을 깨닫게 할 것이다. 더 나아가 제자들은 예수님이 자신의 죄 때문에 십자가에 못 박히신 것이 아니라, 1,500년 동안 누적된 이스라엘 민족의 죄를 일괄적으로 무효화하기 위하여 십자가를 지셨음을 깨닫게 될 것이다. 이런 예수님을 영접하지 않는 것이 죄다. 예수님이 나무에 달리신 것, 즉 십자가에 못 박히신 것은 스스로 죄를 지어 받은 징벌이 아니라, 이스라엘의 죄를 지고 가는 어린양이 받은 대속적 징벌이었다. 신명기 21:22-23은 "사람이 만일 죽을 죄를 범하므로 네가 그를 죽여 나무 위에 달거든 그 시체를 나무 위에 밤새도록 두지 말고 그 날에 장사하여 네 하나님 여호와께서 네게 기업으로 주시는 땅을 더럽히지 말라. 나무에 달린 자는 하나님께 저주를 받았음이니라"고 말한다. 바리새인들은 이 구절로 대중을 속이려고 했다. '예수가 나무에 달려 죽은 것은 저주를 받아 죽은 것이다'(참조. 고전 12:3). 그들은 로마제국의 형틀인 십자가를 빌려서 정확하게 신명기 21:23의 뜻을 성취하려고 했다. 그런데 예수님은 이런 악한 음모를 알고도 저주의 십자가에 '들렸다.' 요한복음은 '십자가'라는 말을 사용하는 것을 자제하고 '들림'이라는 용어를 세 차례나 사용한다.[3:14; 8:28; 12:32] 십자가의 죽음을 에둘러 말하는 세 본문은 인자가 들린 이후에야 사람들은 인자 예수의 죽음의 진면목을 깨닫게 된다고 말한다. 인자 예수님은 십자가에 들린 후, 죽은 자 가운데서 들리셨고 마침내 하나님 우편보좌로 들리셨다. 하나님 우편보좌에 들리신 인자 예수님은 청년 바리새인 사울의 눈에 계시의 빛을 비추셨다.[행 9:1-15] 그는 유대인들처럼 예수를 육체대로 알고, 외모대로 판단했던 바리새인이었다. 그는 십자가에 매달린 예수를, 거짓 예언자로 살다가 하나님께 저주를 받아 나무에 매달렸다고 믿었다. 예수님을 다른 신을 믿자고 설득했던 거짓 예언자로 오해했다. 바리새인들이 굳이 예수님을 나무에 달려 죽인 이유는 예수님을 다른 신을 믿자고 설득하여 죽임당한 거짓 선지자라는 믿음을 심어주기 위해서였다. 그런데 십자가에 매달린 예수님이, 예수님의 제자들을 진멸하려고 질주하던 다메섹 도상의 바리새인 청년 사울(사도 바울이 된 청년)에게 영광 중에 나타나셨다.[행 9:1-15] 그는 여기서 예수님 죽음의 전모를 깨닫는다. 예수님이 저주받아 죽으신 것이 맞지만, 자신의 죄 때문에 저주를 받은 것이 아니라 '우리 죄 때문에 저주받아 죽으셨다'고 해석했다. 그는 나사렛 예수가 이스라엘의 죄 때문에 저주를 받아 죽으셨다고 선언하고 남은 생애를 이 진리를 밝히는 데 바친다. 그래서 바울은 16장의 주장, 예수님을 영접하지 않는 것이 죄임을 깨달았다. 예수님을 믿는 것이 죄가 아니라 예수님을 영접하지 않는 것이 죄임을 깨달았다. 오순절에 오신 보혜사 성령이 바울의 눈에 낀 비늘을 벗겨낸 것이다.

'의'가 무엇인지도 해명된다. 예수님이 하나님 아버지께 돌아가기 위해서 십자가를 지는 것이 의를 성취하는 것이다. 바리새인들은 하나님에 대한 언약적 성실성을 드러내기 위해서 거짓 예언자 예수를 배척하는 것이 '의'라고 생각했지만, 예수님은 하나님 아버지께 돌아가기 위해서 기꺼이 죽음도 감수하는 이 행위야말로 이스라엘 백성을 하나님과 결속시키는 '의'를 실행하는 것이라고 주장한다. 이사야 46:12-13은 '하나님의 공의에서 멀리 떠난 이스라엘에게 당신의 공의와 구원을 가깝게 하시는' 하나님의 의지를 말한다. 예수님은 하나님의 공의의 돌봄을 오랫동안 받지 못해 공의에서 소외되어 있는 이스라엘 백성을 하나님께로 다시 가까이 이끌어 언약백성의 지위를 회복시켜주신다. 예수님의 죽음은 하나님의 언약백성으로서의 정체성을 잃어버린 이스라엘 백성을 다시 하나님께로 데려가 새 언약으로 묶어주는 의식이다.

끝으로 예수님의 죽음은 세상 임금이 예수님을 심판한 것이 아니라, 세상 임금이 영광의 왕이신 하나님의 아들을 배척하고 살해한 범죄임을 드러낸다. 예수님이 세상 임금을 쫓아낸 사건이다. 예수님의 십자가 죽음은 예루살렘 성전 종교권력의 거짓됨과 악함을 폭로하고 빌라도의 사형집행 자체가 무효임을 공포한 하늘 최고법정의 판결이었다. 십자가에 달린 예수님은 이 세상에 권력을 가진 자들이 얼마나 악마적인 권력의 소유자인지를 폭로한다. 예수님이 십자가에 달리는 왕이 되심으로, 자신의 백성이나 신하를 십자가에 매달아 무섭게 다스리는 세상의 모든 왕들이 거짓된 왕임을 폭로하신다. 왕이 십자가에 매달려서 백성을 살리는 곳이 하나님 나라이다. 지도자가 결핍의 십자가, 비천의 십자가에 매달려서 백성을 살려내는 것이 하나님 나라이다. 로마제국과 예루살렘의 종교권력자들은 지도자인 자신들을 영화롭게 하기 위하여 평민과 노예들을 십자가에 매단다. 로마제국은 주전 15년경 갈릴리의 농민반란을 진압하기 위해 갈릴리에서 이스라엘 사람 이천 명을 십자가에 매달았다. 예수님이 청소년 시기에 목격한 사건이었을 것이다. 그래서 예수님은 십자가를 진다는 것이 무엇을 의미하는지 아신다. 예수님이 십자가를 지고 간다는 말씀을 하실 때, 예수님은 궁극적으로 자신을 죽일 세력이 로마제국인 것을 알았다는 의미다. 자기가 유대인의 왕으로, 즉 로마제국의 체제에 반발하는 자로 오해받아 죽을 것을 알았다는 것이다. 그는 유월절에 자신을 '왕'으로 환호하는 군중의 함성이 얼마나 강력한 폭발성을 가진 언어인지를 아셨다. 예수님은 로마제국 총독부의 출장소가 있는 안토니오 수비대 근처에 와 있다. 자신을 죽이려고 하는 예루살렘 종교권력자들의 사정권에 와 있다. 피할 수 없는 적진에 와서 포위되었다. 이제는 혼자 내버려져 적진으로 걸어가야 할 시간이다. 제자들은 십자가에 뚜벅뚜벅 걸어가는 예수님을 홀로 버려두고 뿔뿔이 흩어져 도망친다.

17장.

저희를 진리로 거룩하게 하시고 진리로 하나되게 하소서

17

1 예수께서 이 말씀을 하시고 눈을 들어 하늘을 우러러 이르시되 아버지
여, 때가 이르렀사오니 아들을 영화롭게 하사 아들로 아버지를 영화롭게
하게 하옵소서. 2 아버지께서 아들에게 주신 모든 사람에게 영생을 주게 하시려고 만
민을 다스리는 권세를 아들에게 주셨음이로소이다. 3 영생은 곧 유일하신 참 하나님과
그가 보내신 자 예수 그리스도를 아는 것이니이다. 4 아버지께서 내게 하라고 주신 일
을 내가 이루어 아버지를 이 세상에서 영화롭게 하였사오니 5 아버지여, 창세 전에 내
가 아버지와 함께 가졌던 영화로써 지금도 아버지와 함께 나를 영화롭게 하옵소서. 6
세상 중에서 내게 주신 사람들에게 내가 아버지의 이름을 나타내었나이다. 그들은 아
버지의 것이었는데 내게 주셨으며 그들은 아버지의 말씀을 지키었나이다. 7 지금 그들
은 아버지께서 내게 주신 것이 다 아버지로부터 온 것인 줄 알았나이다. 8 나는 아버지
께서 내게 주신 말씀들을 그들에게 주었사오며 그들은 이것을 받고 내가 아버지께로
부터 나온 줄을 참으로 아오며 아버지께서 나를 보내신 줄도 믿었사옵나이다. 9 내가
그들을 위하여 비옵나니 내가 비옵는 것은 세상을 위함이 아니요 내게 주신 자들을
위함이니이다. 그들은 아버지의 것이로소이다. 10 내 것은 다 아버지의 것이요 아버지
의 것은 내 것이온데 내가 그들로 말미암아 영광을 받았나이다. 11 나는 세상에 더 있
지 아니하오나 그들은 세상에 있사옵고 나는 아버지께로 가옵나니 거룩하신 아버지
여, 내게 주신 아버지의 이름으로 그들을 보전하사 우리와 같이 그들도 하나가 되게
하옵소서. 12 내가 그들과 함께 있을 때에 내게 주신 아버지의 이름으로 그들을 보전하
고 지키었나이다. 그 중의 하나도 멸망하지 않고 다만 멸망의 자식뿐이오니 이는 성경
을 응하게 함이니이다. 13 지금 내가 아버지께로 가오니 내가 세상에서 이 말을 하옵는
것은 그들로 내 기쁨을 그들 안에 충만히 가지게 하려 함이니이다. 14 내가 아버지의

말씀을 그들에게 주었사오매 세상이 그들을 미워하였사오니 이는 내가 세상에 속하지
아니함 같이 그들도 세상에 속하지 아니함으로 인함이니이다. 15 내가 비옵는 것은 그
들을 세상에서 데려가시기를 위함이 아니요 다만 악에 빠지지 않게 보전하시기를 위
함이니이다. 16 내가 세상에 속하지 아니함 같이 그들도 세상에 속하지 아니하였사옵
나이다. 17 그들을 진리로 거룩하게 하옵소서. 아버지의 말씀은 진리니이다. 18 아버지
께서 나를 세상에 보내신 것 같이 나도 그들을 세상에 보내었고 19 또 그들을 위하여
내가 나를 거룩하게 하오니 이는 그들도 진리로 거룩함을 얻게 하려 함이니이다. 20 내
가 비옵는 것은 이 사람들만 위함이 아니요 또 그들의 말로 말미암아 나를 믿는 사람
들도 위함이니 21 아버지여, 아버지께서 내 안에, 내가 아버지 안에 있는 것 같이 그들
도 다 하나가 되어 우리 안에 있게 하사 세상으로 아버지께서 나를 보내신 것을 믿게
하옵소서. 22 내게 주신 영광을 내가 그들에게 주었사오니 이는 우리가 하나가 된 것
같이 그들도 하나가 되게 하려 함이니이다. 23 곧 내가 그들 안에 있고 아버지께서 내
안에 계시어 그들로 온전함을 이루어 하나가 되게 하려 함은 아버지께서 나를 보내신
것과 또 나를 사랑하심 같이 그들도 사랑하신 것을 세상으로 알게 하려 함이로소이다.
24 아버지여, 내게 주신 자도 나 있는 곳에 나와 함께 있어 아버지께서 창세 전부터 나
를 사랑하시므로 내게 주신 나의 영광을 그들로 보게 하시기를 원하옵나이다. 25 의로
우신 아버지여, 세상이 아버지를 알지 못하여도 나는 아버지를 알았사옵고 그들도 아
버지께서 나를 보내신 줄 알았사옵나이다. 26 내가 아버지의 이름을 그들에게 알게 하
였고 또 알게 하리니 이는 나를 사랑하신 사랑이 그들 안에 있고 나도 그들 안에 있게
하려 함이니이다.

주석

17장은 중보기도문으로 된 최후의 제자 집중교육 강화다. 지상에 남아 있는 제자들의 사명과, 이 사명을 수행하기 위한 제자들의 횡적 연대, 예수님과의 결속의 중요성을 각인시키는 기도문이다. 제자

들이 진리로 거룩하게 보전되며 하나 되어 예수님의 사역을 계승하게 해달라는 간청이다. 17장은 저희를 하나되게 하소서[1-14절]와 저희를 세상에 보내시되 진리로 거룩하게 보존하여 주옵소서[15-26절]로 나뉜다.

저희를 하나되게 하소서 ●1-14절

이 단락은 제자공동체의 하나 됨을 위한 예수님의 제사장적 기도이자, 세상의 박해에 직면해서도 당신의 제자들이 견인불발의 기상으로 당신의 증인으로 살아가게 해달라는 간구문이다. 14-16장에서 그동안 제자들에게 직접화법으로 당부하고 권면하고 위로하신 예수님은, 이제 하나님 아버지께 제자들의 일치와 연합, 영적 무장을 위하여 중보기도 하신다.

1절의 "이 말씀"은 15-16장을 가리킨다. 14장의 마지막 절이 최후의 만찬식탁을 떠나자는 예수님의 말로 끝나는 것으로 보아, 15-16장은 한 장소에서 하신 말씀으로 추정된다. 따라서 "이 말씀"은 15-16장을 가리킨다. 제자들에게 주실 말씀을 마친 후에 예수께서 눈을 들어 하늘을 우러러 기도하신다. 1절의 기도 내용을 직역하면 이렇다. '아버지여, 때가 이르렀습니다. 당신의 아들을[쑤 톤 휘온(σου τὸν υἱόν)] 영화롭게 하소서. 아들이 당신을 영화롭게 할 수 있도록.' 1절의 히나(ἵνα) 목적절은 아들이 영화롭게 되는 것이 아버지를 영화롭게 할 목적임을 강조한다.

요한복음에서 아들을 영화롭게 해달라는 요청은 아들이 아버지께 순종의 극대치를 바치도록 도와달라는 간구다. '아들이 당신의 뜻에 순종할 용기를 주십시오.' 이런 간청이다. 아버지가 영화롭게 되는 길은 아들의 순종으로 아버지의 뜻이 이루어지는 것이다. 아들이 들림으로써 아버지를 영화롭게 하도록 도와달라는 요청이다. 예수님은 자신의 '순종을 통해' 자신이 하나님 아버지의 아들로 드러나는 것이 아들이 영화롭게 되는 상황이라고 생각한다. 자신이 아버지의 뜻에 순종하는 것이 아들 됨의 진수를 드러내는 일이기 때문이다. 순종하는 아들을 통해 아버지의 뜻이 이뤄지며, 아들을 이 세상에 파송하신 아버지는 영광을 받으신다. 결국 예수님의 간구는 아들과 아버지가 서로를 영화롭게 하는 관계가 되게 해달라는 것이다. 하나님께서 최초로 아들을 영화롭게 하신 사건은 가나의 혼인잔치에 포도주를 공급한 사건이다.[2:11] 요한복음 1:14은 아들의 영광은 말씀이 육신이 되기로 한 순종에 있음을 암시하고 있다. 예수님은 지금 자신이 새 언약의 피를 흘리는, 즉 거룩한 새 포도주를 공급하는 일을 하게 해달라고 기도한 것이다.

2절은 1절보다 늦게 나오지만, 예수님이 왜 1절 하반절 같은 간구를 하는지 그 이유를 설명하는 종속절이다. 2절의 첫 단어 카토스(καθὼς)는 이유(~이기 때문에), 정도(~하는 한)의 인과관계를 표현할 때 쓰는 접속사다. 2절 첫 소절의 정동사 에도카스(ἔδωκας)는 '주다'를 의미하는 동사 디도미(δίδωμι)의 2인칭 단수 부정과거다. 2절 전체가 예수님이 아버지께 아들을 영화롭게 해주심으로써 아들이 아버지를 영화롭게 할 수 있기를 간구하는지 이유를 말하는 접속사인 셈이다. 여기서도 해석의 초점은 히나 목적절이다. 히나 목적절 안에 있는 관계대명사절의 주어(아버지)의 정동사는 **디도미**의 2인칭 단수 현재완료형[데도카스(δέδωκας)]이다. 2절을 직역하면 이렇다. '당신께서 그에게(아들에게) 주셨던(데도카스, 현재완료) 모든 사람들, 그들에게 그가(아들) 영생을 주도록. 당신께서 그에게 모든 육체의 권세를 주셨기(에도카스, 부정과거) 때문에(혹은 주신 이상).' 여기서 '모든 육체의 권세'는 '모든 육체에 대한 심판권세(통치권세)'를 의미한다. 결국 1-2절의 논리는 쉽게 풀면 이렇다. '아버지께서 영화롭게 해주셔야 할 아들은 이미 아버지께서 모든 육체에 대한 통치권세(심판)를 위임하셨던 바로 그 아들이기 때문에, 그 아들을 영화롭게 해주셔야 그에게 주신 모든 육체 통치권세를 발휘할 수 있습니다. 모든 육체에 대한 통치권을 위임받은 아들을 아버지의 뜻에 백퍼센트 순종하는 아들로 만들어 주셔야 합니다. 이것이 아들을 영화롭게 하는 것입니다. 이렇게 아들이 영화롭게 되면 아버지 당신을 영화롭게 하는 결과를 가져옵니다. 당신은 아들을 통해 이루고자 하시는 일을 성취하셨기 때문에 영화롭게 되십니다.'

3절은 2절의 영생을 보완한다. 2절은 아버지가 주신 모든 사람에게 영생을 주기 위하여 아들이 모든 육체를 다스릴 권세, 즉 영생과 영벌을 처분하는 권세를 받았다고 말한다. 영생은 유일하신 참 하나님과 그가 보내신 자 예수를 아는 것이다. 아는 것은 언약적 요구를 알고 납득하고 응답하는 것이다. 3절의 히나 목적절은 영생의 목적이 유일하신 하나님과 그가 보내신 자를 알도록 하기 위함임을 부각시킨다. 3절 첫 소절을 직역하면, '영생의 목적은 이것이다. 참되신 한분 하나님과 그 보내신 자 예수를 알도록.' 요한복음의 영생은 철저하게 언약적 개념이다. 언약에 매여 자유롭게 하나님의 요구를 준행하는 것이 영생이다. 이처럼 '안다'는 것은 하나님과 예수님의 언약적 요구를 알고 납득하고 준행하는 것을 의미한다. '알다'는 실천을 의미한다. '알다'가 여기서 아직 되지 않은 상태를 표현하는 가정법[기노스코씬(γινώσκωσιν)]으로 되어 있다. '앞으로 계속 알아가는 행동'이라는 것이다. 영생은 이미 실현된 것이 아니라 장차 하나님 아버지와 그가 보내신 자 예수를 '지속적으로 알아가는 과정'에서 맛볼 수 있는 실재라는 것이다. 영생은 단발적인 '아는' 행위가 아니라 참되고 한분이신 하나님과 그가 보내신 예수님을 '지속적으로 알아가는' 연속적 행동이다. '알다'는 정보취득 행위가 아니라 인격자들 사이에 상호교감하고 교통하는 행위를 가리킨다. 참되신 한분 하나님과 그가 보내신 자 예수를 각각 아는 것이 아니라 그들 사이의 관계를 알고 공감하는 것이 영생이며, 동시에 영생의 궁극적 실현태이다. 더 구체적으로 말하면 명령하시는 아버지와 아버지 명령을 수행하기 위해서 순종함으로써 아버지와 교감하는 아들의 교감에 참여하는 것이 영생이다. 영생의 목적은 아버지와 아들 사이의 드라마에 참여하는 것이다. 영생은 미완료다. '영생을 받았습니다', '구원 받았습니다'라는 말은 신학적으로는 온전하게 정확한 표현이 아니다. 영생은 명사가 아니라 현재진행 분사형이기 때문이다. 영생은 절대로 동산이나 부동산처럼 소유권이 확보된 재산이 아니다. 이처럼 예수님은 하나님 아버지와 하나님 아들 사이에 펼쳐지고 있는 우주적 드라마에 제자들을 동참시키신다. 하나님 아버지의 명령을 아들 하나님이 순종하여 만민에게 자기 목숨을 내어줌으로써 영생의 가능성이 열리는 과정과 논리를 충분히 공감하도록 초청하신다. 자신이 십자가에 못 박히신 사건이 한 번 우리에게 구원을 주고 종료된 행위가 아님을 이해하고, 영생이 작동하는 내적 논리를 납득하여 제자들이 그에 따라 살도록 초청하신다.

4절은 3절을 보완한다. 예수님은 아버지께서 자신에게 위임하신 일을 함으로써 자신이 아버지를 영화롭게 했다고 선언하신다. 첫 소절은 에고 강조구문이다. '나는(에고) 땅에서 내게 하라고 주신 일을 완수함으로써 당신을 영화롭게 했습니다.' 예수님이 '이미 완수한 일'은 육신을 입고 이 세상에 와서 이스라엘의 실패를 만회하기 위해 참 이스라엘이 되어 행하신 일들이다. 즉 공생애 사역 전체를 가리킨다. 이 공생애 사역 전체는 아버지께서 예수님에게 행하라고 시킨 일이다. 공생애 사역 전체는 아버지를 영화롭게 하는 단 한 가지 사명을 성취하는 과정이었다. 한마디로 말하면 세상 죄를 지고 가는 어린양의 일이었다. 4절을 좀 더 쉽게 풀면 이런 뜻이 된다. '나는 공생애를 통하여 당신의 뜻을 성취하기 위해 생명을 쏟았습니다. 공생애 전체 역사가 내 생명의 소진이었고 희생이었습니다. 이런 방식으로 이미 당신을 영화롭게 했습니다. 공생애 3년 동안 했던 생명소진적 역사를 마무리하여 십자가에 죽기까지 복종함으로써 내 과업이 완성되게 해주십시오.'

5절에서 아들은 다른 근거에서 자신을 영화롭게 해달라고 아버지께 간청하신다. 4절에서는 자신이 아버지의 명을 준행함으로써 아버지를 영화롭게 했음을 언급하고, 아버지께 아들을 영화롭게 해달라고 간구하신다. 5절에서는 아예 창세 전부터 자신이 아버지 앞에서 가졌던 그 영광에 근거하여 자신을 영화롭게 해달라고 간청하신다. 개역개정은 5절의 헬라어 구문의 원의를 잘 살리지 못하고 있다. 직역하면, '그리고 이 세상 전부터 내가 죽 가졌던(미완료) 그 영광, 즉 당신과 함께 있는 영광으로서 아버지 당신께서(쒸) 당신과 함께 있도록 나를 영화롭게 하옵소서'이다. 요한복음 1:1-3을 염두에 둔 말씀이다. 태초부터 아버지와 함께 있던 일체됨을 곧 닥칠 죽음의 순간에 밝혀달라는 것이다. 십자가에 달린 그 시간이 신적 유기와 방치의 시간, 저주받은 시간이 아니라 오히려 아버지의 뜻을 순종하는 시간임을 밝히 보여달라는 것이다. 자신이 태초부터 누리던 아버지와 함께 있는 그 영광이 자신에게 닥칠 죽음의 순간에도 발출되게 해달라는 것이다. '태초에서처럼 아버지께서 십자가에 달린 그 시간에 아들과 함께해주시면' 아들은 아버지의 함께하심을 확신하며 아버지에게 버림받고 내팽개쳐지는 저주를 견딜 수 있다는 것이다. 아들이 아버지의 뜻을 이루기 위해 목숨을 내놓는 그 일을 차질 없이 할 수 있도록, 십자가에 매달려 죽음과 고난을 견딜 수 있게 해달라는 간청이다. 이처럼 함께해주심이 아버지가 아들을 영화롭게 하는 행동이다. 자신이 놋뱀처럼 장대에 높이 들리는 사태를 함께해주신 아버지와 함께 받아들이게 해달라는 것이다. 십자가 들림을 염두에 둔 말씀이다.

6-14절은 아버지와 아들과 제자들의 관계에 대한 말씀이며, 지상에 남겨둔 제자들을 보전하여 하나되게 해달라는 예수님의 간청이다. 1-5절에서 자신의 십자가 죽음을 잘 견디고 감내하게 해달라고 기도하신 후에, 예수님은 이제 지상에 남겨진 제자들을 지켜주시도록 기도하신다. 6절은 제자들을 다양하게 정의한다. 제자들은 하나님 아버지의 것이었는데(하나님 아버지께 속한 자들), 아버지가 세상 중에서(유대인들 중에서) 예수님에게 주신 자들이다. 예수님은 이들에게 아버지의 이름을 나타내셨다. 제자들은 아버지의 말씀을 지켰다. 제자들은 세상 안에서 살았지만 세상에 속하지 않고 아버지께 속한 자들이었다. 제자들은 아버지 하나님이 예수님께 주신 것(권세, 능력, 사명, 교훈 등) '모두가 아버지 하나님께로부터 온 것임'을 알았다.[7절] 유대인들은 예수님을 하나님 아버지와 다른 신을 믿자고 선동하는 거짓 선지자라고 오해했지만, 제자들은 예수님이 구약의 하나님 아버지께로부터 온 자임을 알았다.

8절은 세상과 제자들의 가장 큰 차이를 설명한다. 예수님이 아버지께서 자신에게 주신 말씀들[레마타(ῥήματα)]을 제자들에게 가르쳐 주자, 제자들은 이 말씀들을 받고 예수님이 아버지 하나님으로부터 온 자임을 확실하게 알았고, 예수님이 아버지 하나님께서 보내신 자임을 믿었다. 제자들은 앎에서 믿음으로 전진했다. 그들은 예수님이 가르쳐주시고 전해주시는 말씀들(산상수훈, 하나님 나라 비유, 하나님 나라 강론)을 듣고 실천해 보는 과정에서, 그것들이 예수님의 독자적 사상이 아니라 아버지 하나님께로부터 온 것임을 확신했다.[요 7:17] 유대인들이 대표하는 세상은 예수님이 하나님께서 보내신 자임을 결단코 믿지 않았지만, 제자들은 알고 믿었다. 6-8절은 제자들이 세상과 얼마나 다른지를 집약적으로 진술한다. 제자들은 하나님의 계시에 민감한 수용성을 보였다. 원래 그들은 아버지 하나님께 속한 자들이었기 때문에 장로들의 전통과 신앙체계에 의해 영적 지각력이 둔해지지 않았다.

9절부터는 제자들을 위한 예수님의 간청 내용이다. 1인칭 단수 대명사 에고로 시작한다. '나는(에고) 그들을 위해 간청합니다. 세상을 위해 간청하지 않고 당신께서 내게 주신 자들을 위해서. 그들은 당신에게 속한 자들이기 때문입니다.' 9절은 아버지께서 주신 제자들의 장래를 위해 비는 기도다. 10절의 "내 것"과 "아버지의 것"은 문맥상 제자들을 가리키는 것으로 보인다. 나의 제자로 모인 이들 모두는 아버지의 소유라는 것이다. 예수님은 제자들로 말미암아 이미 영광을 받았다고 말씀하신다. '이미 영광을 받았다'는 말은 '영화롭게 하다'를 의미하는 동사 독사조(δοξάζω)의 현재완료수동태[데독사스마이(δεδόξασμαί)]인데, 이 표현은 예언자적 완료시제에 해당된다. 아직은 제자들이 성령에 충만하여 예수님을 증언하는 단계에 이르지 못하고 있다. 예수님은 사도행전 2장 이후에 전개될 역사를 미리 내다보고 제자들이 자신을 영화롭게 하는 일이 마치 성취된 일인 것처럼 말씀하신다. 지금 현실의 제자들은 근심, 비통, 두려움에 가득 차 있다. 잠시 후면 예수님을 내버려두고 뿔뿔이 흩어질 기세이다. 그런데 예수님은 이런 현재 모습을 보지 않으시고 또 다른 보혜사가 와서 그들을 진리 가운데로 이끌 날을 미리 말씀하신 것이다(참조. 15:27).

11절은 3인칭 복수 대명사 아우토이(αὐτοί), 1인칭 단수 대명사 카고(κἀγὼ = καὶ + ἐγώ), 1인칭 복수 대명사 헤메이스(ἡμεῖς)가 각각 독립적으로 사용되는 구문이다. '나는 세상에 더 있지 않지만 그들은(아우토이) 세상에 있고, 그리고 나는(카고) 당신께로 갑니다. 거룩하신 아버지여, 내게 주신 아버지의 이름으로 그들을 보전하여 주십시오. 우리처럼(헤메이스) 그들도 하나가 되도록[호신(ὦσιν), 에이미 동사의 3인칭 복수 현재접속법].' 제자들을 지켜주시는 목적은 제자가 하나가 될 수 있도록 하기 위함이다. 제자들이 하나의 공동체를 이루도록 지켜달라는 것이다. 현재 제자들은 지리멸렬한 상태이며 하나가 되는 이상에서 아주 멀어져 있다. 그들의 마음은 갈라져 있어 제자공동체는 해체되는 분위기다. 엠마오 도상의 두 제자처럼 예루살렘의 제자공동체를 떠나는 자들이 생길 분위기다. 이런 상황에서 예수님은 세상에 남겨진 제자들을 지켜달라고, 하나되게 해달라고 간구한다. 제자들의 현상태를 정확하게 직관한 후에 드리는 간청이다. 예수님이 간청한 제자들의 거룩한 보존은, 제자들이 서로 발을 씻어주고 생명소진적이며 희생적인 사랑을 나눌 만큼 친밀한 공동체로 남는 것을 의미한다.

12절에서 예수님은 제자들과 함께 있을 때에 아버지의 이름으로 제자들을 지키고 보전한 사실을 언급하신 후에 유다의 이탈을 언급하신다. 시편 109:8을 인증해 유다의 이탈과 배반을 해석하신다. "그의 연수를 짧게 하시며 그의 직분을 타인이 빼앗게 하시며." 유다를 "멸망의 자식"이라고 칭하신다. 유다는 끝내 예수님을 믿지 않았고 요한복음 3:16의 다른 선택, 즉 영생 대신 멸망을 취했다.

13절은 15:11을 보완한다. 13절은 직역하면 이렇다. '이제 나는 당신께로 나갑니다. 이것들을 나는 세상에서 말합니다. 그들이 그들 자신 안에서 충분히 만개한 내 기쁨을 누리도록.' 개역개정에서 "충만히 가지게 하려"라고 번역한 헬라어는 페플레로메넨(πεπληρωμενεν)인데, 이 단어는 '충만하게 하다', '성취하다'를 의미하는 동사 플레로우(πλήρoω) 현재완료 대격수동분사이다. "내 기쁨"을 수식한다. 하나님의 뜻에 순종하는 기쁨이 예수님의 기쁨이다. 예수님은 제자들에게도 장차 하나님의 뜻에 순종하는 데서 오는 '예수님의 기쁨이 만개된 수준'으로 경험되기를 기도한다. 현재의 제자들은 기쁨 대신에 근심과 비통에 사로잡혀 있다. 그런데 예수님은 이 기도의 순간에 이미 사도행전 시대를 내다보신다. 13절이 말하는 '이것들'(개역개정은 "이 말"로 번역)은 15-16장의 여러 가지 말씀들을 가리킬 것이다. 더욱 구체적으로는 자신이 아버지께로 가는 여정에서 주신 가르침들을 가리킨다. 이런 말들을 세상에 있을 때 제자들에게 해주신 이유는, 그들에게도 예수님을 사로잡은 기쁨이 뿌려져 나중에 충만히 만개하기를 바라는 예수님의 마음 때문이었다. 근심과 비통에 빠진 제자들에게 당장에는 와닿지 않는 말들이었을 테지만, 요한복음 저자는 약 60년이 지난 후에도 최후의 순간에 주신 이 가르침들을 자세하게 기록하고 있다. 요한복음의 저자에게는 아마도 13절의 예수님 간구가 실현되었을 것이다.

14절은 15:18-25 단락의 가르침을 반복한다. 15:19이 증언하듯이 예수님의 제자들은 하나님 아버지 말씀을 받자마자 세상에게 미움을 받는다. 예수님이 주신 아버지 하나님의 말씀을 받은 제자들은 예수님을 미워했던 세상의 미움을 자초할 것이다. 14절에는 1인칭 단수 대명사 에고가 두 차례나 사용된다. '나는(에고) 그들에게 당신의 말씀을 주었는데(현재완료) 세상은 그들을 미워했습니다. 내가(에고) 세상으로부터 오지 않았듯이[우크 에이미 에크 투 코스무(οὐκ εἰμὶ ἐκ τοῦ κόσμου)] 그들도 세상으로부터 오지 않았기 때문입니다.' 정상적인 의미에서 예수님의 제자들은 세상과 적대적 긴장 상태에서 살아간다. 거룩하신 하나님께 사로잡히지 않은 제자들은 세상에 나가더라도 어떤 경고음도 듣지 못한다. 대신 이런 경우에 제자들은 세상에 파송당한 자가 아니라 세상에 보쌈당한 자, 세상에 소유된 자로 전락한다. 세상에 속하는 것이 세상에 소유된 것이다. 세상에 속한 가짜 그리스도의 제자들은 일관되게 세상의 논리대로 아무 거침없이 행동한다. 세상과 창조적 불화상태, 긴장상태를 경험하는 방법은 아버지의 말씀을 받는 것이다. 아침마다 우리 안에 하나님 말씀이 살아 있으면 세상과 우리 사이에는 창조적 불화가 발생한다. 이는 좋은 것을 창조하기 위한 불화다.

저희를 세상에 보내시되 진리로 거룩하게 보존하여 주옵소서 ● 15-26절

이 단락은 11절의 간구("아버지의 이름으로 그들을 보전하사 우리와 같이 그들도 하나가 되게 하옵소서")를 보완하는 간청을 담고 있다. 세상에 파송된 제자들이 예수님을 증언하는 일에서 하나가 되어 궁극적으로 아버지와 아들의 영원한 교제에 참여하는 영광을 누릴 수 있게 해달라는 간구다. 15절에서 예수님은 아버지께서 제자들을 세상으로부터 탈출시켜 달라고 기도하는 것이 아니라, 세상 안에 있는 제자들을 아버지께서 악으로부터 지켜주시도록 기도하신다. 포네로스(πονηρός)는 악이 아니라 악인을 가리키는 단어다. 포네로스는 '악인'으로 번역하는 것이 더 좋다. 제자들을 공격하는 것은 악인이다. 악인은 제자공동체의 와해와 타락을 유도하는 존재이며 예수님 증언 활동을 방해한다. 악인은 제자공동체 내부에서 나올 수도 있고 제자공동체 안에 있는 악한 관습이나 폐습의 묵수자墨守者로 나타날 수도 있다. 즉 제자들을 공격하는 것은 추상명사 악이 아니라 제자들의 활동을 의도적으로 방해하려는 인격적 지향을 가진 영적 의지이다. 세상에 있는 악인은 유대인들, 로마인들, 니골라당이나 이세벨 등 제자들의 예수님 증언을 대적하는 자들이다. 예수님은 제자공동체를 정조준해 공격하는 악인으로부터 제자들을 지켜주시도록 간구한다.

16절은 제자들이 세상에서 박해와 공격을 당하게 되는 이유를 말한다. 예수님 자신이(에고) 세상에 속하지 않은 것처럼(세상으로부터 온 것이 아니듯이), 제자들도 세상으로부터 온 자들이 아니기 때문이다. 제자들은 세상의 이익이나 정욕, 혹은 야심을 추구하기 위해 예수님의 제자가 된 것이 아니다. 원래 이들은 하나님께 속한 자들이었다. 그들은 예수님이 오시기 전에도 세상에 속하지 않았다. 그래서 예수님은 제자들을 진리, 즉 아버지 하나님 당신의 말씀으로 거룩하게 해달라고 간구한다.[17절] 레위기 11:44-45, 19:2은 하나님의 거룩하심에 근거하여 이스라엘에게 거룩한 백성이 되기를 요구하는 하나님의 명령을 담고 있다. 출애굽기 19:6은 이스라엘이 하나님과 맺은 언약의 말씀을 잘 지키면 거룩한 백성이 될 것이라고 말한다. "거룩"은 구약성경에서 하나님을 수식할 때 많이 나오는 형용사이다. 거룩의 일차적 의미는 범접할 수 없는 곳, 마주쳤을 때 죽음을 초래하는 지성물 등 인간의 접근이나 접촉을 극단적으로 경계하는 터부다. 성전의 지성소, 지성소의 법궤 등은 이스라엘에게 범접할 수 없는 곳이었다. 이 터부는 거룩하신 하나님과 인간의 초월적 이격감을 상기시키며 회중을 하나님에 대한 두려움에 묶어 행동거지를 통제한다. 이스라엘은 하나님을 거룩하신 하나님으로 경험하며 하나님의 두려운 초월적 이격 앞에 전율한다. 출애굽기 19장과 24장은 이스라엘의 하나님이 거룩하신 하나님임을 모세와 이스라엘에게 각인시켰다.[신 5:26] 모세 이후 모든 예언자들은 하나님 앞에 두려워 떠는 경험을 거친 후 예언자적 사명을 수행했다. 거룩하신 하나님은 예언자가 될 인간에게 전율을 일으키고, 이전과는 전혀 다른 영적 감수성으로 살도록 쇄신하신다. 이스라엘의 모든 예언자들은 거룩하신 하나님을 만난 경험을 성경에 전해주었는데, 그들의 경험은 다음과 같은 공통점을 갖고 있다. 첫째, 하나님의 두려운 배척과 이격을 경험했다. 출애굽기 19장, 24장, 신명기 9장, 11장 등은 시내산에 강림한 거룩하신 하나님에 대한 이스라엘의 집단적인 전율 경험을 다채롭게 묘사한다. '이 산 위에 올라오지 마라.' '제사장들과 백성에게는 경계를 넘어 나 여호와에게로 올라오지 못하게 하라. 내가 그들을 칠까 하노라.' 거룩하신 하나님은 하나님의 존재 중심에서부터 불의하고 부정한 죄인을 참아내지 못하는 폭풍 같은 배척력을 발출하신다. 죄를 참아내지 못하는 하나님의 자기수호 의지가 이격감과 죄인 배척의 기세다. 하나님은 하나님다워지기 위해서 엄청나게 강력한 영적 폭풍을 방출하신다.

또 다른 한편으로 예언자들은 이 전율할 만한 배척의 하나님이, 부서지고 망가진 인간을 소성시키기 위하여 자신에게 무제한 가까이 오는 것을 허용하시는 근접의 하나님이요 자기하강의 하나님이심을 경험했다.[사 57:15, 호 11:8-9] 하나님 성품 안에는 '거룩한 모순'이 작동한다. 높고 거룩한 곳에 거하시며 죄와 불결을 돌격하시는 지존하신 하나님이, 심령이 상하고 미천한 자의 마음 한복판까지 오신다. 우리가 하나님을 소유할 수는 없지만, 하나님은 마음이 부서지고 상한 사람들의 한복판, 죄의 힘에 휘둘려 사는 사람들에게 오셔서 그들과 함께하신다. 하나님 안에는 이런 이원적 요소가 긴장을 이루고 있다. 죄에 대한 배척과 죄인에 대한 사랑, 죄에 대한 분노와 죄인에 대한 무한책임의 긍휼이 서로 길항하며 순환하고 있다. 거룩하신 하나님은 죄를 심판하는 하나님인 동시에 죄인을 끌어안는 하나님이시다.

따라서 거룩의 뜻을 크게 두 가지로 정리할 수 있다. 첫째, 거룩하신 하나님은 어떤 피조물과도 동일시 될 수 없고, 어떤 형상으로도 표현될 수 없는 무한히 크고 광대하신 하나님으로서, 질적으로 전혀 다른 하나님이시다(비교불가의 독특성). 지존무상하여 높은 데 거하시며 죄를 참지 않으시고 죄를 배척하는 하나님이다(거룩한 배척). 속된 전체로부터 구별된 자, 그러나 속된 전체의 유익을 위하여 구별된 자를 떼어내시는 하나님을 거룩하신 하나님이라고 부른다. 자신은 변화되지 않지만 자신이 접촉한 존재를 변화시키는 강한 영적 삼투압현상을 일으키시는 하나님이 거룩하신 하나님이시다.

둘째, 심령이 상하고 부서진 자들과 함께하시는 하나님이시다(연대와 무한책임의 긍휼). 거룩하신 하나님은 자기 반전의 하나님으로서 죄에 대한 정의로운 심판을 행하신 후에 부서지고 망가진 죄인을 재활복구시키기 위해 무한히 크신 공의(의, 체데크)를 실천하신다. 공의는 하나님이 언약에서 멀어져가는 이스라엘을 다시 자신에게 친밀하게 결속시키는 당신의 언약적 의무를 넘어서는 친절이자 의리다. 거룩하신 하나님이시기에 심판하고 거룩하신 하나님이시기에 심판당한 인간을 소생시켜 재활복구시킨다.

제자공동체를 아버지의 말씀, 즉 진리로 거룩하게 해달라는 예수님의 간구는 이런 '거룩'의 의미와 관련되어 있다. 예수님은 제자들이 세상과 접촉을 유지하지만 세상에 의해서 영향을 받지 말아야 하고 세상을 변화시키는 존재가 되기를 기도하신 것이다. 예수님은 제자들이 세상의 죄에 진노하고 죄를 배척해야 하지만, 죄 때문에 죽어가는 사람들을 위해서 한없는 동정과 체휼을 보이도록 간구하신다. 예수님의 제자들이 자기복무적인 이익단체를 만들지 말고 타인을 위해 자기 살과 피를 내어놓는 영생의 증인이 되기를 원하신다. 다른 신(들)의 이름으로 존재하는 세상의 어떤 종교와도 전혀 다른, 거룩한 공동체가 되기를 간구하신 것이다. 우리가 거룩하신 하나님의 본성을 가슴 깊이 영접할수록, 우리는 이 세상에 대해서 변혁적이고 공세적인 쇄신을 주도하는 방식으로 살 수 있는 길을 얻는다.

특히 오늘날 교회는 그 표지 중 하나인 거룩성을 상실하고 있다. 오늘날처럼 극단적인 인본주의적 세속주의 시대에 사는 사람들은 거룩하신 하나님 앞에 두려워 떠는 경건 능력을 상실했다. 거룩하신 하나님은 죄를 배척하신다. 이러한 하나님의 세상 통치방식은 인본주의적 세속주의 시대에도 동일하다. 하나님은 날마다 분노하시는 하나님이다.시 7편 죄에 대한 분노를 경험하는 것이 하나님에 대한 통전적 이해의 필수단계다. 죄에 대한 분노를 경험하지 못하고 죄를 배척할 마음이 생기지 않는 것은 하나님에 대한 인격적 이해가 없기 때문이다. 죄에 대해 진노하고 죄에 대해 역겨움을 가진 하나님에 대한 이해가 없는 사람은, 공평과 정의에 대해서도 무관심하다. 우상화된 하나님을 믿는 사람은 공평, 정의, 거룩의 하나님을 제쳐놓고 사랑만을 말한다. 정의와 공의를 말해야 하는 순간에도 사랑의 하나님을 말한다. 그러나 고린도전서 13장에서 말하듯이 사랑은 '불의를 기뻐하지 아니하며 진리와 함께 기뻐한다.' '하나님이 세상을 이처럼 사랑하는' 행위는 세상을 무한책임적으로 품고 변화시킨다는 뜻이지, 세상에 보쌈당한 채 세상의 일부가 되어 동화된다는 말이 아니다. 자신은 변화되지 않지만 세상을 변화시키는 엄청난 거룩에너지를 축적한 사람만이 세상에 파송되어야 한다. 이런 사람이 진리로 거룩하게 보전된 사람이다. 진리로 거룩하게 보전된 사람이 세상에 나가갈 때, 세상과의 접점을 유지하면서 세상을 변화시키는 기점을 유지한다. 진리로 거룩하게 되지 못한 사람, 하나님 말씀을 암송하고 순종하고 내면화시키지 못한 사람이 세상과 접촉하면 세상에 우겨쌈을 당하고 세상에 사로잡히게 된다.

18절은 이중 파송을 말한다. 아버지께서 예수님을 세상에 파송하신 것처럼 예수님 자신도[나 자신도(에고)] 제자들을 세상에 보내신다. 19절은 제자들을 세상에 파송하시면서 예수님이 아버지께 드리는 간구이다. 19절에는 1인칭 단수 대명사('내가 나를 거룩하게 한다') 에고(ἐγώ)와 3인칭 복수 대명사 아우토이(αὐτοὶ)가 독립적으로 사용된다. 예수님은 제자들을 세상에 파송하시면서 스스로를 거룩하게 구별하시는데, 그 목적이 '심지어 그들도'(카이 아우토이) 진리 안에서 거룩해지도록 하기 위함이다. 신약성경은 초대교회부터 제자들이 세상에서 거룩성을 유지하는 것이 얼마나 어려웠는지를 증언한다. "간음한 여인들아, 세상과 벗된 것이 하나님과 원수 됨을 알지 못하느냐. 그런즉 누구든지 세상과 벗이 되고자 하는 자는 스스로 하나님과 원수 되는 것이니라. 너희는 하나님이 우리 속에 거하게 하신 성령이 시기하기까지 사모한다 하신 말씀을 헛된 줄로 생각하느냐."약 4:4-5 하나님의 말씀을 받은 제자들은 세상에 나가자마자 세상에 동화되거나 세상을 거룩하게 변화시키는 선한 싸움에 돌입하는 것 둘 중 하나를 선택해야 한다. 성령도 우리 그리스도의 제자를 차지하려고 하고, 세상도 우리를 차지하려고 한다. 세상이 우리를 차지하려고 할 때 성령이 시기한다. 그 시기심이 사모하는 마음까지 동반하여 하나님은 우리를 소유하기를 원하신다. 그러나 세상과 짝하고 벗하면 세상에 삼킴 당한다. 오늘날 우리가 거룩하신 하나님과의 인격적 접점이 없기 때문에 세상과 우리 사이의 경계선이 흐려져 있다. 거룩하신 하나님 앞에 진정으로 예배드리고, 또한 부복俯伏하고 세상에 나아가면, 내 안에 세상과의 창조적 긴장 상태가 유발된다.

20-26절 단락에서 예수님이 드리는 간구의 핵심은 '아버지, 세상으로 하여금 아버지께서 나를 보내신 것을 믿게 하옵소서'이다. 요한복음 전체에서 그렇듯이 20-26절에도 히나 목적절이 여러 차례 등장한다. 21절에 세 번, 22절에 한 번, 23절에 두 번, 24절에 두 번,

26절에 한 번, 목적절이 아홉 차례나 나온다. 히나 목적절을 잘 해석하면 원래 뜻을 알 수 있다.

20절에서 예수님은 자신의 중보기도 대상의 범위를 확장한다. 자신의 당대 제자들뿐만 아니라 제자들의 말로 인해 믿게 될 사람들도 중보기도의 대상이 된다. 아버지께서 '내 제자들과 내 제자들의 말을 통하여 나를 믿게 되는 후세대 제자들도 진리로 거룩하게 해달라'고 간구한다. 진리로 거룩케 되어야 할 대상에는 예수님 당대 세대 제자들뿐만 아니라 그들의 말로 믿게 될 후세대 제자들도 포함된다. 당대의 제자들과 그들로 인해 믿게 될 후세대 제자들을 거룩하게 보존해 달라고 간구하시는 까닭은 21절의 세 개의 히나 목적절에 나온다. 첫째 히나 목적절의 의미는, "나를 믿는 모든 사람이 하나가 되도록 하기 위함"[히나 판테스 헨 호신(ἵνα πάντες ἓν ὦσιν)]이다. 히나 목적절 뒤에 나오는 둘째 목적절은 첫째 목적이 성취되어야 하는 이유를 말한다. "그들도 다 하나가 되어 우리 안에 있게 하사"[히나 카이 아우토이 엔 헤민 호신(ἵνα καὶ αὐτοὶ ἐν ἡμῖν ὦσιν)] "세상으로 아버지께서 나를 보내신 것을 믿도록 하기 위함"[히나 호 코스모스 피스튜에 호티 쒸 메 아페스테일라스(ἵνα ὁ κόσμος πιστεύῃ ὅτι σύ με ἀπέστειλας)]이다. 세상이 예수님(나)을 믿어야 하는 이유가 목적절에 나와야 하지만, 여기가 아닌 3:16에 나온다. 세상이 독생자를 믿어야 하는 이유는 멸망치 않고 영생을 얻기 위함이다. 예수님(내가)이 하나님께 파송받은 독생자임을 믿고 영생을 누리도록 하기 위함이다. 예수님을 믿는 제자들이 하나가 되어야 '세상 사람들이 예수님이 하나님께로부터 온 독생자임'을 믿을 수 있다. 제자들이 하나가 되어야 예수 안에 거하는 공동체가 되고, 그들이 예수 안에 사는 공동체적 모습을 보여줄 때 세상 사람들은 '예수님이 이 사람들 안에 계시는구나. 계급적, 계층적, 인종적 차별을 해소시키고 모든 인류를 하나되게 만드는 강력한 권세를 가진 예수가 이 공동체 안에 계시는구나'라고 믿을 수 있다. 제자들이 이러한 차이를 극복하고 하나의 공동체를 이루는 것을 세상이 볼 때, 세상은 그 공동체가 작동하는 원리인 예수님은 하나님이 보내신 것이 분명하다고 믿게 된다는 것이다. 예수님을 믿는 제자들의 공동체가 하나되는 모습을 보여줄 때, 세상 사람들은 '예수님만 믿으면 영원히 지속가능한 사회생활이 가능하겠고, 예수님만 믿으면 시편 133편이 말한 형제자매의 연합이 가능하다'고 믿게 될 것이며 이 믿음 때문에 세상은 멸망치 않고 영생을 누리게 될 것이다. 예수님의 제자들이 계급과 계층과 인종과 국적 등을 초월하여 하나가 되는 모습을 보여주면, 세상 사람들은 기독교인 공동체는 하나님이 보내신 예수의 손 안에 있는 공동체라고 믿게 된다는 것이다. 제자공동체가 하나 되는 일이 예수님이 하나님 아버지께 파송받은 독생자임을 세상이 결정적으로 믿게 만드는 유일한 증거다.

22절은 21절의 첫 소절의 주제인 하나 됨의 주제를 따로 떼어내 제자들의 하나 됨을 위하여 간구하시는 예수님의 분투를 보여준다. 첫 소절의 에고와 마지막 히나 목적절의 헤메이스는 예수님의 강조 의도를 부각시킨다. '그리고 내가(카고) 그들에게 영광을 이미 주었다. 우리처럼(헤메이스) 그들도 하나가 되도록.' 제자들을 앞에 두고 예수님이 하나되게 해달라고 간구하는 가장 큰 이유는 제자들 안에 있는 심각한 분열 때문이었다. 예수님이 이 지상에서 하나님 나라를 건설할 때 예수님 좌편과 우편에 누가 앉을 것인가라는 문제를 두고 논쟁을 벌였던 제자들은 지금 도저히 하나 될 가능성이 없어 보였다. 그러나 주님은 이들이 하나되게 해달라고 기도하셨다. 예수님은 지금도 만유를 통일하기 위하여, 만유 위에 계시고 만유 안에 계시면서 모든 종족, 계급, 계층, 언어 차이를 극복하고 인류가 하나 되도록 하나님 우편 보좌에서 중보하신다.엡 1:22-23 우리 주님이 바라시는 하나 됨은 그 누구도 인격적 존엄과 주체성을 잃지 않고 이루는 하나 됨이다.

22절의 '내가 그들에게 영광을 주었다(데도카)'는 표현은 현재완료형이다. 지금 기도 시점을 중심으로 보면 제자들에게 아직 영광을 주시지 않았는데 현재완료시제를 사용했을까? 이 또한 예언자적 완료형수사법이라고 봐야 한다. 제자들에게 주신 영광은 보혜사 성령 강림으로부터 위력을 발휘한다. 예수님은 자신의 제자로 자칭하는 자들이 하나 되기가 얼마나 힘든지를 아시고 이 기도제목을 가지고 승천하신다. 아직까지 예수님의 이 기도제목은 하나님 아버지께 응답받지 못했다. 예수님께서 여전히 이 기도를 한다는 말은, 제자들이 하나 되는 것은 종말이 올 때까지 실현될 수 없을 것이라는 슬픈 전망 때문이다. 그래서 17장에서 제자들의 하나 됨이나 제자들이 진리로 거룩하게 보전되게 해달라는 간구 내용은 미래시제로 표현되어 있다.

성령의 감화감동을 받아 자신이 하나님께 큰 자라고 생각하지 않는 사람들은 다른 이들과 하나되는 것이 어렵지 않다. 성령 충만한 사람들은 다른 사람의 존재 가치를 높여준다. 성령 충만한 사람 옆에 있으면 내가 갑자기 높아진 느낌을 받는다. 그 이유는 성령 충만한 사람들은 타자를 높이고 자기를 낮추는 능력이 있기 때문이다. 성령 충만한 사람 곁에 가면 보통 사람도 갑자기 기분이 좋아지고, 존엄성의 일부가 회복됐다는 느낌이 든다. 성령 충만한 사람은 수줍음이 많은 사람에게는 수줍음이 많은 사람답게 접근하고, 말이 많은 사람에게는 말이 많은 사람답게 접근한다. 예수께서 마지막에 하나되게 비장하게 해달라고 기도하는 이유는, 아담 인류 안에는 다른 사람을 누르고 자기를 높이려는 자기주장 의지가 있기 때문이다.

제자들도 자기를 다른 지체보다 높이려는 권력의지가 강했기 때문에 예수님이 이처럼 비장하게 기도하실 수밖에 없었다. 예수님은 마지막 순간까지 서로 배척하고 언제든지 부서질 수 있는 지리멸렬한 제자공동체를 놓고 '하나되게 해달라'고 기도하셨다. 예수 이름으로 모이는 후대의 제자들이 하나되기를 위해서 기도하셨다. 그들은 예수 안에서 하나 되어 세상 사람들이 예수를 하나님이 보내신 독생자로 믿도록 증인 역할을 해야 한다. 교회가 하나 됨을 성취하지 못하면 세상이 손해를 본다. 세상은 나쁜 교회들 때문에 독생자를 믿을 기회를 빼앗겨 치명상을 입게 된다. 나쁜 교회는 교회가 없는 것보다 더 나쁘다.

23절에는 두 개의 히나 목적절이 나온다. 첫째 히나 목적절의 목적을 둘째 목적절이 표현하는 복잡한 구문이다. 첫 소절에는 1인칭 단수 대명사 에고와 2인칭 단수 대명사 쒸가 동시에 사용된다. 23절을 순서대로 직역하면 이렇다. '내가(에고) 그들 안에 있고 당신이 내 안에 있습니다. 이것은 그들도 온전함을 이루어 하나되도록 하기 위함입니다. 그들이 온전함을 이루어 하나 되어야 하는 것은, 당신이(쒸) 나를 파송하셨고 당신이 나를 사랑하셨던 것처럼 그들(제자들)도 사랑했음을 세상이 알도록 하기 위함입니다.' 예수님이 제자들 안에 계시고, 예수님 안에 하나님 아버지가 계신다. 그러므로 제자들 안에 아버지 하나님이 계신다. 만유를 통일하시는 아버지 하나님이 제자들 안에 있는 까닭은 제자들이 온전히 하나 됨을 이루도록 하기 위함이다. 제자들의 온전히 하나 됨의 경지는 성령이 제자들 각각을 개성화시켜 그리스도의 몸을 구성하도록 상호보합적인 관계를 이루도록 도와주실 때 가능하다. 서로의 필요에 의해서 완벽한 하모니를 이루고 인격적 쓰임새와 은사의 쓰임새가 일치를 이룰 때 온전함을 이룬 하나 됨을 실현한다. 고린도전서 12장과 14장의 성령의 은사론은 그리스도의 몸을 이루는 지체들의 상호보합적 일치를 이상적으로 그린다. 그리스도의 제자들이 그리스도의 몸을 구성하는 것이 온전히 하나 됨을 이루는 것이다. 인간의 신체와 몸이 갖는 상합성과 상호 필요성이 제자공동체 안에서 구현되기를 간구한 것이다. 온전한 교회는 그 교회가 속한 보다 넓고 큰 세상공동체로 하여금 교회 안에 계시는 그리스도와 하나님의 현존을 인지하게 만든다.

24절은 제자들이 장차 자신이 있는 곳에 와서 함께 있기를 간구하는 기도다. 예수님은 제자들에게 자신이 아버지께 가서 제자들이 거할 곳을 마련해 두겠다고 약속하셨다.[요 14:2] 24절의 첫 소절은, "내가 너희를 위하여 거처를 예비하러 가노니"라고 말하는 14:2을 이어받는다. '아버지여, 당신이 내게 준 자, 그들도 내가(에고) 있는 곳에 함께 있기를 원합니다. 제자들이 내가 있는 곳에 와서 함께 있기를 간구하는 까닭은, 그들도 당신이 창세 전부터 나를 사랑하사 내게 주셨던 그 영광을 볼 수 있도록 하기 위함입니다.' 제자들이 언젠가 예수님이 완전히 영화롭게 된 상태를 볼 수 있기를 구하신 것이다.

25절은 에고(1인칭 단수대명사)와 쒸(2인칭 단수대명사)가 나오는 강조구문이다. "의로우신 아버지"를 부르는 이 간구에서 예수님은 세상과 달리 자신과 제자들이 아버지 하나님의 계시에 민감하게 응답했음을 말씀하신다. '세상은 아버지를 몰랐습니다. 그러나 나(에고)는 당신을 알았습니다. 그리고 이 사람들(제자들)도 당신(쒸)이 나를 파송하신 것을 알았습니다.' 세상은 예수님과도 대립하고 제자들과도 대립한다. 세상과 달리 예수님은 아버지를 아시고 그 뜻에 순종하셨다. 세상과 달리 제자들은 예수님을 하나님이 보내신 이로 알고 영접하고 믿었다. 요한복음의 핵심 관심사는 예수 그리스도가 아버지 하나님이 보내신 자임을 믿느냐 믿지 않느냐였다.[20:31]

26절도 히나 목적절을 갖고 있다. '나는 당신의 이름을 그들에게 알게 하였으며 또 알게 할 것입니다.' 그렇게 하는 목적은 '당신이 나를 사랑하셨던 그 사랑이 그들에게 지속적으로 있고 나 또한(카이 에고) 그들 안에 지속적으로 거하기 위함입니다.' 마지막 히나 목적절의 동사는 에이미 동사의 접속법(가정법) 3인칭 단수다(ᾖ). 이 에이미 동사의 접속법 사용은 하나님 아버지가 예수님을 사랑했던 그 사랑은 아직 제자들 안에는 뿌리내리지 못하고 있으며 예수님의 제자 공동체 내주도 미래에 속한 일임을 시사한다.

예수님이 내주하시는 교회는 진리의 말씀으로 보전된 거룩한 교회다. 이 거룩한 교회가 세상을 향해서 파송되어 활동하게 되면 세상은 격렬한 동요를 경험한다. 세상은 이런 거룩한 교회를 십자가에 못 박든지 자신이 십자가에 못 박히는 변화를 경험하든지 양자택일의 기로에 선다. 오늘날 교회가 세상을 공세적으로 압박하지 못하기 때문에 교회의 존재감은 지극히 왜소해졌다. 세상에 던지는 교회의 메시지가 거룩한 공세성을 잃어버렸기 때문이다. 예수님이 내주하는 교회는 누가복음 4:18-19을 상속해 선포할 것이다. "주의 성령이 내게 임하셨으니 이는 가난한 자에게 복음을 전하게 하시려고 내게 기름을 부으시고 나를 보내사 포로 된 자에게 자유를 눈 먼 자에게 다시 보게 함을 전파하며 눌린 자를 자유롭게 하고 주의 은혜의 해를 전파하게 하려 하심이라 하였더라." 성령 충만한 신자들의 자발적인 섬김과 희생이 압도하면 감시와 처벌 같은 정부 기능은 줄어든다. 교회가 활동하면 인간정치는 왜소해진다. 하나님 나라 운동이 세상정치 세력을 급격하게 약화시키면 세상은 누구에게 주도권을 넘겨주게 되겠는가? 강한 자발성을 가진 시민단체, 자율적 자치단체나 개인들에게 상당한 활동 공간을 내어준다. 정치학에서는 이를 협치governance라고 부른다. 참된 기독교가 흥왕하면 세상은 중앙집권적 권력을 가지고 지시하는 국가기관보다 자발적으로 각성된 시민들의 높은 사랑이 주도하는 사회가 된다. 하나님이 세상에 제자들을 파송한 목적은 교회가 세상의 주도권을 쥐고, 무장한 자율적 주권국가들과 거대 이익집단들로 분열된 세상을 하나되게 만드는 것이다. 예수님의 제자 파송의 궁극적 목적은 칼과 총과 살상용 무기로 무장된 주권국가들이 자발적인 사랑으로 가득 찬 시민공동체, 즉 하나님 나라로 승화되는 것을 촉진시키기 위해서다.

메시지

17장은 예수님의 사명이 '영생'을 선사하는 데 있다는 사실을 재차 강조한다. 영생이 지상 현실에서 실현가능한 사회적 비전이 아니라면, 예수님은 죽음 이후에 전개될 '영생'에 대해서만 그토록 많은 말씀을 한 셈이 된다. 오늘날 기독교인들조차도 이 세상에서 경험될 예수님의 영생 선사 의지를 진지하게 생각하지 않고, 세상 만민의 죄를 대속하는 대속제물이 되는 일에만 전력투구하신 것으로 생각한다. 편협하게 축소된 바울의 십자가 신학 하나로만 구약성경과 공관복음서 예수님의 중심 메시지인 하나님 나라 비전을 축소해버린다. 그렇게 되면 기독교는 개인 구원론으로 축소된다. 예수님의 영생은 구약적 이상vision의 실현이었으며 공관복음에서는 '하나님 나라' 복음으로 다르게 표현되었다. 요한복음의 영생은 현실에서 실현가능한 공동체적 삶의 양식이라는 사실을 아는 것이 중요하다. 17장에서 예수님이 드린 간구의 핵심은, 제자들이 하나 되어 세상으로 하여금 예수님이 하나님 아버지께로부터 온 인자이며 하나님의 아들임을 믿게 해달라는 것이다. 예수님이 구약의 하나님, 곧 창조주 하나님임을 믿어야 예수님이 선포한 영생 비전을 세상 사람들이 하나님의 비전으로 받아들이기 때문이다. 예수님은 여러 차례 당신이 구약의 아버지 하나님께서 세상에 파송하신 종말의 예언자, 인자이며 곧 하나님 아들임을 계시하셨다. 자신이 하나님 아버지께로부터 왔다는 것을 믿어야 이 세상 사람들과 유대인들, 그리고 제자들이 자신이 선포한 영생 비전을 받아들이고 그것을 이루려고 실천할 것이기 때문이다. 예수님을 하나님 아들로 믿는 유일한 목적은 멸망치 않고 영생을 누리도록 하기 위함이다. 요한복음은 속죄론의 접근보다는 영생 비전 영접 여부로 구원을 설명한다.

17장에서 재차 강조되는 진리는, 인자 되신 예수님이 먼저 만민을 대신해 심판을 받으므로 만민을 심판하는 권세를 받았다는 것이다. 여기에 속죄론의 요소가 엿보인다. 하지만 요한복음에서는 죄 대속 개념보다는 예수님의 영생 비전 영접 여부가 더 중요하다. 요한복음에서 결정적인 것은, '예수님이 하나님 아들이심을 믿는 것'이다. 아버지 하나님은 당신의 아들 나사렛 예수에게 지상에서도 만민을 다스리는 권세를 부여하셨다. 하나님은 예수님께 인간 제왕들에게도 굴복할 필요가 없는 것은 물론이요 죽음의 권세에도 복종할 필요가 없는 권세를 주셨다. 그런데 예수님에게 주신 이 권세의 목적은 예수님이 만민에게 영생을 선물로 주기 위함이다. 권세의 목적이 영생 선사에 있다. 이는 지상의 모든 권력자들은 자신들에게 다스림을 받는 사람들에게 영생을 선물로 주기 위해서 권세를 위임받은 것이라는 함의를 내포하고 있다. 이것은 플라톤의 『국가론』에서도 암시된다.[1] 통치자가 통치권을 갖는 목적은 통치받는 사람들에게 공정한 통치를 선물로 주기 위함이라는 것이다. 하나님께서는 만민에게 영생을 선물로 주시기 위하여 예수님에게 모든 육체를 다스리는 권세를 주셨으므로, 자신이 통치권을 정당하게 부여받을 수 있도록 아버지 하나님께 간구한다. 예수님은 자신의 만민 통치권으로 하나님이 자신에게 맡겨주신 사람들에게 영생을 선물로 주는 것이야말로 아버지를 영화롭게 하는 방식이라고 믿는다. 17장에서 예수님은 자신이 이 과업을 잘 수행하도록 도와달라고 아버지께 요청한다. 아들인 자신을 영화롭게 해달라고 간구한다. 그는 아버지가 주신 과업을 백퍼센트 순종해 성취할 때 아들 자신이 영화롭게 된다는 것을 잘 알고 있다. 또한 아버지께 순종의 극대치를 바치는 아들은 아버지를 영화롭게 한다. 17장에서 예수님은 '자신이 십자가에 못 박히는 이 순간을 감내해 받아들일 용기를 달라'고 기도하신다. 십자가의 두려움을 정면으로 응시하고 그 죽음을 받아들이겠다는 용기를 갖게 해달라는 기도다. 십자가에 죽기까지 복종함으로 말미암아, 당신이 만민의 입으로부터 예수가 주라고 고백함으로써, 만민을 용서하고 만민을 구원하는 구주가 되게 해달라고 간구한다. 예수님은 자신이 만민의 입에서 예수가 주라는 그 고백을 위해서 십자가를 져야 한다는 것을 아신다.

17장의 이 원리를 보다 직설적으로 해명하는 본문이 빌립보서 2:6-11이다. "그는 근본 하나님의 본체시나 하나님과 동등됨을 취할 것으로 여기지 아니하시고 오히려 자기를 비워 종의 형체를 가지사 사람들과 같이 되셨고 사람의 모양으로 나타나사 자기를 낮추시고 죽기까지 복종하셨으니 곧 십자가에 죽으심이라."빌 2:6-9

이처럼 만민을 통치할 통치권을 가진 아들이 죽기까지 자기를 부인해야만 통치받는 모든 사람에게 영생을 선사할 수 있다. 이것이 핵심원리다. 목사가 교인에게 생명을 나누어주려면 목사가 죽기까지 하나님께 순종해야 한다는 것이다. 하나님께서는 예수님에게 만민을 다스리는 통치권을 주시고 예수님이 이 통치권을 어떤 방식으로 수행하는지를 지켜보셨는데, "자기를 비워 종의 형체를 가지사 사람들과 같이 되셨고 사람의 모양으로 나타나사 자기를 낮추시고 죽기까지 복종"하는 모습을 보고 영광을 받으셨다. 그러므로 아버지는 아들을 지극히 높여 영화롭게 하신다. 빌립보서 2:10-11은 요한복음의 인자 들림 본문을 해설한다. "이러므로 하나님이 그를 지극히 높여 모든 이름 위에 뛰어난 이름을 주사 하늘에 있는 자들과 땅에 있는 자들과 땅 아래에 있는 자들로 모든 무릎을 예수의 이름에 꿇게 하시고 모든 입으로 예수 그리스도를 주라 시인하여 하나님 아버지께 영광을 돌리게 하셨느니라."

하나님 아버지와 아들의 이 기막힌 협력통치 드라마는 감동적이다. 어떤 정치학 교과서도 상상하지 못한 방식의 통치 방법이다. 이 예수가 인류의 왕이 되시면 인류는 더이상 전쟁과 갈등에 휩싸일 염려가 없다. 모든 단위의 지도자가 예수님 같은 사람이라면 인류는 상쟁하면서 살지 않아도 된다. 자신을 정복한 왕이 자신들을 더 자유롭게 하고 더 공정하게 대해준다면 사람들은 그 겸손한 정복자에게 자신을 정복하고 지배해달라고 간청할 것이다. 중국의 요순우탕堯舜禹湯 시대의 전설에 유사한 이야기가 나온다. 상나라를 건국한 탕왕은 70리를 다스리다가 정복군주가 된다. 이 정복군주가 여러 지방을 정복하고 다스리자 모든 곳은 정의와 평화와 공평이 넘친다. 그러자 주변 모든 사람들이 탕왕에게 자신들을 정복해달라고 소리친다. 인간은 하나님 형상으로 창조되었기 때문에 하나님의 형상을 반영하지 못하는 열등한 자의 통치를 받으면 존재가 파괴된 것처럼 느낀다. 나쁜 대통령이 다스리는 나라에서 살면 생명력이 감소한다. 나쁜 교장 밑에, 나쁜 목사 밑에, 나쁜 주교 밑에, 나쁜 군수 밑에 살면 '사는 것'이 죽는 것이다. 하나님의 존엄한 형상대로 지음받은 인간은 자신의 존엄성이 지켜지지 못하면 죽었다고 느낀다. 공기, 땅, 수질이 오염되면 그 오염된 환경에 둘러싸인 자들은 오염에 둘러싸여 사는 셈이다. 거짓말과 은폐와 무책임과 무자비로 온갖 악을 범하면서 여전히 지도자 노릇하는 자 밑에 살면 사람들의 생명력이 사그라지고 삶의 기쁨이 없어진다. 하나님이 우리에게 줄을 재어 주시며 '여기에 살라'고 할당해 주신 대한민국은 아직 영생의 이상과는 멀고 먼 나라다. 이런 야만적인 사회를 한꺼번에 영생의 공동체로 변화시킬 수는 없다. 그래서 예수님은 숨고 은닉할 수 있는 비밀한 초막을 주셨다. 그것이 바로 교회다. 예수님은 세계 만민을 통치할 권세를 위임받은 왕이셨지만 이 예수님의 통치를 가로막는 중간계 지도자 집단의 조직적인 반역에 직면하고 계신다. 정사, 권세, 주관, 보좌 등 어둠의 세상 주관자들이 만민에게 영생을 선사하려는 예수님의 통치에 저항하고 있다.

세계 만민에게 영생을 주려는 목적으로 통치하시는 예수님 같은 왕이 어디 있을까. 이 예수님께 우리가 무릎 꿇으면 우리를 지배하려는 악한 왕들의 파괴적인 통치로부터 자유케 된다. 반대로 우리가 세상의 정사와 권세 아래 살 때는 매 시간 예수님께 예배를 드려야 한다. 그렇지 않으면 우리 인간성이 황폐화되고 파괴된다. 1-5절을 쉽게 풀어쓰면 이런 뜻이다. '내가 십자가를 지는 이 굴욕의 시간을 못 받아들이면 나는 아버지를 영화롭게 하지도 못하고 내게 맡겨진 만민에게 생명을 선물로 주지도 못합니다. 무릇 왕이 백성을 위해 목숨을 바쳐야 백성들은 영생을 선물로 받기 때문입니다.'

이 세계의 가장 고상한 정치철학, 모든 성현들이 꿈꾼 왕도를 예수님은 체현하셨다. 권세의 목적이 백성들에게 영생을 선사하는 데 있다는 사상을 육화시키셨다. 인간은 자기 목숨을 존중하는 이에게만 복종한다. 인간은 고귀하게 창조됐기 때문이다. 하나님 같은 왕이 아니면 인간은 결코 복종하지 않는다. 인간은 자기 목숨을 바친 왕에게만 머리를 숙일 수 있다. 예수님은 자신의 살과 피를 생명의 음료와 생명의 떡으로 나누어줌으로써 인간을 다스리는 통치권세를 위임받으셨다. 예수님은 자신이 다스릴 사람을 위해 물과 피를 쏟으셨다.[요 19:34] 자기 살과 피를 생명의 떡과 음료로 내놓는 이의 다스림을 맛본 사람들에게 세계 모든 악한 정치가들은 찬탈자에 불과하고 쿠데타 중인 반란자로 보일 뿐이다. 예수님이 자신의 옆구리에서 물과 피를 쏟으며 만민의 통치권세를 얻으시는 그 순간, 세상의 모든 정사와 권세와 주관과 보좌는 다 무너진다. 예수님 같은 왕이 나타나자마자 모든 거짓 왕들은 폐위된다.

18장.

나는 무기력하고 나약한 예수를 모릅니다

18

[1] 예수께서 이 말씀을 하시고 제자들과 함께 기드론 시내 건너편으로 나가
시니 그 곳에 동산이 있는데 제자들과 함께 들어가시니라. [2] 그 곳은 가끔
예수께서 제자들과 모이시는 곳이므로 예수를 파는 유다도 그 곳을 알더라. [3] 유다가
군대와 대제사장들과 바리새인들에게서 얻은 아랫사람들을 데리고 등과 횃불과 무기
를 가지고 그리로 오는지라. [4] 예수께서 그 당할 일을 다 아시고 나아가 이르시되 너희
가 누구를 찾느냐. [5] 대답하되 나사렛 예수라 하거늘 이르시되 내가 그니라 하시니라.
그를 파는 유다도 그들과 함께 섰더라. [6] 예수께서 그들에게 내가 그니라 하실 때에 그
들이 물러가서 땅에 엎드러지는지라. [7] 이에 다시 누구를 찾느냐고 물으신대 그들이
말하되 나사렛 예수라 하거늘 [8] 예수께서 대답하시되 너희에게 내가 그니라 하였으니
나를 찾거든 이 사람들이 가는 것은 용납하라 하시니 [9] 이는 아버지께서 내게 주신 자
중에서 하나도 잃지 아니하였사옵나이다 하신 말씀을 응하게 하려 함이러라. [10] 이에
시몬 베드로가 칼을 가졌는데 그것을 빼어 대제사장의 종을 쳐서 오른편 귀를 베어버
리니 그 종의 이름은 말고라. [11] 예수께서 베드로더러 이르시되 칼을 칼집에 꽂으라.
아버지께서 주신 잔을 내가 마시지 아니하겠느냐 하시니라. [12] 이에 군대와 천부장과
유대인의 아랫사람들이 예수를 잡아 결박하여 [13] 먼저 안나스에게로 끌고 가니 안나스
는 그 해의 대제사장인 가야바의 장인이라. [14] 가야바는 유대인들에게 한 사람이 백성
을 위하여 죽는 것이 유익하다고 권고하던 자러라. [15] 시몬 베드로와 또 다른 제자 한
사람이 예수를 따르니 이 제자는 대제사장과 아는 사람이라. 예수와 함께 대제사장의
집 뜰에 들어가고 [16] 베드로는 문 밖에 서 있는지라. 대제사장을 아는 그 다른 제자가
나가서 문 지키는 여자에게 말하여 베드로를 데리고 들어오니 [17] 문 지키는 여종이 베
드로에게 말하되 너도 이 사람의 제자 중 하나가 아니냐 하니 그가 말하되 나는 아니

라 하고. 18그 때가 추운 고로 종과 아랫사람들이 불을 피우고 서서 쬐니 베드로도 함
께 서서 쬐더라. 19대제사장이 예수에게 그의 제자들과 그의 교훈에 대하여 물으니 20
예수께서 대답하시되 내가 드러내 놓고 세상에 말하였노라. 모든 유대인들이 모이는
회당과 성전에서 항상 가르쳤고 은밀하게는 아무것도 말하지 아니하였거늘 21어찌하
여 내게 묻느냐. 내가 무슨 말을 하였는지 들은 자들에게 물어 보라. 그들이 내가 하
던 말을 아느니라. 22이 말씀을 하시매 곁에 섰던 아랫사람 하나가 손으로 예수를 쳐
이르되 네가 대제사장에게 이같이 대답하느냐 하니 23예수께서 대답하시되 내가 말을
잘못하였으면 그 잘못한 것을 증언하라. 바른 말을 하였으면 네가 어찌하여 나를 치느
냐 하시더라. 24안나스가 예수를 결박한 그대로 대제사장 가야바에게 보내니라. 25시
몬 베드로가 서서 불을 쬐더니 사람들이 묻되 너도 그 제자 중 하나가 아니냐. 베드로
가 부인하여 이르되 나는 아니라 하니 26대제사장의 종 하나는 베드로에게 귀를 잘린
사람의 친척이라. 이르되 네가 그 사람과 함께 동산에 있는 것을 내가 보지 아니하였
느냐. 27이에 베드로가 또 부인하니 곧 닭이 울더라. 28그들이 예수를 가야바에게서

관정으로 끌고 가니 새벽이라. 그들은 더럽힘을 받지 아니하고 유월절 잔치를 먹고자
하여 관정에 들어가지 아니하더라. 29그러므로 빌라도가 밖으로 나가서 그들에게 말
하되 너희가 무슨 일로 이 사람을 고발하느냐. 30대답하여 이르되 이 사람이 행악자가
아니었더라면 우리가 당신에게 넘기지 아니하였겠나이다. 31빌라도가 이르되 너희가
그를 데려다가 너희 법대로 재판하라. 유대인들이 이르되 우리에게는 사람을 죽이는
권한이 없나이다 하니 32이는 예수께서 자기가 어떠한 죽음으로 죽을 것을 가리켜 하
신 말씀을 응하게 하려 함이러라. 33이에 빌라도가 다시 관정에 들어가 예수를 불러
이르되 네가 유대인의 왕이냐. 34예수께서 대답하시되 이는 네가 스스로 하는 말이냐.
다른 사람들이 나에 대하여 네게 한 말이냐. 35빌라도가 대답하되 내가 유대인이냐.
네 나라 사람과 대제사장들이 너를 내게 넘겼으니 네가 무엇을 하였느냐. 36예수께서
대답하시되 내 나라는 이 세상에 속한 것이 아니니라. 만일 내 나라가 이 세상에 속한
것이었더라면 내 종들이 싸워 나로 유대인들에게 넘겨지지 않게 하였으리라. 이제 내
나라는 여기에 속한 것이 아니니라. 37빌라도가 이르되 그러면 네가 왕이 아니냐. 예

수께서 대답하시되 네 말과 같이 내가 왕이니라. 내가 이를 위하여 태어났으며 이를 위하여 세상에 왔나니 곧 진리에 대하여 증언하려 함이로라. 무릇 진리에 속한 자는 내 음성을 듣느니라 하신대 38 빌라도가 이르되 진리가 무엇이냐 하더라. 이 말을 하고 다시 유대인들에게 나가서 이르되 나는 그에게서 아무 죄도 찾지 못하였노라. 39 유월절이면 내가 너희에게 한 사람을 놓아 주는 전례가 있으니 그러면 너희는 내가 유대인의 왕을 너희에게 놓아 주기를 원하느냐 하니 40 그들이 또 소리 질러 이르되 이 사람이 아니라. 바라바라 하니 바라바는 강도였더라.

주석

18장은 15-17장의 가르침과 기도를 마치신 후에 예수께서 제자들과 함께 한 동산으로 이동하시는 장면으로 시작된다. 이제부터는 긴 강화나 가르침, 혹은 제자들과 나누는 대화시간은 없다. 대제사장의 종 말고의 귀를 베는 베드로의 행동을 제지하는 말씀 외에는 제자들에게는 어떤 말씀도 하지 않으신다. 굴욕의 시간이 왔다. 18장은 금요일 새벽에 체포되신 예수님,[1-11절] 안나스의 집으로 끌려가 예비심문을 받으신 예수님,[12-27절] 그리고 빌라도에게 심문 받으신 예수님[28-40절]으로 나뉜다.

금요일 새벽에 체포되신 예수님 ● 1-11절

예수께서 13-14장까지 말씀하신 장소는 최후의 만찬 다락방이며, 15-17장은 야외 포도원 같은 한적한 곳일 가능성이 있다. 14장의 마지막 절은 '일어나 다른 장소로 가자'는 예수님의 말씀이다. 그리고 포도나무 비유 담화가 나오고 17장에서 '하늘을 우러러 보고' 기도하시는 장면이 나온다. '하늘을 우러러' 보는 장면은 실내라기보다는 하늘이 보이는 야외를 생각하지 않으면 상상하기 힘들다. 즉 예루살렘 성전산 근처의 포도원 야외이거나 기드론 계곡 평지의 어떤 장소에서 15-17장을 말씀했을 가능성이 있다.

요한복음은 마지막 식사장소를 명시적으로 언급하지는 않는다. 공관복음서는 큰 다락방이라고 언급한다(마 26:18 성안 아무개의 집; 막 14:15 단순히 큰 다락방; 눅 22:12 큰 다락방; 참조. 행전 1:13; 12:12 "마가라고 하는 요한의 어머니 마리아의 집"). 아마도 그곳은 아래쪽의 세 계곡을 끼고 솟아 있는 예루살렘 시가지 한복판에 있는 집이었을 것이다. 예루살렘 성전이 있는 성전산의 핵심 시가지는 중앙 계곡, 기드론 계곡, 힌놈의 아들 계곡을 거느리고 해발 750미터 이상 높이 솟아오른 평지에 조성되어 있다. 동쪽은 튼튼한 절벽 요새이며 남쪽, 북쪽, 서쪽은 세 계곡으로 낮아지며 이어진다. 비가 오면 이 계곡들은 시내가 되었기 때문에 시내라고 부르기도 했다(특히 기드론 시내). 건기와 대부분의 계절에는 기드론 계곡은 사람이 걸어갈 수 있을 만큼 움푹 파인 계곡평로였다. 계곡 평로는 밀농사까지 할 수 있을 만큼 넓은 평지였다.

1절에서 예수께서는 최후 만찬장 혹은 성전산 근처(혹은 기드론 계곡 평지)의 한 야외장소에서 계곡을 지나 건너편으로 이동하신다. 기드론 시내 건너편에 있는 한 동산으로 제자들을 데리고 가신다.[마 26:36-46, 막 14:32-41, 눅 22:39-46] 공관복음서는 겟세마네 동산이라고 부르지만 요한복음은 '한 동산'이라고 부른다. 이 동산은 자주 제자들과 함께 모였던 석회석 동굴들이 있는 동산이었다. 세족 목요일 밤 10-11시 사이에 이동했을 것이다.

2절은 그곳이 예수님과 제자들이 모이곤 했던 장소라고 말한다. 헬라어 원문의 어순을 따라 해석해 보면 '심지어 예수를 팔 자 유다' [카이 유다스 호 파라디두스 아우톤(αὶ Ἰούδας ὁ παραδιδοὺς αὐτὸν)]도 그

장소를 알고 있다. 예수께서 그의 제자들과 함께 가끔 그곳에 모였기 때문이다'가 된다. 헬라어 원문은 개역개정과 달리 유다도 알고 있는 동산으로 갔다는 사실을 문두에 배치하여 그 점을 강조한다. 예수님이 기도 중에 유다를 앞세운 체포조가 자신을 잡으러 올 것을 예상하셨음을 짐작케 한다. 공관복음서가 기록하고 있는 겟세마네 동산의 기도 혈투도 요한복음에는 언급되지 않는다. 잠들지 않으려고 하지만 자꾸 잠에 빠지는 제자들의 연약함도 언급하지 않는다.[마 26:40-43, 막 14:34-40, 눅 22:45-46]

곧장 체포조가 들이닥친다. 놀랍게도 유다가 체포조를 인도하고 있다. 요한복음 저자는 "유다"가 군대와 대제사장들과 바리새인들에게서 얻은 아랫사람들을 "데리고" 등과 횃불과 무기를 가지고 예수님을 잡으러 왔음을 강조한다.[3절] "데리고"[라본(λαβὼν), 분사]와 "오는지라"[ἔρχεται(에르케타이)]의 주어가 유다인 점을 강조한다. "군대"로 번역된 스페이라(σπεῖρα)는 전문용어다. 스페이라는 10분의 1 레기온(군단)이다. 6천 명의 병사가 한 레기온을 구성하니 스페이라는 600명 정도로 구성되어 있다. 그런데 여기서 스페이라는 정확하게 군사적인 규모를 말한다기보다는 천부장 휘하 병사들이 동원되었다는 정도로 이해하면 될 것이다. 비무장 예수님과 열두 제자를 체포하러 무장병사 600명을 보냈다는 것은 개연성이 없어 보인다. 12절은 군대와 천부장과 유대인의 아랫사람들이 왔다고 한다. 천부장은 연대장급 지휘관이다. 빌라도 입장에서 보면 유월절은 민중 소요가 일어날 위험한 계기였다. 당시 유월절에 모여든 군중은 20만 명 정도로 추산된다. 순례객들이 쇄도하는 예루살렘에서 만일 자신을 유대인의 왕이라고 공공연히 선포하는, 또는 그렇게 칭송받는 인물이 예루살렘 한복판을 활보한다면, 그것은 불속에 폭탄을 던지는 셈이 될 것이다. 대제사장과 바리새인들은 갈릴리의 나사렛 예수가 소요를 일으킬 수 있는 '자칭 메시아'라고 보고했을 것이다. 그래서 빌라도는 예비검속을 한 것이다.

3절에 따르면 로마군대만 온 것이 아니라 대제사장과 바리새인들의 하속들도 왔다. 그 하속들은 대제사장과 바리새인들이 주요 구성원을 이루던 유대인 자치기구 산헤드린 소속의 자경단이었다. 71명으로 구성된 유대인의 제한적 자치기구인 산헤드린은 예루살렘 일대를 통치하고 성전 수익을 관리하며 유대인들을 종교적으로 통제하는 정치조직이었다. 산헤드린 휘하의 안전요원들도 자경단이 되어 로마 정규군대와 같이 출동했다. 즉, 빌라도와 안나스와 가야바와 바리새인의 연합세력이 체포조였다는 것이다. 국가공권력과 종교권력, 종교적 확신의 삼각 동맹이라고 할 수 있다. 폭력적 국가공권력을 상징하는 로마, 사람의 마음을 지배하는 종교권력 안나스와 가야바, 현실 정치권력과 종교권력을 신적 질서의 일부라고 가르치는 바리새인들의 지식권력이 합세해 예수님에 맞섰다. 예수님을 배척하는 세상은 군사력과 종교의 마술적 지배력, 이것들을 떠받치는 지식권력의 요새화된 동맹이다. 바리새인, 안나스-가야바, 빌라도가 구축한 지배자 동맹은 이 세상에서 신적 영향력을 발휘한다. 혈혈단신 비무장인 예수님을 잡으러 일단의 무장병력과 청원경찰까지 데리고 왔다. 이 지배자 동맹은 왜 예수님을 체포하려고 했을까? 예수님은 빌라도에게 도발적인 언어를 쓰지도 않았고, 로마제국을 공격하지도 않았으며, 성전체제를 훼방하지도 않았다. 예수님은 갈릴리 농민들에게 왕적인 선한 영향력을 행사하셨다. 예수님의 죄는 왕적 영향력을 행사하신 죄다. 다시 말해 대안질서와 대항공동체를 잉태할 수 있는 상상력에 불을 지핀 것이 종교권력자들이 보기에는 예수님의 위험한 언동이었다. 지배자 동맹의 눈에는 예수님처럼 갈릴리 일대에 풍진을 일으키면서 5천 명의 남자들을 한 자리에 앉혀서 식사를 나눠줄 수 있는 능력을 가진 인물은 두려운 존재였다. 현실 정치권력을 가진 사람에게는 남자 5천 명을 데리고 광야 집회를 열어, 질서정연하게 평화를 가르치고 하나님 나라에 대한 신념을 확산하며 감동을 일으키는 상황은 굉장히 불길한 시한폭탄으로 여겨졌을 것이다. 그들이 보기에는 예수님의 죄는 감동을 일으킨 죄, 하나님 나라에 대한 열망을 심은 죄, 로마제국이나 안나스-가야바 체제와는 다른 세상이 가능하다고 꿈을 꾸게 만든 죄이다. 그래서 지배자 동맹은 예수님을 체포할 수밖에 없었다.

산헤드린 휘하의 하속들과 로마군인들은 예수님을 본 적이 없었기 때문에 유다가 앞서서 그들을 인도했다. 체포조가 "등과 횃불"을 가지고 이들이 예수님께 들이닥친 시점은 한밤중이라고 봐야 한다. 겟세마네 기도시간, 제자들이 심히 피곤해 잠에 떨어진 시점을 추산해 보면 이 체포조가 도달한 시점은 새벽 3-4시 전후였을 것이다.

예수께서 "그 당할 일을 다 아시고" 앞으로 나가 "너희가 누구를 찾느냐"고 물으신다.[4절] 겟세마네의 기도 혈투가 끝난 후 평온을 되찾으신 예수님이다. 공관복음서에서는 '이 잔을 내게서 지나가게 해 달라'고 기도하며 두려움을 피력했다고 증언한다. 두려움이 극고점까지 임했다가 어느 순간에 예수님은 "이 잔"을 받기로 결단하신다.[눅 22:42-44] 십자가의 죽음 공포를 겟세마네 기도 동산에서 이미 경험했다. 극단적인 슬픔과 두려움이 지나갔다. 상상된 죽음에 대한 공포를 이기고 실제 죽음의 현장으로 전진하신다.

이런 상황에서 예수님은 "나사렛 예수"를 찾는 체포조에게 나가 "내가 그니라"(에고 에이미)고 당당하게 밝히신다.[5절] 요한복음 저자는 바로 예수님이 앞으로 나가 자신의 신원을 밝히시는 순간, 예수님의 시선이 자신을 파는 "유다"에게 잠시 고정되었음을 암시한다. "유다도 그들과 함께 섰더라." '유다'를 돌출시킨다. 너무나도 서글픈 그림이다. 자신의 스승을 팔아넘기는 것도 모자라 체포조를 앞세워 스승을 잡으러 온 유다를 요한복음 저자도 정면으로 주시한다. 예수님이 앞으로 나가 "내가 그니라"고 밝히실 때 체포하러 온 군대와 하속들이 "물러가서 땅에 엎드러"졌다.[6절] 자신을 체포하려고 오랏줄을 가지고 오는 자들의 손아귀로 스스로 들어갈 용기 때문에 쓰러졌을 것이다. 악의 치명적 무기는 불의한 사형집행이다. 예수님은 엉터리 재판으로 사람을 죽이는 불법재판의 피해자가 되심으로 치명적인 악의 무기를 초토화시키겠다는 결심으로 전진하신다. 예수님은 로마군대가 주는 오랏줄을 받아들이는 사명으로 뚜벅뚜벅 걸어가신다. 이것이 악을 무섭게 다그치는 시퍼런 선이다. 예수님의 용기가 영적 장풍을 발사한다. "내가 그니라." 에고 에이미라고 선언하며 육박하는 이 무서운 공세성이 로마군대의 병력을 압도했다. 예수님은 인류역사가 의인의 피흘림으로 전진하는 것을 아신다. 아벨의 피로부터 바가랴의 아들 사가랴의 피까지(대하 24:17-22, 바알종교 척결을 주도한 제사장 여호야다의 아들 스가랴) 죄 없이 흘려진 자들의 의로운 피가 하나님 앞에 역사를 존속시킨 힘임을 아신다.[마 23:35] 예수님의 역사의식은 창세기부터 시작했다. 의인 아벨의 피부터 최근에 있었던 제사장 사가랴의 피까지, 땅속에 흥건히 흘러들어간 피들이 하나님 보좌에 직소하는[창 4:10] 역사를 생각하신다. "너희 전에 있던 선지자들도 이같이 박해하였느니라."[마 5:12] 이스라엘 역사는 선지자들이 핍박받은 역사, 선지자들이 자기 고향에서 환대받지 못한 역사였다는 것을 예수께서는 알고 계셨다. 이 역사의 본질에 대한 통찰력을 충분히 갖춘 예수님은 십자가와 부활의 진리를 아시고 오랏줄 속으로 기꺼이 걸어 들어가신다.

예수님이 쓰러진 그들에게 오히려 다시 "누구를 찾느냐"고 물으시자, 그들은 같은 대답을 한다.[7절] "나사렛 예수." 예수께서 재차 "내가 그니라"고 대답하며 "나를 찾거든 이 사람들이 가는 것은 용납하라"고 말씀하신다.[8절] 8절에서 세 번째로 에고 에이미 구문이 등장한다. 예수님은 자신을 앞세우며 제자들은 체포하지 말라고 요구하신다. 요한복음 저자는 예수님의 이 태도가 "아버지께서 내게 주신 자 중에서 하나도 잃지 아니하였사옵나이다"라는 17:12의 말씀을 성취하기 위함이었다고 말한다.[9절] 바로 이 순간에 칼을 가지고 있던 시몬 베드로가 칼을 빼어 "말고"(Malchos)라고 불리는 대제사장의 종을 쳐서 오른편 귀를 베어버렸다.[10절] 예수께서 베드로를 나무라시며 자신의 일향결심을 다시 말씀하신다. "칼을 칼집에 꽂으라. 아버지께서 주신 잔을 내가 마시지 아니하겠느냐."[11절] 베드로의 돌출행동은 예수님을 사랑하는 진심의 피상적인 표현이었다. 공관복음서에 따르면 예수님의 겟세마네 기도 혈투 시간에 베드로를 비롯한 제자들 모두 잠을 자고 있었다. 예수님이 기도하던 곳에서 돌을 던질 만한 거리인 40-50미터 거리의 동굴에서 잠자던 베드로는 죽음의 공포와 사투를 벌이는 기도는 생략하고 바로 행동에 돌입했다. 예수님은 태산 같은 평안함으로 자신의 체포조를 향해 뚜벅뚜벅 걸어가 자신을 잡아가라고 공세를 취하는데 비해, 베드로는 아무 생각없이 명령을 수행하는 악한 위계질서의 말단 집행자의 귀를 베어버리며 저항한다. 이것은 악한 위계질서가 작동하는 원리, 즉 죽음의 위협으로 선을 제압하고 의를 부수는 악인들의 행태를 무효화시키려는 예수님의 정공법과는 너무 다르다. 말고의 귀를 베는 정도로는 이 땅의 정사와 권세, 보좌와 주관의 악의 연합권력을 이겨낼 수 없다.

예수께서는 "아버지께서 주신 잔"을 기꺼이 마시려고 한다.[막 14:36] 유다의 배신, 빌라도의 폭정, 안나스와 가야바의 권력체제, 그리고 바리새인들의 영적 무지몽매가 일치단결해 죽음을 재촉하는 것이 분명했는데, 예수님은 어떻게 자신의 임박한 죽음을 아버지가 주신 잔이라고 했을까. 이 모든 인간의 행동들을 마치 종속변수인 것처럼 말씀한다. 구약성경 전체에서 하나님이 주시는 잔은 항상 진노의 잔이었다. 구약성경에서 하나님은 열국을 심판하기 전에 먼저 진노의 잔을 들이키게 하신다(사 51:17, 22, 렘 25:15-17). 이스라엘에게 국가 멸망급 심판을 집행하시기 전에 진노의 잔을 먼저 마시게 하신다. 예수님은 이스라엘 멸망급 심판의 예후로 주어진 진노의 잔을 스스로 취하여 이스라엘 멸망을 막으려고 하신다. 민족 전멸을 막는 진노의 잔은, 가야바가 자신도 모르게 11:50-52에서 한 말("한 사람이 죽어 민족 전멸을 막는 것이 타당하다")에서 그 의미가 드러난다. 예수님은 이스라엘의 죄를 맹렬하게 규탄하는 세례 요한의 요단강 세례 현장에서 세례를 받았을 때, 이미 진노의 잔을 받을 결단을 하신 것이다. 그때부터 그는 세상 죄를 지고 가는 어린양의 운명을 걸었다. 예수님의 요단강 수세가 이스라엘에게 갈 진노를 자신에게 전가시키는 첫 발걸음이었다. 예수님은 세례 요한에게 하나님의 의를 이루기 위해 자신에게 세례를 베풀라고 요구하신다.[마 3:15] 그때 세례 요한은 처음으로 예수님을 세상 죄를 지고 가는 어린양이라고 불렀다. 세상 죄를 지고 가는 어린양의 세례가 이스라엘 백성을 새 언약의 백성으로 불러내기 위한 통과의례였다. 이것은 옛날 이스라엘 죄를 잊게 만들고 새 이스라엘의 시작을 알리는 죽음의 잔이었다(막 10:38 "내가 마시는 잔"). 예수님의 죽음은 옛 이스라엘의 죄를 소거하는 속죄의 죽음이면서 동시에 새 언약을 산파하는 죽음이 될 것이다. 예수님은 요단강에 침수하는 숱한 죄인들의 동류가 되심으로 그들의 죄를 뒤집어쓰기 위하여 요단강에 뛰어들었다. 이스라엘 민족이 로마제국의 식민지로 살게 만들었던 악한 죄를 뒤집어썼다. 예수님은 이 죄를 뒤집어쓰고 죽어야만 새로운 언약백성을 창조할 수 있다고 봤기 때문에, 자신의 죽음을 하나님이 주시는 진노의 잔이라고 말씀했다.

이 잔은 언약식사를 가리키는 암호이기도 했다. 누가복음 22:20은 말한다. "저녁 먹은 후에 잔도 그와 같이 하여 이르시되 이 잔은 내 피로 세우는 새 언약이니 곧 너희를 위하여 붓는 것이라." 예수님의 잔은 마시는 잔이면서 동시에 붓는 잔이다. 그의 잔은 진노의 잔임과 동시에 이스라엘 백성의 언약체결 식사를 위해 붓는 잔이었다. 예수님은 '내가 이 잔을 받아 마셔야 옛 이스라엘은 죽고 새 이스라엘이 시작된다'고 믿었다. 결과적으로 예수님의 죽음으로, 이스라엘 민족이 아벨의 피부터 지은 죄는 일괄 정산되었다. 사도행전이 보여주듯이 예수님이 진노의 잔을 마시자마자, 즉 십자가에 못 박히는 죽음을 감수하자마자 새 언약 시대가 열렸다. 예수님이 죽은 자 가운데서 부활, 승천하여 보혜사 성령을 보내셨기 때문이다. 이스라엘 민족은 죄를 용서받은 새 백성이 되어 3천 명이 일시에 믿고 백이십 문도가 성령을 받았다. 하나님이 이스라엘 민족에게 주신 원래 사명, 열방에게 빛이 되고 열방에게 복음을 전하는 제사장 나라의 기틀이 마련되었다. 이스라엘 민족의 사명이 회복되고 성취될 토대가 마련되었다. 예수님이 진노의 잔을 받아 마셔서 새 언약 공동체를 창출했기 때문에 가능한 일이었다.

안나스의 집으로 끌려가 예비심문을 받으신 예수님 ●12-27절

이 단락은 안나스의 집에서 예수님이 예비심문을 받는 상황을 보도한다. 요한복음 저자의 초점은, 예수님의 심문 내용을 자세히 추적하기보다는 베드로가 어떻게 예수님을 세 번이나 부인하는지를 자세히 보도하는 데 있다. 예수님이 순순히 체포에 응하자 체포조가 예수를 잡아 결박하여12절; 마 26:57-58, 막 14:53-54, 눅 22:54 전직 대제사장이

자 예루살렘의 최고 종교권력자 안나스에게 끌고간다.[13절] 안나스는 6-15년 사이에 대제사장직을 역임한 자로서 그 해의 대제사장인 가야바의 장인이었으며, 사실상 가야바보다 더 큰 영향력을 가지고 있었다.[13절] 16-40년 사이에 대제사장이었던 가야바는 얼마 전 열린 산헤드린[11:49-52] 회의에서 유대인들에게 '한 사람이 백성을 위하여 죽는 것이 유익하다'고 권고하던 자이며,[14절] 예수님을 죽이려는 공식적인 모의를 주도했다.[11:53] 당시의 대제사장들은 로마제국의 지휘부와 연결된 자들로서 돈을 주고 대제사장직을 산 자들이므로 엄격한 의미에서 종교인이라기보다는 세속 정치가들이었다. 위에서 인용된 가야바의 발언[11:49-52]은 정치가의 머리에서 착상된 발상이었다. 요세푸스의 『유대 전쟁사』에 보면, 유월절 같은 절기에는 자신을 메시아라고 참칭하는 미치광이가 이따금씩 나타나곤 했다. 그러니까 가야바가 메시아 참칭자 한 사람을 죽여서 소요 사태를 막는 게 낫다고 판단한 것은 나름대로 합리적인 대책이었다. 산헤드린은 실상 예수님이 가르친 내용보다는 예수님이 민중에게 메시아적 존재로 숭배받고 있는 것 자체가 위험한 현상이라고 판단했다. 산헤드린 지휘부는 처음부터 예수님의 사상 자체에 관심도 없었으며, 그것을 문제 삼을 만한 신학적 식견도 없었다. 다만 예수님이 대중과 제자들에게 끼치는 막대한 영향력을 두려워할 뿐이었다.

15-27절에는 "또 다른 제자 한 사람"이 등장하는데 이 단락 전체에서 베드로의 동선을 정밀하게 추적하는 역할을 한다.[마 26:69-70, 막 14:66-68, 눅 22:55-57] 15절에서 시몬 베드로와 함께 예수를 근접해 따르는 "또 다른 제자"가 누구인지는 알 수 없다. 그는 대제사장과 아는 사이인 것으로 볼 때 유력한 가문의 아들일 가능성이 있다. "아는 자"라고 번역된 헬라어는 에엔 그노스토스(ἦν γνωστὸς)이다. 에엔(ἦν)은 에이미 동사의 3인칭 단수 미완료형이다. 제사장과 '오랫동안 아는'

사이였다는 말이다. 일부 학자들은 그를 요한복음의 저자 요한이라고 주장하지만 확정하기는 어렵다. 대부분의 학자들은 13장의 만찬 식탁에서 예수의 품에 기댄 제자가 요한이라고 말한다. 예수님 품에 기댄 제자를 가리켜 요한복음은 예수께서 사랑하시던 제자라고 부른다. 베드로와 요한이 늘 지근거리에서 예수님을 좇았던 "두 제자"였던 점에 비추어 볼 때 이 "또 다른 제자"가 사도 요한이 아니라고 단정할 수는 없다. 아무튼 이 제자는 열두 제자 중 한 사람이었을 것이며, 베드로의 부인 전후 상황을 잘 아는 제자다. 요한복음의 저자는 21장에서 베드로가 수사도로서 재활복구되는 장면을 자세히 기록한다. 이를 통해 요한복음의 저자와 이 "또 다른 제자"가 동일인일 수도 있다는 가능성이 조심스럽게 제기된다. 예수님의 제자 중 한 사람이 대제사장과 아는 사람이라면 예수님 주변에는 갈릴리의 빈한한 출신자들만 따라다닌 것이 아님을 알 수 있다. 이 또 다른 제자는 예수님과 함께 대제사장의 집 뜰에 들어갔다. 반면에 베드로는 문 밖에 서 있었다. 대제사장을 아는 그 다른 제자가 나가서 문 지키는 여자에게 "베드로를 데리고" 와달라고 부탁한다.[16절] 그때 이 부탁을 받은 문 지키는 여종이 베드로에게, '심지어 당신도(카이 쉬) 이 사람의 제자 중 하나가 아니냐'고 돌발적으로 묻는다. 이때 베드로는 즉각 "나는 아니라"(우크 에이미)고 대답한다.[17절 1] 첫 번째 예수님 부인이었다. 그때는 새벽도 되기 전이라 바깥 날씨가 추웠으므로 베드로는 종과 아랫사람들이 불을 피우고 서서 쬐고 있는 곳으로 가서 함께 불을 쬐었다.[18절] 그는 또 다른 제자가 있는 안뜰까지 가지 못했다. 그러는 사이에 안나스의 심문이 시작되고 있었다.

19-24절은 베드로가 보지 못한 안나스의 심문 상황을 보도한다. "또 다른 제자"만 목격한 장면이다. 25절에서 베드로가 다시 등장하기까지 이 단락은 안나스의 예비심문 과정을 보도한다. 19절의 대

제사장은 '전직 대제사장이었던 안나스'를 가리킨다. 그가 예수에게 그의 제자들과 그의 교훈에 대하여 물었다.[마 26:59-66, 막 14:55-64, 눅 22:66-71] 안나스의 초미의 관심은 그의 교훈이 아니라 그를 따르는 제자들의 성향과 규모였다.[19절] 예수님은 제자들에 대한 질문에 대답하는 대신 자신의 교훈의 공공적 성격을 강조한다. "내가 드러내 놓고 세상에 말하였노라. 모든 유대인들이 모이는 회당과 성전에서 항상 가르쳤고 은밀하게는 아무것도 말하지 아니하였거늘."[20절] 예수님은 안나스가 몰라서 물었다고 생각하지 않았다. 예수님은 역으로 '어찌하여 내 교훈이 무엇인지 내게 묻느냐'고 물으신다.[21절] 자신의 공공연한 가르침을 들은 사람들을 만나 청문해 보라고 제안하신다. 들은 자들은 자신의 교훈이 무엇이었는지 알고 있다는 것이다.[21절] 21절의 마지막 소절은 예수님의 청중이 자신이(에고) 말한 것들을 소상히 알아왔다고 말한다. 이데 후토이 오이다씬 하 에이폰 에고(ἴδε οὗτοι οἴδασιν ἃ εἶπον ἐγώ). '보라, 이들이 내가(에고) 말했던 것들을 소상히 알아왔다.' 오이다씬은 '알다'를 의미하는 동사 오이다(οἶδα)의 3인칭 복수 현재완료형이다. 자신의 가르침을 들은 청중에게 물어보라고 하신 이유가 분명해진다.

이 당당한 예수님의 말투가 안나스의 아랫사람을 격분시켰다. "네가 대제사장에게 이같이 대답하느냐"고 비난하며 예수님을 때렸다.[22절] 예수님은 물러나지 않으신다. 자신의 말 중 잘못한 것을 증언하라고 요구하신다. 바른 말을 한 자신을 왜 치느냐고 항의하신다.[23절] 이런 실랑이가 끝나자 안나스가 예수를 결박한 채로 현직 대제사장 가야바에게 보낸다.[24절] 가야바의 집에서 이루어진 심문은 마태복음 26:57-68, 마가복음 14:53-65, 그리고 누가복음 22:53-55, 63-71에 자세히 기록되어 있는데 반해 요한복음은 이 전체를 생략한다. 공관복음서는 가야바의 집안에 서기관과 장로들로 구성된 "온 공회"가 예수님을 고소하는 데 쓸 거짓증언을 찾는 데 혈안이 되어 있었다고 말한다.[마 26:57-59] 이에 비해 요한복음은 예수님이 가야바의 집으로 보내졌다는 사실만 보도한다. 그리고 곧장 28절에서 당국자들이 가야바의 집에서 예수님을 빌라도의 관정으로 끌고 가는 장면으로 넘어간다. 아직도 새벽시간이었다. 예수님이 가야바의 집안에서 그렇게 오랫동안 머물지 않았음을 알 수 있다.

25-27절은 19-24절이 묘사하는 예비심문이 이뤄지는 도중에 일어난 사건이다. 대제사장의 종과 아랫사람들 틈 사이에서 불을 쬐던 베드로를 사람들이 알아보고 갑자기 '심지어 당신도(카이 쒸) 그 제자 중 하나가 아니냐'고 다그치자, 베드로가 엉겁결에 "나는 아니라"고 부인했다.[25절; 마 26:71-75, 막 14:69-72, 눅 22:58-62] 여기서도 2인칭 단수 대명사 앞에 '심지어'를 의미하는 카이(καὶ)가 나온다. 베드로의 진정한 대답(긍정 혹은 부정)을 기대하게 만드는 강한 질문이다. 이번에도 베드로는 "나는 아니라"고 단호하게 응답했지만 소용이 없었다. 베드로에게 '너는 예수의 제자가 아니냐'고 묻던 사람들 중에는 베드로에게 귀를 베인 대제사장의 종 말고의 친척이 있었는데 그가 베드로의 알리바이를 무너뜨렸다. '내가(에고) 네가 그 사람과 함께 동산에 있는 것을 보았다.'[26절] 이 말고의 친척은 1인칭 단수 대명사 에고를 사용하여 자신의 증언을 더욱 무겁게 들리도록 만든다. 베드로의 거짓말을 무효화시킬 강력한 증언이었다. 그의 기습적인 증언에 놀란 베드로가 세 번째로 부인했다. 그때 닭이 울었다.[27절] 통상적으로 닭은 4시 전후에 운다. 닭도 창조질서 안에서 자기역할, 즉 새벽이 온 것을 알리기 위해 운다. 베드로는 예수님이 붙잡히고 나서 잠시 후 세 번 부인한 셈이다. "주를 위하여 내 목숨도 버리겠나이다"라는 베드로의 굳은 결심은 허무하게 무너져 버렸다.[13:37-38]

요한복음의 저자가 베드로의 마음을 공감하면서 두 차례나 이런 표현을 쓰고 있다. "그때가 추운 고로 종과 아랫사람들이 불을 피우고 서서 쬐니 베드로도 함께 서서 쬐더라."[18절] 25절에도 불을 쬐는 베드로의 모습이 나온다. 날씨가 추웠다는 말이다. 날씨가 추웠다는 말은 일기에 대한 사실보도라기보다는 베드로의 마음을 들여다보는 표현이다. 베드로의 마음이 몹시 추웠다는 뜻이다. 불을 쬘 수밖에 없을 정도로 상실감이 심했다. 이제 무기력한 죄수 신분으로 전락한 스승을 보고 베드로의 마음은 춥고 두려웠다. 베드로는 따뜻한 불이 필요했다. '모두 주를 버릴지라도 나는 결코 버리지 않겠나이다'라던 베드로의 열정은 체포된 예수님을 보고 급격하게 냉담해졌다. 그렇다고 베드로가 갑자기 딴 사람이 된 것은 아니다. '죽는 데까지 함께 가겠다'는 베드로의 마음도 진실이고, 예수님을 배반할 수밖에 없는 냉각된 마음도 베드로의 진실이다. 예수님도 베드로의 분열된 진심을 아신다. 요한복음 21장 마지막에 보면 베드로가 자신의 세 번 부인을 정확하게 다시 만회한다. 베드로는 "네가 나를 사랑하느냐"라는 질문을 세 번이나 받으며 자신의 사랑을 다시금 표현했다. 그래서 베드로는 이제 주님과 함께 어디든지 가는 사도가 되었다. "네가 젊어서는 스스로 띠 띠고 원하는 곳으로 다녔거니와 늙어서는 네 팔을 벌리리니 남이 네게 띠 띠우고 원하지 아니하는 곳으로 데려가리라." 베드로는 남들이 자신의 수족을 묶어서 다녀도 묶인 채 따라다닐 사도로 성장했다. 늙어서는 자신이 원하지 아니하는 곳으로 데려가도 따라갔다. 생애의 노년기에 이르러서야 베드로는 자신의 초심대로 살 수 있었다. "주여, 내가 주와 함께 옥에도, 죽는 데에도 가기를 각오하였나이다."[눅 22:33] "모두 주를 버릴지라도 나는 결코 버리지 않겠나이다."[마 26:33] 처음에는 베드로가 저 포승줄에 묶인 예수를 모른다고 부인했지만 후에는 십자가에 달린 예수를 본받아 십자가를 지고 따랐다.[벧전 2:21]

빌라도에게 심문 받으신 예수님 ●28-40절

28-40절은 빌라도의 재판을 다루는 18:28-19:16 전체 단원의 첫 부분이다.마 27:1-2, 11-14, 막 15:1-5, 눅 23:1-5 공관복음서에 비하여 요한복음은 빌라도 재판과정에 대해 매우 자세하게 보도한다. 요한복음은 빌라도 심문과 재판을 묘사하는 데 모두 스물아홉 절을 할애한다. 마태복음은 여섯 절, 마가복음은 열다섯 절, 누가복음은 열여섯 절을 할애하는 데 비하여 요한복음 보도는 더 길고 자세하다. 28-40절은 예수님을 심문한 빌라도가 예수님에게 '아무 죄'를 찾지 못했다는 결론에 이르는 과정을 보도한다. 그런데도 빌라도는 유대인들의 협박에 못 이겨 예수를 십자가형에 처하도록 명한다. 요한복음에서만 유대인 군중이 '만일 당신이 유대인의 왕 예수를 그냥 풀어주면 당신은 가이사의 충신이 아니다'라고 위협하는 장면이 나온다.

28절은 유대인 당국자들이 가야바에게서 빌라도의 관정[프라이토리온(πραιτώριον)]으로 끌고 가는 상황을 보도한다. 아직 금요일 새벽이었다. 안식일은 금요일 해진 후부터 시작된다. 금요일 해진 후부터 유월절도 시작된다. 유대인 달력으로 1월 14일 해질녘부터 유월절이 시작된다. 경건한 유대인들은 안식일이나 절기가 가까이 올수록 이방인과 접촉하고 정결예법을 위반할까 염려해 이방인의 집안(빌라도 관정)에 들어가지 않는다. 이때부터는 로마군인들이 예수님의 신병을 확보하고 좌지우지했다. '다른 이들이 아니라 **그들 자신은[아우토이**(αὐτοὶ)] 더럽혀지지 않은 채 유월절 음식을 먹으려고' 관정 밖에 머물렀다.28절 만일 더럽혀지면 원유월절 음식을 먹지 못한 자들을 위해 축성되는 한 달 후의 보충 유월절 음식을 먹어야 했다. '유월절'을 먹는다는 말은 유월절 양고기를 먹는다는 의미다. 유대인들은 유월절 잔치에 양고기와 무교병, 쓴나물을 먹음으로써 하나님의 출애굽 구원 감격을 축성하고 추체험했다. 예수님은 유월절 잔치를 하루 전날 마친 셈이었다.

29절에서 유월절 정결규정을 지키려는 유대인들의 고집 때문에 빌라도는 관정 밖으로 나와서 유대인 고소자들을 만났다. 그는 '이 사람' 예수를 고소하는 이유를 물었다. 유대인들의 대답은 포괄적이었다. '이 사람이 행악자'라는 것이다.[30절] 30절의 둘째 소절은 유대인 고소자들의 고소내용을 말한다. 에이 메 에엔 후토스 카콘 포이온(εἰ μὴ ἦν οὗτος κακὸν ποιῶν). 에엔은 에이미 동사의 3인칭 단수 미완료형이며 카콘은 '나쁜 것, 악한 것'을 의미하는 형용사적 명사이며, 포이온은 '행하다'를 의미하는 동사 포이에오의 남성단수 능동분사형이다. '만일 이 사람이 악한 것을 계속 행하지 않았다면'이라는 뜻이다. 아주 추상적이고 우활한 고소문이다. 로마총독이 사법 관할권을 행사하게 되는 악한 일은 로마제국의 통치에 반역하는 죄목이어야 한다. 그러나 예수님은 그런 죄를 범하신 적이 없다.

아니나 다를까, 빌라도는 이 고소가 자신의 관할이 아님을 직감하고 '유대인 당신들 법대로 재판하라'고 답변한다.[31절] 그랬더니 유대인 고소자들은 기상천외한 응답을 했다. '우리에게는 사람을 죽이는 권한이 없습니다.' 고소, 심리, 판결 등 어떤 과정도 거치지 않은 채 그들은 '사람을 죽일 권한'이 없기에 자신들의 법대로 판결할 수 없다고 한다. 그들의 초미의 관심은 재판이 아니라 예수를 죽이는 것이었다. 하지만 로마제국의 법치주의는 재판 없는 처벌이나 징벌을 금하고 있었다. 그러나 스데반의 순교사건에서 보듯이 거짓 선지자라고 단죄된 이단자를 돌로 쳐 죽이는 경우에는 로마총독부가 불간섭 입장을 취했다. 유대인들은 자신의 종교사범을 얼마든지 돌로 쳐 죽일 수가 있었다. 그런데 이들은 예수님을 예언자로 알고 있는 갈릴리 민중을 두려워해서 돌로 쳐 죽이는 만행을 범하지 못했다. '우리에게는 사람을 죽이는 권한이 없다'고 대답하는 유대인들의 답변을 들은 요한복음의 저자는 예수님이 일찍이 자신이 어떤 방식으로 죽을 것인지를 예고하신 발언들이 성취될 기회가 왔다고 해석한다.[32절] 예수님은 공관복음서에서 자신이 "이방인들에게 넘겨"져 죽임을 당할 것임을 말씀했다(마 20:19 '십자가'; 막 10:33; 눅 18:33). 그러나 십자가를 명시한 경우는 거의 없다.[마 20:19] 32절은 요한복음에서 예수님이 세 차례 언급한 '인자 들림' 예언을 가리킨다고 봐야 한다. 요한복음의 '인자 들림'은 십자가상의 죽음을 의미하는 들림, 부활을 의미하는 죽은 자 가운데서의 들림, 승천을 의미하는 들림을 동시에 복층적으로 가리킨다.[3:14; 8:28; 12:32] 예수님은 인자 들림 말씀을 통해 자신이 결국 십자가 위에서 죽임을 당할 것을 예고하셨다.

유대인들과의 협상이 결렬된 이후 빌라도는 다시 관정으로 들어가 예수님을 심문한다.[33절] 단도직입적으로 '다른 이가 아니라 네가(쒸) 유대인의 왕이냐'고 묻는다. 2인칭 단수 대명사 쒸를 사용함으로써 예수님이 자신을 뭐라고 생각하는지를 캐물었다. 갑자기 이런 질문을 하는 빌라도에게 예수님은 간결한 질문을 함으로써 빌라도의 허를 찌른다.[34절] "빌라도, 당신이 스스로 '유대인의 왕'이라는 말을 생각했소? 아니면 다른 사람들이 나에 대해 당신에게 한 말이요?" 예수님은 예리하게 물으셨다. '유대인의 왕'이라는 칭호, 이것은 빌라도가 유대인 고소자들로부터 들은 말임을 아신 것이다. 본문에는 기록되어 있지 않으나 유대인 고소자들은 예수님을 '유대인의 왕'이라고 고소했을 것이다.

예수님의 예리한 질문에 당황한 빌라도는 "내가(에고) 유대인이냐"고 되묻는다. 즉, 빌라도는 '유대인의 왕'이라는 말은 자신이 스스로 착안한 말이 아님을 드러낸 것이다. 35절 하반절의 취지는 이런 추정을 더욱 지지한다. 빌라도는, "예수 너의 민족[에드노스(ἔθνος)]과 대제사장들이 너를 '유대인의 왕'이라고 혐의를 씌워 내게 넘겼다" 고 말하는 셈이다. 개역개정이 "네 나라" 사람이라고 번역한 것은 오해를 살 수 있는 번역이다. '네 민족'과 대제사장들이 '당신'을 '내게 넘겼다'는 것이다. 그들도 왜 예수님의 처형을 빌라도에게 요구한 것인지 왜 죽여야 하는지, 무슨 죽을 죄를 지었는지 빌라도 앞에서 설명하지 못했다. 그래서 답답한 빌라도는 35절 마지막 소절에서 묻는다. "네가 무엇을 했느냐?" 빌라도 자신도 모르는 무슨 일을 했느냐고 묻는다. 이것은 사실을 캐는 질문이라기보다는 오히려 예수님이 로마총독에게 재판 받을 일을 전혀 한 적이 없음을 고백하라고 요구하는 진술이다. 로마총독은 자신의 재판에 넘겨진 이 사람 예수의 범법 사실을 들은 것도 없고 아는 것도 없다. 유대인 고소자들도 빌라도의 유죄판결을 이끌어낼 어떤 죄목도 제시하지 못했던 것이다. 그런데 36절에서는 자신이 무엇을 했느냐고 묻는 질문에 예수님의 구체적인 답변이 나오지 않고 "내 나라" 주제만 부각된다. 아마 요한복음 저자가 하나님 나라에 대한 예수님의 앞선 진술 일부를 생략했을 가능성도 생각해 볼 수 있고, 빌라도의 질문 중 '네 나라' 부분에 관한 발언을 생략했을 수도 있다. 요한 세바스찬 바흐의 「마태수난곡」에는 "네가 무엇을 하였느냐"는 빌라도의 질문에 예루살렘의 여인들이 교창으로 대답하는 합창곡이 있다. 예루살렘 여인들은 '그가 무엇을 했느냐고요'라고 반문하며 마태복음 11:4-5을 인용해 노래한다. "예수께서 대답하여 이르시되 너희가 가서 듣고 보는 것을 요한에게 알리되 맹인이 보며 못 걷는 사람이 걸으며 나병환자가 깨끗함을 받으며 못 듣는 자가 들으며 죽은 자가 살아나며 가난한 자에게 복음이 전파된다 하라." 이 본문은 언뜻 읽으면 예수님의 개별적 자비와 사랑실천을 나열하는 본문으로 읽힌다. 예수님이 '하나님 나라' 같은 사회적 비전을 이루기 위해 이런 자비와 치유를 펼쳤다고 생각되지 않는다. 예수님은 많은 불행한 사람들을 개별적으로 고치셨지, 고침받은 불행한 사람들 사이에 어떤 동아리를 만들려고 하지는 않은 것처럼 보인다. 그러나 예수님은 이 모든 사역들을 하나님 나라의 도래를 증거하는 증거들로 제시한 것이었다.

사도행전 10:38의 베드로 설교도 빌라도의 질문에 대한 답변이 될 수 있다. "하나님이 나사렛 예수에게 성령과 능력을 기름 붓듯 하셨으매 그가 두루 다니시며 선한 일을 행하시고 마귀에게 눌린 모든 사람을 고치셨으니 이는 하나님이 함께 하셨음이라." 빌라도가 예수님의 가르침을 들은 청중에게 예수님이 무엇을 했는지를 물어보면 그들은 아마 이 두 구절로 대답했을 것이다. 빌라도는 예수님의 가르침을 직접 들었던 사람들에게 마태복음 11:4-5과 사도행전 10:38 같은 대답을 확보할 수 있었을 것이다. 예수님을 1인칭 화자로 삼아 재구성하면 이런 답변이 된다. '나는 많은 아픈 사람들을 고쳤고, 귀신을 쫓아냈으며, 가난한 사람에게 희년의 복음을 전했다. 나는 오천 명을 잔디밭에 앉혀서 밥을 먹였고, 자주 굶주린 무리를 먹였다. 땅이 없는 사람에게 땅을 찾아주었고, 갈등과 증오로 분열된 이스라엘 열두 지파를 하나로 회복시키려고 애썼다. 나는 이스라엘을 다시 하나님의 언약백성으로 재활복구시키기 위해 우리 동포들에게 오래된 조상들의 약속과 예언자들의 예언 속에 나오는 이스라엘의 사명을 진작시키려고 분투했다. 나는 사람들의 마음에 친히 하나님의 율법을 각인시켜 공의와 정의를 자유롭게 행하는 새 언약 공동체를 산파하려고 했다. 나는 영토나 자원, 땅이나 재물을 차지하려는 세상 나라의 왕이 되려고 하지 않고 마음을 다스리는 왕이 되기를 원했다.'

36-38절은 몹시 어려운 대화다. 또한 오랫동안 수없이 오해받아 온 구절들이다. 36절은 자신이 유대인의 왕이냐는 질문에 단답형으

로 대답하지 않고 아주 미묘하게 대답하는 예수님의 답변이다. "내 나라는 이 세상에 속한 것이 아니니라." 이 말씀에 대한 대표적인 오해는 다음과 같다. 첫째, 예수님이 세우는 나라는 이 땅에 세워지는 나라가 아니다. 둘째, 예수님의 나라는 정치, 경제, 사회 등 세상 영역과는 아무 상관없는 영적인 나라다. 셋째, 예수님의 나라는 죽어서 부활한 성도들이 들어갈 나라이며 이 땅에서는 실현될 수 없다. 예수님의 나라에 대한 이런 삼중적인 오해는 기독교 신앙의 실천을 제한하고 탈성육신화한다. '예수님은 하나님 나라, 즉 하늘나라에 관한 복음을 전파했지, 이 땅의 정치, 경제 등 땅의 권력자들과 각축할 정도로 세속적인 영역에 대해서는 전혀 관심을 갖지 않았다. 예수는 영혼을 구원하러 온 구령의 구세주이지, 이 세상을 개선하거나 민주화를 이루거나 인권을 개선하는 등 세속적 정치 분야에는 전혀 관심을 갖지 않았다. 그리스도인들이 할 일은 목사 또는 교회에 고분고분 충실한 신자로 개인적 윤리와 도덕생활을 잘 하다가 죽어서 천국에 모여 구원을 즐기는 것이다. 그래서 구원받은 성도는 천국에 들어가는 일에 관심을 집중해야지, 세상 문제에 좌고우면하면서 관심을 가져서는 안 된다.' 이것이 한국에서 흔히 복음으로 알려져 있다. '따라서 구원받은 개개인이 하나님의 뜻을 물으면서 선[線]으로 연결돼서는 안 된다. 우리는 점[點]으로 존재해야 한다. 선[線]으로 연결되거나 입체가 되어 이 세상의 어떤 관심사에도 연루되거나 영향력을 발휘하면 안 된다.' 그러나 이런 파편화된 개인구원론은 성경 어디에서도 지지를 받지 못한다.

물론 36절은 한국교회에 널리 퍼진 이러한 삼중적 오해 중 어떤 것도 지지하지 않는다. 36절의 직역은, '내 나라는 이 세상으로부터 오지 않았다' 혹은 '이 세상으로부터 기원하지 않았다'이다. 헤 바실레이아 헤 에메 우크 에스틴 에크 투 코스무 투투(ἡ βασιλεία ἡ ἐμὴ οὐκ ἔστιν ἐκ τοῦ κόσμου τούτου). 여기서 '에크'라는 말은 '으로부터'를 의미하는 전치사다. '내 나라는 이 세상으로부터 유래하지 않는다.' 이런 의미다. '내 나라는 이 세상을 다스리는 데 관심이 없다'는 뜻과 전혀 다르다. '유대교의 나라는 이 세상적이고 현세적이지만 내 나라는 천상 지향적이고 지구 이탈적인 나라다.' 이런 뜻은 더더욱 아니다. 36절은 나라가 세워지는 방식이나 나라가 작동하는 원리가 세상적인 것과 다르다는 것을 말하는 것이지, 예수님 나라가 다스릴 영역이 이 세상이 아니라는 말이 전혀 아니다.[2] 만일 자신의 나라가 이 세상으로부터 유래한다면 자신의 종들(지상의 제자들뿐만 아니라 천군천사 군단)이 싸워서라도 자신을 유대인들에게 넘기지 않게 할 수 있다.[36절; 마 26:53] 마지막 소절은 첫 소절의 반복이다. 자신의 나라는 이 세상에서 유래하지 않은 나라라는 것이다. 여기서 핵심은 예수님의 나라가 이 세상으로부터 오지 않았다는 말이지, 이 세상을 지향하지 않는다는 말이 아니다. 예수님이 말씀하는 하나님 나라, 즉 '인자 자신의 나라'는 이 세상의 방식으로 세워지거나 형성되지 않는다는 뜻이다. 특히 군사적 정복을 통하거나 계급투쟁을 통해서 만들어진 나라가 아니라는 것이다. 예수님의 나라는 자유로운 인민의 사회계약적 합의를 통하여 생긴 나라도 아니요 민주주의적 투표를 통해서 세워지는 나라도 아니다. 예수님의 나라는 하나님께로부터 기원한 나라로, 그 구성과 운영방식 자체가 지상의 나라들과 다르고 건국 과정도 다르다. 모든 나라는 그에 속한 국민들의 자유를 일부분 빼앗아 법적 강제력을 행사하면서 세워진다. 국가는 언뜻 보면 자유로운 시민들의 사회적 합의처럼 보이지만, 실은 무서운 법적 강제력과 징벌 위협을 무기 삼아 '자유민'들을 국가에 예속된 '국민'으로 강등시킴으로써 존재한다. 그래서 이 세상 나라에 속하려면 그 나라의 법에 복종해야 하며 그 과정에서 자유의 일부를 양도해야 한다.

루소나 로크가 말한 사회계약설에 토대한 국가라도 국민의 자유 일부를 국가가 차압해야 국가가 작동한다. 국가에 소속됨을 유지하기 위해 주체성의 일부를 빼앗기거나 양도해야 한다. 징병에 응하고 징세에 순종해야 한다.

예수님이 생각하는 '내 나라'는 공관복음서에서 가장 중요하게 선포된 하나님 나라이다. 하나님 나라는 자신이 다스릴 백성을 자신의 목숨을 바쳐 섬기는 왕이 다스리는 나라다. 하나님 나라는 국민의 자유를 차압하지 않고 백퍼센트 구현하게 함으로써 유지되는 나라다. 하나님 나라는 권력을 비신화화하여 사람의 목숨을 살리는 나라다. 오늘날 '미국'은 예수님 당시의 로마제국 같은 강력한 흡인력을 발휘한다. 중남미의 난민들은 미국과 멕시코 국경의 위험한 강을 목숨을 걸고 건넌다. 세계에 민주주의와 자유를 수출했다고 자부하는 미국의 민낯은 멕시코나 중남미 사람들이 목숨을 걸고 도달해야 할 나라가 아니다. 매일 총기 사고가 일어나는 나라다. 한스-페터 마르틴과 하랄트 슈만이 쓴 『세계화의 덫』은 미국의 민낯 일부를 드러내 준다.[3] 이 책 전반부에서 저자는 미국사회는 잠재적 폭력과 침입을 대비하기 위해 2,900만 명이 사설경호원을 쓰고 있다고 말한다. 2,900만 명이 사설경호원을 두고 있다는 사실은, 미국사회가 근원적으로 고위험 사회이며 치안 불안이 극도에 달한 사회라는 것을 말한다. 그런데도 세상 사람들이 이런 미국의 시민권자가 되기를 원한다. 진리에 의한 자유가 아니라, 총기를 소유할 자유, 하나님이 주신 공유지를 마음대로 사유재산화할 수 있는 자유, 성적으로 방종하게 살 자유, 약한 이웃 나라에 대해 언제든지 전쟁을 개시할 수 있는 자유가 득세하는 나라다. 중국과 러시아, 일본과 인도가 이런 미국을 닮아가려는 나라다. 그러나 하나님 나라는 지도상에 있는 모든 나라들이 통치권을 미치지 못하는 영혼의 지성소, 양심과 마음을 다스리는 나라다. 예수님은 우리를 다스리시기 위해 우리의 완전한 동의, 지속적인 동의와 신뢰를 요구하신다. 이런 왕의 다스림만이 공기처럼 우리의 허파까지 와닿는다. 그분의 다스림은 그 나라의 자유민을 진리와 결속시키는 다스림이다. 미국 사람이나 중국 사람들이 약자들을 향하여 마음대로 휘두르는 강자의 자유를 영원히 포기하는 참 자유를 선사하는 다스림이다. 로마제국이나 세계사에 출현한 어떤 나라도 사람의 지성소, 양심을 다스리려고 하지 않았다. 로마제국은 속주세를 내기만 하면 그곳이 로마통치가 이뤄지는 자신의 영토라고 믿었다. 그러나 예수님은 우리 마음을 다스려 자유를 주시려고 하신다. 그분은 우리를 매료시키고 감화감동 시켜서 당신을 사랑하도록 만들고 순복하게 만드신다. 그래서 예수님의 나라에는 쿠데타가 없다. 자신의 목숨을 내어주어 마음을 감화감동시키는 권력을 행사하기 때문이다.

하나님 나라에 속하면 내 안에 있는 원래의 존엄한 생명력과 개성이 백퍼센트 발휘되고 내 은사와 재능이 하나님을 향하여 온전히 만개한다. 하나님 나라는 타자의 주체성을 빼앗는 방식으로 건설되지 않고, 존중하는 방식으로 세워진다. 하나님 나라는 그 나라의 국민이 되겠다고 결단하는 자유민들의 나라이다. 하나님 나라는 감시와 처벌이 없기 때문에 고도로 정직하고 순전한 영혼들만이 자유를 느끼는 나라다. 골로새서 1:13-14은 예수님의 나라를 하나님 아들의 나라라고 말한다. "그가 우리를 흑암의 권세에서 건져내사 그의 사랑의 아들의 나라로 옮기셨으니 그 아들 안에서 우리가 속량 곧 죄 사함을 얻었도다." 죄를 사함 받고 은혜의 동력에 따라 움직이는 존재가 되는 것은 국적 변경을 의미한다. 그래서 하나님 나라에 속한 사람들은 죄의 인력권에서 벗어나서 은총의 감동 안에 산다.

하나님 나라는 이 세상을 거룩하게 공격하고 이 세상의 기초를 허물어 뜨리는데, 그 방식이 성령의 감동을 받는 사람들의 공동체를 통해서이다. 맘몬 신과 권력의 신을 섬기지 않고 열등한 욕망을 섬기지 않는 일련의 하나님 백성이 공동체적인 삶을 과시하면 이 세상은 흔들린다. 십일조를 하면서 돈의 힘을 비신격화한다. 십일조를 봉헌하는 시간은 돈을 십자가에 못 박는 시간이다. 하나님 나라는 이 세상에 속하지 않을 자유와 용기를 가진 사람들을 위한 치외법권 지역으로서, 맘몬 신이 더이상 지배하지 못하고 성령의 감화감동만이 지배하는 공동체다.

예수님은 이런 나라를 진리의 나라라고 말씀하신다. 자신은 이런 나라를 위해서 왔고, 그런 나라의 왕이라는 것이다. 상비군과 관료조직과 폭압적 국가기관을 가진 나라의 왕이 아니라, 진리 안에 속해 진리의 음성을 듣는 사람을 자유케 함으로써 다스리는 진리의 왕이다. 진리의 음성을 듣는 사람, 즉 진리에 설득된 사람들의 나라에서 왕노릇 하는 왕이다. 자신은 유대인들의 왕이 아니라 진리의 음성을 듣는 사람들의 왕이라고 주장하신다.

37절에서 예수는 '네가(쒸) 왕이냐'고 단도직입적으로 묻는 빌라도에게 '그것은 당신이 하는 말일 뿐이다'라고 응답하신다. 개역개정의 번역은 원문을 흐린다. '나(에고)는 이것을 위해 태어났고 이것을 위해 세상에 왔다. 이것은 진리다. 나는 진리를 세우려고 왔다. 내 나라는 정권이나 권력을 상징하는 그런 나라가 아니라, 사람들을 자유케 하는 나라다.' 다른 말로 하면, '내 나라는 영토를 두고 로마나 세상 나라들과 전쟁하거나 각축하는 나라가 아니다. 내 나라는 사람들의 양심, 마음을 다스리는 나라다'라는 뜻이다. '나는 진리의 음성을 듣는 사람, 진리의 음성에 설득된 사람들의 왕일 뿐이다.' 예수님은 자신이 유대인의 왕이 아니라 사람들을 자유케 하는 진리의 왕임을 주장하신다. 확실히 예수님은 진리의 왕이며 진리의 음성을 듣는 사람들을 자유케 하는 왕이다.

만일 예수님이 '하나님 나라'라는 사회적 비전을 제시하지 않고서 각각의 불행한 사람들을 개인적으로 고쳐주시기만 하고 고침받은 개인들을 형제자매관계로 재구성해주지 않았다면, 기독교는 개인윤리적 기독교로 끝났을 것이다. 19세기 자유주의 신학자들이나 20세기의 아돌프 폰 하르낙 같은 신학자들은 이런 개인윤리적 기독교를 강조했다. 틀린 말은 아니지만 더 큰 전망을 강조하지 않고 윤리를 말하면 예수님과 기독교에 대한 오해를 불러일으킬 수 있다. 나사렛 예수는 인간이 어떻게 살아야 하는가라는 질문에 최고의 윤리를 모범으로 보이시며 대답하셨다. 이 세상의 정치적 이데올로기와 위험한 각축을 할 만한 사회적 프로그램을 제시하지 않았다고 말하면 안 된다. 진리의 왕이신 예수님은 영토 분쟁, 자원 전쟁을 하지 않으나 사상 분쟁과 생각 전쟁은 지휘하신다. 진리의 왕은 사상 전쟁과 실천 경쟁의 왕으로서, 어둠과 거짓으로부터 세상을 구원하려고 갈등과 거룩한 도발을 일으키신다. 예수님은 로마서가 말하는 인류의 대속제물 되는 일에 몰두하고 십자가에 못 박힐 생각에만 골몰한 나머지 어떤 사회적 프로그램도 제시하지 않았던가? 전혀 그렇지 않다. 그분은 하나님 나라를 세우려고 하셨다. 그분은 사람의 마음을 다스리기를 원하셨다. 그분은 진리로 사람들을 자유케 하려고 하셨다. 그분은 성령에 감동받은 개개인들이 천국에까지 연속적으로 존속할 만한 공동체를 건설하고, 이 세상 맘몬 신과 어둠의 세력들에게 지배받지 않을 수 있는 사회생활을 창조하러 오셨다. 예수님이 개개인을 구원하면서 뚜렷이 하나의 대항 · 대조적 사회 프로그램을 성취하려고 결심하셨음을 결정적으로 보여주는 본문이 '나는 선한 목자' 담화이다. 그는 이스라엘의 잃어버린 양을 찾아 에스겔 34장이 말하는 선한 목자가 다스리는 나라의 비전을 성취하려고 하셨다. 예수님 머릿속에는 단자적이고 파편적인 개인들이 아니라 그들이 하나의 나라 속에서 언약적으로 결속되어 사는 사회가 존재하고 있었다. 누가복음 15장은 에스겔 34장의 '잃어버린 양' 주제를 되울린다.

누가복음 15장에 잃어버린 자를 찾으러 오신 예수님의 사회적 비전이 개략적으로 제시된다. 예수님은 잃어버린 양, 잃어버린 드라크마, 잃어버린 아들을 되찾으러 오셨다. 예수께서 "큰 무리를 보시고 그 목자 없는 양 같음을 인하여 불쌍히 여기사 이에 여러 가지로 가르치"셨다.[막 6:34] 예수님은 목자 없는 양 같이 사는 동포들을 보면서 창자가 끊어지듯이 슬퍼했다. 예수님이 창자가 끊어질 만큼 공감하면서 아파했던 사람들은 목자 없는 양 같이 흩어진 무리, 즉 굶주린 무리였다. 이 굶주린 무리를 위해 예수님은 오병이어의 표적을 행하셨다. 오병이어의 표적의 핵심은 자신의 살과 피가 오천 명을 광야에 앉혀 놓고 먹일 때 쓰이는 양식이요 음료라는 선포다. 이 장면이야말로 구약 사회가 꿈꾸는 이상사회의 한 요소다. 에스겔 34장이 말하는 다윗의 지도력은 목자 없이 흩어져 있는 양떼, 병든 양떼를 모아 먹이는 지도력이다. 예수님은 오천 명을 먹이는 종말의 다윗이다. 구약성경의 모든 예언을 깊은 울림으로 하나하나 풀어낸 예수님을 보면, 구약성경의 예언자들이 약속한 대항·대조 사회를 예수님이 성취하러 오셨음을 확신하게 된다. 예수님은 열두 제자 공동체를 통하여 이스라엘 열두 지파를 대체할 대항·대조 공동체를 창출하셨다. 예수님을 따랐던 공동체는 생명과 재산을 바친 공동체였다. 하나님 나라 공동체의 특징은 성령에 감동받자마자 지갑까지 열어젖히는 우정공동체로 거듭난다는 데 있다. 하나님은 일정한 사유재산을 인정하셨지만 땅, 물, 공기 등 생존과 생명에 토대가 되는 것들을 은혜의 공유지로 남겨두셨다. 이 세상에는 개인이 처분할 수 없는 만민귀속 공유지가 있다. 예수님은 하나님의 은혜의 공유지에 나라를 세우려고 하셨다. 급진적인 사랑과 우애가 가득 찬 의의 연대를 구축하려고 하셨다. 예수님이 도덕적으로 열등한 공동체를 이루었다면 세상 누구도 기독교회를 무서워하지 않았을 것이다. 성령의 감동을 받지 않은 사람들은 사랑과 우애의 연대를 즐길 수 없다. 탐욕과 자기주장 의지가 가득 찬 사람들에게는 하나님 나라는 거추장스럽다. 이런 고도의 자유와 자발성에 추동된 사랑과 우애사회는 계급투쟁이나 군사적 정복이나 부족연맹체 합의를 통해서 나온 나라와 너무 다르다. 마르바 던의 『세상권세와 하나님의 교회』는 세상 권세에 대해 교회가 가질 불편함, 자유함, 거리감 등을 잘 설명한다. 이 책은 교회를 이 세상 질서에 속하지 않을 자유를 가진 사람들의 전략적이고 창조적인 고립공동체라고 본다. 이 세상에 접합하지만 영향받지 않는 공동체, 오히려 거룩한 삼투압 변화를 일으키는 공동체가 바로 교회다. 이런 교회가 세상권세를 무력화하고 굴복시킨다. 구약적 언어 하나하나를 가지고 하나님 나라를 선포했던 예수님을 깊이 생각해보면, 예수님은 개인을 구원하고 당신의 구원사역을 끝낸 것이 아니라 구원받은 개인들을 하나님의 전적 통치를 받는 공동체로 창조하려는 목적을 이루려고 노력한 사실을 밝히 깨닫게 된다. 물론 이 땅에서 벌어지는 하나님 나라 운동 그 자체가 이 세상에 유토피아를 만들 수는 없다. 이 운동의 마지막에 새 하늘과 새 땅이 도래한다. 그것은 전적으로 지구 바깥에서 오는 하나님의 절대적 은혜다. 그런데 하나님 은혜가 우리의 노력을 완성시킨다. 우리의 신앙 분투는 하나님 은혜에 의해서 완성된다. 예수께서 우리 안에 심으신 하나님 나라 비전을 가지고 이 땅에 살면 자신도 모르게 대안·대조 공동체가 산파되어 세상 풍조와 주류 이데올로기에 영향받지 않고 살 수 있는 자유를 누리게 된다. 예수님은 진리의 음성에 순종하는 사람을 통치하신다. 베네딕트 앤더슨이 말하듯이, 민족은 각 개인이 '내가 특정민족에 속한다'고 생각하고 행동하는 바로 그 순간의 '상상 속에 존재한다.'[4] 이 개념은 하나님 나라에도 적용할 수 있다. 내가 하나님 나라에 속해야 할 것인가 아닌가를 매 순간 결단해야 한다. 우리 각자가 아침마다 하나님 나라의 백성으로 살기로 결단할 때 '하나님 나라는 먼저 우리의 상상 속에서부터 존재하는 공동체'가 된다. 아침마다 진리의 음성을 듣고 로마제국의 수탈 체제와 안나스-가야바의 종교권력 체제를 거부하기로 결단하며 살아갈 때 '결단하는 개인들의 마음을 잇는 상상의 연대 속에 하나님 나라'는 존재한다.

요약하면, 하나님 나라는 하나님의 성품에서 시작한 나라이기 때문에 이 땅에서 기원한 나라가 아니다. 하나님의 성품을 닮은 하나님의 백성들은 이 땅에 당신의 나라를 세워가는 하나님의 동역자, 즉 빛의 자녀들로 살아간다. 하나님 나라는 물질적 결핍 속에 살면서도 물질적인 나눔을 통하여 완성되어가는 나라다. 완성된 하나님 나라에서도 진리에 의해 자유케 된 자들의 나눔, 경청, 사랑의 성품과 미덕은 하나님 나라를 섬기는 중심동력으로 작동한다.

37절의 마지막 소절은 이렇게 음역되고 직역될 수 있다. 파스 호 온 에크 테스 알레데이아스 아쿠에이 무 테스 포네스(πᾶς ὁ ὢν ἐκ τῆς ἀληθείας ἀκούει μου τῆς φωνῆς). 여기서 중요한 단어는 온(ὢν)이다. 이 단어는 에이미 동사의 남성단수 주격분사형이다. 분사는 지속성, 습관성을 함의한다. '지속적으로 진리로부터 존재해 온 각 사람은 내 음성을 듣는다.' 진리의 음성을 들을 책임은 '각 사람'에게 있다는 것이다.

이 비의에 찬 말에 빌라도는 "진리가 무엇이냐"고 묻는다. 그는 호기심을 갖게 되었을 뿐 예수님에게 어떤 죄도 발견하지 못한다.[38절; 마 27:15-31, 막 15:6-20, 눅 23:13-25] 유대인들에게 자신의 입장을 이렇게 전달한다. 38절 하반절의 빌라도의 무죄 선언은 1인칭 단수 대명사 에고로 표현된다. '나 자신으로는(에고) 그에게 아무 이유도 찾지 못하고 있다.' 개역개정은 "죄"라고 했으나 헬라어 아이티아(αἰτία)는 일차적으로 '이유, 근거'를 뜻하는 단어다. 빌라도는 예수를 풀어주고자 유월절 특사제도를 활용하려고 생각한다. 그는 군중이 '유대인들의 왕'이라고 불리는 나사렛 예수를 석방해 달라고 소리쳐주기를 기대하는 마음으로 유월절 특사 후보를 말해보라고 즉석에서 무리에게 제안한다.[39절] 시기와 질투 때문에 예수님을 고소하는 유대인들에게[마 27:18] 이런 어처구니없는 제안을 한 것을 보면 빌라도는 한편으로는 음흉하고 또 다른 한편으로는 어리석다. 아니나 다를까, 유대인들은 소리 질러 이 사람 예수 말고 로마제국 체제에 저항한 국사범 바라바를 풀어달라고 요구한다. 죄를 찾을 수 없어 예수님을 징벌할 수 없다고 물러서려던 빌라도는 예기치 않은 상황에 직면한다.

메시지

18장의 장면은 인류역사의 비극적 진실을 조명하고 있다. 인류역사는 '진리의 왕'이 야수적인 무력을 가진 왕에게 결박당하고 재판받는 방향으로 흘러간다. 이 비극적 진실이 나사렛 예수에게 적용되고 있다. 자원과 영토를 사이에 두고 로마제국과 전쟁을 할 나라도 아닌 하나님 나라의 왕 예수는 로마제국의 포승줄에 순순히 자신의 몸을 맡긴다. '진리'가 '거짓'에게 패배당하는 장면은 진리를 믿었던 자들을 한꺼번에 쓰러뜨린다. 심문 받으시는 예수님을 지켜보다가 베드로는 드디어 실족하고 만다. 예수님이 체포되어 결박되는 이 긴박한 순간에 베드로는 역사에 길이 남을 돌출행동을 한다. 대제사장의 종 '말고'의 오른쪽 귀를 베었다. 이 장면은 대제사장들의 하속들에게도 아주 인상적인 순간이어서 대제사장들의 종들 중에는 베드로의 인상착의를 알게 된 자들이 있다. 베드로는 예수님을 체포하고 결박하는 권력의 말단을 쳤다. 칼집에서 칼을 뺀 베드로에게 따끔한 질책이 들렸다. "예수께서 베드로더러 이르시되 칼을 칼집에 꽂으라." "아버지께서 주신 잔"을 마시겠다는 단호한 결심의 사람 예수님과 베드로의 조급한 행동주의가 대조된다. 그런데 시몬 베드로는 안나스의 집으로 끌려가는 예수님을 따라가다가 돌부리를 만난다. 대제사장의 집 안뜰대문을 지키는 여종이 베드로를 알아보고 "너도 이 사람의 제자 중 하나가 아니냐"고 따진다. 그러자 그는 "나는 아니라"고 대답한다. 우크 에이미(οὐκ εἰμί). 예수님은 18장에서 모두 세 번(사실 두 번, 한 번은 인용) "나는 그이라"(에고 에이미)고 말하며 당당하게 자신의 신원을 밝히신다. '나는 너희가 찾는 바로 나사렛 예수다.' 에고 에이미 예수스 호 나자레노스(Ἐγώ εἰμί Ἰησοῦς ὁ Ναζαρηνός). 이에 반해 베드로는 우크 에이미를 세 번이나 말한다. 요한복음 저자는 예수님의 에고 에이미와 베드로의 우크 에이미를 대조하는 것처럼 보인다. 이 두 에이미 문장을 대조함으로써 예수님의 행로와 베드로의 행로가 너무 다르다는 것을 보여준다. 예수님은 '나는 너희가 찾고 있는 나사렛 예수'라고 소리치며 전진함으로써 자기를 체포하러 온 체포팀을 와해시키는 데 비해, 베드로는 위축되면서 점점 자신을 부정하다가 끝내 강한 부정을 하고 만다. '일절 나는 예수와 상관없다.' 여기가 아주 중요한 대목이다. 베드로가 포승줄에 묶여 굴욕에 처한 예수를 모른다고 함으로써 일단 자신을 위험에서 구한다. 합리적인 결정이다. 베드로는 포승줄에 묶인 예수와는 엮이기 싫다고 말한 것이다. '진리를 따르는 길이 포승줄에 묶여 굴욕에 처하는 것이라면, 나는 그런 진리를 모른다. 지금 오랏줄에 매여 자신을 구원하지 못하는 예수, 이 사람은 내가 아는 예수가 아니다'라고 말한다. 이런 점에서 예수를 모른다고 말한 베드로는 시치미를 뗀 것이 아니라 진실을 말했다. 그는 사도행전 10:38이 말하는 예수를 잘 안다. "하나님이 나사렛 예수에게 성령과 능력을 기름 붓듯 하셨으매 그가 두루 다니시며 선한 일을 행하시고 마귀에게 눌린 모든 사람을 고치셨으니 이는 하나님이 함께 하셨음이라." 베드로가 알고 본 예수는 강력한 예수다. '오랏줄에 묶여서 운신의 폭도 없이 수동적으로 희생당하는 이 사람 예수를 나는 모른다.' 베드로는 자신의 진심을 말한 것이다. 단순히 거짓말을 한 게 아니라 존재의 이중분열을 드러낸 것이다. 베드로는 '강한 예수'에게는 애착과 연대를, '연약하고 결박당한 예수'에게는 배척감과 경원감을 느낀다. 네 복음서는 베드로의 변절과 재활복구 이야기로 끝난다. 즉 베드로의 수치스런 부인 사화와 재활복구 이야기는 십자가를 지고 예수를 따르다가 '십자가에 못 박힌'(공개적으로 굴욕당한) 베드로와 '부활한' 베드로 이야기다. 네 복음서는 베드로처럼 한번 넘어지고 실족했다가 재활복구되는 제자들을 위한 신앙적 복권과 회복 이야기로 읽을 수도 있다. 예수님을 부정했다가 재활복구 부활되는 베드로의 모습을 보여줌으로써, 복음서 저자들은 배교했다가 신앙공동체로 돌아오는 제자들을 재활복구시키려는 목회적 의도를 갖고 있었다. 베드로의 부인 과정을 가장 자세하게 기록한 복음이 요한복음이다. 만약 복음서 마지막에 승리주의적인 베드로의 순교 이야기가 나와 버리면 우리는 좌절감을 느낄 것이다. 그러나 복음서는 베드로의 실패 이야기를 통해 인간 실존의 처절한 투쟁드라마를 보여준다. 요한복음은 죽기까지 예수를 따르겠다고 말한 것도 베드로의 진실이고 포승줄에 묶여 끌려가는 예수를 모른다고 부인하는 것도 베드로의 진실이라고 본다. 이 두 가지 진실이 우리 모두의 진실이기도 하다.

이런 점에서 요한복음은 따뜻하다. 21장에서 배교한 베드로가 재활복구되는 과정을 이토록 자세하고 따뜻하게 보여주는 목적은 다음과 같은 위로를 주기 위함일 것이다. '너희 모두 베드로처럼 수제자의 자의식을 가지고도 넘어지고 쓰러진다. 그래도 너희는 절망하지 말라. 베드로가 에고 에이미, 즉 신적 항구여일성을 가진 예수님 앞에 우크 에이미를 외치면서 추풍낙엽처럼 떨어지고 말았지만, 결국 재활복구된다.' 우리 모두 베드로의 이중성을 안고 산다. 갈릴리의 사자 같은 권능 넘치는 예수님을 따라가는 것은 즐거워하지만, 안나스와 가야바의 관정에 끌려가는 예수를 따라가는 것은 즐거워하지 않는다. 나에게는 십자가를 지는 예수를 알고 싶지 않다고 외치는 존재의 깊은 함성이 있다. 죄의 본질은 아담의 자기존재 부정이다. 아담이 하나님이 창조하신 그 모습 그대로를 부정할 때 죄가 된다. 아담은 자기가 먼지로 지어진 존재임을 부정하고 신이 되려고 했다. 내 존재를 파괴하고 부정해 가면서까지 다른 존재가 되려고 하는 것이 죄다. 성경은 우크 에이미, "나는 아니라"고 소리치는 이스라엘의 슬픈 자기존재의 부정 이야기라고 할 수 있다. 인간은 자신을 지으신 하나님께 이렇게 소리치며 저항한다. '나는 하나님 형상으로 지음받은 피조물이 아니다. 따라서 나는 하나님 당신이 기대하는 존재가 아니다. 나는 야수요 짐승이다. 나는 진화 중인 다세포 동물, 복잡계 유기체일 뿐이다. 나에게 아무것도 기대하지 말라. 당신은 나에게 존귀한 것을 찾으려고 헛되게 시도하지 말라.' 이런 저항을 들을 때마다 하나님은 물으신다. "아담아, 네가 어디에 있느냐?"창 3:9 하나님은 '나는 당신이 창조한 피조물이 아니라고 소리치는 나'를 신적 항구여일성, 에고 에이미로 지탱하신다. '나는 항구여일성을 가진 바로 그 하나님이다.' 출애굽기 3:14에서 자신을 드러내신 하나님이다. '하나님, 당신의 이름은 무엇입니까'라고 묻는 모세에게 야웨 하나님은 대답하신다. '나는 스스로 있는 자다.' 이는 헬라어로 정확하게 에고 에이미이다.

인류역사의 근원적 추동력은, 신적 불변성과 피조물적 가변성의 비대칭적인 갈등이요 대립이다. 신적 불변성과 항구여일성이 이기든지, 피조물의 가변성과 존재 부정적인 반역성이 이기든지 둘 중 하나로 결론이 난다. 성경의 하나님은 신적 항구여일성과 신실성으로 인간의 피조물적 가변성과 취약성을 이기겠다고 약속하신다.

19장.

이 사람을 보라–너희 왕을 보라

19 1이에 빌라도가 예수를 데려다가 채찍질하더라. 2군인들이 가시나무로
관을 엮어 그의 머리에 씌우고 자색 옷을 입히고 3앞에 가서 이르되 유대
인의 왕이여, 평안할지어다 하며 손으로 때리더라. 4빌라도가 다시 밖에 나가 말하되
보라, 이 사람을 데리고 너희에게 나오나니 이는 내가 그에게서 아무 죄도 찾지 못한
것을 너희로 알게 하려 함이로라 하더라. 5이에 예수께서 가시관을 쓰고 자색 옷을
입고 나오시니 빌라도가 그들에게 말하되 보라, 이 사람이로다 하매 6대제사장들과
아랫사람들이 예수를 보고 소리 질러 이르되 십자가에 못 박으소서, 십자가에 못 박
으소서 하는지라. 빌라도가 이르되 너희가 친히 데려다가 십자가에 못 박으라. 나는
그에게서 죄를 찾지 못하였노라. 7유대인들이 대답하되 우리에게 법이 있으니 그 법
대로 하면 그가 당연히 죽을 것은 그가 자기를 하나님의 아들이라 함이니이다. 8빌라
도가 이 말을 듣고 더욱 두려워하여 9다시 관정에 들어가서 예수께 말하되 너는 어디
로부터냐 하되 예수께서 대답하여 주지 아니하시는지라. 10빌라도가 이르되 내게 말
하지 아니하느냐. 내가 너를 놓을 권한도 있고 십자가에 못 박을 권한도 있는 줄 알지
못하느냐. 11예수께서 대답하시되 위에서 주지 아니하셨더라면 나를 해할 권한이 없
었으리니 그러므로 나를 네게 넘겨 준 자의 죄는 더 크다 하시니라. 12이러하므로 빌
라도가 예수를 놓으려고 힘썼으나 유대인들이 소리 질러 이르되 이 사람을 놓으면 가
이사의 충신이 아니니이다. 무릇 자기를 왕이라 하는 자는 가이사를 반역하는 것이니
이다. 13빌라도가 이 말을 듣고 예수를 끌고 나가서 돌을 깐 뜰(히브리 말로 가바다)
에 있는 재판석에 앉아 있더라. 14이 날은 유월절의 준비일이요 때는 제육시라. 빌라
도가 유대인들에게 이르되 보라, 너희 왕이로다. 15그들이 소리 지르되 없이 하소서,
없이 하소서, 그를 십자가에 못 박게 하소서. 빌라도가 이르되 내가 너희 왕을 십자가

에 못 박으랴. 대제사장들이 대답하되 가이사 외에는 우리에게 왕이 없나이다 하니 [16]
이에 예수를 십자가에 못 박도록 그들에게 넘겨 주니라. [17] 그들이 예수를 맡으매 예
수께서 자기의 십자가를 지시고 해골(히브리 말로 골고다)이라 하는 곳에 나가시니 [18]
그들이 거기서 예수를 십자가에 못 박을새 다른 두 사람도 그와 함께 좌우편에 못 박
으니 예수는 가운데 있더라. [19] 빌라도가 패를 써서 십자가 위에 붙이니 나사렛 예수
유대인의 왕이라 기록되었더라. [20] 예수께서 못 박히신 곳이 성에서 가까운 고로 많은
유대인이 이 패를 읽는데 히브리와 로마와 헬라 말로 기록되었더라. [21] 유대인의 대제
사장들이 빌라도에게 이르되 유대인의 왕이라 쓰지 말고 자칭 유대인의 왕이라 쓰라
하니 [22] 빌라도가 대답하되 내가 쓸 것을 썼다 하니라. [23] 군인들이 예수를 십자가에 못
박고 그의 옷을 취하여 네 깃에 나눠 각각 한 깃씩 얻고 속옷도 취하니 이 속옷은 호
지 아니하고 위에서부터 통으로 짠 것이라. [24] 군인들이 서로 말하되 이것을 찢지 말
고 누가 얻나 제비 뽑자 하니 이는 성경에 그들이 내 옷을 나누고 내 옷을 제비 뽑나
이다 한 것을 응하게 하려 함이러라. 군인들은 이런 일을 하고 [25] 예수의 십자가 곁에
는 그 어머니와 이모와 글로바의 아내 마리아와 막달라 마리아가 섰는지라. [26] 예수께
서 자기의 어머니와 사랑하시는 제자가 곁에 서 있는 것을 보시고 자기 어머니께 말
씀하시되 여자여, 보소서, 아들이니이다 하시고 [27] 또 그 제자에게 이르시되 보라, 네
어머니라 하신대 그 때부터 그 제자가 자기 집에 모시니라. [28] 그 후에 예수께서 모든
일이 이미 이루어진 줄 아시고 성경을 응하게 하려 하사 이르시되 내가 목마르다 하
시니 [29] 거기 신 포도주가 가득히 담긴 그릇이 있는지라. 사람들이 신 포도주를 적신
해면을 우슬초에 매어 예수의 입에 대니 [30] 예수께서 신 포도주를 받으신 후에 이르시
되 다 이루었다 하시고 머리를 숙이니 영혼이 떠나가시니라. [31] 이 날은 준비일이라.
유대인들은 그 안식일이 큰 날이므로 그 안식일에 시체들을 십자가에 두지 아니하려
하여 빌라도에게 그들의 다리를 꺾어 시체를 치워 달라 하니 [32] 군인들이 가서 예수와
함께 못 박힌 첫째 사람과 또 그 다른 사람의 다리를 꺾고 [33] 예수께 이르러서는 이미
죽으신 것을 보고 다리를 꺾지 아니하고 [34] 그 중 한 군인이 창으로 옆구리를 찌르니
곧 피와 물이 나오더라. [35] 이를 본 자가 증언하였으니 그 증언이 참이라. 그가 자기의

요

말하는 것이 참인 줄 알고 너희로 믿게 하려 함이니라. 36 이 일이 일어난 것은 그 뼈가 하나도 꺾이지 아니하리라 한 성경을 응하게 하려 함이라. 37 또 다른 성경에 그들이 그 찌른 자를 보리라 하였느니라. 38 아리마대 사람 요셉은 예수의 제자이나 유대인이 두려워 그것을 숨기더니 이 일 후에 빌라도에게 예수의 시체를 가져가기를 구하매 빌라도가 허락하는지라. 이에 가서 예수의 시체를 가져가니라. 39 일찍이 예수께 밤에 찾아왔던 니고데모도 몰약과 침향 섞은 것을 백 리트라쯤 가지고 온지라. 40 이에 예수의 시체를 가져다가 유대인의 장례 법대로 그 향품과 함께 세마포로 쌌더라. 41 예수께서 십자가에 못 박히신 곳에 동산이 있고 동산 안에 아직 사람을 장사한 일이 없는 새 무덤이 있는지라. 42 이 날은 유대인의 준비일이요 또 무덤이 가까운 고로 예수를 거기 두니라.

주석

요한복음에는 '십자가'라는 단어가 19장에만 나온다. 모두 열네 차례 언급되는 십자가가 19장을 이끈다. 이른 새벽부터 시작된 재판들을 거친 후에 정오에 십자가 처형을 받아 마침내 오후 3시경에 운명하셨으므로 예수님은 세 시간 동안 십자가에 달려 사지가 못에 박히는 고통을 견디셨다.[1] 어떤 표적도 기적도 일어나지 않고 당신의 권능마저 십자가에 못 박고 '이스라엘의 불순종 죄'를 혼자 지고 가셨다. 죄는 행동이며 에너지 발출사건이다. 원상복구가 불가능하다. 죄는 이미 행해진 반역적 언동이요 행동이다. 예수님이 어린양이 되어 그 죄를 지고 가셨다. 죄가 소멸된 것이 아니라 전가되었다. 예수님은 지금도 죄를 정결케 하시는 일을 하신다. 19장은 십자가형에 예수님을 넘기는 빌라도,[1-16절] 십자가에 못 박히신 예수님,[17-30절] 예수님의 찔린 옆구리에서 흘러내리는 피와 물,[31-37절] 그리고 새 무덤에 묻힌 예수님[38-42절]으로 나뉜다.

십자가형에 예수님을 넘기는 빌라도 ●1-16절

19장은 18장에서부터 연속되는 빌라도의 불의한 재판 과정과 십자가 처형 결정을 보도하고, 예수님의 매장을 다룬다. 빌라도의 무죄 확신도 '가이사의 충신' 프레임으로 협박하는 유대인 고소자들의 함성에 묻히고 만다. 빌라도의 법치주의는 무기력하다. 로마총독에게 유월절은 언제 터질지 모르는 가연성 높은 시한폭탄 같은 상황이었다. 20만 명이 넘는 군중에게 메시아 같은 역할을 하는 지도자가 등장하면 유월절은 민중소요의 진원지가 된다. 로마 원로원과 황제는 속주민들에게 로마총독 고발권을 줌으로써 속주 총독들을 견제했다. 속주민들이 로마 원로원에게 '이 총독은 나쁜 사람이다'라고 고발할 수 있는 직고권이 있었다. 당시 로마제국에는 약 열세 명의 총독이 속주에 파견되어 있었다. 속주의 소요사태는 총독들에게는 언제나 황제 및 원로원 고소 대상이 되는 위험 상황이었다. 그래서 빌라도는 20만 명에 육박하는 유월절 참배 군중을 두려워했다. 이런 상황에서 예수님의 무죄를 확신하고도 풀어주지 못한다. 대신 예수님에게 채찍질을 가한다.[1절] 대개의 경우 채찍질은 사형을 시키기 전에 이뤄지는 폭력으로 인격살해가 목적이다. 폭력은 인간의 존엄을 파괴해 사물로 전락시킨다. 시퍼렇고 아름다운 영혼을 가진 사람을 십자가형에 넘길 수 없기 때문에 먼저 채찍으로 인간 존엄을 파괴하고 그 생기를 꺾어버린다. 그런데 빌라도가 무죄를 확신하면서도 채찍질을 가한 이유는 예수에 대한 유대인들의 분노를 일순간 누그러뜨리기 위함임이 드러난다.[4절]

빌라도의 채찍질은 단발성 폭력으로 끝났지만 이어지는 병사들의 조롱과 린치는 한동안 지속되었다. 2절에서 로마병사들의 행동은 모두 부정과거로 표현되었는데("씌우고", "입히고") 3절에서는 로마병사들의 행동을 묘사하는 동사들이 모두 미완료형이다. 가시면류관을 만들어 예수의 머리에 씌우고 왕의 옷을 방불케 하는 자색옷을 입힌 후에,[2절] 병사들은 '유대인들의 왕이여, 기뻐할지어다'라고 '계속 말하면서[엘레곤(ἔλεγον)], 그분께 계속 주먹으로 때렸다'[에디도싼(ἐδίδοσαν)]. 개역개정의 "평안할지어다"는 '기뻐할지어다'로 바꿔 번역하는 것이 더 낫다. 동사 카이로(χαίρω)는 '기뻐하다'를 의미하기 때문이다. 이렇게 모욕을 준 후에 빌라도는 예수를 관정 밖으로 데려간다. 가시면류관을 쓴 예수를 밖으로 데려가는 이유는, '당신들이 내가 그에게 고소할 이유를 찾지 못한다'는 것을 알도록 하기 위함이라고 말한다.[4절]

가시관을 쓰고 자색옷[눅 16:19]을 입은 채로 예수가 관정 밖으로 나오자 빌라도는 군중에게 '보라, 그 사람이다'[이두 호 안드로포스(ἰδοὺ ὁ ἄνθρωπος)]라고 말한다.[5절] 가시면류관의 가시는 창세기 3:15의 저주 구문을 생각나게 한다. "땅은 너로 말미암아 저주를 받고 너는 네 평생에 수고하여야 그 소산을 먹으리라. 땅이 네게 가시덤불과 엉겅퀴를 낼 것이라." 비옥도를 잃은 땅에는 수분이 모자라도 사는 가시가 나온다. 가시는 땅의 비옥도가 전혀 없음을 증명하는 식물이다. 예수님이 가시면류관을 쓰셨다는 말은 아담의 죄로 인해 땅에 임한 저주를 대신 지셨다는 의미다. 로마군병들이 창세기 3장을 알고 그것을 성취시키려 한 장난은 아니었다. 예수님은 이스라엘 백성의 죽음과 죄와 결핍과 궁핍을 홀로 짐 지시는 왕이기 때문에 가시면류관을 쓰신다. 이스라엘 민족이 겪고 있는 굴욕적 예속이라는 저주의 운명을 짐 지신다. 궁극적으로 아담의 원죄와 자행죄[自行罪]로 말미암아 영적으로 궁핍하게 살아가는 인간의 저주를 자신에게 전가시키신다.

예수께서 가시면류관을 쓰신 행위는 구원론적으로 해석하면 아담의 원죄 아래에서 우리가 겪고 있는 모든 죽음의 징벌적 요소들을 스스로에게 전가시키는 행위다. "그가 채찍에 맞음으로 우리가 평안을 누리고 타격 당함으로 우리가 나음을 입었도다."사 53:5 예수님의 채찍 맞음으로 우리가 나음을 입고 참 인간성을 회복한다. 그리하여 성만찬적인 공동체 참여적인 인간이 되어 로마제국이 구축한 악의 질서를 무장해제 시키면서 살아간다. 가시면류관을 쓰고 나오는 예수님을 보고 '보라, 그 사람이다'라고 빌라도가 말한 이유는, '여러분이 고소한 그는 진짜 왕이 아니라 희화화된 의미의 왕'이라는 점을 말하기 위함이었다. '보라, 그 사람'을 이라는 말은 '보라, 너희가 왕이라는 그 사람!' 이런 의미다. 그는 지금 '너희가 보는 것처럼 강제적으로 면류관 씌움을 당하고, 자신의 의사에 반해 자색옷 입힘을 당한 남자'라는 것이다. 이 빌라도의 선언을 들은 대제사장들과 아랫사람들이 예수를 보고 일제히 소리를 질렀다.6절 스타우로쏜 스타우로쏜(σταύρωσον σταύρωσον). '십자가에 못 박으라. 십자가에 못 박으라.' 무리가 큰 소리로 외쳤다. 빌라도는 무리의 함성에 기죽지 않고 뜻밖의 제안을 한다. 끝내 예수 안에서 징벌할 죄를 찾지 못한 빌라도는 뜻밖에 유대인 자치기구 당국자들에게 '예수 십자가형'을 집행하라고 떠넘긴다. 이 형 집행권 양도는 기이하다. 유대인들이 만일 예수를 거짓 예언자라고 믿는다면 돌로 쳐죽여야 한다. 돌로 쳐죽이자니 그를 선지자로 따르는 갈릴리 민중의 반발을 진정시킬 묘책이 없다. 십자가형은 로마총독이 로마의 속주통치에 저항하는 체제 위협 중범죄자들에게만 내리는 가혹한 징벌이다. 이 형은 로마총독만이 내릴 수 있는 판결이다. 그런데 빌라도는 2인칭 복수 대명사 휘메이스(ὑμεῖς)와 1인칭 단수 대명사 에고(ἐγώ)를 동시에 사용해 가면서 유대인 당국자들에게 처형권을 넘겨버린다. '너희가 데려가 십자가에 못 박으라.' '나로서는(에고) 그에게서 징벌해야 할 이유를 발견하지 못하고 있기 때문이다.'

이에 대한 유대인들의 대답은 포괄적이다. 예수의 행위와 활동은 로마제국의 법을 어긴 언동이 아님을 스스로 인정한다. 다만 자신들의 법에 따르면 예수를 죽여야 한다[7절]는 것이다. 나사렛 예수가 '자신을 하나님의 아들이라고 주장했기 때문이다.' 유대인 스스로도 로마총독에게 사형 판결을 내려달라고 부탁할 사항이 아님을 인정한다. 이것은 유대인들의 법에 따라 재판 받을 혐의지 로마형사법에 호소할 사항이 아님을 그들도 안다. 그들은 왜 돌로 쳐 죽이지 않고 빌라도의 힘을 빌리려 했을까? 갈라디아서 2:20, 3:13은 이 질문에 답을 준다. 유대인들은 "나무에 달린 자마다 저주 아래에 있는 자라 하였음이라"라고 말하는 신명기 21:23이 예수에게 성취되었다는 것을 입증하려고 기어코 빌라도의 손을 빌렸다. 또한 바리새인들은 가상칠언 중 여섯째 말씀을 근거로 자신의 입장을 정당화했다. 예수님이 하나님께 저주받았다는 것은 십자가에서 외치신 여섯째 언어, "나의 하나님, 나의 하나님, 어찌하여 나를 버리셨나이까"에서 드러났다는 것이다. 바리새인들은 이 구절로 예수가 저주받아 죽음을 당했다고 해석했다. 청년 바리새인 사울도 사도가 되기 전에는 이렇게 생각했다. 유대인들이 예수를 십자가라는 나무에 못 박아 죽게 만든 것은 공공연히 하나님을 참칭하다가 저주를 받아 죽었다고 선전하기 위함이었다. 그래서 그들은 십자가에 못 박으라고 소리를 질렀다. 예수님을 십자가에 못 박아야 하는 이유는 예수님을 왕으로 모셨던 갈릴리 사람들과 숱한 추종자들에게 예수님이 하나님께 저주받아 죽었다는 사실을 확신시키기 위함이었다.

그런데 예수가 하나님의 아들이라고 믿어지는 인물이기에 위험하므로 죽여야 된다고 주장하는 유대인들의 대답에 빌라도는 더욱 충격을 받고 두려움에 떤다.[8절] 자신이 보고 있는 '이 사람이 하나님의 아들이라면 어떻게 해야 하나?' 마태복음에 따르면, 빌라도의 아내도 꿈에 현몽을 받아 예수님에게 해를 끼치지 말라고 신신당부했다.[마 27:19] 빌라도는 유대인들이 시기심 때문에 예수를 죽여달라고 강청하는 것을 알았다.[마 27:18] 빌라도는 다시 관정에 들어가 예수님의 정체를 조사하려고 시도한다. 9-11절은 빌라도와 예수님 사이에 오고간 두 번째 진지한 대화다(1차 대화 18:33-38). 관정(프라이토리온)에 다시 들어간 빌라도는 예수님께 2인칭 단수 대명사를 써가며 묻는다. 포텐 에이 쒸(πόθεν εἶ σύ). '당신은 어디서 왔느냐?' 이 질문은 너무 포괄적이다. '당신은 신의 아들이 맞느냐'는 질문에 가깝다. 이에 대한 답은 요한복음 1장부터 읽어야 알 수 있다. 사실 요한복음 전체는 빌라도의 이 질문, '당신은 어디서 왔느냐'에 대한 자세한 답변이다. 이 질문은 단답형으로 답변하기가 불가능하다. 그래서 예수님은 답변을 포기하신다. 의미 있는 침묵이었다. 빌라도는 애타는 마음으로 다시 묻는다. 자신이 석방과 사형의 권세 둘 다를 가지고 있음을 강조하며 대답을 채근한다.[10절] 빌라도는 예수님을 너무 모른다. 이미 요한복음 10:17-18과 14:30에서 이렇게 말씀했다. "내가 내 목숨을 버리는 것은 그것을 내가 다시 얻기 위함이니 이로 말미암아 아버지께서 나를 사랑하시느니라. 이를 내게서 빼앗는 자가 있는 것이 아니라 내가 스스로 버리노라. 나는 버릴 권세도 있고 다시 얻을 권세도 있으니 이 계명은 내 아버지에게서 받았노라 하시니라."[10:17-18] "이 후에는 내가 너희와 말을 많이 하지 아니하리니 이 세상의 임금이 오겠음이라. 그러나 그는 내게 관계할 것이 없으니."[14:30]

이런 예수님이 빌라도의 대답 채근에 순순히 응할 리가 없었다. '하나님이 위에서 당신에게 나를 해할 권세를 주시지 않았다면 당신이 이런 권세를 가질 수가 없다.'[11절] 이것이 예수님의 대답이다. '당신이 나를 사형시킬 권세가 있다면 그것은 하나님이 주신 권세일 뿐'이라는 것이다. '그런데 내가 스스로 내 목숨을 내놓겠다고 결

요

단하지 않았다면, 아버지께서 당신에게 이런 권세를 주실 리가 없다.' 이런 취지의 말씀으로 응답하셨다. 그런데 11절의 마지막 소절이 인상적이다. 예수님은 '당신의 죄보다 나를 당신에게 넘긴 자들의 죄가 더 크다'고 말함으로써 빌라도의 처지를 동정하신다. 19장의 빌라도 재판 단락[1-27절] 전체의 초점은 빌라도의 죄를 부각시키기보다는 빌라도에게 예수님을 넘긴 자들의 죄를 부각시키는 데 있다. 빌라도는 예수님을 풀어주려고 애를 썼으나 유대인들이 소리 질러 반대했다는 것이다. 유대인들은 '만일 자기를 왕이라고 하는 자를 풀어주면 당신은 가이사의 충신이 아니다'라고 말하면서 빌라도를 겁박했다.[12절] 자기를 스스로 왕이라고 칭하는 자는 가이사에게 반역하는 자임을 강하게 주장했다. 그들은 빌라도의 아킬레스건을 건드렸다. '가이사의 충신'이라는 말은 속주민이 속주총독을 고발할 때 사용할 수 있는 결정적인 화법이다. 유대인의 왕이라는 자를 그냥 풀어준 빌라도의 행위가 산헤드린에 의해 로마제국 원로원과 황제에게 보고된다면 빌라도의 정치생명은 끝장날 것이다.

13절은 빌라도에게 모종의 결심이 섰음을 암시한다. 빌라도는 예수를 관정 밖으로 끌고 나가서 하얀 대리석 위에 설치된 재판석에 앉았다. 이날은 유월절 예비일, 즉 니산월 14일 오전이다. 유월절은 금요일 저녁 해진 후부터 시작된다. 금요일 제육시, 정오에 정식 판결이 내려진다.[14절] '보라, 그 사람이다'라고 말하던 빌라도의 화법은 여기서 달라진다. '보라, 너희 왕이다.' 이제 빌라도는 예수를 유대인의 왕으로 부르며 그를 그 죄목으로 단죄할 결심을 굳혔다.

유대인 고소자들은 두 번씩이나, '제거하시오, 제거하시오'라고 소리 질렀다. 십자가에 못 박으라고 소리쳤다. 빌라도는 끝까지 십자가에 못 박는 징벌은 피하려는 듯이 다시 묻는다. '너희의 왕을 내가 십자가에 못 박으라고?' 대제사장들은 대답한다. "가이사 외에는 우리에게 왕이 없나이다."[15절] 여기에 대제사장들의 권력 이해가 잘 드러난다. 그들은 종교적으로 유대인들을 지배하는 것에 만족하는 자들이지 하나님 나라에 아무런 관심이 없었다. 대제사장들은 실제 '가이사에게 충성을 바치는 자들'이었다. 이에 빌라도는 예수를 그들에게 넘겨주었다. 그가 십자가에 못 박히도록[스타우로데(σταυρωθῇ)]. 주어는 빌라도인데 '그들'은 누구일까? 16절의 하반절에도 '그들'이 주어다. '그들이 예수를 인계했다.' 그들이 소리 질렀던 유대인들일까? 아니면 로마병사들일까? 문맥상 '유대인 고소자들'로 보인다. 그런데 실제로는 로마 백부장의 휘하에 있는 병사들일 것이다. 개역개정 17절 상반절에 나오는 "그들이 예수를 맡으매"는 헬라어 성경의 16절 하반절이다.

십자가에 못 박히신 예수님 ●17-30절

요

이 단락은 예수님이 안나스와 가야바의 비공식 심문을 받고 빌라도로부터 십자가 처형 판결을 받는 데 소요된 여섯 시간(막 15:25-34, 제3시-제9시 즉 오전 9시부터 오후 3시)에[2] 일어난 일들을 보도한다.[마 27:32-50, 막 15:21-37, 눅 23:26-46] 17절은 십자가에 못 박힌 장소를 말한다. 헬라어 원문 17절에 따르면 '자기 십자가를 지시고 예수께서 해골(히브리어로 골고다)이라고 불리는 곳으로 나가셨다.' 거기서 "그들"(예수를 인계한 로마병사들)이 예수를 십자가에 못 박았는데 다른 두 사람도 못 박았다. 좌우편에 각각 한 사람, 중앙에 예수를 두고 못 박았다.[18절] 빌라도는 예수님의 십자가 위에 "나사렛 예수 유대인의 왕"이라는 죄패를 붙였다.[19절] 예수께서 십자가에 못 박힌 곳은 예루살렘 성에서 가까워 많은 유대인들이 히브리어, 헬라어, 로마어로 기록된 죄패를 읽었다.[20절] 이 죄패에 대해 유대인 대제사장들이 항의한다.

'유대인의 왕'이라고 쓰지 말고 '나는 유대인의 왕'이라는 죄패를 써 붙이라고 요구했다.[21절] 빌라도는 거절했다. '지금 쓰여진 그것이 내가 의도적으로 쓴 죄패다.' 자칭 유대인의 왕을 십자가에 못 박았다는 말을 듣는 것과 자타공인 유대인들의 왕을 십자가에 못 박는 것은 천양지차다. 빌라도는 억울하게 누명이 덧씌워진 죄명이지만 '유대인의 왕'으로 불리는 자를 십자가에 못 박았음을 분명하게 밝힌다.

23-24절은 예수님의 십자가형을 집행한 군병들이 예수님의 옷을 전리품처럼 차지하려고 제비뽑기 하는 상황을 보도한다. 일단 예수님의 겉옷을 네 깃으로 나눠 네 명이 각각 한 깃씩 나눠가졌다. 속옷은 나누기 힘든 옷이었다. 위에서부터 아래로 통으로 짠 옷이었기 때문이다.[23절] 제자들은 찢지 말고 제비뽑아 당첨된 사람이 다 갖기로 하고 제비를 뽑았다.[24절] 그런데 로마군병들의 제비뽑기 놀이는 시편 22:18의 다윗 고난 시편의 한 구절을 성취하는 행동이었다. "내 겉옷을 나누며 속옷을 제비 뽑나이다." 다윗이 압살롬의 반역으로 왕위를 잃고 쫓겨 다닐 때 그의 왕권을 농단하는 자들을 언급하는 것처럼 보이는 이 구절이 예수님의 십자가 고난을 예고한 셈이 되었다. 예수님이 시편 22편의 굴욕과 고난을 통과 중이라는 암시다. 예수님은 십자가상에서 오후 3시가 되었을 무렵 시편 22:1의 기도문을 읊조렸다. "나의 하나님, 나의 하나님, 어찌하여 나를 버리셨나이까."[막 15:34] 요한복음은 이 절규를 기록하지 않는다. 이 신적 유기감 토로 기도문의 누락은, 아버지 하나님의 뜻에 선제적으로 응답하고 순종하는 독생자의 면모를 부각시키려는 요한복음의 의도에 잘 맞지 않기 때문인 것처럼 보인다.

25-27절은 어머니 마리아를 당신의 사랑하시는 제자(요 13:23, 아마도 사도 요한)에게 부탁하는 상황을 보도한다. 예수님의 십자가 아래에는 네 여인이 와 있었다.[25절] 어머니 마리아, 이모, 글로바(눅

24:18 엠마오 두 제자 중 한 사람)의 아내 마리아, 그리고 막달라 마리아가 그들이었다. 마리아는 미리암의 헬라어적 변형발음 이름이다. 유대인 여인들에게 많이 붙여진 이름이었다. 이 네 여인 외에 자신이 사랑하는 제자가 옆에 서 있었다. 이 네 여인 중 예수님이 언급하신 이는 어머니 마리아였다. 예수님은 그 제자를 보고, '여자여, 보소서. 당신의 아들입니다'라고 말한다. 당신의 아들은 자기 자신을 가리키지 않고 곁에 서 있는 사랑하는 제자를 가리키는 말이다. 사랑하는 그 제자에게 어머니 마리아 봉양 의무를 맡긴다. 하나님의 아들로 봉헌된 예수님이 더이상 어머니 마리아를 봉양할 수 없다. 예수님에게서 아들의 역할과 의무를 기대할 수 없는 '여자'이다. 예수님의 고양된 하나님 아들 의식에 비추어 볼 때 마리아는 어머니가 아니라 여인이다. 이 여인은 창세기 3:15의 그 여자, 뱀의 머리를 칠 후손을 낳아줄 여인이며, 갈라디아서 4:4이 말하는 메시아를 잉태하고 해산할 여인이다. 마리아는 창세기부터 대망되어온 뱀의 머리를 칠 후손을 낳아줄 그 여인이다. 죽음을 삼켜버릴 생명의 여인이다. 예수님이 마리아에게서 거리감을 느껴서 '여자여'라고 부르신 것이 아니라, 자신의 구속사적 사명을 부각시키려는 의도 때문이었다. 자신이 바로 창세기 3:15 이후에 학수고대된 그 여자의 후손임을 강조하려는 의도 때문에 마리아를 '여자'라고 불렀다. 여기서 '어머니'를 갑자기 '여자여'라고 불렀던 요한복음 2:4의 돌발상황의 의미가 드디어 해명된다. "예수께서 이르시되 여자여, 나와 무슨 상관이 있나이까. 내 때가 아직 이르지 아니하였나이다." 이때 예수님의 호칭이 돌발적이다. 예수님은 "포도주가 없다"라는 마리아의 보고를 자신에게 '포도주를 공급해달라'는 요청으로 해석했다. '내가 포도주를 공급할 때가 아직 도래하지 않았다'라는 말로 응수했다. 자신이 포도주를 공급하는 때는 자신이 십자가에 매달려 물과 피를 쏟

을 때다. 물과 피로 상징되는 새 언약의 포도주를 아직은 흘릴 때가 아니라는 말이다. 그런데 26절에서는 이제 자신이 포도주를 공급할 때가 되었음을 상기시킨다. '나의 어머니, 당신은 이제 내가 십자가에 달려 물과 피를 쏟아 새 언약의 포도주를 공급하는 시점에서 창세기 3:15 이후 대망되어온 인류의 구속주, 뱀의 머리를 칠 후손을 낳은 여인이 됩니다.' 이런 의미의 말이다. 26절의 마지막 소절을 번역할 때 개역개정이 '당신의'라는 소유격을 생략한 것은 불충분한 번역이다. 귀나이, 이데 호 휘오스 쑤(γύναι, ἴδε ὁ υἱός σου). '여자여, 보소서. 당신의 아들입니다.' 자신이 사랑하는 제자를 보면서 이렇게 말씀했다. 풀어쓰면 이런 뜻이다. '여자여, 보십시오. 저기 서 있는 내 제자가 당신의 여생을 섬길 아들이 될 것입니다.' 이 말씀을 하신 후에 예수님은 그 사랑하는 제자에게 '보라. 네 어머니로 모시고 섬겨달라'고 부탁하신다. 그날 이후로 그 제자가 자기 집에서 어머니 마리아를 모셨다.[27절]

28-30절은 십자가상에서 보낸 마지막 순간을 근접 묘사하는 단락이다.[마 27:45-56, 막 15:33-41, 눅 23:44-49] 어머니 마리아의 노후를 사랑하는 제자에게 맡기신 후 예수님은 십자가상에서 이뤄져야 할 일이 다 이뤄진 것을 아시고, 목이 마르다고 말씀하신다.[28절] 이 갈증 경험도 시편 69:21의 예언을 성취하는 것이었다. "그들이 쓸개를 나의 음식물로 주며 목마를 때에는 초를 마시게 하였사오니." 사람들이 십자가 아래 있는 신 포도주가 담긴 그릇에서 신포도주를 적신 해면을 우슬초에 꿰어 예수님의 입에 대줬다.[29절] 신포도주를 받으신 후에 "다 이루었다"라고 말씀하고 운명하셨다.[30절] "다 이루었다"는 말의 헬라어는 테텔레스타이(τετέλεσται)인데 이 단어는 '완수하다'를 의미하는 동사 텔레오(τελέω)의 3인칭 단수 현재완료형이다. 요한복음 맥락에서 보면 이 어구는 아버지께서 아들에게 맡긴 일을 완수했다는 것을

의미한다. 세상 죄를 지고 가는 어린양의 사명을 완수했다는 것이며 놋뱀처럼 들리는 일을 완수했다는 말이 하나님 아버지가 주시는 잔을 다 마셨다는 말이다. 아버지 하나님께서 아들을 보내사 행하게 하신 그 일을 마쳤다는 완료감의 피력이다. 이사야 55:10-11에서 말한 말씀의 행로를 다 마쳤다는 것이다. 요한복음에서는 죽음을 거치는 과정이 자세하게 서술되지 않는다. 십자가에 들림 사건이 곧장 아버지 하나님께 들림 사건으로 이어진다는 느낌이 들 만큼 아버지께 되돌아가는 일이 강조된다. 결국 요한복음은 테텔레스타이를 통해 십자가에서 운명하신 순간이 아버지께로 돌아간 순간임을 강조한다.

예수님의 찔린 옆구리에서 흘러내리는 피와 물 •31-37절

31-37절은 십자가에서 운명하신 예수님의 시신을 로마군병들이 훼손하는 상황을 보도한다. 31절은 이미 운명하신 예수님의 시신 훼손이 어떻게 해서 일어났는지를 설명한다. 예수님은 금요일 정오(단 막 15:25에 따르면 제3시, 즉 오전 9시에 처형)에 십자가에 못 박혀 오후 3시에 운명하셨다. 약 세 시간 후면 안식일이 시작되고 유월절이 시작된다. 예수님을 죽음으로 몰아간 유대인들은 명절 큰 날에 예루살렘 성전 근처의 야산에 시체를 전시하는 것을 원치 않았다. 시체와의 접촉뿐만 아니라 시체 가까이 가는 것도 정결규정을 어기는 것이었기에 유대인들은 십자가에 달린 자들이 혹시 아직 살아 있을지도 모르기 때문에 "다리를 꺾어" 치워달라고 요구했다.[31절] 빌라도의 허락으로 군병들이 가서 예수님과 함께 못 박힌 두 사람의 다리를 먼저 꺾었다.[32절] 아마도 이들은 아직도 생명이 붙어 있었던 듯하다. 그런데 예수님을 보니 이미 운명하신 것이 분명했으므로 다리

를 꺾을 필요가 없어 꺾지 않았다.[33절] 다리를 꺾이지 않고 돌아가신 예수님은 뼈를 꺾지 않고 전체로 번제가 된 유월절 어린양의 죽음을 계시한다.[출 12:46] 유대인들의 온갖 계략도 예수님의 죽음이 예언자들을 통해 주신 하나님의 예언을 하나하나 성취하는 과정을 막을 수 없었다. 다리를 꺾지는 않았지만 군병들은 지시받은 것 이상의 잔악한 시신 훼손을 자행한다. 군병 중 한 명이 창으로 예수님의 옆구리를 찔렀다. 곧 물과 피가 쏟아져 흘러나왔다.[34절] 요한복음의 저자로 추정되는 증인이 바로 이 장면을 지켜보고 증언했다.[35절] 35절을 직역하면 다음과 같다. '그리고 본 자는 이제까지 증언했다(현재완료). 그리고 그의 증언이 참이다. 그는[에케이노스(ἐκεῖνος)] 그가 진리를 말하는 목적이 심지어 너희도 믿을 수 있도록 하기 위함인 것을 안다.' 여기서 요한복음의 독자가 처음으로 2인칭 복수 대명사로 가리키는 '너희'임이 드러난다. 요한복음의 저자는 이 십자가 사건을 목격한 자로서 이제까지 해온 증언을 완료했다[멤마르튀레켄(μεμαρτύρηκεν)]. 요한복음의 저자이면서도 예수님의 십자가의 최후 장면을 목격한 저자는 뼈가 하나도 꺾이지 않고 죽은 것은 출애굽기 12:46[민 9:12, 시 34:20]의 유월절 어린양 관련 규정을 성취하는 과정이라고 해석한다. 예수님은 "세상 죄를 지고 가는 하나님의 어린양"이라는 것이다. 또 로마군병이 예수님의 옆구리를 찌른 행위는 "그들이 찌른 것을 보리라"고 예언한 스가랴 12:10을 성취하는 과정이었다고 해석한다.[37절]

새 무덤에 묻힌 예수님 ●38-42절

이 단락은 예수님의 시신 매장 상황을 보도한다.[마 27:57-61, 막 15:42-47, 눅 23:50-56] 예수님의 제자였지만 그동안 유대인들을 두려워하여 숨기고 있던 아리마대 사람 요셉이 자신의 정체를 드러내고, 빌라도에게 가서 시체를 달라고 요구했다. 빌라도의 허락을 받아 요셉이 예수님의 시신을 인계했다.[38절] 아리마대 요셉 외에 3장에서 밤에 예수님을 찾아왔던 니고데모도 몰약과 침향 섞은 혼합물을 34킬로그램이나 가지고 왔다. 역대하 16장에 보면 몰약과 침향은 왕의 장례식에 사용되는 최고급 장례용품이다. 또한 동방박사들이 아기 예수님께 바친 선물이었다.[마 2:11] 향유는 11장에서 마리아가 예수님께 기꺼이 부었던 향유와 같은 고급유향이었다. 예수님이 마리아의 돌출행위를 자신의 장례식을 준비한 행위라고 두둔했던 장면에서 뿌려진 것이 나드향이었다. 마리아의 향유는 니고데모의 향유를 내다보았다. '승리하는 백성'이라는 헬라식 이름을 가진 니고데모가 이 귀한 장례품을 가져왔다. 그 또한 은닉된 제자였다. 니고데모는 예수님을 계속해서 지켜보고 있다가 자신의 신앙을 이런 방식으로 드러냈다.[39절] 베드로와 요한이 도망친 그 자리를 아리마대 요셉과 니고데모가 지켰다. 인자의 나라가 들어설 때 예수님 보좌 옆에 앉겠다고 야심을 가졌던 제자들은 더이상 보이지 않는다. 당시 십자가에 달려 처형당한 사람의 시신을 수습하는 일은 가족도 주저하던 위험한 일이었다. 처형당한 사람과의 관계가 알려지는 것을 두려워했기 때문이다. 수습되지 않은 시신은 대부분 새에게 뜯기는 조장[鳥葬]으로 끝났다. 이런 상황에서 예수님의 제자로 자신을 드러내며 십자가에 달린 예수님의 시신을 수습했던 두 사람은 칠흑의 밤에 빛난 제자였다. 특별히 아리마대 요셉은 부자이면서도 선하고 의로웠다. 그는 자신이 속한 계층의 집단정신에 함몰되어 개체로서 존재하기가 쉽지 않은 상황에서 자신의 주체성을 과시했다. 그는 존경받는 산헤드린 공회 회원이면서 하나님 나라를 기다리던 자였다.[막 15:43]

니고데모 또한 주체성을 가지고 집단의 몰양심에 도전했던 인물이다. 그는 예수님이 하나님으로부터 온 것을 확신했지만 예수님 편에 가담하지 못했던 산헤드린 공회의 회원이었다. 요한복음 7장에서 일방적으로 갈릴리 출신 예수님을 비난하자 신명기 19장의 복수증언법을 들어 산헤드린 회의를 긴장시킨다. "우리 율법은 사람의 말을 듣고 그 행한 것을 알기 전에 심판하느냐?"[7:51] 그러자 다수의 동료들로부터 "너도 갈릴리에서 왔느냐? 찾아 보라. 갈릴리에서는 선지자가 나지 못하느니라 하였더라"[7:52]는 반박을 초래했다. 갈릴리 사람들과 갈릴리에 대한 예루살렘 유대인들의 편견은 주전 921년 남북이스라엘 왕국분열 이후부터 유대인들이 가졌던 편견이었다. 천년의 편견이요 멸시였다. 니고데모는 예수님의 표적에 대한 믿음도 있었고, 예수님이 활동했던 갈릴리 지역 자체가 선지자를 배출할 수 없는 곳이라고 생각하는 유대인들의 편견에도 맞섰다. 니고데모와 아리마대 사람 요셉은 71명으로 구성된 산헤드린 공회 회원이다. 산헤드린은 입법권, 사법권, 동전(성전 세겔) 주조권까지 행사하는 유대인 자치기구였다. 이 자치기구의 수반이 대제사장이었고, 71명의 회원들은 종교 문제에 최고 결정권을 가졌다. 아리마대 사람 요셉[막 15:43]과 니고데모는 자기가 속했던 조직의 판결을 거부하며 예수님의 무죄를 확신했을 것이다. 마태복음 27:57은 요셉이 "날이 저물었을 때" 빌라도를 찾아가 요구했다고 말한다. 낮에는 공공연히 그런 요구를 하지 못했다는 것이다. 아마도 저녁 6시 이전에 요셉이 막달라 마리아 등을 대동하고 가서 요청했을 것이다. 아리마대 요셉은 막달라 마리아와 같은 여인들의 오열과 슬픔에 짓눌렸을 것이다. 슬픔에 짓눌린 사람들만이 시신이라도 수습하려고 한다. 시신 수습은 특별한 애착관계를 드러내는 아주 내밀한 감정선이 움직여야 하는 일이다.

고대사회에서는 시신을 올바르게 장례하지 못하면 저주받은 자의 죽음을 죽은 것이라고 믿었다. 앗수르 왕 사르곤은 북이스라엘을 멸망시킨 왕이었는데 전쟁터에서 전사해 전장에 시체가 버려졌다. 제대로 장례식을 치르지 못한 채 시신이 버려지는 것은 죽음의 마지막 순서로 명예마저 살해되는 것으로 간주되었다. 이사야 14장에 보면 바벨론 왕이 죽어서 지하공동체에 가보았더니 장례식을 치르지 못한 바벨론 왕을 조롱하는 지하세계 혼백들의 소동 장면이 나온다. '네가 천하를 제패하더니 장례식 치러주는 사람이 아무도 없구나'라는 야유를 받는다.사 14:17-19 올바르게 매장되지 못한 자의 죽음은 확실히 저주받은 죽음으로 간주되었다. 바리새인들이 볼 때 십자가에 달려 죽은 것은 신명기 21:23의 '나무에 달린 자는 하나님께 저주를 받은 자다'라는 명제를 성립시킨다면, 제대로 매장되지 못하고 죽었다는 것은 이 명제를 더욱 확증하는 셈이다. 고대 근동의 세계관에 입각해 볼 때 확실하게 저주받아 죽은 것이라는 판단을 가능케 했다. 이런 전통을 알고 있는 아리마대 요셉과 니고데모가 빌라도를 찾아가 예수님의 시신을 달라고 요구했다. 예수님의 명예를 몹시도 소중히 여기지 않으면 할 수 없는 행위였다. 관료적 위계사회 속에서 아무 생각 없이 사는 것처럼 보이던 아리마대 요셉이 감연하게 돌출적인 행동을 한 것이다. 평상시에는 조직의 이름으로 행동하지만 어느 순간에 조직을 이탈해 의롭게 행동하는 독특한 개인들의 행동을 양심선언 또는 내부고발이라고 말한다. 세상에는 자기 조직이 명령하는 대로 행동하다가 어느 순간 그 명령을 거부하고 조직의 악을 향해 돌진하는 내부고발자의 양심 각성이 간간이 일어난다. 예수님은 십자가에 들린 후에 12:32을 성취하신다. "내가 땅에서 들리면 모든 사람을 내게로 이끌겠노라 하시니." '너희가 인자를 든 후에 내가 하나님의 아들인 줄 알리라.'8:28 예수님이 십자가에 못 박혀 들리는 이유는 동방박사가 예고했듯이 만민을 경배하도록 이끌기 위함이다. 예수님은 놋뱀처럼 들리어 니고데모와 아리마대 사람 요셉을 당신께로 이끄신다.

결국 십자가에 들린 인자에 이끌린 요셉과 니고데모가 예수님의 시체를 인계하여 유대인의 장례법대로 향품을 넣어 시체를 세마포로 쌌다.[40절; 참조. 사 53:9 죽은 후 부자와 함께 매장됨] 예수님이 십자가에 못 박힌 골고다 야산에 동산이 있었는데, 그곳에 아직까지 매장지로 사용된 적이 없는 새 매장지가 있었다.[41절] 유월절이 시작되기 전 예비일이었다. 오후 6시가 되기 전이었다. 그 새 무덤이 십자가에 못 박힌 곳과 가까워서 그들이 예수님의 시신을 거기에 두었다.[40절]

메시지

빌라도는 나사렛 예수의 재판 과정에서 '로마제국은 법으로 세계를 다스린다'는 로마적 법치주의를 구현하는 시늉을 했던 인물이었다. 로마의 법치주의는 로마가 아프리카, 유럽, 아시아의 상당 지역을 포함한 광대한 영토를 통치할 때 효력을 발휘한 효율적 통치술이었다. 로마가 큰 영토를 오래도록 통치할 수 있었던 이유는 상대적으로 법을 공평하게 집행했기 때문이다. 50여개 언어를 사용하는 40개 이상의 다인종, 다민족이 살아가는 광대한 지역을 로마제국은 법치주의로 다스렸다. 주전 753년에 작은 도시국가로 시작해 거대한 제국으로 확장된 로마는 예수님 당시에 나름대로 전성기를 구가하고 있었다. 로마는 당시 공화정의 이상을 가진 황제국가의 기틀을 갖추기 시작했다. 법치주의는 로마 시민권자에게는 충실하게 구현됐고, 로마와 가까운 속주, 즉 아테네 같은 특별 속주에서도 로마시민과 거의 같은 수준의 법치주의 혜택이 돌아갔다. 로마의 직할통치령으로 인정받은 빌립보에서도 법치주의가 상당히 구현되었다. 그러나 로마와 멀리 떨어져 있으면 법치주의도 구현되는 정도가 낮았다. 유대, 시리아 지역 등은 법치주의가 제대로 효력을 발휘하지 못했다. 빌라도는 이 불의함 때문에 사도신경에 등장하게 되었다. "본디오 빌라도에게 고난을 받아." 디모데전서 6:13도 빌라도를 언급하는데 예수님의 선한 증거를 받은 로마의 고위관리로 언급된다. "믿음의 선한 싸움을 싸우라. 영생을 취하라. 이를 위하여 네가 부르심을 받았고 많은 증인 앞에서 선한 증언을 하였도다. 만물을 살게 하신 하나님 앞과 본디오 빌라도를 향하여 선한 증언을 하신 그리스도 예수 앞에서 내가 너를 명하노니."딤전 6:12-13 예수님의 선한 증거를 받고도(하나님 나라, 진리 등) 빌라도는 사도신경에 영구적으로 언급되는 불의한 재판의 대명사가 되어버렸다.

로마제국은 자신의 통치가 지중해 일대에 평화를 가져왔다고 생각했지만, 그 평화에 만족하지 못하는 이들이 이스라엘 사람들이었다. 로마의 평화는 타자를 제압해 맛보는 거짓 평화였기 때문이다. 로마는 거대한 정복지에서 노예를 잡아다 수도 로마 인구의 40퍼센트를 노예로 채웠다. 이처럼 노예가 많아 일하지 않는 인구가 많았기 때문에 로마에서는 하루 종일 신에게 제사를 지내는 사람들도 있었다. 로마제국이 자신의 방식으로 가장 경건할 때에는, 낮 시간 3분의 1을 신에게 제사 드리는 데 썼다. 유력 로마시민들은 낮 시간의 3분의 1을 종교행사에 보내고, 3분의 1을 난잡한 수준의 연극을 보는 데 사용했다. 이처럼 썩어빠진 제국의 총독은 진리의 왕을 이해할 수도, 재판할 수도 없었다. 로마는 나라 전체가 팽창했지만, 그 중심이 절단 났다. 바로 그때 교회가 등장했다. 예수님의 성만찬을 통해서 도시의 모든 부랑자들이 교회 식탁에 초대되어 함께 먹었다. 어떤 의미에서는 전성기 로마가 그토록 갈구하던 공화정의 이상(상호부조적 시민 우애)을 교회가 실현했던 것이다. 성만찬을 하면서 빈부 격차 없이 남녀 차별 없이 떡을 떼면서 예수의 몸 안에서 하나가 되었다. 로마제국은 포식자의 나라이며 예수님의 나라 교회는 자신의 살과 피로 이웃을 살리는 나라이다.

예수님이 체현한 가치는 본디오 빌라도의 가치와 반드시 충돌하게 된다. 빌라도는 속주 갈릴리 곡창지대에서 세금을 거두는 것에 관심이 있지만, 속주민들의 슬픔에는 관심이 없었다. 예수님은 세금을 거둬서 왕실을 유지하고 관료 상비군을 유지하는 왕이 아니라, 그들의 아픔과 슬픔과 눈물에 응답하시는 왕, 그들이 이 땅에 왜 살아야 하는지 알려주시는 진리의 왕이다. 진리의 왕은 갈릴리에서 엄청난 생명사역을 일으키시고, 육체적, 정신적 질병을 치유하시며 새로운 나라가 동터 왔음을 앞서서 실천하시고 이스라엘 동포들에게 언약적 상호견인과 돌봄을 가르치셨다. 세계 역사를 추동하는 양대 세력의 결승전은 빌라도와 예수의 대결이 될 수밖에 없다. 자신의 육신을 내어주는 성만찬적인 행위를 통하여 갈가리 찢긴 인류공동체를 형제자매로 만드는 엄청난 권능을 가진 예수님의 나라와 타자를 약탈하고 노예화하면서 유지되던 로마제국이 대결하면, 로마제국은 예수님의 나라를 감당하지 못한다. 로마제국은 반드시 본디오 빌라도라는 대리자를 통하여 예수를 압제하고 처형하게 된다. 실로 거대한 혜성 같은 문명 충돌이자 가치 충돌이다. 빌라도는 예수를 처형했지만 처형당한 예수는 로마제국의 심장부에 거대한 딥임팩트deep impact를 일으킨다. 빌라도는 예수 처형으로 로마가 이긴 줄 알았다. 로마의 창이 예수의 옆구리를 찔렀고, 로마의 채찍이 예수의 육체를 유린했기 때문에 로마가 이긴 줄 알았다. 그러나 잔악하게 압제하고 지배하던 방식으로 속주민을 약탈하던 로마제국은, 예수의 사랑 앞에, 노예처럼 자기 몸을 내어 주면서 형제자매들을 위해서 자기 피를 내어주는 성만찬적인 희생 앞에 무너지게 되어있다. 로마제국은 예수의 몸을 아무리 찔러도 예수의 정신과 가치를 찌를 수 없고, 사랑의 불멸성과 궁극성을 파괴하지 못한다. 로마가 찌른 것은 예수의 육체일 뿐, 예수님이 가져오는 하나님 나라는 로마의 창에 찔릴 수 없고 로마의 채찍에 맞을 수 없다. 예수의 육체와 정신이 받아낸 폭력과 죽음의 고통은 하나님 나라가 이 땅에 임하기 위해서 치르는 창조적인 대가다. 하나님의 통치 대신에 로마의 압제체제 아래 살아가는 모든 사람에게 하나님 나라를 소개하는 방식은, 폭력의 희생자가 됨으로 폭력을 이기는 방식이다. 그래서 폭력이 쓸데없다는 것을 증명해야 한다. 폭력의 제국, 로마제국이 얼마나 무력한지를 알려주려면 예수가 온 몸으로 폭력의 극대치를 받아야 한다. 로마의 채찍에 맞아야 하고 로마가 주는 가시면류관을 써야 한다. 이것이 바로 요한복음에서 말한 하나님께서 주신 잔이다.

로마제국이 세상을 지배하는 방식, 즉 폭력과 전쟁과 영토 탈취와 타자를 지배하고 압제하며 살아가는 야수적 삶의 방식은 얼마나 약하고 무력한가를 예수님은 증명했다. 로마제국은 전 세계만민을 복종시키던 칼과 총의 힘을 예수의 육체를 향해서 사용하였다. 나사렛 예수는 로마의 폭력과 창검을 피해갈 수 없다. 그래서 예수님은 피하려고 하지 않고 위에서 주신 권세 앞에 엎드리신다. 로마의 폭력과 십자가에 못 박으라고 소리치는 성난 유대인 군중에 의해 하나님 뜻이 관철되고 있다고 보셨기 때문이다. 죽음을 최대 무기로 삼아 사람들을 지배하던 로마제국의 형벌권, 사법권을 무효화시키는 예수님의 부활이 있기까지는, 세계는 로마제국의 통치를 벗어날 수 없다. 하지만 로마는 자기희생과 죽음을 감수한 진리를 죽일 수도 없고 이길 수도 없다. 진리는 하늘보좌에서 온 우주를 통치하시는 하나님 통치의 수단이요 목적이다. 예수님은 폭력과 약탈에 의존하는 로마인들의 삶에 대항하여 갈릴리적 진리의 승리를 체화시켜 보여주셨다.

20장.

안식 후 첫날 새벽에 다시 사신 예수님

20

1 안식 후 첫날 일찍이 아직 어두울 때에 막달라 마리아가 무덤에 와서 돌
이 무덤에서 옮겨진 것을 보고 2 시몬 베드로와 예수께서 사랑하시던 그
다른 제자에게 달려가서 말하되 사람들이 주님을 무덤에서 가져다가 어디 두었는지
우리가 알지 못하겠다 하니 3 베드로와 그 다른 제자가 나가서 무덤으로 갈새 4 둘이
같이 달음질하더니 그 다른 제자가 베드로보다 더 빨리 달려가서 먼저 무덤에 이르러
5 구부려 세마포 놓인 것을 보았으나 들어가지는 아니하였더니 6 시몬 베드로는 따라와
서 무덤에 들어가 보니 세마포가 놓였고 7 또 머리를 쌌던 수건은 세마포와 함께 놓이
지 않고 딴 곳에 쌌던 대로 놓여 있더라. 8 그 때에야 무덤에 먼저 갔던 그 다른 제자
도 들어가 보고 믿더라. 9 (그들은 성경에 그가 죽은 자 가운데서 다시 살아나야 하리
라 하신 말씀을 아직 알지 못하더라.) 10 이에 두 제자가 자기들의 집으로 돌아가니라.
11 마리아는 무덤 밖에 서서 울고 있더니 울면서 구부려 무덤 안을 들여다보니 12 흰 옷
입은 두 천사가 예수의 시체 뉘었던 곳에 하나는 머리 편에, 하나는 발 편에 앉았더
라. 13 천사들이 이르되 여자여, 어찌하여 우느냐. 이르되 사람들이 내 주님을 옮겨다
가 어디 두었는지 내가 알지 못함이니이다. 14 이 말을 하고 뒤로 돌이켜 예수께서 서
계신 것을 보았으나 예수이신 줄은 알지 못하더라. 15 예수께서 이르시되 여자여, 어찌
하여 울며 누구를 찾느냐 하시니 마리아는 그가 동산지기인 줄 알고 이르되 주여, 당
신이 옮겼거든 어디 두었는지 내게 이르소서. 그리하면 내가 가져가리이다. 16 예수께
서 마리아야, 하시거늘 마리아가 돌이켜 히브리 말로 랍오니, 하니 (이는 선생님이라
는 말이라) 17 예수께서 이르시되 나를 붙들지 말라. 내가 아직 아버지께로 올라가지
아니하였노라. 너는 내 형제들에게 가서 이르되 내가 내 아버지 곧 너희 아버지, 내
하나님, 곧 너희 하나님께로 올라간다 하라 하시니 18 막달라 마리아가 가서 제자들에

게 내가 주를 보았다 하고 또 주께서 자기에게 이렇게 말씀하셨다 이르니라. 19 이 날
곧 안식 후 첫날 저녁 때에 제자들이 유대인들을 두려워하여 모인 곳의 문들을 닫았
더니 예수께서 오사 가운데 서서 이르시되 너희에게 평강이 있을지어다. 20 이 말씀을
하시고 손과 옆구리를 보이시니 제자들이 주를 보고 기뻐하더라. 21 예수께서 또 이르
시되 너희에게 평강이 있을지어다. 아버지께서 나를 보내신 것 같이 나도 너희를 보내
노라. 22 이 말씀을 하시고 그들을 향하사 숨을 내쉬며 이르시되 성령을 받으라. 23 너
희가 누구의 죄든지 사하면 사하여질 것이요 누구의 죄든지 그대로 두면 그대로 있으
리라 하시니라. 24 열두 제자 중의 하나로서 디두모라 불리는 도마는 예수께서 오셨을
때에 함께 있지 아니한지라. 25 다른 제자들이 그에게 이르되 우리가 주를 보았노라 하
니 도마가 이르되 내가 그의 손의 못 자국을 보며 내 손가락을 그 못 자국에 넣으며
내 손을 그 옆구리에 넣어 보지 않고는 믿지 아니하겠노라 하니라. 26 여드레를 지나서
제자들이 다시 집 안에 있을 때에 도마도 함께 있고 문들이 닫혔는데 예수께서 오사
가운데 서서 이르시되 너희에게 평강이 있을지어다 하시고 27 도마에게 이르시되 네
손가락을 이리 내밀어 내 손을 보고 네 손을 내밀어 내 옆구리에 넣어 보라. 그리하여
믿음 없는 자가 되지 말고 믿는 자가 되라. 28 도마가 대답하여 이르되 나의 주님이시
요 나의 하나님이시니이다. 29 예수께서 이르시되 너는 나를 본 고로 믿느냐. 보지 못
하고 믿는 자들은 복되도다 하시니라. 30 예수께서 제자들 앞에서 이 책에 기록되지 아
니한 다른 표적도 많이 행하셨으나 31 오직 이것을 기록함은 너희로 예수께서 하나님
의 아들 그리스도이심을 믿게 하려 함이요 또 너희로 믿고 그 이름을 힘입어 생명을
얻게 하려 함이니라.

주석

20장은 예수님의 부활에 대한 제자들의 미지근하고 혼란된 반응을 다각도로 보여준다. 제자들은 예수님이 부활해야 할 구속사적 필연성과 논리를 이해하지 못한 채 부활하신 예수님을 만나고도 여전히

슬퍼하고 허탈해하며 방황한다. 예수님은 두 차례나 부활한 모습을 보여주시면서 부활의 사실성을 확신시켜주려고 하지만, 제자들은 기뻐했다가도 다시 초점을 잃는다. 제자들 중 도마는 부활하신 주님의 정체성 자체를 의심한다. 20장은 도마의 방법론적 의심을 해소하는 장면으로 마무리된다. 20장은 무덤으로 달려가는 베드로와 또 다른 제자,[1-10절] 무덤 밖에서 울고 있는 막달라 마리아에게 나타나신 예수님,[11-18절] 제자들에게 처음으로 나타나신 부활하신 예수님,[19-23절] 그리고 의심하는 도마를 도우시는 부활하신 예수님[24-31절]으로 나뉜다.

무덤으로 달려가는 베드로와 또 다른 제자 ● 1-10절

이 단락은 아리마대 요셉과 니고데모 두 사람이 예수님의 시신을 매장한 후, 갈릴리 출신 제자들이 예수님의 십자가 죽음 이후에 보인 후속반응을 보도한다.[마 28:1-10, 막 16:1-8, 눅 24:1-2] 막달라 마리아와 베드로-요한이 빈 무덤을 발견하는 상황이다. 안식 후 첫날 일찍이 아직 어두울 때에 막달라 마리아가 무덤을 찾았다. 막달라 마리아는 무덤을 막은 돌이 무덤 입구에서 옮겨진 것을 보고[1절; 마 28:1-2, 막 16:1-4, 눅 24:1-2] 시몬 베드로와 예수께서 사랑하시던 그 다른 제자(사도 요한)에게 달려가 상황을 보고했다. 마리아는 사람들이 주님을 무덤에서 가져다가 어딘가에 두었는데 자신은 그 은닉한 장소를 알지 못한다고 보고한다.[2절] 빈 무덤을 본 것이다. 베드로와 그 다른 제자가 무덤으로 달려갔다.[3절] 예수님의 시신이 없어진 것을 중대한 사고라고 생각해서 달려갔을 것이다. 둘 중 먼저 도착한 자는 또 다른 제자인데 그는 무덤에 들어가지 않았다.[4절] 몸을 구부려 시신을 쌌던 세마포가 놓인 것을 보았지만 무덤 안으로 들어가지는 않았다.[5절] 그런데 뒤늦게 도착한 시몬 베드로는 무덤에 들어가 세마포가 놓여 있는 것을 보았을 뿐만 아니라,[6절] 머리를 쌌던 수건이 세마포와 함께 놓이지 않고 머리를 쌌던 대로 여전히 머리 쪽에 놓여 있는 것을 보았다.[7절] 둘은 경쟁적으로 달려갔으나 문제의 현장에 더 가깝게 접근해 사태의 진상을 조사한 베드로의 능동성이 조명된다. 인상적인 장면은 요한복음 11장에 나오는 나사로의 부활과 전혀 다른 방식으로 세마포가 정리돼 있다는 것이다. 나사로는 머리가 수건으로, 수족은 베로 동인 채로 나왔다.[11:44] 머리를 쌌던 수건은 헬라어로 수다리온(σουδάριον)인데, 이것은 머리 부분에 따로 있었다. 머리를 쌌던 수건과 온 몸을 쌌던 세마포는 그대로 둔 채 몸이 빠져 나간 것이다. 적어도 베드로는 이 차이를 알아 차렸다. 베드로가 이처럼 빈 무덤을 자세히 조사하고 말해주자 그때에야 무덤에 먼저 갔던 다른 제자도 들어가 보고 '무덤이 비어 있는 것'을 믿었다.[8절] 그러나 둘 다 "그리스도가 죽은 자 가운데서 다시 살아나야 하리라"고 예언한 구약성경 말씀이 있다는 것을 깨닫지 못하고 있었다.[9절] 그래서 두 제자는 집으로 돌아갈 수밖에 없었다.[10절]

요

무덤 밖에서 울고 있는 막달라 마리아에게 나타나신 예수님 • 11-18절

이 단락은 막달라 마리아에게 처음으로 나타나신 부활 예수님의 현현을 다룬다. 부활 예수님이 나타나기까지 천사들이 막달라 마리아에게 부활 예수님을 만날 준비를 시킨다. 두 제자는 집으로 돌아갔으나 마리아는 여전히 무덤 앞에서 계속 울고 있다. 헤이스테케이(εἱστήκει)는 '서다'를 의미하는 히스테미(ἵστημι) 동사의 3인칭 단수 과거완료형이다. 두 제자들과 함께 왔다가 두 제자가 돌아가고 나서도, '두 제자가 올 때부터 울던 울음을 아직 그치지 않고 계속 울고 있었다'는 의미다. 11절의 첫 소절의 마지막 단어는 '울다', '오열하다'를 의미하는 클라이오(κλαίω)의 단수능동 주격분사다. 마리아는 계속 울면서 무덤 가까운 앞쪽에[프로스(πρὸς)] 서 있었다.[막 16:9-11] 네 복음서 모두 막달라 마리아가 부활 예수의 첫 알현자임을 인정할 만큼 마리아는 무덤을 떠나지 않고 있었다. 빈 무덤을 발견하고 두 제자를 데리고 가서 다시 조사했으나 아무것도 발견하지 못해서 운다. 주님의 시신을 훔쳐간 사람들을 원망하며 비통하게 울고 있었다. 11절의 둘째 소절 또한 마리아의 비통한 오열을 더욱 강조한다. 호스 운 에클라이엔(ὡς οὖν ἔκλαιεν). 에클라이엔은 '울다'를 의미하는 동사 클라이오의 3인칭 단수 직설법미완료형이다. 호스는 시간접속사(~하는 동안, ~하면서)로서 부대상황절을 이끄는 접속사다. '마리아는 계속 울면서, 무덤 안쪽으로 몸을 구부렸다.' 1-2절이 묘사하는 것에 비추어 볼 때 마리아는 그때 이미 돌이 무덤 입구에서 다른 데로 치워진 것을 보고 무덤 안에 들어가 보았을 가능성이 크다. 거기에서 예수님의 시신을 보지 못했다고 말하고 있기 때문이다. 11절에서는 두 번째로 무덤 안을 들여다보는 셈이다.

그때 흰 옷 입은 두 천사가 예수의 시신을 뉘었던 곳에 앉아 있었는데 한 천사는 머리 편에, 다른 천사는 발 편에 앉아 있었다.[12절] 마리아가 이 장면을 알아차린 것인지 요한복음 저자가 전지적 작가 시점에서 제공하는 정보인지는 확실하지 않다. 아마 마리아는 처음에는 이들을 알아차리지 못했던 것 같다. 천사들을 보고 놀라는 장면이 언급되지 않는다. 천사들이 "여자여[귀나이(γύναι)], 어찌하여 우느냐"고 묻자, "사람들이 내 주님을" 어딘가에 치웠는데 '자신이 알지 못해 운다'고 대답한다.[13절] 예수님 죽음 자체에 대한 슬픔에 예수님 시신 유실에 대한 슬픔이 더해졌을 것이다. 이렇게 대답하고 마리아가 몸을 돌이켜 누군가가 서 있는 것을 보았는데, 그가 예수님인 것을 인지하지 못했다.[14절]

15-18절은 부활 후 예수님이 최초로 제자와 나눈 대화를 보도한다. "여자여, 어찌하여 울며 누구를 찾느냐"는 질문[15절]은 사실 확인 질문이 아니다. 당신의 부활을 믿고 받아들일 수 있도록 준비작업을 하는 질문이다. 마리아는 그가 동산지기인 줄 알고 '주여, 당신이 옮겼거든 어디 두었는지 말해 주소서. 내가 가져가도록'이라고 부탁한다. 막달라 마리아는 예수님의 시신을 수습하는 가족의 일원이다. 마리아가 예수님에게 대해 가진 사랑의 차원이 다른 제자들과는 다름을 암시한다.

이 마리아의 시신 수습 의향을 듣고 난 예수님이 "마리아야"라고 부르셨다.[16절] 확실히 예수님의 음성이었다. 마리아는 청각으로 그 음성의 주인공이 예수님임을 알고 "랍오니(ραββουνι)"라고 외쳐 응답했다.[16절] "랍오니"를 외치며 마리아가 예수님을 만지려는 기세로 접근했다. 그러자 예수님은 즉각 제지한다. '나를 만지지 말라. 내가 아직 아버지께로 올라가지 아니했기 때문이다.' 이 장면은 니코스 카잔차키스(『그리스도 최후의 유혹』)나 댄 브라운(『다빈치 코드』) 같은 작가들의 상상력을 자극해, 마리아가 예수님과 사실혼 관계의 아내였다고 상상하며 소설을 쓰게 만든 장면이다. 그들은 「유다복음」이라는 위경 등의 일부 구절들을 토대로 마리아를 예수님의 아내라고 주장했는데, 이는 무리한 상상이다. 당시의 이스라엘 사회에서 포옹하고 입맞추는 것은 의례적인 인사였다.[롬 16:16] 마리아는 평소처럼 인사로서 입맞춤을 하려고 했을 것이다. 다만 예수님은 자신이 영화로워질 때까지 신체 접촉을 삼가해줄 것을 부탁하신 것이다. 그렇다고 부활하신 예수님 몸 자체가 신성불가침 터부가 되었다는 것은 아니다. 의심하는 도마에게 예수님의 몸 상처(옆구리)에 손을 대보는 것을 허용하기도 하셨다. 17절 하반절은 예수님이 마리아에게 '제자들에게 전하라'고 준 메시지다. '내가 내 아버지이자 제자들 너희의 아버지, 내 하나님, 제자들 너희의 하나님께로 올라간다.' 자신의 승천을 암시하는 메시지를 제자들에게 전해달라고 부탁하신다. 이에 마리아가 제자들에게 가서 자신이 주님을 보았으며 주님이 17절 하반절(승천 메시지)을 전하라고 부탁하셨다는 말을 전했다.[18절] 제자들이 무슨 반응을 보였는지 아무 언급이 없다. 마가복음 16:11은 좀 더 자세한 논평을 제공한다. 막달라 마리아가 부활하신 예수님을 보았다는 말을 듣자마자 "그들은 예수께서 살아나셨다는 것과 마리아에게 보이셨다는 것을 듣고도 믿지" 않았다. 허탄한 말로 본 것이다. 정신이 약간 불안정한 상태에서 헛것을 보았을 것이라고 간주한 것이다. 열한 명의 남자 제자가 막달라 마리아의 말을 허탄한 말로 여길 것을 아셨을 텐데도 예수님은 막달라 마리아에게 최초로 부활하신 모습을 나타내심으로 여자의 말을 허탄하게 여기는 남자 중심의 유대사회를 나무라신다. 두 남자 제자는 아무것도 보지 못하고 절망의 흔적만 발견했던 무덤 안에서 막달라 마리아는 통곡하다가 부활한 주님을 만났다. 무덤 같은 현실에서 부활한 주님을 만나는 일이 가능함을 막달라 마리아는 보여주었다.

막달라 마리아는 로마 가톨릭에서 철저하게 지워진 이래로 기독교회에서 크게 오해받아온 인물이다. 6세기 말에 로마가톨릭 교황 그레고리 1세가 '막달라 마리아는 창녀'라고 말한 이후부터 가톨릭에서 폄하되었다. 가톨릭에서는 막달라 마리아 대신 성모 마리아를 높이기 시작했다. 이를 위해 가톨릭은 성경 본문마저도 왜곡했다. 마가복음 6장에 나오는 예수님의 동기들에 대한 언급을 왜곡해서 해석한다. "그 누이들이 우리와 함께 여기 있지 아니하냐 하고" 이 본문의 형제자매들을 예수님의 사촌형제자매들이라고 주장한다.

학자들은 막달라는 믹달[migdal]이라는 히브리어 단어에서 왔다고 추정한다. '믹달'은 큰 탑을 가리킨다. 갈릴리 호수에서 잡은 물고기를 훈제하는 탑이 믹달 탑이라고 추정된다. 갈릴리 어부들이 물고기를 잡아서 훈제해서 로마에 수출하기 위해 훈제한 공장이 믹달이었다는 것이다. 지금도 가버나움에서 멀지 않은 곳(15킬로미터)에 믹달이라는 마을이 있다. 믹달의 훈제업자들과 갈릴리 어부들은 사업상 파트너 관계를 맺었을 것이다. 막달라 마리아는 믹달 지방의 마리아로서 예수님과 공동체 제자들 모두 익히 아는 사람인데, 여성 제자 중 가장 두드러진 존재였다. 그녀는 일곱 귀신이 들렸다가 고침을 받은 사람이라고 소개된다.[막 16:9] 누가복음 7장에 나오는 탕녀가 막달라 마리아의 데뷔 장면이 아닐까 조심스럽게 추측해볼 수 있다.[마 26장] 일곱 귀신 들렸다는 말은 그녀가 예수님을 만나기 이전에는 품행이 방정치 못했거나 큰 병에 걸려 있었음을 암시한다. 어떤 연유였는지 막달라 마리아는 일곱 귀신에게 인생이 갈가리 찢긴 여인이었는데,[눅 8:2] 예수님께 치료를 받고 나서 스승-제자 간의 사랑하는 사이가 되었다. 이는 공개적 사랑이었고, 혼인 관계의 사랑이 아니었다. 막달라 마리아는 니코스 카잔차키스가 『그리스도 최후의 유혹』에서 묘사한 것과 같은 창녀는 더더욱 아니다.

막달라 마리아는 불행했던 과거의 상처를 딛고 예수님께 가장 가까이 붙어 있었던, 열두 제자보다 더 가까운 여성 사도였다. 자신의 재산을 바쳐가며 예수님을 공궤했던 여성들 중 막달라 마리아가 가장 먼저 언급된다.[눅 8:2] 마가복음 16:9, 마태복음 28:8, 누가복음 24:10, 요한복음 20:15 등 네 복음서 모두 부활하신 예수님이 막달라 마리아에게 가장 먼저 나타나셨다는 것을 증거한다. 이 점이 굉장히 중요하다. 초대교회에서 막달라 마리아의 위치가 엄청났다는 뜻이다. 당시 유대사회에서는 여성은 법정에서 법적으로 구속력 있는 어떤 증언도 할 수 없었다. 산헤드린과 유대인 남자 중심의 사회가 어떤 여성의 증언도 인정하지 않는 상황에서 예수님은 자신의 부활 소식을 여성의 입을 통해 증언되게 하신다. 마가복음 16:9이 이 점을 부각시킨다. "예수께서 안식 후 첫날 이른 아침에 살아나신 후 전에 일곱 귀신을 쫓아내어 주신 막달라 마리아에게 먼저 보이시니." 예수님이 부활하신 후 자기를 최초로 보인 사람이 베드로가 아니라 막달라 마리아라는 것은 그 함의가 보통이 아니다. 이 말은 막달라 마리아가 복음서들이 쓰인 시대에는 베드로보다 더 영향력이 컸거나 적어도 대등했다는 것을 의미한다. 여성의 법정 증언을 인정하지도 않는 시대에 막달라 마리아가 예수님이 부활했다는 사실을 열한 제자에게 가서 증언한 것은, 유대인들의 여성 증언 무시 전통에 대한 큰 도전이었다. 부활하신 예수님은 여성의 법정 증언을 인정하지 않는 남성 중심의 사회를 뒤집어버린 것이다. 한때 일곱 귀신 들렸던 여인의 비참한 이력을 거룩하게 도말하시고 그에게 최초로 부활하신 예수를 만나는 영광을 주신다. 10절은 막달라 마리아가 부활 예수님의 최초의 증인이 되는 과정의 일단을 간접적으로 보여준다. "이에 두 제자가 자기들의 집으로 돌아가니라." 남자 제자 둘은 일단 사실관계를 확인하고 아무 감정적 잔여도 남기지 않고 집으로 돌아간다. 여자는 예수님의 시신을 집에 가져가려고 한다.[15절] 감정적으로 죽음 자체를 인정하지 않는다. 이성적 논리로는 어리석어 보이는 이 행동이 마리아의 통곡 속에서 싹텄다. 마리아에게는 예수님을 더이상 죽음의 땅에 방치하지 않겠고 예수님의 죽음을 받아들이지 않겠다는 결연한 결기가 있다. 예수님 죽음의 부조리성, 예수님이 죽어서는 안 되는 분이라는 것을 마음속 깊이 깨달았다.

막달라 마리아의 예수님을 향한 사랑은 이념적 사랑이 아니라 예수님 자체에 대한 사랑이었다. 예수님 자체가 시신이 되었어도 그것을 예수님이라고 믿는 사랑이다. 시신이 된 예수님에게 여전히 표현할 사랑이 남아 있었다. 아가서 8:6-7은 이런 사랑을 시적으로 묘사한다. "사랑은 죽음 같이 강하고 질투는 스올 같이 잔인하며 불길 같이 일어나니 그 기세가 여호와의 불과 같으니라. 많은 물도 이 사랑을 끄지 못하겠고 홍수라도 삼키지 못하나니 사람이 그의 온 가산을 다 주고 사랑과 바꾸려 할지라도 오히려 멸시를 받으리라." 사랑은 홍수도 끌 수 없는 불이다. 막달라 마리아가 예수님의 시신이라도 가져가겠다는 이유는 하나님 나라에 대한 거창한 이유 때문이 아니다. 예수님과의 이별을 받아들일 수 없고 예수님의 현존을 내팽개칠 수 없었던 마음 때문이다. 그래서 두 남자 제자의 눈에 보이지 않던 천사가 보였다. 남자 제자들도 똑같이 몸을 구부리고 무덤 안을 들여다보았지만 천사들의 현존을 깨닫지 못했다. 그러나 무덤 바깥에 서서 울고 있던 막달라 마리아가 무덤 안을 들여다봤을 때 두 천사를 보았다. 그리고 두 천사들 사이에 부활하신 예수님이 서 계신 것을 보았다.

기독교적 진리는 때때로 합리성을 초월하는 영적인 감수성으로 더 명료하게 포착될 때가 있다. 기독교 진리는 때때로 '사실을 확인하고 집으로 돌아가는' 남자들은 잘 모르는 마리아적 감수성을 가진 사람들에게 더 잘 이해되기도 한다. 막달라 마리아에게는 모든 것이 끝장났다는 실패감을 안겨주는 텅 빈 무덤마저도 천사의 광채로, 궁극적으로는 부활하신 예수님의 광채로 가득 차 있다. 울면서 들어갔던 무덤에서 부활하신 예수님을 만난다. 부활하신 예수님은 허무한 무덤 안에도 살아계시고, 어떤 선한 일도 경험할 수 없는 무덤 같은 환경에서도 충만한 빛으로 반전을 일으켜주신다. 막달라 마리아가 들여다본 무덤은 두 남자 제자가 들어가 본 무덤과 달랐다. 두 남자 제자가 들어가 본 무덤은 텅 빈 무덤이었다. 그러나 마리아가 들어가 본 무덤은 천사와 부활하신 예수님이 살아계신 무덤이었다. 부활하신 예수님은 '내가 죽어서 음부로 굴러 떨어지지 않고 아버지께로 올라간다'고 말함으로써 성도의 죽음은 아버지께로 올라가는 죽음인 것을 깨닫게 하신다. 성도의 죽음은 음부로 굴러 떨어져서 망각되는 죽음, 부패하는 죽음이 아니라 아버지께로 올라가는 상승이다. 우리의 육체적 영광이 사그라지고 우리의 생물학적 정열이 소멸되어가는 순간도 성도의 죽음은 아버지께로 올라가는 부활 예기적 죽음이다.

제자들에게 처음으로 나타나신 부활하신 예수님 ● 19-23절

이 단락은 부활하신 예수님이 처음으로 제자들을 만나는 상황을 보도한다. 부활이라는 사건 자체의 충격적이고 반전적 요소에도 불구하고 부활 후 예수님과 제자들의 첫 만남은 차분하게 보도된다.[마 28:16-20, 막 16:14-18, 눅 24:36-49] 안식 후 첫날 새벽에 부활하신 예수님이 당일 저녁에 제자들에게 나타나셨다.[19절] 문을 닫고 숨어 있는 제자들은 예수님을 십자가에 못 박힌 채 내버려 두고 도망쳤던 바로 그 제자들이다. 그들은 예수님이 매장된 무덤에도 나타나지 않았고, 예수님의 시신을 수습하는 일에도 일절 나타나지 않았다. 두려웠기 때문이다. 제자들의 두려움은 두 가지였다. 유대인에게 체포되어 추궁당하여 심문당할 것에 대한 두려움이요, 예수님에 대한 죄책감 때문에 예수님을 대면하는 두려움이다. 특히 제자들을 대표하는 베드로가 예수님을 정말로 모른다고 부인했기 때문에 예수님의 시신을 수습하는 일에 나설 수도 없었다. 제자들은 갈 곳이 없어서 문들을 잠가 놓고 방안에 숨어 있었다. 유력한 유대인들의 주거시설에는 1층 주거시설 외에 2층에 유대인들의 금요일 토라공부 때 사용되는 공간이 있었다. 그것이 지붕 아래의 넓은 다락방이었다. 제자들이 모여 숨어 있던 다락방도 큰 다락방이었을 것이다(참조. 행 12:12). 예수께서 문을 열지도 않고 그들 가운데 와서 "너희에게 평강이 있을지어다"라는 인사를 건네신다.[마 28:16-20, 막 16:14-18, 눅 24:36-49] 이것은 공포심을 자극한 유령적 출현이었다. 문을 열지 않고 들어오시는 예수님을 보고 제자들이 경악했다. 예수님의 "너희에게 평강이 있을지어다"는 유대인들의 일상의 인사였다. 제자들의 반응은 '평안'이 아니라 두려움이었다. 그들은 지금 자신들에게 평강을 기원하는 이 분이 자신들이 알고 있는 나사렛 예수이신지 분명하지 않아 환희와 기쁨의 반응이 없었다. 20절이 이런 추정을 가능하게 한다. 평강의 인사를 마친 후 예수님은 제자들에게 "손과 옆구리"를 보여주며 자신이 바로 십자가에 달린 나사렛 예수임을 확신시키셨다. 이때야 제자들이 주를 보고 기뻐했다.[20절] 영화롭게 되실 예수님이 옆구리와 손과 발에 상처를 갖고 있다는 사실이 무척 역설적이다. 상처는 손상된 신체 부위를 가리키는 '불완전'을 의미하는데, 하나님 나라에서는 영광의 표지로 통한다. 하나님께 순종하기 위하여, 하나님을 사랑하기 위하여, 이웃을 사랑하기 위하여 덧입은 상처는 영광을 의미한다. 하나님에 대한 영구적인 사랑을 상기시키기 때문에 부활한 예수님에게 남아 있는 손과 발, 옆구리 창상[創傷]은 없어지지 않는다. 일종의 예수님의 정체성이다. 찬송가에 있듯이, 영화로운 천국에서 우리는 "나의 주님, 나의 주님, 손 못자국을 보고" 알아 본다. 손과 발, 옆구리, 피를 쏟아냈던 흔적이 제자들을 안심시켰다. 그들은 예수님의 상처를 보고서 부활하신 예수님이 바로 십자가에 달리신 예수님임을 알고 기뻐하며 안도했다. 제자들이 기뻐했던 이유는 예수님과 새로운 관계성을 열어갈 수 있다는 희망이 생겼기 때문이다. 예수님이 부활하셨기 때문에 예수님에게 한 잘못을 저지르지 않은 상태로 되돌릴 수 있는 가능성이 생겼다. 예수님의 부활은 제자들에게 주님을 버리고 도망치며 모른다고 부인한 그 허물이 일어나기 전의 상태로 되돌아갈 기회가 생겼다는 것을 의미했다. 예수님이 부활하셨다는 말은 우리가 우리 죄 때문에 일어난 모든 파괴적인 손해가 원상복구 됐다는 뜻이다. 하나님의 죄 용서는 하나님의 궁극적 사랑과 자비와 신실성에서 시작된다.

하나님은 우리 죄를 끝까지 따라 다니면서 반드시 심판해 버리고 싶다는 마음을 간신히 참으면서 '용서해야지! 용서해야지!' 다짐하면서 용서하시는 하나님이 아니다. 하나님은 진실로 죄를 망각하시고 기억하지 않으신다. 이사야 38:17은 말한다. "주께서 내 영혼을 사랑하사 멸망의 구덩이에서 건지셨고 내 모든 죄를 주의 등 뒤에 던지셨나이다." 왜 하나님은 인간의 죄와 허물을 망각해주실까? 하나님은 우리 죄 때문에 입은 피해, 하나님의 훼손된 영광, 훼손된 주권 등 모든 것을 재생하시고 원래보다 더 영광스럽게 회복하실 수 있기 때문이다. 하나님의 죄 용서는 하나님의 창조적 권능으로 인해 가능하다. 그런데 그 하나님의 창조적 권능은 하나님의 사랑을 표현하는 데 사용되는 권능이다. 다시 말해 하나님 안에 있는 거룩한 자기회복적 생명력 때문에 하나님은 죄를 용서하실 수 있다. 우리가 죄 때문에 하나님께 가했던 반역적인 행동들을 다 망각할 정도로 하나님이 스스로를 새롭게 하시기에 인간의 죄를 용서하실 수 있는 가능성이 생긴다. 무한자비와 긍휼과 사랑은 '잊어주시는 능력'이다. 하나님이 용서한다는 말은 분명히 망각한다는 것이다. 하나님은 기억하지만 망각하신다. 망각이 신적인 자비와 긍휼의 요소다. 남이 나에게 한 잘못을 망각하는 것은 성령의 능력이다. 망각되지 않으면 치명상이 된다. 우리가 이웃에게 잘못한 것을 용서받는다는 것은 이웃에게 가해진 죄악의 피해가 원상복구되거나 그 이상으로 회복된다는 것을 의미한다. 하나님은 우리의 죄악과 악행으로 발생한 모든 결과를 원상복구시켜 주심으로써 우리의 죄를 용서하실 수 있다. 나의 과속으로 사고를 당한 이웃이 원상복구되거나 더 좋은 회복에 이르지 못하면, 나는 영원히 죄책감에서 벗어날 수 없을 것이다. 하나님이 나의 모든 죄를 용서하신다는 말은 내 죄로 인해 피해를 입은 사람들의 피해도 회복시켜주신다는 말이다. 예수님의 부활은 예수님을 십자가에 못 박은 죄인들의 악행을 용서해주실 수 있는 근거를 마련했다. 내 죄가 예수님을 십자가에 못 박은 죄였는데 예수님의 부활로 내 죄가 저질러지지 않은 것처럼 되었다. 아버지 하나님께서 예수님을 다시 살려주셨기 때문이다.[롬 4:25] 제자들의 기쁨은 자신들의 허물을 상쇄할 기회를 얻었기 때문이며, 예수님에게 자신들의 진정을 토로할 기회를 얻었기 때문일 것이다. 만일 예수님이 부활하시지 않았다면, 베드로는 '예수님을 모른다'고 세 번 부인했다는 죄책감에 평생 매여 살아야 했다. 예수님을 배반한 미안한 마음은 유다와 베드로가 똑같았다. 유다는 하나님의 자기재생 능력, 즉 하나님의 용서에 호소하지 않고 스스로를 처단함으로써 끝냈다. 베드로는 부활하신 예수님을 만남으로 예수님을 모른다고 하고 도망친 일, 시신을 방치하고 장례식도 치르지 못한 모든 일련의 죄책감을 상쇄시키는 행동을 할 수 있는 기회를 얻었다. 하나님은 당신의 독생자를 죽은 자 가운데 부활시킴으로, 아담 이래로 인류가 '나에게 행한 모든 죄는 한마디로 내 독생자를 죽인 것이다'라고 선포하신 셈이다. 가인이 아벨을 죽인 죄, 독일이 폴란드를 공격한 죄, 일본이 한국을 침략한 죄, 남편이 아내를 학대한 죄, 형제끼리 싸움한 죄, 동료끼리 질투한 죄, '이 모든 죄들은 하나님의 독생자를 못 박아 살해한 행위다'라고 말씀하신다. 하나님의 독생자를 죽음에 내몬 죄, 그것이 인류가 그동안 범했던 모든 죄의 총합적 결과다. 인류의 죄는 궁극적으로 창조주 하나님을 대적하고 반역하는 언동이다. 내가 내 이웃에게 죄를 범하고 자연세계에 죄를 범하지만, 그것은 궁극적으로는 창조주 하나님의 존엄을 손상시키는 반역행위다. 하나님 가슴에 못을 박은 죄다. 하나님 아들이 십자가 죽음에서 부활하셨다는 것은, 인간이 하나님께 했던 모든 파괴적 악행들이 마치 일어나지 않은 것처럼 되어버렸다는 말이다. 인간이 억만 년 동안 범했던 모든 파괴적인 악행들은 예수의 몸 안에 못으로 집약됐다. 예수님 몸에 행해진 창과 칼질이 아담 이래로 모든 아담 인류가 행한 죄의 진면목이다. 인류역사는 하나님의 독생자 살해 역사다. 창조주 하나님이 당신의 독생자를 인간의 손에 의해 죽게 했다는 것은 창조주 하나님이 당신의 영광이 인간의 반역적 죄악에 의해 손상당하는 것을 감수했다는 말이다(사 3:8 영광의 눈을 촉범하는 인간의 죄악).

독생자를 십자가의 죽음에 방치했던 분이 독생자를 부활시킴으로써 죄 자체를 십자가에 못 박은 셈이 되었다. 아담의 죄가 하나님의 아들을 죽이는 데까지 갔지만, 하나님 아들이 죽은 자 가운데 살아나심으로 아담의 죄가 용서받을 수 있는 기회가 생겼다. "예수는 우리가 범죄한 것 때문에 내줌이 되고 또한 우리를 의롭다 하시기 위하여 살아나셨느니라."롬 4:25 "그런즉 한 범죄로 많은 사람이 정죄에 이른 것 같이 한 의로운 행위로 말미암아 많은 사람이 의롭다 하심을 받아 생명에 이르렀느니라."롬 5:18

요약하면, 우리 하나님께서 우리를 용서하시는 근거는 하나님의 자기재생 능력, 죽음을 무효화시킬 수 있는 전능하신 능력 때문이다.[1] 하나님은 인간의 행위 때문에 영향을 받는 하나님임과 동시에 죽음마저도 무효화시킬 수 있는 자기 재생능력 때문에, 인간이 인류역사 내내 저질러왔던 모든 죄를 용서하실 수 있다. 십자가에 못 박힌 아들 예수에게 모든 죄를 전가시킴으로써 인류의 죄를 용서할 기틀을 마련했다. 하나님은 세상 죄를 지고 가는 예수를 다시 살리심으로써 아담 이래로 저질렀던 모든 죄가 용서되었음을 선포하셨다. 하나님과 원수 상태, 즉 불화 상태에 있는 인간들이 다시금 하나님과 더불어 평화를 누릴 토대를 마련해주셨다.[롬 5:1] 하나님을 두려움 없이 영접할 수 있는 확신을 선사하셨다.

이처럼 자신의 부활을 기뻐하는 제자들에게 다시 한 번 평강을 축원하신 후에, 제자들을 파송하신다.[21절] "아버지께서 나를 보내신 것 같이 나도 너희를 보내노라." "나도"는 헬라어 카고(카이 에고)의 번역어다. 1인칭 단수 대명사 강조구문이다. 파송선언을 하신 후에 성령을 받으라고 말씀하신 후 숨을 내쉰다.[22절] 성령은 프뉴마 하기오스(πνεῦμα ἅγιος)인데 또 다른 "보혜사"를 가리키는 파라클레토스(παράκλητος)와 다르게 표현되어 있다. 이때 숨을 내쉬면서 주시는 생명숨결은 창세기 2:7의 생명 숨결 고취를 방불케 한다. 부활하신 예수님은 이제 성령의 날숨을 불어넣어 주심으로 부활의 확신, 내가 죄를 용서받았다는 확신을 유지시켜 주신다. 성령을 받은 제자 공동체는 죄 사함의 권세를 갖고 세상에 나가 예수님의 사역을 계속 이어간다.[23절] 제자들의 죄 사함 선언은 인자의 죄 사함 선언의 효력을 그대로 상속한다. 부활하신 예수님은 성령의 감화감동으로 연단된 제자들을 세상에 파송하신다. 그들은 '죄 사함'의 사역을 대리하게 된다. 아담 인류의 죄를 일괄 청산한 부활하신 예수님을 영접하지 않은 사람들은 아담 인류의 죄의 권세 아래 살아가야 한다. 아담 인류의 죄는 하나님의 존엄 파괴와 훼손이며 하나님의 독생자 살해적 죄에 끊임없이 동참하게 된다. 이때 죄는 독생자를 죽인 죄, 독생자를 모른다고 한 죄, 독생자의 존엄을 훼손한 죄다. 이런 상황에서 성령의 숨결을 고취받은 제자들이 어떤 사람의 죄를 그대로 두면 그대로 있고, 그 죄를 용서하면 죄 사함이 이뤄진다. 제자들의 사죄 대리행위를 통해 예수의 사죄 능력이 온 세상으로 확장된다.

예수님을 영접하기만 하면 죄의 권세와 죄의 형벌, 죄책감에서 풀려난다. 아담 안에서 죄의 인력에 사로잡혔던 인생에서 하늘에 속한 자의 형상을 입고 하늘로 비상하여 하나님 우편 보좌로 비상하게 된다.

이처럼 하나님의 사랑에 감화감동되는 사람들은 세상에 파송당했다는 의식으로 살아간다. 그들은 세상에 속했다는 의식이 아니라 세상에 파송되어 왔다는 의식으로 살아간다. 고린도전서 15:49은 말한다. "우리가 흙에 속한 자의 형상을 입은 것 같이 또한 하늘에 속한 이의 형상을 입으리라." 우리가 예수님의 성령을 받자마자 아담 인류의 죄성에서 풀려나 흙의 형상에서 벗어나서 하늘에 속한 자의 형상을 덧입는다. "아버지께서 나를 보내신 것 같이 나도 너희를 보내노라." 고린도전서 15:45-47에 있는 것처럼 하늘에 속한 형상을 덧입어 하늘로부터 세상에 파송당한 채 세상을 살아간다. 성령을 받은 사람들은 하나님의 우편보좌에서 세상을 통치하는 그리스도의 왕적 통치에 참여하기 때문에, 하나님의 우편 보좌에서 공동 통치자의 영적 지위를 유지한 채 세상에 파송당한 것이다. 세상에 대해서 왕적 책임감을 갖는 것이다.

의심하는 도마를 도우시는 부활하신 예수님 ●24-31절

이 단락은 사도 도마의 의심과 믿음의 확증을 다루는 본문이다. 네 복음서 중 유일하게 도마를 네 차례 이상 언급하는 복음서가 요한복음이다. 1945년에 발견된 이집트의 나그함마디 문서집성물에 포함된 「도마복음」은 영지주의적 경향이 강한 문서라고 알려져 있으나, 예수님의 교훈과 간결한 경구성 발언을 기록한 문서로도 알려져 있다. 제임스 H. 찰스워드James H. Charlesworth는 요한복음의 저자["주께서 사랑하시던 제자" 13:23(요한복음 전체에서 다섯 차례 등장)]가 도마일 것이라고 추정하기도 한다.[2] 도마가 예수님의 제자로 처음 등장하는 과정은 복음서 어디에도 기록되어 있지 않다. 공관복음서에는 도마를 따로 언급하는 경우가 없는 데 반해, 요한복음만 중요한 순간마다 분위기 전환 역할을 하는 도마를 주시한다. 요한복음에서 도마가 처음으로 등장하는 계기는 예수님의 위험한 예루살렘 상경 행로를 장려하고 다른 제자들에게도 같이 가자고 독려하는 장면이다.[요 11:16] 또 하나의 인상적인 장면은 이 단락이다. 사실상 부록격인 요한복음 21장을 빼면 요한복음의 마지막 사건에서 도마가 부각된다. 바로 앞 단락이 말하는 부활한 예수님의 첫 현현 현장에 디두모(쌍둥이) 도마는 없었다.[24절] 부활하신 예수님을 본 제자들이 도마에게 이 사실을 말하자 그는 의심했다. "내가 그의 손의 못 자국을 보며 내 손가락을 그 못 자국에 넣으며 내 손을 그 옆구리에 넣어보지 않고는 믿지 아니하겠노라."[25절] 다른 제자들이 부활하신 주님을 만났다고 말해도 도마는 믿지 않았으며, 믿지 않겠다고 단호하게 응수한다.

이런 상황에서 예수님은 여드레 후 다시 문을 걸어 잠근 방안으로 성큼 오셨다. 부활하신 예수님이 도마의 의심을 정조준하여 다시 도마와 함께 있는 제자공동체에 나타나셨다. 이번에도 평강을 축원하신다.[26절] 그리고 도마에게 단도직입적으로 말씀하신다. "네 손가락을 이리 내밀어 내 손을 보고 네 손을 내밀어 내 옆구리에 넣어보라. 그리하여 믿음 없는 자가 되지 말고 믿는 자가 되라."[27절] 누가복음 24:36-40은 제자들이 부활하신 예수님을 유령, 혹은 영이라고 생각하고 예수님을 경원하던 상황을 반영한다.

> 이 말을 할 때에 예수께서 친히 그들 가운데 서서 이르시되 너희에게 평강이 있을지어다 하시니 그들이 놀라고 무서워하여 그 보는 것을 영으

로 생각하는지라. 예수께서 이르시되 어찌하여 두려워하며 어찌하여 마음에 의심이 일어나느냐. 내 손과 발을 보고 나인 줄 알라. 또 나를 만져보라. 영은 살과 뼈가 없으되 너희 보는 바와 같이 나는 있느니라. 이 말씀을 하시고 손과 발을 보이시나.

부활하신 예수님을 보고 잠시 황망해 하는 도마에게 예수님은 자신의 십자가 상처를 직접 만져보라고 제안하신다. 자신이 유령이 아님을 확인해보라는 것이다. 이 기습적인 제안을 하자 도마는 그 유명한 신앙고백을 하기에 이른다. '당신은 나의 주님이시요 나의 하나님이십니다.'28절 여기서 도마의 품성과 기질이 추정된다. 도마는 단호한 행동 성향과 확증에 이르기 위해서 반드시 먼저 의심하는 "방법론적 의심"의 사람이었다.[3] 도마는 확신하기 위해 의심하는 기질의 소유자였고, 장차 올 모든 신자들의 걸림돌이 될 문제를 앞서 예수님께 제기했다. 이 에피소드 덕분에 도마는 의심하면서 신앙의 여정을 걸어가는 모든 성도들의 수호성인과 같은 존재로 추앙되어 왔다. 이런 도마도 큰 창자국을 옆구리에 지니고 다니는 부활하신 예수님을 보고 "나의 주님이시요 나의 하나님"이라고 외쳤다. "나의 하나님"이라는 고백은 요한복음 전체에서 처음이다. 요한복음의 위대함은 예수를 하나님의 아들로 고백하는 데서 일보 전진한다는 점이다. 다른 복음서에서 예수님은 주님[퀴리오스(κύριος)]이라고 불린다. 요한복음의 도마 외에는 제자나 추종자 중 누구도 예수님을 '하나님'이라고 부르지 않았다. 이제 도마의 하나님은 옆구리에 창에 찔린 큰 상처와 손과 발에 못 박힌 자국을 가진 상처 입은 하나님이다. 우리가 부활하신 예수님의 손발과 옆구리의 창자국을 보면 우리의 죄를 영구적으로 회개하고 애통해 할 것이다. 부활하신 예수님의 몸에 난 이 큰 창자국과 못자국은 '인류역사'의 본질을 담은 블랙박스 증거물이다.

도마의 '나의 하나님' 고백은 독자들을 다시 1장의 로고스 선언으로 되돌아가게 한다. "태초에 말씀이 계시니라. 이 말씀이 하나님과 함께 계셨으니 이 말씀은 곧 하나님이시니라."[1:1] "말씀이 육신이 되어 우리 가운데 거하시매 우리가 그의 영광을 보니 아버지의 독생자의 영광이요 은혜와 진리가 충만하더라."[14절] 요한복음 1장 첫 단락[1:1-18]과 20장 마지막 단락[25-31절]은 수미쌍관 구조를 이룬다. 도마가 이 로고스 찬양서곡을 마무리한다. 도마는 연역적으로 선포된 말씀이신 하나님에 대한 귀납적 고백을 마지막 순간에 드린다. '나의 주님이시요 나의 하나님, 당신은 태초부터 계신 하나님이십니다.' 이것은 유대인 도마의 입이 스스로 내뱉은 고백이 아니다. 어떤 유대인도 사람을 절대로 하나님이라고 부르지 않기 때문이다. 그런데 예수님은 유대인의 전통적인 절대 신관을 시험에 들게 만드는 인간이었다. 이것이 유대교와 기독교가 완전히 갈라지게 만든다.

이 단락의 마지막에 부활하신 예수님은 십자가에서 입은 상처를 만져보지 않고도 믿는 사람을 '복되다'[마카리오이(μακάριοι)]라고 말씀했다. 믿는 사람들은 피스튜싼테스(πιστεύσαντες)로서 '계속하여 믿는 사람들'을 가리킨다. 피스튜싼테스는 '믿다'를 의미하는 동사 피스튜오(πιστεύω)의 주격복수 직설법현재 능동분사형이다. 요한복음에서 '믿는' 행위는 지속적인 분사형으로만 표현된다.

30-31절은 요한복음의 사실상 결론단락으로서 요한복음의 저작 목적을 진술한다. 저자는 요한복음의 일곱 가지 표적은 선택적인 기록이며, 이 책에 기록되지 않은 표적도 예수님이 많이 행하셨다고 말한다. 이 책에 기록되지 않은 많은 다른 표적들은 공관복음서에 채록되어 있다. 31절은 이 책의 저작 목적이다. 두 개의 히나(ἵνα) 목적절로 저작 목적을 정교하게 표현한다. 첫째, 책의 저작 목적은 독

자들이 "예수께서 하나님의 아들 그리스도이심을 믿게 하려 함"이다. 둘째, '예수께서 하나님의 아들임을 믿음으로써 그의 이름 안에서 생명을 누리도록 하기 위함'이다. 요한복음은 예수는 어떤 점에서 하나님의 아들인가를 논증했고, 더 나아가 어떻게 예수가 하나님의 아들임을 믿음으로써 생명을 누리게 되었는가를 예증하고 있다. 예수님이 구약성경에서 약속된 하나님의 아들임을 증명하기 위해 요한복음은 네 가지 근거를 제시한다.

첫째, 세례 요한의 증거다. 둘째, 요단강에서 세례 요한에게 세례를 받으실 때 예수님이 들었던 하나님의 음성이다. 셋째, 예수님 자신의 숱한 피파송 공식언어를 통한 증거다. 넷째, 예수님이 행한 사역들이다(일곱 가지 표적, 일곱 가지 자기 계시).

요한복음은 예수님의 이름으로 생명(영생)을 얻게 된 사람들을 예증한다. 일곱 가지 표적은 예수님의 이름(언동, 기도, 사역)을 통해 죽음과 질병의 권세를 이기고 영생을 얻는 과정을 보여준다. 요한복음이 말하는 영생은 하나님과의 언약적 결속을 의미한다. 예수님의 이름으로 생명을 얻은 가장 현저한 증인은 제자들이다.

메시지

빈 무덤을 보고, 또한 세마포와 두건이 몸을 쌌던 그대로 남겨져 있고 몸만 빠져나간 흔적이 뚜렷한 것을 발견하고도, 왜 베드로와 또 다른 제자는 예수님이 부활하셨다는 것을 믿지 못했을까? 9절은 삽입절로서 제자들이 '예수님이 반드시 죽은 자 가운데서 다시 살아나야 한다는 구약성경의 논리'를 이해하지 못했다고 말한다. 구약성경은 죄로 인한 고난과 죽음을 겪은 이스라엘은 하나님의 새 언약으로 다시 하나님께 결속되어 부활함으로써 열방을 향도하는 제사장 나라가 되는 미래를 꿈꾸고 있다. 그리스도 예수는 참 이스라엘로서 옛 이스라엘의 죽음을 추체험하고 새 언약으로 새 이스라엘을 산파하는 중보자다. 이스라엘 민족이 받은 심판과 이스라엘 민족이 맛볼 부활을 앞서 체험할 언약 대표자다. 이스라엘의 선 고난과 후 부활—쇄신—영화화를 말하는 구약성경 전체가 이스라엘을 대표하는 예수 그리스도의 선 고난과 후 영화화의 드라마를 말하는 셈이다. 9절은 언뜻 보기에 '그리스도가 죽은 자 가운데 부활할 것을 말하는 특정 구절들을 염두에 두고 말한 것처럼 들린다. 놀랍게도 서너 개의 성경구절이 죽은 자(이스라엘)의 부활을 이야기하지만, '그리스도'의 부활을 직접 말하는 구절은 거의 없다.

만일 구약성경에 그리스도의 부활 예언이나 약속이 없는데 그리스도가 부활했으면, 그것은 우발적인 부활이며 하나님이 갑자기 일으킨 일종의 임기응변적 해프닝이다. 그런데 만일 그리스도의 부활이 구약성경의 필연적인 논리에 따라 일어난 일이거나 오래전 약속된 사건이라면 이 부활을 믿지 못하는 제자들은 성경을 잘못 읽었거나 태만하게 읽었다는 의심을 받게 된다. 실제로 누가복음 24장은 이 상황을 다룬다. 엠마오 도상의 두 제자는 부활하신 예수님으로부터 "미련하고 선지자들이 말한 모든 것을 마음에 더디 믿는 자들"이라는 책망을 받는다.[눅 24:25] 그 이유는 "그리스도가 이런 고난을 받고 자기의 영광에 들어가야 할 것이 아니냐"는 구약성경의 논리를 그들이 모르고 있었기 때문이다. 구약성경을 읽었다면 마땅히 그리스도가 죽은 자 가운데서 부활해야 한다는 논리를 이해해야 하는데 왜 모르느냐는 식의 책망을 들었던 것이다. 이 책망을 하신 후에 부활하신 그리스도는 구약성경의 특정 구절에 호소하지 않고 모세오경부터 예언자의 글, 그리고 시편까지 언급하며 그리스도가 "먼저 고난을 받고 자기의 영광에 들어가야 할" 이유를 두 제자에게 납득시키려고 애쓰신다.[눅 24:26] "이에 모세와 모든 선지자의 글로 시작하여 모든 성경에 쓴 바 자신에 관한 것을 자세히 설명하시니라."[눅 24:27] 이런 설명을 듣고도 두 제자는 별다른 반응을 보이지 않는다. 그런데 성만찬을 방불케 하는 저녁식사를 하면서 그들의 눈이 밝아졌고 자신과 함께 동행하며 성경을 풀어주신 분이 바로 예수님이신 것을 알아차렸다.[눅 24:29-31] 자신들과 함께 식사하셨던 그분이 예수님이심을 알아차린 후에 예수님이 풀어주신 성경 해석의 효과를 말한다. 길 가실 때 성경을 풀어주시는 성경 강의가 자신들의 마음을 뜨겁게 했다고 고백한다.[눅 24:32] 예수님의 부활을 확신한 두 제자는 다시 예루살렘의 제자공동체에 가서 이 사실을 알렸다. 그때 제자들이 모인 그 자리에 다시 나타나신 예수님은 다시 한 번 성경 통독을 인도하셨다.[눅 24:44-46]

이때 예수님은 공생애 기간 동안에 이미 "모세의 율법과 선지자의 글과 시편"이 자신을 가리키는 예언이며 자신에게 관한 예언이 "이루어져야 하리라"고 가르쳤음을 상기시키셨다.[눅 24:44, 히 10:6-13] 예수님은 여기서 "그리스도가 고난을 받고 제삼일에 죽은 자 가운데서 살아날 것"[눅 24:46]과 또 "그의 이름으로 죄 사함을 받게 하는 회개가 예루살렘에서 시작하여 모든 족속에게 전파될 것"[눅 24:47]이 구약성경에 기록되었음을 가르치셨다. 간단하게 말하면 그리스도의 선 고난과 후 영광에 들어가심, 그리고 죄 사함의 복음이 온 세상에 전파되는 것, 이 모든 것이 모세의 율법과 선지자의 글과 시편에 기록되어 있다는 것이다. 대개 학자들은 구약성경을 기승전결 드라마 구조로, 그것은 이스라엘의 창조, 고난과 죽음, 이스라엘의 쇄신과 승화, 그리고 열방을 이끄는 빛의 사명자, 열방 향도 제사장의 사명 성취가 각각 기승전결에 상응한다고 본다. 이 구조를 간략하게 말하면 이스라엘의 선 고난 후 영화화다. 누가복음 24장 논리는 이스라엘에게 두신 사명 궤적이 정확하게 예수 그리스도의 궤적이라고 본다. 구약성경 어디에도 그리스도의 고난과 그리스도의 영광에 들어가심을 약속하는 특정 구절은 보이지 않는다. 당연히 두 제자나 막달라 마리아 누구도 예수께서 십자가에 못 박혀 돌아가시고 나서 이어질 거대한 구원의 드라마를 알지 못한 채 빈 무덤만 보고 왔다. 그들은 빈 무덤을 '죽은 자 가운데서의 부활'과 연결시킬 수 없었다. 이에 두 제자가 자기들의 집으로 돌아갔다.[10절] 막달라 마리아는 예수님 시신이 처리되는 과정에서 시종일관 아리마대 요셉과 니고데모와 함께 있었을 것으로 생각된다. 막달라 마리아는 아리마대 사람 요셉과 니고데모가 사라진 이후에도 무덤 근처에서 배회하다가 무덤의 돌입구가 치워져 있고 무덤이 비어 있는 것까지 보았다.

막달라 마리아가 최초로 빈 무덤의 증인이 되었다는 말은 산헤드린 재판법에 의하면 너무나 불리했다. 그래서 막달라 마리아는 두 남자를 찾아갔다. 신명기 19장의 복수증인법에 따르면 두 사람 이상의 증언이 유효한 증언이기 때문이다. 두 남자 제자가 와서 보니 무덤이 비어 있었다. 요한복음 저자는 두 남자 제자의 증언을 부각시킨다. 그러나 빈 무덤이 예수님의 부활 자체를 입증하지는 못한다. 무덤이 비어 있다는 것은 부활과 다르다. 시체 도난설, 무덤 교체설, 기절 후 소생설 등 다른 논리로도 설명할 수 있기 때문이다. 그러나 두 제자는 마리아가 보지 못한 한 가지 사실을 확인하고 돌아갔다. 세마포와 머리를 싼 수건이 원래 시신을 뉘었던 자리에 그대로 놓여 있는 것을 볼 때 독특한 방법으로 예수님 육체가 이탈했다는 것을 알았다. 그런데 이것은 예수님이 바라는 정도의 부활 신앙이 되기에는 턱없이 모자랐다. 그들은 "성경에 그가 죽은 자 가운데서 다시 살아나야 하리라 하신 말씀"을 아직 알지 못하고 있었기 때문이다.[9절] 보통 주석가들은 여기에서 부활을 예고하는 구약성경 몇 구절[사 26:19, 단 12:3, 시 16편, 110편 등]을 인용하거나 인증한다. 이 몇 구절 구약성경 인용이나 인증으로는 9절의 의미를 해명할 수 없다.

구약성경이 '그리스도가 죽은 자 가운데서 부활하여야 하리라'고 언급한 부분을 찾으려면, 먼저 성경 전체가 죽음과 생명을 무엇으로 정의하는지를 알아야 한다. 로마서 6:23은 "죄의 삯은 사망이요 하나님의 은사는 그리스도 예수 우리 주 안에 있는 영생이니라"고 말한다. 죄 때문에 사망이 왔다는 것이다. 고린도전서 15:56도 유사한 진리를 말한다. '사망이 쏘는 것은 죄다. 사망이 인간을 과녁 삼아서 쏘는 것은 죄 때문이다.' 사망이 우리를 쏘는 것은 인간의 정중앙에 '죄'라는 과녁이 있기 때문에 쏜다. 죄는 율법에 의하여 규정되기 때문에 하나님이 정하신 율법을 어기면 죄가 나타나고, 죄가 나타난 곳에서 사망이 생명을 삼킨다. 강한 쏘는 힘을 가진 사망이 가장 좋아하는 숙주가 죄 있는 인간이다. 하나님의 형상을 따라 창조된 사람이 언제 사망의 과녁이 되는가? 하나님의 계명을 위반하자마자 바로 사망이 쏘기 좋은 '과녁'으로 형질 전환이 일어난다. 하나님의 율법을 어길 때마다 하나님 율법을 쉽게 어기고 싶은 경향성이 점점 본성의 일부가 되어버린다. 하나님 율법을 어기는 것이 본성의 일부가 되는 순간 사망이 역사하기 시작한다. 창세기 3:15-19은 형질 전환된 죄인의 삶 자체는 죽음으로 끌려가는 허무한 생명소진 노동에 매이는 것이라고 말한다.

> 아담에게 이르시되 네가 네 아내의 말을 듣고 내가 네게 먹지 말라 한 나무의 열매를 먹었은즉 땅은 너로 말미암아 저주를 받고 너는 네 평생에 수고하여야 그 소산을 먹으리라. 땅이 네게 가시덤불과 엉겅퀴를 낼 것이라. 네가 먹을 것은 밭의 채소인즉 네가 흙으로 돌아갈 때까지 얼굴에 땀을 흘려야 먹을 것을 먹으리니 네가 그것에서 취함을 입었음이라.

너는 흙이니 흙으로 돌아갈 것이니라 하시니라.

혹독한 노예노동이야말로 저주의 실재이다. 안식을 박탈당한 채 혹독한 노예노동을 강요당하는 것 자체가 죄와 죽음의 강력한 현현이다.

이처럼 구약성경에는 하나의 중대한 논리가 숨 쉬고 있다. 죄는 죽음을 가져온다는 것이다. 죄는 대부분 개인의 인격 파탄과 공동체 생활의 영구적인 파탄(관계 파탄)으로 경험된다. 개인이 하나님의 율법을 지킬 수 있는 마음보다 지키고 싶지 않은 마음이 크다면, 사회는 존립이 어려워진다. 율법을 어기고 싶은 마음이 80퍼센트이고, 하나님께 순종하고 싶은 마음이 20퍼센트이면, 80퍼센트의 야수적인 집단성이 간간히 착한 개개인의 착한 마음 20퍼센트도 80퍼센트에 가담하게 만든다. 성경에 보면 죄가 있는 곳에 죽음이 있다는 논리는 이런 현상을 설명한다.

한편, 죄 용서가 있는 곳에 죽음의 극복이 선포된다. 죄 용서가 있는 모든 곳은 부활을 약속한 곳이다. 창세기 3:21-23은 짐승 가죽옷을 지어 입혀서 아담의 죄를 가려주는 하나님의 죄 사함과 용서다. 이 부분이 최초의 부활 예고다. 아담의 죄를 가리기 위해서 죄 범하지 않은 짐승이 아담 대신에 죽어야 하는 이 통과의례가 그리스도의 죽음을 가리키는 사건이요 논리다. 아담의 죄를 덮기 위해 죽은 짐승이 그리스도라는 것이다. 구약성경의 숱한 동물희생 죽음이 이스라엘 죄를 속죄했듯이, 숱한 동물희생 죽음의 원형적 죽음이 죄 범하지 않은 하나님의 독생자 죽음이라는 것이다. 하나님은 죄 범하지 않은 독생자의 죽음에 죄를 무효화시키는 대속의 힘을 주셨다. 결국 죄와 죽음의 현장에 선포되는 용서를 말하는 모든 구절은 전부 부활을 선포하는 성경구절이다.

이 논리를 따라가면 이스라엘 민족의 죽음과 부활 예고는 그리스도의 죽음과 부활 예고로 읽힐 수 있다. 이스라엘 민족의 범죄를 규탄하고 이스라엘 민족의 죄 용서와 갱생을 약속하는 구약 본문 또한 이스라엘의 대표자인 그리스도의 부활 약속이 된다. 그리스도가 불순종한 이스라엘 옆에서 끊임없이 순종을 바쳐서 불순종한 이스라엘 죄가 용서되고 다시 쇄신되고 갱생되는 드라마가 예고되는 곳은, 그리스도의 죽음과 부활을 예고하는 구약성경 구절이 된다.

더 나아가 이스라엘은 인류를 대표하는 민족이기 때문에 이스라엘 민족의 죄가 인류의 죄로 간주된다. 이스라엘 민족의 죄 용서가 인류의 죄 용서가 된다. 열방을 대표하는 이스라엘 역할을 대신한 분이 예수 그리스도시니 예수 그리스도는 열방의 죄를 용서해 주신 셈이다. 예수 그리스도는 십자가에서 이스라엘 민족이 겪었던 모든 죄와 저주를 압축적으로 경험하셨는데, 이스라엘 민족이 겪었던 죄와 저주는 온 인류가 겪었던 죄와 저주다. 예수 그리스도 안에 이스라엘이 있고 이스라엘 안에 온 인류가 있다. 예수 그리스도는 온 인류의 죄를 대속했다. 그리스도가 십자가에서 겪은 죽음은 이스라엘의 죄에 대한 하나님의 응징이면서 동시에 전체 인류의 죄에 대한 하나님의 응징이었다. 마찬가지로 그리스도의 부활은 이스라엘의 죄를 용서하시는 하나님의 용서 선포임과 동시에 전체 인류의 죄에 대한 하나님의 용서 선포가 된다. 이스라엘의 죄가 용서되는 모든 곳은 그리스도의 부활이 약속되는 곳이다. 결국 이스라엘의 부활은 그리스도의 부활을 예고하기 때문이다.

마지막으로 구약성경에는 이스라엘 민족의 부활을 예고하는 특정한 구절들이 있다. 이 구절들은 이스라엘 민족의 부활을 말하지만 참 이스라엘을 대표하는 독생자의 부활을 약속하기도 한다. 이사야 26:19, 다니엘 12:3, 요나 3장, 시편 16편, 110편, 호세아 6:3 등이 이스라엘의 부활을 말하면서 이스라엘의 언약 대표자인 그리스도의 부활을 말한다. 이 본문들 중 호세아 6:3과 요나서 3장은 예수님 자신이 3일 만에 부활한다고 말할 때 인증하거나 염두에 둔 본문들이다. 예수님이 어떻게 자신이 3일 만에 죽은 자 가운데서 부활할 것이라고 확신할 수 있었을까? 마태복음 12:39-40에서 예수님은 요나서를 인용해 자신의 3일 만의 부활에 대한 확신을 언급하신다. "선지자 요나의 표적 밖에는 보일 표적이 없느니라."마 12:39 요나의 표적이 3일 만에 부활한 요나 이야기다. 3일 만에 부활한 요나는 부활하신 그리스도를 가리킨다. 큰 바다 물고기에 잡혀 갇히기 전의 요나는 불순종한 이스라엘이다. 선민은 선민이로되 이방민족을 멸시하고 이방민족에게 복음을 전하기 싫어해서 죽임을 당한 불순종 이스라엘이다. 회개한 요나는 용서받고 쇄신된 이스라엘이다. 쇄신된 요나는 니느웨에 파송되어 이방인의 멸망을 막았다. 예수께서도 요나처럼 3일 만에 부활하셨다. 3일은 모세오경부터 중요한 존재 변화의 날이다. 이스라엘 민족의 갱생과 결정적 형질 변화는 제삼일에 일어난다. 시내산에서 제삼일,출 19:11, 15-16 호세아 6:3 '셋째 날'은 모두 이스라엘이 정결케 되거나 성화되거나 부활하는 순간이다. 하나님의 자기반전적 용서호 11:8-9는 3일 만에 일어났다. 이처럼 이스라엘 민족의 성화와 갱생은 전부 3일째 되는 날에 일어난다. 예수님은 자신이 3일 만에 부활한다는 사실을 구약성경의 내적 논리를 포괄적으로 이해하면서 터득했다. 성경에 약속된 대로 3일 만에 부활한다는 예언을 이런 큰 그림에서 착상할 수 있었다. 요약하면 구약성경에 그리스도의 부활이 약속됐다는 예수님의 주장은, 특정 성경구절의 인용이나 인증을 통해서가 아니라 구약성경의 내적 논리를 통해 얻은 통찰이라는 것이다. 예수님은 개별적인 구절 인용뿐만 아니라 포괄적인 사상 흐름, 큰 틀 자체도 인용하신다. 성경에 약속된 그리스도의 부활은 이런 의미에서 구약에 약속되고 예언되었다.

이스라엘의 죄와 아담 인류의 죄가 아무리 커도, 아담의 죄 때문에 하나님 당신이 창조하신 인간에게 두신 근원적인 목적이 좌절된다면 하나님께 영광스럽지 않게 된다. 하나님은 당신의 무궁무진한 자비의 힘으로 인간이 저지른 온갖 죄를 용서해야 하시는데, 죄 용서의 근거가 되기 위해서는 죄를 범하지 않았지만 자신이 죄 범한 인간들을 대신해서 징벌을 감수할 한 의인을 요청하셨다. 이것이 하나님의 공의를 만족시키는 죄 소거의 방식이다. 한 번 범해진 죄는 용서받지 못하는 한 계속 생물처럼 살아있다. 특정한 죄를 지은 사람이 그 특정한 죄를 용서받지 못하는 한 그는 지속적으로 동일한 죄를 지을 수밖에 없다. 과거에 범해진 죄라 할지라도 용서받지 못한 죄는 여전히 위력을 갖고 동일한 죄를 짓게 만든다. 그러나 죄 사함이 죄의 생명력을 근절시키고 약화시킨다. 죄 용서는 용서받은 그 죄를 다시 짓지 않게 만드는 자유를 주기 때문이다. 이처럼 죄 없는 누군가가 개별 인류의 죄를 짊어지고 있어야만 죄가 없어진다.

요한복음은 예수님이 세상 죄를 지고 가는 어린양이라고 주장한다. 예수님이 바로 세상 죄를 소거시키는 하나님의 어린양이다. 구체적으로 유월절 어린양이다. 예수님의 십자가 죽음은 이스라엘 백성 전체를 상대로 했던 출애굽기 12장의 유월절에 피흘리고 죽어간 어린양의 죽음이다. 이스라엘을 구원하기 위해 죽은 죽음의 효력은 세계 만민에게까지 유효하다. 그래서 예수님은 결국 세계만민을 향하여 유월절 어린양 죽음을 죽으셨다. 예수님은 세계만민의 문설주에 피를 발라주셨다. 죽음의 천사가 그 어린양의 피를 보고, 예수 그리스도의 피를 바른 사람들의 피를 보고 용서해주셨다. 하나님은 죄인들의 죄를, 죄 없는 예수님에게 모두 전가시켜 그 죄 없는 자가 당한 저주받은 죽음을 볼 때마다 자신이 받은 죄 사함의 은혜를 기억함으로써 동일한 죄를 더이상 범하지 않을 수 있는 자유에 이르게 하신다. 아담 인류의 죄들은 스스로는 소멸되지 않는다. 예수님에게 옮겨져 전치되고 재배치되었을 뿐이다. 나사렛 예수가 바로 세상 죄, 아담 인류의 죄를 지고 가는 어린양이며 자신에게 자신들의 죄를 전가한 모든 인류의 양심에 죄 사함의 은혜를 끼치면서 동시에 죄를 이길 힘을 공급하신다. 요한복음 1:29, 36은 나사렛 예수가 하나님의 어린양이 되어 아담 인류의 죄를 지고 가시기 때문에 아담 인류에게 죄 사함이 선사되었다고 선언한다. '보라, 이스라엘 지파의 죄를 지고 가는 유월절 어린양을 보라. 온 세계만민의 죄를 지고 가는 우주적인 유월절 창시자인 어린양의 피를 보라.' 그 어린양의 피를 믿고 영접하는 모든 사람들을 젖과 꿀이 흐르는 땅으로 초청해 주신다. 영생의 약속이다.

하나님의 성품을 묵상해보면 예수님의 부활은 필연적이다. 하나님은 우리를 죄와 죽음에 방치한 채 더이상 돌보지 않고 끝내실 수도 있다. 우리 인간은 죄 짓고 하나님의 기억에서 영원히 소멸되면 된다. 하나님은 죄 지은 우리를 소멸해서 파괴하고 무효화시켜서 비존재로 환원시킬 수도 있다. 그러나 하나님은 자신의 명예와 자신의 신실하신 성품 때문에 이런 상태로 인간과 하나님 사이가 결렬되는 것을 참지 않으신다. 우리를 상향적으로 재활복구하려면 부활은 필연적이다. 죽기까지 순종하신 독생자의 피를 보시고, 모든 인류를 원천적으로 새 하늘과 새 땅으로 초청하셨다. 이것이 바로 부활이다. 하나님이 천지를 창조하실 때 생명의 공동체를 창조하셨다는 이유 때문에, 인간의 죄를 극복하기 위해 독생자의 피를 통하여 우리를 부활로 초청하셨다. 로마서 4:25은 말한다. "예수는 우리가 범죄한 것 때문에 내줌이 되고 또한 우리를 의롭다 하시기 위하여 살아나셨느니라." 예수님이 왜 부활하셔야 하는가? 하나님의 창조 목적, 이스라엘을 부르신 목적, 이 두 가지 때문에 예수님은 죽은 자 가운데서 부활하셔야 한다. 만일 죽은 자 가운데 부활하지 않는다면 죄와 죽음이 영구적으로 지배한다. 지구는 죄와 죽음이 지배하는 우주의 지옥으로 전락한다. 우리 하나님은 죄와 죽음이 지배하는 지구를 질적으로 더 좋은 방향으로 재활하시기 위해서 독생자의 피를 흘리게 하셨다. 죄를 짓지 않은 사람이 죄 있는 사람의 모순을 견디어 지고 가면, 그것이 바로 천국에 수렴되는 세상이다.

하나님은 반드시 이 지구에 새 하늘과 새 땅을 만드신다. 예수 그리스도를 믿는 사람들 사이에 죄와 죽음의 역학이 더이상 미치지 못하는 세상을 만드신다. 죄와 죽음이 더이상 우리를 죽음으로 몰아가지 못하는 새로운 우주를 창조하실 것이다. 사랑의 힘이 우리 안에 발생하도록 새로운 중력장을 창조하실 것이다. 교회는 5차원 새 하늘과 새 땅의 리허설이 이뤄지는 대기소다. 죄와 죽음을 극복한 부활의 성도들이 죄와 죽음의 세상에 선교사로 침투해서 활동하고 있다. 교회는 죄와 죽음이 일반 중력장으로 역사하는 한복판에 살지만, 예수 그리스도의 부활의 성령을 받은 교회는 죄와 죽음의 현실을 벗어던지고 죄와 죽음의 지배를 받는 세상 사람들을 건져내는 선교 캠프다. 그런 면에서 교회는 영화 속에서 나오는 지구적인 노화가 덜 일어나는 청정별 같은 곳이다.

성령이 역사하는 교회는 의롭고 거룩한 개개인들과의 접촉을 지속적으로 누적시켜 죄와 죽음의 인력장을 벗어날 수 있는 곳이고, 죄와 죽음이 위력을 잃는 곳이다. 성령 충만한 교회는 죄와 죽음이 우리를 파편적인 개인으로 파괴하지 못하는 곳이다. 성령 하나님의 하나되게 하시는 힘이 죄의 분리시키는 힘보다 강하다. 성령 충만한 교회를 구성하는 모든 성도는 마침내 그리스도의 형상으로 변할 것이다.[롬 8:29, 요일 3:2] 성령 충만한 교회, 예수 그리스도의 이름으로 죄 사함이 이뤄지는 곳, 성도의 진실한 교제가 있는 교회, 이곳이 지구를 청정별로 만드는 하나님의 광채이다. 하나님은 당신의 창조드라마를 죄와 죽음으로 끝맺지 않으실 것이다. 하나님께서 우리의 찬미를 받고 우리가 종일 찬미해도 모자랄 만큼 멋진 날이 올 때까지 이 세상을 계속 유지시키실 것이며, 예수님의 부활 권능은 이 세상을 새 하늘과 새 땅으로 변화시켜 갈 것이다.

요

21장.

내 양을 먹이라

1

1 그 후에 예수께서 디베랴 호수에서 또 제자들에게 자기를 나타내셨으니
나타내신 일은 이러하니라. 2 시몬 베드로와 디두모라 하는 도마와 갈릴리
가나 사람 나다나엘과 세베대의 아들들과 또 다른 제자 둘이 함께 있더니 3 시몬 베드
로가 나는 물고기 잡으러 가노라 하니 그들이 우리도 함께 가겠다 하고 나가서 배에
올랐으나 그 날 밤에 아무것도 잡지 못하였더니 4 날이 새어갈 때에 예수께서 바닷가에
서셨으나 제자들이 예수이신 줄 알지 못하는지라. 5 예수께서 이르시되 얘들아, 너희에
게 고기가 있느냐. 대답하되 없나이다. 6 이르시되 그물을 배 오른편에 던지라. 그리하
면 잡으리라 하시니 이에 던졌더니 물고기가 많아 그물을 들 수 없더라. 7 예수께서 사
랑하시는 그 제자가 베드로에게 이르되 주님이시라 하니 시몬 베드로가 벗고 있다가
주님이라 하는 말을 듣고 겉옷을 두른 후에 바다로 뛰어 내리더라. 8 다른 제자들은 육
지에서 거리가 불과 한 오십 칸쯤 되므로 작은 배를 타고 물고기 든 그물을 끌고 와서
9 육지에 올라보니 숯불이 있는데 그 위에 생선이 놓였고 떡도 있더라. 10 예수께서 이
르시되 지금 잡은 생선을 좀 가져오라 하시니 11 시몬 베드로가 올라가서 그물을 육지
에 끌어 올리니 가득히 찬 큰 물고기가 백쉰세 마리라. 이같이 많으나 그물이 찢어지
지 아니하였더라. 12 예수께서 이르시되 와서 조반을 먹으라 하시니 제자들이 주님이신
줄 아는 고로 당신이 누구냐 감히 묻는 자가 없더라. 13 예수께서 가셔서 떡을 가져다가
그들에게 주시고 생선도 그와 같이 하시니라. 14 이것은 예수께서 죽은 자 가운데서 살
아나신 후에 세 번째로 제자들에게 나타나신 것이라. 15 그들이 조반 먹은 후에 예수께
서 시몬 베드로에게 이르시되 요한의 아들 시몬아, 네가 이 사람들보다 나를 더 사랑
하느냐 하시니 이르되 주님, 그러하나이다. 내가 주님을 사랑하는 줄 주님께서 아시나
이다. 이르시되 내 어린 양을 먹이라 하시고 16 또 두 번째 이르시되 요한의 아들 시몬

아, 네가 나를 사랑하느냐 하시니 이르되 주님 그러하나이다. 내가 주님을 사랑하는
줄 주님께서 아시나이다. 이르시되 내 양을 치라 하시고 [17] 세 번째 이르시되 요한의 아
들 시몬아, 네가 나를 사랑하느냐 하시니 주께서 세 번째 네가 나를 사랑하느냐 하시
므로 베드로가 근심하여 이르되 주님, 모든 것을 아시오매 내가 주님을 사랑하는 줄을
주님께서 아시나이다. 예수께서 이르시되 내 양을 먹이라. [18] 내가 진실로 진실로 네게
이르노니 네가 젊어서는 스스로 띠 띠고 원하는 곳으로 다녔거니와 늙어서는 네 팔을
벌리리니 남이 네게 띠 띠우고 원하지 아니하는 곳으로 데려가리라. [19] 이 말씀을 하심
은 베드로가 어떠한 죽음으로 하나님께 영광을 돌릴 것을 가리키심이러라. 이 말씀을
하시고 베드로에게 이르시되 나를 따르라 하시니 [20] 베드로가 돌이켜 예수께서 사랑하
시는 그 제자가 따르는 것을 보니 그는 만찬석에서 예수의 품에 의지하여 주님, 주님
을 파는 자가 누구오니이까 묻던 자더라. [21] 이에 베드로가 그를 보고 예수께 여짜오되
주님, 이 사람은 어떻게 되겠사옵나이까. [22] 예수께서 이르시되 내가 올 때까지 그를 머
물게 하고자 할지라도 네게 무슨 상관이냐. 너는 나를 따르라 하시더라. [23] 이 말씀이
형제들에게 나가서 그 제자는 죽지 아니하겠다 하였으나 예수의 말씀은 그가 죽지 않
겠다 하신 것이 아니라 내가 올 때까지 그를 머물게 하고자 할지라도 네게 무슨 상관
이냐 하신 것이러라. [24] 이 일들을 증언하고 이 일들을 기록한 제자가 이 사람이라. 우
리는 그의 증언이 참된 줄 아노라. [25] 예수께서 행하신 일이 이 외에도 많으니 만일 낱
낱이 기록된다면 이 세상이라도 이 기록된 책을 두기에 부족할 줄 아노라.

주석

21장은 베드로의 재활복구 과정을 자세히 추적하고 있다. 다시 '물고기를 잡으러 가겠다'며 나서는 베드로를 나머지 여섯 제자들도 따라간다. 밤새도록 그물을 던졌지만 잡은 것이 없는 밤이었다. 여기서 예수님은 누가복음 5:1-11의 시점으로 다시 제자들을 초청하신다. 지난 3년간의 시간을 건너뛰고 다시 첫 소명 사화의 자리로 데리

고 가신다. 베드로의 죄 용서는 베드로를 다시 3년 전의 시간으로 데려가 지난 3년간 훈련과 교육을 복기하는 과정에서 이뤄진다. 21장은 일곱 제자에게 나타나신 예수님[1-14절]과 내 양을 먹이라[15-25절]로 나뉜다.

일곱 제자에게 나타나신 예수님 ● 1-14절

21장은 부록이다. 이 단락은 일곱 제자에게 나타나 갈릴리 호숫가에서 아침식사 교제를 주도하시는 예수님을 보여준다. 이 단락의 주인공도 베드로와 주님이 사랑하시는 그 제자(요한)다. 1절의 "그 후에"[메타 타우타(Μετὰ ταῦτα)]는 20장 사건 이후의 불특정한 어떤 시점을 가리킨다. 이번에는 갈릴리가 무대다. 7장부터 20장까지는 사실상 예루살렘과 근처 유대지역이 예수님의 활동무대였다. 요한복음의 갈릴리 사역은 2장의 갈릴리 가나의 혼인잔치 사역과 6장의 디베랴 산상 평지의 오병이어 표적사건과 가버나움 회당 논쟁사건이 전부다. 이 단락은 요한복음에서 부활 후 예수님이 갈릴리에 현현하신 사건이다. 부활하신 후 예루살렘에서 제자들을 만나신 후 어느 날 예수께서 디베랴 호수에서 다시 제자들에게 나타나셨다.[1절][1]

이번 현현을 맞은 제자들은 일곱 명이다. 베드로와 디두모 도마가 먼저 언급된다. 도마 다음에 갈릴리 가나 사람 나다나엘과 세베대의 아들들(야고보와 요한), 또 다른 제자 둘이 거명된다.[2절] 여기서도 베드로가 다시 상황을 주도한다. "나는 물고기 잡으러 가노라"고 하니 다른 제자들도 '우리도[헤메이스(ἡμεῖς)] 함께 가겠다'고 동조하고 나섰다.[3절] 1인칭 복수 대명사 헤메이스가 사용되는 점에 비추어 다른 제자들도 적극 동조한 것이 분명하다. '물고기 잡으러 간다'는 말뜻이 무엇일까? '오늘밤에 물고기 잡으러 간다'는 의미일까? 아니면

'사람 낚는 어부 사도직을 버리고 다시 이전 생업으로 돌아가겠다'는 말일까? 아마도 후자였을 것이다. 예수님은 베드로가 자신의 사도직을 포기하고 자연인으로 돌아가려고 결심했다고 생각하셨던 것 같다(15절, '네가 이 물고기들보다 나를 더 사랑하느냐?').

예수님은 원래 물고기 잡던 베드로를 '사람 낚는 어부'로 만들어 주겠다고 약속하셨다.[눅 5:10] '사람 낚는 어부' 소명은 마태복음 13:47-48 전후에 하신 말씀일 가능성이 크다. "또 천국은 마치 바다에 치고 각종 물고기를 모는 그물과 같으니 그물에 가득하매 물가로 끌어내고 앉아서 좋은 것은 그릇에 담고 못된 것은 내버리느니라." '사람 낚는 어부' 비유는 누가복음 5:4의 "말씀을 마치시고"에 나오는 그 '말씀'의 일부였을 것이다. 예수님은 베드로를 '사람의 영혼을 복음으로 포획하는 사람'으로 삼아주겠다고 약속했는데 이 약속이 무산될 위기에 처한 것이다. 결국 베드로는 자신의 사람 낚는 어부 소명은 실패했다고 판단하고 자신의 생업으로 돌아가려고 한다. 다른 제자들도 동조했다.

하지만 그날 밤에도 그들은 아무것도 잡지 못했다. 누가복음 5:1-11을 연상시키는 장면이다. 요한복음은 공관복음서에 비해 베드로가 원래 어부였다는 것을 별로 강조하지 않았다. 갈릴리 호수 근처의 예수님 일행 동선도 거의 보도하지 않았다. 6장만 갈릴리 호수 중심의 동선을 언급한다. 요한복음의 예수님 일행 동선은 대부분 유대와 예루살렘 중심의 활동들로 채워져 있다. 이 단락이 처음으로 베드로가 갈릴리 호수의 어부였음을 명시하는 본문이다. 갈릴리 호수의 어로작업은 밤에 이뤄졌다. 얕은 물가에 와서 잠을 청하는 물고기들에게 그물을 던지는 어로였다. 그런데 날이 새어갈 때까지 고기는 잡히지 않았다. 그 시점에 예수께서 바닷가에 와서 서 계셨으나 제자들이 알아차리지 못하고 있었다.[4절] 여명의 시간에 가시거리가 짧아 사물 인식이 어려웠을 수도 있다. 갈릴리 호수는 동서 최장 8킬로미터 남북 최장 14킬로미터 정도의 크기를 가진 담수호다. 예수님이 호숫가에 접근했을 때에도 제자들은 그물을 투척하고 있었다. 이런 상황에서 예수께서 새벽 어스름한 여명의 정적을 가르며 부르신다. "얘들아, 너희에게 고기가 있느냐." "얘들"은 헬라어로 파이디온(παιδίον)의 호격복수 파이디아(παιδία)이다. '어린아이'를 부를 때 쓰는 말이다. 요한복음 6:9의 "아이"라고 번역된 파이다리온(παιδάριον)과 거의 같은 의미를 가진 단어다. 어린 청소년 수준의 아이를 가리키는 테크논(τέκνον, 막 2:5 "작은 자")보다 더 어린 아이가 파이디온이다. 예수님은 제자들을 파이디온이라고 부른다. 교육과 훈육, 성장과 성숙이 요청되는 '어린이'라는 것이다. 예수님과 제자들은 평균 10-15세 정도의 나이 차이가 있었을 것으로 추정된다. 성전 인두세 세겔을 내야할 사람이 예수님과 베드로라는 기사[마 17:27]에 비추어 볼 때, 나머지 제자들은 20세 미만이었고, 베드로 이외에는 모두 미혼이었을 것이다. 그러나 그들은 성년(12세 이상)이었을 것이다. 예수님이 제자들을 '파이디온'이라고 부른 것은, 그들의 실족과 지리멸렬한 도피 등 모든 것을 '성장하고 성숙해서 극복할 문제'라고 이해하고 계시다는 것을 암시한다. 한 마리도 잡지 못했다는 제자들의 대답을 듣고 이번에는 기습적인 제안을 하신다. "그물을 배 오른편에 던지라. 그리하면 잡으리라." 그러자 많은 물고기가 그물에 잡혔다. 이번에는 그물에 물고기가 너무 많이 잡혀 그물을 들 수 없었다.[6절] 누가복음 5장의 재현이었다. 그런데 이때까지 제자 중 누구도 자신들에게 말을 걸며 '배 오른편에 그물을 던져 고기를 잡으라'고 한 사람이 누군지 모르고 있었다. 호수에 와서 고기를 잡고 있던 어른 어부 정도로 알았던 것 같다. 그런데 "예수께서 사랑하시는 그 제자가" 가장 먼저 예수님임을 알아보고 베드로에게 '주님이시다'라고 귀띔하자, 이번에도 시몬 베드로가 더 민첩하게 반응했다. 옷을 벗고 있다가 '주님이시다'라는 말을 듣자마자 겉옷을 두른 후에 바다로 뛰어내렸다.[7절]

8절은 베드로가 배에서 뛰어내린 곳에서 육지까지 거리가 90-100미터[200규빗. 페콘 디아코씨온(πηχῶν διακοσίων)] 정도라고 말한다. 그물을 끌고 오는 작은 배보다 더 빨리 주님을 보고싶어서, 베드로는 100미터의 차가운 물살을 헤치고 역영해 주님께 먼저 갔다. 다른 제자들은 작은 배를 타고 물고기가 든 그물을 서서히 끌고 뒤따라왔다.[8절] 육지에 올라와보니 숯불이 있고 그 위에 생선이 놓였으며 떡도 있었다.[9절] 디베랴 산상 평지에서 펼쳐졌던 오병이어 잔치의 축소판이었다. 다시 떡과 물고기 식단이었다. 온 몸에 한기가 스며드는 새벽에 숯불과 그 위에 조리되는 생선과 떡. 이것은 밤새도록 그물을 던져 지친 제자들에게 최상의 환대였다. 이번에는 베드로가 전혀 다른 불로 몸을 녹인다. 죄책감으로 차가워진 몸을 안나스의 관정 뜰에서 피던 모닥불에 몸을 데우던 베드로였다. 그러나 지금 그의 상처를 상쇄하는 숯불이 갈릴리 호숫가에서 타고 있었다.

예수께서 "지금 잡은 생선을 좀 가져오라"고 하자[10절] 시몬 베드로가 작은 배에 올라가서 그물을 육지에 끌어 올렸다. 큰 물고기 백쉰세 마리가 잡혀 있었다. 하지만 누가복음 5장 상황과는 달리 이번에는 그물이 찢어지지 않았다.[11절] 누가복음 5장에서는 그물이 찢어져서 물고기들을 실제로 다 끌어올리지 못했다.[6절] 그때는 기적적인 어획만 경험했고 물고기는 소유하지 못했지만, 이번에는 물고기를 손에 넣었다. 이 사건은 또 다른 표적이었다. 베드로가 앞으로 복음의 그물로 많은 사람들을 포획할 것을 내다보는 표적이다. 베드로는 사도행전 2장의 오순절 성령 강림 집회로 한 번에 3천 명의 사람을 포획한다.[41절] 물고기를 가리키는 헬라어는 옵사리온(ὀψάριον, 21:9)과

익투스(ἰχθύς, 21:6)다. 그중에 익투스의 철자가 '예수는 그리스도, 하나님의 아들 구원자'(Ἰησοῦς Χριστός Θεοῦ Υἱός Σωτήρ)를 의미하는 문장의 첫 글자로 만든 익투스(ΙΧΘΥΣ)와 같다. 초대교회 순교자들이 물고기를 그리며 자신이 그리스도인임을 은밀하게 드러냈다는 기록이 있다. 폴란드 작가 시엔키에비츠의 『쿠오 바디스』에도 초대교회 순교자들이 죽음을 당하는 순간에 물고기를 그리는 장면이 나온다. 실제로 로마의 외곽에 있는 성 세바스티안 카타콤에 가면 그리스도인들의 무덤 비석에 물고기가 새겨져 있다. 베드로가 많은 물고기(천국 백성)를 포획할 미래를 내다보는 기적이다.

당신의 말씀에 따라 그물을 투척해 잡은 물고기를 숯불에 얹어 조반을 만드신 예수님이 "와서 조반을 먹으라"고 제자들을 초청하신다. 제자들은 이 따뜻한 조반을 준비하신 분이 주님이신 줄 알았기에 아무도 감히 "당신이(쒸) 누구냐"고 묻지 않았다.[12절] '예수께서 가셔서 떡을 가져 그들에게 주시고 생선도 같이 주신다.'[13절] 요한복음에서 예수님을 주어로 하는 발화동사 문장에는 대부분 현재직설법이 사용된다[레고(λέγω)]. 이 외에도 예수님이 제자들에게 뭔가를 행하는 동작을 묘사하는 경우 동사는 현재직설법 시제로 표현되는 경우가 많다. 13절에는 예수님을 주어로 하는 동사 둘 다 현재직설법 시제로 표현되어 있다. '예수께서 가신다[에르케타이(ἔρχεται)]. 떡을 취하신다[람바네이(λαμβάνει)]. 그리고 그들에게 나눠주신다[디도신(δίδωσιν)]. 생선도 마찬가지로.' 제자들이 예수님을 항상 살아계신 예수님으로 그 현존을 느꼈다는 것을 이렇게 표현했다. 14절은 이것이 부활한 예수께서 세 번째로 제자들에게 나타나신 사건이라고 말한다. 첫째는 도마 없는 제자공동체에, 둘째는 도마가 있는 공동체에게, 셋째는 새벽에 갈릴리 호수에서 고기 잡던 일곱 제자들에게 나타나셨다.

이 단락은 베드로의 재활복구 과정을 자세히 보도한다. 요한복음은 이미 널리 읽히고 있는 공관복음서를 의식하면서 의도적으로 예수님과 제자들의 활동을 많이 생략하고 있는데, 특히 갈릴리 호수 주변에서 있었던 활동을 많이 생략하고 있다. 그러면서도 독자들이 이미 공관복음서에 실린 예수님과 베드로의 조우일화 등에 대한 선이해를 갖고 있다는 전제 아래 요한복음을 쓰고 있다.

서론에서 언급했듯이 요한복음은 타원형 구조를 이루고 있다. 그리스 철학적 교양을 가진 독자들과 구약의 세계를 아는 독자들을 동시에 겨냥한 변증서다. 13-17장은 플라톤의 『대화록』 저작물들에서 소크라테스와 제자들, 그리고 그의 논적들 사이에 오고간 대화를 의식하는 방식을 취한다. 헬라적 교양을 가진 에베소와 소아시아 지식인이나 시민들은 예수님이 이 다섯 장에서 다룬 주제가 그리스 철학자들에게도 많이 다뤄진 주제임을 어느 정도 알고 있었을 것이다. 구약의 구속사에 대한 맥락 없이 읽었을 때 요한복음 13장은 통치자의 미덕과 우정의 미덕, 14장은 평안과 염려 극복의 지혜, 15장은 우정과 사랑의 가치, 16장은 부당한 고난에 대한 응전, 신에 대한 불경과 참 경건의 분별, 17장은 영생, 제자들의 우정과 일치 등을 다루고 있다. 이런 주제들을 중심에 두고 예수님이 펼친 강화 및 부분적으로 제자들과 예수님 사이에 오고간 이야기들은, 플라톤의 『대화록』이나 기타 토론과 변론을 담은 그리스-로마 문학을 어느 정도 생각나게 했을 것이다. 소크라테스와 제자, 그리고 논적 사이에 오고간 대화가 이뤄지는 무대도 대개 식탁이다. 13-16장은 『국가론』, 『에우티프론』, 『파이돈』에 해당되는 예수님의 대화록이다. 이 네 장에서 예수님은 '영생'을 위해 아버지께로 가는 것이 온당하며 아버지가 주시는 잔을 기꺼이 마시는 자유만이 악을 이기고 정복하는 신적 권능임을 드러낸다. 18-20장은 플라톤의 대화록 『소크라테스의 변명』에서처럼 예수님이 유죄를 받아 사형을 받는 과정을 자세히 추적한다. 『크리톤』에서 보여준 소크라테스의 제자들과 달리 나사렛 예수의 제자들은 모두 도망쳐버린다. 1장은 플라톤의 창세기에 해당되는 『티마이오스』에 대응하는 책이다. 육체를 경멸하는 플라톤의 창조론에 맞서서 요한복음은 육체, 물질은 죄와 악의 근원이 아니라 하나님의 영광이 머무는 집이라는 주장을 전개한다. 요한복음을 처음 읽은 헬라 문화권의 지식인들은 요한복음 안에서 기존 그리스-로마의 세계관에 대항하는 의도가 분명하다고 느꼈을 것이다.

또 다른 한편, 요한복음은 기독교인들에게 이미 알려져 있었을 법한 바울 서신들이나 공관복음서들을 알고 있는 독자들을 상대로 저작되었다. 특히 공관복음서의 줄거리를 아는 독자들을 의식하고 저작되었다. 21:15 이하 단락은 누가복음 5장이나 마태복음 4:18-22을 모르는 사람들에게는 의미가 반감될 것이다. 이 단락은 베드로의 첫 소명 일화를 담은 누가복음 5:1-11을 철저하게 재현하고 있기 때문이다. 21:15 이하 단락은 누가복음 5:1-11의 회복적 재현이다. 이 단락의 핵심은 예수께서 베드로에게 사람 낚는 어부 사명을 재위임하는 장면이다. 아울러 베드로의 수사도적 지위를 공인하는 이야기다. 이 일화를 전하는 요한복음 저자는 베드로와 예수님의 첫 만남을 세례 요한의 요단강 세례운동 본거지에서 이뤄졌다고 보며, 베드로를 수제자처럼 대우하시는 예수님의 일거수일투족을 매우 섬세하게 추적한다. 베드로의 마지막 세 번 부인 장면을 자세히 기록한 요한복음은 그의 재활복구 과정도 섬세하게 추적한다. 베드로의 공공연한 예수님 부인 행위를 완전히 상쇄시키는, 예수님의 비례적 편애를 인정한다.

예수님은 제자들이 조반을 마친 후에 시몬 베드로를 따로 부르신다. 그리고 물으신다. '요한의 아들 시몬아, 네가 이것들보다 나를 더 사랑하느냐.'15절 개역개정은 '이것들보다'를 의미하는 플레온 투톤(πλέον τούτων)을 "이 사람들보다"라고 번역하는데 꼭 그럴 필요가 없다. 투톤은 '이것'을 가리키는 중성대명사 후토스(οὗτος)의 속격복수형이거나 '이것'을 의미하는 남성대명사 투토(τοῦτο)의 속격복수형이다. 이론적으로는 '이것들'로 번역하거나 '이 사람들'로 번역하는 것이 둘 다 가능하다. 하지만 예수님이 이 문맥에서 다른 제자들의 예수님 사랑을 상대적으로 폄하하고 베드로의 사랑을 높이 치켜세운다고 보기에는 무리가 있다. 오히려 투톤은 중성대명사의 속격복수형으로 보는 것이 더 자연스러워 보인다. 결국 투톤은 13절의 물고기를 의미하는 중성명사 옵사리온(ὀψάριον)을 가리키는 중성명사 속격복수형으로 읽는 것이 더 낫다. 따라서 예수님이 베드로에게 네가 '이 물고기들보다 더 나를 사랑하느냐'고 물었다고 봐야 한다. 이것은 3절의 베드로의 발언, "나는 물고기 잡으러 가노라"의 진심이 무엇인지를 확인하려는 질문이다. 베드로가 다시 생업으로 복귀하려는 것인지 물으신다. 베드로는 자신이 더이상 예수님의 수사도는 커녕 제자로 사는 것은 불가능하다고 생각했을 수 있다. 그에게 주신 애초의 사명, "사람 낚는 어부" 소명은 더이상 자신에게 허락된 소명이 아니라고 봤을 수도 있다. 이 질문에 베드로는 2인칭 단수 대명사 쒸(σύ)로 예수님을 표현한다. '당신이(쒸) 제가 당신을 사랑한다는 것을 압니다.' 이때 베드로가 '사랑하다'를 의미하려고 쓴 동사는 아가파오(ἀγαπάω)가 아니라 필레오(φιλέω)이다. 물론 예수님은 아가파오를 사용하며 '사랑하느냐'고 물으셨다. 하지만 필레오와 아가파오는 거의 같은 의미다. 아가파오가 필레오보다 더 깊고 높은 의미의 사랑하는 행위를 표현하는 것은 아니다. 좋은 문장가는 항상 유사한 단어를 교대로 사용하는 법이다. 예수님은 베드로의 대답을 듣고 '네가 나를 사랑한다면, 그것이 진심이라면, 내 양을 먹이라'고 말씀하신다. 보스케 타 아르니아 무(βόσκε τὰ ἀρνία μου). 베드로는 이 요구에 아무런 응답을 주지 않는다. 자신은 그럴 자격이 없다고 생각했기 때문에 묵묵부답으로 응한다. 예수님도 아시고 두 번째로 물으신다. "요한의 아들 시몬아, 네가 나를 사랑하느냐."[16절] 이번에도 예수님은 아가파오 동사의 의미로 '사랑하느냐'고 물으셨고 베드로는 필레오로 대답했다. 이번에도 베드로는 2인칭 단수 대명사 쒸를 사용하면서 예수님이 자신의 '사랑'을 알고 있다고 대답한다. 베드로의 필레오 사랑 고백을 받으신 예수님은 이번에는 "내 양을 치라"고 명하신다. 포이마이네 타 프로바타 무(ποίμαινε τὰ πρόβατά μου). 포이마이네의 원형인 포이마이노(ποιμαίνω)는 목자적 감독자로서 역할을 수행하는 것을 의미한다. 양떼에게 풀을 뜯어 먹이는 역할을 넘어 양떼를 감독하고 다스리는 역할을 하는 것을 의미한다. 이번에도 베드로는 묵묵부답이다.

그래서 세 번째로 예수님은 '네가 나를 사랑하느냐'고 물으신다.[17절] 이번에는 필레오 동사를 쓰며 '사랑하느냐'고 물으신다. 베드로는 세 번이나 동일한 질문을 하는 예수님의 집요함에 근심하면서 대답한다. 2인칭 단수 대명사 쒸를 두 번이나 연거푸 쓰면서 베드로는 자신의 진심을 토로한다. '주님, 누구보다도 당신은(쒸) 모든 것을 아십니다. 당신은(쒸) 내가 당신을 사랑하는 줄(필레오)을 아십니다.' 베드로의 세 번째 고백을 들으신 예수님은, "내 양을 먹이라"고 명하신다. 보스케 타 프로바타 무. 여기에도 베드로의 응답은 없다. 베드로의 반발도 없다. 베드로의 근심 가득한 음성이 대답이었을 것이다.

로마 황제 트라야누스가 118년에 기독교인 중에서 주교급 두목들은 처형해도 된다는 트라야누스법을 만들었다. 이 법에 의해 두목급 지도자로 최초 순교한(162-168년 사이에) 사람이 순교자 저스틴 Justin the Martyr이었다. 그를 심문한 기록 일부가 남아 있다(유세비우스의 『교회사』). '거주지가 어디인가?' '로마 14구역에 있는 목욕탕 2층에 있는 찜질방입니다.' '거기서 무엇을 했는가?' '시골에서 올라온 사람들과 성경공부를 했습니다.' 그는 로마의 유리방황하는 자들을 데리고 성경공부를 하다가 지도자로 인정받아 순교를 당했다. 로마에 남아 있는 양떼를 돌보던 당시의 영적 지도자의 검박한 면모를 보여준다. 저스틴 이전 로마의 주교는 로마의 클레멘트였고, 그의 스승은 베드로였다. 베드로가 로마의 양떼를 먹이던 사도였다. 즉석으로 베드로가 대답하지 않았지만, 교회사는 베드로가 초대교회의 반석(특히 로마교회)이었다는 것을 의심하지 않는다. 베드로는 예수님에 대한 사랑을 주님의 어린양에 대한 목양 책임을 다함으로써 입증했다. 예수님이 베드로에게 부탁한 '어린 양'은 새 언약 공동체에 들어온 어린 신자들을 가리키는 말이다. 더 나아가 교회에 오는 사람들만을 가리키지 않고 사회 전체에서 주님의 우선적 돌봄이 필요한 취약한 구성원들을 의미했다. 언약 공동체 안에 들어와 있지만 약한 자이거나 유린당할 수 있는 연약한 사회구성원이 어린 양, 주님의 양이었다.[2] 에스겔 34장은 예수님이 어린 양이라고 생각하는 사회구성원들을 다채롭게 보여준다. 예수님의 어린 양은 언약 공동체로 묶인 백성이지만 그중 가장 연약한 지체를 가리킨다. 자기 삶의 보금자리나 경작지를 얻지 못하여 산에서 유리방황하는 사회구성원을 가리킨다. 열방 중에 흩어져서 하나님이 선사한 기업의 땅으로 돌아오지 못한 사람들도 어린 양이다. 약속의 땅으로 돌아왔지만 지주에게 소작료, 경작 생산물을 다 빼앗기며 시달리는 이스라엘 연약한 구성원도 예수님의 어린 양이다. 주님이 강권적으로 보호해야만 제대로 대우받는 연약한 사회구성원이 어린 양이었다.

요

베드로가 진정 예수님을 사랑하면 어린 양을 돌보라는 사명을 받았다. 교회가 사회구성원 중 연약한 자들을 돌보라는 것이다. 주님을 사랑한다는 베드로의 후계자들이 어린 양을 먼저 돌보라는 것이다. 하나님의 교회가 연약한 사회구성원에게 하나님의 통치 혜택(자유, 평화, 생존권, 언약적 결속감)을 향유하도록 기회를 주는 것이 '예수님의 어린 양을 먹이고 양을 치는' 일이다. 사도행전 2장과 4장은 어린 양을 먹이고 치는 베드로의 사명수행 현장을 보여준다. 베드로를 위시해 열두 제자가 백이십 문도를 모아놓고 성령 충만을 맛보는 집회를 인도했다. 아무도 핍절한 사람이 없을 만큼 3천 명이 먹고 마시는 기적이 일어났다. 이 집회의 중심인도자가 베드로였다. 베드로의 집회에 참여한 모든 사람이 하나님의 역사를 보고 영광을 돌렸다. 그들은 "날마다 마음을 같이하여 성전에 모이기를 힘쓰고 집에서 떡을 떼"었다. 사도행전 2장과 4장에서는 오래된 이스라엘의 이상, 모세오경이 그토록 꿈꾸던 이상적인 삶이 성취되고 있었다. '절대로 땅의 소출로부터 소외된 사람이 있어서는 안 된다'는 신명기 15:11이 실현되고 있었다. "땅에는 언제든지 가난한 자가 그치지 아니하겠으므로 내가 네게 명령하여 이르노니 너는 반드시 네 땅 안에 네 형제 중 곤란한 자와 궁핍한 자에게 네 손을 펼지니라." 성령 충만한 베드로의 리더십 안에서 교회는 주님의 어린 양들을 먹이고 쳤다.

오늘날은 주님의 어린 양을 먹이겠다는 거룩한 헌신이 교회 성장 열기로 변질되는 시대다. 우리가 암흑기라고 부르는 중세에도 그리스도를 본받아 가난하고 검박한 삶을 실천하며 사회의 가난한 자들을 돌보려는 움직임이 있었다. 1470년경에 나온 토마스 아 켐피스의 『그리스도를 본받아』는 예수님의 겸손, 목양 열정, 인격을 흠모하고 모방하려는 사무치는 마음을 표현하고 있다. 중세는 교황을 중심으로 보면 암흑기였으나, 예수님을 닮으려고 분투한 수도사들을 중심으로 보면 빛이 비치는 시대였다. 1226년에 이 땅을 떠난 성자 프란체스코는 1206년 9월 24일에 예수님을 만난 후부터 예수 그리스도의 가난과 겸비를 철저하게 체현하며 나병환자나 가난한 자들을 어루만지며 어린 양을 돌봤다. 중세에는 예수님을 닮으려는 성자가 지금보다 훨씬 더 많았다. 주님의 양을 자기 교회에 온 교인들에만 한정시키는 교회는 이기주의의 요새, 클럽으로 전락해가고 있다. 베드로의 사도적 지도력은 초대교회, 특히 로마교회의 초석이 되었고 사람을 돌보는 교회가 국가보다 훨씬 더 오래 존속하는 기관임을 가르쳐주었다.

18-19절은 베드로가 수락했음을 암시한다. 18절은 이중 아멘이 이끄는 엄숙한 선언이다. 베드로가 '젊어서는 스스로 띠 띠고 원하는 곳으로 다녔지만' 늙어서는 격렬한 고난을 겪게 될 것을 말씀하신다. 다른 사람들이 베드로의 두 팔을 벌리고 그에게 띠를 띠우고 베드로가 원하지 아니하는 곳으로 데려갈 것이다.[18절] 19절은 이 비의에 찬 말씀을 해명한다. "베드로가 어떠한 죽음으로 하나님께 영광을 돌릴 것을 가리키심이러라." 베드로도 십자가에 못 박혀 죽임 당할 것임을 암시한다. 팔을 벌리며 죽는 죽음은 십자가에 달리는 죽음이며 '띠'는 체포의 포승줄이며, 원하지 않는 곳은 처형장일 것이다. 이 무시무시한 종말을 알고도 예수님은 베드로에게 "나를 따르라"고 명하신다.[19절]

20-23절은 요한복음의 저자 요한의 장래에 대한 첨언이다. 베드로는 자기의 장래에 관한 예수님의 엄중한 예고를 듣고 몸을 돌이켜 예수님의 친애제자가 예수님을 따라가는 것을 보았다.[20절] 아마도 예수님은 이 친애제자의 장래에 대해서도 하실 말씀이 있었던 것처럼 보인다. 그는 13장의 만찬석에서 주님의 품에 기대어 예수님을 팔 자가 누군지 몰래 물었던 제자였다.[13:23] 베드로는 그를 가리켜 '이

사람의 장래는 어떻게 됩니까'라고 예수님께 돌발적으로 물었다.[21절] 예수께서는 '내가 올 때까지 그를 이 땅에 살려둔다고 할지라도 너는 상관하지 말고 나를 따르라'고 대답하셨다.[22절] 23절은 요한복음의 저자 자신의 영생불사 전설이 퍼진 경위는 '내가 올 때까지 그를 이 땅에 살려둔다고 할지라도'라는 등의 예수님 말씀이 형제들에게 오해를 일으키며 퍼졌기 때문이라고 해명한다. 요한복음 저자가 요한복음을 쓸 때 '요한은 죽지 않을 것이다'라는 영생불사 전설이 퍼져 있었음을 전제하고 해명한다. 그는 예수님의 원래 의도가 전혀 그런 것이 아님을 강조한다.

24-25절은 저자 발문이다. 요한복음의 모든 주님 행적들과 가르침을 증언하고 기록한 제자가 바로 '베드로와 비교되는 영생불사 전설의 주인공'이라는 것이다.[24절] 자신은 주님의 친애제자로서 베드로의 수제자 권위를 아주 귀하게 여기는 사람임을 드러낸다. 저자는 자신의 기록이 참임을 다시 한 번 강조한다.[24절]

25절은 20:30 일부를 되풀이한다. 요한복음 저자 자신의 기록은 예수께서 행하신 일의 극히 일부만을 다루고 있다는 것을 강조한다. 예수님이 행하신 일들을 낱낱이 기록한다면 이 세상이라도 이 기록된 책을 두기에 부족할 만큼 예수님이 행하신 일들은 많다는 것이다.

메시지

부활하신 예수님을 몇 차례 만나 보고도 제자들은 갈릴리로 낙향했다. 예수님을 따라다녔던 3년간의 시간은 그들에게 아무런 의미도 남기지 못한 채 먼 과거가 되어버린 것처럼 보였다. 부활을 믿지만 부활 신앙으로 승화되지 못한 상태에서 제자들은 자연인으로 살 수밖에 없었다. 20장 마지막 장면은 성령을 고취 받고 세상에 파송받는 상황이다. 제자들이 이제 사죄권을 위임받아 세상에 나가 죄 사함의 복음을 전파할 것 같은 인상을 주는 장면이다. 이렇게 읽은 독자들에게 21장은 절정감을 흐리는 돌출적 부록과 같다. 제자들은 마치 20장의 마지막 성령 고취 위임을 모르는 자들처럼 행동한다. 우리가 21장을 20장보다 더 후에 전개된 상황이라고 전제해 읽는다면 단 한 가지만 제자들의 갈릴리 낙향을 설명할 수 있다. 예수님은 예루살렘에서 두 차례나 나타나셔서 제자들에게 당신의 부활 사실을 확신시켰으나 제자들은 여전히 갈피를 잡지 못했고 방황하고 있었다는 것이다. 혹은 20장 마지막 단락을 21장 이후에 전개된 장면이라고 읽으면 더 쉽게 읽힌다. 어떻게 읽든 분명한 것은 예수님의 부활이 '제자들의 부활'이 되지는 못했다는 것이다. 사도행전은 예수님이 부활하신 후 40일 동안 제자들과 함께 시간을 보내며 '하나님 나라의 일들'에 대해 가르치셨다고 말한다.[행 1:2-3] 사도행전 1:2-3의 증언을 고려한다면 21장은 40일 중 어느 한 날, 부활한 지 얼마 지나지 않아 일어난 사건을 말하는 것처럼 보인다.

제자들은 예수님의 부활을 믿지만 아직도 자신들은 '부활'하지 못하고 있었다. 예루살렘과 유대와 사마리아와 땅끝까지 증인으로 살아야 할 제자들은 '갈릴리에 내려와 있었다.' 마태복음과 마가복음은 처음으로 막달라 마리아와 여자 증인에게 예수님의 갈릴리행을 제자들에게 알리라고 명한 주체가 천사라고 말한다.[마 28:7, 막 16:7] 마태복음에서는 예수님이 두 번째로 여자 제자들에게 자신의 갈릴리행을 베드로를 비롯한 제자들에게 전하라고 부탁하신다.[마 28:10] 이런 사정을 종합해보면 제자들이 갈릴리에 내려온 것 자체는 예수님과의 분리를 의미하는 것은 아니었다는 것을 알 수 있다. 다만 21장 사건이 있기까지는 베드로를 비롯한 제자들이 '공동체'로 모여 있었지만, 그들을 묶는 사명은 없었다. 그래서 제자들은 다시 밤새도록 갈릴리 호수에 그물을 던졌다. 놀랍게도 이번에도 한 마리도 잡지 못했다. 지치고 탈진했는데 새벽이 다가오고 있었다. 예수님은 제자들에게 최적화된 사랑을 보이심으로써 갈릴리 호수가에서 맺어진 우정과 하나님 나라에 대한 의기투합을 회복하려고 애쓰신다. 지치고 허기진 제자들을 가장 구체적으로 사랑하기 위해 물고기잡이를 도우신다. 그때서야 제자들은 자신들에게 그물을 배 오른편에 던져보라고 충고한 분이 예수님임을 깨달았다.

제자들이 호반의 육지에 다다랐을 때 물고기잡이로 탈진한 그들에게 최적화된 환대와 사랑이 기다리고 있었다. 숯불, 그 위에 조리되는 생선, 그리고 떡이 준비되어 있었다. 허기진 제자들이 갈릴리 호수의 새벽에 맞이한 이 맛있는 조반은 그들의 마음에 영원히 남아 있는 조반이었다. 이 식사가 끝나자 예수님은 베드로를 따로 불러 본론을 꺼내신다.

예수님은 당신과 베드로 사이에 있었던 지난 3년을 복기하는 마음으로 베드로의 사랑을 묻고 물었다. 동생 안드레의 소개를 받고 예수님을 만난 후 반석Cephas이라는 별명을 얻었던 베드로는, 예수님의 하나님 나라 선포에 감동을 받았으나 그 자신이 예수님의 제자가 되기에는 적합한 사람이 아니라고 생각해 생업에만 몰두하였다. 그런 그에게 예수께서 찾아오셨다. 밤새도록 수고를 하였지만 물고기 한 마리 잡지 못한 그 밤의 끝 새벽에 예수님은 전격적으로 '깊은 곳에 그물을 내려 잡으라'고 제안하셨다. 이 말씀에 의지하여 베드로는 그물을 던져 두 배에 가득 담길 만큼 고기를 잡았다. 이 기적적인 어획에 충격을 받은 베드로는 예수님의 발 아래 엎드린다. "주여, 나는 죄인이로소이다. 나를 떠나소서." 예수님은 두려움과 자기 결핍감에 빠져 있는 베드로를 새 소망으로 일으켜 세우셨다. "이제 후로는 네가 사람을 취하리라."눅 5:10 이에 대한 베드로의 응답은 참으로 과격하고 급진적이었다. 그는 배와 그물을 버려두고 예수님을 좇았다. 이후로 예수님과 베드로는 깊은 사랑과 우정으로 엮어져 갔고, 베드로는 예수님의 마음을 가장 정확하게 읽는 제자가 되었다.

그러나 예수님의 공생애 말기부터 예수님과 베드로 사이에 메울 수 없는 오해와 의혹이 생기기 시작했다. 마태복음 19:28은 제자들이 예수님을 따르기 위해 바친 급진적 헌신을 말한다. 특히 베드로는 자신이 모든 것을 버려두고 예수님을 따랐기에 곧 어느 정도의 상급을 받을 것이라고 기대했다. '예루살렘에 임할 인자의 나라'에서의 한 '자리'였다. 예수님은 마태복음 19:28절 이하에서 이런 기대가 잘못된 것이 아님을 말씀해준다. 이 기대와 희망이 흔들리기 시작한 것은 가이사랴 빌립보 도상의 대화에서부터였다. '인자가 예루살렘에서 장로들과 서기관들에게 버림을 받고 이방인의 손에 넘겨져 죽임을 당하고 3일 만에 부활하리라'는 선언이었다.[막 10:32-33] 이때부터 예수님과 베드로 사이에 금이 가기 시작했다. 베드로는 자신의 죽음을 예고하는 예수님을 붙들고 격렬하게 항의했다. 베드로를 비롯한 제자들은 예루살렘으로 올라가기로 굳게 결심하신 예수님의 마음을 제대로 읽지 못했다.[눅 9:51, 요 12:27] 베드로는 예루살렘에 다가갈수록 점점 더 연약해지는 예수님의 마음을 이해하지 못했다. 공생애 초기의 사자 같은 담대함은 사라지고 두려움으로 떠는 스승을 바라보는 것은 가슴이 아팠다. 베드로는 점점 유약해지는 스승 예수님의 마음을 위로하고 힘을 더하기 위해 호언장담도 서슴지 않았다. 이런 노력도 별 효과가 없었다. 오히려 예수님은 최후의 만찬 식탁에서 결정적으로 제자공동체의 분위기를 가라앉혔다. '너희 중 하나가 나를 배반할 것이다.'[요 13:21] '서로 사랑'을 가르치는 최후의 만찬석은 서로를 의심하며 쳐다보는 제자들의 경직된 경계심으로 지리멸렬해졌다. 유월절 만찬이 무르익어가는 그 시점, 불안과 기대가 극심하게 교차하는 그 시간, 제자들이 예수님과 자신들의 장래에 대하여 혼돈과 불확실성에 빠져 있을 그때에 예수님은 제자들에게 걷잡을 수없는 패배감을 안겨주는 말씀을 하고야 만다. "이것은 죄 사함을 얻게 하려고 많은 사람을 위하여 흘리는 바 나의 언약의 피니라."마 26:28 그리고 감람산으로 올라가는 그 자리에서 결정적으로 제자들의 가슴을 싸늘하고 허무하게 짓눌러 버린 말씀을 하셨다. "오늘밤에 너희가 다 나를 버리리라." 이 말씀은 누구보다도 베드로의 마음을 더욱 서글프게 만들었다. '너희가 나의 수제자 베드로를 제외하고는 다 나를 버리리라'고 말씀해주지 않은 것은 그를 실망시켰다. 베드로는 아니나 다를까 "다 주를 버릴지라도 나는 언제든지 버리지 아니하겠나이다"마 26:32라고 장담했다. 베드로의 호언장담이 끝나기 전에 예수님은 그를 더욱 경악시키는 말씀을 하신다. "내가 진실로 네게 이로노니 오늘밤 닭 울기 전에 네가 나를 세 번 부인하리라."마 26:34 베드로는 더욱 감동적인 말로 응답한다. "내가 주와 함께 죽을지언정 주를 부인하지 않겠나이다." 베드로는 이처럼 분위기에 맞는 말로 예수님의 마음을 항상 뒷받침하고 예수님의 동역자 역할을 해왔다. 하지만 그가 예수님을 사랑했으나 예수님이 가시는 십자가의 길, 수치와 능욕의 길, 패배와 죽음의 길을 이해하지 못했다. 그는 옳지만 실패하고 죽어버리는 스승에게 자신의 인생을 의탁하고 싶지 않았다. 그는 공개적인 법정에서 예수님을 세 번 부인함으로써 자신의 정체를 드러냈다. '나는 오랏줄에 매여 속수무책으로 십자가에 처형당하는 저 연약한 예수를 모른다.'

그런데 놀라운 것은 그 세 번 부인이 있기 전에 그는 세 번의 기도에 실패했다는 점이다. 겟세마네 동산의 '경성'警醒 실패는 골고다의 실패를 예견하는 일이었다.마 26:39-40 "시험에 들지 않게 깨어 기도하라"고 세 번이나 당부를 받고도 베드로는 잠에 빠졌다. 예수님은 그 제자를 이해하셨다. '마음은 원하지만 육신이 따라가지 못한다.' 세 번씩이나 경성 기도에 실패하고 잠을 잔 후에 베드로는 다음날 새벽 이른 시간에 열린 안나스의 관정에서 공개적으로 예수님을 부인하고 만다.[요 18:15-27]

그러나 예수님은 3일 만에 다시 부활하셨다. 제자들을 다시 찾아오셨다. 제자들은 부활하신 예수님을 보고도 다만 기뻐했을 뿐 부활의 깊은 의미를 모르고 일상에로 되돌아가버렸다. "이제 후로는 사람을 낚는 어부"라는 베드로의 소명 약속도 이루어지지 않았다. '너는 반석이 되리라'는 예수님의 희망적인 예언도 이뤄지지 않았다. 베드로에게 준 사명은 무위로 끝나는 것 같았다. 하지만 예수님은 베드로의 마음의 흙탕물이 가라앉을 때까지 기다리셨다. 두 번째 부활 현현을 보여주실 때까지 예수님은 베드로를 따로 불러 사명을 주지 않으셨다. 관계성을 회복하는 데 주력하셨다. 예수님은 베드로가 자신의 배반 트라우마를 극복할 기회를 찾고 계셨다. 낙향한 베드로가 물고기 잡으러 가는 바로 그 바다를 주목하신다.[요 21:1-14] 베드로의 얼어붙은 마음이 열리기까지 기다렸다. 조반 먹은 후에 예수님은 베드로에게 조용히 다시 물으셨다.

'네가 이 물고기들보다 나를 더 사랑하느냐?' 베드로의 사랑이 순수하고 진실함을 아신 예수님은 베드로에게 그의 권위를 회복하고 그의 실수를 만회할 기회를 주려고 하신다. 세 번째까지 반복 질문을 당하자 베드로는 근심했다. 그는 자신의 대답이 무게가 없이 처리되는 것 같은 인상을 받았기 때문이다. 그는 '주님, 당신은 나의 모든 것을 아십니다'라는 대답으로 자신의 심정을 토로한다. '모든 것'은 베드로의 블랙박스다. 베드로의 수치감, 자격 박탈, 허무감 등 내면의 풍경이 전부 기록된 블랙박스다. 주님은 베드로의 블랙박스를 꿰뚫어보신다. 세 번의 부인이라는 배반의 악몽을 극복하도록 도와야 했다. 세 번째 부활 현현에서 예수님은 베드로를 재활복구시키기 위해 분투하신다.[요 21:14] 그에게 다시 새로운 사명New Commission을 명하신다.

이제 베드로는 '이 물고기들보다 예수님을 더 사랑한다'는 자신의 고백에 책임을 져야 한다. 예수님의 상한 목자의 심정으로 하나님의 "어린 양"을 먹이고 치는 일을 맡는 것이다. 꿈 같은 만남-오해-관계 파산-재회-위임으로 이어지는 두 사람의 만남 속에서 우리는 인간적인 연약성과 그것을 만회하며 초월하시는 하나님의 신실하심을 만난다. 은혜의 위력은 우리가 베드로의 가난한 자리에 서 볼 때 비로소 힘있게 다가온다. 과거로 되돌아갈 수 없는 베드로에게 비로소 예수님은, 그가 의지할 주요 구주시라는 진리가 다가온 것이다.

우리는 뭔가를 이룬 자가 되어 떵떵거리고 이 땅에서 살아가고 싶은지도 모른다. 세 번의 권고에도 불구하고 세 번이나 기도의 짐을 지지 못하고 잠에 떨어져버린 베드로를 보면서, 우리는 마땅히 해야 할 의무와 성취와 노동의 세계 속에서 패배한 자의 전형을 본다. 사람들은 강한 의지로 자신의 세계를 성취하고 이룬 자들의 삶에 찬사를 보낸다. 그래서 역경을 극복한 운동선수나 연예인들이 문화적 아이콘으로 등장한다. 인간의 성취에 몰두하고 흥분하는 현대인들은 정작 하나님의 위대하신 역사에 대해서는 민감하지 못하다. 하나님의 위대한 역사는 이루지 못한 자들에게서 더욱 빛난다. 유위有爲와 성취의 세계에서 패배한 베드로에게 예수님은 새로운 가능성을 의미한다. 사도행전에서 보듯이 예수님의 부활은 베드로의 부활 스토리에서 계속된다. 베드로는 예수님을 사랑하였기에 예수님이 사랑하는 양떼를 섬기는 목자가 되었다. 예수님에 대한 사랑고백은 주님의 어린 양에 대한 사랑으로 표현되었다.

요한복음 전체 결론

요한복음은 두 가지 명제를 주장한다. 첫째, 예수님은 구약의 하나님, 이스라엘의 하나님이 보내신 하나님의 독생자다. 둘째, 독생자의 이름을 믿으면 영생에 들어간다. 구약성경에서 '생명을 누린다' 또는 '산다'라는 개념이 요한복음에 오면 '영생'이라는 말과 호환되거나 전환된다. 예수님을 믿으면 영생을 얻게 되는 이유를 이해하려면 성경의 내적 논리를 파악해야 한다. 예수를 믿고 영생을 얻는 사람들의 특징은 하나님 예배가 체질화되어 있고, 자신의 재능과 물질과 시간을 이웃을 위해서 거룩하게 소진하는 것이다. 역설적으로 들리지만, 생물화학적 알고리즘으로 작동하는 생명을 사랑을 위해 태우고 소진하는 존재가 영생을 향유하는 존재다. 남의 생명력을 강탈하고 탈취하는 자들이 아니라 시간과 재능과 물질의 형태로 자기의 생명력을 소진하는 사람들이 생명을 누리는 사람들이다. 왕성한 생명의 특징은 흡수와 배출이라는 신진대사다. 세포갱신적 소진이 영생이다. 생명을 누리는 사람들은 소비적 존재가 아니라 소진적 존재다.

요한복음은 동화 같은 이야기다. 하나님 아들 예수 그리스도가 하나님의 영광을 육신의 장막 속에 가리고 갈릴리 나사렛 예수가 되어서 죽음의 영지를 생명의 땅으로 바꾸는 이야기다. 하나님의 아들이 자신의 신적 생명력을 엄청나게 응축시켜서 이스라엘의 잃어버린 양들을 위해 소진한 이야기다. 하나님 아버지와의 깊은 사귐으로 인해 축적된 생명력이 대방출되는 예수님이 지나갈 때마다 죽음의 권세 아래 있던 사람들이 튀어나와 생명을 얻었다. 거룩한 생명을 소진하는 예수님이 지나가는 길목마다, 각색 병든 자, 귀신 들린 자, 나병환자가 그 거룩한 생명과 접촉하고자 쇄도했다. 당시 이스라엘에는 생명력을 나누기보다는 인간의 약점을 감시하고 고발하는 심판자들이 맹활약 중이었다. 유력한 도시와 촌에는 고명한 랍비들이 터 잡고 선생 노릇하고 있었다. 하지만 아무리 고명한 랍비들이 거리를 지나가도 어떤 병자나 귀신 들린 자도 나와 소리 지르지 않았다. 어떤 나병환자도 나타나 자기를 깨끗게 해달라고 간청하지 않았다. 어떤 굶주린 사람도 배를 채워 달라고 랍비의 문하에 찾아가지 않았다. 예수님이 지나갔을 때에만 영육간에 기갈을 느끼는 사람들이 몰려왔다. 그들은 생명을 소진하는 예수님께 가면 죽음의 권세에서 풀려날 것을 알았다. 모든 불결한 사람들이 거룩하신 예수님을 만져 정결해졌고, 모든 병에 시달렸던 사람들이 생명의 능력인 예수님을 만져서 치료되었기 때문이다. 예수님은 피 한 방울 남기지 않고 물과 피를 쏟으시고 완벽하게 소진하셨다. 완전히 무가 될 때까지 전 존재가 십자가에 못 박혀 있었다.

예수님이 육신을 입고 갈릴리에 오셔서 사신 것 자체가 십자가에 못 박히는 최초의 순간이었고, 물과 피를 쏟고 모든 것을 다 주어버리신 그때가 십자가에 못 박히시는 마지막 순간이었다. 예수님이 십자가에 못 박히시는 경험은 그의 전 일생에 걸쳐 일어났고, 골고다의 십자가는 그의 생애를 총괄 요약하는 십자가였다. 하나님 앞에서 자신을 소진하시는 예수님을 통해 일곱 가지 표적이 일어났다. 이 일곱 가지 표적의 마지막이면서 앞에 일어난 표적들의 집약적 완결표적이 바로 부활이다. 첫째, 물이 포도주로 바뀌었다. 정결 강박관념에 사로잡힌 유대교의 종교적 강박을 은혜의 포도주로 해방시켰다. 율법의 강박에 사로잡힌 유대인을 기쁨과 희락의 언약백성으로 재창조하시려는 의도를 계시한 표적이다. 예수님은 그리스-로마 신화에서 포도주를 공급해주는 신인 디오니소스와 달리 광란의 축제를 주도하는 신이 아니다. 만민의 만민에 대한 적의를 해소시키는 축제의 왕이시다. 인류가 성령의 포도주에 취해 잔치를 벌일 날이 올 것을 기대하게 만드는 예언적 표적이다. 자신의 몸에서 포도주를 공급하실 것을 예고하는 표적이다.

둘째, 갈릴리 가버나움에 사는 왕의 신하의 아들의 열병을 고쳐주신 표적이다. 고열로 사경을 헤매던 소년이 살아났다. 이 표적은 사르밧 과부의 죽은 아들을 신체 접촉을 통해 살린 엘리야[왕상 17:21-22]와 수넴 여인의 죽은 아들을 신체 접촉으로 살린 엘리사의 기적[왕하 4:32-37]을 능가하는 표적이다. 예수님은 병자와의 신체 접촉 없이 '말씀' 권세로 치유하셨기 때문이다.

셋째, 38년 된 병자 치유는 불행한 개인의 치유 이야기면서도 민족갱생을 예기케 하는 예언적 표적이다. 민수기는 광야 방황 38년 동안 불순종해서 직립보행하지 못하고 식물인간처럼 전진도 하지 못했던 이스라엘 백성의 곤경을 다룬다. 이 표적에는 예수님이 이스라엘을 가나안 복지에 들어가도록 이끄는 '종말의 모세'라는 의미가 있다.

넷째, 오병이어는 굶주린 광야에서 만나를 먹었던 이스라엘의 광야시절을 상기시키며 예수 그리스도가 모세가 장차 올 것이라고 예언한 그 선지자이심을,[신 18:15-18] 더 나아가 그 선지자보다 더 큰 자이심을 가리키는 표적이다. 예수 그리스도 자체가 오병이어다.

다섯째, 6장의 노도[怒濤]광풍을 잔잔케 하시는 표적이다. 노도광풍은 죽음의 권세이면서 이스라엘이 돌파해야 할 고난이다. 예수님은 바다 위를 걸으시며 배를 전복할 듯한 바람을 잔잔케 하신 권세자이시다. 이사야 8:8-10, 이사야 17:12-14 등에서 알 수 있듯이, 노도광풍은 이스라엘을 집어삼켜 버리려는 거대한 이방 제국이다. 흔들리는 노도광풍에서 침몰 직전에 배를 건져주시는 것, 압도적인 이방

제국의 지배라는 노도광풍에서 이스라엘을 건져주실 것의 예고적 표적이다.

여섯째, 날 때부터 맹인 된 자를 고치는 표적이다. 이것은 불행한 개인의 치유 이야기임과 동시에 맹인 된 자 이스라엘의 눈을 열게 해 주실 메시아 예수님의 정체를 계시하는 표적이다. 예수님이 바로 이사야 42-61장에 묘사된 야웨의 종임을 밝히 드러낸 표적이다. 이사야 42:19은 이 해석을 지지한다. "맹인이 누구냐. 내 종이 아니냐.누가 내가 보내는 내 사자 같이 못 듣는 자겠느냐. 누가 내게 충성된 자 같이 맹인이겠느냐. 누가 여호와의 종 같이 맹인이겠느냐."

일곱째, 나사로의 부활이다. 이 사건은 나사로 개인에게 일어난 표적임과 동시에 이스라엘을 무덤에서 불러내서 가나안 고토로 복귀시킬 에스겔의 예언 성취를 예고하는 표적이다. 나사로 부활 표적에서 나사로는 에스겔 37:1-14에 묘사된 마른 골짜기에서 나뒹굴다가 '내 백성아, 무덤에서 나오라'는 인자의 외침을 듣고 무덤을 박차고 가나안으로 돌아가는 이스라엘 민족의 표상이다.[37:12-14]

이처럼 표적은 표적을 경험한 당사자에게 일차적인 구원과 회복의 사건임과 동시에, 이스라엘의 갱생과 회복을 약속하는 말씀들이 성취될 것을 가리키는 예언적 메시지다. 일곱 가지 표적은 이스라엘의 갱생과 회복을 주도하는 분이 바로 예수 그리스도임을 밝히 드러낸다. 요한복음의 일곱 가지 표적은 구약성경에 약속되어 있는 '이스라엘 백성의 갱생과 부활 드라마'를 특별한 개인이 앞서서 경험하고 체현한 사건이다. 일곱 가지 표적의 주인공은 구약성경에 묘사된 '이스라엘'을 대표하는 존재들이다.

예수님의 부활은 일곱 가지 표적을 총괄하는 표적이다. 이스라엘 민족을 부활갱생시켜 주시고 죄 용서해 주신다는 약속의 첫 성취를 예수님이 경험한 것이다. 예수님이 십자가에 못 박혀서 "나의 하나님, 나의 하나님, 어찌하여 나를 버리시나이까"라고 외치는 그 순간이 이스라엘에 대한 하나님의 심판이 실행되는 순간이었다. 법적 정의는 일단 충족되었다. 이스라엘의 하나님은 죄를 벌하시는 정의롭고 거룩하신 하나님임이 만천하에 드러났다. 그런데 하나님이 이스라엘 민족의 죄를 심판하시기만 하고 심판을 받아 열방으로 흩어진 이스라엘 민족을 가나안 땅으로 복귀시키지 않았다면, 하나님의 더 근원적 성품은 영구적으로 가려졌을 것이다. 심판으로 언약관계를 끝내면, 이스라엘의 죄를 이겨내시고 죄보다 더 큰 은총의 위대한 힘을 가진 하나님의 진면목을 충분히 입증하지 못하기 때문이다. 하나님이 이스라엘을 죄에 대해 심판만 하시면, 이스라엘을 죄로부터 해방시키는 일은 할 수 없다. 바로 이 점이 하나님 자신의 성품을 배반하는 셈이 된다. 하나님은 사랑이기 때문이다. 이런 이유 때문에 하나님은 이스라엘의 죄에 대해 분노했지만 당신이 만드신 이스라엘 백성의 죄를 용서하셔서 한층 높은 단계로 재활복구시키신다. 하나님의 창조 자체가 무無로부터의 창조였던 것처럼, 하나님은 '이스라엘의 죄악'이라는 무無를 통해 하나님의 언약백성의 신실성을 만들어낸다. 이스라엘 백성은 누적된 하나님의 진노 때문에 망가지고 부서졌다. 이 부서지고 망가진 이스라엘 백성으로부터 '새 백성을 산파하기 위하여' 하나님은 끊임없이 이스라엘에게 죄 용서와 회복적 쇄신을 약속하고 추동하셨다. 이 부단한 언약갱신의 약속과 약속실행 때문에, 이스라엘 민족의 대표자인 예수님은 이스라엘 민족의 죄로 말미암아 죽으셨지만 이스라엘의 죄를 용서하시는 하나님의 언약회복 열심 때문에 부활하실 수밖에 없다. 이런 점에서 예수님의 부활 자체도 '이스라엘 민족이 다시 한 번 하나님의 언약백성으로 부활할 것'을 가리키는 예고적 표적이다. "예수는 우리가 범죄한 것 때문에 내줌이 되고 또한 우리를 의롭다 하시기 위하여 살아나셨느니라."롬 4:25 예수님이 부활하셨다는 말은 이스라엘 민족이 다시 하나님 백성 신분을 회복했다는 말이다. 첫 열매가 결실되었다는 뜻이다. 그래서 초실절에 오순절 성령이 백이십 문도에게 임한 것이다. 백이십 문도는 이스라엘 민족의 새 언약 백성 첫 열매들이다. 열두 지파에서 열 명씩 뽑아 구성한 상징적 공동체인 백이십 문도에게 성령이 임했다는 말은 이스라엘 민족이 다시 언약 백성이 됐다는 것을 보여준다.

창세기 1-50장은 이스라엘 민족이 온 인류를 대표해 하나님의 백성으로 부름받아 응답하는 과정을 보여준다. 이스라엘 민족의 죄가 용서됐다는 말은 온 인류의 죄가 용서됐다는 말이기도 하다. 하나님께서 아담의 코에 생기를 불어넣어 아담을 창조하듯이, 제자들에게 생기를 고취하여 제2의 아담인류를 창조하신다. 예수님은 제2의 아담인류가 된 제자들에게 숨을 내쉬면서 성령을 받으라고 말씀하신다. 성령 고취로 둘째 아담 된 이스라엘 백성, 둘째 아담의 대표자인 새 이스라엘 백성이 창조되었다. 이처럼 요한복음은 처음부터 끝까지 창세기에 상응하며 창세기를 해석하는 책이다. 창세기 1:1("태초에 하나님이 천지를 창조하시니라")은 요한복음 1:1("태초에 말씀이 계시니라")에 의해 새롭게 해석되었다. 말씀의 순종이 있는 곳에 창조가 일어난다는 것이다. 예수님은 제2의 창조에 착수하신다. 이처럼 요한복음 내내 예수님은 이스라엘 민족의 구원사에 대한 선先이해를 전제하여 말씀하신다.

보설

불트만 계열의 영지주의적靈知主義的 요한복음 해석 비판 –도올 김용옥의 요한복음 해석 비판[1]

이 글은 루돌프 불트만의 영지주의적 요한복음 해석을 한국에 소개한 도올 김용옥의 요한복음 해석 비판이다. 도올은 신구약의 단절을 집요하게 주장하고 요한복음을 영지주의 신화의 빛 아래서 해석한 불트만의 요한복음 해석을 충실하게 따른다. 본 주석서는 불트만 계열의 요한복음 해석을 철저하게 극복하고자 요한복음을 구약의 구속사와 언약신학의 빛 아래서 해석한다. 독자들이 신구약의 통일과 구속사적 연속성을 강조하는 본 주석서가 불트만 계열의 요한복음 해석과 구체적인 본문강해에서 얼마나 다른가를 가늠해 보도록 이 보설을 덧붙인다.

도올 김용옥의 『기독교성서의 이해』와 『요한복음 강해』

도올 김용옥이 2007년 초에 기독교 신앙과 성서에 대한 자신의 입장을 세부적으로 그리고 거의 체계적으로 드러내는 두 권의 책을 출간했다. 『요한복음 강해』(2007년 2월, 통나무)와 『요한복음 강해』의 서론격인 『기독교성서의 이해』(2007년 3월, 통나무)가 그것들이다. 물론 그의 초기 저서인 『절차탁마 대기만성』(1987년, 통나무)에서부터 도올은 고전해석학과 성서 판본학에 대한 해박한 지식을 가지고 정경화 이전의 기독교 신앙의 여러 유형들을 보여주는 나그 함마디 관련 자료들에 대한 분석을 통해 기독교와 성서에 대한 예리한 관심을 보여왔다. 도올은 좀 더 이른 시기에 출간한 『여자란 무엇인가』

(1986년, 통나무)에서도 성서해석 문제에 대하여 자신의 견해를 산발적으로 피력하기도 한다. 전체적으로 도올의 구약 폄하는 독설의 형식으로 표현된다. 그는 『여자란 무엇인가』에서 여호수아 24:14-28를 인증하여 구약의 하나님 자신은 다른 신들의 존재를 인정한다고 말한다. 그는 "많은 하나님들 중에 야훼라는 하나님은 공갈과 협박이 쎈 하나님이다"(262)라고 말하며, 구약의 야웨는 이스라엘이 가나안 땅을 빼앗는 깡패행위를 도와준 하나님이라고 비판한다(264). 그는 21세기 한국의 마르시온이라고 불릴 만큼 구약 폄하적이며, 신구약의 분리를 지속적으로 시도한다. 2007년에 발간된 두 저서를 통해 도올은 구약은 폄하하면서도 요한복음 강해서에서는 불트만의 '요한복음 예찬'을 되울리고 있다. 2007년 도올은 공영방송인 교육방송(EBS)에서 요한복음을 강의하며 많은 사람들에게 자신의 독특한 기독교 이해와 성서 이해, 그리고 요한복음 이해를 드러내었다. 그의 강연과 책들을 접한 기독교 신자들이 도올의 도발적이고 참신해 보이는 강의와 저술들에 어떤 입장을 취하여야 할지 몰라 당황해 하는 가운데, 기독교를 싫어하는 대중과 많은 젊은 그리스도인들이 열광적인 호응을 보이기도 했다. 도올의 성경 해석이나 요한복음 해석은 성서를 인문교양서로 읽으려는 일반 독자들에게는 더 호소력이 있을 수 있다. 그럼에도 기독교인의 입장에서 도올의 피상적인 성경 이해와 요한복음 이해를 비판적으로 검토하지 않으면 안 된다. 도올은 요한복음의 '실현된 종말론'에 대한 과도한 의존을 통해 예수의 재림을 부정하며 마르시온의 구약 폐기론과 유사한 구약 폄하를 강하게 밀어붙이고 있기 때문이다.[2]

이 보설의 목적은 위에서 언급된 도올의 세 저서를 통해 공통적으로 제기되는 쟁점인 신구약 단절 문제와 신구약 단절의 사례인 요한복음에 대한 도올의 해석에 대한 비판적 응답을 제시하는 데 있다. 이 쟁점들은 그의 요한복음 강해에서 반복적으로 다뤄지고 있기 때문에 여기서는 도올의 요한복음 강해를 비판적으로 검토하고자 한다.

도올의 『요한복음 강해』 비판

이 책은 영어 번역본인 RSV Revised Standard Version 역에 대한 도올의 번역(번역은 자연스러운 어투로 고친 것 외에 별다른 의미가 없다)과, 자신이 중요하다고 생각하는 요한복음에 대한 취사선택적 강해를 담고 있다. 서론격인 "한국성서 수용의 주체적 역사"는 성경과 기독교(특히 가톨릭)가 우리나라에 들어오기까지의 과정을 주체적 기독교 복음 수용사라는 관점에서 과장적인 필치로 소개한다. 그는 기독교 토착화의 중요한 요인 중 하나가 팔레스타인과 조선이 공유한 역사적 지평이었다고 평가한다. 도올은 이스라엘 역사는 존경의 대상이 아닌 반성의 대상이라고 말하면서, 구약에 대한 기독교의 애착을 은근히 폄하한다. "이렇게 유대민족의 역사를 통관하여 보면 그것은 숭모의 대상이 되어야 할 역사가 아니라 반성의 대상이 되어야 할 역사요 야훼 하나님을 잘 섬긴 역사가 아니라, 끊임없이 야훼를 배반한 음탕과 방탕, 방종과 방황의 역사다. 그들이 지은 죄 때문에 끊임없이 다이애스포라를 전전해야만 했던 방황과 방랑 속에서 하나님의 뜻, 즉 섭리를 찾은 구속사요 신성사였다.…… 그것이 유대민족의 저주요 축복이요 강인함이었다."[3]

이 강해서는 1장 강해에 대부분의 공력을 쏟아놓고 있다. 1장 강해에서 도올은 로고스 개념의 역사를 일별하기 위하여 요한복음 1장 1절의 로고스의 의미를 추론할 수 있는 헬라적 일차자료를 섭렵한다(특히 79-96). 도올에 따르면 로고스에 우주론적인 의미를 부여한 사람이 에베소 사람 주전 6세기 그리스 철학자 헤라클레이토스다

(79). "독자들은 헤라클레이토스를 이해하면서 요한의 로고스 기독론을 본질적으로 이해할 수 있는 수없는 실마리들을 발견하게 될 것이다"(80). "만물이 이 말씀에 따라 생성되지 않는 것이 없음에도 불구하고 사람들은 말씀을 만나본 적이 없는 것처럼 보인다"(81). 도올에 따르면 헤라클레이토스 이후 파르메니데스, 중기 플라토니즘, 알렉산드리아의 필로에 이르기까지 로고스 개념은 약간씩 변형되면서 요한복음의 로고스 기독론 탄생에 이바지한다. 특히 알렉산드리아의 필로(주전 20-주후 50년)는 유대민족의 절대적이고 인간적이고 윤리적인 하나님 개념과 플라톤주의와 피타고라스주의의 추상적이고 인식론적인 초월신학을 융합시키기 위한 산물로서 "창조되어질 수 없는 하나님 아버지, 그 아버지의 맏아들로서의 로고스, 신과 세계의 중간 단계에 있는 신적인 존재로서의 로고스를 상정하고 그 로고스를 통하여 신의 마음과 인간의 마음이 융합될 수 있다고 믿었다"(95). 피타고라스는 이러한 과정을 통하여 하나님의 강림보다는 인간 정신의 고양을 꾀한다.

도올은 처음부터 요한복음의 하나님이 구약의 하나님과 다르다는 점을 공리로 삼고 출발한다. 그는 영지주의의 '구속자 신화'에 의존하여 요한복음을 강해한다. "요한의 하나님이 구약의 하나님과 다른 것은 유대민족에게 계약의 충실한 이행을 점검하기 위하여 진노의 불길로 드러나는 것이 아니라 세계의 암흑 속에 빠져 고뇌하는 인간을 구원하기 위한 구속자, 구세주의 모습으로 드러나는 것이다. 그 구속자가 바로 로고스이다. 로고스는 유일신인 하나님과 다른 또 하나의 마이너한 하나님이 아니다. 그렇게 되면 다신론이 된다. 실제로 하나님과 이 세계의 이원적 분열을 설명하기 위한 장치로서 그 사이에 다양한 중간 차원 신들을 설정하는 설명방식이 요한의 시대에 이미 성행하고 있었다"(98). 도올은 유다복음서를 인증—"이 세계는 하나님이 창조한 것이 아니라 바보멍충이 중간 신들의 창조물이다"—하여 정통기독교가 말하는 구원과는 전혀 다른 '구원'을 말한다. "구원의 목적이 이 잘못 창조된 세계를 벗어나서 진짜 하나님께로 가는 것이며 그 진짜 하나님께로 가는 지혜를 유다에게 가르쳐주는 대가로 예수를 배반하는 사명을 준다." 도올은 유다복음서에 근거한 구원 이해를 갖고 로마서가 말하는 죄의 대속개념을 통한 구원론에 도전한다. 도올은 자신의 구원론은 영지주의적 구원론임을 여기서 드러내고 있다.

이 과정에서 도올은 전통적인 조직신학의 죄론에 대한 반감을 드러낸다. "예수는 결코 원죄를 말하지 않는다. 인간은 태어나면서부터 죄인이라는 사상은 매우 괴이한 사상이다. 예수는 결코 그런 말을 한 적이 없다…… 인간의 원죄를 주장한 것은 부활의 의미를 추상적으로 강조하기 위하여 원죄를 추상화시켜 윤색해야만 했던 사도 바울의 사상이었다"(104). 도올의 악/죄에 대한 견해는 다음 인용문에서 어느 정도 간취된다. "그런데 악은, 실상 악은 따로 존재하는 것이 아니라 인간의 악한 의지와 관련되어 있다. 악한 인간을 악하게 만드는 것은 악한 의지일 뿐이다." "그런데 인간의 악한 의지는 대개 인간의 육체의 타성과 관련되어 있다. 따라서 일반적으로 육체는 도덕적으로 선량한 것으로 간주되지 않는다"(105).

1장의 109-113쪽에서 도올의 로고스 기독론 해석의 특이성이 포착된다. 하나님과 인간 사이에 있는 원초적 소통가능성을 옹호하는 내재주의적 계시수용성에 대한 강조다. "예수는 로고스이며 온전하게 하나님의 말씀이며 온전하게 빛의 수육체다. 그런데 어둠 속에 살고 있는 인간에게도 온전하지는 않지만 부분적인 빛의 파편이 있다. 그 빛의 파편이 바로 인간의 영혼이며 그 영혼은 육체라는 감옥에 갇혀 있다. 그 갇혀 있는 빛의 파편을 당연히 원래의 자기 고향, 즉 하나님의 세계로 돌아가고 싶어 하는 에로스적(상향적) 충동이 있다.…… 빛은 빛끼리 통한다. 그리고 이 빛(불꽃)은 하나로 뭉치기를 좋아한다.…… 이 작은 불씨들은 하나의 불꽃으로 뭉쳐 하늘로 올라가고자 하는 것이다. 이것이 곧 예수가 인간의 탈을 쓰고 거지 왕자가 된 소이연이다. 인간들이 자신에게 내재하고 있는 생명의 빛을 직시하도록 만들어주는 것이다. 예수는 자신의 수난을 통하여 이 세계의 어둠을 해체시키고 인간들에게 내재하고 있는 빛을 해방시키는 것이다. 그러기 위해서는 로고스는 수난을 통하여 자신을 파멸시킴으로써 자신의 모습을 되찾는다. 그는 인간과 자기 자신을 함께 구속함으로써 스스로 구속되는 것이다"(109-110). 이 점은 9-13절 강해에서 다시 한 번 두드러진다. 도올은 말씀을 받아들인다는 것은 "자신에게 내재하는 말씀의 가능성을 인지한다는 것이다"라고 규정한다(144). 도올의 요한복음 이해에 의하면 하나님의 자녀로 새롭게 태어나는 것은 "자신에게 내재하는 생명의 빛을 발견함으로써 하나님과 소통하는 새로운 삶의 가능성을 발견하는 것이다."

전체적으로 도올의 내재주의적 계시수용성 논의는 그가 영지주의적 구원론에 확실히 경사되어 있음을 명백하게 드러낸다. 두 가지 점에서 도올의 내재주의적 계시수용성 논의는 요한복음의 주장과 대립된다. 첫째, 요한복음은 인간의 실존을 신적 빛을 품은 신성함유적 존재라고 보지 않으며 어둠이라고 말한다. 인간은 날 때부터 빛을 보지 못하는 맹인이라는 것이다. 본다고 하는 자는 더욱 눈이 멀게 된다는 것이 요한복음의 논리다. 요한복음은 인간존재 안에 있는 빛을 주목하기보다는 하나님의 일방적인 빛의 조명을 강조한다. 인간은 그 안에 빛이 없으며 신적 영광에 응답하는 반사체다. 인간 안에는 초월적인 빛에 능동적으로 응답하여 빛과의 교섭을 창조할 어떤 내재적 조건이 없다는 것이다. 하나님의 은총만이 어둠에 갇힌 인간에게 빛을 비출 수 있다. 둘째, 요한복음의 빛인 예수님은 1,500년간 지속된 이스라엘의 구속사, 더 구체적으로는 언약의 역사를 완성하러 오신 성취자이지, 인간의 원초적인 신성을 각성시키러 오신 맥락 없는 구속자가 아니다. 아브라함부터 모세와 예언자를 거쳐 완성되는 야웨 하나님의 이스라엘 구원계획의 완성자로서 오신 예수를 빛이라고 하며 그 빛의 원래 맥락은 예언자적 빛 메타포이다. 예수님은 자신이 세상의 빛이라고 주장하실 때 그것은 구약의 구속사에 등장했던 하나님의 영광을 염두에 두고 하신 말씀이다. 요약하면, 도올의 그릇된 요한복음 이해는 구약역사를 배제했기 때문에 초래된 일탈이다. 도올은 철학적 바리새인인 셈이다.

2:12-25 강해에서 도올은 성전 정화사건을 복음서의 앞부분에 배치한 요한복음의 안목을 주목한다. 요한복음은 성전 정화(예수를 죽음으로 몰아간)를 그의 죽음의 계기가 되는 클라이맥스로 사용하는 것이 아니라 곧바로 최초의 이적과 연접시킨다. 바로 이 점에 요한복음의 구성적 파격성과 상징적 강력성이 내재한다는 것이다. 예수의 죽음과 부활을 최초로 앞당겨버린 것이다(186). 요한복음에서의 예수의 죽음은 상실이나 파괴가 아니라 신성의 원래 복귀를 의미하고 있음을 강조하는 것이다. 여기서 도올의 요한복음 오독은 더욱 분명해진다. 『파이돈』에 나타난 소크라테스, 즉 죽음을 육체의 감옥을 떠나는 영이 다이몬과 결합하는 것으로 본 소크라테스와 달리 예수는 자신의 죽음을 비통하고 두려워하며 맞이했다.[4] 2장의 예수는 자신의 육체가 찢겨짐으로써 성전의 역할을 이어받을 것을 암시한다.[막 15:38, 요 19:34, 히 10:19-22] 도올의 해석과는 달리 예수는 자신의 죽음을 강력하게 암시한다.

3장 강해에서 도올은 요한복음이 어떤 점에서 영지주의에 기대면서 영지주의의 이원론을 창조적으로 해소했는지를 부각시킨다. "왜냐하면 예수는 육화된 로고스로서 하늘이 땅속으로 들어와버린 것이다. 요한복음에 영육의 이원론은 강렬하게 깔려 있는 주제지만 그것을 이원론적으로만 해석하면 요한복음이라는 복음의 의미가 상실된다"(196). 도올은 여기서 요한복음(자신)과 헬라적 영지주의 이원론을 구별한다. "예수가 인간이 아니라면 가현론의 가능성 밖에는 남지 않는다. 예수가 인간이 아니라면 복음은 우리에게 아무 의미도 없다. 그것은 하늘과 땅이 하나 된 몸일 뿐이다"(197).[5] 18절("믿지 아니하는 자는…… 벌써 심판을 받은 것이다") 강해에서 도올은 요한복음의 현재화된 종말론을 도출하고 있다. "종말은 철저히 현재화되고 있다. 예수는 이미 육화될 때 심판의 자격을 지녔다"(197). 19-20절 강해에서 도올은 요한복음이 빛과 어둠의 이원론을 창조적으로 해소하고 있다는 점을 부각시킨다. "악을 행치 않고 진리만을 좇는 자들에게 이 세상은 모든 것이 빛일 뿐이다. 빛과 어둠의 이원론은 사라진다"(197-198). 도올은 3장의 빛과 어둠의 갈등을 구약의 예언자들(특히 이사야)의 예언 맥락에서 파악하기보다는 영지주의 구속자 신화의 틀 안에서 이해한다.

4장 강해에서 도올은 사마리아인의 기원과 사마리아와 유대의 갈등사를 재구성하고 있다(214-219). 도올은 구약 자체가 반反사마리아 문헌이며 히브리 성경 자체가 유대교(예루살렘) 중심으로 편찬된 매우 편견 있는 문헌이라고 규정한다(215-216). 도올은 여기서 다시 한 번 구약역사가 이스라엘의 추악한 배교 역사라고 단정 짓는다. 언뜻 보면 도올의 관찰이 옳아 보인다. 그러나 구약은 어떤 민족서사시나 종교성전물보다 더 정직하고 투명한 자기성찰이나 고백으로 가득 차 있다. 인류역사를 통틀어 이스라엘 민족만이 자기의 배타성, 추악한 자기중심성을 비판적으로 성찰하는 기록물로 남겼다. 구약에는 이스라엘 민족의 야수적 정직성과 고백이 있을 뿐 자기 의를 자랑하는 기록은 한 줄도 없다. 오히려 구약성경에서 이스라엘은 자기 역사를 자랑하지 않는다. 하나님의 은혜의 위대한 승리, 이스라엘과 인류의 죄와 불순종, 패역과 타락을 초극한 하나님의 위대한 은혜의 승리(치드코트 아도나이)를 노래한다(존 골딩게이). 구약은 메시아를 앙망하고 기다린 이스라엘 민족의 길고 긴 인고의 세월이나 초인적인 성실, 신실한 의리지킴을 현양하지 않는다. 도올의 구약에 대한 편견은 아마도 폭력과 억압을 동반한 율법주의에 대한 반감에서 비롯된 것처럼 보인다. 또 변덕스럽게 폭발하는 화염 같은 진노하시는 야웨에 대한 혐오어린 도올의 반감은 성경적으로 지지받기 힘든 피상적 인상비평일 뿐이다.

5:1-18 강해에서 도올은 맥락을 다소 벗어난 주제를 다루면서도 유대민족, 구약 율법에 대한 극단적인 혐오감을 표출한다. 38년 동안 병들었다가 치유받은 사람에게 안식일을 지키도록 강요하는 유대인들의 요구에 대해 논평하면서 유대민족의 역사와 율법에 대하여 적의를 감추지 않는다. "하여튼 유대민족의 역사는 온통 근친상간의 역사였다. 레위기 18장에 나오는 근친상간의 리스트를 보면 우리의 상상을 초월하는 근친상간 목록이다"(231). 그는 더 나아가 구약의 터부 같은 율법이 많은 이유를 전혀 엉뚱한 곳에서 찾고 있다. "당시 개돼지처럼 한 텐트 안에서 근친끼리 음욕을 충족시키고 금송아지나 만들어 광란의 춤이나 추고 있었던 유대인들을 질서 있게 데려다 정착시키기 위한 방편은 오직 율법밖에 없었다. 인간을 구속하는 온갖 터부를 만드는 것이었다. 그것은 단 하나의 법칙이었다. 야훼라는 유일신에 대한 절대적 복종 그것이 강요되는 원리의 세계였다. 원래는 역사적 상황에서 발생한 방편이었던 것이 절대화되고 조례화되어 그 의미나 전체적 도덕 원리는 무시되었다. 율법을 통해 생명을 부여하려는 하나님의 의지는 사라지고 단지 율법

이라는 세부조항의 형식적 권위만 살아남은 것이었다. 예수가 본 유대인의 현실 중에서 가장 절박한 것은 메시아의 도래나 천국의 도래가 아니고 어떻게 율법에 얽매여 사는 인간을 해방시키느냐 하는 과제상황이었던 것이다"(231-232). 도올은 예수의 천국은 유대인들의 마지막 보루인 토라를 폭파시켜 버리는 혁명적 작업을 통해 도래한다고 주장한다. 도올의 저작물에서는 정교한 학문적 분석과 대중적인 억측과 상상이 어지럽게 병존하는 경우가 자주 눈에 띈다. 율법에 대한 도올의 이해를 보면 그의 율법 이해가 너무나 빈약함을 느낀다. 유대인들은 율법을 사랑의 멍에라고 느낀다. 로마서 8:4에 의하면 성령의 내주도 율법의 요구를 성취하기 위함이다. 하나님의 백성들에게는 단 한 순간도 율법은 억압이나 폭파되어야 할 그 무엇이 아니다. 아마도 도올의 주장은 구약이나 구약의 율법을 가리키는 것이 아니라 바리새인에 의하여 교조화된 원칙들과 규례들을 폐기하자는 의미일 것이다(미쉬나 39개조항 안식일 부칙)(234). 절대화된 율법주의에 대한 도올의 극단적인 반감은 다음 인용구절에서 명료하게 표출된다. 안식일 계명을 어긴 사람에 대한 응징을 담고 있는 두 구절[출 31:14-15, 민 15:32-36]을 인증하여, 도올은 안식일 계명 위반자에게 사형을 언도하는 하나님이라고 힐난하며 다음과 같이 호소한다. "제발 기독인들이여! 성경 헛 읽지 말라! 성경 그 자체에 유대인과 야훼의 잔악함이 다 그대로 쓰여져 있다. 이것이 율법이다! 과연 일요일 날 일 좀 했다고 돌로 쳐 죽임을 당해야 할까? 이것이 위대한 종교의 모습인가? 과연 일요일 날 여호와 하나님께 돌로 쳐 죽임을 당하지 않을 자가 대한민국 기독교인 중에 단 한명이라도 있을까?"(235)

도올은 여기서 주석의 기본을 잠시 잊은 듯하다. 안식일 계명이 국가보안법처럼 아주 중대한 계명처럼 간주되었을 당시의 역사적 특수상황을 반영하는 구절[느 13장]들을 교조적으로 해석하여 하나님을 희화화하고 있다. 그가 성서 본문을 역사적 지평 위에서 해석한다면 문제가 되는 느헤미야 13장의 안식일 시행세칙의 유래를 기원을 자세히 살펴보아야 할 것이다. 당시 유대총독 느헤미야는 예루살렘을 국제무역도시로 변질시켜 막대한 이익을 누려려는 외국인들(특히 두로와 시돈의 해산물 어류 상인)과 그들과 손을 잡은 부패한 성전행정 권력자들의 농전농단, 율법파괴적 준동을 필사적으로 막으려고 했다. 이 과정에서 안식일에 페니키아 상인들의 해산물 어류 판매를 금지한 것이다. 슬로브핫의 딸들의 아버지 땅 상속법 제정 과정[민 27, 36장]은 구약율법은 어떤 상황에서도 죽음을 대가로 지불하고서라도 지켜져야 할 절대법이 아니었음을 보여준다. 슬로브핫의 딸들이 모세 당시 아버지의 땅을 아들만 상속할 수 있다는 관습에 반기를 들고 일어나자 모세의 중재로 몇 가지 예외적인 조건에서는 딸도 아버지의 땅을 상속할 수 있다는 법이 만들어졌다. 이처럼 구약의 율법 제정은 인간적인 상황에 대한 깊은 배려와 융통적인 적용 감각 아래서 이뤄졌다.

19-47절 단락 중 24절("내 말을 듣고 또 나를 보내신 이를 믿는 자는 영생을 얻고 심판에 이르지 아니한다. 그는 이미 사망에서 생명으로 옮겨졌다.")에서 도올은 또다시 요한복음 특유의 현재화된 종말론의 흔적을 발견한다. 역시 최후의 심판과 같은 종말론적인 사건이 현재화되어 있다(243). 그러나 이 또한 특정 자구에 대한 과잉된 해석의 예다. 요한복음 14-16장은 하나님 나라의 완전 구현, 즉 영생의 완전 구현은 또 다른 보혜사가 오셔서 해결할 미완의 과업이다. 이 세 장은 요한복음이 철저히 현재화된 종말론만 주창한다고 보는 학자들(도올, 다드, 불트만 등)의 관점이 치우쳐 있음을 보여준다. 27절 강해에서 도올은 "인자"라는 용어가 전혀 종말론적인 맥락에서 사용되고 있지 않다고 말하는데, 이는 의심스러운 판단이다. 인자의 묵시

론적 혹은 종말론적 심판 배경을 삭제하고 나니 아주 뜻밖의 해석이 이뤄진다. 인자가 심판한다는 것은 예수 자신이 사람의 아들이기 때문에 즉 사람이기 때문에 사람을 심판할 수 있다는 사상의 언표로 이해된다. 그는 하나님의 아들로서 사람을 심판할 수 있는 권세를 부여받았지만 인간의 체험을 공유하는 한 인간이기 때문에 인간을 평가하고 심판할 수 있다는 것이다(245). 도올이 예수님의 "인자" 화법을 조금이라도 연구해 보았다면 이런 무모한 결론에 도달할 수 없었을 것이다. 요한복음에서 인간은 심판 대상이지 심판 주체가 아니다. 요한복음의 "인자"는 종말의 심판자를 의미한다. 예수님이 자신이 받은 고난을 통해 획득한 인자로서의 심판권세라는 점을 요한복음은 서너 차례 이상 반복해 말한다.[6]

6:1-15의 이어오병 사건에 대한 강해에서 도올은 합리주의적인 해석을 시도한다. 먼저 그는 "이적은 이적으로 해석해야 한다. 그것을 사실로서 인과적 고리를 맺으려는 하등의 노력도 그 이적 설화가 가지고 있는 의미를 감소시킬 뿐이다"(249-250)라고 말한다. 그러나 동시에 그는 다음과 같은 말을 덧붙인다. "이 요한의 설화도 결코 이적이라고만 우리가 볼 수는 없다. 오천 명이 모인 상황이 있었고 배고픈 상황이 있었고 사소한 이어오병이라도 있는 것을 모두 다 같이 동등하게 나누어 먹었다는 사건이 있을 뿐이다. 요한은 이것을 이적으로서 신기하게 기술하고 있는 것이 아니다. 아마도 초대교회 성찬예식의 가장 원초적 형태의 현장을 그렸을 것이다…… 여기 '나누어' '주었다'는 표현 사이에 이어오병이 불어나는 이적에 관한 설명이 전혀 없다…… 예수의 혁명은 이와 같이 나누어 먹는 혁명이다"(250). 아마도 일본인 학자 전천건삼田川建三의 『원시 그리스도교 연구』[7]의 입장을 따르는 것처럼 보인다. 도올은 합리주의적 해석과 신화적 이적으로서의 해석 사이에 우왕좌왕하고 있다. 16-71절

강해에서 도올은 미래 종말론적 차원을 애써 무시하려고 한다(39, 40, 44절 마지막 날 언급). 아무리 요한이 현재적 종말론을 외친다 하더라도 여전히 미래적 종말론이 여기에 있다고 보아야 할 것이다. 도올 스스로도 "마지막 날에 살리리라"는 예수님의 말씀이 철저히 현재적 종말을 강조하는 요한의 종말론에 혼동감을 주고 있다는 점은 인정한다. 그러나 도올은 이 말씀은 자신의 현재적 종말론 안에 유대 전통적인 종말관의 여음을 남겨두려는 저자의 문학적 풍요로움이라고 축소시켜버린다(264). 7:41-42 강해에서 도올은 나사렛 예수는 처음부터 갈릴리 출신이며, 41-42절의 예수의 베들레헴 탄생 이야기는 마태나 누가에 의하여 꾸며진 스토리임을 증언하는 증거라고 판단한다.

8:32("진리가 너희를 자유케 하리라") 강해에서 도올은 신약학자들의 구약-유대교 의존적인 신약 이해를 비판한다. 그는 여기서 진리(알레데이아)는 사람의 품성에 관한 담론이라기보다는 실재reality의 인식에 관한 것임을 밝힌 후 "진리를 안다는 것은 실재 즉 하나님의 영역을 파악하는 것이며 이 육신으로 파악되는 세계에 대한 지식, 생성되고 소멸되는 코스모스의 판타지로부터 벗어나는 것이다"라고 정의한다(302-303). 도올은 여기서 다시 인간의 내재적 계시수용성을 강조한다. "예수라는 인성 속에서 그의 인성의 베일에 가려 있는 신성을 파악해야 하는 것이다. 그러나 사람들은 자기의 인성을 가지고 예수의 인성만을 파악하고 있는 것이다. 이것이 예수의 수난이요 인간의 비극인 것이다. 역설적으로 우리는 예수의 신성을 파악할 때 우리 자신 내에 숨겨진 신성을 파악하는 것이다. 그럼으로써 우리는 영생을 얻는 것이다"(303).

도올에 따르면 9장은 "그리스도의 사역을 어떤 다른 요한의 담론보다도 더 생생하고 완벽하고 간결하게 그리고 토탈하게 표출시키고 있다"(318). 10장 34절 강해에서 도올은 또다시 신약의 구약 인용의 조야성과 무근거성을 비판한다.[시 82:6] 11장 강해에서 도올은 나사로 부활 이적을 예수 자신의 죽음과 부활을 강력한 증표로 드러내는 드라마적 장치라고 규정한다(342). 12장 강해에서 도올은 요한복음의 세 차례의 구약 인용[15절: 스가랴 9:9; 38절: 이사야 53:1; 40절: 이사야 6:10]은 "매우 엉성한 인용이며 해석의 여지도 많고 또 텍스트 자체의 문제들이 개재되어 있다"고 본다(365). 도올은 "신약 속에 나오는 구약의 인용에 관해 특별한 의미를 부여하려고 애쓰는 모든 시도는 조잡한 권위에로의 복속에 불과한 것이다. 요한의 복음 자체가 그러한 구약의 단구[短句]의 가치를 몇 억만 배 뛰어넘는다는 사실에 새롭게 눈을 떠야 한다"라고 말한다(365-366).

13장 강해에서 도올은 다시 구약과 예수와의 관계를 급진적으로 단절시킨다. 예수의 섬기는 사랑을 구약의 하나님의 진노와 대비시키는 맥락에서 무리한 단절을 시도한다. "예수의 전 생애의 사상의 핵심은 율법의 부정이라는 한 마디로 압축될 수 있다고 나는 말해왔다.…… [그것을 긍정적인 언설로 바꾸면] 바로 여기서 말하는 사랑이다. 사랑이야말로 모든 율법을 대치할 수 있는 모든 계명을 폐할 수 있는 새로운 계명이다"(377-378). 도올은 여기서 기독교가 말하는 사랑(하나님에 대한 사랑과 이웃에 대한 사랑)은 감정이나 파토스가 아니라 신에 대한 사랑, 즉 신에게 자신의 의지를 복속시키는 사랑임을 역설한다. 그런데 하나님의 의지에 의지를 완벽하게 복속시킨다는 의미의 사랑은 도올이 폄하하는 신명기가 그토록 강조하는 하나님에 대한 전심사랑이다. 도올의 생각과는 달리 요한복음의 사랑이해는 신명기적 음조를 반향하고 있다.

14:1-31 강해에서 도올은 14장은 예수의 재림에 관한 이야기가 아니라고 본다. 도올은 요한복음은 철저하게 현재화된 종말론을

강조한다는 전제를 갖고 무리하게 요한복음을 풀기 때문에 여기서는 예수의 재림이란 보혜사 성령의 도래와 등치시키려고 한다(389). 15:1-17에 대한 도올의 강해는 구약에 대한 그의 편견 때문에 빈약하다. 신약과 구약과의 단절이라는 교조적인 경직성을 버린다면 도올은 여기서 이사야 5장과 예레미야 2장을 금방 떠올렸을 것이다. 유대인들의 성경 내재적인 주석방법을 적용하면,[8] 이런 방식의 주석적 관찰은 어렵지 않게 수행할 수 있다. 15:1은 에고 에이미 본문으로 예수 자신과 이스라엘 공동체를 특징적으로 정의하는 발언이다. 마치 10:11, 14가 자신을 에스겔 34장의 거짓 목자들과는 달리 선한 목자라는 사실을 강조하기 위하여 에고 에이미 화법을 구사하듯이, 예수는 들포도나무인 이스라엘과는 다른 참포도나무임을 강조하는 것이다. 우리는 포도나무 비유를 이해하기 위하여 신비주의적 종교전통인 만대아교,[Mandaism] 지중해 문명 이집트 문명의 생명나무 신화, 중동 및 동방 문명권에 공통된 유기체 사상에 호소할 필요가 없다. 요한복음의 저자가 그렇게 먼 지방의 자료까지 참조할 열심이 있다면 왜 구약을 참조하지 않았겠는가? 이 단락 강해의 마지막 부분에서 도올은 포도나무 비유를 통해 종교 혼융적이고 다원주의적 공존과 포용의 윤리를 주창하면서 동시에 배타적인 한국기독교를 힐난한다. "예수라는 나무는 우주적 생명이다. 이 우주적 생명나무에는 전 인류의 가지가 달려 있다. 그리고 전인류가 사랑의 열매를 맺어가고 있는 것이다.…… 예수의 사랑이 전 인류에 대한 사랑이라고! 그리고 예수가 전 인류를 사랑하심 같이 전 인류가 서로 사랑할 때만이 예수의 복음은 기쁜 소식이 되는 것이다. 물론 그 인류 속에는 단군 숭배자도 있고 불타 숭배자, 공맹 숭배자, 알라 숭배자, 야훼 숭배자도 있을 수 있다"(397-398). 참 대범하고 감동적인 발상이면서도 동시에, 과연 어떻게 우리가 이런 보편적인 사랑의 유기체를 이룰 수 있을 것인지가 궁금해진다. 타종교의 가치를 존중하는 것과 모든 종교를 다같은 줄기에 붙은 가지라고 주장하는 것은 전혀 별개의 문제다.

15:18-27 강해에서 도올은 보혜사 강림이 예수의 재림 성취라고 말한다. 16:1-15 강해에서 도올은 예수의 부활은 보혜사의 강림으로 상징화되고 있다고 말한다(407-408). 17:1-26 강해에서 도올은 또다시 신인神人합일적 구원을 말한다. 그는 11, 21, 22, 23절에 나오는 "제자들의 하나 됨"은 단지 초기 기독교 공동체 자체의 내부 결속이나 일체감, 종말론적인 공동체의 연합을 말하는 것이 아니라, 하나님과 예수의 연합성을 토대로 삼은 제자들과 하나님과의 연합을 말하는 것이라고 주장한다. 14:20, 17:21에는 예수를 매개로 하는 하나님과 인간의 연합이라는 사상이 깔려 있다는 것이다. 도올은 기독교회의 역사는 바로 이러한 요한복음의 신일합일 영성을 은폐하고 축소시키고 왜곡시켜온 역사라고 규정한다.[9] 이런 인간론적인 신성divinity의 테마를 신비주의라는 이름으로 모호하게 취급하는 주류 기독교를 비판한다. 그는 "요한복음의 깊은 사상에는 인간과 예수와 신의 '하나 됨'이 깔려있다.…… 나의 실존 속에서 신성을 발견하지 못한다면 모든 종교는 하나님의 권위를 빙자한 무당 푸닥거리밖에 되지 않는다"(420-421)라고 말한다. 여기서 도올은 인간 예수를 보편적인 인간의 대표자라고 본다. 그런데 요한복음은 인간예수가 아니라 구약의 구속사와 언약사를 완성시키는 특별한 인자 예수를 말한다. 예수의 자의식에는 구약의 구원사를 완성시키려는 독생자 의식이 가득 차 있다.

18:28-40에 대한 강해는 본문의 드라마적 요소를 잘 살린다. 다만 도올은 요한복음이 빌라도와 예수의 대화를 심문장면이 아니라 요한 철학의 드라마틱한 대결장면으로 묘사하고 있다고 주장한다

(437). 19장 강해에서 도올은 예수님의 재판과정을 드라마틱하게 잘 묘사하고 있다. 그는 예수의 수난과 죽음을 구약의 언약성취라는 맥락에서 보는 안목이 없기 때문에 그저 자신의 신념 때문에 죽는 철학자적 수난 수준으로 예수님의 십자가 죽음을 그린다.

20:1-18 강해에서 도올은 요한복음의 부활 이해를 잘 포착하고 있다. 요한복음에서는 부활이 단지 "무덤에서 일어남"이 아니요 이 지상에서의 물리적 출현도 아니다. 부활은 오직 "하나님 아버지께로 올라감으로써" 완성되는 것이다(463). 요한복음에 따르면 예수의 죽음 자체가 이미 부활이었다. 죽음 자체가 승리였고 생명이었고 다 이룸이었고 감동이었고 육의 극복이었고 성령의 현현이며 영생이었다. 따라서 육신으로써 부활한 모습에 마리아가 집착한 것은 옳지 못하다는 것이다." 살아난 예수의 몸에만 다시 우리가 집착하면 부활의 궁극적인 의미를 상실한다는 것이다(463).

21:15-25 강해에서 도올은, 이 단락이 요한복음서의 저자가 베드로를 정통으로 하는 크리스천 커뮤니티의 사람이라는 역사적 사실도 암시한다고 말한다(479). 이런 판단은 요한복음의 원독자가 에베소를 중심으로 한 헬라적 교양을 가진 지식대중이었다는 강해서의 앞부분의 판단과 어떻게 조화되는지 궁금하다.

『요한복음 강해』에 대한 총론적 비판

『요한복음 강해』에서 도올이 강조하는 세 가지 주장을 아래와 같이 비판할 수 있다.

첫째, 도올은 철저한 헬라 철학적인 개념으로 요한복음을 이해하려고 한다. 도올의 『요한복음 강해』는 헬라어 원문 본문에 대한 엄밀한 주석을 통해 귀납적으로 도출된 주장을 담고 있지 않는다. 그의 연구는 한글성경 요한복음 본문에 대한 주의깊은 읽기를 시도하지 않는다. 그의 주장은 요한복음 연구자들의 2차 자료에 과도하게 의존하고 있다. 특히 불트만의 실존주의적 헬라 철학적 요한복음 이해와, 찰스 H. 다드C. H. Dodd의 현재화된 종말론 관점의 요한복음 이해 그리고 바레트C. K. Barrett의 요한복음 배경사 이해와 D. A. 카슨D. A. Carson의 요한복음 주석서에 나타난 요한복음 이해에 자주 의존하고 있다.

이러한 도올의 치우친 관점에 의해 쓰여진 『요한복음 강해』는 요한복음이 철저하게 구약과 단절된 복음서이며, 헬라적 교양을 가진 지식인 대중(아마도 에베소 지역의 대중)에게 처음 읽혀진 복음서였다는 전제에 과도하게 의존한다. 하지만 요한복음의 독자는 구약적 배경이 없는 순전히 낯선 이방인들이었을 가능성은 적다. 요한복음에는 확실히 중기 플라톤적 교양을 가진 대중들에게 선포된 복음이기에, 당시의 헬라 철학적인 세계관인 영지주의를 모르고서는 충분하게 이해할 수 없는 부분이 있는 것은 사실이다. 그렇다고 해서 요한복음과 구약-유대교적 배경을 분리시키고 요한복음을 철저하게 피타고라스, 헤라클레이토스, 파르메니데스, 플라톤, 플로티누스, 스토아 철학의 로고스 철학 매트릭스에서 이해하려는 하는 도올의 입장은 정당화될 수 없다. 이런 도올식의 요한복음 이해는 이제는 낡은 방식의 요한복음 이해다. 요한복음은 구약성경의 창조신학과 언약신학, 쿰란 문서와 신구약 시기의 유대교적 문헌들 모두의 토대가 되는 구약의 이스라엘 구속사의 빛 아래서 얼마든지 해석될 수 있기 때문이다. 우리가 앞의 각장 주석에서 자세하게 예증했듯이, 요한복음은 구약과 유대교적 맥락에 훨씬 자주 호소해야 더 온전히 해석된다. 따라서 구약과 신약을 무리하게 단절시키고 요한복음과 구약-유대교적 배경을 분리시키는 것은 더이상 수용되기 힘든 접근이다.

둘째, 도올은 요한복음서가 공관복음서와는 완전히 다른 예수의 가르침을 전한다고 주장한다. 특히, 도올은 양자의 종말론 차이를 필요 이상으로 과장한다. 요한복음의 종말론은 "지금 여기서 믿는 결단"을 촉구하는 케뤼그마적 수사법의 일부이지 결코 공관복음서의 묵시론적 재림을 부정하는 것은 아니다. 요한복음은 이미 유포되고 있는 공관복음서를 대체하려는 의도가 아니라 보완하려는 의도로 저작되었다. 150년경의 시리아 교수 타티아누스(주후 120-180년)가 네 복음서를 합본해서 만든 『디아테사론*Diatessaron*』의 예에서 보여지듯이, 속사도 시대 이후의 그리스도인들은 네 복음서 모두를 있는 그대로 받아들여 함께 읽었다. 4세기의 아타나시우스 등 교부들이 공관복음서와 요한복음서를 나란히 신약 정경 속에 묶어 두었다는 것은 그들이 요한복음서와 공관복음서 모두를 상호보합적이고 보완적인 대화의 틀 안에서 수용했음을 의미한다. 따라서 그들은 공관복음서의 미래 종말론에 대한 전이해를 바탕으로 요한복음의 현재화된 종말론을 보완적으로 읽었을 가능성이 크다. 왜냐하면 이미 실현되는 영생을 말하는 요한복음도 동시에 다가올 심판을 분명히 말하고 있기 때문이다.[3:16-36] 예수님이 성령의 도래에 대한 반복적 담화로 묵시론적인 재림 열망을 해소시킨다기보다는, 제자들에게 당신의 재림을 기다리면서 사랑과 우애 속에 세상을 이길 것을 주문하고 있는 것이다.[14:1-4; 15:1-7]

셋째, 도올의 요한복음 해석은 영지주의 구원자 신화와 요한복음의 독생자 예수의 사명궤적 사이에 있는 근본적인 차이를 외면하거나 부정한다. 도올은 요한복음이 영지주의를 의식하며 그것을 초극하고 대체려는 변증적 동기를 갖고 있음을 외면한다. 요한복음의 로고스론이나 성육신 이론의 일면이 당시에 알려진 영지주의 신화와 유사한 면을 드러낼 수도 있으나 양자 사이의 근원적 차이가 훨씬 중요한데 도올은 이 급진적 차이를 외면한다. 영지주의 세계관에 따르면(『기독교성서 이해』, 149) 영육은 분열되어 있다. 육은 사탄이 지배하는 이 세계에 속하고 어둠에 붙들려 있다. 그 육에 갇혀 있는 영은 어둠에 가려 있지만 본래의 고향인 빛의 세계 즉 하나님의 세계로 돌아가기를 갈구한다. 인간의 영혼은 악마적 육체의 감옥 속에 갇혀 있는 빛의 파편이다. 그 파편은 본래 하나님께 속해 있던 것인데, 악마들이 하나님의 빛의 세계를 어둠의 혼돈으로부터 창조할 때 훔쳐다가 그 원동력으로 사용했던 것이다(『기독교성서 이해』, 149). "하나님은 이 감옥에 갇힌 빛의 파편들을 가련히 여겨서 그의 아들 로고스,Logos 말씀이며 빛인 자기 아들을 암흑 속으로 파견한다. 그러나 악마들이 그를 알아보지 못하도록 아들을 지상의 육체에 감추어진 모습으로 파견한다. 빛의 원조인 이 아들은 사탄이 고향을 잊어버리도록 항상 취하거나 잠자는 상태로 만들어놓은 빛의 파편들을 흔들어 깨우고 하늘의 고향을 상기시켜준다. 그리고 악마들이 지배하는 세상을 떠나 귀향 귀로에 오르게 만든다. 그때 악마들이 지배하고 있는 겹겹이 쌓여 있는 구중천의 관문들을 통과할 때 반드시 필요한 암호들이 있다. 이 암호들이 그노시스다. 구속자인 아들은 빛의 파편들에게 그 그노시스를 가르쳐준다. 불길들이 타 올라 하나로 뭉치는 것처럼 이 빛의 파편들이 다 하늘에 모여 다시 하나로 재조립될 때 이 세계는 종말을 맞이하게 된다. 원래의 암흑의 혼돈으로 가라앉는다. 그것이 마지막 심판이다. 구속자인 아들은 곧 그 빛의 파편들이 고향으로 돌아가는 길이며(도올에 따르면 요 14:6이 이것을 암시), 그 암호의 진리며, 이 세계에 속하지 않는 영원한 생명이다."[10]

겉으로 볼 때 이 영지주의 구원자 신화가 요한복음의 성육신하신 말씀의 궤적을 닮은 것처럼 보인다. 가장 큰 차이는 영지주의 구원자 신화는 유대 역사, 이스라엘 역사라는 특수지평이 완전히 사라져 있다는 점이다. 본 주석서에서 시종일관 강조되었듯이, 독생자 예수의 자의식과 언동은 철저하게 하나님과 이스라엘의 언약 역사와 구속사의 관점에서 해명되는 수수께끼들이다. 예수께는 보편적인 인간을 구원하려는 종교적 열정이 아니라 이스라엘과 하나님 사이에 진행된 언약사적 미완 과업을 완수하려는 사명의식이 강하다. 그분은 아브라함부터 자신의 시대까지 진행된 구속사를 완성시키려는 피파송 의식으로 가득 차 있다. 그분에게 특수한 시공간의 역사는 아주 중요하다. 그분이 말한 하나님의 구원은 이스라엘 민족을 구원하시려는 언약갱신적 잔치참여다. 구약의 구속사가 없다면 요한복음의 독생자 의식은 해명이 불가능한 언설이다. 영지주의의 최대 약점은 역사적 지평의 상실이다. 영지주의는 단순한 종교적 형이상학에 불과하다. 그런데 요한복음은 말씀이 육신이 되어 인간의 역사 속에 들어와 구체적 역사의 과제를 이루려고 분투하시는 '인자'의 고군분투록이다.

결론적으로, 영지주의 구원론은 탈세계적 구원론이며 지극히 개인주의적이고 엘리트주의적 구원론이다. 그것은 이 땅에 임하는 하나님 나라의 복음에 입각한 구원론이 아니다. 또한 영지주의적 구원론에 따르면, 예수의 수난과 부활은 인간 원죄에 대한 대속적 희생이 아니라 구약의 하나님이 자기 피조물인 인간에 대하여 갖는 모든 권리를 포기하는 법적 선포라는 것이다. 영지주의자들은 예수는 원래 이 세계의 창조와 관련이 없는 궁극적인 일자一者 하나님의 무규정적인 사랑과 자비로 말미암아 이 세계에 파송되었기에 이 세계에 속한 육신을 입을 수 없다고 본다. 육신을 입은 것처럼 보인다. 임시로 인간처럼 나타났다는 것이다. 이것이 바로 가현설假顯說이다. 도올도 인정하듯이 여기서 마르시온의 영지주의적 구원론의 결정적인 약점이 드러난다. 요한복음은 철저하게 육신을 입고 인간이 되신 예수님의 고난을 정점으로 움직이는 복음서다. 이런 이유로 가현설은 이단으로 단죄되었다. 육신을 입고 구체적인 역사적, 물리적, 시간적 공간에서 예수님의 길을 따르는 성육신 제자도의 길을 부정하는 가현설과 영지주의는 정통기독교가 될 수 없었다. 당연하게도 역사적 지평을 박탈하거나 부정하는 가현설은 항상 이단으로 단죄되었다. 정통기독교의 역사는 탈역사적 하나님 나라가 아니라 세계변혁적 하나님 나라에 희망을 걸어온 역사이기 때문이다.

주 · 참고문헌

주

저자 서문

1. J. Klausner, "The Rise of Christianity," in *The World History of Jewish People. Society and Religion in the Second Temple Period,* Michael Avi-Yonah & Zvi Baras eds. (Jerusalem: Massada Publishing Ltd., 1977), 187-190. 신약성경 이외의 문헌에서 나사렛 예수를 다루는 고대문헌을 소개하는 최신 연구서로는 Michael Welker, *Gottess Offenbarung. Christologie* (3rd.; Neukirchen-Vluyn; Neukirchener Verlag, 2016), 54-55을 보라. 미하엘 벨커는 주후 70년경의 시리아 출신 스토아 철학자 마라 바르 세라피온(Mara bar Serapion)이 아들에게 보낸 편지에 언급된 역사적 예수까지 이 논의에 포함하고 있다. 조직신학자가 쓴 이 책은 역사적 예수 연구사를 네 가지 질문으로 구분하여 가장 최신 연구성과들을 망라하여 평가하고 있다(54-89).
2. 요한복음 저자에 대한 교부들의 견해를 존중하면서도 요한복음 저자의 익명성에 담긴 의의를 강조하는 견해도 있다(문우일, "요한복음 저자의 신성한 익명성,"「신학과 사회」 33/2 [2019년 5월], 1-29). 이 논문은 19세기 이후 제시된 대안저자 가설들의 불충분성을 비판적으로 검토하며 요한복음의 저자가 자신을 익명으로 처리한 이유를 추정한다. 요한복음 저자는 유대교 지혜문학 전통(아가서 등)의 익명성 저작전통을 이어받는 동시에 요한공동체를 보호하려는 목적 때문에 자신을 익명으로 처리했다고 주장한다.

들어가며: 하나님 나라 관점으로 읽는 요한복음

1. 그리스 철학의 육체 경멸은 플라톤의 『대화편*The Dialogues of Plato*』 중 『티마이오스』(1789-1898), 『파이돈』(993-1053), 『소크라테스의 변명』(49-74)에서 현저하게 나타나고 나르시스 신화에도 현저하게 나타난다. 본 주석서에 여러 차례 인증되는 서른두 편의 플라톤 대화편의 주제논의는 Plato, *The Dialogues of Plato* (trans. Benjamin Jowett; New Haven, CN.: Yale University Press, 1934 [orig. 1871])에 실려 있는 본문들에 바탕을 두고 있다. 오비디우스가 전하는 나르시스 신화는 '육체 초월의 세계에서만 사랑이 완성된다'고 보는 육체 경시 사상을 보여준다. 거울 속에 비친 자신의 아름다움에 반해 거울 속의 존재를 사랑하려고 하지만 좌절하는 나르시스는, 육체라는 물질적 존재는 거울 속에 비친 자신을 사랑하지 못하게 방해하는 존재라고 생각하고 자신의 육체를 찢고 스스로를 물속에 던진다. 자기 육체를 파괴해서 또 다른 자기 존재와의 하나 됨을 이루려고 한다(Ovid, *Metamorphosen. Epos in 15* Büchern [trans. and ed. Hermann Breitenbach; Stuttgart: Reclam, 1990], 101-109 [Book 3 339-510절]).
2. 1941년에 나온 불트만의 요한복음 주석(*Das Evangelium des Johannes*)은 20세기 요한복음 연구의 분수령이 되었다(Rudolf Bultmann, *The Gospel of John: a Commentary* [trans. G. R. Beasley-Murray, R. W. N. Hoare, and J. K. Riches; Philadelphia, PA.: Westminster John Knox Press, 1971]). 불트만은 요한복음을 해석하기 위해 헬레니즘 종교의 틀을 주목했다(영생, 부활, 주). 그는 다소 자의적 자료비평과 문학비평으로 요한복음의 순서를 자의적으로 재조정하면서 주석했다. 13:30 뒤에 17:1-26을 이어 붙이고, 13:31-35 뒤에 15:1-17을 이어 붙인다. 그의 요한복음 주석서는 본문에 대한 불균등한 해석 분량으로 해석의 일관성이 부족하다. 그의 주석은 요한복음 저자의 종교철학에 대한 해설에 가깝다. 불트만은 요한복음의 저자는 세례 요한의 제자이지만 예수님의 열두 제자 중 한 사람이 아닌 인물일 것이라고 추정했다. 불트만의 해석 노선을 충실히 견지한 에른스트 헨첸(E. Haenchen)의 요한복음 주석도 유사하다(*The Gospel of John* vols. 1-2 [trans. Robert W. Funk; Philadelphia, PA.: Fortress, 1984] [orig. 1980]). 둘 다 목회자들이 읽기에는 지나치게 학문적이다.
3. 조석민, "설교자를 위한 요한복음 개관," 「교회와 문화」 32 (2014년 2월), 9-44(특히 18-19). 이 논문은 요한복음의 저자 문제에 대한 교부들의 증언들을 소개하고 있다(11-14).
4. 이런 입장을 본격적으로 제시한 학자가 독일의 마르틴 헹엘(Martin Hengel)이었다. 그는 세베대의 아들 요한이 아닌 다른 예수의 제자(장로 요한)가 요한복음의 저자라고 생각하며 그가 60-70년 이후부터 100년 사이에 가현설적인 기

독론이 자신의 공동체를 위협하는 상황에서 요한복음과 요한서신을 저작했다고 본다(*The Johannine Question* [trans. John Bowden; London/Philadelphia: SCM/Trinity, 1989]).

5. 영국의 신약학자 제임스 던(James D. G. Dunn)은 요한복음의 선재하는 기독론은 요한복음 저자가 구약-유대교 문헌의 지혜찬가를 창조적으로 변형해서 이상적인 하나님의 아들(다윗의 후손) 기독론과 절묘하게 통합시킨 작업의 산물이라고 본다(*The Partings of the Way: Between Christianity and Judaism, and Their Significance for the Character of Christianity* [London: SCM, 1991], 205-225).

6. 알렉산드리아의 유대인 철학자 필로는 구약성경의 창세기를 플라톤의 철학으로 해석했고 구약의 하나님이 이미 헬라 철학자들에게도 알려졌다고 믿었다.

7. 요한복음이 헬라 세계의 종교적 배경을 염두에 두고 저작된 책이라는 점은 대부분의 요한복음 연구가들의 공통된 이해다. 이 분야에서는 불트만, 마틴 헹엘 외에 영국의 C. H. 다드(Dodd)의 연구가 요한복음 이해에 기여한 바가 크다. 다드는 불트만보다 약간 늦은 시기인 1953년에 출간한 요한복음 연구서(*Interpretation of the Fourth Gospel* [Cambridge: Cambridge University Press, 1953]) 2부에서 헬레니즘적 종교사상들(이집트의 헤르메스 문헌들에 대한 '지식'의 구원 효능 개념, 랍비 유대교, 헬레니즘에 토착화된 유대교, 즉 알렉산드리아의 필로의 로고스론, 영지주의, 만다이즘)이 요한복음이 의식하거나 토론 대상으로 등장되는 사상들이라고 주장한다(3-130). 이 책의 특징은 서론이 책 분량의 절반 이상을 차지하고, 본문 강해는 소략하다는 것이다. 총 453쪽 중 285쪽이 서론인 1-2부에 해당된다. 1부는 요한복음의 저작 배경이 되는 헬레니즘 세계관(필로, 영지주의)을 다루고, 2부는 요한복음의 주요 개념(진리, 믿음, 영생, 로고스, 메시아, 인자 등)을 다룬다. 3부는 장별 혹은 단원별로 핵심 논지를 다룬다. 1부 배경의 첫 페이지에서 다드는 괴테의 『파우스트』의 첫 장면을 인용한다. 파우스트가 '태초에 말씀이 있었다'는 요한복음 1:1의 의미를 몰라 '태초에 행동이 있었다'라고 번역하는 장면이다(3). 다드는 공관복음서에 근거한 요한복음 해석 시도를 비판한다(4). 동시에 요한복음이 바울의 영향 아래 있는 복음서라고 보는 입장도 반박한다. 반면에 에베소서와 골로새서에 나오는 바울 사상과 요한복음의 사상의 유사성을 인정한다(4-5). 여기서 저자는 공관복음서의 미래 묵시적 종말론(the futurist eschatology)과 다르게 요한복음은 실현된 종말론을 다룬다고 주장한다(7). 요한복음은 하나님 우편 보좌에 들린 인자가 만민을 당신께로 이끌고 있는 중이라고 본다(12:32). 요한복음에서는 영생도 지금 믿음의 사람들이 그리스도와 연합하여 누리고 소유하는 실재적 경험이다. 아브라함이 보기를 즐거워했고 모세가 예언했던 영생이 지금 실현되는 중이라는 것이다. 그는 후에 마틴 헹엘이 주장하게 되는 논지를 이미 훨씬 전에 주창한다. '요한복음은 에베

소의 헬레니즘의 종교적, 철학적 세계에 익숙한 지성적이고 종교적인 대중일반에게 호소하는 책이다'(9). 이 책에서 가장 주목할 만한 부분은 1부 2장 "헬레니즘의 고등종교: 형이상학적 세계와 교통하려는 문헌"(The Hermetic Literature, 헤르메스 문헌)이다. 여기서 다드는 플라톤 철학자들의 글을 읽고 아우구스티누스가 성경의 세계로 귀의하는 과정을 묘사한 『고백록』 7장 9절을 소개한다. 여기서 아우구스티누스는 요한복음 1장을 읽고 신앙에 이르는 과정을 묘사한다(10). 2부에서 다드는 요한복음의 '참 떡', '참 빛' 등은 플라톤 철학의 개념이며, 요한복음 1장의 로고스 개념은 스토아 철학자들의 입장을 고려한 선언이라고 본다. 이집트의 헬레니즘을 대표하는 헤르메스 문헌은 플라톤주의 철학과 스토아 철학자의 사상을 혼융시킨 이집트 학자 헤르메스 트리스메기스투스(Hermes Trismegistus)의 이름에서 연유한 문헌을 가리킨다. 이 문헌들에는 요한복음과 비교될 만한 많은 그리스 문장들이 나온다. 헤르메스와 그의 아들 타트(Tat)와 아스클레피오스(Asklepios)가 나누는 대화가 요한복음의 예수님과 제자들의 대화와 비교된다. 헤르메스 문헌의 대표적인 개념이 '하나님을 아는 지식이 구원에 이르는 길'이라는 주장이다(14). 헤르메티스트들은 자신의 신학적, 인류학적, 우주론적 도그마가 구원하는 능력을 가졌다고 주장했다. 이 도그마를 그들은 '그노시스'라고 불렀다(15). 다드는 요한복음의 언어 하나하나가 헬레니즘적 종교와 철학교양을 가진 사람들을 아주 흥미롭게 유인했을 것이라고 본다. 다드는 이 1953년 책 서문에서 자신의 요한복음 연구서는 요한복음 해석원칙과 해석방향의 노선들을 확정하는 데 기여하는 책이지 본문 자체의 자세한 주석서는 아니라고 말한다. 따라서 다드의 1953년 요한복음 연구서는 목회자들에게 추천하기 힘들다. 다드는 1963년의 요한복음 연구서(*Historical Tradition in the Fourth Gospel* [Cambridge: Cambridge University Press, 1963])에서 요한복음이 공관복음서와 독립적으로 저작되었으며 어떤 부분에는 요한복음 기록의 역사적 신빙성이 더 크다고 주장했으며 비슷한 시기에 나온 두 요한복음 주석서도 이와 유사한 입장을 취했다(Rudolf Schnakenburg, *Das Johannesevangelium* [Freiburg: Herder, 1965]; Raymond E. Brown, *John I-XII* [ABC; New York, NY.: Doubleday, 1966]). 앞으로 본문해석에서 드러나겠지만 본 주석서는 불트만이나 다드의 입장과 달리 주로 구약성경의 언약사와 구원사의 빛 아래서 요한복음의 중심개념들을 해석한다(인자, 영생, 구원, 심판, 메시아 등).

8. 불트만 계열의 영지주의적(靈知主義的) 요한복음 해석은 도올 김용옥의 요한복음 강해(『요한복음 강해』[서울: 통나무, 2002])에서 잘 드러난다. 엄격한 강해서는 아니지만 도올은 영지주의적인 계시수용성 이론과 영지주의적 구원자 신화라는 큰 틀을 갖고 요한복음의 로고스를 해석한다. 또 다른 한편 도올은 유대교의 지혜신화나 인도나 이란의 설화에 비추어 로고스를 해석한 불트만과 달리 헤

라클레이토스 등 그리스 철학의 로고스론에 비추어 요한복음의 로고스를 해석한다(『절차탁마 대기만성』[서울: 통나무, 1987], "讀書法과 판본학의 입장에서 새롭게 본 기독교," 65-153; 『요한복음 강해』, 85-108). 그러나 폭력적이고 상극갈등적인 변화를 주장하는 영원불변의 로고스에 대한 주전 6세기 그리스 철학자 헤라클레이토스의 로고스 이해와 요한복음의 비폭력적 로고스론의 차이는 일찍이 하이데거 등에 의해 날카롭게 지적되었다(정일권,『르네 지라르와 포스트모던 사상가들』[서울: 동연, 2017], 34). 도올의 영지주의적 요한복음 해석에 대한 더 자세한 비판을 보려면 본서의 끝에 있는 보설(補說)을 참조하라.

1장. 육신의 장막을 치신 하나님

1. 영지주의는 인간의 본성 안에 있는 신성의 불꽃이 다시 신에게 복귀하도록 촉진시키는 '지식'(그노시스)이 구원의 열쇠가 된다고 믿는 헬라적 육체 경멸사상이다. 인간의 본질은 육체의 감옥에 감금되어 있는 신적 불꽃이라고 보는 이 사상의 원조는 소크라테스와 플라톤이다. 요한복음은 육체를 신적 불꽃인 영혼의 감옥이라고 보는 영지주의에 대항해, 인간의 몸은 하나님의 영광이 가득 담기는 용기임을 주장하고 육신과 물질세계의 가치를 인정하는 구약의 창조신학에 터하고 있다. 영지주의에 대한 개괄적 이해를 돕는 자료들은 다음과 같다: Kurt Rudolph, *Gnosis: The Nature and History of Gnosticism* (trans. Wilson, R. McL; San Francisco, CA.: Harper & Row, 1983), 2-3; S. A. Hoeller, *Gnosticism: New Light on the Ancient Tradition of Inner Knowing* (Wheaton, IL.: Theosophical Publishing House, 2002), 2-3; Madeleine Scopello, *Les Gnostiques*, 이수민 편역, 『영지주의자들』(서울: 분도출판사, 2005), 30-31; 조재형, "고대 영지사상이 초기 기독교 공동체의 '신론'(神論)에 끼친 영향," 「신학연구」 69(2016년), 87-110.
2. 천사 위계(정사, 권세, 보좌 등)에 대한 골로새서(1:16; 2:8, 10, 15, 20)나 에베소서(1:21; 3:10; 6:12)의 단죄는 영지주의자들의 천사숭배론을 염두에 두고 있다.
3. Walter Bauer, Frederick William Danker, *A Greek–English Lexicon of the New Testament and Other Early Christian Literature* (3rd ed.; Chicago: Chicago University Press, 2003)(이하 BDAG), 138. BDAG는 아르케(ἀρχή)를 '제1원인'이라고 규정한다. 이오니아 학파의 '아르케' 담론을 보려면 스털링 피터 램프레히트(S. Peter Lemprecht), 『서양철학사』, 김태길, 윤명로, 최명관 역(서울: 을유문화사, 1984), 21-31(특히 21-25)을 참조하라.
4. 프로스(πρὸς)는 친밀함을 누리는 "함께 있음"을 표현하는 전치사다(Marcus Dods, "The Gospel of St. John," in *The Expositor's Greek Testament*, W. Robertson

Nicoll et al. [New York, NY.: Dodd, Mead, 1897] vol. 1:684). 비슷한 용례를 보려면 마 13:56, 막 6:3, 9:19, 갈 1:18, 요1 1:2을 참조하라.

5. 이 단락은 요셉-마리아의 순종보다 '말씀'이 연약한 인간 아기로 태어나기로 결단한 순종을 주목한다.

6. '생성된 것'이라고 번역되는 헬라어는 호 게고넨(ὃ γέγονεν)인데, '생성된 자'라고 번역될 수 있다. 일부 초기사본들에는 호 게고넨 앞에 마침표가 없어 자연스럽게 3절에 속했다. 이런 경우 이 어구는 판타 디아 아우투 에게네토('만물은 그로 말미암아 생겨났다')를 반복하는 동격어구로 작동한다. 이때 호 게고넨은 '생성된 것'을 의미한다. 그런데 아리우스파를 지지했던 동방교회에서는 4세기부터 이 어구를 4절과 관련시켜 번역하곤 했다. 그런 경우, '그 생성된 자, 그 안에 생명이 있었다'라는 번역이 가능하다. 교리논쟁을 고려하지 않고 구문론적으로 보면 이런 번역이 불가능한 것은 아니다(네슬-알란트 25판의 경우). 네슬-알란트 26판은 이 어구를 4절로 옮겼다. 알란트는 원래 4절에 있던 호 게고넨을 3절로 옮긴 자들은 아리우스파를 반대한 4세기 그리스 교회였다고 주장했다. 그는 아리우스파가 4절로 옮겨진 이 구절을 이용해 그리스도의 '태어남'을 강조하자 후기 사본들이 이 어구를 다시 3절로 옮겼다고 주장했다(N. Aland, "Eine Untersuchung zu Johannes 1, 3-4. über die Bedeutung eines Punktes," *Zeitschrift für die neutestamentliche Wissenschaft* 59 [1968], 174-209).

7. 그리스 철학의 로고스론 및 필로가 주창한 로고스론과 요한복음의 로고스를 비교하려면 Craig S. Keener, *The Gospel of John. A Commentary*. Vol. 1(Grand Rapids, MI.: Baker Academic, 2003), 341-347, 360-363을 참조하라. 키너는 요한복음의 로고스는 구약성경의 지혜와 토라 자체를 염두에 둔 개념이라고 본다. 예수는 유대인들이 애지중지하는 토라의 화육이기 때문에 모세를 믿는 유대인들은 당연히 토라의 성육신인 예수를 믿어야 한다고 주장했다는 것이다. 로고스는 유대인들에게는 비판적 변증기능을 수행하고 헬라인들에게는 복음 제시적 기능을 수행하는 셈이다. 전체적으로 키너의 요한복음 주석은 요한복음에 이뤄진 다양한 연구성과들과 대화하면서도 다소 보수적인 입장을 견지한다(114-115). 요한복음을 나그함마디 문서, 헤르메티스트 문헌, 만다이즘 문서, 영지주의, 유대신비주의 등의 문헌사적 배경의 빛 아래서 연구하려고 했던 불트만과 다드 등의 연구들도 비판한다(164-170). 키너는 오히려 요한복음의 '유대교적 배경'을 더욱 주목한다. 소아시아 지역에 흩어진 디아스포라 유대인들이 오히려 요한복음의 중요한 예상 독자였다는 것이다(171-175). 키너의 주석서는 목회자들이 읽기에 유익한 정보를 많이 제공하며 긴 연구사, 배경사 등에 대한 정리도 유익하다. 이 책은 비록 목회자용 주석은 아닐지라도 목회자들이 참조하기에도 좋은 자세한 학문적 주석이다. 이 책의 한국어판은 크레이그 S. 키너,

『키너 요한복음 I, II, III』, 이옥용 역(서울: 기독교문서선교회), 2018이다.

8. 요한복음에 모두 서른일곱 번 나오는데 그중에서 조에 아이오니오스(ζωὴ αἰώνιός, 영생)는 모두 열일곱 차례 나온다. 요한1서는 조에(ζωή)를 열세 번 사용한다.

9. '비치고 있다'라고 번역된 파이네이(φαίνει)는 '비치다'를 의미하는 동사 파이노(φαίνω)의 3인칭 단수 현재직설법이다. 빛의 조명사역은 영원히 현재적인 사역임을 강조한다(요 8:12; 9:5; 12:46).

10. 쿰란문서 중 '전쟁 두루마리'(*The War Scroll*, 원제는 「빛의 아들들과 어둠의 아들들의 전쟁」)가 빛과 어둠의 갈등을 다룬다. 요한복음서와 쿰란문서의 유사성을 보려면 Raymond E. Brown, "The Qumran Scrolls and the Johannine Gospel and Epistles," in *New Testament Essays* (Garden City, NY.: Doubleday, 1968), 138-173과 요한1서와 쿰란문서의 빛-어둠 이원적 갈등 사이의 유사성을 참조하려면 Thomas A. Hoffman, "1 John and the Qumran Scrolls," *Biblical Theology Bulletin* 8 (1978), 117-125을 보라.

11. 하나님은 온 땅이 하나님께 인격적으로 순종하고 응답해 하나님의 영광으로 가득 차기를 원하신다. 이 세상 전체가 하나님의 지성소가 되기를 원하신다(사 6:3, 합 2:14).

12. 하나님의 빛 창조는 어둠만으로 가득 찬 원시암흑 우주에 대한 질적 변형을 통한 창조이지 어둠이나 암흑물질을 소멸시키는 창조는 아니다. 적어도 새 하늘과 새 땅이 창조될 때까지 빛과 어둠은 이원적 항등관계를 갖고 병행한다(계 21:23-25; 22:5).

13. '증언하다'를 의미하는 마르튀레오(μαρτυρέω)는 요한복음에서 서른세 번 나온다. 마태복음과 누가복음에서는 한 번, 마가복음에는 전혀 나오지 않는다. 철저하게 요한복음 용어라는 말이다. 이 단어의 명사형 마르튀리아(μαρτυρία)는 요한복음에 열네 번, 마가복음 세 번, 누가복음 한 번 나온다. 마태복음에는 나오지 않는다. '증언하다'와 '증언'은 요한복음의 변증적 저작목적을 드러내는 중심어휘임을 알 수 있다.

14. '참 빛'은 구약성경의 맥락에서도 해명되는 단어이지만 플라톤의 이데아 사상을 연상시킨다. 히브리서 8-10장(하늘의 형상)에서도 잘 드러나듯이, 보이는 '세상'('이 세상', ὁ αἰών οὗτος)은 천상세계에 있다고 믿어지는 이데아(원형)의 세계(하늘, 위)에 비해 어둠이며 불완전이며 모형이다. 요한복음은 확실히 플라톤적인 이데아론(이원론)에 친숙한 독자층을 의식하고 있다.

15. 6:14, 9:39, 11:27, 16:28은 말씀이 세상에 들어온 것을 적시하며 12:46에는 예수님이 1인칭 에고 대명사를 사용하며 "나는 빛으로 세상에 왔나니"라고 말씀한다[에고 포스 에이스 톤 코스몬 엘렐뤼싸(ἐγὼ φῶς εἰς τὸν κόσμον ἐλήλυθα)].

16. 요한복음의 대표적인 선호화법은 피스튜오+에이스 대격전치사 구문이다(πιστεύω+εἰς). '믿다'라는 동사는 신약성경에서 모두 아흔여덟 번 나온다(마 11회, 막 14회, 눅 9회). 대신 요한복음에서는 '믿음'(πίστις)이라는 명사는 거의 사용되지 않는다. 구약의 언약신학을 상당히 의식하는 요한복음의 경향에 비추어 볼 때 이례적이다. 당시에 문제가 되고 있던 영지주의자의 '믿음' 강조에 대한 경계 때문이라는 견해도 있으나 더 확실한 연구가 필요한 질문이다. 아흔여덟 번 용례 중에서 서른여섯 번이 '그리스도'를 믿는 맥락이며, 서른 번은 에이스 전치사 뒤에 아무 대격명사 없이 사용되는 경우다. 피스튜오+에이스+그리스도(예수/인자) 구문은 그리스도가 하나님으로부터 온 말씀이며 아들임을 전적으로 영접하고 그것에 따라 행동하는 것을 포함하는 투신적 신뢰를 의미한다.
17. 스케노오(σκηνόω)에 상응하는 히브리어 단어는 샤칸(shaqan)이다. 샤칸에서 '하나님의 영광'을 의미하는 용어 '쉐키나'(Shekinah)가 파생되었다. '하나님의 영광'은 '장막친 자'인 셈이다.
18. 카린 안티 카리토스 앞에 나오는 카이(καὶ)는 등위접속사가 아니라 '심지어'라고 번역하는 것이 더 낫다.
19. 시 1, 19, 119편을 비롯한 여러 시편들과 신명기 5-6장은 율법은 하나님이 주신 선제적 구원 은혜임을 전제하거나 찬양하고 있다. 예수님은 율법 자체가 아니라 율법의 시행세칙에 해당되는 장로들의 전통을 비판하셨다. 마 5:17-21은 예수님에게 율법은 성취하여야 할 하나님의 의(義)였음을 보여준다(신 6:25).
20. Dirk G. van der Merwe, "Old Testament spirituality in the Gospel of John," *Verbum et Ecclesia* 35/1(2014 Jan.), 1-9. 이 글은 구약의 토라영성이 요한복음에 얼마나 철저하게 스며들어 있는지를 주목한다.
21. BDAG, 556, κόλπος 1.
22. 『유대 전쟁사』는 주후 66-70년에 유대인들의 대(對)로마제국 항쟁이 일어났을 때 갈릴리 지역의 한 요새를 맡은 항쟁군 지역사령관이었던 맛디아스 요세푸스(후에 플라비우스 요세푸스로 개명)가 쓴 책이다(75년경). 요세푸스는 갈릴리 일대의 모든 애국적인 청년들을 모아 로마군과 전투를 벌이다가 생포되어 로마에 끌려가서 로마의 앞잡이가 된다. 70년에 예루살렘 성이 마지막으로 함락될 때 항복을 독려하는 선무공작장교로 활동했다(플라비우스 요세푸스, 『유대 전쟁사』, 김지찬 역[서울: 생명의 말씀사, 1987], 279-288, 301-302, 338-347, 507-517[선무공작활동]). 그가 로마제국의 후원을 받아 쓴 책이 『유대 고대사』와 『유대 전쟁사』이다. 『유대 전쟁사』는 바리새인과 사두개인보다 훨씬 더 많은 분량을 에세네파라는 종교집단을 설명하는 데 할애한다(197-203).
23. 플라비우스 요세푸스, 『유대 고대사』, 김지찬 역(서울: 생명의 말씀사, 1987), 18권 5장, 516-518(18세기 영국의 William Whiston의 영역본 번역서). 비느하스 라피데

(Phinchas Lapide, 1922-1977) 같은 이스라엘 학자는 헤롯 집안은 에세네파 세례 요한과 가까운 사이였다고 주장했다. 심지어 헤롯 안티파스는 세례 요한을 "예언자"로 존경하며 두려워했다.

24. 빌라도의 폭정을 보여주는 사례는 눅 13:1-2에 나온다. 빌라도가 "어떤 갈릴리 사람들의 피를 그들의 제물에 섞은 만행"을 범했다. 요세푸스의 『유대 전쟁사』도 빌라도의 두 가지 만행을 예시한다. 총독으로 부임한 지 얼마 안 되어 티베리우스 황제의 초상이 그려진 군기를 예루살렘에 몰래 들였다가 유대인들의 결사저항에 직면해 자신의 결정을 철회한 적이 있었다(205). 그리고 빌라도는 성전금고에서 돈을 빼내어 자신의 총독관저가 있던 가이사랴의 수도관 공사에 충당함으로써 유대인들을 격분시켰다(206). 또한 요세푸스, 『유대 고대사』, 18권 3-4장, 505-512에도 유대인들과 사마리아인들에게 폭정을 자행한 빌라도의 악행을 고발하면서, 마침내 수리아 총독 비텔리우스에게 고소당해 유대총독 임기 10년을 마치는 과정을 기록한다(512).

25. 1세기 랍비 유대교에 따르면 엘리야는 언제든지 '재림할 준비'를 하며 천상에 살아 있는 존재로 인식되었다(말 4:5). 세례 요한은 자신이 엘리야가 아니라고 했으나 예수님은 그가 엘리야적 선구자였다고 인정한다(마 11:13-14).

26. 일부 학자들은 여기서 창 22:8(아케다 본문)에 나오는 번제할 어린양을 떠올린다. 주로 1세기 유대교가 아케다 본문의 이 어린양이 이스라엘에 드리는 모든 양 제물봉헌의 원천사건이라고 보는 점에 주목해 이렇게 해석한다(Geza Vermes, Scripture and Tradition in Judaism: Haggadic Studies. *Studia Post Biblica* v.4 [Leiden: Brill, 1961], 193-220). 특히 게자 베르메스는 세상 죄를 지고 가는 어린양이 창세기 22장에 대한 해석이라고 본다(223-225). 창 22장의 천상음성은 세례 요한의 증언으로 대체되고 창 22장의 '사랑하는 독자'는 '하나님의 어린양'으로 대체된다는 것이다. 베르메스는 요 1:29의 '세상 죄를 지고 가는 어린 양'은 속죄제물의 양도 아니요 유월절 어린 양도 아니고 사 53장의 어린 양도 아니라고 본다. 또한 29절의 '어린 양'은 에녹서 89:46이 말하는 왕적 메시아(양무리의 우두머리)도 아니며 상번제물로 드려지는 어린 양도 아니라고 주장한다. 베르메스는 구약의 모든 어린 양 제물의 원형은 창 22장의 그 어린 양이라고 주장한다. 따라서 베르메스는 요 19:36의 예수와 유월절 어린 양을 동일시하는 해석은 오도된 해석이라고 본다. 그는 유월절 어린 양이 속죄(하나님의 진노를 누그러뜨리는 공의 만족적 제물이 아니라는 의미에서) 제물이 아니었다고 말하며 이 동일시를 배척한다(찰스 H. 다드를 따라). 오히려 유월절 어린 양이나 상번제 어린 양 모두 창 22장의 '어린 양'의 영구적 기념제물이라는 것이다. 베르메스는 요한복음 1:29은 유월절 어린 양의 죽음과 사 53장 죽음의 의미를 종합해서 "더 나은 이삭"으로서 예수 그리스도를 제시하고 있다고 본다. 이런 경우 아브라함

의 이삭번제가 세상 만민의 죄를 용서하려는 하나님의 의지를 대행하는 제물이 되는 셈이다. 아브라함의 후손으로 천하 만민의 복을 얻게 된다는 창세기의 말씀은 대속론적인 구원이 천하 만민에게 확장될 날에 대한 예언인 셈이다(창 22:17-18). 반면에 키너는 "세상 죄를 지고 가는 하나님의 어린 양"을 에녹1서에 나오는 '뿔난 지도자 양'(종말론적 예언자)을 가리킨다고 본 다드 등의 견해를 비판하며, 사 53:7의 빛 아래서 29절의 어린 양을 이해하는 것도 가능하다고 본다. 그러나 중심적인 배경은 유월절 어린 양을 가리킨다고 본다(*The Gospel of John*, 452-454). 우리는 베르메스와 키너의 해석 둘 다를 가능한 해석이라고 본다.

27. 불트만을 위시한 20세기 중반의 신약학계는 자신을 선재하는 하나님의 아들이라고 주장하고 행동한 예수의 자의식을 신약성경 저자들이 후대에 신학화하는 과정에서 덧붙여진 요소라고 보았다. 역사적 예수에게는 이런 자의식이 없었다고 본다. 그런데 우리는 요한복음은 예수의 고양된 독생자 의식, 선재하는 하나님의 아들 의식, 그리고 종말의 인자 의식이야말로 유대인들과 예수님의 갈등의 핵심요인이라고 보며, 따라서 요한복음의 도발적이고 거룩한 예수님의 언동은 역사적 예수에게서 유래한 것이라고 본다. 공관복음서를 바탕으로 예수의 '선재하는 하나님의 아들' 의식을 추적하는 이형일의 연구는, 요한복음이나 바울의 선재하는 기독론의 뿌리가 역사적 예수의 자의식이며 이 자의식에 비추어 신약저자들이 시 110:1과 시 2:7 등을 주석하는 과정에서 '선재기독론'이 정교해졌다고 주장한다(『예수와 하나님의 아들 기독론』[서울: 새물결플러스, 2016], 49, 255-368). 비록 학술적인 책이지만 이형일의 책은 목회자들에게도 유익하다. 특히 5장의 "예수의 신적 사명 자의식"(221-254)은 공관복음의 예수 화법들(마 11:27; 16:17, 막 1:9-11; 12:1-12; 13:32)을 분석함으로써 예수의 신적 피파송의식을 자세히 분석한다(416-417).

28. Reza Aslan, *Zealot: The Life and Times of Jesus of Nazareth* (New York, NY.: Random House, 2013), 1-70. 나사렛 예수를 급진적 무장혁명을 통해 하나님 나라를 세우려다가 실패한 '열심당'이라고 보고 많은 상상력을 동원해 쓴 책이다. 알버트 슈바이처의 『역사적 예수 탐구』(*The Quest for the Historical Jesus*)의 통속화된 버전이라고 볼 수 있다. 나사렛 예수가 예루살렘에 실제 열심당 주도 국가를 세우려고 주도면밀하게 활동하다가 참변을 당했다고 본다. 한때 기독교인이었다가 이슬람교도가 된 저자가 기독교를 공격하는 차원에서 쓴 논쟁적인 서적이다. 이 책은 예수님 당시의 곤경에 처한 이스라엘 민중의 삶을 생생하게 묘사하고 있다. 그는 마가복음 6:3이 말하는 예수님의 직업인 '목수직'은 대개 문맹자, 비천한 사람과 동등어로 쓰일 만큼 경멸된 직업이었다고 주장한다. 당시의 이스라엘 농민 97퍼센트가 문맹이었으며 예수님도 이런 문맹자 중 하나였을 것이라고 추측하는데, 근거가 빈약해 보인다. 그는 12세 신동 소년 예수님

의 일화(눅 2:42-52)나 나사렛 회당 이사야 설교 일화도 날조라고 주장한다(28-35). (『젤롯』 와이즈베리)

29. Mark E. Moore, *The Chronological Life of Christ* (Joplin, MS.: College Press, 2007), 87. 잎이 무성한 무화과는 토라공부와 묵상에 적합한 그늘을 만들었다. 무화과는 이스라엘을 상징하는 나무이기도 하다(마 24:32, 눅 13:6-9).

30. Keener, *The Gospel of John*, 486. 키너는 일부 주석가들이 다니엘서의 외경 「수산나 이야기」에서 다니엘이 수산나를 고발하는 거짓 증인들이 '어느 나무 아래서 그들이 수산나가 간음하는 것을 보았느냐'고 물었던 일화에서 착안해 요한복음 저자가 '무화과나무'를 정직의 상징으로 보려고 했을 것이라고 추측하는 것에 대해 비판적이다(486).

31. 하스모니안 왕조의 개창자인 시몬부터 알렉산더 잔내우스에 이르기까지 마카베오 혁명세력들은 해변도시들(헬레니즘화된 도시들)을 공격해 도시민들의 상업 전환을 유도했고 헤롯 대왕도 세수 증가를 위해 상업을 격려했다(Michael Avi-Yonah & Zvi Baras, *The Herodian Period. The World History of the Jewish People: Ancient Times* [Jerusalem: Massada Publishing Ltd., 1975], 180-205). '땅에서 뿌리 뽑힌 사람들'이 예수님 당시에 즐비했다. '온유한 자가 땅을 상속할 것이라'는 산상수훈은 이런 맥락에서 선포되었다(마 5:5).

32. '인자'에 대한 신약성경의 여든아홉 번 정도의 용례 중 요한복음에서는 열세 번 사용된다. 예수님의 십자가 들림, 순종 맥락과 종말의 심판 맥락에서 '인자'가 언급된다. 이 구절은 사 52:13('내 종이 형통케 되어 지극히 높이 들릴 것이다)과 창 28장의 야곱 하늘 사다리 환상 계시를 연결시켜 예수님의 미래사역을 묘사한다. 여기서 '인자'는 「에녹서」(에녹1서 혹은 에티오피아 에녹서)의 비유들의 책(37-71장)에 나오는 하나님의 종말심판 참여자이자 대리자인 '인자,' 시 8:4-5, 80:17, 단 7:13, 에스겔 인자 개념 등에서 암시된 '인자' 역할을 맡는 메시아적 종이다. 요한복음의 예수님이 언급하는 자기호칭으로서의 '인자' 말씀은 '인자'의 천상 기원이다. 하나님의 신탁출납, 부왕적 대리통치, 심판주(사죄권, 영생과 영벌 처분권) 역할이 인자의 주 사명이다.

33. 그러나 니체는 대체로 기독교의 본질을 오해했으며 웅혼하고 용감한 게르만 정신을 연약하게 만든 것이 기독교 신앙이라고 공격했다. 하지만 그의 기독교 반대는 신앙의 이름으로 하나님께 노예적으로 의존하는 것을 정당화하는 통속화된 기독교 신앙 행태에 대한 반대다. 기독교에 대한 니체의 비판을 보려면 최순영, "니체와 기독교: 니체의 기독교 이해에 대한 비판적 고찰," 「니체 연구」 14(2008년 10월), 9-50을 참조하라.

2장. 물을 포도주로 변화시킨 예수님의 첫 표적

1. 이 해석과 유사하지만 약간 다른 해석은 윌리엄 헨드릭센의 해석이다(William Hendriksen, *The Gospel of John* [NTC; Edinburgh: The Banner of Truth Trust, 1959], 115). 헨드릭센은 '여자여'(귀나이)라는 칭호가 아주 친절한 호칭이라고 말하며 어머니를 '여자'라고 부르는 이유는 마리아가 예수를 자신의 아들이라고 생각하면 너무 고통을 크게 느낄 것을(눅 2:35 시므온의 예언) 배려해서 이렇게 불렀다고 본다(433).

2. 요한복음의 "내 때"는 인자의 삼중적 들림 시점(십자가 죽음, 부활, 승천)을 가리키지만 포괄적으로는 '아버지께 돌아가는 때'를 가리킨다(2:4; 4:21, 23; 5:25, 28, 7:30; 8:20; 12:23, 27; 13:1; 16:25; 17:1).

3. 키너의 입장은 본 주석서의 입장과 약간 유사하다. 키너도 마리아의 '포도주가 없다'는 보고는 '기적적 개입'을 요청한 것이라고 본다. 다만 키너는 4절의 '여자여'를 19:26의 '여자여'와 연관시키지는 않는다(*The Gospel of John*, 505-506).

4. 예수님은 어떤 여인이 삼백 데나리온 되는 향유를 자신의 발에 부어 씻는 돌발적 행동을 보고 '이 여인의 행동은 정당하다. 내 장례식에서 내 시체에 뿌릴 향품을 미리 뿌리는 것이다'라고 해석해 주셨다. 여인의 돌발적인 행동도 예수님의 재해석으로 그 예언적 의미가 살아났다(마 26장).

5. 요한복음은 적어도 두 번의 다른 유월절을 언급하는 것처럼 보인다. 2장의 유월절은 최초로 언급되지만 최후의 유월절을 가리킬 가능성이 있다. 6:4의 유월절은 예수님이 예루살렘에 가서 축성한 유월절이 아니다. 5:1명절은 특정되어 있지 않다. 11:55, 12:1, 13:1, 18:28, 39, 그리고 19:14의 유월절은 같은 유월절을 가리킨다. 요한복음은 예수님을 유월절의 어린양으로 보려는 일관된 입장을 보여준다.

6. 메시아 시대에는 '더이상' 장사하는 자들이 하나님의 전에 얼씬거리지 못할 것이라고 예언한 스가랴의 예언(14:20-21)을 성취하는 말씀일 수 있다. 스가랴는 안식일에도 유다의 귀족들이 시돈의 어부들(가나안 사람들, 즉 상인들)과 장사하는 행태를 격렬하게 비난하는 느헤미야의 질책을 염두에 두고 이런 예언을 했을 것이다(느 13장).

7. 에릭 메택시스,『디트리히 본회퍼: 목사, 순교자, 예언자, 스파이』, 김순현 역(서울: 포이에마, 2011).

8. 아돌프 히틀러,『나의 투쟁(*Mein Kampf*)』, 황성모 역(서울: 동서문화사, 2014).

9. John Calvin, *The Institutes of the Christian Religion* (trans. Henry Beveridge[orig. 1846]; Grand Rapids, MI.: Wm B. Eerdmans Publishing Co. 1989), 3-20.

10. 요세푸스의『유대 고대사』[*Antiquities*, 15.11.1 (15.380)]에 따르면 헤롯 대왕 재

위 18년, 주전 19년경 성전 건축이 시작되었다. 46년째 되는 해는 주후 27-28년이다.

11. 19-21절의 성전 파괴와 성전 재건 담론은 66-70년의 유대전쟁으로 인한 성전 파괴와 자신의 죽음을 동연적(同然的)으로 해설하고 있다. 성전의 휘장이 찢어지는 사건과 자신의 육체의 휘장이 찢어지는 사건이다(막 15:38, 히 10:19-22). 예수께서는 자신의 죽음은 돌로 된 예루살렘 성전의 파괴를 예고하는 전조임을 말씀하신 것이다. 메시아 예수는 자신의 성전 재건 사역이 삼하 7:13의 나단 신탁의 성취임을 암시하고 있는 것처럼 보인다. 이 해석과 유사한 해석(즉 19-21절을 삼하 7:12-13과 연결시키는 해석)은 Ben F. Meyer, *The Aims of Jesus. Introduction by N. T. Wright* (Eugene OR.: Pickwick Publications, 2002), 9i-9j, 168-169, 197-201에 나온다. 예수님은 당신의 교회를 반석 위에 세울 것이라는 교회건축 담론에서 성전 재건을 되풀이하신다(마 16:18). 예수님에게 '교회'는 지어져가는 하나님의 성전이었다[엡 2:19-22(특히 21)]. 요 2장에서 예수님은 자신의 죽음이 가져올 변화를 두 가지 방식으로 밝히신다. 정결에 집착한 유대인들의 결혼식에 포도주를 공급하는 사건(피흘리는 사건)과 돌로 된 성전을 부수고(육체의 죽음) 그것을 대신한 자신의 육체 성전 제시 담화는 한 가지 진리의 두 가지 다른 표현이다.

3장. 물과 성령으로 거듭나야 보이는 하나님 나라

1. Josephus, *Antiquities*, 7.2.4 [17.42].

2. 요한복음에서 '하나님 나라'를 가리키는 바실레이아(βασιλεία)는 모두 다섯 번 사용된다. 3장에서는 두 차례 '하나님 나라'로, 18장에서는 '내 나라'로 표현되고 있다[3:3, 5; 18:36]. 개역개정 18:35의 "네 나라 사람"에서 '나라'는 바실레이아가 아니라 에스노스(족속, 민족)이다.

3. Joachim Jeremias, *New Testament Theology* (trans. J. S. Bowden; London: SCM, 1971), 79. (『신약신학』 CH북스)

4. BDAG, 92, ἄνωθεν. 이 단어는 요한복음에서 3장과 19장에서 다섯 차례 사용된다(3:3, 7; 3:31; 19:11, 23). 요한복음은 아래와 위의 급진적 이원론을 구사하여 예수님의 신적 기원을 강조한다. 요한복음 저자는 전통으로 틀지워진 하나님 인식의 근원적 한계를 지적할 때 아노덴을 자주 언급한다.

5. 개역개정은 3장에 나오는 모든 영을 모두 성령으로 번역함으로써 지나치게 해석하고 있다. 3장에는 '성령'이라는 단어가 전혀 나오지 않는다. '성령'이라고 번역된 단어는 프뉴마토스(πνεύματος), 즉 영이다. 개역개정은 프뉴마토스를 때

로는 '성령'으로, 또는 '영'으로 번역하는데 번역의 일관성을 위반한다.

6. 영을 의미하는 프뉴마토스에 정관사가 없기 때문에 '물과 영'으로 번역해도 되며, 이 두 단어가 각각 하나님의 영의 사역을 가리키는 메타포로 사용되었다고 봐도 무방하다. 개역개정은 프뉴마토스를 '영'보다는 '성령'으로 번역하는 경향이 있는 것도 사실이다. 위에서 인용한 성경구절 외에도 사 44:3-5과 겔 37:9-10도 생명을 창조하는 하나님의 영의 활동을 말한다.

7. 본문의 영의 작용(바람의 작용)은 에스겔 37장의 인자 에스겔의 대언사역에 등장하는 생기를 생각나게 한다.

8. 탈무드의 기록을 보면 하나님이 아담에게 광채로 영광의 옷을 입혔다는 말이 나온다. 데이빗 플루서(David Flusser) 같은 유대인 학자는 「12족장 유언」 중(12-13장) 아담의 아들 '아벨'이 처음으로 '벤 아담'으로 불리고 종말의 심판자로 하나님께 지명되었다고 말하며 아벨이 벤 아담의 원조라고 본다(David Flusser & Steven Notley, *The Sage from Galilee: Rediscovering Jesus' Genius* [4th ed.; Grand Rapids, MI.: Eerdmans, 2007], 111).

9. 「에녹서」의 '인자'는 다윗왕 같은 왕적 메시아의 중개 없이 직접 하나님이 다스리는 시대를 개창하는 종말의 예언자라고 알려져 있으나, '인자' 자체에 왕적 역할이 부여되어 있기 때문에(시 8:4-5; 80:17) 인자 메시아론과 다윗왕적 메시아론을 과도하게 나눌 필요가 없다.

10. 개역개정에서 "멸망하다"라고 번역된 동사는 아폴뤼미(ἀπόλλυμι)인데 언약신학적 함의를 가진 동사다. 구약성경에서 말하는 '백성 중에서 끊쳐진다'는 의미와 동등하다. 예수님을 믿지 않으면 하나님과 맺은 언약에서 망실된 존재(누가복음 15장의 "잃어버린 자" 찾는 비유; 눅 19:10)가 된다는 의미라는 것이다. 대표적으로 할례 규정을 어기거나 이스라엘의 언약백성 정체성을 손상하는 죄를 범하면 언약 공동체(마 8:11의 아브라함적 영생 공동체)에서 끊어짐을 당한다(창 17:14, 레 19:8; 20:3, 6).

11. R. H. Gundry & R. W. Howell, "The Sense and Syntax of John 3:14-17 with Special Reference to the Use of Οὕτως... ὥστε in John 3:16," *Novum Testamentum* 41 (1999), 24-39.

12. 나의 죄로 인해 손해를 입은 사람을 찾을 수 없거나 이 세상에 없을 때에는 원상복구가 불가능하다. 이런 경우 하나님께 받은 죄 용서를 확신할 수 없는가? 꼭 그렇지는 않다. 이웃을 손상케 한 그 죄를 다시는 범하지 않고 성화를 이루는 삶을 살면 죄를 용서받았다고 확신할 수 있다. 가톨릭교회에서는 '보속(補贖)'행위를 통해 자신의 죄값을 살면서 갚아가도록 가르친다. 영화 「미션(Mission)」은 악명 높은 한 노예 사냥꾼이 파라과이 원주민들에게 행한 악한 죄들을 남은 일생 동안 참회하면서 갚아가는 보속과정을 보여준다.

13. 마르시온에 대한 자세한 비판을 보려면 본서의 끝에 실린 보설(補說)을 참조하라.
14. 칼빈의 『기독교강요』 4권 1-14장은 권력집단화된 제도권 교회의 타락상(교권주의, 성례전 타락)을 아주 자세하고 신랄하게 지적하고 있다(*The Institutes of the Christian Religion*, 278-511).
15. 미하엘 벨커, 『하나님의 형상으로 창조된 인간』, 김회권, 이강원 옮김(서울: PCKBOOKS, 2022), 69

4장. 영생하도록 솟아나는 샘물, 예수 그리스도

1. 이스라엘 학자 세트 슈바르쯔(Seth Schwartz)는 히르카누스 1세의 사마리아 성전 공격을 좀 더 자세하게 연구한 후에 히르카누스가 공격한 그리심산 성전은 헬레니즘화된 성전이었다고 주장한다. 그는 마카베오 항쟁 구도가 보수적인 유대인들과 보수적인 사마리아인들이 각각 헬레니즘화된 예루살렘 성전과 그리심산 성전에 대항하는 구도였다고 보며 보수적인 사마리아인들은 그리심산 성전 공격을 그렇게 나쁘게 보지 않았을 것이라고 주장하기도 한다("John Hyrcanus I's Destruction of the Gerizim Temple and Judaean-Samaritan Relations," *Jewish History* 7/1 [Spring 1993], 9-25). 헬레니즘화된 사마리아인들 일부가 마카베오 항쟁 때 보수적인 마카베오 항쟁파 유대인들을 공격했던 시리아의 셀류키드 군대를 도왔다는 사실은 이런 복잡한 구도를 반영하는 것처럼 보인다. 이에 비해 알랜 크라운(Alan D. Crown)은 사마리아와 유대의 갈등은 예수님 당시가 아니라 2-3세기 이후(특히 135년 바르-코크바 반란 이후)에 격화되어 3세기 경의 유대교가 사마리아인들을 아예 이방인으로 취급했다고 말한다. 이는 설득력이 떨어지는 주장이다("Redating the Schism between the Judaeans and the Samaritans," *Jewish Quarterly Review* 82. 1/2 [Jul. - Oct., 1991], 17-50).
2. "상종하다"로 번역된 헬라어 싱크라오마이(συγχράομαι)는 '물건을 공용하다'라는 제의적인 의미를 갖는다. 유대인들의 정결예법에 따르면 부정한 사람(사마리아인)이 사용한 물건을 한 정결한 유대인이 사용하면 그 유대인도 부정해진다. 예수님은 이 유대인들의 정결예법을 강하게 비판하는 입장을 가졌기에(막 7:15-23) 이 관습법을 개의치 않고 사마리아 여자에게 물 좀 달라고 하셨다(D. Daube, "Jesus and the Samaritan Woman: the Meaning of συγχράομαι [Jn 4:7ff]," *Journal of Biblical Literature* 69 [1950], 137-147).
3. 생명의 강물에 대한 성경구절은 에스겔 47장이며 성령의 역사를 상징하는 물의 메타포는 예레미야 31장, 에스겔 36장에 나온다.

4. 창 48:22은 야곱이 세겜을 요셉의 상속기업으로 주었음을 말한다. 요셉의 기업은 다른 형제들보다 더 많았는데 그 추가된 기업이 세겜 땅이었다. 수가성은 세겜 근처에 있다.
5. 요 7:38-39은 자기용출적 생수에 대한 더 구체적인 해설이다. "나를 믿는 자는 성경에 이름과 같이 그 배에서 생수의 강이 흘러나오리라 하시니 이는 그를 믿는 자들이 받을 성령을 가리켜 말씀하신 것이라(예수께서 아직 영광을 받지 않으셨으므로 성령이 아직 그들에게 계시지 아니하시더라)." 또한 사 58:11을 보라.
6. 19절과 25절에서 보듯이 사마리아인들도 모세 같은 예언자, 즉 메시아에 대한 대망을 가지고 있었다. 사마리아인들의 메시아 대망에 대한 좋은 연구논문으로는 조석민, "사마리아 종교의 타헤브(Taheb)," *Canon & Culture* 3(2009년 1월), 123-149이 있다. '율법준수자들'로 자임했던 사마리아인들은 종말에 올 회복자, '타헤브'를 대망하고 있었다는 것이다(134-141). 같은 저자의 『요한복음의 새 관점』(개정판; 서울: 솔로몬, 2015) 7장 "예수와 사마리아 여자"(181-205)에 더 자세한 논의가 이뤄지고 있다. 이 책은 논문집이지만 목회자들에게 유용한 주석적 통찰들을 담고 있다.
7. 클라이브 스테이플즈 루이스(C. S. Lewis)가 쓴 『나니아 연대기』 7권 최후의 전투(*The Last Battle*)를 보면 타쉬(Tash)신에게 기도했던 한 원숭이('진실'을 의미하는 에메트라는 이름을 가진 자)가 구원을 받아 아슬란을 만나는 장면이 나온다. 구원받은 원숭이는 아슬란에게 묻는다. '나는 인신 희생제물을 받았던 타쉬신에게 기도했지 아슬란님을 향하여 기도한 적이 없는데 어찌 구원을 받았습니까?' 그렇게 말하자 아슬란이, '네가 정직으로 신명을 바쳐서 기도했다면 그것은 아슬란에게 드려진 기도이지 타쉬신에게 드려진 기도가 아니다. 네가 만일에 진정성 없이 아슬란의 이름으로 기도했다면 그것은 아슬란이 아니라 타쉬신에게 한 기도와 마찬가지다'라고 말한다. 원숭이는 아슬란에게 '당신과 타쉬신은 같은 분입니까'라고 묻자 아슬란은 단호히 아니라고 말한다(*The Complete Chronicles of Narnia* [New York, NY.: Harper Collins, 2000], *517* [*The Last Battle*. chapter 15: Further Up and Further In]). 위의 대화는 루이스가 종교다원주의를 옹호하는 것이 아님을 보여준다. 루이스는 하나님의 보편적인 사랑과 구원능력을 강조한다. 아슬란은 타쉬신을 잔혹하고 야만적인 신이라고 비판하고 있기 때문이다.
8. 유대인들의 명절에 예루살렘에서 행한 대표적인 표적은 38년 된 병자를 고친 사건이다(요 5:1-9). 니고데모나 갈릴리 사람들이 보거나 들은 표적은 이런 정도의 표적이었을 가능성이 있다.
9. 요한복음이 공관복음서에 전적으로 의존하지 않았다고 해서 공관복음서의 존재를 몰랐다거나 무시했다는 말은 아니다. 요한복음 저자는 공관복음서를 알고

있는 독자들을 상대로 다소 상호보합적인 차원에서 요한복음을 쓴 것으로 보인다. 요한복음은 내용이나 형식면에서 위경이나 영지주의 복음서 문헌들보다는 공관복음서에 더 가까운 문서다(Keener, *The Gospel of John*. 41, 51-52). 키너의 주석서는 요한복음이 마가복음 전승을 잘 알고 있는 저자의 작품이라고 본다. 키너는 요한복음의 배후에 역사적 예수에 대한 저자 자신의 정보가 있었지만 자신의 신학적 메시지를 피력하는 데 적합한 방식으로 다소 변형했을 가능성을 인정한다. 그러나 요한복음은 역사는 없고 오로지 신학만 있다고 주장하는 극단적인 견해를 비판적으로 본다(80). 키너는 요한복음 저자를 사도 요한 혹은 그의 제자공동체라고 본다(114-115).

10. 세포리스는 북쪽의 가나와 남쪽의 나사렛 중간에 있다.

11. 요세푸스, 『유대 전쟁사』, 200.

12. 초대교회에서 분봉왕 헤롯과 관련된 인물이 또 한 명 있는데, 안디옥 교회에서 바나바, 바울과 함께 목회하던 헤롯의 젖동생 마나엔이다(13:1). 어떤 학자들은 바울의 동역자 헤로디온도 헤롯 왕실의 일원이라고 보기도 한다(롬 16:11 바울이 "내 친척 헤로디온"이라고 부른 사람). 이스라엘 외교관이자 신약학자인 비느하스 라피데(Phinchas Lapide)는 헤롯 가문과 세례 요한이 엣세네파에 참여하여 서로 잘 아는 사이였다고 주장한다.

13. 이 왕은 헤롯 안티파스였을 것이다(마 14:9, 막 6:14-29, 눅 3:2-5).

5장. 하나님의 독생자 예수 그리스도의 독특한 자기 이해

1. 3절의 "물의 움직임을 기다리니"와 4절 전체는 어떤 사본에는 없기 때문에 개역개정은 꺾쇠괄호로 사본상의 누락을 표시하고 있다.

2. 바리새인들이 안식일에 걸을 수 있는 허용거리를 2천 규빗으로 정한 근거는 세 구절이다. "아무도 그 처소에서 나오지 말지니라"라는 구절(출 16:29), 레위인들에게 할당된 목초지를 2천 규빗으로 정한 구절(민 35:5), 그리고 성막과 다른 지파들 진영과의 거리를 정한 구절(수 3:4)이 그것들이다.

3. (1) 씨 뿌리기 (2) 땅 일구기 (3) 추수하기 (4) 긁어모으기 (5) 낟단 묶기 (6) 타작하기 (7) 까부르기 (8) 곡식 추리기 (9) 빻기 (10) 체질하기 (11) 반죽하기 (12) 빵 굽기 (13) 양모 자르기 (14) 양모 씻기 (15) 양모 다듬기 (16) 양모 염색하기 (17) 양모 짜기 (18) 실로 고리 만들기 (19) 직조하기 (20) 실 나누기 (21) 매듭 짓기 (22) 매듭 풀기 (23) 바느질 (24) 찢기 (25) 덫 치기 (26) 도축하기 (27) 동물이나 과일 껍질 벗기기 (28) 무두질하기 (29) 피혁 매만지기 (30) 피혁 표시하기 (31) 피혁 자르기 (32) 두 글자 이상 쓰기 (33) 두 글자 이상 지우기 (34)

건축하기 (35) 건축물 철거하기 (36) 불끄기 (37) 불켜기 (38) 마무리 작업 마치기 (39) 개인의 물건을 공공 장소에 옮기거나 공공장소에서 물건을 1.7미터 이상 옮기기.

4. 예수님이 인자의 심판권세 행사가 곧 일어날 일이라고 생각했다면 그것은 다니엘서, 에녹서, 제2바룩서 등에 나타난 하나님의 극적 역사 개입 관련구절들을 염두에 두었을 가능성이 있다.

5. 세례 요한에 대한 당대 유대인들(특히 바리새인들)의 존숭이 얼마나 컸는지는 요세푸스가 쓴 『유대 전쟁사』에 세례 요한에 대해 할애한 분량이 상대적으로 많다는 사실에서 잘 드러난다.

6. 이런 점에서 헨드릭센이나 키너의 주석은 추천할 만하다.

7. 예수님의 하나님 나라 선포의 당대사회적 의미를 도외시하는 연구들에 비하여 리차드 호슬리의 연구는 복음서 연구에 중요한 통찰을 던진다. 그는 예수님의 하나님 나라 선포를 통해 '혁명적 사회변혁'을 추구했다고 본다(Richard A. Horsley, *Jesus and the Spiral of Violence: Popular Jewish Resistance in Roman Palestine* [Minneapolis, IN.: Fortress, 1993], 207-209). 복음서의 하나님 나라 선포가 갖는 당대적 의미를 파악하는 데 유익한 호슬리의 또 다른 책은 『갈릴리. 예수와 랍비들의 사회적 맥락』, 박경미 역(서울: 이화여자대학교출판문화원, 2007)이다. 호슬리는 대체로 예수의 변혁적 행동주의를 강조한다. 그러나 예수의 언어는 예언자적 언어였고 청중의 자발적 순종을 촉구했지 혁명적 행동주의를 촉발시키지는 않았다.

8. Thomas Hobbes, *Leviathan,* ed. Noel Malcolm (Oxford: Clarendon, 2012 [orig. 1651]), vol. 2, Part II Chapter 17. 17장에서 홉스는 국가를 탄닌[바다 괴수들(tannîn), 창 1:21 "큰 바다 짐승들"]의 연합체(Levi-a-Than)인 국가의 형성과정을 사회계약설의 관점에서 설명한다[levi는 '연합하다'를 의미하는 동사 라바(lāwā)에서 파생]. 국가를 구성하는 시민들의 무정부 상황의 폐해로부터 자신을 보호하기 위해 자신을 다스릴 권세를 이 인위적인 인간, 즉 괴수연합체인 국가에게 양도함으로써 괴수연합체인 리바이어던이 창조된다. 그런데 홉스는 이 필멸적인 인조인간이자 신적 존재인 국가도 불멸의 하나님 아래 통치받아야 된다고 주장함으로써 국가주의를 정당화하지는 않음을 밝힌다.

6장. 하늘에서 오신 생명의 떡이신 예수 그리스도

1. 개역개정은 "디베랴의 갈릴리 바다 건너편으로 가시매"라고 되어 있는데, 이는 헬라어 본문인 '페란 테스 달라쎄스 테스 갈릴라이아스 테스 티베리아도스

(πέραν τῆς θαλάσσης τῆς Γαλιλαίας τῆς Τιβεριάδος)'를 직역한 것이다. 이러한 읽기는 다소 어색하기 때문에 일부 사본처럼(της Γαλιλαιας εις τα μερη της Τιβεριαδος, '갈릴리 호수 건너편 티베리아스로') 고쳐 읽을 수도 있다. 갈릴리 호수는 보통 "갈릴리 호수" 혹은 "디베랴 호수"라고 불리는데 여기서는 불필요한 이중 수식어가 붙어 있다. 그러나 이것을 그대로 두고 저자처럼 해석할 수도 있다. '디베랴의 갈릴리 호수로 건너가셨다.' 즉 목적지가 디베랴 호수가 아니라 디베랴 쪽의 갈릴리 호수 건너편으로 가셨다는 의미다.

2. 디베랴 건너편의 가버나움과 벳새다와 고라신에도 친로마적인이며 헬레니즘적 문화를 즐기는 부유층 유대인들이 다수 살고 있었다. 이 세 도시는 예수님의 하나님 메시지에 대해 저항하거나 반발했다(마 11:21-23).

3. 헤롯 안티파스가 원래 묘지터에 이 산상 도시를 건설해 유대인들이 이주해 살게 했다. 유대인들은 묘지터에 거주함으로써 상시적으로 부정케 될 것을 두려워하여 여러 가지 혜택들에도 불구하고 거기서 살려고 하지 않았다. 그래서 헤롯 안티파스는 일부 노예들을 속량하여 여기서 살게 하거나 집을 지어 살도록 유도했다. 강제로 이주시킨 사람들도 있었다(요세푸스, 『유대 고대사』, 18권 2장 3절 1-502).

4. 플루타르코스, 『플루타르코스 영웅전』, 천병희 역(고양: 숲, 2010), 17-72. 스파르타의 뤼쿠르고스 편을 보라.

5. '엠마오' 도상의 두 제자는 나사렛 예수를 "이스라엘을 속량할 자"라고 기대했다(눅 24:21). '엠마오'는 주전 166년 마카베오 항쟁 초기 전장 중 하나였다. 민족해방 투쟁의 기억이 강한 곳이었다.

6. 임진수, "요한복음의 오병이어 사건과 그 해석,"「신약논단」 9/4(2002년 12월), 865-896(880-881).

7. 유대인 남자 열 명이 있으면 회당을 지어 운영할 수가 있었다(Mishnah, m. Megillah 3-4; m. Berakhot 2). 회당은 유력한 사회적 지위를 가진 남자들이 세운 일종의 사설 예배당이었다.

8. 존 로빈슨(J. A. T. Robinson), 요아힘 예레미야스(J. Jeremias), 찰스 H. 다드(C. H. Dodd) 등이 주창한 이론으로서 신약성경의 종말론은 역사폐기적인 미래종말을 가리키는 데 치중하기보다는 예수님과 그의 제자들에 의해 시작되어 이미 역사 안에서 '실현된 실재'를 가리키는 것이라고 보는 입장이다(Clarence T. Craig, "Realized Eschatology," *Journal of Biblical Literature* 56/1[March 1937], 17-26). 이들에게 종말은 역사폐기적인 미래사건이 아니라 역사적 목적을 완성시키는 현재적 사건이다. '종말'은 완성이라는 것이다. 종말의 진면목은 이미 역사 속에서 전개되는 하나님 나라의 변혁적 운동을 의미한다는 것이다. 특히 다드는 요한복음이 '실현된 종말론(realized eschatology)'을 대표한다고 주장한다.

그에 따르면 '실현된 종말론'은 알버트 슈바이처 등이 주창한 '철저한 종말론(consistent eschatology)'과 다르다. 철저한 종말론은 역사폐기적인 미래 종말론으로, 외부에서부터 오는 구원자를 기다리는 종말론이다. 반면에 실현된 종말론은 역사변혁을 주도하는 하나님의 영과 하나님의 영에 사로잡힌 사람들의 능동적인 역사내적 변혁운동을 좀 더 주목한다. 이 두 입장의 절충적 견해가 '시작된 종말론(inaugurated eschatology)'이다. 예수님과 함께 종말이 시작되었지만 완성된 종말은 미래에 속한 일이라고 보는 입장이다(오스카 쿨만, 조지 E. 래드 등). 본 주석서의 입장은 '시작된 종말론'에 가깝다.

7장. 누구든지 목마르거든 내게로 와서 마시라

1. 예수님은 나사렛 회당에서 가르치는 교육은 받으셨을 것이다. 누가복음 2:46-47은 12세 소년 예수가 벌써 예루살렘 성전의 선생들 가운데 앉아 듣기도 하고 묻기도 할 정도로 영특했음을 증언한다.
2. 출애굽기 4:24-26은 출애굽 구원의 사명을 수행하러 떠나는 모세가 두 아들에게 할례를 베풀지 않았다는 이유로 여호와께서 그를 길에서 죽이려 했다고 말한다. 할례는 출애굽 사명보다 더 중요하다는 것이다. 탈무드(b. Yoma 85b)에서 랍비 엘르아잘 벤 아자라(R. Eleazar ben Azariah, 100년경 활동)는 '만일 248개의 신체 지체 중 하나에 관련된 할례실행이 안식일을 지키지 않아도 되는 이유가 된다면, 인간의 전신을 구원하는 일은 안식일 준수를 얼마나 더 유예시키는 명분이 되겠는가'라고 말한다. 할례실행 계명(레 12:3)은 안식일 준수 계명보다 더 절대적인 상위계명이었다(the Mishnah m. Shabbat 18.3; 19.1, 2; and m. Nedarim 3.11).
3. 요한복음 14-16장을 많이 읽으면 삼위일체론자가 되고 또 성령에 대한 풍성한 이해에 도달할 가능성이 높다. 요한복음을 많이 읽으면 삼위일체론적인 영적인 소통과 감응의 세계에 눈을 뜰 수 있다. 요한복음에는 성부 하나님과 성자 하나님과 성령 하나님의 삼위일체적 연합과 완전한 신뢰, 파송과 피파송, 양도와 위임 관계를 통해서 구원역사가 전개되고 있기 때문이다. 요한복음을 많이 연구하면 삼위일체신학이 발달하고 성령론이 발달한다. 이집트의 알렉산드리아는 주후 3세기경부터 성령론의 총본산지였고, 삼위일체 신학의 총본산지였다. 알렉산드리아의 중심신학자가 클레멘트와 오리겐이었다. 동방교회가 알렉산드리아 전통을 이어받아서 요한복음을 중시하는 교회가 되었다. 마태복음과 로마서 중심의 교회가 서방로마교회라면 아르메니아 정교회, 시리아 정교회, 러시아 정교회, 그리스 정교회 모두 요한복음적인 삼위일체론 중심의 교회라 할 수

있다.

4. 이 유대인들은 말 3:1과 단 9:25을 염두에 두고 메시아가 어디서 오는지 모를 정도로 눈 깜박할 사이에 신비하게 도래한다고 믿었던 것처럼 보인다.
5. 3장과 5장 여러 곳에서 예수님은 스스로 '하늘에서 왔다'고 주장했다(3:13, 31-32; 5:37). 그런데 그는 또한 갈릴리 출신임을 인정한다. 하나님께서 예수님이 갈릴리 출신이기를 뜻으로 정하셨다는 말이다. 예수님이 갈릴리 출신이면서 동시에 하나님이 파송한 천상기원 메시아라는 사실은 모순되지 않는다.
6. 요세푸스,『유대 전쟁사』, 298-299.
7. 실제로 예수님이 받았을 교육은 다음과 같다: 1) 요셉과 마리아의 쉐마교육(신 6:4-12), 예루살렘 절기 순례교육, 친척들과 함께 예루살렘을 오가며 받았을 교육(12세까지 가정과 회당에서 교육받다가 12세 이후 랍비들의 학문세계에 눈을 뜸. 눅 2장은 예루살렘 율법학자들 가운데서 듣고 묻는 학구열에 불타는 소년 예수 일화 소개); 2) 예수님이 아버지 요셉의 부탁으로 나사렛 회당의 토라 낭독자(하잔)에게 교육받았을 가능성; 3) 정기적 회당예배 출석 및 강의수강으로 토라 습득; 4) 순회하는 바리새인 율법교사의 교육(Sanhedrin 70a; Hul 27b)(Klausner, "The Rise of Christianity," 209).

8장. 진리가 너희를 자유케 하리라

1. 7:53-8:11은 요한복음의 최초 및 최고 수준의 사본들(B L N T W)에는 누락되어 있어서 대부분의 사본비평가들은 후대에 붙여진 추가물이라고 본다. 이런 입장을 대변하는 브루스 메츠거(B. M. Metzger)는 이 단락은 원요한복음에 없었으며 후대에 추가되었다고 본다(*A Textual Commentary on the Greek New Testament*, [Stuttgart: Deutsche Bibelgesellschaft, 1994], 187). 현재까지 나온 증거로 볼 때는 이 견해는 다툼의 여지가 없는 정설이다. 그러나 또 다른 한편 이 단락은 8장의 나머지와 주제적으로나 서사적으로는 잘 어울리고 있으며, 개역개정을 읽는 독자들은 이런 사본상의 문제제기에 영향을 받지 않고 읽을 수 있다고 본다. (『신약 그리스어 본문 주석』 대한성서공회)
2. 일부 주석가들은 이 단락이 고대사본에는 없다는 점을 들어 진정성을 의심하며 아예 8장의 이 단락을 주석하지 않는다. 일부 온건비평주석가들은 부록으로 다룬다(Rudolf Schnakenburg, *The Gospel According to St. John* vol. 1 [London: Burns & Oats, 1980], 181-182; vol. 2, 162). 하지만 뒤에 이어지는 가시 돋친 논쟁(종, 자유, 아브라함)을 고려해 볼 때 진정성이 있는 이야기일 가능성을 아예 배제하기는 힘들다. 그래서 본 주석서는 이 단락을 요한복음의 일부라고 보고 주석한다.

3. 기드론 계곡을 지나면 북쪽에서 남쪽으로 약 3킬로미터에 걸쳐 형성되어 있는 언덕이다. 성전을 중심으로 보면 예루살렘 동쪽에 있다. 예루살렘의 제자공동체 집회처였던 다락방에서 안식일에 걸어가기에 적합한 거리(행 1:12)인 것을 볼 때 두 장소의 거리는 1킬로미터 남짓했던 것으로 보인다.
4. '앉다'를 의미하는 카디조(καθίζω)의 부정과거 남성단수 능동분사형이다.
5. 예수님이 문맹이었을 것이라고 보는 학자들의 주장은 과도한 상상이다. 예수님의 화법과 언동을 자세히 연구한 유대인 학자들의 경우 예수님이 글을 읽고 쓰는 데 어려움이 없었을 것이라고 본다(Flusser and Notley, *The Sage from Galilee*, 13).
6. "여자여"라는 칭호가 존칭에 가깝다고 보는 학자들이 많지만(BDAG 208-9, γυνή) 굳이 존칭으로 읽지 않아도 된다. 평칭에 더 가깝다.
7. 접속법(서브장티브)은 접속사(junctive) 뒤에(sub) 사용되는 시상(時相)을 표현하는 동사변화를 가리킨다. 서브장티브는 가정법이라는 용어보다 접속법이라고 번역하는 것이 낫다. 가정법은 접속법의 일부다. 접속법이라 함은 실행되지 않은 모든 행동 혹은 다른 사람의 의견을 표현할 때 모두 사용되는 시상이다. 우리말로 '라는 것이다'라고 번역해야 하는 문장도 실상은 접속법 문장이다. 본서에서는 헬라어의 subjunctive를 대체로 접속법으로 표기하되, 필요에 따라 가정법으로 표기하기도 한다. 접속법과 가정법 모두 subjunctive를 가리킨다.
8. '너희는 너희 죄 가운데 죽는다'라는 말씀은 겔 3:18, 20과 잠 24:9을 생각나게 한다. 예수님을 붙잡지 못하면 유대인들은 자신들의 죄에서 빠져나오지 못하기 때문에 죄 가운데서 죽을 수밖에 없다는 것이다.
9. 장로들의 유전은 구전율법을 총칭한다. 유대교에서는 우리가 알고 있는 성경에 기록된 율법은 구두로 전파된 율법의 10분의 1도 안 된다고 주장한다. 모세가 여호수아와 70장로들에게 구두로 전해준 율법이 있었다고 말한다. 이런 장로들의 유전은 공로주의적 선민사상, 분리주의적 거룩, 율법준수의 중요성을 고취하는 영웅적 율법준수자들의 삶을 강조한다. 특히 주전 4세기 이후 집중적으로 나오기 시작한 탈무드는 장로들의 유전이라고 불리는 구전 율법전승에 대한 랍비들의 다양한 해석을 집성한 책들이다. 이스라엘 율법학자들의 구전율법 중심의 율법주석 총람인 탈무드는 구약성경보다 더 편협하고 특수주의적 율법해석을 많이 제공한다. 예를 들어, 아브라함이 왜 하나님께 선택받았는가라는 질문에 대한 답변에서 탈무드는 구약성경에는 없는 전설을 이야기한다. '세계 만민에게 복이 될 조상이 될 만한 모든 사람을 다 불렀지만 순종한 사람은 아브라함 밖에 없었다. 아브라함은 우상숭배 지지자였던 데라와 다투면서까지 아버지를 뿌리치고 갈대아 우르를 떠났다.' 창세기(12-25장)가 묘사하는 아브라함과 '장로들의 유전'이 묘사하는 아브라함은 다르다. 장로들의

유전에 따르면, 창세기 26:5이 아브라함이 가졌던 의(義)의 핵심이다. 아브라함이 하나님의 말씀, 계명, 율례, 법도를 다 지킨 행위가 아브라함의 의라는 것이다. 아브라함이 이런 의를 실천했기에 그의 후손이 하늘의 별처럼 번성하며, 가나안을 차지하고, 마침내 천하 만민에게 복이 된다는 것이다. 이처럼 공로주의적 경향이 구전율법, 랍비들의 문서(탈무드 등)에 농후하다. 예수님은 정규 랍비 학교를 다니지 않으셨지만 이런 해석전통이나 신앙노선을 모르지 않으셨다. 다만 이런 랍비들의 해석에 영향을 받지 않고 구약성경의 정통신앙을 잘 보존하셨다.

10. 키너는 '텐 아르켄' 이하의 예수님 대답을 사 43:10(요 8:58)의 신현현 구절을 반영하는 어구로 보며 예수님의 의도적인 모호성이 반영된 대답이라고 본다. 그는 또 에고 에이미 어구가 초막절(7장) 절기에서 사용되던 하나님의 자기계시 관용어라고 보기도 한다(Keener, *The Gospel of John*, 744-745).
11. Elie Wiesel, *Souls on Fire: Portraits And Legends Of Hasidic Masters* (New York, NY.: Touchstone, 1972).
12. Allan Bloom, *The Republic of Plato* (New York, NY. et al.: Basic Books, 1991), 192-193(503c-540 [특히 514-515d]), 402-403.
13. 율리우스 카이사르(Julius Cæsar)는 욥바(Joppa)를 제외한 예루살렘의 모든 유대인들이 안식년 외에 매년 로마에게 세금을 바치도록 명령한 적이 있었는데(요세푸스, 『유대 전쟁사』, 249) 제사장들은 면제되었던 것처럼 보인다. 아니면 카이사르보다 100년 후인 예수님 당시에는 예루살렘 성전 구역의 거주민들에 대해 다소 우호적인 면세 특혜가 있었을 수 있다. 본문에 나오는 유대인 청중은 '자유'케 될 필요가 없다고 느낀다.
14. 당시 기준으로 예수님이 30세 때 세상에 등장했다는 말은 오늘날 50세에 등장했다는 말과 거의 같다. 예수님이 30세에 나타났다는 말은 청년 때에 나타났다는 말이 아니라 장년기에 공생애를 시작했다는 의미다. 당시에 맏아들과 어머니의 나이 차이가 15세 정도였고, 평균수명은 45세 정도였다. 예수님이 30세면 마리아가 45세 정도였다.
15. 이런 사실주의적인 묘사는 8장의 이 난해하고 복잡한 대화가 도저히 날조되었다고 믿기 힘들게 만든다.
16. 로마서 5장에는 '죄를 더 지을수록 은혜가 넘치겠네'라고 말하며 '죄가 넘치는 곳에 은혜가 넘친다'는 바울의 논지를 비트는 자가 나온다. 바울은 '죄가 넘치는 곳에 은혜가 넘친다'는 복음의 논리를 왜곡하는 자들에게 '결코 그럴 수 없다'라고 반박한다(롬 6:1-2).

9장. 내가 세상에 있는 동안에는 세상의 빛이다

1. 바리새인들은 부모의 죄가 후손들에게 질병과 '때이른 죽음'으로 나타난다고 믿었다. 바리새인 랍비들의 룻기 주석에는 나오미의 두 아들이 요절한 까닭이 '나오미가 이방신의 종교축제를 오랫동안 부러워하면서 쳐다보았기 때문이었다'는 황당한 주장을 하기도 했다. 욥의 친구들도 부모의 죄 때문에 욥의 자녀들이 재난을 당해 죽었다고 생각했다. 부모의 죄가 후손에게 미치는 영향을 말하는 성경구절들(출 20:5; 34:7, 민 14:18, 시 79:8, 사 65:6-7)에서 후손의 질병과 고통은 부모의 죄 때문이라는 교리를 뽑아낸 것은 온당치 않다. 물론 구약성경의 일부 구절은 연좌법적 징벌논리 대신 모든 인간이 자신이 지은 죄에 대해서만 벌을 받는다는 개별 징벌책임론을 말하기도 한다(레 16:15, 신 28:61, 대하 21:15, 시 107:17-18, 전 5:17, 미 6:13, 고전 11:30). 그러나 개별 징벌책임론을 말하는 성경구절들도 어떤 특정 질병을 어떤 특정 죄악의 결과라고 명확하게 말하지는 않는다.
2. 탈무드는 겔 18:20을 토대로 죄의 결과로 죽음이 왔으며, 시 89:33을 근거로 죄책의 결과 징벌이 왔다고 주장했다(the Babylonian Talmud, b. Shabbat 55a).
3. '아포쉬나고고스'라는 전문용어가 요한복음에서 세 차례나 사용되는 점에 착안한 서중석은 레이몬드 브라운 등의 입장을 받아들여 '출교'라는 경험이 요한복음의 저작 동기였을 것이라고 본다. 서중석은 인지부조화 이론에 기대어 요한 공동체가 유대교 회당으로부터 출교당한 경험 때문에 모세와 예수를 사사건건 대립시키되 예수를 극대화하고 모세를 축소화함으로써 자신의 인지부조화를 저감시키려고 했다고 주장한다("요한복음에 대한 사회심리학적 해석," 「신약논단」 19/1 [2012년 3월], 105-139). 모세의 권위에 숨어 있는 자폐적 종교집단인 유대인들을 자극하고 도발한 예수의 거룩한 언동이 출교를 초래했다고 보는 본 주석서의 입장과 달리, 그는 출교 경험이 요한복음 저자의 모세 격하를 초래했다고 주장함으로써 원인과 결과를 전치시킨다. 우리가 보기에 요한복음은 모세에 대한 평가절하를 한다기보다는 예수가 모세보다 더 온전한 종말의 성취자임을 강조하고 있다. 요한복음에는 유대인들이 휘두르는 전가(傳家)의 보도(寶刀)인 '모세'의 권위가 유대인들을 비판하는 데 전용되는 장면이 많다. 요한복음은 모세 권위를 아는 유대인들에게 자신의 완성적 계시를 주장하는 예수님을 부각시킬 뿐 모세의 권위를 도말하려고 하지 않는다. 오히려 모세의 권위를 상대화할 정도로 자신의 권위를 내세운 예수님의 거룩한 언동이 출교를 초래했음을 강조한다.
4. 오온(ὤν)은 에이미 동사의 남성주격단수 분사형이다.
5. 낸시 피어시는 창조의 아름다움과 선함에서부터 '복음'을 제시하지 않고 죄와

고난에서부터 시작하는 변증 태도는 성경적이지 않을 뿐만 아니라 비효과적이라고 주장한다. 에덴동산이 얼마나 아름답고 풍요로운가를 말해주지 않고 추방당한 고통만 강조하면 안 된다는 것이다(Nancy Pearcey, *Total Truth: Liberating Christianity from Its Cultural Captivity* [Wheaton, IL.: Crossway Books, 2004], 24, 44-46). 우리가 원래 있던 에덴동산이 얼마나 좋은지를 알아야만 다시 낙원에 들어가고 싶은 마음이 생기기 때문이다. (『완전한 진리』 복 있는사람)

6. 프리초프 카프라(Fritijof Capra),『현대물리학과 동양사상』, 이성범, 김용정 역(고양: 범양사[개정판], 2006).

7. 하나님의 창조를 원창조(창 1:1), 계속창조[창조의 보존과 혁신, 개선(사 43:18-19)], 그리고 새 창조(계 21:5)로 나눠 창조사역을 종말론적으로 잘 정리한 학자는 위르겐 몰트만(Jürgen Moltmann)이다. 몰트만은 완전무결한 창조라고 여겨지는 첫 창조(원창조)에 대한 과도한 강조를 비판한다(*Ethics of Hope* [trans. Margaret Kohl; Minneapolis, MN.: Fortress, 2012], 121; *The Future of Creation* [London: SCM, 1979], 116-118). "창조는 단 한 번에 수행되어 완료된 작업이 아니라 긴 시간에 걸쳐 진행되는 과정이며 미래에 열려 있다. 하나님은 계속해서 뭔가 새로운 것을 창조하시고 당신이 이미 창조한 것을 더욱 발전시킨다. 만물을 창조하시는 무진장의 창조 권능의 토대로부터 새로운 형태의 생명이 계속적으로 출현한다"(*The Way of Jesus Christ: Christology in Messianic Dimensions* [trans. Margaret Kohl; Minneapolis, MN.: Fortress, 1993], 301).

8. 피터 T. 포사이스(Peter T. Forsyth), 『영혼의 기도』, 이길상 역(서울: 복 있는 사람, 2005), 서문.

9. 아우슈비츠 생존자 빅터 프랭클은 『죽음의 수용소에서』의 책에서 폴란드의 아우슈비츠 수용소 참상을 고발하고 자신이 어떻게 살아났는지를 증언한다. 죽음의 야만적인 폭력 앞에서 무작위로 뽑힌 동료 수용자들이 가스실로 들어가 죽는다. 가스실에서 연기가 피어오르고 멀리서 비명소리가 들린다. 그런 상황에서도 그는 유리조각을 가지고 면도하며 생기 띤 얼굴을 하고 다녔다. 간수들에게 감히 자신을 가스실로 보낼 수 없을 정도로 내가 살아야겠다는 의지를 강력하게 과시하고 다닌다. '나는 너희가 함부로 손댈 수 없어.' 이런 시그널을 주고 다녔다. 또 다른 한편 아우슈비츠 생존자 중에는 이탈리아계 유대인 프리모 레비도 있었다. 프리모 레비는 마지막 순간에 우발적으로 살아난 생존자였다. 그는 신앙의 이름으로 야만적인 힘과 정신적인 폭력의 후유증을 이겨내지 못했다. 프리모 레비는 『이것이 인간인가』라는 책에서 자신을 포박하는 아우슈비츠의 흑암권세를 고발하고 증언했다. 그는 문학적으로 성공한 작가가 되었지만 아우슈비츠의 폭력과 야만은 글로써 아우슈비츠 밖의 사람들에게 전달하는 것이 불가능하다는 것을 알고 절망했다. 반면에 빅터 프랭클은 어떤 야만적인 힘

앞에서도 의미를 가지고 고난을 이겨내면 정신적 우울함과 자기황폐화로부터 건짐 받을 수 있다는 자기극복치료 심리학(로고테라피)을 개발했다. 그러나 자신의 아우슈비츠 극한 생존기를 글로 표현하고 문학적 명성도 얻었던 프리모 레비는 자신의 아우슈비츠의 참상증언이 세상 사람들에게 다 전달될 수 없는 상황에 절망하고 자살하고 말았다. 세상에는 프리모 레비처럼 어둠의 권세에 포박당해 비통하게 생을 마감하는 영혼들이 있다. 이런 사람을 '자살자'라고 규정하기 전에 말과 글로도 전달되지 않은 극한의 어둠이 있다는 것을 이해하는 것이 필요할 것이다.

10장. 나는 선한 목자다

1. 요세푸스, 『유대 전쟁사』, 249-290.
2. 요세푸스, 『유대 고대사』, 18권 3장, 512-153. 헤롯 대왕이 로마의 제2차 삼두정치의 일인이었던 친구 안토니우스를 위해 건축해 주었다.
3. 요세푸스, 『유대 고대사』, 20권 11장, 661-662. 유대전쟁(66-70년)은 플로루스 부임 후 2년째, 네로 재위 12년에 일어났다(662); 요세푸스, 『유대 전쟁사』, 2권 14장 3-16권 5절, 225-249. 이보다 앞선 악명 높은 수리아 총독 바루스는 유대인 2천명을 처형한 적이 있다(요세푸스, 『유대 전쟁사』, 2권 5장, 187-189).
4. 요세푸스, 『유대 고대사』, 108-109(12권 7장 6-7절).
5. Charles Templeton, *Farewell to God: My Reasons for Rejecting the Christian Faith* (Toronto: McClelland & Stewart, 1996). 창세기의 우화적 창조기사, 성경의 인종주의적 편견, 나사렛 예수의 신적 정체성에 대한 의심, 가족제도를 무시한 예수의 태도, 여성차별적 성경의 세계관, 기도의 효용 의심, 그리고 죄 없는 자들이 당하는 고난과 억울한 죽음 등이 찰스 템플턴 자신의 기독교 신앙 포기를 촉발시켰다고 말한다.

11장. 나는 부활이요 생명이다

1. Leo Tolstoy, *Resurrection* (trans. Louis Maude; Philadelphia, PA.: A Penn State Electronic Classic Publication, 2000), 4.
2. Ovid, *Metamorphosen*, Buch 10 "Orpheus und Eurydice"(Verse 1–105).
3. 성 아우구스티누스, 『하나님의 도성』, 조호연, 김종흡 역(고양: 크리스챤다이제스트, 2001), 13권 26-28장.

12장. 한 알의 밀이 죽으면 많은 열매를 맺는다

1. 병행본문으로 인정되는 마태복음 26장, 마가복음 14장, 누가복음 7장 등에는 동일한 사건의 장소가 요한복음과 다르며 등장인물도 다르다. 요한복음은 예루살렘 근교 베다니의 나사로 집에서 일어난 사건이라고 서술하는 반면, 마태-마가복음은 베다니 나병환자 시몬의 집에서 일어난 사건으로 보도한다. 마태-마가복음은 여인의 이름과 사건의 전후맥락을 밝히지 않는다. 누가복음은 지역은 밝히지 않고, 바리새인 시몬의 집에서 일어난 사건이라고 말하며 향유를 부은 여인의 이름을 밝히지 않으나, 행실이 나쁜 여자였다고 말한다. 이처럼 요한복음, 마태-마가복음, 누가복음 모두가 유사한 사건을 말하면서 세부 기술에서는 차이를 보인다. 레이몬드 브라운 등을 비롯한 상당수의 학자들은 이 세 이야기 배후에 있는 공통사건의 존재를 인정하며 요한복음의 전승 또한 역사적 신빙성을 어느 정도 갖고 있다고 본다(Raymond E. Brown, 『앵커바이블 요한복음 I. 표적의 책』, 최흥진 역[서울: 기독교문서선교회, 2013], 942-949). 우리는 이 문제를 해결하기 위한 학자들의 논쟁에 뛰어들 생각이 없다. 다만 요한복음은 적어도 나사로를 살리신 사건의 연장선상에서 이 사건을 보도하고 있기 때문에 요한복음 전체 메시지를 파악하는 데 이 단락이 긴요한 함의를 갖고 있다고 말할 수 있다.

2. 신 15:11의 원의는 '가난한 자들이 땅의 소출 향유로부터 배제되게 해서는 안 된다'는 의미다(Patrick D. Miller, 『신명기』, 김회권 역[서울: 장로교출판사, 1999], 220-221).

3. 베다니는 '벧-아니'에서 나온 지명이다. '벧(bêth)'은 '집'을 의미하는 히브리어이며, '아니(ʿănî)'는 고통을 당하는 자, 곧 '아픈 자들'을 가리키는 히브리어이다. 베다니는 '아픈 자들의 집'이다. 나사로의 다른 이름은 시몬이었을 가능성이 있고, 한때 그가 나병을 앓았던 환자였을 가능성도 배제할 수 없다. 그렇다면 마태복음 26장과 마가복음 14장이 전하는 나병환자 시몬의 집이라는 말도 의미가 통한다. 그가 바리새인이었을 가능성도 배제할 수 없다.

4. R. T. 프란스, 『NIGTC 마가복음』, 이종만, 임요한, 정모세 역(서울: 새물결플러스, 2017), 691-692.

13장. 너희도 서로 발을 씻어주는 것이 옳으니라

1. 게르하르트 로핑크, 『예수는 어떤 공동체를 원했나. 그리스도 신앙의 사회적 차원』, 정한교 역(서울: 분도출판사, 1985), 195.

2. 예수님이 친애하는 그 제자'는 19:26, 20:2, 21:7, 그리고 21:20에도 언급된다. 자신을 본문 안에 은근하게 배치하는 복음서 저작자들의 관행에 비추어 볼 때 여섯 번 '친애제자'로 특정된 제자가 이 요한복음의 저자 요한으로 믿어진다. 21장 부록장의 마지막 단락에서 요한복음의 저자는 처음부터 끝까지 모든 것을 목격하고 그것을 근거로 증언한다고 말한다. 열두 제자 중 예수님의 사역 첫 순간부터 함께한 제자는 안드레-베드로 형제와 야고보-요한 형제 외에는 없었다. 베드로와의 친밀성, 교부들의 전승, 사본 전승 등에 비추어 볼 때 '예수님의 친애제자'는 사도 요한으로 보는 것이 자연스럽다.

3. 막 1:26의 "더러운 귀신"의 헬라어 원문은 토 프뉴마 토 아카다르톤(τὸ πνεῦμα τὸ ἀκάθαρτον)이다.

4. 마귀는 인간을 유혹해 하나님을 믿고 순종하지 못하게 하는 존재이지만 왜 자신이 그렇게 행동하는지를 설명하고 정당화하는 자기충족적인 청사진을 제시하지 못한다. 예를 들어, 사탄이 베드로에게 예수님의 십자가 사명을 방해하도록 일시적으로 영향을 끼치지만(막 8:33), 왜 하나님의 아들이 십자가의 죽음을 받아들이면 안 되는지를 설명할 수 있는 자기 자신의 대항왕국 비전을 제시하지 못한다. 메타내러티브는 어떤 사회나 집단, 혹은 개인이 왜 특정한 가치와 이념을 추구하고 특정 활동을 수행하는지를 설명하는 세계관적인 이야기를 의미한다. 예수님의 공생애 활동들은 모세오경부터 시작된 '하나님 나라'라는 하나님의 장엄한 구원사 내러티브의 빛 아래서 설명되고 해석된다. 사탄은 하나님 나라에 반대하지만 자신의 나라의 비전(사탄의 나라)에 입각해 인간을 지배하려고 하지 않는다. 예를 들어 사탄은 자신의 나라에 들어가기 위한 십계명이나 기타 공적인 미덕이나 가치를 적극적으로 주창하지 못한다. 사탄은 하나님에 대항하는 파생적 대극존재이다. 일정한 시간까지 존재가 허락된 피조물로서 하나님처럼 행동하지만 결코 신격에 이를 수 없다.

5. A. J. Cronin, *The Keys of the Kingdom* (Boston, MA.: Little Brown and Company, 1941).

6. M. 스캇 펙, 『주와 함께 가는 여행(Gift for the Journey)』(서울: 그루터기하우스, 2003), 72.

7. 위경인 「베드로 행전(*The Apocryphal Acts of Peter*)」(190년경 저작)에 나오는 구절이다. 라틴어, '도미네, 쿠오 바디스'는 '주여, 어디로 가시나이까?'라고 번역된다(C. H. Turner, "The Latin Acts of St. Peter," *Journal of Theological Studies* 32 [1931], 119–133).

8. 랭던 길키, 『산둥 수용소: 인간의 본성, 욕망, 도덕적 딜레마에 대한 실존적 보고서』, 이선숙 역(서울: 새물결플러스, 2014).

9. 후스토 L. 곤잘레스, 『기독교사상사 1. 고대편』, 이형기, 차종순 역(서울: 장로

교출판사, 1989); Glanville Downey, "Julian the Apostate at Antioch," *Church History* 8/4 (December 1939), 303–315.

14장. 나는 길이요 진리요 생명이니

1. 예수님이 제자들을 위해 마련하신 거처는 성전이 아니라 하나님 나라의 직분을 가리키는 말일 것이다(마 19:28).
2. 키너는 '불태워진 토라는 하늘의 아버지 집으로 되돌아 보관되었다'는 유대교 랍비의 경구(신 32:4에 대한 해석)를 인증하며 토라의 성육신인 예수님이 아버지 집에 되돌아가 또 다른 토라의 준행자들인 제자들의 자리를 마련할 것이라는 암시가 2절에 들어 있다고 보는 학자들의 의견을 소개한다(*The Gospel of John*, 932). 키너 자신은 제자들이 성전이신 그리스도 안에서 차지할 직분이 있을 것을 암시하거나 하나님의 권속이 되어 '집'으로 묘사되는 하나님 나라에 들어갈 것을 암시한다고 본다(932). 레이몬드 브라운은 슬라브어로 된 에녹2서(Slavonic Enoch)의 한 구절("다가올 세상에는…… 선을 행한 자에게는 선으로 악을 행한 자에게는 악으로 사람들을 위해 준비된 많은 거할 곳들이 있다")을 인용하며 완성된 하나님 나라에서 차지하게 될 거주지를 의미한다고 본다(『요한복음 II: 영광의 책』, 최흥진 역[서울: 기독교문서선교회, 2013], 1236).
3. "내가(에고) 어디로 가는지"라는 어구에 에고(ἐγώ)가 독립적으로 사용되어 있는데 헬라어 본문에는 괄호처리가 되어 있다. 아마도 어떤 사본들에는 '에고'가 누락되어 있기 때문일 것이다.
4. Lewis, *The Complete Chronicles of Narnia*, 517. 루이스는 하나님의 보편적인 사랑을 강조한다.
5. 요한1서 2:1은 예수 그리스도를 대언자, 파라클레토스(παράκλητος)라고 부른다. 그리스도가 첫 보혜사이며 성령은 또 다른 보혜사다. 하나님 아버지께서는 인간을 위한 두 위격 하나님의 '보혜사' 활동을 주권적으로 허락하심으로 궁극적으로 인간을 '위하시는' 하나님의 삼위일체적 사역의 진수를 보여주신다.
6. Arthur N. Prior, "Correspondence Theory of Truth," in *Encyclopedia of Philosophy* Vol. 2, (Detroit, PA.: Macmillan, 1969), 223–224.
7. Alister McGrath, *Historical Theology* (Oxford: Blackwell Publishers, 1998), 22-24. (『신학의 역사』 지와사랑)
8. 김동수, "요한복음에 나타난 삼위일체 사상,"「신약논단」 19/1 (2012년 봄), 141-171. 이 논문은 요한복음의 삼위일체적 구절들을 망라하면서 삼위일체론의 선교신학적 함의를 간략하게 언급하고 있다. 목회와 신앙실천의 현장에 있는 목

회자들을 위하여 요한복음의 삼위일체론의 함의를 깊이 탐구하는 대신에 하나님의 "소설"한 차원에 대한 소략한 언급으로 끝난다(171).

9. 김옥주, "동서방 교회의 연합을 위한 나지안주스의 그레고리의 삼위일체론 탐구," 「한국개혁신학」 34 (2012년 5월), 8-34. 갑바도기아 교부들은 성자는 아버지로부터 나시고(generation) 성령은 아버지로부터 출원한다(procession)고 주장한다. 성부 하나님은 성자의 나심과 성령의 나오심을 통해 자신의 신성을 각각의 신격과 나누고 공유하신다. "그러므로 동방신학은, 삼위일체의 신성(the Godhead)의 원인(sole cause)이자 원리(principle)가 아버지 안에 있음을 강조하는 성부의 군주성(monarchy)을 주장한다"(10-11). 서방신학의 삼위일체론이 위격성을 모호하게 설명하는 데 비하여 갑바도기아 교부들은 성부의 군주성을 주목함으로써 유일신 신앙의 큰 틀 안에서 삼위일체론을 정위할 수 있었다. 특히 나지안주스의 그레고리의 삼위일체론은 종속론적 삼위일체론도 극복하고 삼위일체적 유일 군주성을 부각시킴으로써 구약성경의 유일신 사상과도 소통이 가능하다는 점을 부각시킨다.

10. 일부 학자들은 하나님 아버지와 성령의 페리코레시스(상호침투적 순환, περιχώρησις=circumincession)가 요한복음에 언급되어 있지 않으므로 삼위일체가 아니라고 주장한다. 그러나 요한복음에서 성령은 아버지와 아들을 교통케 하는 영으로 사역 자체가 성부와 성령에 대해 각각 상호침투적임은 부인할 수 없다(F. L. Cross and E. A. Livingstone[eds.], "Circumincession," in *The Oxford Dictionary of the Christian Church* [2nd ed.; London: Oxford University Press, 1974], 1394).

11. 아리우스파는 요 1:3의 '호 게고넨(ὃ γέγονεν, 생성된 것)'을 독생자를 가리킨다고 보는 데 비해, 정통 삼위일체론자들은 3절의 판타(πάντα, '모든'을 의미하는 파스의 복수중성대명사)와 동격으로 본다. 이 차이를 더 자세히 살펴보기를 원하면 본 주석서의 1:3 주석의 각주를 참조하라.

15장. 나는 포도나무요 너희는 가지라

1. 이외에도 시 80편, 사 3장, 겔 15:1-8, 17:5-10, 19:10-14, 그리고 호 10장 등이 이스라엘 혹은 이스라엘 왕이나 메시아를 포도나무 혹은 포도원에 비유하고 있다. 본문에 따라 약간씩 다른 의미로 사용된다. 겔 15:1-8은 포도나무의 효용은 열매에 있지 건축용 재목으로서는 아무런 가치가 없음을 이야기한다. 겔 17장은 유다 왕국의 마지막 왕인 시드기야나 그의 불순종을 은유적으로 표현할 때 등장한다.

2. 마가복음 12:1-9의 포도원 소작인들의 비유는 요한복음 15장 첫 단락을 읽을 때 염두에 두어야 할 본문이다. 대제사장들과 서기관들과 장로들은 포도원 소출을 받으러 보낸 포도원 주인의 종들을 때려죽이고 상속자 아들까지 죽이는 이 격렬한 쟁의 비유가 자신들을 겨냥하는 말로 듣고 두려워하며 잠잠했다(막 12:12). 11:20-22에서 저주받은 마른 무화과나무 또한 성전체제를 가리키는 은유이다(렘 24장).

3. 게르트 타이센, 『역사적 예수. 예수의 역사적 삶에 대한 총체적 연구』, 손성현 역(서울: 다산글방, 2018), 346-347.

4. 김동수, 『요한복음의 교회론』(서울: 대한기독교서회, 2005), 59-77. 김동수도 요한복음 10장의 선한 목자 강화와 15장 참포도나무 강화를 요한복음의 교회론적인 표상이라고 간주한다. 그런데 좀 더 정확하게 말하면 이 본문은 오늘날 제도화된 기구로서의 교회라기보다는 성령의 자유로운 역사에 예민하게 순종하는 대안적이고 대항적인 공동체로서의 '교회' 표상을 가리킨다고 이해하는 것이 더 적절해 보인다.

5. 배재욱, "요한복음 15장 12-17절에 나타난 '예수의 친구'됨에 대한 고찰," 「대학과 선교」 40 (2019), 99-128. 예수님의 친구됨은 예수님의 친구 위해 목숨 바치는 사랑에 응답하고 그 사랑의 계명을 지킬 것을 요구받는 책임 감수자라는 것이다(113, 122-124).

6. 디오니소스적인 포도주 만취 제의와는 정반대다. 그리스 신화의 포도주 관장의 신 디오니소스는 욕망을 방출하게 하는 포도주, 인간의 자연적 생명력을 대방출하게 만드는 포도주 만취를 유도한다. 자신을 따르는 추종자들(마이나드)을 음란하고 강포한 폭도로 만드는 디오니소스의 포도주(앤드류 달비, 『디오니소스』, 박윤정 역 [서울: 랜덤하우스 코리아, 2004], 201-203)와 예수 그리스도의 포도주는 전혀 다르다. 니체는 디오니소스 대 십자가에 달린 자를 대비시켜 디오니소스적 생명력을 찬미하고 자기부인과 욕망 억제를 가르친 기독교윤리를 비판했다.

7. Immanuel Kant, *Religion Within the Boundary of Pure Reason* (trans. J. W. Semple; Edinburgh:, Thomas Clark, 1838), 115-118, 120-198. 이 책이 기독교 신앙을 윤리화하고 도덕적 격률로 축소시켰다고 비판하는 일부 신학자들의 비판은 논점을 벗어나 있다. 기독교 신앙은 윤리와 도덕 이상이지만 그것을 비껴가도 된다는 것을 의미하지는 않는다.

16장. 진리의 성령 보혜사 성령

1. 요세푸스도 사두개파를 추종하던 당시의 대제사장 아나누스에 의해 투석형

에 처해진(62년경) 의인 야고보, '그리스도'라 불리는 예수의 동생 야고보의 죽음을 언급하고 있다. 율법적으로 의로운 예루살렘 사람들이 야고보의 투석형이 부당하다고 생각했을 정도였다(William Whiston, A. M., *The Complete Works of Josephus*, Foreword by William Sanford LaSor [Grand Rapids, MI.; Kregel Publications, 1981], Book 20, chapter 9, 198-203절, 763-764; 요세푸스, 『유대 고대사』, 653-654).

2. "의"(義)라고 번역된 헬라어는 디카이오쒸네(δικαιοσύνη)이다. 디카이오쒸네는 구약성경의 체데크, 츠다카의 헬라어 번역어로서 하나님과 이웃에 대해 언약적으로 책임감 있고 신실하게 사는 삶을 가리킨다. 언약을 지탱하고 유지하기 위한 신실한 행동과 삶이 츠다카, 체데크이며 그것이 헬라어로는 디카이오쒸네이다.

17장. 저희를 진리로 거룩하게 하시고 진리로 하나되게 하소서

1. 배 항해를 책임진 선장은 배에 탄 사람들을 안전하게 운송하기 위해 모든 항해기술과 기후 평가 등에 능하여야 한다(Bloom, *The Republic of Plato*, 168[6.488]). 통치자의 통치능력과 자질은 자신이 다스리는 사람들에게 평화로운 삶을 선사하는 데 사용되어야 한다는 것이다.

18장. 나는 무기력하고 나약한 예수를 모릅니다

1. 김문현의 연구도 예수님의 에고 에이미와 베드로의 우크 에이미를 대조하는데 목회적 적용은 시도하지 않는다("요한복음 18:1-27에 나타난 ἐγώ εἰμι와 οὐκ εἰμι," 「신약연구」 13/1 [2014년 3월], 75-101).
2. 지금도 유대교 학자들은 기독교의 '메시아 신앙은 타계적인 천상 영역에 구축될 나라에 대한 신앙'이라고 오해하고 있다. 유대교의 지상적-민족주의적 메시아 신앙을 피력하는 문헌들은 다음과 같다: 다니엘, 에디오피아 에녹서, 희년서, 12족장 유언, 솔로몬의 시편, 모세의 승천, 시리아 바룩서, 4에스드라서, 시빌의 무녀신탁, 필로의 저작들. 위경 문헌(주전 2-주후 2세기 저작된 문헌들)에 움튼 메시아 신앙의 다양한 면모를 연구한 클라우스너(Klausner)는 다음과 같이 유대교와 기독교의 메시아 신앙을 대조한다("The Messianic Idea in the Apocryphal Literature," in *Society and Religion in the Second Temple Period*, 153-186). "질책(메시아의 고통들)과 위로(메시아의 날들) 두 측면 모두에서 메시아 사상이 없었다면 제2성전 시기도 없었고 하스모니안 왕조도 존재하지 않았을 것이다. 마찬가지로

메시아 사상이 없었다면, 참혹한 재앙으로 끝난 로마와의 피비린내는 전쟁도 발발하지 않았을 것이다.…… 그럼에도 불구하고 유대인들은 메시아 대망신앙으로 수천 년을 존속할 만큼 그들의 메시아 대망신앙은 충분히 강했다. 심지어 이미 메시아 대망신앙의 표지를 갖고 등장한 기독교도 이 위대한 메시아 약속 신앙의 산물이다. 하지만 외국 영향을 받아 기독교는 유대교와 다른 방식으로 하나님의 메시아 왕국을 추구했다. 유대교가 이 세상에, 지상적 삶에, 심지어 메시아 시대의 '새 세상'에서 견고하게 뿌리를 내린 반면에 기독교 메시아 신앙은 '이 세상에 속하지 않은' 왕국을 추구한다. 둘 다 이스라엘 예언자들과 메시아 약속에 토대를 두고 있지만 서로 분리될 뿐만 아니라 대적하는 운명에 처하게 되어버렸다"(186). 요한복음 18:36이 유대교와 기독교의 메시아 신앙을 분리시켰다는 것이다. 그런데 이것은 오해다. 정통기독교 신앙은 이 세상 침투적이고 갱신적인 메시아 왕국을 추구한다.

3. 한스-페터 마르틴(Hans-Peter Martin), 하랄트 슈만(Harald Schumann), 『세계화의 덫』, 강수돌 역(서울: 영림카디널, 2003). 사회적 강자 20퍼센트가 사회적 약자 80퍼센트를 지배하는 세상은 소수의 지배자들에게는 부단한 불안과 위험의 세계다.

4. 베네딕트 R. O. 앤더슨(Benedict Richard O'Gorman Anderson), 『상상의 공동체-민족주의의 기원과 전파에 대한 성찰』, 윤형숙 역(서울: 나남, 2004).

19장. 이 사람을 보라-너희 왕을 보라

1. 예수님의 십자가형 최초 집행 시간부터 십자가상의 운명 시각에 관한 자세한 정보는 마가복음 15:25-34에 따른다. 요한복음에서는 제6시(정오)에 십자가에 못 박혔다가 제9시(오후 3시)에 운명하신 것으로 보도한다. 본서는 마가복음의 기록을 따른다.

2. 막 15:25은 제3시에 십자가 처형이 이뤄졌다고 보는 데 비해 요 19:14은 제6시에 십자가 처형이 이뤄졌다고 본다.

20장. 안식 후 첫날 새벽에 다시 사신 예수님

1. 죄의 용서는 네 가지로 구성된다. 첫째, 죄책 징벌로부터 해방이다. 둘째, 동일한 죄를 다시 짓게 만드는 죄의 권능으로부터의 자유, 즉 동일한 죄를 짓지 않을 수 있는 자유다. 셋째, 죄책감으로부터의 자유다. 이 죄책감은 나의 죄 때문

에 피해를 입은 모든 사람들을 원상복구 시켜주시는 하나님의 회복 능력에 대한 신뢰를 가져야만 해소된다. 예를 들어, 과속운전으로 죽은 억울한 사람의 운명을 생각하며 죄책감에 시달리는 한 사람이 있다고 생각해보자. 사고는 보험으로 처리되고 해결되었으며 사고 낸 운전자는 초범이요 의도성이 없었기에 감옥에 구속되지도 않았다. 민사상의 손실배상을 해주고 사건은 마무리 되었다. 그런데 과속하는 차에 치여 죽은 사람 때문에 그는 밤마다 죄책감에 시달린다. 그는 자신의 피해자가 빼앗긴 행복을 하나님께서 어떤 방식으로든지 회복시켜 주신다는 믿음을 가지기 전까지는 죄책감에서 해방될 수 없다. 「밀양」이라는 영화에 나오는 유괴범은 자신이 유괴해 살해한 아이의 어머니가 용서할 준비도 되기 전에 이미 하나님의 용서를 받았다고 말하며 환한 얼굴로 피해자의 엄마를 맞는다. 여기서 아이의 엄마는 다시 실족한다. 자신은 용서할 준비가 채 되지 못했는데 자신의 아들 유괴범은 하나님의 용서를 받고 평화를 누리고 있었기 때문이다. 여기서 중요한 진실이 드러난다. 하나님이 그 유괴범을 용서하셨다면, 그의 죄로 인해 발생한 피해가 원상복구 되었어야 한다는 것이다. 즉 아이를 다시 엄마에게 죽지 않은 채로 돌려줬어야 한다. 그러나 이것은 현실적으로 불가능하다. 그래서 피해자를 제쳐놓은 채 운위되는 죄 용서 확신은 검증하기 심히 어렵다. 하나님의 죄 용서 논리에 따르면 죄 용서에는 반드시 피해자 배상, 피해 이전 원상복구가 수반되어야 한다. 누가복음 19장의 삭개오는 가난한 자들을 토색한 죄를 갚기 위해 네 배의 배상을 하겠으며 재산의 반을 가난한 자들에게 내놓겠다고 말한다(19:8). 삭개오가 죄를 용서받았으면 그의 죄로 인한 피해자들의 신원도 동시에 이뤄져야 함을 의미한다. 예수님이 당한 고난(죽음)은 이 세상의 모든 죄 범한 가해자에게 가해진 징벌이다. 그러나 징벌만으로는 정의감이 충족되지 않는다. 예수님의 부활은 억울하게 죽임을 당한 자들(범죄, 전쟁, 사고의 희생자들)의 부활과 신원이 있게 될 것임을 암시하는 예고적 사건이다.

2. James H. Charlesworth, *The Beloved Disciple: Whose Witness Validates the Gospel of John?* (Valley Forge, PA.: Trinity Press International, 1995). 찰스워드는 요한복음의 저자가 되기 위해서는 자신이 설정한 여덟 가지 기준을 충족시켜야 한다고 주장하면서 도마가 이 조건을 가장 잘 충족시킨다고 주장한다(친애제자, 익명성, 예수님과 식탁교제를 할 정도의 친근성, 늦은 등장, 십자가 죽음현장 임석, 칭송받을 미덕, 두려움과 죽음을 예민하게 지각하는 감수성, 베드로와 라이벌 관계). 그가 「도마복음」의 일부 구절을 인증해 자신의 논지를 뒷받침하려고 하지만 대부분의 요한복음 연구자들은 이 견해에 동의하지 않는다.

3. 도마의 신앙이 갖는 양면성(의심과 확신 사이에서 방황)을 문학적으로 탐구한 오근재, 『배다골. 빵의 언어로 읽는 요한복음』 (서울: 서림재, 2019)은 도마 신앙의

풍성한 함의를 추적한다.

21장. 내 양을 먹이라

1. 요한복음 6장은 디베랴의 산상 평지에서 일어난 사건을 다룬다. 아마도 디베랴의 산이 예수께서 산상수훈을 명하던 그 산[마 28:7, 10, 16("그 산"); 막 16:7]일 것이다. 마 28:16은 부활하신 예수님이 제자들을 만나자고 제시한 산을 언급하는데 아마도 디베랴의 그 산을 가리킬 것이다.
2. Klausner, "The Rise of Christianity," 194-209. 요세푸스의 『유대 고대사』 후반부와 『유대 전쟁사』가 잘 그리고 있듯이 알렉산더 잔내우스와 알렉산드라(남편 잔내우스 사후 9년간 재위한 여왕) 사이에 태어난 장남 히르카누스 2세와 아리스토불루스 2세의 하스모니안 왕위계승 전쟁 때부터 빌라도 총독 재임기(36년)까지 약 100년 동안 이스라엘 전역은, 전쟁, 폭동, 지진과 기근 등으로 숱한 인명살상이 일어났다. 약 20만 명이 죽었다. 헤롯 대왕과 그의 장남 아켈라오는 각각 3천 명과 3,500명의 유대인들을 여러 가지 이유로 학살했다. 이 사이에 땅을 잃었거나 로마와 헤롯 왕실의 이중착취로 가난을 면치 못했던 연약한 이스라엘은 암 하아레츠라고 불렸다. 이들은 산상수훈 마태복음 5:5이 말하는 '온유한 자들'이었다. 이들은 로마체제에 협조하는 헤롯당에도 속하지 못했고 종교적 청결분리주의자들인 바리새파와 에세네파에도 속하지 못했다. 이들 일부는 극단적 반(反)로마항쟁파에 속하기도 했다. 이들이 바로 요 6장에서 예수님을 임금 삼으려는 자들(15절)이었다. 바리새인과 서기관들의 글 어디에도 이들의 참상에 동정하거나 그들의 삶을 구원할 사회적 비전이 없었다. 그들은 정결예법 등 아주 미세한 생활세칙을 정하는 데 혈안이 되어 있었다. 그들은 하루살이는 걸러내고 낙타는 삼키는 자들이었다(마 23:24). 폼페이의 유대정복 때부터 빌라도까지 약 100년 동안 매매되는 모든 일상용품에 부가가치세를 징세했다. 복음서는 이런 잃어버린 양떼의 상황에 대한 사실적 묘사가 많이 등장하고 그들에 대한 메시아적 연민과 사랑이 빈번히 표현되어 있는데 유대인의 탈무드나 랍비문헌 어디에도 잃어버린 양에 대한 관심이 전무했다.

보설 | 불트만 계열의 영지주의적(靈知主義的) 요한복음 해석 비판

1. "보설(補說)"은 2007년 4월 24일에 열린 숭실대학교 제1회 인문과학연구소 포럼의 강연원고, "회권, 도올을 깨다"(김덕윤 소예배실)를 다듬고 보완한 글이며

이 원고의 확장본이 2007년 6, 7, 8월호 「기독교사상」에 세 차례에 걸쳐서 실렸음을 밝힌다: 김회권, "도올 김용옥의 기독교 및 성서이해 담론 자세히 읽기," (1), (2), (3), 「기독교사상」 582 (2007년 6월), 208-219, 583(2007년 7월), 158-171, 584(2007년 8월) (256-272).

2. 2007년 2월 13일자 「한겨레신문」의 인터뷰에서 도올은 예수와 함께 신약시대가 도래한 만큼 구약성경는 이제 거의 필요하지 않게 되었다는 식의 발언을 했다(2007년 3월 18일자 뉴스앤조이 3면 표지이야기).

3. 김용옥, 『요한복음 강해』, 47.

4. 플라톤, 『에우티프론, 소크라테스의 변론, 크리톤, 파이돈. 플라톤의 네 대화편』, 박종현 역주(서울: 서광사, 2003).

5. 도올은 여기서 바레트를 인용한다: C. K. Barrett, *The Gospel of John and Judaism* (trans. D. M. Smith; London : SPCK, 1975), 74.

6. 인자의 의미를 더 깊이 알아보려면 12:34에 대한 본 주석서의 주석 중 "인자" 논의를 참조하라.

7. 전천건삼(田川建三), 『원시 그리스도교 연구. 복음서문자의 성립』, 김명식 역(광주: 사계절, 1983).

8. Michael Fishbane, *Biblical Interpretation in ancient Israel* (Oxford: Clarendon, 1988).

9. 도올이 말하는 요한복음의 신인합일 사상은 동방정교회의 영성을 대표하는데 알렉산드리아의 오리겐, 클레멘트 등에 의하여 발전되고 계승된 구원관이다. 그러나 그가 생각하는 것과 달리 동방교회적 신인합일 구원론이 로마서나 공관복음서와 바울의 구원론과 충돌되지 않는다. 형벌대속론적 서방교회의 구원관과 동방교회의 구원론은 상호보합하고 보완한다.

10. 김용옥, 『기독교성서 이해』, 149-150; 『요한복음 강해』, 385.

11. 김용옥, 『기독교성서 이해』, 151.

참고문헌

김동수. 『요한복음의 교회론』, 서울: 대한기독교서회, 2005.

_____. "요한복음에 나타난 삼위일체 사상," 「신약논단」 19/1(2012년 봄): 141-171.

김문현. "요한복음 18:1-27에 나타난 ἐγώ εἰμι와 οὐκ εἰμι," 「신약연구」 13/1(2014년 3월): 75-101.

김옥주. "동서방 교회의 연합을 위한 나지안주스의 그레고리의 삼위일체론 탐구," 「한국개혁신학」 34(2012년 5월): 8-34.

김용옥. 『절차탁마 대기만성』, 서울: 통나무, 1987.

_____. 『요한복음 강해』, 서울: 통나무, 2002.

_____. 『기독교성서의 강해』, 서울: 통나무, 2003.

김회권. "도올 김용옥의 기독교 및 성서이해 담론 자세히 읽기"(1), (2), (3), 「기독교사상」 582(2007년 6월): 208-219, 583(2007년 7월): 158-171, 584(2007년 8월): 256-272.

문우일. "요한복음 저자의 신성한 익명성," 「신학과 사회」 33/2(2019년 5월): 1-29.

배재욱. "요한복음 15장 12-17절에 나타난 '예수의 친구'됨에 대한 고찰," 「대학과 선교」 40(2019): 99-128.

서중석. "요한복음에 대한 사회심리학적 해석," 「신약논단」 19/1 (2012년 3월): 105-139.

오근재. 『배다골: 빵의 언어로 읽는 요한복음』, 서울: 서림재, 2019.

이형일. 『예수와 하나님의 아들 기독론』, 서울: 새물결플러스, 2016.

임진수. "요한복음의 오병이어 사건과 그 해석," 「신약논단」 9/4(2002년 12월): 865-896.

정일권. 『르네 지라르와 포스트모던 사상가들』, 서울: 동연, 2017.

조석민. "사마리아 종교의 타헤브(Taheb)," Canon & Culture 3(2009년 1월), 123-149.

_____. "설교자를 위한 요한복음 개관," 「교회와 문화」 32 (2014년 2월): 9-44.

_____. 『요한복음의 새 관점』, 개정판; 서울: 솔로몬, 2015.

조재형. "고대 영지사상이 초기 기독교 공동체의 '신론'(神論)에 끼친 영향," 「신학연구」 69(2016년): 87-110.

최순영. "니체와 기독교: 니체의 기독교 이해에 대한 비판적 고찰," 「니체연구」 14(2008년 10월): 9-50.

田川建三(전천건삼). 김명식 역, 『원시 그리스도교 연구: 복음서문자의 성립』, 광주: 사계절, 1983.

Aland, N. "Eine Untersuchung zu Johannes 1, 3-4, über die Bedeutung eines Punktes," *Zeitschrift für die neutestamentliche Wissenschaft* 59(1968): 174-209.

Anderson, Benedict Richard O'Gorman. 윤형숙 역, 『상상의 공동체: 민족주의의 기원과 전파에 대한 성찰』, 서울: 나남, 2004.

Aslan, Reza. *Zealot: The Life and Times of Jesus of Nazareth*. New York, NY.: Random House, 2013; 민경식 역, 『젤롯』, 서울: 와이즈베리, 2014.

Avi-Zonah, Michael & Baras, Zvi. *The World History of Jewish People. Society and Religion in the Second Temple Period*, Jerusalem: Massada Publishing Ltd., 1977.

Bauer, Walter & Danker, Frederick William. *A Greek–English Lexicon of the New Testament and Other Early Christian Literature*, 3rd ed. Chicago: Chicago University Press, 2003.

Bloom, Allan. *The Republic of Plato*. New York, NY, et al.: Basic Books, 1991.

Brown, Raymond E. *The Gospel According to John I-XII*, ABC; New York, NY.: Doubleday, 1966; 최흥진 역, 『앵커바이블 요한복음 I: 표적의 책』, 서울: 기독교문서선교회, 2013.

_____. *The Gospel According to John XIII-XXI*. ABC; New York, NY.: Doubleday, 1968; 최흥진 역, 『앵커바이블 요한복음 II: 영광의 책』, 서울: 기독교문서선교회, 2013.

_____. "The Qumran Scrolls and the Johannine Gospel and Epistles," in *New Testament Essays*. Garden City, NY.: Doubleday, 1968, 138-173.

Bultmann, Rudolf. *The Gospel of John: a Commentary*, trans. G. R. Beasley-Murray, R. W. N. Hoare, and J. K. Riches, Philadelphia, PA.: Westminster John Knox Press, 1971, 허혁 역, 『요한복음서 연구』, 서울: 성광문화사, 1979.

Calvin, John. *The Institutes of the Christian Religion*, trans. Henry Beveridge, Grand Rapids, MI.: Wm B. Eerdmans Publishing Co. 1989 (orig. 1846); 김종흡, 신복윤, 이종성, 한철하 역, 『기독교강요 (상), (중), (하)』, 서울: 생명의말씀사, 1988.

Capra, Fritjof. 이성범, 김용정 역, 『현대물리학과 동양사상』, 고양: 범양사(개정판), 2006.

Charlesworth, James H. *The Beloved Disciple: Whose Witness Validates the Gospel of John?*

Valley Forge, PA.: Trinity Press International, 1995.

Cronin, A. J. *The Keys of the Kingdom*. Boston, MA.: Little, Brown and Company, 1941; 이윤기 역, 『천국의 열쇠』, 서울: 섬앤섬, 2014.

Cross, F. L. and Livingstone, E. A. eds. "Circumincession," in *The Oxford Dictionary of the Christian Church*, 2d ed. London: Oxford University Press, 1974, 1394.

Crown, Alan D. "Redating the Schism between the Judaeans and the Samaritans," *Jewish Quarterly Review* 82, 1/2(Jul. - Oct., 1991): 17-50.

Dalby, Andrew. 박윤정 역, 『디오니소스』, 서울: 랜덤하우스 코리아, 2004.

Daube, D. "Jesus and the Samaritan Woman: the Meaning of συγχράομαι [Jn 4:7ff]," *Journal of Biblical Literature* 69 (1950): 137-147.

Dodd, Charles Harold. *Interpretation of the Fourth Gospel*. Cambridge: Cambridge University Press, 1953.

______. *Historical Tradition in the Fourth Gospel*, Cambridge: Cambridge University Press, 1963.

Dods, Marcus. "The Gospel of St. John," in *The Expositor's Greek Testament* vol. 1. W. Robertson Nicoll et al., New York, NY.: Dodd, Mead, 1897.

Downey, Glanville. "Julian the Apostate at Antioch," *Church History* 8/4 (Dec. 1939): 303–315.

Dunn, James D. G. *The Partings of the Way: Between Christianity and Judaism, and Their Significance for the Character of Christianity*, London: SCM, 1991.

Fine, Gail. *The Oxford Handbook of Plato*, Oxford: Oxford University Press, 2011.

Fishbane, Michael. *Biblical Interpretation in Ancient Israel*, Oxford: Clarendon, 1988.

Flusser, David, & Notley, R. Steven. *The Sage from Galilee: Rediscovering Jesus' Genius*, 4th ed. Grand Rapids, MI.: Eerdmans, 2007.

Forsyth, Peter T. 이길상 역, 『영혼의 기도(*The Soul of Prayer*)』, 서울: 복 있는 사람, 2005.

France, R. T. 이종만, 임요한, 정모세 역, 『NIGTC 마가복음』, 서울: 새물결플러스, 2017.

Gilkey, Langdon. 이선숙 역, 『산둥 수용소: 인간의 본성, 욕망, 도덕적 딜레마에 대한 실존적 보고서』, 서울: 새물결플러스, 2014.

Gonzales, Justo L. 이형기, 차종순 역, 『기독교사상사 1. 고대편』, 서울: 장로교출판사, 1989.

Gundry, R. H. & Howell, R. W. "The Sense and Syntax of John 3:14-17 with Special Reference to the Use of Οὕτως... ὥστε in John 3:16." *Novum Testamentum* 41 (1999): 24-39.

Haenchen, Ernst. *The Gospel of John* vols. 1-2, trans. Robert W. Funk; Philadelphia, PA.: Fortress, 1984 (orig. 1980).

Hendriksen, William. *The Gospel of John*, NTC; Edinburgh: The Banner of Truth Trust,

1959.

Hengel, Martin. *The Johannine Question*, trans. John Bowden. London/Philadelphia: SCM/Trinity, 1989.

Hoeller, S. A. Gnosticism: *New Light on the Ancient Tradition of Inner Knowing*, Wheaton, IL.: Theosophical Publishing House, 2002.

Horsley, Richard A. 박경미 역, 『갈릴리: 예수와 랍비들의 사회적 맥락』, 서울: 이화여자대학교출판문화원, 2007.

_____. *Jesus and the Spiral of Violence: Popular Jewish Resistance in Roman Palestine*. Minneapolis, IN.: Fortress, 1993.

Jeremias, Joachim. *New Testament Theology*, trans. J. S. Bowden, London: SCM, 1971, 정충하 역, 『신약신학』, 파주: CH북스, 2009.

Josephus F. 김지찬 역, 『유대 고대사』, 서울: 생명의 말씀사, 1987.

_____. 김지찬 역, 『유대 전쟁사』, 서울: 생명의 말씀사, 1987.

Kant, Immanuel. *Religion Within the Boundary of Pure Reason*. trans. J. W. Semple, Edinburgh: Thomas Clark (orig. 1838), (orig. 1793); 백종현 역, 『이성의 한계 안에서의 종교』, 서울: 아카넷, 2011.

Keener, Craig S. *The Gospel of John. A Commentary.* Vol. 1. Grand Rapids, MI.: Baker Academic, 2003; 이옥용 역, 『키너 요한복음 1』, 서울: 기독교문서선교회, 2018.

Kim, Seyoon. *Paul and the New Perspective: Second Thoughts on The Origin of Paul's Gospel.* Tübingen: Mohr Siebeck, 2002.

Lemprecht, S. Peter. 김태길, 윤명로, 최명관 역, 『서양철학사』, 서울: 을유문화사, 1984.

Lebreton, Jules. "St. Justin Martyr," in Charles Herbermann ed. *Catholic Encyclopedia* 7, New York, NY.: Robert Appleton, 1910, 76-77.

Lewis, C. S. *The Complete Chronicles of Narnia.* New York, NY.: Harper Collins, 2000; 햇살과나무꾼 역, 『나니아 연대기』, 서울: 시공주니어, 2005.

Lohfink, Gerhard. 정한교 역, 『예수는 어떤 공동체를 원했나: 그리스도 신앙의 사회적 차원』, 서울: 분도출판사, 1985.

Martin, Hans-Peter. Schumann, Harald. 강수돌 역, 『세계화의 덫』, 서울: 영림카디널, 2003.

McGrath, Alister. *Historical Theology*. Oxford: Blackwell Publishers, 1998; 소기천, 이달, 임건, 최춘혁 역, 『신학의 역사』, 서울: 지와사랑, 2013.

Meyer, Ben F. *The Aims of Jesus*, *Introduction by N. T. Wright*, Eugene OR.: Pickwick Publications, 2002.

Metzger, Bruce M. A *Textual Commentary on the Greek New Testament*, Stuttgart: Deutsche Bibelgesellschaft, 1994; 장동수 역, 『신약 그리스어 본문 주석』, 서울: 대한성서공회, 2016.

Miller, Patrick D. 김회권 역, 『신명기』, 서울: 장로교출판사, 1999.

Moltmann, Jürgen. *The Future of Creation*. London: SCM, 1979.

_____. *The Way of Jesus Christ: Christology in Messianic Dimensions*, trans. Margaret Kohl. Minneapolis, MN.: Fortress, 1993; 김균진, 김명용 역, 『예수 그리스도의 길』, 서울: 대한기독교서회, 2017.

_____. *Ethics of Hope*, trans. Margaret Kohl, Minneapolis, MN.: Fortress, 2012; 곽혜원 역, 『희망의 윤리』, 서울: 대한기독교서회, 2017.

Moore, Mark E. *The Chronological Life of Christ*, Joplin, MS.: College Press, 2007.

Ovid, *Metamorphosen. Epos in 15 Büchern*, trans. and ed. Hermann Breitenbach, Stuttgart: Reclam, 1990; 천병희 역, 『변신 이야기』, 서울: 숲, 2017.

Pearcey, Nancy. *Total Truth: Liberating Christianity from Its Cultural Captivity*, Wheaton, IL.: Crossway Books, 2004; 홍병룡 역, 『완전한 진리』, 서울: 복 있는 사람, 2006.

Peck, M. Scott. 채천석 역, 『주와 함께 가는 여행(*Gift for the Journey*). 서울: 그루터기하우스, 2003.

Plato. 박종현 역주, 『에우티프론, 소크라테스의 변론, 크리톤, 파이돈: 플라톤의 네 대화 편』, 서울: 서광사, 2003.

_____. *The Dialogues of Plato*, trans. Benjamin Jowett, New Haven, CN.: Yale University Press, 1934 (orig. 1871).

Plutarch. 천병희 역, 『플루타르코스 영웅전』, 고양: 숲, 2010.

Prior, Arthur N. “Correspondence Theory of Truth,” in *Encyclopedia of Philosophy* Vol. 2, Detroit, PA.: Macmillan, 1969, 223–224.

Robinson, James McConkey, *The Nag Hammadi Library in English*. 3rd. ed. San Francisco, CA.; Harper Collins, 1988.

Rudolph, Kurt. *Gnosis: The Nature and History of Gnosticism*, trans. Wilson, R. M. San Francisco, CA.: Harper & Row, 1983.

Schnakenburg, Rudolf, *The Gospel According to St. John* vol. 1. London: Burns & Oats, 1980.

Schwartz, Seth. “John Hyrcanus I's Destruction of the Gerizim Temple and Judaean-Samaritan Relations,” *Jewish History* 7/1 (Spring 1993): 9-25.

Scopello, Madeleine. 이수민 편역, 『영지주의자들(*Les Gnostiques*)』, 서울: 분도출판사, 2005.

Templeton, Charles. *Farewell to God: My Reasons for Rejecting the Christian Faith*. Toronto: McClelland & Stewart, 1996.

Theissen, Gerd. 손성현 역, 『역사적 예수: 예수의 역사적 삶에 대한 총체적 연구』, 서울: 다산글방, 2018.

Tolstoy, Leo. *Resurrection*, trans. Louis Maude, Philadelphia, PA.: A Penn State Electronic

Classic Publication, 2000; 이동현 역, 『부활』, 서울: 동서문화사, 2017.

Turner, C. H. "The Latin Acts of St. Peter," *Journal of Theological Studies* 32 (1931): 119–133.

van der Merwe, Dirk G. "Old Testament spirituality in the Gospel of John," *Verbum et Ecclesia* 35/1 (2014): 1-9.

Vermes, Geza. *Scripture and Tradition in Judaism: Haggadic Studies*, Studia post-biblica 4; Leiden: Brill, 1961.

Welker, Michael. *Gottess Offenbarung, Christologie*, 3rd. Neukirchen-Vluyn: Neukirchener Verlag, 2016. 오성현 역, 『하나님의 계시』, 서울: 대한기독교서회, 2015.

_____. 김회권, 이강원 역, 『하나님의 형상으로 창조된 인간』, 서울: PCKBOOKS, 2022.

Whiston, A. M. William. *The Complete Works of Josephus. Foreword by William Sanford LaSor*, Grand Rapids, MI.; Kregel Publications, 1981.

Wiesel, Elie. *Souls on Fire*: *Portraits And Legends Of Hasidic Masters*. New York, NY.: Touchstone, 1972.